AF819582

NSQF (Level 3)

ड्रेस मेकिंग

थ्योरी

I YEAR

निम्मी पैटर्न

NSQF (Level 3)

ड्रेस मेकिंग

थ्योरी

I YEAR

मानसी अग्रवाल

arihant
SUCCESS AND NOTHING LESS

arihant
SUCCESS AND NOTHING LESS

अरिहन्त प्रकाशन (इण्डिया) लिमिटेड

卐 **रजि. कार्यालय**
'रामछाया' 4577/15, अग्रवाल रोड, दरियागंज, नई दिल्ली- 110002
फोन: 011-47630600, 43518550

卐 **मुख्य कार्यालय**
कालिन्दी, टी.पी. नगर, मेरठ (यूपी)– 250002
फोन: 0121-7156203, 7156204

मुख्य वितरक
शर्मा बुक एजेन्सी, ओम नगर, आगरा देहली बाईपास (निकट अलवर ब्रिज), मथुरा
फोन: 09219662591, 8433486830 ई.मेल: sharmabookagency25@gmail.com

卐 **शाखा कार्यालय**
आगरा, अहमदाबाद, बरेली, बेंगलुरु, चेन्नई, दिल्ली, गुवाहाटी, हैदराबाद, जयपुर, झाँसी, कोलकाता, लखनऊ, नागपुर तथा पुणे

PO No : TXT-XX-XXXXXXX-X-XX

PUBLISHED BY ARIHANT PUBLICATIONS (INDIA) LTD.

'अरिहन्त' की पुस्तकों के बारे में अधिक जानकारी के लिए हमारी वेबसाइट **www.arihantbooks.com** पर लॉग इन करें या **info@arihantbooks.com** पर सम्पर्क करें।

Follow us on...

प्रस्तावना

तकनीकी शिक्षा के क्षेत्र में नेशनल कॉउन्सिल ऑफ वोकेशनल ट्रेनिंग, NCVT एक महत्त्वपूर्ण भूमिका निभाता है, क्योंकि यह प्रशिक्षुओं के लिए पाठ्यक्रम पर निर्धारित ऑल इण्डिया ट्रेड टैस्ट आयोजित करने के साथ-साथ उन्हें राष्ट्रीय व्यापार प्रमाण-पत्र द्वारा भी प्रमाणित करता है। इसके अतिरिक्त यह विविध ट्रेडों के पाठ्यक्रम में निरन्तर बदलाव कर प्रशिक्षुओं को अपने-अपने क्षेत्र में लगभग पूर्ण विशेषज्ञ बनाने का प्रयास करता है।

अरिहन्त प्रकाशन द्वारा प्रकाशित पुस्तक **'ड्रेस मेकिंग थ्योरी'** इन्हीं बातों को ध्यान में रखकर तैयार की गई है। यह पुस्तक निम्मी पैटर्न एवं DGT और NCVT के नवीनतम पाठ्यक्रम के अनुसार तैयार की गई है। यह पुस्तक एक पूर्णतः संशोधित संस्करण है जिसमें विभिन्न विषयों तथा सम्बन्धित सम्पूर्ण पाठ्य सामग्री को सटीक चित्रों सहित सरलतम भाषा में समझाकर विषयक् जटिलता के स्तर को न्यूनतम स्तर तक लाने का प्रयास किया गया है। इसके अतिरिक्त परीक्षा पैटर्न के अनुरूप बहुविकल्पीय प्रश्नों की अधिकता इस पुस्तक को सर्वश्रेष्ठ बनाती है।

पुस्तक की विशेषताएँ

- नवीन संशोधित पाठ्यक्रम के अनुसार सटीक भाषा में प्रस्तुतीकरण।
- पाठ्यक्रम के अनुसार अध्यायों एवं का समावेशन।
- सम्पूर्ण पाठ्य सामग्री का तालिका एवं सटीक आरेखों द्वारा वर्णन।
- परीक्षा के दृष्टिकोण से प्रत्येक अध्याय के अन्त में बहुविकल्पीय प्रश्नों का कुंजी सहित समावेश।
- प्रत्येक अध्याय के अन्तर्गत तकनीकी शब्दों के तुल्य अंग्रेजी शब्दों का समावेशन।

यदि इस पुस्तक से सम्बन्धित आपको किसी भी स्तर पर संशोधन की आवश्यकता प्रतीत होती है तो कृपया अवगत कराने का कष्ट अवश्य करें ताकि आगामी संस्करणों को और परिष्कृत रूप में प्रस्तुत किया जा सकना सम्भव हो।

प्रकाशक

विषय–सूची

SYLLABUS

- **Introduction**
  Trade, Job Prospects, Safety precautions, First Aid
- **Hand stitches**
  Hand needles – Size & types, Sewing Thread, Types & Applications of hand stitches
- **Basic Industrial Terminology** Trade related Tools, their importance, usage and safety
  Measuring Tools, Drafting Tools, Marking Tools, Cutting Tools, Sewing Tools, Finishing Tools
- **Fabric Fundamentals**
  Brief idea about fibers, Types of Fabrics, Selection of Needle and thread according to fabric types, Needle Break Policy
- **Fabric Preparation for cutting**
  Fabric Grain, Selvedge, Shrinkage, Straightening the fabric Grains
- **Measurements Units**
  Define the Problem Research Object
  Developing Marketing Research Planning
  Collect Needed information
  Implementing Marketing Research Plan
  Measuring Techniques
- **Basic Sewing Machine**
  Parts and functions, Machine needle, Stitch formation, Sewing machine practice, Care and maintenance, Trouble Shooting, Types of Industrial Sewing Machine
- **Over lock machine**
  Parts and functions, Machine practice, Care and maintenance, Trouble Shooting
- **Basic Garment Analysis**
- **Seams**
  Classification, Uses, Properties of Seams, Seam finishes
  Sewing Aids
  Presser foots, Folders, Guides
- **Introducing Fullness**
  Darts – Necessity, type & precautions during stitching, Pleats – Necessity, type & uses
- **Introducing Fullness**
  Tucks – Types & use, Gathering and Shirring, Flare, Ruffles/Frills – Types (Straight & Circular) & uses
- **Hems**
  Types, Uses
  Corner Makings
  Types, Uses

- **Casing**
  Introduction, Use Edge Finishing
  Facings, Bindings, Pipings
- **Necklines**
  Different shapes of neckline
- **Plackets**
  Types, Sample makings
- **Pockets**
  Types, Design variations
- **Collars**
  Classification, Collar terms
- **Sleeves**
  Classification, Sleeve length variation, Sample making of Sleeves with and without cuff.
- **Trimmings**
  Types, Applications, Fixing of Buttons, hooks etc., Making of Buttonhole

  Mending
  Darning, Patching
- Drafting & developing Pattern for Ladies suit
- **Human Figures**
  Eight Head Theory, Brief introduction about Joints and Muscles, Types of Figures

  Body Measurements
  Importance, Types & Measuring Techniques, Precautions, Size Charts (National & International) for Children, Ladies and Gent's wear, Importance of Size Charts
- **Patterns**
  Importance, Types

  Spreading
  Types of Spreading, Methods, Types of Lay

  Pattern Layout
  Importance, Types of layout

  Pattern Drafting
  Drafting/Pattern Terminology, Principles of Pattern drafting
- Drafting of Children's Block Pattern Set (Bodice , Sleeve, Skirt and Trousers) Adaptation & Pattern Development
- Study of Corel Draw Software Drawing & Colouring
  Type & characteristics of lines, Geometrical shapes & its application, Color, its type & application, Color Scheme

- Elements & Principles of Designs Brief Idea of Garment Sketching Design Development Market Survey Boutique Management
- **Block Pattern**
  Introductionm Importance
- **Draping**
  Introduction, Process and Techniques Importance
- **Manipulation**
  Principles, Methods, Types
- **Mass Production Process**
  Sequence of operations, Types of cutting machines, Fusing Technology, Types of Industrial Machines, Used in sewing section, Finishing
- **Designing, Sketching and Drafting of the Following Garments**
  Ladies Dresses, Ladies Suits, Night wears, Blouses
- Designing, Sketching and drafting of Ladies' Suit with variation of Angarkha, Flared, Yoked etc.
- **Pattern Grading**
  Types, Methods
- Study on Coral Draw Software
- **Stains**
  Classification, Removing techniques

  Selection of dresses according to Occasion, occupation, Climate, Personality, Age & Sex.
- **Quality aspects**
  Definition, Factors affecting the Quality, Benefits of Quality Control, Indian and International Standard, Types of Inspection
- **Marker**
  Necessity, Types, Preparing markers according to the fabric designs

अध्याय 01

ट्रेड परिचय एवं सुरक्षा सावधानियाँ

Trade Introduction and Safety Precautions

अध्याय विषय सूची

- पोशाक निर्माण का महत्त्व
- पोशाक की भूमिका
- मौसम के अनुरूप पोशाकों का चयन
- रोजगार के अवसर
- दुर्घटना
- सुरक्षा सावधानियाँ
- प्राथमिक उपचार
- सैनेटाइजेशन
- **महत्त्वपूर्ण प्रश्नोत्तरी**
- **अभ्यास प्रश्न**

वर्तमान भौतिक व वैज्ञानिक युग में सैद्धान्तिक शिक्षा के साथ-साथ तकनीकी शिक्षा को भी महत्त्व दिया जा रहा है, जो युवाओं के विकास में भी सहायक है। मनोवैज्ञानिकों के अनुसार विद्यार्थियों को शिक्षा उनकी रुचि के अनुसार दी जानी चाहिए एवं उसी के अनुरूप रोजगारपरक शिक्षा के विषयों का चुनाव भी करना चाहिए।

आज निजी व सार्वजनिक क्षेत्रों में अनेक व्यावसायिक संस्थान (NCVT आदि) संचालित किए जा रहे हैं, जिनमें विद्यार्थी अपनी रुचि के अनुसार व्यावसायिक प्रशिक्षण प्राप्त कर जीवन को आर्थिक रूप से सम्पन्न बना रहे हैं। प्रत्येक वर्ष DGET (NCVT) के द्वारा अनेक प्रकार के कोर्स (इंजी. एवं नॉन-इंजी.) कराए जाते हैं। इन कोर्सों में ड्रेस मेकिंग (dress making) एक नॉन-इन्जीनियरिंग ट्रेड है। यह एकवर्षीय पाठ्यक्रम है तथा प्रशिक्षण के उपरान्त विद्यार्थी को NCVT से सर्टिफिकेट प्राप्त होता है। इस अध्याय में हम ड्रेस मेकिंग कोर्स के उपरान्त प्रशिक्षार्थियों को मिलने वाले रोजगार के अवसर एवं ट्रेड सम्बन्धी सुरक्षा सावधानियों का अध्ययन करेंगे।

1.1 पोशाक निर्माण का महत्त्व Importance of Dress Making

पोशाकों का निर्माण (dress making) एक ऐसा कार्य है, जिसमें निपुणता प्राप्त कर इसे आय का स्रोत बनाया जा सकता है। आज समाज का प्रत्येक वर्ग, बदलते फैशन के अनुसार सुन्दर एवं बहुआयामी पोशाक की आवश्यकता समझता है, क्योंकि पोशाक ही किसी व्यक्ति के व्यक्तित्व को दर्शाती है इसलिए इस तकनीक का महत्त्व और भी बढ़ जाता है। वर्तमान में प्रशिक्षण संस्थानों के अतिरिक्त शिक्षा के क्षेत्र (स्कूलों एवं कॉलेजों) में अन्य विषयों के साथ 'ड्रेस मेकिंग' विषय को भी सम्मिलित कर लिया गया है। इस ट्रेड में पोशाकों के नित नए-नए डिजाइनों एवं बढ़ते कार्य क्षेत्र के कारण आज समाज में टेलर वर्ग महत्त्वपूर्ण स्थान रखता है, क्योंकि यह व्यवसाय धन अर्जित करने का उपयोगी साधन है। वर्तमान आधुनिक फैशन की पोशाक प्रथम पृष्ठभूमि है। इस सन्दर्भ में सिलाई कला के जन्मदाता डॉ. वैम्पन का कथन है कि ''मानव को ईश्वर ने बनाया, लेकिन उसे सजाकर प्रतिष्ठा टेलर ने प्रदान की है।''

1.2 पोशाक की भूमिका Role of Dress

कपड़ा मनुष्य की तीन मूलभूत आवश्यकताओं (भोजन, निवास तथा कपड़ा) में से एक है। प्रत्येक मनुष्य अनेक भिन्न-भिन्न कारणों से पोशाक धारण करता है।

पोशाक को धारण करने के कुछ कारण निम्न प्रकार वर्णित किए गए हैं

1. **शरीर की सुरक्षा हेतु** (For protection of body) मौसम के विभिन्न प्रभावों; जैसे—सर्दी, गर्मी, वर्षा, नमी आदि से हमारी त्वचा बहुत जल्दी प्रभावित हो जाती है। इन प्रभावों से बचने के लिए हम उपयुक्त वस्त्रों का चयन करते हैं, प्राय: गर्मी के मौसम में हल्के व सूती वस्त्रों तथा सर्दी के मौसम में मोटे व ऊनी वस्त्रों का प्रयोग करके शरीर को सुरक्षित रखा जाता है।

2. **शरीर की नग्नता को छिपाने हेतु** (For covering nakedness of body) मनुष्य को सामाजिक व्यवस्था के अनुकूल, अपने शरीर को विभिन्न प्रकार के वस्त्रों द्वारा ढकने की आवश्यकता होती है। विभिन्न प्रकार के वस्त्रों का प्रयोग करके ही मनुष्य एक सामाजिक प्राणी की श्रेणी में आता है।
3. **पहचान हेतु** (For identification) विभिन्न प्रकार की पोशाकें धारण करने के बाद ही भिन्न-भिन्न समूहों के सदस्यों की पहचान की जा सकती है; जैसे—पुलिस तथा फौजियों की पोशाकें, अग्नि विभाग, डॉक्टर एवं छात्रों की पोशाकें आदि। इन सभी वर्गों के व्यक्तियों की पोशाकें अर्थात् यूनिफॉर्म अलग-अलग होने के कारण उन्हें देखकर ही सरलता से पहचाना जा सकता है।
4. **सामाजिक प्रतिष्ठा हेतु** (For social status) जिस प्रकार राजा ताज पहनकर, मूल्यवान आभूषण धारण करके समाज के अन्य व्यक्तियों से भिन्न दिखता है, इन्हीं वस्तुओं द्वारा उसका पद, स्थिति तथा प्रतिष्ठा प्रदर्शित होते हैं ठीक उसी प्रकार मनुष्य द्वारा धारण किए गए वस्त्र उनकी सामाजिक प्रतिष्ठा को दर्शाते हैं।
5. **सजावट हेतु** (For decoration) पोशाकों का कार्य श्रृंगार भी होता है। व्यक्तियों द्वारा पोशाकों का निर्धारण स्थितियों के अनुसार किया जाता है। मनुष्य शुभ-समारोह, उत्सवों आदि में जो वस्त्र पहनता है वे प्रतिदिन पहनी जाने वाली पोशाकों से भिन्न, अधिक सजावटी तथा मूल्यवान होती हैं।
6. **अच्छे व्यक्तित्व हेतु** (For good personality) किसी भी व्यक्ति द्वारा पहनी गई पोशाक उसके व्यक्तित्व की पहचान कराती है। विभिन्न प्रकार की पोशाकों द्वारा मनुष्य के व्यक्तित्व को अधिक आकर्षक तथा प्रभावशाली बनाया जा सकता है। अच्छे तथा व्यवस्थित ढंग से सिले हुए तथा पहने हुए वस्त्र अन्य व्यक्तियों पर अच्छा प्रभाव डालते हैं। वस्त्रों को व्यवस्थित ढंग से सिले जाने का श्रेय टेलर को ही जाता है। इस प्रकार हम कह सकते हैं कि वर्तमान में मनुष्य शरीर की सुरक्षा, पहचान तथा सामाजिक प्रतिष्ठा को ध्यान में रखते हुए अवसरों तथा मौसम के अनुसार पोशाकों का चयन करता है। आधुनिक युग में फैशन का प्रभाव भी मनुष्यों की पोशाकों में स्पष्टत: दिखाई देता है। अत: वस्त्रों के बदलते फैशन के अनुसार ही सिलाई कला का ज्ञान होना अत्यन्त आवश्यक है।

1.3 मौसम के अनुरूप पोशाकों का चयन Selection of Dresses According to Weather

ड्रेस मेकिंग के माध्यम से हम विभिन्न प्रकार की पोशाकों का निर्माण करते हैं। ये पोशाकें ही हमें मौसम से अनुकूलन करने में सहायता प्रदान करती हैं, इसलिए हम मौसम के अनुरूप पोशाकों का चयन आसानी से कर सकते हैं। मौसम के अनुरूप पोशाकों का चयन निम्न प्रकार किया जाता है।

1. शरद् ऋतु Winter Seasons

शरद् ऋतु नवम्बर से फरवरी तक चार माह की मानी जाती है। इस ऋतु में हम सर्द हवाओं से सुरक्षित रहने के लिए मोटे एवं गर्म फैब्रिक्स से निर्मित पोशाकों का प्रयोग करते हैं।

2. ग्रीष्म ऋतु Summer Seasons

यह ऋतु मार्च से जून तक मानी जाती है। इस मौसम में गर्म हवाओं से बचने के लिए सफेद या हल्के रंग के सूती फैब्रिक्स से बनी पोशाकों को प्रयोग किया जाता है। विशेषकर ऐसी पोशाकें जो पसीना सोख ले तथा शरीर पर सीधे गर्म हवा न लगने दें, प्रयोग की जाती हैं। इसके लिए सबसे उत्तम फैब्रिक हैण्डलूम का खद्दर होता है, जो 'लू' से बचाव करता है।

3. वर्षा ऋतु Rainy Seasons

जुलाई से अक्टूबर तक का समय वर्षा ऋतु का माना जाता है। इस मौसम में उमस भरी गर्मी व बरसात रहती है, इसलिए इस ऋतु में हम रूबिया, टेरीकॉट, टेरीलीन जैसे फैब्रिक्स से बनी पोशाकों का प्रयोग करते हैं। बच्चों के लिए पतले, सूती या सूती मिश्रित फैब्रिक्स से बनी पोशाकों का प्रयोग करते हैं।

1.4 रोजगार के अवसर Job Opportunities

मानव जीवन में वस्त्र महत्त्वपूर्ण भूमिका निभाते हैं, क्योंकि पोशाक से ही किसी व्यक्ति के व्यक्तित्व की पहचान की जा सकती है, इसलिए प्रयोग की जाने वाली पोशाकों को व्यवस्थित ढंग से तैयार किया जाना भी अति आवश्यक है। आज ड्रेस मेकिंग ट्रेड एक व्यवसाय के रूप में स्थापित हो चुकी है। यह बहुत ही लाभदायक एवं सुविधाजनक व्यवसाय है, इसलिए इसे घर पर रहकर भी किया जा सकता है। इस व्यवसाय में विभिन्न रोजगार के अवसर विद्यमान हैं।

व्यावसायिक प्रशिक्षण को व्यावसायिक शिक्षा के नाम से भी जाना जाता है। इस तरह की शिक्षा प्रदान करने के उद्देश्य से सरकार ने अनेक सरकारी संस्थान (NCVT) स्थापित किए हैं। ड्रेस मेकिंग कोर्स एक वर्ष की अवधि का होता है इसके अन्तर्गत अनेक छात्र-छात्राएँ सिलाई कोर्स के साथ-साथ सिलाई कार्य भी शुरू कर देते हैं। यह कोर्स बालिकाओं के लिए विशेष रूप से उपयोगी माना जाता है। NCVT के अन्तर्गत ITI में ड्रेस मेकिंग कोर्स दसवीं कक्षा के बाद किया जाता है। इसमें बालिकाओं को सिलाई सम्बन्धी सभी जानकारियों के साथ-साथ प्रैक्टिकल भी कराये जाते हैं।

इस कला में निपुण व्यक्ति, असमर्थ व असहाय महिला, व पुरुषों की सहायता के लिए प्रोडक्शन सेन्टर (production centre) या एक्सपोर्ट हाउस (export house) खोलकर उनको रोजगार देकर, उनके जीवन को सफल बना सकता है। प्रशिक्षित महिलाएँ, गाँवों एवं शहरों में महिलाओं को सिलाई व्यवसाय में पारंगत करके उनकी आर्थिक दशा को सुधारने में सहयोग दे सकती हैं।

वर्तमान युग में मानव के पास समय का अभाव है, वह चाहता है कि उसकी आवश्यकता व पसन्द की पोशाक शीघ्र ही कम व्यय में तथा कम समय में उपलब्ध हो जाए, उसे बार-बार टेलर के पास जाने का कष्ट न उठाना पड़े। इस कार्य में हमारे बुटीक व रेडीमेड पोशाकों की दुकानें बड़ी सहायक सिद्ध हुई हैं, जहाँ ग्राहक जाकर अपनी मनपसन्द पोशाकों को चुनकर तुरन्त पहन सकता है। आज के नित्य बदलते फैशन ने तो इसका महत्व और भी बढ़ा दिया है।

आप जब चाहें, फैशन व विभिन्न रंगों की पोशाक चुनकर अपनी आवश्यकता अनुसार बिना समय व्यर्थ किए पूरा कर सकते हैं। इससे हम फैब्रिक खरीदने, टेलर को सिलने देने व उससे लाने की प्रक्रिया से बच जाते हैं, इसलिए आज छात्र-छात्राओं, महिला व पुरुषों में इस कला के प्रति रुचि बढ़ रहीं है और इसी के आधार पर नि:संकोच हम कह सकते हैं कि 'सिलाई कला' का भविष्य में भी उत्थान होता रहेगा। अत: इस कला का भविष्य उज्ज्वल है। सिलाई कला का पूर्ण ज्ञान होने पर व्यक्ति आय के सामान्य एवं औद्योगिक स्रोतों से आय अर्जित कर सकता है।

1. आय के सामान्य स्रोत Normal Source of Income

ड्रेस मेकिंग ट्रेड को निम्न प्रकार रोजगारपरक बनाया जा सकता है

घर से आय के स्रोत Source of Income from Home

पोशाकों के निर्माण अर्थात् उन्हें बनाने का कार्य घर पर रहकर भी आरम्भ किया जा सकता है। इस कार्य में आप अपने आस-पास, घर के सदस्यों तथा रिश्तेदारों के कपड़ों की सिलाई सरलता से कर सकते हैं। यह आय बढ़ाने का एक सरलतम उपाय है।

टेलर की दुकान चलाना Run a Tailor's Shop

यदि आपका घर मार्केट या उपयुक्त स्थल पर है, तो आप इसमें भी टेलर की दुकान चला सकते हैं। इसके अतिरिक्त आप किराए की दुकान में भी इस कार्य को सरलता से कर सकते हैं। इसके लिए दुकान की सजावट उपयुक्त ढंग से की जानी आवश्यक है।

टेलर्स एण्ड ड्रेपर्स Tailors and Drapers

यदि आपकी दुकान का आकार बड़ा है, तो आप सिलाई कला के साथ अलग-अलग तरह के फैब्रिक्स भी रख सकते हैं। यह भी आपकी आय बढ़ाने में सहायक होता है, इससे ग्राहकों को फैब्रिक्स लेने के लिए दूर नहीं जाना पड़ेगा और आप अपने व्यवसाय को आगे बढ़ा सकेंगे।

बुटीक चलाना Run a Boutique

सिलाई कार्य करते हुए जब आय बढ़ जाए, तो बुटीक खोला जा सकता है। इससे एक ओर जहाँ आपकी आय में वृद्धि होती है वहीं ग्राहकों को भी आसानी हो जाती है, क्योंकि उन्हें ऑर्डर देने और फैब्रिक लेने के लिए अन्य स्थान पर नहीं जाना पड़ता है।

2. आय के औद्योगिक स्रोत Industrial Source of Income

औद्योगिक दृष्टिकोण से ड्रेस मेकिंग ट्रेड को आय के स्रोत के रूप में प्रयोग में लाया जा सकता है

रेडीमेड पोशाकों का निर्यात Export of Ready-made Garments

नवीनतम पोशाकों को सिलवाकर विदेशों को भेजकर स्वदेश के लिए विदेशी मुद्रा अर्जित करना भी इस कला को उत्थान की ओर इंगित करता है। आज ऐसी अनेक फर्में चल रही हैं, जो हमें निर्यात से सम्बन्धित पर्याप्त ज्ञान प्रदान करती हैं। यहाँ पर अनेक संस्थानों की पोशाकों को भी तैयार किया जाता है एवं उनका निर्यात भी होता है।

डिजायनर पोशाकों द्वारा By Designer Garments

कोई भी सभ्य समाज फैशन के अनुसार, अपने व्यक्तित्व को निखारना पसन्द करता है, इसी तरह से फिल्म इण्डस्ट्री एवं टी.वी. सीरियलों से जुड़े सामान्य व्यक्तित्व वाले व्यक्तियों के लिए फैशन को प्रचलित करने वाली आकर्षक डिजायनर पोशाकें तैयार की जा सकती हैं। सभ्य समाज में नित्य नए फैशन व कलात्मक पोशाकों का निर्माण भी इस व्यवसाय की उन्नति में सहायक होता है। इस तरह इस कला को एक रोजगार के रूप में अपनाया जा सकता है।

लघु उद्योग के रूप में As a Small Industries

विकासशील भारत में लघु उद्योगों की महत्त्वपूर्ण भूमिका है। टेलरिंग कला को उद्योग का रूप देने में कम जगह एवं कम पूँजी तथा 6 या 7 कारीगर या अधिक का समूह बनाकर लघु उद्योग चलाए जाते हैं। इसे अपने आस-पास की युवतियों व महिलाओं को सम्मिलित करके भी चला सकते हैं।

डिजाइनर के रूप में As a Designer

बड़े स्तर के कारखानों और फैक्ट्रियों में तरह-तरह की नई आकर्षक डिजाइनर पोशाकों के निर्माण के लिए डिजाइनर नियुक्त किए जाते हैं, जो अच्छे वेतनमान पर कार्य करते हैं। कल्पनाशील व्यक्ति ही अच्छे डिजाइनर के रूप में नए फैशन की पोशाकों को फैशन निर्मित करता है। इस तरह इस कला में दक्षता प्राप्त कर इसे व्यवसाय के रूप में आगे बढ़ाया जा सकता है।

कटर के रूप में As a Cutter

फैब्रिक पर विशेष डिजाइन बनाने के बाद उनकी कटाई विशेष 'कटर' की देख-रेख में की जाती है। ये कटर भी अच्छा वेतनमान पाते हैं। इसलिए इस कला की पूरी जानकारी होना आवश्यक है। एक कुशल कटर की विशेषता यह है कि वह डिजाइन के अनुरूप ही कटिंग करे।

चैकर व सुपरवाइजर के रूप में As a Checker and Superviser

कार्य में अच्छी गुणवत्ता लाने के लिए सभी कम्पनियों में चैकर व सुपरवाइजर के पदों की नियुक्तियाँ की जाती हैं। इनमें कार्य-कौशल को वरीयता दी जाती है। इस प्रकार प्रशिक्षु प्रशिक्षण प्राप्त करने के उपरान्त रोजगार को प्राप्त कर सकता है।

ट्रेड सम्बन्धी फर्मों के रूप में As a Trade Related Firm

सिलाई से सम्बन्धित कार्यों को ठीक प्रकार से पूर्ण करने के उद्देश्य से कुछ फर्में भी चलाई जाती हैं। इन फर्मों में भी रोजगार के अवसर खोजे जा सकते हैं। बड़े पैमाने पर कार्य करने पर जीन्स प्लाण्ट, शर्ट प्लाण्ट, बटन होल्स मशीन आदि आधुनिकतम मशीनों का प्रयोग होता है। यहाँ पर विशेष पोशाकें भी ऑर्डर पर तैयार की जाती हैं। अत: स्पष्ट है कि सिलाई व्यवसाय तब ही किया जा सकता है जब कटाई-सिलाई का पूर्ण ज्ञान और पर्याप्त सूझ-बूझ हो।

ITI सम्बन्धी ट्रेडों में ड्रेस मेकिंग एक अत्यन्त महत्त्वपूर्ण ट्रेड है, जो प्रशिक्षुओं में ट्रेड सम्बन्धी बहुआयामी कौशल भर देने में सक्षम है। इसके द्वारा प्रशिक्षु प्रशिक्षण उपरान्त अपने में कौशलात्मक विकास से शासकीय सेवा में या स्वरोजगार करने योग्य व सक्षम बन पाता है।

1.5 दुर्घटना Accident

सिलाई सम्बन्धी कार्य करते समय अनेक प्रकार की असावधानियाँ होने के कारण मनुष्य को चोट लग जाती है। सिलाई में प्रयोग की जा रही वस्तुओं को यदि व्यवस्थित ढंग से न रखा जाए तो ये वस्तुएँ ही मनुष्य को चोट लगने का कारण बन जाती हैं। कभी-कभी चोट अधिक लग जाए तो वह दुर्घटना का रूप ले लेती है। सिलाई करते समय सामान्यत: दुर्घटनाएँ निम्न कारणों से घटती हैं; जैसे—

1. सुरक्षा के प्रति सजग न होना।
2. कार्य के प्रति गम्भीर न होना।
3. औजारों व उपकरणों का सही प्रयोग न करना।
4. सुरक्षात्मक सावधानियों का ध्यान न रखना।
5. कार्य करने के योग्य न होना।
6. कार्यशाला अर्थात् कार्य करने के स्थान का स्वच्छ, सुरक्षित न होना।
7. कार्यस्थल पर समुचित प्रकाश का न होना।
8. नुकीली वस्तुएँ; जैसे-सुई, पिन, कैंची आदि से चोट लगना।
9. प्रेस व पॉवर मशीन आदि के प्रयोग से विद्युत का झटका लगना।
10. बैठने की स्थिति सही न होने पर पीड़ा व थकान होना।

1.6 सुरक्षा सावधानियाँ Safety Precautions

प्रत्येक कार्य के लिए सुरक्षा होनी आवश्यक है एवं कार्य करने वाले स्थान को सुरक्षित बनाए रखना हमारी जिम्मेदारी होती है। अत: काम करते समय निम्न सुरक्षा सावधानियों को ध्यान में रखना चाहिए—

1. हाथ के कार्य करते समय सावधानियाँ
Precautions While Hand Work

- हाथ सम्बन्धी कार्यों में सुइयों का प्रयोग होता है। हाथ की सुई कभी भी बिना धागे के नहीं रखनी चाहिए। हमेशा पिन-कुशन में सुइयाँ लगा कर रखनी चाहिए।
- हाथ के काम करते समय थिम्बल का प्रयोग करते हैं, जिससे उंगलियों के टिप्स खराब नहीं होते हैं।
- कभी-कभी कार्य करते समय सुई टूट जाती है, तो उस सुई को तुरन्त डस्टबिन में फेंक देना चाहिए।
- काम करते समय कभी भी सुई को मुँह में नहीं रखना चाहिए, क्योंकि गलती से मुँह के अन्दर सुई के चले जाने पर गम्भीर परेशानियाँ हो सकती हैं।
- आलपिन को भी पिन-कुशन में लगाकर रखें।
- हाथ के टाँके के लिए बहुत लम्बे धागे ने पिरोएँ।
- हाथ टाँके के लिए उपयुक्त सुई का प्रयोग करें।
- हमेंशा चॉक से कपड़े की उल्टी साइड ही निशान बनाएँ।

2. कटिंग करते समय सावधानियाँ
Precautions While Cutting

- कैंची को हमेशा दाहिने हाथ में रखना चाहिए तथा रखते समय में वह बन्द अवस्था में होनी चाहिए।
- कैंची को हमेशा गिरने से बचाना चाहिए, अन्यथा वह कपड़ा भी ठीक से नहीं काटेगी।
- कैंची को चलाते समय हमेशा सीधा रखना चाहिए।
- कैंची सदैव कटिंग करते समय 3/4 खुली होनी चाहिए ताकि कपड़े पर कट-फट के निशान न आ पाएँ।
- कपड़े काटते समय थोड़ा ध्यान देना आवश्यक होता है कि कैंची के छोटे वाले भाग में अँगूठा ऊपर रखें तथा बड़े भाग में उंगलियों को नीचे रखें।
- गोलाइयों पर कैंची की गति धीमी होनी चाहिए।
- कटिंग के बीच में या कटिंग करने के पश्चात् कभी भी कैंची खुली न छोड़ें।
- बड़ी कैंची केवल कपड़ा काटने के लिए रखनी चाहिए तथा धागे काटने के लिए छोटी कैंची का प्रयोग करना चाहिए।
- कटिंग वाली कैंची से कोई अन्य काम नहीं करना चाहिए।
- काज-बटन आदि काम के लिए काज काटने वाली कैंची या छोटी कैंची, जिसकी नोंक शार्प हो उसका प्रयोग कर सकते हैं।

3. मशीन के कार्य करते समय सावधानियाँ
Precautions While Machine Work

- मशीन पर काम करते समय कुर्सी को बार-बार आगे-पीछे नहीं करना चाहिए। हमेशा सही स्थिति में बैठना चाहिए, इससे थकान कम होती है एवं काम करने की क्षमता में वृद्धि होती है।
- मशीन के पास उचित ऊँचाई का स्टूल होना चाहिए।
- सभी औजारों को अपने पास ही रखना चाहिए।
- पावर मशीन में विद्युत वायरिंग चैक कर लें, ताकि किसी भी प्रकार का शॉर्ट सर्किट न हो।
- इलेक्ट्रिशियन से मशीन की वायरिंग चैक करा लें, ताकि मशीन में कोई करेण्ट न हो।
- मशीन को बन्द करते समय हमेशा प्लग पकड़ना चाहिए न कि तार।
- कभी भी मशीन के नीचे या आस-पास पानी न हो।
- काम शुरू करने से पहले हमेशा मशीन की पूरी जाँच करनी चाहिए।
- कभी भी चलती हुई मशीन से कपड़ा न खींचें।
- मशीन में सप्ताह में 1 या 2 बार तेल व सफाई करना जरूरी होता है।
- मशीन में कपड़े सिलने से पहले कपड़े को देखना चाहिए, यदि कपड़ा मोटा हो, तो उसके अनुसार सुई बदलनी चाहिए।
- मशीन पर काम करते समय हील वाले सैन्डल या जूते का प्रयोग नहीं करना चाहिए तथा तंग कपड़े भी नहीं पहनने चाहिए।
- सिलाई की जाने वाली जगह हमेशा साफ-सुथरी होनी चाहिए।
- मशीन चलाते समय कभी भी पहिये को हाथ से रोकने या चलाने की कोशिश नहीं करनी चाहिए।
- कटिंग करते समय सभी भागों को क्रम से जोड़ना चाहिए।
- मशीन पर काम करते समय अपने सहकर्मी से बातचीत नहीं करनी चाहिए। अपने हाथ कैंचियाँ और नुकीली वस्तुएँ एवं बेल्ट से दूर रखने चाहिए।

4. **कपड़े प्रैस करते समय बरती जाने वाली सावधानियाँ**
Precautions While Pressing the Clothes

- गर्म प्रैस द्वारा सीधे कपड़े पर प्रैस न करें, गर्म प्रैस को पहले दूसरे कपड़े पर जाँचे उसके बाद ही प्रैस करनी चाहिए।
- प्रैस करते समय पैरों में रबर के स्लीपर या लकड़ी के फट्टे पर खड़ा होना चाहिए ताकि बिजली का झटका न लगे।
- काम करते समय बात न करें अन्यथा कपड़े जल सकते हैं।
- प्रैस करने से पहले प्लग और प्रैस के स्विच को ठीक तरह से लगाना चाहिए।
- प्रैस करने के बाद उसका बटन बन्द करना न भूलें।

5. **कर्मचारियों की सुरक्षा सम्बन्धी सावधानियाँ**
Precautions Related to Safety of Workers

- हर विद्यार्थी एवं कर्मचारी को हर एक मशीन चलानी नहीं आती है, इसलिए कभी भी नई मशीन पर बिना उसके बारे में जाने, कार्य करने का प्रयास न करें।
- महिलाएँ काम करते समय बाल बाँधे एवं दुपट्टा, साड़ी का पल्लू आदि ठीक से बाँधकर रखें।
- मोटर से चलने वाली मशीन को कभी भी हाथ से न रोकें, मोटर को बन्द करने के बाद ही हाथ लगायें।

अत: आवश्यक है कि सिलाई सम्बन्धी कार्यों को करने से पूर्व उपरोक्त दी गई सभी सावधानियों का अध्ययन कर इन्हें उपयोग में लायें।

रखरखाव एवं भण्डारण
Maintenance and Storage

मशीनों व औजारों के रखरखाव एवं भण्डारण के लिए निम्न बिन्दुओं को ध्यान में रखना चाहिए

(*i*) मशीनों के उचित रखरखाव के लिए समय समय पर उन्हें एक योग्य तकनीशियन द्वारा नियमित रूप से जाँच की जानी चाहिए।
(*ii*) मशीन या उसके औजारों को सुरक्षित रूप से उपयुक्त स्थान पर रखें।
(*iii*) मशीनों को किसी खराबी से बचाने के लिए ब्राडेड या अनुशासित मशीनी अवयवों का ही उपयोग करें।
(*iv*) उत्तम और सुरक्षित प्रदर्शन के लिए सुइयों और औजारों को साफ रखें।
(*v*) मशीन को साफ कपड़े से साफ करें। सॉल्वेन्ट या थिनर का उपयोग न करें।
(*vi*) जब उपयोग मे न हो तो मशीन को ढक दें और साफ और सूखी जगह पर भण्डारित करें।
(*vii*) प्रत्येक कार्य के अन्त में फर्श को साफ करें। धागें के बिखरे टुकड़े, फैब्रिक की कतरने व रेशे एकत्रित करके फर्श को साफ करें।
(*viii*) सर्विस करते समय केवल समान प्रतिस्थापन भागों का उपयोग करें। किसी अन्य भाग का उपयोग वारंटी को अमान्य कर देगा।
(*ix*) कपड़े की अलमारी में नैप्थेलीन बॉल्स का प्रयोग करें, ताकि कपड़ों में कीड़े न लगें।

1.7 प्राथमिक उपचार First Aid

किसी दुर्घटना के समय डॉक्टरी सहायता से पूर्व चिकित्सा सहायता देना, प्राथमिक उपचार कहलाता है। प्राथमिक उपचार देने के निम्न उद्देश्य हैं

1. जीवन को सुरक्षित बनाए रखना।
2. पीड़ित की स्थिति को अधिक खराब होने से बचाना।

पीड़ित को प्राथमिक चिकित्सा दिए जाने के कुछ आवश्यक चरण निम्नवत् हैं

(*i*) स्वयं के जीवन को खतरे में न डालें। सर्वप्रथम घटना का मूल्यांकन करें।
(*ii*) प्राथमिक उपचार तत्काल प्रदान करें। स्वयं शान्त रहें एवं भीड़ न लगने दें। पीड़ित को अकेला न छोड़ें। चोट आदि की जानकारी करके उपयुक्त तरीके से उपचार करें।
(*iii*) आवश्यक होने पर डॉक्टर को सूचित करें अथवा पीड़ित को उसके पास ले जाएँ।
(*iv*) खून बहने की दशा में, उसे रोकने के लिए यथासंभव उपाय करें।
(*v*) यदि कोई हड्डी टूटी लगती है, तो उस स्थान पर लकड़ी की पट्टी रखकर कपड़े से बाँध दें।
(*vi*) घाव आदि होने पर उसे साफ करके रूई तथा सूती कपड़े से ढक दें।
(*vii*) जलने की दशा में उस स्थान पर ठण्डी व उचित औषधि लगाएँ।
(*viii*) अधिक जले व्यक्ति को कम्बल अथवा मोटे कपड़े से ढक दें।

प्राथमिक उपचार सम्बन्धी सामग्री
Material Related to First Aid

प्राथमिक उपचार के बॉक्स में निम्न सामग्री अनिवार्य रूप से होनी चाहिए

- टिंक्चर आयोडीन
- टिंक्चर बेन्जीन
- मरक्यूरोक्रीम
- डेटॉल
- बरनॉल
- दर्दनिवारक दवा
- मूर्च्छा दूर करने की दवा
- पट्टी
- कपड़ा
- रूई
- सेफ्टी पिन
- कच्चा प्लास्टर
- लकड़ी के छोटे पट्टे
- दवा देने का मापित गिलास
- आँख धोने का गिलास
- ड्रॉपर
- स्ट्रेचर आदि।

उपरोक्त प्राथमिक उपचार सामग्री के अतिरिक्त वर्तमान समय में ग्लूकोमीटर (ब्लड शुगर जाँचने के लिए), वेट मशीन (भार चैक करने के लिए), ब्लड प्रेशर डिजिटल मॉनीटर (रक्तचाप जाँचने के लिए) एवं डिजिटल थर्मामीटर (बुखार जाँचने के लिए) को भी फर्स्ट एड बॉक्स में सम्मिलित किया जाता है।

1.8 सैनेटाइजेशन Sanitation

सैनेटाइजेशन एक निश्चित क्षेत्र या सतह को इस प्रकार से साफ करने की एक प्रक्रिया है कि उस स्थान को बैक्टीरिया मुक्त बनाया जाएँ और सभी प्रकार के उन रोगाणुओं और वायरस को साफ किया जाए जो मानव शरीर को संक्रमित कर सकते हैं और विभिन्न प्रकार की बीमारियों का कारण बन सकते हैं। हाथ सेनिटाइजेशन हाथो को साफ करने की एक प्रक्रिया हैं जब हाथ किसी भी संक्रमित सतह, जानवरों या मनुष्यों को छूते है। तो हाथों के द्वारा संक्रमित सतह के जीवाणु व बैक्टीरिया हमारे शरीर में पहुँच जाते है। जिससे अनेक रोग उत्पन्न होते हैं। इसीलिए कार्य वाले स्थान को सैनेटाइज करना अति आवश्यक है। सैनेटाइजेशन रोगाणुओं को रसायनों की सहायता से हटाने की एक प्रक्रिया है जो मानव शरीर के नुकसान नहीं पहुँचाती है। रसायनों का उपयोग मापी गई मात्रा में किया जाता है और पानी या अन्य पतला करने वालें एजेंटों के साथ पतला किया जाता है। कार्यस्थल पर सही रसायन का उपयोग करने का पर्याप्त ज्ञान होना चाहिए।

सैनेटाइजेशन का महत्त्व Importance of Sanitation

हाथ साफ करने से हम और हमारा परिवार स्वस्थ रहता है। हाथ से हम जाने अनजाने सैकड़ों चीजों को छूते हैं जो हमें सैकड़ों रोगाणुओं से संक्रमित कर सकती है। इसलिए हैंड सैनेटाइजेशन अति आवश्यक है। अधिकांश रोगाणु बैक्टीरिया और अन्य रोगजनक हानिकारक सूक्ष्मजीव हमारे हाथों से हमारे शरीर के अन्दर में प्रवेश करते है।

दिन भर में हम कई सतहों को छूते हैं जिनमें से कई सतह बैक्टीरिया कवक और वायरस से प्रदूषित हो सकती हैं। अब इन हाथो से अपनी आँख, नाक और मुँह को छूने से ये बैक्टीरिया हमारे शरीर में पहुँचकर हमें बीमार कर सकते हैं। यही कारण है कि हमारे स्वास्थ्य के लिए हाथों की धुलाई ओर स्वच्छता सबसे महत्वपूर्ण है। घर, कार्यालय, निजी या सार्वजनिक वाहनों एवं सार्वजनिक स्थानों पर जिन विभिन्न सतहों के सम्पर्क में हम आते हैं। ऐसी सतहों को छूने से बैक्टीरिया हमारे हाथों के माध्यम से शरीर के अन्दर प्रवेश करके कई गम्भीर बीमारियों का कारण बनते हैं। अत: इसीलिए किसी सतह, स्थान एवं हाथों को सैनेटाइज करना अत्यन्त आवश्यक है।

साफ सफाई एवं सैनेटाइजेशन में अन्तर
Difference Between cleanliness and Sanitation

सफाई स्वच्छता की दिशा में पहला चरण है लेकिन केवल सफाई से किसी स्थान या हमारे हाथों को पूर्ण रूप से साफ नहीं किया जा सकता है। सफाई प्राय पहला ऐसा चरण होता है जो एक निश्चित सतह के ऊपर से गंदगी और धूल को हटाता है। इसके विपरीत सैनेटाइजेशन इसके पश्चात् का चरण है जिसका उद्देश्य गहरी सफाई करना है।

सफाई एक नियमित कार्य है जिसे कोई भी कर सकता है लेकिन सैनेटाइजेशन एक अत्यधिक पेशेवर प्रक्रिया है जिसे करने के लिए अभ्यास की आवश्यकता होती है। सैनेटाइजेशन प्रक्रिया में कई प्रकार के रसायन प्रयोग किए जाते है जिनकी सहायता से किसी सतह, स्थान को पूर्ण रूप से बैक्टीरिया मुक्त बनाया जाता है।

महत्त्वपूर्ण प्रश्नोत्तरी

1. आधुनिक फैशन की प्रथम पृष्ठभूमि क्या है?

उत्तर आधुनिक फैशन की प्रथम पृष्ठभूमि पोशाक है।

2. पोशाक निर्माण को कितने और कौन-कौन से भागों में विभक्त कर उनका अध्ययन किया जा सकता है?

उत्तर पोशाक निर्माण को मुख्य रूप से दो भागों में विभाजित किया गया है

(i) कटाई एवं (ii) सिलाई

3. पाषाण काल में मानव शरीर की सुरक्षा कैसे करता था?

उत्तर पाषाण काल में मानव सर्दी, गर्मी एवं बरसात से बचने के लिए विभिन्न प्रकार के पेड़ों के पत्तों का उपयोग करता था।

4. पोशाक-निर्माण के विकास के क्रम में लौह युग का स्मरण किस योगदान के लिए मुख्य रूप से किया जाता है?

उत्तर लौह काल में मानव ने लोहे की बनी सुई से तकली द्वारा काते गए सूत से बुने फैब्रिक्स की पोशाक सिलनी प्रारम्भ की थी। इस युग को सिलाई का जन्मदाता युग माना जाता है।

5. प्राथमिक उपचार क्या है?

उत्तर किसी दुर्घटना के समय डॉक्टरी सहायता से पूर्व चिकित्सा सहायता देना प्राथमिक उपचार कहलाता है।

अभ्यास प्रश्न

परीक्षा प्रारूपी प्रश्न

बहुविकल्पीय

1. NCVT द्वारा आयोजित ड्रेस मेकिंग कितने वर्ष का पाठ्यक्रम है ?
(a) एक वर्ष (b) 6 माह
(c) दो वर्ष (d) तीन वर्ष

2. ड्रेस मेकिंग किस प्रकार का कोर्स है?
(a) इंजीनियरिंग कोर्स (b) नॉन इंजीनियरिंग कोर्स
(c) तकनीकी कोर्स (d) इनमें से कोई नहीं

3. पोशाक-निर्माण को उपयुक्त रूप में समझाने के लिए किन भागों में बाँटा गया है?
(a) कटाई (b) सिलाई
(c) फिटिंग व फिनिशिंग (d) 'a' और 'b' दोनों

4. डॉ. वैम्पन को इनमें से किसके रूप में याद किया जाता है?
(a) सिलाई कला का वैज्ञानिक (b) सिलाई कला का आविष्कारक
(c) 'a' और 'b' दोनों (d) इनमें से कोई नहीं

5. शरद् ऋतु में कौन-सी पोशाक पहनी जाती है?
(a) मलमल (b) पॉलिएस्टर (c) सूती (d) ऊनी

6. खुशी के अवसर पर इनमें से कौन-सी पोशाक धारण करते हैं?
(a) चमकीली (b) सफेद
(c) काली (d) इनमें से कोई नहीं

7. टेलरिंग को उद्योग का रूप देने में इनमें से क्या सहायक है?
(a) कम जगह व कम पूँजी (b) 6 या 7 कारीगर
(c) 'a' और 'b' दोनों (d) इनमें से कोई नहीं

8. कैंची को कौन-से हाथ में पकड़ना चाहिए
(a) दाहिने हाथ में (b) बायें हाथ में
(c) किसी भी हाथ में (d) फ्रैब्रिक के अनुसार

9. कैंची सदैव कटिंग करते समय .... खुली होनी चाहिए।
(a) $\frac{1}{2}$ (b) $\frac{1}{4}$ (c) $\frac{3}{4}$ (d) $1\frac{1}{4}$

10. हाथ की सुई का उपयोग करते समय सदैव उपयोग करना चाहिए
(a) थिम्बल का (b) कुशन का (c) ग्लव्स का (d) टेप का

11. हाथ की सुई को हमेशा ..... में लगा कर रखना चाहिए।
(a) सेफ्टी बोर्ड (b) मशीन के बेस
(c) पिन कुशन (d) थिम्बल

12. मशीन पर कार्य करते समय निम्न में किस सावधानी का ध्यान रखना चाहिए ?
(a) कभी भी चलती हुई मशीन से कपड़ा न खीचें।
(b) मशीन के आस-पास पानी न हो
(c) पावर मशीन में विद्युत वायरिंग पहले ही जाँच लें।
(d) उपरोक्त सभी

13. कपड़े की अलमारी में कौन-सी गोलियाँ रखनी चाहिए ?
(a) नैफ्थेलीन (b) सल्फेट टैबलेट (c) कपूर (d) ये सभी

14. प्राथमिक उपचार के बॉक्स में निम्न में से कौन-सी सामग्री अनिवार्य रूप से होनी चाहिए ?
(a) डेटॉल (b) बरनॉल (c) दर्दनिवारक दवा (d) ये सभी

15. किसी सतह को पूर्व रूप से जीवाणु व बैक्टीरिया युक्त बनाने के लिए क्या करना चाहिए ?
(a) साफ-सफाई (b) सैनेटाइजेशन
(c) डस्टिंग (d) क्लोरीन का छिड़काव

16. संस्था के व्यक्तियों द्वारा किस प्रकार की वेशभूषा पहनी जाती है?
(a) परम्परागत (b) अनौपचारिक (c) औपचारिक (d) यूनिफॉर्म

17. कौन-सी सामग्री प्राथमिक चिकित्सा किट का हिस्सा नहीं है?
(a) चिपचिपा टेप (b) कैंची
(c) एण्टीसेप्टिक क्रीम (d) ये सभी

18. प्राथमिक चिकित्सा देने का मुख्य उद्देश्य है
(a) जीवन को सुरक्षित बनाए रखना
(b) पीड़ित की स्थिति को अधिक खराब होने से बचाना
(c) 'a' और 'b' दोनों
(d) उपरोक्त में से कोई नहीं

19. कार्यशाला में किसी व्यक्ति को चोट लगने पर सर्वप्रथम क्या करना चाहिए?
(a) जोर-जोर से चिल्लाकर लोगों को सूचित करें।
(b) डॉक्टर के पास लेकर जाएँ
(c) प्राथमिक उपचार प्रदान करके डॉक्टर के पास ले जाएँ
(d) कार्यशाला के प्रबन्धक को सूचना दें

20. निम्न में से क्या फर्स्ट एड बॉक्स(first aid box) में आवश्यक होना चाहिए?
(a) एण्टीसेप्टिक क्रीम (b) बरनॉल
(c) दर्दनाशक दवा (d) उपरोक्त सभी

उत्तरमाला

1. (a)	**2.** (b)	**3.** (d)	**4.** (c)	**5.** (d)	**6.** (a)	**7.** (c)	**8.** (a)	**9.** (c)	**10.** (a)
11. (c)	**12.** (d)	**13.** (a)	**14.** (d)	**15.** (b)	**16.** (d)	**17.** (a)	**18.** (c)	**19.** (c)	**20.** (d)

अध्याय 02

सुइयाँ एवं धागे

Needles and Threads

कपड़ों की सिलाई के लिए सुइयाँ एवं धागे अनिवार्य तत्त्व हैं। जिस प्रकार, अलग-अलग कपड़ों की सिलाई के लिए अलग-अलग धागों का उपयोग किया जाता है, उसी प्रकार कपड़ों की गुणवत्ता (quality) के आधार पर सुइयों का भी चयन किया जाता है। सिलाई के कार्य में सुई एक बहुत ही साधारण उपकरण है, परन्तु इसके बिना कपड़ों की सिलाई सम्भव नहीं है। अत: सिलाई के लिए सही एवं संगत सुई का चयन उत्तम माना जाता है।

अध्याय विषय सूची

2.1 हाथ की सुइयाँ Hand Needles

कपड़ों की सिलाई के लिए हाथ की सुइयों का विशेष महत्त्व होता है। ये सुइयाँ बाजार में विविध प्रकारों एवं आकारों में उपलब्ध होती हैं। कपड़ों की गुणवत्ता के आधार पर ही सुइयों का चयन किया जाता है। सामान्यत: हाथ से प्रयुक्त होने वाली सुइयों को 0 से 12 नं. तक के आकार में विभक्त किया गया है। हाथ की सुइयों का नम्बर जितना अधिक होगा उसकी गुणवत्ता उतनी ही अच्छी होती है, जबकि मशीन की सुइयों में स्थिति विपरीत होती है।

सुइयों का चयन निम्नलिखित परिस्थितियों पर निर्भर करता है

- महीन कपड़ों की सिलाई के लिए बारीक अर्थात् छोटी सुई का ही प्रयोग करना चाहिए, जिससे कपड़े खिंचे नहीं तथा खराब न हों।
- यदि टाँके छोटे लगाने हों तो छोटी सुई का ही प्रयोग करना चाहिए।
- धागों की मोटाई विभिन्न प्रकार की होती है। अत: सुई का छिद्र धागे की मोटाई के अनुरूप ही होना चाहिए, जिससे सुई के छिद्र में धागा आसानी से प्रवेश कर सके।

हाथ की सुइयों के प्रकार Types of Hand Needles

प्राय: सुइयों का प्रयोग वस्त्रों के सिलने में किया जाता है तथा इसके अतिरिक्त फटे या कटे हुये वस्त्रों को सिलने में भी इसका प्रयोग किया जाता है। अत: कार्यिकी के आधार पर हाथ से प्रयोग की जाने वाली सुइयों को चार भागों में विभाजित किया जाता है

(i) पैनी नोंक वाली सुई Sharp Pointed Needle

इस प्रकार की सुइयाँ मध्यम लम्बाई वाली एवं गोल छिद्र की होती हैं। ये मुख्य रूप से 1 से 10 नं. के आकार में मिलती हैं। मोटे कपड़ों की सिलाई करने हेतु 16 से 18 नं की सुइयों का प्रयोग किया जाता है, इसे कारपेट शॉर्प के नाम से भी जाना जाता है। सजावटी कार्यों में 10-11 नं. की सुइयों का प्रयोग किया जाता है।

(ii) रजाई बनाने की सुई Quilting Needle

ये पैनी नोंक वाली सुई से छोटी होती है, इस कारण इससे महीन एवं छोटे टाँके सरलता से लगाए जा सकते हैं। हस्त सिलाई द्वारा रजाई, गद्दे बनाने में ऐसी ही सुइयों का प्रयोग किया जाता है। इन सुइयों के आकार नं. 1 से 12 के बीच होते हैं।

(iii) **कढ़ाई करने की सुई** Embroidery Needle

यह पैनी नोंक वाली सुई के समान ही होती है। यह सामान्य तौर पर 1 से 10 नं. के आकार में मिलती है। इस सुई में छिद्र थोड़ा ऊपर की तरफ लम्बा होता है। सजावटी हस्त कार्यों में कच्चे रेशम के धागे का व्यापक रूप से प्रयोग किया जाता है।

इस कच्चे रेशम के धागे द्वारा वस्त्रों को इसी सुई के माध्यम से सजाया जाता है।

(iv) **टेपस्ट्री सुई** Tapestry Needle

इस प्रकार की सुइयों का उपयोग ऊनी कपड़ों पर कढ़ाई व सजावटी कार्य करने के लिए किया जाता है। इस प्रकार की सुइयाँ सीधी नोंक व लम्बे छिद वाली होती हैं तथा आकार में मोटी होती हैं। सूती व रेशमी धागों के कार्यों में इस प्रकार की सुइयों का ही उपयोग किया जाता है। प्राय: ये सुइयाँ 13 से 28 न. तक में उपलब्ध होती हैं।

हाथ द्वारा प्रयुक्त होने वाली कुछ विशेष सुइयाँ Some Special Hand Needles

जैसा कि हम जानते हैं कि हाथों के द्वारा होने वाले सिलाई कार्यों में सुइयों का महत्वपूर्ण योगदान है, अत: कार्यों के आधार पर कुछ महत्वपूर्ण सुइयों को यहाँ तालिकाबद्ध किया गया है।

क्र.सं.	सुई का प्रकार	विवरण	आकार	उपयोग
1.	बीडिंग (Beading)	लम्बा व पतला आकार	10 से 15	कपड़ों पर सितारे, मोती आदि लगाने में प्रयुक्त
2.	बॉडकिन (Bodkin)	बॉल नोंक सिरे के साथ लम्बी, मोटी व लम्बा बड़ा छिद्र	17	लैस ओपनिंग एवं कैसिंग द्वारा रिबन, इलास्टिक की थ्रेडिंग मे प्रयुक्त
3.	चैनाइल (Chenille)	बड़े, लम्बे छिद्र, मोटी एवं नुकीली नोंक	13 से 24	विशेष कढ़ाई करने में प्रयुक्त
4.	डार्नर (कॉटन) (Darner)	लम्बा व अण्डाकार छिद्र	1 से 12	बास्टिंग एवं मेंडिग कार्य हेतु प्रयुक्त
5.	मिलिनर (Miliner)	लम्बा आकार एवं गोल छिद्र	5/0 से 10	बास्टिंग, प्लीटिंग, सजावटी टाँकों व हैट बनाने में प्रयुक्त
6.	ग्लोवर अथवा लैदर (Glover or Leather)	त्रिकोणीय नोंक वाली	3/0 से 10	प्लास्टिक, लैदर, फर की सिलाई में प्रयुक्त
7.	सैलमेकर (Sailmaker)	लम्बी व त्रिकोणीय नोंक	14 से 18	मोटे कैनवास एवं भारी लैदर की सिलाई में प्रयुक्त
8.	सैल्फ-थ्रेडिंग (Self-threading)	खाँचेदार व पैनी नोंक वाली सुई	4 से 8	मशीन में बिल्ट-इन थ्रेडर न होने पर प्रयुक्त

2.2 सिलाई मशीन में प्रयुक्त सुइयाँ Needles Used in Sewing Machine

जिस प्रकार बाजार में हाथ से प्रयोग की जाने वाली विविध प्रकार की सुइयाँ उपलब्ध हैं, उसी प्रकार सिलाई मशीन में प्रयुक्त होने वाली भी अनेक आकारों एवं प्रकारों की सुइयाँ बाजार में उपलब्ध हैं।

मशीनों में प्रयुक्त होने वाली सुइयों का विशेष ध्यान रखना अनिवार्य है, क्योंकि लगातार प्रयोग करने से मशीन की सुई खराब हो जाती है, कभी-कभी मुड़ भी जाती है या फिर टूट जाती है। कपड़े की सिलाई करते समय सुई का चयन विशेष महत्त्व रखता है इसी कारण सुई के चयन में कुछ बातों का ध्यान रखना अनिवार्य है। ये बाते निम्न हैं

1. सुई प्रणाली,
2. सुई का प्रकार तथा
3. सुई का आकार

सुई के महत्वपूर्ण भाग Important Parts of Needle

सुई के महत्वपूर्ण भाग निम्न प्रकार हैं

(i) **बट** (Butt) शैंक का ऊपरी भाग, जो छोटे पिरामिड आकार का होता है बट कहलाता है। नीडल बार में सिंगल प्वॉइण्ट सम्पर्क बनाने के लिए यह आकार बनाया जाता है।

(ii) **शैंक** (Shank) सुई का सबसे ऊपरी भाग शैंक कहलाता है। सुई का यह हिस्सा सिलाई मशीन में नीडल स्क्रू द्वारा नीडल बार में लगा होता है। शैंक का आगे वाला भाग गोल तथा पीछे वाला भाग समतल होता है।

(iii) **शोल्डर** (Shoulder) शैंक और ब्लेड के बीच का वह भाग जो अपेक्षाकृत मोटा होता है, वह शोल्डर कहलाता है। यह हिस्सा नीचे की ओर पतला होता जाता है।

(iv) **शाफ्ट या ब्लेड** (Shaft or blade) शैंक के नीचे का पतला हिस्सा शाफ्ट या ब्लेड कहलाता है। शाफ्ट/ब्लेड के व्यास के आधार पर ही सुई का आकार निर्धारित होता है, यदि व्यास = 0.65 mm है, तो सुई का आकार 65 होगा।

(v) **ग्रूव** (Groove) शाफ्ट के नीचे का पतला हिस्सा ग्रूव कहलाता है। सिलाई के समय ग्रूव कपड़े के अन्दर-बाहर आती है। यह धागे को नियन्त्रित एवं संरक्षित करती है। ग्रूव की लम्बाई एवं आकार सुई के अनुसार, परिवर्तित होता रहता है।

(vi) **स्कार्फ** (Scarf) यह सुई की आँख अर्थात् छिद्र के पीछे का हिस्सा होता है। सिलाई करते समय सुई का यह हिस्सा बॉबिन हुक को थ्रोट प्लेट के नीचे से धागा पकड़ने में सहायता करता है।

(vii) **आँख** (Eye) सुई का वह भाग, जो शाफ्ट के सबसे नीचे एक छिद्र के रूप में होता है, सुई की आँख कहलाता है। सुई की आँख या छिद्र के सहारे ही धागे को गुजारा जाता है। छिद्र का आकार शाफ्ट के व्यास पर निर्भर करता है। शाफ्ट का व्यास जितना अधिक होगा, छिद्र भी उतना ही बड़ा होगा।

(viii) **नोंक** (Point) सुई का सबसे निचला भाग नोंक कहलाता है। सुई का यह हिस्सा पैनी नोंक वाला होता है, जो कपड़ों में सरलता से छिद्र करता है। नोंक की लम्बाई, आकार व बनावट सुई के प्रकार पर निर्भर करती है।

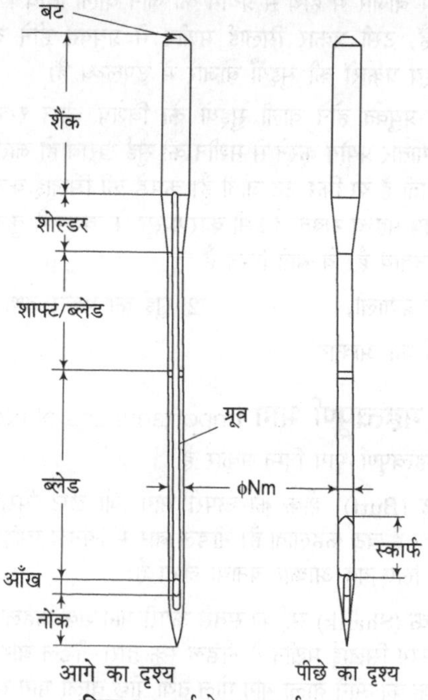

चित्र 2.1 सुई के महत्वपूर्ण भाग

नोंक के प्रकार Types of Points

सुई की नोंक में भी विभिन्नताएँ मिलती हैं। विशेषकर सिलाई मशीनों में प्रयुक्त होने वाली सुइयों में यह विभिन्नता अधिक देखने को मिलती है। सिलाई मशीन की सुइयों में तीन अलग-अलग प्रकार की नोंक उपलब्ध होती हैं,

(i) सैट नोंक (ii) बॉल नोंक (iii) कटिंग नोंक

(i) सैट या रेगुलर नोंक Set Points

इसकी नोंक सबसे महीन होती है। इसे सबसे उत्कृष्ट माना जाता है। यह ऊनी कपड़ों के धागों को पृथक् करने में प्रयोग की जाती है। इसे रेगुलर नोंक भी कहते हैं।

ये निम्न प्रकार की होती हैं

(a) **स्लिम सैट नोंक** (Slim set point) स्लिम सैट नोंक फैब्रिक के धागों को सरलता से सिल सकती है। ये ब्लाइण्ड तथा फाइन टाँकों के लिए अधिक उपयुक्त मानी जाती है। निटिड फैब्रिक के लिए ये प्रयोग नहीं की जाती।

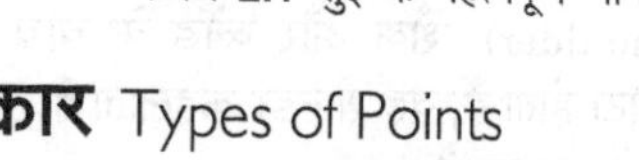

चित्र 2.2 स्लिम सैट नोंक

(b) **सैट क्लोथ नोंक** (Set cloth point) ये नोंक थोड़ी गोल होती हैं। ये कपड़े के धागों को बिना क्षति पहुँचाए सिल सकती हैं। ये सबसे अधिक उपयुक्त होने वाली सुई की नोंक है।

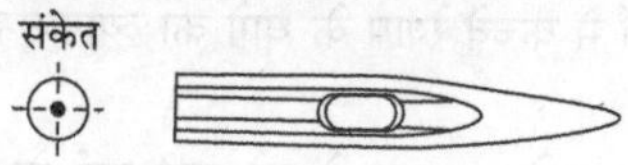

चित्र 2.3 सैट क्लोथ नोंक

(c) **भारी सैट नोंक** (Heavy set point) ये नोंक बहुत मजबूत होती है। इनका प्रयोग बटन लगाने वाली मशीन में किया जाता है।

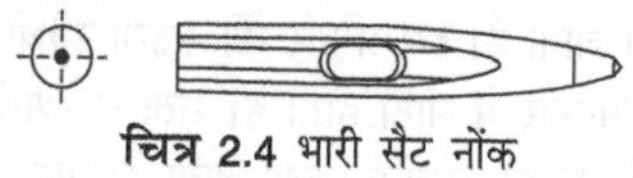

चित्र 2.4 भारी सैट नोंक

(ii) बॉल नोंक Ball Points

इसकी नोंक कलम में प्रयुक्त होने वाली रीफिल के बॉल प्वॉइण्ट के समान गोल होती है। ये निम्न प्रकार की होती हैं—

(a) **हल्की बॉल नोंक** (Light ball point) इन नोंकों को नाजुक कपड़ों; जैसे—निटिड फैब्रिक, में प्रयोग किया जाता है। इनके प्रयोग से फैब्रिक के लूप खराब नहीं होते हैं।

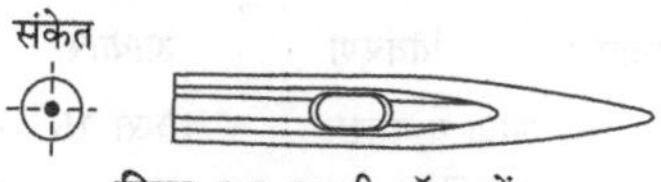

चित्र 2.5 हल्की बॉल नोंक

(b) **मध्यम बॉल नोंक** (Medium ball points) इस नोंक का प्रयोग लचीले वस्त्रों को सिलने तथा इलास्टिक, जोकि रबड़ से निर्मित होता है, को लगाने में किया जाता है।

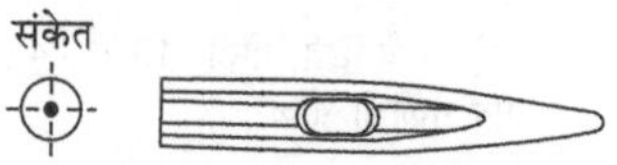

चित्र 2.6 मध्यम बॉल नोंक

(c) **भारी बॉल नोंक** (Heavy ball points) ये नोंक मजबूत होने के कारण भारी कपड़ों पर सिलाई के लिए उपयुक्त होती हैं।

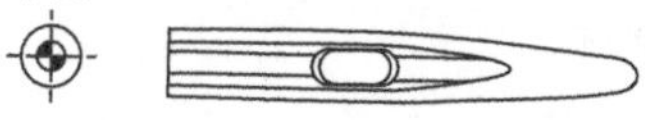

चित्र 2.7 भारी बॉल नोंक

(iii) कटिंग नोंक Cutting Points

ऐसी सुइयों का प्रयोग चमड़े से बनी वस्तुओं एवं पदार्थों की सिलाई करने के लिए किया जाता है। इन नोंकों को उनके आकार तथा कटिंग एज के स्थान के अनुसार वर्गीकृत किया गया है।

आकार के अनुसार इनका वर्गीकरण निम्न है

स्पियर नोंक, त्रिकोणाकार नोंक तथा डायमण्ड नोंक

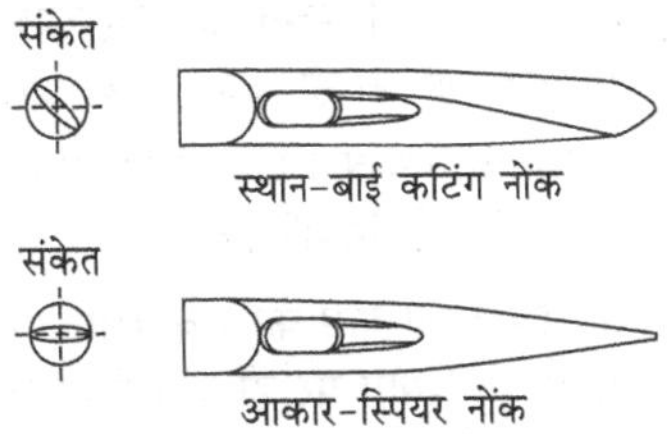

चित्र 2.8 कटिंग नोंक

सिलाई मशीन में प्रयुक्त सुइयों के प्रकार

Types of Needles Used in Sewing Machine

हाथ द्वारा प्रयोग की जाने वाली सुइयों की तरह मशीन में प्रयुक्त होने वाली सुइयों में भी विभिन्नता पाई जाती है। सिलाई मशीन से सम्बन्धित कार्यों के अन्तर्गत काम में ली जाने वाली सुइयाँ निम्न प्रकार हैं

(i) यूनिवर्सल सुई Universal Needle

इस सुई की नोंक हल्की गोल एवं पतली होती है। यूनिवर्सल सुइयाँ अलग-अलग आकार की होती हैं। जैसे—60/8, 65/9, 70/10, 75/11, 80/12, 90/14, 100/16, 110/18, 120/9। इनमें 70 एवं 80 आकार की सुइयों का प्रयोग सामान्य तौर पर सूती एवं ऊनी कपड़ों की सिलाई के लिए किया जाता है। इससे बड़े आकार वाली सुइयों (90 एवं 100) का प्रयोग भारी कपड़ों या तिरपाल इत्यादि की सिलाई के लिए किया जाता है।

चित्र 2.9 यूनिवर्सल सुई

(ii) बॉल प्वॉइण्ट सुई Ball Point Needle

यह सुई यूनिवर्सल सुई की तुलना में अधिक गोल होती है। गोल नोंक होने के कारण, इससे धागों में गाँठें नहीं पड़ती हैं। सिलाई कार्य के लिए इसे बहुत उपयुक्त माना जाता है। स्वेटर, कृत्रिम फर, जर्सी इत्यादि की सिलाई में बॉल प्वॉइण्ट सुई का प्रयोग किया जाता है। इन सुइयों का आकार 70/10, 80/12, 90/14, 100/120 होता है।

चित्र 2.10 बॉल प्वाइण्ट सुई

(iii) माइक्रोटेक्स सुई Microtex Needle

इस सुई से महीन सिलाई की जाती है। इस सुई की नोंक नुकीली होती है तथा शाफ्ट पतली होती है। यह बहुत कमजोर होती है। इसके द्वारा माइक्रोफाइबर कपड़ों; जैसे—सिल्क, क्रीव नायलॉन, शिफॉन, ब्रोकेट, अप्राकृतिक लैदर, पॉलिस्टर इत्यादि की सिलाई की जाती है क्योंकि कमजोर होने के कारण कार्य के दौरान, सुई के टूटने का भय रहता है, अत: समय-समय पर इसे बदलते रहना चाहिए। बाजार में 60/8, 70/9, 75/10 इत्यादि साइज की सुइयाँ उपलब्ध हैं।

चित्र 2.11 माइक्रोटेक सुई

सिलाई मशीन में प्रयुक्त विशेष सुइयाँ

Special Needles Used in Sewing Machine

मशीन द्वारा होने वाली सिलाइयों में भी विभिन्न प्रकार की सुइयाँ प्रयोग में लाई जाती हैं जिनका विवरण निम्नवत् है

क्र.सं.	सुई का प्रकार	विवरण	आकार	उपयोग
1.	जीन्स/डेनिम	मोटा, मजबूत शाफ्ट एवं पैनी नोंक	70/10 से 110/18	डेनिम भारी ऊनी कपड़ों, कैनवास के लिए प्रयुक्त
2.	मैटेलिक	बारीक शाफ्ट, पैनी नोंक एवं बड़ा छिद्र	80/12	टॉप स्टिचिंग, कढ़ाई, एवं सजावटी टाँके के लिए प्रयुक्त
3.	मशीन एम्ब्रॉयडरी	हल्की बॉल नोंक, चौड़ा छिद्र एवं ग्रूव	70/10 से 90/14	रेयॉन, एक्रिलिक धागों के साथ मशीन की कढ़ाई में प्रयुक्त
4.	क्विल्टिंग	नुकीली नोंक व पतली सुई	75/11 एवं 90/14	रजाई बनाने में प्रयुक्त
5.	स्ट्रेच	गोलाकार नोंक	75/11, एवं 90/14	सिल्क जर्सी, व हल्की बुनाई के लिए प्रयुक्त
6.	टॉपस्टिच	लम्बा छिद्र	80/12, 90/14 एवं 100/16	टॉप स्टिचिंग में प्रयुक्त
7.	हेम स्टिच	बारीक शाफ्ट	100/16 एवं 120/19	हेम स्टिच टाँके एवं सजावटी टाँके के लिए प्रयुक्त

अनेक बार धागें के अनुसार भी सुई का चयन किया जाता है, जिनका विवरण निम्नवत् है

क्र.सं.	स्पन थ्रेड	टैक्स (Tex)	सुई का चयन
1.	70/2 प्लाई	टैक्स 16	यूनिवर्सल 70/10, एम्ब्रॉयडरी 75/11, माइक्रोटैक्स 70/11
2.	60/2 प्लाई	टैक्स 18	यूनिवर्सल 70/10 एम्ब्रॉयडरी 75/11, माइक्रोटैक्स 70/11
3.	50/3 प्लाई	टैक्स 35	यूनिवर्सल 70/10-80/12, जीन्स 80/12, क्विल्टिंग 75/11
4.	40/2 प्लाई	टैक्स 27	यूनिवर्सल 70/0-80/12, क्विल्टिंग 75/11
5.	40/3 प्लाई	टैक्स 40	यूनिवर्सल 80/12, शार्प 80/12, एम्ब्रॉयडरी 90/14
6.	80/2 प्लाई	टैक्स 35	टॉपस्टिच 90/14, एम्ब्रॉयडरी 80/12, जीन्स 90/14
7.	30/3 प्लाई	टैक्स 50	टॉपस्टिच 90/14, क्विलटिंग 90/14, एम्ब्रॉयडरी 90/14
8.	जीन्स स्टिच	टैक्स 90	डेनिम 90/14, 100/16, एम्ब्रॉयडरी 90/14

क्र.सं.	सिन्थेटिक थ्रेड	टैक्स	सुई का चयन
1.	रेयॉन # 40	टैक्स 24	एम्ब्रॉयडरी 75/11-80/12
2.	पॉलि # 40	टैक्स 24	एम्ब्रॉयडरी 75/11-80/12
3.	रेयॉन/पॉलि # 30	टैक्स 40	एम्ब्रॉयडरी 90/14
4.	मैटेलिक	टैक्स 24	मैटेलिका अथवा मेटाफिल 80/12, एम्ब्रॉयडरी 90/14

क्र.सं	फिलामेन्ट सिल्क	टैक्स	सुई का चयन
1.	# 100	टैक्स 12	माइक्रोटैक्स 70/11, एम्ब्रॉयडरी 75/11
2.	# 50	टैक्स 27	यूनिवर्सल 80/12, एम्ब्रॉयडरी 80/12-90/14
3.	# 30	टैक्स 60	टॉप स्टिच 90/14, एम्ब्रॉयडरी 90/14

2.3 हाथ व मशीन की सुइयों में अन्तर
Difference in Hand and Machine Needle

हाथ व मशीन सम्बन्धी सिलाई कार्यों में प्रयुक्त होने वाली सुइयों में कुछ भिन्नता होती है। इस भिन्नता को निम्न तालिका के माध्यम से दर्शाया गया है।

क्र.सं.	हाथ की सुई	मशीन की सुई/सेन्टर
1.	हाथ की सुई का नं. क्रमशः जैसे-जैसे बढ़ता है सुई की मोटाई व लम्बाई कम होती जाती है।	मशीन की सुई का नं. क्रमशः जैसे-जैसे बढ़ता है सुई की मोटाई बढ़ती है।
2.	हाथ की सुई पूरी गोल होती है।	मशीन की सुई में ऊपरी भाग मोटा होता है।
3.	हाथ की सुई में थ्रेडहोल ऊपर होता है।	मशीन की सुई में थ्रेडहोल नीचे नोंक के ऊपर होता है।
4.	हाथ की सुई में साइड में लम्बाई में कोई थ्रेडग्रिप (खाँचा) नहीं होता।	मशीन की सुई में नीडिल हैड से नीचे थ्रेडहोल तक थ्रेड ग्रिप बना होता है।
5.	हाथ की सुई में नाड़ी नीडिल भी आती है, जो ऊनी फैब्रिक सिलने के काम में आता है।	मशीन की सुई टू-इन-वन होती है जो डबल सिलाई लगाने हेतु फैशन मेकर मशीन में प्रयोग होती है।
6.	क्रेवेल नीडिल का नं. भी सामान्य सुई का नं. होने पर भी सुई की पूरी लम्बाई, थ्रेडहोल व नोंक की लम्बाई बढ़ी होती है।	मशीन की सभी सुइयों की लम्बाई समान रहती है तथा मोटाई नं. के क्रम में बढ़ती है।

2.4 टूटी सुई हेतु नीति Broken Needle Policy

टूटी सुई हेतु नीति से आशय उस नीति के निर्धारण से है, जो सुई के टूट जाने जैसी स्थितियों से बचाती है। सामान्य स्थितियों में फैब्रिक के लिए उपयुक्त सुई का चयन सुई मुड़ने, सुई टूटने और सिलाई के समय फैब्रिक के खिंचने जैसी स्थितियों से बचाता है। अनेक अवसरों पर उपलब्ध न होने की स्थिति में अनुपयुक्त सुई का इस्तेमाल कर लिया जाता है जो किसी दुर्घटना या सुई के टूटने का कारण बन जाता है। इसलिए टूटी हुई सुई की स्थिति से बचने के लिए स्पष्ट नीति यह है कि फैब्रिक के अनुसार उपयुक्त सुई का ही चयन किया जाए।

फैक्ट्रियों में टूटी हुई सुइयों के नियन्त्रण एवं उचित समायोजन से सम्बन्धित अनेक उपाय अपनाए जाते हैं, जो निम्नलिखित हैं

(*i*) सुई के टूटने की स्थिति को कम करने के लिए यह आवश्यक है कि केवल उचित सुइयों के प्रयोग पर ही बल दिया जाए।

(*ii*) टूटी हुई सुइयों का विश्लेषण सभी टूटे हुए भागों सहित, ब्रोकन नीडल रिकॉर्ड शीट में होना अनिवार्य है। इस शीट में सुई का प्रकार, ऑर्डर, दिनांक, नम्बर तथा सुई लेने वाले व्यक्ति के हस्ताक्षर का रिकॉर्ड होता है।

(*iii*) टूटी हुई सुई के बदले, जो व्यक्ति नई सुई लेता है, उसका हस्ताक्षर लेना अनिवार्य होता है।

(*iv*) नई सुई जारी करने पर रजिस्टर में कुछ सूचनाएँ देना अनिवार्य होता है, ये निम्न हैं
- (a) मशीन में लगी सुई का प्रकार
- (b) सुई जारी करने की तिथि
- (c) नई जारी की गई सुई
- (d) टूटी हुई सुई का सम्पूर्ण विवरण

(*v*) परिचालक या ऑपरेटर को अतिरिक्त सुई देने का अधिकार नहीं है।

(*vi*) कार्य में संलग्न होने से पूर्व ही प्रत्येक कर्मचारी को टूटी हुई सुई की नीति से अवगत कराना अनिवार्य होता है।

(*vii*) टूटी हुई सुई के भागों को चुम्बक, मैटल डिटेक्टर आदि की सहायता से ढूँढने का प्रयास करें।

2.5 सिलाई धागा Sewing Thread or Yarn

सिलाई सम्बन्धी कार्यों में धागों का विशेष योगदान होता है। पोशाक निर्माण में धागे का प्रयोग किया जाता है। धागे के बिना पोशाक का निर्माण सम्भव नहीं है। मोटे एवं भारी कपड़ों के लिए मजबूत एवं टिकाऊ धागों की आवश्यकता होती है। फैब्रिक के रंगो के अनुसार ही धागे का चयन किया जाता है।

धागों के प्रकार Types of Threads

प्रयोग एवं संरचना के आधार पर धागों का विवरण निम्न प्रकार है

(i) सूती धागे Cotton Threads

ये धागे मुख्य रूप से कपास से प्राप्त किए जाते हैं। यह पूर्ण रूप से प्राकृतिक फाइबर है। कोमल एवं मुलायम कपड़ों की सिलाई प्रायः सूती धागों से ही की जाती है। ये टिकाऊ एवं लचकदार होते हैं, जिसमें खिंचाव बिल्कुल नहीं होता है। सूती धागे मर्सरडाइज्ड होते हैं, इसी कारण इनमें चमक और सामर्थ्य अधिक होती है।

(ii) **नायलॉन धागे** Nylon Threads

रासायनिक क्रियाओं से निर्मित ये धागे काफी मजबूत एवं टिकाऊ होते हैं। रासायनिक क्रियाओं से बनने के कारण इसके रंग पक्के नहीं होते हैं एवं ये ताप विरोधी होते हैं। निरन्तर धुलाई के कारण ये धागे रंग में पीले व कमजोर हो जाते हैं।

(iii) **रेशमी धागे** Silk Threads

यह प्राकृतिक धागे रेशम के कीड़ों से प्राप्त होते हैं। ये धागे मुलायम, मजबूत, अत्यन्त लचीले एवं चमकदार होते हैं। कढ़ाई के कार्यों में रेशमी धागों का विशेष रूप से प्रयोग किया जाता है। इसकी मजबूती ज्यादा समय तक रहती है। इस धागे में डाई को सोखने का गुण विद्यमान होता है तथा सिलाई के दौरान यह धागा बहुत कम टूटता है। बास्टिंग कार्य हेतु रेशमी धागा उपयुक्त माना जाता है। इन धागों को बुनकर रेशमी कपड़ा तैयार किया जाता है। इन सभी गुणों के कारण, यह धागा अन्य धागों की तुलना में थोड़ा महँगा होता है।

(iv) **ऊनी धागे** Wool Threads

ऊन एक प्रकार का प्राकृतिक धागा है, जिसे भेड़, बकरियों, ऊँट एवं घोड़े के बाल से प्राप्त किया जाता है। विश्व में सबसे अधिक ऊन, भेड़ों से ही प्राप्त की जाती है। ऊन से निर्मित धागा मुलायम एवं मजबूत होता है।

टॉपस्टिचिंग के लिए यह अच्छा माना जाता है। ऊनी फैब्रिक एवं कैनवास की सिलाई में ऊनी धागों का विशेष रूप से प्रयोग किया जाता है।

(v) **पॉलिस्टर धागे** Polyester Threads

कृत्रिम विधि से पॉलिमर रेजिन से निर्मित यह धागा बहुत मजबूत, टिकाऊ एवं मूल्यवान होता है। यह मध्यम चमक वाला धागा होता है, इसलिए इसका प्रयोग प्रत्येक प्रकार के फैब्रिक की सिलाई में सरलता से किया जाता है। पॉलिस्टर धागे को कॉटन की भाँति कम चमक वाला या रेशम की भाँति अधिक चमक वाला बनाया जा सकता है। इस धागे की सबसे बड़ी विशेषता यह है कि धोने पर यह धागा न तो हल्का पड़ता है और न ही सिकुड़ता है।

(vi) **मैटेलिक धागे** Metallic Threads

सोने या चाँदी के रेशों से मिलाकर बने ये धागे बहुत किफायती एवं आसाधारण होते हैं। मैटेलिक धागों का प्रयोग मशीन द्वारा कढ़ाई करने में अधिक किया जाता है। इसके अतिरिक्त हैण्ड बैग बनाने में भी इन धागों का प्रयोग किया जाता है।

मैटेलिक धागे को अन्य कढ़ाई के धागों के साथ सरलता से मिलाया जा सकता है। कभी-कभी मैटेलिक धागों की रगड़ को कम करने हेतु उच्च गुणवत्ता वाले मैटेलिक धागे में नायलॉन कोर लगा दिया जाता है या बाहर से कोटिंग कर दी जाती है, जिससे सिलाई में मजबूती आती है।

(vii) **डिजाइनर धागे** Designer Threads

डिजाइनर धागे मुख्य रूप से एक से अधिक धागों को मिलाकर बनाए जाते हैं। फैब्रिकों को अधिक आकर्षक बनाने के लिए उसमें डिजाइनर धागों का प्रयोग किया जाता है। ऐसे धागे मजबूत एवं टिकाऊ होते हैं।

(viii) **रेयॉन धागे** Rayon Threads

वर्तमान समय में इस धागे का व्यापक रूप से प्रयोग किया जाता है। उच्च गुणवत्ता का धागा होने के कारण इस धागे द्वारा बने टाँके बहुत मुलायम एवं टिकाऊ होते हैं। रेयॉन धागे द्वारा कढ़ाई का कार्य अच्छे से किया जाता है। इन धागों के रख-रखाव पर विशेष ध्यान दिया जाता है, क्योंकि लम्बे समय तक रखने से ये धागे कमजोर एवं विकृत हो जाते हैं।

धागों का चुनाव Selection of Threads

सिलाई के लिए धागे का चयन एक महत्त्वपूर्ण निर्णय माना जाता है। अत: धागे का चयन करते समय निम्नलिखित तथ्यों को ध्यान में रखना अतिआवश्यक है

(*i*) धागे मजबूत एवं टिकाऊ होने चाहिए।

(*ii*) अच्छी गुणवत्ता एवं विश्वसनीय ब्राण्डेड कम्पनी का धागा ही प्रयोग में लाना चाहिए।

(*iii*) धागों का प्रयोग कपड़े की गुणवत्ता अर्थात् उसकी महीनता एवं मोटाई के अनुकूल होना चाहिए।

(*iv*) धागे का रंग पक्का तथा कपड़े के रंग के अनुरूप ही होना चाहिए।

कपड़े की महीनता एवं मोटाई के अनुकूल ही धागे का चयन करना प्रारम्भिक आवश्यकता माना जाता है। सिलाई के लिए प्रयुक्त होने वाले धागे 40 से 60 तक नम्बर में उपलब्ध होते हैं। 40 नम्बर के धागे से मोटे कपड़े की एवं 60 नम्बर के धागे से पतले कपड़े की सिलाई की जाती है।

नीचे दी गई तालिका में कपड़ों के प्रकार के आधार पर अलग-अलग धागों के नम्बर दर्शाए गए हैं

क्र.सं.	कपड़ों के प्रकार	धागों के नम्बर
1.	नायलॉन, शिफॉन, जॉर्जट, आर्कण्डी कपड़े	80 से 150 नम्बर
2.	ऊनी कपड़े	30, 40 तथा 50 नम्बर
3.	बारीक रेशमी कपड़े	60 से 80
4.	जीन, लट्ठा, पॉपलीन, मार्कीन के कपड़े	40
5.	रेशमी व सूती कपड़ों में हेम करने हेतु	60-100

2.6 **धागे की गणना** (प्रति इंच) Threads Count (per inches)

धागे की गणना के अन्तर्गत धागे की उत्कृष्टता व उसकी गुणात्मकता को मापा जाता है। प्रतिवर्ग इंच में साथ-साथ गुँथे हुए धागों की कुल संख्या धागे की गणना (thread count) कहलाती है। इसमें धागे की लम्बाई एवं चौड़ाई दोनों की गणना की जाती है। सामान्य तौर पर यह एक प्रकार से कपड़े की गुणवत्ता की माप होती है। एक मानक धागे की गणना (सूती धागे) 150 होती है, जबकि अच्छी गुणवत्ता वाले धागे की गणना 180 होती है। 180 से अधिक धागे की गणना को परकेल (percale) कहा जाता है, जो एक ठोस सूती कपड़ा होता है। जिसमें कॉटन और पॉलिएस्टर का संयुक्त मिश्रण होता है। यह मिश्रण किसी भी अनुपात में हो सकता है परन्तु सामान्यत: इसमें 50% पॉलिस्टर, 50% कॉटन होता है।

धागे की गणना, उसकी लम्बाई एवं चौड़ाई के आधार पर की जाती है, क्योकि उसकी अनुप्रस्थ काट गोल नहीं होती। अत: धागे की गणना हेतु कुछ पद्धतियाँ निम्नलिखित हैं

1. लम्बाई अंकन पद्धति Length Numbering System

इसके अन्तर्गत निम्नलिखित पद्धतियों का विवरण दर्शाया गया है

(i) **डेसीटैक्स** इस पद्धति में जब धागे का एक भाग 1 ग्राम (10000 मी लम्बा) के बराबर हो तब उसे 1d (dtex) एवं 2 ग्राम के बराबर होने पर 2d (dtex) द्वारा दर्शाते हैं। इस पद्धति का प्रयोग औद्योगिक सिलाई मशीनों में प्रयुक्त होने वाले धागों के लिए किया जाता है।

(ii) **डेनियर** इस पद्धति में जब धागे का एक भाग 1 ग्राम (9000 मी लम्बा) भार के बराबर हो, तब 1 डेनियर तथा 2 ग्राम होने पर, 2 डेनियर द्वारा दर्शाते हैं। इस पद्धति का प्रयोग रेशमी धागों, पॉलिस्टर एवं नायलॉन धागों के लिए विशेष रूप से किया जाता है।

2. भार अंकन पद्धति Weight Numbering System

इसके अन्तर्गत निम्नलिखित पद्धतियों का विवरण दर्शाया गया है

(i) **मीट्रिक नम्बर** इस पद्धति में जब धागे का एक भाग 1000 ग्राम भार (1000 मी लम्बा) के बराबर हो, तब उसे 'N_{m2}' द्वारा व्यक्त करते हैं। ऊनी वस्त्रों में इसका प्रयोग अधिक किया जाता है।

(ii) **इंग्लिश नम्बर** इस पद्धति में, कॉटन धागों के लिए इस पद्धति का प्रयोग किया जाता है। जब धागे का एक भाग 1 पाउण्ड (453.6 ग्राम) अर्थात् 840 यार्ड लम्बा (768.1 m) हो, तो इसे 'Nel' द्वारा व्यक्त करते है।

क्र.सं	धागे की गणना	संरचना	प्रयोग किये गये धागे का आकार (dtex) (D)
1.	#1	3 × 3	2100-2520 (1890-2250)
2.	#3	2 × 3	1750-2000 (1575-1800)
3.	#5	2 × 3	1400-1700 (1260-1500)
4.	#6	2 × 3	1167-1333 (1050-1200)
5.	#8	2 × 3	978-1100 (880-1000)
6.	#10	2 × 3	822-955 (740-860)
7.	#20	2 × 3	660-801 (600-720)
8.	#30	1 × 3	440-534 (400-480)
9.	#40	1 × 3	300-370 (270-330)
10.	#50	1 × 3	220-267 (200-240)
11.	#60	1 × 3	155-190 (140-170)
12.	#80	1 × 3	117-150 (105-135)
13.	#100	1 × 3	99-112 (90-100)
14.	#120	1 × 2	78-90 (70-80)
15.	#140	1 × 2	56-66 (50-60)
16.	#150	1 × 2	44-50 (40-45)

नोट औद्योगिक सिलाई मशीन हेतु प्रयुक्त धागों की मोटाई को चिन्हित करने के लिए डेसीटैक्स एवं धागे की गणना का चिन्ह होना अनिवार्य माना जाता है।

महत्त्वपूर्ण प्रश्नोत्तरी

1. सिलाई के लिए किस प्रकार की सुई का चयन अनिवार्य है?

उत्तर सिलाई के लिए सही एवं संगत सुई का होना अनिवार्य है, जो कपड़े के अनुकूल हो।

2. हाथ से प्रयुक्त होने वाली सुइयों के नाम लिखिए।

उत्तर हाथ से प्रयुक्त होने वाली सुइयाँ चार प्रकार की होती हैं

(i) पैनी नोंक वाली सुई (ii) रजाई बनाने वाली सुई

(iii) कढ़ाई करने की सुई (iv) टेपस्ट्री सुई

3. सिलाई मशीन में प्रयुक्त होने वाली चार प्रमुख सुइयों के नाम बताएँ।

उत्तर सिलाई मशीन में प्रयुक्त होने वाली चार प्रमुख सुइयों के नाम निम्न हैं

(i) मैटेलिक सुई (ii) मशीन एम्ब्रॉयडरी सुई

(iii) क्विल्टिंग सुई तथा (iv) टॉपस्टिच सुई

4. बट का निर्माण क्यों किया जाता है?

उत्तर नीडल बार में सिंगल प्वॉइण्ट सम्पर्क बनाने के लिए बट का निर्माण किया जाता है।

5. स्कॉर्फ किस प्रकार सिलाई में सहायता करता है?

उत्तर स्कार्फ बॉबिन हुक को थ्रोट प्लेट के नीचे से धागा पकड़ने में सहायता करता है।

6. निटिंग फैब्रिक पर कौन-सी नोंक की सुई उपयुक्त होती है?

उत्तर निटिंग फैब्रिक पर बॉल नोंक (ball point) की सुईं उपयुक्त होती है।

7. सिलाई मशीन में प्रयुक्त होने वाली मैटेलिक सुई का आकार कितना होता है?

उत्तर सिलाई मशीन में प्रयुक्त होने वाली मैटेलिक सुई का आकार 80/12 होता है।

8. लगातार धुलाई करने से नायलॉन के धागे पर क्या प्रभाव पड़ता है?

उत्तर लगातार धुलाई करने से नायलॉन के धागे का रंग पीला एवं कमजोर पड़ जाता है।

9. मैटेलिक धागे का प्रयोग किस कार्य के लिए किया जाता है?

उत्तर मैटेलिक धागे का प्रयोग मशीन द्वारा कढ़ाई करने तथा हैण्ड बैग बनाने में किया जाता है।

10. लम्बे समय तक रखने पर रेशम के धागे पर क्या प्रभाव पड़ता है?

उत्तर लम्बे समय तक रखने पर रेशम के धागे कमजोर एवं विकृत हो जाते हैं।

अभ्यास प्रश्न

परीक्षा प्रारूपी प्रश्न

बहुविकल्पीय

1. सजावटी कार्यों में कितने नम्बर की सुइयों का प्रयोग किया जाता है?
(a) 7-8 नम्बर (b) 9-10 नम्बर
(c) 10-11 नम्बर (d) 12-13 नम्बर

2. पैनी नोंक वाली सुई का आकार होता है
(a) 1 से 4 नम्बर तक (b) 4-8 नम्बर तक
(c) 1-8 नम्बर तक (d) 10-11 नम्बर तक

3. हाथ की सुइयों को कितने आकार में विभाजित किया जाता है?
(a) 0 से 100 नम्बर (b) 0 से 11 नम्बर
(c) 0 से 6 नम्बर (d) 0 से 5 नम्बर

4. मोटे कपड़ों की सिलाई के लिए किस प्रकार की सुई का प्रयोग करते हैं?
(a) कारपेट सुई (b) गद्दा सुई
(c) भोथरी सुई (d) सजावटी सुई

5. सुई का सबसे ऊपरी भाग क्या कहलाता है?
(a) शैंक (b) शोल्डर (c) बट (d) स्कॉर्फ

6. शैंक और ब्लेड के बीच का भाग क्या कहलाता है?
(a) बट (b) स्कॉर्फ (c) शोल्डर (d) प्वॉइण्ट

7. सुई की आँख का आकार किस पर निर्भर करता है?
(a) सुई की लम्बाई पर (b) शाफ्ट की लम्बाई पर
(c) शाफ्ट के डायमीटर पर (d) बट की चौड़ाई पर

8. निटिंग फैब्रिक सम्बन्धित कार्यों में किस नोंक का सर्वाधिक प्रयोग होता है?
(a) सैट नोंक (b) बॉल नोंक
(c) कटिंग नोंक (d) इनमें से कोई नहीं

9. ऊनी कपड़ों के धागों को पृथक् करना हो, तो किस नोंक का प्रयोग सम्भव है?
(a) सैट नोंक (b) कटिंग नोंक
(c) बॉल नोंक (d) इनमें से कोई नहीं

10. सूती एवं ऊनी कपड़ों की सिलाई हेतु किस प्रकार की सुई का प्रयोग करते हैं?
(a) यूनिवर्सल सुई (b) बॉल प्वॉइण्ट सुई
(c) पैनी सुई (d) मिलिनर सुई

11. कपड़ों पर सितारे, मोती आदि लगाने में सहायक सुई है
(a) बॉडकिन (b) चैनाइल
(c) डार्न (कॉटन) (d) ग्लोवर

12. विशेष एम्ब्रॉयडरी तैयार करने के लिए किस सुई का इस्तेमाल किया जाता है?
(a) बॉडकिन (b) बीडिंग (c) चैनाइल (d) मिलिनर

13. मोटे कैनवास एवं भारी लैदर की सिलाई किस सुई से की जाती है?
(a) चैनाइल (b) बॉडकिन (c) डार्न (कॉटन) (d) सैलमेकर

14. निम्नलिखित में से कौन-सी सुई सिलाई मशीन में प्रयुक्त होती है?
(a) हैमस्टिच (b) मिलिनर
(c) सैल्फ-थ्रेडिंग (d) ग्लोवर

15. डार्निंग सुई की विशेषता है
(a) तीक्ष्ण सुई (b) मोटी सुई
(c) लम्बी सुई (d) उच्च कटिंग प्वॉइण्ट

16. टू इन वन नीडिल का प्रयोग होता है?
(a) टेलर मॉडल मशीन में (b) लिंक मॉडल में
(c) फैशन मेकर में (d) डबल निडिल मशीन में

17. सैट क्लॉथ नोंक सूई कहाँ प्रयोग होती है?
(a) ब्लेजर की सिलाई में
(b) कढ़ाई में
(c) सामान्य मोटे तथा बारीक कपड़ों की सिलाई में
(d) उपरोक्त में से कोई नहीं

18. माइक्रोटेक्स सूई का प्रयोग किस प्रकार के कपड़ों पर होता है?
(a) पेन्ट क्लॉथ (b) जीन्स
(c) खादी (d) सिल्क, नायलॉन, पॉलिस्टर

19. कढ़ाई के कार्यों में किस धागे का प्रयोग सर्वाधिक किया जाता है?
(a) नायलॉन धागे (b) रेशम धागे
(c) ऊनी धागे (d) सूती धागे

20. टॉपस्टिचिंग के लिए कौन-सा धागा उपयुक्त विकल्प माना जाता है?
(a) पॉलिस्टर धागा (b) रेयॉन धागा
(c) सूती धागा (d) ऊनी धागा

21. निम्नलिखित में से किस धागे में नायलॉन का कोर लगाया जाता है तथा बाहरी कोटिंग की जाती है?
(a) रेयॉन धागा (b) पॉलिस्टर धागा
(c) रेशम धागा (d) मैटेलिक धागा

22. एक से अधिक धागों को आपस में जोड़कर किस धागे का निर्माण होता है?
(a) रेयॉन धागा (b) मैटेलिक धागा
(c) डिजाइनर धागा (d) रेशम धागा

23. कितने नम्बर का धागा मोटे कपड़ों की सिलाई के लिए उपयुक्त माना जाता है?
(a) 20 नम्बर (b) 40 नम्बर
(c) 60 नम्बर (d) 80 नम्बर

24. एक मानक धागे की गणना कितनी होती है?
(a) 120 (b) 130
(c) 140 (d) 150

25. 180 से अधिक धागे की गणना को क्या कहा जाता है?
(a) बीडिंग (b) पास्केल (c) परकेल (d) चैनाइल

26. धागे की गणना में किसका वर्णन नहीं किया जाता है?
(a) लम्बाई (b) चौड़ाई
(c) व्यास (d) इनमें से कोई नहीं

27. औद्योगिक सिलाई मशीनों में प्रयुक्त होने वाले धागों की गणना हेतु पद्धति है
(a) डेसीटैक्स (b) डेनियर
(c) मेट्रिक नम्बर (d) इंग्लिश नम्बर

28. रेशमी, पॉलिएस्टर व नायलॉन के लिए प्रयोग किया जाता है?
(a) डेनियर (b) डेसीटैक्स
(c) मैट्रिक नम्बर (d) इंग्लिश नम्बर

29. कॉटन धागों के लिए प्रयोग किया जाता है
(a) इंग्लिश नम्बर (b) मैट्रिक नम्बर
(c) डेसीटैक्स (d) डेनियर

30. डार्निंग सुई सामान्यत: .... होती है।
(a) छोटी (b) महीन
(c) बड़ी (d) मुड़े सिरे वाली

31. बॉल प्वॉइण्ट सुई का प्रयोग .... के लिए किया जाता है।
(a) ट्राऊजर्स (b) टॉप (c) शर्ट (d) टी-शर्ट

32. यदि धागे का एक भाग 1 पाउण्ड (453.6 ग्राम) अर्थात् 840 यदि लम्बाई (768.1 मी) हो, तो इसे किसके द्वारा व्यक्त किया जाता है?
(a) 'Nel' द्वारा (b) 1 dtex द्वारा
(c) 2 dtex द्वारा (d) 'N_{m2}' द्वारा

33. पॉपलीन मैटेरियल को सिलने के लिए सुई का सही नम्बर क्या है?
(a) 14 नम्बर (b) 18 नम्बर
(c) 20 नम्बर (d) 24 नम्बर

34. टपेस्टी धागा कहाँ प्रयोग होता है?
(a) मशीन की कढ़ाई में (b) हाथ की कढ़ाई में
(c) तुरपाई में (d) इनमें से कोई नहीं

35. रेशमी एवं सूती कपड़ों की हेगिंग के लिए किस नम्बर का धागा उपयुक्त है?
(a) 40 (b) 60-100 (c) 80-150 (d) 30-40

36. मैटेलिक धागे किस धातु के रेशों से मिलकर बने होते हैं?
(a) लोहा (b) कार्बन स्टील
(c) सोना या सिल्वर (d) ये सभी

37. हैण्डबैग बनाने में कौन-सा धागा प्रयोग किया जाता है?
(a) मैटेलिक धागा (b) रेशमी धागा
(c) डिजाइनर धागा (d) रेयॉन धागा

38. डेनियर पद्धति का उपयोग किस धागे के लिए किया जाता है?
(a) रेशमी धागे (b) पॉलिएस्टर धागे
(c) नायलॉन धागे (d) ये सभी

39. ब्लाइण्ड स्टिच मशीन में किस प्रकार की सुई का उपयोग किया जाता है?
(a) तीक्ष्ण (b) घुमावदार ब्लेड युक्त
(c) बॉल प्वॉइण्ट (d) कटिंग प्वॉइण्ट युक्त

40. कटिंग प्वॉइण्ट सुई का कार्य क्या है?
(a) चमड़े की सिलाई
(b) बुने हुए कपड़ों की सिलाई
(c) निटिड कपड़ों की सिलाई
(d) बटन छेद करने के लिए सिलाई

41. मलमल, कम्ब्रीक और पतले कपड़ों के लिए किस नम्बर की सुई का उपयोग किया जाता है?
(a) 9-11 (b) 11-12 (c) 14-16 (d) 16-18

42. किस नम्बर की सुई का उपयोग होलस्ट्री कपड़ों को भारी करने के लिए किया जाता है?
(a) 11 (b) 14 (c) 16 (d) 18

43. सुई नियन्त्रण कैसे किया जा सकता है?
(a) सुई ठीक करके
(b) टूटी हुई सुइयों के रिकॉर्ड को बनाए रखकर
(c) बड़े करीने से सिलाई करके
(d) मशीन को आसानी से चलाने की प्रक्रिया अपनाकर

उत्तरमाला

1. (c)	2. (d)	3. (b)	4. (a)	5. (c)	6. (c)	7. (c)	8. (b)	9. (a)	10. (a)
11. (a)	12. (c)	13. (d)	14. (a)	15. (a)	16. (c)	17. (c)	18. (d)	19. (b)	20. (c)
21. (d)	22. (c)	23. (b)	24. (d)	25. (c)	26. (c)	27. (a)	28. (a)	29. (a)	30. (c)
31. (d)	32. (a)	33. (a)	34. (b)	35. (b)	36. (c)	37. (a)	38. (d)	39. (b)	40. (a)
41. (a)	42. (c)	43. (b)							

अध्याय 03

हाथ के टाँके

Hand Stitches

अध्याय विषय सूची

- मौलिक या मूलभूत टाँके
- रचनात्मक टाँके
- सजावटी टाँके
- बटन
- काज
- **महत्त्वपूर्ण प्रश्नोत्तरी**
- **अभ्यास प्रश्न**

ड्रेस मेकिंग के प्रशिक्षार्थियों को टाँके की संरचना सहित विभिन्न प्रकार के टाँकों की पूरी जानकारी होना आवश्यक है। टाँका मूलत: सुई की सहायता से निर्मित धागों का वह लूप है, जो फैब्रिक के नीचे बनता है। इस प्रक्रिया में फैब्रिक में जोड़ की आवश्यकता के स्थान पर सुई को धागे के साथ प्रविष्ट कराया जाता है और सुई जैसे ही अपनी निम्नतम स्थिति से ऊपर की ओर चलती है, तो सुई का धागा लूप बनाता है। टाँके के लूप बनने की प्रक्रिया को सुनिश्चित करने के लिए मशीन के ऊपर तथा नीचे पर्याप्त मात्रा में धागा होना भी सुनिश्चित किया जाना चाहिए। ऊपर तथा नीचे के धागे का तनाव जब पूर्ण सन्तुलन में हो, तो टाँका बन्द हो जाता है पोशाक-निर्माण में टाँका एक आवश्यक कार्य है। अत: ड्रेस डिजाइनर के लिए टाँका एवं टाँकों के प्रकारों को जानना भी अनिवार्य है। इस अध्याय के अन्तर्गत टाँके के विभिन्न प्रकारों का विस्तार से वर्णन किया गया है।

3.1 मौलिक या मूलभूत टाँके Basic Stitches

मौलिक या मूलभूत टाँके सिलाई के आधार कहे जाते हैं, क्योंकि इन टाँकों को सीखें बिना कोई भी व्यक्ति ड्रेस मेकिंग में निपुण नहीं हो सकता। मूलभूत टाँकों को निम्न प्रकार वर्गीकृत किया जाता है

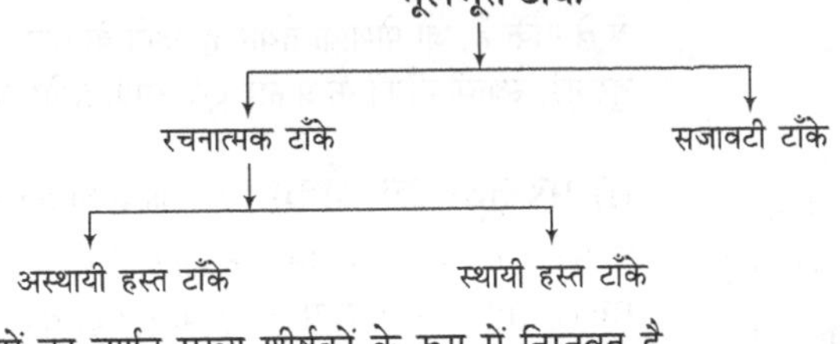

मूलभूत टाँके के दोनों प्रकारों का वर्णन मुख्य शीर्षकों के रूप में निम्नवत् है

3.2 रचनात्मक टाँके Constructive Stitches

वस्त्रों को सिलते समय अनेक प्रकार से टाँकों को लगाने की आवश्यकता पड़ती है। कुछ टाँके वस्त्र सिलने के बाद खोल दिए जाते हैं तथा कुछ टाँके वस्त्र की रचना करने की दृष्टि से लगाए जाते हैं। इस प्रकार वस्त्रों की रचना में प्रयोग होने वाले टाँके रचनात्मक टाँके कहलाते हैं।

रचनात्मक टाँके दो प्रकार के होते हैं

1. अस्थायी टाँके   2. स्थायी टाँके

1. अस्थायी टाँके Temporary Hand Stitches

अस्थायी टाँके, वे टाँके कहलाते हैं, जिन्हें वस्त्र बनाते समय कुछ समय के लिए लगाया जाता और बाद में खोल दिया जाता है; जैसे-कच्चा टाँका। कच्चे टाँके का प्रयोग बड़ा टाँका लगाने के लिए भी किया जाता है।

इन टाँकों को आवश्यकतानुसार निम्न रूपों में लगाया जा सकता है

(i) समान कच्चा टाँका Even Basting Stitch

इसका प्रयोग किनारे को मोड़कर उस समय तक करना चाहिए, जब तक तुरपाई (hem) न कर ली जाये तथा सिलाई के बाद इसे खोल दिया जाता है। प्रत्येक टाँके की लम्बाई व टाँकों के बीच की दूरी समान (लगभग 1/4") होनी चाहिए, इन टाँकों को लगाने पर कपड़े के सीधी तथा उल्टी दोनों ओर सीधी रेखा बनानी चाहिए। इस प्रकार टाँकों को लगाने के लिए पतली सुई का प्रयोग किया जाता है।

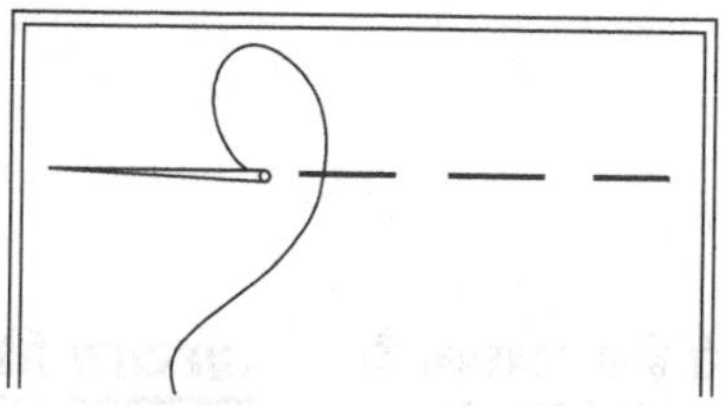

चित्र 3.1 समान कच्चा टाँका

(ii) असमान कच्चा टाँका Uneven Basting Stitch

इस टाँके को उस स्थान पर लगाते हैं, जहाँ लाइनिंग या इन्टरलाइन लगाई जाती है। दोनों या तीनों कपड़े सिलते समय खिसके नहीं, इसके लिए असमान कच्चे टाँके का प्रयोग किया जाता है तथा सिलाई करने के बाद इसे निकाल देते हैं। इस टाँके की लम्बाई 1/4" रखी जाती है। नीचे की ओर दो या तीन बिन्दु लेते हुए जहाँ तक टाँके लगाने हों, लगाते हैं।

इस टाँके में टाँके की लम्बाई एवं इनके बीच का अन्तर बराबर नहीं होता। समान कच्चे टाँके की तुलना में यह टाँका अधिक मजबूत होता है।

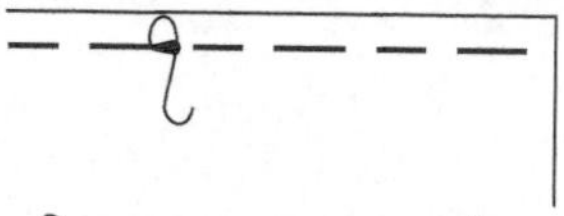

चित्र 7.2 असमान कच्चा टाँका

(iii) तिरछा अस्थायी टाँका Diagonal Basting Stitch

वस्त्र सिलते समय जब दो कच्चे टाँके लगाने की आवश्यकता हो, तो तिरछे आकार में कच्चा टाँका लगाया जाता है। टाँकों के बीच की दूरी 1/4" रखते हैं। इसका प्रयोग अधिकतर मोटे फैब्रिक के किनारे मोड़ने के लिए किया जाता है तथा पैन्ट, कोट की जेब को इस कच्चे टाँके के द्वारा बन्द कर देते हैं, जिससे प्रैस करते समय जेब खराब न हो, साथ ही बैल्ट आदि की इन्टरलाइनिंग यथास्थान रखने के लिए भी इसका प्रयोग किया जाता है।

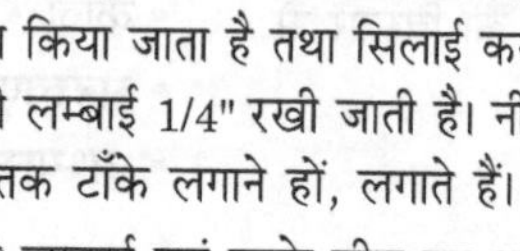

चित्र 3.3 तिरछा कच्चा टाँका

(iv) थ्रेड मार्का Thread Mark

इस टाँके का प्रयोग उन फैब्रिक्स के लिये किया जाता है, जिन पर ट्रेसिंग व्हील द्वारा पोशाक की एक परत का निशान दूसरी परत पर नहीं आता। इस टाँके का प्रयोग गर्म व सिन्थेटिक फैब्रिक्स पर करते हैं। यह टाँका हाथ की बखिया की भाँति लगाया जाता है। अन्तर केवल यह है कि इसमें एक टाँका बखिया का लेते हैं तथा दूसरा टाँका लगाया तो बखिया की तरह ही जाता है, किन्तु यहाँ दूसरे टाँके का धागा पूरी तरह नहीं खींचते, बल्कि लूप छोड़ते हुए, जिन निशानों पर दूसरी ओर निशान लगाना है, वहाँ तक लगाने के पश्चात् दोनों परतों को चीर दिया जाता है। इस प्रकार जो धागा छोड़ा था, दूसरी ओर आ जाएगा। धागा आ जाने पर धागों को बीच से काट दिया जाता है।

इस प्रकार दूसरी परत पर निशान आ जाएँगे। पोशाक तैयार होने पर इन धागों को निकाल दिया जाता है।

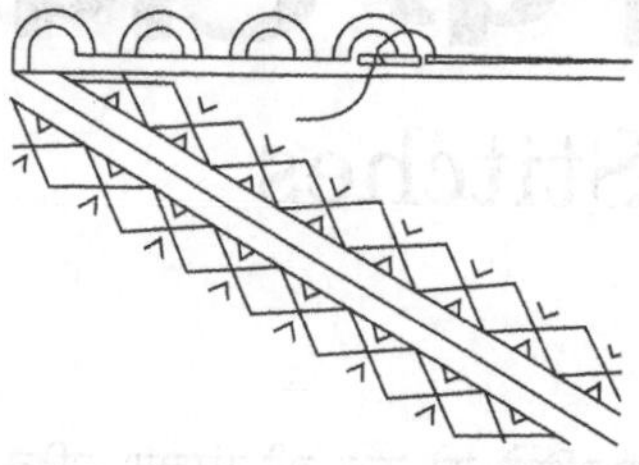

चित्र 3.4 थ्रेड मार्का

(v) टेलर का टाँका Tailor's Stitch

टेलर का टाँका एक विशेष ढीले लूप वाले टाँके के रूप में लगाया जाता है। फैब्रिक पर डिजाइन की मार्किंग या जहाँ कपड़े के दो भाग छोड़े जाने हों, उसकी मार्किंग के लिए यह टाँका लगाया जाता है।

(vi) स्टे स्टिच Stay Stitch

इस टाँके का प्रयोग फैब्रिक्स की तहों को जोड़ने में किया जाता है, जिससे लाइनिंग वाले फैब्रिक्स अलग-अलग न हों और लटकें भी नहीं। पोशाक तैयार होने पर इस टाँके को भी निकाल दिया जाता है।

2. स्थायी टाँके Permanent Stitches

ये वे टाँके हैं, जो पोशाक तैयार हो जाने के बाद भी खोले नहीं जाते हैं; जैसे–तुरपाई। स्थायी टाँकों के प्रकार एवं उनके प्रयोग की विधियाँ नीचे दी गई हैं

(i) परसूज का टाँका Running Stitch

परसूज का टाँका कुछ समय के लिए दो पोशाकों की परतों को जोड़ने, मुख्य सिलाई लगाने, पैचवर्क में कपड़े के टुकड़ों को जोड़ने हेतु प्रयोग किया जाता है। इसको बनाते समय धागा, फैब्रिक पर ऊपर व नीचे एकसमान लेते हुए पूरी रेखा सीधी बनानी चाहिए तथा टाँकों की लम्बाई 1/6" से 1/8" तक रखनी चाहिए। साथ ही डिजाइन के अनुसार चौड़ाई बना लेनी चाहिए।

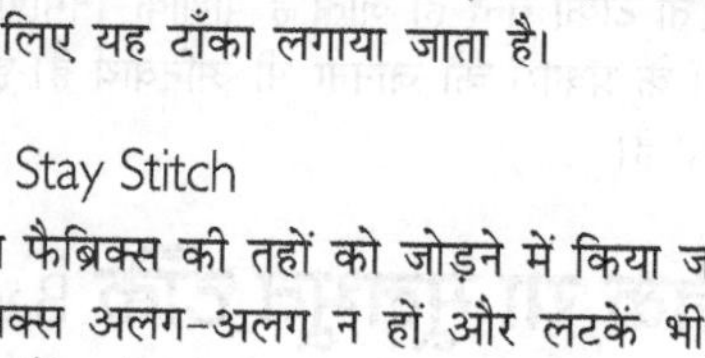

चित्र 3.5 परसूज का टाँका

(ii) तुरपाई का टाँका Hemming Stitch

तुरपाई एक विशेष प्रकार का टाँका है, जिसका उपयोग वास्तव में पोशाक में ऐसे स्थानों पर किया जाता है, जहाँ पर सिलाई मशीन की पहुँच नहीं होती है या फिर वह अच्छी नहीं लगती है। इसका उद्देश्य टाँकों को अदृश्य रखना भी है।

तुरपाई निम्न प्रकार से की जाती है

- **साधारण तुरपाई** (Normal hemming) यह बच्चों, महिलाओं तथा पुरुषों की पोशाकों पर उन स्थानों पर की जाती है, जहाँ मशीन की बखिया अच्छी नहीं लगती। यह स्त्रियों के ब्लाउज, शर्ट, पेटीकोट के घेर, आस्तीन, गला आदि पर की जाती है। यह बच्चों की पोशाकों पर भी आवश्यकता के अनुसार की जाती है। पुरुषों का कलीदार कुर्ता तुरपाई द्वारा ही बनाया जाता है। इस प्रकार इस टाँके को हर प्रकार के कपड़े; जैसे ऊनी रेशमी व सूती पर प्रयोग किया जा सकता है।

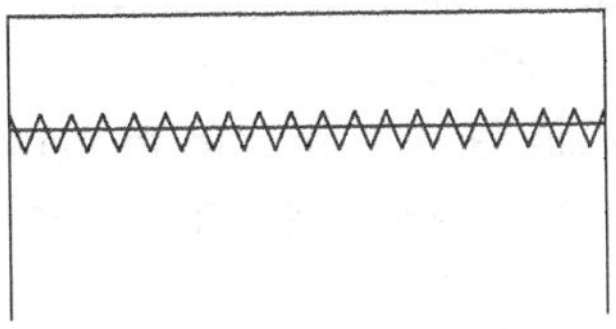

चित्र 3.6 साधारण तुरपाई

साधारण तुरपाई उन्हीं स्थानों पर की जाती है, जहाँ किनारा मोड़ना होता है। इसे बनाने के लिए सुई से कपड़े के ऊपर व नीचे की ओर तिरछे टाँके लिए जाते हैं। इसका टाँका नीचे की तह पर छोटा-छोटा लिया जाता है।

- **अन्धी तुरपाई** (Blind hemming) यह टाँका भी तुरपाई की तरह ही बनाया जाता है, अन्तर यह है कि तुरपाई करते समय ऊपर की परत में सुई से अन्दर की ओर से धागा लेते हैं। यह टाँका ऊपर दिखाई नहीं देता है इसी कारण इसे अन्धी तुरपाई (blind hem) कहते हैं। इसका प्रयोग महिलाओं की पोशाकों तथा पैच आदि की सिलाई करते समय करते हैं।

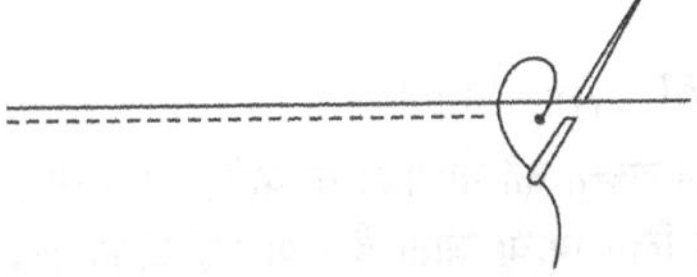

चित्र 3.7 अन्धी तुरपाई

- **गोल तुरपाई** (Circular hemming) यह अम्ब्रेला या गोल घेर में की जाती है। गोल घेर के किनारे से दो प्वॉइण्ट गोलाई में परसूज का टाँका डालकर धीरे-धीरे धागा इतना खींचना चाहिए कि जिस जगह तुरपाई (hem) करनी हो उसके बराबर हो जाए। इस प्रक्रिया द्वारा गोल घेरे पर तुरपाई करने में सुविधा होती है। किनारे पर परसूज का टाँका डालने में मोड़ने पर जिस स्थान पर जितना फैब्रिक (गोल तुरपाई के लिए) चाहिए, उतना ही धागा खींचने से चौड़ाई बराबर आ जाएगी और मोड़ने में सुविधा रहेगी।

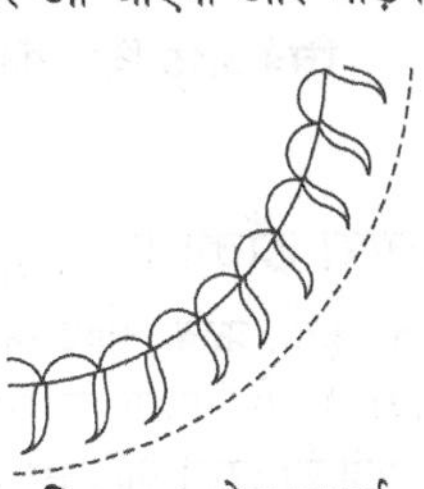

चित्र 3.8 गोल तुरपाई

(iii) सजावटी तुरपाई Decorative Hem

मुख्य रूप से इसका उपयोग स्त्रियों की पोशाकों में किया जाता है। इस तुरपाई से टेलर केवल सुई व धागे की सहायता से विविध प्रकार के टाँकों द्वारा पोशाक को सजा-सँवार देता है। यह एक प्रकार का पीको स्टिच है, जिसे फैब्रिक के मिलते-जुलते कलर से ही लगाया जाता है।

(iv) लैडर हेम टाँका Ladder Hem Stitch

यह टाँका हेम टाँके के समान ही लगाया जाता है। फैब्रिक के धागे निकालकर उस स्थान पर लैडर (ladder) हेम बनाया जाता है। इसका प्रयोग रूमाल, मेजपोश व चादर आदि के चारों ओर किया जाता है।

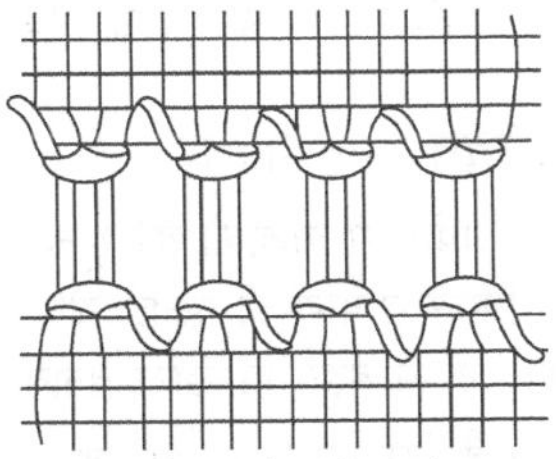

चित्र 3.9 लैडर हेम टाँका

(v) इन्टरलेस्ड हेम टाँका Interlaced Hem Stitch

यह भी रूमाल, मेजपोश, चादर तथा लेडीज कुर्तों में सुन्दरता के लिए लगाया जाता है। इसमें भी जितना चौड़ा डिजाइन बनाना हो, फैब्रिक में उतनी चौड़ाई में तार निकालकर दोनों ओर विडिंग हेम करने के बाद बीच के तार सुई से पलटकर धागा डालते जाते हैं। यह उसी रंग के धागे तथा विपरीत रंग के धागों से भी बनाया जाता है। इसमें विशेष बात यह है कि प्रत्येक टाँके में तारों की संख्या बराबर हो अर्थात् तीन तार लें तो आखिर तक तीन तार रखें और चार तार लें तो पूरे डिजाइन में चार तार ही रखें। फैब्रिक के धागे के अनुसार ही तार लें, ऐसा न हो कि ज्यादा तार लेने पर फैब्रिक में झोल पड़ जाए।

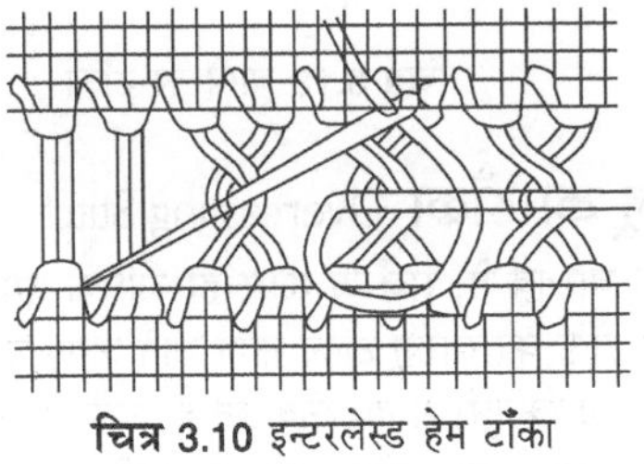

चित्र 3.10 इन्टरलेस्ड हेम टाँका

(vi) बखिया का टाँका Back Stitch

बखिया दो प्रकार से की जाती है—हाथ द्वारा तथा मशीन द्वारा। मशीन के आविष्कार से पूर्व पोशाकों की सिलाई पूर्णत: हाथ द्वारा की जाती थी, इसीलिए मजबूती के लिये पोशाकों पर हाथ द्वारा बखिया की जाती थी। इसे बैक स्टिच की संज्ञा इस कारण दी गई है क्योंकि इसमें धागा पीछे से आगे की ओर ले जाते हैं। इसमें खिंचाव (elasticity) होने के कारण तिरछे फैब्रिक्स पर इसका धागा खिंचने पर टूटता नहीं है। इसके लचीलेपन के कारण सलवार की गिदरी, चूड़ीदार पायजामा, बनियान आदि की सिलाई में इस टाँके का प्रयोग किया जाता है।

इस टाँके का प्रयोग कढ़ाई में भी किया जाता है। जिन स्थानों पर बारीक डण्डी या लाइनिंग बनानी होती है, वहाँ इसका प्रयोग करते हैं। सुई में धागा डालकर जिस स्थान पर यह टाँका बनाना हो, आरम्भ करते समय टाँके की लम्बाई के अनुसार दूरी रखकर धागे को सुई के पीछे ले जाकर टाँके की

दूरी के अनुसार आगे से निकालते हुए बनाते जाते हैं। यह टाँके सदैव दाँई से बाईं ओर लगाए जाते हैं।

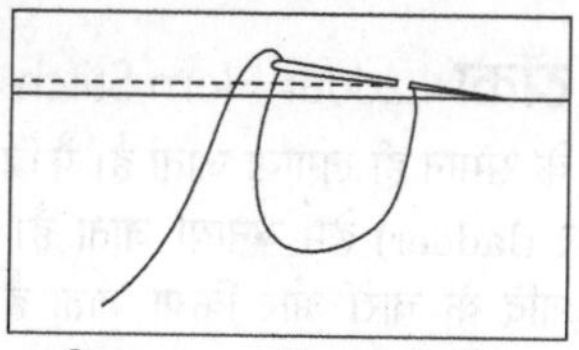

चित्र 3.11 बखिया का टाँका

(vii) चाम्पे का टाँका Fine Stitch

इस प्रकार के टाँकों के प्रयोग से पोशाकों की सुन्दरता बढ़ जाती है। इसका प्रयोग साड़ी के फॉल, निकर व पैन्ट की फ्लाई, जेब तथा कोट के किनारे पर किया जाता है। इसका टाँका बहुत ही छोटा बनाया जाता है। इस टाँके में काफी लचीलापन होता है। इस टाँके की अधिकतम लम्बाई $1\frac{1}{2}$ सूत होनी चाहिए। इसमें भी टाँका हाथ की बखिया के समान ही लिया जाता है, अन्तर केवल यह है कि हाथ की बखिया का टाँका एक-दूसरे से मिलाकर लेते हैं, किन्तु इसका टाँका लेते समय एक-दूसरे टाँके के बीच $1\frac{1}{2}$ या 2 बिन्दु की दूरी रखते हैं। इसकी सुन्दरता बनाए रखने के लिए इसके टाँके की दूरी एक समान रखनी होती है। इसका टाँका सीधी ओर बहुत ही छोटा तथा उल्टी ओर बड़ा आता है। इस टाँके में 40 नम्बर का धागा प्रयोग में लाया जाता है।

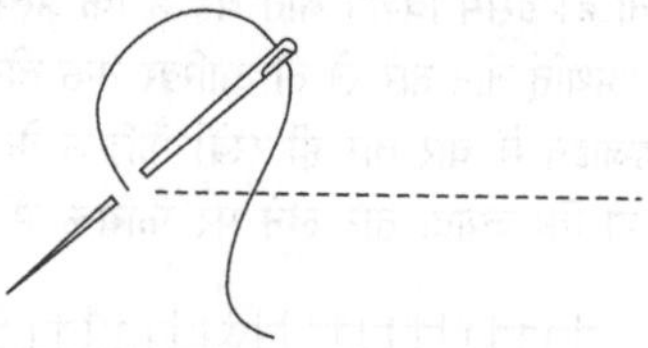

चित्र 3.12 चाम्पे का टाँका

(viii) सारजू का टाँका Overcasting Stitch

सारजू का टाँका वास्तव में, सर्ज के ऊपर ही अधिक प्रयोग किया जाता था। इसी कारण इस टाँके को सारजू टाँका कहा जाने लगा। उन सभी फैब्रिक्स में जहाँ सिलाई के बाद किनारों से तार निकलते हैं, उन्हें रोकने के लिए इस टाँके का प्रयोग किया जाता है। यह टाँका मशीन द्वारा भी लगाया जा सकता है। इस टाँके की अधिकतम लम्बाई 2 सूत रखी जानी चाहिए। इसका प्रयोग करते समय रेशमी व ऊनी फैब्रिक्स के किनारों पर एक बिन्दु अन्दर की ओर रखते

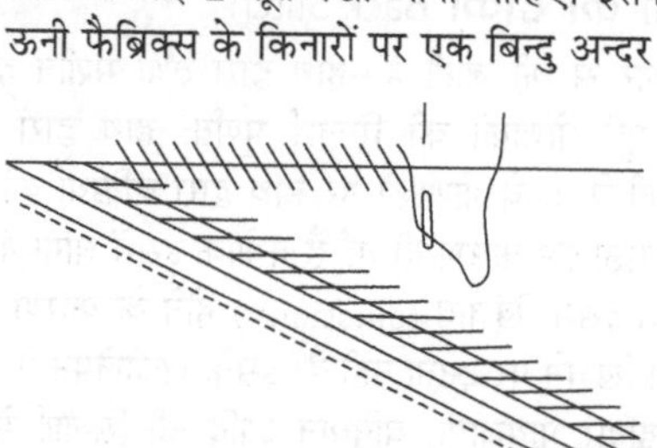

चित्र 3.13 सारजू का टाँका

हैं तथा सुई आगे की ओर सीधी रखते हुए निकालते जाते हैं, इस प्रकार यह टाँका तिरछा दिखाई देता है। जिन फैब्रिक्स के तार अधिक निकलते हैं, उन पर यह टाँका दोहरा भी किया जाता है।

(ix) पैडिंग टाँका Padding Stitch

इस स्टिच का प्रयोग बुकरम, अस्तर व रूई को एक साथ जोड़ने के लिए किया जाता है। इसका प्रयोग कोट आदि के कॉलर पर किया जाता है। आजकल इसका प्रयोग कुशन, बैडशीट, मैट्स, बैग आदि बनाने में भी किया जाता हैं। कोट (coat) में कॉलर पर बुकरम व रूई को दबाने के लिए समानान्तर दूरी पर इस टाँके का प्रयोग किया जाता है। इसका टाँका सीधी ओर कम तथा उल्टी ओर तिरछा व ज्यादा दिखाई देता है। यह टाँका हाथ व मशीन, दोनों के द्वारा बनाया जाता है। इस टाँके की लम्बाई 1/2″ से अधिक नहीं होनी चाहिए।

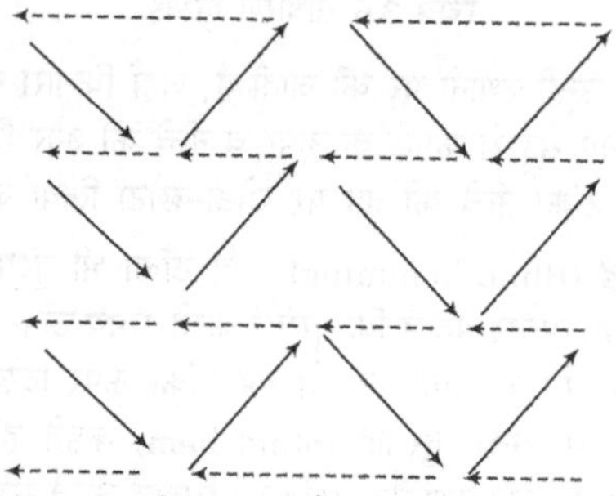

चित्र 3.14 पैडिंग टाँका

(x) व्हिप टाँका Whip Stitch

इस टाँके का प्रयोग बच्चों की पोशाकों के कॉलर तथा बाजू के कच्चे किनारों को बन्द करने के लिए किया जाता है तथा यह टाँका 1/4 इंच की दूरी पर लगाया जाता है। फैब्रिक के दाईं ओर से बाईं ओर यह टाँका चलाया जाता है, फिर बाईं ओर से चलाते हुए वापस उसी बिन्दु पर लाया जाता है, इस तरह इस टाँके में क्रॉस (X) के डिजाइन बनते जाते हैं। यह टाँके दोनों ओर से समान दिखाई देते हैं।

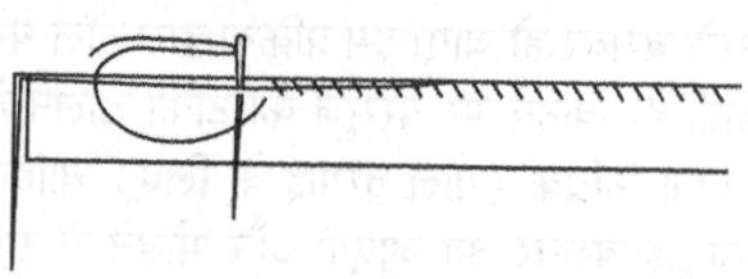

चित्र 3.15 व्हिप टाँका

(xi) कटावदार किनारा टाँका Pinking Stitch

यह टाँका ब्लाउज, कमीज, कुर्ता, फ्रॉक आदि की साइड की सिलाइयों एवं बाजू की सिलाई में किनारों की फिनिशिंग के लिए लगाया जाता है। इससे पोशाक की सुन्दरता बढ़ जाती है। इससे फैब्रिक्स के किनारों की तारें भी नहीं निकलती हैं और पोशाक में आकर्षण आ जाता है।

3.3 सजावटी टाँके Decorative Stitches

ड्रेस मेकिंग में बेसिक टाँकों के साथ-साथ सजावटी (decorative) टाँकों का भी महत्त्वपूर्ण स्थान है। ड्रेस मेकिंग ट्रेड के छात्र-छात्राओं को सिलाई के टाँकों के साथ यदि सजावटी टाँकों का भी ज्ञान होगा, तो वह पोशाक को सौन्दर्य प्रदान करने में सहायक होगा। सिली हुई पोशाकों पर यदि आवश्यकता व फैशन के अनुसार कढ़ाई भी कर दी जाए, तो पोशाक तो मनमोहक लगेगी ही साथ ही उसकी कीमत भी बढ़ जाती है।

सजावटी टाँकों के प्रकार
Types of Decorative Stitches

टेलरिंग ट्रेड से सम्बन्धित व्यक्तियों को सजावटी टाँकों की जानकारी होनी आवश्यक है। ये टाँके निम्न प्रकार हैं

(i) कम्बल टाँका Blanket Stitch

इस टाँके का प्रयोग कम्बल के किनारों को मजबूती के साथ सुन्दरता प्रदान करने के लिए किया जाता है। यह टाँका कई सुन्दर तरीकों से बनाया जाता है। कम्बल मोटा होने के कारण तीन तह देकर सिलाई करने से किनारा अधिक मोटा हो जाएगा। अत: एक बार मोड़कर ही यह टाँका लगा दिया जाता है। इस टाँके को लगाने से किनारे के तार नहीं निकलते।

यह टाँका मेजपोश, रूमाल, बेबी जाँघिया, शमीज आदि के किनारों को सुन्दर बनाने के लिए भी प्रयोग किया जाता है।

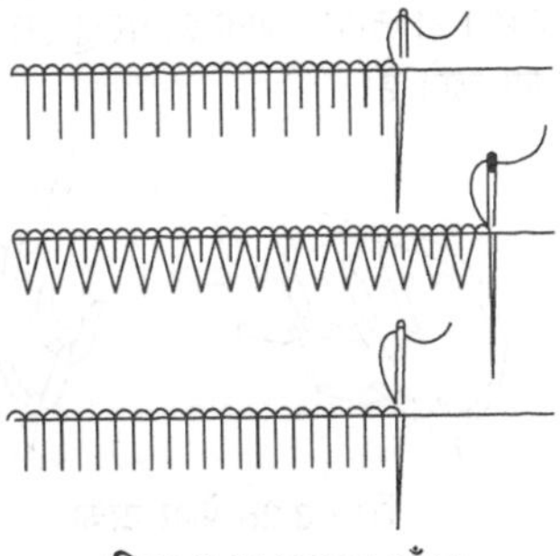

चित्र 3.16 कम्बल टाँका

(ii) फिश बोन टाँका Fish Bone Stitch

इस टाँके का प्रयोग भी पोशाकों की सजावट के लिए किया जाता है। इसको बनाते समय दो बार टाँका ऊपर से व दो बार नीचे से लेते हैं। इस क्रिया से दोनों किनारों पर डण्डी बनती चली जाती है। इस टाँके का उपयोग छोटी आकृति को भरने हेतु किया जाता है। इसे भिन्न रंग के धागों से बनाया जाता है।

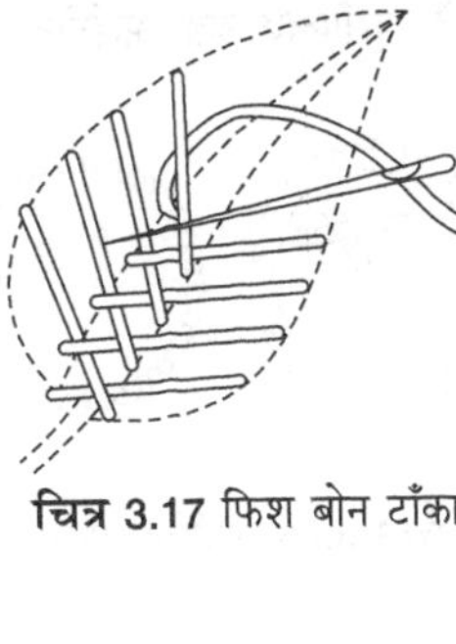

चित्र 3.17 फिश बोन टाँका

(iii) डण्डी टाँका Stem Stitch

इसका प्रयोग डिजाइन के अन्दर महीन डण्डियों को बनाने में किया जाता है। इसे उल्टी बखिया भी कहते हैं, क्योंकि इसे बनाते समय उल्टी ओर बखिया के टाँके आते हैं और सीधी ओर डण्डी बनती जाती है। इसको बनाते समय सुई आगे से निकालकर पीछे की ओर ले जाते हैं। यदि यह मोटा बनाना हो, तो सुई बराबर से निकालते हैं और यदि बारीक बनाना हो, तो टाँके के साथ-ही-साथ सुई निकाल कर बनाते चलते हैं।

वास्तव में, यह एक आउटलाइनिंग टाँका है, जिसे फूलों के डिजाइन में अधिक प्रयोग किया जाता है। इसके अतिरिक्त छोटे-छोटे डिजाइनों को भरने में भी इसे उपयोग करते हैं।

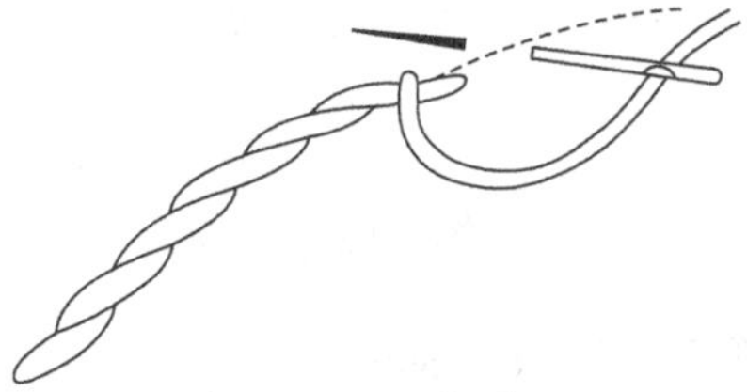

चित्र 3.18 डण्डी टाँका

(iv) हेरिंगबोन टाँका Herringbone Stitch

इस टाँके का प्रयोग मेजपोश, रूमाल, बच्चों की पोशाकों के किनारों को सुन्दरता प्रदान करने के लिए किया जाता है। इस टाँके को क्रॉस करते हुए एक बार आधार रेखा के ऊपर तथा एक बार नीचे बनाते जाते हैं। इसी क्रिया द्वारा बराबर-बराबर चार विपरीत रंगों से यदि किनारा बनाया जाए तो पोशाक का फैब्रिक दिखाई नहीं देता, किन्तु ऊपर-नीचे, दो बार बनाने से यह बहुत सुन्दर लगता है। इसमें सुई का रुख बाएँ हाथ की ओर रहता है। यह टाँका '*X*' के आकार का बनता है। इस टाँके को कलालेन टाँका, कैच टाँका तथा मच्छी टाँका आदि नामों से भी जाना जाता है।

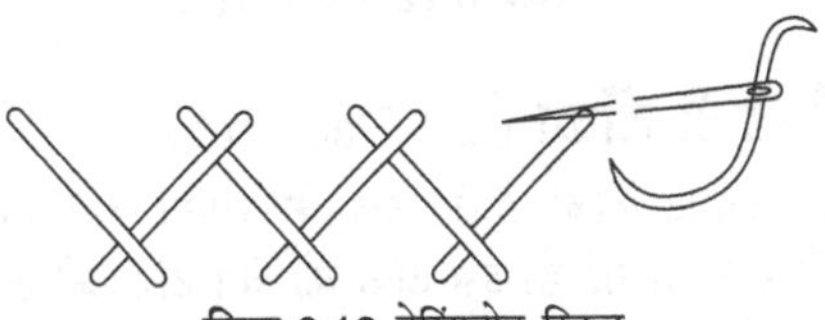

चित्र 3.19 हेरिंगबोन स्टिच

(v) शिवरिंग टाँका Shewring Stitch

यह टाँका भी हेरिंगबोन टाँके के समान ही लगाया जाता है। इसका प्रयोग गैदरिंग की सुन्दरता को बढ़ाने के लिए एवं किनारे को सजाने के लिए किया जाता है।

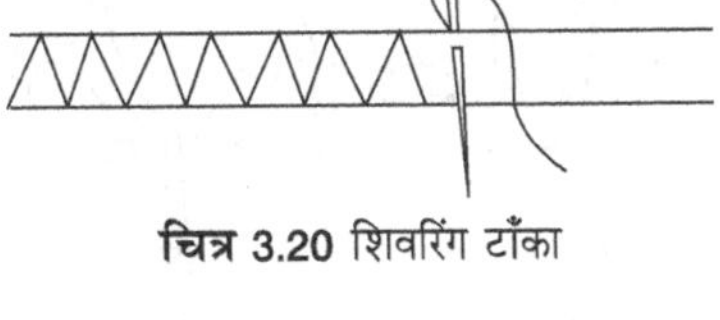

चित्र 3.20 शिवरिंग टाँका

(vi) **चैन टाँका** Chain Stitch

इसका प्रयोग भी पोशाकों पर कढ़ाई करने के लिए किया जाता है। यह बनने पर चेन की तरह दिखाई देता है, इसलिए इसे चेन टाँका कहा जाता है। जिस डिजाइन में चैन बनानी हो उसमें सुई आगे बढ़ाते हुए धागा इस प्रकार रखें कि धागा सुई के नीचे आए, अब सुई कपड़े से निकाल लें और पुनः सुई पहले वाली चेन के अन्दर से लेकर आगे निकालें। जिससे एक लूप बन जायेगा। यह टाँका पोशाक पर बने डिजाइन की आउटलाइन करने के लिए कढ़ाई में प्रयोग किया जाने वाला सबसे उपयोगी टाँका माना जाता है।

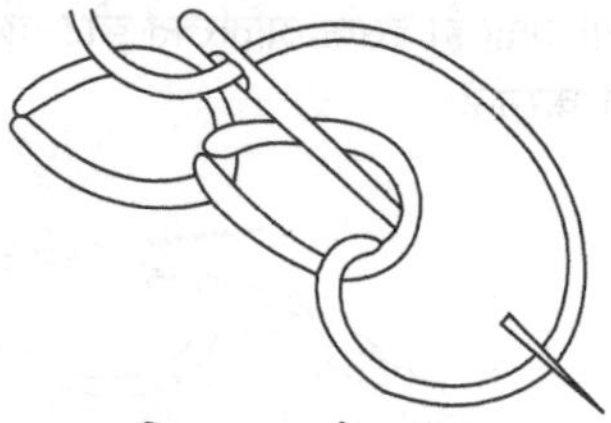

चित्र 3.21 चेन टाँका

(vii) **क्रॉस टाँका** Cross Stitch

यह काउन्टेड थ्रेड एम्ब्रॉयडरी वर्क (Counted thread embroidery work) के नाम से भी जाना जाता है, क्योंकि टाँका सूती व केसमेन्ट आदि फैब्रिक्स पर अधिक बनाया जाता है। साड़ी जैसे बारीक फैब्रिक पर यह टाँका बनाते समय विशेष प्रकार की जाली लगाकर बनाते हैं, क्योंकि इस टाँके को बनाने के लिए फैब्रिक के धागे को डिजाइन के अनुसार, गिन-गिनकर क्रॉस टाँका बनाते हैं। यह टाँके विभिन्न रंगों की डी.एम.सी. व एंकर गुच्छी के धागों से बनाए जाते हैं।

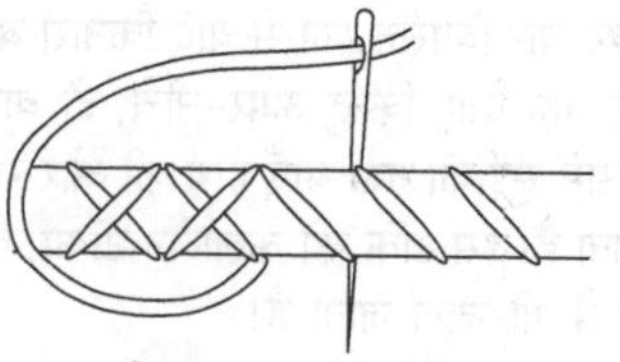

चित्र 3.22 क्रॉस टाँका

(viii) **लेजी-डेजी टाँका** Lazy-Daisy Stitch

इस टाँके की बनावट लेजी-डेजी फूल के समान होने के कारण इसे लेजी-डेजी की संज्ञा दी गई है। इस टाँके को चैन टाँके की तरह ही बनाया जाता है, अन्तर केवल यह है कि चैन का टाँका एक-दूसरे से मिलाकर बनाया जाता है तथा लेजी-डेजी की प्रत्येक पंखुड़ी अलग-अलग होती है। इस टाँके का प्रयोग छोटे फूलों की पत्तियाँ तथा छोटे पत्ते आदि बनाने में किया जाता है। डिजाइन के अनुसार फूल व पत्तियों के टाँकों को विभिन्न रंगों से बनाया जाता है।

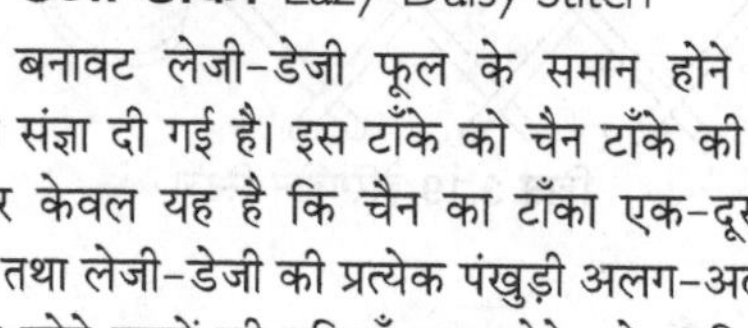

चित्र 3.23 लेजी-डेजी टाँका

(ix) **चेवरन टाँका** Chevron Stitch

ये टाँके बनाने के लिए दो समानान्तर कच्चे टाँकों को चित्र में दिखाए अनुसार डालकर दूसरे रंग का धागा प्रत्येक कच्चे टाँके में से इस प्रकार निकालें कि देखने में 'V' की आकृति बन जाए। धागा डालते समय इस बात का ध्यान रखना है कि ऊपर की रेखा के कच्चे टाँके के नीचे से सुई निकाली है, तो नीचे की रेखा के कच्चे टाँके के ऊपर से सुई निकालकर धागा घुमाते हुए यह टाँका बनाना चाहिए। यह टाँका बनने पर लेस की तरह लगता है।

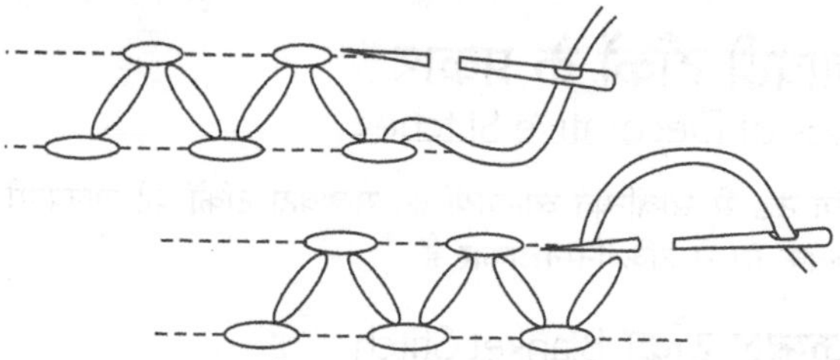

चित्र 3.24 चेवरन टाँका

(x) **फैदर टाँका** Feather Stitch

यह टाँका बनने पर पंख के समान प्रतीत होता है, इस कारण इसे फैदर टाँके के नाम से जाना जाता है। इसका प्रयोग चादर, रूमाल, बच्चों की पोशाकों, पेटीकोट आदि पर किया जाता है। इसके अतिरिक्त इस टाँके का प्रयोग रजाई आदि के जोड़ों को सजावटी बनाने के उद्देश्य से भी करते हैं। यह टाँका कम्बल टाँके के समान ही लगाया जाता है, परन्तु इसे लगाते समय दोनों ओर से तिरछे टाँके लिए जाते हैं।

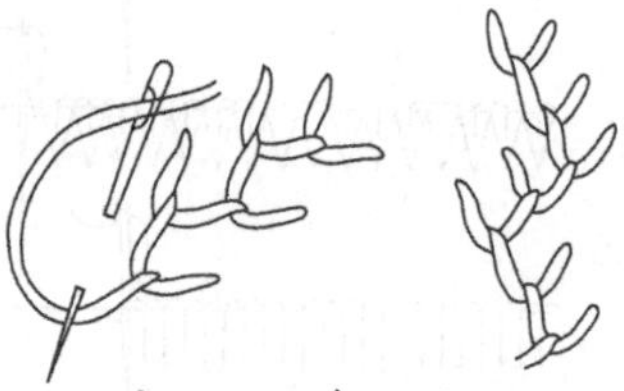

चित्र 3.25 फैदर टाँका

(xi) **आईलेट टाँका** Eyelet Stitch

इस टाँके का प्रयोग विभिन्न पोशाकों; जैसे—ब्लाउज, पेटीकोट आदि पर किया जाता है। इसको बनाते समय डिजाइन को आउटलाइन पर समानान्तर दूरी रखते हुए जितना बड़ा छिद्र बनाना हो, बनाकर, उसके चारों ओर कच्चा टाँका किया जाता है, उसके पश्चात् पोकर के द्वारा छिद्र करके उसके किनारे गोलाई में आईलेट टाँके द्वारा बना देते हैं। यह बनने पर पलकों के समान दिखाई देता है, इसीलिए यह आईलेट टाँके के नाम से जाना जाता है।

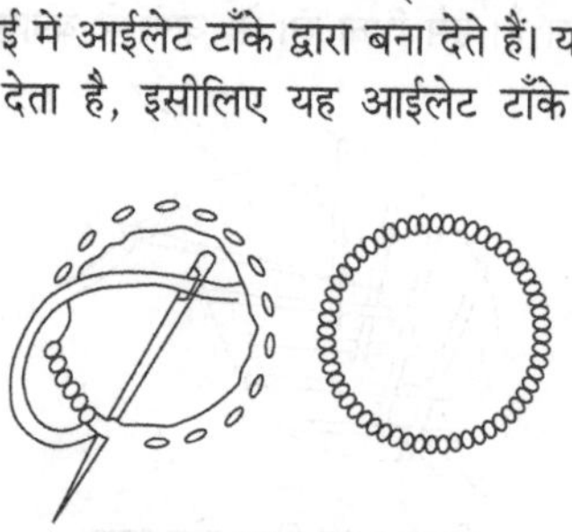

चित्र 3.26 आईलेट टाँका

(xii) **रस्सी टाँका** Rope Stitch

इस टाँके को बनाने के लिए सर्वप्रथम किनारे पर हेरिंगबोन टाँका बनाते हैं तथा उसके पश्चात् दूसरे रंग का धागा उस पर लेपित किया जाता है। इस प्रक्रिया से वह रस्सी के समान दिखाई देने लगता है, इसलिए इसे रस्सी-टाँका कहते हैं।

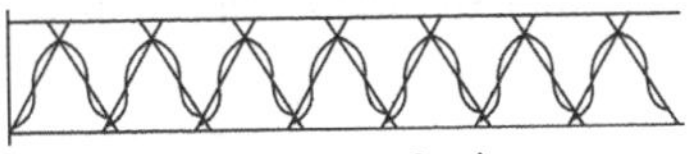

चित्र 3.27 रस्सी टाँका

(xiii) **शैडो वर्क टाँका** Shadow Work Stitch

यह टाँका पतले फैब्रिक्स पर बनाया जाता है। यह उल्टी ओर से हेरिंगबोन की तरह बनाया जाता है। सीधी ओर आउटलाइन पर बैक टाँका आता है तथा ऊपर फूल व पत्तियों में रंग भरने के लिए यह टाँका लगाया जाता है, जिससे अन्दर का रंग हल्का दिखाई देता है। इसी कारण इसे शैडो वर्क टाँका कहते हैं। यह बच्चों के फ्रॉक, कलीदार कुर्ता, ब्लाउज व साड़ियों में बनाया जाता है।

चित्र 3.28 शैडो वर्क टाँका

(xiv) **शेड टाँका** Shade Stitch

इस टाँके द्वारा फूल व पत्तियों में हल्के व गहरे रंग भरे जाने के कारण इसे शेड टाँका कहते हैं। यह कढ़ाई में सबसे महत्वपूर्ण टाँका है, इसमें तीन या चार शेड दिए जा सकते हैं। इसमें फैब्रिक के रंग के अनुसार कलर लगाने चाहिए। यदि फैब्रिक गहरे रंग का है, तो फूल व पत्तियों को हल्के रंग से बनाना चाहिए। निर्धारित तीन या चार, जितने रंग से शेड बनाना हो, पहले हल्का रंग, फिर उससे एक नम्बर गहरा रंग इस प्रकार लगाएँ कि फैब्रिक दिखाई न दे तथा छोटे टाँके की जगह बड़ा व बड़े की जगह छोटा टाँका लेते हुए, आकृति के अनुसार पंखुड़ी व पत्तियाँ पूरी करनी चाहिए।

चित्र 3.29 शेड टाँका

(xv) **फ्रेन्च नॉट टाँका** French Knot Stitch

इस टाँके का उपयोग डिजाइन में मध्य भाग को भरने के लिए किया जाता है। इसे लगाने के लिए सुई में तीन या चार बार धागा लपेट कर सुई को नीचे निकालते हैं। यह डिजाइन के अनुसार दूर-दूर या पास-पास लगाया जाता है यह टाँका गाँठ के समान दिखाई देता है।

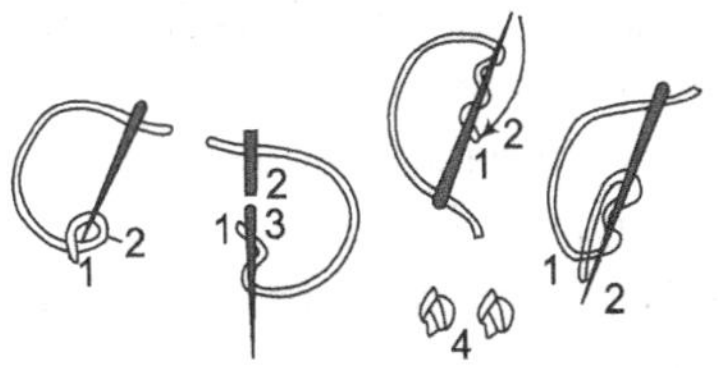

चित्र 3.30 फ्रेन्च नॉट टाँका

(xvi) **बुलियन टाँका** Bullion Stitch

इस टाँके का प्रयोग भी पोशाक को सौन्दर्य प्रदान करने के लिए किया जाता है। इसका प्रयोग डिजाइन को भरने तथा आउटलाइन बनाने के लिए भी किया जाता है। इसके द्वारा बने फूल को देखने में गुलाब के फूल का आभास होता है।

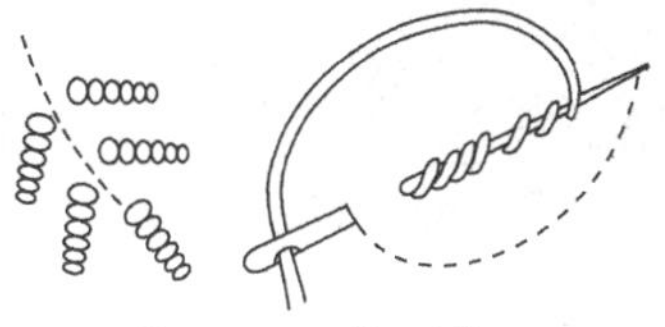

चित्र 3.31 बुलियन स्टिच

इस टाँके को भी फ्रेन्च नॉट टाँके की तरह सुई का धागा लपेटकर ही बनाते हैं। अन्तर यह है कि बुलियन टाँका में कई बार सुई पर धागा लपेटकर फूल की शेप दी जाती है। इसके द्वारा बने फूल व पत्तियाँ बहुत सुन्दर लगते हैं। यह शेडेड एंकर गुच्छी से बनाने पर अधिक सुन्दर लगता है। इसमें इच्छानुसार रंग-योजना का चुनाव किया जा सकता है। इसका प्रयोग बच्चों की पोशाकों, नाइटी, स्मोकिंग द्वारा तैयार पोशाक व पिलो कवर, चादर आदि पर किया जाता है।

(xvii) **साटन टाँका** Satin Stitch

यह साटन के समान चिकना दिखाई देता है, इसीलिए इसे साटन टाँके की संज्ञा दी गई है। इस टाँके को बनाने के लिए फूल व पत्तियाँ छोटी-छोटी रखी जाती हैं। इसे बनाते समय इस बात का ध्यान रखें कि सुई डिजाइन की आउट लाइन पर मिला-मिलाकर चलाएँ और सुई को एक ओर से डालकर दूसरी ओर निकालते हुए डिजाइन बनाना चाहिए। इस टाँके में सीधी व उल्टी, दोनों ओर पास-पास समान टाँका आता है। इस टाँके का प्रयोग रूमाल, मेजपोश, पिलो कवर आदि की सुन्दरता बढ़ाने के लिए किया जाता है। साटन टाँका द्वारा बना डिजाइन बहुत सुन्दर लगता है। यह टाँका गोल कढ़ाई के नाम से भी जाना जाता है।

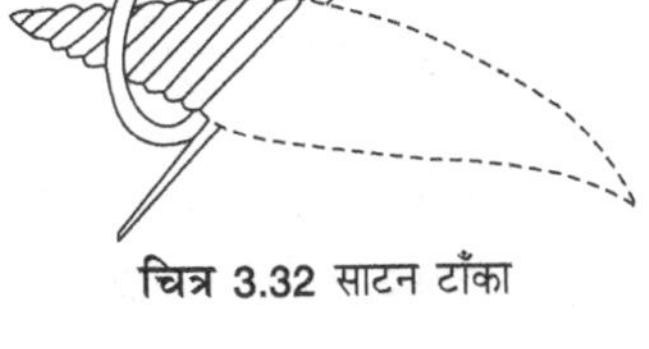

चित्र 3.32 साटन टाँका

(xviii) **हनीकॉम्ब टाँका** Honeycomb Stitch

यह देखने में मधुमक्खी के छत्ते की तरह लगता है, इसी कारण यह हनीकॉम्ब के नाम से जाना जाता है। इसका प्रयोग भी बच्चों व महिलाओं की पोशाकों की गैदरिंग की सुन्दरता बढ़ाने के लिए किया जाता है। इसमें भी पहले स्मोकिंग की तरह परसूज डालते हैं। अन्तर यह है कि इसका परसूज स्मोकिंग से थोड़ा बड़ा होता है एवं कम-से-कम 2, 3 बिन्दुओं या पोशाक के अनुसार परसूज डालकर गैदरिंग के धागों को खींच देते हैं। इस प्रकार गैदरिंग इकट्ठी हो जाती है। अब सुई में धागा डालकर दो चुन्नटों का थोड़ा-थोड़ा फैब्रिक उठाकर टाँका लगाने के बाद सुई को नीचे से 2 या 3 बिन्दुओं की दूरी पर ऐसे निकालें कि धागा ऊपर न दिखाई दे। अब सुई ऊपर लाकर उससे आगे वाली गैदर व जिसमें सुई है, एक साथ टाँका लगा दें। क्रीज न पड़ने वाले व कलफ लगे कपड़ों पर यह टाँका सरलता से लगाया जा सकता है।

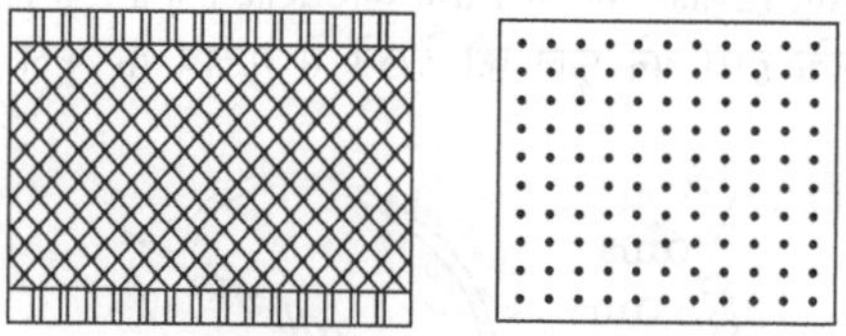

चित्र 3.33 हनीकॉम्ब टाँका

(xix) **पिकनीज टाँका** Picnies Stitch

यह टाँका भी बनने के बाद लेस की तरह लगता है। एक सीधी रेखा बखिए के टाँके से बनाएँ। ध्यान रहे इसका टाँका बखिया के टाँके से बड़ा रहे। अब दूसरे रंग के धागे को इस प्रकार डालकर लाइन के बीच में से लूप छोड़ते हुए निकालें कि बनने के बाद लेस की तरह लगे।

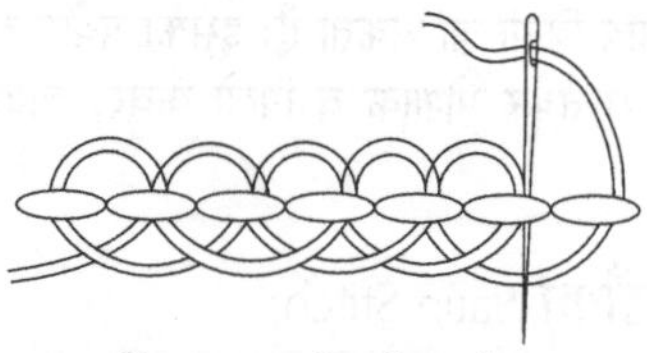

चित्र 3.34 पिकनीज टाँका

(xx) **केबिल टाँका** Cable Stitch

यह टाँका बाईं ओर से दाईं ओर लगाया जाता है तथा इसको बनाने के लिए धागा एक बार सुई के नीचे तथा एक बार ऊपर रखकर पहले पूरी रेखा बनाई जाती है। दूसरी रेखा बनाते समय धागा तो ऊपर व नीचे ही रखना होता है, किन्तु दूसरी रेखा में जहाँ पहली रेखा में धागा ऊपर रखा है, वहाँ इस रेखा में नीचे और जहाँ नीचे रखा है, वहाँ ऊपर रखना होता है। इस प्रकार करने से केबिल बनता चला जाता है। यदि कहीं भी धागा ऊपर-नीचे करने में भूल होगी, तो केबिल नहीं बन पायेगा। यह टाँका जालीदार कपड़े पर बनाया जाता है।

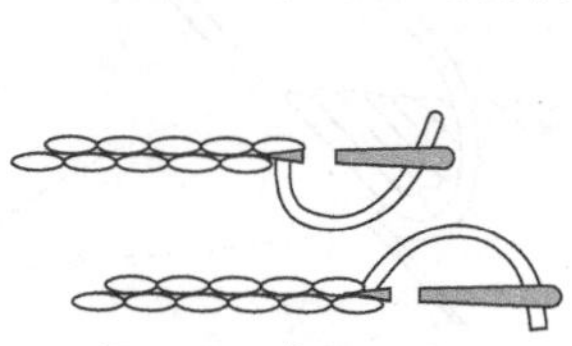

चित्र 3.35 केबिल टाँका

(xxi) **वेव टाँका** Wave Stitch

इसको बनाने पर चुन्नटों में लहर पड़ने के कारण इसे वेव टाँका कहते हैं। टाँका नीचे लाते समय धागा सुई के ऊपर रखते हैं। ऊपर ले जाते समय धागा सुई के नीचे रखते हुए प्रत्येक टाँका ऊपर ले जाया जाता है। इस टाँके को बनाते समय सुई सदा सीधी रखनी चाहिए। साथ ही इस बात का विशेष ध्यान रखें कि प्रत्येक टाँका समानान्तर अर्थात् समान अन्तर पर होना चाहिए।

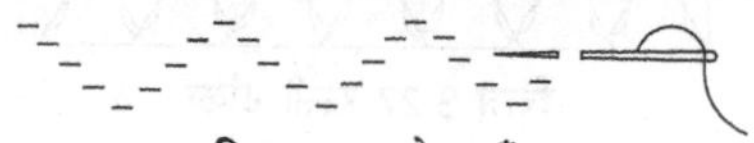

चित्र 3.36 वेव टाँका

(xxii) **स्मोकिंग टाँका** Smocking Stitch

बच्चों और महिलाओं की पोशाकों; जैसे— फ्रॉक, कुर्ते, शर्ट आदि की गैदरिंग को सजाने के लिए स्मोकिंग का प्रयोग किया जाता है। सर्वप्रथम जितना चौड़ा स्मोकिंग बनाना हो उसका तीन गुना फैब्रिक लेकर परसूज का टाँका लगा लिया जाता है। डिजाइन के अनुसार स्मोकिंग बनाने के लिए तीन टाँकों का प्रयोग करते हैं और इन्हीं टाँकों से विभिन्न डिजाइन बनाते हैं। स्मोकिंग के लिए परसूज का टाँका लगाते समय इस बात का विशेष ध्यान रखना चाहिए कि टाँके एक-दूसरे के नीचे, समानान्तर व 1-1 सूत की दूरी पर हों।

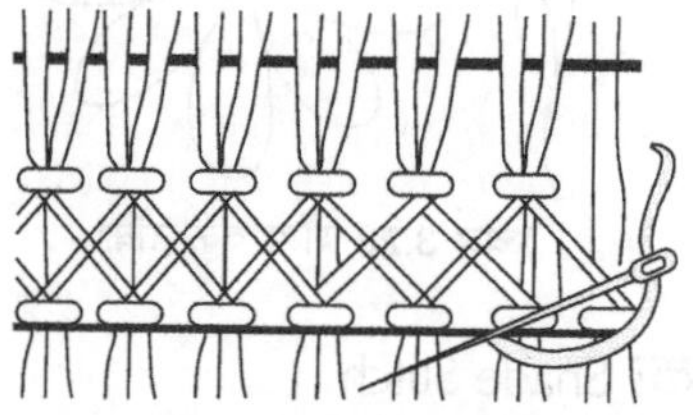

चित्र 3.37 स्मोकिंग टाँका

जिस भी वस्त्र में स्मोकिंग बनाना हो उसकी लम्बाई की ओर चुन्नटें डाली जाती हैं। उसके पश्चात् 1 सूत का अन्तर रखते हुए परसूज का टाँका डालें। अब धागों को खींचकर चुन्नटें एकत्रित हो जायेंगी। इन चुन्नटों के सिरों पर गाँठ लगाकर रंगीन धागों के उपयोग द्वारा सीधी रेखाएँ बनाए तत्पश्चात् उनमें इच्छानुसार डिजाइन बना लें।

(xxiii) **मैजिक चैन टाँका** Magic Chain Stitch

यह टाँका भी चैन टाँके के समान ही होता है, अन्तर केवल इतना है कि इसमें दो भिन्न धागों का उपयोग किया जाता है। इसे बनाने के लिए पहले चैन टाँका लगाया जाता है, उसके पश्चात् अन्य रंग का धागा लेकर काउचिंग टाँके द्वारा चैन के ऊपर दूसरी चैन बनाते हैं। ऐसा करने से चैन दो भिन्न रंगों की दिखाई देती है।

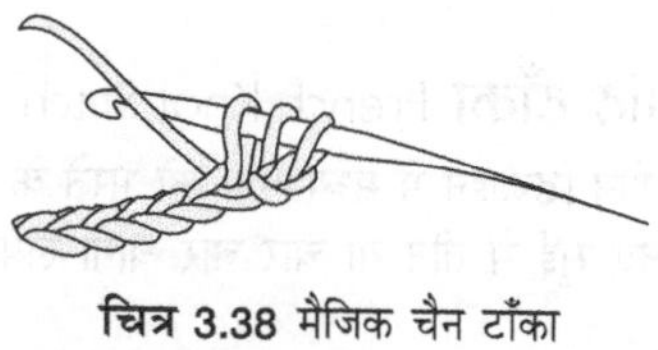

चित्र 3.38 मैजिक चैन टाँका

(xxiv) **फ्लाई टाँका** Fly Stitch

यह टाँका खुले हुए लूप के समान दिखाई देता है। इसे 'Y' टाँका भी कहा जाता है। इसका उपयोग विभिन्न डिजाइनों में पत्तियाँ बनाने के लिए किया जाता है।

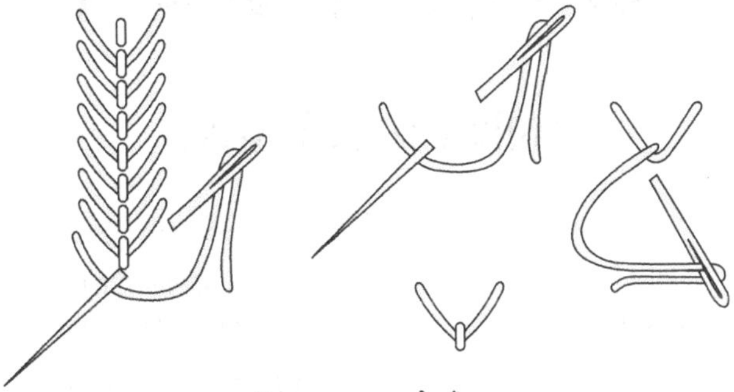

चित्र 3.39 फ्लाई टाँका

(xxv) **कश्मीरी टाँका** Kashmiri Stitch

विभिन्न डिजाइनों को भरने के लिए भिन्न-भिन्न रंगों के धागों से यह टाँका लगाया जाता है। इस टाँके को डिजाइन के अनुसार छोटा अथवा बड़ा बनाया जा सकता है।

चित्र 3.40 कश्मीरी टाँका

आवश्यकता के अनुसार फेब्रिक पर विभिन्न प्रकार के टाँकों का प्रयोग कर उन्हें और अधिक सुन्दर व आकर्षक बनाया जा सकता है।

महत्त्वपूर्ण प्रश्नोत्तरी

1. टाँके को परिभाषित कीजिए।

उत्तर टाँका मूलतः सुई की सहायता से निर्मित, धागों का वह लूप है, जो फैब्रिक के नीचे बनता है।

2. किसी टाँके का लूप बनाने की प्रक्रिया को कैसे सुनिश्चित किया जा सकता है?

उत्तर टाँके का लूप बनाने की प्रक्रिया में फैब्रिक में जोड़ की आवश्यकता के स्थान पर, सुई को धागे के साथ प्रविष्ट कराया जाता है और सुई निम्नतम स्थिति से ऊपर की ओर जाती है।

3. हेरिंगबोन टाँके को अन्य किन नामों से जाना जाता है?

उत्तर हेरिंगबोन टाँके को मछली टाँका, कलालेन टाँका तथा केच टाँका, आदि नामों से जाना जाता है।

4. सारजू का टाँका क्या होता है?

उत्तर यह टाँका सर्ज के ऊपर प्रयोग होता है तथा फैब्रिक में तारों को निकलने से रोकने के लिए लगाया जाता है।

5. वेव टाँका किसे कहा जाता है?

उत्तर फैब्रिक में चुन्नटें डालने के लिए यह टाँका प्रयोग किया जाता है। इससे चुन्नटों में लहर पड़ने के कारण इसे वेव टाँका कहा जाता है।

अभ्यास प्रश्न

परीक्षा प्रारूपी प्रश्न

बहुविकल्पीय

1. टाँका मूलतः क्या है?
(a) सुई की सहायता से निर्मित धागों का लूप
(b) रेशों से धागा बनाने की प्रक्रिया
(c) 'a' और 'b' दोनों
(d) उपरोक्त में से कोई नहीं

2. टाँका बनाने की प्रक्रिया का अंग इनमें से कौन-सा है?
(a) आवश्यकता के स्थान पर सुई को धागे के साथ प्रविष्ट कराया जाता है
(b) सुई निम्नतम स्थिति से ऊपर की ओर चलती है, तो सुई का धागा लूप बनाता है
(c) 'a' और 'b' दोनों
(d) उपरोक्त में से कोई नहीं

3. टाँके के लूप बनाने की प्रक्रिया को कैसे सुनिश्चित करते हैं?
(a) मशीन के ऊपर पर्याप्त मात्रा में धागे द्वारा
(b) मशीन के नीचे पर्याप्त मात्रा में धागे द्वारा
(c) मशीन की कार्यक्षमता द्वारा
(d) 'a' और 'b' दोनों

4. इनमें से कौन-सा टाँकों का अस्थायी प्रकार नहीं है?
(a) समान कच्चा टाँका (b) असमान कच्चा टाँका
(c) तुरपाई का टाँका (d) थ्रेड मार्क

5. परसूज का टाँका इनमें से किस कार्य हेतु प्रयोग किया जाता है?
(a) पोशाकों की दो परतों को जोड़ने से
(b) सुन्दर किनारे बनाने में
(c) स्मोकिंग एवं हनीकॉम्ब की गैदरिंग बनाने हेतु
(d) उपरोक्त सभी

6. इनमें से कौन-सा टाँकों का स्थायी प्रकार है?
(a) परसूज का टाँका (b) टेलर का टाँका
(c) तिरछा कच्चा टाँका (d) इनमें से कोई नहीं

7. निम्न में से कौन-सा टाँका मछली टाँके के नाम से जाना जाता है?
(a) फिश बोन टाँका (b) हेरिंगबोन टाँका
(c) शिवरिंग टाँका (d) चैन टाँका

8. निम्न में से किस टाँके को उल्टी बखिया भी कहा जाता है?
(a) शिवरिंग (b) डण्डी (c) कम्बल (d) फिश बोन

9. हेरिंगबोन टाँका लगाने का क्या लाभ है?
(a) फैब्रिक के धागे नहीं निकलते
(b) पोशाक के आकर्षण में वृद्धि नहीं होती
(c) 'a' और 'b' दोनों
(d) उपरोक्त में से कोई नहीं

10. निम्न में से कौन-सा टाँका, सजावटी टाँके का उदाहरण नहीं है?
(a) कम्बल टाँका (b) फिशबोन टाँका
(c) हेरिंगबोन टाँका (d) चाम्पे का टाँका

11. गैदरिंग की सुन्दरता बढ़ाने एवं किनारे सजाने के लिए कौन-से टाँके का उपयोग किया जाता है?
(a) हेरिंगबोन टाँके का (b) शिवरिंग टाँके का
(c) कम्बल टाँके का (d) फिश बोन टाँके का

12. आइलेट टाँकों का उपयोग इनमें से किस पोशाक पर किया जाता है?
(a) नेहरू कुर्ता (b) ब्लाउज में
(c) पेटीकोट (d) 'b' और 'c' दोनों

13. साटन टाँके का प्रयोग इनमें से किसकी सुन्दरता बढ़ाने में किया जाता है?
(a) रूमाल (b) मेजपोश
(c) पिलो कवर (d) ये सभी

14. इनमें से कौन-सा टाँका लैस के समान लगता है?
(a) साटन टाँका (b) शिवरिंग टाँका
(c) चेवरन टाँका (d) हेरिंगबोन टाँका

15. निम्नलिखित कथनों में से असत्य कथन का चुनाव कीजिए
(a) स्टे स्टिच टाँके का प्रयोग फैब्रिक्स की तहों को जोड़ने में किया जाता है
(b) टेलर का टाँका एक विशेष ढीले लूप वाले टाँके के रूप में लगाया जाता है
(c) चाम्पे का टाँका सर्ज के ऊपर लगाया जाता है
(d) व्हिप टाँका फैब्रिक के दाईं तरफ से लेकर बाईं ओर लगाया जाता है

16. निम्नलिखित में से कौन-सा असत्य कथन है?
(a) वर्ग कोण टाँके का प्रयोग रूमाल, मेजपोश, चादर के कोने बनाने में किया जाता है।
(b) चैन टाँका पोशाक पर बने डिजाइन की आउटलाइन करने का सबसे उपयोगी टाँका है।
(c) क्रॉस टाँका काउन्टेड थ्रेड एम्ब्रायडरी वर्क के नाम से भी जाना जाता है।
(d) लेजी-डेजी टाँका मछली टाँके के नाम से भी जाना जाता है।

17. फिश बोन टाँका का उद्देश्य क्या है?
(a) बड़े मोटिफ (b) फिलिंग
(c) धागे का निशान (d) ये सभी

18. लॉक स्टिच की तुलना में चैन स्टिच में धागे की खपत ····· होती है।
(a) अधिक (b) बराबर
(c) 'a' और 'b' दोनों (d) कम

19. निम्नलिखित में से कौन-सी स्मोकिंग में प्रयुक्त स्टिच नहीं है?
(a) परसूज का टाँका (b) फ्रेंच टाँका
(c) बखिया का टाँका (d) केबल टाँका

20. सारजू के टाँके का प्रयोग कहाँ होता है?
(a) साड़ी की फॉल लगाने में
(b) किनारों के तारों को रोकने के लिए
(c) फ्रॉक के घेरे में
(d) चूड़ीदार पायजामे की टाँगों पर

21. सजावटी टाँकों की क्या उपयोगिता होती है?
(a) कपड़े की साज-सज्जा को बढ़ाने में
(b) कपड़े की मजबूती बढ़ाने में
(c) कपड़े की कीमत को बढ़ाने में
(d) सिर्फ कपड़े की सिलाई करने में

22. किनारों की तारों को रोकने के लिए किस टाँके का प्रयोग होता है?
(a) चाम्पे टाँका (b) फिस्की टाँका
(c) सारजू टाँका (d) थ्रैड टाँका

23. अधिकता से किस स्टिच का प्रयोग मर्दाना कपड़ों में होती है?
(a) पैडिंग (b) हैरिंग
(c) क्रॉस स्टिच (d) क्विलटिंग

24. किस टाँके को उल्टी कढ़ाई से जानते हैं?
(a) आई लेट (b) शेडों
(c) शेड (d) लेजी-डेजी

25. अधिक कपड़े को कम करने हेतु एक स्थान से उठाकर दूसरे स्थान पर कपड़ा रखने को क्या कहते हैं?
(a) प्लीट्स (b) योक
(c) लेइंग (d) ले-आउट

26. प्लेअर का प्रयोग किन वस्त्रों में होता है?
(a) फ्रॉक (b) पैन्ट
(c) शर्ट (d) पैजामा

27. टाँकों का मुख्यत: प्रयोग होता है
(a) मजबूती (b) सजावट
(c) कड़ापन (d) ड्रेप

28. फिश बोन टाँकों का प्रयोग किस लिए किया जाता है?
(a) मजबूती के लिए
(b) सजावट के लिए
(c) किनारी बनाने के लिए
(d) कच्चा करने के लिए

29. कच्चे टाँकों का प्रयोग किया जाता है
(a) अस्थायी रूप से (b) स्थायी रूप से
(c) सजावट के लिए (d) तुरपाई के लिए

30. पैच पॉकेट वस्त्र के साथ किस प्रकार जोड़ी जाती है?
(a) ऊपर टाँक कर (b) अन्दर की तरफ टाँक कर
(c) नीचे टाँक कर (d) इनमें से कोई नहीं

31. हेरिंगबोन टाँके का प्रयोग किया जाता है
(a) फ्रॉक सिलने में
(b) पेटीकोट सिलने में
(c) रूमाल मेजपोश के कोने बनाने में
(d) पैन्ट सिलने में

32. इनमें से कौन-सा टाँका तुरपाई की श्रेणी में नहीं आता है?
(a) लैडर हेम (b) इन्टरलेस हेम
(c) हाथ की बखिया (d) ये सभी

33. हाथ की बखिया के नाम से प्रचलित इनमें से किस टाँके को सिलाई में प्रयोग के दौरान सीधी बखिया कहते हैं?
(a) बैक टाँका (b) शिवरिंग टाँका
(c) हेरिंगबोन टाँका (d) इनमें से कोई नहीं

34. इनमें से कौन-सा टाँकों का सजावटी प्रकार नहीं है?
(a) चाम्पे का टाँका (b) चैन टाँका
(c) चेवरन टाँका (d) ये सभी

35. क्विल्टिंग का उपयोग इनमें से क्या जोड़ने में किया जाता है?
(a) बुकरम (b) अस्तर
(c) 'a' और 'b' दोनों (d) इनमें से कोई नहीं

36. इनमें से बारीक काम करने के लिए किस टाँके का प्रयोग किया जाता है?
(a) बैक टाँके का (b) शिवरिंग टाँके का
(c) डण्डी टाँके का (d) कम्बल टाँके का

37. क्रॉस टाँका बनाने के लिए कौन-सा मार्क संस्तुत (recommended) है?
(a) डी.एम.सी. (b) एंकर
(c) अमिटो (d) 'a' और 'b' दोनों

38. सिलाई में काजों की क्या भूमिका है?
(a) सिलाई का अभिन्न अंग है
(b) टाँकों का ही एक स्वरूप है
(c) 'a' और 'b' दोनों
(d) उपरोक्त में से कोई नहीं

39. टाँके (स्टिच) का नाम क्या है?

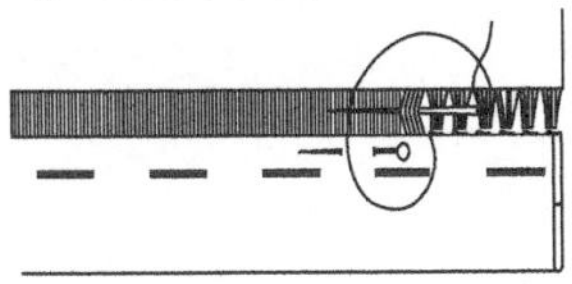

(a) साटन टाँका (b) एकल हेम टाँका
(c) डबल हेम टाँका (d) स्प्लिट टाँका

40. चित्र में प्रदर्शित टाँके का नाम क्या है?

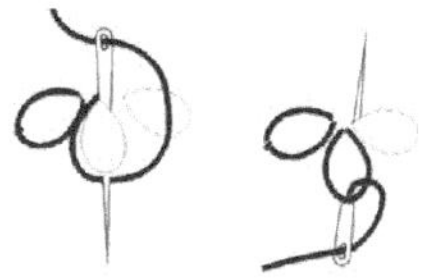

(a) चेन टाँका (b) साटन टाँका
(c) लेजी - डेजी टाँका (d) स्प्लिट टाँका

41. अस्थायी टाँका कौन-सा है?
(a) रनिंग टाँका
(b) असमान बॉस्टिंग
(c) बैक टाँका
(d) पिक टाँका

42. फ्रेन्च सीम कहाँ प्रयोग होती है?
(a) कोट
(b) जैकेट
(c) शर्ट
(d) पैन्ट

43. लुप्स काज कैसे बनता है?
(a) मशीन से
(b) प्रेस द्वारा
(c) कपड़े की पट्टी पर
(d) इनमें से कोई नहीं

44. ब्रास बटन कहाँ प्रयोग होते हैं?
(a) ब्लेजर में
(b) बंगाली कुर्ते में
(c) शर्ट में
(d) 'a' और 'b' दोनों

45. शिवरिंग टाँका का प्रयोग होता है
(a) कोट में
(b) शर्ट में
(c) बच्चों के कपड़ों में
(d) इनमें से कोई नहीं

46. कपड़ों पर दाएँ से बाएँ कौन-सा टाँका लगाया जाता है?
(a) अस्थायी टाँके
(b) स्थायी टाँके
(c) कढ़ाई के टाँके
(d) सजावटी टाँके

47. किस टाँके का उपयोग काट (coats) में लाइनिंग और इनर लाइनिंग को रखने के लिए किया जाता है?
(a) ईवन बास्टिंग
(b) पैडिंग टाँका
(c) बैक टाँका
(d) पिक टाँका

48. कच्चे किनारों पर किस सिलाई का उपयोग या तो सिंगल या डबल किया जाता है, ताकि उन्हें फ्रिंज से बचाया जा सके?
(a) दर्जी टाँके
(b) हेमिंग
(c) ओवर कास्टिंग
(d) बैक टाँका

उत्तरमाला

1. (a)	**2.** (c)	**3.** (d)	**4.** (c)	**5.** (d)	**6.** (a)	**7.** (b)	**8.** (b)	**9.** (a)	**10.** (d)
11. (b)	**12.** (b)	**13.** (d)	**14.** (c)	**15.** (c)	**16.** (d)	**17.** (a)	**18.** (d)	**19.** (a)	**20.** (b)
21. (a)	**22.** (c)	**23.** (a)	**24.** (b)	**25.** (a)	**26.** (a)	**27.** (b)	**28.** (b)	**29.** (a)	**30.** (a)
31. (d)	**32.** (d)	**33.** (a)	**34.** (a)	**35.** (c)	**36.** (b)	**37.** (d)	**38.** (c)	**39.** (b)	**40.** (c)
41. (b)	**42.** (c)	**43.** (c)	**44.** (d)	**45.** (c)	**46.** (a)	**47.** (b)	**48.** (c)		

अध्याय 04

औद्योगिक शब्दावली

Industrial Terminology

किसी भी ट्रेड के अन्तर्गत कार्य सम्बन्धी कुछ ऐसे विशिष्ट शब्द होते हैं, जिनकी सहायता से ट्रेड सम्बन्धित तथ्यों को आसानी से समझा जा सकता है। ऐसे ही विशिष्ट शब्दों को ''औद्योगिक शब्दावली'' कहा जाता है। इन शब्दों से यह स्पष्ट होता है कि विषय से सम्बन्धित वाक्यांशों या तथ्यों का क्या अर्थ है। तकनीकी विषयों के समान ही गैर तकनीकी व्यवसाय (trade) ड्रेस मेकिंग से सम्बन्धित कुछ विशिष्ट शब्द होते हैं, जिनका प्रयोग सामान्य पोशाक-रचना में तथा सम्बन्धित कार्यों में विशेषकर किया जाता है, इसलिए एक कुशल टेलर को इन शब्दों की जानकारी होना अति आवश्यक होता है। ड्रेस मेकिंग में प्रयोग किए जाने वाले विभिन्न शब्दों को प्रस्तुत अध्याय में प्रस्तुत किया गया है।

अध्याय विषय सूची

4.1 महत्त्वपूर्ण शब्द Important Terms

टेलर के द्वारा किया जाने वाला पोशाक बनाने का कार्य ही ड्रेस मेकिंग कहलाता है। ड्रेस मेकिंग ट्रेड में कुछ मुख्य शब्द कार्यिकी के आधार पर जिसे माप सम्बन्धी, कटिंग सम्बन्धी, सिलाईसम्बन्धी, टाँका सम्बन्धी डिजाइन सम्बन्धी तथा प्रेसिंग सम्बन्धी प्रयोग में लाये जाते हैं। कार्यिकी के आधार पर ट्रेड सम्बन्धी महत्वपूर्ण शब्द निम्न प्रकार हैं

माप सम्बन्धी Related to Measurement

1. **सन्तुलन चिन्ह** पोशाक बनाते समय आगे व पीछे की सिलाई को ध्यान में रखते हुए छाती, कमर, हिप या सीट आदि के चिन्हों को आपस में सही प्रकार मिलाने की प्रक्रिया सन्तुलन चिन्ह कहलाती है। यदि ये चिन्ह ठीक तरह से नहीं मिलते, तो पोशाक की फिनिशिंग भी सही नहीं बनती।
2. **नोचिज** सामान्य रूप, कपड़े या पेपर पर लगाए जाने वाले निशान को नोचिज या कुटका कहते हैं, इस कागज से फैब्रिक पर निशान उतारे जाते हैं।
3. **स्लिट** वस्त्रों पर निशान लगाते समय, जब चॉक आपस में एक-दूसरे के ऊपर ओवरलैप नहीं होते, तो ऐसे चॉक स्लिट कहलाते हैं।
4. **अभिन्यास** कपड़े पर पैटर्न रखकर चॉक से जो लाइनें बनाई जाती हैं, उन्हें अभिन्यास कहते हैं।
5. **ले-मार्क्स** कपड़े में अभिन्यास से पूर्व ड्राफ्टिंग के लिए लगाए जाने वाले निशान ले-मार्क्स कहलाते हैं।
6. **प्राकृतिक बिन्दु** स्त्रियों में वक्ष की लम्बाई को प्राकृतिक बिन्दु के नाम से जाना जाता है। इससे कपड़े की फिनिशिंग में सुन्दरता बढ़ जाती है।
7. **वेस्ट** कमर की गहराई को वेस्ट के नाम से जाना जाता है।
8. **डैप्थ ऑफ साई** बगल की गहराई को डैप्थ ऑफ साई कहते हैं।
9. **गाइड लाइन** कपड़े की कटिंग से पहले उसमें चॉक से मार्क किया जाता है, उसे गाइड लाइन कहते हैं।
10. **वेस्ट लाइन** पोशाक बनाने से पूर्व कमर की गहराई पर जो चौड़ी लाइन बनाते हैं, उसे वेस्ट लाइन कहते हैं।
11. **बॉटम लाइन** पैन्ट, पायजामा आदि में नीचे जो मोहरी होती है, उसे बॉटम लाइन कहते हैं।
12. **घुटना नाप** पोशाक बनाने से पूर्व घुटने पर चौड़ी लाइन खींचते हैं, वह घुटना नाप होती है।

13. **पिण्डली लाइन** पिण्डली पर चौड़ाई में लाइन बनाई जाती है, उसे पिण्डली लाइन के नाम से जाना जाता है।
14. **इनसाइड लैग** पैन्ट, पायजामा आदि के अन्दर की लम्बाई को इनसाइड लैग लम्बाई कहते हैं। पोशाक बनाने से पूर्व नाप जहाँ से दोनों टाँगें अलग होती हैं, वहाँ से प्रारम्भ कर जहाँ तक लम्बाई की नाप लेनी हो, नाप लेते हैं।
15. **स्टाइल फीचर** ग्राहक द्वारा नाप देते समय नाप पुस्तिका पर वस्त्र की जो रूपरेखा या डिजाइन बनाया जाता है, उसे तैयार करना ही स्टाइल फीचर कहलाता है।
16. **फॉर्क लाइन** कमर की नाप लेते समय टाँगों को मिलाने वाली रेखा फॉर्क लाइन कहलाती है।
17. **बॉडी राइज** टाँगों के जोड़ से कमर तक का भाग बॉडीराइज कहलाता है तथा इसे आसन भी कहते हैं। इसका प्रयोग पैन्ट, पायजामा आदि में किया जाता है।
18. **स्निप्स** कपड़े में कटिंग के मध्य भाग को मिलाने के लिए लगाये गये निशान को स्निप्स कहा जाता है।
19. **एक्रॉस चेस्ट** छाती से तीरे तक का नाप एक्रॉस चेस्ट कहलाता है।

कटिंग सम्बन्धी Related to Cutting

1. **कतरन** कपड़े की कटिंग के बाद बचा हुआ कपड़ा, कतरन कहलाता है।
2. **डार्ट्स** पोशाक को शरीर के अनुसार, शेप देने के लिए डार्ट्स का प्रयोग करते हैं। इसके प्रयोग द्वारा ब्लाउज एवं लेडीज शर्ट में दोनों ओर नोंकदार डार्ट्स डाली जाती हैं।
3. **कट-ऑन डबल** टेलरिंग में बुरदार कपड़ों के अलावा लगभग सभी कपड़ों को दो तहों में काटा जाता है, इसे कट-ऑन डबल कहा जाता है।
4. **लेइंग** यह शब्द प्राय: फैक्टरियों में थान बिछाने में प्रयोग किया जाता है। पोशाक बनाने से पूर्व पूरे थान एक-दूसरे पर बिछाए जाते हैं, इसे लेइंग कहते हैं।
5. **सैल्वेज** थान के किनारे को सैल्वेज कहते हैं, जिससे कपड़े के किनारे का तार नहीं निकल पाता।
6. **टीक** शर्ट, कोट, कुर्ता, कलीदार कुर्ता आदि में पीछे के भाग में जो गले की गहराई देते हैं, उस गहराई को टीक कहते हैं।
7. **साइड लैन्थ** पैन्ट, पायजामा आदि की साइड की लम्बाई की नाप ली जाती है, जिसे साइड लैन्थ के नाम से जाना जाता है।
8. **पेपर पतरन** पूरे नाप में पेपर पर डिजाइन बनाकर, जो कटिंग की जाती है, वह पेपर पतरन कहलाता है।
9. **मैगजी** वस्त्रों की कटिंग करते समय 90° के कोण पर काटे गए फैब्रिक को पाइपिंग के प्रयोग में लाया जाता है; जैसे—पिलो कवर आदि।
10. **प्री-श्रिंकेज** पोशाक बनाने से पूर्व सिकुड़ने की क्रिया को प्री-श्रिंकेज कहा जाता है।
11. **हाला** फैब्रिक में काटे गए गले की सम्पूर्ण गोलाई को हाला कहते हैं।

सिलाई सम्बन्धी Related to Sewing

1. **स्टिचिंग** सिलाई करने की एक प्रक्रिया अथवा पोशाक को शेप देने का कार्य स्टिचिंग कहलाता है।
2. **सीम** वस्त्रों के विभिन्न भागों को सिलाई के द्वारा जोड़ने की प्रक्रिया सीम कहलाती है।
3. **टक्स** छोटे-छोटे व अधिक कपड़ों को एक साथ मोड़कर सिलाई करने की प्रक्रिया टक्स के नाम से जानी जाती है। यह सिलाई पोशाक की सुन्दरता के लिए लगायी जाती है।
4. **प्लीट्स** कपड़े को मोड़कर पट्टी लगाने की प्रक्रिया प्लीट्स कहलाती है, जैसे—स्कूली बच्चों की स्कर्ट्स आदि में प्लीट्स डालकर कमर पर फिटिंग देने के साथ-साथ डिजाइन देना होता है।
5. **ब्राइडिल** लैम्पल की फोल्डिंग पर उरेब को नियन्त्रित रखने के लिए जो टेप रखते हैं, उसे ब्राइडिल या टूट का टेप कहते हैं।
6. **फेसिंग** वस्त्र को आगे या पीछे खुला रखते समय अन्दर मोड़ने के लिए, जो पट्टी लगाई जाती है, उसे फेसिंग कहते हैं।
7. **बैलेन्स नोचिज** पोशाकों की कटिंग के बाद सीना, कमर, डार्ट्स एवं हिप, घुटना लाइन व क्रीज लाइन के दोनों किनारों पर कुटका लगाते हैं। सिलाई करते समय आगे-पीछे के कुटके आपस में मिलने चाहिएँ अन्यथा क्रीज लाइन आदि घूम जाती है। यह प्रक्रिया बैलेन्स नोचिज कहलाती है।
8. **चिरक या झोल** पैन्ट, स्कर्ट्स आदि की सिलाई करते समय बैलेन्स चिन्हों को बिना मिलाए सिलाई करने पर कपड़े की क्रीज घूम जाती है, जिसे चिरक या झोल कहा जाता है।
9. **बैगिंग** पैन्ट के पिछले हिस्से में हिप के नीचे गोलाई में दिखाई देने वाला झोल बैगिंग कहलाता है।
10. **फिश डार्ट्स** यह डार्ट कोट और सफारी सूट की शर्ट में आर्महोल से कमर पॉकेट तक डाली जाती है। यह बनने के बाद मछली की आकृति में दिखाई देती है।
11. **इनलेज** तैयार पोशाक में चौड़ाई की तरफ से जो फालतू दबाव होता है, उसे इनलेज कहते हैं।
12. **टर्निंग** पोशाक की लम्बाई को नीचे की ओर मोड़ना टर्निंग कहलाता है। एक बार मुड़ी मोहरी को दोबारा ऊपर मोड़ना टर्निंग-अप कहलाता है।
13. **वैन्ट** ओवरलैप किए हुए चाक को वैन्ट कहते हैं; जैसे—मिलिट्री शर्ट, सफारी, कोट आदि।
14. **कॉलर स्टैण्ड** कॉलर लगाने के लिए, उसे जिस पट्टी पर फिट किया जाता है, उसे कॉलर स्टैण्ड कहते हैं।
15. **कॉलर फॉल** कॉलर का वह बाहरी भाग जो बैण्ड पट्टी पर फैला या गिरा होता है, उसे कॉलर फॉल कहते हैं।
16. **योक** पोशाक की डिजाइनिंग, लम्बाई बढ़ाने व मजबूती के लिए पीछे जो तीरा डाला जाता है, उसे योक कहते हैं। इससे कपड़े की फिनिशिंग अच्छी आती है।
17. **लाइनिंग** कपड़े के अन्दर जोड़े जाने वाला हल्का पतला कपड़ा या अस्तर लाइनिंग कहलाता है।

18. **इन्टरलाइनिंग** स्त्रियों के कपड़े, कोट, जैकेट आदि वस्त्रों में अच्छा आकार देने के लिए लगाया जाने वाला पतला कपड़ा (अस्तर) इन्टरलाइनिंग कहलाता है।
19. **फ्लेयर** कुछ पोशाकों में घेरे होते हैं; जैसे—पेटीकोट, फ्रॉक आदि। उस घेरे को फ्लेयर के नाम से जानते हैं।
20. **डार्ट-से-डार्ट** पोशाकों में दी जाने वाली चुन्नट, जिसके द्वारा पोशाकों को सही फिटिंग दी जाती है। उसे डार्ट-से-डार्ट कहते हैं।
21. **जैटिंग** कपड़े में सुन्दरता लाने के लिए पॉकेट आदि पर अस्तर का कपड़ा लगाते हैं, उसे जैटिंग कहते हैं। इससे लाइनिंग दिखाई नहीं देती।
22. **बैल्ट** पैन्ट, जीन्स आदि में जो कमर पर चौड़ी पट्टी लगायी जाती है, उसे बैल्ट कहते हैं।
23. **ड्रेसिंग** वस्त्रों के कट या फट जाने पर उसे ठीक करने के लिए रफू की जाने की प्रक्रिया को ड्रेसिंग कहते हैं।
24. **पॉकेट स्टे** पॉकेट में उल्टी ओर से पट्टी लगाते हैं, जिससे पॉकेट को मजबूती मिलती है तथा फलकने से बचाया जा सकता है, उसे पॉकेट स्टे कहते हैं।
25. **पॉकेट हैंग** पॉकेट को लटकने से रोकने के लिए अन्दर की तरफ लगाई जाने वाली पट्टी, जिसे हैंग किया जा सकता है, उसे पॉकेट हैंग कहते हैं।
26. **पाइपिंग** पोशाकों को सजाने के लिये कृत्रिम पाइपिंग।
27. **आर्म होल शेप** जहाँ बाजू जोड़ी जाती है, उस शेप को आर्म होल शेप कहते हैं।
28. **चेस्ट लाइन** पोशाक बनाते समय चौड़ाई में बाजू जोड़ने से पूर्व जो लाइन खींचते हैं, उसे चेस्ट लाइन कहते हैं।
29. **नेक बटन** यह एक प्रकार की बटन पट्टी है। बटन या जिप को लगाते समय धागे की सहायता से चारों ओर धागे को फन्दे के साथ कसने की प्रक्रिया को नेक बटन कहते हैं।
30. **मार्जिन** पोशाक की कटिंग करते समय दोनों तरफ थोड़ा-थोड़ा कपड़ा छोड़ा जाता है, उस छोड़े गए कपड़े को मार्जिन कहते हैं।
31. **फोर पिच** कुछ पोशाक; जैसे—कोट, जैकेट आदि के वस्त्रों में आस्तीन (कन्धा) जोड़ने के लिए आर्म होल के आगे के भाग में कुटका लगाते हैं, उसे फोर पिच कहते हैं।
32. **बैक पिच** कोट आदि वस्त्रों में आस्तीन जोड़ते समय पीछे की सिलाई में कुटका लगाते हैं, इसे बैक पिच के नाम से जाना जाता है।
33. **स्लीव क्राउन** कोट आदि वस्त्रों में आस्तीन के ऊपरी भाग (कन्धे की तरफ) की गोलाई को स्लीव क्राउन कहते हैं।
34. **सीम अलाउन्स** कपड़ा सिलते समय, सिलाई के लिए आवश्यकतानुसार स्थान रखना अर्थात् पूरे कपड़े की चौड़ाई सीम अलाउन्स कहलाती है।
35. **स्लाट** जब किसी वस्त्र में तिरछापन दिया जाता है, तो वह स्लाट कहलाता हैं; जैसे—पैन्ट आदि में जेबें आदि तिरछी लगाई जाती हैं, जिनको स्लाट पॉकेट कहा जाता है।
36. **इन्टरलॉक** वस्त्रों की फिनिशिंग के लिए कपड़े की सिलाई के किनारों पर इन्टरलॉक किया जाता है, जिनमें मार्जिन नहीं होता। इसका प्रयोग हौजरी एवं अन्य रेडिमेड कपड़ों में किया जाता है।
37. **गसेट** विशेषकर महिलाओं के कुर्तों व कमीज में लगने वाली कली को गसेट के नाम से जाना जाता है।
38. **गैदरिंग** वस्त्रों में चुन्नटें डालने की प्रक्रिया गैदरिंग कहलाती है।
39. **ग्रेन लाइन** ऊनी वस्त्रों में धागों या रेशों की दिशा ग्रेज लाइन कहलाती है।
40. **ग्रेडिंग** पोशाकों में साइज बदलने की क्रिया ग्रेडिंग कहलाती है।
41. **हेम** तुरपाई करने की कला हेम कहलाती है।
42. **हेमलाइन** तुरपाई के बाद पोशाक में निर्मित न्यूनतम किनारा हेम लाइन कहलाता है।
43. **हैरो पैनल** पोशाकों में हैरो की तरह बनायी जाने वाली चुन्नटे हैरो पैनल कहलाती हैं।
44. **हॉर्सहेअर ब्रेड** तुरपाई को मजबूती देने के लिये इस धागे का प्रयोग किया जाता है।
45. **लॉक स्टिच** मशीन के द्वारा किया गया बखिया अर्थात् (महीन सिलाई) को लॉक स्टिच कहते हैं।
46. **फ्रिल** बच्चों के फ्रॉक आदि में सजावट के लिए लगाई जाने वाली झालर को फ्रिल के नाम से जाना जाता है।
47. **राउण्ड पॉकेट** पैन्ट या शर्ट आदि में जो गोल जेब होती है, उसे राउण्ड पॉकेट कहते हैं।
48. **फ्लैप पॉकेट** जिस पैन्ट या शर्ट में पॉकेट के ऊपर ढक्कन या कवर लगा होता है, उसे फ्लैप पॉकेट कहते हैं। यह स्काउट व मिलिट्री आदि की पोशाकों में लगाए जाते हैं।
49. **फ्लाई** पुरुषों द्वारा प्रयोग में आने वाले वस्त्रों में बटन या जिप को ढकने के लिए प्रयोग में ली जाने वाले पट्टी को फ्लाई कहते हैं।
50. **फॉर्क शेप** फॉर्क लाइन पर की गई गोलाई को फॉर्क शेप के नाम से जाना जाता है।
51. **फॉर्क सीम्स** फॉर्क शेप पर जो सिलाई करते हैं, उसे फॉर्क सीम्स कहा जाता है।
52. **टर्न अप कफ** वस्त्रों के आगे मुड़े कफ को डबल कफ या टर्न अप कफ कहा जाता है।
53. **स्टे** पोशाकों को बनाते समय किनारों को मजबूत करने के लिए उनमें एक प्रकार की पट्टी लगायी जाती है, ताकि पोशाकें जल्दी खराब न हो सकें। इस पट्टी को स्टे कहते हैं।
54. **हॉरीजोन्टल रिंकल्स** जब पोशाक में सीधे अथवा आड़े झोल पड़ें, तब उसे हॉरीजोन्टल रिंकल्स कहते हैं।
55. **विर्थ** वस्त्र तैयार करने हेतु प्रयोग में आने वाली कपड़े की चौड़ाई की माप को अर्ज या विर्थ कहा जाता है।
56. **मैनिपुलेशन** फैब्रिक तैयार करने के लिए उसमें अपेक्षित आकार लाने की प्रक्रिया को मैनिपुलेशन कहते हैं।
57. **मेंडिग** फटे कपड़ों की मरम्मत करना मेंडिग कहलाता है।
58. **मोटिफ** फैब्रिक पैटर्न पर बनाये जाने वाला डिजाइन मोटिफ कहलाता है।
59. **टॉप स्लीव** कोट आदि बनाने के लिए कोट की आस्तीन के ऊपरी भाग को टॉप स्लीव कहते हैं।

60. **क्लॉथ एस्टीमेशन** पोशाक बनाने के लिये प्रयोग में लाए जाने वाले फैब्रिक की लागत को क्लॉथ एस्टीमेशन कहते हैं।
61. **परफोरेशन** वस्त्रों में मशीन या सुई से निशान बनाने की प्रक्रिया को परफोरेशन कहा जाता है।
62. **टंग** किसी भी पोशाक में डबल बोन पॉकेट बनाते समय कैंची से काटने पर दोनों तरफ त्रिकोण भाग बचता है, उस बचे हुए भाग को टंग कहा जाता है।
63. **कॉलरबोन** पोशाक बनाते समय कॉलर की नोंक को मुड़ने से बचाने के लिए इसे कॉलर के दोनों कोनों पर लगाया जाता है। यह प्लास्टिक की बनी होती है।
64. **हेमगार्ज** बन्द कमीज के दामन के कोनों की गोलाई को हेमगार्ज कहा जाता है।
65. **क्लाउच** नीचे पहने गए वस्त्रों में म्यानी की गोलाई या आसन को क्लाउच के नाम से जाना जाता है।

टाँका सम्बन्धी Related to Stitches

1. **क्लोजिंग** किसी भी पोशाक की प्लैकिट या ओपनिंग के टाँके को क्लोजिंग कहते हैं।
2. **फिनिश** वस्त्र तैयार होने के बाद धागे आदि की सफाई को फिनिश कहते हैं।
3. **बटन स्टैण्ड** कपड़े में जिस पट्टी पर बटन लगाते हैं, उसे बटन स्टैण्ड कहते हैं तथा जिस पट्टी पर काज बनाए जाते हैं, उसे बटन होल्स स्टैण्ड कहते हैं।
4. **बटन होल** कमीज, शर्ट, आदि में बटन के लिए किए गए होल को (काज) बटन होल कहते हैं।
5. **गैदरिंग** पोशाक में दो बखिए डालकर चुन्नट बनाने की प्रक्रिया को गैदरिंग कहते हैं।
6. **शियरिंग** डिजाइन के अनुसार, दो या तीन इंच तक समान दूरी पर लूज बखिया लगाकर खींचने के बाद जितना चौड़ा रखना हो रखकर, प्रत्येक बखिया पर ठीक बखिया लगाना, जिससे बखिया का धागा न टूटे, इसे शियरिंग कहते हैं।
7. **गार्ज** वस्त्र पर बने गले की गोलाई को गार्ज कहते हैं, इससे गले की फिनिशिंग अच्छी होती है। इसका प्रयोग लेडीज कपड़ों में अधिकतम होता है।
8. **बैक स्टिच** हाथ के द्वारा किये गये बखिया को बैक स्टिच कहते हैं। यह ज्यादातर गला बनाने में प्रयोग किया जाता है।
9. **लव की बखिया** पोशाक बनाते समय उसके किनारे पर लगाई गई बखिया को लव की बखिया के नाम से जाना जाता है।
10. **बाड़ा कच्चा** कपड़ों में सिलाई से पूर्व हाथ की सुई द्वारा लगाई जाने वाली कच्ची सिलाई, बाड़ा कच्चा कहलाती है।
11. **गिम्प** कोट आदि में बटन का काज बनाते समय काज के चारों ओर धागा लगाते हैं, जिसे गिम्प कहते हैं।
12. **लूपर** ओवर लॉक मशीन द्वारा लगाये जाने वाले टाँके लूपर कहलाते हैं।
13. **बैस्ट** फैब्रिक को पकड़ने के लिये अस्थायी रूप से (हाथ या मशीन द्वारा) लगाये जाने वाले टाँके बैस्ट कहलाते हैं।
14. **ऐज स्टिचिंग** किनारों पर लगाये जाने वाले टाँके ऐज स्टिचिंग कहलाते है।
15. **ब्लैंकेट स्टिच** फैब्रिक के किनारों की फिनिशिंग में प्रयुक्त टाँका ब्लैंकेट स्टिच कहलाता है।
16. **ब्लाइंड हेम** हाथ व मशीन के द्वारा लगाये जाने वाले टाँके जो कपड़े की सीधी तरफ नहीं दिखाई देते हैं।

डिजाइन सम्बन्धी Related to Design

1. **ओपन प्लैकिट** पोशाकों में खुले स्थान को बटन स्टैण्ड व बटन होल्स स्टैण्ड की पट्टियों द्वारा फिनिशिंग करने को ओपन प्लैकिट कहते हैं।
2. **ओपनिंग** पोशाक को आसानी से पहनने व उतारने के लिए रखे गये पोशाक के खुले भाग को ओपनिंग कहते हैं।
3. **स्कैल्प** वस्त्रों की खूबसूरती बढ़ाने के लिए उसमें कटाव अर्द्धगोलाकार आकृति के डिजाइन बनाए जाते हैं, ये डिजाइन स्कैल्प कहलाते हैं।
4. **ट्रिमिंग** वस्त्रों का आकर्षण बढ़ाने के लिए प्रयोग में आने वाला सजावटी सामान; जैसे—लैस, गोटा, बटन आदि को ट्रिमिंग कहते हैं।
5. **रिंकल्स** किसी पोशाक में सजावटी कार्य के उद्देश्य से पड़ने वाले झोल या बल रिंकल्स कहलाते हैं।
6. **स्मोकिंग** वस्त्रों में गैदर्स अर्थात् चुन्नट की सुन्दरता बढ़ाने के लिए स्टिच अथवा वेव स्टिच द्वारा भिन्न-भिन्न डिजाइन बनाते हैं, उसे स्मोकिंग कहा जाता है।
7. **कढ़ाई** पोशाक की सुन्दरता बढ़ाने के लिए विभिन्न टाँकों द्वारा डिजाइन बनाये जाते हैं। इन डिजाइनों अथवा सौन्दर्य प्रदान करने वाली कला को कढ़ाई कहते हैं।
8. **चायना स्मोकिंग** यह पोशाकों में विभिन्न डिजाइन बनाने का कार्य करती है, परन्तु इसमें रील के धागे को उल्टी ओर रखते हैं।
9. **एप्लेट** पोशाक के कन्धे के हिस्से में की जाने वाली सजावट एप्लेट कहलाती है।

प्रेसिंग सम्बन्धी Related to Pressing

1. **आयरन स्पीकिंग** गर्म प्रेस को चेक करने के लिए उसकी निचली सतह पर पानी के छींटें डालने पर उत्पन्न आवाज को आयरन स्पीकिंग कहते हैं।
2. **प्रेस बटन** प्रेस में एक बटन लगा होता है, जिसे पोशाकों की प्रकृति के आधार पर प्रेस करने के लिए प्रयोग करते हैं, उस बटन को प्रेस बटन कहते हैं, इसे टिस बटन के नाम से भी जाना जाता है।

4.2 अन्य विशिष्ट शब्द Other Specific Terms

सिलाई कला में उपयोग में आने वाले कुछ ऐसे शब्द होते हैं, जिनका प्रयोग केवल व्यवसाय में काम करने वाले व्यक्ति ही करते हैं। इस व्यवसाय से सम्बन्धित कार्यकलाप में इन शब्दों का विशेष अर्थ होता है। अत: टेलर या दर्जी को इन शब्दों को कण्ठस्थ कर लेना आवश्यक होता है। इस प्रकार प्रयोग में आने वाले शब्द निम्नलिखित हैं

1. **अल्टरेशन** निर्मित पोशाक में परिवर्तन करना अल्टरेशन कहलाता है।
2. **आर्म साय** वस्त्र में बाजू (sleev) जोड़ने का स्थान आर्म साय कहलाता है।
3. **ऐरोहैड स्टिच** सजावट के लिये लगाये जाने वाला तिकोना टाँका ऐरोहैड स्टिच कहलाता है।
4. **सूआ** वस्त्रों में या पोशाकों में सुराख बनाने की युक्ति सूआ कहलाती है।
5. **बाइसेप** कोहनी के ऊपर बाजू की गोलाई बाइसेप कहलाती है।
6. **ब्रैंड** फैब्रिक की छोटी पट्टी, जिसके दोनों किनारे बँटे होते हैं।
7. **मधुमोम** मधुमक्खियों द्वारा निर्मित वैक्स, जोकि हस्त सिलाई में कपड़ों को मजबूती देने हेतु उपयोग होता है।
8. **बाइण्डिंग** वस्त्रों को किनारे पर बाँधने की प्रक्रिया।
9. **बैगिंग** पैन्ट के पिछले भाग में (हिप के नीचे) दिखने वाला झोल।
10. **बटन होल** बटन लगाने के लिये बनाया गया छेद।
11. **बुकरम** फैब्रिक के मध्य में लगाये जाने वाला कपड़ा बुकरम कहलाता है।
12. **बॉनिंग** किनारों को दृढ़ता प्रदान करने वाली फ्लैक्सीबल पट्टी बॉनिंग कहलाती है।
13. **बॉटम** शरीर के ऊपरी या निचले हिस्से में पहने जाने वाले वस्त्रों के आखिरी भाग को उस वस्त्र का बॉटम कहा जाता है।
14. **केसिंग** पोशाक में डोरी बाँधने या लैस लगाने के लिए नेफा बनाया जाता है। उसे केसिंग कहते हैं।
15. **क्लोक** ऊपर से ढीली पोशाक क्लोक कहलाती है।
16. **क्रीज** कपड़े को मोड़ने पर प्रेसिंग के बाद प्राप्त लाइन क्रीज कहलाती है।
17. **क्लीन फिनिश** पॉकेट, हेम या सीम के कच्चे किनारों को फिनिशिंग देने की प्रक्रिया क्लीन फिनिश कहलाती है।
18. **क्रोशे** हुकदार सुई एवं धागे के साथ पोशाक बनाने की क्रिया क्रोशे कहलाती है।
19. **ड्रेप** पोशाक में गैदर्स या प्लेट के जरिए लाया गया ढीलापन।
20. **ड्राफ्टिंग** कागज पर बना आरेख।
21. **डांगरी** शरीर के ऊपरी तथा निचले हिस्से में पहनने की जुड़ी पोशाक। इसे मिस्त्री प्रयुक्त करते हैं।
22. **डमी** कृत्रिम मानव शरीर (मॉडल)।
23. **आइलैट** कपड़े या पोशाक में छोटा, गोल परिष्कृत छेद।
24. **फ्लेप** जेब ढकने के लिये लगाई जाने वाली पट्टी।
25. **फोल्ड लाइन** कपड़े को मोड़ने पर प्राप्त लाइन।
26. **गोडेट** पोशाक में चौड़ाई बढ़ाने के लिए लगाया गया अतिरिक्त तिरछा फैब्रिक।
27. **गार्ज सीम** निर्धारित अन्तर पर समानान्तर सिलाइयाँ।
28. **गोर** स्कर्ट का एक हिस्सा या पैनल।
29. **हैडिंग** गैदर्स लगाने के बाद छोड़ा गया ऊपर का हिस्सा।
30. **जिग्गर** कोट या जैकेट में बटन पट्टी के अन्दर लगा बटन।
31. **मैनिपुलेशन** पोशाक में अपेक्षित आकार लाने की प्रक्रिया।
32. **नैप फैब्रिक** रोएँदार फैब्रिक।
33. **ऑफ-ग्रेन** फैब्रिक में सूत की दशा।
34. **पोलो कॉलर** खेल की पोशाकों में लगाया जाने वाला कॉलर।
35. **रेवर लेपल** पोशाक के सामने (Front) के साथ बनाई गई कॉलर, जो पलटकर बाहर की तरफ गिरती है; जैसे—कोट की लेपल आदि।
36. **रिनोवेशन** फैब्रिक की पुन:निर्माण प्रक्रिया।
37. **रोलिया** फैब्रिक की ओरेब पट्टी की डोरी या कॉर्ड।
38. **सीट ऐंगल** फॉर्क तथा हिप लाइन का कोण।
39. **एब्डोमन** शरीर में नाभि और फॉर्क के बीच का अन्तर।
40. **स्निप्स** स्लीवहैड का सेन्टर या हाले का सेन्टर निकालने के लिए जो कुटका लगाया जाता है, उसे स्निप्स कहते हैं।
41. **सप्रैशन** फैब्रिक को पानी-प्रैस के द्वारा सिकोड़कर बैठाना।
42. **कटिंग डाउन** जब पोशाक छोटी बन जाती है, तो उसे कटिंग डाउन कहा जाता है।
43. **वैल्ट** कोट, जैकेट में लगायी जाने वाली जेब।

महत्त्वपूर्ण प्रश्नोत्तरी

1. स्टिचिंग क्या है? एक पंक्ति में बताएँ।

उत्तर सिलाई करने की प्रक्रिया, जो पोशाक को आकार देने का कार्य करती है।

2. ओपनिंग से आप क्या समझते हैं?

उत्तर पोशाक को सरलता से पहनने व उतारने के लिए रखे गए पोशाक के खुले भाग को ओपनिंग कहते हैं।

3. चिरक या झोल क्या है?

उत्तर सिलाई करते समय बैलेन्स चिन्हों को बिना मिलाये सिलाई करने पर कपड़े की क्रीज घूम जाती है, उसे चिरक या झोल कहते हैं।

4. गाइड लाइन से क्या तात्पर्य है?

उत्तर किसी भी कपड़े की कटिंग से पहले उस पर चॉक से मार्किंग की जाती है, उस मार्क को गाइड लाइन कहा जाता है।

5. गार्ज को एक पंक्ति में बताएँ।

उत्तर पोशाक पर बने गले की गोलाई को गार्ज कहते हैं।

अभ्यास प्रश्न

परीक्षा प्रारूपी प्रश्न

बहुविकल्पीय

1. कपड़े की कटिंग से पहले उसे चॉक से चिन्हित करना .... कहलाता हैं।
(a) हेम (b) नोचिज (c) गाइड लाइन (d) सीम

2. पोशाक को शेप देने का कार्य क्या कहलाता है?
(a) स्टिचिंग (b) टक्स (c) सीम (d) प्लीट्स

3. कपड़े को मोड़कर पट्टी लगाने की प्रक्रिया कहलाती है
(a) ब्राइडिल (b) डार्ट्स (c) स्टिचिंग (d) प्लीट्स

4. इनमें से किस लिए डार्ट्स का उपयोग किया जाता है?
(a) पोशाक को शरीर के अनुसार आकृति देने के लिए
(b) पोशाक के अनुसार फैब्रिक को आकार देने के लिए
(c) पोशाक को विपरीत आकार देने के लिए
(d) उपरोक्त में से कोई नहीं

5. ओपनिंग के टाँके को क्या कहते हैं?
(a) क्लोजिंग (b) फिनिश (c) ओपनिंग (d) योक

6. सफारी शर्ट में ओवरलैप किए हुए चाक को किस नाम से जाना जाता है?
(a) टीक (b) स्लिट (c) वैन्ट (d) फिनिश

7. इनमें से लाइनिंग क्या है?
(a) पोशाक के अन्दर जोड़े जाने वाला मोटा कपड़ा
(b) पोशाक के अन्दर जोड़े जाने वाला पतला कपड़ा
(c) पोशाक के ऊपर जोड़े जाने वाला कपड़ा
(d) उपरोक्त में से कोई नहीं

8. इनमें से वेस्ट क्या है?
(a) कमर की चौड़ाई (b) कमर की गहराई
(c) पोशाक का घेरा (d) इनमें से कोई नहीं

9. किसी कपड़े के किनारे को क्या कहते हैं?
(a) फ्लेयर (b) सैल्वेज (c) इनलेज (d) टीक

10. पोशाक में दी जाने वाली चुन्नट, जिसके द्वारा पोशाकों को सही फिटिंग दी जाती है, वह क्या कहलाती है?
(a) डार्ट-से-डार्ट (b) सैल्वेज (c) बैल्ट (d) गाइड लाइन

11. रफू की प्रक्रिया को क्या कहते हैं?
(a) टीक (b) ड्रेसिंग
(c) जैटिंग (d) इनमें से कोई नहीं

12. बगल की गहराई को कहा जाता है
(a) डैप्थ ऑफ साई (b) गार्ज
(c) आर्म होल (d) इनमें से कोई नहीं

13. पैन्ट के नीचे की मोहरी को अन्य किस नाम से जाना जाता है?
(a) साइड लैन्थ (b) पिण्डली लाइन
(c) चेस्ट लाइन (d) बॉटम लाइन

14. गले की गोलाई को क्या कहते हैं?
(a) सैल्वेज (b) फ्रिल
(c) गार्ज (d) इनमें से कोई नहीं

15. महिलाओं के कुर्तों व कमीज में लगने वाली कली को किस नाम से जाना जाता है?
(a) गसेट (b) ट्रिमिंग
(c) इन्टरलॉक (d) इनमें से कोई नहीं

16. वस्त्रों का आकर्षण बढ़ाने के लिए किसका प्रयोग किया जाता है?
(a) लॉक स्विच (b) ट्रिमिंग
(c) गसेट (d) इनमें से कोई नहीं

17. फ्रिल से क्या आशय है?
(a) फ्रॉक में लगने वाली झालर
(b) शर्ट में लगने वाली पॉकेट
(c) पॉकेट के ऊपर लगने वाला ढक्कन
(d) उपरोक्त में से कोई नहीं

18. डबल कफ को किस नाम से जानते हैं?
(a) रिंकल्स (b) टर्न-अप कफ
(c) मैगजी (d) इनमें से कोई नहीं

19. रिंकल्स क्या होते हैं?
(a) गले की गोलाई
(b) पोशाक में लगाई जाने वाली झालर
(c) पोशाक में पड़ने वाला बल
(d) उपरोक्त में से कोई नहीं

20. कोहनी के ऊपर बाजू की गोलाई कहलाती है
(a) बैगिंग (b) आर्म साय (c) बॉनिंग (d) बाइसेप्स

उत्तरमाला

1. (c)	**2.** (a)	**3.** (d)	**4.** (a)	**5.** (a)	**6.** (c)	**7.** (b)	**8.** (b)	**9.** (b)	**10.** (a)
11. (b)	**12.** (a)	**13.** (d)	**14.** (c)	**15.** (a)	**16.** (b)	**17.** (a)	**18.** (b)	**19.** (c)	**20.** (d)

अध्याय 05

ट्रेड सम्बन्धी औजार

Trade Related Tools

अध्याय विषय सूची

किसी भी कार्य को सुचारू रूप से सम्पन्न करने के लिए पर्याप्त सहायक सामग्री एवं उपकरणों की आवश्यकता होती है। उपकरण के अभाव में कार्य को न तो सुचारू रूप से सम्पन्न किया जा सकता है और न ही उसे समय पर पूरा किया जा सकता है।

वर्तमान वैज्ञानिक युग में जहाँ कार्य को मशीनों की सहायता से शीघ्रता से किया जाता है, वहाँ विभिन्न प्रकार के उपकरणों की आवश्यकता और भी अधिक बढ़ गई है, इसी प्रकार सिलाई उद्योग में भी बड़े से लेकर छोटे तक सभी यन्त्रों या उपकरणों की आवश्यकता होती है। सिलाई कार्य में प्रयुक्त होने वाले विभिन्न यन्त्र या उपकरण, सिलाई उपकरण कहलाते हैं। सिलाई उपकरण निम्न प्रकार के होते हैं

1. नाप लेने के उपकरण
2. ड्राफ्टिंग उपकरण
3. मार्किंग उपकरण
4. कटिंग उपकरण
5. सिलाई उपकरण
6. फिनिशिंग उपकरण

उपरोक्त उपकरणों को प्रस्तुत अध्याय में मुख्य शीर्षक के रूप में एकत्रित किया गया है।

5.1 नाप लेने के उपकरण Measuring Tools

पोशाकों को बनाने से पूर्व शरीर की नाप के लिए आवश्यक उपकरण प्रयोग में लाए जाते हैं, जो निम्न प्रकार हैं

1. नोट बुक व फैशन बुक Note Book and Fashion Book

नोट बुक में ली गई शारीरिक नापों को नोट किया जाता है। जिस नोट बुक पर नाप व फैशन सम्बन्धी हिदायतें लिखी हों वह नोट बुक और जिस बुक में फैशन बताया हो, वह फैशन बुक कहलाती है। कटिंग करते समय ये पास में होनी चाहिए, जिससे नोट की गई नापों के अनुसार, कटिंग कार्य किया जा सके। इस प्रकार जिससे गलती होने की आशंका नहीं रहती है।

2. मेजरिंग टेप Measuring Tape

मेजरिंग टेप या इंचीटेप सिलाई में प्रयोग होने वाला एक महत्त्वपूर्ण उपकरण है। कपड़े की सिलाई के लिए सबसे पहले शरीर का नाप लेना आवश्यक होता है। नाप लेने के उपरान्त ही किसी भी पोशाक की फिनिशिंग को सुन्दर तरीके से जल्दी और आसानी से पूरा किया जाता है।

प्राय: मेजरिंग टेप प्लास्टिक, लिनेन अथवा रबड़ का बना होता है। इसमें इंच और सेमी दोनों के निशान लगे होते हैं, जिससे नाप लेते समय सुविधा रहती है। इसका आकार लगभग 1/2" चौड़ा एवं 60" लम्बा होता है। 1 इंच में 8 प्वॉइण्ट के निशान लगे होते हैं, जिससे कि नापते समय प्वॉइण्ट में नाप लिया जा सके।

निम्न चित्र में मापन में प्रयुक्त मेजरिंग टेप को दर्शाया गया है।

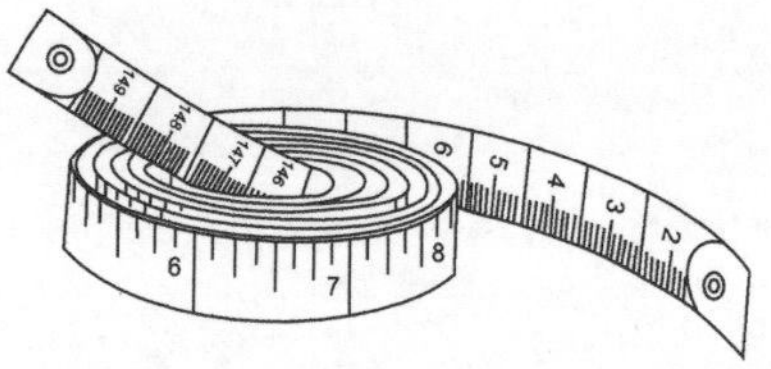

चित्र 5.1 मेजरिंग टेप या इंचीटेप

3. सिलाई गेज Sewing Guage

इसकी लम्बाई लगभग 6 इंच होती है। इसका प्रयोग हेम लाइनों, बटन होल, प्लीट्स तथा टक्स आदि की नाप लेने के लिए किया जाता है। यह सामान्यत: धातु अथवा प्लास्टिक का बना हुआ होता है। इसमें समायोजन के लिए स्लाइडर लगा होता है, जिसका प्रयोग माप लेने हेतु होता है।

सिलाई गेज को निम्न चित्र द्वारा दर्शाया गया है।

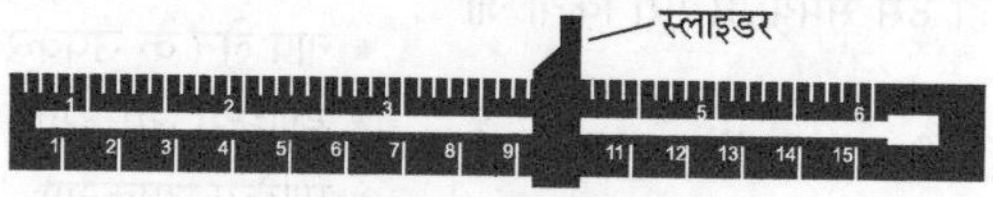

चित्र 5.2 सिलाई गेज

4. रूलर Ruler

रूलर की लम्बाई 12 इंच या 15 इंच होती है। इसका प्रयोग छोटी लम्बाइयों; जैसे—फेसिंग, टक्स हेम इत्यादि को नापने हेतु किया जाता है।

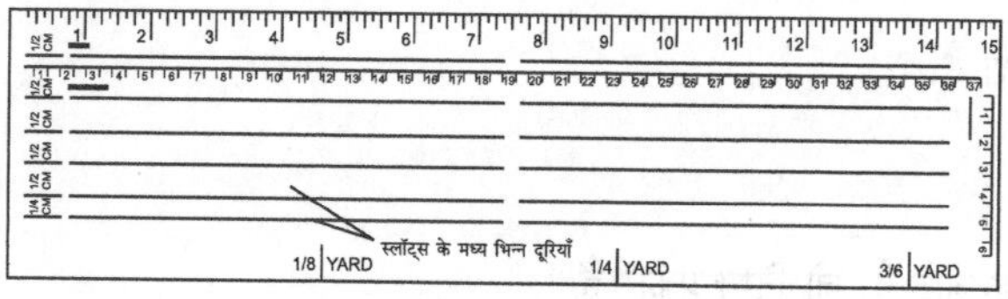

चित्र 5.3 रूलर

5. मीटर स्केल Meter Scale

मीटर स्केल का प्रयोग कपड़े की चौड़ाई नापने, कागज या कपड़े पर लम्बी सीम लाइनें बनाने के लिए किया जाता है। यह लकड़ी, प्लास्टिक या धातु का बना होता है।

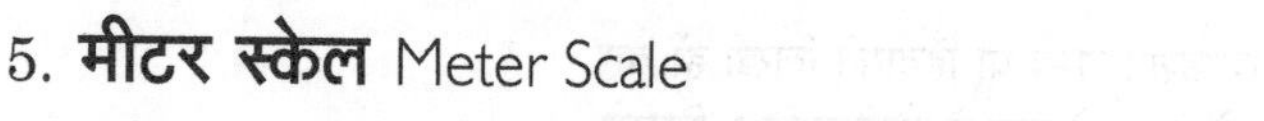

चित्र 5.4 मीटर स्केल

6. लैग मेजरिंग टेप Leg Measuring Tape

लैग मेजरिंग टेप (गिदरी मापक) में एक अर्द्धगोला बना होता है और उसके बीच में टेप लगी होती है। यह भाग प्लाईवुड का बना होता है। इस गोलाई को फॉर्क सीम की जगह अर्थात् जहाँ से दोनों टाँगें अलग होती हैं, वहाँ लगा देते हैं और टेप, जिसमें इंच व सेमी के चिन्ह होते हैं, इसके बीच में होता है। इसे दोनों टाँगों के बीच में लगाकर टेप से नीचे की ओर जितनी लम्बी पोशाक बनानी हो, नाप लेते हैं। इसके प्रयोग का लाभ यह है कि ग्राहक के शरीर को नहीं छूना पड़ता और टाँग का नाप ले लिया जाता है।

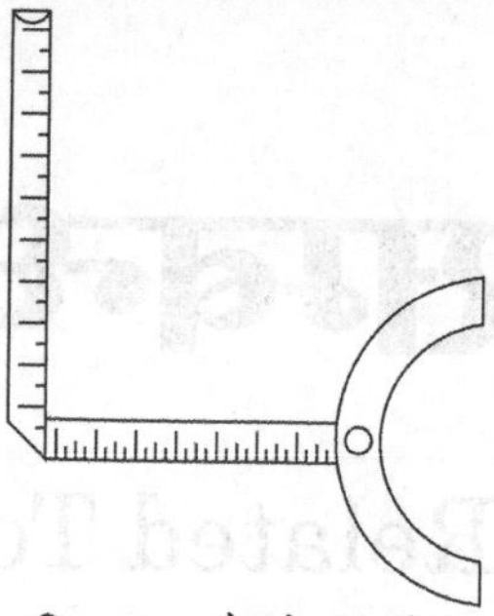

चित्र 5.5 लैग मेजरिंग टेप

7. कटर प्रैक्टिकल गाइड (CPG) मेजरिंग टेप Cutter Practical Guide (CPG) Measuring Tape

इसका आविष्कार लन्दन की एक बहुत बड़ी टेलरिंग फर्म में किया गया था। इसका प्रयोग विशेषकर बड़े कपड़े बनाने में किया जाता है; जैसे— कोट, नकाव आदि। इसकी सहायता से दो प्रकार से नाप लिया जा सकता है— एक सीधी नाप, जिसमें शरीर के प्रत्येक भाग की माप ली जाती है तथा दूसरी जिसमें छाती के अनुसार पूरी ड्राफ्टिंग होती है। इस टेप द्वारा कन्धे, मुड्ढे व चेस्ट तीनों का नाप एक साथ लिया जा सकता है।

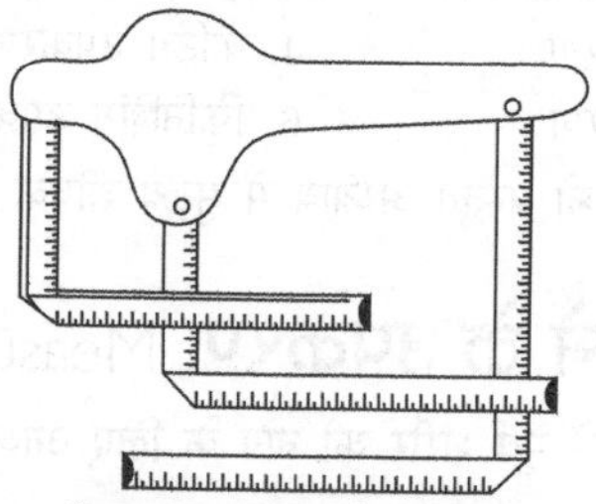

चित्र 5.6 CPG मेजरिंग टेप

8. मेजरिंग स्टैण्ड Measuring Stand

मेजरिंग स्टैण्ड में एक एल्यूमिनियम की रॉड एक-दूसरे स्टैण्ड पर फिट होती है, जिसमें मेजरिंग टेप की तरह निशान लगे होते हैं। इसका प्रयोग लम्बी पोशाकों; जैसे—ओवरकोट, लेडीज कोट एवं गाउन आदि का नाप लेने के लिए किया जाता है। इसके अतिरिक्त इसके द्वारा घेरदार वस्त्रों के घेरे को भी नापा जाता है।

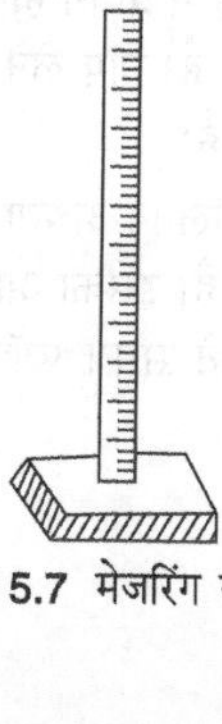

चित्र 5.7 मेजरिंग स्टैण्ड

9. यार्ड स्टिक Yard Stick

यह लकड़ी अथवा धातु से निर्मित होती है। इस स्टिक के दोनों ओर चिन्ह अंकित होते हैं। यह रेखाओं तथा कपड़े की सीधी रेखाओं के मापन हेतु प्रयोग की जाती है।

चित्र 5.8 यार्ड स्टिक

10. मीटर रॉड Meter Rod

यह एक लोहे की रॉड होती है, जिस पर विभिन्न नापों के निशान लगे होते हैं। यह तीन फीट अर्थात् 36 इंच लम्बी होती है। आजकल प्रयोग होने वाली मीटर रॉड 100 सेमी लम्बी होती है। इसका अधिक उपयोग फैब्रिक विक्रेताओं द्वारा किया जाता है।

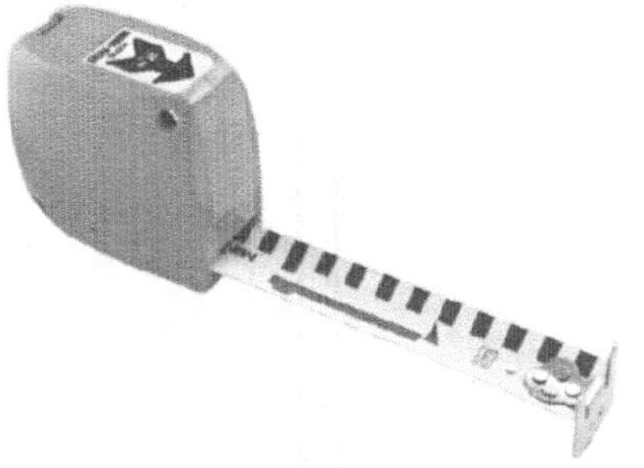

चित्र 5.9 मीटर रॉड

5.2 ड्राफ्टिंग उपकरण Drafting Tools

पोशाकों को सिलने से पूर्व उनकी ड्राफ्टिंग की जाती है। ड्राफ्टिंग में प्रयुक्त उपकरणों का विवरण निम्न प्रकार है

1. ड्राफ्टिंग फाइल Drafting File

विभिन्न तरह के वस्त्रों की ड्राफ्टिंग के लिए एक फाइल तैयार की जाती है, जिसका प्रयोग आवश्यकता के अनुसार किया जाता है। इसके अन्तर्गत मार्किंग सम्बन्धी सभी सूचनाओं को नोट किया जाता है तथा ड्राफ्टिंग के समय उन सूचनाओं को प्रयोग कर लिया जाता है।

2. रबर Rubber

ड्राफ्टिंग के दौरान अनावश्यक रेखाओं को रबर की सहायता से हल्के हाथ से मिटा देना चाहिए। रेखाओं को आसानी से मिटाने के लिये ड्राफ्टिंग के समय प्रारम्भ में पेन्सिल से हल्की रेखाएँ खींचनी चाहिए।

3. भूरी शीट Brown Sheet

कपड़े पर सीधे ही ड्राफ्टिंग करने से कपड़ा खराब हो सकता है, इसलिए पहले भूरे कागज या शीट पर, शरीर की सही नाप के अनुसार ड्राफ्टिंग कर लेनी चाहिए।

4. एल स्क्वायर L Square

एल स्क्वायर लकड़ी अथवा लोहे का बना हुआ होता है। इसमें दो भुजाएँ एक लम्बी एवं एक छोटी होती हैं। लम्बी भुजा 24 इंच एवं छोटी भुजा 14 इंच की होती है। प्रत्येक इंच में 8 निशान होते हैं। इसका प्रयोग ब्लैक बोर्ड एवं ब्राउन शीट पर अभ्यास के लिए किया जाता है।

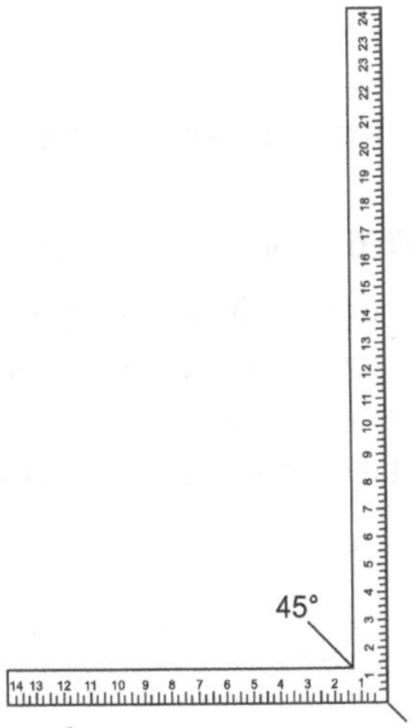

चित्र 5.10 एल स्क्वायर

5. फुट रूल Foot Rule

यह सामान्यत: लकड़ी, प्लास्टिक या स्टील का बना होता है, इसमें दोनों ओर स्केल बने होते हैं, जिनमें एक साइड इंच में एवं दूसरी साइड सेमी में होती है। प्रत्येक इंच तथा सेमी में 10-10 निशान बने होते हैं। इसका प्रयोग रेखाओं को खींचने के लिए होता है। इससे नाप नहीं ली जाती।

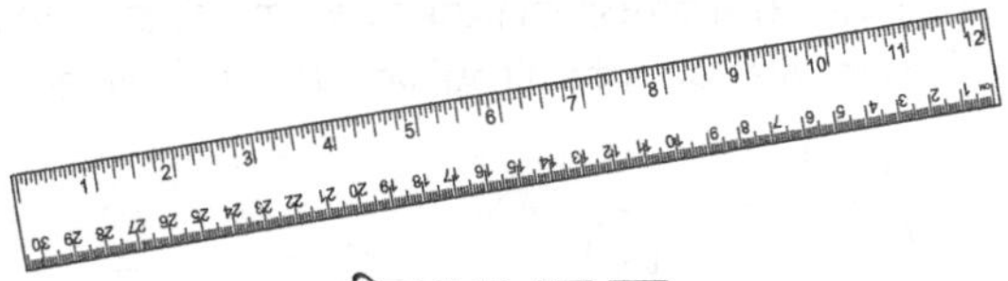

चित्र 5.11 फुट रूल

6. ग्रेजुएटिड स्क्वायर Graduated Square

यह भी एल स्क्वायर के समान होता है। यह अधिकांशत: लकड़ी से निर्मित होता है। इसकी लम्बी भुजा की लम्बाई 24′′ (61 सेमी) तथा छोटी भुजा की लम्बाई 12′′ (30.5 सेमी) होती है। इसके दोनों ओर निशान लगे होते हैं। इसकी 12′′ वाली भुजा पर 1/4, 1/7, 1/16, 1/32 के तथा 24′′ वाली भुजा पर 1/3, 1/6, 1/12, 1/24, 1/48 के निशान अंकित होते हैं।

यह निशान पोशाकों की ड्राफ्टिंग करने हेतु सुविधाजनक होते हैं।

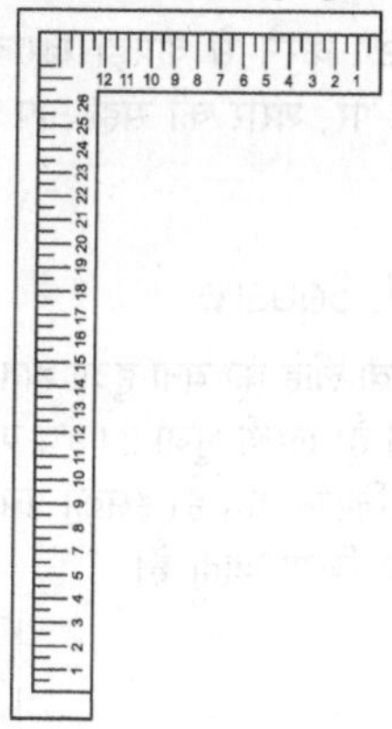

चित्र 5.12 ग्रेजुएटिड स्क्वायर

7. दर्जी कला वक्र Tailor's Art Curve

यह लकड़ी, प्लास्टिक तथा स्टील के बने होते हैं। यह भी L-स्केल की भाँति होते हैं, परन्तु ये दूसरी ओर से वक्र के आकार के होते हैं। इनकी सहायता से गले, मुड्ढों तथा गोलाइयों की ड्राफ्टिंग की जाती है। इनकी एक साइड पर 1/4 सेमी तथा दूसरी साइड पर 1/5 सेमी के निशान लगे होते हैं।

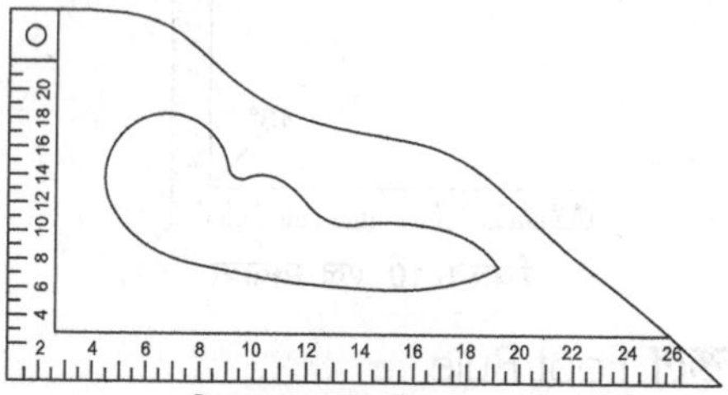

चित्र 5.13 दर्जी कला वक्र

8. फ्रेंच वक्र French Curve

ये 12-12 के सैट में उपलब्ध होते हैं, जिनमें से सिलाई हेतु 3 या 4 का ही उपयोग किया जाता है। ये पारदर्शी प्लास्टिक के बने होते हैं। इनका प्रयोग भी विभिन्न गोलाइयों, गले, घेरे आदि की ड्राफ्टिंग बनाने में किया जाता है।

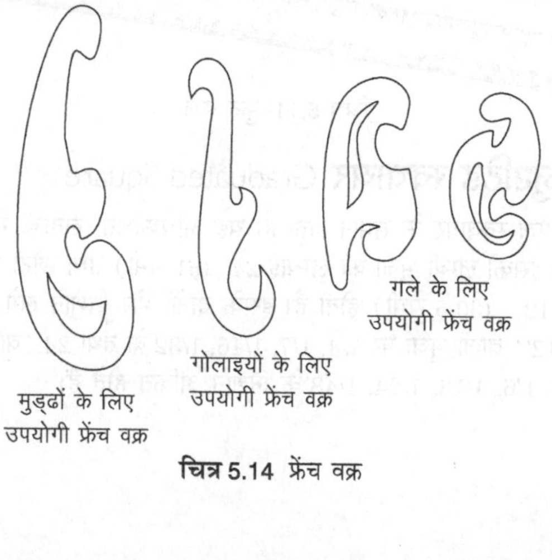

चित्र 5.14 फ्रेंच वक्र

9. लेग शेपर Leg Shaper

ये लकड़ी अथवा प्लास्टिक से बनाए जाते हैं। यह हल्का गोलाकार होता है। इसका प्रयोग साइड शेप, पैंट की गिदरी एवं कोट की बाजू आदि की ड्राफ्टिंग करने के लिए किया जाता है। इसकी लम्बाई 60 सेमी से 75 सेमी तक होती है। इस पर इंच तथा सेमी में मार्किंग होती है। इसके एक सिरे की चौड़ाई अधिक (लगभग 3" तथा दूसरे सिरे की चौड़ाई कम (लगभग 2.5") होती है।

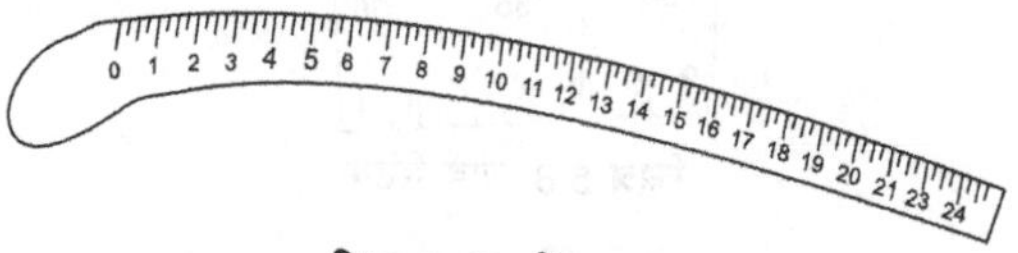

चित्र 5.15 हिप रूलर

10. T-स्क्वायर T-square

यह पारदर्शी प्लास्टिक से निर्मित होता है, जिससे मार्किंग को सरलता से पढ़ा जा सके। इस पर इंच तथा सेमी दोनों में मार्किंग होती है। इसका प्रयोग वर्गाकार किनारों को मापने हेतु किया जाता है।

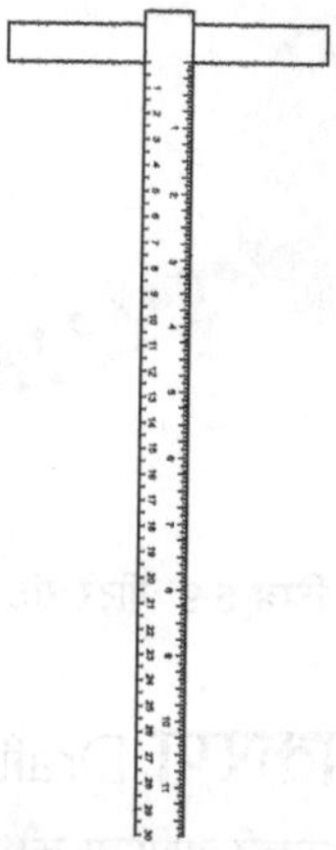

चित्र 5.16 T-स्क्वायर

11. सैट-स्क्वायर Set-square

यह पारदर्शी प्लास्टिक, सिन्थेटिक पदार्थ, धातु अथवा लकड़ी से बनाए जाते हैं। इसका प्रयोग डिजाइन तथा पैटर्न आदि की मार्किंग हेतु किया जाता है।

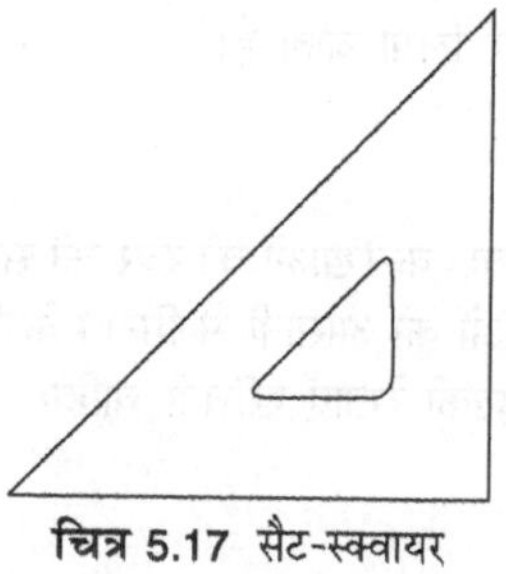

चित्र 5.17 सैट-स्क्वायर

12. कार्ड स्केल Card Scale

यह पेपर कार्ड बोर्ड द्वारा बनाए जाते हैं। इनका प्रयोग मुख्य से रिकॉर्ड नोट बुकों में छोटी ड्राफ्टिंग के लिए किया जाता है।

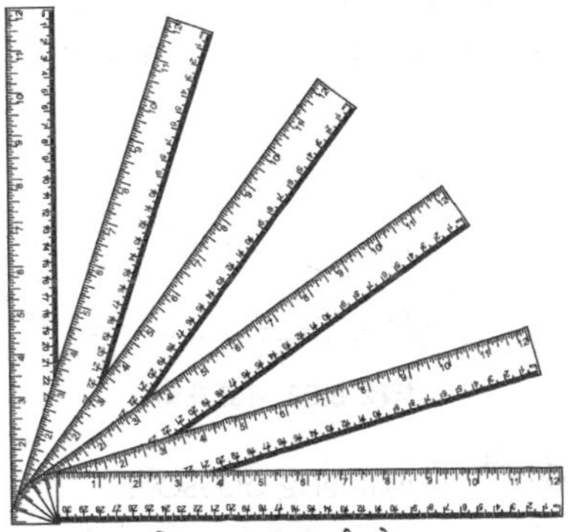

चित्र 5.18 कार्ड स्केल

13. फ्लेक्सिबल वक्र Flexible Curve

यह फ्लेक्सिबल रबड़ से बनाए जाते हैं। रबर की पट्टी को किसी आकार में सरलता से वक्र पैटर्न टुकड़ों के समायोजन हेतु मोड़ा जा सकता है।

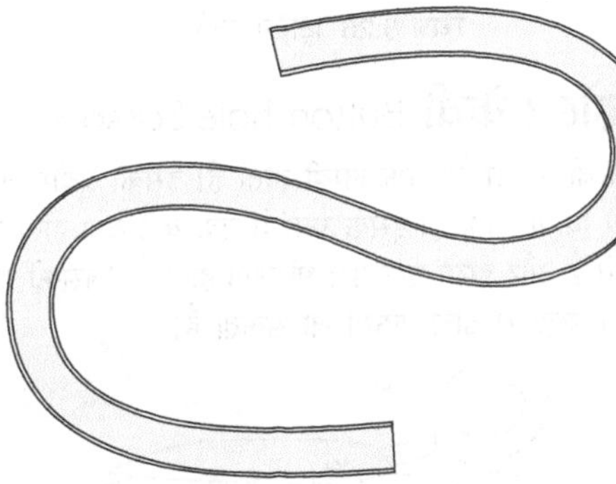

चित्र 5.19 फ्लेक्सिबल वक्र

5.3 मार्किंग उपकरण Marking Tools

सिलाई कार्य से पूर्व फैब्रिक पर मार्किंग (चिन्हन) करने के लिए प्रयोग में लाए जाने वाले उपकरण मार्किंग उपकरण कहलाते हैं, जो निम्न प्रकार हैं—

1. मार्किंग चॉक Marking Chalk

पोशाक की नाप को चिन्हित करने के लिए मार्किंग चॉक का प्रयोग किया जाता है। यह मिट्टी का बना होता है तथा ये अलग-अलग रंगों तथा आकारों; जैसे आयताकार या त्रिभुजाकार में मिलते हैं। कपड़ों के रंगों के अनुसार, मार्किंग के लिए चॉक के रंग बदलने पड़ते हैं। इसके निशान कपड़े धोने के बाद आसानी से हट जाते हैं।

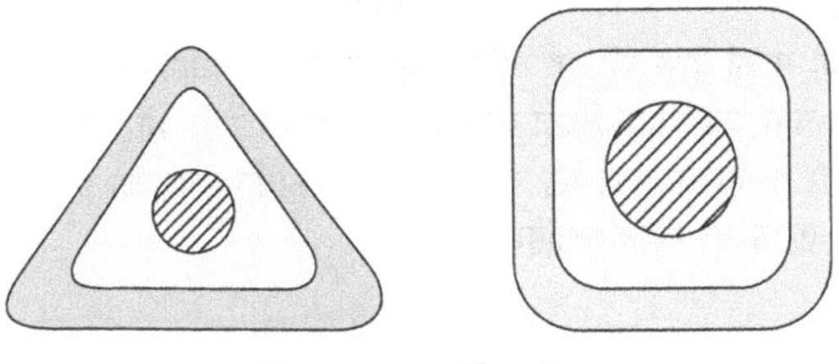

चित्र 5.20 मार्किंग चॉक

2. वैक्स चॉक Wax Chalk

वैक्स चॉक का प्रयोग ऊनी कपड़ों पर मार्किंग के लिए किया जाता है। यह बाजार में दो रंगों, सफेद एवं काले में उपलब्ध होते हैं।

चित्र 5.21 वैक्स चॉक

3. रंगीन पेन्सिल Colour Pencil

रंगीन पेन्सिल का प्रयोग पेपर पर डिजाइन बनाने के लिए किया जाता है। अधिकतर नीले व लाल रंग की पेन्सिल का प्रयोग प्रचलित है। सिलाई की लाइन खींचने में नीले रंग की पेन्सिल एवं कटिंग के लिए लाल रंग की पेन्सिल का प्रयोग किया जाता है।

4. ट्रेसिंग व्हील Tracing Wheel

इसका प्रयोग इकट्ठे अर्थात् बहुत सारे कपड़ों पर मार्किंग करने के लिए किया जाता है। यह दो प्रकार के होते हैं—एक जिनके सिरे दन्तुर होते हैं तथा दूसरे, समतल सिरे वाले होते हैं। समतल सिरे वाले मार्किंग का प्रयोग पतले व मुलायम कपड़े पर किया जाता है, जबकि दन्तुर सिरे वाले मार्किंग सभी कपड़ों पर प्रयोग किए जा सकते हैं। सूती एवं रेशम वाली पोशाकों पर एक साथ सिलाई, डार्ट्स आदि के चिन्ह आसानी से लगाए जाते हैं, परन्तु टेरीकॉट, कॉटन व ऊनी वस्त्रों पर, चिन्ह नहीं आते। अतः इन वस्त्रों पर ट्रेसिंग व्हील का प्रयोग किया जाता है। इसे फिरकी मार्का भी कहते हैं।

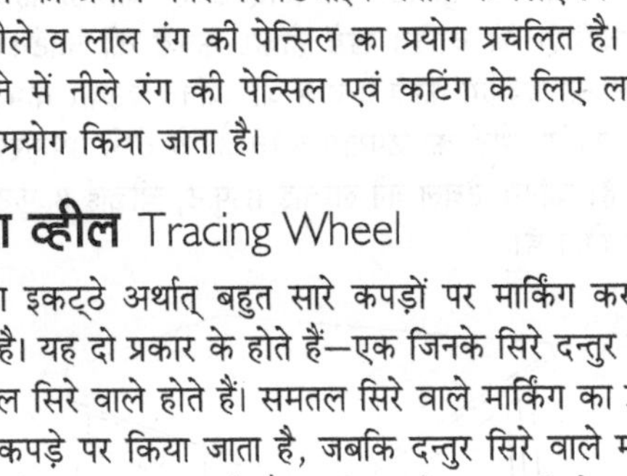

चित्र 5.22 दन्तुर ट्रेसिंग व्हील

5. ट्रेसिंग पेपर Tracing Paper

फिरकी मार्का द्वारा की गई मार्किंग को कपड़े पर स्थानान्तरित करने के लिये ट्रेसिंग पेपर का प्रयोग किया जाता है। इसे कार्बन पेपर भी कहते हैं। कपड़े के अनुसार ही ट्रेसिंग पेपर का चयन करते हैं। कार्बन पेपर को हमेशा कपड़े की उल्टी तरफ ही रखना चाहिए।

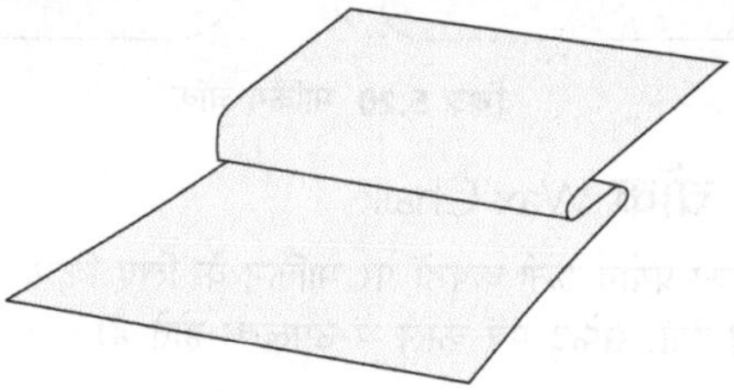

चित्र 5.23 ट्रेसिंग पेपर

5.4 कटिंग उपकरण Cutting Tools

ड्रेस मेकिंग प्रक्रम में कटिंग सम्बन्धी कार्य भी अत्यन्त महत्त्वपूर्ण होता है। इस प्रक्रिया में फैब्रिक पर मार्किंग प्रक्रिया के बाद कटिंग की जाती है। इस कार्य में प्रयुक्त होने वाले उपकरण निम्न प्रकार हैं

1. कटिंग-टेबल तथा कटिंग-बोर्ड Cutting-table and Cutting-board

कपड़े की कटिंग एवं ड्राफ्टिंग के लिए टेबल की ऊँचाई एवं आकार सही होना चाहिए। जो व्यक्ति खड़े होकर कपड़े की कटिंग करते हैं, वे कटिंग-टेबल का उपयोग करते हैं तथा जो व्यक्ति बैठकर कपड़े की कटिंग करते हैं, वे कटिंग-बोर्ड का उपयोग करते हैं। ये दोनों उपकरण लकड़ी से निर्मित होते हैं। कटिंग-टेबल की लम्बाई 6 फुट, चौड़ाई 3 फुट तथा उँचाई 3 फुट तक होती है।

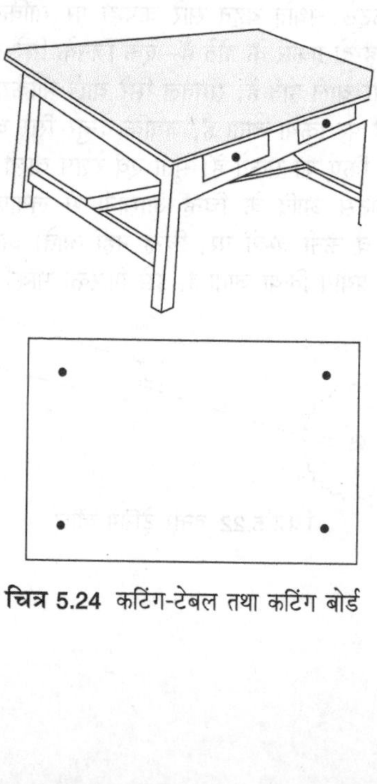

चित्र 5.24 कटिंग-टेबल तथा कटिंग बोर्ड

2. बड़ी कैंची Shears

इस कैंची का आकार बड़ा होने के साथ-साथ यह वजन में भी भारी होती है। इसकी लम्बाई लगभग 10" से 14" इंच तक की होती है। यह कैंची उच्चकोटि के स्टील की बनी होती है। यह कैंची 6-7 तहों को एक साथ काट सकती है तथा इससे कपड़ा, जल्दी व सफाई से कटता है।

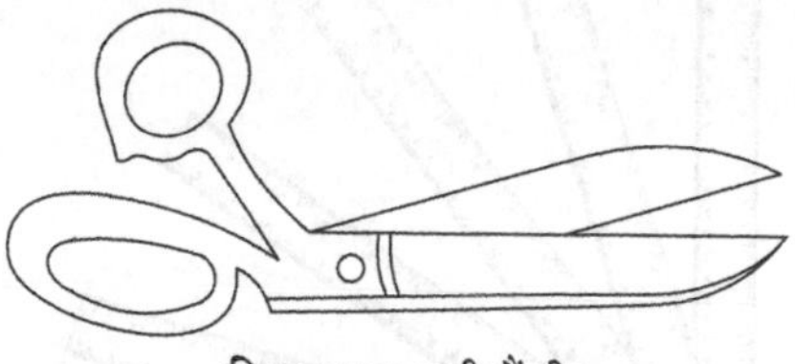

चित्र 5.25 बड़ी कैंची

3. ट्रिमिंग कैंची Trimming Scissors

ट्रिमिंग कैंची 3" से 6" तक लम्बी होती है। इसका प्रयोग वस्त्र सिलते समय धागे, लेस एवं पाइपिंग आदि को काटने में किया जाता है।

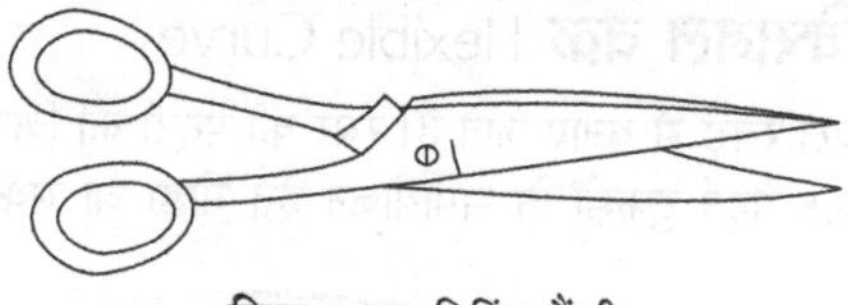

चित्र 5.26 ट्रिमिंग कैंची

4. बटन होल्स कैंची Button-hole Scissors

बटन होल्स कैंची 4" से 8" तक लम्बी होती है। इसका प्रयोग काज-बटन लगाने के लिये किया जाता है। इसके फरों में एक कट बना होता है, जिससे काज काटे जाते हैं और इसमें एक पेंच भी लगा होता है, जिसकी सहायता से काज को छोटा-बड़ा व ढीला किया जा सकता है।

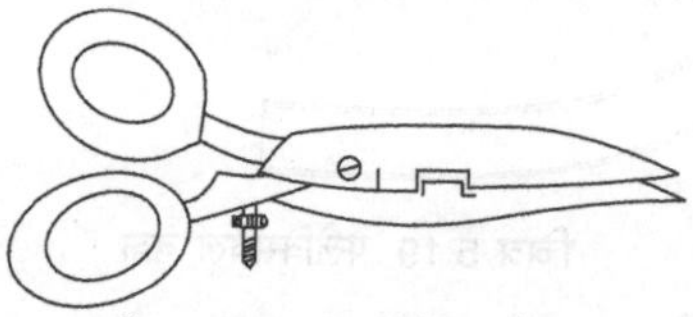

चित्र 5.27 बटन होल्स कैंची

5. हाथ की कैंची Hand Scissors

यह कैंची लगभग 4" से 6" तक लम्बी होती है। हाथ की कैंची का प्रयोग सभी सामान्य कटिंग में किया जाता है। इसमें हैण्डिल का डिजाइन आसान होता है तथा ब्लेड का आकार और हाथ का होल अलग तरह का बना होता है।

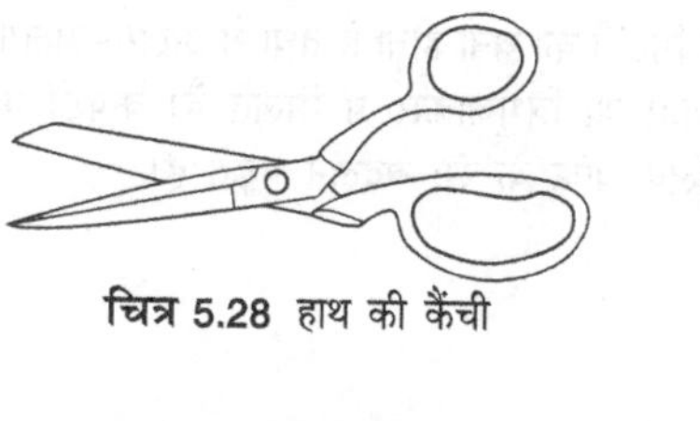

चित्र 5.28 हाथ की कैंची

6. पैटर्न कैंची Pattern Scissors

इस कैंची का हैण्डल बहुत मजबूत होता है तथा इसमें लगी ब्लेड भी तेज धार की होती है। इसका प्रयोग पैटर्न बनाने, मोटी टेम्पलेट, कार्ड-बोर्ड और प्लास्टिक आदि काटने में किया जाता है।

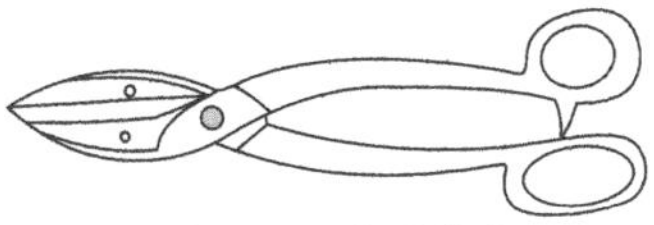

चित्र 5.29 पैटर्न कैंची

7. टेलर कैंची Tailor Scissors

टेलर की कैंची बड़ी तथा स्थायी होती है। इसमें अँगुलियों के लिए विशेष आकार की जगह बनी होती है। इससे मोटे फैब्रिक को भी आसानी से काटा जा सकता है। मुलायम कपड़े काटते समय कपड़े अपनी जगह से हिलने न पाए, इसके लिए कैंची से धारदार हिस्से में से एक को उठाव प्रदान किया जाता है। टेलर की कैंची इकहरी सतह के कपड़ों की कटिंग के लिए उपयुक्त रहती है।

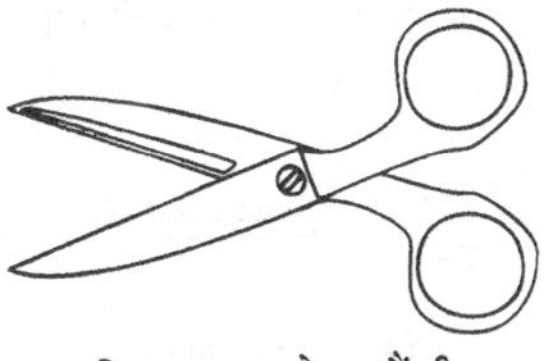

चित्र 5.30 टेलर कैंची

8. कढ़ाई की कैंची Embroidery Scissors

नुकीले ब्लेड के साथ ये कैंची 4" तक लम्बी होती है। इस कैंची के हत्थे लम्बे होते हैं, जिनकी सहायता से कढ़ाई के समय बारीक तथा छोटे धागों को पकड़ने तथा काटने में सुविधा रहती है।

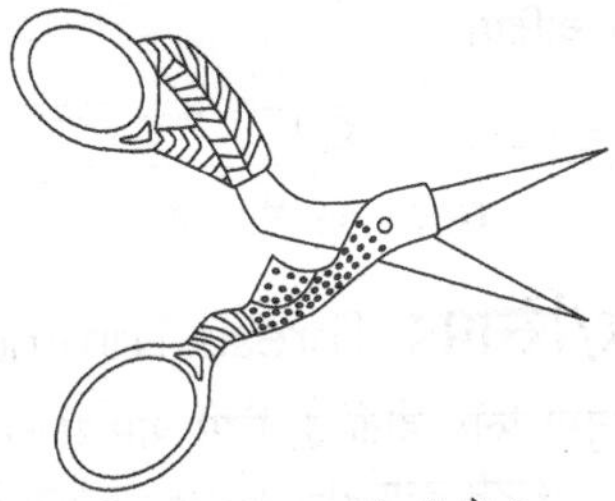

चित्र 5.31 कढ़ाई की कैंची

9. सूआ Awl

यह हड्डी, प्लास्टिक या धातु का बना होता है। इसकी नोंक उर्ध्वाकार होती है तथा सतह चिकनी रहती है। इसका प्रयोग बटन के छेद को गोल करने या धागे को छेद से बाहर निकालने के लिए किया जाता है।

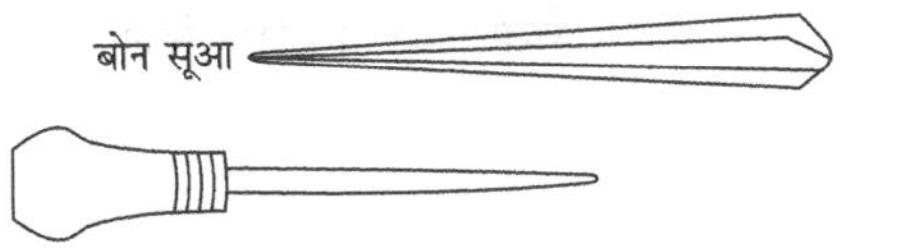

चित्र 5.32 सूआ

10. होल पंच Hole Punch

इसका प्रयोग सामान्यतः छेद बनाने, प्लास्टिक के पैटर्न टैम्पलेट बनाने या पैटर्न काटने में किया जाता है।

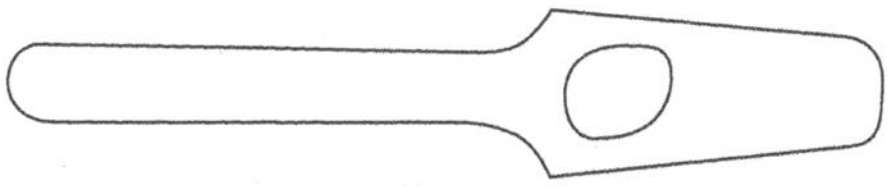

चित्र 5.33 होल पंच

11. घुमावदार पंच Revolving Punch

घुमावदार पंच में अलग-अलग व्यास की पंचेज की पूरी मैगजीन होती है। यह कपड़े के किनारों पर छेद करने के लिए प्रयुक्त होती है।

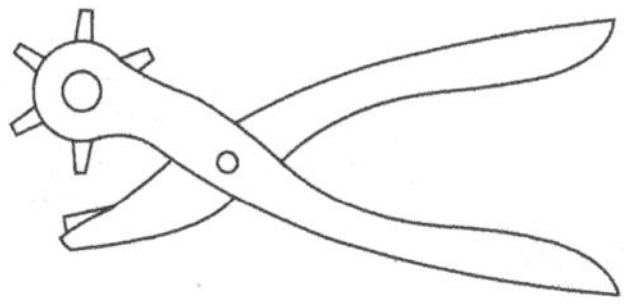

चित्र 5.34 घुमावदार पंच

12. नॉचर Notcher

यह अलग-अलग प्रकार के नोचिज बनाने में काम आता है। कटिंग पैटर्न पर पोजिशनिंग के निशान बनाने में भी इसका प्रयोग किया जाता है।

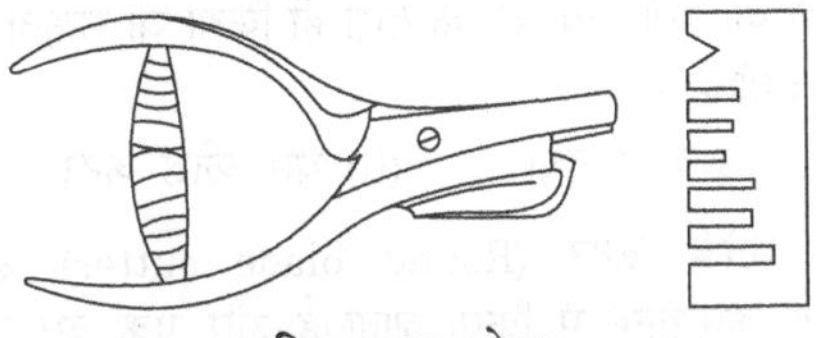

चित्र 5.35 नोचर

13. नीडिल ग्रैबर Needle Grabber

यह दो काउण्ट वाली रबर की एक तश्तरीनुमा आकृति होती है, जो कपड़ों की सतह से होकर सुई को पकड़ती है। जब वजनदार कपड़ों की सिलाई हाथ द्वारा करनी हो, तो यह उपयोगी होता है। इससे अँगुलियों को सुरक्षा मिलती है।

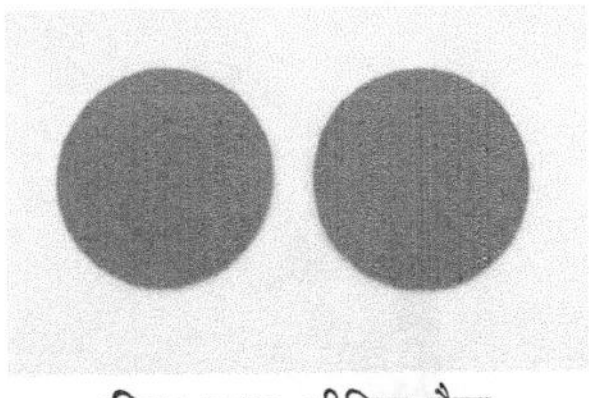

चित्र 5.36 नीडिल ग्रैबर

14. कटावदार कैंची Pinking Scissors

यह कैंची सामान्यतः 5.5" से 7.5" लम्बी होती है। इस कैंची के द्वारा बच्चों व महिलाओं की पोशाकों की सिलाई के किनारे काटने से पोशाक की सुन्दरता बढ़ जाती है। इस कैंची के दोनों फरों पर कटाव इस प्रकार बने होते हैं कि जब किनारे काटें, तो दोनों एक-दूसरे में फँस कर किनारा काट देते हैं।

इस प्रकार काटने से किनारा घुमावदार (zig-zag) होने के कारण सुन्दर दिखाई देता है।

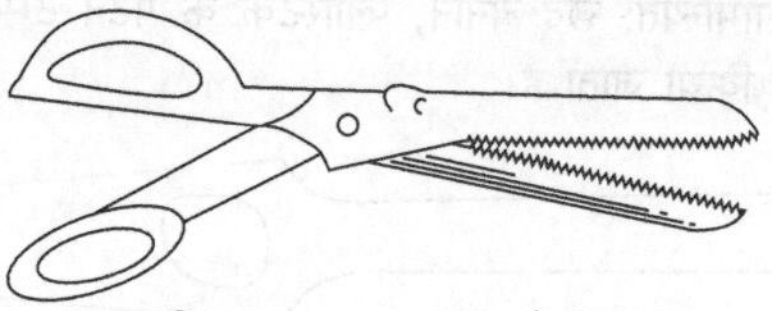

चित्र 5.37 कटावदार कैंची

15. पेपर कैंची Paper Scissors

इस तरह की कैंची पर लम्बी नोंक वाली ब्लेड लगी होती है तथा इसका हैण्डल गोल होता है। हैण्डल की अपेक्षा ब्लेड अधिक लम्बी होती है। इस कैंची का प्रयोग पेपर पैटर्न को काटने के लिए किया जाता है।

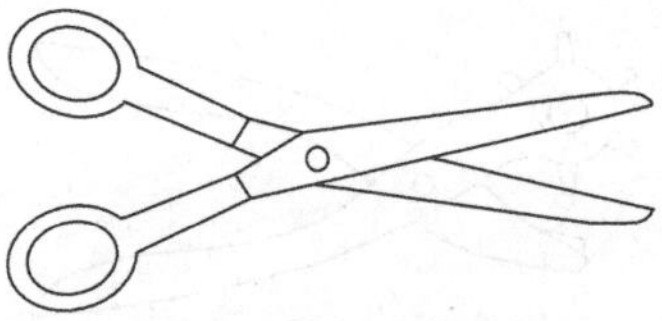

चित्र 5.38 पेपर कैंची

16. बिजली की कैंची Electric Scissors

इस कैंची का प्रयोग उद्योगशालाओं में किया जाता है। इस कैंची की मदद से एक साथ 40 से 60 कपड़े की तहों को काटा जा सकता है। यह कैंची महँगी होती है और इसका प्रयोग बिजली के द्वारा ही किया जा सकता है। यह निम्न दो प्रकार की होती है—

(i) राउण्ड ब्लेड कटर तथा (ii) बार ब्लेड कटर

(i) **राउण्ड ब्लेड कटर** (Round blade cutter) इसका प्रयोग बड़े-बड़े कारखानों में किया जाता है और एक बार में हजारों की संख्या में कपड़े की नाप तैयार करके उनकी कटाई की जाती है। इसे चलाते समय सावधानी बरतनी चाहिए। फैब्रिक की एक के ऊपर एक तहें बिछाकर ऊपरी सतह पर रखकर राउण्ड ब्लेड कटर चलाते हैं, जिससे नीचे तक की तह एक साथ कट जाती है। काटते समय ध्यान रखें कि कपड़े की तह अपने स्थान से खिसकने न पाए।

चित्र 5.39 राउण्ड ब्लेड कटर

(ii) **बार ब्लेड कटर** (Bar blade cutter) इसका प्रयोग फैब्रिक मिलों में किया जाता है और इसके द्वारा कपड़े की 40 से 60 तहें एक साथ काटी जाती हैं। यह एक स्थान पर स्थिर होती है।

चित्र 5.40 बार ब्लेड कटर

17. पोकर Poker

सैनिकों की पोशाकों में गोल बटन होल होते हैं और इसकी सहायता से होल करके आइलेट स्टिच (eyelet stitch) द्वारा गोलाई करते हैं। इसका आकार आगे से नुकीला एवं गोल होता है। इसमें लकड़ी का एक हैण्डिल लगा होता है, जिसको पकड़कर छेद करने में सुविधा होती है।

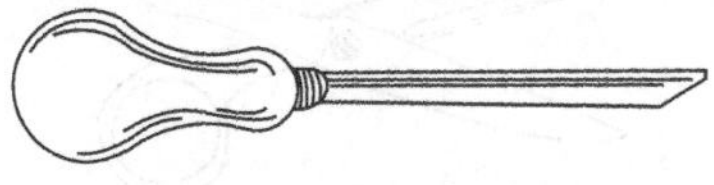

चित्र 5.41 पोकर

18. सीम रिपर Seam Ripper

यह पेन के आकार जैसा होता है, जिसके एक सिरे पर सिलाई खोलने के लिए एक छोटी ब्लेड लगी होती है, जिसकी सहायता से सिलाई के धागे आसानी से खुल जाते हैं। यह स्लेशिंग मशीन वर्क बटन होल के लिये भी प्रयोग की जाती है। कपड़े को गलती से कटने से बचाने के लिये सीम रिपर को सावधानी से चलाना चाहिए।

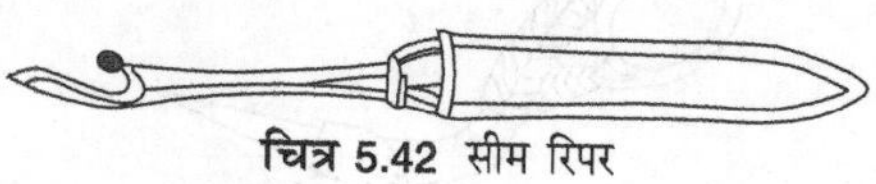

चित्र 5.42 सीम रिपर

19. थ्रेड ट्रिमर/स्निपर Thread Trimmer/Snipper

यह एक छोटी स्प्रिंगनुमा ब्लेड होती है, जिसे पाम सीजर टूल भी कहते हैं। इसका प्रयोग धागों को काटने तथा टाँके खोलने के लिए किया जाता है। यह हथेली को दबाकर चलाया जाता है। इसके ट्रिमर्स में एक रिंग लगी होती है, जो हाथ की छोटी अँगुली में फिट हो जाती है।

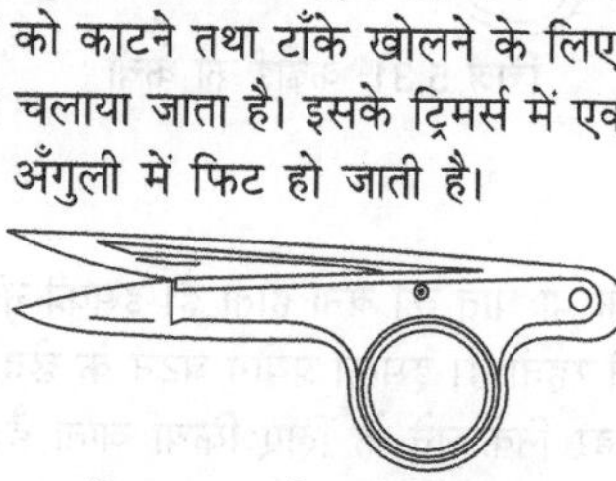

चित्र 5.43 थ्रेड ट्रिमर/स्निपर

20. रोटरी कटर Rotary Cutter

इसका प्रयोग वस्त्र उद्योग में कटाई करने हेतु किया जाता है। फैब्रिक की कटिंग करते समय नीचे एक चटाई का प्रयोग करना चाहिए। जिससे कटर की धार खराब न हो और फैब्रिक को सफाई से काटा जा सके। यह पिज्जा कटर की तरह कार्य करता है।

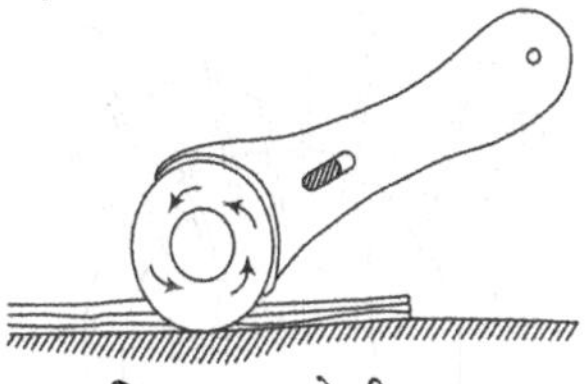

चित्र 5.44 रोटरी कटर

5.5 सिलाई के उपकरण Sewing Tools

सिलाई कार्य करने के लिये विभिन्न उपकरणों की आवश्यकता होती है, जिनका विवरण निम्न प्रकार है

1. कपड़ा Fabric

अच्छी सिलाई कपड़े की गुणवत्ता पर भी निर्भर करती है। अत: अच्छी सिलाई हेतु कपड़े की चौड़ाई, प्रकार, मूल्य आदि का ज्ञान होना भी आवश्यक है।

2. सुइयाँ Needles

ये सिलाई का मुख्य उपकरण है। ये बेलनाकार तथा एक सिरे से नुकीली होती हैं। ये निकिल धातु पर स्टील का लेपन करके बनाई जाती हैं। सिलाई कार्य के लिए हमेशा अच्छी किस्म की सुइयों का प्रयोग करना चाहिए। सुई का चयन कपड़े, धागे एवं सिलाई पर निर्भर करता है। सिलाई में प्रयोग होने वाली सुइयों के तीन भाग होते हैं-प्वॉइण्ट, स्टेम तथा आई।

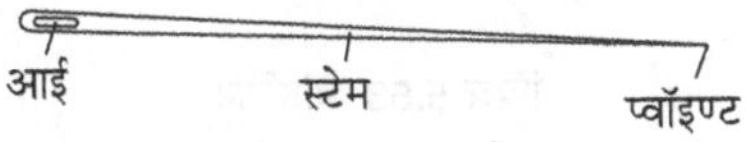

चित्र 5.45 सुई

हाथ तथा मशीन के कार्यों के लिए प्रयोग की जाने वाली सुइयाँ तीन प्रकार की होती हैं

(i) **हाथ की सुइयाँ** (Hand Needles) हाथ की सुइयाँ विभिन्न आकार और प्रकार की होती हैं। इन सुइयों के नं. 0 से 12 तक होते हैं। बारीक सुइयों का प्रयोग हाथ से सिलाई करने के लिए एवं मोटी सुइयों का प्रयोग गद्दे आदि सिलने के लिए होता है।

चित्र 5.46 हाथ की सुइयाँ

(ii) **मशीन की सुइयाँ** (Machine Needles) हाथ की सुइयों की भाँति मशीन की सुइयाँ भी भिन्न-भिन्न आकार में बाजार में उपलब्ध हैं। यह 9 से 24 नं. तक की होती हैं। पतले एवं मोटे कपड़ों के अनुसार अलग-अलग नम्बर की सुइयों का उपयोग किया जाता है।

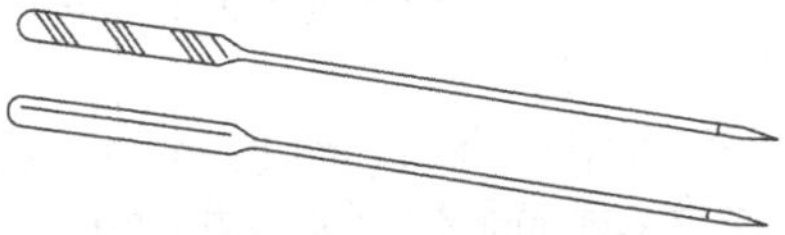

चित्र 5.47 मशीन की सुइयाँ

(iii) **क्रिउल सुइयाँ** (Crewel Needles) यह सुइयाँ 1 से 10 नम्बर तक की होती हैं। यह पैनी नोक की मध्यम आकार की होती है। इनका उपयोग सामान्य सिलाई, रफू करने एवं एम्ब्राइडरी (कढ़ाई) के लिए होता है।

तालिका हाथ और मशीन की सुइयों में अन्तर

क्र.सं.	हाथ की सुई	मशीन की सुई
1.	हाथ की सुई का नं. जैसे-जैसे बढ़ता है, सुई की मोटाई व लम्बाई कम होती जाती है।	मशीन की सुई का नं. क्रमशः जैसे-जैसे बढ़ता है, सुई की मोटाई बढ़ती है।
2.	हाथ की सुई पूरी गोल होती है।	मशीन की सुई में ऊपरी भाग मोटा होता है।
3.	हाथ की सुई में थ्रेडहोल ऊपर होता है।	मशीन की सुई में थ्रेडहोल नीचे नोंक में होता है।
4.	हाथ की सुई में कोई थ्रेडग्रिप (खाँचा) नहीं होता।	मशीन की सुई में नीडिल हैड से नीचे थ्रेडहोल तक थ्रेड ग्रिप बना होता है।
5.	हाथ की सुई में नाड़ी नीडिल भी होती है, जो ऊनी फैब्रिक सिलने के काम में आती है।	मशीन की सुई टू-इन वन होती है, जो डबल सिलाई लगाने हेतु फैशन मेकर मशीन में प्रयोग होती है।
6.	हाथ की सुइयों की लम्बाई व मोटाई नं. के अनुसार परिवर्तित होती है।	मशीन की सभी सुइयों की लम्बाई समान रहती है तथा मोटाई नं. के क्रम में बढ़ती है।

3. सुई थ्रेडर Needle Threader

यह एक छोटा उपकरण है, जिसके द्वारा सुई में धागा डाला जाता है, इसी कारण इसे निडिल थ्रेडर कहा जाता है। इसमें पतली धातु की तार लगी होती है, जिस कारण इसके द्वारा शीघ्रता से सुई में धागा डाला जा सकता है।

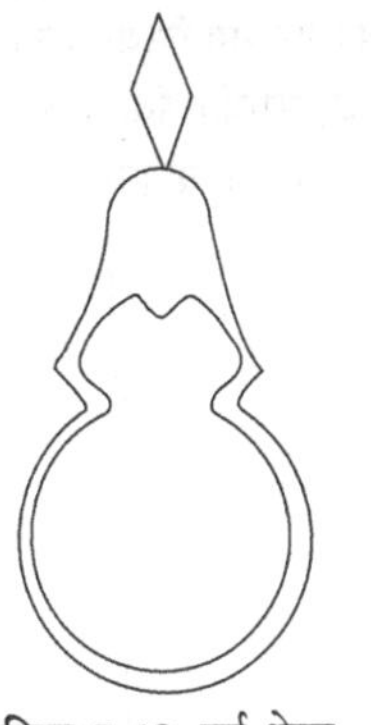

चित्र 5.48 सुई थ्रेडर

4. **थिम्बल** Thimble

यह एक ऐसा उपकरण है, जिसके प्रयोग से सिलाई करते समय हमारी अँगुलियाँ सुरक्षित रहती हैं और किसी जगह सिलाई अधिक सख्त आ जाए, तो सिलाई निकालने के लिए थिम्बल की सहायता से धकेलने पर वह फैब्रिक में से बाहर निकल आती है।

ये स्टील, पीतल और प्लास्टिक के बने होते हैं। यह दो प्रकार की होती है। एक तो दोनों तरफ से खुली होती है जबकि दूसरी ग्लास की तरह एक ओर से बन्द होती है। इसे दाएँ हाथ की मध्य अँगुली पर पहना जाता है। इसे पहनने से काम जल्दी तथा सरलता से किया जा सकता है।

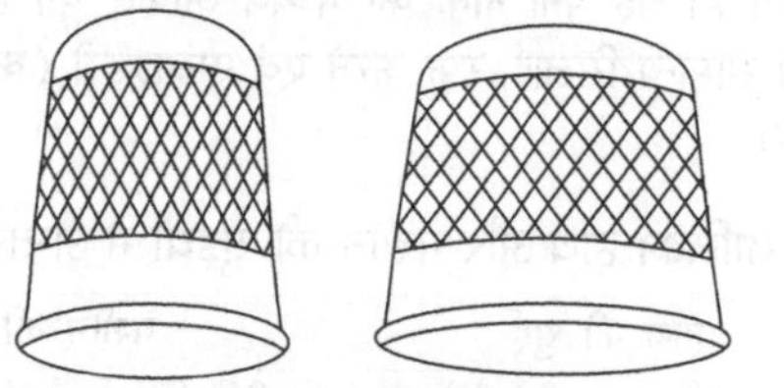

चित्र 5.49 थिम्बल

5. **धागा** Thread

सिलाई के लिए हमेशा अच्छी किस्म के धागों का प्रयोग करना चाहिए। बाजार में विभिन्न रंगों एवं प्रकारों के धागे उपलब्ध हैं; जैसे—सूती, रेशम, टेरीलिन एवं नायलॉन आदि।

चित्र 5.50 धागा

6. **पिन** Pin

सिलाई करते समय अनेक बार कपड़ों को ट्राइ करने की आवश्यकता पड़ती है, जिसके लिए पिनों का उपयोग किया जाता है। इसके अतिरिक्त कटिंग तथा ले-आउट में भी पिनों का उपयोग किया जाता है। सदैव शार्प तथा बिना जंग लगी पिनों का ही प्रयोग करना चाहिए।

चित्र 5.51 पिन

7. **पिन कुशन** Pin Cushion

पिनों को एक जगह एकत्रित करने के लिए पिन कुशन का प्रयोग किया जाता है। इससे काम करते समय टेबल या फर्श पर पिनों के बिखर जाने का खतरा नहीं रहता है।

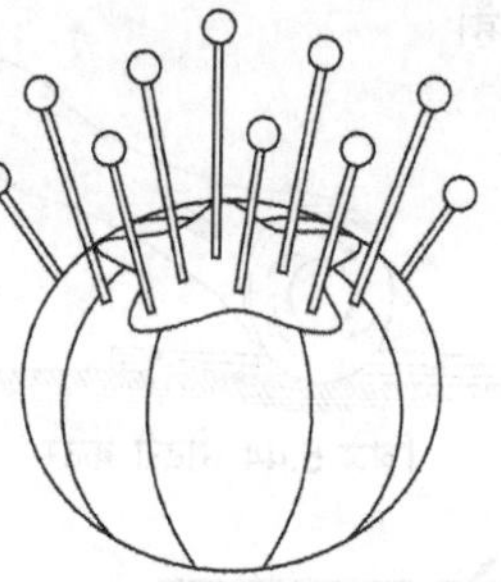

चित्र 5.52 पिन कुशन

8. **बॉडकिन** Bodkin

बॉडकिन लकड़ी, प्लास्टिक व हाथी दाँत की बनी होती है तथा इसके हैण्डिल में स्टील रॉड लगी होती है। इसकी गोलाई में तेज धार एवं दोनों किनारों पर नोंक होती है। इसकी सहायता से सिलाई खोलने का कार्य किया जाता है। इसके अतिरिक्त इसका प्रयोग कास्टिंग (casting) से दूसरी ओर प्लास्टिक, टेप व रिबन खींचने के लिए किया जाता है।

चित्र 5.53 बॉडकिन

9. **डमी या ड्रेस फार्म** Dummy or Dress Form

पोशाक सिलने के बाद जब पूर्ण रूप से तैयार हो जाती है, तो एक कुशल कारीगर अपनी सन्तुष्टि के लिए 'डमी' के ऊपर पोशाक पहनाकर देखता है कि पोशाक में कोई दोष तो नहीं रह गया। यह डमी 32, 34, 36, 38 आदि नापों में स्त्री एवं पुरुष, दोनों की मिलती हैं।

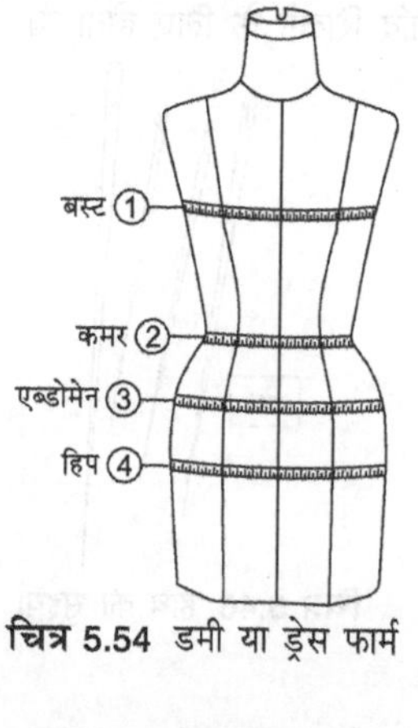

चित्र 5.54 डमी या ड्रेस फार्म

5.6 फिनिशिंग उपकरण Finishing Tools

तैयार पोशाक को और अधिक सुन्दर एवं आकर्षक दिखाने के लिए उसे प्रेस करना बहुत आवश्यक होता है। प्रेस करने के बाद पोशाक का आकर्षण बढ़ जाता है, जोकि ग्राहक का ध्यान अपनी ओर आकर्षित करता है।

अत: प्रेस करने वाले उपकरण की जानकारी टेलरिंग कला से सम्बन्धित व्यक्ति को रखना जरूरी होता है। इन्हें फिनिशिंग उपकरण कहा जाता है। प्रेस के द्वारा पोशाक में आए हुए छोटे-छोटे दोषों को दूर किया जा सकता है। कार्य के आधार पर प्रेस निम्न प्रकार की होती हैं

1. लोहे की प्रेस Iron Press

इस प्रेस का प्रयोग प्रारम्भ से धोबी करते हैं। यह एक ठोस लोहे से बनी होती है, जिसे आग पर रखकर गर्म किया जाता है। प्रेस के अधिक गर्म हो जाने पर पोशाक जल जाती है या उस पर काले धब्बे पड़ जाते हैं। इन दोषों में सुधार कर कोयले वाली प्रेस बनाई गई।

2. कोयले की प्रेस Charcoal Press

इस प्रेस में कोयले डालकर प्रेस को गर्म किया जाता है। उसके बाद कपड़े पर प्रेस की जाती है। इस प्रकार की प्रेस में थोड़ी असावधानी होने पर कपड़े के जलने का डर बना रहता है। यह प्रेस दो प्रकार की होती हैं

(i) **झरने वाली प्रेस** इस प्रेस का निचला हिस्सा गहरा व ऊपर का ढक्कन जालीदार होता है और उस पर जलते कोयले रख दिए जाते हैं तथा प्रेस गर्म होने पर इसका प्रयोग किया जाता है। यह भारी होने के कारण टेलरिंग में ज्यादा उपयोगी नहीं है। इसमें चिंगारी गिरने का भी डर होता है, जिससे फैब्रिक जल सकते हैं।

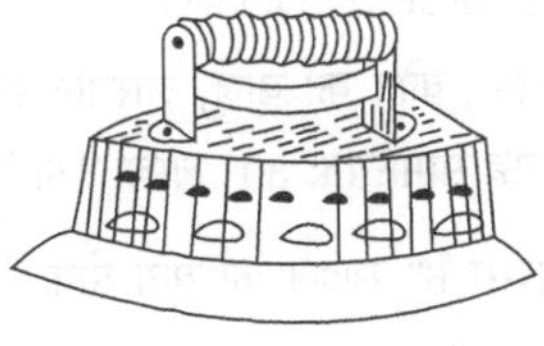

चित्र 5.55 झरने वाली प्रेस

(ii) **बम्बू वाली प्रेस** यह प्रेस भी झरने वाली प्रेस की तरह है। इसके पीछे की ओर ढक्कनदार खिड़की होती है और इसके हैण्डिल में बम्बू होने के कारण इसे बम्बू वाली प्रेस कहा जाता है। इसके पीछे से हवा लगती है तथा बम्बू से गैस निकलती है। ये प्रेस 15 से 20 पौण्ड के वजन में उपलब्ध होती है।

चित्र 5.56 बम्बू वाली प्रेस

3. बिजली की प्रेस Electric Press

यह आज के आधुनिक युग की प्रेस है, जिसमें एक बटन होता है और गर्म होने के बाद इसे बन्द करना पड़ता है अन्यथा यह कपड़ों को जला सकती है।

चित्र 5.57 बिजली की प्रेस

4. ऑटोमैटिक विद्युत प्रेस Automatic Electric Press

यह प्रेस बहुत सुविधाजनक है। इसमें एक रेगुलेटर लगा होता है, जिस पर सूती, रेशमी, ऊनी, रेयॉन, नायलॉन, टेरीकोट आदि लिखा रहता है। जिस प्रकार के फैब्रिक पर प्रेस करनी होती है, उस फैब्रिक के संकेत की ओर नॉब रखने से प्रेस उसके अनुसार ही गर्म होगी, जितनी गर्मी उस फैब्रिक को चाहिए। उसके बाद स्वयं ही प्रेस बन्द हो जाती है। इसमें एक संकेतक (indicator) लगा होता है, जिससे हमें प्रेस के बन्द व चालू होने का पता चलता रहता है। इस प्रेस से फैब्रिक के जलने की सम्भावना नहीं रहती।

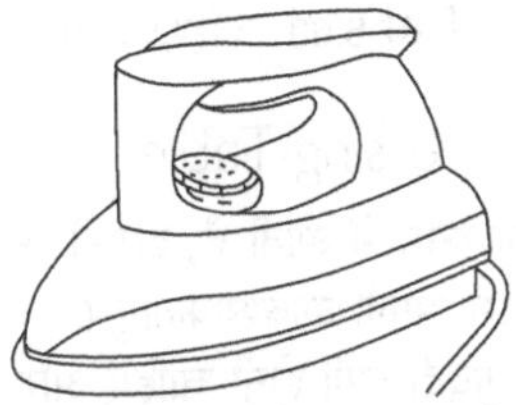

चित्र 5.58 ऑटोमैटिक विद्युत प्रेस

5. भाप-बिजली प्रेस Steam-electric Press

इस प्रेस में पानी संग्रह करने की जगह होती है और इसके तल में छिद्र बने होते हैं तथा इसमें रेगुलेटर लगे होते हैं, जिस पर फैब्रिक के नाम लिखे होते हैं। जिस फैब्रिक पर प्रेस करनी हो, उस पर नॉब को घुमा देते हैं। इस प्रकार भाप प्रेस उतनी ही गर्म होगी जितनी आवश्यकता है। इसका प्रयोग अधिकतर मोटे एवं रेशमी फैब्रिक्स पर प्रेस करने के लिए किया जाता है।

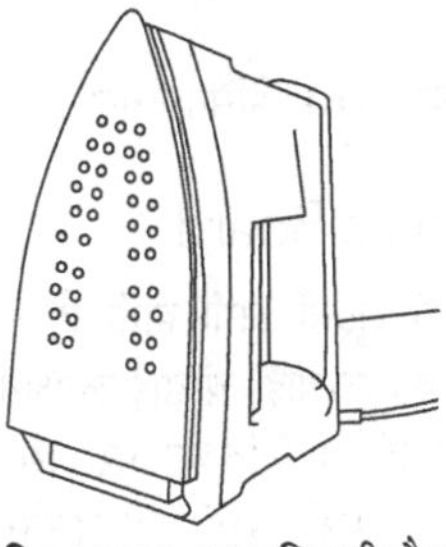

चित्र 5.59 भाप-बिजली प्रेस

6. लॉण्ड्री प्रैस Laundry Press

इसका प्रयोग बड़े-बड़े कारखानों में किया जाता है। यह वजन में भारी होती है, जिसके कारण क्रीज अच्छी बैठती है। इसका प्रयोग बिजली अथवा कोयले दोनों तरह से किया जाता है। इस प्रैस का उपयोग शीघ्रता से कपड़ों को प्रैस करने के उद्देश्य से किया जाता है। लॉण्ड्री प्रैस का वजन 10 पौण्ड से 20 पौण्ड तक होता है।

7. प्वॉइण्ट प्रेशर Point Pressure

प्वॉइण्ट प्रेशर लकड़ी का बनाया जाता है, जिस पर कॉलर में सीम को प्रेस करने में सुविधा रहती है। इसके अतिरिक्त यह कॉलर, कफ आदि में क्रीज बनाने में भी प्रयोग किया जाता है।

चित्र 5.60 प्वॉइण्ट प्रेशर

8. प्रैसिंग टेबल Pressing Table

यह टेबल प्रैस करने के काम में आती है, इसकी ऊँचाई उचित व एडजस्ट करने वाली होती है। जिसे अपनी आवश्यकतानुसार घटाया बढ़ाया जा सकता है। इस टेबल पर मोटी गद्दी लगी होनी चाहिए और उसके ऊपर सफेद रंग के कपड़े का प्रयोग करना चाहिए, जिससे फैब्रिक का रंग पोशाकों पर न आए।

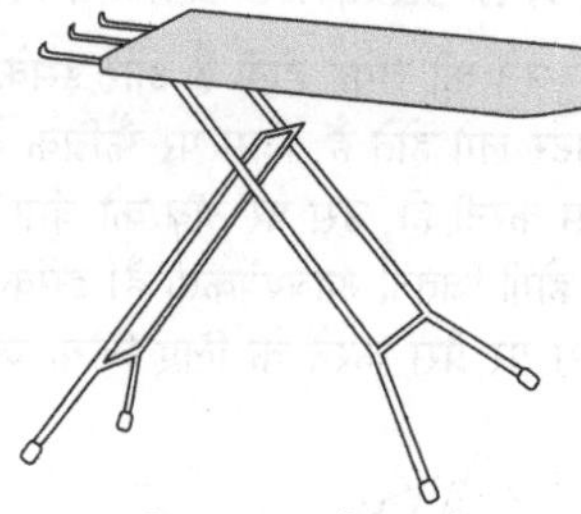

चित्र 5.61 प्रेसिंग टेबल

9. नीडिल बोर्ड Needle Board

इस बोर्ड की सतह पर छोटी सुइयाँ लगी होती हैं और उसके चारों ओर लकड़ी का फ्रेम होता है। इसकी लम्बाई-चौड़ाई लगभग 30" × 14" होती है। इस बोर्ड का प्रयोग पाईल तथा नेप फैब्रिक्स पर प्रैस करने के लिए किया जाता है। इस पर प्रैस करने से उसके रोएँ नहीं दबते। इस पर रोएँदार फैब्रिक को सदा उल्टी ओर से प्रैस किया जाता है।

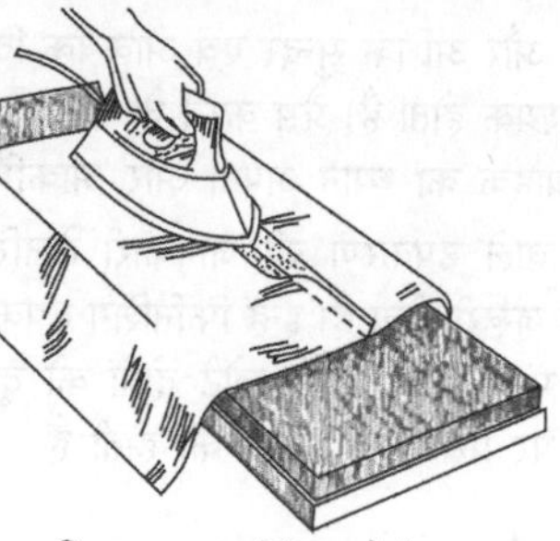

चित्र 5.62 नीडिल बोर्ड

10. प्रैसिंग स्टैण्ड Pressing Stand

यह 36" लम्बा, 12" चौड़ा होता है। इसका प्रयोग प्रैस रखने के लिए किया जाता है। इस पर बाएँ हाथ पर नुकीला स्टैण्ड लगा होता है जिस पर बाजू के मुड्ढ़े, सिलाई करते समय डाट्र्स के किनारे आदि पर प्रैस आसानी से की जाती है।

चित्र 5.63 प्रैसिंग स्टैण्ड

11. स्लीव बोर्ड Sleeve Board

इस बोर्ड का प्रयोग पैन्ट, कोट की बाजू, आस्तीन इत्यादि को प्रैस करने के लिए किया जाता है। यह सामान्यत: 30" लम्बा तथा $\frac{3}{4}$" मोटा होता है। इसका एक सिरा 9" तथा दूसरा 6" साइज का बना होता है।

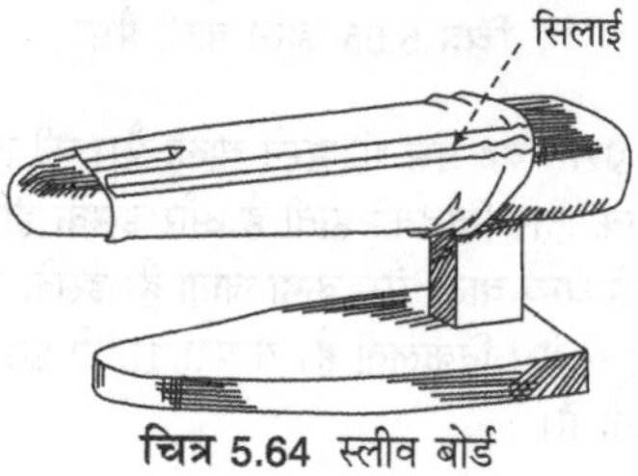

चित्र 5.64 स्लीव बोर्ड

12. रोलर Roller

यह लकड़ी या लोहे का बना होता है। इसका प्रयोग कढ़ाई किए गए फैब्रिक, साड़ियों तथा ऊनी वस्त्रों पर प्रैस करने के लिए किया जाता है। इसकी लम्बाई 36" तक होती है।

13. **गीला कपड़ा** Wet Cloth

भाप प्रैस की अनुपस्थिति में गर्म कपड़ों को सीधे प्रैस नहीं करना चाहिए। इनके ऊपर सफेद कपड़ा गीला करके रखकर स्टीम का प्रयोग किया जाता है। इससे प्रैस अच्छी तरह होती है, और यदि साधारण प्रैस से की जा रही है, तो फैब्रिक जलता नहीं है।

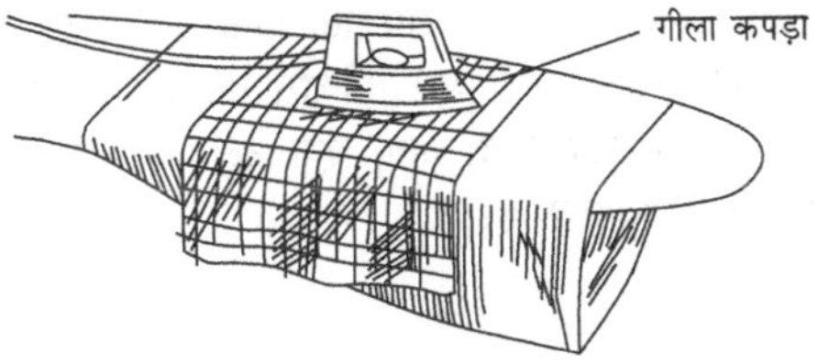

चित्र 5.65 गीला कपड़ा

14. **स्पंज** Sponge

फैब्रिक पर आवश्यकता के अनुसार पानी की नमी दी जाती है। प्रैस करते समय पानी लगाने के लिए स्पंज का प्रयोग करते हैं। स्पंज फोम का बना होता है, क्योंकि फोम एक अच्छी जलशोषक होती है।

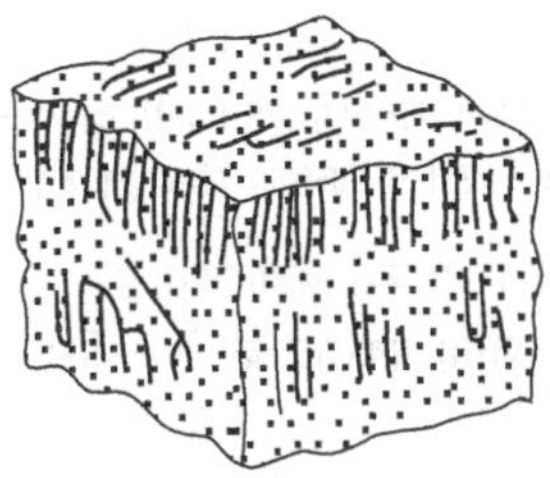

चित्र 5.66 स्पंज

15. **जल पात्र** Water Pot

प्रैस करते समय पानी की आवश्यकता होती है। अत: इसके लिए गहरा पात्र (पॉट) लेना चाहिए, जिसमें स्पंज रखा जा सके।

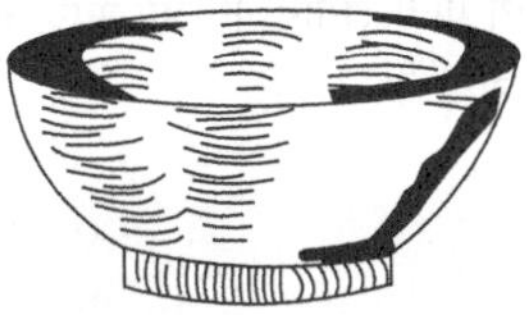

चित्र 2.67 जल पात्र

16. **ब्रुश** Brush

जब कपड़े सिल जाते हैं, तो ब्रुश से उसकी सफाई करते हैं। ब्रुश के द्वारा कपड़ों में जो धागे रह जाते हैं, उन्हें हटाते हैं तथा धूल, गन्दगी को साफ करते हैं, जिससे कपड़ा आकर्षक लगने लगता है।

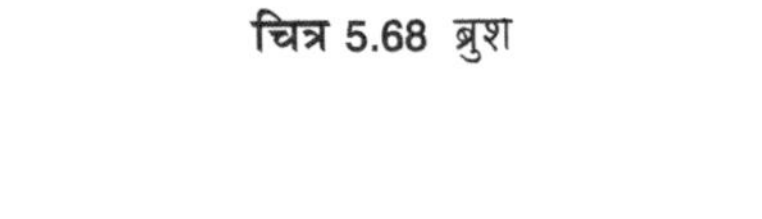

चित्र 5.68 ब्रुश

17. **सीम रोल** Seam Roll

सीम रोल कठोर तथा लम्बा नलीदार कुशन होता है जिसका प्रयोग लम्बे कपड़े व संकरी जगहों पर प्रैस करने में किया जाता है।

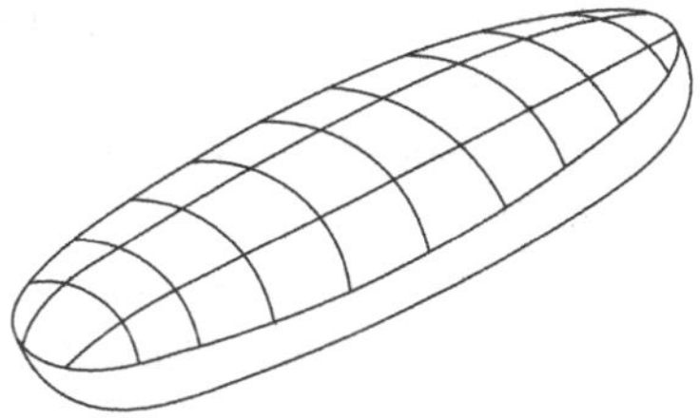

चित्र 5.69 सीम रोल

18. **पैकिंग** Packing

पोशाक की सही तह लगाकर उसकी सुन्दर पैकिंग करनी चाहिए। बड़ी-बड़ी फैक्ट्रियों में पैकिंग यन्त्र लगे होते हैं। इससे सुन्दरता के साथ ही शीघ्र कार्य होता है तथा समानता भी बनी रहती है।

19. **टेलर्स हेम** Tailor's Ham

यह गोल सिरे के साथ, मजबूती से पैक किया हुआ कुशन है। यह बस्ट, डार्ट तथा गोल सीम जैसे आकारों के क्षेत्र को प्रैस करने हेतु उपयोग किया जाता है। इसके अतिरिक्त यह कोनों की फोल्ड करने के लिए भी उपयोग होता है।

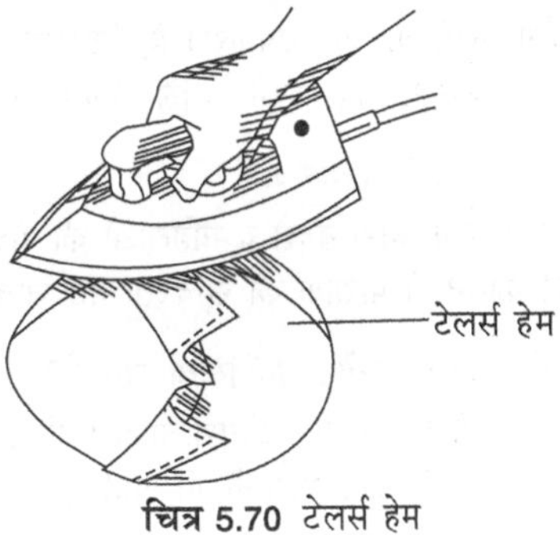

चित्र 5.70 टेलर्स हेम

20. **हैंगर** Hanger

पोशाक बनने के बाद प्रैस करके हैंगर में लगा देते हैं, जिससे स्क्रैच नहीं पड़ते और कपड़ों की फिनिशिंग एवं चमक देखकर ग्राहक भी आकर्षित होते हैं।

चित्र 5.71 हैंगर

कटाई सिलाई औजारों से लाभ
Advantages of Cutting Sewing Tools

एक टेलर या टेलरिंग प्रशिक्षार्थी के पास यदि उक्त उपकरण हों, तो उसका कार्य सफलतापूर्वक होता है। इन औजारों के लाभ निम्न हैं

(*i*) कार्य करने के समस्त उपकरण रहने से कार्य में शीघ्रता आती है, जो इस युग में अतिआवश्यक है।

(*ii*) शीघ्रता से कार्य होने से कार्य अधिक होता है, इस प्रकार अधिक कार्य से आय भी बढ़ती है।

(*iii*) यदि आपके पास कार्य करने के समस्त उपकरण होंगे, तो कार्य में यथार्थता आएगी तथा आपके द्वारा सिली पोशाक सुन्दर व साफ होंगी।

(*iv*) टेलरिंग में प्रयोग होने वाले समस्त उपकरण उपलब्ध रहने से कार्य विधिपूर्वक होता है।

(*v*) बड़ी-बड़ी फैक्ट्रियों में समस्त उपकरण उपलब्ध रहने के कारण ही वहाँ अधिक उत्पादन (mass production) सम्भव हुआ है।

अत: उपरोक्त तथ्यों से स्पष्ट है कि टेलरिंग के छात्रों को सभी उपकरणों की जानकारी रखना आवश्यक होता है। जिससे सिलाई कला में उनकी उपयोगिता का ज्ञान ही एक टेलर मास्टर को सफलता प्राप्त कराता है। टेलर मास्टर कल्पनाशीलता और आवश्यकतानुसार औजारों का प्रयोग कर पोशाकों के आकर्षण में वृद्धि कर सकता है। अत: एक टेलर को सभी औजारों की जानकारी होना अतिआवश्यक है।

महत्त्वपूर्ण प्रश्नोत्तरी

1. सिलाई उपकरण किन्हें कहते हैं?

उत्तर सिलाई कार्य में प्रयुक्त होने वाले विभिन्न यन्त्र या उपकरण, सिलाई उपकरण कहलाते हैं।

2. रंगीन पेन्सिल का प्रयोग कहाँ किया जाता है?

उत्तर रंगीन पेन्सिल का प्रयोग पेपर पर डिजाइन बनाने के लिए किया जाता है, जिससे कपड़े की सिलाई में सुविधा होती है।

3. ट्रेसिंग व्हील से आप क्या समझते हैं?

उत्तर यह मार्किंग करने का एक उपकरण है, जिसका प्रयोग बहुत सारे कपड़ों को एक-साथ मार्क करने के लिए किया जाता है।

4. कटावदार कैंची क्यों आवश्यक है?

उत्तर कटावदार कैंची के द्वारा बच्चों व महिलाओं की पोशाकों की सिलाई के किनारे काटने से पोशाक की सुन्दरता बढ़ जाती है।

5. बिजली की कैंची का प्रयोग कहाँ किया जाता है?

उत्तर बिजली की कैंची का प्रयोग उद्योगशालाओं में किया जाता है। इससे काम जल्दी होता है और आसानी भी रहती है।

6. पोकर की संरचना किस प्रकार की होती है?

उत्तर पोकर आगे से नुकीला होता है एवं इसमें लकड़ी का हैण्डल लगा होता है।

7. फैशन बुक से आप क्या समझते हैं?

उत्तर जिस बुक में फैशन सम्बन्धी जानकारी दी जाती है, उसे फैशन बुक कहते हैं। इससे फैशन के अनुरूप डिजाइन बनाने में आसानी रहती है।

8. पिन कुशन का प्रयोग क्यों किया जाता है?

उत्तर पिनों को एक जगह एकत्रित करने के लिए पिन कुशन का प्रयोग किया जाता है।

9. विद्युत द्वारा चलने वाली भाप की प्रैस के द्वारा किस प्रकार के वस्त्रों पर प्रैस की जाती है?

उत्तर विद्युत द्वारा चलने वाली भाप की प्रैस का प्रयोग अधिकतर मोटे एवं रेशमी फैब्रिक्स पर किया जाता है।

10. स्पंज क्या है?

उत्तर प्रैस करते समय पानी लगाने के लिए स्पंज का प्रयोग करते हैं, जो फोम का बना होता है।

अभ्यास प्रश्न

परीक्षा प्रारूपी प्रश्न

बहुविकल्पीय

1. नाप लेने का मुख्य उपकरण ………… है।
(a) रबर (b) कैंची
(c) मेजरिंग टेप (d) L-स्क्वायर

2. एक इंच में कितने सेमी होते हैं ?
(a) 5 (b) 4
(c) 9 (d) 0.54

3. कटर प्रैक्टिकल गाइड मेजरिंग टेप का आविष्कार कहाँ हुआ था?
(a) लन्दन (b) फ्रांस
(c) अमेरिका (d) जापान

4. सिलाई कला से सम्बन्धित औजारों व सहायक यन्त्रों के कौन-कौन से लाभ हैं ?
(a) कार्य में शीघ्रता (b) कार्य में यथार्थता
(c) 'a' और 'b' दोनों (d) इनमें से कोई नहीं

5. आजकल उपयोग होने वाली मैटल टेप की लम्बाई कितनी होती है?
(a) 20 सेमी (b) 75 सेमी
(c) 50 सेमी (d) 100 सेमी

6. वैक्स चॉक किस प्रकार के कपड़े पर प्रयोग में लाया जाता है?
(a) कॉटन कपड़े (b) ऊनी कपड़े
(c) सिन्थेटिक कपड़े (d) ये सभी

7. सिलाई की लाइन खींचने में किस रंग की पेन्सिल का प्रयोग अधिक होता है?
(a) नीला रंग (b) पीला रंग
(c) काला रंग (d) ये सभी

8. टूल का नाम क्या है?

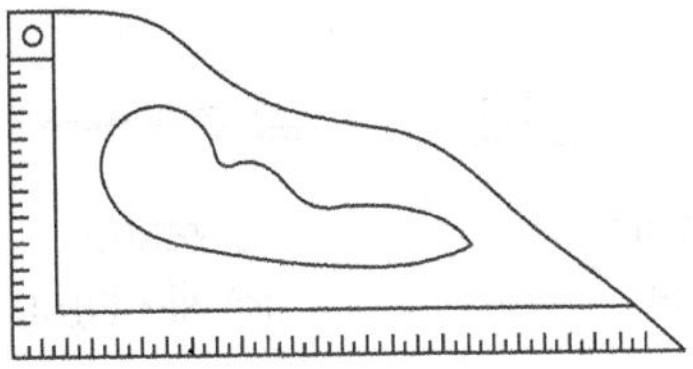

(a) सैट स्क्वायर (b) कार्ड स्केल
(c) टेलर्स आर्ट वक्र (d) फ्रांसीसी वक्र

9. चित्र में प्रदर्शित औजार का नाम क्या है?

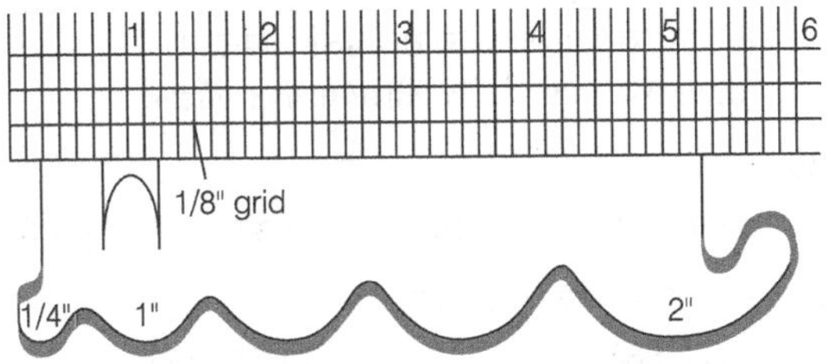

(a) सीम गेज (b) ड्रेस मार्कर मेज
(c) मैटालिक का टेप (d) ट्रांसफर रूलर

10. बार ब्लेड कटर के द्वारा एक-बार में कितनी परतें काटी जा सकती हैं?
(a) 10 परतें (b) 60 परतें
(c) 100 परतें (d) इनमें से कोई नहीं

11. सैनिकों की पोशाकों में गोल बटन होल किसकी सहायता से किया जाता है?
(a) राउण्ड ब्लेड कटर (b) ट्रेसिंग व्हील
(c) पोकर (d) बार ब्लेड कटर

12. L-स्क्वायर में लम्बी भुजा की लम्बाई कितनी होती है?
(a) 14 इंच (b) 24 इंच
(c) 4 इंच (d) 10 इंच

13. इनमें से सही पोशाक का आधार कौन-सा है?
(a) अच्छी कटाई (b) अच्छी सिलाई
(c) 'a' और 'b' दोनों (d) इनमें से कोई नहीं

14. गर्म कपड़ों की तहों पर निशान उतारने के लिए ……… प्रयोग करते हैं।
(a) थिम्बल (b) बॉडकिन
(c) थ्रेड मार्क स्टिच (d) छोटी कैंची

15. हाथ का काम करते समय टेलर ………… पहनता है।
(a) बॉडकिन (b) रफू की सुई
(c) थिम्बल (d) ट्रेसिंग व्हील

16. कारखानों में कपड़ों की कटिंग करने के लिए प्रायः प्रयोग करते हैं
(a) बड़ी कैंची (b) बिजली की कैंची
(c) टेलर्स कैंची (d) काज वाली कैंची

17. मोटे कार्ड बोर्ड या प्लास्टिक से मॉड्यूल टेम्पलेट को काटने के लिए किस उपकरण का उपयोग किया जाता है?
(a) बटन होल कैंची (b) पिंकिंग कैंची
(c) पैटर्न कैंची (d) हाथ की कैंची

18. सिलाई सुइयों का वर्गीकरण किससे सम्बन्धित है?
(a) सामथर्य और लम्बाई (b) लम्बाई और मोटाई में
(c) स्टिफनेस और लम्बाई से (d) शैंक और लम्बाई से

19. सुई के दो मूल वर्ग बिन्दु क्या हैं?
(a) गोल बिन्दु और कटिंग बिन्दु
(b) गोल बिन्दु और भारी सेट बिन्दु
(c) राउण्ड प्वॉइण्ट और सेट क्लॉथ प्वॉइण्ट
(d) राउण्ड प्वॉइण्ट और मीडियम बॉल प्वॉइण्ट

20. इनमें से कौन-सा सुई का भाग है?
(a) प्वॉइण्ट (b) स्टेम (c) आई (d) ये सभी

21. एक मीटर में कितने इंच होते हैं?
(a) 32.8888 (b) 34.5355
(c) 36.3912 (d) 39.3701

22. क्रिउल सुइयाँ उपयोग की जाती हैं
(a) एम्ब्रॉयडरी (कढ़ाई) के लिए (b) डार्निंग (रफू) के लिए
(c) सीम स्टिचिंग के लिए (d) हेमिंग (तुरपाई) के लिए

23. निम्न में से कौन-सा उपकरण कपड़ा काटने के लिए प्रयोग होता है?
(a) नोचर (b) कैंची
(c) मेजरिंग टेप (d) प्रेस

24. निम्न में से कौन-सा मशीन का पार्ट है?
(a) फैब्रिक (b) सीजर
(c) प्रेशरफुट (d) थ्रो

25. मशीन चलाते समय क्या ध्यान रखना चाहिए?
(a) चलती मशीन को हाथ से नहीं रोकना चाहिए
(b) मशीन से कपड़ा नहीं खींचना चाहिए
(c) मशीन चलाते समय ज्यादा ढीले वस्त्र नहीं पहनने चाहिए
(d) उपरोक्त सभी

26. जिन कपड़ों में ट्रेसिंग व्हील का प्रयोग नहीं होता है, उसे क्या कहते हैं?
(a) थ्रेड मार्का (b) फिरकी मार्का
(c) टेढ़ा कच्चा (d) 'a' और 'c'

27. सिलाई में इंचीटेप का क्या प्रयोग होता है?
(a) कपड़े को नापने के लिए (b) कपड़े को काटने के लिए
(c) कपड़े को सिलने के लिए (d) कपड़ों को धोने के लिए

28. बटन होल किसे कहते हैं?
(a) काज (b) प्लीट्स
(c) योक (d) डार्ट्स

29. पैटर्न मार्किंग को स्थानान्तरित करने के लिये किस उपकरण का प्रयोग करेंगे?
(a) थिम्बल (b) कुशन
(c) स्निपर्स (d) ट्रैसिंग व्हील

30. निम्न में से किसको बीच की अँगुली में पहना जाता है और इसका प्रयोग अँगुली के बचाव के लिये किया जाता है?
(a) सुआ (b) बॉडकिन
(c) क्लिपर (d) थिम्बल

31. इनमें से किसके किनारे नुकीले व घुमावदार होते हैं तथा जिसका प्रयोग कटाई, सिलाई को खोलने और धागों को निकालने के काम आता है?
(a) थिम्बल (b) सुआ
(c) स्निपर्स (d) ट्रेसिंग व्हील

32. कपड़े में छेद करने के लिये निम्न में से किसका प्रयोग किया जाता है?
(a) सुआ (b) फ्रेन्च कर्व
(c) नीडिल थ्रेडर (d) बॉडकिन

33. दिये गये उपकरण को पहचानिये

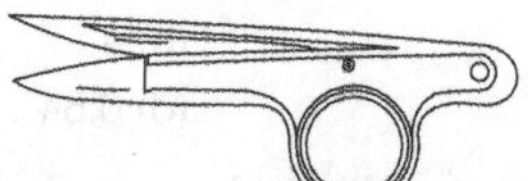

(a) सिजर (b) शियर्स
(c) पिंकिंग शियर्स (d) थ्रेड ट्रिमर

34. दिये गये उपकरण को पहचानिये

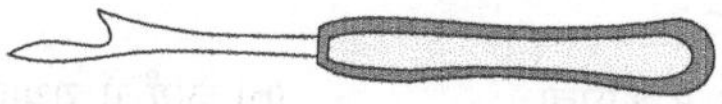

(a) थिम्बल (b) सीम रीपर
(c) स्निपर (d) होल मेकर

35. L-स्क्वायर का परिमाण क्या होगा?
(a) 12" और 24" (b) 15" और 25"
(c) 20" और 25" (d) 25" और 30"

36. दिये गये उपकरण का नाम बताइये

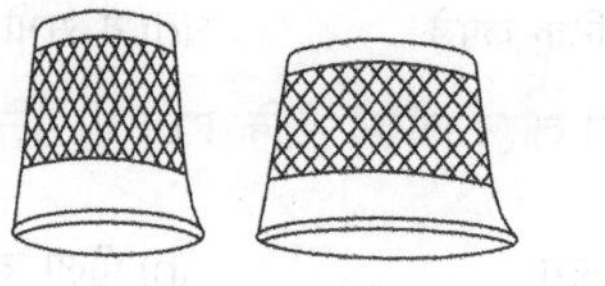

(a) टेलर चॉक (b) थिम्बल
(c) सैट स्क्वायर (d) होलमेकर

37. दिये गये उपकरण को पहचानिये

(a) सीम रिपर (b) स्टीलेटो
(c) बॉडकिन (d) ऑल (सूआ)

38. एक इंच में .... ।
(a) 2.12 सेमी (b) 2.54 सेमी (c) 2.50 सेमी (d) 3.50 सेमी

39. गोलाई वाली सीवन को दबाने के लिए निम्न में से किसका प्रयोग किया जाता है?
(a) स्लीव बोर्ड (b) नीडिल बोर्ड
(c) प्वॉइण्ट (d) टेलर्स हेम

40. किसी सिलाई मशीन में सुई को जकड़ने वाले पुर्जे को कहते हैं ...... ।
(a) नीडिल क्लैम्प (b) प्रेशर फुट
(c) प्रेसर बार (d) नीडिल बार

41. ट्रिमिंग कैंची का प्रयोग .... आदि काटने के लिए किया जाता है।
(a) धागा (b) पाइपिंग
(c) लेस (d) ये सभी

42. शियर किस प्रकार का उपकरण (टूल) है?
(a) मेजरिंग (b) प्रेसिंग
(c) ड्राफ्टिंग (d) कटिंग

43. ऑटोमैटिक विद्युत प्रेस किस प्रकार की पोशाक में प्रयोग की जाती है?
(a) सूती (b) ऊनी
(c) नायलॉन (d) सभी प्रकार के वस्त्रों में

44. लॉण्ड्री प्रेस का प्रयोग कहाँ होता है?
(a) घरों में (b) धोबी के द्वारा
(c) कारखानों में (d) इनमें से कोई नहीं

45. सीम रोल कैसा होता है?
(a) कठोर और लम्बा कुशन (b) छोटा और कुशन
(c) चौड़ा और लम्बा कुशन (d) इनमें से कोई नहीं

46. पोशाक बनाने के बाद प्रेस क्यों जरूरी है?
(a) पोशाक को आकर्षित बनाने के लिए
(b) ग्राहक को ललचाने के लिए
(c) दुकान की सुन्दरता के लिए
(d) उपरोक्त में से कोई नहीं

47. पोशाक उद्योग में प्रयोग किए जाने वाले प्रेसिंग उपकरण का प्रकार नहीं है?
(a) हॉट एअर आयरन (b) चारकोल आयरन
(c) स्टीम आयरन (d) इलेक्ट्रिक आयरन

48. लाण्ड्री प्रेस का वजन लगभग कितना होता है?
(a) 5 पौण्ड (b) 5 से 10 पौण्ड
(c) 10 से 20 पौण्ड (d) 20 से 40 पौण्ड

49. कढ़ाई युक्त फैब्रिक एवं ऊनी वस्त्रों पर प्रेस करने के लिए निम्न में से किसका प्रयोग किया जाता है?
(a) रोलर (b) स्लीव बोर्ड
(c) नीडिल बोर्ड (d) ये सभी

50. बस्ट, डार्ट तथा गोल सीम इत्यादि वस्त्र के भागों को प्रेस करने के लिए क्या उपयोग किया जाता है?
(a) सीम रोल (b) टेलर्स हेम
(c) लॉण्ड्री प्रेस (d) नीडिल बोर्ड

51. नीडिल बोर्ड की लम्बाई कितनी होती है?
(a) 30″×14″ (b) 40″×18″
(c) 50″×27″ (d) 60″×20″

52. रोलर किस पदार्थ का बना होता है?
(a) लकड़ी (b) लोहा
(c) 'a' और 'b' दोनों (d) इनमें से कोई नहीं

53. लम्बे कपड़े व संकरे स्थानों पर प्रेस करने के लिए किसका प्रयोग किया जाता है?
(a) टेलर्स हेम (b) रोलर
(c) प्रैसिंग टेबिल (d) सीम रोल

उत्तरमाला

1. (c)	2. (d)	3. (a)	4. (c)	5. (d)	6. (b)	7. (a)	8. (c)	9. (b)	10. (b)
11. (c)	12. (b)	13. (c)	14. (c)	15. (c)	16. (b)	17. (c)	18. (b)	19. (a)	20. (d)
21. (d)	22. (b)	23. (d)	24. (c)	25. (c)	26. (d)	27. (a)	28. (a)	29. (d)	30. (d)
31. (c)	32. (d)	33. (d)	34. (b)	35. (a)	36. (b)	37. (b)	38. (b)	39. (d)	40. (a)
41. (d)	42. (d)	43. (d)	44. (c)	45. (a)	46. (a)	47. (c)	48. (c)	49. (a)	50. (b)
51. (a)	52. (c)	53. (d)							

अध्याय 06

फैब्रिक के मूल तत्त्व

Fundamentals of Fabric

ड्रेस मेकिंग ट्रेड के अन्तर्गत कपड़े अर्थात् फैब्रिक के विषय में जानकारी होना अत्यन्त आवश्यक है। फैब्रिक से आशय ऐसे कपड़ों से है, जो रेशों से निर्मित धागों से बुनकर तैयार किए जाते हैं। इस प्रकार हम कह सकते हैं कि फैब्रिक का मूल आधार विभिन्न प्रकार के रेशें तथा धागे ही हैं। विभिन्न प्रकार के फैब्रिक के गुण उसमें प्रयोग किए गए रेशों तथा धागों के गुणों पर निर्भर करते हैं। प्रस्तुत अध्याय में रेशों तथा धागों से सम्बन्धित सभी तथ्यों को सम्मिलित किया गया है।

अध्याय विषय सूची

6.1 रेशे Fibres

जब हाथ में कोई विशेष कपड़ा लेकर उसे खोलते हैं, तो उसमें धागों की संरचनाएँ दिखाई देती हैं, जो एक-दूसरे के समकोण पर अन्तर्ग्रथित अथवा आपस में गुँथे हुए होते हैं; जैसे—ऊनी कार्डिगन अथवा टी-शर्ट में होता है। इनकी गाँठ बँधी होती है; जैसे—जाल अथवा लैस में होता है, इन्हें सूत कहा जाता है। अगर आप सूत को खोलते हो, तो उसमें छोटे व स्पष्ट पतले धागे जैसी संरचनाएँ होती हैं, ये धागे ही रेशे या फाइबर कहलाते हैं। वास्तव में ये रेशे बाल जैसी एक पतली रचना के आकार के होते हैं। ये पतले रेशे आपस में सामूहिक रूप से लिपटे रहते हैं, जिन्हें यार्न कहते हैं। फैब्रिक निर्माण में इनकी मुख्य भूमिका होती है। रेशों द्वारा निर्मित कपड़े को ही फैब्रिक कहते हैं। दूसरे शब्दों में फैब्रिक का मूल आधार ही रेशे हैं।

फैब्रिक की संरचना में धागे द्वारा लम्बाई व चौड़ाई दो भागों में बुनाई होती है। बुनाई को धागे के दो सेट्स वार्प (warp) तथा वेफ्ट (weft) को समकोण पर इण्टरलीविंग (interleaving) छोड़कर की जाती है। वार्प धागे को लम्बाई की दिशा में लूम (loom) से बाँधा जाता है एवं वेफ्ट यार्न को वार्प से समकोण पर इन्सर्ट किया जाता है। कपड़ों की संरचना में सादी बुनाई कपड़े को बनाने का सरलतम प्रकार है, जिसमें प्रत्येक वेफ्ट धागा एक-एक करके प्रत्येक वार्प धागे के ऊपर तथा नीचे से जाता है। बुने हुए कपड़े के साइड पर लम्बाई में रिबिन के जैसे किनारीदार सैल्वेज चलते हैं। अत: बुने हुए कपड़े में लम्बाई एवं चौड़ाई को सैल्वेज (किनारा) कहा जाता है।

कपड़े के ग्रेन Grain of Fabric

बुने हुए कपड़े में धागे की दिशा को ग्रेन कहा जाता है। सैल्वेज (फैब्रिक का किनारा) के समान्तर (parallel) चलने वाले वार्प लम्बाई में ग्रेन बनाते हैं। क्रॉसवाइज (चौड़ाई के अनुसार) में ग्रेन सैल्वेज के समकोण चलते हुए वेफ्ट धागे से बनते हैं। सैल्वेज की तिरछी दिशा को बायस कहते हैं। सही बायस 45° पर होते हैं।

फैब्रिक की संरचना को समझने के लिए रेशों के विषय में सम्पूर्ण जानकारी होनी आवश्यक है।

स्रोतों के आधार पर रेशों को दो भागों में विभाजित किया जाता है

1. प्राकृतिक रेशे
2. मानव निर्मित रेशे

रेशों के वर्गीकरण को निम्न दिये गये आरेख द्वारा समझा जा सकता है

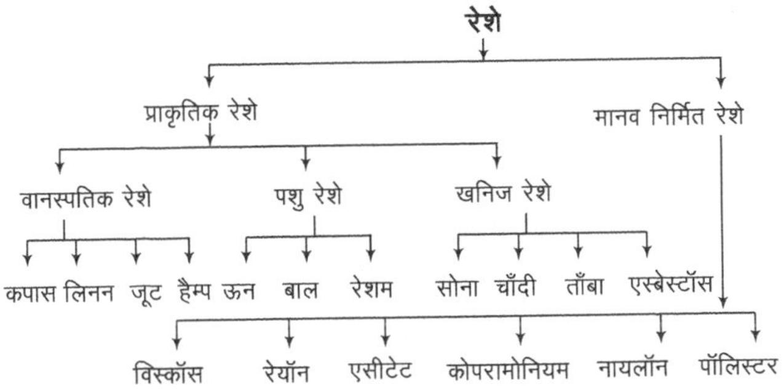

6.2 प्राकृतिक रेशे Natural Fibres

प्राकृतिक रेशे पेड़-पौधों, खनिज एवं पशुओं द्वारा प्राप्त किए जाते हैं। प्राकृतिक रेशे तीन प्रकार के होते हैं

1. वानस्पतिक रेशे 2. पशु रेशे 3. खनिज रेशे

1. वानस्पतिक रेशे Vegetative Fibres

वानस्पतिक रेशे विभिन्न पेड़-पौधों से प्राप्त होते हैं। इसे सेल्युलोजिक रेशे भी कहते हैं; जैसे—कॉटन, लिनन, जूट इत्यादि। वानस्पतिक रेशे निम्न प्रकार के होते हैं

(i) कपास Cotton

विश्व में सबसे अधिक प्रयोग में लाया जाने वाला रेशा कपास ही है। कपास के रेशों से सूती फैब्रिक तैयार किया जाता है। कपास का पौधा 3 फीट से 6 फीट तक लम्बा होता है। इस पर सफेद, गुलाबी व पीले रंग के फूल आते हैं। कपास के पौधों से कुछ कपास स्वयं ही झड़कर गिर जाती है तथा कुछ चुनी जाती है। चुनी हुई कपास ही उत्तम मानी जाती है, इसे प्रथम श्रेणी की कपास कहते हैं। उत्तम कपास 'नर्मा' कहलाती है। इस पर फूल अधिक लगते हैं और उसका फल कपास से अधिक मोटा व चमकदार होता है। 'नर्मा' का रेशा अधिक हल्का तथा चमकीला होता है। यही कारण है कि इससे निर्मित फैब्रिक अधिक सफेद व उत्तम किस्म का होता है। गिरी हुई कपास को चुनकर उससे भी फैब्रिक तैयार किया जाता है। यह रेशा द्वितीय श्रेणी में आता है। पौधों से कपास चुनकर उन्हें सुखाते हैं तथा रूई व बिनौले अलग कर लिये जाते हैं। इस रूई को मशीनों की सहायता से कातकर धागे का रूप दिया जाता है। अब इस धागे को ब्लीच कर या बिना ब्लीच किये आवश्यकतानुसार रँगकर मशीनों व खड्डी से विभिन्न प्रकार के फैब्रिक्स तैयार किये जाते हैं।

चित्र 6.1 कपास के रेशे

फैब्रिक बुनने के बाद उसे पुन: ब्लीच कर कलफ लगाकर रोलर के सहारे निकालते हैं। इस प्रकार तैयार फैब्रिक को मशीनों द्वारा ही नापकर थान तैयार किये जाते हैं। इसके बाद कपडा मिल मार्का, गुणवत्ता, चौड़ाई आदि डालने के पश्चात् ही बाजार में क्रय-विक्रय होता है। आजकल इसमें भी कम्प्यूटर तकनीक प्रयोग की जाने लगी है। कम्प्यूटर द्वारा छपे फैब्रिक्स के रंग पक्के होते हैं।

कपास के गुण Properties of Cotton

- यह मजबूत, आरामदायक तथा मुलायम होता है।
- यह शरीर के पसीने को सरलता से सोख लेता है।
- यह अच्छा रंग अवरोधक होता है।
- इसकी धुलाई एवं देखभाल करने में कठिनाई कम आती है।
- इसमें लचक न होने के कारण इसे सरलता से तय किया जा सकता है।
- इस पर कोई भी छपाई सरलता से की जा सकती है।
- प्राकृतिक स्रोत होने के कारण इन्हें पुन: नहीं बनाया जा सकता।

(ii) लिनन Linen

यह सबसे प्राचीन टैक्सटाइल फाइबर माना जाता है। इसे फ्लैक्स पौधे के तने से प्राप्त किया जाता है। इस पौधे की लम्बाई 8 से 10 फीट तक होती है। पकने के बाद इसे काटकर गट्ठर बाँधकर तालाब आदि में डाल दिया जाता है। एक या डेढ़ माह के बाद पानी में से निकालकर इसे छीलते हैं। इसके गूदे से रेशा निकालकर तथा उसका धागा बनाकर फैब्रिक तैयार किया जाता है।

चित्र 6.2 लिनन

यह एक सुगठित फाइबर है। इस पर ऊष्मा का कोई प्रभाव नहीं पड़ता तथा यह रंगों में हल्का होता है एवं इसकी तनाव सामर्थ्य 5.5 से 6.5 ग्राम/डेन होती है। इसका निर्माण फ्लैक्स रेशे द्वारा किया जाता है। इसकी लम्बाई 20-30 इंच होती है। इसका प्रयोग सूट, स्कर्ट, जैकेट, परदे तथा टेबिल के कवर आदि बनाने में किया जाता है।

लिनन के गुण Properties of Linen

- यह मुलायम, चमकीला एवं टिकाऊ होता है।
- यह पसीने को सरलता से सोख लेता है।
- सूर्य प्रकाश व कीड़ों के प्रति इसे अनुकूल माना जाता है।
- सिल्क अथवा कॉटन की अपेक्षा लिनन 2 से 3 गुना अधिक मजबूत होता है।
- यह सरलता से सिकुड़ जाता है तथा गर्म प्रेस करने पर इसकी सिकुड़न हटाई जा सकती है।
- इसका रंग पक्का होता है।
- प्राकृतिक रेशा होने के कारण इसकी चमक उच्चकोटि की होती है।
- इसकी चौड़ाई अन्य रेशों की अपेक्षा भिन्न होती है। इसका व्यास 36 सेमी या इससे अधिक होता है।
- इसका घनत्व 1.5 होता है।
- यह ठण्डे, तनु अम्लों के प्रति अनुकूल एवं गर्म तनु अम्ल तथा सान्द्र अम्लों के प्रति निम्न अनुकूल होता है। यह क्षारों के प्रति उच्च प्रतिरोधक होता है।

(iii) **जूट** Jute

गेहूँ व मक्का की सुरक्षा के लिए खेत की मेढ़ पर चारों ओर इसे बोया जाता है। इसको पानी में डालकर एक या डेढ़ माह बाद पानी से निकालकर इसके छिलके से रेशा बनाकर रस्सी, टाट, पायदान, बान व बोरी आदि बनाते हैं। पौधों की अन्दरूनी डालों से प्राप्त रेशे बास्ट रेशे (bast fibres) कहलाते हैं। जूट एक bast fibre है। इसका रेशा कैनवास व ऊनी फैब्रिक्स में भी मिलाया जाता है। यह उत्तर प्रदेश, बंगाल, पंजाब में प्रचुर मात्रा में तैयार किया जाता है। जूट, पानी के किनारे अधिक मात्रा में बोया जाता है। अधिक पानी से यह अच्छा तैयार होता है। जूट जितना अधिक उत्तम होगा उतना ही साफ माल तैयार होता है।

चित्र 6.3 जूट

जूट के गुण Properties of Jute

- यह एक सस्ता वनस्पतिक रेशा है।
- इसमें सेल्युलोज की मात्रा अधिक होती है।
- यह प्राकृतिक रूप से 100% सड़नशील है। अत: इसे पुन: उपयोग में लाया जाना सम्भव है।
- जूट की तनन सामर्थ्य उच्च होती है।
- यह सुनहरे रंग का रेशमी चमक वाला रेशा होता है, इसलिए इसे गोल्डन फाइबर भी कहते हैं।
- अधिक परिवर्तनशील प्राकृतिक रेशा होने के कारण इसका प्रयोग कृषि कार्यों तथा कच्चे पदार्थों के रूप में बहुतायत से किया जाता है।

(iv) **हैम्प** Hemp

यह रेशा भी पौधों के तनों से ही प्राप्त होता है। इसकी गणना उत्तम श्रेणी के जूट में की जाती है। इसके पौधे की लम्बाई 15 फीट होती है। इससे अच्छी गुणवत्ता वाला महीन जूट तन्तु तैयार किया जाता है।

यह उच्च गुणवत्ता (quality) का होने के कारण गर्म फैब्रिक्स की श्रेणी में आता है। यह तन्तु कागज के बनाने में भी काम आता है। इसकी खेती कर्नाटक, महाराष्ट्र तथा चेन्नई में की जाती है।

चित्र 6.4 हैम्प

हैम्प के गुण Properties of Hemp

- यह अधिक टिकाऊ एवं मजबूत रेशा है।
- यह उच्च गुणवत्ता का गर्मी देने वाला फैब्रिक होता है।
- इससे निर्मित फैब्रिक धोने योग्य होता है तथा धुलाई के बाद इसके रेशे और अधिक कोमल हो जाते हैं।
- यह जूट तथा लिनन रेशों की अपेक्षा अधिक चमकीला रेशा है।
- यह रेशा कॉटन से 3 गुना अधिक मजबूत होता है।
- इसके एक रेशे में प्रोटीन की मात्रा 31.56 ग्राम तथा आयरन की मात्रा 7.95 किग्रा होती है।

2. पशु रेशे Animal Fibres

पशुओं द्वारा प्राप्त रेशे पशु रेशे कहलाते हैं। इनमें प्रोटीन की अधिक मात्रा होने के कारण इन्हें प्रोटीन रेशे भी कहा जाता हैं; जैसे—ऊन, बाल, रेशम इत्यादि। इनका विवरण निम्न प्रकार है

(i) **ऊन** Wool

शरद् ऋतु में सर्दी से बचने के लिए ऊनी फैब्रिक्स की आवश्यकता होती है। ये रेशे हमें भेड़-बकरियों के बालों से प्राप्त होते हैं। भेड़-बकरियों को पालने वाले लोग इनके बाल हर 6 माह बाद काटकर एकत्रित कर बड़ी-बड़ी कम्पनियों को बेच देते हैं, जहाँ ये रासायनिक प्रक्रियाओं के फलस्वरूप ऊनी रेशे बन जाते हैं। प्रारम्भ में ऊनी रेशा तैयार करने के लिए विशेष प्रकार के शैल्फ में बालों को डालकर उन पर विशेष गैस का प्रयोग करके रासायनिक द्रव्य डालकर धुआँ करते थे, इसमें समय अधिक लगता है।

आज इस क्षेत्र में भी मशीनीकरण के कारण कार्य शीघ्रता व सुगमता से होने लगा है। ठण्डे प्रदेशों, विशेषकर कश्मीर, कुल्लू, शिमला तथा तिब्बत में ऊन, भेड़ों द्वारा प्राप्त की जाती है। मुख्य रूप से भेड़ों की दो नस्ल पहाड़ी क्षेत्रों में पायी जाती हैं।

सामान्य भेड़ सामान्य भेड़ से प्राप्त ऊन गुणवत्ता के आधार पर निम्न स्तर की मानी जाती है। इसे पहनने से शरीर में चुभन महसूस होती है।

दुम्बा इस जाति की भेड़ से प्राप्त ऊन गुणवत्ता में उत्तम मानी जाती है तथा यह मुलायम होती है। यह भेड़ तिब्बत में अधिक पायी जाती है। 'मोहर' नाम की भेड़, तिब्बत की प्रसिद्ध भेड़ है। बकरी के बालों द्वारा पश्मीना तैयार किया जाता है। इसे सॉफ्ट गोल्ड भी कहा जाता है।

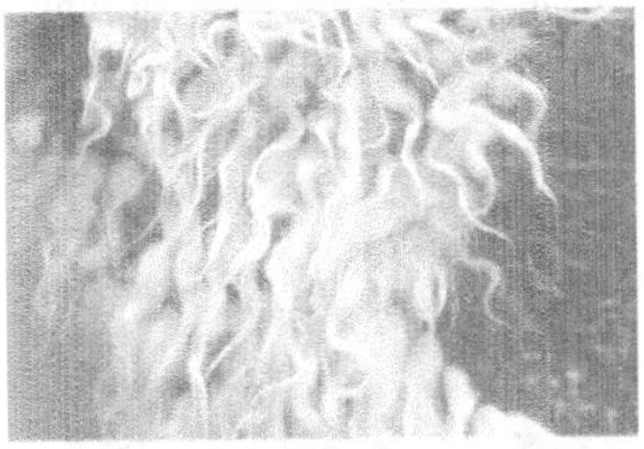

चित्र 6.5 ऊन

नोट *इसके अतिरिक्त ऊँट, घोड़ा, लोमड़ी आदि के बालों से भी ऊन बनायी जाती है।*

ऊन के गुण Properties of Wool

- यह रेशा मुलायम तथा चिकना होता है।
- इन रेशों में अधिक लचीलापन होता है।
- यह रेशे अन्य रेशों की तुलना में अधिक गर्मी देते हैं।
- इन रेशों में अच्छी अवशोषक क्षमता होती है।
- ये रेशे अन्य रेशों की तुलना में अधिक हल्के, आरामदायक तथा सिकुड़न प्रतिरोधी होते हैं।
- कोमल रेशे होने के कारण इन पर धुलाई, साबुन, सर्फ आदि का प्रभाव शीघ्र पड़ता है।
- ये रेशे अच्छे अचालक होते हैं, जिससे शरीर की गर्मी बाहर नहीं जाती। इस कारण इन्हें सर्दियों में प्रयोग किया जाता है।

(ii) बाल Hair

बालों को फैब्रिक्स के रेशों के साथ प्रयोग करते हैं। अंगोरा बकरों, साधारण बकरों तथा घोड़े की पूँछ के बाल काटकर रेशों के साथ मिलाकर बुकरम बनाई जाती है। इसको बालों वाली बुकरम (hair bukram) भी कहते हैं। यह पुरुषों के कोट में सामने लगाई जाती है। इससे फिटिंग अच्छी आने के साथ ही यह छाती को गरमाहट भी प्रदान करती है।

(iii) रेशम Silk

रेशम (silk) सामाजिक प्रतिष्ठा, ऐश्वर्यपूर्ण एवं सुरुचि का प्रतीक माना जाता है। रेशम, शहतूत तथा बेर पर पलने वाले कीटों से प्राप्त होता है। इस कीट की आयु 80 दिन होती है, जिसमें 40 दिन में यह रेशम का तार तैयार करता है। कीट के द्वारा एक द्रव लार के रूप में प्राप्त होता है, जिसे यह अपने ऊपर लेपित करता रहता है। 40 दिन बाद इसे तुरन्त खौलते पानी में डाल दिया जाता है। यदि ऐसा नहीं करते, तो यह कीट तितली की भाँति उड़ जाता है। एक कीट से 500 से 1000 गज तक रेशम का तार बन जाता है। वर्तमान में चेन्नई, असम, उत्तर प्रदेश, राजस्थान आदि में रेशम तैयार करने की इकाइयाँ (units) स्थापित की गई हैं, जहाँ रेशम के फैब्रिक तैयार किये जाते हैं। रेशम निर्मित फैब्रिक को देखकर ही आभास हो जाता है कि यह किस प्रान्त का है, क्योंकि प्रत्येक प्रान्त अपनी परम्परागत शैली में रेशम का निर्माण करता है।

इन रंगीन रेशमी फैब्रिक को बनाने के लिए रेशम की तार बुनने से पूर्व ही रंगी जाती है। प्लेन रेशम पर प्रिन्ट किया जाता है। रेशम का प्रयोग साड़ियाँ, ब्लाउज, स्कर्ट, सूट, जैकेट, स्कार्फ, टाई आदि बनाने हेतु किया जाता है। इसके अतिरिक्त इसे कमरों के साज-सामानों तथा परदों को बनाने के लिए भी उपयोग करते हैं।

रेशमकीट के जीवन चक्र को निम्न दिए गए चित्र में प्रदर्शित किया गया है।

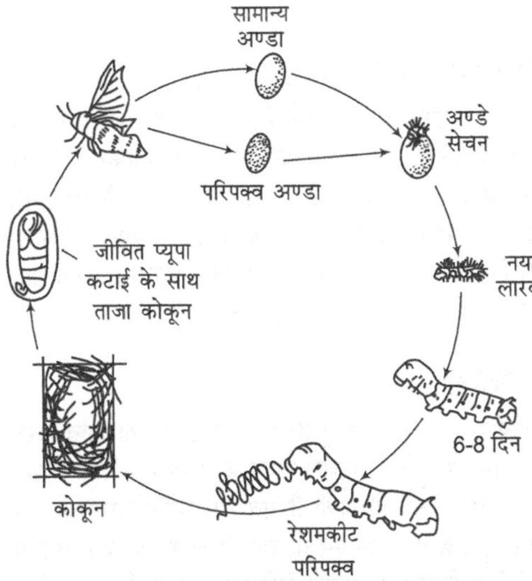

चित्र 6.6 रेशमकीट का जीवनचक्र

रेशम के गुण Properties of Silk

- रेशम के रेशे अन्य रेशों की तुलना में अधिक पतले होते हैं।
- यह रेशा मुलायम होता है।
- इससे बने कपड़े उच्चकोटि के माने जाते हैं। इस कारण इससे बने कपड़े महँगे होते हैं।
- यह रेशा बहुत ही लचक वाला होता है, जिस कारण इस पर किसी भी तरह का प्रिन्ट सरलता से बनाया जा सकता है।
- यह रगड़ के प्रति अच्छा अवरोधक होता है।
- इससे बने कपड़ों को उत्सवों तथा विवाह आदि में अधिक पहना जाता है। इन रेशों में स्थैतिक आवेश होने के कारण इन्हें प्रतिदिन पहनना असुविधाजनक हो सकता है।
- इसे सूर्य के प्रकाश से दूर रखना चाहिए, अन्यथा इसकी विशेषता नष्ट हो जाती है। इसीलिए रेशमी कपड़े को उल्टा करके हल्की धूप में सुखाते हैं।

3. खनिज रेशे Mineral Fibres

जैसा कि नाम से ही स्पष्ट है कि खनिजों से प्राप्त होने वाले रेशे ही खनिज रेशे कहलाते हैं। ये खनिज धातु के रूप में भूगर्भ से प्राप्त होते हैं। इन्हीं धातुओं से तार के रूप में रेशों को प्राप्त किया जाता है, जिनसे पोशाकों में डिजाइन आदि का कार्य भी किया जाता है।

ये खनिज रेशे सोना, चाँदी तथा एस्बेस्टस आदि धातुओं के रूप में पाए जाते हैं।

(i) सोना Gold

यह खनिज, खानों से निकाला जाता है। यह काली मिट्टी में मिली चमकीली धातु है। इसे खानों से निकालकर परिष्कृत किया जाता है। यह एक महँगी धातु है। इसके तार से साड़ी, सूट आदि पर जरी का कार्य किया जाता है। इसके अतिरिक्त इससे सलमा, तिल्ला, गोटा आदि बनाये जाते हैं। इसके द्वारा सजाई गई पोशाकें काली नहीं पड़तीं। इससे बनी पोशाकों की सफाई केवल ड्राईक्लीनिंग के द्वारा ही हो सकती है।

(ii) चाँदी तथा ताँबा Silver and Copper

ये दोनों खनिज भी खानों से प्राप्त होते हैं। इनको साफ करने के बाद ही काम में लाया जाता है। इनसे सोने के तार के समान तार बनाकर रेशम के फैब्रिक्स पर बुनाई की जाती है। इसके अतिरिक्त सलमा, तिल्ला, गिच्छा, सितारे आदि का कार्य पोशाकों पर किया जाता है। चाँदी से निर्मित तारों की पोशाक सफेद तथा ताँबे से निर्मित पोशाकें कुछ लालीपन लिए होती हैं। इसके द्वारा पोशाकों में कृत्रिम सजावट का भी कार्य किया जाता है।

(iii) एस्बेस्टॉस Asbestos

यह क्रिस्टलीय संरचना युक्त धातु है। इस पत्थर से रेशा प्राप्त करने के लिए इसे पीसकर गर्म पानी में से गुजारा जाता है, जिसके परिणामस्वरूप मिट्टी बर्तन की तली पर एकत्र हो जाती है एवं एस्बेस्टॉस तरल के रूप में प्राप्त होता है। फिर जूट, हैम्प व फ्लैक्स के साथ मिलाकर फैब्रिक बनाया जाता है। इस प्रकार निर्मित फैब्रिक से फायर ब्रिगेड्स तथा खानों में कार्य करने वाले मजदूरों की पोशाकें बनाई जाती हैं, क्योंकि यह टिकाऊ एवं अग्निरक्षित (fireproof) होते हैं।

6.3 मानव निर्मित रेशे Man Made Fibres

कृत्रिम रेशे कई वस्तुओं के मिश्रण में रासायनिक पदार्थों को मिलाकर बनाए जाते हैं। इनमें विस्कॉस, रेयॉन, एसीटेट, कोपरामोनियम व नायलॉन विशेष हैं।

1. विस्कॉस Viscose

यह शुद्ध (pure) रेशम की भाँति होता है। यह फैब्रिक बहुत चमकदार होता है। इसके अन्दर चमक लाने के लिए इसमें रेयॉन मिलाया जाता है। इसका प्रयोग साटन क्रेप, मद्रास एवं बंगलौरी सिल्क, मैसूर साड़ी व सिल्क में मिलाकर इनमें चमक लाने के लिए किया जाता है। इन कपड़ों को सिन्थेटिक विधि द्वारा तैयार किया जाता है।

पानी में भीगने पर इसके रेशे कमजोर एवं सूखने पर मजबूत हो जाते हैं।

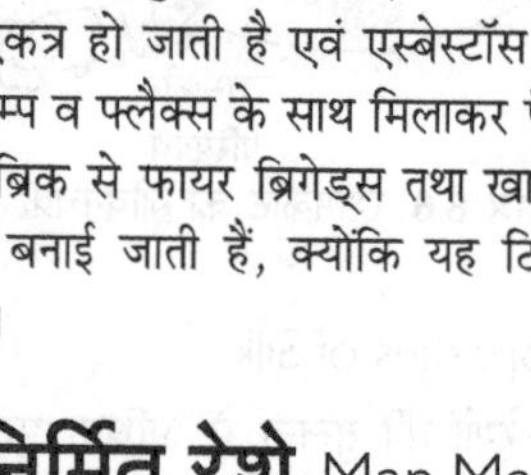

चित्र 6.7 विस्कॉस

2. रेयॉन Rayon

यह भी एक कृत्रिम रेशा है, जो लिनन की भाँति तैयार किया जाता है। इसका पौधा लगभग 8 फीट लम्बा होता है। इसके रेशे से साटिन एवं क्रेब इत्यादि बनाए जाते हैं। टैक्सटाइल उद्योग में रेयॉन को विस्कॉस रेयॉन या आर्ट स्लिक के नाम से भी जाना जाता है। यह प्रत्येक कृत्रिम रेशे में मिलाया जाता है, ताकि चमक में वृद्धि की जा सके। इन्हें किसी भी प्रकार के रंग में रँगा जा सकता है।

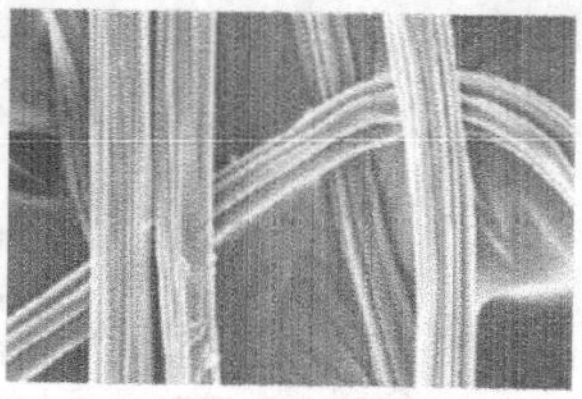

चित्र 6.8 रेयॉन के रेशे

इसका प्रयोग स्पोर्ट शर्ट, स्लैक्स, टाई तथा परदे एवं टेबल कवर आदि बनाने में किया जाता है।

रेयॉन के गुण Properties of Rayon

- यह मुलायम तथा आरामदायक रेशा है।
- इसके गुण प्राकृतिक रेशों के समान होते हैं।
- इसे किसी भी रंग में सरलता से रँगा (dye) जा सकता है।
- इसके रेशे अधिक अवशोषक होते हैं।
- कोमल रेशे होने के कारण इससे निर्मित पोशाकों को केवल ड्राईक्लीन द्वारा ही साफ किया जाना चाहिए।

3. एसीटेट Acetate

यह एक प्रकार का प्रमुख सिन्थेटिक रेशा है। इसे कई रेशों को मिलाकर तैयार किया जाता है। इससे 'बम्बर जॉर्जेट' आदि बनाई जाती हैं। यह बहुत कोमल होता है, इसलिए इसका प्रयोग अन्य रेशों के साथ मिलाकर कपड़े तैयार करने हेतु किया जाता है।

एसीटेट के गुण Properties of Acetate

- यह बहुत कोमल रेशा है।
- इसका प्रयोग अन्य रेशों के साथ मिलाकर कपड़े बनाने हेतु किया जाता है।

4. कोपरामोनियम Cuprammonium

एसीटेट व विस्कॉस को बनाने के बाद धूल जैसी रूई उड़ती है। इस रूई को एकत्रित कर एवं इसके साथ अन्य रेशे मिलाकर नया रेशा तैयार करते हैं, इस प्रकार निर्मित किए गए फैब्रिक्स को 'कोपरामोनियम' कहते हैं। कोपरामोनियम में भी चमक के लिए रेयॉन मिलाते हैं।

यह वास्तव में अक्क के पौधे से तैयार किए गए रेशे होते हैं। अक्क के पौधे से निकले रेशे को रूई में डालकर सुन्दर गलीचों का निर्माण किया जाता है।

कोपरामोनियम के गुण Properties of Cuprammonium

- यह एसीटेट तथा विस्कॉस के बनने के बाद बचे अवशेषों से तैयार किया जाता है।
- यह सस्ता रेशा है।
- इसका प्रयोग अन्य रेशों के साथ मिलाकर फैब्रिक बनाने हेतु किया जाता है।

5. नायलॉन Nylon

यह भी एक मानव निर्मित कृत्रिम रेशा है। यह रासायनिक विधि से तैयार किये जाने के कारण अग्नि में आसानी से जल जाता है। इस पर गर्मी-सर्दी का तुरन्त प्रभाव पड़ता है। इससे निर्मित कपड़ों को गर्मी में नहीं पहना जाता है।

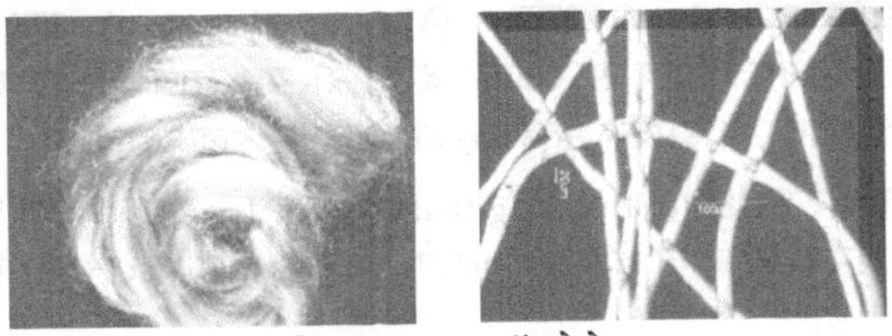

चित्र 6.9 नायलॉन रेशे

टेरीलीन व डेकरॉन भी इसी की श्रेणी में आते हैं, क्योंकि इन्हें भी रासायनिक पदार्थों में तारकोल व कोयला मिलाकर मशीनों द्वारा तैयार किया जाता है।

नायलॉन के गुण Properties of Nylon

- यह वजन में हल्का तथा काफी मजबूत रेशा है।
- यह अधिक लचीला रेशा होता है।
- इसे किसी भी रंग में सरलता से रँगा जा सकता है।
- यह चमकीला तथा लोचदार रेशा होता है।
- इससे निर्मित वस्त्रों को सरलता से धोया जा सकता है।
- यह रेशा अधिक गर्माहट देने वाला होता है। अत: इससे निर्मित पोशाकें गर्मी में उपयोग नहीं की जाती हैं।

6. पॉलिस्टर Polyster

यह भी एक प्रकार का कृत्रिम रेशा है। इसके द्वारा स्पोटर्स वियर, लाइनिंग, कर्टेन थ्रेड तथा कुशन सिटिंग को भरने का कार्य किया जाता है। अधिकांश पॉलिस्टर गुनगुने पानी में हाथ या मशीन से धुल जाते हैं।

अत: ड्रिप-ड्राई तथा स्टेटिक इलेक्ट्रिसिटी को कम करने के लिए फैब्रिक सॉफ्टनर का उपयोग करते हैं। इसका प्रयोग ट्राऊजर, शर्ट, सूट, जैकेट इत्यादि के निर्माण में किया जाता है।

चित्र 6.10 पॉलिस्टर

पॉलिस्टर के गुण Properties of Polyster

- यह मजबूत तथा टिकाऊ रेशा है।
- यह जल का शोषक होता है। अत: इससे बने कपड़े सरलता से सूख जाते हैं।
- यह धुलाई से कम प्रभावित होता है। अत: यह धोने योग्य रेशा है।
- यह ताप संवेदनशील तथा गर्माहट देने वाला रेशा है।

6.4 रेशों की पहचान Identification of Fibres

वर्तमान समय में, बाजार में विभिन्न प्रकार के टेक्सटाइल रेशे उपलब्ध हैं। इसलिए इन विभिन्न रेशों की पहचान के लिए कुछ परीक्षण किए जाते हैं। इन परीक्षणों से रेशों की गुणवत्ता, रेशे के प्रकार एवं उस रेशे से निर्मित कपड़ों के रख-रखाव में सहायता मिलती है।

परीक्षण के प्रकार Types of Test

यह परीक्षण निम्न चार प्रकार से किया जाता है

(*i*) माइक्रोस्कोपिक यन्त्र द्वारा परीक्षण
(*ii*) आग द्वारा जलाकर परीक्षण
(*iii*) रासायनिक द्रव्यों द्वारा परीक्षण
(*iv*) कपड़े देखकर या महसूस करके

उपरोक्त परीक्षणों के माध्यम से कपास, सूती फैब्रिक्स, लिनन, जूट, ऊनी फैब्रिक्स, रेशम, नायलॉन, विस्कॉस, कोपरामोनियम, रेयॉन, पॉलिस्टर का परीक्षण निम्न प्रकार किया जाता है

1. कपास का परीक्षण Testing of Cotton

- **माइक्रोस्कोपिक परीक्षण** (Microscopic test) कपास का परीक्षण करते समय ताने व बाने का तार निकाल कर माइक्रोस्कोप (microscope) यन्त्र में रखकर देखने से वह कोशिका के समान दिखाई देता है।
- इसकी सतह खुरदरी, दानेदार होती है तथा यह सर्पिलाकार में मुड़ा हुआ होता है, इस रेशे की कोशिका दीवार का घुमाव 200 से 400 प्रति इंच होता है। भिगोने पर यह सिकुड़ जाते हैं।

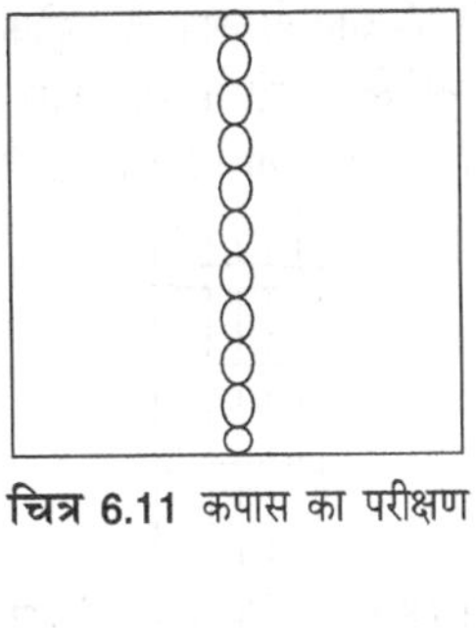

चित्र 6.11 कपास का परीक्षण

- **जलाकर परीक्षण** (Burning test) यह शीघ्र ही जल जाता है। इसकी लौ का रंग पीला होता है। जलने पर राख बन जाती है। इसके जलने से कपड़े के जलने जैसी गन्ध आती है, जो काफी समय तक अनुभव होती है।
- **रासायनिक परीक्षण** (Chemical test) सूती फैब्रिक्स पर कास्टिक सोडा आदि का कोई प्रभाव नहीं पड़ता। यह अम्ल (acid) से जल जाता है।
- **देखकर या महसूस करके** (By visualising or feeling) छूने पर यह मुलायम व चिकना लगता है तथा कपास के द्वारा निर्मित कपड़े ठण्डक देने वाले होते हैं।

2. मर्सराइज्ड सूती फैब्रिक्स परीक्षण Testing of Mercerised Cotton Fibre

- **माइक्रोस्कोपिक परीक्षण** (Microscopic test) इस फैब्रिक पर चमक लाने के लिए इसे कास्टिक सोडे के घोल में डुबोते हैं, तो यह पानी में डालने पर सिकुड़ता नहीं है। इसी कारण इसे मर्सराइज्ड सूती फैब्रिक कहते हैं। इसे माइक्रोस्कोपिक यन्त्र द्वारा देखने पर दो लाइनों में छोटे-छोटे बिन्दु दिखाई देते हैं।

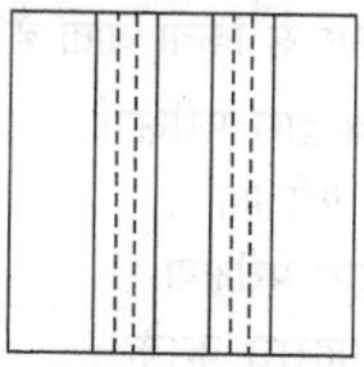

चित्र 6.12 मर्सराइज्ड सूती फैब्रिक्स का परीक्षण

- **जलाकर परीक्षण** (Burning test) सूती फैब्रिक के समान ही यह भी शीघ्र जल उठता है एवं लौ का पीला रंग उत्पन्न करता है।
- **रासायनिक परीक्षण** (Chemical test) सूती फैब्रिक के समान ही यह भी एसिड से जल जाता है एवं इस पर कास्टिक सोडा का कोई प्रभाव नहीं पड़ता है।
- **देखकर या महसूस करके** (By visualising or feeling) सूती फैब्रिक के समान यह भी मुलायम व चिकना होता है व इससे बने कपड़े ठण्डक देने वाले होते हैं।

3. लिनन का परीक्षण Testing of Linen

- **माइक्रोस्कोपिक परीक्षण** (Microscopic test) माइक्रोस्कोपिक यन्त्र द्वारा इसके रेशों को देखने पर यह गन्ने के समान प्रतीत होता है। मिलावट होने पर इसके रूप में परिवर्तन हो जाता है। अनेक बार इसके रेशे पर एक ओर बहुत सारे छोटे नुकीले टुकड़ों के साथ गोल तन्तु प्रदर्शित होते हैं। इन तन्तुओं पर अन्तरालों में उभार भी दिखाई देते हैं।

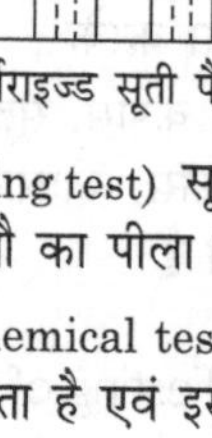

चित्र 6.13 लिनन का परीक्षण

- **जलाकर परीक्षण** (Burning test) यह शीघ्र ही जल जाता है। जलने से कागज के जलने जैसी गन्ध उत्पन्न होती है एवं इसकी लौ पीली होती है।
- **रासायनिक परीक्षण** (Chemical test) इस पर अम्ल के अतिरिक्त अन्य क्षार पदार्थों का प्रभाव नहीं पड़ता।
- **देखकर या महसूस करके** (By visualising or feeling) यह फैब्रिक मुलायम व चिकना होता है। यह पसीना सोखने के बाद ठण्डक देता है।

4. जूट का परीक्षण Testing of Jute

- **माइक्रोस्कोपिक परीक्षण** (Microscopic test) जूट को माइक्रोस्कोपिक यन्त्र में रखकर देखने से यह लम्बी कोशिका जैसा दिखाई देता है। इसकी सतह खुरदरी दानेदार प्रतीत होती है।
- **जलाकर परीक्षण** (Burning test) ये शीघ्र जलता है तथा इसकी लौ चमकीली होती है। इसे जलाने पर कागज के जलने जैसी गन्ध आती है।
- **रासायनिक परीक्षण** (Chemical test) अम्लों का प्रभाव अधिक पड़ता है।
- **देखकर या महसूस करके** (By visualising or feeling) यह खुरदरा तथा रोएँदार होता है। इससे बने कपड़े खुरदरे एवं गर्म प्रतीत होते हैं।

5. ऊनी फैब्रिक्स का परीक्षण Testing of Woolen Fabrics

- **माइक्रोस्कोपिक परीक्षण** (Microscopic test) शुद्ध ऊन का रेशा इस यन्त्र के नीचे रखकर देखने में मछली की खाल की तरह चमकदार दिखाई देता है। इसकी अनुप्रस्थ काट तीन परतों में दिखाई देती है- एपिडर्मिस (बाह्य परत), कॉर्टेक्स (मध्य परत) तथा मैड्यूला (अन्त:परत); जिसमें से अन्त:परत केवल उच्चतम शक्ति वाले माइक्रोस्कोप द्वारा मध्यम तथा मोटे रेशों में ही प्रदर्शित होती है।

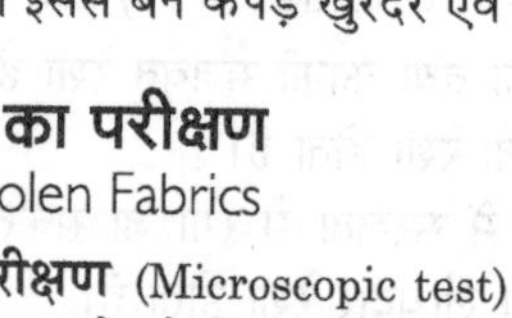

चित्र 6.14 ऊनी फैब्रिक्स का परीक्षण

- **जलाकर परीक्षण** (Burning test) ऊनी फैब्रिक धीरे-धीरे जलता है। जलने पर इसकी राख का गोला-सा बन जाता है। इसकी लौ का रंग नीला होता है। इसके जलने की गन्ध बाल या पक्षियों के पंखों के समान होती है।
- **रासायनिक परीक्षण** (Chemical test) इस फैब्रिक पर अम्ल का प्रभाव नहीं पड़ता, अपितु क्षार पदार्थ; जैसे—कास्टिक सोडा, साबुन आदि से यह खराब हो जाता है। इससे शुद्ध ऊनी फैब्रिक्स पर छेद हो जाते हैं।

- **देखकर या महसूस करके** (By visualising or feeling) यह फैब्रिक मुलायम एवं पानी सोखने वाला होता है। इसे पहनने पर गर्माहट महसूस होती है।

6. रेशम का परीक्षण Testing of Silk

- **माइक्रोस्कोपिक परीक्षण** (Microscopic test) शुद्ध रेशम के रेशों को माइक्रोस्कोपिक यन्त्र द्वारा देखने पर ये मुड़ी हुई शीशे की नली के समान दिखाई देते हैं।

  रेशम के दो तन्तुओं को माइक्रोस्कोप द्वारा देखने पर ये सूक्ष्म, चमकीले, अण्डाकार आकृतियों में दिखाई देते हैं।

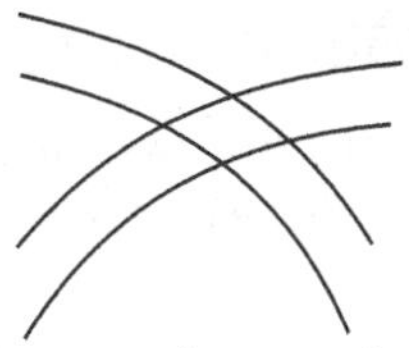

चित्र 6.15 रेशम का परीक्षण

- **जलाकर परीक्षण** (Burning test) रेशम फैब्रिक में पशु-रेशा होने के कारण जलने पर ऊन के समान ही लौ का रंग नीला होता है तथा धीरे-धीरे जलकर गोंद के समान राख का गोला बन जाता है। इसके जलने की गन्ध पक्षियों के पंख के समान होती है।
- **रासायनिक परीक्षण** (Chemical test) इस पर क्षार पदार्थ; जैसे—कास्टिक सोडा आदि का कुप्रभाव पड़ता है। तेज अम्ल से यह जल जाता है। इसे धोने के लिए रीठा सबसे उत्तम होता है।
- **देखकर या महसूस करके** (By visualising or feeling) यह फैब्रिक हल्का मुलायम व नर्म होता है तथा यह छूने पर गर्म प्रतीत होता है।

7. नायलॉन का परीक्षण Testing of Nylon

- **माइक्रोस्कोपिक परीक्षण** (Microscopic test) माइक्रोस्कोपिक यन्त्र से देखने पर यह अंगूर के गुच्छे के समान दिखाई देता है।

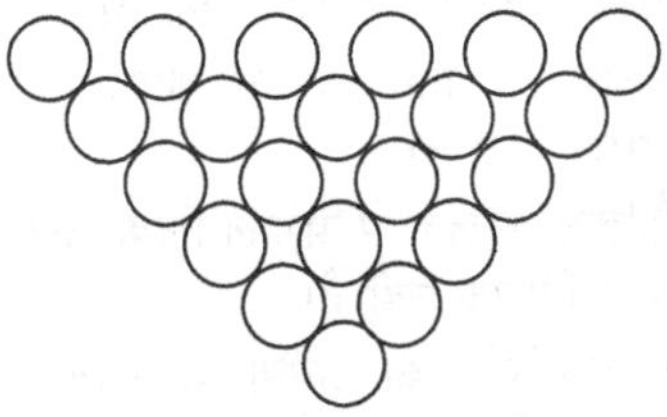

चित्र 6.16 नायलॉन का परीक्षण

- **जलाकर परीक्षण** (Burning test) यह शीघ्र जलता है तथा मोमबत्ती के मोम के समान ही पिघल जाता है। रासायनिक पदार्थों की उपस्थिति के कारण ही यह तेजी से जलता है।
- **रासायनिक परीक्षण** (Chemical test) इस रेशे पर कार्बोलिक अम्ल का ही प्रभाव पड़ता है। क्षार पदार्थ इस पर कोई बुरा प्रभाव नहीं डालते।
- **देखकर या महसूस करके** (By visualising or feeling) इस तरह के फैब्रिक हल्के, अधिक मजबूत व ताप संवेदनशील होते हैं। ये अधिक गर्माहट देने वाले होते हैं।

8. विस्कॉस का परीक्षण Testing of Viscose

- **माइक्रोस्कोपिक परीक्षण** (Microscopic test) इससे देखने पर ऐसा प्रतीत होता है; जैसे—कोई किनारा टूटी हुई चीज हो।

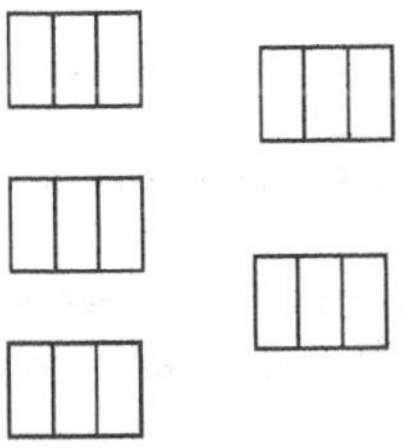

चित्र 6.17 विस्कॉस का परीक्षण

- **जलाकर परीक्षण** (Burning test) यह फैब्रिक शीघ्र जलता है। इसके जलने पर नेल पॉलिश जैसी गन्ध आती है। इसकी लौ पीली होती है।
- **रासायनिक परीक्षण** (Chemical test) किसी भी अम्ल में डालने से फैब्रिक पूरी तरह खराब हो जाता है।
- **देखकर या महसूस करके** (By visualising or feeling) इसका फैब्रिक चमकदार एवं गर्म प्रतीत होता है।

9. एसीटेट का परीक्षण Testing of Acetate

- **माइक्रोस्कोपिक परीक्षण** (Microscopic test) इस फैब्रिक के रेशों को इस यन्त्र द्वारा देखने पर इसमें छोटी-छोटी सुराहियों के समान बुनावट दिखाई देती है।

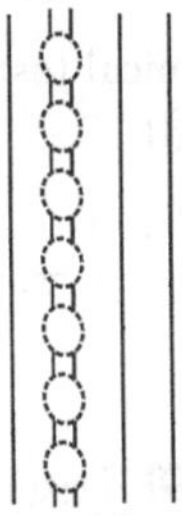

चित्र 6.18 एसीटेट का परीक्षण

- **जलाकर परीक्षण** (Burning test) जलाने पर यह शीघ्र आग पकड़ लेता है। जलने पर छोटी-छोटी गोंद की गोलियाँ बन जाती हैं। इसके जलने पर नेल पॉलिश जैसी गन्ध आती है।
- **रासायनिक परीक्षण** (Chemical test) यह अम्ल में सरलता से गल जाता है।
- **देखकर या महसूस करके** (By visualising of feeling) इसका फैब्रिक बहुत कोमल होता है।

10. कोपरामोनियम का परीक्षण Testing of Cuprammonium

- **माइक्रोस्कोपिक परीक्षण** (Microscopic test) देखने पर इसके रेशे, लोबिये के सफेद दानों के समान दिखाई देते हैं।

चित्र 6.19 कोपरामोनियम का परीक्षण

- **जलाकर परीक्षण** (Burning test) यह शीघ्र ही जल जाती है एवं इसकी लौ पीली होती है। इसके जलने से कागज के जलने जैसी गन्ध आती है।
- **रासायनिक परीक्षण** (Chemical test) इसे रासायनिक पदार्थों से दूर ही रखा जाता है, क्योंकि किसी भी रसायन में यह फैब्रिक तेजी से खराब हो जाता है।
- **देखकर या महसूस करके** (By visualising of feeling) इसमें चमक के लिये रेयॉन मिलाते हैं।

11. रेयॉन का परीक्षण Testing of Rayon

- **माइक्रोस्कोपिक परीक्षण** (Microscopic test) रेयॉन को माइक्रोस्कोपिक यन्त्र में रखकर देखने से यह काँच के समान चमक देता है तथा इसका व्यास एक समान होता है।
- **जलाकर परीक्षण** (Burning test) ये शीघ्र ही जल जाता है। इसकी लौ लाली जैसी चमक के साथ सतत रूप से जलती है। इसके जलने से कागज के जलने जैसी गन्ध आती है।
- **रासायनिक परीक्षण** (Chemical test) इस पर अम्ल डालने से यह सरलता से खराब हो जाता है।
- **देखकर या महसूस करके** (By visualising of feeling) यह मुलायम तथा चमकीला होता है। इसका भार रेशम से अधिक होता है तथा ये छूने पर ठण्डा प्रतीत होता है।

12. पॉलिस्टर का परीक्षण Testing of Polyster

- **माइक्रोस्कोपिक परीक्षण** (Microscopic test) पॉलिस्टर को माइक्रोस्कोपिक यन्त्र से देखने पर इसके रेशे सीधे दिखाई देते हैं तथा अनुप्रस्थ काट गोल होता है।
- **जलाकर परीक्षण** (Burning test) जलाने पर यह शीघ्र सिकुड़ जाते हैं। इनके जलने पर मुलायम, पिघली एवं जली हुई ज्वाला उठती है। इनके जलने से रसायनों की मिली-जुली गन्ध आती है।
- **रासायनिक परीक्षण** (Chemical test) इन रेशों पर अम्लों का अधिक प्रभाव पड़ता है, क्षार पदार्थों का इन पर कोई प्रभाव नहीं पड़ता।
- **देखकर या महसूस करके** (By visualising of feeling) ये मुलायम तथा ताप संवेदनशील होते हैं। ये गर्मी में पहनने योग्य नहीं होते।

6.5 फैब्रिक के प्रकार Types of Fabric

विभिन्न प्रकार के फैब्रिक की रचना धागों से की जाती है तथा धागों को रेशों से बनाया जाता है। रेशों अथवा धागों की बुनाई (weaving) करके कपड़े बनाए जाते हैं। इन रेशों अथवा धागों को जोड़ने की विधियों द्वारा भिन्न-भिन्न प्रकार के वस्त्र तैयार किए जाते हैं। बुनाई की प्रेरणा पक्षियों के घोंसले बनाने से मिली, जिसे उपयोग में लाकर अनेक प्रकार के फैब्रिक; जैसे—मलमल, रूबिया, टेरीलीन, टेरीकोट, पॉपलिन आदि तैयार किए जाते हैं।

संरचना के आधार पर फैब्रिक को निम्न प्रकार वर्गीकृत किया जाता है

1. बुना हुआ फैब्रिक एवं 2. बिना बुना फैब्रिक।

1. बुना हुआ फैब्रिक Woven Fabric

बुने हुए कपड़े (woven fabric) बुनाई (weaving) प्रक्रिया द्वारा तैयार किए जाते हैं। दो-या-दो से अधिक धागों की 90° के कोण पर अर्थात् लम्बवत् कर बुनाई की जाती है।

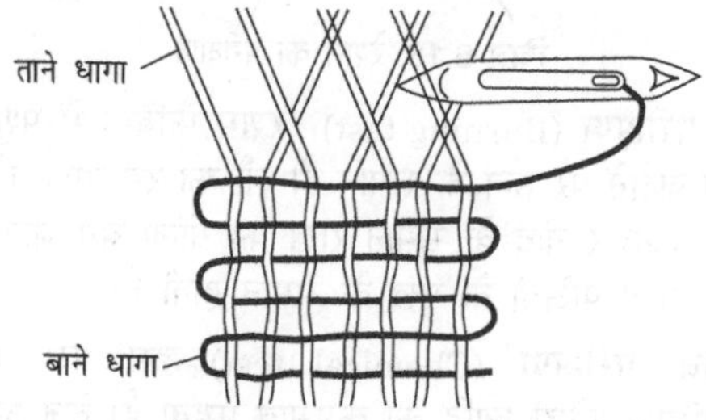

चित्र 6.20 बुना हुआ फैब्रिक

कपड़े में सीधे धागों अथवा लम्बाई की ओर वाले धागों को ताना धागा (warp yarn) तथा चौड़ाई की ओर वाले अथवा क्षैतिज धागों को बाना (weft yarn) धागा कहा जाता है। ताने धागे लूप से बँधे रहते हैं तथा आड़े अथवा बाने धागों से भरे रहते हैं। बुनाई की अन्तिम संरचना ताने (warp) तथा बाने धागे (weft yarn) की इण्टरलेसिंग अर्थात् गूँथे जाने पर निर्भर करती है। बुने हुए फैब्रिक के लाभ निम्न प्रकार हैं

(*i*) बुना हुआ फैब्रिक अधिक मजबूत होता है।

(*ii*) बुने हुए फैब्रिक पर प्रिन्ट अथवा छपाई करना, कढ़ाई करना अपेक्षाकृत सरल होता है।

(*iii*) बुना हुआ फैब्रिक सरलता से संभाल लिया जाता है, क्योंकि बुनाई के बाद कपड़ा खिंचता नहीं है।

(*iv*) भिन्न-भिन्न तकनीकों को प्रयोग में लाकर बुनाई करने से भिन्न-भिन्न प्रकार के फैब्रिक तैयार किए जा सकते हैं।

बुनाई के प्रकार Types of Weave

सामान्यत: बुनाई तीन प्रकार की होती है

(i) सादी बुनाई Plain Weave

ये सबसे सरलतम तथा सामान्य प्रकार की बुनाई है। इस बुनाई को होमस्पन (homespun), टफेटा (taffeta) अथवा टैबी (tabby) भी कहा जाता है। सादी बुनाई में बाने के धागों (weft yarn) अथवा क्षैतिज धागों को ताने के धागे (warp yarn) अथवा लम्बवत् धागों में से ऊपर तथा नीचे एकान्तर रूप

से गुजारा जाता है। इस प्रकार की बुनाई का प्रयोग सबसे अधिक किया जाता है। इस प्रकार की गई बुनाई के उदाहरण मलमल, लॉन तथा पॉपलिन आदि हैं।

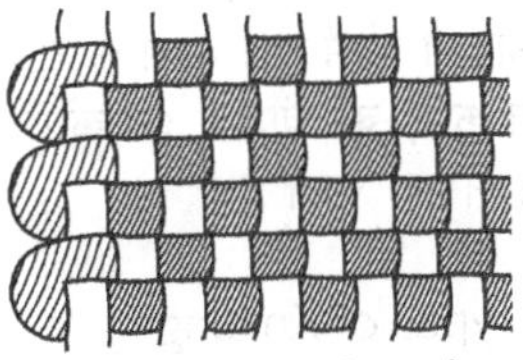

चित्र 6.21 सादी बुनाई

सादी बुनाई के गुण Properties of Plain Weave

- यह अपेक्षाकृत सस्ती बुनाई है।
- इस प्रकार की बुनाई सरलता से की जा सकती है।
- इस प्रकार बुने हुए फैब्रिक की चौड़ाई अधिकतम होती है।
- इस प्रकार बुने हुए वस्त्र दोनों ओर से समान प्रतीत होते हैं। अत: इन्हें किसी भी ओर से उपयोग किया जा सकता है।
- इस प्रकार बुने वस्त्र मजबूत एवं टिकाऊ होते हैं।
- इस प्रकार बुने हुए वस्त्र उच्च रगड़ प्रतिरोधक (abrasion resistance) होते हैं।
- सादी बुनाई द्वारा बुने वस्त्रों के धागों में फिसलन कम होती है।

(ii) ट्वील बुनाई Twill Weave

इस प्रकार की गई बुनाई में धागों को, सादी या प्लेन बुनाई की अपेक्षा अधिक निकट रखा जाता है। इसमें तीन या चार हार्निस करघे पर बुनाई की जाती है। इसमें ताने तथा बाने के धागे फैब्रिक के ऊपर व नीचे गुजारे जाते हैं। प्रत्येक क्रमिक रेखा पर बाने का धागा (weft yarn) एक कदम बाएँ या दाएँ चलता है। इस प्रकार की गई बुनाई के उदाहरण—डेनिम तथा जीन आदि हैं।

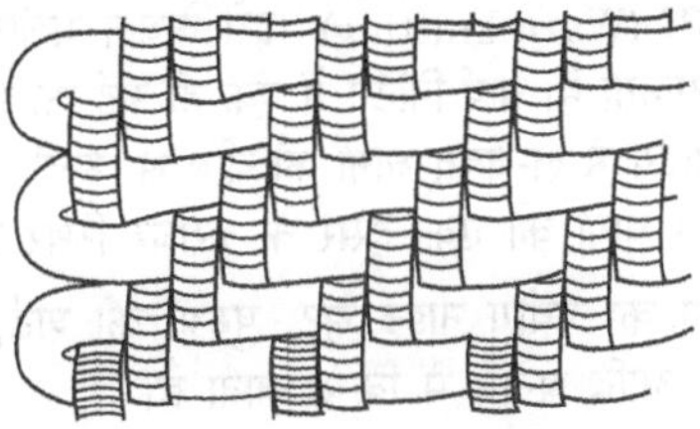

चित्र 6.22 ट्वील बुनाई

ट्वील बुनाई के गुण Properties of Twill Weave

- इस बुनाई के द्वारा मजबूत एवं टिकाऊ फैब्रिक बनाया जाता है।
- इस बुनाई द्वारा तैयार किया गया फैब्रिक सादी बुनाई की तुलना में अधिक भारी तथा गर्म होता है।
- इस प्रकार बुने हुए कपड़े अधिक सिकुड़न प्रतिरोधक होते हैं।
- इस प्रकार बुने हुए कपड़े सरलता से गंदे नहीं होते।

(iii) साटिन बुनाई Satin Weave

इसमें चार से आठ हार्निस करघों पर बुनाई की जाती है। इस बुनाई में ताने के धागे (warp yarn) को चार या आठ बाने के धागों (weft yarn) से गुजारा जाता है। इस प्रकार फैब्रिक की सतह पर अधिक लम्बाई के धागे उपयोग होते हैं, क्योंकि बुने हुए फैब्रिक की एक सतह चिकनी, मुलायम तथा चमकीली होती है। फैब्रिक की दूसरी सतह पहली सतह की अपेक्षा फीकी होती है। इस बुनाई द्वारा बुने हुए फैब्रिक का प्रयोग प्रतिदिन पहने जाने वाले कपड़ों के लिए अधिक किया जाता है। इस प्रकार की गई बुनाई के उदाहरण—साटिन, हामेस्टर (hamster) शिफॉन आदि हैं।

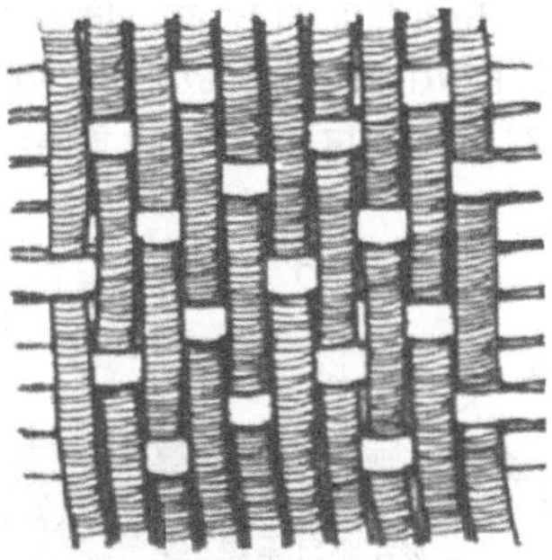

चित्र 6.23 साटिन बुनाई

साटिन बुनाई के गुण Properties of Satin Weave

- इस प्रकार की गई बुनाई से निर्मित फैब्रिक की एक सतह अधिक चिकनी तथा चमकीली होती है।
- इसकी रगड़ प्रतिरोधक क्षमता निम्न होती हैं।
- इस प्रकार बुने हुए वस्त्र कम मजबूत एवं टिकाऊ होते हैं।
- इस बुनाई द्वारा निर्मित फैब्रिक सादी बुनाई की अपेक्षा महँगा होता है।

उपरोक्त बुनाई के प्रकारों के अतिरिक्त कुछ अन्य प्रकार से भी बुनाई की जाती हैं, जिनका विवरण अग्र प्रकार है

(iv) बास्केट बुनाई Basket Weave

यह बुनाई ट्वील बुनाई के समान की जाती है। इस बुनाई में बाने के धागे (weft yarn), दो ताने (warp) के धागे के ऊपर तथा नीचे से निकालकर बुनते हैं। बुनने के पश्चात् यह टोकरी के समान दिखती है। इस कारण इसे बास्केट बुनाई भी कहा जाता है। इस बुनाई का प्रयोग परदे, रजाइयों एवं तकियों के कवर, मेजपोश आदि बनाने हेतु किया जाता है।

चित्र 6.24 बास्केट बुनाई

बास्केट बुनाई काफी मजबूत तथा टिकाऊ होने के साथ-साथ सजावटी प्रभाव भी प्रदर्शित करती है।

(v) **पाइल बुनाई** Pile Weave

इस प्रकार की बुनाई में ताने तथा बाने (warp and weft) धागों के साथ एक तीसरा धागा भी उपयोग किया जाता है। यह तीसरा धागा कपड़े के एक अथवा दोनों ओर ढीले-ढीले लूप बनाने के लिए प्रयोग होता है। इस प्रकार की गई बुनाई से निर्मित फैब्रिक का उपयोग कारपेट, वेलवेट आदि बनाने में किया जाता है।

बुनाई प्रक्रियाएँ Weaving Processes

फैब्रिक की बुनाई करते समय धागों को विभिन्न प्रक्रियाओं से गुजारा जाता है। ऐसा इसलिए करते हैं, जिससे धागे बुनाई करते समय विभिन्न तनावों को सह सकें। फैब्रिक की बुनाई जिस मशीन पर की जाती है उसे करघा (loom) कहा जाता है।

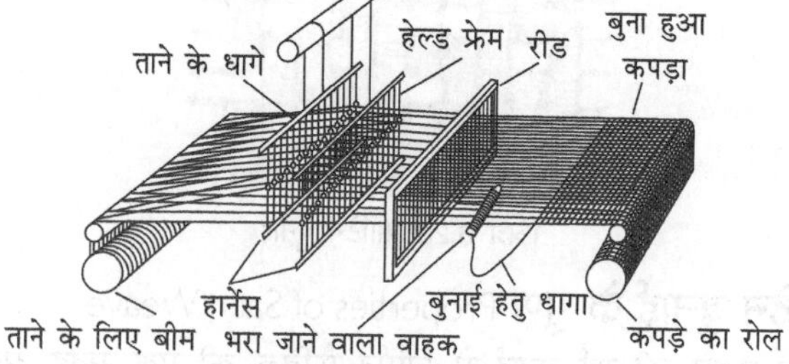

चित्र 6.25 बुनाई प्रक्रियाएँ

बुनाई में निम्नलिखित प्रक्रियाएँ होती हैं

(i) **स्पूलिंग** (Spooling) इस प्रक्रिया के अन्तर्गत धागों को बड़ी-बड़ी फिरकियों पर घुमाते हैं। ये फिरकियाँ क्रील नामक रैक पर स्थित होती हैं। इसके पश्चात् धागों को बड़ी फिरकियों के समान ही एक अन्य यन्त्र अर्थात् ताने के बीम (warp beam) पर घुमाया जाता है।

(ii) **स्टार्चिंग** (Starching) इस प्रक्रिया के अन्तर्गत धागों पर स्लैशर मशीन के द्वारा एक आवरण चढ़ाया जाता है। ऐसा करने से धागे बुनाई करते समय टूटते नहीं हैं। आवरण चढ़ाने से पूर्व धागों को खोला जाता है।

(iii) **वार्पिंग** (Warping) इस प्रक्रिया के अन्तर्गत आवरण चढ़ाए हुए धागे ताने के बीम (warp beam) पर घुमाए जाते हैं, जिससे कि वे करघे पर चढ़ाने के लिए तैयार हो जाएँ।

निटिंग Knitting

एक अथवा अनेक भिन्न-भिन्न धागों द्वारा फंदों को गूँथकर फैब्रिक तैयार करने की प्रक्रिया निटिंग कहलाती है। निटिंग में धागों की लूप में निर्मित किया जाता है। ये लूप एक-दूसरे में गूँथे हुए होते हैं। चौड़ाई में अर्थात् क्षैतिज लूपों को वेल्स (wales) तथा लम्बवत् लूपों की कोर्सेज (courses) कहा जाता है।

निटिंग में डाले गए फन्दों को सामान्य टाँके (stitches) कहा जाता है। निटिड फैब्रिक के एक वर्ग इंच में ताने तथा बाने धागों की दिशा में बने टाँकों की संख्या को गणना (count) कहा जाता है।

मशीन पर प्रति इकाई चौड़ाई में लगे टाँकों की संख्या द्वारा प्राप्त उत्कृष्टता को, गेज (gauge) कहा जाता है। निटिंग मशीन में प्रति इंच ग्रूव या स्लॉट (grooves or slots) की संख्या को, मशीन कट (cut of machine) कहा जाता है। फन्दों का आकार ही कोर्स तथा वेल्स के घनत्व का निर्धारण करता है। वेल्स की संख्या द्वारा कपड़े की चौड़ाई तथा कोर्स की संख्या द्वारा कपड़े की लम्बाई का अनुमान लगाया जाता है।

निटिंग के प्रकार Types of Knitting

मुख्य रूप से निटिंग दो प्रकार की होती हैं, जिनका विवरण निम्न प्रकार है

(i) **वेफ्ट निटिंग** (Weft knitting) इसे हाथ अथवा मशीन द्वारा किया जा सकता है। वेफ्ट निटिंग में दो सुइयों का प्रयोग किया जाता है। वेफ्ट निटिंग में धागों को कपड़े के आर-पार निकालकर फंदे बनाए जाते हैं।

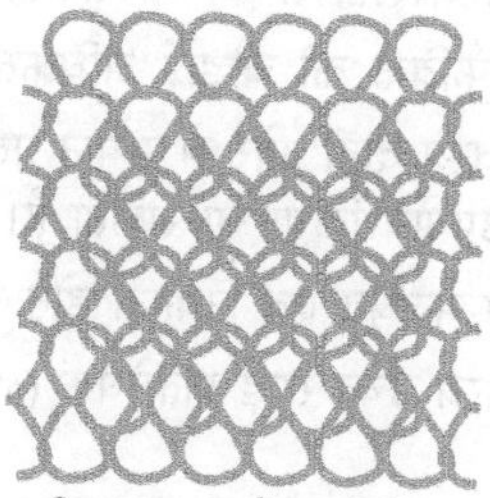

चित्र 6.26 वेफ्ट निटिंग

निटिंग होने पर सीधी ओर 'V' आकार की पंक्ति तथा दूसरी ओर लहरदार पंक्ति बन जाती है। वेफ्ट निटिंग को फिलिंग निट (filling knit) भी कहते हैं। वेफ्ट निटिंग का प्रयोग मोजे, स्वेटर, टी-शर्ट, कफ, नैक लाइन आदि बनाने हेतु किया जाता है। वेफ्ट निटिंग में चार प्रकार के टाँके प्रयोग किए जाते हैं

- जरसी निट स्टिच
- पर्ल निट स्टिच
- रिब स्टिच
- इन्टरलॉक स्टिच

(ii) **वार्प निटिंग** (Warp knitting) इसे केवल मशीन द्वारा ही प्रयोग किया जा सकता है। वार्प निटिंग में एक ही सुई का प्रयोग किया जाता है। वार्प निटिंग में लम्बवत् धागों की बीम से फन्दों तक जाता है तथा सभी क्षैतिज धागों को एक-दूसरे के बराबर स्थिर रखा जाता है। वार्प निटिंग का प्रयोग नाइट सूट, पुरुषों की शर्ट, ड्रेस, ब्लाउज, टेनिस नेट आदि बनाने में किया जाता है।

वार्प निटिंग दो प्रकार की होती हैं

- ट्राइकोट निट
- रशैल निट

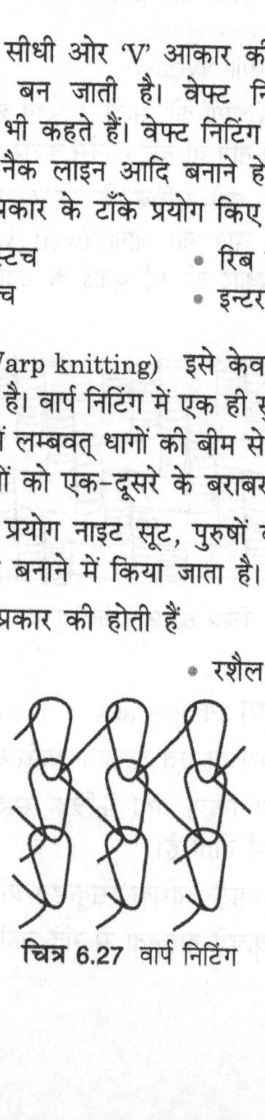

चित्र 6.27 वार्प निटिंग

2. बिना बुना फैब्रिक Non-woven Fabric

बिना बुने फैब्रिक में रेशों तथा धागों को मोड़ना, घुमाना आदि प्रक्रियाएँ नहीं होतीं। ऐसा फैब्रिक तैयार करने के लिए रेशों को ग्लू (glue), ताप (temperature), सिलाई (stitch) आदि द्वारा जोड़ा जाता है।

इस प्रकार के फैब्रिक को तैयार करने के लिए छोटे रेशों को ही उपयोग कर लिया जाता है, क्योंकि इसमें रेशों अथवा धागों को मोड़ना तथा घुमाना नहीं पड़ता। इस प्रकार तैयार किया गया फैब्रिक दोनों ओर से समान दिखाई देता है।

बिना बुने फैब्रिक के प्रकार
Types of Non-woven Fabric

सामान्य रूप से ये दो प्रकार का होता है

(i) **फेल्ट** (Felts) इसमें एक अथवा अनेक प्रकार के रेशों का प्रयोग किया जाता है। इसमें मुख्यतः ऊन का उपयोग करते हैं।

इस प्रकार फैब्रिक तैयार करने हेतु ताप (temperature), रसायनों (chemicals) एवं यान्त्रिक कार्य द्वारा रेशों को एक साथ गुँथा जाता है।

(ii) **फ्यूजिंग** (Fusing) इस प्रक्रिया में रेजिन के द्वारा रेशों को एक साथ गूँथा जाता है।

तालिका बुने हुए तथा बिना बुने हुए फैब्रिक में अन्तर

बुना हुआ फैब्रिक	बिना बुना फैब्रिक
इसे सीधे रेशों से तैयार नहीं किया जा सकता। इसमें पहले रेशों से धागे बनाते हैं, उसके पश्चात् धागों को बुनकर फैब्रिक बनाते हैं।	इसे सीधे रेशों से तैयार किया जा सकता है।
अनेक प्रकार के धागों; जैसे–सादे, नॉवल्टी, टैक्सचर आदि के प्रयोग से विभिन्न विधियों द्वारा बुनकर फैब्रिक में भिन्नता लाई जाती है।	रेशों को जोड़ने की भिन्न-भिन्न विधियों के प्रयोग से फैब्रिक में भिन्नता लाई जाती है।
इसमें साधारण लचीलापन होता है।	इसमें अपेक्षाकृत अधिक लचीलापन होता है।
ये जल्दी फट जाता है।	यह सामान्यतः फटता नहीं है।
छिद्रों की सरलता से रफू द्वारा मरम्मत की जा सकती है।	छिद्रों की मरम्मत सही से नहीं हो पाती।
इस फैब्रिक को आकार देना कठिन होता है।	इस फैब्रिक को आकार देना सरल होता है।
यदि संरचना मोटी न हो, तो फैब्रिक झटके सहन नहीं कर पाता।	ये झटके सहन कर पाते हैं।

6.6 कटिंग के लिए फैब्रिक तैयार करना
Preparation of Fabric for Cutting

कटिंग के लिए फैब्रिक को तैयार करने के लिए निम्न तथ्यों का अध्ययन करना आवश्यक है

1. फैब्रिक ग्रेन Fabric Grain

फैब्रिक ग्रेन से तात्पर्य रेशों की लम्बाई की व्यवस्था से है। इसकी सहायता से विभिन्न रेशों में रंगों को व्यवस्थित कर फैब्रिक में विभिन्न प्रकार के डिजाइन तैयार किए जाते हैं।

किसी भी ड्राफ्टिंग को हमेशा ग्रेन लाइन में फोल्ड करके ही बनाया जाता है। यदि फैब्रिक ग्रेन को लम्बाई में न बनाया जाए, तो कपड़े की फॉल शरीर के ऊपर अच्छी नहीं लगती और कपड़ा सख्त लगता है।

2. सैल्वेज Selvedge

फैब्रिक की किनारी को सैल्वेज कहा जाता है। इसकी किनारी पर निर्माता का नाम अंकित होता है। सैल्वेज से वस्त्रों को दोनों ओर से स्थिरता से बँधा रहता है तथा धागे नहीं निकलते। इस प्रकार वस्त्र में मजबूती आती है और उसे पकड़ना सरल हो जाता है। इसकी सहायता से कपड़े की उल्टी व सीधी, सतह की पहचान करना सरल होता है। सैल्वेज अर्थात् फैब्रिक में किनारों की मोटाई मूल सतह से मोटी होती है।

3. सिकुड़न Shrinkage

यह फैब्रिक की सिकुड़न (shrinkage) सम्बन्धी प्रक्रिया है, जिससे फैब्रिक की आकृति में परिवर्तन आता है। इसके कारण फैब्रिक के खिंचने की स्वाभाविक क्षमता समाप्त हो जाती है। श्रिंकिंग से वस्त्र असाधारण तरीके से फैल जाते हैं, क्योंकि वस्त्र-निर्माण के समय फैब्रिक पर अत्यधिक खिंचाव एवं तनाव पड़ता है और वस्त्र आवश्यक नाप से छोटा रह जाता है।

सिकुड़े परिधानों को ठीक करने के लिए इन्हें गर्म तथा ठण्डे पानी में भिगोकर रसायनों के द्वारा उचित आकार दिया जाता है। इस प्रक्रिया से परिधान बाद में भी नहीं सिकुड़ते तथा वस्त्र अधिक टिकाऊ एवं मजबूत बने रहते हैं। श्रिंकिंग विधि द्वारा वस्त्रों को सही रूप देने के पश्चात् उन पर प्रि-श्रिंकेज का लेवल भी लगाया जाता है।

श्रिंकिंग प्रक्रिया से पूर्व निम्न बातों का ध्यान रखना आवश्यक है

(i) श्रिंकिंग के लिए प्रयोग में लाये जाने वाले उपकरण तथा फैब्रिक को सुखाने के लिए उपयोग में आने वाले तार को जंग तथा मिट्टी से दूर रखना चाहिए।

(ii) अलग-अलग रंगों के वस्त्रों को एक साथ श्रिंक नहीं करना चाहिए।

(iii) श्रिंक किए गये परिधानों को धूप से बचाना चाहिए।

सिकुड़न विधि Shrink Method

फैब्रिक के आधार पर ये विधि निम्न प्रकार की होती हैं

1. **सूती फैब्रिक** (सफेद) सूती कपड़े की सिकुड़न को दूर करने के लिये इसे एक बड़े पात्र में पानी एकत्रित करके 10-12 घण्टे के लिये भिगो दिया जाता है तथा बिना निचोड़े ही इसे निकालकर धूप में सुखा दिया जाता है। सामान्य रूप से ये फैब्रिक 2.5 से 5 सेमी तक श्रिंक होते हैं।
2. **सूती फैब्रिक** (रंगीन) इसके अन्तर्गत भी उपरोक्त प्रक्रम को प्रयोग करते हैं, परन्तु ध्यान रखने योग्य बात यह है कि इस प्रकार के रंगीन कपड़ों के रंग कच्चे होते हैं। इसलिए इन्हें धूप में नहीं सुखाते हैं।
3. **लिनन** इस प्रकार के फैब्रिक की जल सोखने की क्षमता अधिक होती है। अत: इसे श्रिंक करने के लिये केवल 1 से 2 घण्टे तक ही जल में भिगोना पर्याप्त है। यह फैब्रिक 5-10 सेमी तक श्रिंक होता है।
4. **कृत्रिम फैब्रिक** इस प्रकार के कपड़े को साबुन के घोल में 10-12 घण्टे तक भिगोकर रखा जाता है तथा फैब्रिक को निचोड़कर, सुखाकर इसे सिलाई कार्य हेतु उपयोगी बनाया जाता है। यह फैब्रिक 2.5 से 7.5 सेमी तक सिकुड़ता है।
5. **रेशमी फैब्रिक** प्राकृतिक रेशमी फैब्रिक में श्रिंक होने की सम्भावना कम रहती है, परन्तु कृत्रिम फैब्रिक को श्रिंक करने की आवश्यकता होती है।

   कृत्रिम सिल्क फैब्रिक को श्रिंक करने के लिये हाइड्रोजन, पराक्साइड या साबुन का घोल तैयार करते हैं तथा कृत्रिम रेशमी फैब्रिक को इसमें पूर्ण रूप से डुबो देते हैं तथा सुखाने के उपरान्त फैब्रिक को सिलाई योग्य बनाया जाता है। यह फैब्रिक 2.5 से 7 सेमी तक श्रिंक होता है।

फैब्रिक ग्रेनों को सीधा करना

Straightening the Fabric Grains

फैब्रिक ग्रेनों की सिधाई के माध्यम से फैब्रिक संरचना को त्रुटिरहित बनाया जाता है, जिससे फैब्रिक में फिनिशिंग आती है और पोशाक को आकर्षक बनाने में मदद मिलती है। फैब्रिक को सीधा करने की प्रक्रिया सिधाई (straightening) कहलाती है। फैब्रिक की प्रकृति भिन्न-भिन्न होती है। कई बार झोल वाले फैब्रिक भी सिलाई के लिये आते हैं।

अत: कटिंग से पूर्व इस प्रकार के फैब्रिक को पहले धोते हैं तथा सुखाकर प्रैस करने के बाद फैब्रिक पर कटिंग क्रिया की जाती है। ऐसा न करने पर कपड़ों में झोल आने की सम्भावना रहती है।

फैब्रिक के अनुसार सुई व धागों का चयन

Selection of Needle and Thread According to Fabric

सिलाई कला में फैब्रिक के अनुसार सुई व धागों अर्थात् सिलाई सहायक सामग्री का चयन किया जाता है। उत्तम गुणवत्ता (quality) की सुइयाँ हाथ से ग्राइण्ड की हुई स्टील हैण्डग्राइण्ड की बनती हैं, जिससे वे मजबूत रहती हैं और इनके सिर नुकीले होते हैं। फलत: ये अपना कार्य कुशलता से पूरा करने में सक्षम रहती हैं। सुइयाँ विविध प्रकार की होती हैं और किसी भी फैब्रिक पर सिलाई के लिए फैब्रिक की प्रकृति के अनुसार, सुई एवं फैब्रिक के रंग तथा आकार से अनुकूलन करते हुए अच्छी गुणवत्ता वाले धागे का चयन करें।

धागे बाजार में फैब्रिक प्रकृति के अनुसार कॉटन, मर्सराइज्ड, सिल्क टेरीलॉन व नायलॉन आदि के उपलब्ध हैं। मूलत: फैब्रिक का भार ही धागे के आकार की उपयुक्तता को निर्धारित करता है और उसी के अनुसार सुई का प्रकार भी निर्धारित किया जाता है।

6.7 फैब्रिक का नमूना कार्ड बनाना

Develop the Swatch Card of Fabric

अलग अलग प्रकार के फैब्रिक का नमूना टुकड़ा लेकर नमूना कार्ड बनाया जाता है। फैब्रिक का नमूना कार्ड उस पूर्ण फैब्रिक के प्रकार गुणवत्ता, रंग आदि को दर्शाता है जिस फैब्रिक से वह नमूना लिया गया है सामान्य रंगे कपड़े के लिए इसे लैब डिप कहा जाता है और धारियों जैसे पैटर्न वाले कपड़ों के लिए इसे हथकरघा कहा जाता है। फैब्रिक स्वैच कार्ड बनाने के लिए एक कार्ड, डबल साइड टेप, पिन या स्टेपल का उपयोग किया जाता है सबसे पहले सम्बन्धित फैब्रिक से नमूना काटें। नमूना काटने से पहले फैब्रिक में टेप लगाना सही होता है। बुने हुए फैब्रिकों के लिए यह आवश्यक है। उसके बाद डबल साइड टेप से सभी फैब्रिकों के नमूनों को कार्ड से चिपकाएँ। नमूनों के सही प्रकार से चिपक जाने के बाद कार्ड को किसी पेपर के बाइण्डर से संयोजित कर दें, ताकि कार्ड किसी भी प्रकार से क्षतिग्रस्त न हो।

चित्र 6.28 फैब्रिक का नमूना कार्ड बनाना

6.8 टूटी सुई हेतु नीति Broken Needle Policy

टूटी सुई हेतु नीति से आशय उस नीति के निर्धारण से है, जो सुई के टूट जाने जैसी स्थितियों से बचाती है। सामान्य स्थितियों में फैब्रिक के लिए उपयुक्त सुई का चयन सुई मुड़ने, सुई टूटने और सिलाई के समय फैब्रिक के खिंचने जैसी स्थितियों से बचाता है। अनेक अवसरों पर उपलब्ध न होने की स्थिति में अनुपयुक्त सुई का प्रयोग कर लिया जाता है, जो किसी दुर्घटना या सुई के टूटने का कारण बन जाता है। इसलिए टूटी हुई सुई की स्थिति से बचने के लिए स्पष्ट नीति यह है कि फैब्रिक के अनुसार उपयुक्त सुई का ही चयन किया जाए। फैक्ट्रियों में टूटी हुई सुइयों के नियन्त्रण एवं उचित समायोजन से सम्बन्धित अनेक उपाय अपनाए जाते हैं, जो निम्नलिखित हैं

(*i*) सुई के टूटने की स्थिति को कम करने के लिए यह आवश्यक है कि केवल उचित सुइयों के प्रयोग पर ही बल दिया जाए।

(*ii*) टूटी हुई सुइयों का विश्लेषण सभी टूटे हुए भागों सहित, ब्रोकन नीडिल रिकॉर्ड शीट में होना अनिवार्य है। इस शीट में सुई का प्रकार, ऑर्डर, दिनांक, नम्बर तथा सुई लेने वाले व्यक्ति के हस्ताक्षर का रिकॉर्ड होता है।

(*iii*) टूटी हुई सुई के बदले, जो व्यक्ति नई सुई लेता है, उसका हस्ताक्षर लेना अनिवार्य होता है।

(*iv*) नई सुई जारी करने पर रजिस्टर में कुछ सूचनाएँ देना अनिवार्य होता हैं, ये निम्न प्रकार हैं

(a) मशीन में लगी सुई का प्रकार
(b) सुई जारी करने की तिथि
(c) नई जारी की गई सुई की तिथि
(d) टूटी हुई सुई का सम्पूर्ण विवरण

(*v*) परिचालक या ऑपरेटर को अतिरिक्त सुई देने का अधिकार नहीं है।

(*vi*) कार्य में संलग्न होने से पूर्व ही प्रत्येक कर्मचारी को टूटी हुई सुई की नीति से अवगत कराना अनिवार्य होता है।

(*vii*) टूटी हुई सुई के भागों को चुम्बक, मैटल डिटेक्टर आदि की सहायता से ढूँढने का प्रयास करें।

6.9 समस्या और रिसर्च उद्देश्य Problem and Research Object

वस्त्र निर्माण प्रक्रियाओं में सभी टेक्सटाइल उद्योगों को विभिन्न समस्याओं से गुजरना पड़ता है। गारमेन्ट उद्योग एक ऐसा उद्योग है, जिसमें फैशन के अनुसार निरन्तर परिवर्तन होता रहता है। इस उद्योग में प्रतिदिन नई प्रतिस्पर्द्धा एवं ग्राहक की माँग के अनुसार विभिन्न चुनौतियों का सामना करना पड़ता है। वस्त्र उद्योग में आने वाली समस्याओं को पहले से जानना आवश्यक है, ताकि उत्पादन प्रक्रिया में सुधार के लिए उचित निर्णय लिए जा सकें। वस्त्र निर्माण उद्योग में आने वाली पाँच प्रमुख समस्याएँ निम्नवत् हैं

1. कच्चे माल की समस्या Raw-material Issue

कपड़ा उद्योग के लिए कच्चा माल आवश्यक है। परिधान निर्माता दुनिया भर में कच्चे माल के लिए बड़ी संख्या में आपूर्तिकर्ताओं पर निर्भर करते हैं। उपलब्ध स्टॉक की गलत जानकारी, उत्पादन चरण के दौरान सटीक आवश्यकता का गलत ज्ञान, प्राकृतिक आपदाओं, भू-राजनीतिक अस्थिरता जैसे विभिन्न कारणों से निर्माताओं को समय पर कच्चा माल नहीं मिल पाता है। यदि वे सामग्री प्राप्त करते हैं, तो या तो सामग्री की गुणवत्ता खराब होती है या उसकी मात्रा अपर्याप्त होती है। परिणामस्वरूप वस्त्र निर्माता को सामग्री की सोर्सिंग और कमी जैसी समस्याओं का सामना करना पड़ता है।

2. भण्डार प्रबन्धन समस्या Inventory, Management Issue

कच्चे माल, फैब्रिक एवं परिधानों के भण्डार के लिए स्टॉक और आर्डर की मात्रा को ट्रैक करना महत्त्वपूर्ण है इन्वेण्टरी या भण्डार प्रबन्धन के अन्तर्गत यह भी विश्लेषित किया जाता है कि स्टॉक को फिर से कब भरना आवश्यक है, लेकिन कई परिधान निर्माता अभी भी पुराने इन्वेण्ट्री प्रबन्धन प्रणाली का पालन करते हैं, जोकि प्लेन एक्सेल फाइलों (plain excel files) का उपयोग कर रहे हैं। वे पेन और पेपर विधि से अपने आइटम की सूची बनाते हैं, मैनुअल प्रक्रियाओं का उपयोग करते हैं, स्प्रैडशीट में जानकारी दर्ज करके इन्वेण्ट्री को ट्रैक करते है, जिसके कारण ये निर्माता भण्डार प्रबन्धन सुचारु समय में नहीं कर पाते हैं। इस समस्या को हल करने के लिए डिजिटल तरीके अपनाए जा सकते हैं।

3. उत्पादन विलम्ब Production Delay

गारमेन्ट उद्योग में उत्पादन में देरी या विलम्ब होना सामान्य है। मानव त्रुटियाँ, आपूर्ति श्रृंखला में अक्षमता, धीमा उत्पादन, पुरानी विनिर्माण प्रक्रियाएँ, पारदर्शिता की कमी इत्यादि ऐसे ही कारण हैं, जोकि वस्त्र उद्योग में अनावश्यक उत्पादन विलम्ब के लिए उत्तरदायी हैं।

4. ऑर्डर प्रोसेसिंग समस्या Order Processing Issue

गारमेन्ट आर्डर कई तरीकों से एक लम्बी प्रक्रिया से होकर गुजरता है। गुणवत्ता अनुमोदन (quality approvals) को पूरा करने के लिए उत्पादों को तैयार करने से लेकर फिनिशिंग तक, परिधान निर्माताओं को ऑर्डर प्रोसेसिंग में विभिन्न चुनौतियों का सामना करना पड़ता है। गोदाम में पड़े अधूरे उत्पाद (परिधान) ऑर्डर प्रोसेसिंग की समस्या को अधिक बढ़ा देते हैं।

5. परिधान दोष Garments Details

परिधान निर्माताओं के लिए तैयार परिधान में कोई दोष होना एक मुख्य समस्या है। उत्पाद के बनकर तैयार हो जाने के बाद ढीले बटन, दाग-धब्बे, अनुपयुक्त ट्रिमिंग्स, गलत इस्त्री, ढीले धागे आदि दोष परिधान में पाए जाते हैं। ये सभी खराब संचार, अनुचित कटिंग, ट्रिमिंग, परिधान के भागों का अनुचित रख-रखाव इत्यादि के कारण उत्पन्न होते हैं।

मार्केटिंग रिसर्च योजना विकसित करना Developing Marketing Research Planning

मार्केटिंग रिसर्च योजना मुख्यत: जानकारी के दो स्रोतों से मिलकर बनाई जाती है प्राइमरी और सेकण्डरी रिसर्च योजना। जानकारी के प्राइमरी और सेकण्डरी स्रोतों का उपयोग करके, आप मार्केट से सम्बन्धी निम्न कारकों का निर्धारण कर सकते हैं

1. इन स्टोर व ऑनलाइन खरीदारी अनुभव आवृत्तियों की तुलना
2. कुछ परिधान ब्राण्ड की वार्डरोब में हिस्सेदारी
3. प्रसिद्ध ब्राण्ड के लिए मार्केट का विश्लेषण
4. शॉपिंग ट्रिगर्स
5. खर्चे का पूर्वानुमान
6. मार्केटिंग चैनल
7. उत्पाद की विविधता
8. आपके उत्पाद या ब्राण्ड की माँग की समीक्षा

आपको अपने उत्पाद को फैशन बाजार में सफलता की ओर ले जाने के लिए प्राथमिक और द्वितीयक दोनों स्रोतों को शामिल करने की योजना बनानी चाहिए।

1. **प्राइमरी रिसर्च** Primary Research

प्राइमरी मार्केट रिसर्च का अर्थ उस डाटा से है, जो फर्स्ट हैण्ड (first hand) स्रोतों से एकत्रित किया जाता है। प्राइमरी मार्केट रिसर्च के लिए निम्न मुख्य स्रोत हैं

(*i*) ऑनलाइन सर्वे टूल्स के द्वारा आप इन ग्राहकों या बाजार को लक्षित (target) कर सकते हैं, जिन्होंने अभी तक आपसे कोई उत्पाद नहीं खरीदा है।

(*ii*) फोन, इन - पर्सन और मॉल इण्टरसेप्ट (mall intercept) साक्षात्कार भी प्राइमरी रिसर्च के मुख्य स्रोत हैं।

(*iii*) एक समूह में विभिन्न प्रतिभागियों से बाजार माँग पर चर्चा की जाती है, ताकि बाजार माँग को अच्छे से समझा जा सके।

फील्ड रिसर्च Field Research

फील्ड रिसर्च के अन्तर्गत यह अवलोकन किया जाता है कि ग्राहक प्राकृतिक सेटिंग अर्थात् लोकल बाजारों में कैसे व्यवहार करते हैं। जब फैशन बाजार रिसर्च की बात आती है, तो फील्ड रिसर्च इस बारे में मूल्यवान जानकारी प्रदान करता है कि ग्राहक इन स्टोर (प्राकृतिक अवलोकन) और ऑनलाइन कैसे खरीदारी करते हैं।

यूजर टेस्टिंग User Testing

यूजर टेस्टिंग (उपयोगकर्ता परीक्षण) ग्राहक की रुचि का मापन करता है। इसका उपयोग इन स्टोर को खरीदारी अनुभवों और फैशन वेबसाइटों में परिवर्तनों का परीक्षण करने के लिए किया जाता है।

2. **सेकण्डरी रिसर्च** Secondary Research

सेकण्डरी रिसर्च वह है, जिसमें डाटा (जानकारी) को स्वयं एकत्र करने की आवश्यकता नहीं है, क्योंकि यह प्राइमरी रिसर्च में किया जा चुका है। फैशन उद्योग के लिए सेकण्डरी रिसर्च स्रोतों मे निम्न जानकारियाँ सम्मिलित हैं

(*i*) बाजार और उद्योग अनुसन्धान रिपोर्ट और श्वेत पत्र

(*ii*) फैशन उद्योग की वेबसाइटें

(*iii*) SEO, कीवर्ड और रुझान अनुसन्धान

(*iv*) सरकार के आँकड़े

(*v*) आपके प्रतिस्पर्द्धियों की वेबसाइटें और अन्य डिजिटल साधनः जैसे-ऐप्स, मोबाइल साइट्स, ऐड्स आदि।

मार्केटिंग रिसर्च योजना लागू करना
Implementing Marketing Research Plan

मार्केट की रिसर्च व सर्वेक्षण को लागू करने के लिए निम्न पाँच बिन्दुओं को ध्यान में रखना चाहिए

(*i*) मार्केटिंग चुनौतियों को परिभाषित करना। सबसे पहले एक अच्छा मार्केट रिसर्च प्लान बनाए, ताकि आप अपनी आवश्यकताओं को जान सकें।

(*ii*) अपने सर्वेक्षण प्रश्नों को सावधानीपूर्वक तैयार करें।

(*iii*) अपने रिसर्च सर्वेक्षण को सही श्रोताओं को वितरित करें।

(*iv*) अपने नए बाजार रिसर्च डाटा की समीक्षा करें।

(*v*) डाटा-संचालित मार्केटिंग निर्णयों को लागू करें।

महत्त्वपूर्ण प्रश्नोत्तरी

1. ऊनी रेशे किस स्थान के तथा किस पशु के उत्तम माने जाते हैं?

उत्तर ऊनी रेशे तिब्बत के ठण्डे प्रदेशों में पाए जाने वाले दुम्बा जाति की भेड़ से प्राप्त ऊनी रेशे उत्तम माने जाते हैं।

2. एस्बेस्टॉस किस प्रकार के रेशों की श्रेणी में आता है?

उत्तर एस्बेस्टॉस खनिज रेशे की श्रेणी में आता है।

3. किसी भी फैब्रिक में चमक लाने के लिए क्या मिलाया जाता है?

उत्तर किसी भी फैब्रिक में चमक लाने के लिए उसमें रेयॉन मिलाया जाता है।

4. कोपरामोनियम कैसे प्राप्त किया जाता है?

उत्तर कोपरामोनियम एसीटेट व विस्कॉस से प्राप्त बेकार रेशों से तैयार किया जाता है। इसे अक्क के पौधों से भी निकाला जा सकता है।

5. सिन्थेटिक धागा क्या है?

उत्तर सिन्थेटिक धागा टेरीकोट रील या पॉलिएस्टर रील के नाम से जाना जाता है।

6. ऊनी फैब्रिक्स का माइक्रोस्कोपिक यन्त्र द्वारा परीक्षण करने से क्या परिणाम प्राप्त होता है?

उत्तर ऊनी फैब्रिक्स का माइक्रोस्कोपिक यन्त्र द्वारा परीक्षण करने से यह मछली की खाल की तरह चमकदार नजर आता है।

7. किस फैब्रिक का माइक्रोस्कोपिक यन्त्र द्वारा परीक्षण करने से वह अंगूर के गुच्छे के समान दिखाई देता है?

उत्तर नायलॉन का माइक्रोस्कोपिक यन्त्र द्वारा परीक्षण करने से वह अंगूर के गुच्छे के समान दिखाई देता है।

8. कढ़ाई के कार्य के लिए किस प्रकार के धागे का प्रयोग किया जाता है?

उत्तर कढ़ाई के कार्य के लिए सोना, चाँदी, ताँबा, रेशम आदि के धागों का प्रयोग किया जाता है।

9. बुने हुए फैब्रिक के दो लाभ बताइए।

उत्तर बुने हुए फैब्रिक के दो लाभ निम्न हैं

(i) बुना हुआ फैब्रिक अधिक मजबूत होता है।

(ii) बुने हुए फैब्रिक पर छपाई तथा कढ़ाई करना सरल होता है।

10. वेफ्ट निटिंग में सीधी ओर किस आकार की पंक्ति बन जाती है?

उत्तर निटिंग में सीधी ओर 'V' आकार की पंक्ति बन जाती है।

अभ्यास प्रश्न

परीक्षा प्रारूपी प्रश्न

बहुविकल्पीय

1. फैब्रिक से आपका क्या अभिप्राय है?
(a) रेशों से निर्मित धागों को बुनकर तैयार किया गया कपड़ा
(b) कपास को बुनकर तैयार किया गया कपड़ा
(c) 'a' और 'b' दोनों
(d) उपरोक्त में से कोई नहीं

2. इनमें से फैब्रिक का मूल आधार क्या है?
(a) रेशे (b) धागे
(c) 'a' और 'b' दोनों (d) इनमें से कोई नहीं

3. किसी फैब्रिक के गुण इनमें से किस पर निर्भर करते हैं?
(a) रेशों की प्रकृति पर (b) धागों की प्रकृति पर
(c) 'a' और 'b' दोनों (d) इनमें से कोई नहीं

4. इनमें से कौन प्राकृतिक रेशा नहीं है?
(a) कपास (b) रेयॉन
(c) जूट (d) ऊन

5. रेशम निम्न में से किससे प्राप्त किया जाता है?
(a) पौधों से (b) खनिजों से
(c) कीटों से (d) पशुओं से

6. इनमें से कौन–सा शब्द–युग्म सही नहीं है?
(a) कपास-सूती फैब्रिक (b) फ्लैक्स-धागे
(c) लिनन-रस्सी टाट व बोरे (d) इनमें से कोई नहीं

7. निम्न में से कौन–सा पशु रेशा है?
(a) कपास (b) हैम्प
(c) विस्कॉस (d) ऊन

8. कपड़े का मूल आधार क्या है?
(a) रेशा (b) कपास
(c) हैम्प (d) इनमें से कोई नहीं

9. निम्न में से क्या काली मिट्टी में पाया जाता है?
(a) विस्कॉस (b) सोना
(c) एस्बेस्टॉस (d) रेयॉन

10. रेयॉन का पौधा लगभग ... लम्बा होता है।
(a) 8 फीट (b) 4 फीट
(c) 10 फीट (d) 15 फीट

11. निम्न में से किस रेशे से बनी पोशाकें अग्निरोधी होती हैं?
(a) नायलॉन (b) एस्बेस्टॉस
(c) लिनन (d) कपास

12. निम्न में से कौन–से कृत्रिम रेशे को रसायनिक पदार्थों में तारकोल व कोयला मशीनों द्वारा तैयार किया जाता है?
(a) रेयॉन (b) लिनन (c) नायलॉन (d) एसीटेट

13. माइक्रोस्कोपिक यन्त्र द्वारा परीक्षण के दौरान निम्नलिखित में से कौन–सा रेशा मुड़ी हुई शीशे की नली के समान दिखाई देता है?
(a) रेशम (b) लिनन (c) रेयॉन (d) नायलॉन

14. डिजाइनदार सिलाई बनाने में किस रेशे का उपयोग किया जाता है?
(a) खनिज धागा (b) सूती धागा
(c) सिन्थेटिक धागा (d) रेशमी धागा

15. निम्नलिखित में से किसे टेरीकोट रील या पॉलिएस्टर रील भी कहा जाता है?
(a) खनिज धागा (b) सिन्थेटिक धागा
(c) ऊनी धागा (d) रेशमी धागा

16. रेशम किस वृक्ष पर पलने वाले कीटों से प्राप्त होता है?
(a) नीम (b) बरगद (c) शहतूत (d) शीशम

17. कौन–से रेशे को माइक्रोस्कोपिक यन्त्र द्वारा देखने पर यह लोभिये के सफेद दानों के समान दिखाई देता है?
(a) रेयॉन (b) नायलॉन
(c) ऐस्बेस्टॉस (d) कोपरामोनियम

18. निम्न में से बुनाई का प्रकार नहीं है
(a) प्लेन बुनाई (b) साटिन बुनाई (c) निटिंग बुनाई (d) ट्वील बुनाई

19. रेशे और धागे की प्रकृति पर किसका गुण सर्वाधिक निर्भर करता है?
(a) फैब्रिक (b) नायलॉन
(c) कपास (d) इनमें से कोई नहीं

20. गर्मी के मौसम में पहनने के लिए निम्न में से उपयुक्त फाइबर है
(a) पॉलिस्टर (b) कॉटन (c) ऊन (d) सिल्क

21. रेशों को उनके रासायनिक परीक्षण से सुमेलित कीजिए

सूची I (रेशे)	**सूची** II (रासायनिक परीक्षण के प्रभाव)
A. कपास	(i) कास्टिक सोडा का कुप्रभाव
B. लिनन	(ii) क्षार का प्रभाव नहीं
C. ऊनी	(iii) अम्ल का प्रभाव नहीं
D. रेशम	(iv) एसिड में जल जाता है

कोड

	A	B	C	D
(a)	(i)	(ii)	(iii)	(iv)
(b)	(iv)	(ii)	(i)	(iii)
(c)	(iii)	(iv)	(ii)	(i)
(d)	(iv)	(ii)	(iii)	(i)

22. क्रॉस स्टिच का प्रयोग किस प्रकार के कपड़ों में किया जाता है?
(a) नायलॉन (b) सूती
(c) सूती केसमेण्ट कपड़े पर (d) टेरीकॉट कपड़े पर

23. निम्न में से कौन-सा कपड़ा ठण्ड के लिये उपयुक्त होता है?
(a) कॉटन (सूती) (b) सिल्क
(c) पॉलिस्टर (d) ऊनी

24. निम्न में से किस धागे में लूप होते हैं?
(a) कॉर्क्सस्क्रू धागा (b) लूप धागा
(c) नॉट धागा (d) फैदर धागा

25. निम्न में से कौन-सा फैब्रिक बिना बुना हुआ है?
(a) काटन टी-शर्ट (b) डैनिम जीन्स
(c) टीशू पेपर (d) नीटिड स्वेटर

26. निम्नलिखित में से कौन-सा फैब्रिक कॉटन फाइबर से नहीं बनता है?
(a) सिल्क (b) कॉरडरॉय
(c) डेनिम (d) शिफॉन

27. निम्न में से किसकी सहायता से फैब्रिक का उल्टा या सीधा जाना जा सकता है?
(a) उत्पादन की मोहर देखकर (b) कपड़े की मोहर देखकर
(c) कपड़े की चमक देखकर (d) कपड़े की बनावट देखकर

28. निम्न में से कौन हस्त निर्मित फैब्रिक है?
(a) पॉलिस्टर (b) कॉटन
(c) सिल्क (d) ऊन

29. कमीज के कपड़ों के वजन की प्रकृति क्या होती है?
(a) अत्यधिक वजनदार (b) मध्यम
(c) वजनदार (d) हल्की

30. 'वर्स्टेड' नाम से जुड़े फाइबर की पहचान कीजिए
(a) पॉलिस्टर (b) कॉटन (c) ऊन (d) सिल्क

31. 'बर्न्स स्लो' किस प्रकार के कपड़े के लिए लागू होता है?
(a) पॉलिस्टर (b) कॉटन (c) सिल्क (d) ऊन

32. कौन-सा कपड़ा तन्तु रूप में नहीं होता है?
(a) पॉलिस्टर (b) नायलॉन
(c) कॉटन (d) ऊन

33. धागा-प्रकार का उनकी उपयोगिता से मिलान कीजिए

सूची I (धागा-प्रकार)	सूची II (उपयोगिता)
A. सूती	(i) कढ़ाई व डिजाइनदार सिलाई में
B. ऊनी	(ii) सूती पोशाक सिलाई में
C. रेशम	(iii) कढ़ाई में
D. खनिज	(iv) फायरप्रूफ पोशाक के निर्माण में

कोड

	A	B	C	D		A	B	C	D
(a)	(iv)	(ii)	(iii)	(i)	(b)	(i)	(iv)	(ii)	(iii)
(c)	(ii)	(iii)	(i)	(iv)	(d)	(iii)	(iv)	(ii)	(i)

34. टूटी सुई जैसी स्थिति से बचने के लिए सुस्पष्ट नीति है
(a) फैब्रिक के अनुसार संगत सुई का चयन
(b) नई सुई का चयन
(c) किसी भी साइज की सुई का चयन
(d) सुई के स्थान पर संगत फैब्रिक का चयन

35. विस्कॉस के अन्दर चमक लाने के लिए इसमें क्या मिलाया जाता है?
(a) रेयॉन (b) एसीटेट
(c) पॉलिस्टर (d) इनमें से कोई नहीं

36. निम्न कैम्ब्रिक कपड़ों में फैब्रिक की पहचान कीजिए
(a) पॉलिस्टर (b) कॉटन
(c) सिल्क (d) ऊन

37. मुस्लिन फैब्रिक में किस प्रकार की बुनाई की जाती है?
(a) ट्वील बुनाई (b) स्टेन बुनाई
(c) सादी बुनाई (d) मैट बुनाई

38. मनुष्य द्वारा कौन-सा फाइबर बनाया जाता है?
(a) कपास (b) रेशम
(c) ऊन (d) पॉलिस्टर

39. कौन-सा फैब्रिक बच्चों के लिये उपयुक्त है?
(a) डेनिम (b) नायलॉन
(c) नीटिड (d) पॉलिस्टर

40. लिनन फैब्रिक कितने सेमी तक श्रिंक होता है ?
(a) 5-10 सेमी (b) 14-18 सेमी
(c) 13-16 सेमी (d) इनमें से कोई नहीं

41. पटसन किस रेशे को दर्शाता है?
(a) खनिज (b) प्राकृतिक
(c) पशुओं द्वारा प्राप्त (d) इनमें से कोई नहीं

42. ऐस्बेस्टस की विशेषता क्या है?
(a) नमी दूर करना (b) शीघ्र जलना
(c) पारदर्शी होना (d) अग्निरोधक होना

43. हैम्प क्या है?
(a) खनिज (b) वस्त्र का एक प्रकार
(c) प्राकृतिक रेशा (d) इनमें से कोई नहीं

44. पॉलिस्टर जलने पर कैसा दिखाई देता है?
(a) राख के समान
(b) टूटे काँच की भाँति
(c) गीली गोंद की गोली के समान
(d) उपरोक्त में से कोई नहीं

45. सैल्वेज क्या है?
(a) कपड़ा (b) डार्ट
(c) 'a' और 'b' दोनों (d) कपड़े के थान की किनारी

46. गर्मियों में पहनने के लिए कौन-सा कपड़ा उत्तम है?
(a) नायलॉन (b) कॉटन
(c) एक्रेलिक (d) पोलीथिलिन

47. प्राकृतिक कपड़े बनाने के लिए कौन-सी सामग्री का उपयोग किया जाता है?
(a) स्टेपल्स (b) प्लास्टिक (c) रेशे (d) काँच

48. स्टेपल का सम्बन्धित नाम क्या है?
(a) प्राकृतिक फाइबर (b) मानव निर्मित फाइबर
(c) सिन्थेटिक फाइबर (d) अकार्बनिक फाइबर

49. निम्न में से कौन-सा यार्न किनारों से लम्बवत् होता है?
(a) वॉर्प (b) ग्रेन (c) वेफ्ट (d) बायस

50. कौन-से यार्न किनारों से समानान्तर होता है?
(a) वेफ्ट (b) वॉर्प
(c) ग्रेन (d) बायस

51. लम्बाई वार और चौड़ाई वार यार्न की प्रक्रिया क्या है?
(a) तन्तुओं का निर्माण (b) कपड़े का निर्माण
(c) बगैर बुना हुआ कपड़ा (d) यार्न का निर्माण

52. तने (stem) से कौन-सा फाइबर निर्मित होता है?
(a) कॉइर (b) जूट
(c) ऐस्बेस्टस (d) आर्मिड

53. किस प्रकार के कपड़ों में ग्रेन नहीं होता है?
(a) बुने हुए कपड़े (b) ट्वील कपड़ा बुना
(c) बिना बुना कपड़ा (d) सादा बुनाई कपड़ा

54. आयतकार इण्टरलाकिंग यार्न को क्या कहा जाता है?
(a) बुनाई (b) बुना हुआ
(c) गैर-बुना हुआ (d) स्टेन बुनाई

55. पौधों से प्राप्त फाइबर कौन-सा है?
(a) ऊन (b) नायलॉन
(c) कपास (d) पॉलिस्टर

56. 'X' के रूप में चिन्हित क्या प्रदर्शित करता है?

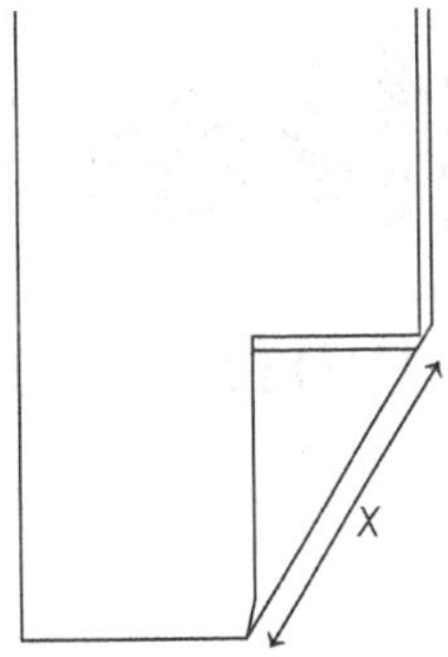

(a) ताना (b) कपड़ा (c) बायस (d) घनक्षेत्र

57. एक प्राकृतिक फाइबर कौन-सा है?
(a) पॉलिस्टर (b) नायलॉन (c) रेयान (d) ऊन

58. ट्वील बुनाई का उदाहरण है-
(a) लिनन (b) जरी वस्त्र (c) डेनिम (d) सूती वस्त्र

59. बिना-बुने हुए कपड़ों का उदाहरण क्या है?
(a) रेशम (b) फेल्ट (c) पॉलिस्टर (d) नायलॉन

60. कौन-सा कपड़ा बुना हुआ है?
(a) रेशम (b) मखमली (c) नायलॉन (d) पॉलिस्टर

उत्तरमाला

1. (a)	2. (c)	3. (c)	4. (b)	5. (c)	6. (c)	7. (d)	8. (a)	9. (b)	10. (a)
11. (b)	12. (c)	13. (a)	14. (d)	15. (b)	16. (c)	17. (d)	18. (c)	19. (a)	20. (b)
21. (d)	22. (c)	23. (d)	24. (b)	25. (c)	26. (a)	27. (d)	28. (b)	29. (b)	30. (c)
31. (a)	32. (d)	33. (c)	34. (a)	35. (a)	36. (b)	37. (c)	38. (d)	39. (c)	40. (a)
41. (b)	42. (d)	43. (d)	44. (c)	45. (d)	46. (b)	47. (c)	48. (a)	49. (c)	50. (b)
51. (b)	52. (b)	53. (c)	54. (a)	55. (c)	56. (c)	57. (d)	58. (c)	59. (b)	60. (b)

अध्याय 07

शारीरिक नाप

Body Measurement

पोशाकों की सही फिटिंग, उनकी कटाई तथा सिलाई पर ही निर्भर करती है। शरीर पर कपड़ा सही प्रकार से फिट हो इसके लिए आवश्यक है कि कपड़े की सिलाई तथा कटाई शारीरिक नाप को ध्यान में रख कर की जाए। पोशाकों की मार्किंग एवं कटिंग के लिए शरीर की सही नाप का ज्ञान होना महत्त्वपूर्ण है।

शरीर की नाप को सावधानीपूर्वक लिया जाना चाहिए। यदि पोशाकों की नाप सही प्रकार से न ली जाए तो पोशाक की सिलाई ठीक नहीं होगी तथा पोशाक शरीर पर सही तरह से फिट नहीं आएगी। इसीलिए एक फैशन डिजाइनर को नाप लेने की विधियों का ज्ञान होना चाहिए, जिससे किसी भी ग्राहक की पसन्द और सही फिटिंग की पोशाक आवश्यकतानुसार तैयार की जा सके।

अध्याय विषय सूची

7.1 नाप का महत्त्व Importance of Measurement

किसी भी व्यक्ति की पोशाक को बनाने से पूर्व उस व्यक्ति के शरीर की नाप लेना आवश्यक होता है, क्योंकि नाप लेने के पश्चात् ही पोशाक को फिनिश रूप देना आसान होता है। नाप से सम्बन्धित कुछ विशेष बातों को हमेशा ध्यान में रखना चाहिए। जो निम्न प्रकार हैं

(i) **समय की बचत हेतु** (For time saving) यदि टेलर नाप लेते समय नाप-पुस्तिका पर नाप ठीक प्रकार से नोट कर लेता है, तो इससे समय की बचत के साथ-साथ पोशाक निर्माण में सहायता भी मिलती है। इसके अतिरिक्त पोशाक की फिटिंग भी एक ही बार में अच्छी आती है।

(ii) **अच्छी फिटिंग हेतु** (For good fitting) पोशाकों के सही निर्माण हेतु प्रारम्भिक आवश्यकता शारीरिक नाप ही है, यदि पोशाकों की फिटिंग को ध्यान में रखकर कार्य करना है, तो आवश्यक है कि टेलर द्वारा व्यक्ति की नाप ठीक प्रकार से ली जाए और शरीर बनावट की विशेषताओं का निरीक्षण कर नोट करें तथा कटिंग कार्य भी उसी के अनुरूप करना हो। एक कुशल टेलर के लिए आवश्यक है कि वह नाप लेते समय पूर्ण सावधानी बरते तथा नाप को सावधानीपूर्वक नोट बुक में नोट करे।

(iii) **ग्राहक की पूर्ण सन्तुष्टि हेतु** (For full satisfaction of customer) एक कुशल टेलर के लिए आवश्यक है कि ग्राहक की सन्तुष्टि के लिए उसकी पोशाक का निर्माण उसकी इच्छा के अनुसार ही करे।

इसके लिए आवश्यक है कि टेलर को पता होना चाहिए कि कौन-सा फैब्रिक धुलने के बाद सिकुड़ेगा और कौन-सा नहीं, क्योंकि उसी के अनुसार ही शारीरिक नाप लेनी चाहिए। इसका लाभ यह है कि ड्रेस के पूर्ण रूप से डिजाइन होने के पश्चात् ग्राहक को कोई परेशानी नही होगी।

7.2 नाप लेने के तरीके
Measuring Techniques

नाप लेने के लिए टेलर द्वारा प्रचलित एवं उपयोगी माप निम्नलिखित हैं

1. छाती नाप 2. सीधा नाप

1. छाती की नाप प्रणाली
System of Chest Measurement

यह नाप लेने का सबसे सरल तरीका है, जिसमें छाती की नाप को आधार मानकर पोशाकों में कटिंग सम्बन्धी कार्य किया जाता है, इसी कारण इसे छाती नाप पद्धति भी कहा जाता है। इस प्रणाली का प्रयोग रेडीमेड गारमेन्ड फैक्ट्री में किया जाता है।

मुख्य रूप से नाप को शरीर के ऊपरी तथा नीचे के हिस्से में लागू किया जाता है। इनका विवरण निम्नवत् है

(i) शरीर के ऊपरी भागों की नाप
Measurements of Upper Parts of Body

पोशाक, ऊपर तथा नीचे, दोनों भागों में पहनी जाती है। ऊपर के भाग में पहनी जाने वाली पोशाकों की कटिंग 'छाती' की नाप के तथा नीचे पहनी जाने वाली पोशाकों की कटिंग 'सीट' या 'हिप' की नाप से की जाती है।

शरीर के ऊपर के भागों की नाप निम्न प्रकार ली जाती है

छाती Chest

छाती की नाप लेते समय मेजरिंग टेप (इंचीटेप) को दोनों बगलों के नीचे से निकालकर 1/2" वाला सिरा पकड़ते हुए दो अँगुली बीच में रखते हुए छाती की नाप ली जाता है। इसे निम्न चित्र में दर्शाया गया है। महिलाओं की पोशाक में; जैसे—ब्लाउज, शर्ट, कुर्ते आदि में वक्ष के ऊपरी भाग पर इंचीटेप से माप ली जाती है।

चित्र 7.1 छाती की नाप

कमर Waist

छाती व हिप के बीच का भाग जो पतला होता है, उसे ही कमर कहा जाता है। इसी जगह से नाप ली जाती है, परन्तु यदि किसी व्यक्ति की कमर का पता न लगे तो उसकी कोहनी, कमर पर टिकाकर कमर की सही नाप ली जाती है। स्त्रियों की कमर की नाप आगे की ओर से तथा पुरुषों की कमर का नाप पीछे की ओर से ली जाती है।

चित्र 7.2 कमर की गोलाई

हिप या सीट Hip or Seat

शरीर के पिछले भाग में जो उभरा हुआ स्थान होता है, वह हिप या सीट कहलाता है। स्त्रियों के लिए 'हिप' तथा पुरुषों के लिए 'सीट' शब्द का प्रयोग किया जाता है। इसकी नाप के लिए ग्राहक को दोनों पैरों पर बराबर खड़ा होना चाहिए तथा मेजरिंग टेप को हिप के चारों ओर घुमाकर इसके बीच में दो अँगुली रखकर नाप ली जाती है।

चित्र 7.3 हिप या सीट

एक्रॉस चेस्ट Across Chest

एक्रॉस चेस्ट को आड़ी छाती के नाम से भी जाना जाता है, इसकी नाप बाजू के एक जोड़ से दूसरे जोड़ तक ली जाती है। डैप्थ-ऑफ-साई पर झोल न आए इसके लिए दोनों बगल में स्क्वायर लगाकर नाप ली जाती है।

एक्रॉस बैक Across Back

इसे आधा बैक या कन्धा नाप भी कहते हैं। यह एक्रॉस चेस्ट के विपरीत दिशा में ली जाने वाली नाप है। यह नाप कन्धे से 4 इंच नीचे चौड़ाई में रीढ़ की हडडी के मध्य से लेते हैं। पुरुषों में तीरे तथा एक्रॉस बैक में अन्तर होता है, इसलिए दोनों की नाप ली जाती है। बगल में स्क्वायर लगाकर गर्दन के ऊपर से 4" नीचे चौड़ाई तक जहाँ स्क्वायर स्पर्श कर रहा है। वहाँ तक नाप ली जाती है।

तीरा Shoulder

कन्धे की एक साइड से दूसरी कन्धे की साइड तक ली जाने वाली नाप तीरा कहलाती है। सामान्य रूप से वस्त्रों की सुन्दरता व फिटिंग तीरे की सही नाप पर भी निर्भर होती है।

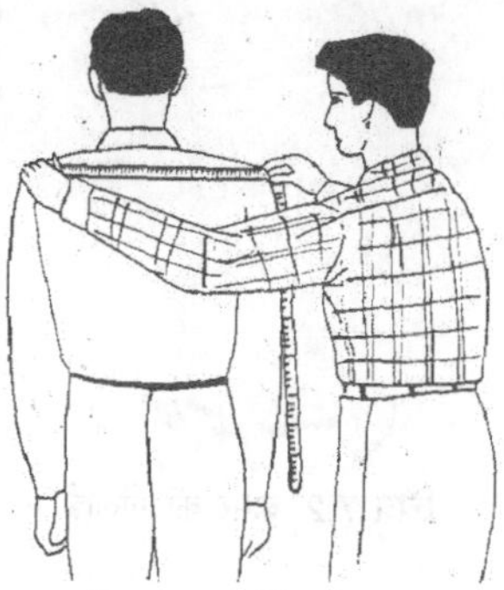

चित्र 7.4 तीरे की नाप

गला Neck

गले की नाप लेते समय मेजरिंग टेप को गले के चारों ओर डालकर मेजरिंग टेप के बीच में अँगुली रखकर नापी जाती है। इस नाप के द्वारा कॉलर भी बनाए जाते हैं।

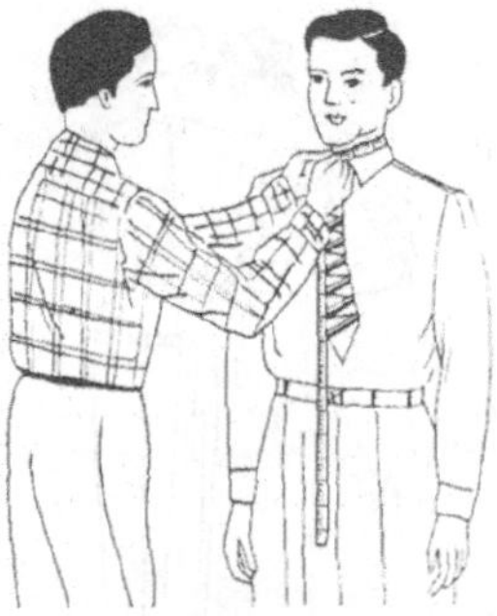

चित्र 7.5 गले की नाप

बाजू की लम्बाई Sleeve Length

बाजू की लम्बाई ग्राहक की इच्छानुसार ली जाती है। इसका प्रयोग करते समय लम्बाई के नापों में 3" वाली लम्बी पत्ती की ओर से मेजरिंग टेप का प्रयोग करना चाहिए।

चित्र 7.6 बाजू की लम्बाई

आधा तीरा सहित बाजू Sleeve with Half Shoulder

इसे नापते समय मेजरिंग टेप को गर्दन के पीछे रखते हुए कन्धे की हड्डी से कोहनी तथा कोहनी से कलाई तक की नाप ली जाती है। इसकी नाप कोट के लिए ली जाती है। इस प्रकार नाप लेते समय नाप पुस्तिका में कोहनी तक अलग तथा कोहनी के नीचे अलग नाप लिखनी चाहिए, इससे पोशाक को आकार देना ओर भी आसान हो जाता है।

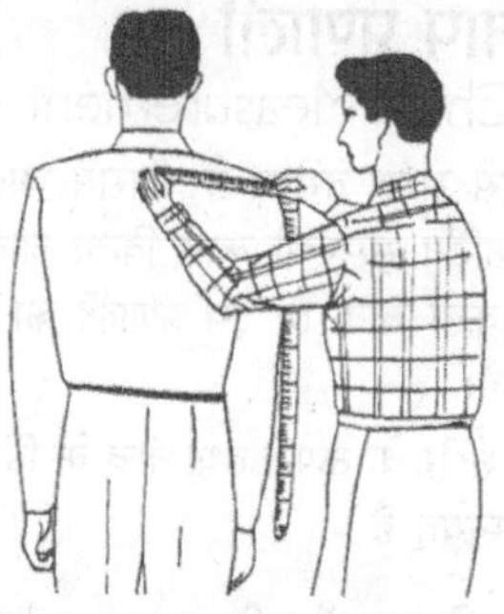

चित्र 7.7 आधा तीरा सहित बाजू

कन्धे से कमर Shoulder to Waist

पुरुषों में पीछे से गर्दन के मध्य वाली हड्डी से कमर तक एवं स्त्रियों में आगे कन्धे व गर्दन वाले जोड़ के प्वॉइण्ट (नेक प्वॉइण्ट) से कमर तक नाप लेते हैं।

बाजू की मोहरी Sleeve Bottom

आस्तीन की लम्बाई जहाँ तक ली जाती है, वहीं से मोहरी की नाप लेनी चाहिए।

पूरी लम्बाई Full Length

पूरी लम्बाई की नाप लेते समय सदैव लम्बाई गर्दन से प्रारम्भ करते हैं तथा जहाँ तक लम्बाई लेनी हो, वहाँ चिन्ह लगा देते हैं।

(ii) शरीर के निचले भागों की नाप
Measurement of Downward Parts of Body

शरीर के नीचे के पूर्ण लम्बाई (complete length) शरीर के निचले भार की पूर्ण नाप कूल्हे की हड्डी से लेकर पाँव के गट्टे तक ली जाती है। शरीर के निचले भागों की नाप निम्न प्रकार ली जाती है

चित्र 7.8 पूर्ण लम्बाई की नाप

घुटना Knee

पोशाको को सिलने से पूर्व ग्राहक की इच्छानुसार या फैशन के अनुसार नाप ली जाती है, परन्तु घुटना हर समय मुड़ता है, इसलिए बहुत अधिक तंग नाप नहीं लेनी चाहिए, इससे फैब्रिक फट सकता है। इसका प्रयोग अधिकतर चूड़ीदार पायजामे, ब्रिजिस, बैलबॉटम आदि में किया जाता है।

मोहरी Bottom

ग्राहक की इच्छानुसार या फैशन के अनुसार ही मोहरी की नाप रखनी चाहिए। मेजरिंग टेप को पैर के चारों ओर घुमाकर इस नाप को लिया जाता है। यह नाप सलवार, पायजामा, पैन्ट आदि के लिए ली जाती है।

चित्र 7.9 मोहरी की नाप

पिण्डली Calf

घुटने से नीचे उभरे हुए भाग को पिण्डली कहा जाता है। इसकी नाप लेते समय अपनी दो अँगुलियों को पिण्डली पर रखकर नापा जाता है, जिससे बहुत अधिक तंग होने से परेशानी नहीं होती। इस प्रकार की नाप चूड़ीदार पायजामा, ब्रिजिस आदि में ली जाती है।

जाँघ तक की लम्बाई Length upto Thigh

इसकी नाप जाँघिया, बच्चों के निक्कर आदि के लिए ली जाती है। अर्थात् जिस स्थान पर बाँधते हैं, उस स्थान से लेकर जहाँ तक लम्बाई लेनी है वहाँ तक नापते हैं।

(गिदरी)

चित्र 7.10 जाँघ तक की लम्बाई

गिदरी की नाप Length of Legs

पैन्ट, पायजामे आदि के नीचे के भाग की लम्बाई को पैरों की लम्बाई कहा जाता है।

पैरों की नाप लेते समय विशेषकर मेजरिंग टेप का 3" वाला टुकड़ा प्रयोग करते हैं तथा दोनों टाँगों को सटाकर, जहाँ से दोनों टाँगें अलग होती हैं, वहाँ से नाप ली जाती है, ग्राहक की इच्छानुसार यह नाप ली जाती है।

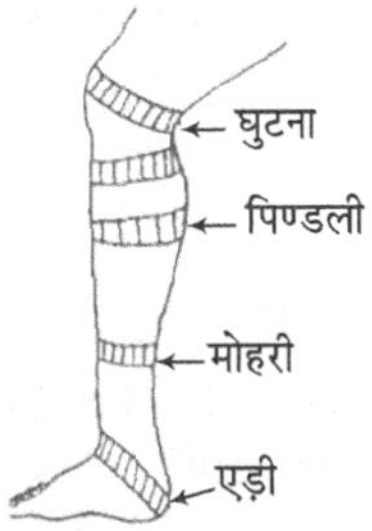

चित्र 7.11 नीचे की क्रमबद्ध नापें

2. सीधा नाप

Direct Measurement

इस विधि के द्वारा शरीर के सभी अंगों की नाप लेते हैं। इसके लिए विशेष प्रकार के टेप का प्रयोग किया जाता है, जिसे सी.पी.जी. टेप के नाम से भी जाना जाता है।

इसकी सहायता से एक ही बार में कई नापें ली जा सकती हैं; जैसे—डैप्थ-ऑफ-साई, बॉडी राइज्ड, तीरा तथा लम्बाई आदि।

सीधी नाप प्रणाली

Direct Measurement System

इस प्रणाली के अन्तर्गत निम्न प्रकार से नाप ली जाती हैं

छाती Chest

छाती की नाप कोट उतरवाकर शर्ट के ऊपर से लेते हैं। इस नाप को लेने के लिए मेजरिंग टेप को बगल में लगाकर दो अँगुलियों को बीच में रखा जाता है, तब नाप ली जाती है।

- **आड़ी छाती** यह नाप बगल के बिन्दु से ली जाती है। शर्ट, कुर्त्ते के ऊपर से नाप लेने पर $\frac{1}{2}''$ नाप में अधिक रखते हैं।
- **डैप्थ-ऑफ-साई** सी.पी.जी. टेप से यह नाप लेते समय पीठ की ओर खड़े होकर गर्दन पर मेजरिंग टेप का मध्य भाग रखकर, आगे की ओर छोड़ दें तथा अपने दोनों हाथ बगल के नीचे से लाकर मेजरिंग टेप के लटके भाग को बगल से स्पर्श करते हुए पीछे की ओर लाएँ। उसको रीढ़ की हड्डी तक नापने से बगल की गोलाई आ जाती है। उस नाप में $\frac{1}{2}''$ नाप अधिक रखते हैं।

अगला कन्धा Front Shoulder

बगल के नीचे L-स्क्वायर रखते हुए मेजरिंग टेप को नैप ऑफ नैक पर रखकर अगले कन्धे तक नापें जहाँ स्क्वायर है। उस नाप में $\frac{3"}{4}$ नाप अधिक करते हैं।

कन्धे के ऊपर Over Shoulder

अगले कन्धे के समान ही बगल से स्क्वायर लगाकर मेजरिंग टेप को बैकबोन के अगले कन्धे तक लाकर नापते हैं। उस नाप में $\frac{3"}{4}$ अधिक करते हैं।

कन्धे के नीचे Under Shoulder

मेजरिंग टेप को नैप ऑफ नेक अर्थात् कन्धे के पीछे रखकर बगल में ले जाकर रीढ़ पर नाप लेते हैं तथा उसमें 1" नाप अधिक रखते हैं।

उपरोक्त नापों में अधिक करने का उल्लेख है। यह उसी स्थिति में करेंगे जब नाप कोट के ऊपर से नहीं ली गई हो। यदि नाप कोट के ऊपर से ली गई है, तो अधिक नहीं करेंगे। उक्त विवरण में हमने देखा कि यदि गहराई से देखकर नाप लेंगे, तो किसी भी व्यक्ति के शरीर पर पोशाक की फिटिंग ठीक आएगी। इसके लिए आवश्यकता केवल सूक्ष्म निरीक्षण की ही होती है।

तालिका शरीर की माप सम्बन्धी कुछ संक्षिप्त शब्द

क्र.सं.	शरीर की माप	संक्षिप्त शब्द
1.	प्राकृतिक कमर	NW
2.	पूरी लम्बाई	FL
3.	कंधे	SH
4.	बाजू की लम्बाई	SL
5.	बाजू की मोहरी	SB
6.	चेस्ट	CH
7.	बस्ट	B
8.	कमर	W
9.	हिप	H
10.	गला	N
11.	एक्रॉस चेस्ट	ACH
12.	एक्रॉस बैक	AB
13.	बस्ट का लेवल	BL
14.	पैर की लम्बाई	LL
15.	आन्तरिक पैर की लम्बाई	ILL
16.	घुटने की लम्बाई	KnL
17.	बॉडी राइज	BR
18.	घुटने का घुमाव	RKn
19.	कफ की गोलाई	RC
20.	मोहरी	RB

7.3 नाप का पैमाना Scale of Measurement

जिस व्यक्ति की पोशाक बनानी है, वह सामान्य व्यक्ति के शरीर से किस प्रकार भिन्न है, टेलर को सूक्ष्म दृष्टि से शारीरिक निरीक्षण अवश्य कर लेना चाहिए। असामान्य व्यक्ति की पोशाक के लिए 'पैमाना विधि' से कटिंग की जाती है।

पैमाना विधि द्वारा छोटी नाप को बड़ा व बड़ी नाप को छोटा किया जा सकता है। नापों का पैमाना, छाती या हिप का $2 \times \left(\frac{1}{3} + 6"\right)$ का सिद्धान्त माना जाता है। पैमाना 36 इंच से अधिक छाती या सीट के लिए व 24 इंच से कम छाती या सीट के लिए निकाला जाता है। सामान्य छाती या सीट का $12 + 6 = 18"$ पैमाना होता है।

पैमाने का प्रयोग केवल 'डैप्थ-आफ-साई' अर्थात् मुड्ढों के लिए या नीचे की पोशाकों में आसन की लम्बाई (bodyrise) निकालने में किया जाता है।

नाप निकालने के लिए निम्न दो तरीके होते हैं

1. **बड़ों के लिए** $= 2\left[\frac{1}{3}\text{ छाती} + 6"\right]$ = मुड्ढे की गहराई

   बच्चों के लिए $= 2\left[\frac{1}{3}\text{ छाती} + 5"\right]$ = मुड्ढे की गहराई

- यदि छाती का साइज 48" है तो

$$= 2\left[\frac{48}{3} + 6"\right] = 2\,(16 + 6") = 2\,(22") = 44" \text{ छाती}$$

अब 44" छाती मानकर डैप्थ ऑफ साई निकालते हैं।

बच्चों के लिए

- यदि छाती का साइज 21" है तो

$$= 2\left[\frac{21}{3} + 5"\right] = 2\,(7 + 5") = 2\,(12")$$

$$= 24" \text{ छाती}$$

उपरोक्त दोनों नापों में कपड़ा काटते समय हमें जो परिवर्तन करना है, वह केवल डैप्थ ऑफ साई के लिए ही परिवर्तित छाती वाला नाप लेना है। बाकी स्थानों के लिए वास्तविक नाप 48"/21" ही लेना होगा। इसी तरह आसन की लम्बाई अर्थात् बॉडीराइज (bodyrise) को निम्न प्रकार निकालते हैं

2. **बड़ों के लिए** $= \frac{H}{4} + 3"$

   बच्चों के लिए $= \frac{H}{4} + 2\frac{1}{2}"$

- यदि हिप 48" है, तो आसन की लम्बाई (bodyrise)

$$= \frac{48}{4} + 3" = 12 + 3" = 15" \text{ लेनी चाहिए।}$$

- यदि हिप 21" है तो आसन की लम्बाई (bodyrise)

$$= \frac{21}{4} + 2\frac{1}{2}" = 5\frac{1}{4} + 2\frac{1}{2}" = 7\frac{3}{4}" \text{ आएगी।}$$

7.4 नाप चार्ट Measurement Chart

पोशाकों को सिलने से पूर्व उम्र के अनुसार, विभिन्न नापों की आवश्यकता होती है, निम्न तालिकाओं में बच्चों, युवक, पुरुषों, युवतियों एवं महिलाओं की नाप दी गई हैं

तालिका बच्चों की नापें

आयु	छाती	कमर	हिप	तीरा	गला	बाजू	कन्धे से कमर	फ्रॉक की लम्बाई	निकर की लम्बाई	स्लैक्स की लम्बाई
1 वर्ष	18" (46 सेमी)	18" (46 सेमी)	18" (46 सेमी)	8" (20 सेमी)	9" (23 सेमी)	10" (25 सेमी)	7" (18 सेमी)	15"-16" (38-41 सेमी)	8" (20 सेमी)	16"–18" (41–46 सेमी)
1-2 वर्ष	20" (51 सेमी)	20" (51 सेमी)	20" (51 सेमी)	$8\frac{1''}{2}$ (22 सेमी)	$9\frac{1''}{2}$ (25 सेमी)	11" (28 सेमी)	$7\frac{1''}{2}$ (19 सेमी)	16"-18" (41–46 सेमी)	9" (23 सेमी)	18"–20" (46–51 सेमी)
3-4 वर्ष	22" (56 सेमी)	22" (56 सेमी)	22" (56 सेमी)	9" (23 सेमी)	10" (25 सेमी)	12" (31 सेमी)	8" (21 सेमी)	21"– 22" (51–56 सेमी)	10" (25 सेमी)	20"–22" (51–56 सेमी)
5-6 वर्ष	24" (61 सेमी)	22" (56 सेमी)	24" (61 सेमी)	10" (25 सेमी)	11" (23 सेमी)	14" (36 सेमी)	9" (23 सेमी)	24" (60 सेमी)	12" (31 सेमी)	22"–24" (56–61 सेमी)
7-8 वर्ष	26" (66 सेमी)	23" (58 सेमी)	28" (71 सेमी)	11" (26 सेमी)	$11\frac{1''}{2}$ (29 सेमी)	17" (43 सेमी)	10"(25 सेमी)	26" (66 सेमी)	13" (33 सेमी)	26"–28" (66–71 सेमी)
9-10 वर्ष	27" (68 सेमी)	24" (61 सेमी)	30" (79 सेमी)	12" (31 सेमी)	$12\frac{1''}{2}$ (32 सेमी)	19" (48 सेमी)	$11\frac{1''}{2}$ (29 सेमी)	28" (71 सेमी)	14" (37 सेमी)	28"–30" (71–76 सेमी)
11-12 वर्ष	28" (71 सेमी)	24"-25" (61–64 सेमी)	32" (81 सेमी)	13" (33 सेमी)	13" (33 सेमी)	21" (54 सेमी)	13" (33 सेमी)	30" (77 सेमी)	$14\frac{1''}{2}$ (37 सेमी)	30"–32" (76–81 सेमी)

तालिका युवतियों व महिलाओं की नापें

आयु	छाती	कमर	हिप	तीरा	गला	बाजू	कन्धे से कमर	फ्रॉक की लम्बाई	ब्लाउज की लम्बाई
13-14 वर्ष	30" (76 सेमी)	25" (64 सेमी)	33" (84 सेमी)	13" (33 सेमी)	13" (33 सेमी)	21" (54 सेमी)	13" (33 सेमी)	32"–34" (81 – 86 सेमी)	$13\frac{1''}{2}$ (35 सेमी)
15-16 वर्ष	32" (81 सेमी)	26" (66 सेमी)	35" (89 सेमी)	$13\frac{1''}{2}$ (35 सेमी)	13" (35 सेमी)	22" (56 सेमी)	$13\frac{1''}{2}$ (35 सेमी)	35" (89 सेमी)	$13\frac{1''}{2}$ (35 सेमी)
17-18 वर्ष	33" (84 सेमी)	$26\frac{1''}{2}$ (67 सेमी)	36" (91 सेमी)	$13\frac{1''}{2}$ (35 सेमी)	$13\frac{1''}{2}$ (35 सेमी)	22" (56 सेमी)	$13\frac{1''}{2}$ (35 सेमी)	36" (91 सेमी)	14" (36 सेमी)
19-20 वर्ष	34" (86 सेमी)	27" (69 सेमी)	37" (94 सेमी)	14" (36 सेमी)	14" (36 सेमी)	22" (56 सेमी)	14" (36 सेमी)	37" (94 सेमी)	14" (35 सेमी)
21-22 वर्ष	35" (88 सेमी)	$27\frac{1''}{2}$ (70 सेमी)	38" (97 सेमी)	14" (36 सेमी)	14" (36 सेमी)	$22\frac{1''}{2}$ (58 सेमी)	$14\frac{1''}{2}$ (37 सेमी)	38" (97 सेमी)	$14\frac{1''}{2}$ (37 सेमी)
22-24 वर्ष	36" (91 सेमी)	28" (11" सेमी)	40" (102 सेमी)	14" (36 सेमी)	14" (36 सेमी)	23" (58 सेमी)	15" (38 सेमी)	40" (102 सेमी)	15" (38 सेमी)

तालिका किशोरों, युवकों एवं पुरुषों की नापें

आयु	छाती	कमर	हिप	एक्रॉस बैक	तीरा	गला	बाजू	कन्धे से कमर	कमीज की लम्बाई	बुशर्ट की लम्बाई	निक्कर की लम्बाई	पैन्ट की लम्बाई	गिदरी की लम्बाई
13-14 वर्ष	30" (76 सेमी)	27" (69 सेमी)	33" (84 सेमी)	$6\frac{1}{2}$" (17 सेमी)	15" (38 सेमी)	$13\frac{1}{2}$" (34 सेमी)	22" (56 सेमी)	14" (66 सेमी)	28" (71 सेमी)	26" (66 सेमी)	15" (38 सेमी)	36"-37 (91-94 सेमी)	26-27" (66 – 69 सेमी)
15-16 वर्ष	32" (81 सेमी)	28" (71 सेमी)	34" (86 सेमी)	$6\frac{3}{4}$" (17 सेमी)	16" (41 सेमी)	$13\frac{3}{4}$" (35 सेमी)	$22\frac{1}{2}$" (57 सेमी)	$14\frac{1}{2}$" (57 सेमी)	29" (74 सेमी)	27"(69 सेमी)	$15\frac{1}{2}$" (39 सेमी)	38" (97 सेमी)	28" (71 सेमी)
16-17 वर्ष	33" (84 सेमी)	29" (74 सेमी)	35" (89 सेमी)	7" (18सेमी)	$16\frac{1}{2}$" (42 सेमी)	14" (36 सेमी)	15" (59 सेमी)	15" (38 सेमी)	30" (76 सेमी)		16" (41 सेमी)	39" (99 सेमी)	$28\frac{1}{2}$" (72 सेमी)
18-19 वर्ष	34" (86 सेमी)	30" (76 सेमी)	36" (91 सेमी)	$7\frac{1}{4}$" (19 सेमी)	17" (43 सेमी)	$14\frac{1}{2}$" (37 सेमी)	$23\frac{1}{2}$" (60 सेमी)	$15\frac{1}{2}$" (39 सेमी)	$30\frac{1}{2}$" (76 सेमी)	28" (71 सेमी)	$16\frac{1}{2}$" (42 सेमी)	40" (102 सेमी)	29" (74 सेमी)
20-21 वर्ष	35" (89 सेमी)	31" (79 सेमी)	37" (94 सेमी)	$7\frac{1}{2}$" (19 सेमी)	$17\frac{1}{2}$" (45 सेमी)	$14\frac{1}{2}$" (37 सेमी)	24" (61 सेमी)	16" (41 सेमी)	31" (79 सेमी)	29" (74 सेमी)	17" (43 सेमी)	41" (104 सेमी)	$29\frac{1}{2}$" (75 सेमी)
22-24 वर्ष	36" (91 सेमी)	32" (81 सेमी)	38" (97 सेमी)	8" (20 सेमी)	18" (46 सेमी)	15" (38 सेमी)	24" (61 सेमी)	$16\frac{1}{2}$" (42 सेमी)	32" (82 सेमी)	30" (76 सेमी)	$17\frac{1}{2}$" (45 सेमी)	42" (107 सेमी)	30" (76 सेमी)

अलग-अलग शारीरिक रचनाओं के अनुरूप इन नापों में परिवर्तन भी किये जा सकते हैं, किन्तु फिर भी पुरूष, महिलाओं व बच्चों की नापों की उपरोक्त सारणियों से यह समझा जा सकता है कि आयु के अनुसार व्यक्ति की नापों में कैसे-कैसे बढ़ोतरी होती है। परन्तु ये कोई आवश्यक नहीं है कि इतनी आयु में यही नापें मानक (standard) हो, जितनी सारणी में दी गई है। नापों का बढ़ना व घटना व्यक्ति की शरीर की संरचना, खान-पान, जलवायु व कार्य पर निर्भर करता है।

7.5 नाप सम्बन्धी सावधानियाँ Precautions Related to Measurement

शारीरिक नाप सम्बन्धित प्रमुख सावधानियाँ निम्नलिखित हैं

1. शारीरिक बनावट के साथ प्रचलित फैशन, डिजाइन, फिटिंग तथा ग्राहक की पसन्द का ध्यान रखना चाहिए।
2. पोशाकों को सिलने से पहले नाप सदैव व्यक्ति के शरीर की ही लेनी चाहिए, परन्तु पोशाक द्वारा ही नाप लेना आवश्यक हो, तो वस्त्र के सिकुड़ने और शारीरिक जरूरत के अनुसार मार्जिन रखना चाहिए।
3. नाप लेते समय शारीरिक बनावट को ध्यान में रखकर ही नाप ली जाती है। इसके लिए नाप देने वाले व्यक्ति को दोनों पैर जोड़कर सीधा खड़ा किया जाता है, ताकि यह पता लगाया जा सके कि उस व्यक्ति की शारीरिक संरचना सामान्य है अथवा असामान्य। पोशाक की कटिंग के समय असामान्य नाप का अधिक ध्यान रखा जाता है, जिससे पोशाक की फिटिंग में कोई दोष न आए।
4. नाप के अन्तर्गत, गोलाइयाँ घेर नापते समय टेप को पकड़ने में एक अँगुल की ढील से कम या ज्यादा नहीं रखना चाहिए।
5. नाप लेते समय मेजरिंग टेप उलटना नहीं चाहिए, अन्यथा गलत लिखे नाप से पोशाक की कटिंग ठीक प्रकार से नहीं हो पाएगी।
6. नाप लेते समय सदैव ग्राहक के दाईं ओर खड़े होकर दाहिने हाथ में मेजरिंग टेप लेकर बाएँ हाथ की सहायता से नाप लेना चाहिए।
7. नाप लेते समय सभी नापों को नाम-पुस्तिका पर क्रमानुसार लिखना चाहिए।
8. नाप लेते समय कोट, स्वेटर आदि उतार कर नाप लेना चाहिए अन्यथा नापों में अन्तर आ सकता है।

महत्त्वपूर्ण प्रश्नोत्तरी

1. पोशाक तैयार करने के लिए नाप क्यों आवश्यक है?

उत्तर नाप ही वह उपाय है, जिसके द्वारा किसी भी ग्राहक की पसन्द और आवश्यकता के अनुसार, पोशाक तैयार की जा सकती है।

2. यदि किसी व्यक्ति की उसकी पोशाक द्वारा ही नाप लेनी आवश्यक हो, तो किन बातों का ध्यान रखना चाहिए?

उत्तर यदि किसी व्यक्ति की उसकी पोशाक द्वारा ही नाप लेना आवश्यक हो, तो वस्त्र के सिकुड़ने और शारीरिक जरूरत के अनुसार मार्जिन रखना चाहिए।

3. महिलाओं के परिधानों में मुड्ढे की नाप अलग क्यों रखी जाती है?

उत्तर महिलाओं के परिधानों में मुड्ढे की नाप विशेष रूप से अलग रखनी पड़ती है, क्योंकि स्त्रियों के कुछ पहनावे फिटिंग के होते हैं, तो कुछ पोशाकें ढीली होती हैं। इसलिए वस्त्रों के अनुसार मुड्ढे की नाप रखी जाती है।

4. नाप लेने के क्रम में चौड़ाई की नाप किस प्रकार ली जाती है?

उत्तर चौड़ाई की नाप में तीरा अर्थात् कन्धा, एक्रॉस बैक, एक्रॉस चैस्ट आदि की नाप ली जाती है।

5. नाप लेने की सामान्य विधियाँ लिखिए।

उत्तर नाप लेने की दो सामान्य विधियाँ हैं
1. छाती नाप 2. सीधा नाप 3. वस्त्र अधारित नाप

6. एक्रॉस बैक को एक पंक्ति में बताएँ।

उत्तर एक्रॉस बैक को आड़ी पीठ या आड़ा कन्धा के नाम से जाना जाता है।

7. बच्चों के निक्कर बनाने के लिए किसकी नाप लेनी आवश्यक होती है?

उत्तर बच्चों के निक्कर बनाने के लिए बच्चों की जाँघ की लम्बाई की नाप लेनी आवश्यक होती है।

8. नीचे की पोशाकों में बॉडीराइज किस तरह निकाला जाता है?

उत्तर बॉडीराइज, सीट का 1/3+2 रखा जाता है। सीट 36" का 1/3 + 2 = 14 बॉडीराइज की लम्बाई निकलती है।

अभ्यास प्रश्न

परीक्षा प्रारूपी प्रश्न

बहुविकल्पीय

1. निम्न में से किस कारण हेतु नाप लेने की आवश्यकता होती है?
(a) समय की बचत (b) सही फिटिंग
(c) ग्राहक की सन्तुष्टि (d) ये सभी

2. नाप लेते समय नाप देने वाले व्यक्ति को दोनों पैर जोड़कर सीधा क्यों खड़ा किया जाता है?
(a) शारीरिक संरचना को समझने के लिए
(b) पोशाक का पैटर्न बनाने हेतु
(c) शरीर की मोटाई देखने के लिए
(d) उपरोक्त में से कोई नहीं

3. नाप लेते समय मेजरिंग टेप उलटना नहीं चाहिए, क्योंकि ....।
(a) कटिंग में दोष आ जाता है
(b) लम्बाई ठीक से ज्ञात नहीं होती
(c) गले का घेरा ठीक नहीं बनता
(d) तीरे की लम्बाई अज्ञात रह जाती है

4. सीधी नाप के लिए निम्न में से उपयुक्त औजार निम्न में से कौन-सा है?
(a) मेजरिंग टेप (b) सी.पी.जी. टेप
(c) मीटर स्टिक (d) टाँग मापन टेप

5. छाती व हिप के बीच का भाग जो पतला होता है, उसे किस नाम से जानते हैं?
(a) कमर (b) तीरा
(c) पिण्डली (d) इनमें से कोई नहीं

6. एक यार्ड .... मीटर के बराबर होता है।
(a) 2.45 (b) 0.9144
(c) 1.905 (d) 30.4

7. किसी परिधान के 'क्रॉस चेस्ट' और 'क्रॉस बैक' के कम या अधिक होने पर किसमें अन्तर करना पड़ता है?
(a) मुड्ढे की लम्बाई में (b) मुड्ढे की चौड़ाई में
(c) मुड्ढे की गहराई में (d) इनमें से कोई नहीं

8. बच्चों का सिर और पैर अपेक्षाकृत बड़ा होता है। बड़े सिर के लिए कम रखी जाती है।
(a) गले की पट्टी (b) तीरा
(c) बटन पट्टी (d) आस्तीन की पट्टी

9. गले का नाप लेते समय मेजरिंग टेप को .... नाप लेनी चाहिए।
(a) गले के चारों ओर रखकर (b) गले के दाईं ओर रखकर
(c) गले के बाईं ओर रखकर (d) सभी तरह से रखकर

10. जहाँ से आस्तीन की लम्बाई ली जाती है, वहीं से किसकी नाप लेनी होगी?
(a) मोहरी (b) कमर गहराई (c) कलाई (d) घुटना

11. पिण्डली घुटने के किस भाग को कहते हैं?
(a) नीचे उभरे भाग (b) ऊपर उभरे भाग
(c) दोनों तरफ उभरे भाग (d) इनमें से कोई नहीं

12. किसकी लम्बाई लेने से कमर की फिटिंग अच्छी आती है?
(a) जाँघ तक की लम्बाई (b) कमर तक की लम्बाई
(c) फुल पोशाक की लम्बाई (d) इनमें से कोई नहीं

13. वस्त्रों की नाप किस प्रकार लेनी चाहिए?
(a) हाथों से (b) मीटर स्केल से
(c) नाप के टूल व उपकरण से (d) ये सभी

14. नाप लेते समय लम्बाई की नाप मेजरिंग टेप के किस भाग की तरफ लेनी चाहिए?
(a) मेजरिंग टेप के छोटे (1/2) की तरफ ऊपर से
(b) मेजरिंग टेप के बड़े भाग (3") की तरफ से
(c) मेजरिंग टेप के बीच से
(d) उपरोक्त में से कोई नहीं

15. डांगरी क्या है?
(a) कढ़ाई के टाँके का नाम
(b) एक प्रकार का कुर्ता
(c) एक प्रकार का पायजामा
(d) शरीर के ऊपरी तथा निचले हिस्से में पहनने की जुड़ी पोशाक

16. घुटने से पिण्डली तक कौन-कौन से वस्त्रों की लम्बाई नापी जाती है?
(a) फ्रॉक की
(b) ड्रेसिंग गाउन तथा ओवरकोट की
(c) कुर्ते की
(d) पैन्ट की

17. भारतीय मानक के अनुसार, भारतीय पुरुषों की सामान्य लम्बाई होती है
(a) 5' 4" (b) 5' 6" (c) 5' 8" (d) 5' 10"

18. कॉलर बनाने के लिए किस भाग की नाप ली जाती है?
(a) तीरा (b) एक्रॉस चेस्ट (c) गला (d) कन्धा

19. बाजू की लम्बाई की नाप ली जाती है
(a) तीरे से (b) कन्धे की हड्डी से
(c) बाजू की मोहरी से (d) गले से

20. घुटने की नाप किस वस्त्र के लिए ली जाती है?
(a) बैलबॉटम (b) ब्रिजिस
(c) चूड़ीदार पायजामा (d) ये सभी

21. बाजू की लम्बाई के लिए किस संक्षिप्त शब्द का प्रयोग किया जाता है?
(a) SH (b) FL (c) SL (d) SB

22. महिलाओं की बॉडी के नाप को किस नाम से जानते हैं?
(a) छाती नाप (b) वस्त्र नाप
(c) प्रत्यक्ष नाप (d) 'a' और 'c'

23. प्रत्यक्ष नाप का प्रयोग होता है?
(a) रेडीमेड गारमेन्ट फैक्ट्री में (b) प्रशिक्षण केन्द्र में
(c) टेलर की दुकान पर (d) इनमें से कोई नहीं

24. बॉडी राइज निकालते हैं
(a) बूढ़ों की (b) बच्चों की
(c) कारप्यूलेन्ट आकृति की (d) 'b' और 'c' दोनों।

25. फोर्क पीस लगता है?
(a) पैन्ट में (b) कोट में (c) पायजामे में (d) शेरवानी में

26 सामान्यतः पैमाने का उपयोग किया जाता है
(a) 36" से अधिक छाती हेतु (b) 24" से कम छाती हेतु
(c) 'a' और 'b' दोनों (d) इनमें से कोई नहीं

27. 42" सीट के लिए बॉडीराइज की लम्बाई होगी
(a) $13\frac{1}{2}$" (b) 16" (c) 18" (d) 20"

28. अगले कन्धे का नाप लेते समय उसे कितना अधिक रखते हैं?
(a) (1/2)" (b) (1/4)" (c) (4/3)" (d) (3/4)"

29. शारीरिक नापों का बढ़ना व घटना निम्न में से किस कारक पर निर्भर करता है?
(a) शरीर की संरचना पर (b) खान-पान पर
(c) जलवायु पर (d) ये सभी

30. शारीरिक नाप लेते समय
(a) ग्राहक के बाएँ ओर खड़ा होना चाहिए
(b) मेजरिंग टेप उलटते रहना चाहिए
(c) ग्राहक के दाएँ ओर खड़ा होना चाहिए
(d) स्वेटर पहनाकर नाप लेना चाहिए

31. नेप से कमर तक के पीठ पर माप का संक्षिप्त नाम क्या है?
(a) SL (b) NW (c) CH (d) AB

32. गर्दन बिन्दु से कमर लाइन तक नाप ली जाती है
(a) पूरी लम्बाई (b) प्राकृतिक कमर
(c) बाँह की लम्बाई (d) छाती के एक्रॉस

33. शरीर के माप के लिए क्या महत्त्वपूर्ण है?
(a) परिपूर्णता (b) अच्छी फिनिशिंग
(c) अच्छी फिटिंग (d) आसानी से आलेखन

34. पैटर्न बनाने में 'KnL' क्या है?
(a) पैर की लम्बाई (b) भीतरी पैर की लम्बाई
(c) घुटने की लम्बाई (d) गोल घुटना

उत्तरमाला

1. (d)	2. (a)	3. (b)	4. (a)	5. (a)	6. (b)	7. (b)	8. (c)	9. (a)	10. (a)
11. (a)	12. (b)	13. (c)	14. (a)	15. (d)	16. (b)	17. (b)	18. (c)	19. (b)	20. (d)
21. (c)	22. (b)	23. (c)	24. (d)	25. (a)	26. (a)	27. (a)	28. (b)	29. (d)	30. (c)
31. (b)	32. (b)	33. (c)	34. (c)						

अध्याय 08

सिलाई मशीन एवं ओवरलॉक मशीन

Sewing Machine and Overlock Machine

अध्याय विषय सूची

आज से सैकड़ों वर्ष पूर्व सिलाई का कार्य हाथ द्वारा ही सम्पन्न किया जाता था। इससे कार्य में परिश्रम व समय, दोनों ही अधिक लगते थे। इसी कारण शोध कार्य द्वारा नई तलाश प्रारम्भ हुई। सन् 1790 में **थॉमस सेंट** (Thomas Saint) ने पहली सिलाई मशीन बनाई थी।

सिलाई मशीन एक प्रकार की मशीन है, जिसका प्रयोग धागे की सहायता से फैब्रिक को सिलने में किया जाता है। मशीनों के चलन ने मानव जीवन को सरल व सुगम बना दिया है। आज प्रत्येक क्षेत्र में मशीनों का ही चलन है। उन्हीं मशीनों में से एक है—सिलाई मशीन।

सिलाई व्यवसाय में सिलाई मशीन बहुत महत्त्वपूर्ण उपकरण है, क्योंकि हाथ से सिलाई करने की तुलना में सिलाई मशीन द्वारा सिलाई करने से पर्याप्त सफाई आती है तथा कम समय में अधिक काम भी होता है। आज के समय में सिलाई मशीन हर घर में महत्त्वपूर्ण साधन बन गई है।

8.1 सिलाई मशीनों के प्रकार Types of Sewing Machines

पोशाकों एवं वस्त्रों को सिलने का कार्य सिलाई मशीन के द्वारा ही सम्पन्न होता है, कार्यों के आधार पर ये निम्न तीन प्रकार की होती हैं

1. **हस्त चालित सिलाई मशीन** (Hand sewing machine) हाथ से चलाई जाने वाली मशीन को हस्त चालित मशीन कहा जाता है। इसका उपयोग घरेलू कार्यों को करने के लिए किया जाता है। इसके प्रयोग के लिए कम जगह की आवश्यकता होती है। इसे सदैव चौकी या पटरे पर रखकर ही काम किया जाता है। पंजाब राज्य में हाथ की मशीन का प्रयोग अधिक किया जाता है। उदाहरण—ऊषा, रीटा, मैरिट आदि।
2. **पैर चालित मशीन** (Tradle sewing machine) पैर से चलाई जाने वाली मशीन को पैर की मशीन कहते हैं। यह मशीन, टेबल पर फिट रहती है। हाथ की मशीन की तुलना में पैर वाली मशीन से काम शीघ्रता एवं अधिक सफाई से होता है। इसे चलाने के लिये विद्युत की आवश्यकता नहीं होती है। इस पर कार्य करते समय दोनों हाथ खाली रहने से कपड़े को सरकाने आदि में सहायता मिलती है।
3. **विद्युत चालित मशीन** (Electric sewing machine) बिजली से चलने वाली मशीन को विद्युत चालित मशीन के नाम से जाना जाता है। यह मशीन उपरोक्त दोनों मशीनों से तेज चलती है। इस कारण इस मशीन का प्रयोग कारखानों में किया जाता है। इस मशीन में एक रेगुलेटर लगा होता है जिसका प्रयोग मशीन की गति को कम/अधिक करने के लिए किया जाता है।

सिलाई मशीन के विभिन्न मॉडल
Different Models of Sewing Machine

वर्तमान समय में विभिन्न मॉडल की सिलाई मशीनें बाजार में उपलब्ध हैं। विभिन्न मॉडल अपने कार्य के आधार पर उन्हीं नामों से जाने जाते हैं, जिस कार्य में उसका उपयोग किया जाता है। सिलाई मशीन से सम्बन्धित विभिन्न मॉडल निम्न हैं—

1. फैमिली मॉडल
2. टेलर मॉडल
3. लिंक मॉडल
4. सिंगर मॉडल
5. स्ट्रीमलाइन मॉडल

इन मशीनों के अतिरिक्त उद्योगों में प्रगति के लिए निम्न मशीनों का भी प्रयोग किया जाता है—

(i) **शर्ट या पैन्ट प्लाण्ट मशीनें** (Shirt or pant plant machine) यह प्लाण्ट मुख्य रूप से पैन्ट या शर्ट को बनाने के लिए लगाया जाता है। इसमें पैन्ट तैयार करने के लिए सभी भाग अलग-अलग मशीन से तैयार किए जाते हैं और अन्त में सभी भागों को जोड़कर पैन्ट या शर्ट को तैयार कर लिया जाता है। पैन्ट प्लाण्ट में केवल जेन्ट्स पैन्ट या शर्ट ही तैयार की जाती है।

(ii) **फ्लाइंग मशीन** (Flying machine) फ्लाइंग मशीन की गति अति तीव्र होती है, इससे एक दिन में 100 (सौ) जीन्स सरलता से तैयार की जाती हैं।

(iii) **बैल्ट फिक्सिंग मशीन** (Belt fixing machine) इसकी सहायता से पैन्ट, जीन्स आदि में बैल्ट लगाई जाती है तथा मशीन द्वारा बैल्ट की सफाई अतिशीघ्र की जाती है।

(iv) **पैडिंग मशीन** (Padding machine) इस मशीन का प्रयोग गर्म कोट के कॉलर जिसे नैपिल कहते हैं, बुकरम देकर पैडिंग के टाँके के लिए होता है। यह टाँका हाथ द्वारा भी लगाया जाता है, परन्तु उसमें समय अधिक लगता है। इसी कारण बड़ी-बड़ी फैक्ट्रियों में पैडिंग मशीन के द्वारा कार्य किया जाता है।

(v) **ओवरलॉक मशीन** (Overlock machine) आजकल प्रत्येक कपड़ा अन्दर से ओवरलॉक किया होता है। इस मशीन से पहले सिलाई वाले किनारे को ओवरलॉक करने के बाद ही सिलाई की जाती है। जेन्ट्स पोशाकों या जिन पोशाकों के धागे अधिक निकलते हैं, उनके किनारों पर ओवरलॉक स्टिच किया जाता है। इस मशीन में 1 से 4 सुइयाँ प्रयोग की जाती हैं। इस मशीन की गति 8500 rpm तक होती है।

(vi) **डबल नीडिल मशीन** (Double needled machine) इसमें दो सुइयाँ लगी होती हैं। जहाँ दो समानान्तर सिलाइयाँ करनी हों, वहाँ इसी सिलाई मशीन का प्रयोग किया जाता है। इसमें सीधी व उल्टी दोनों ओर से सिलाई दिखाई देती है। दो सिलाइयाँ एक साथ होने के कारण कार्य शीघ्रता से हो जाता है। इससे बखिया की चौड़ाई भी समान आती है।

(vii) **बटन होल मशीन** (Button hole machine) इस मशीन का प्रयोग बटन का काज काटने तथा बनाने के लिए किया जाता है। इसमें विभिन्न नाप की डाइयाँ लगी होती हैं। शर्ट, पैन्ट, कोट, जिसका भी काज बनाना हो, उसको डाई पर फिट करके सुई के नीचे मशीन में जिस स्थान पर काज बनाना हो रख देते हैं और मशीन चलते ही तुरन्त काज बन जाता है। इनका उपयोग बड़े-बड़े कारखानों में किया जाता है। इसके अतिरिक्त लघु उद्योग के तौर पर लोग बटन होल्स मशीन लगा लेते हैं, इन्हीं से दर्जी काज बनवाते हैं।

(viii) **बटन लगाने की मशीन** (Button fixing machine) इस मशीन के द्वारा बटन लगाये जाते हैं। इस मशीन से कार्य बहुत शीघ्रता से होता है। छिद्र के अनुसार बटन दो प्रकार के होते हैं

(a) दो छिद्र वाले (b) चार छिद्र वाले

अत: जिस प्रकार के बटन लगाने हों, मशीन में उसी प्रकार के छिद्र वाले पुर्जे लगाने पड़ते हैं। मशीन में सुई के नीचे बटन रखकर चलाने से बटन स्वयं ही लग जाने के बाद मशीन रुक जाती है।

(ix) **जिग-जैग मशीन** (Zig-zag machine) यह डाई फिट मशीन है, इसमें जैसी डाई फिट की जाएगी वैसा ही टाँका आने लगता है। इसकी सुई बाएँ-दाएँ दोनों ओर चलती है। जिग-जैग रेगुलेटर नॉब की सहायता से छोटा-बड़ा किया जा सकता है।

इस मशीन पर नम्बर लिखे होते हैं। इस मशीन द्वारा सीधी तथा जिग-जैग दोनों प्रकार की सिलाइयाँ की जाती सकती हैं।

(x) **फैशन मेकर** (Fashion maker) फैशन मेकर के द्वारा एक साथ अनेक कार्य किए जा सकते हैं; जैसे—सिलाई करना, डबल सिलाई लगाना, पेच बनाना, काज बनाना इत्यादि। इसके अतिरिक्त इसके द्वारा फ्रिल कढ़ाई, फ्रिल हेम, पीको कार्य किए जाते हैं।

(xi) **बारटैक मशीन** (Bartech machine) यह मशीन भी बिजली से चलाई जाती है। इसके द्वारा जीन्स के पॉकेट व फ्लाई आदि आवश्यक स्थानों पर टाँके लगाए जाते हैं।

8.2 सिलाई मशीन के भाग
Parts of Sewing Machine

टेलरिंग के विद्यार्थियों को एवं टेलर को सिलाई मशीन के सभी पुर्जों की जानकारी रखना अत्यन्त आवश्यक है। मशीन का निर्माण कई प्रकार के पुर्जों से मिलकर होता है।

इसके मुख्य भाग शीर्ष (head), बैड (bed) तथा स्टैण्ड (stand) हैं।

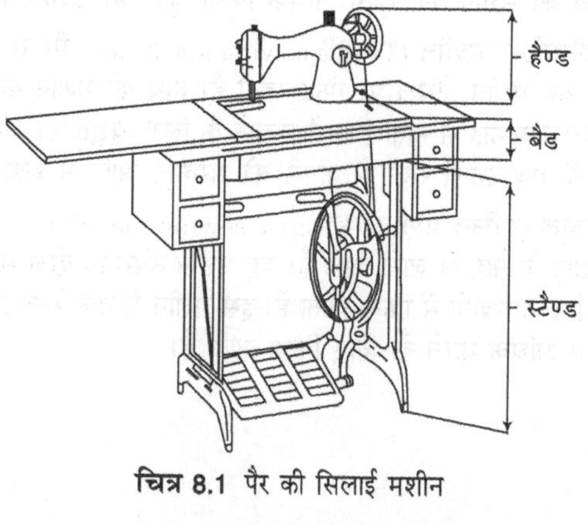

चित्र 8.1 पैर की सिलाई मशीन

निम्न चित्र में हस्त सिलाई मशीनं को दर्शाया गया है।

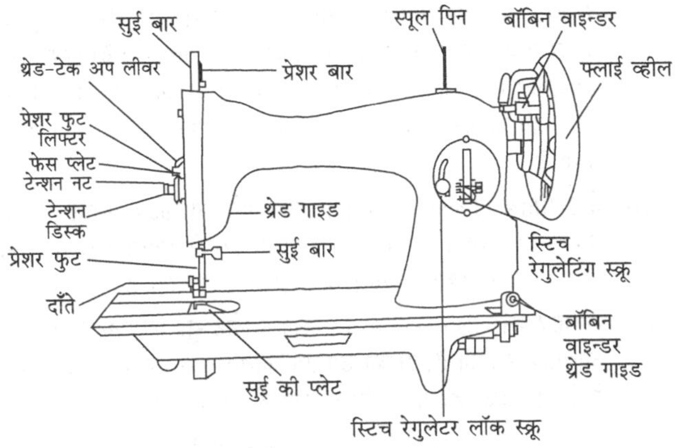

चित्र 8.2 सिलाई मशीन

उपरोक्त प्रदर्शित सिलाई मशीन में शीर्ष तथा बैड ऊपरी भागों के अन्तर्गत आते हैं, जो प्रत्येक सिलाई मशीन में होता है, जबकि स्टैण्ड पैर की मशीन में ही होता है। सिलाई मशीन के विभिन्न भागों का विवरण निम्नवत् है

1. शीर्ष   2. बैड   3. स्टैण्ड

1. शीर्ष Head

यह मशीन का सबसे ऊपरी भाग होता है। इसके अन्तर्गत निम्न भाग आते हैं—

(i) **हाथ पहिया** (Hand wheel) इसे फ्लाई व्हील (fly wheel) भी कहा जाता है। हाथ की मशीन में इसे हत्थी द्वारा चलाया जाता है, जबकि पैर की मशीन में इसे बैल्ट द्वारा चलाते हैं।

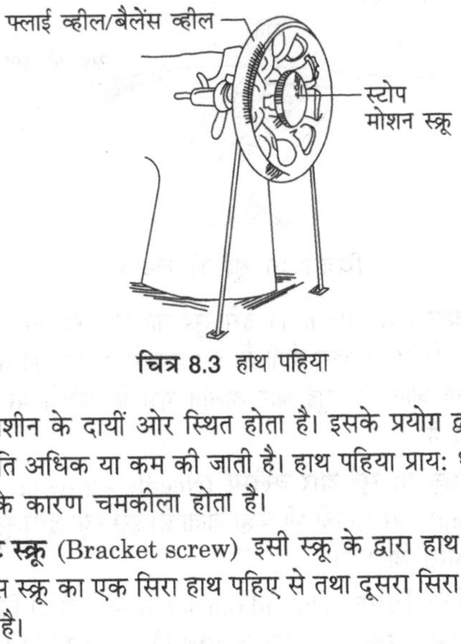

चित्र 8.3 हाथ पहिया

यह मशीन के दायीं ओर स्थित होता है। इसके प्रयोग द्वारा ही मशीन की गति अधिक या कम की जाती है। हाथ पहिया प्रायः धातु से निर्मित होने के कारण चमकीला होता है।

(ii) **ब्रेकेट स्क्रू** (Bracket screw) इसी स्क्रू के द्वारा हाथ पहिया घूमता है। इस स्क्रू का एक सिरा हाथ पहिए से तथा दूसरा सिरा हत्थी से जुड़ा होता है।

(iii) **हैण्डिल** (Handle) हाथ की मशीन चलाने के लिए हैण्डिल (हत्थी) बहुत उपयोगी होती है। यह लकड़ी की बनी होती है। इसके द्वारा मशीन हाथ की मशीन को चलाने का कार्य किया जाता है।

चित्र 8.4 हैण्डिल

(iv) **ड्राइवर लीवर** (Driver lever) हैण्डिल के साथ एक क्लैम्प लगा होता है। इस क्लैम्प को हाथ पहिए अर्थात् व्हील में फँसाया जाता है। इसकी सहायता से हाथ पहिया घूमता है।

(v) **स्टोप-मोशन नट** (Stop-motion nut) इस नट के द्वारा हाथ पहिए को नियन्त्रित रखा जाता है। यह हाथ पहिए में हैण्डिल के साथ लगा होता है। यह मशीन का सबसे बड़ा नट होता है। बॉबिन भरते समय इस नट को ढीला कर दिया जाता है, जिससे हाथ पहिया केवल बॉबिन को ही घुमाएँ।

(vi) **गियर** (Gear) हैण्डिल के भीतरी भाग में दो गरारियाँ होती हैं, एक छोटी, दूसरी बड़ी। हैण्डिल (handle) बड़ी गरारी को घुमाता है और बड़ी गरारी छोटी गरारी के दाँतों को घुमाती है। छोटी गरारी ब्रैकेट स्क्रू को घुमाती है। इस प्रक्रिया से हाथ पहिया घूमता है और सम्पूर्ण मशीन को गति देता है।

(vii) **स्पूल पिन्स** (Spool pins) मशीन के ऊपर मध्य भाग में दो कीलें कुछ अन्तर पर लगीं होती हैं, जिन्हें स्पूल पिन्स (खूँटियाँ) कहा जाता है। इनका प्रयोग सिलाई करते समय धागे की रील लगाने के लिए किया जाता है।

(viii) **बॉबिन वाइन्डर** (Bobbin winder) यह एक बेलनाकार नली के समान होता है। इसका प्रयोग बॉबिन में धागा भरने के लिए किया जाता है। धागा भरने के लिए बॉबिन को इस पर चढ़ाया जाता है तथा इसमें लगी पत्ती को दबाया जाता है जिससे बॉबिन घूमती है।

चित्र 8.5 बॉबिन वाइन्डर

(ix) **वाइन्डर रबर** (Winder rubber) बॉबिन वाइन्डर के साथ एक रबर लगी होती है, जिसके द्वारा बॉबिन घूमती है।

(x) **स्टिच रेगुलेटर स्क्रू** (Stitch regulator screw) बॉबिन वाइन्डर के नीचे बाईं ओर एक स्क्रू लगा होता है, जिसे स्टिच (बखिया) रेगुलेटर स्क्रू कहा जाता है। इसके द्वारा स्टिच (बखिया) की लम्बाई को छोटा-बड़ा किया जा सकता है।

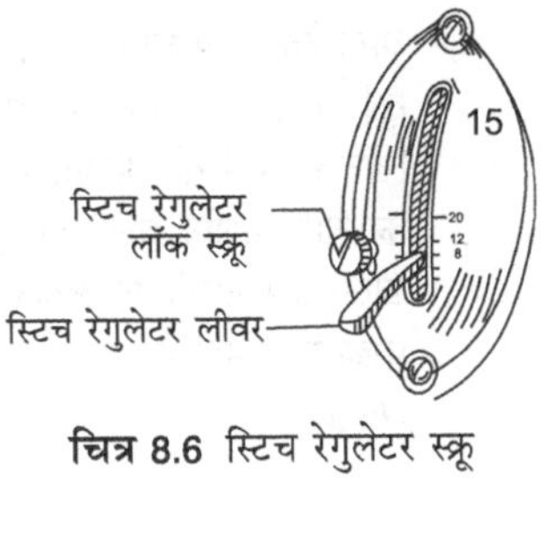

चित्र 8.6 स्टिच रेगुलेटर स्क्रू

(xi) **प्रेशर बार** (Pressure bar) यह एक रॉड के आकार का भाग होता है। इसमें प्रेशर फुट जुड़ा होता है। इसके द्वारा कपड़े पर दबाव डालने का कार्य किया जाता है।

(xii) **प्रेशर फुट** (Pressure foot) इसकी सहायता से कपड़े पर दबाव डाला जाता है। यह कपड़े को सही से आगे बढ़ाने का कार्य करता है।

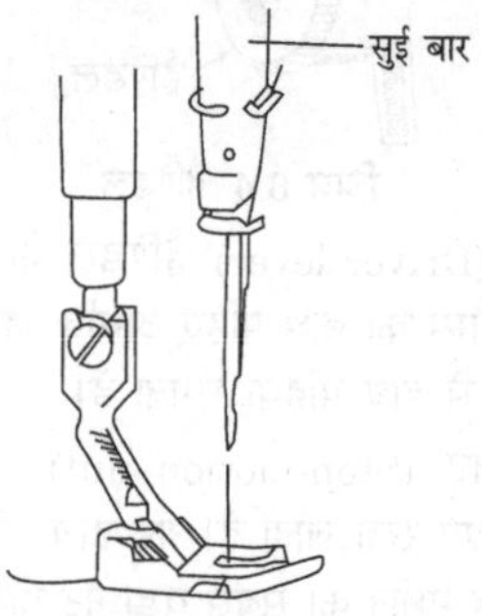

चित्र 8.7 प्रेशर फुट

(xiii) **प्रेशर फुट स्क्रू** (Pressure foot screw) यह एक स्क्रू (screw) होता है। इसकी सहायता से प्रेशर फुट पर दबाव की मात्रा को नियन्त्रित किया जाता है। इस स्क्रू द्वारा प्रेशर फुट को प्रेशर बार से जोड़ा जाता है।

(xiv) **प्रैशर बार स्क्रू** (Pressure bar screw) इस पेंच को कपड़े का दबाव कम या अधिक करने के लिए घुमाया जाता है। इसके अतिरिक्त इससे प्रेशर फुट कसने का कार्य भी किया जाता है।

(xv) **फेस प्लेट स्क्रू** (Face plate screw) यह एक छोटा-सा पेंच है, जिसके द्वारा प्लेट को फिक्स किया जाता है।

(xvi) **प्रैशर फुट लिफ्टर** (Pressure foot lifter) प्रेशर फुट लिफ्टर एक लीवर की तरह होता है। यह भी प्रेशर बार से जुड़ा होता है। प्रेशर फुट को ऊपर तथा नीचे करने का काम करता है। अत: एक स्क्रू के द्वारा प्रेशर फुट का सम्बन्ध प्रेशर बार से होता है।

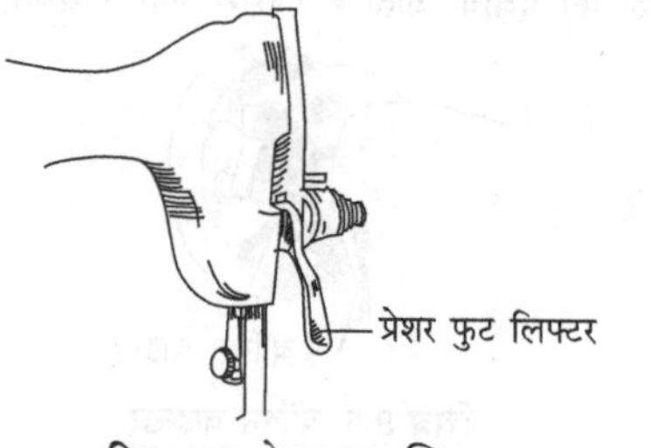

चित्र 8.8 प्रेशर फुट लिफ्टर

(xvii) **थ्रेड टेक अप लीवर** (Thread take up lever) टेन्शन डिस्क से धागा टेक-अप लीवर (take-up lever) में होता हुआ थ्रेड गाइड से सुई में डाला जाता है। इसके ऊपर-नीचे होने से धागा टेन्शन से खिंचकर सुई को मिलता है। यदि इसमें धागा न डाला जाए, तो सुई का धागा मशीन चलते ही छूट जाएगा। अत: इसमें धागा अवश्य ही डालें। इसे नथनी या लवलवी भी कहते हैं। टेक अप लीवर के दो मुख्य कार्य होते हैं सुई को धागा देना तथा शटल से बने लूप को टाइट रखना।

(xviii) **टेन्शन स्टड** (Tension stud) टेन्शन स्टड स्प्रिंग को ढीला करने व कसने का कार्य करता है। यह फेस प्लेट में लगा होता है। इसके अन्दर टेन्शन डिश, टेन्शन स्प्रिंग, टेन्शन नट आदि होते हैं। इनसे धागे का दबाव एक-सा रहता है। यदि वह ढीला हो जाता है, तो नीचे की ओर धागे के गुच्छे आने लगते हैं और यदि कसा हो तो धागा टूट जाता है।

(xix) **थ्रेड गाइड** (Thread guide) यह धागे को गाइड करता है। यह फेस प्लेट नीडिल बार में लगा होता है। इसकी सहायता से धागे की दिशा सीध में रहती है तथा धागा इधर-उधर नहीं होता।

(xx) **स्लाइड प्लेट** (Slide plate) स्लाइड प्लेट सुई की प्लेट के बराबर आयताकार होती है, इसका उपयोग बॉबिन केस निकालने या लगाने में किया जाता है। यह नीडिल प्लेट से जुड़ा होता है।

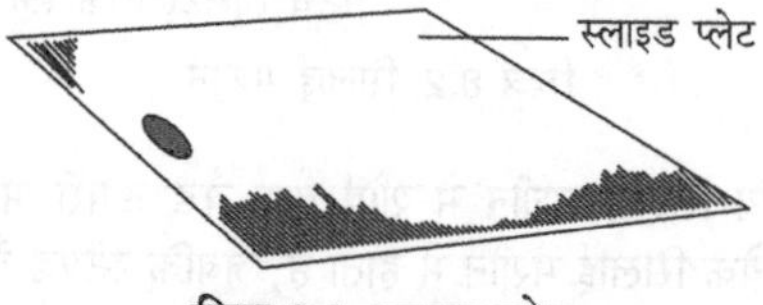

चित्र 8.9 स्लाइड प्लेट

(xxi) **सुई** (Niddle) सिलाई करने का महत्त्वपूर्ण उपकरण सुई है। सुई के छिद्र में धागा डाला जाता है और कपड़ों की सिलाई की जाती है।

(xxii) **सुई की प्लेट** (Niddle plate) सुई के नीचे एक अर्द्धवृत्ताकार प्लेट लगी होती है, उसे नीडिल प्लेट के नाम से जाना जाता है। इसके छिद्र में दो छेद बने होते हैं। एक छिद्र से सुई अन्दर की ओर जाती है और दूसरे में कढ़ाई की प्लेट लगाई जाती है

(xxiii) **दाँते** (Feed dog) ये सुई प्लेट के नीचे दो स्क्रू द्वारा लगे होते हैं। इनका प्रयोग सिलाई करते समय कपड़े को आगे खींचने के लिए किया जाता है।

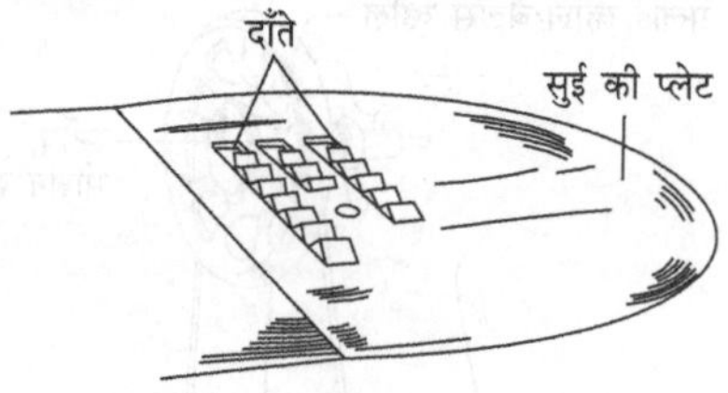

चित्र 8.10 सुई की प्लेट व दाँते

(xxiv) **सुई बार** (Needle bar) इसे सुई का गज भी कहा जाता है। यह स्टील से निर्मित छड़ होती है। इस छड़ में ही सुई को क्लैम्प के द्वारा लगाया जाता है। सुई बार अर्थात् गज के चलने पर ही सुई गति करती है।

(xxv) **सुई स्क्रू या सुई बार क्लैम्प** (Needle screw or needle bar clamp) इसे चुटकी भी कहा जाता है। इस स्क्रू द्वारा सुई बार में सुई को कसा जाता है।

(xxvi) **थ्रेड टेंशन डिस्क** (Thread tension disc) ये दो डिस्क होती हैं। इन दोनों डिस्क के कसाव के मध्य ही धागे की गति नियन्त्रित रखी जाती है।

थ्रेड टेंशन डिस्क को निम्न चित्र में दर्शाया गया है।

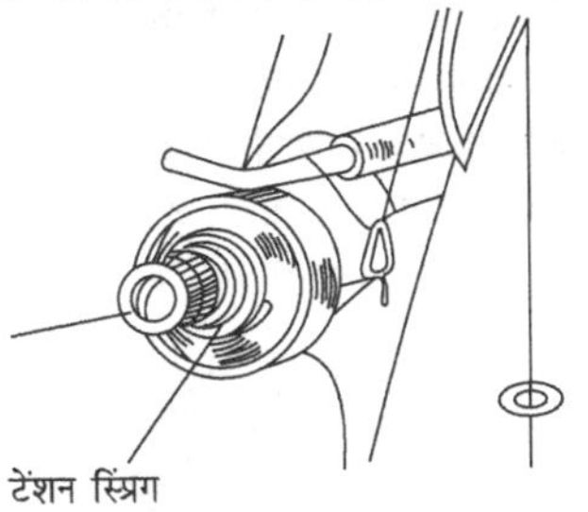

चित्र 8.11 थ्रेड टेंशन डिस्क

(xxvii) **फेस प्लेट** (Face plate) यह मशीन के बाएँ ओर लगी लोहे की सफेद चमकीली प्लेट होती है। यह प्लेट सुई बार (needle bar), प्रेशर बार (pressure bar) तथा थ्रेड टेक अप लीवर (thread take up lever) तक तेल पहुँचाने का मार्ग उपलब्ध कराती है।

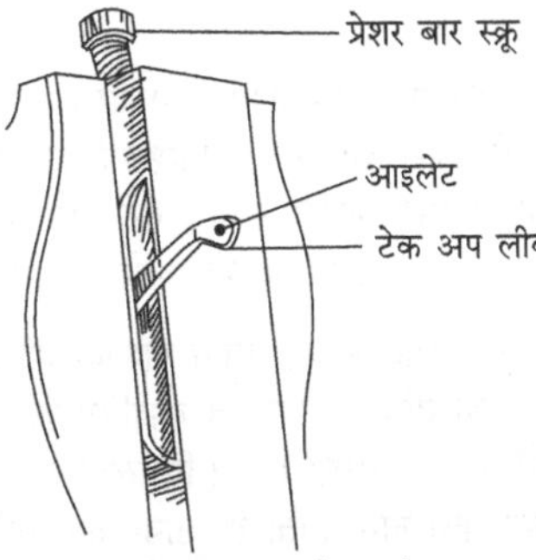

चित्र 8.12 फेस प्लेट

2. बैड Bed

यह भाग सिलाई मशीन के दाँते के नीचे होता है। इसके अन्तर्गत निम्नलिखित भाग सम्मिलित हैं

(i) **बॉबिन** (Bobbin) बॉबिन को 'फिरकी' के नाम से भी जाना जाता है। बॉबिन में धागा भरा जाता है, इसमें लगभग 130 मीटर धागा आ जाता है।

(ii) **बॉबिन केस** (Bobbin case) जिस डिब्बी में फिरकी या बॉबिन को लगाया जाता है, उस डिब्बे को बॉबिन केस कहा जाता है। इसमें एक पत्ती लगी होती है, जो धागे को ढीला व कसा छोड़ती है।

(iii) **लैच** (Letch) बॉबिन केस को निकालते व लगाते समय बाएँ हाथ की तर्जनी अँगुली से बॉबिन केस में लगी, जिस पत्ती को खींचते हैं, वह लैच कहलाती है।

(iv) **शटल** (Shuttle) जिसमें बॉबिन केस को लगाया जाता है, वह शटल कहलाता है। इसमें एक छोटी कील निकली होती है, उसकी नोंक घिस जाने पर मशीन ठीक प्रकार से कार्य नहीं करती।

(v) **शटल रेस** (Shuttle race) यह अर्द्धचक्राकार आकृति की होती है। इसमें ऊपर की ओर एक पत्ती लगी होती है, जिसमें सुई आने-जाने के लिए खाँचा बना होता है। यदि पत्ती में खाँचा पड़ जाता है तो धागा टूटने लगता है।

(vi) **शटल ड्राइवर** (Shuttle driver) शटल के ऊपरी भाग को शटल ड्राइवर कहा जाता है। यह चमकीला होता है। मशीन चलने के समय यह सिर्फ आधा चक्कर लगाता है।

(vii) **शटल रेस स्प्रिंग** (Shuttle race spring) यह एक मोटे पेंच के साथ शटल ड्राइवर में स्थिर होता है। यह रेस को रोकने में तथा रिंग को नियन्त्रित करने का कार्य करता है।

(viii) **शाफ्ट** (Shaft) इसके प्रयोग द्वारा मशीन के दाँते तथा शटल ड्राइवर को घुमाया जाता है।

(ix) **रोटरी हुक असेम्बली** (Rotary hook assembly) इसकी सहायता से बॉबिन केस को पकड़ा जाता है।

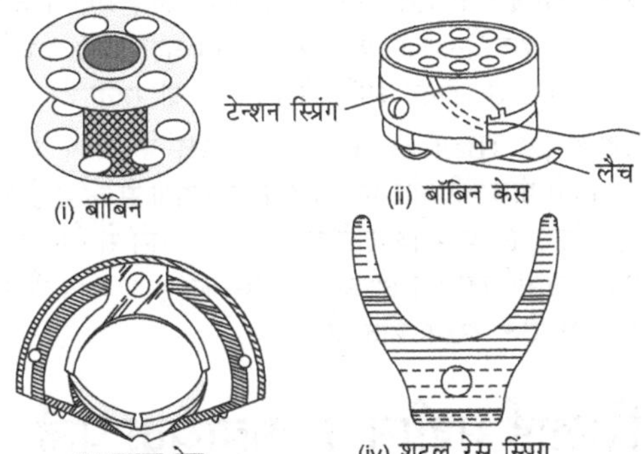

चित्र 8.13 सिलाई मशीन के बैड के भाग

3. स्टैण्ड Stand

यह मशीन का निचला भाग होता है। इस भाग में मशीन के शीर्ष (head) तथा बैड (bed) को जोड़ने के लिए कब्जों (hinges) पर पेंच लगे होते हैं। इसके अन्तर्गत निम्नलिखित भाग सम्मिलित हैं

(i) **लोहे का ढाँचा** (Iron stand) यह लोहे का बना एक उपकरण है, जिसे मशीन का पैर भी कहा जाता है। इसी ढाँचे पर मशीन लगाई जाती है।

(ii) **मध्य की छड़** (Center brace) यह इस प्रकार फिट की जाती है कि दोनों टाँगें इससे जुड़ी रहती हैं। इसी में एक प्लेट बीच में लगी होती है, जिसमें कम्पनी का नाम अंकित रहता है। इसकी ऊँचाई स्टूल की ऊँचाई के बराबर होती है।

(iii) **पायदान** (Tradle) पायदान मशीन का वह भाग है, जिस पर पैर रखकर हम मशीन चलाते हैं। यह लोहे का बना होता है।

(iv) **स्टैण्ड फ्लाईव्हील** (Stand flywheel) यह स्टैण्ड फ्लाईव्हील से जुड़ा होता है। इसमें पायदान एक रॉड से जुड़ा रहता है, इस रॉड में गोलियाँ लगी होती हैं, मशीन चलने पर इसके द्वारा चाल बढ़ती है। सभी मशीनों में इसी के द्वारा चाल बढ़ायी जाती है।

(v) **चक्र की जाली** (Dress guard) यह जाली पहिए के अन्दर की ओर लगी रहती है। किसी कारणवश यदि कोई फैब्रिक गिर जाए, तो उसे यह पहिए में फँसने नहीं देती।

(vi) **बैल्ट** (Belt) मशीन का ऊपर का भाग तथा नीचे का भाग बैल्ट द्वारा एक साथ जुड़ा रहता है। इससे पायदान की गति भी तेज हो जाती है। उसके बाद सम्पूर्ण मशीन चलने लगती है।

(vii) **बैल्ट शिफ्टर** (Belt shifter) व्हील के ऊपर ड्रेसिंग गार्ड अर्थात् जाल में एक घुण्डी लगी होती है। इसी में से होकर बैल्ट मशीन तक पहुँचती है। इसका कार्य-बैल्ट को सीधा रखने के साथ ही यदि बैल्ट उतारनी हो, तो इसे टेढ़ा करने से बैल्ट स्वत: ही उतर जाती है।

(viii) **टॉप** (Top) इसी पटरे पर मशीन रखी जाती है। यह बीच से खाली होता है। इसी जगह मशीन स्थिर की जाती है। इसको स्थिर करने के लिए विशेष स्क्रू, जिन्हें 'हिन्ज स्क्रू' कहते हैं, लगाए जाते हैं। इसको लगाने के बाद मशीन हिलती नहीं है।

(ix) **दराज** (Drawer) यह मशीन की टॉप के नीचे बाईं ओर लगी होती है। इसमें सुई, धागा, कैंची आदि छोटा-छोटा सामान, जो कार्य करते समय आवश्यक होता है, रखते हैं।

(x) **मशीन का ढकना** (Machine cover) कार्य समाप्त होने के बाद मशीन को ढक देना चाहिए, जिससे उसमें धूल आदि न घुसे। साथ ही इसके प्रयोग से सीलन आदि से मशीन बची रहती है।

(xi) **बैल्ट गाइड** (Belt guide) यह ट्रेडिल के मध्य छड़ (center brace) में पीछे की ओर एक पेंच की सहायता से कसा होता है। इसके बाहरी सिरे पर आयताकार छिद्र होता है, जिसमें से बैल्ट निकलती है। इसकी लम्बाई लगभग 6" होती है। इसका मुख्य कार्य बैल्ट को सही स्थान पर रोके रखना होता है।

8.3 सिलाई मशीन के सहायक पुर्जे
Special Attachments of Sewing Machine

सिलाई कार्य में सिलाई मशीन के विभिन्न भागों के साथ ही मशीन के सहायक पुर्जों का भी योगदान है। सिलाई मशीन पर अन्य पुर्जे लगाकर विभिन्न कार्य सफाई, शीघ्रता, सरलता, सुन्दरता एवं समय की बचत करके कम पैसों में पूरे किये जा सकते हैं।

सभी व्यक्ति सिलाई के अतिरिक्त अन्य कार्य करने के लिए अलग-अलग मशीन खरीदने में समर्थ नहीं होते। अतः वे निम्न पुर्जों की सहायता से कार्य को पूरा कर सकते हैं

- **हेमर** (Hammer) हेमर से तात्पर्य 'किनारा मोड़ना' से है। ये मुख्यतः दो प्रकार की होती हैं; बारीक व मोटी हेम। महीन हेम करने के लिए बारीक हेम लगाया जाता है तथा मोटी हेम के लिए बड़े हेमर की आवश्यकता होती है, क्योंकि फैब्रिक का किनारा इससे स्वयं मुड़ जाता है और सीधी दिशा में चलता जाता है। हेमर के द्वारा पतले किनारे भी सरलता से मोड़े जा सकते हैं। इसे फुट प्रेशर के स्थान पर लगाया जाता है।

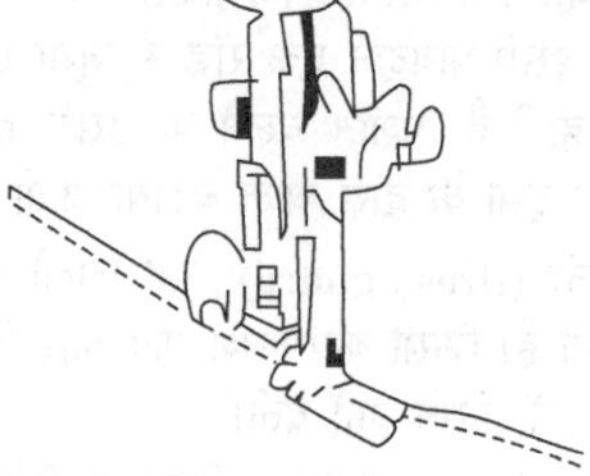

चित्र 8.14 हेमर

सिलाई में सहायक कुछ अन्य हेमर निम्न हैं

(i) कॉर्ड हेमर (Cord hammer)

(ii) लैस फिक्सिंग हेमर (Lace fixing hammer)

(iii) एडजस्टेबल हेमर (Adjustable hammer)

- **पाइपर या बाइण्डर** (Piper or binder) इसकी सहायता से पाइपिंग एकसामन, शीघ्र साफ-सुथरी तथा सरलता से लगायी जाती है। इससे एक ही बखिया के द्वारा पाइपिंग लगती है। इसके आगे की ओर दो मुँह जैसे बने होते हैं। एक की सहायता से पाइपिंग मुड़ती है और दूसरी से सिलाई होती है। ये दोनों क्रियाएँ साथ ही होती हैं। अतः इस प्रकार किसी भी पोशाक में पाइपिंग, लूप्स, पाइपिंग डोरी बनायी जा सकती है।

चित्र 8.15 पाइपर या बाइण्डर

- **टकर** (Tucker) टेलरिंग के डिजाइन में टक्स का महत्त्वपूर्ण स्थान है। टकर की सहायता से टक्स की चौड़ाई निश्चित कर टकर को पेंच द्वारा कस दिया जाता है, जिससे टक्स समान दूरी पर सफाई से पड़ते हैं। एडजस्टेबल हेमर के समान टकर में भी 0 से 8 नम्बर बने होते हैं।
- **क्विल्टर** (Quilter) क्विल्टर का प्रयोग पोशाक की सुन्दरता बढ़ाने के लिए किया जाता है। वास्तविक कपड़े व लाइनिंग के बीच रूई या फोम आदि लगाकर उसके ऊपर विरोधी रंग से क्विल्टर लगाया जाता है। इसके पीछे एक चिमटानुमा पत्ती लगी होती है, ऊपर की पत्ती पर कुछ इंच के निशान पड़े होते हैं। एक बार दूरी मानकर पेंच कसने के बाद जहाँ तक बनाना होता है, बनाते जाते हैं। इससे एकसमान दूरी आती है। बच्चों की पोशाकें, स्त्रियों की नाइटी, कोट, जैकेट, बैड-शीट, रजाई, गद्दों के कवर, कुशन कवर आदि क्विल्ट करके बनाए जाते हैं।
- **रफलर** (Ruffler) इसका प्रयोग झालर बनाने के लिए किया जाता है। किसी भी कपड़े को चुन्नट या प्लीट्स के द्वारा इकट्ठा करना रफलिंग कहलाता है। रफलर पर 0 से 12 तक के नम्बर अंकित होते हैं। इसे एक नम्बर पर लगाने से एक प्लेट व एक बखिया आती है तथा अधिक नम्बर पर रखने से एक से अधिक बखिया आती हैं। रफलर से गैदरिंग (gathering), शियरिंग (shearing) व प्लीट्स (pleats) आदि डाली जाती हैं।

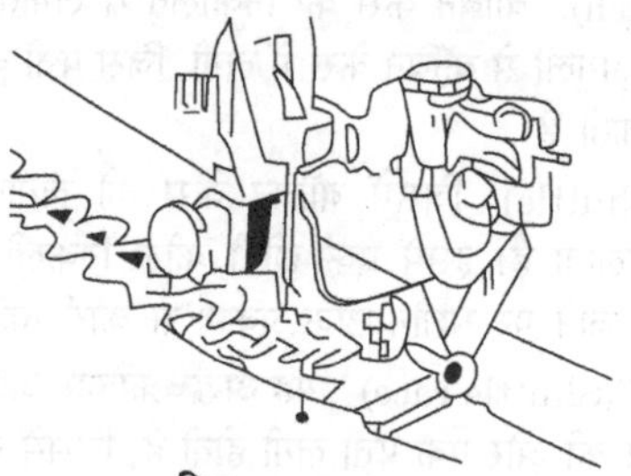

चित्र 8.16 रफलर

- **जिग-जैगर** (Zig-zagger) जिग-जैगर का प्रयोग रेडिमेड पोशाकों में किया जाता है। पोशाक की सुन्दरता बढ़ाने के लिए जिग-जैग तरीके से कढ़ाई करने हेतु यह उपयोगी होता है।

- **बटन होल अटैचमैन्ट** (Button hole attachments) यह काज बनाने में प्रयोग किया जाता है। इसकी सहायता से निशान लगे स्थान पर दोनों ओर आसानी से काज बन जाते हैं, परन्तु काज बनाते समय मशीन की गति (speed) कम रखनी चाहिए।

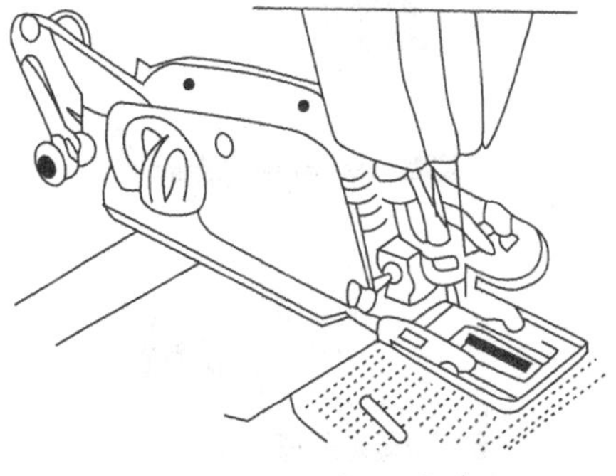

चित्र 8.17 बटन होल अटैचमैन्ट

- **कढ़ाई प्लेट** (Embroidery plate) यह स्टील की बनी होती है, जिसमें एक हुक नीचे की ओर बना होता है तथा सुई की प्लेट के छिद्र में इस हुक को फँसाते हैं और इससे पुनः आसानी से कढ़ाई करते हैं। इससे सजावटी वस्त्र बनाए जाते हैं।

चित्र 8.18 कढ़ाई प्लेट

- **स्टिच फिक्सर या गाइडर** (Stitch fixer or guider) इसे सुई की प्लेट के साथ लगाते हैं, जिससे बखिया सीधी व साफ आती है।
- **जिप्पर फुट** (Zipper foot) वर्तमान समय में जिप का प्रचलन बढ़ गया है। वस्त्रों में जिप लगाई जाती हैं; जैसे—बच्चों की पोशाकें, पुरुषों की पैन्ट, डेकोरेटिंग बैग, पेन्सिल कवर, कुशन कवर, पिलो कवर इत्यादि।

  इसकी सहायता से जिप सरलता से लग जाती है तथा सुई टूटने का भय भी नहीं रहता है। पोशाकों को सुन्दर बनाने के लिए कुछ अन्य सहायक मशीनें भी हैं, जो निम्न प्रकार हैं

  - **फीड कवर प्लेट** (Feed cover plate) इस पुर्जे का उपयोग मशीन द्वारा कढ़ाई या रफू कर दाँते (feed dog) को कवर करने हेतु किया जाता है।
  - **सर्कुलर भाग** (Circular part) इसका प्रयोग सीधे, जिग-जैग अथवा सजावटी टाँकों का उपयोग करके गोल सिलाई लगाने हेतु किया जाता है।

    सामान्यतः सर्कुलर भाग द्वारा 26 सेमी तक के व्यास वाले गोले सरलता से बनाए जा सकते हैं।

8.4 अन्य सहायक मशीनें
Other Useful Machines

सिलाई की प्रमुख अन्य सहायक मशीनें निम्न हैं

1. डिस्क मशीन Disc Machine

इस मशीन में 21 डिजाइन की डिस्क लगाने का प्रावधान है। प्रत्येक डिस्क पर डिजाइन के चित्र बने होते हैं। मशीन में जो भी डिस्क लगाएँगे, वही डिजाइन पोशाक पर बनने लगेगा। इसका प्रयोग पोशाकों की सजावट के लिए किया जाता है।

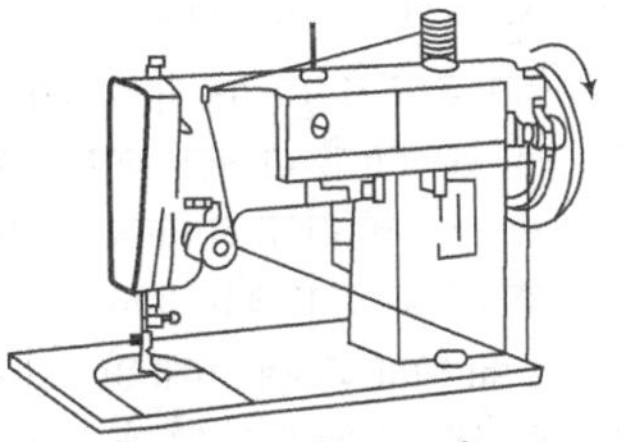

चित्र 8.19 डिस्क मशीन

2. कढ़ाई मशीन Embroidery Machine

यह मशीन कढ़ाई कार्य के लिए प्रयोग में लायी जाती है। इसमें कढ़ाई प्लेट नहीं लगती। यह मशीन कढ़ाई का कार्य शीघ्रता से करती है तथा इसके द्वारा जरी व रेशम का कार्य भी होता है। इसमें नीचे की ओर एक घुटना लगा होता है, जो स्टिच को छोटा-बड़ा करता है। इस पर घुटने की सहायता से ही कार्य किया जाता है, इसीलिए इसे घुटना भी कहते हैं।

8.5 सिलाई मशीन द्वारा टाँके बनाना
Stitch Formation by Sewing Machine

जब कपड़े को सिलाई मशीन की सुई में प्रवेश कराया जाता है, तो सुई के द्वारा धागे का एक लूप कपड़े के नीचे बनता चला जाता है। जैसे-जैसे सुई आगे बढ़ती है, वैसे-वैसे यह लूप बढ़ता है। सुई के धागे के लूप नीचे के स्पूल (spool) के चारों ओर गाइड होता है। इसके पश्चात् इन्टरलेसिंग (interlacing) होती है, जिसमें सिलाई एक दूसरे से सिलना प्रारम्भ होती है। इस क्रिया के फलस्वरूप टेक अप लीवर कपड़े में टाँकों को कसता है तथा कपड़ा आगे की ओर बढ़ाता है। टाँकों के बनने की पूरी क्रियाविधि को नीचे दिए गए चित्रों में दर्शाया गया है।

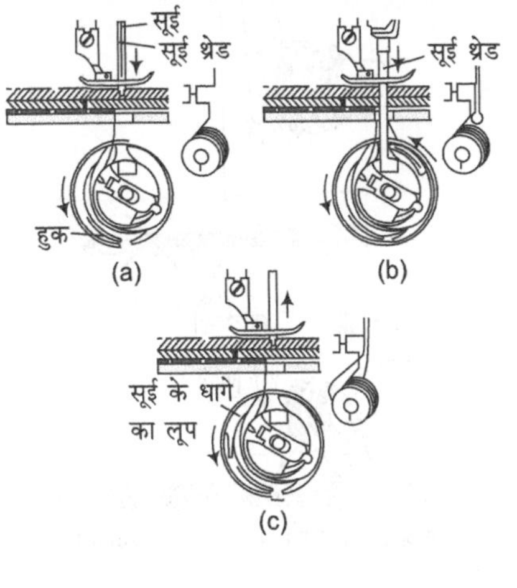

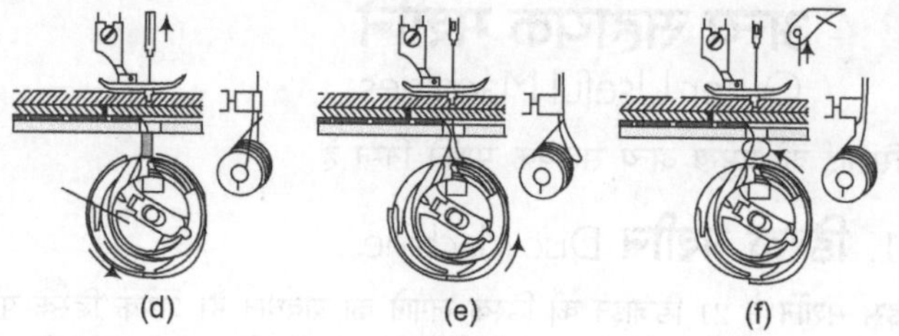

चित्र 8.20 टाँके का बनना

सिलाई का सन्तुलन Stitch Balance

धागे के तनाव को नियन्त्रित करने से पूर्व यह सुनिश्चित कर लें कि मशीन के ऊपर तथा नीचे धागा सही से लगा है या नहीं। जब ऊपर तथा नीचे के धागे का तनाव पूर्ण सन्तुलन में न हो, तो टाँका लगना बन्द हो जाता है या ठीक से टाँके नहीं बनते। टाँके कपड़े के दोनों ओर आकार तथा कसाव में समान दिखने चाहिए। जब ऊपर का धागा अधिक कसा हो, तो स्पूल का धागा कपड़े के ठीक ऊपर होगा तथा नीचे का धागा कपड़े के ऊपर की ओर लूप जैसा दिखाई देगा।

इसके विपरीत, जब ऊपर का तनाव अधिक ढीला हो, तो नीचे का धागा कपड़े के ठीक नीचे सीध में होगा तथा ऊपर का धागा नीचे की ओर लूप जैसा दिखाई देगा।

अतः धागों में सही तनाव होना अत्यन्त आवश्यक है। धागों के तनाव की जाँच करने की सरल विधि यह है कि कपड़े को सही झुकाव अर्थात् समकोण पर मोड़कर विकर्ण में सिलाई की जाए तथा एक या दोनों धागे टूटने तक कपड़े को अपनी अँगुलियों के बीच मजबूती से पकड़कर खींचा जाए। सामान्यतः धागे अधिक तनाव के कारण टूट जाते हैं। यदि दोनों धागों के तनाव में सन्तुलन न हो, तो दोनों धागे एक साथ टूट जाते हैं। इसके लिए अधिक बल की आवश्यकता पड़ती है।

यदि तनाव में समायोजन की आवश्यकता हो तो ऊपर के धागे के तनाव को समायोजित किया जाता है।

ऊपर के धागे के तनाव को कम या अधिक करने हेतु प्रेशर फुट नीचे से तनाव स्क्रू को घुमाते समय यह याद रखना चाहिए कि यह सीधा घुमाने पर कसता है तथा उल्टा घुमाने पर ढीला होता है। इस पर नम्बर लिखे होते हैं। तनाव को बढ़ाने के लिए उच्च नम्बर की ओर घुमाते हैं जैसा कि चित्र में दर्शाया गया है

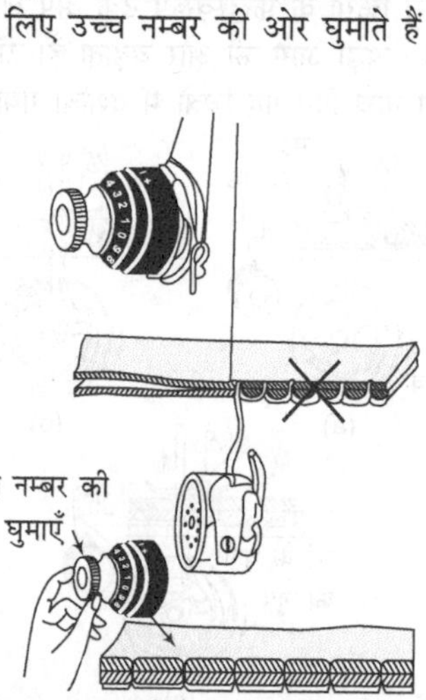

चित्र 8.21 नीचे के तनाव को बदलना

तनाव को कम करने के लिए नीचे के नम्बर की ओर घुमाते हैं, जैसा कि चित्र में प्रदर्शित है

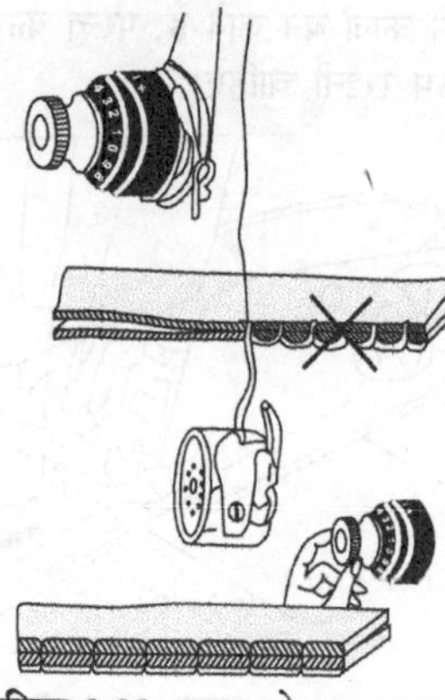
चित्र 8.22 तनाव को कम करना

इसे दो नम्बर से अधिक नहीं घुमाना चाहिए। नीचे के तनाव को समायोजित करने हेतु पेंचकस की सहायता से बॉबिन केस पर लगे छोटे स्क्रू को कस देना चाहिए। स्क्रू को ढीला करने हेतु बाएँ तथा कसने हेतु दाएँ घुमाया जाता है। इसे प्रत्येक बार में अधिक नहीं घुमाना चाहिए।

चित्र 8.23 नीचे के तनाव को बदलना

सिलाई की लम्बाई को एडजस्ट करना
Adjusting the Stitch Length

कपड़े के अनुसार, सिलाई की लम्बाई भी परिवर्तित होती है। सामान्यतः बारीक कपड़े में छोटी सिलाई (2.5 सेमी के लिए 16 से 20 टाँके), मध्यम कपड़े के लिए मध्यम सिलाई (2.5 सेमी के लिए 12 टाँके) तथा मोटे कपड़े के लिए लम्बी सिलाई (2.5 सेमी के लिए 8 से 10 टाँके) प्रयोग की जाती है। इसके अतिरिक्त मशीन बास्टिंग (लम्बाई में ढीला सिलना) तथा मशीन गैदरिंग के लिए लम्बा टाँका (2.5 सेमी के लिए 6 से 8 टाँके) लगाना आवश्यक होता है।

सुई तथा धागे का चयन
Selection of Thread and Needle

किसी भी कपड़े की सिलाई करने में एक पूर्णतः सही टाँका तभी प्राप्त किया जा सकता है, जब सिलाई किए जाने वाले कपड़े के अनुसार उपयुक्त धागे तथा सुई का चयन किया जाए। बारीक कपड़े पर सिलाई करने हेतु बारीक धागे तथा पतली सुई का उपयोग करना चाहिए, जबकि मोटे कपड़े पर सिलाई करने हेतु मोटे धागे तथा मोटी सुई उपयोग करनी चाहिए।

नीचे दी गई तालिका में विभिन्न प्रकार के कपड़ों के लिए धागे तथा सुई का उपयुक्त नम्बर तथा सिलाई की लम्बाई को दशार्या गया है

क्र.सं.	कपड़े का भार	कपड़े का प्रकार	धागे का नम्बर	सुई का नम्बर	प्रति 2.5 सेमी में टाँके की सं.
1.	हल्का	बारीक मलमल फ़ैब्रिक तथा अन्य बारिक कपड़े	50	9-11	14-20
2.	मध्यम (हल्के)	पोपलिन आदि (शर्ट, चादर)	40-50	14	12
3.	मध्यम (भारी)	हल्के ऊनी फैब्रिक	40	16	10-12
4.	भारी	ऊनी कपड़े, पर्दे, दरी आदि	20	18	8-10

नोट धागे का नम्बर जैसे-जैसे घटता है, धागा मोटा हो जाता है तथा सुई का नम्बर जैसे-जैसे घटता है, सुई पतली हो जाती है।

8.6 सिलाई मशीन का रख-रखाव
Care and Maintenance of Sewing Machine

जिस प्रकार मनुष्य स्वस्थ रहने के लिए सन्तुलित आहार व स्वयं की सफाई रखता है, ठीक वैसे ही जिस मशीन से हम प्रतिदिन सिलाई का कार्य करते हैं वह सिलाई मशीन हमारे दैनिक जीवन में बहुत उपयोगी होती है, इसलिए इस उपयोगी मशीन की उचित देखभाल करना आवश्यक है, उचित देखभाल के अभाव में मशीन अपना कार्य ठीक से नहीं कर पाती है। इसलिए इसे समय-समय पर सफाई तथा तेल-रूपी भोजन देते रहना चाहिए, जिससे मशीन सुचारू रूप से अधिक लम्बे समय तक कार्य कर सके। मशीन चलाने से पूर्व उसके आवश्यक भागों में तेल डालकर कार्य करना चाहिए तथा उपयोग न होने पर मशीन पर धूल जमने से रोकने हेतु उसे ढककर रखना चाहिए।

मशीन की सफाई व तेल डालना
Cleaning and Oiling of Machine

सिलाई मशीन की प्रतिदिन साफ-सफाई करनी चाहिए एवं निरन्तर समय अन्तराल पर तेल डालना चाहिए। मशीन के निम्न भागों की सफाई आवश्यक है

(i) **फेस प्लेट** (Face plate) फेस प्लेट माथे पर एक पेंच फिट होता है, जिसे खोलकर पतले साफ कपड़े से दोनों गज, लिफ्टर व अन्दर का चक्कर अच्छे से साफ करना चाहिए, उसके बाद उसमें तेल डालकर पेंच द्वारा कस देना चाहिए।

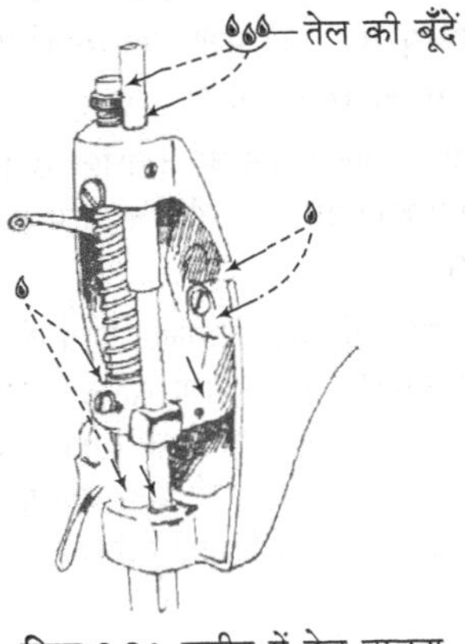

चित्र 8.24 मशीन में तेल डालना

(ii) **दाँते** (Feed dog) प्रेशर फुट के ठीक नीचे जो प्लेट लगी होती है, जिसमें सुई आती-जाती है और दाँतों का खाँचा बना होता है, उसके दोनों पेंच खोलकर दाँतों की सफाई सुई की नोक से करने के बाद उसके आस-पास की सफाई कर पुनः प्लेट लगा देनी चाहिए।
यदि दाँतों की सफाई नहीं की गई, तो कपड़ा आगे नहीं खिसक पायेगा। इसलिए इनकी सफाई बहुत आवश्यक है।

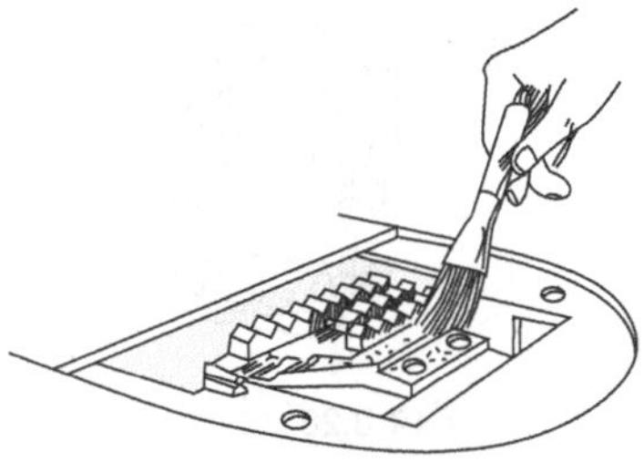

चित्र 8.25 दाँते

(iii) **शटल या शटल रेस** (Shuttle or shuttle race) मशीन के निचले भाग में शटल रेस पर सबसे अधिक धूल मिट्टी व कपड़ों के रेशे जमा हो जाते हैं। शटल रेस में कभी-कभी रील का धागा फँस जाता है, जिस कारण मशीन या तो चलती ही नहीं और यदि चलती भी है तो भारी चलती है तथा आवाज़ भी करती है। ऐसे में दोनों पेंचों को खोलकर अच्छी तरह ब्रुश आदि से साफ करें और उसमें तेल डालकर पुनः कस दें।

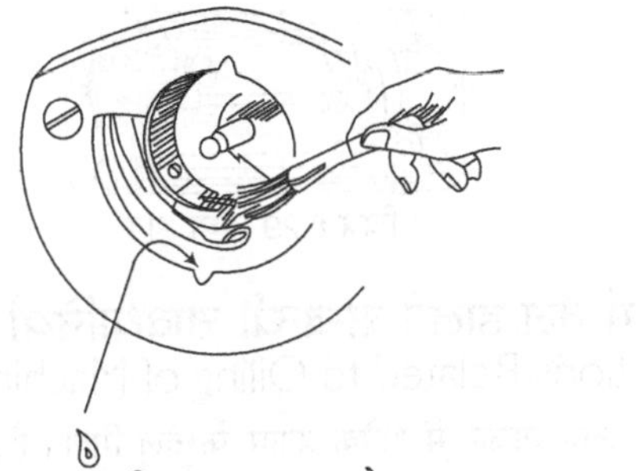

चित्र 8.26 शटल रेस

(iv) **हैड के अन्य भाग** (Other parts of head) मशीन के हैड (head) के बिन्दुओं में तेल डालना अत्यन्त आवश्यक होता है। तेल डालते समय फ्लाई व्हील को आगे पीछे चलाए, जिससे तेल की बूँदें मशीन के सभी भागों तक पहुँच जाएँ।

(v) **हत्थी** (Handle) हत्थी को खोलना नहीं चाहिए तथा इसके ऊपर से ही सफाई करनी चाहिए।

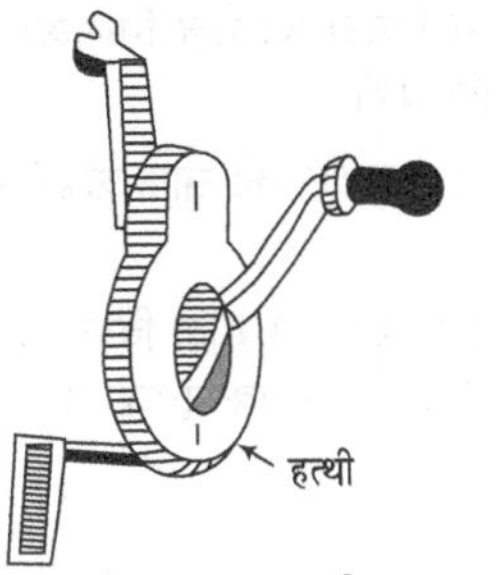

चित्र 8.27 हत्थी

(vi) **स्टैण्ड** (Stand) यह भाग खुला होने के कारण, इसमें सबसे अधिक धूल, रेशे व धागा आदि चले जाते हैं, जिससे यह भाग गन्दा हो जाता है। अत: तेल डालने के बाद कार्य करने से पहले व बाद में इसे अवश्य साफ कर दें।

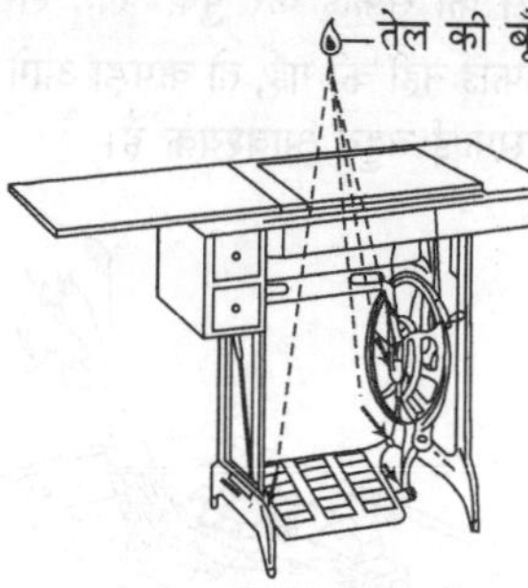

चित्र 8.28 स्टैण्ड

(vii) **मध्य भाग** (Middle part) मशीन के मध्य भाग को केवल कपड़े से साफ करके तेल डालें। यदि इस भाग को खोलते हैं, तो पुन: जोड़ने में असुविधा होगी तथा समय भी अधिक लगेगा।

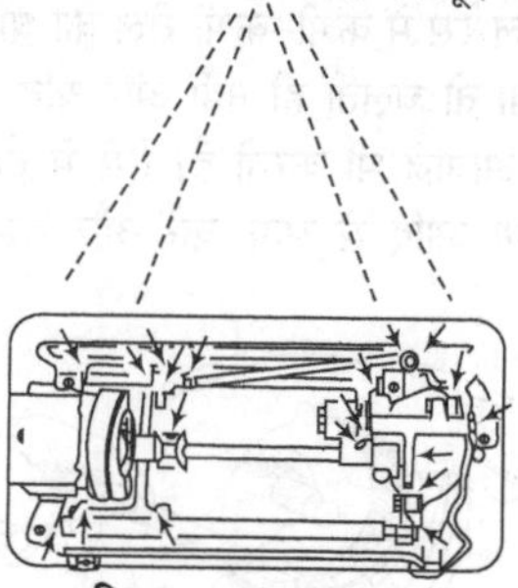

चित्र 8.29 मध्य भाग

मशीन में तेल डालने सम्बन्धी सावधानियाँ
Precautions Related to Oiling of Machine

मशीनों के लिए बाजार में अनेक प्रकार के तेल मिलते हैं, परन्तु तेल सदैव उच्च गुणवत्ता वाला ही प्रयोग करना चाहिए। मशीन की कार्यक्षमता बढ़ाने के लिए निम्न बातों पर ध्यान देना आवश्यक है

1. तेल सदा अच्छी कम्पनी का डालना चाहिए। जहाँ तक सम्भव हो, जिस कम्पनी की मशीन है, उसी कम्पनी का तेल डालें।
2. बाजार से तेल खरीदते समय तेल को देखिए, यदि तेल में नीला रंग दिखाई दे, तो तेल अच्छी किस्म का है।
3. यदि कभी मशीन का तेल न हो और मशीन का चलना मुश्किल हो, तो सरसों के तेल में मिट्टी का तेल मिलाकर कुछ समय धूप में रखें, उसके बाद प्रयोग करें।
4. तेल डालने से पहले मशीन को साफ कपड़े से पोंछने के बाद ही तेल डालना चाहिए।
5. जब मशीन में पूरी तरह तेल डाल दिया जाये, तो अतिरिक्त तेल को पोंछ दें तथा कपड़े के खराब टुकड़े पर कुछ मिनट के लिए इसे धीरे-धीरे चलाएँ।
6. मशीन बन्द करने के पूर्व प्रेशर फुट के बीच खराब कपड़ा रखें तथा सुई को नीचे करें। इससे मशीन को दिया गया तेल कपड़े द्वारा सोख लिया जाएगा। मशीन का उपयोग करते समय जॉब (कपड़े) पर तेल के धब्बे नहीं आएँगे।
7. यदि मशीन में अधिक तेल हो, तो प्रत्येक तेल छिद्र तथा जोड़ों में एक बूँद मिट्टी का तेल या पेट्रोल डालें तथा उसे कुछ मिनट तक तेजी से चलाएँ। उसके पश्चात् रिस कर बहने वाले तेल को नर्म-कपड़े से पोंछ दें तथा मशीन में पुन: तेल दें।
8. मशीन में तेल डालने के लिए ऊपर 11 व नीचे 16 छिद्र बने होते हैं और उन पर ऑयल (oil) (→) लिखा होता है, उन्हीं स्थानों पर तेल डालना चाहिए।
9. मशीन की सफाई करते समय उन्हीं भागों को खोलना चाहिए, जिनको सरलता से पुन: लगाया जा सके, साथ ही जो भाग खोलें, उनके पेंच अच्छी तरह सँभाल कर रखें, तेल डालने के बाद मशीन को कुछ देर के लिए अवश्य चला कर देखें।

ध्यान देने योग्य बातें

सिलाई मशीन पर कार्य करते समय निम्न बातों का ध्यान रखना आवश्यक है

(i) सर्वप्रथम साफ कपड़े से मशीन को साफ करें। फुट प्रेशर व बार, नीडिल बार, नीडिल क्लैम्प आदि को सावधानी से साफ करें।

(ii) कार्य ऐसे स्थान पर करें, जहाँ पर्याप्त रोशनी हो।

(iii) जहाँ लोगों का आना-जाना कम हो, ऐसे स्थान पर मशीन को रखना चाहिए। किसी कारणवश मशीन गिर जाने पर टूट सकती है, क्योंकि यह कच्चे लोहे की बनी होती है।

(iv) मशीन को बच्चों के खेलने के स्थान से दूर रखें अन्यथा दुर्घटना की आशंका बनी रहती है।

(v) मशीन को सीलन भरे स्थान से बचाकर रखना चाहिए।

सिलाई मशीन के रख-रखाव के लाभ
Advantages of Maintenance of Sewing Machine

मशीन के रख-रखाव के लाभ निम्न प्रकार हैं

(i) **मशीन की दीर्घ आयु** यदि आप मशीन की देखभाल ठीक से करेंगे, तो मशीन वर्षों तक खराब नहीं होगी, कार्य भी अच्छा करेगी तथा उसे बार-बार मैकेनिक को दिखाने की आवश्यकता नहीं होगी।

(ii) **मशीन की खूबसूरती** यदि मशीन की सफाई ठीक से होती रहेगी, तो वह देखने में भी सुन्दर लगती है।

(iii) **समय की बचत** यदि मशीन की देखभाल ठीक ढंग से होगी, तो वह शीघ्र खराब नहीं होगी और उसे ठीक करने में लगने वाले समय की भी बचत होती है।

(iv) **कार्य में समानता** यदि सिलाई मशीन कार्य ठीक प्रकार से करेगी, तो कार्य करने में सफाई, शीघ्रता तथा समानता आएगी। उदाहरणार्थ—यदि मशीन बार-बार धागा तोड़ेगी, तो बखिया में सफाई नहीं आएगी। इसके विपरीत यदि एक बार में ही सही बखिया आए और धागा बीच में न टूटे, तो बखिया साफ दिखाई देती है।

(v) **आर्थिक लाभ** जब मशीन अच्छा कार्य करेगी तथा बीच में कोई व्यवधान नहीं आएगा, तो समय नष्ट नहीं होगा और कार्य अधिक होगा। कार्य अधिक होने से आर्थिक लाभ भी अधिक होगा।

यदि आप कटिंग टेलरिंग के प्रशिक्षु हों अथवा टेलर हों या गृहिणी हों, सिलाई मशीन की उचित देखभाल ट्रेड के स्वच्छ प्रदर्शन के साथ ही आपकी आय में भी सहायक होती है। अत: मशीन की उचित देखभाल पर विशेष ध्यान देना चाहिए।

8.7 सिलाई मशीन के दोषोपचार

Troubleshooting of Sewing Machine

जो मशीन मानव को सजाती-सँवारती है, धनोपार्जन में सहयोग देती है, ऐसी अमूल्य मशीन की देखभाल के साथ उसमें आने वाले सामान्य दोषों को दूर करने का ज्ञान एक कुशल टेलर को होना चाहिए, अन्यथा थोड़ी-सी भी खराबी आने पर मशीन ठीक से कार्य नहीं करेगी और छोटे-छोटे कार्य को ठीक करने के लिए मैकेनिक बुलाने से धन व समय, दोनों का अपव्यय होगा। साथ ही कार्य की हानि भी होगी।

साधारणत: मशीन में निम्नलिखित दोष आते हैं। इन दोषों को समाधान सहित तालिकाबद्ध किया गया है।

1. मशीन का तेज आवाज करना

क्र.सं.	दोष	उपचार
1.	मशीन में सही से तेल नहीं है।	मशीन में समय-समय पर तेल देते रहना चाहिए।
2.	मशीन के विभिन्न भागों के स्क्रू ढीले हो गए हैं।	सभी स्क्रूओं को उचित रूप से कस देना चाहिए।
3.	शटल रेस में धूल या धागा फँस गया है।	तेल देने से पहले शटल रेस की ब्रुश आदि से सफाई करनी चाहिए।

2. कपड़े का मशीन में फँस जाना

क्र.सं.	दोष	उपचार
1.	सुई का आकार कपड़े के अनुसार नहीं है।	सुई का आकार कपड़े के अनुसार ही प्रयोग करना चाहिए। मोटे कपड़े के लिए मोटी सुई तथा बारीक कपड़े के लिए बारीक सुई प्रयोग की जाती है।
2.	थ्रेट प्लेट सही नहीं लगी है।	सही थ्रेट प्लेट का उपयोग किया जाना चाहिए। सामान्यतः गोल छिद्र वाली प्लेट प्रयोग की जाती है।

3. नीचे या ऊपर का धागा अधिक कसा या ढीला होना

क्र.सं.	दोष	उपचार
1.	नीचे की बखिया खराब है।	थ्रेड टेन्शन का निरीक्षण करें। यदि ढीली है तो आवश्यकतानुसार कसें, कसी है, तो ढीला करें।
2.	ऊपर की बखिया खराब है।	बॉबिन केस का निरीक्षण कर ठीक करें।
3.	बॉबिन केस की पत्ती कटी या उसका छिद्र ठीक नहीं है।	पत्ती बदलने पर ठीक हो जाता है, यदि न ठीक हो, तो बॉबिन केस बदल दें।
4.	थ्रेड टेन्शन डिस्क में धागा या धागे की गाँठें आदि फँस गई हैं।	थ्रेड टेन्शन डिस्क निकालकर साफ कर पुनः लगाएँ।
5.	ऊपर व नीचे के धागे का तनाव बराबर नहीं है।	ऊपर व नीचे के धागे का निरीक्षण करें। नीचे का धागा ढीला हो तो नीचे का धागा कसें तथा ऊपर का धागा ढीला हो तो ऊपर का धागा कसें।

4. सुई का टूटना

क्र.सं.	दोष	उपचार
1.	सुई नीची लगी है।	सुई को सही स्थान पर लगाएँ।
2.	शटल रेस तथा शटल सही न लगी होने से सुई टूट जाती है।	शटल रेस के सब भागों का निरीक्षण करें। यदि शटल रेस ढीली होगी, तो सुई टूट जाएगी, अतः उसे कस दें।
3.	प्रेशर फुट का पेंच ढीला होने से सुई टूट जाती है।	फुट प्रेशर का पेंच कसें।
4.	सुई को गज में लगाते समय नीडिल क्लैम्प ढीली रहने से सुई ढीली होकर टकराकर टूट जाती है।	नीडिल क्लैम्प का निरीक्षण करें। नीडिल क्लैम्प यदि ढीला हो, तो कस दें।
6.	मशीन अधिक पुरानी होने से सूई बार हिलने लगती है और सुई टकराकर टूट जाती है।	यदि सूई बार हिल रही हो, तो उसे बदल दें।
7.	सुई की नोंक खराब है और वह मशीन चलाने पर टूट जाती है।	मशीन की सुई बदल दें और अच्छी नोंक वाली सुई का प्रयोग करें।
8.	सुई फैब्रिक की मोटाई के अनुसार नहीं है।	सुई फैब्रिक की मोटाई के अनुसार लगाएँ अर्थात् यदि मोटा फैब्रिक सिलना है, तो 18 नं. की सुई प्रयोग करें।
9.	अधिकतर सुई टूट जाती है।	सिंगर, ऊषा, आरगन आदि मानक (standard) कम्पनी की सुइयों का प्रयोग करें।

क्र.सं.	दोष	उपचार
10.	सुई की प्लेट का छिद्र टेढ़ा हो गया है।	सुई की प्लेट बदल दें।
11.	सुई की प्लेट के पेंच ढीले हो गए हैं।	सुई की प्लेट के पेंच कसें।
12.	कलफ वाले फैब्रिक को ठीक से श्रिंकन करने से भी सुई टूट जाती है।	जीन्स आदि को साबुन लगाकर ठीक से श्रिंक करना चाहिए तथा सिलते समय सिलाई वाले स्थान पर मोम या साबुन लगाकर सिलना चाहिए।
13.	सिलाई करते समय यदि फैब्रिक, बिना सुई ऊपर किये निकालने की कोशिश की जाती है, तो भी सुई टूट जाती है।	सुई के पूर्णतः ऊपर चले जाने के बाद ही प्रेशर फुट के नीचे से फैब्रिक निकालें।
14.	किसी कारण प्रेशर फुट बार टेढ़ा हो गया हो, तो मशीन चलाते ही सुई टकराकर टूट जाएगी।	प्रेशर फुट बार को मिस्त्री से ठीक कराएँ।
15.	स्पूल पिन में धागा लिपट जाने के कारण खिंचाव पड़ने से सुई टूट जाती है।	स्पूल पिन में यदि धागा लिपट गया हो, तो उसे ठीक करने के बाद ही मशीन चलाएँ।
16.	सुई बार टेढ़ा हो गया हो।	सुई बार मिस्त्री से बदलवाएँ।

5. गुच्छे देना

क्र.सं.	दोष	उपचार
1.	टेन्शन डिस्क स्क्रू ढीला होने के कारण टेन्शन डिस्क से धागा अधिक आता है और नीचे गुच्छे बन जाते हैं।	टेन्शन डिस्क स्क्रू को कसने से गुच्छे आने बन्द हो जाएँगे।
2.	टेन्शन डिस्क में धागा या रेशे फँस जाने के कारण वह धागा अधिक फेंकता है।	टेन्शन डिस्क को खोलकर साफ करें।
3.	टेन्शन डिस्क घिस जाने के कारण धागा ढीला आता है।	ऐसी अवस्था में डिस्क बदल दें।
4.	टेन्शन डिस्क या टेक-अप लीवर में धागा डालना भूल गए हैं।	निरीक्षण करके धागा ठीक से डालें।
5.	लूप्स (loops) ऊपर आ रहे हों, तो बॉबिन केस की पत्ती ढीली हो गई है।	बॉबिन केस निकालकर पत्ती का पेंच कस दें।
6.	बॉबिन केस की पत्ती की सैटिंग खराब हो गई है।	बॉबिन केस की पत्ती बदल दें।
7.	बॉबिन ठीक से नहीं भरी गई है।	बॉबिन निकाल कर देखें, यदि बॉबिन ठीक से नहीं भरी गई है, तो दूसरी बॉबिन में ठीक से धागा भरकर मशीन चलाएँ।
8.	सुई, धागा व फैब्रिक सही अनुपात में नहीं हैं।	यदि मोटा फैब्रिक है, तो मोटी सुई व मोटा धागा प्रयोग करें और यदि फैब्रिक बारीक है, तो सुई व धागा बारीक लें।
9.	धागे के खिंचाव से टेन्शन पिन कट गई है।	टेन्शन पिन बदल दें।
10.	बॉबिन केस व दाँतों में रेशे व गन्दगी जमा हो गई है।	बॉबिन केस व दाँतों की सफाई कर तथा उसमें तेल डालें।

6. टाँका या सिलाई छोड़ जाना

क्र.सं.	दोष	उपचार
1.	सुई ऊँची लगी है, तो टाँका छोड़ देती है।	सुई का निरीक्षण कर ठीक स्थान पर लगाएँ।
2.	सुई बार किसी कारण ऊपर खिसक गया हो, तो भी मशीन टाँका छोड़ देती है।	यदि सुई ठीक लगी है, तो सुई बार को चैक करें। उसे ठीक स्थिति में लगाएँ।
3.	सुई की नोंक घिसी हो, तो मशीन टाँका छोड़ देती है।	सुई देखें, यदि नोक घिसी है, तो बदल दें।
4.	शटल सही फिट नहीं है।	शटल का निरीक्षण करें। शटल में कोई खराबी न हो या शटल में धागा फँस जाने से भी टाँके छूट जाते हैं।
5.	कुछ फैब्रिक्स श्रिंक करके सिले जाते हैं। फैब्रिक बिना श्रिंक किए सिला जा रहा है।	ज्यादा मोटे व कलफ लगे फैब्रिक्स को श्रिंक करने के बाद ही सिलें अन्यथा टाँके छूट सकते हैं।

7. मशीन का भारी चलना

क्र.सं.	दोष	उपचार
1.	नई मशीन का भारी चलना स्वाभाविक है, क्योंकि मशीन के पुर्जे ग्रीस लगाकर जोड़े जाते हैं।	नई मशीन को कुछ दिन चलाएँ, ग्रीस निकल जाने पर मशीन हल्की चलने लगेगी।
2.	स्पूल पिन में धागा लिपट जाने पर भी मशीन भारी चलती है।	स्पूल पिन में यदि धागा लिपटा हो, तो उसे निकाल दें।
3.	मशीन, अधिक समय से नमी वाले स्थान पर रखी है।	मशीन को नमी वाले स्थान पर नहीं रखें। यदि हाथ की मशीन है, तो उसे चौकी या पटरे पर ही रखें।
4.	बॉबिन वाइण्डर, फ्लाईव्हील से मिल गया है।	बॉबिन वाइण्डर को फ्लाईव्हील से अलग करें।
5.	फ्लाईव्हील या पैर की मशीन के पहिये में धागा फँस गया है।	यदि धागा फँसा हो, तो उसे निकाल दें।
6.	बॉबिन वाइण्डर व मशीन के जोड़ पर भी अनेक बार धागा फँस जाता है।	यदि यहाँ धागा फँस गया हो, तो काट कर धागा निकाल दें।
7.	पैर की मशीन की बैल्ट कसी होने से भी भारी चलती है।	बैल्ट को बदल दें। यदि नई बैल्ट है, तो कुछ समय चलाएँ।
8.	स्पूल पिन कई बार मशीन में तेल देने वाले छिद्र में लग जाती है।	यदि ऐसा हुआ हो, तो स्पूल पिन निकाल कर सही स्थान पर लगा दें।
9.	मशीन में खराब तेल या सरसों का तेल डालने से भी मशीन भारी चलने लगती है।	मशीन में सदैव उत्तम कम्पनी का ही तेल डालें। तेल डालकर मशीन को धूप में रख दें।

8. धागा टूटना

क्र.सं.	दोष	उपचार
1.	स्पूल पिन में धागा लिपट गया है।	यदि धागा स्पूल पिन में लिपट गया हो, तो निकाल दें।
2.	फेस प्लेट के सभी स्थानों में ठीक से धागा नहीं डाला गया है।	फेस प्लेट में सभी स्थानों पर धागा ठीक से डालें।
3.	धागे में गाँठें हैं।	उत्तम गुणवत्ता का धागा ही प्रयोग करें।
4.	धागा मोटा है, किन्तु सुई और फैब्रिक पतले हैं।	धागा, फैब्रिक व सुई तीनों अनुपात में हों अर्थात् मोटे फैब्रिक पर मोटी तथा बारीक पर बारीक सुई का प्रयोग करें।
5.	बॉबिन में धागा ठीक से न भरने तथा कसा होने के कारण धागा टूटता है।	बॉबिन को बॉबिन वाइण्डर की सहायता से समानान्तर भरें।
6.	सुई उल्टी लगी हो, तो धागा टूटता है।	सुई का गोल भाग बाहर की ओर तथा चपटा भाग सुई बार से सटाकर लगाएँ।
7.	मशीन पुरानी है, तो उसका शटल घिस जाता है और धागा जब शटल में चक्कर लगाता है, तो शटल से कट जाता है।	शटल को बदल दें।
8.	सुई की प्लेट में सुई के छिद्र में कई बार घाई पड़ जाती हैं, तो धागा उससे लगकर कट जाता है।	ऐसी अवस्था में सुई की प्लेट बदल दें।
9.	थ्रेड टेक-अप स्प्रिंग टूटा हुआ हो, तो भी धागा टूटता है।	थ्रेड टेक-अप स्प्रिंग बदल दें।
10.	बॉबिन केस की पत्ती अधिक कसी होने से भी धागा टूटता है।	पत्ती का पेंच खोलकर आवश्यकतानुसार ढीला करें।
11.	बॉबिन केस की पत्ती में धागा उलझ जाने से धागा टूटता है।	बॉबिन केस का निरीक्षण कर ठीक करें।
12.	बॉबिन अधिक भरी है, तो वह बॉबिन केस में घूम नहीं पाने के कारण धागा टूटता है।	बॉबिन देखकर अतिरिक्त धागा निकाल दें।
13.	धागे में गाँठ होने के कारण धागा टूटता है।	सदैव अच्छी कम्पनी का धागा प्रयोग करें।
14.	बॉबिन केस की पत्ती कट जाने पर भी धागा टूटता है।	बॉबिन केस की पत्ती बदल दें।

9. सिलाई का सिकुड़ना (Shrinking of Sewing)

क्र.सं.	दोष	उपचार
1.	स्टिच रेगुलेटर ढीला होने पर तथा बखिया छोटी-बड़ी होने पर फैब्रिक का इकट्ठा होना।	स्टिच रेगुलेटर को सही बखिया पर सैट कर स्क्रू कस दें।
2.	फैब्रिक बहुत बारीक होने पर भी इकट्ठा होता है।	ऐसी स्थिति में कागज लगाकर तथा प्रेशर फुट का दबाव कम करके सिलाई करें।
3.	फैब्रिक सिलते समय दाँते ऊँचे होने पर भी फैब्रिक इकट्ठा होता है।	दाँतों को सही स्थिति में कस दें।
4.	प्रेशर फुट में नीचे की ओर दाँतों के निशान बन गए हों या प्रेशर फुट खुरदरा हो गया हो, तो फैब्रिक इकट्ठा होता है।	प्रेशर फुट बदल दें।
5.	फैब्रिक पतला है और प्रेशर फुट का दबाव अधिक है, तो फैब्रिक इकट्ठा हो जाता है।	बारीक फैब्रिक पर दबाव हल्का तथा मोटे फैब्रिक पर दबाव अधिक रखें।

8.8 सुरक्षा सावधानियाँ Safety Precautions

सिलाई मशीन पर कार्य करने से पूर्व निम्नलिखित सावधानियों को ध्यान में रखना आवश्यक है

(*i*) विद्युत सिलाई मशीन पर बैठने से पहले सावधानीपूर्वक इलेक्ट्रिक टेस्टर द्वारा मशीन का निरीक्षण कर लेना चाहिए।

(*ii*) मशीन में फैब्रिक लगाने के उपरान्त मशीन को सामान्य स्पीड से चलाएँ तथा फैब्रिक और कटर पर विशेष ध्यान रखें। यदि फैब्रिक थोड़ा भी अन्दर की ओर हो गया, तो कटर फैब्रिक को काट देगा और फैब्रिक व्यर्थ हो जाएगा।

(*iii*) मशीन के पुर्जों पर आवश्यकतानुसार मशीन ऑयल लगाएँ।

(*iv*) कार्य करते समय अपनी अँगुली का विशेष ध्यान रखें।

(*v*) फैब्रिक को तेजी से पीछे की ओर न खींचे।

मशीन के आधार पर ये सावधानी निम्न प्रकार हैं—

1. हाथ की मशीन सम्बन्धी सावधानियाँ
Precautions Related to Hand Sewing Machine

उपरोक्त सावधानियों के अतिरिक्त हाथ की मशीन पर कार्य सम्बन्धी निम्नलिखित बातों को ध्यान में रखना आवश्यक है

(*i*) मशीन को जमीन पर रखकर सिलाई नहीं करनी चाहिए। मशीन को सदैव चौकी पर रखकर सिलाई करें। चौकी की ऊँचाई 8 इंच होनी चाहिए तथा उसमें ट्रिमिंग्स कैंची व अन्य सामान रखने के लिए एक दराज (drawer) होनी चाहिए।

(*ii*) कार्य करते समय मेजरिंग टेप को गले में डालकर रखें तथा कैंची, ट्रेसिंग व्हील, टेलर चॉक, पेंचकस आदि को दराज में रखें, जिससे कार्य करते समय ढूँढ़ना न पड़े।

(*iii*) हाथ की मशीन पर कार्य करते समय न तो अधिक तनकर कार्य करें, न ही अधिक झुककर। दोनों ही अवस्थाओं में शरीर अकड़ जाएगा, साथ ही रीढ़ की हड्डी में झुकाव आ जाने से धीरे-धीरे कालान्तर में कमर झुक जाएगी। अत: कार्य करते समय गर्दन व शरीर की दूरी 6 या 8 अँगुल होनी चाहिए।

(*iv*) मशीन के ऊपर का धागा डालते समय उचित ढंग से अर्थात् स्पूल पिन से ऊपर वाले कट में, थ्रेड टेन्शन डिवाइस में, नथ या टेक-अप लीवर में, थ्रेड गाइड में डालते हुए सुई में धागा डालना चाहिए।

(*v*) मशीन के ऊपर-नीचे के धागे का तनाव सिलने से पूर्व निरीक्षण कर ठीक करें।

(*vi*) यदि बारीक फैब्रिक सिल रहे हैं, तो धागा और सुई भी बारीक होने के साथ ही कागज की पट्टियाँ काटकर रख लें और सिलाई करते समय ऊपर-नीचे पेपर रखकर सिलाई करें। इस विधि से सिलाई में चुन्नट नहीं आएगी।

(*vii*) इसके विपरीत यदि मोटा फैब्रिक सिलना हो, तो सुई व धागा तो मोटा लगाएँ ही, साथ ही अपने पास एक 'मोम' या 'साबुन का टुकड़ा' अवश्य रखें, जिससे सिलाई करने से पूर्व सिलाई वाले स्थान पर उसे रगड़ने से सुई न टूटे तथा सिलाई ठीक आ जाए।

(*viii*) सिलाई करने से पूर्व मशीन की सफाई के साथ ही फुट प्रेशर व फुट बार व नीडिल बार की सफाई सावधानी से करें अन्यथा सिलाई करते समय फैब्रिक पर काले दाग लग जाते हैं।

2. पैर की मशीन सम्बन्धी सावधानियाँ
Precautions Related to Tradle Sewing Machine

पैर की मशीन को प्रयोग करते समय निम्न अतिरिक्त बातों को ध्यान में रखना आवश्यक है

(*i*) सामान्यत: से स्टूल की ऊँचाई ट्रेडिल के नेम प्लेट तक होनी चाहिए। इसके अतिरिक्त कार्य करने वाले व्यक्ति की अपनी ऊँचाई पर भी इसकी ऊँचाई निर्भर करती है। अत: विशेष स्थिति में इसकी ऊँचाई में अन्तर कर सकते हैं।

(*ii*) कटिंग टेबिल पास ही होनी चाहिए। सिलाई करने के लिए बैठने से पूर्व ही सिलाइयों, डार्ट्स व दबाव आदि के निशान या थ्रेड मार्क आदि ले लेना चाहिए।

8.9 अन्य सिलाई मशीनें
Other Sewing Machines

समय के चलते सिलाई मशीन के अतिरिक्त अन्य मशीनों का आविष्कार भी हुआ तथा नित नई मशीनों का निर्माण भी किया गया, जिनका निर्माण सामान्यत: कार्य तथा उद्योगों के दृष्टिकोण से भी किया गया। इसके अन्तर्गत लॉक स्टिच मशीन व ओवरलॉक दो प्रकार की मशीनें हैं इनका विवरण निम्न प्रकार है

1. लॉक स्टिच मशीन Lock Stitch Machine

लॉक स्टिच मशीन का आविष्कार 1832 ई. में वाल्टर हंट (Walter Hunt) द्वारा किया गया। यह मशीन सबसे पहले अमेरिका में बनाई गयी। इसके बाद इनके संशोधित प्रारूप 1845 ई. में एलीज होव (Elias Howe) के द्वारा तथा 1854 ई. में इसका नव निर्माण आइजक मैरिट सिंगर (Isaac Merritt Singer) द्वारा किया गया।

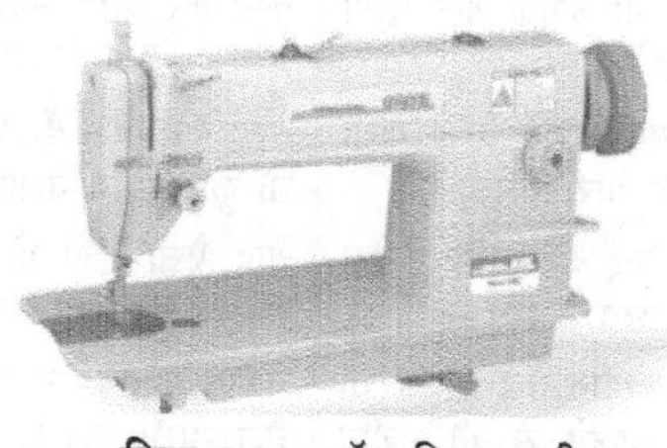

चित्र 8.30 लॉक स्टिच मशीन

लॉक स्टिच को मैकनिकल स्टिच के रूप में जाना जाता है। इस मशीन में दो धागों का प्रयोग किया जाता है जिसमें एक धागा सुई के ऊपर तथा दूसरा नीचे की ओर बॉबिन में रहता है। इसमें प्रयुक्त सुई धागे सहित ही नीडिल प्लेट के होल के नीचे तक जाती है तथा यह धागा बॉबिन के धागे के साथ मिलकर कपड़े को पार करता हुआ ऊपर के धागे को पकड़कर कपड़े में लॉक करता हुआ आगे बढ़ जाता है। इस प्रकार मशीन द्वारा लॉक स्टिच बनाया जाता है।

लॉक स्टिच सिलाई मशीन के द्वारा बनने वाले टाँकों को नीचे दिए गए चित्र में प्रदर्शित किया गया है

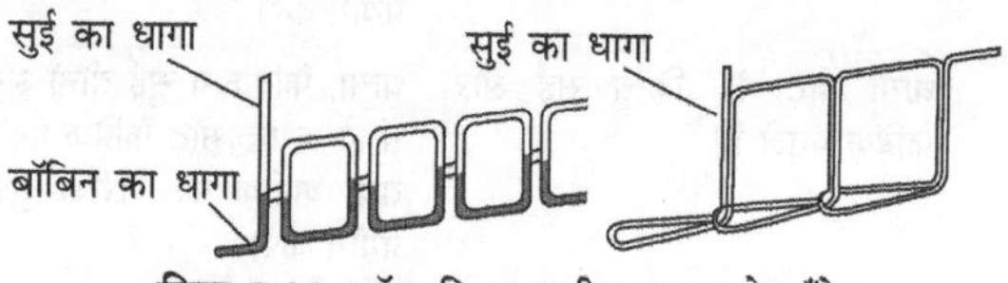

चित्र 8.31 लॉक स्टिच मशीन द्वारा लगे टाँके

मोटर द्वारा चलने वाली लॉक स्टिच मशीन के निम्न भाग होते हैं

1. प्रेशर फुट लीवर (Pressure foot lever)
2. थ्रेड टेक अप लीवर (Thread take up lever)
3. सुई बार (Needle bar)
4. प्रेशर फुट (Pressure foot)
5. सुई (Needle)
6. प्रेशर सुई स्प्रिंग रेगुलेटर सैट (Pressure needle spring regulator set)
7. नी लिफ्टर (Knee lifter)
8. पॉवर स्विच (Power switch)
9. मोटर (Motor)
10. एक्सीलरेटर (Accelerator)

11. बैक टेक लीवर (Back take lever)
12. स्टिच रेगुलेटर (Stitch regulator)
13. बॉबिन (Bobbin)
14. बैलेन्सिग व्हील (Balancing wheel)
15. साइट ग्लास (Sight glass)
16. थ्रेड टेन्शन (Thread tension)

लॉक स्टिच मशीन के इन सभी भागों को नीचे दिए गए चित्र में दर्शाया गया है—

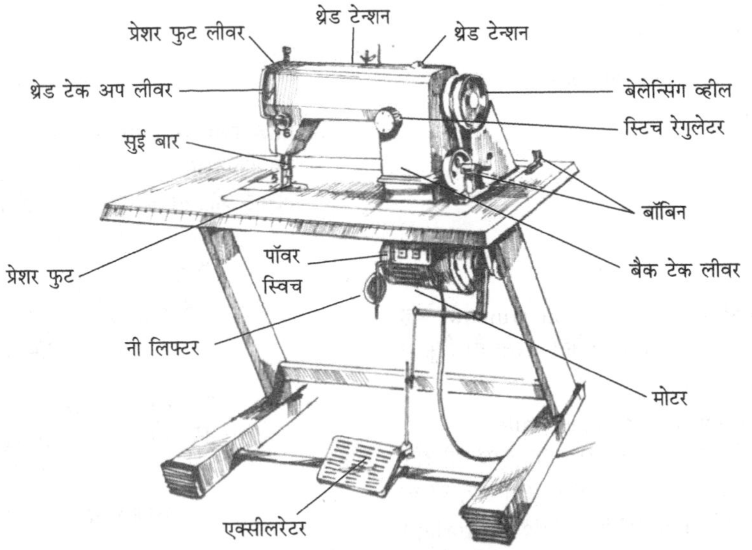

चित्र 8.32 लॉक स्टिच मशीन के भाग

2. ओवरलॉक मशीन Overlock Machine

ओवरलॉक मशीन, जैसा कि नाम से ही पता चलता है कि बाहरी किनारों को अपनी सिलाई द्वारा बन्द करके कच्चे किनारों को मजबूती प्रदान करती है। इस मशीन का प्रयोग पोशाकों के कटे हुए भागों को आपस में जोड़ने से पहले या जोड़ने के बाद आवश्यकतानुसार किया जाता हैं। इस कार्य को करने से फैब्रिक के धागे किनारों से नहीं निकलते हैं और किनारे सुन्दर दिखाई पड़ते हैं। इस मशीन में तीन धागे मुख्य रूप से प्रयोग होते हैं। इसके अतिरिक्त यह मशीन चार धागे वाली भी आती है। यह मशीन पैर या बिजली द्वारा चलाई जाती है। पोशाकों में ओवरलॉक सम्बन्धी कार्य इसी मशीन के द्वारा किया जाता है जिसमें यह किनारों को काटकर, ओवरलॉक सिलाई द्वारा मजबूती प्रदान करती है।

ओवरलॉक मशीन के भाग Parts of Overlock Machine

ओवरलॉक मशीन के निम्न भाग हैं

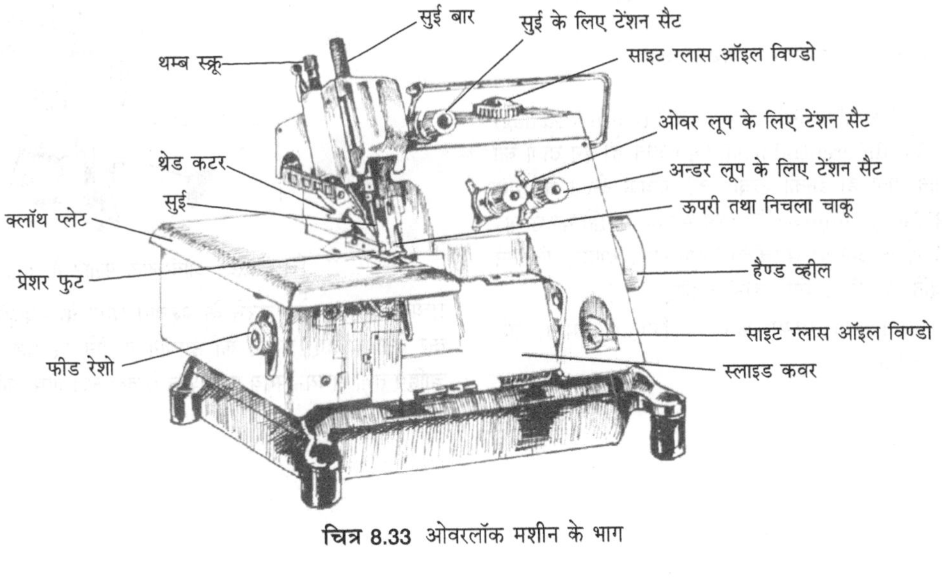

चित्र 8.33 ओवरलॉक मशीन के भाग

1. सुई बार (Needle bar)
2. थम्ब स्क्रू (Thumb screw)
3. थ्रेड कटर (Thread cutter)
4. प्रेशर फुट (Pressure foot)
5. सुई के लिये टेंशन सैट (Tension set for needle)
6. अण्डरलूप व ओवरलूप के लिये टेंशन सैट (Tension set for underloop and overloop)
7. स्लाइड कवर (Slide cover)
8. क्लॉथ प्लेट (Cloth plate)
9. हैण्डव्हील (Handwheel)
10. सुई (Needle)
11. फीड रेशो (Feed ratio)
12. **साइट ग्लास ऑइल विण्डो** (Sight glass oil window) यह मैकेनिज्म के लुब्रीकेशन (lubrication) का संकेत करती है। टैंक में तेल के लेवल का संकेत करती है।
13. **ऊपरी तथा निचला चाकू** (Lower and upper knife) ये विपरीत दिशा में लगे होते हैं। इनके नुकीले छोर एक-दूसरे की ओर मिलते हैं, जिससे कि प्रत्येक गति पर फैब्रिक कटता रहे। चाकुओं के नुकीलें छोर लगभग 0.5 से 0.1 मिमी गहराई पर ओवरलैप (overlap) होते हैं।

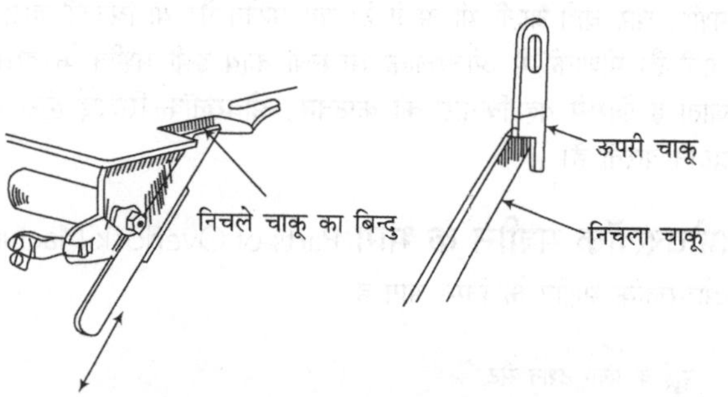

चित्र 8.34 ऊपरी तथा निचला चाकू

14. **दाँते** (Feed dog) ओवरलॉक मशीन में मुख्य दाँते (main feed dog) तथा डिफ्रेंशियल दाँते (differential feed dog) होते हैं। इन दोनों का स्तर परस्पर समान होता है। इनकी ऊँचाई को क्रमिक बोल्ट के द्वारा स्वतन्त्र रूप से समायोजित (Adjust) किया जा सकता है। दाँते की ऊँचाई को कपड़े की मोटाई के अनुसार परिवर्तित किया जाना चाहिए। विभिन्न कपड़ों के लिए दाँते की ऊँचाई निम्न होनी चाहिए
पतले कपड़े के लिए 1 मिमी, मध्यम कपड़े के लिए 1.3 मिमी, मोटे कपड़े के लिए 1.5 मिमी

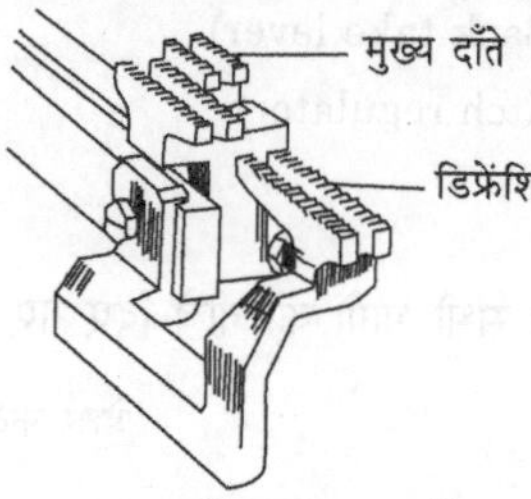

चित्र 8.35 दाँते

15. **फीड रेशों नट रेगुलेटर** (Feed ratio nut regulator) यह शियरिंग स्ट्रेच अर्थात् खिंचे हुए टाँके प्राप्त करने हेतु दाँतों की ऊँचाई को बढ़ाता या कम करता है।

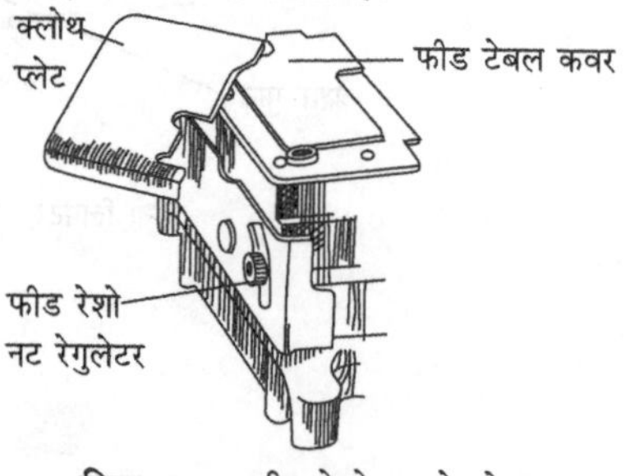

चित्र 8.36 फीड रेशो नट रेगुलेटर

ओवरलॉक मशीन में धागा डालना
Threading of Overlock Machine

अन्य सिलाई मशीनों की तुलना में ओवरलॉक मशीन में धागा डालना अधिक जटिल कार्य है। चित्र में दर्शायी गई ओवरलॉक मशीन में तीन विभिन्न धागे हैं
(*i*) सुई का धागा (Needle thread)
(*ii*) ओवरलूप का धागा (Overloop thread)
(*iii*) अन्डरलूप का धागा (Underloop thread)
इन तीनों धागों को डालने का क्रम चित्र में प्रदर्शित किया गया है

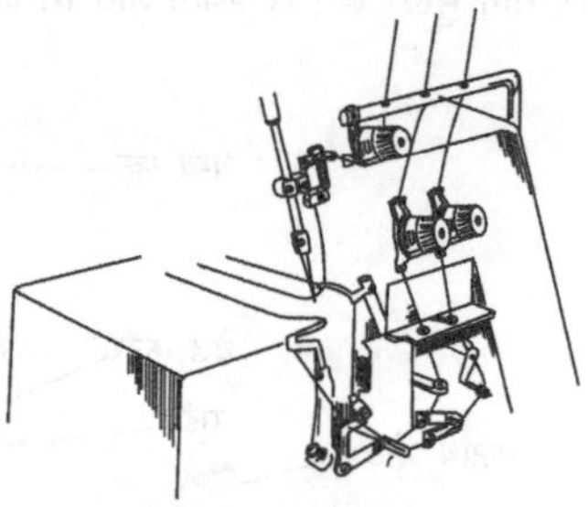

चित्र 8.37 ओवरलॉक मशीन में धागा डालना

प्रत्येक बार उपयोग करने के पश्चात् धागों के टुकड़ों तथा गन्दगी को साफ कर देना चाहिए। मशीन का उपयोग न होने पर मशीन को ढककर रख देना चाहिए तथा समय-समय पर मशीन में तेल तथा ग्रीस आदि डालते रहना चाहिए।

महत्त्वपूर्ण प्रश्नोत्तरी

1. सिलाई मशीनों के सामान्य प्रकार लिखिए।

उत्तर सिलाई मशीनों के सामान्य प्रकार निम्न हैं—हस्तचालित सिलाई मशीन, पैर चालित सिलाई मशीन एवं विद्युत चालित सिलाई मशीन।

2. फ्लाइंग मशीन से क्या तैयार किया जाता है?

उत्तर फ्लाइंग मशीन से जीन्स तैयार होती हैं तथा इसकी गति अतितीव्र होने के कारण एक दिन में सौ (100) जीन्स तैयार की जाती हैं।

3. 'फैशन मेकर' नामक सिलाई मशीन द्वारा किए जा सकने वाले कार्य बताइए।

उत्तर फैशन मेकर सिलाई मशीन से अनेक कार्य किए जाते हैं, जो इस प्रकार हैं—सिलाई करना, डबल सिलाई लगाना, पेंच बनाना, काज बनाना, ओरेब स्थान पर विशेष सिलाई करना, जिससे सिलाई न खुले इत्यादि।

4. सिलाई मशीन के विभिन्न मॉडल लिखिए।

उत्तर फैमिली मॉडल, टेलर मॉडल, लिंक मॉडल, सिंगर मॉडल, स्ट्रीमलाइन मॉडल, फोल्डिंग मॉडल इत्यादि सिलाई मशीन के मॉडल हैं।

5. प्रेशर बार द्वारा कौन–सा कार्य किया जाता है?

उत्तर प्रेशर बार द्वारा कपड़े पर दबाव डालने का कार्य किया जाता है।

6. सिलाई मशीन के अन्तर्गत आने वाले पैर के पुर्जों को लिखिए।

उत्तर लोहे का ढाँचा, मध्य की छड़, पायदान स्टैण्ड फ्लाइव्हील, चक्र की जाली, बैल्ट, बैल्ट रोक, टॉप, दराज, मशीन का ढक्कन, बैल्ट गाइड इत्यादि।

7. मशीन के सहायक पुर्जे कौन–से हैं?

उत्तर मशीन के सहायक पुर्जे निम्न हैं—हेमर, कॉर्ड हेमर, लैस फिक्सिंग हेमर, एडजस्टेबल हेमर, पाइपर, टकर, क्विल्टर, रफलर, जिग-जैगर, बटन-होल अटैचमेंट, कढ़ाई प्लेट इत्यादि।

8. प्रेशर फुट क्या है?

उत्तर प्रेशर फुट एक प्रकार का उपकरण है, जिसकी सहायता से फैब्रिक पर दबाव पड़ता है।

9. सिलाई करते समय कपड़े को आगे खिसकाने के लिए किसका प्रयोग करते हैं?

उत्तर सिलाई करते समय कपड़े को आगे खिसकाने के लिए दाँते (feed dog) का प्रयोग करते हैं।

10. मशीन रख-रखाव के क्या–क्या लाभ हैं?

उत्तर मशीन रख-रखाव के निम्नलिखित लाभ हैं—मशीन की दीर्घ आयु, मशीन की सुन्दरता, समय की बचत, कार्य में समानता एवं आर्थिक लाभ आदि।

अभ्यास प्रश्न

परीक्षा प्रारूपी प्रश्न

बहुविकल्पीय

1. हाथ से सिलाई का क्या परिणाम होता था?

(a) परिश्रम अधिक लगता था (b) समय अधिक लगता था
(c) 'a' और 'b' दोनों (d) इनमें से कोई नहीं

2. सिलाई मशीन के फैमिली मॉडल का क्या लाभ मिलता है?

(a) यह अन्य मशीनों से हल्की है
(b) अन्य मॉडलों की तुलना में सस्ती है
(c) 'a' और 'b' दोनों
(d) उपरोक्त में से कोई नहीं

3. सिंगर फैशन मेकर सिलाई मशीन की इनमें से क्या विशेषता है?

(a) काज भी बना सकती है
(b) पीको भी कर सकती है
(c) कढ़ाई (embroidery) के टाँके बना सकती है
(d) उपरोक्त सभी

4. प्रेशर फुट का सिलाई में क्या कार्य है?

(a) फैब्रिक पर दबाव डालना
(b) फैब्रिक को ढीला छोड़ देना
(c) फैब्रिक को दबाव मुक्त कर देना
(d) उपरोक्त में से कोई नहीं

5. स्पूल पिन, मशीन में कहाँ लगी होती है?

(a) ऊपर (b) नीचे (c) किनारे (d) कहीं नहीं

6. प्रेशर फुट पर दबाव की मात्रा को किस स्क्रू के द्वारा नियन्त्रित किया जाता है?

(a) बखिया रेगुलेटर स्क्रू
(b) प्रेशर बार स्क्रू
(c) प्रेशर फुट स्क्रू
(d) ब्रेकेट स्क्रू

7. बखिया रेगुलेटर स्क्रू के द्वारा कौन–सा कार्य किया जाता है?
(a) कपड़े पर दबाव डालना
(b) बखिया की लम्बाई को छोटा व बड़ा करना
(c) बखिया को सजावटी बनाना
(d) उपरोक्त सभी

8. बॉबिन केस को लगाया जाता है
(a) शटल ड्राइवर में (b) शटल रेस स्प्रिंग में
(c) शटल में (d) शटल रेस में

9. प्रेशर फुट के विकल्प के रूप में इनमें से किसका प्रयोग करते हैं?
(a) कॉर्ड हेमर (b) एडजस्टेबल हेमर
(c) 'a' और 'b' दोनों (d) टकर

10. किनारा मोड़ने में निम्न में से किसका प्रयोग किया जाता है?
(a) रफलर (b) क्विल्टर
(c) हेमर (d) इनमें से कोई नहीं

11. इनमें से कौन–सा सहायक फोल्डर के अन्तर्गत उल्लिखित नहीं किया जाता है?
(a) हेमर (b) प्रेशर फुट
(c) कॉर्ड हेमर (d) पाइपर

12. लॉक स्टिच मशीन ………… देती है।
(a) चेन स्टिच (b) रनिंग स्टिच
(c) टेढ़ा-मेढ़ा स्टिच (d) ब्लैंकिट स्टिच

13. क्विल्टिंग का प्रयोग ………… के लिए किया जाता है।
(a) टाई (b) स्वैटर
(c) कम्बल (d) गद्दे के कवर

14. पॉकेट, फ्लैप और बोल्ट करियर आदि के किनारों पर सिलाई को सुदृढ़ बनाने के लिए निम्न में से किस मशीन का उपयोग किया जाता है
(a) डबल नीडिल मशीन (b) फीड ऑफ आर्म मशीन
(c) ओवरलॉक मशीन (d) बार टैकिंग मशीन

15. सिंगर सिलाई मशीन का निर्माण सर्वप्रथम किस देश में हुआ?
(a) फ्रांस (b) भारत
(c) चीन (d) अमेरिका

16. प्रदर्शित चित्र है।

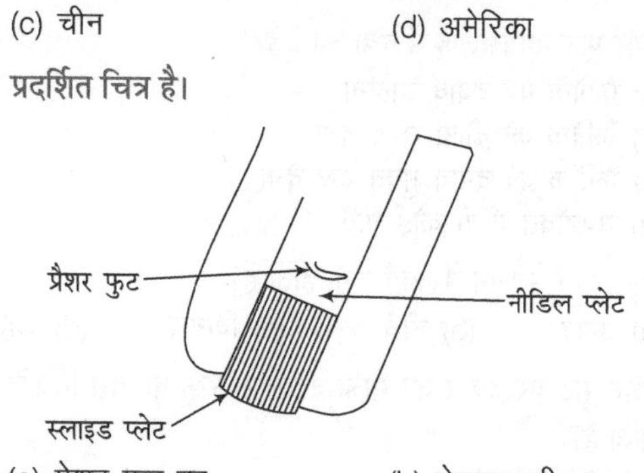

(a) प्रेशर फुट का (b) टेकअप लीवर का
(c) प्रेशर रेग्युलेटर का (d) टेन्शन डिस्क का

17. प्रदर्शित चित्र है।

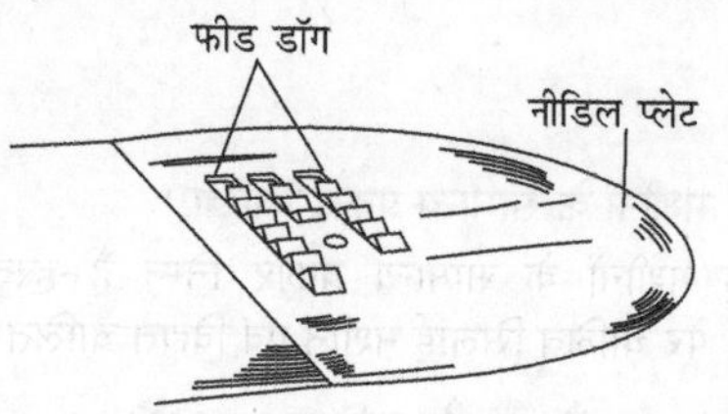

(a) प्रेशर फुट का (b) फीड डॉग का
(c) नीडिल क्लैम्प का (d) इनमें से कोई नहीं

18. तीन धागों की ओवरलॉक मशीन में कितनी सूई होती हैं?
(a) 1 (b) 2 (c) 3 (d) 4

19. मशीन की सहायता से महीन या मोटी डिजाइन के अनुसार सिलाई लगाने को क्या कहते हैं?
(a) डार्ट (b) प्लीट्स
(c) टक्स (d) योक

20. किनारों की फिनिशिंग के लिए प्रयोग की जाने वाली सिलाई मशीन है
(a) लॉक स्टिच (b) ओवरलॉक
(c) चैन स्टिच (d) हैण्ड स्टिच

21. किसी सिलाई मशीन में स्टिच की लम्बाई को नियन्त्रित करने के लिए ………. प्रयोग किया जाता है।
(a) स्टॉप मोशन स्क्रू (b) स्टिच रेगुलेटर
(c) टेक-अप लीवर (d) फीड डॉग

22. सिलाई मशीन में कपड़े को आगे बढ़ाने के लिए निम्न में से किस पुर्जे का प्रयोग किया जाता है?
(a) प्रेशर फुट (b) फीड डॉग
(c) नीडिल (d) धागा

23. निम्नलिखित मशीनों में से किसमें लोअर तथा अपर नाइव्ज का प्रयोग किया जाता है?
(a) चैन स्टिच मशीन (b) लॉक स्टिच मशीन
(c) फ्लैट लॉक मशीन (d) ओवरलॉक मशीन

24. ताप शोधन की सहायता से फेसिंग फैब्रिक को इन्टर फेसिंग फैब्रिक के साथ फिक्स करने की प्रक्रिया क्या कहलाती है?
(a) हीटिंग (b) फ्यूजिंग
(c) प्रेसिंग (d) फिक्सिंग

25. किसी सिलाई मशीन के भारी चलने का मुख्य कारण क्या होता है?
(a) तेल की कमी
(b) अत्यधिक कसा हुआ ऊपरी टेंशन
(c) मोटा धागा
(d) वजनदार प्रेसर फुट

26. निम्न में से कौन सिलाई मशीन का विनिर्माता नहीं है?
(a) ब्रदर (b) सिंगर (c) जुकी (d) LG

27. नीचे दिए गए सिलाई मशीन के पुर्जों में से बेमेल की पहचान करें
(a) बॉबिन केस (b) लूपर (c) शटर (d) बॉबिन

28. सिलाई मशीन के पुर्जे 'X' की पहचान कीजिए

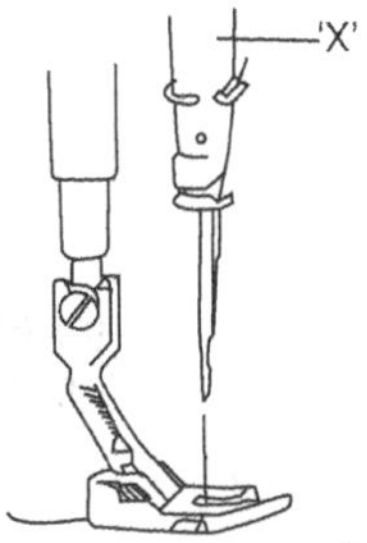

(a) प्रेशर बार (b) टेक-अप लीवर
(c) फीड डॉग (d) नीडिल बार

29. किसी बेसिक लॉक स्टिच सिलाई मशीन में स्टिच फॉर्मेशन की विधि क्या है?
(a) इण्टर लेपिंग (b) इंट्रा लेपिंग
(c) इण्टर लॉकिंग (d) इण्टर लेसिंग

30. किसी सिलाई मशीन के स्टिचों की इकाई क्या होती है?
(a) स्टिच प्रति इंच (b) स्टिच लम्बाई
(c) स्टिच घनत्व (d) स्टिच चौड़ाई

31. फ्लाइंग मशीन का प्रयोग सिलने में होता है।
(a) कोट (b) शर्ट (c) फ्रॉक (d) जीन्स

32. स्टॉप मोशन का कार्य है?
(a) मशीन को चलाना (b) सिलाई करना
(c) किनारे काटना (d) फ्लाइंग व्हील को ढीला करना

33. बैल्ट गाइड कहाँ लगा होता है?
(a) मशीन के बाईं ओर (b) ट्रेडिल में पीछे की ओर
(c) बैलेन्स व्हील के पास (d) पटरे में

34. बटन होल मशीन में कितने धागों का प्रयोग होता है?
(a) एक (b) चार
(c) दो (d) इनमें से कोई नहीं

35. डिस्क मशीन में कितनी डिस्क प्रयोग होती हैं?
(a) 4 (b) 18 (c) 11 (d) 21

36. चित्र में प्रदर्शित विशेष अटैचमेंट का नाम क्या है?

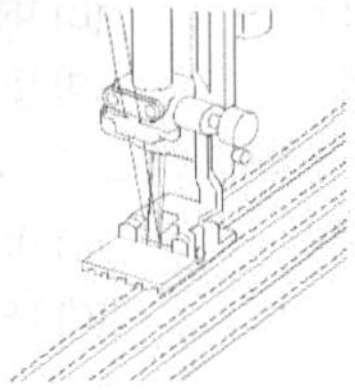

(a) जिपर फुट (b) अदृश्य जिपर फुट
(c) टकर फुट (d) गैदरिंग फुट

37. ओवरलॉक मशीन से कितने टाँके (स्टिच) बनते हैं?
(a) 100 (b) 200 (c) 400 (d) 500

38. ओवरलॉक मशीन में कितने फीड डॉग बनते हैं?
(a) एक फीड डॉग (b) दो फीड डॉग
(c) तीन फीड डॉग (d) चार फीड डॉग

39. 'X' के रूप में चिन्हित भागों का नाम क्या है?

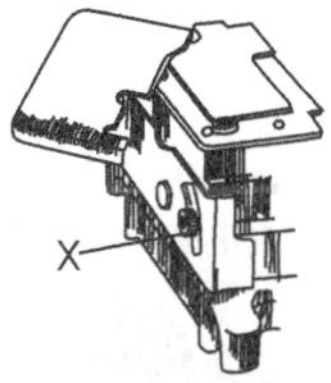

(a) फीड रेशियो नट (नियामक) (b) कपड़े की प्लेट
(c) फीड टेबल कवर (d) मुख्य फीड डॉग

40. 'X' के रूप में चिन्हित भाग का नाम क्या है?

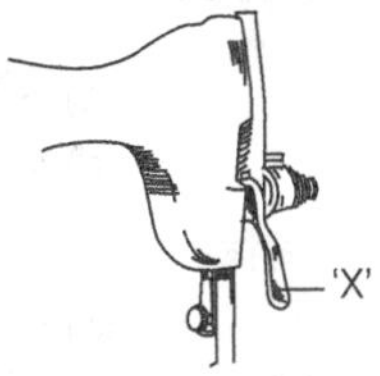

(a) लोअर नाइफ (b) मुख्य फीड डॉग
(c) ऊपरी नाइफ (d) प्रेशर फुट लिफ्टर

41. 'X' के रूप में चिन्हित भाग का नाम क्या हैं?

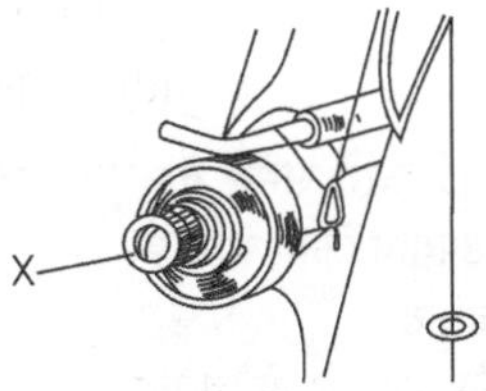

(a) टेन्शन स्प्रिंग (b) टेन्शन नट
(c) फेस प्लेट (d) टेक अप लीवर

42. 'X' के रूप में चिन्हित भाग का नाम क्या है?

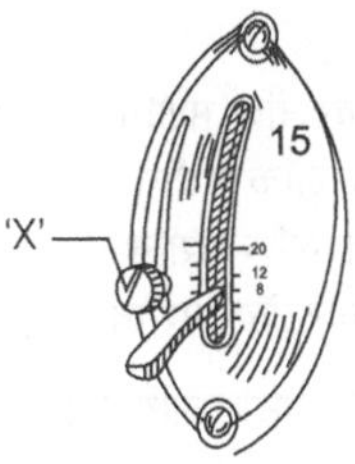

(a) स्विच रेगुलेटर लीवर
(b) सिलाई नियामक लॉक स्क्रू
(c) स्टॉप मोशन स्क्रू
(d) प्रेशर फुट लिफ्टर

43. 'X' के रूप में चिन्हित भाग का नाम क्या है?

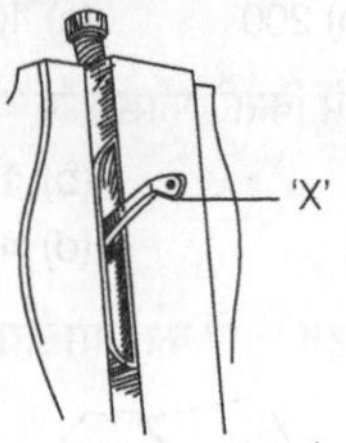

(a) टेक अप लीवर (b) प्रेशर फुट लीवर
(c) आई लिट (d) प्रेशर बार स्क्रू

44. 'X' के रूप में चिन्हित भाग का नाम क्या है?

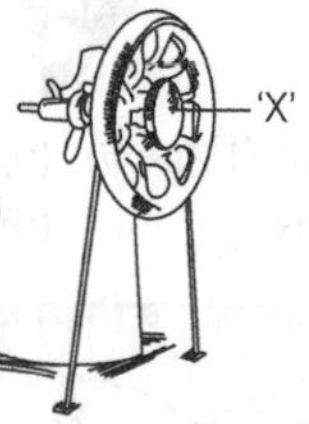

(a) फ्लाई व्हील (b) स्टॉप मोशन स्क्रू
(c) सन्तुलित व्हील (d) बॉबिन वाइण्डर

45. मशीन के किस भाग में बॉबिन फिक्स करते हैं?
(a) शटल रेस (b) शटल
(c) बॉबिन केस (d) बॉबिन वाइण्डर

46. कॉर्ड और जिपर्स को कवर करने के लिए कौन-सा अटैचमेन्ट प्रयोग किया जाता है?
(a) टकर फुट (b) जिपर फुट
(c) प्रेसर फुट (d) रफलर फुट

47. एक-साथ सिलाई करते समय तह करने\जोड़ने के लिए कौन-से अटैचमेन्ट का उपयोग किया जाता है?
(a) गाइड अटैचमेन्ट
(b) बाइण्डर और फोल्डर अटैचमेन्ट
(c) फुट अटैचमेन्ट
(d) बटन होल अटैचमेन्ट

48. फैब्रिक परिष्करण के लिए उपयोग की जाने वाली ओवरलॉक मशीन कौन-सी है?
(a) एक धागा ओवरलॉक मशीन
(b) दो धागा ओवरलॉक मशीन
(c) तीन थ्रेड ओवरलॉक मशीन
(d) चार धागा ओवरलॉक मशीन

49. परिधान उद्योग में मोटर चालित सिलाई मशीन का उपयोग किस उद्देश्य से किया जाता है?
(a) कम उत्पादन (b) खराब उत्पादन
(c) उच्च उत्पादन (d) औसत उत्पादन

50. फिंगर गार्ड का कार्य क्या है?
(a) धागा बाँधना है (b) उँगली को खरोंच से बचाना
(c) बेल्ट की सहायता करना (d) रगड़ से बचाना

51. बहुउद्देशीय कार्य के लिए कौन सी मशीन उपयोग की जाती है?
(a) एकल सूई लॉक सिलाई मशीन
(b) ओवरलॉक मशीन
(c) जिग-जैग मशीन
(d) लूप सिलाई मशीन

52. सिलाई करते समय कपड़े को आगे बढ़ाने में कौन-सा भाग सहायता करता है?
(a) प्रेशर फुट (b) स्टाप मोशन स्क्रू
(c) फीड डॉग (d) सिलाई नियामक

53. प्रेशर फुट का कार्य क्या है?
(a) कपड़े सिलना (b) मजबूती से कपड़ा को दबाना
(c) कपड़े की ओर बढ़ना (d) कपड़ा बाँधना

54. सिलाई मैकेनिज्म को कौन-से भाग संलग्न और विघटित करते हैं?
(a) स्टॉप मोशन स्क्रू (b) फ्लाई व्हील
(c) बॉबिन वाइण्डर (d) प्रेशर फुट

55. स्पूल से सूई की स्थिति में धागा किस भाग को धारण करता है।
(a) सूई (b) थ्रेड गाइड
(c) सूई प्लेट (d) फेस प्लेट

56. थ्रेड टेक अप लीवर का क्या कार्य है
(a) क्लच को स्थानान्तरित करें
(b) सूई में धागा फीड करें
(c) कपड़े मजबूती से स्थिति में
(d) सिलाई की लम्बाई को नियन्त्रित करता है

57. सिलाई रेगुलेटर का कार्य क्या है?
(a) धागे को वाइण्ड करना
(b) धागे को फॉर्म करना
(c) फ्लाइ व्हील को घुमाना
(d) सिलाई की लम्बाई को नियन्त्रित करना

58. इसे घुमाने के लिए कौन-से पुर्जे बनाए जाते हैं, जो मशीन के मैकेनिज्म का काम करता है?
(a) सूई पट्टी (b) प्रेशर बार
(c) फ्लाई व्हील (d) टेन्शन स्प्रिंग

59. मशीन द्वारा कपड़े इकक्ट्ठा करने के लिए कौन-से अटैचमेन्ट का उपयोग किया जाता है?
(a) बाइन्डर अटैचमेन्ट (b) फोल्डर अटैचमेन्ट
(c) गाइड अटैचमेन्ट (d) फुट अटैचमेन्ट

60. सिलाई की लम्बाई को नियन्त्रित करने के लिए प्रयोग किया जाता है।
(a) प्रेशर फुट लिफ्टर (b) नीडिल बार
(c) फीड डॉग (d) स्टिच रेगुलेटर

61. सिलाई मशीन की सफाई तेल लगाने और देखभाल करने से क्या लाभ प्राप्त होता है?
(a) मशीनरी स्थिति (b) खराब स्थिति
(c) छोटा जीवनकाल (d) लम्बा जीवनकाल

62. ऊपरी धागा ब्रेकिंग के दोष को कैसे दूर करें?
(a) बॉबिन को सही स्थिति में सेट करना
(b) सूई को ठीक से पिरोना
(c) अतिरिक्त तेल निकालना
(d) समय-समय पर सफाई करना

63. औद्योगिक उत्पादन में किस प्रकार की सिलाई मशीन का उपयोग किया जाता है?
(a) घरेलू मशीन (b) ट्रैडल मशीन
(c) हैण्डिल मशीन (d) मोटर चालित सिलाई मशीन

64. एक्सीलिरेटर के मोटर चालित सिलाई मशीन के भागों का कार्य क्या है?
(a) सिलाई को नियन्त्रित करें
(b) पावर स्टिच पर नियन्त्रण रखें
(c) गति को नियन्त्रित करें
(d) बैलेन्स व्हील को नियन्त्रित करें

65. तेल के स्तर को कौन–सा भाग दर्शाता है?
(a) दृश्य ग्लास (b) बैक टेक लीवर
(c) थ्रेड गाइड (d) एक्सीलिरेटर

66. मोटर चालित सिलाई मशीन का पुर्जा है
(a) ट्रेडल (b) बैण्ड व्हील
(c) बैण्ड व्हील कवर (d) पावर स्विच

67. क्रॉस और स्ट्राइट आकृतियों के सिलाई के लिए कौन–सी मशीन प्रयोग की जाती है?
(a) ओवरलॉक मशीन (b) जिग-जैग मशीन
(c) फ्लैटलॉक मशीन (d) चेन ऑफ लूप्स मशीन

68. सजावटी उद्देश्य के लिए किस मशीन का उपयोग किया जाता है?
(a) जिग-जैग मशीन
(b) हाथ मशीन
(c) ओवरलॉक मशीन
(d) एकल सूई लॉक सिलाई मशीन

69. एक्सीलिरेटर त्वरक के मीटर चालित सिलाई मशीन के भागों का कार्य क्या है?
(a) सिलाई को नियन्त्रित करना
(b) पावर स्टिच पर नियन्त्रण रखना
(c) गति को नियन्त्रिण करना
(d) बैलेन्स व्हील को नियन्त्रित करना

70. औद्योगिक उत्पादन में किस प्रकार की सिलाई मशीन का उपयोग किया जाता है ?
(a) घरेलू मशीन
(b) ट्रैडल मशीन
(c) हैण्डिल मशीन
(d) मोटर चालित सिलाई मशीन

उत्तरमाला

1. (c)	2. (c)	3. (d)	4. (a)	5. (a)	6. (c)	7. (b)	8. (c)	9. (c)	10. (c)
11. (b)	12. (b)	13. (d)	14. (a)	15. (a)	16. (b)	17. (b)	18. (a)	19. (c)	20. (b)
21. (b)	22. (b)	23. (d)	24. (b)	25. (a)	26. (d)	27. (b)	28. (d)	29. (c)	30. (a)
31. (d)	32. (d)	33. (b)	34. (c)	35. (d)	36. (c)	37. (d)	38. (b)	39. (a)	40. (d)
41. (b)	42. (b)	43. (a)	44. (b)	45. (c)	46. (b)	47. (b)	48. (c)	49. (c)	50. (b)
51. (c)	52. (c)	53. (b)	54. (a)	55. (b)	56. (b)	57. (d)	58. (c)	59. (d)	60. (d)
61. (d)	62. (b)	63. (a)	64. (c)	65. (a)	66. (d)	67. (b)	68. (a)	69. (c)	70. (d)

अध्याय 9

मौलिक पोशाक विश्लेषण

Basic Garment Analysis

मौलिक पोशाकों का विश्लेषण उपभोक्ता और निर्माता दोनों की ही आवश्यकता का आधार होता है। ड्रेस मेकिंग के दृष्टिकोण से उपभोक्ता को सन्तोषजनक सेवाएँ प्रदान करने के उद्देश्य से पोशाक का विश्लेषण करना आवश्यक है।

इसके द्वारा निर्माता यह जानने का प्रयास करते हैं कि उपभोक्ताओं की माँग क्या है। पोशाक का निर्माण उसकी कार्यक्षमता, लागत एवं माँग के अनुसार किया जाता है। पोशाक विश्लेषण निरन्तर चलने वाली प्रक्रिया है। विश्लेषण के द्वारा उपभोक्ता को विश्वास दिलाया जाता है कि इसकी रचना गुणवत्ता मानक के अनुसार की गई है।

अध्याय विषय सूची

9.1 पोशाक विश्लेषण Garment Analysis

किसी भी पोशाक के निर्माण से लेकर विक्रय तक की प्रक्रिया में उत्पादन पर विशेष ध्यान दिया जाता है। सिलाई कला में विशेषज्ञ पोशाक की गुणवत्ता को देखते हुए उसकी कीमत निर्धारित करते हैं तथा इनके माध्यम से ही प्रतिस्पर्द्धा के माहौल में अपने अस्तित्व को बनाए रखते हैं। पोशाक विश्लेषण में मुख्य रूप से पोशाकों का मूल्य तथा उनकी गुणवत्ता निहित होती है। इनका विवरण निम्न प्रकार है

मूल्य निर्धारण Price Determination

पोशाक का निर्माण निम्न दो तरीकों से किया जा सकता है

1. टेलर से सिलवाकर
2. दुकानों या फैक्ट्रियों द्वारा तैयार कराकर।

पोशाक का उत्पादन चाहे घर में हो अथवा दुकान या फैक्ट्रियों में, उन पर खर्च होने वाले सामान व अन्य खर्चों के अतिरिक्त मजदूरी व इससे प्राप्त लाभांश आते हैं तथा ओवर हैड चार्ज भी इसमें सम्मिलित किया जाता है। ये ओवरहैड चार्ज किस प्रकार निकाले जाएँ, टेलरिंग के विद्यार्थियों के अतिरिक्त टेलर व रेडीमेड पोशाकों के निर्माताओं को भी इसका ज्ञान होना आवश्यक है।

पोशाकों का मूल्य निर्धारण निम्न के आधार पर किया जाता है

1. नाप Measurement

पोशाक का मूल आधार नाप है। अत: सर्वप्रथम नाप का ज्ञान होना आवश्यक है, जिससे प्राप्त नाप की पोशाक बनाई जा सके। नाप के आधार पर ही फैब्रिक और उसके मूल्य का अनुमान लगाया जाता है।

2. कपड़े की दर Rate of Cloth

फैब्रिक का मूल्य ज्ञात करने के लिए सबसे पहले पूरे कपड़े की लम्बाई नापते हैं, जिससे फैब्रिक का प्रति मीटर मूल्य ज्ञात किया जा सके। उसके बाद ही पोशाक में लगने वाले सम्पूर्ण फैब्रिक मूल्य को सरलता से निकाला जा सकता है। किसी भी पोशाक की फिनिशिंग के बाद ही मूल्य निर्धारित किया जाता है।

3. कच्चा माल Raw Material

पोशाक में कच्चा माल अर्थात् सिलाई रील, लैस, फीता, बटन, अस्तर, जो भी सामान लगा, कितना व कितने मूल्य का लगा, वह मूल्य सभी पोशाकों की कीमत में ही जोड़ा जाता है।

4. मजदूरी Wages

पोशाक की मजदूरी ज्ञात करने के लिए, यह देखना होगा कि पोशाक सामूहिक रूप से तैयार की गई है और इस समूह में कितने कारीगरों ने मिलकर कितनी पोशाक तैयार की हैं। उसी के अनुसार मजदूरी का निर्धारण किया जाता है।

5. लेबल का मूल्य Cost of Label

पोशाक पर जो ट्रेड मार्क (trade mark) लगाए जाते हैं, उसी को लेबल कहते हैं। प्रति लेबल मूल्य पोशाक के मूल्य में जोड़ा जाता है।

6. पैकिंग Packing

आजकल तैयार पोशाक को पारदर्शी लिफाफे में रखने के बाद दुकान या फर्म के नाम के प्रिन्टेड डिब्बे या पैकेट में रखने का प्रचलन है, इसलिए पूरी पैकिंग का खर्च भी पोशाक के मूल्य में ही जोड़ा जाता है।

7. ओवरहैड मूल्य Overhead Charges

यह ऐसी लागत है, जो प्रत्यक्ष रूप में दिखाई नहीं देती, किन्तु इस पर भी पर्याप्त खर्च किए जाते हैं; जैसे—

- दुकान का अनुरक्षण व मशीनरी
- बिजली-पानी
- हाथ व मशीन की सुई
- मशीन का तेल
- टेलर चॉक
- लगाई गई पूँजी पर ब्याज
- विशिष्ट ग्राहकों के लिए चाय-पानी
- फोन
- कर्मचारी
- मकान/दुकान/फर्म का किराया
- डिजाइन बुक
- पेपर पैटर्न

उपरोक्त पर होने वाला खर्च 40% ओवर चार्जिज पर रखा जाता है। इसके अतिरिक्त जो व्यक्ति कार्य आरम्भ करता है, उसे भी धन की आवश्यकता होती है। इसके लिए व्यय का 20% लाभांश या माँग के आधार पर रखा जाता है।

गुणवत्ता निर्धारण Quality Determination

वर्तमान में प्रतिस्पर्द्धा का माहौल है। इस समय पोशाक की गुणवत्ता का विश्लेषण उसके मानकों के आधार पर किया जाता है। मौलिक पोशाक विश्लेषण का उद्देश्य मुख्यत: गुणवत्ता का आकलन कर उसका निर्धारण करना होता है, जिससे उपभोक्ता पोशाक की गुणवत्ता तथा तुलनात्मक दृष्टिकोण से उसके मूल्य से सन्तुष्ट हो सके। इसके अन्तर्गत साधारण परीक्षण, मापन परीक्षण तथा घरेलू परीक्षण सम्मिलित हैं। गुणवत्ता जाँचने के लिए रेशों के संघटन की जाँच, धागों के प्रकार व उनके रंगों की जाँच आती है।

इस प्रकार के निरीक्षण से पोशाकों की विस्तृत जानकारी प्राप्त होती है। ये मानक ही प्रतिस्पर्द्धा माहौल में पोशाक-विशेष के स्थान को बाजार में सुनिश्चित करते हैं।

9.2 वस्त्र विश्लेषण की विधियाँ
Methods of Garment Analysis

वस्त्र विश्लेषण के उद्देश्य की पूर्ति निम्न तीन विधियों द्वारा होती है

1. दृष्टिगत निरीक्षण Visual Inspection

इस विधि में वस्त्रों की दिखावट सौन्दर्य, वस्त्रों के गुण, सिलाई के प्रकार, प्रति इंच या सेमी टाँकों की संख्या का अनुमान लगाया जाता है। दृष्टिगत विश्लेषण की विश्वसनीयता निरीक्षण करने वाले व्यक्ति अर्थात् निरीक्षक पर निर्भर करती है। निरीक्षक को वस्त्र के विषय में पूर्ण ज्ञान होना अत्यन्त आवश्यक है। एक कुशल तथा योग्य व्यक्ति ही इस प्रकार का निरीक्षण कर सकता है, इसलिए यह विधि कम प्रभावशाली है।

2. संवर्धित दृष्टिगत निरीक्षण
Augmented Visual Inspection

इस विधि में, साधारण परीक्षण, साधारण नापने के उपकरण एवं धुलाई उपकरणों द्वारा परीक्षण किया जाता है। इसमें सूक्ष्मदर्शी द्वारा धागों के प्रकार, गुणवत्ता, रंगों की जाँच प्रयोगशाला में परीक्षण या फैब्रिक की कतरन को जलाकर परीक्षण, रेशों के संघटन आदि की जाँच की जाती है। इस विधि में उत्पाद को नष्ट किए बिना उसका निरीक्षण किया जाता है। इस निरीक्षण में वस्त्रों के बारे में अधिक सूचना प्राप्त होती है। अत: इसमें मूल्य भी अधिक खर्च होता है।

3. प्रयोगशाला निरीक्षण Laboratory Inspection

इस विधि में मानक परीक्षण विधियों, विशेष परीक्षण उपकरण, उच्च क्षमता वाले आवर्द्धन तथा मापन उपकरण प्रयोग किए जाते हैं। वस्त्रों की प्रयोगशाला में निरीक्षणों हेतु अनेक व्यावसायिक संगठन संचालित किए जा रहे हैं। जिनमें से कुछ निम्नलिखित हैं

(*i*) अमेरिकन सोसायटी फॉर टेस्टिंग एण्ड मैटीरियल (American Society for Testing and Material); ASTM

(*ii*) अमेरिकन एसोसिएशन ऑफ टैक्सटाइल कैमिस्ट एण्ड कलरिस्ट (American Association of Textile Chemist and Colorist; AATCC)

इन व्यावसायिक संगठनों द्वारा प्रयोगशाला निरीक्षण से अत्यधिक विश्वसनीय परिणाम प्राप्त होते हैं। इस प्रकार हम कह सकते हैं कि उत्पादों एवं सामग्रियों का प्रयोगशाला निरीक्षण उनका वैज्ञानिक विश्लेषण (scientific analysis) ही है।

9.3 पोशाक विश्लेषण के प्रकार
Types of Garment Analysis

पोशाक विश्लेषण के अन्तर्गत पोशाक की कीमत तथा गुणवत्ता सम्बन्धी मानकों के निर्धारण का विश्लेषण किया जाता है तथा सामान्य मानकों को सुनिश्चित किया जाता है।

विशेष व्यावसायिक प्रयोजनों हेतु वस्त्र विश्लेषण को संचालित या संकलित किया जाता है।

पोशाक विश्लेषण के अन्तर्गत निम्न बिन्दुओं का ध्यान रखा जाता है

1. स्टाइल विवरण
2. साइजिंग एवं फिटिंग
3. सामग्री का चयन
4. तत्व संयोजन
5. स्टाइल प्रदर्शन

1. स्टाइल विवरण Style Description

स्टाइल विवरण के अन्तर्गत ही पोशाक की समीक्षा की जाती है। बाजार के फैशन स्तर को ध्यान में रखते हुए पोशाक के स्टाइल को तुलनात्मक एवं गुणात्मक दृष्टि से जाँचा जाता है। पोशाक का डिजाइन चयनित फैब्रिक की लम्बाई आदि इसकी विशिष्टताओं पर भी निर्भर करता है।

2. साइजिंग एवं फिटिंग Sizing and Fitting

साइजिंग व फिटिंग पर निर्भर पोशाक के लिए कुछ मापक; जैसे—किसी लम्बे, ऊँचे तथा सुडौल शरीर वाले व्यक्ति के लिए छोटे व पतले की अपेक्षा अधिक सामग्री की आवश्यकता होती है। यदि साइजिंग उपलब्ध हो, तो वस्त्र की फिटिंग भी अच्छी आती है।

3. सामग्री चयन Material Selection

पोशाक के लिए निर्धारित सामग्री का आकलन सामग्री चयन के अन्तर्गत आता है और तुलनात्मक दृष्टि से समस्त उपयोगी सामग्रियों का कुछ आधारों पर चयन किया जाता है। पोशाक की सामग्री का चयन प्रतिस्पर्द्धा के माहौल को देखते हुए किया जाता है।

4. तत्वों का चयन Selection of Components

पोशाक निर्माण एक ऐसी प्रक्रिया है, जिसके द्वारा पोशाक को अन्तिम रूप प्रदान करने के लिए विभिन्न तत्वों को एकीकृत कर एक नया स्वरूप दिया जाता है। तत्व के चयन के लिए पर्याप्त कौशल की आवश्यकता होती है, क्योंकि ये तत्व उपयुक्त स्थान पर मिलने से पोशाक के आकर्षण में वृद्धि करने में सक्षम होते हैं।

5. स्टाइल प्रदर्शन Style Presentation

फैशन-शो सम्बन्धी कार्यक्रमों में दर्शकों को नवीनतम पोशाकें देखने को मिलती हैं, जबकि सामान्य व्यक्ति की पहुँच से ये फैशन-शो दूर होते हैं। इसी कारण विक्रेताओं ने तैयार पोशाक के प्रदर्शन के कई उपाय किए हैं, जो पोशाक के प्रदर्शन के लिए अत्यन्त महत्त्वपूर्ण हैं। इनका विवरण निम्न प्रकार है

प्रदर्शन की कला Art of Presentation

यदि व्यापारी प्रदर्शन की कला से अवगत होंगे, तो अपने व्यवसाय को नवीन ऊँचाइयाँ देने में सक्षम होंगे। प्रदर्शन की कला के अन्तर्गत निम्नलिखित बिन्दु उपयोगी हो सकते हैं

फैब्रिक के गुण के अनुसार
According to Property of Fabric

विविध प्रकार के रेशों से विभिन्न प्रकार के फैब्रिक्स का निर्माण किया जाता है। इनकी चौड़ाई भी फैब्रिक के अनुसार अलग-अलग होती है। फैब्रिक की गुणवत्ता एवं चौड़ाई के अनुसार ही उन्हें क्रम में रखते हैं।

पोशाकों को क्रमशः बच्चों, स्त्रियों एवं पुरुषों के नाप के आधार पर रखा जाना चाहिए, जिससे ग्राहकों को पोशाक दिखाने में समय भी कम लगे, साथ ही सुविधा भी रहे; जैसे-सीने का नाप, कमर का नाप आदि।

मूल्य के अनुसार According to Cost

गुणवत्ता के आधार पर ही पोशाक का मूल्य निर्धारित किया जाता है तथा गुणवत्ता के बाद पोशाक को मूल्य के आधार पर रखा जाता है

अर्थात् समान मूल्य की पोशाकों को एक स्थान पर ही रखा जाना चाहिए; जैसे—फ्रॉक, नाइटी, शर्ट, नाइट-सूट आदि इस प्रकार रखें कि यदि शर्ट दिखा रहे हैं, तो कई प्रकार की शर्ट एक ही स्थान से दिखा सकें, इधर-उधर ढूँढनी न पड़ें।

नाप के अनुसार According to Measurement

दुकानदार को नापों की सारणी सम्बन्धी ज्ञान होना आवश्यक है। कई बार ऐसे ग्राहक आ जाते हैं कि वह केवल आयु बताकर पोशाक खरीदना चाहते हैं। इसी कारण यदि नाप का ज्ञान होगा, तो उसे बता देंगे अन्यथा वह ज्ञान के अभाव में वापस लौट जाएगा जो दुकानदार एवं उसके व्यवसाय के लिए हानिकारक होगा। इस प्रकार हम देखते हैं कि रेडीमेड पोशाकों का व्यापार प्रदर्शन पर भी निर्भर करता है।

महत्त्वपूर्ण प्रश्नोत्तरी

1. मौलिक पोशाक विश्लेषण किसकी आवश्यकता है?

उत्तर मौलिक पोशाक विश्लेषण उपभोक्ता और निर्माता दोनों की ही आवश्यकता है।

2. पोशाक में प्रयोग होने वाले कच्चे माल कौन-कौन से हैं?

उत्तर पोशाक में प्रयोग होने वाले कच्चे माल निम्न हैं; जैसे—लैस, फीता, वास्तविक कपड़ा बटन, अस्तर, सिलाई रील इत्यादि।

3. लेबल से क्या आशय है?

उत्तर पोशाक पर जो ट्रेडमार्क साइज मार्क लगाए जाते हैं, उनको लेबल कहा जाता है।

4. ओवरहैड चार्जिज से आप क्या समझते हैं?

उत्तर ओवरहैड चार्जिज ऐसी लागत है, जो प्रत्यक्ष रूप में दिखाई नहीं देती, परन्तु इस पर पर्याप्त खर्च किया जाता है।

5. पोशाक निर्माण में अप्रत्यक्ष रूप से खर्च होने वाले किन्हीं चार कारकों के नाम बताइए।

उत्तर (i) दुकान का अनुरक्षण (ii) बिजली-पानी (iii) हाथ व मशीन की सुई (iv) मशीन का तेल

6. किसी पोशाक का मूल्य-निर्धारण किन आधारों पर किया जाता है?

उत्तर किसी पोशाक का मूल्य-निर्धारण निम्न आधारों पर किया जाता है; जैसे—नाप, कपड़े की दर, कच्चा माल, मजदूरी, लेबल मूल्य, पैकिंग, ओवरहैड चार्जिज, गुणवत्ता-निर्धारण आदि।

7. पोशाक विश्लेषण के निर्धारक पक्ष कौन-कौन से हैं?

उत्तर स्टाइल विवरण, साइजिंग एवं फिटिंग, सामग्री का चयन तथा तत्वों का चयन।

8. किस निरीक्षण में प्रति इंच या सेमी टाँकों की संख्या का अनुमान लगाया जाता है?

उत्तर दृष्टिगत निरीक्षण में प्रति इंच या सेमी टाँकों की संख्या का अनुमान लगाया जाता है।

9. पोशाक का मूल आधार क्या है?

उत्तर पोशाक का मूल आधार 'नाप' होता है।

10. दुकानदारों के लिए नाप सम्बन्धी सारणी क्यों आवश्यक है?

उत्तर कई बार केवल आयु बताकर पोशाक खरीदने वाले ग्राहक आ जाते हैं। यदि नाप का ज्ञान होगा, तो ऐसे ग्राहक को खाली नहीं लौटाना पड़ेगा।

अभ्यास प्रश्न

परीक्षा प्रारूपी प्रश्न

बहुविकल्पीय

1. पोशाक विश्लेषण इनमें से किसके लिए आवश्यक है?
(a) उपभोक्ता (b) निर्माता
(c) 'a' और 'b' दोनों (d) इनमें से कोई नहीं

2. पोशाक की गुणवत्ता को देखते हुए विशेषज्ञ क्या निर्धारित करते हैं?
(a) मूल्य (b) साइजिंग
(c) अस्तर (d) इनमें से कोई नहीं

3. निम्न में से क्या मूल्य-निर्धारण का आधार है?
(a) मजदूरी (b) नाप
(c) फैब्रिक की दर (d) ये सभी

4. पोशाक का मूल आधार क्या है?
(a) नाप (b) कच्चा माल (c) मजदूरी (d) ये सभी

5. निम्न में से क्या पोशाक-निर्माण के लिए कच्चे माल के अन्तर्गत सम्मिलित नहीं होता है?
(a) रील (b) लैस
(c) अस्तर (d) सिलाई मशीन

6. निम्नलिखित में से किसमें प्रति लेबल मूल्य जोड़ा जाता है?
(a) पोशाक के मूल्य में (b) मजदूरी में
(c) ओवर चार्जिज में (d) इनमें से कोई नहीं

7. पोशाक-निर्माण के लिए ओवरहैड मूल्य के अन्तर्गत इनमें से क्या सम्मिलित है?
(a) मशीनरी व उसका अनुरक्षण (b) मशीन का तेल
(c) 'a' और 'b' दोनों (d) इनमें से कोई नहीं

8. निम्नलिखित में से कौन पोशाक के मूल्य-निर्धारण का आधार नहीं है?
(a) सामग्री चयन (b) स्टाइल विवरण
(c) साइजिंग एवं फिटिंग (d) 'a' और 'c' दोनों

9. वस्त्रों की गुणवत्ता निर्धारण के अन्तर्गत कौन-सा परीक्षण सम्मिलित नहीं है?
(a) साधारण परीक्षण (b) जैविक परीक्षण
(c) मानक परीक्षण (d) रासायनिक परीक्षण

10. ओवरहैड मूल्य में इनमें से क्या सम्मिलित है?
(a) मशीन का तेल (b) बिजली-पानी
(c) दुकान का अनुरक्षण व मशीन (d) ये सभी

11. वस्त्रों के विश्लेषण की विधि है
(a) दृष्टिगत निरीक्षण (b) वृहद् दृष्टिगत निरीक्षण
(c) प्रयोगशाला निरीक्षण (d) ये सभी

12. पोशाक विश्लेषण के मानकों के निर्धारण में सहायक पक्ष इनमें से कौन-सा है?
(a) मूल्य-निर्धारण (b) गुणवत्ता निर्धारण
(c) 'a' और 'b' दोनों (d) इनमें से कोई नहीं

13. वस्त्रों के विश्लेषण की कम प्रभावशाली विधि है
(a) प्रयोगशाला निरीक्षण
(b) दृष्टिगत निरीक्षण
(c) वृहद् दृष्टिगत निरीक्षण
(d) उपरोक्त सभी

14. यदि साइजिंग उपलब्ध हो, तो वस्त्र की फिनिशिंग कैसी होगी?
(a) तंग (b) फिट
(c) ढीली (d) इनमें से कोई नहीं

15. पोशाकों के दुकानदार के लिए इनमें से किसका ज्ञान आवश्यक है?
(a) नापों की सारणी सम्बन्धी (b) नापों के पैमानों का
(c) 'a' और 'b' दोनों (d) इनमें से कोई नहीं

16. वस्त्रों के स्टाइल नम्बर का प्रदर्शन किया जा सकता है
(a) नाम से (b) संख्या से (अंकों से)
(c) अक्षर से (d) ये सभी

17. वस्त्रों की पहचान किस समय बनाई जाती है?
(a) उत्पादन के समय (b) बिक्री के समय
(c) विकास के समय (d) ये सभी

18. ASTM का पूर्ण नाम है
(a) अमेरिकन सोसायटी फॉर टेस्टिंग एण्ड मैटीरियल
(b) अमेरिकन सोसायटी फॉर टेक्निकल एण्ड मैटीरियल
(c) एशियन सोसायटी फॉर टेस्टिंग एण्ड मैटीरियल
(d) उपरोक्त में से कोई नहीं

19. AATCC का पूर्ण नाम है
(a) एशियन एसोसिएशन फॉर टैक्सटाइल केमिस्ट एवं कोडिंग
(b) एशियन एसोसिएशन फॉर टैक्सटाइल केमिस्ट एवं कलरिस्ट
(c) अमेरिकन एसोसिएशन फॉर टैक्सटाइल केमिस्ट एवं कलरिस्ट
(d) अमेरिकन एसोसिएशन फॉर टैक्सटाइल केमिस्ट एवं कोडिंग

20. पोशाक प्रदर्शन की कला में कुशल व्यापारी कैसे अपने व्यवसाय को नई ऊँचाइयों पर ले जाते हैं?
(a) ग्राहक को प्रभावित कर
(b) मनवांछित प्रदर्शन में सफल होकर
(c) 'a' और 'b' दोनों
(d) उपरोक्त में से कोई नहीं

उत्तरमाला

1. (c)	**2.** (a)	**3.** (d)	**4.** (a)	**5.** (d)	**6.** (a)	**7.** (c)	**8.** (d)	**9.** (d)	**10.** (d)
11. (d)	**12.** (c)	**13.** (b)	**14.** (b)	**15.** (c)	**16.** (d)	**17.** (d)	**18.** (a)	**19.** (c)	**20.** (c)

अध्याय 10

सिलाई
Seam

दो-या-दो से अधिक कपड़ों को हाथ या मशीन के टाँकों का प्रयोग करके जोड़ना, सिलाई (seam) कहलाता है। विभिन्न प्रकार के वस्त्रों को बनाने हेतु कपड़े के अनेक टुकड़ों को जोड़ने की आवश्यकता पड़ती है। कपड़ों को टाँकों द्वारा जोड़ने अर्थात् सिलाई करने का कार्य हाथ व मशीन द्वारा किया जाता है। कार्य करते समय हमें ध्यान रखना चाहिए कि सिलाई एक-समान, बराबर दूरी पर तथा सफाई से हो। सिलाई की लम्बाई का चयन कपड़े के अनुसार (छोटा या लम्बा) किया जाता है।

इस अध्याय के अन्तर्गत हम विभिन्न प्रकार की सिलाइयों तथा उनके उपयोग का अध्ययन करेंगे।

अध्याय विषय सूची

10.1 सिलाइयों का वर्गीकरण Classification of Seam

सिलाइयों को निम्न प्रकार वर्गीकृत किया जा सकता है

1. सादी सिलाई
2. फ्रेंच सिलाई
3. चपटी सिलाई
4. लैप्ड सिलाई
5. टॉपस्टिच सिलाई

1. सादी सिलाई Plain Seam

सिलाई मशीन द्वारा की जाने वाली यह सबसे सरल तथा साधारण सिलाई है। यह सिलाई अधिक पारदर्शी कपड़े पर उपयोगी नहीं होती है। यह सिलाई सीधी तथा दिखाई न देने वाली होती है। इसे लगाने हेतु कपड़े के दो टुकड़ों को साथ में रखा जाता है, उसके पश्चात् उन्हें जोड़ा जाता है।

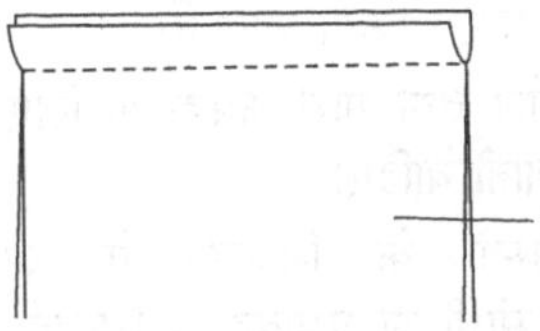

चित्र 10.1 सादी सिलाई

यह सिलाई कपड़े के उल्टी ओर ही लगाई जाती है। इसका प्रयोग कफ, कॉलर आदि बनाने हेतु किया जाता है।

2. फ्रेंच सिलाई French Seam

अन्य सिलाइयों की तुलना में यह अधिक मजबूत एवं टिकाऊ सिलाई होती है। इस सिलाई में एक सिलाई के अन्दर दूसरी सिलाई होती है, इसलिए इसे गुम सिलाई भी कहते हैं। यह सिलाई सामान्यत: बारीक कपड़ों पर की जाती है।

इस सिलाई को करने से कपड़े के किनारों के धागे नहीं निकलते, क्योंकि इसमें पहले कपड़े की सीधी ओर सिलाई लगाते हैं, उसके पश्चात् पहली सिलाई के किनारों को बन्द करने हेतु उसे पलटकर कपड़े के दूसरी ओर सिलाई की जाती है। इस सिलाई का प्रयोग स्त्रियों एवं बच्चों की पोशाकों में किया जाता है।

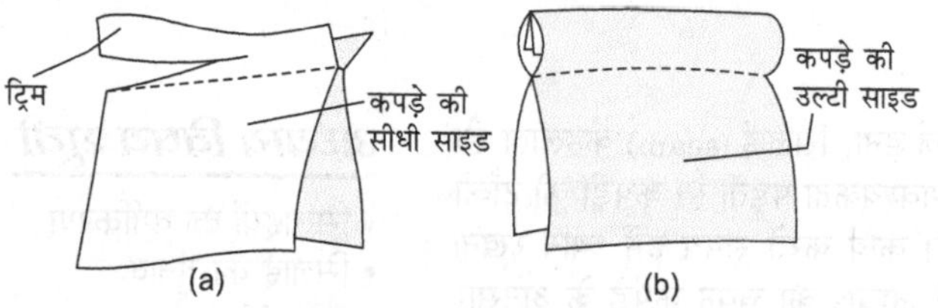

चित्र 10.2 फ्रेंच सिलाई

3. चपटी सिलाई Flat Seam

यह सिलाई अन्य सिलाइयों की अपेक्षा कम मजबूत होती है। इस सिलाई में कपड़े के दो टुकड़ों को जोड़ने हेतु उन्हें बिना ओवरलैपिंग (overlapping) किए रखा जाता है, उसके पश्चात् दोनों टुकड़ों के बिल्कुल किनारे-किनारे सिलाई लगाई जाती है। तत्पश्चात् कच्चे रह गए किनारों को हाथ या मशीन के द्वारा सिलाई लगाकर बन्द कर दिया जाता है।

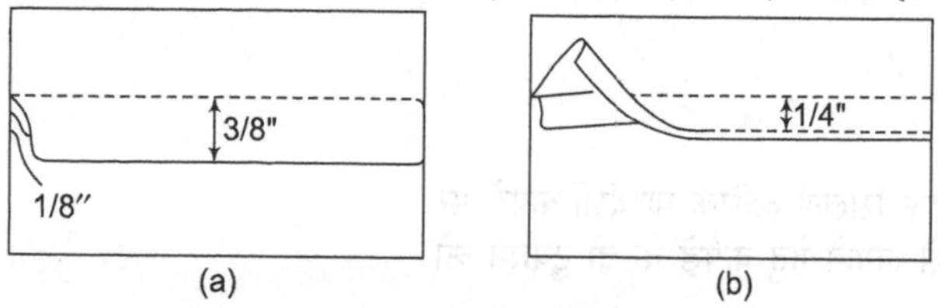

चित्र 10.3 चपटी सिलाई

4. लैप्ड सिलाई Lapped Seam

यह सिलाई अधिक मजबूत होती है। इस सिलाई में कपड़े के दो-या-दो से अधिक टुकड़ों को एक-दूसरे पर रखा जाता है, उसके पश्चात् उन्हें सिला जाता है। इस प्रकार कपड़े के दोनों सिले हुए सिरे विपरीत दिशाओं में होते हैं। इस सिलाई को अधिक भारी कपड़ों; जैसे—लैदर, फैल्ट, बुकरम को जोड़ने आदि पर उपयोग किया जाता है।

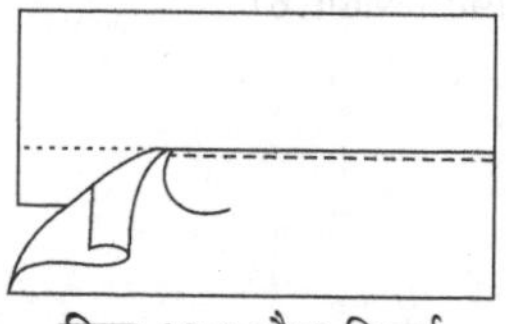

चित्र 10.4 लैप्ड सिलाई

5. टॉपस्टिच्ड सिलाई Topstitched Seam

यह सिलाई मजबूत होने के साथ-साथ वस्त्र को सुन्दरता भी प्रदान करती है। इस सिलाई में सर्वप्रथम कपड़े के दोनों किनारों को मिलाकर सीधी सिलाई लगाते हैं, उसके पश्चात् किनारों पर कपड़े के धागे निकलने से रोकने हेतु दूसरी सिलाई लगाई जाती है।

यह सिलाई निम्न चार प्रकार से लगाई जा सकती है

(*i*) सिंगल टॉपस्टिच्ड सिलाई (*ii*) डबल टॉपस्टिच्ड सिलाई
(*iii*) वेल्ट सिलाई (*iv*) स्लॉट सिलाई

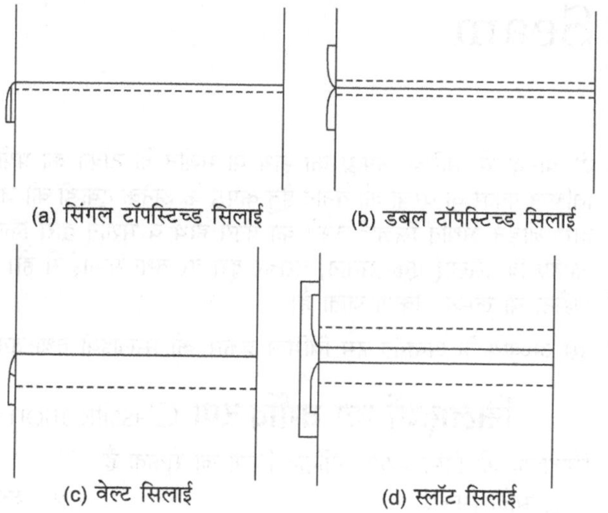

चित्र 10.5 टॉप स्टिच

10.2 सिलाई का चुनाव Selection of Seam

किसी भी वस्त्र पर की जाने वाली सिलाई अनेक तथ्यों पर आधारित होती है, जिनका विवरण निम्नवत् है

1. सिलाई का चयन कपड़े पर भी निर्भर करता है। प्राय: बारीक कपड़ों के लिए छोटी सिलाई तथा मोटे कपड़ों के लिए लम्बी सिलाई का उपयोग किया जाता है।
2. मोटे तथा भारी कपड़ों के लिए फ्रेंच सिलाई प्रयोग नहीं की जानी चाहिए।
3. वस्त्रों के डिजाइन के अनुसार, भिन्न-भिन्न प्रकार की (सीधी या घुमावदार) सिलाई प्रयोग की जानी चाहिए।
4. किनारों को मोड़ने हेतु सादी सिलाई अधिक उपयोगी होती है।
5. शरीर के गति करने वाले भागों के लिए मजबूत तथा टिकाऊ सिलाई प्रयोग की जानी चाहिए।
6. सामान्यत: पुरुषों की शर्ट आदि बनाने हेतु चपटी सिलाई प्रयोग की जाती है।
7. फैशन के अनुसार, आजकल सादी सिलाई अन्य सिलाइयों की तुलना में अधिक उपयोग की जाती है।

10.3 सिलाई के गुण Properties of Seam

कपड़े पर की जाने वाली सिलाई निम्न तथ्यों पर निर्भर करती है

1. **उत्तम फैब्रिक जोड़** (Excellent joints of fabric) किसी भी सिलाई को करने हेतु उत्तम फैब्रिक की आवश्यकता होती है। यदि कपड़े के जोड़ सही नहीं होंगे, तो उन पर सिलाई भी ठीक से नहीं हो पाएगी।
2. **स्थायी तथा समान टाँके** (Permanent and even stitches) यदि टाँके स्थायी नहीं होंगे, तो वे बीच में से टूट सकते हैं, जिससे सिलाई खराब हो जाएगी। सिलाई में प्रयोग किए जा रहे सभी टाँकों की लम्बाई समान होनी चाहिए।
3. **सिलाई के समय फैब्रिक को फटने से बचाना** (Protect the fabric from damage during seam) कपड़े की सिलाई करते समय ध्यान रखना चाहिए कि कपड़ा फटे नहीं। यदि किसी समय सिलाई खोलने की आवश्यकता हो, तो उसे सावधानी से खोलना चाहिए।

10.4 सिलाई फिनिशिंग Seam Finishing

कपड़े के किनारों को उलझने से बचाने के लिए तथा अच्छा दिखने के लिए जो सिलाई प्रयोग की जाती है, वह सिलाई फिनिशिंग (seam finishing) कहलाती है।

सिलाई द्वारा किनारों को किस प्रकार मोड़ा जाए यह कपड़े के प्रकार, भार, बुनाई, घिसने तथा फटने पर निर्भर करता है।

फिनिशिंग विधियाँ Finishing Methods

सिलाई में फिनिशिंग करने की निम्न विधियाँ हैं

(i) ओवरकास्टिंग सिलाई फिनिशिंग
Overcasting Seam Finishing

इसमें सादी सिलाई करने के पश्चात् कपड़े के तारों को निकलने से रोकने हेतु कपड़े के दोनों टुकड़ों को विपरीत दिशाओं में मोड़कर, दोनों टुकड़ों पर अलग-अलग सिलाई की जाती है।

इसका प्रयोग मोटे व बारीक दोनों प्रकार के कपड़ों; जैसे-गर्म पैन्ट, निक्कर, शर्ट आदि पर अन्दर की ओर किया जाता है।

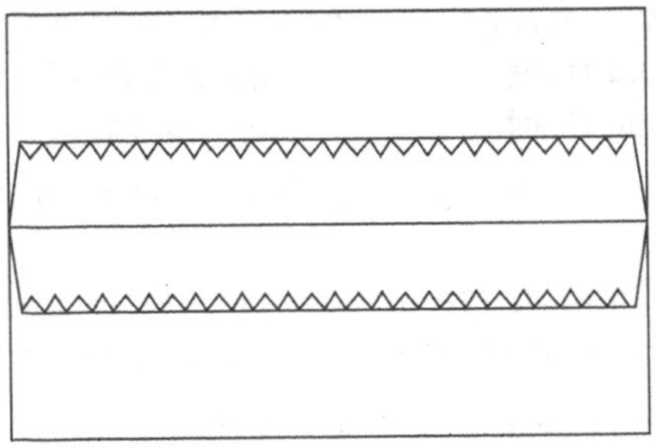

चित्र 10.6 ओवरकास्टिंग सिलाई फिनिशिंग

(ii) किनारों के टाँकों द्वारा सिलाई फिनिशिंग
Edge Stitch Seam Finishing

इस प्रकार सिलाई करने से समय तथा परिश्रम दोनों अधिक लगते हैं। किनारों के टाँकों द्वारा फिनिशिंग करने में सर्वप्रथम कपड़े पर सादी सिलाई लगाई जाती है। तत्पश्चात् कपड़े के दोनों किनारों को प्रेस की सहायता से विपरीत दिशाओं में मोड़ा जाता है तथा दोनों मुड़े हुए किनारों पर अलग-अलग तुरपाई की जाती है। इसका प्रयोग कोट एवं जैकेट आदि की सिलाई के लिए किया जाता है। इसका प्रयोग वक्र तथा गहरी सिलाइयों के लिए नहीं किया जाता है।

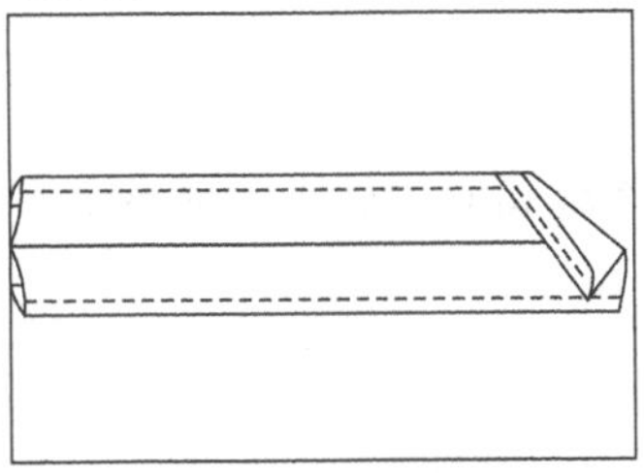

चित्र 10.7 किनारों के टाँकों द्वारा सिलाई फिनिशिंग

(iii) कटावदार किनारों की सिलाई फिनिशिंग
Pinked Seam Finishing

जब हम पिंकिंग कैंची की सहायता से वस्त्रों के किनारों को सजावटी बनाने हेतु काटते हैं, तो उन किनारों पर इस सिलाई का प्रयोग किया जाता है। इस प्रकार कटावदार किनारों को फिनिश (finish) करके अधिक आकर्षक बनाया जा सकता है।

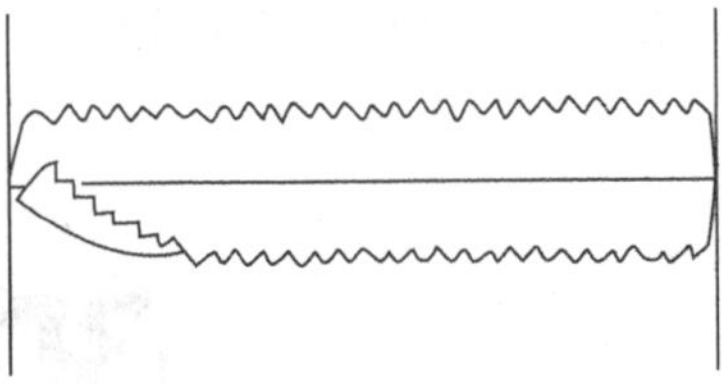

चित्र 10.8 कटावदार किनारों की सिलाई फिनिशिंग

(iv) हैरिंगबोन सिलाई फिनिशिंग
Herringbone Seam Finishing

जब हम गर्म तथा मोटे कपड़े के किनारों को मोड़कर तुरपाई करते हैं, तो कपड़े के किनारे ओर अधिक मोटे हो जाते हैं, जिससे उन्हें मोड़ने में असुविधा होती है। ऐसी स्थिति में इस सिलाई फिनिशिंग का उपयोग किया जाता है। इसके प्रयोग द्वारा कपड़ों में अस्तर तथा बुकरम आदि जोड़ने हेतु कपड़े के दोनों टुकडों पर क्रॉस (cross) टाँकों द्वारा सिलाई की जाती है।

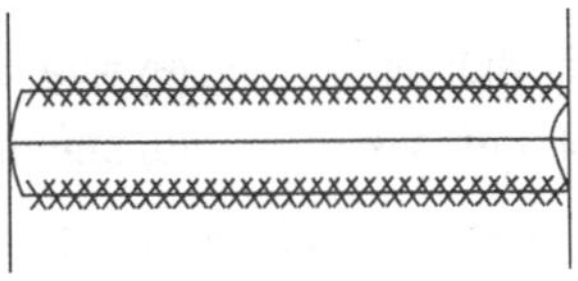

चित्र 10.9 हैरिंगबोन सिलाई फिनिशिंग

(v) **जिग-जैग सिलाई फिनिशिंग** Zig-zag Seam Finishing

इसमें कपड़े के कच्चे सिरों के पास या ऊपर की ओर सिलाई लगाकर किनारों को फिनिश किया जाता है।

इस सिलाई का उपयोग कपड़े के किनारों को घिसने से बचाने हेतु किया जाता है।

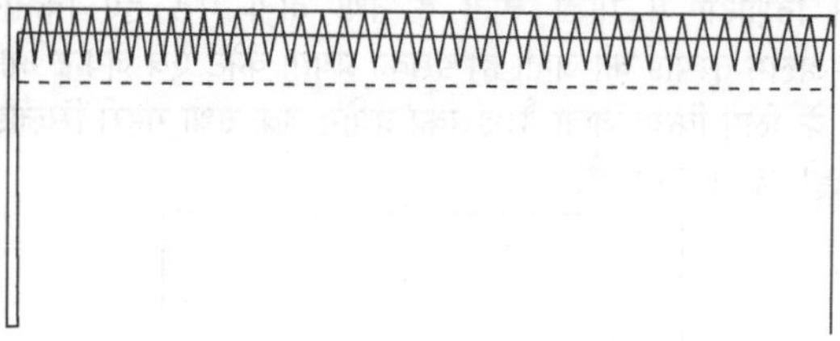

चित्र 10.10 जिग-जैग सिलाई फिनिशिंग

(vi) **बँधी सिलाई फिनिशिंग** Bound Seam Finishing

इसमें कपड़े के दोनों सिरों पर पाइपिंग लगाई जाती है, जिससे कपड़े के किनारों से धागें आदि न निकलें। इसका प्रयोग रेडिमेड पोशाकों में अधिक किया जाता है।

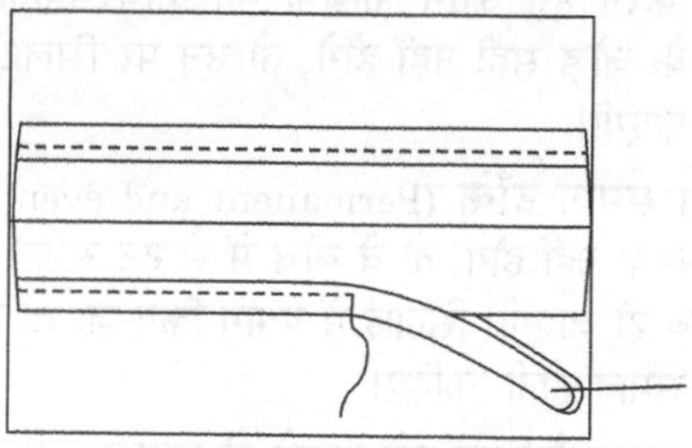

चित्र 10.11 बँधी सिलाई फिनिशिंग

महत्त्वपूर्ण प्रश्नोत्तरी

1. सादी सिलाई किस प्रकार की जाती है?

उत्तर सादी सिलाई करने के लिए कपड़े के दो टुकड़ों को साथ में रखकर, कपड़े के उल्टी ओर सिलाई लगाई जाती है।

2. फ्रेंच सिलाई को गुम सिलाई क्यों कहा जाता है?

उत्तर फ्रेंच सिलाई को गुम सिलाई इसलिए कहा जाता है, क्योंकि इसमें एक सिलाई के अन्दर दूसरी सिलाई की जाती है।

3. लैप्ड सिलाई का प्रयोग किस प्रकार के वस्त्रों पर किया जाता है?

उत्तर लैप्ड सिलाई का प्रयोग अधिक भारी कपड़ों, जैसे–लैदर, फेल्ट आदि पर किया जाता है।

4. टॉपस्टिच्ड सिलाई के कौन-कौन से प्रकार हैं?

उत्तर टॉपस्टिच्ड सिलाई चार प्रकार से की जाती है

(i) सिंगल टॉपस्टिच्ड सिलाई (ii) डबल टॉपस्टिच्ड सिलाई
(iii) बेल्ट सिलाई (iv) स्लॉट सिलाई

अभ्यास प्रश्न

परीक्षा प्रारूपी प्रश्न

बहुविकल्पीय

1. निम्न में से कौन-सी सिलाई सीधी तथा दिखाई न देने वाली होती है?
(a) फ्रेंच सिलाई (b) चपटी सिलाई
(c) सादी सिलाई (d) टॉपस्टिच्ड सिलाई

2. सादी सिलाई लगाई जाती है
(a) कपड़े के सीधी ओर (b) कपड़े के उल्टी ओर
(c) कपड़े के दोनों ओर (d) इनमें से कोई नहीं

3. एक सिलाई के अन्दर दूसरी सिलाई की जाती है
(a) चपटी सिलाई में (b) सादी सिलाई में
(c) फ्रेंच सिलाई में (d) लैप्ड सिलाई में

4. निम्न में से कौन-सी सिलाई को कपड़े के दो टुकड़ों को बिना ओवरलैपिंग किए रखकर, किनारे-किनारे लगाया जाता है?
(a) फ्रेंच सिलाई (b) चपटी सिलाई
(c) टॉप सिलाई (d) लैप्ड सिलाई

5. कपड़े के दो से अधिक टुकड़ों को एक साथ किस सिलाई द्वारा सिला जाता है?
(a) फ्रेंच सिलाई द्वारा (b) चपटी सिलाई द्वारा
(c) टॉपस्टिच्ड सिलाई द्वारा (d) लैप्ड सिलाई द्वारा

6. निम्न में से कौन-सा टॉस्टिच्ड का प्रकार है?
(a) सिंगल टॉपस्टिच्ड सिलाई (b) डबल टॉपस्टिच्ड सिलाई
(c) वेल्ट सिलाई (d) ये सभी

7. स्लॉट सिलाई में कपड़े के सीधी ओर कितनी सिलाई लगाई जाती हैं?
(a) एक (b) चार (c) दो (d) तीन

8. मोटे तथा भारी कपड़ों के लिए ……… सिलाई प्रयोग नहीं की जाती है।
(a) फ्रेंच सिलाई (b) चपटी सिलाई
(c) सादी सिलाई (d) लैप्ड सिलाई

9. किनारों को मोड़ने हेतु अधिक उपयोगी सिलाई है
(a) फ्रेंच सिलाई (b) लैप्ड सिलाई
(c) चपटी सिलाई (d) सादी सिलाई

10. निम्न में से कौन-सी विधि सिलाई फिनिशिंग के अन्तर्गत नहीं आती?
(a) ओवरकास्टिंग (b) किनारों पर टाँके लगाना
(c) हैरिंगबोन (d) डबल टॉपस्टिच्ड

11. सादी सिलाई करने के पश्चात् कपड़े के दोनों टुकड़ों को विपरीत दिशाओं में मोड़कर दोनों टुकड़ों पर अलग-अलग सिलाई करना कहलाता है
(a) ओवरलॉकिंग (b) ओवरकास्टिंग
(c) जिग-जैगिंग (d) हैरिंगबॉन

12. निम्न में से कौन-सी सिलाई पुरुषों की शर्ट में प्रयोग की जाती है?
(a) फ्रेंच सिलाई (b) सादी सिलाई
(c) चपटी सिलाई (d) लैप्ड सिलाई

13. कपड़ों को मजबूती एवं सुन्दरता दोनों एक-साथ प्रदान करने वाली सिलाई है
(a) सादी सिलाई (b) लैप्ड सिलाई
(c) फ्रेंच सिलाई (d) टॉपस्टिच्ड सिलाई

14. कपड़े पर की जाने वाली सिलाई निर्भर करती है
(a) उत्तम फैब्रिक जोड़ पर (b) टाँकों पर
(c) 'a' और 'b' दोनों (d) इनमें से कोई नहीं

15. सिलाई में प्रयोग किए जाने वाले सभी टाँकों की लम्बाई होनी चाहिए
(a) असमान (b) 2 सेमी (c) 1 सेमी (d) समान

16. कपड़ों की सिलाई द्वारा जोड़ने का कार्य किया जा सकता है
(a) हाथ द्वारा (b) मशीन द्वारा
(c) 'a' और 'b' दोनों (d) इनमें से कोई नहीं

17. कपड़े की सिलाई को रोकने के लिए निम्न में से किसका प्रयोग करेंगे?
(a) स्टिचिंग (b) बेस्टिंग (c) सीम फिनिश (d) सिलाई

18. दी गई सिलाई को पहचानिए

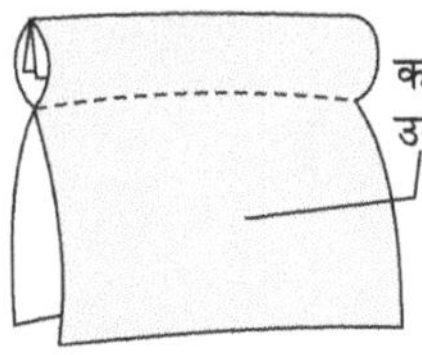

(a) सेल्फ बाउन्ड सीम (b) फ्रेंच सीम
(c) फ्लैट सीम (d) कोर्डेड सीम

19. ओवरकास्टिंग सीम का प्रयोग क्यों होता है?
(a) किनारे से धागे न निकलें (b) फिनिशिंग हेतु
(c) सजावट हेतु (d) 'a' और 'c' दोनों

20. चित्र में प्रदर्शित सीम फिनिशिंग का नाम क्या है?

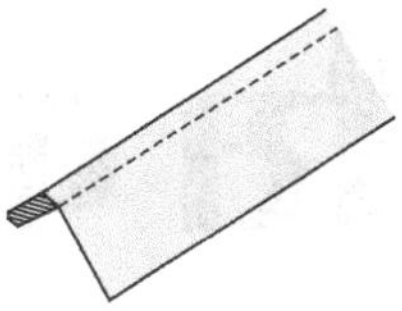

(a) सेल्फ बाउण्ड सीम (b) फ्रेंच सीम
(c) ओवर कास्टिंग सीम (d) कोर्डेड सीम

21. सीम फिनिशिंग का नाम क्या है?

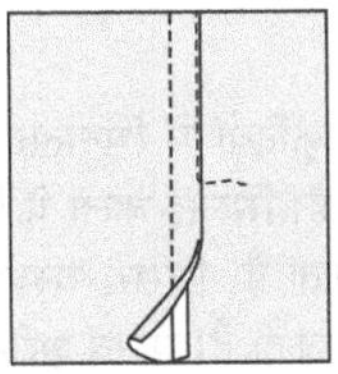

(a) स्लॉट सीम (b) डबल शीर्ष स्टिच सीम
(c) फ्लैट और फैल्ड सीम (d) सिंगल टॉप स्टिच सीम

22. चित्र में प्रदर्शित सीम फिनिशिंग का नाम क्या है?

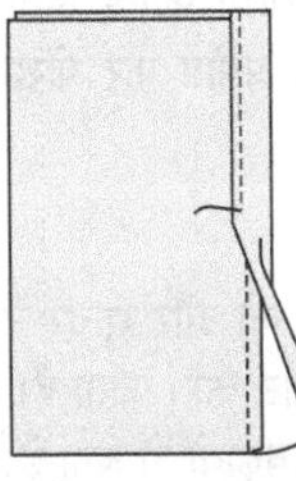

(a) प्लेन सीम (b) सैल्फ बाउण्ड सीम
(c) ओवर लॉक सीम (d) होंग कोंग सीम

23. निम्न में से किस ट्रिम का उपयोग भारी सीम के लिए किया जाता है?
(a) ग्रेडिंग (b) ट्रिमिंग
(c) कतरन (d) नॉचिंग

24. पंक्ति टाँके द्वारा कपड़े के दो या से अधिक टुकड़ों को मिलाने की एक विधि क्या कहलाती है?
(a) सीमिंग (b) कटिंग
(c) प्रेसिंग (d) ट्रिमिंग

25. कौन-सा एलाउन्स फैब्रिक फिनिशिंग के अन्दर मुड़ा हुआ होता है?
(a) फैब्रिक एलाउन्स (b) स्टिच एलाउन्स
(c) ईज एलाउन्स (d) हेम एलाउन्स

उत्तरमाला

1. (c)	2. (b)	3. (c)	4. (b)	5. (d)	6. (d)	7. (c)	8. (a)	9. (d)	10. (d)
11. (b)	12. (c)	13. (d)	14. (c)	15. (d)	16. (c)	17. (c)	18. (b)	19. (d)	20. (d)
21. (c)	22. (b)	23. (a)	24. (a)	25. (d)					

अध्याय 11

फुलनैस का परिचय

Introduction of Fullness

अध्याय विषय सूची

मानव शरीर और उनकी आकृतियों में भिन्नताएँ पाई जाती हैं। अत: पोशाक-निर्माण के लिए मानव-आकृति को ध्यान में रखकर ही सिलाई की जाती है। सिलाई कला में विभिन्न प्रकार की सिलाइयों के साथ-साथ वस्त्रों की फिटिंग के लिए अनेक युक्तियों का प्रयोग किया जाता है, जिससे वस्त्रों का आकर्षण बना रहे। डार्ट, प्लीट्स एवं टक्स के प्रयोग से कपड़ों को फुलनैस (पूर्णता) प्रदान की जाती है। मानव शरीर के उभार वाले भागों; जैसे-ब्रस्ट, वेस्ट, एल्बो, हिप आदि पर डार्ट के द्वारा फुलनैस प्रदान की जाती है।

कपड़ों के डिजाइन में पूर्णता (fullness) नियन्त्रित करने के लिए प्लीट्स का प्रयोग किया जाता है जो वस्त्रों को फिटिंग तथा डिजाइन दोनों प्रदान करती है। कपड़ों में कुछ स्थितियों में पोशाक को आकार देने हेतु टक्स का भी उपयोग किया जाता है। टक्स फैब्रिक के ग्रेन पर एक सीधा फोल्ड होता है, जोकि पूरे फोल्ड पर समान चौड़ाई में बनाया जाता है। सिलाई कार्य में डार्ट्स, प्लीट्स और टक्स का प्रयोग कर पोशाकों में सुन्दरता लाई जा सकती है।

11.1 डार्ट Dart

मानव शरीर के उभरे हुए स्थान को और सुन्दर उभार देने के लिए तथा वस्त्रों के अच्छी फिटिंग लाने के लिए जब सिलाई का प्रयोग किया जाता है। तो इसे डार्ट कहा जाता है। डार्ट पोशाक में मानव आकृति के अनुसार आकार लाने के लिए डाली जाती है। मानव शरीर विभिन्न उतार-चढ़ावों से बना है, उदाहरण के लिए छाती ज्यादा 'कमर' कम या 'हिप' अथवा 'सीट' ज्यादा। टेलर को ऐसी स्थिति में ही पोशाक की फिटिंग देनी पड़ती है। डार्ट शरीर के गोलाई वाले भागों को पूर्णता प्रदान करती है। इसका प्रयोग सीने पर, कन्धों पर, कोहनी पर तथा हिपलाइन पर किया जाता है। इन भागों पर सही फिटिंग डार्ट्स (darts) के द्वारा ही सम्भव है। डार्ट्स विभिन्न आकारों व स्थानों पर डालने के कारण विभिन्न नामों से जानी जाती है।

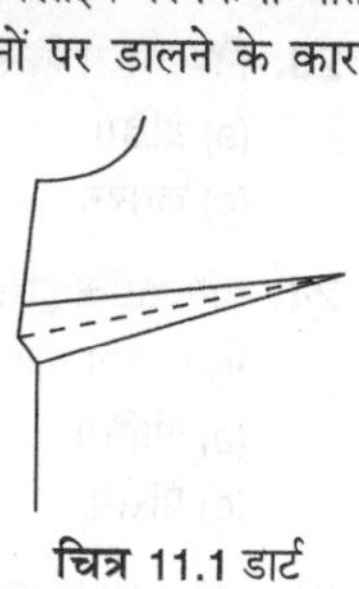

चित्र 11.1 डार्ट

इस प्रकार डार्ट का उपयोग पोशाकों में अच्छी फिटिंग देने के लिये एवं पोशाकों को सुन्दर व आकर्षक बनाने के लिये किया जाता है।

एक अच्छे डार्ट में निम्नलिखित विशेषताएँ होनी आवश्यक हैं

- डार्ट जितना हो सके पतला होना चाहिए।
- सिलाई करने के बाद इनकी सिकुड़न को प्रैस द्वारा हटा देना चाहिए।
- डार्ट की सिलाई एक समान होनी चाहिए।

डार्ट की मार्किंग Marking of Dart

किसी भी पोशाक को सुन्दर, आकर्षक एवं फिटिंग में बनाने के लिये सिलाई से पूर्व फैब्रिक पर डार्ट मार्किंग की जाती है। फैब्रिक पर डार्ट मार्क करने से पूर्व उसे पैटर्न पर बिन्दुओं द्वारा मार्क किया जाता है। इसके लिये आवश्यक सामग्री निम्न प्रकार है

- फैब्रिक
- चॉक या साबुन का टुकड़ा
- मार्किंग पेन्सिल
- ट्रेसिंग पेपर
- ट्रेसिंग व्हील
- टेलर्स टेक

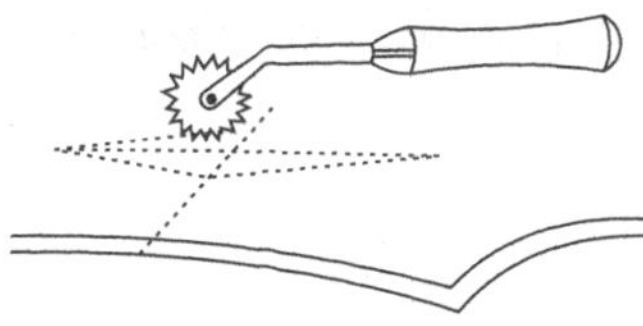

चित्र 11.2 ट्रेसिंग व्हील द्वारा डार्ट की मार्किंग

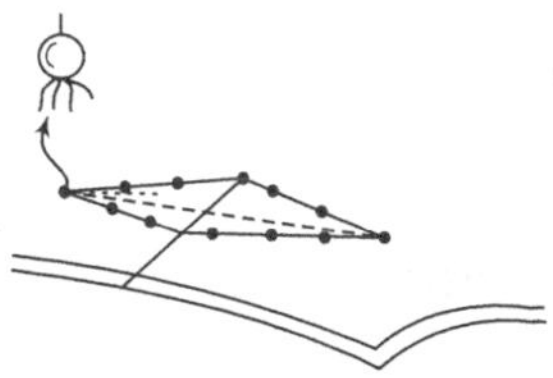

चित्र 11.3 टेलर्स टेक द्वारा डार्ट की मार्किंग

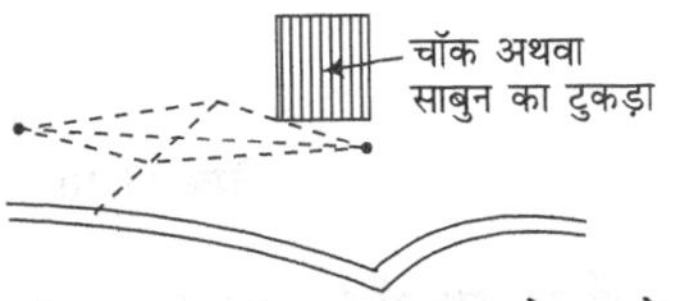

चित्र 11.4 चॉक अथवा साबुन के टुकड़े द्वारा डार्ट की मार्किंग

डार्ट्स के प्रकार Types of Darts

कार्यप्रणाली के आधार पर ये निम्न प्रकार की होती हैं

1. एक नोंक वाली डार्ट्स
2. दो नोंक वाली डार्ट्स
3. कन्टूर डार्ट्स
4. कर्व डार्ट्स
5. स्लैश डार्ट्स
6. शोल्डर डार्ट्स
7. स्ट्रेट डार्ट्स
8. फ्रेंच डार्ट्स

1. एक नोंक वाली डार्ट्स Single Pointed Darts

एक नोंक वाली डार्ट का आकार 'V' शेप का होता है, इसलिए इसे 'V' डार्ट के नाम से भी जाना जाता है। इस डार्ट्स को कमर के स्थान पर फैब्रिक कम करने के लिए उपयोग किया जाता है। इसका प्रयोग ब्लाउज, निक्कर, पैन्ट आदि पोशाक में कमर की अच्छी फिटिंग के लिए करते हैं।

इस डार्ट को बनाने के लिए सर्वप्रथम कपड़े पर एक त्रिकोण बनाया जाता है, उसके पश्चात् इसे आधा मोड़ देते हैं तथा सिलाई कर देते हैं। इसे हाफ डार्ट भी कहा जाता है। इसे बनाने के निम्न चरण हैं

(*i*) सर्वप्रथम कपड़े के उल्टी ओर, जिस स्थान पर डार्ट बनानी हो, एक रेखा खींचे।

(*ii*) अब किसी एक ओर से इस रेखा की दूरी मापकर निशान लगाएँ। दूरी अधिक होने पर, डार्ट अधिक फैली हुई तथा कम होने पर डार्ट कम फैली हुई बनेगी।

(*iii*) अब लगाए गए निशानों को मिलाने पर एक त्रिकोण बन जायेगा।

(*iv*) अब सेन्टर लाइन की बीच में रखकर कपड़े को आधा मोड़े तथा पिन लगाएँ। मोड़ने पर कपड़े की दोनों साइड़ों की रेखाएँ ऊपर से बराबर मिलायें। मोड़ने पर पिनों को क्षैतिज रूप में लगाएँ ताकि सिलाई सरलता से की जा सके। सिलाई में सरलता के लिए, सिलाई करने से पूर्व पिनों को हटाकर कच्चा टाँका भी लगा सकते हैं।

(*v*) डार्ट की रेखाओं पर मशीन द्वारा सिलाई करें तथा प्रारम्भ व अन्त में टाँकों का प्रयोग करें।

(*vi*) बनाने के पश्चात्, डार्ट को पहले उल्टी ओर से तथा बाद में सीधी ओर से प्रैस करें।

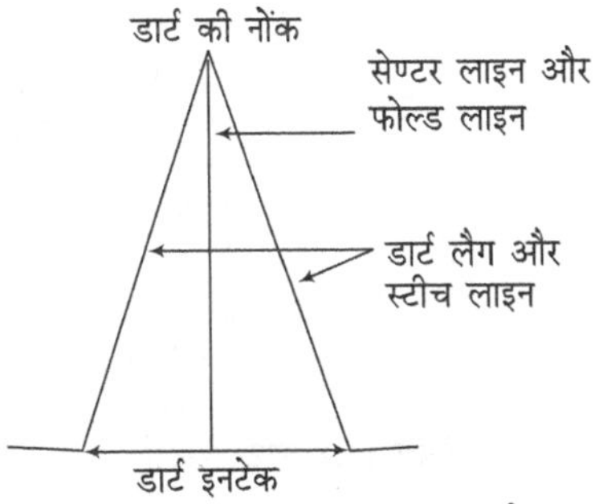

चित्र 11.5 एक नोंक वाली डार्ट्स

2. दो नोंक वाली डार्ट्स Double Pointed Darts

बनावट के आधार पर इस प्रकार की डार्ट्स को नाँव डार्ट्स (Boat darts) भी कहते हैं। इसका प्रयोग महिलाओं व पुरुषों की पोशाक; जैसे—शर्ट, सफारी सूट, मिलिट्री शर्ट इत्यादि में कमर की फिटिंग के लिए किया जा सकता है। इस डार्ट को कमर डार्ट से हिप डार्ट को मिलाकर बनाते हैं। इसे भी एक नोंक वाली डार्ट के समान बनाते हैं यह डार्ट डायमण्ड के आकार की नीचे से पतली तथा बीच से मोटी होती है। चित्रानुसार इस प्रकार की डार्ट्स में दोनों ओर नोंक निकाली जाती है तथा बीच में कमर नाप कर, उसके बाद बराबर फैब्रिक छोड़कर, बचा फैब्रिक डार्ट्स में दबा दिया जाता है। इस डार्ट को बनाते समय सिलाई को फूलना नहीं चाहिए, बल्कि नोंक की ओर धीरे-धीरे नुकीला होना चाहिए। यदि उल्टी साइड पर गोल प्रैसिंग पैड रखकर दबायें, तो डार्ट अच्छी से सैट हो जाती है।

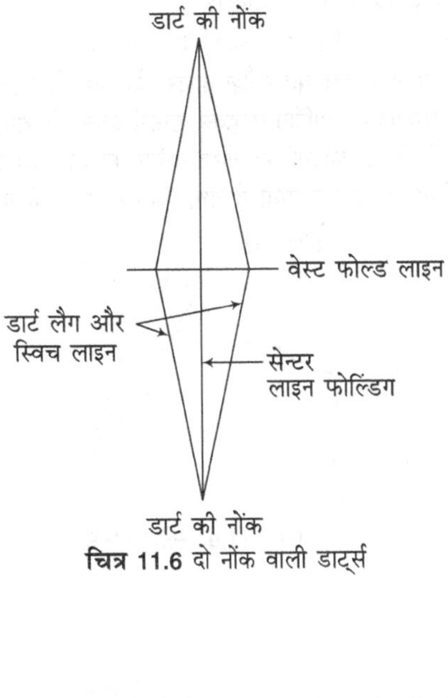

चित्र 11.6 दो नोंक वाली डार्ट्स

3. **कन्टूर डार्ट्स** Contour Darts

इसका प्रयोग किसी भी उभरे स्थान को फुलनेस व पतले भाग पर पोशाक में आकार लाने के लिए किया जाता है। इसकी सहायता से ही कोट में आर्महोल से कमर के पॉकेट तक फिटिंग दी जाती है। इससे मछली जैसी आकृति दिखाई देती है, इसलिए इसे फिश डार्ट (Fish dart) भी कहते हैं।

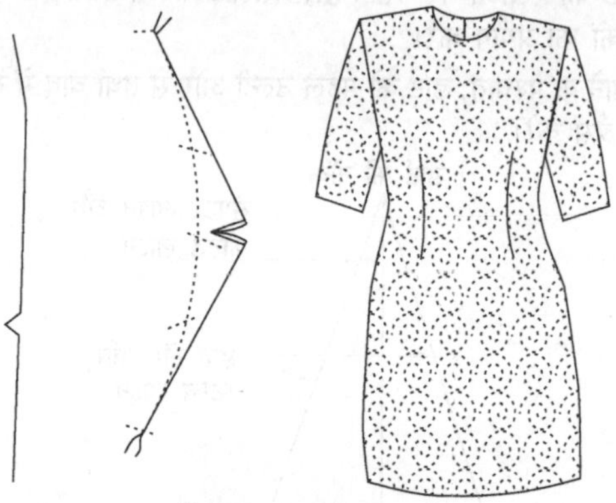

चित्र 11.7 कन्टूर डार्ट्स

4. **कर्व डार्ट्स** Curve Darts

इस प्रकार की डार्ट्स महिलाओं की पोशाकों में चेस्ट की फिटिंग के लिए डाली जाती है। ये कर्व के आकार की बनाई जाती हैं। इन्हें भी एक नोंक वाली डार्ट के समान बनाया जाता है। इसका उपयोग ब्लाउज आदि के लिए किया जाता है।

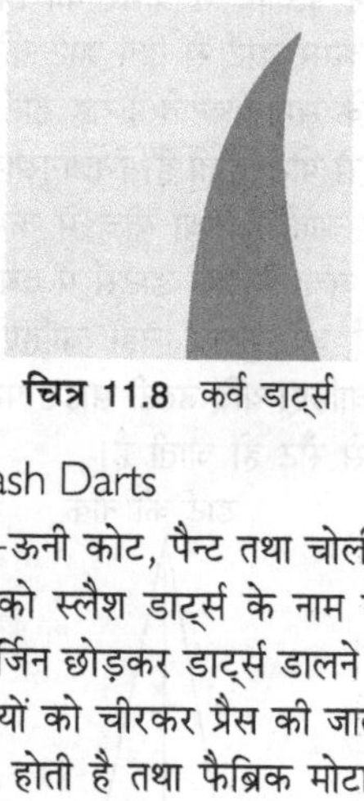

चित्र 11.8 कर्व डार्ट्स

5. **स्लैश डार्ट्स** Slash Darts

मोटे व गर्म फैब्रिक जैसे-ऊनी कोट, पैन्ट तथा चोली कट ब्लाउज आदि पर डाले जाने वाले डार्ट्स को स्लैश डार्ट्स के नाम से जाना जाता है। इसमें कपड़ों पर सिलाई का मार्जिन छोड़कर डार्ट्स डालने के बाद बाकी कपड़े को काट लेते हैं और सिलाइयों को चीरकर प्रैस की जाती है। इस प्रकार सिलाई की फिनिशिंग भी अच्छी होती है तथा फैब्रिक मोटा भी नहीं लगता।

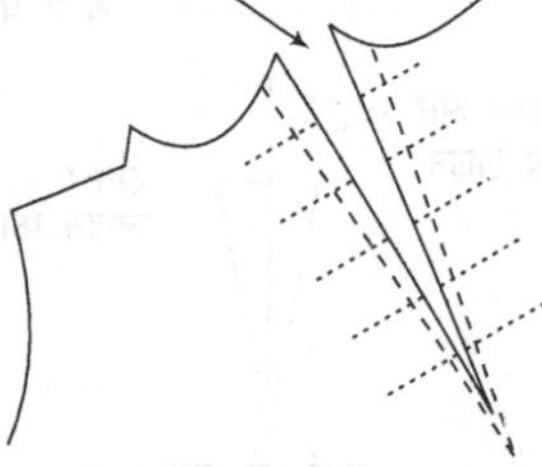

चित्र 11.9 स्लैश डार्ट्स

6. **शोल्डर डार्ट्स** Shoulder Darts

यह डार्ट उन महिलाओं की पोशाकों में डाली जाती हैं, जिनकी ब्रेस्ट सामान्य से अधिक होती है और तीरे की लम्बाई कम होती है। इसका प्रयोग हाउस कोट तथा कुर्तों में किया जाता है। यह डार्ट शोल्डर से ब्रेस्ट प्वॉइण्ट से 1" ऊपर तक पड़ती है। इस डार्ट को डालने के लिए कन्धे की चौड़ाई अधिक रखी जाती है।

7. **स्ट्रेट डार्ट्स** Straight Darts

इस डार्ट को बनाने के लिए सिलाई की रेखा से बिन्दु की ओर एक सीधी रेखा खींची जाती है, इसके पश्चात् रेखा के अनुसार सिलाई करके डार्ट बनाते हैं। स्ट्रेट डार्ट्स का प्रयोग कुरती, बैक स्कर्ट, कोहनी तथा बैक नैकलाइन पर किया जाता है।

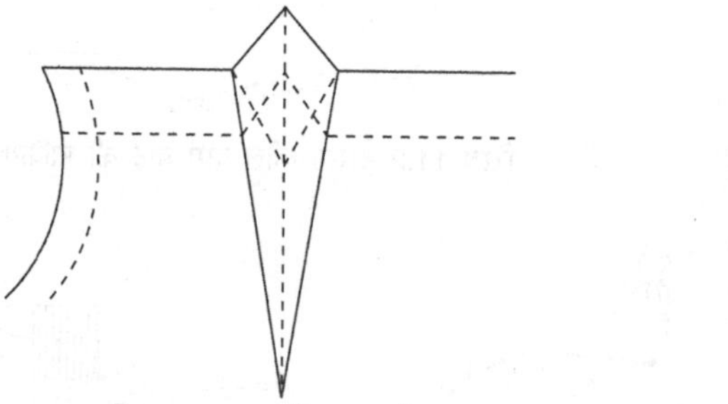

चित्र 11.10 स्ट्रेट डार्ट्स

8. **फ्रेंच डार्ट्स** French Darts

इस डार्ट को बनाने से पूर्व इसकी सेन्टर रेखा पर खुला कट लगाया जाता है, जिससे कि इसे सिलाई की रेखाओं से मिलाया जा सके। यह डार्ट डालने पर पोशाकों में सेमी-फिटेड आकार आता है। इस डार्ट को डालने से आर्महोल तथा कमर में अच्छी फिटिंग आती है। इस डार्ट का प्रयोग कट ब्लाउज में किया जाता है।

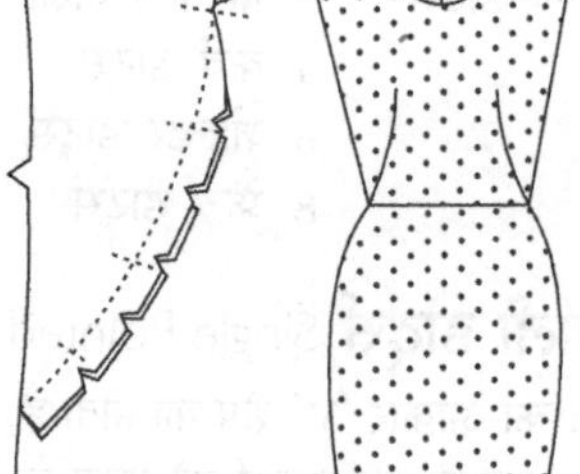

चित्र 11.11 फ्रेंच डार्ट्स

डार्ट बनाते समय सावधानियाँ
Precautions While Making Dart

शारीरिक रचना के आधार पर पोशाकों में सुन्दरता लाने के लिए डार्ट्स का प्रयोग किया जाता है। अत: इन्हें बनाने से पूर्व निम्न सावधानियों को ध्यान में रखना आवश्यक है

(*i*) एक नोंक वाली डार्ट को बनाते समय तीन-चार टाँके लगाते हुए कपड़े को मशीन से उतारे और धागा $\frac{1}{2}$ इंच की दूरी छोड़कर काटें।

(*ii*) डार्ट सीधे/खड़े होने चाहिए जिससे वे कपड़े में पूरी तरह से जुड़ (merge) जाएँ।

(*iii*) फ्रेंच डार्ट को बनाने के पहले V डार्ट बनाकर बीच से काटते हुए, अन्त में $1\frac{1}{2}$ सूत का दबाव छोड़ते हुए कट लगाकर प्रैस करें।

(*iv*) हॉरीजोन्टल डार्ट, बैक से ओपन ब्लाउज में सामने के भाग में ब्रेस्ट प्वॉइण्टों के बीच में कन्टर डार्ट की भाँति पड़ती हैं।

(*v*) कन्टूर डार्ट बनाते समय स्टे टेप लगाकर बनाएँ और बीच से लम्बाई में कट लगाकर प्रैस कर दें।

(*vi*) बड़ी छाती के लिए बड़ा डार्ट बेस बनाएँ, जिससे कि पूरे बॉडी कर्व को अधिक पूर्णता प्रदान हो सके।

(*vii*) डार्ट की नोंक पर मजबूत टाँके लगाने चाहिए तथा टाँकों का प्रयोग कपड़े के अनुसार ही किया जाना चाहिए।

(*viii*) डार्ट बनाते समय किनारों पर 2-3 सिलाइयाँ लगाकर डार्ट को संकरा बनाना चाहिए।

11.2 प्लीट्स Pleats

किसी पोशाक में घेरा डालकर सुन्दरता बढ़ाने के लिए प्लीट्स का प्रयोग किया जाता है। इसके अतिरिक्त फैब्रिक में फिटिंग लाने के लिए भी प्लीट्स का प्रयोग किया जाता है। प्लीट्स मुलायम, चुन्नटों वाली तथा प्रैस करके बनाई जा सकती हैं। प्लीट्स बनाने हेतु सदैव ड्रैप तथा लोचदार कपड़े का चयन किया जाना चाहिए। ये सामान्यत: फ्रॉक का घेरा, स्कर्ट, पेटीकोट आदि में डाली जाती हैं।

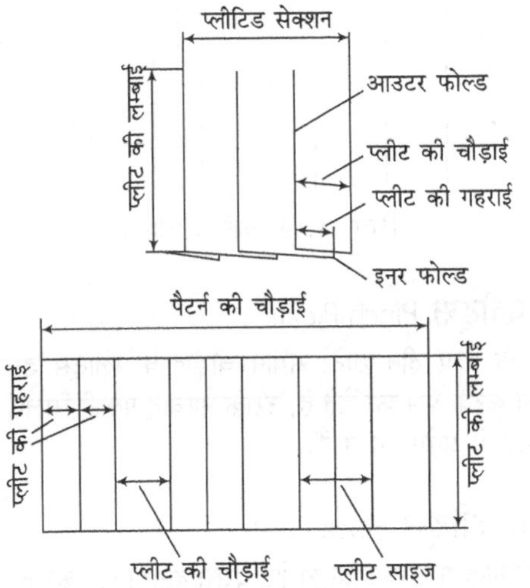

चित्र 11.12 प्लीट्स

साधारण शब्दों में, कपड़ों को एक-दूसरे पर पलटकर चढ़ाने की क्रिया अर्थात् सिलाई को प्लीट्स के नाम से जाना जाता है। प्लीट्स को वर्टिकल (लम्बवत्) दिशा में मोड़ा जाता है। प्लीट्स के द्वारा घेरे को बढ़ाया या घटाया जा सकता है, जो गारमेंट्स को सजावटी विशिष्टता (flair) तथा पूर्णता (fullness) देने के लिए बनाई जाती है।

प्लीट्स बनाने की आवश्यकता Need of Making Pleats

पोशाकों में प्लीट्स की आवश्यकता को निम्न बिन्दुओं द्वारा समझ सकते हैं

- पोशाकों को सुन्दर व डिजाइनदार बनाने के लिये।
- पोशाकों के डिजाइनों की फुलनेस में नियन्त्रण के लिये।
- पोशाकों को अच्छा आकार देने के लिये।

प्लीट्स की मार्किंग Marking of Pleats

पोशाकों में घेरे का डिजाइन बनाने से पूर्व प्लीट्स की मार्किंग की जाती है। मार्किंग करने के लिये सर्वप्रथम फोल्ड लाइन, रोल लाइन तथा प्लेसमेन्ट लाइन को ही मार्क करते हैं। मार्किंग विधि का चयन कपड़े के अनुसार किया जाना चाहिए।

प्लीट्स के प्रकार Types of Pleats

पोशाकों में कई प्रकार की प्लीट्स डाली जाती हैं, जिनका विवरण निम्न प्रकार है

1. नाइफ प्लीट्स Knife Pleats

नाइफ प्लीट्स का प्रयोग गैदर बनाने के लिए किया जाता है। इन प्लीट्स को बनाते समय ऊपर-नीचे की सिलाई की जाती है, परन्तु बीच में खुला छोड़ दिया जाता है। ये प्लीट्स 1/2″ से 2″ तक चौड़ाई में, एक ओर (दाईं अथवा बाईं) मोड़कर फ्लैट बनाई जाती हैं। ये प्लीट्स पॉकिट, लेडिज पोशाकों, बच्चों की पोशाकों, स्कर्ट, पैन्टों तथा निक्कर आदि में डाली जाती है। यदि 12 सेमी लम्बी प्लीट्स लेनी हो तो, ऊपर व नीचे 3 सेमी और प्लेट के बीचों-बीच सिलाई करते हुए बीच में खुला छोड़ते हैं, उसके बाद प्लीट्स पर प्रैस कर देते हैं। जिससे डिजाइन की खूबसूरती बढ़ जाती है।

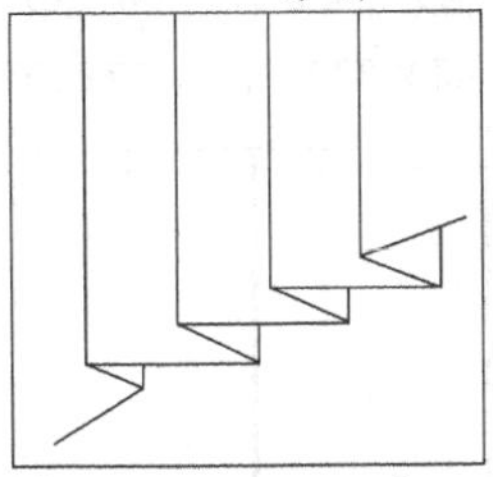

चित्र 11.13 नाइफ प्लीट्स

नाइफ प्लीट्स को सैट करते समय प्लीट्स की गहराई तथा चौड़ाई के बीच तीन अनुपात सम्भव हैं

(*i*) प्लीट्स की गहराई = प्लीट्स की चौड़ाई → नॉर्मल प्लीट्स

(*ii*) प्लीट्स की गहराई < प्लीट्स की चौड़ाई → शैलो या संकरी प्लीट्स

(*iii*) प्लीट्स की गहराई > प्लीट्स की चौड़ाई → ओवरलैपिंग प्लीट्स

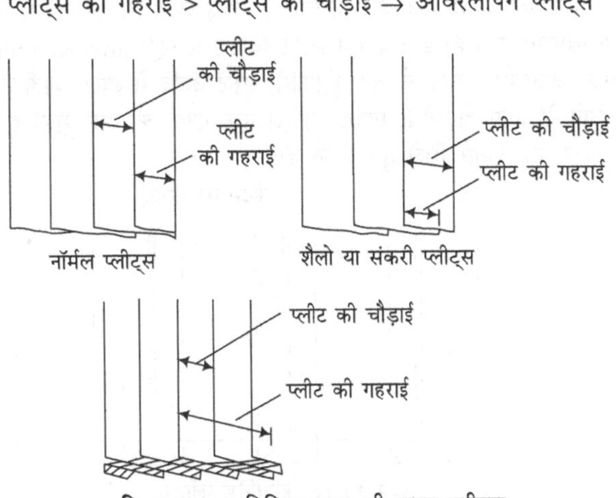

चित्र 11.14 विभिन्न प्रकार की नाइफ प्लीट्स

2. बॉक्स प्लीट्स Box Pleats

बॉक्स प्लीट्स डालने हेतु, दो सीधी साइड प्लीट्स एक-दूसरे से बाहर की ओर मुड़ी हुई (एक बाईं ओर तथा दूसरी दाईं) डाली जाती हैं जोकि बॉक्स के समान दिखती हैं। बॉक्स प्लीट्स का प्रयोग यूनिफॉर्म, शर्ट, पैन्ट, सफारी सूट की बैक पर किया जाता हैं। इसे बनाने हेतु घेर से कमर की नाप रखकर जितना फैब्रिक बचे वह बराबर भाग में बाँट कर प्लीट्स के निशान लगा लिए जाते हैं। उसके पश्चात् कपड़े को बीच से मोड़कर, लम्बी सिलाई लगाने के बाद, जिन-जिन स्थानों पर प्लीट्स को बन्द व खुला छोड़ना हो, कच्चे टाँके लगाकर प्रैस कर दें। उसके बाद पक्की सिलाई कर दें तथा कच्चे टाँकों को खोल दें।

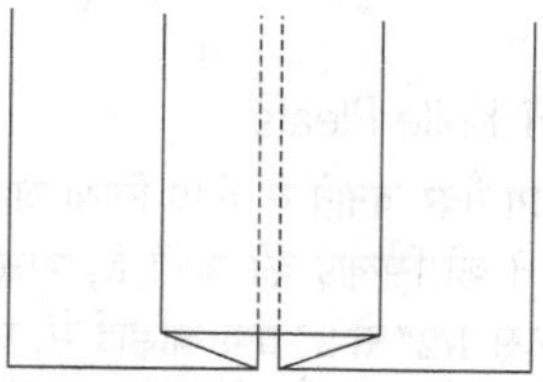

चित्र 11.15 बॉक्स प्लीट्स

3. मीट प्लीट्स Meet Pleats

मीट का अर्थ है मिलाना। अतः इस प्रकार की प्लीट्स को डालने के लिए दोनों ओर से फैब्रिक उठाकर बीच में रखते हुए ऊपर व नीचे की सिलाई लगा दी जाती है। मीट प्लीट्स का प्रयोग पेन्ट, शर्ट, स्कर्ट, निक्कर आदि में करते हैं।

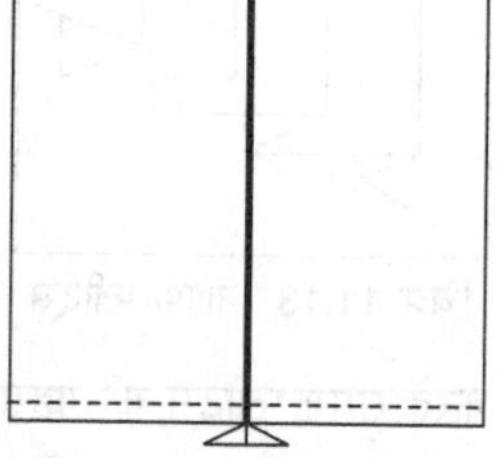

चित्र 11.16 मीट प्लीट्स

4. इनवर्टिड प्लीट्स Inverted Pleats

इसमें केवल 'ऊपर' की ओर ही सिलाई लगाई जाती है। यह बॉक्स प्लीट्स के विपरीत होती हैं। इसी कारण इन्हें इनवर्टिड प्लीट्स (inverted pleats) कहा जाता है। यह बच्चों की यूनिफॉर्म, स्कर्ट आदि में डाली जाती है। इन्हें बनाने के लिए दो सीधी साइड प्लीट्स एक-दूसरे की ओर मुड़ी हुई तथा प्लीट्स के किनारे मिले हुए बनाते हैं।

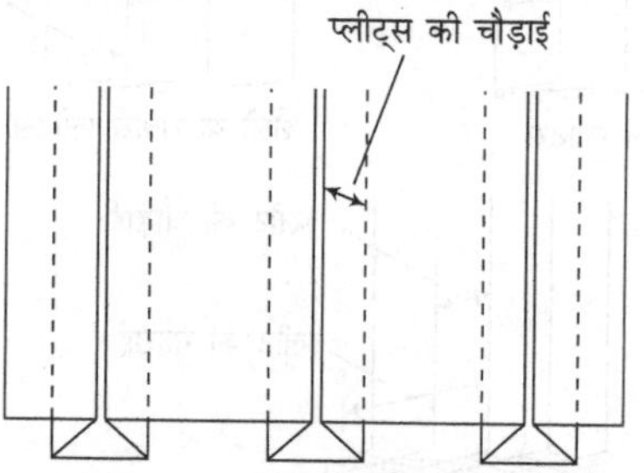

चित्र 11.17 इनवर्टिड प्लीट्स

5. अकॉर्डियन प्लीट्स Accordian Pleats

ये प्लीट्स, अकॉर्डियन नामक वाद्य यन्त्र के बैलोज (bellows) के समान दिखाई देती है। ये प्लीट्स तक सीधी तथा संकरी बनाई जाती है। इनकी चौड़ाई 3 से 13 मिमी तक होती है। इन प्लीट्स को पास-पास बनाया जाता है, तथा नीचे से सिला नहीं जाता। इनका प्रयोग स्कर्ट, आस्तीन के डिजाइन आदि में करते हैं।

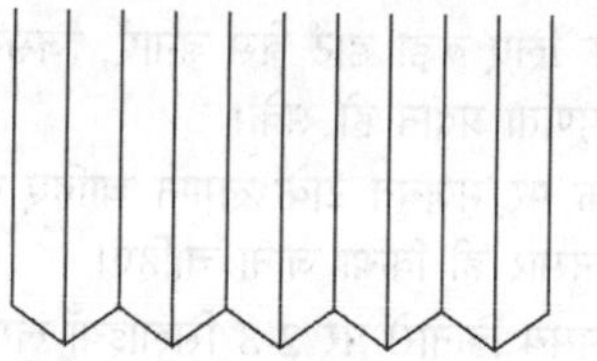

चित्र 11.18 अकॉर्डियन प्लीट्स

6. कार्ट्रिज प्लीट्स Cartridge Pleats

ये प्लीट्स गोल बनाई जाती हैं। इन्हें बनाने हेतु कड़ा तथा भारी कपड़ा अधिक उपयुक्त होता है। इन प्लीट्स को खिड़कियों तथा दरवाजों के परदों में उपयोग किया जाता है।

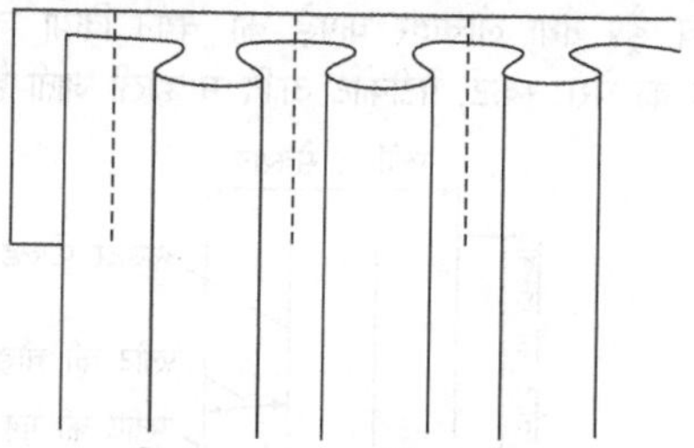

चित्र 11.19 कार्ट्रिज प्लीट्स

7. पिंच प्लीट्स Pinch Pleats

इन्हें बनाने के लिए तीन छोटे, समान चौड़ाई के प्लीट्स डालकर, पहले कच्चा टाँका करके प्रैस कर देते हैं, उसके पश्चात् पक्की सिलाई कर देते हैं। इन्हें भी परदों में प्रयोग करते हैं।

8. फ्लॉक प्लीट्स Flock Pleats

ये प्लीट्स पोशाक में लम्बाई बढ़ाने हेतु दूसरा कपड़ा लगाकर अन्दर की ओर मोड़कर बनाई जाती हैं।

प्लीट्स डालते समय सावधानियाँ
Precautions While Stitching Pleats

प्लीट्स डालते समय टेलर को अत्यधिक सावधानी बरतने की आवश्यकता होती है; जैसे

(*i*) प्रत्येक साधारण प्लीट में फैब्रिक का दबाव व दूरी एकसमान रखें।

(*ii*) जो प्लीटें सुन्दरता लाने के लिए बनाई जाती हैं, उनकी आकृति व दूरी एक समान दिखाई देनी चाहिए; जैसे—पॉकेट, शर्ट की बैक में तीरे के जोड़ आदि पर।

(*iii*) स्कर्ट में डाली जाने वाली प्लीटों की चौड़ाई एक समान रखें।

(iv) जहाँ पर प्लेट का सम्बन्ध सीधी क्रीज से हो, वहाँ पर किनारे पर दबाव को समान रखें।

(v) एक ओर (दाईं या बाईं) डाली जाने वाली सभी प्लीट्स सभी ओर एक समान होनी चाहिए।

(vi) प्लीट्स पर सदैव ऊपर से नीचे की ओर प्रैस करनी चाहिए।

(vii) प्लीट्स के उल्टी व सीधी दोनों ओर प्रैस करनी चाहिए तथा प्रैस मार्क से बचाने के लिए प्लीट्स के दोनों ओर पेपर रखना चाहिए।

11.3 टक्स Tucks

टक्स पोशाकों में मशीन से सीधी सिलाई लगाकर नाइफ प्लीट्स के समान ही बनाई जाती है, परन्तु टक्स की सुन्दरता उसकी शुद्धता पर निर्भर करती है। टक्स मुख्यत: सजावटी उद्देश्यों के लिए ही पोशाकों में उपयोग में लाई जाती है, परन्तु कुछ स्थितियों में इन्हें पोशाकों की अच्छी फिटिंग हेतु भी प्रयोग किया जाता है।

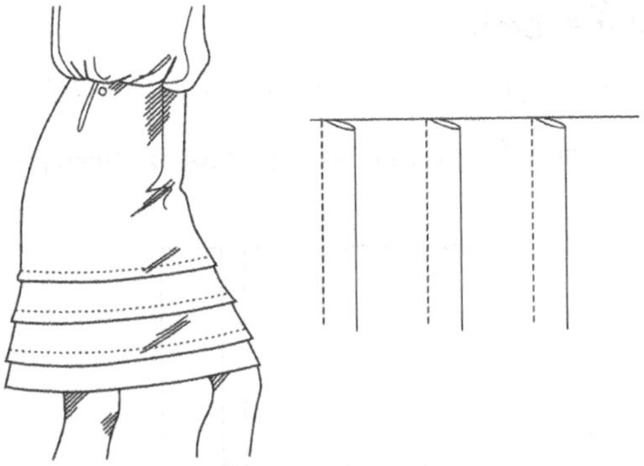

चित्र 11.20 टक्स

टक्स बनाने की आवश्यकता
Need of Making Tucks

टक्स की आवश्यकता को निम्न बिन्दुओं के द्वारा समझा जा सकता है

- पोशाकों को सुन्दर बनाने के लिए
- पोशाकों में आकार देने के लिए
- पोशाकों के कोनों में परिवर्तन के लिए
- बच्चों की पोशाकों में वृद्धि के लिए

टक्स की मार्किंग Marking of Tucks

सामान्यत: टक्स को पोशाक की दायीं ओर मोड़ा जाता है। टक्स बनाने से पूर्व उपयुक्त विधि का प्रयोग करके पैटर्न रखकर टक्स को मार्क करते हैं। उसके पश्चात् पैटर्न हटाकर एवं कोने मोड़कर सिलाई करते हैं।

टक्स को बनाने हेतु कुछ महत्त्वपूर्ण उपकरण निम्न प्रकार हैं

(i) **कार्ड बोर्ड से बना गेज** यह सिलाई की रेखाओं को बिना मार्क किए सिलने में सहायक होता है। गेज की लम्बाई में टक्स की चौड़ाई तथा टक्स के बीच की दूरी सम्मिलित होती है। गेज पर बने निशान नोच (notch), टक्स की चौड़ाई का संकेत करते हैं।

(ii) **टकर फुट** इसका प्रयोग 2.5 सेमी चौड़ाई के टक्स बनाने हेतु किया जाता है। इसके प्रयोग से समय की बचत होती है। यह एक सहायक ऊर्जा है, जोकि ट्रेडल तथा मोटर से चलने वाली सिलाई मशीन में प्रेशर फुट के स्थान पर लगाया जाता है। इसकी सहायता से समान चौड़ाई तथा टक्सों के बीच की समान दूरी के टक्स सरलता से बनाए जा सकते हैं। इसमें 0 से 8 नम्बर तक अंकित दो स्केल लगे होते हैं, जिनमें से एक टक्स, की समान चौड़ाई तथा दूसरा टक्स के मध्य समान दूरी को बनाए रखता है।

(iii) **ऐज स्टिचर** यह एक विशेष प्रकार का प्रेशर फुट होता है। इसे मशीन में सामान्य प्रेशर फुट के स्थान पर ही लगाया जाता है। इसका प्रयोग पिन टक्स, लेस के साथ टक्स, पाइप सिलाई आदि बनाई जाती है।

टक्स के प्रकार Types of Tucks

पोशाकों को सुन्दर एव इसके आकर्षक को बनाने के लिए विभिन्न प्रकार के टक्स का प्रयोग किया जाता है, जो निम्न प्रकार हैं

1. प्लेन टक्स Plain Tucks

प्लेन टक्स को एक दिशा और समान आकार में बनाया जाता है, परन्तु टक्स में फैब्रिक का दबाया हुआ भाग बैक साइड की सिलाई को टच करता हो, तो इसे ब्लाइण्ड टक्स कहा जाता है। ब्लाइण्ड टक्स प्लेन टक्स की विविधता कहलाता है।

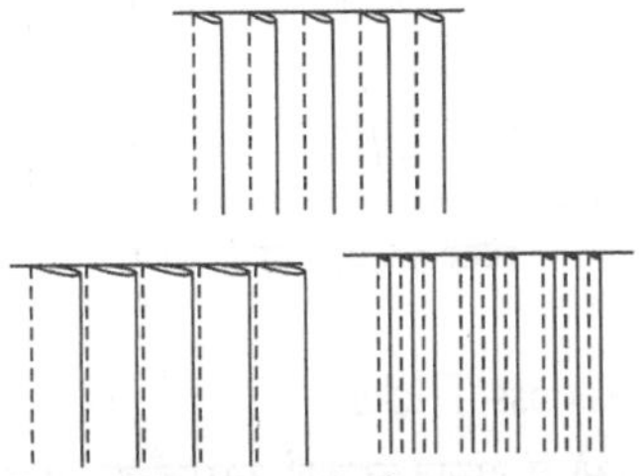

चित्र 11.21 प्लेन टक्स

2. पिन टक्स Pin Tucks

ये टक्स पिन के समान बारीक होते हैं, इसलिए इन्हें पिन टक्स कहा जाता है। डिजाइन के अनुसार लम्बाई या चौड़ाई, जिस ओर भी टक्स डालने हैं और जितने डालने हैं, प्रति टक्स 1/2 सेमी फैब्रिक अधिक रखते हुए पहले बराबर दूरी पर प्रैस द्वारा निशान (क्रीज) डालने के बाद पिन की चौड़ाई के बराबर बखिया लगाते जाते हैं। इस प्रकार के टक्स केवल पतले फैब्रिक पर ही डाले जा सकते हैं।

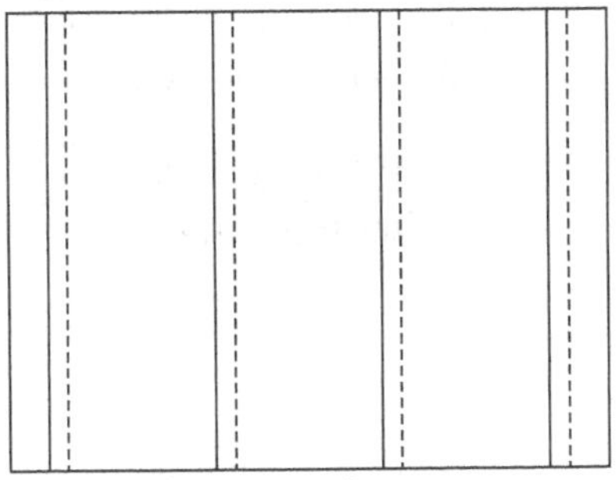

चित्र 11.22 पिन टक्स

3. डार्ट टक्स Dart Tucks

जब किसी की चेस्ट ज्यादा हो और तीरा कम, ऐसी स्थिति में डार्ट टक्स डाल देने चाहिए। इससे चेस्ट पर फुलनैस के साथ ही डिजाइन भी बन जाता है। इसके अतिरिक्त बच्चों की पोशाकों में सामने तथा पीछे भी ये टक्स डाले जाते हैं। ये टक्स पिन टक्स के समान ही डाले जाते हैं। अन्तर केवल यह है कि पिन टक्स डिजाइन की पूरी लम्बाई में डाले जाते हैं, जबकि डार्ट टक्स' 'चेस्ट' से ऊपर ही रहते हैं। शोल्डर पर डालने के कारण इन्हें 'शोल्डर टक्स' भी कहते हैं। डार्ट टक्स को पोशाकों में उल्टी ओर ही बनाया जाता है, परन्तु सजावटी उद्देश्य से इन्हें सीधी ओर भी बनाते हैं।

डार्ट तथा डार्ट टक्स के बीच के अन्तर को निम्न प्रकार समझा जा सकता है।

- डार्ट टक्स कम चौड़ाई (लगभग 0.5 सेमी) के होते हैं।
- आवश्यक आकार प्राप्त करने हेतु, इन्हें दो या तीन समूहों में सिला जाता है।
- डार्ट टक्स पूरी लम्बाई में समान होते हैं जबकि डार्ट नीचे की ओर नुकीली होती हैं

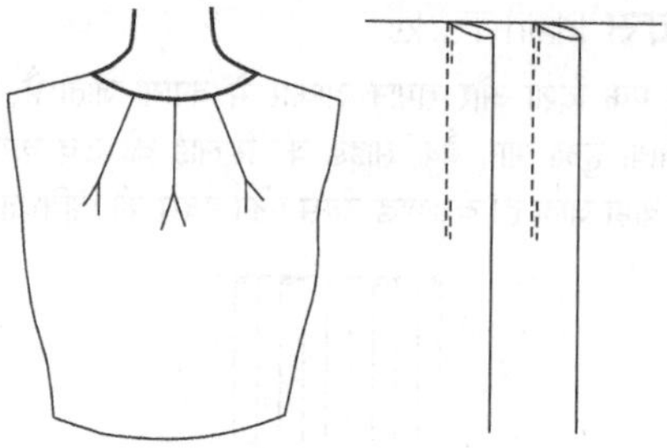

चित्र 11.23 डार्ट टक्स

4. क्रॉस टक्स Cross Tucks

यह टक्स दोनों दिशाओं में अर्थात् लम्बाई और चौड़ाई दोनों में बनाए जाते हैं। पहले लम्बाई में तथा उसके बाद चौड़ाई में टक्स डाला जाता है एवं डिजाइन के तौर पर दोनों टक्स बराबर दूरी पर लेते हैं तथा उन पर प्रैस करके टक्स में उभार लेते हैं, जिससे क्रॉस टक्स आकर्षक दिखाई देता है। इस प्रकार के टक्स का उपयोग पतले तथा मध्यम कपड़ों में किया जाता है।

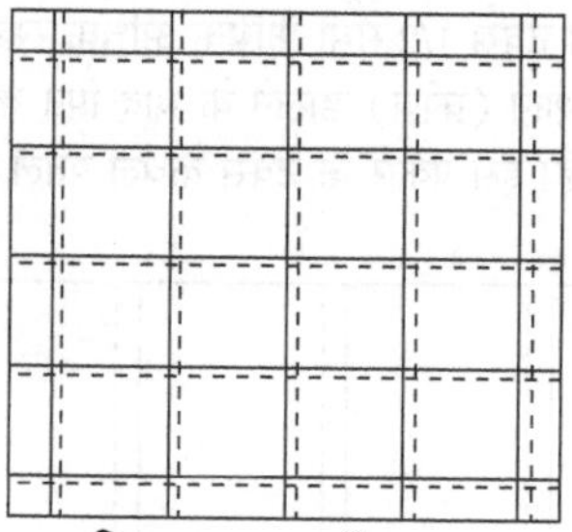

चित्र 11.24 क्रॉस टक्स

5. शीयर टक्स Shear Tucks

डिजाइन के अनुसार, लम्बाई में टक्स डालकर उन्हें एक ओर प्रैस करने के बाद जिस ओर प्रैस की हो, उसी ओर $1\frac{1}{2}$ सेमी की दूरी रखते हुए सादी सिलाइयाँ लगा दें। इन्हीं टक्स को 'शीयर टक्स' कहते हैं।

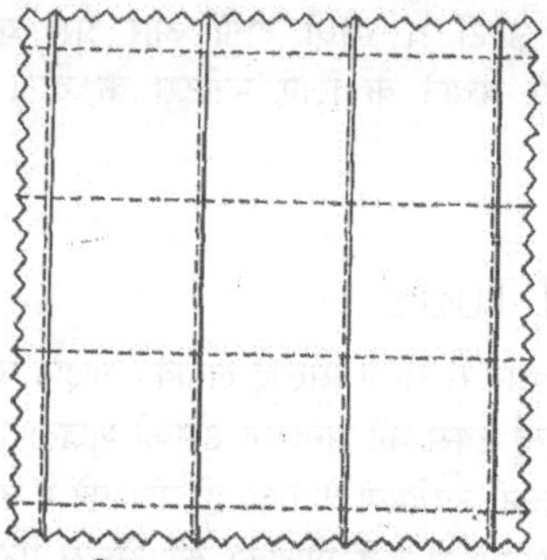

चित्र 11.25 शीयर टक्स

6. ग्रेजुएटिड टक्स Graduated Tucks

पिन टक्स की चौड़ाई से ज्यादा अर्थात् $1\frac{1}{2}$ या 2 सेमी फैब्रिक मोड़कर सिलाई लगाई जाती है। इस प्रकार बने चौड़े टक्स को 'ग्रेजुएटिड टक्स' कहते हैं।

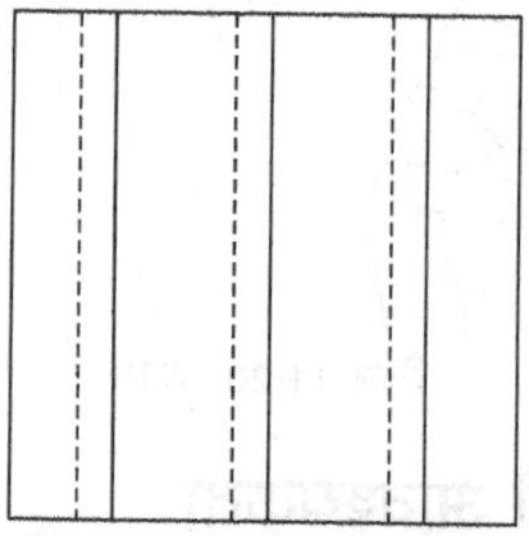

चित्र 11.26 ग्रेजुएटिड टक्स

7. रिवर्स टक्स Reverse Tucks

ये टक्स बुर्कों में अधिक डाले जाते हैं। आजकल ये बच्चों के फैब्रिक्स तथा ब्लाउज की बैक को डिजाइन बनाने में प्रयोग किए जा रहे हैं। इनको बनाने के लिए, कम दूरी पर 2 बिन्दु चौड़ा टक्स डाल लेने के बाद 1" या $\frac{1}{2}$" की दूरी पर टक्स की लम्बाई में एक सिलाई लगाते हैं।

दूसरी सिलाई भी 1" या $\frac{1}{2}$" की दूरी पर दूसरी ओर से अर्थात् पहली सिलाई यदि 'ऊपर' से नीचे की ओर है, तो दूसरी सिलाई 'नीचे' से ऊपर को करनी है। इस प्रकार जहाँ तक डिजाइन बनाना हो, इसी विधि से सिलाई लगाते जाते हैं। इस तरह रिवर्स टक्स तैयार हो जाते हैं।

8. डायमण्ड टक्स Diamond Tucks

इस टक्स को बनाने के लिए पहले सीधी ओर फैब्रिक में 90° में सीधी सिलाइयों के द्वारा पिन टक्स बनाकर प्रैस कर देते हैं और बाद में ओरेब पिन टक्स 45° में बनाते हैं। इससे जो आकृति बनती है, वह डायमण्ड की भाँति दिखाई पड़ती है, इसीलिए इसे डायमण्ड टक्स कहते हैं। इनका प्रयोग ब्लाउजों की आस्तीनों तथा बैकों, सफारी सूट की पॉकेटों आदि पर किया जाता है।

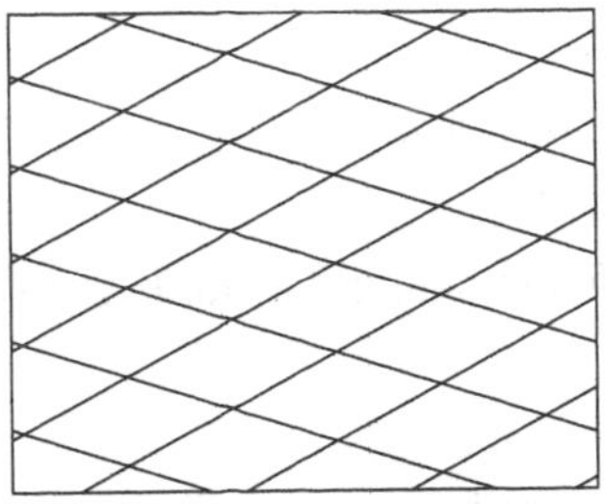

चित्र 11.27 डायमण्ड टक्स

9. शैल टक्स Shell Tucks

टक्स को आकर्षक बनाने के उद्देश्य से उसे विशेष रूप से सजाया जाता है, जो शैल टक्स कहलाता है। इसके लिए साधारण टक्स की एक या एक से अधिक पंक्तियों पर सुन्दर आकृति को उभारा जाता है।

शैल टक्स के लिए महीन एवं मध्यम भार वाले फैब्रिक का प्रयोग किया जाता है।

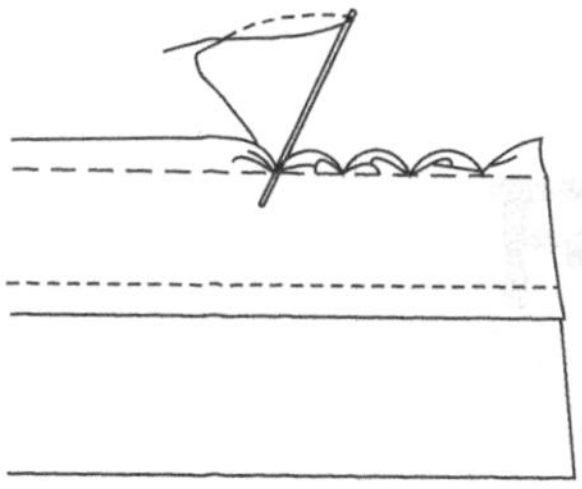

चित्र 11.28 शैल टक्स

10. स्कॉल्पड टक्स Scolped Tucks

स्कॉल्पड टक्स बनाने के लिए ब्लाइण्ड टक्स का ग्रुप तैयार करके, टक्स के मुड़े हुए भाग को अधिक चौड़ाई दी जाती है। पहले एक ओर टक्स के लम्बवत् ऊपर सिलाई की जाती है, फिर उन्हें टक्स के लम्बवत् मोड़कर उल्टी दिशा में ऊपर टाँका लगाया जाता है। यह प्रक्रम टक्स की पूरी लम्बाई तक चलता है। इसके लिए भी पतले तथा मध्यम भार फैब्रिक का चुनाव उपयुक्त रहता है।

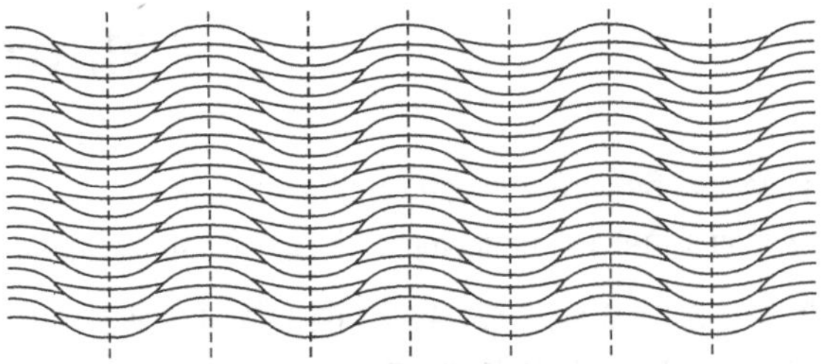

चित्र 11.29 स्कॉल्पड टक्स

11. कॉर्डेड टक्स Corded Tucks

यह टक्स जिपर फुट की सहायता से बनाया जाता है। पोशाक के जिस स्थान पर टक्स डालना होता है, वहाँ फैब्रिक के मुड़े हुए भाग के अन्दर डोरी रखकर टक्स डाला जाता है। इससे यह अधिक आकर्षक दिखाई देता है।

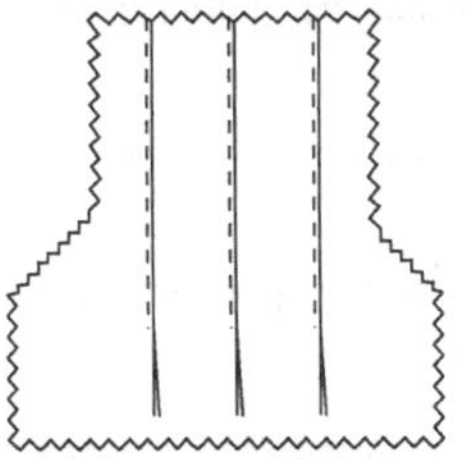

चित्र 11.30 कॉर्डेड टक्स

टक्स बनाते समय सावधानियाँ
Precautions While Making Tucks

टक्स बनाते समय समय निम्न सावधानियों का ध्यान रखना चाहिए।

(*i*) टक्स बनाते समय फैब्रिक की मोटाई के बराबर लगाई जाने वाली सिलाई में फैब्रिक का दबाव कहीं कम या अधिक न हो।

(*ii*) टक्स बनाते समय प्रत्येक टक्स का आकार एक समान रहे।

(*iii*) जो टक्स जिस स्थान या कार्य के लिए बनाया गया है, वहीं पर उसका प्रयोग करें।

(*iv*) टक्स बनाते समय आवश्यकतानुसार फैब्रिक को प्रैस द्वारा मोड़कर टक्स बनाएँ।

(*v*) सजावट के उद्देश्य से बनाए गए टक्स को सेन्टर रेखा से बाहर की ओर मुख करके बनाना चाहिए।

स्पष्ट है कि पोशाक निर्माण में डाट्र्स, प्लीट्स एवं टक्स तीनों की ही अहम् भूमिका है। इनके प्रयोग से पोशाकों को अत्यन्त आकर्षक व सटीक बनाना सम्भव है। ट्रेड सम्बन्धी प्रशिक्षु या एक टेलर को भी इनके ज्ञान से परिपूर्ण होना ही चाहिए।

महत्त्वपूर्ण प्रश्नोत्तरी

1. पोशाक-निर्माण में क्या ध्यान रखना आवश्यक है?

उत्तर पोशाक निर्माण में मानव-आकृति को ध्यान में रखना आवश्यक है।

2. एक नोंक वाली डाट्र्स का प्रयोग किन-किन पोशाकों में किया जाता है?

उत्तर एक नोंक वाली डाट्र्स का प्रयोग ब्लाउज, निक्कर, पैन्ट आदि पोशाक में किया जाता है।

3. फिश डाट्र्स से आप क्या समझते हैं?

उत्तर पोशाक के आर्म होल तथा कमर में अच्छी फिटिंग व शेप लाने के लिए फिश डाट्र्स डाली जाती है।

4. कर्व डाट्र्स किस पोशाक में डाली जाती है?

उत्तर कर्व डाट्र्स महिलाओं की पोशाकों में चेस्ट की फिटिंग के लिए डाली जाती है।

5. इन्वर्टिड प्लीट्स को डालते समय पोशाकों में किस ओर सिलाई लगाई जाती है।

उत्तर इन्वर्टिड प्लीट्स को डालते समय पोशाकों में 'ऊपर' की ओर सिलाई लगाई जाती है।

6. फोल्ड प्लीट्स को किस उद्देश्य से डाला जाता है?

उत्तर फोल्ड प्लीट्स को लम्बाई बढ़ाने के उद्देश्य से डाला जाता है।

7. टक्स कितने प्रकार के होते हैं?

उत्तर टक्स निम्नलिखित प्रकार के होते हैं

(i) प्लेन टक्स (ii) पिन टक्स (iii) डार्ट टक्स
(iv) क्रॉस टक्स (v) शीयर टक्स (vi) ग्रेजुएटिड टक्स
(vii) रिवर्स टक्स
(viii) डायमण्ड टक्स इत्यादि

8. पिन टक्स किसे कहते हैं?

उत्तर यह टक्स पिन के समान बारीक होता है, इसी कारण इसे पिन टक्स कहा जाता है।

9. फ्लेअर से क्या आशय है?

उत्तर फ्लेअर से आशय विभिन्न पोशाकों में प्रयुक्त किए जाने वाले घेरे से है।

10. टक्स बनाते समय रखी जाने वाली किन्हीं दो सावधानियों को लिखिए।

उत्तर टक्स बनाते समय रखी जाने वाली दो सावधानियाँ इस प्रकार हैं

(i) टक्स बनाते समय सभी टक्स का आकार बराबर हो।
(ii) जो टक्स जिस स्थान पर कार्य के लिए बनाई गई है, वहीं पर उनका प्रयोग करें।

अभ्यास प्रश्न

परीक्षा प्रारूपी प्रश्न

बहुविकल्पीय

1. सिलाई कला में इनमें से कौन-सी व्यवस्था आकृतिक विसंगतियों को दूर करने में सक्षम है?

(a) डाट्र्स (b) प्लीट्स
(c) टक्स (d) ये सभी

2. एक नोंक वाली डाट्र्स का प्रयोग किस लिए किया जाता है?

(a) फैब्रिक कम करने के लिए
(b) फैब्रिक बढ़ाने के लिए
(c) 'a' और 'b' दोनों
(d) उपरोक्त में से कोई नहीं

3. एक नोंक वाली डाट्र्स का प्रयोग इनमें से किस पोशाक में करते हैं?

(a) ब्लाउज (b) निक्कर
(c) पैन्ट (d) ये सभी

4. दो नोंक वाली डाट्र्स का उपयोग इनमें से किस पोशाक में नहीं करते हैं?

(a) पुरुष शर्ट (b) सफारी सूट (c) मिलिट्री शर्ट (d) ब्लाउज

5. निम्न में से कौन-सी पोशाक में स्लैश डार्ट नहीं डाली जाती है?

(a) शर्ट में (b) पैन्ट में
(c) चोली कट ब्लाउज में (d) ऊनी कोट में

6. स्लैश डाट्र्स की सहायता से मोटे और गर्म फैब्रिक पर इनमें से क्या स्पष्ट दिखता है?

(a) सीधी ओर फिनिशिंग आ जाती है
(b) फैब्रिक मोटा प्रतीत नहीं होता
(c) 'a' और 'b' दोनों
(d) उपरोक्त में से कोई नहीं

7. कौन-सा डार्ट एक छोर पर चौड़ा एवं दूसरे आकार में त्रिकोणीय है?
(a) फुल डार्ट
(b) हाफ डार्ट
(c) कन्टूर डार्ट
(d) स्लैश्ड डार्ट (डबल प्वॉइण्ट)

8. कन्टूर डार्ट का अन्य वैरिएशन (variation) क्या कहलाता है?
(a) स्टैण्डर्ड डार्ट (b) फ्रेंच डार्ट
(c) डबल प्वॉइण्टिड डार्ट (d) वेस्ट डार्ट

9. चोली कट ब्लाउज पर कौन-सी डाट्‌र्स डाली जाती है?
(a) फिश (b) स्लैश डाट्‌र्स
(c) साइड (d) ये सभी

10. नीचे दिए गये चित्र में डार्ट के प्रकार को पहचानिये

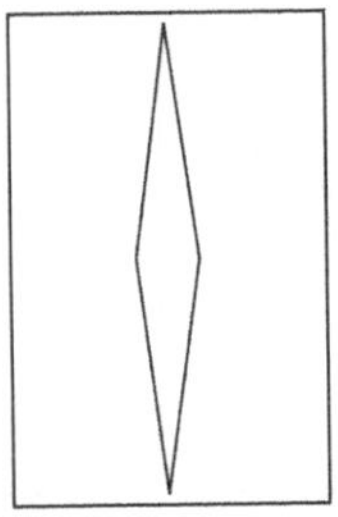

(a) स्टैन्डर्ड (b) फुल
(c) कन्टूर (d) फ्रेंच

11. फ्रेंच डार्ट बनाने से पहले किस आकार का डार्ट बनाना चाहिए
(a) त्रिभुजाकार (b) 'L' आकार
(c) 'V' आकार (d) वृत्ताकार

12. एक सिरे से नुकीली डार्ट को किस नाम से जानते हैं?
(a) फिश (b) टक्स (c) बैलेन्स (d) फ्लेअर

13. किसी मानक डार्ट की न्यूनतम चौड़ाई क्या होती है?
(a) 3/4" (b) 1/4"
(c) 1/2" (d) 1"

14. नीचे दिये गये चित्र में दिए डार्ट के किस्म की पहचान कीजिए

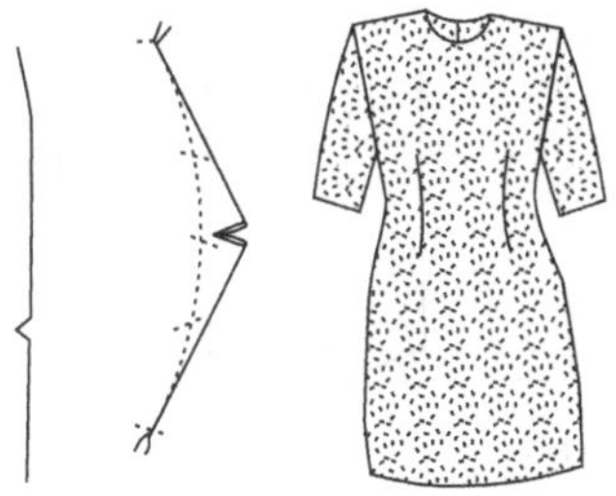

(a) स्टैंडर्ड डार्ट (b) कन्टूर डार्ट
(c) फ्रेंच डार्ट (d) फुल डार्ट

15. निम्न में से कौन-सी डॉर्ट स्त्री की कमीज में फिटिंग प्रदान करती है?
(a) स्टैन्डर्ड (b) फुल
(c) कन्टूर (d) फिश

16. डार्ट का मुख्यतः इस्तेमाल होता है?
(a) आकार के लिए (b) सजावट के लिए
(c) डिजाइन के लिए (d) ड्रेप के लिए

17. इनमें से किसमें डार्ट नहीं होती?
(a) टाई (b) ट्राउज़र्स
(c) टॉप (d) स्कर्ट

18. दो एकल (singles) द्वारा विपरीत दिशा में बनाई गई प्लीट्स का क्या नाम है?
(a) नाइफ प्लीट्स (b) साधारण प्लीट्स
(c) बॉक्स प्लीट्स (d) विपरीत प्लीट्स

19. बॉक्स प्लीट्स किस पोशाक में डाले जाते हैं?
(a) बच्चों के स्कर्ट (b) जैंट्स कमीज
(c) सफारी सूट की बैक (d) ये सभी

20. इनमें से कौन बॉक्स प्लीट्स के विपरीत है?
(a) फ्लैट प्लीट्स (b) इनवर्टिड प्लीट्स
(c) स्लैश प्लीट्स (d) इनमें से कोई नहीं

21. किस प्लीट्स से डिजाइन बनाया जाता है?
(a) नाइफ प्लीट्स (b) इनवर्टिड प्लीट्स
(c) बॉक्स प्लीट्स (d) इनमें से कोई नहीं

22. इनमें से किस पोशाक में साधारण प्लीट्स डाली जाती है?
(a) पेटीकोट में (b) पैन्ट में
(c) कोट में (d) इनमें से कोई नहीं

23. किस प्लीट्स के अन्तर्गत दोनों ओर से फैब्रिक को उठाकर सिलाई की जाती है?
(a) मीट प्लीट्स (b) फॉल्स प्लीट्स
(c) बॉक्स प्लीट्स (d) इनमें से कोई नहीं

24. टेलरिंग प्रशिक्षु इनमें से किसके ज्ञान से सफलता का वर्णन कर सकता है?
(a) डाट्‌र्स (b) प्लीट्स (c) टक्स (d) ये सभी

25. फैब्रिक को एक-दूसरे पर पलटकर चढ़ाने की क्रिया इनमें से क्या कहलाती है?
(a) डाट्‌र्स (b) प्लीट्स
(c) टक्स (d) इनमें से कोई नहीं

26. टक्स डालते समय क्या सावधानियाँ रखनी चाहिए?
(a) प्रत्येक टक्स का आकार एकसमान हो
(b) केवल चौड़ाई अधिक हो
(c) केवल लम्बाई अधिक हो
(d) उपरोक्त में से कोई नहीं

27. जब फोल्ड बहुत संकीर्ण (narrow) होता है, वह कौन-सा टक्स कहलाता है?
(a) शैल टक्स (b) ब्लाइण्ड टक्स
(c) कोर्डेड टक्स (d) पिन टक्स

28. नीचे दी गयी प्लीट के प्रकार को पहचानिये

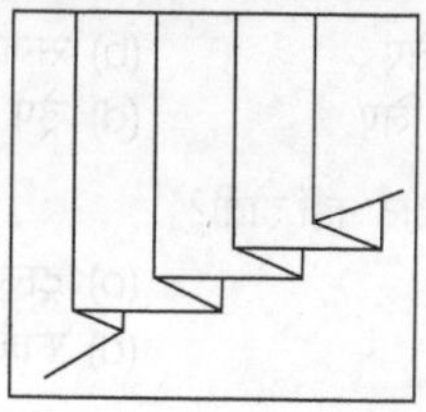

(a) नाइफ (b) बॉक्स
(c) इनवर्टेड (d) पिंच

29. नीचे दिए गये चित्र में प्लीट के प्रकार को पहचानिये

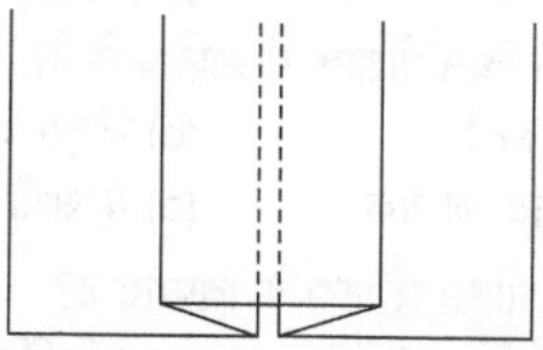

(a) नाइफ (b) इनवर्टेड
(c) बॉक्स (d) पिंच

30. प्लीट्स डालने के लिए किसका प्रयोग करते हैं?
(a) मशीन (b) हाथ
(c) 'a' और 'b' दोनों (d) इनमें से कोई नहीं

31. मशीन की सहायता से महीन या मोटी डिजाइन के अनुसार सिलाइयाँ लगाने को क्या कहते हैं?
(a) टक्स (b) प्लीट्स
(c) डार्ट (d) स्मोकिंग

32. पिन टक्स किस प्रकार के फैब्रिक पर किया जाता है?
(a) पतला फैब्रिक (b) मोटा फैब्रिक
(c) 'a' और 'b' दोनों (d) ये सभी

33. निम्न में से कौन-से टक्स लम्बाई तथा चौड़ाई दोनों में डाले जाते हैं?
(a) क्रॉस टक्स
(b) डार्ट टक्स
(c) पिन टक्स
(d) कोर्डेड टक्स

34. डायमण्ड टक्स इनमें से किसमें डाले जाते हैं?
(a) ब्लाउज में (b) पैन्ट में
(c) कोट में (d) इनमें से कोई नहीं

35. डायमण्ड टक्स को बनाने में किस कोण पर सीधी सिलाइयों के द्वारा टक्स बनाकर एक ओर को प्रेस कर देते हैं?
(a) 70° (b) 45°
(c) 110° (d) इनमें से कोई नहीं

36. नीचे दिये गये टक्स के प्रकार को पहचानिये

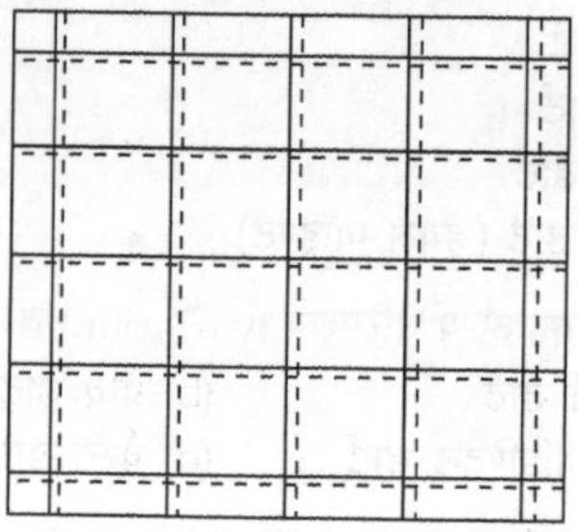

(a) प्लेन (b) स्क्वायर
(c) शैल (d) स्कॉल्पड

37. नीचे दिये गये टक्स के प्रकार को पहचानिये

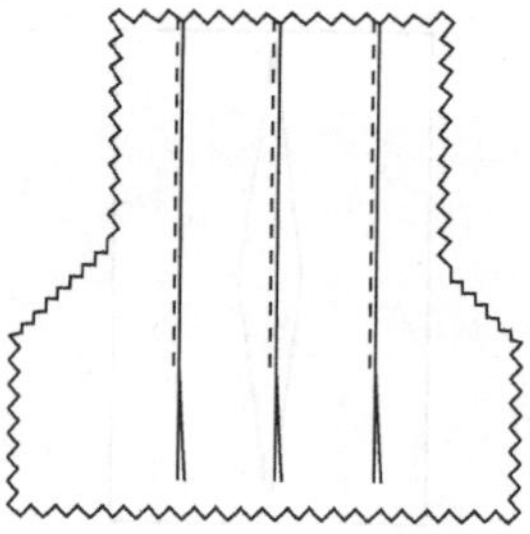

(a) क्रॉस (b) शैल
(c) कोर्डेड (d) स्कॉल्पड

38. प्लीट-चौड़ाई तथा प्लीट-गुंजाइश के बीच क्या सम्बन्ध होता है?
(a) प्लीट गुंजाइश = 1½ × प्लीट चौड़ाई
(b) प्लीट गुंजाइश = 2 × प्लीट चौड़ाई
(c) प्लीट गुंजाइश = 1/2 प्लीट चौड़ाई
(d) प्लीट गुंजाइश = प्लीट चौड़ाई

39. डार्ट टक्स की चौड़ाई (लगभग) होती है
(a) 5 सेमी (b) 6 सेमी
(c) 0.05 सेमी (d) 1 सेमी

40. चित्र में प्रदर्शित टक्स का नाम क्या है?

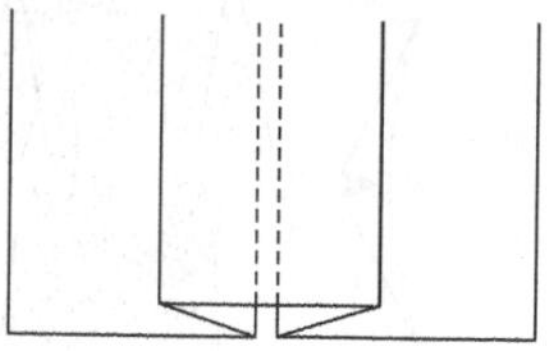

(a) कोर्डेड टक्स
(b) क्रॉस टक्स
(c) शैल टक्स
(d) स्कॉल्पड इफैक्ट टक्स

41. निम्न में से कौन-सी डॉर्ट एक सिरे पर चौड़ी तथा दूसरे सिरे पर त्रिभुजाकार होती है?
(a) पूर्ण डार्ट
(b) आधा डार्ट
(c) कण्टूर डार्ट
(d) स्लेस्ड डार्ट (डबल प्वॉइण्ट)

42. फॉन्टूर डार्ट का अन्य वैरिएशन क्या कहलाता है?
(a) पूर्ण डार्ट (b) फ्रेंच डार्ट
(c) डबल नुकीला डार्ट (d) वेस्ट डार्ट

43. विपरीत दिशा में दो सिंगल द्वारा निर्मित प्लीट्स का नाम क्या है?
(a) नाइफ प्लीट्स (b) सिम्पल प्लीट्स
(c) बॉक्स प्लीट्स (d) रिवर्स प्लीट्स

44. इनमें से कौन-सा टक्स का नाम है?
(a) स्कॉल्पड इफैक्ट टक्स
(b) शैल टक
(c) कोर्डेड टक्
(d) क्रॉस टक

45. जब तह बहुत संकीर्ण हो तो वह कौन-सी एक कहलाती है?
(a) शैल टक (b) ब्लाइन्ड टक
(c) कोर्डेड टक (d) पिन टक

46. दिखाई गई आकृति क्या है?

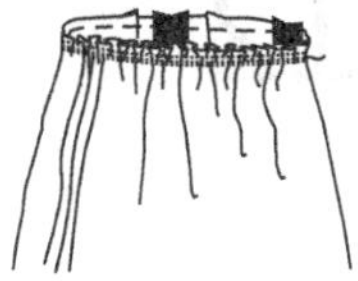

(a) फ्रिल्स (b) चुनट
(c) टक्स (d) प्लीट्स

47. कौन-से डार्ट का उपयोग कपड़ों की अर्द्ध फिट और सज्जित शैलियों के लिए किया जाता है?
(a) कण्टूर डार्ट (b) फ्रेंच डार्ट
(c) एक छोर नुकीला डार्ट (d) स्लेस्ड डार्ट (एकल बिन्दु)

48. कपड़ों में बहुत छोटी आकृतियों को बनाने के लिए खींची गई एक या दो प्लीट्स क्या कहलाती हैं?
(a) प्लीट्स (b) चुनट (c) टक्स (d) डार्ट

49. कपड़ों पर शर्टिंग की किस विधि का उपयोग किया जाता है?
(a) एक विधि (b) दो विधि
(c) सीमित विधि (d) लोकप्रिय विधि

50. शेरिंग किस कपड़े के लिए उत्तम चुनाव है?
(a) ऊनी (b) कपास
(c) नायलॉन (d) पॉलिस्टर

उत्तरमाला

1. (a)	2. (a)	3. (d)	4. (b)	5. (a)	6. (c)	7. (b)	8. (a)	9. (b)	10. (b)
11. (c)	12. (a)	13. (c)	14. (c)	15. (a)	16. (a)	17. (a)	18. (c)	19. (d)	20. (b)
21. (a)	22. (a)	23. (a)	24. (d)	25. (b)	26. (a)	27. (d)	28. (a)	29. (b)	30. (c)
31. (a)	32. (a)	33. (a)	34. (a)	35. (b)	36. (b)	37. (c)	38. (d)	39. (c)	40. (c)
41. (b)	42. (a)	43. (c)	44. (b)	45. (d)	46. (b)	47. (a)	48. (b)	49. (a)	50. (a)

अध्याय 12

हेम एवं केसिंग
Hem and Casing

अध्याय विषय सूची

पोशाकों में फिनिशिंग लाने के लिये हेम एवं केसिंग की जाती हैं। हेम वह विधि है, जिसके अन्तर्गत सिले हुए कपड़ों के निचले किनारों को संगत धागों के माध्यम से परिष्कृत (finish) किया जाता है। सामान्य तौर पर इसे किनारों की फिनिशिंग या तुरपाई करना कहा जाता है। हेम या तुरपाई की गुणवत्ता का चयन पोशाक के स्टाइल एवं फैब्रिक पर ही निर्भर करता है। जब हेमिंग (हेम करने की क्रिया) साधारण कपड़ों पर की जाती है, तो इसे साधारण हेम कहा जाता है।

यह क्रिया कपड़े के उल्टी ओर की जाती है। जब किसी कपड़े पर हेमिंग इस प्रकार से की जाए कि वह दिखाई न दे, तो उसे ब्लाइण्ड हेम (blind hem) कहते हैं। जब कपड़ों के दो पीस को आपस में जोड़ना हो तो ब्लाइण्ड हेम का प्रयोग करते हैं। जब हेमिंग को रोल करके करते हैं, तो इसे गोल या रोल हेम कहा जाता है। रूमालों के किनारों तथा बच्चों की फ्रॉकों पर लगने वाली झालरों पर सामान्यत: रोल हेम का प्रयोग किया जाता है। इसी तरह से केसिंग भी फैब्रिक में फिनिशिंग देने की एक कार्यविधि है। यह एक विशेष आवरण के रूप में तैयार की जाती है, जिसमें इलास्टिक या डोरी लगी होती है। इस प्रक्रिया द्वारा मुख्य रूप से पोशाकों की कमर के स्थान पर फिनिशिंग लाई जाती है, जिससे वस्त्र कमर पर रुकता है।

12.1 हेम के उद्‌देश्य Objectives of Hem

व्यावसायिक रूप से कपड़ों की हेम या तुरपाई करनी आवश्यक होती है, क्योंकि इससे कपड़ों की गुणवत्ता बढ़ती है। कपड़ों पर हेम निम्नलिखित कारणों से की जाती है

1. कपड़ों के निचले भाग में हेम करने का मुख्य कारण कपड़ों के किनारों को परिष्कृत (finish) करना है।
2. कपड़ों की हेमिंग इसलिए भी की जाती है, ताकि कपड़ों पर भार बढ़ जाए, जिससे कि कपड़ा शरीर पर सही ढंग से लटक सके।
3. हेम करने से कपड़े के धागे नहीं निकलते हैं, इससे कपड़ों को मजबूती मिलती है।

हेम करते समय कुछ महत्त्वपूर्ण बातों पर ध्यान देना अनिवार्य है; जैसे— (i) कपड़ा एकसमान सुन्दरतापूर्वक लटकने वाला होना चाहिए। (ii) हेम करते समय किनारे पर गाँठें नहीं पड़नी चाहिए। (iii) परिष्कृत हेम पूरी तरह से ढका हुआ होना चाहिए अर्थात् अदृश्य होना चाहिए। इससे कपड़ों की सुन्दरता बढ़ती है।

हेमलाइन Hemline

कपड़े के किनारे के भाग की हेम फिनिशिंग करने हेतु सर्वप्रथम हेमलाइन टर्निंग लाइन को दर्शाना अनिवार्य होता है। हेमलाइन की मार्किंग, पोशाक तैयार हो जाने के बाद ही की जाती है। कुछ प्लीटेड स्टाइल में हेमलाइन पहले ही निर्धारित कर चिन्हित कर ली जाती है।

सामान्य तौर पर हेमलाइन की मार्किंग चॉक, पिन या मार्कर से की जाती है। मार्क चिन्हित करने हेतु टेलर्स आमतौर पर स्क्वायर या यार्ड स्टिक का ही प्रयोग करते हैं, ताकि हेम फिनिशिंग में असुविधा न हो। पैटर्न-कटिंग से पूर्व हेमलाइन की सही लोकेशन की जाँच कर लेनी चाहिए, अन्यथा कपड़े की गुणवत्ता खराब हो सकती है।

12.2 हेम के प्रकार Types of Hem

संरचना के आधार पर हेम फिनिशिंग को चार भागों में विभाजित किया जाता है, जिनका विवरण निम्नवत् है

1. हैरिंगबोन या कैच स्टिच्ड हेम Herringbone or Catch Stitched Hem

हैरिंगबोन या कैच स्टिच्ड हेम में कच्चे किनारों के अपरिष्कृत भाग को छोड़कर, 1/2 इंच की दूरी पर कैच टाँकों की सहायता से तुरपाई की जाती है।

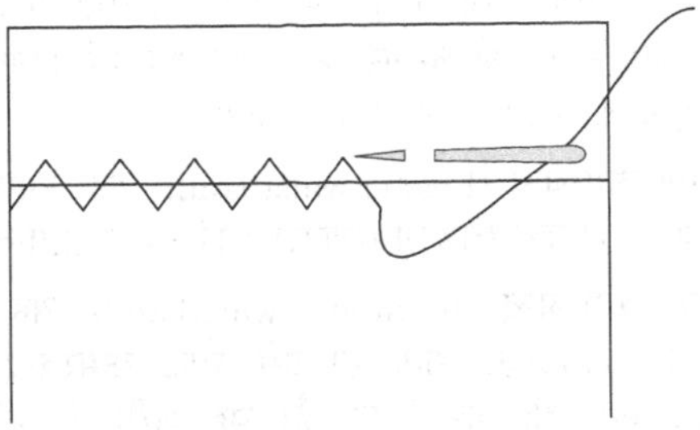

चित्र 12.1 हैरिंगबोन या कैच स्टिच्ड हेम

उपयोग Uses

इस प्रकार के हेम का प्रयोग भारी ऊन वाली पोशाकों या लाइन्ड गारमेंट में तुरपाई के लिए अधिक किया जाता है।

2. स्टिच्ड एवं टर्न हेम Stitched and Turned Hem

जब किसी पोशाक की तुरपाई कच्चे किनारी को छोड़कर 1/4 इंच अन्दर से मोड़कर की जाती है, तो इसे टर्न हेम कहा जाता है।

इसमें किनारे के समीप, मशीन द्वारा टाँका लगाया जाता है। हेम को एक जगह पर बनाए रखने हेतु 1/2 इंच की दूरी पर सिलाई लगाई जाती है।

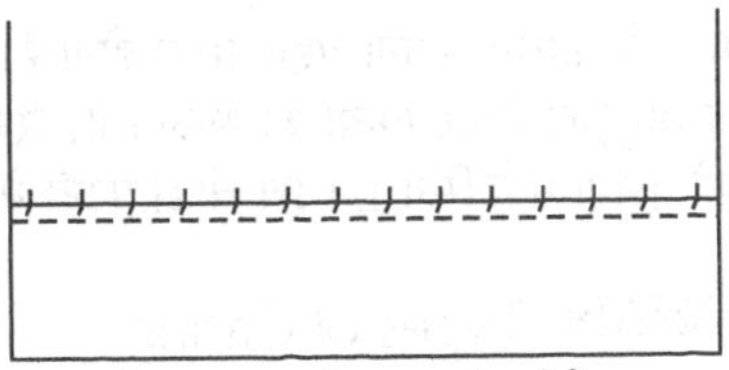

चित्र 12.2 स्टिच्ड एवं टर्न हेम

उपयोग Uses

इस प्रकार की हेम सभी पारदर्शी कपड़ों पर की जाती है। हल्के सूती कपड़ों पर इस प्रकार की हेम प्रक्रिया को सरलता से किया जा सकता है। यह हेम फिनिशिंग गोल स्कर्ट के लिए उपयुक्त मानी जाती है।

3. व्हिप्ड हेम Whipped Hem

जब पोशाक के बराबर एवं कच्चे किनारी को 1/4 इंच अन्दर की ओर मोड़कर हेमिंग की जाती है, तो इसे व्हिप्ड हेम कहा जाता है। इसे करने हेतु किनारी से 1/2 इंच की दूरी पर व्हिप्ड टाँके लगाए जाते हैं। इस हेम में इस बात का विशेष ध्यान रखना चाहिए कि टाँके कपड़े की सीधी ओर दिखाई न दें। इसका प्रयोग कमीज के घेर, ब्लाउजों आदि पर किया जाता है।

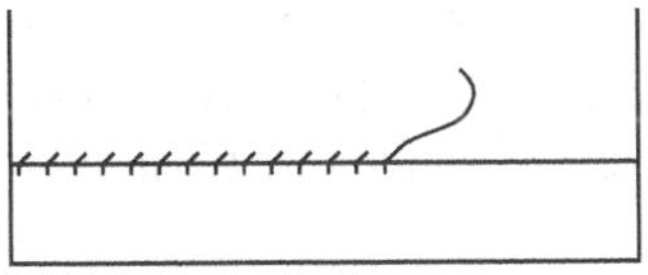

चित्र 12.3 व्हिप्ड हेम

उपयोग Uses

हल्के भार वाले सूती वस्त्रों के लिए यह हेम उपयुक्त मानी जाती है। इसके अतिरिक्त बायस फेसिंग की फिनिशिंग करने हेतु नैरो हेम पर भी इसे प्रयोग करते हैं।

4. शैल ऐज हेम Shell Edge Hem

इस विधि में बराबर एवं किनारी को हेमिंग करने हेतु किनारी को विपरीत ओर से 1/8 से 3/16 इंच तक मोड़ते हैं। यदि किनारी मुड़े हुए भाग पर होती है, तो बाहरी किनारी के पास से ही मशीन द्वारा टाँके लगा देते हैं।

इसके बाद एक बारीक सुई के माध्यम से, हेम की मुड़ी साइड को पकड़कर दाएँ-से-बाएँ छोटी बैक स्टिच द्वारा धागे को मजबूत करके मोड़ के अन्दर से सुई को प्रवेश कराते हैं, उसके बाद किनारी के पास से सुई को निकालकर हेम पर ओवर हैंड स्टिच बनाते हैं। इससे स्कॉल्ड किनारा तैयार हो जाता है, तत्पश्चात् मशीन द्वारा इस पर ब्लाइंड स्टिच लगाया जाता है।

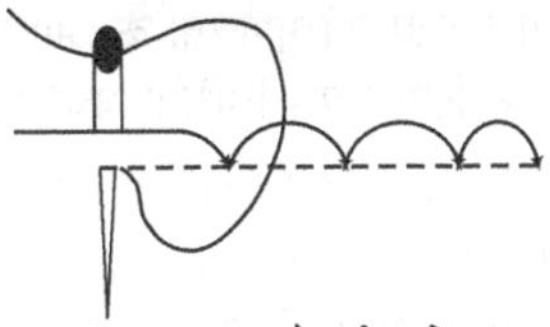

चित्र 12.4 शैल ऐज हेम

उपयोग Uses

नाइट गाउन को सजाने के उद्देश्य से इस हेम का प्रयोग व्यापक पैमाने पर किया जाता है।

5. वेस्टलाइन फिनिशिंग Waistline Finishing

कपड़े के ऊपरी किनारे को उचित फिनिश देने के उद्देश्य से शॉर्ट्स, पायजामे, फुलपैंट्स एवं स्कर्ट पर वेस्टलाइन की फिनिशिंग आवश्यक होती है। वेस्टलाइन फिनिशिंग उन सभी पोशाकों में दी जाती है, जिसमें बॉडिस (bodice) एवं निचले वस्त्र आपस में जोड़े जाते हैं। कपड़े को शरीर पर सही स्थिति में रखने में वेस्टलाइन महत्वपूर्ण भूमिका निभाता है। पोशाकों में वेस्टलाइन-सीम, वेस्टबैण्ड (कमरबन्द) अथवा केसिंग द्वारा वेस्टलाइन फिनिशिंग कार्य किया जाता है।

इन्हें हम निम्न प्रकार समझ सकते हैं

(i) **वेस्टलाइन सीम** Waistline Seam

बॉडिस एवं कपड़े के निचले भाग को जोड़ने हेतु वेस्टलाइन सीम का प्रयोग किया जाता है। यह सीम वेस्टलाइन पर या बस्ट के निचले भाग में या हिप के ऊपर वाले भाग में कहीं पर, हो सकती है। यह सीधी क्षैतिज लाइन में या हिप के शेप (shape) में या बस्ट के आकार में बनाई जाती है।

यदि बेल्ट का प्रयोग अलग से किया जा रहा है, तो इस सीम को ऊपर या नीचे दिखाई नहीं देना चाहिए अर्थात् यह अदृश्य होनी चाहिए। वेस्टलाइन सीम को दो भागों में विभाजित किया जा सकता है, जिनका विवरण निम्न प्रकार है

(a) **प्लेन सीम** (Plain seam) ऊपर और नीचे जब दोनों ओर कपड़े भारी हों, तो प्लेन सीम का प्रयोग किया जाता है। वेस्टलाइन तंग या ढीली फिटिंग वाली हो सकती है।

(b) **लैप्ड सीम** (Lapped seam) जब वेस्टलाइन सीम असामान्य आकार या टाइट फिटिंग की होती है, तब लैप्ड सीम का प्रयोग किया जाता है।

(ii) **वेस्टबैण्ड** (कमरबन्द) Waistband

पोशाकों की फिटिंग में वेस्टबैण्ड की भूमिका बहुत महत्त्वपूर्ण होती है। इससे पोशाकों को कमर पर कसने का कार्य किया जाता है। चूँकि यह कमर को चारों ओर से घेरे रहती है, इसलिए वेस्टबैण्ड की फिटिंग सही होनी चाहिए। वेस्टबैण्ड अर्थात् कमरबन्द मुलायम, समतल एवं सिकुड़न रहित होती है। कमरबन्द की सिलाई मजबूत होनी चाहिए, साथ ही कपड़े के स्टाइल के आधार पर ही चौड़ाई एकसमान रखी जानी चाहिए।

कमरबन्द को हमेशा ग्रेन पर बनाया जाना चाहिए तथा इसकी शेप को बनाए रखने हेतु इसकी इण्टरफेसिंग (interfacing) करनी अनिवार्य होती है, ताकि इसकी मजबूती बनी रहे।

इण्टरफेसिंग का प्रयोग कपड़ों की गुणवत्ता के आधार पर ही किया जाना चाहिए। इण्टरफेसिंग के लिए निम्न विधियाँ प्रचलित हैं

- प्री-कट इण्टरफेसिंग (Pre-cut Interfacing)
- ग्रॉसग्रेन इण्टरफेसिंग (Grossgrain Interfacing)
- वूवन अथवा नॉन-वूवन इण्टरफेसिंग
- सैल्फ-फैब्रिक इण्टरफेसिंग (Self Fabric Interfacing)
- वेस्ट बैण्डिग इण्टरफेसिंग (Waist Banding Interfacing)
- बेल्टिंग इण्टरफेसिंग (Belting Interfacing)
- फ्यूजिबल इण्टरफेसिंग (Fusible Interfacing)

कमरबन्द की लम्बाई एवं चौड़ाई का निर्धारण
Determine the Length and Width of Waistband

कमरबन्द की लम्बाई एवं चौड़ाई के मापन हेतु निम्न बातों का ध्यान रखना आवश्यक है।

लम्बाई (length) कमर की माप + 10" (बैठने और खड़े होने हेतु) + अण्डरलैप एक्सटेंशन (लगभग 1") + सीम एलाउन्स (प्रत्येक सिरे पर एक)

चौड़ाई (width) कमरबन्द की चौड़ाई वांछित चौड़ाई से दोगुनी + दो सीम एलाउन्स कमरबन्द की चौड़ाई को निम्न तथ्यों द्वारा निर्धारित किया जाता है।

(*i*) शारीरिक संरचना के आधार पर,

(*ii*) कपड़े की गुणवत्ता, फिनिशिंग एवं मात्रा के आधार पर

(*iii*) इण्टरफेसिंग के आधार पर

कमरबन्द के प्रकार Types of Waistband

संरचना के आधार पर कमरबन्द को सामान्यत: चार भागों में विभाजित किया जाता है

(i) **बने बनाए कमरबन्द** (Readymade waistband) यह बुना हुआ कृत्रिम स्टीफनर (stiffner) है। इसमें काफी लचकता होती है। इसकी चौड़ाई में औसतन 1 से 8 सेमी तक का अन्तर हो सकता है। इसके फिनिश शेप को सटीक आकार में काटा जाना चाहिए।

(ii) **सीधा कमरबन्द** (Straight waistband) ये आकार में आयताकार एवं साधारण होते हैं। यह 2.5 सेमी से 4 सेमी तक चौड़ी होती है। इसकी लम्बाई, कमर की नाप एवं पहनकर बैठने व खड़े होने की सुविधा के अनुसार होती है।

(iii) **लचीला कमरबन्द** (Elastic waistband) यह कमरबन्द फैब्रिक के संयोजन, लचीली रबड़ या सजावटी इलास्टिक के द्वारा बना होता है।

(iv) **कण्टूर कमरबन्द** (Contour waistband) यह कमरबन्द वक्राकार (curved) होता है। इसे शैप्ड कमरबन्द (shaped waistband) भी कहा जाता है। यह शरीर में पूरी तरह से समायोजित हो जाता है।

इसकी चौड़ाई अपेक्षाकृत अधिक होती है, इस कारण इसमें इण्टरफेसिंग की दो परतें लगायी जाती हैं। इसका प्रयोग लम्बी फ्रॉक, स्कर्ट एवं लेडीज ट्राउजर्स में अधिक किया जाता है।

12.3 केसिंग Casing

केसिंग को सामान्यत: एक विशेष आवरण के रूप में जाना जाता है, जिसे सामान्य भाषा में नेफा लगाना कहते हैं। केसिंग वह क्रियाविधि है, जिसमें प्रयोग किए जाने वाले इलास्टिक या कमर की डोरी को घेरने या ढकने के लिए, अतिरिक्त कपड़े का प्रयोग किया जाता है। केसिंग मुख्य रूप से फैब्रिक में बनाया जाता है।

आमतौर पर कमर की केसिंग बनाना बहुत सरल होता है। इसे सरलता से कमर के नाप के अनुकूल तैयार किया जा सकता है। रिबन अथवा डोरी एवं इलास्टिक की तुलना में केसिंग 1/4 इंच चौड़ी पट्टी में बनाई जाती है।

केसिंग के प्रकार Types of Casing

सामान्यत: केसिंग को निम्न दो भागों में विभाजित किया जाता है

1. फोल्ड डाउन केसिंग Fold Down Casing

इस केसिंग को मुख्य रूप से पैंट, स्कर्ट एवं शॉर्ट्स के ऊपर या नीचे डोरी को अन्दर डालने में प्रयोग किया जाता है। इसके द्वारा कमर में फैब्रिक एलाउन्स को जोड़ा जाता है।

फोल्ड डाउन केसिंग को बनाने की चार विधियाँ प्रचलित हैं

विधि I. कपड़े की किनारी को 1/4 इंच अन्दर मोड़कर दबाते हैं एवं केसिंग हेतु आवश्यक कपड़े की चौड़ाई को नीचे मोड़कर सिलाई लगाई जाती है।

विधि II. केसिंग के किनारे, जिसे 1/4 इंच अन्दर की ओर मोड़ दिया जाता है, पर मशीन से टाँके लगाये जाते हैं। ऐसा करने से एक छेद (hole) का निर्माण हो जाता है, जिसके अन्दर से इलास्टिक या डोरी को सरलता से प्रवेश कराया जा सकता है।

विधि III. केसिंग को अधिक परिष्कृत (finish) करने हेतु इसके ऊपरी किनारे के समीप (लगभग 1/16" पर) टाँके लगाए जाते हैं।

विधि IV. केसिंग के पश्चात् छिद्रों में इलास्टिक या डोरी प्रवेश कराकर, इसे खींचने के लिए बॉडकिन अथवा लूपर का प्रयोग किया जाता है।

2. एप्लायड केसिंग Applied Casing

जब केसिंग कमर पर कपड़े की अलग पट्टी जोड़कर बनाई जाती है, तो उसे एप्लायड केसिंग कहा जाता है। केसिंग पीस की चौड़ाई, सीम एलाउन्स एवं केसिंग की तैयार चौड़ाई से लगभग दोगुनी होनी चाहिए। केसिंग के लिए पोशाक के रंग या किसी अलग रंग के कपड़ों का प्रयोग किया जाता है, तत्पश्चात् इसमें भी इलास्टिक अथवा डोरी को अन्दर डाल दिया जाता है। जैकेट, शर्ट या टॉप नेकर इत्यादि में इस केसिंग का प्रयोग अधिक होता है।

केसिंग के उपयोग Uses of Casing

केसिंग का उपयोग निम्नलिखित स्थानों पर किया जाता है

(i) **डोरी या रिबन के साथ केसिंग** पोशाक के कमर वाले भाग में डोरी या रिबन डालने हेतु 2 इंच चौड़ी पट्टी लगाते हैं, तत्पश्चात् किसी उपकरण के माध्यम से इसमें डोरी डालते हैं। पोशाकों में केसिंग प्रक्रिया में लगाई गई पट्टी को डोरी का मुख्य आवरण माना जाता है।

(ii) **इलास्टिक के साथ केसिंग** इसके अन्तर्गत किसी स्कर्ट के कमर वाले भाग में, इलास्टिक डालने के लिए कपड़े की पट्टी को 1/2 इंच मोड़ते हैं। सिलाई के दौरान 2 इंच का छेद करके किसी उपकरण की सहायता से इस छिद्र में इलास्टिक प्रवेश कराकर छिद्र बन्द कर दिया जाता है।

(iii) **आन्तरिक भाग में केसिंग** इस विधि में केसिंग के समय एक अलग-से पट्टी डालकर सिलाई की जाती है। सम्पूर्ण पट्टी को अन्दर की ओर मोड़कर छिद्र बना लिया जाता है तत्पश्चात् छिद्र से रिबन या कोई सजावटी ट्रिम डालकर फिटिंग कर ली जाती है। इसके अतिरिक्त लगाई गई पट्टी, एक आवरण के रूप में काम करती है।

(iv) **बाह्य भाग में केसिंग** पोशाकों में बाह्य केसिंग द्वारा दूसरे रंगों की पट्टी से आवरण बनाया जा सकता है। इसे भी अन्दर की ओर मोड़ा जाता है। आवरण की पट्टी अधिक चौड़ी नहीं होनी चाहिए, क्योंकि यह घुमावदार होती है।

पट्टी में 1/4 इंच का भाग फिनिशिंग कार्य के लिए होता है। पोशाकों में यह सिलाई किनारे में लगाई जाती है, ताकि छिद्र का निर्माण स्पष्ट रूप से किया जा सके।

(v) **शीर्ष के साथ केसिंग** जब केसिंग किसी पोशाक के शीर्ष भाग में की जाती है, तो इसे शीर्ष केसिंग कहा जाता है। आमतौर पर परदों में रिबन या रॉड डालने के लिए शीर्ष भाग में पट्टी या आवरण लगाकर छिद्र बनाया जाता है, तत्पश्चात् छिद्र से रॉड या रिबन प्रवेश कराकर इसे दरवाजे या खिड़कियों के समीप किसी खूँटी के सहारे लटका दिया जाता है। पोशाकों को लटकाने के लिए शीर्ष केसिंग का प्रयोग किया जाता है।

महत्त्वपूर्ण प्रश्नोत्तरी

1. हेम से क्या तात्पर्य है?

उत्तर हेम वह विधि है, जिसके अन्तर्गत कपड़ों के निचले भाग को परिष्कृत (finish) किया जाता है।

2. हेम करते समय किन बातों पर विशेष ध्यान देना चाहिए।

उत्तर हेम करते समय निम्न बातों पर विशेष ध्यान देना चाहिए

(i) कपड़ा एकसमान, सुन्दर तथा लटकने वाला होना चाहिए।

(ii) कपड़े के किनारों पर गाँठें नहीं पड़नी चाहिए।

3. संरचना के आधार पर, हेम फिनिशिंग को कितने भागों में विभाजित किया जाता है?

उत्तर संरचना के आधार पर हेम फिनिशिंग को चार भागों में विभाजित किया जाता है

(i) हैरिंगबोन या कैच स्टिच्ड हेम (ii) स्टिच एवं टर्न हेम

(iii) व्हिप्ड हेम (iv) शैल ऐज हेम

4. शैल ऐज हेम में हेमिंग के समय किनारी को कितना मोड़ते हैं?

उत्तर शैल ऐज हेम में हेमिंग के समय किनारी को 1/8 से 3/16 इंच तक मोड़ते हैं।

5. व्हिप्ड हेम क्या है?

उत्तर जब पोशाक के बराबर एवं कच्ची किनारी को 1/4 इंच अन्दर की ओर मोड़कर हेमिंग की जाती है, तो इसे व्हिप्ड हेम कहा जाता है।

6. शैल ऐज हेम में ब्लाइंड स्टिच किसके द्वारा लगाए जाते हैं?

उत्तर शैल ऐज हेम में ब्लाइंड स्टिच मशीन द्वारा लगाए जाते हैं।

7. लैप्ड सीम का प्रयोग कब किया जाता है?

उत्तर जब वेस्टलाइन सीम, टाइट फिटिंग की हो या असामान्य आकार की हो, तो लैप्ड सीम का प्रयोग किया जाता है।

8. कण्टूर कमरबन्द क्या है?

उत्तर कण्टूर कमरबन्द, वेस्टबैण्ड का एक प्रकार है, जो वक्राकार (curved) होता है। इसे शैप्ड कमरबन्द भी कहा जाता है। यह शरीर में पूरी तरह से समायोजित हो जाता है।

9. केसिंग से क्या अभिप्राय है?

उत्तर केसिंग को सामान्यतः एक विशेष आवरण के रूप में जाना जाता है। इसके अन्तर्गत कमर की फिनिशिंग करने हेतु इसमें प्रयोग में लाया जाने वाला इलास्टिक/डोरी प्रवेश कराई जाती है।

अभ्यास प्रश्न

परीक्षा प्रारूपी प्रश्न

बहुविकल्पीय

1. हेम करने की क्रिया कहलाती है
(a) हेमिंग (b) फैब्रिकिंग
(c) हेमराइजिंग (d) इनमें से कोई नहीं

2. जब किसी कपड़े पर की गई हेम दिखाई न दे, तो उसे कहते हैं?
(a) गुप्त हेम (b) विलुप्त हेम (c) ब्लाइंड हेम (d) विकृत हेम

3. झालरों पर प्रायः किस प्रकार की हेम का प्रयोग होता है?
(a) ब्लाइंड हेम (b) रोल हेम
(c) टर्न हेम (d) हैरिंगबोन हेम

4. सभी पारदर्शी कपड़ों पर किस प्रकार की हेम की जाती है?
(a) हैरिंगबोन हेम (b) टर्न हेम
(c) गोल हेम (d) व्हिप्ड हेम

5. भारी ऊन वाली पोशाकों में किस हेम का प्रयोग होता है?
(a) टर्न हेम (b) गोल हेम
(c) व्हिप्ड (d) हैरिंगबोन हेम

6. स्कॉलपड किनारा तैयार हो जाता है
(a) व्हिप्ड हेम से (b) टर्न हेम से
(c) शैल ऐज हेम से (d) हैरिंगबोन हेम से

7. नाइट गाउन को सजाने के लिए किस हेम का प्रयोग होता है?
(a) व्हिप्ड हेम (b) शैल ऐज हेम
(c) हैरिंगबोन हेम (d) टर्न हेम

8. शैल ऐज हेम की चौड़ाई कितनी रखते हैं?
(a) 1″ (b) $-\frac{3}{4}''$
(c) $\frac{1}{8}''$ से $\frac{3}{16}''$ तक (d) इनमें से कोई नहीं

9. वेस्टलाइन फिनिशिंग किस कपड़े में सम्भव है?
(a) कमीज (b) टी-शर्ट (c) शॉर्ट्स (d) फ्रॉक

10. बॉडीज एवं कपड़े के निचले भाग को जोड़ने के लिए किस शब्द का प्रयोग होता है?
(a) वेस्टलाइन सीम (b) बस्ट
(c) वेस्टबैण्ड (d) प्लेन सीम

11. निम्नलिखित में से कौन एक कमर को आरामदायक तरीके से घेरे रहता है?
(a) बस्ट (b) वेस्टबैण्ड
(c) वेस्टलाइन सीम (d) प्लेन सीम

12. निम्नलिखित में से कौन एक इण्टरफेसिंग की विधि नहीं है?
(a) ग्रासगेन (b) फ्यूजिबल (c) बेल्टिंग (d) कण्टूर

13. संरचना के आधार पर कमरबन्द को कितने भागों में विभाजित किया जाता है?
(a) 2 (b) 4 (c) 6 (d) 8

14. कण्टूर कमरबन्द का आकार होता है
(a) गोलाकार (b) आयताकार
(c) वक्राकार (d) त्रिकोणाकार

15. फ्रॉक, स्कर्ट एवं लेडीज ट्राउजर्स में किस कमरबन्द का प्रयोग किया जाता है?
(a) सीधा कमरबन्द (b) कण्टूर कमरबन्द
(c) लचीला कमरबन्द (d) इनमें से कोई नहीं

16. कमर बन्द की चौड़ाई कितनी रखी जाती है?
(a) 2″ (b) 1.5 सेमी (c) $\frac{3}{4}''$ (d) $\frac{1}{2}''$

17. कमरबन्द कैसी पट्टी में बनाते हैं?
(a) आड़ी (b) सीधी
(c) ऑरेब (d) 'a' और 'b' दोनों में

18. गारमेण्ट की वेस्ट लाइन (waist line) को टाइट या ढीला करने के लिए क्या प्रयोग किया जाता है?
(a) हेम (b) गैदरिंग (c) केसिंग (d) प्लीट

19. निम्न में कौन-सा केसिंग का एक प्रकार है?
(a) फोल्ड अप (b) फोल्ड डाउन
(c) फोल्ड इनसाइड (d) फोल्ड आउटसाइड

20. केसिंग का तात्पर्य है
(a) आवरण (b) सजावट
(c) रिबन डालना (d) सुराग बनाना

21. केसिंग के द्वारा शरीर के किस भाग के लिये पोशाक की फिनिशिंग की जाती है?
(a) गला (b) कमर (c) बाँहें (d) पैर

22. पैंट, स्कर्ट एवं शॉर्ट्स के नीचे या ऊपर किया जाने वाला केसिंग कहलाता है
(a) फोल्ड डाउन केसिंग (b) बाह्य केसिंग
(c) आन्तरिक केसिंग (d) इलास्टिक केसिंग

23. जैकेट, शर्ट या टॉप में किस केसिंग का प्रयोग किया जाता है?
(a) फोल्ड डाउन केसिंग (b) इलास्टिक केसिंग
(c) आन्तरिक केसिंग (d) एप्लायड केसिंग

24. फोल्ड डाउन केसिंग को बनाने के लिए कितनी विधियाँ प्रचलित हैं?
(a) 2 (b) 4
(c) 6 (d) 8

25. निम्नलिखित में से किस केसिंग में अलग से पट्टी लेकर आवरण बनाया जाता है?
(a) फोल्ड डाउन केसिंग में (b) एप्लायड केसिंग में
(c) आन्तरिक केसिंग में (d) डोरी/रिबन केसिंग में

26. चित्र में प्रदर्शित हेम का नाम क्या है?

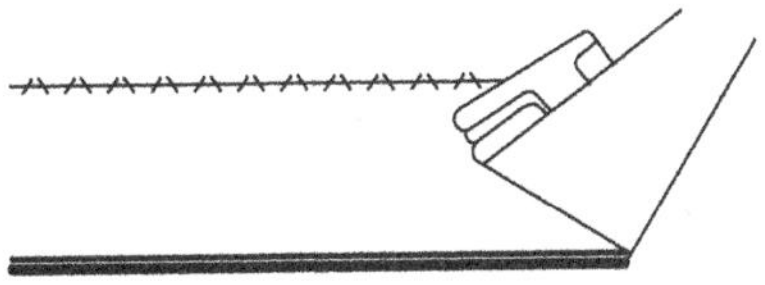

(a) टर्न अप हेम (b) फेस हेम
(c) इनक्लोज्ड हेम (d) शेप फेसिंग हेम

27. बेसिक हेम कितने प्रकार की होती है?
(a) एक प्रकार (b) दो प्रकार
(c) तीन प्रकार (d) पाँच प्रकार

28. केसिंग कितने प्रकार की होती है?
(a) एक प्रकार (b) दो प्रकार (c) तीन प्रकार (d) पाँच प्रकार

29. बायस स्ट्रिप्स का कोण क्या है?
(a) 40° (b) 45° (c) 60° (d) 75°

30. पेटीकोट में किस केसिंग का उपयोग किया जाता है?
(a) ड्रॉ स्ट्रिंग के साथ केसिंग (b) फोल्डिंग के साथ केसिंग
(c) इलास्टिक के साथ केसिंग (d) केनवास के साथ केसिंग

31. हेम एलाउन्स किस साइड से मुड़ा होता है
(a) कपड़े की लम्बाई की ओर
(b) कपड़ों की फिनिशिंग की ओर
(c) वस्त्र के अन्दर
(d) कपड़े की ट्रिमिंग की ओर

32. हेम एलाउन्स को समाप्त किस हेम में किया जाता है?
(a) इनक्लोज्ड हेम (b) फेस्ड हेम
(c) रोल हेम (d) टर्न अप हेम

33. शिशु वस्त्रों में किस केसिंग का उपयोग किया जाता है?
(a) केनवास के साथ केसिंग (b) इलास्टिक के साथ केसिंग
(c) बैण्डिंग के साथ केसिंग (d) पाइपिंग के साथ केसिंग

34. चित्र में केसिंग के किस प्रकार को दर्शाया गया है?

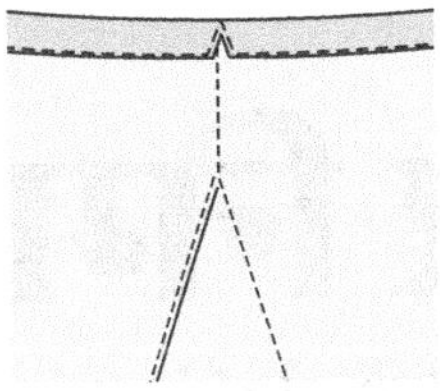

(a) फोल्ड अप (b) फोल्ड डाउन
(c) फोल्ड इनसाइड (d) फोल्ड आउटसाइड

35. कपड़े की टनल कहलाती है
(a) प्लैकेट (b) केसिंग
(c) बाइण्डिंग (d) फेसिंग

36. परिधान की कमर रेखा को कसने और ढीला करने के लिए किसका उपयोग किया जाता है?
(a) हेम (b) गैदरिंग (c) केसिंग (d) प्लीट

37. हेम लाइन और नेक लाइन के लिए कच्चे किनारे पर एक कपड़े का विस्तार क्या कहलाता है?
(a) बायस फेसिंग (b) इन क्लो जिंग
(c) फेसिंग (d) बैण्डिंग

38. सामान्यतः केसिंग का उपयोग कहाँ किया जाता है?
(a) कमर की पट्टी पर (b) गर्दन की रेखा पर
(c) सीम लाइन पर (d) कन्धे की रेखा पर

39. केसिंग में इलास्टिक की ऊँचाई कितनी होती है?
(a) केसिंग की तुलना में चौड़ी
(b) केसिंग की तुलना में कम
(c) समान ऊँचाई
(d) केसिंग की तुलना में बहुत चौड़ी

40. केसिंग को खींचने के लिए किस ट्रिम का उपयोग किया जाता है?
(a) जिपर (b) फीता
(c) ड्रा स्ट्रिंग (d) रिब

उत्तरमाला

1. (a)	2. (c)	3. (b)	4. (b)	5. (d)	6. (c)	7. (b)	8. (c)	9. (c)	10. (a)
11. (b)	12. (d)	13. (b)	14. (c)	15. (b)	16. (d)	17. (d)	18. (c)	19. (b)	20. (a)
21. (b)	22. (a)	23. (d)	24. (b)	25. (c)	26. (b)	27. (c)	28. (b)	29. (b)	30. (a)
31. (a)	32. (b)	33. (b)	34. (b)	35. (b)	36. (c)	37. (d)	38. (a)	39. (b)	40. (c)

अध्याय 13

कॉर्नर निर्माण

Corner Making

पोशाकों को सजाने के साथ-साथ किनारों को मजबूती प्रदान करने के लिए विभिन्न प्रकार के टाँकों तथा अन्य सामग्रियों का प्रयोग वस्त्रों में किया जाता है। वस्त्रों के इन किनारों को कोना अथवा कॉर्नर भी कहते हैं। पोशाकों में कोने का निर्माण वहाँ किया जाता है, जहाँ वस्त्र के दो सिरे मिलते हैं। इस मिलने वाले स्थान पर वस्त्र की अनेक परतें होती हैं। इन कोनों पर बनाई गई विभिन्न आकृतियाँ यद्यपि मजबूती प्रदान करने के साथ-साथ पोशाक को आकर्षक भी बनाती हैं, परन्तु पोशाक डिजाइनरों ने इनका दोहरा उपयोग करते हुए इनको आकर्षण-वृद्धि का भी एक साधन बना लिया है।

अध्याय विषय सूची

13.1 कॉर्नर Corner

पोशाकों में कॉर्नर के निर्माण के लिए विभिन्न प्रकार की विधियाँ प्रयोग में लायी जाती हैं तथा आवश्यकता के अनुसार इनके डिजाइन भी अलग-अलग व्यवस्था में बनाए जा सकते हैं। ये हेमिंग फुट की सहायता से भी बनाए जा सकते हैं। हेमिंग उल्टी साइड पर या कभी-कभी फ्रन्ट साइड पर अलग से लैस आदि छोटी स्लॉटिंग सिलाई की तरह दिखाई देती है। पोशाकों के किनारों पर हेम प्रारम्भ करने से पहले, धागे को एक के ऊपर एक अनेक छोटी सिलाइयों से जोड़ना होता है। हेमिंग को पूरा करने के लिए, उसे मजबूती से पकड़ने हेतु अनेक सिलाइयाँ लगानी होती हैं। इसमें ध्यान रखने योग्य बात यह है कि सिलाई के लिए अधिक लम्बाई के धागे का उपयोग नहीं किया जाता है।

कॉर्नर का निर्माण मुख्य रूप से दो प्रकार से किया जाता है

1. ओवरलैपिंग कॉर्नर तथा
2. मीटर्ड कॉर्नर

1. ओवरलैपिंग कॉर्नर Overlapping Corner

ये आकार में बड़े होते हैं तथा कपड़े की परत को मोड़कर बनाए जाते हैं। इनका प्रयोग सामान्यत: पेन्ट्स तथा बैड कवर आदि में किया जाता है। इसके अतिरिक्त इनका प्रयोग आगे से खुली हुई पोशाकों के हेम में भी किया जाता है। ओवरलैपिंग कॉर्नर से विभिन्न प्रकार के परिवर्तन भी किये जा सकते हैं। जब फैब्रिक के दो कॉर्नर (लम्बाई तथा चौड़ाई) को मोड़ा जाता है, तो वर्ग (square) कॉर्नर प्राप्त होता है।

यदि एक हेम की चौड़ाई, दूसरे की चौड़ाई से अधिक है, तो एक आयताकार कॉर्नर प्राप्त होता है। इसे हम निम्न चित्रों के माध्यम से समझ सकते हैं।

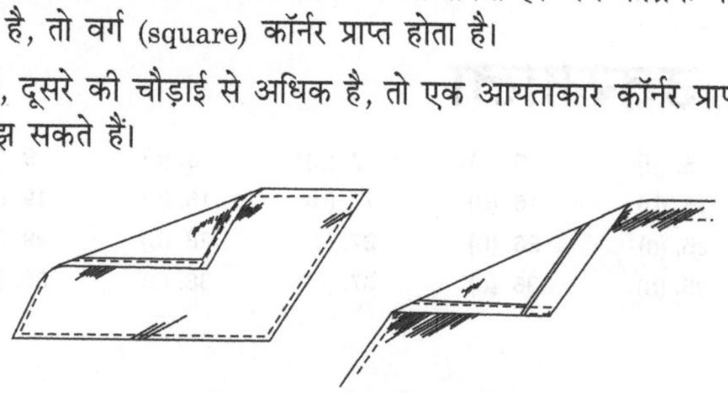

चित्र 13.1 ओवरलैपिंग कॉर्नर

2. **मीटर्ड कॉर्नर** Mitred Corner

इस प्रकार के किनारे कपड़े को लगभग 2 इंच चौड़ाई में मोड़ने के बाद कोनों पर अलग से कपड़े के तिकोने पैच लगाकर बनाए जाते हैं। इस प्रकार, पोशाक के कोनों पर लगे दो सिरों के तिरछे जोड़, मीटर्ड कहलाते हैं। अन्दर की ओर कप के भाग को कम करने के लिए जोड़ को तिरछा काट कर दबाया जा सकता है। मीटर्ड कॉर्नर दो दिशाओं में फिनिश किए जाते हैं। इस प्रक्रम में, जब मीटर्ड पीस, कॉर्नर के चारों ओर फैलता है, तो वह बाहरी (outward) कॉर्नर कहलाता है।

इसका उपयोग टेबल क्लॉथ, पिलो कवर तथा बेड कवर में किया जाता है। जब पीस कॉर्नर के अन्दर ही रहता है, तो आन्तरिक (inward) कॉर्नर कहा जाता है। जिसका उपयोग नैक लाइन में होता है।

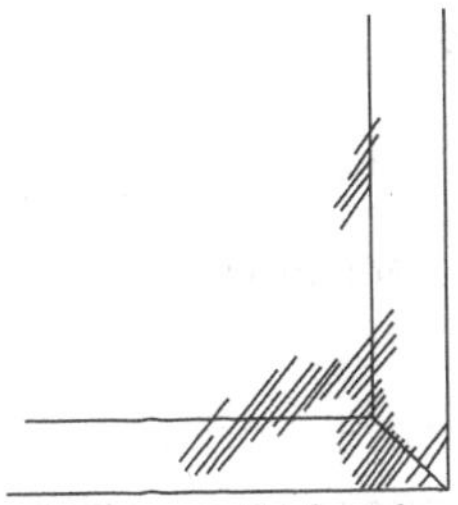

चित्र 13.2 मीटर्ड कॉर्नर

मीटर्ड कॉर्नर के विभिन्न प्रकारों को नीचे दिया गया है

- **फ्लैट टेप या रिबन द्वारा मिटरिंग** (Mitring by flat tape or ribbon) मीटर्ड कॉर्नर में कुछ परिवर्तन भी किए जा सकते हैं। मीटर्ड कॉर्नर पर फ्लेट टेप या रिबन से मिटरिंग करके दाईं ओर सुन्दर व आकर्षक स्वरूप प्रदान किया जाता है।

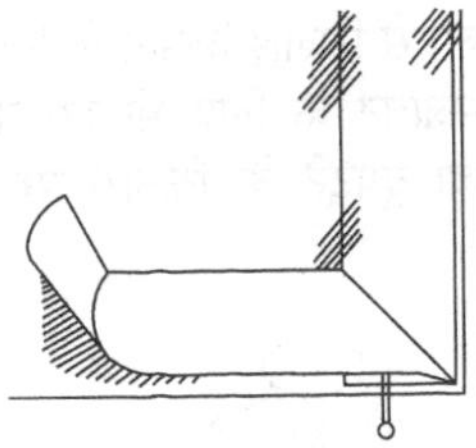

चित्र 13.3 फ्लैट टेप या रिबन द्वारा मिटरिंग

- **बेंडिंग द्वारा मिटरिंग** (Mitring by bending) बेंडिंग से मिटरिंग करके पोशाकों के किनारों को सजावटी बनाया जा सकता है। बेंडिंग करने से पोशाकों के आकार को बढ़ाया जा सकता है। इसे लम्बाई आदि में परिवर्तन हेतु उपयोग किया जाता है। बच्चों की पोशाकों में बेंडिंग दो परतों में लगाई जाती है।

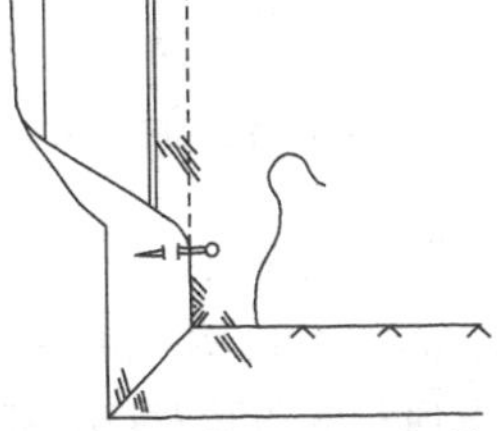

चित्र 13.4 बेंडिंग द्वारा मीटरिंग

- **बायस फेसिंग के साथ मिटरिंग** (Mitring with bias facing) इसका प्रयोग मुख्यत: V आकार या चौकोर आकार के नेक लाइन फिनिशिंग के लिये किया जाता है। इसमें फेसिंग लचीली (stretchable) होती है इसीलिए एक बॉयस स्ट्रिप का प्रयोग किया जाता है। इसी कारण यह कॉर्नर फिनिश समतल दिखायी देती है; जैसे—लिहाफ की मगजी, तकियों के कवर के किनारे।

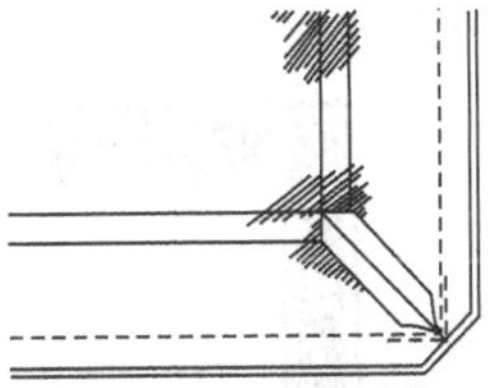

चित्र 13.5 बायस कॉर्नर

13.2 कॉर्नर के प्रकार
Types of Corner

प्रकृति के आधार पर कॉर्नर के अन्य प्रकार भी हैं, जिनका विवरण निम्नवत् है

1. **कढ़ाई का कॉर्नर** Embroidery Corner

कढ़ाई के द्वारा कॉर्नर सजाने के लिए छोटे-छोटे बॉर्डर बना लेते हैं। इसके अतिरिक्त फैदर टाँका, हैरिंगबोन टाँका तथा काज टाँके से भी कॉर्नर को आकर्षक बनाया जा सकता है। इसका प्रयोग रूमाल, दुपट्टा, साड़ी एवं मेजपोश आदि को सजाने के लिए किया जाता है। पतले दुपट्टों पर शैडो वर्क के लिए भी इसका उपयोग किया जाता है।

चित्र 13.6 कढ़ाई कॉर्नर

2. **बीडिंग का कॉर्नर** Beading Corner

पोशाकों में बीडिंग का कॉर्नर बनाने के लिए कन्नी टाँके का प्रयोग किया जाता है। इसमें फैब्रिक के तारों हाथ के टाँकों द्वारा बाँधकर कॉर्नर बनाया जाता है। बीडिंग का कॉर्नर उन फैब्रिक्स पर निर्मित किया जाता है, जिनके धागे निकालना सम्भव होता है।

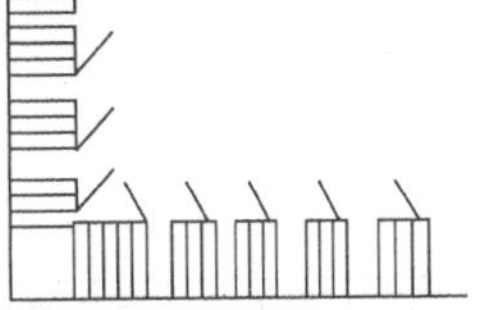

चित्र 13.7 बीडिंग कॉर्नर

3. **लैस का कॉर्नर** Laced Corner

पोशाकों में लैस द्वारा भी सुन्दर कॉर्नर बनाए जा सकते हैं। आजकल विभिन्न डिजाइन की लैस बाजार में उपलब्ध हैं, जिनका प्रयोग साड़ियों, दुपट्टों, फ्रॉक्स आदि में किया जाता है। पोशाकों पर लैस का प्रयोग करते समय यह ध्यान रखना आवश्यक है कि इसमें पहले कोना बनता है तथा यह फैब्रिक्स पर बढ़ाकर लगाई जाती है।

चित्र 13.8 लैस कॉर्नर

4. **पिंक्ड या कटावदार कॉर्नर** Pinked Corner

यह कॉर्नर रूमाल एवं महिलाओं की पोशाकों पर बनाया जाता है। इसे पिंकिंग कैंची (pinking scissor) एवं मशीन के द्वारा काट कर बनाया जाता है। कटावदार कार्नर बनाने के लिए किये जाने वाले कटाव पर काज टाँका उपयोगी होता है। अधिक रेशे निकलने वाले फैब्रिकों पर यह कॉर्नर नहीं बनाया जाता।

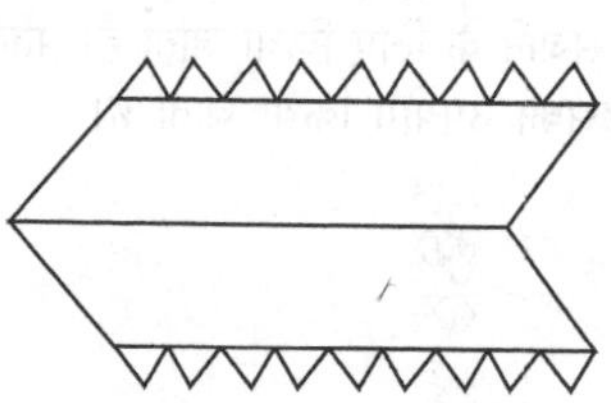

चित्र 13.9 पिंक्ड कॉर्नर

5. **मोतियों का कॉर्नर** Pearl Corner

पोशाकों में, कॉर्नर पर मोतियों का प्रयोग क्रोशिये से चेन बनाकर किया जाता है। मोतियों से सजावटी कार्य, विशेषकर स्त्रियों की पोशाकों में तथा ग्लास कवर, ट्रे-कवर, टेबिल कवर आदि के कॉर्नर पर झालर के रूप में किया जाता है। इसके द्वारा पोशाकों के आकर्षण में वृद्धि होती है।

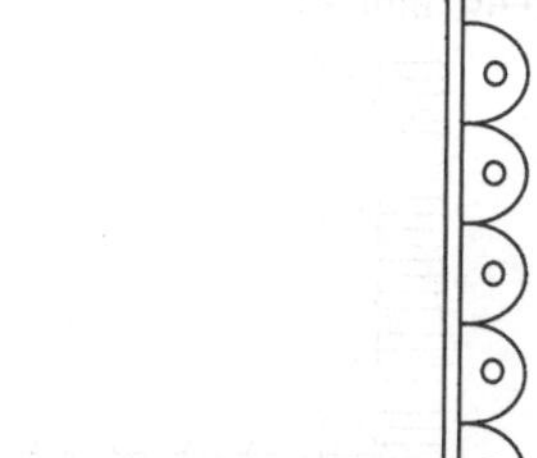

चित्र 13.10 मोती का कॉर्नर

6. **गोल कॉर्नर** Rolled Corner

इस कॉर्नर को बनाने के लिए पोशाक के कोने को गोल करके ऊपर से गोलाई में ही तिरछे टाँके लगाए जाते हैं।

इन टाँकों को भिन्न-भिन्न रंगों के धागों द्वारा लगाया जाता है तथा इनका प्रयोग दुपट्टे, रूमाल के किनारे आदि पर किया जाता है। इस प्रकार के कॉर्नर द्वारा पोशाकों को कई रंगों से सजाया जा सकता है।

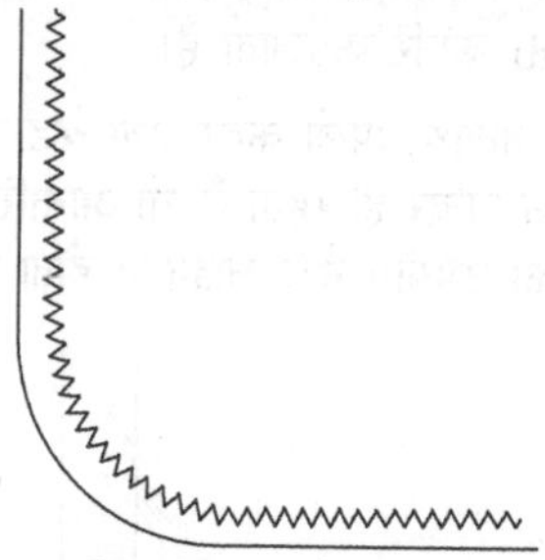

चित्र 13.11 गोल कॉर्नर

7. **पाइपिंग कॉर्नर** Piping Corner

पोशाक के किनारों पर रंगीन कपड़े की पाइपिंग लगाकर, पाइपिंग कॉर्नर का निर्माण किया जाता है। यह पाइपिंग समान रंग या अन्य रंग की भी प्रयोग की जा सकती है। इसे ओरेब या सीधी दोनों प्रकार से लगा सकते हैं। कॉर्नर पर मोड़ते समय अधिक नहीं खींचना चाहिए अन्यथा किनारों पर फिनिशिंग नहीं आती है।

8. **डोरी कॉर्नर** Dori Corner

डोरी का प्रयोग मुख्य रूप से सिलाई छिपाने के लिए किया जाता है। इसके अतिरिक्त वस्त्रों की सजावट के लिए भी इस का उपयोग किया जाता है। मेजपोश, कुशन तथा दुपट्टे के किनारों पर डोरी का प्रयोग किया जाता है।

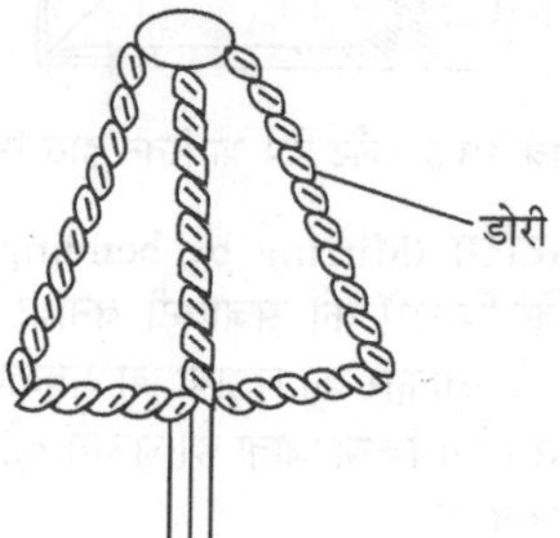

चित्र 13.12 डोरी कॉर्नर

9. **गोटे का कॉर्नर** Gota Corner

पोशाकों को सुन्दर व आकर्षक बनाने के लिए, किनारों पर गोटे का प्रयोग भी किया जाता है। इसे फैब्रिक के ऊपर रखकर डोरी की भाँति ही लगाया जाता है। गोटा साड़ियाँ, सूट, दुपट्टा एवं लहँगा आदि पर प्रयोग किया जाता है।

10. **शैल का कॉर्नर** Shell Corner

पोशाकों में किनारों का निर्माण, काँच तथा प्लास्टिक के पदार्थों से बने शैल द्वारा भी किया जाता है।

इस प्रकार के कॉर्नर का प्रयोग मेजपोश तथा वॉल हैंगिंग जैसी सामग्रियों को सजाने में किया जाता है।

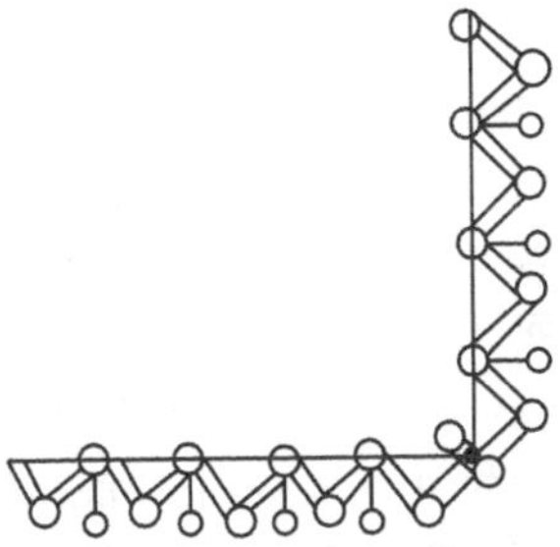

चित्र 13.13 शैल कॉर्नर

11. **टैसल्ज का कॉर्नर** Tassels Corner

टैसल्ज के कॉर्नर को बनाने के लिए विभिन्न प्रकार के फुँदनों का निर्माण किया जाता है। इन फुँदनों को किनारों पर लगाने की कला को टैसल्ज कहा जाता है तथा इस प्रक्रिया में बनाए गए कॉर्नर को टैसल्ज कॉर्नर कहते हैं। फुँदनों के प्रयोग से पोशाकों के कॉर्नर में आकर्षण बढ़ जाता है। कई बार जाली बाँधकर भी फुँदने बनाए जाते हैं। इन्हें अनेक रंगों से बनाया जा सकता है। इन्हें दुपट्टे, साड़ी तथा मेजपोश आदि के किनारों पर प्रयोग किया जाता है।

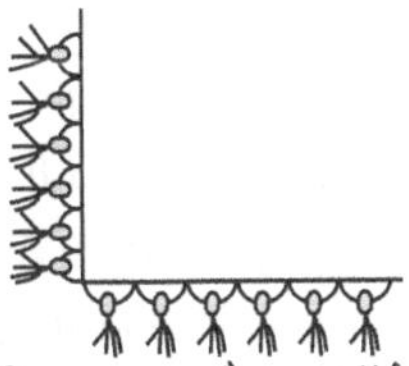

चित्र 13.14 टैसल्ज कॉर्नर

महत्त्वपूर्ण प्रश्नोत्तरी

1. किसी पोशाक में कोने को स्पष्ट कीजिए।

उत्तर पोशाकों को सजाने के साथ-साथ किनारों को मजबूती प्रदान करने के लिये विभिन्न प्रकार के टाँकों तथा अन्य सामग्रियों का प्रयोग किया जाता है। वस्त्रों के इन किनारों को कोना अथवा कॉर्नर कहा जाता है।

2. बॉयस कॉर्नर का प्रयोग किस आकार के नैक लाइन्स को फिनिश करने हेतु किया जाता है?

उत्तर बॉयस कॉर्नर का प्रयोग स्क्वायर या V-आकार के नैक लाइन्स को फिनिश करने हेतु किया जाता है।

3. लैस कॉर्नर कैसे बनते हैं?

उत्तर आजकल विभिन्न डिजाइन की लैस बाजार में उपलब्ध हैं, जिनका प्रयोग साड़ियों, दुपट्टों, फ्रॉक्स आदि पर किया जाता है। लैस का प्रयोग करते समय यह ध्यान रखना चाहिए कि इसमें कोना पहले बनता है तथा यह फैब्रिक्स पर बढ़ाकर लगायी जाती है।

4. मोतियों के कॉर्नर से आप क्या समझते हैं? संक्षेप में बताइये।

उत्तर कॉर्नर पर मोतियों का प्रयोग क्रोशिये से चेन बनाकर किया जाता है या फिर इन्हें आरी से लगा दिया जाता है। इससे कपड़ों की सुन्दरता बढ़ जाती है। मोतियों को मुख्य रूप से स्त्रियों की पोशाकों, ग्लास कवर, ट्रे-कवर टेबिल कवर आदि के कॉर्नर पर झालर के रूप में लगाया जाता है।

5. पाइपिंग द्वारा कॉर्नर को किस तरह सजाया जाता है? संक्षिप्त में उत्तर दीजिए।

उत्तर पाइपिंग फैब्रिक के रंग या कंट्रास्ट रंग की भी प्रयोग की जा सकती है। इसे ओरेब या सीधी दोनों प्रकार से लगा सकते हैं। इसे कॉर्नर पर मोड़ते समय अधिक नहीं खींचना चाहिए।

अभ्यास प्रश्न

परीक्षा प्रारूपी प्रश्न

बहुविकल्पीय

1. पोशाक सज्जा के लिए इनमें से किसका उपयोग किया जाता है?
   (a) टाँकों का (b) सामग्रियों का
   (c) 'a' और 'b' दोनों का (d) इनमें से कोई नहीं
2. पोशाकों में कोनों का उपयोग निम्न में से किस रूप में किया जाता है?
   (a) आकृतियों को मजबूती प्रदान करने के लिए
   (b) आकर्षण वृद्धि के लिए
   (c) 'a' और 'b' दोनों
   (d) उपरोक्त में से कोई नहीं
3. मीटर्ड कार्नर बनाते समय लगभग कितना कपड़ा मोड़ते हैं?
   (a) 2 इंच (b) 5 इंच
   (c) 10 इंच (d) 12 इंच
4. बैण्डिंग कॉर्नर के साथ मीटरिंग का क्या लाभ है?
   (a) पोशाक का आकर बढ़ाना (b) पोशाक का आकार घटाना
   (c) पोशाक को श्रिंक करना (d) इनमें से कोई नहीं
5. 'V' आकार या चौकोर आकार के नेकलाइन फिनिशिंग के लिए किस कॉर्नर का उपयोग किया जाता है?
   (a) फ्लेट टैप या रिबन द्वारा मीटरिंग
   (b) बेण्डिंग के साथ मीटरिंग
   (c) बॉयस फेसिंग के साथ मीटरिंग
   (d) पिंक्ड कॉर्नर
6. ओवरलैपिंग कॉर्नर के लिए कौन-सा फैब्रिक उपयुक्त रहता है
   (a) भारी भार युक्त फैब्रिक (b) मध्यम भार युक्त फैब्रिक
   (c) हल्के भार युक्त फैब्रिक (d) कोर्स फैब्रिक
7. बच्चों की पोशाक में निम्न में से कौन-सा कॉर्नर बनाया जाता है?
   (a) झालर वाला कॉर्नर (b) बारीक सिलाई वाला कॉर्नर
   (c) डबल सिलाई वाला कॉर्नर (d) बैण्ड वाला कॉर्नर
8. बच्चों की पोशाकों में बेंडिंग कितनी परतों में लगाई जाती है?
   (a) एक (b) दो
   (c) चार (d) तीन
9. निम्न में से किसकी सहायता से पोशाक के परिमाण व लम्बाई में बढ़ोतरी सम्भव है?
   (a) झालर सहित (b) बारीक सिलाई
   (c) बेंडिंग (d) डबल सिलाई
10. निम्न में से कौन-सा बॉयस कॉर्नर का उदाहरण है?
    (a) लिहाफ की मगजी (b) तकियों के कवर के किनारे
    (c) 'a' और 'b' दोनों (d) इनमें से कोई नहीं
11. पोशाकों में बीडिंग का कॉर्नर बनाने के लिए किस टाँके का प्रयोग किया जाता है?
    (a) फैदर टाँका (b) हैरिंगबोन टाँका
    (c) कन्नी टाँका (d) काज टाँका
12. पिकिंग कैंची का प्रयोग किस कॉर्नर में किया जाता है?
    (a) पाइपिंग कॉर्नर में (b) गोटा कॉर्नर में
    (c) टैसल्ज कॉर्नर में (d) कटावदार कॉर्नर में
13. किस कॉर्नर को बनाने के लिए पोशाक के कोने को गोल करके ऊपर से गोलाई में ही तिरछे टाँके लगाए जाते हैं?
    (a) गोल कॉर्नर (b) मोतियों का कॉर्नर
    (c) डोरी का कॉर्नर (d) शैल का कॉर्नर
14. डोरी कॉर्नर में डोरी का प्रयोग मुख्य रूप से किया जाता है
    (a) सिलाई लगाने के लिए (b) सिलाई उधेड़ने के लिए
    (c) सिलाई छिपाने के लिए (d) इनमें से कोई नहीं
15. गोटा कॉर्नर बनाते समय गोटे का प्रयोग किया जाता है
    (a) फैब्रिक के नीचे रखकर (b) फैब्रिक के ऊपर रखकर
    (c) बीच-बीच में मोड़कर (d) फैब्रिक के किनारे से हटाकर
16. विभिन्न प्रकार के फुँदनों को दुपट्टे, साड़ी तथा मेजपोश के किनारों पर लगाना निर्मित कॉर्नर कहलाता है
    (a) कटावदार कॉर्नर (b) लैस कॉर्नर
    (c) कढ़ाई कॉर्नर (d) टैसल्ज कॉर्नर
17. पोशाकों में कटावदार कॉर्नर बनाने के लिए किए जाने वाले कटाव पर कौन-सा टाँका उपयोगी होता है
    (a) हेरिंगबोन टाँका (b) काज टाँका
    (c) परसूज का टाँका (d) इनमें से कोई नहीं
18. निम्न में से कौन-सा ओवरलैपिंग कॉर्नर का निर्माण है?
    (a) पेन्ट्स (b) शॉर्ट्स
    (c) रूमाल (d) सलवार
19. लेडीज पोशाकों के नैक लाइन्स पर स्क्वायर अथवा 'V' आकार में पट्टी लगाकर गले की शेप के अनुसार फेब्रिक लगाने को कहा जाता है?
    (a) बायस फेसिंग (b) ओवर लैप कार्नर
    (c) 'a' और 'b' दोनों (d) इनमें से कोई नहीं
20. फैंसी टेप या रिबन कॉर्नर का निर्माण फैब्रिक की किस साइड पर किया जाता है?
    (a) सीधी या फ्रण्ट साइड पर (b) उल्टी साइड पर
    (c) दोनों साइड पर (d) किनारी से थोड़ा हटकर

21. जब कोने में दो किनारों के विकर्ण को जोड़ा जाता है, वह कहलाता है
(a) मिटरिंग (b) ओवरलैपिंग (c) बैण्डिंग (d) बाइण्डिंग

22. कपड़ों के कच्चे किनारे को पूरी तरह से गलत दिशा में खत्म करने के लिए किसका उपयोग किया जाता है?
(a) पाइपिंग (b) बैण्डिग (c) फेसिंग (d) बाइण्डिग

23. कोने कैसे बनते हैं?
(a) लम्बाई से मिलाकर (b) चौड़ाई से मिलाकर
(c) दो किनारों से मिलाकर (d) बायस से मिलाकर

24. बैण्डिग कॉर्नर के साथ मिटरिंग करने का क्या लाभ है?
(a) भौतिक आकार में वृद्धि होती है
(b) सामग्री का आकार घटता है
(c) सामग्री का आकार समान रहता है
(d) सामग्री का आकार सिकुड़ता है

25. यदि ओवरलैपिंग कॉर्नर में एक हेम दूसरी ओर से चौड़ी हो, तो कोने का आकार कैसा होता है?
(a) वर्गाकार (b) वृत्ताकार
(c) आयताकार (d) त्रिभुजाकार

26. लैपिंग कोनों के लिए कौन-से कपड़े को वरीयता दी जाती है?
(a) भारी वजन के कपड़े (b) मध्यम वजन के कपड़े
(c) हल्के वजन के कपड़े (d) इनमें से कोई नहीं

27. रूमाल में किस प्रकार के कॉर्नर बनाए जाते हैं?
(a) समतल प्रकार के साथ मिटरिंग
(b) ओवरलैपिंग कॉर्नर
(c) बैण्डिग के साथ मिटरिंग
(d) बायस फेसिंग के साथ मिटरिंग

28. दिए गए कॉर्नर का नाम क्या है?

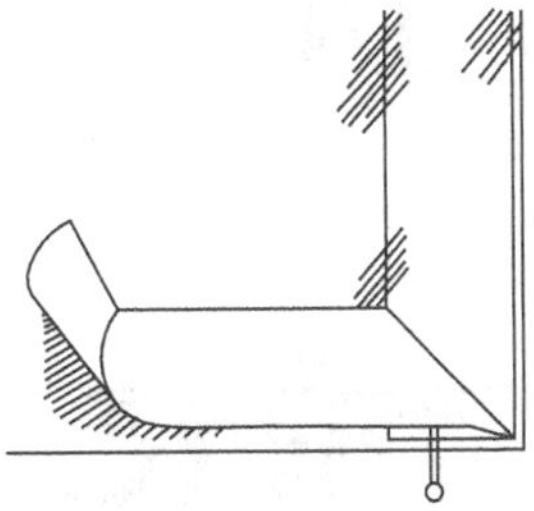

(a) ओवरलैपिंग कॉर्नर
(b) समतल टेप के साथ मिटरिंग
(c) बैण्डिग के साथ मिटरिंग
(d) बायस फेसिंग के साथ मिटरिंग

29. दिए गए कॉर्नर का नाम क्या है?

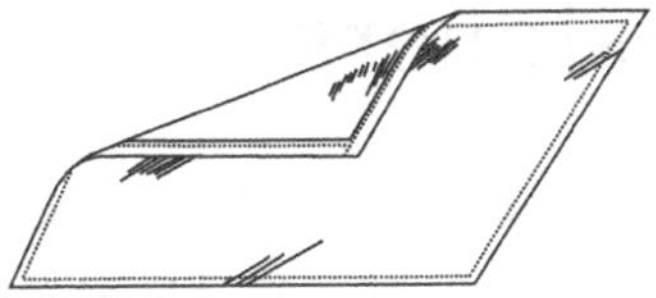

(a) ओवरलैपिंग कॉर्नर
(b) समतल टेप के साथ मिटरिंग
(c) बैण्डिग के साथ मिटरिंग
(d) बायस फेसिंग के साथ मिटरिंग

30. यह एक घुमावदार किनारे पर लगाया जाता है और एक पट्टी की सहायता से किया जाता है, वह कहलाता है
(a) परत (b) बायस फेसिंग
(c) इण्टर लाइनिंग (d) अण्डर फेसिंग

उत्तरमाला

1. (c)	**2.** (c)	**3.** (a)	**4.** (a)	**5.** (c)	**6.** (c)	**7.** (a)	**8.** (b)	**9.** (c)	**10.** (c)
11. (c)	**12.** (d)	**13.** (a)	**14.** (c)	**15.** (b)	**16.** (d)	**17.** (b)	**18.** (a)	**19.** (c)	**20.** (a)
21. (a)	**22.** (c)	**23.** (c)	**24.** (a)	**25.** (c)	**26.** (c)	**27.** (b)	**28.** (b)	**29.** (a)	**30.** (b)

अध्याय 14

गले, कॉलर, प्लैकिट्स, पॉकेट्स तथा फास्टनर्स

Necklines, Collar, Plackets, Pockets and Fasteners

अध्याय विषय सूची

- गला
- कॉलर
- नैक विअर्स
- प्लैकिट्स
- फास्टनर्स
- आस्तीन
- पॉकिट्स
- **महत्त्वपूर्ण प्रश्नोत्तरी**
- **अभ्यास प्रश्न**

पोशाकों को बनाते समय अनेक क्रियाएँ; जैसे—गला बनाना, कॉलर बनाना, आस्तीनें बनाना तथा पॉकिट्स लगाना आदि करनी पड़ती हैं। ये क्रियाएँ, वस्त्रों को सरलता से पहनने योग्य, सुन्दर व आकर्षक बनाने हेतु बहुत महत्त्वपूर्ण हैं। इन क्रियाओं में एक है-गला बनाना। गला वस्त्रों को सामने से देखने पर, ऊपरी छोर पर दिखाई देता है, जोकि गर्दन को चारों ओर से घेरे हुए होता है। इसके डिजाइन को विशेष महत्त्व दिया जाता है, क्योंकि यह वस्त्रों के स्टाइल को बहुत अधिक प्रभावित करता है।

गले को फेसिंग, बाइण्डिग तथा कॉलर आदि लगाकर फिनिशिंग प्रदान की जाती है। अनेक वस्त्रों को सरलता से पहनने व उतारने के लिए गले को आगे से खुला (open) भी रखा जाता है, वस्त्रों की इस ओपनिंग को प्लैकिट्स कहते हैं। ओपनिंग को बन्द करने हेतु विभिन्न फास्टनर्स; जैसे—बटन, जिप्पर आदि का उपयोग किया जाता है। इसके अतिरिक्त, पोशाकों में बाजुओं को ढकने हेतु आस्तीनें लगाई जाती हैं। कुछ वस्त्रों में एक छोटा बैग भी लगाया जाता है जिसे पॉकेट कहते हैं। पोशाकों के इन सभी भागों को फैशन अथवा डिजाइन के अनुसार भिन्न-भिन्न प्रकारों से बनाया जाता है।

14.1 गला Neckline

किसी भी पोशाक में गला ही वह महत्वपूर्ण भाग होता है, जो गले को चारों ओर से घेरे रहता है। गले का डिजाइन पोशाक की स्टाइल को भी प्रभावित करता है एवं यह पोशाक पहनने वाले व्यक्ति के व्यक्तित्व में भी वृद्धि करता है। अत: गले को विशेष परिशुद्धता (accuracy) के साथ परिष्कृत किया जाना चाहिए। आजकल फैशन के अनुसार गले के डिजाइन विभिन्न प्रकार के बनाए जाते हैं, लेकिन मूल गले तीन प्रकार के होते हैं

1. गोल गला 2. चौकोर गला 3. V-आकार गला

उपरोक्त दिए गए गले के प्रकारों का विवरण निम्न प्रकार है

1. गोल गला Round Neckline

इस गले को गोल आकृति में बनाया जाता है। इसे ओरेब पट्टी या फ्रेम के द्वारा फिनिशिंग दी जा सकती है। ब्लाउज, लेडीज कमीज पर ओरेब पट्टी का प्रयोग किया जाता है, इस पट्टी को खींचकर लगाना चाहिए। इसी प्रकार से गले पर फ्रेम लगाने के लिए गले के डिजाइन को फैब्रिक पर रखकर पैटर्न बना लिया जाता है।

टेप तथा गले के बीच फ्यूजिंग लगाने के लिए इसे टेप से प्रेस करके जोड़ा जाता है। टेप को मोड़ते समय गले के किनारों पर सिलाई लगा दी जाती है। इससे गले की फिनिशिंग आकर्षक लगती है।

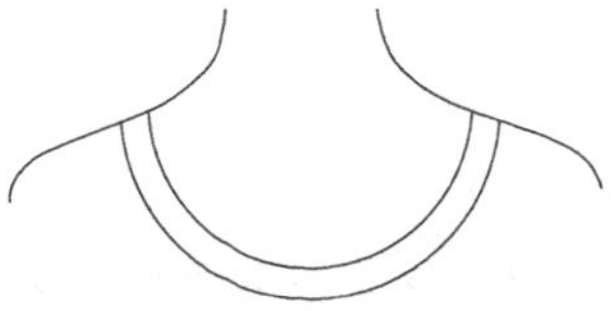

चित्र 14.1 गोल गला

गोल गले निम्न डिजाइनों में बनाए जा सकते हैं

(i) **यू आकार गला** (U-shaped neckline) यू आकार का गला 'U' अक्षर की शेप में बनाया जाता है। इसे बनाने हेतु गोल गले की गहराई को बढ़ाकर शेप दी जाती है। यह गला काफी खुला होता है। इस गले को बिना बाजू या आस्तीनों वाले वस्त्रों में अधिक प्रयोग किया जाता है। इस गले पर पाइपिन भी की जा सकती है।

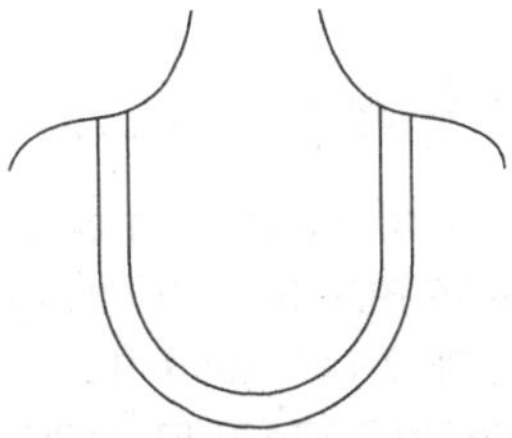

चित्र 14.2 यू आकार गला

(ii) **बोट गला** (Boat neckline) इसे सबरीना (sabrina) गला भी कहा जाता है। इस गले को बनाने के लिए आगे की गहराई अधिक रखी जाती है तथा यह दोनों कन्धों पर फैला होता है, इस प्रकार यह गला नाव (boat) के आकार में दिखाई देता है। बोट गला चौड़ा, ऊँचा तथा थोड़ा वक्राकार (curved) होता है, जिस पर पाइपिंग लगानी आवश्यक होती है।

चित्र 14.3 बोट गला

(iii) **स्कूप गला** (Scoop neckline) इसे मटकी गला (pot neck) भी कहते हैं, क्योंकि इसे मटकीनुमा शेप देकर तैयार किया जाता है। यह गला कम घुमावदार होता है तथा दोनों ओर (आगे तथा पीछे) अधिक गहरा होता है। इसे बुकरम की सहायता से बनाना पड़ता है।

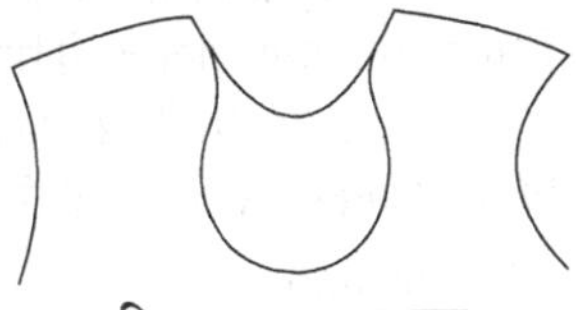

चित्र 14.4 स्कूप गला

(iv) **हॉल्टर गला** (Halter neckline) इस गले में दोनों कन्धों पर आगे तथा पीछे की ओर से गर्दन के चारों ओर, बैकलेस बॉडिस से जुड़ी हुई दो डोरी या पट्टियाँ बाँधी जाती हैं जिनकी सहायता से गले को छोटा या बड़ा किया जा सकता है। यह गला फाँसी के फंदे के समान दिखाई देने के कारण इसे हॉल्टर गला कहा जाता है।

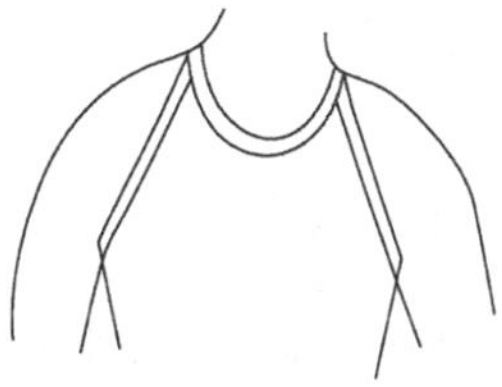

चित्र 14.5 हॉल्टर गला

(v) **की-होल गला** (Key-hole neckline) यह गला, गोल गले में ही किसी अन्य आकार की शेप देने के लिए कॉलर बोन (collarbone) के नीचे एक होल बनाकर बुकरम की सहायता से तैयार करके फिनिश किया जाता है।

चित्र 14.6 की-होल गला

(vi) **ढीला बल वाला गला** (Loose neckline) इस गले को बनाने के लिए दो-चार बल आवश्यक रूप से डाले जाते हैं। इसके लिए अधिकतर ओरेब कपड़े का प्रयोग किया जाता है।

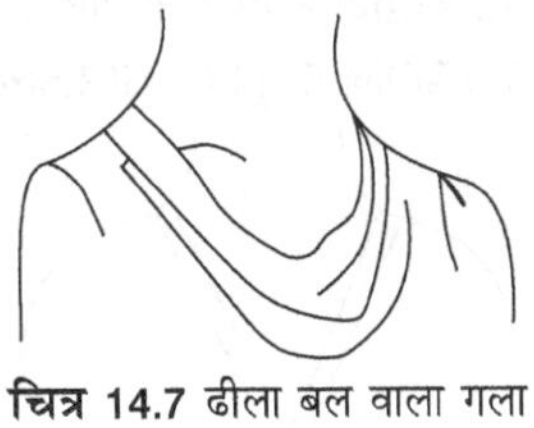

चित्र 14.7 ढीला बल वाला गला

2. चौकोर गला Square Neckline

इस गले को बनाने के लिए कॉलर बोन के चारों ओर चौकोर आकार का फ्रेम बनाया जाता है। इसे आगे की ओर से चौकोर तथा पीछे की ओर से चौकोर या गोल बनाया जा सकता है। इस गले को ओरेब पाइपिंग या फ्रेम द्वारा फिनिशिंग दी जा सकती है। ओरेब पाइपिंग का प्रयोग करने पर पीछे की ओर किनारी करने के बाद कॉर्नर हाथ से बनाए जाते हैं। इस प्रकार से फ्रेम लगाते समय साइडों की नोंक ठीक तरह से बनाने के लिए बुकरम का प्रयोग करना चाहिए।

चित्र 14.8 चौकोर गला

(a) गिलास आकार गला Glass Shaped Neckline

यह गला गिलास के आकार का बनाया जाता है। इस गले में नीचे की ओर कम तथा ऊपर की ओर अधिक खुलापन चित्रानुसार रखा जाता है।

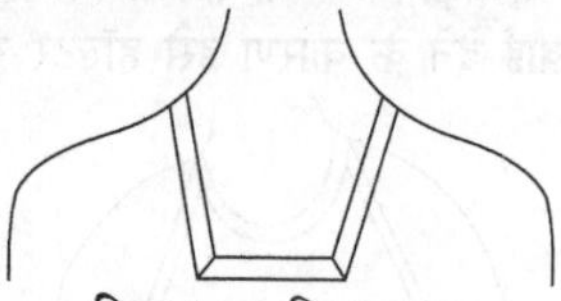

चित्र 14.9 गिलास गला

(b) स्वीटहार्ट गला Sweetheart Neckline

यह गला चौकोर गले की तरह ही बनाया जाता है, परन्तु इसमें नीचे की ओर 'V' शेप दी जाती है। इस गले में नीचे की रेखाएँ सीधे हार्ट की ओर बनाई जाती हैं, इसलिए यह गला स्वीटहार्ट गला कहलाता है। यह गला बुकरम की सहायता से ठीक बनता है

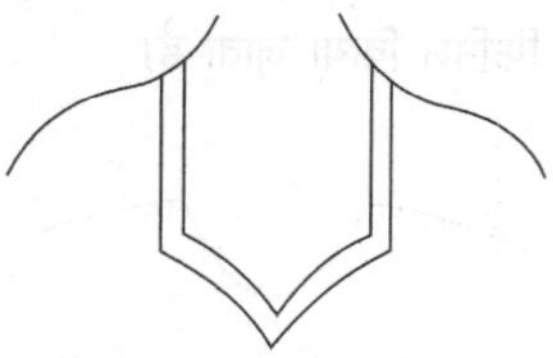

चित्र 14.10 स्वीटहार्ट गला

3. वी-आकार गला V-Shaped Neckline

इस गले को 'V' अक्षर की आकृति में बनाया जाता है, जिसमें कन्धे से दो तिरछी लाइनें चेस्ट पर V शेप में आकर मिलती हैं। इस प्रकार के गले का प्रयोग प्राय: ब्लाउज या लेडीज कमीज इत्यादि में किया जाता है। यह ब्लाउज में पाइपिन से तथा कमीज में बुकरम की सहायता से सही बनता है।

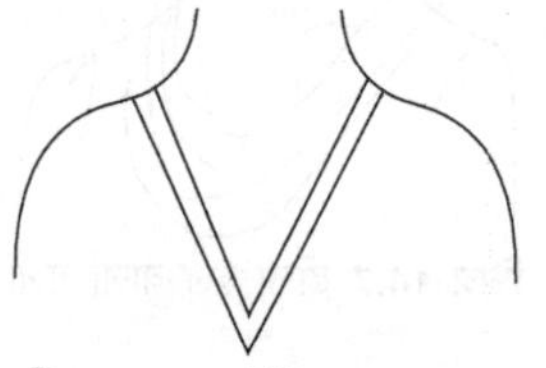

चित्र 14.11 'वी' आकार गला

नोट *प्रत्येक गले की गहराई तथा चौड़ाई कम या अधिक हो सकती है।*

गले का साइज Size of Neckline

किसी भी तरह का गला बनाने के लिए यह आवश्यक है कि उसका आकार अर्थात् चौड़ाई एवं गहराई, ड्राफ्टिंग से पहले ही तय कर लेनी चाहिए। गले के लिए आवश्यक चौड़ाई एवं गहराई निम्न प्रकार है

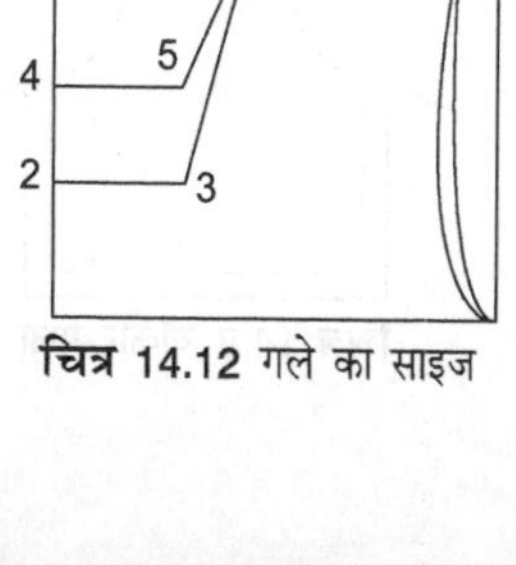

चित्र 14.12 गले का साइज

नोट उपरोक्त गले बुकरम की सहायता से उत्तम बनते है।

0 – 1 → गले की चौड़ाई (आगे एवं पीछे)

0 – 1 → आगे की ओर गले की गहराई

1 – 3 – 2 → आगे का गला

0 – 4 → पीछे की ओर गले की गहराई

1 – 5 – 4 → पीछे का गला

स्त्रियों एवं बालिकाओं के वस्त्रों के लिए गले का अनुपात निम्न तालिका में दर्शाया गया है

गला अनुपात	बालिकाओं के लिए	महिलाओं के लिए
आगे व पीछे के गले की चौड़ाई	1/12th chest	1/12th chest + $1\frac{1}{2}$"
आगे के गले की गहराई	1/12th chest + $1\frac{1}{2}$"	1/8 chest +2"
पीछे के गले की गहराई	2" – $2\frac{1}{2}$"	2"–5"

गले की फिनिशिंग Finishing of Neckline

गले की फिनिशिंग पोशाक की दिखावट को अत्यधिक प्रभावित करती है इसलिए गले की फिनिशिंग आकर्षक होनी चाहिए। साथ ही इस बात का भी ध्यान रखना चाहिए कि इसका आकार पैटर्ननुमा हो तथा यह टिकाऊ भी रहे और वस्त्र पहनते एवं उतारते समय खिंचाव के कारण फैले नहीं।

अधिकतर गले घुमावदार एवं कर्व्ड होते हैं, इसलिए इनकी फिनिशिंग में बायस पट्टियों का प्रयोग किया जाता है, क्योंकि इनमें स्ट्रेच होने की क्षमता अधिक होती है। अधिकांश गलों को निम्न प्रकार से फिनिश किया जाता है

(i) फेसिंग (ii) बाइण्डिग (iii) बेण्डिग (iv) कॉलर

इसके अतिरिक्त गले की फिनिशिंग में निम्न बातों का ध्यान रखना चाहिए।

- गले के किनारे शेप के अन्दर ही रहने चाहिए।
- गले अथवा कॉलर के नीचे फेसिंग ऐज दिखाई नहीं देनी चाहिए।
- कॉलर का कड़ापन डिजाइन के अनुसार होना चाहिए।
- गले की सभी सिलाइयाँ अथवा किनारे पतले एवं कोमल होने चाहिए।

गले की फिनिशिंग फेसिंग बाइण्डिग एवं बेण्डिग विधियों द्वारा की जाती है।

(i) फेसिंग Facing

वस्त्रों के कच्चे किनारों (गले, कॉलर, आस्तीनें आदि) को जिस प्रक्रम द्वारा फिनिशिंग दी जाती है, उसे फेसिंग कहा जाता है। फेसिंग अनेक प्रकार से की जाती है।

फेसिंग में कपड़े की एक पट्टी को कपड़े की उल्टी ओर कच्ची किनारी को फिनिश करने के लिए प्रयोग किया जाता है। फेसिंग में लगी पट्टी का रंग कपड़े के रंग के अनुरूप होना चाहिए। फेसिंग पोशाकों की सीधी ओर दिखाई देती है। यह निम्न दो प्रकार से की जाती है

(a) बायस फेसिंग (Bias facing)

(b) शैप्ड फेसिंग (Shaped facing)

(a) **बायस फेसिंग** (Bias facing) बॉयस फेसिंग, एक पट्टी के द्वारा वक्र के किनारों (curved edge) पर की जाती है।

इसे अधिकतर कपड़े के उल्टी तरफ मोड़कर किया जाता है। यह कपड़े की सीधी तरफ दिखाई नहीं देती। इसका प्रयोग सजावटी प्रभाव के लिए कपड़े की सीधी तरफ किया जाता है।

सजावटी बनाने हेतु इसे वस्त्र से मिलते रंग में चैक, स्ट्रिप, बिन्दुओं अथवा प्रिन्ट के कपड़े से बनाया जाता है। यदि इस फेसिंग को भीतरी कर्वों (inside curve) पर किया जाता है, तो सिलाई करते समय थोड़ा ढीला छोड़ा जाता है।

यदि यह बाहरी वक्र पर प्रयोग करनी है तो इसे दाँतेदार बनाना चाहिए, जिससे यह खिंचाव सहन कर ले।

बायस फेसिंग का उपयोग गले, आस्तीन, स्कर्ट तथा आर्महोल की फिनिशिंग में हेमलाइन पर किया जाता है।

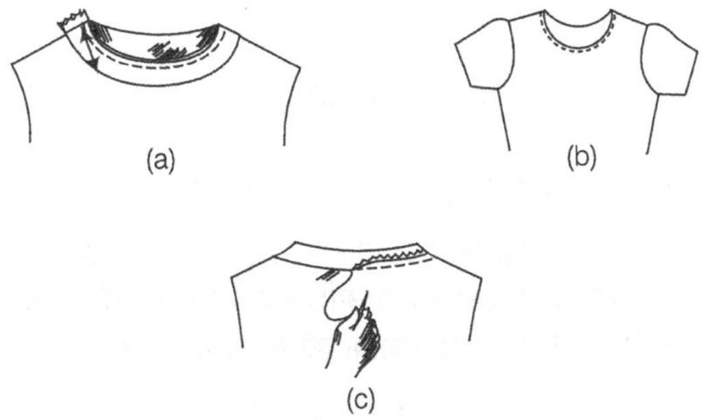

चित्र 14.13 बायस फेसिंग

(b) **शेप्ड फेसिंग** (Shaped facing) इस फेसिंग को चौकोर या V-आकार के गले को फिनिशिंग देने हेतु उपयोग किया जाता है। यह फेसिंग बायस फेसिंग की तुलना में कम दिखाई देती है यह फेसिंग किसी भी चौड़ाई में बनाई जा सकती है।

इसे आगे तथा पीछे के गले के लिए अलग-अलग काटा जाता है। इसे पोशाकों की बिल्कुल सही शेप में काटा जाता है, इसी कारण इसे शैप्ड फेसिंग कहा जाता है। इसे बिना आस्तीन वाली पोशाकों में आर्महोल को फिनिशिंग देने हेतु भी प्रयुक्त किया जाता है।

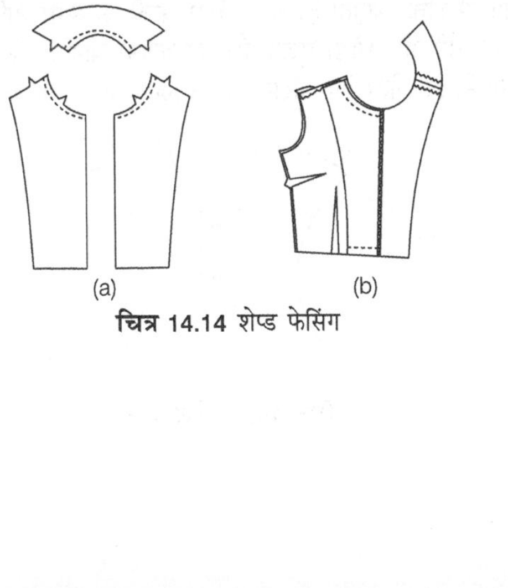

चित्र 14.14 शेप्ड फेसिंग

(ii) **बाइण्डिंग** Binding

बाइंण्डिग को भी फेसिंग की भाँति कपड़े की कच्ची किनारियों को फिनिशिंग देने हेतु उपयोग करते हैं। इसे प्रयोग करने से कच्चे किनारों को सीधा व सजावटी बनाया जा सकता है। ये कपड़ों के दोनों ओर दिखाई देती हैं। इसे लगाने हेतु ओरेब पट्टियों का प्रयोग किया जाता है।

ओरेब पट्टियों को किनारों पर खींच कर रखा जाता है तथा उसके पश्चात् सिलाई लगाई जाती है। इसका प्रयोग पोशाक के गले, कॉलर, कफ, आर्महोल आदि को फिनिश करने हेतु किया जाता है।

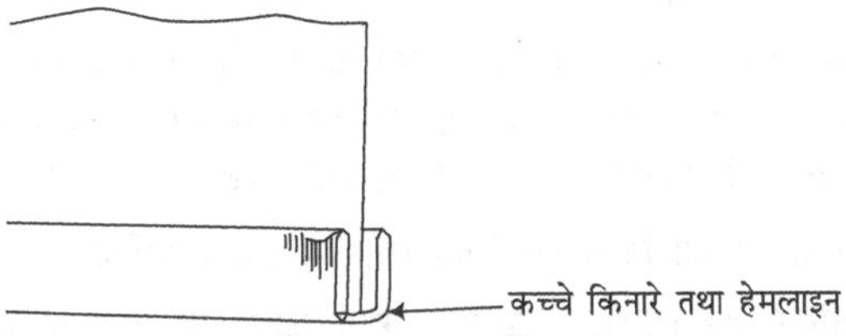

चित्र 14.15 बाइण्डिग

(iii) **बोण्डिग** Bonding

ये भी बाइण्डिग की भाँति, पोशाकों के कच्चे सिरों पर लगाई जाती हैं, परन्तु इसकी चौड़ाई अपेक्षाकृत कम होती है। बोण्डिग वस्त्र के कपड़े या फिर कन्ट्रास्ट कपड़े की लगाई जा सकती है। इसे हेमलाइन पर उपयोग करते समय, उसी के ग्रेन पर काटा जाता है। इसे पाइपिंग भी कहा जाता है। नीचे दिए गए चित्र में गले के चारों ओर लगी पाइपिंग को दर्शाया गया है।

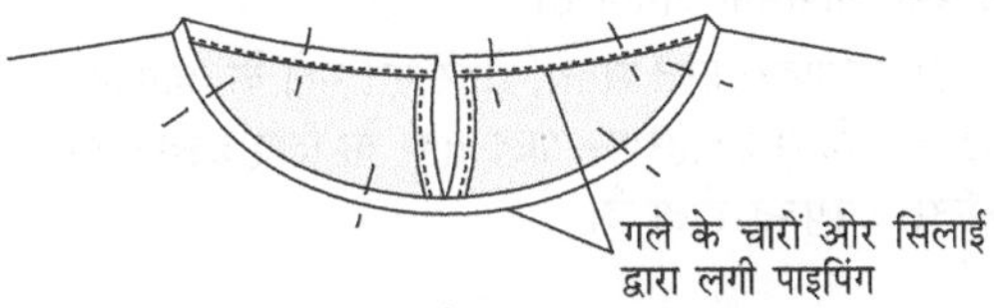

चित्र 14.16 बोण्डिग अथवा पाइपिंग

14.2 कॉलर Collar

किसी भी पोशाक को आकर्षक बनाने तथा उसमें नवीनता लाने के लिए उसमें कॉलर लगाया जाता है। इसका प्रयोग स्त्रियों, पुरुषों तथा बच्चों में से किसी की भी पोशाक पर किया जा सकता है। अत: पोशाकों की सजावट तब तक अधूरी रहती है, जब तक उनका गला, सुन्दर, साफ व आकर्षक न हो। कॉलर, गले के कच्चे सिरों को फिनिश करने का कार्य करता है।

चित्र 14.17 कॉलर की सतह

कॉलर गले के निकट, गले से दूर या गले के तल से उठा हुआ हो सकता है तथा यह फैब्रिक की रचना एवं गले के आकार पर निर्भर करता है। फैब्रिक की डबल लेयर से कॉलर बनाया जाता है, जिसे टॉप लेयर, या अपर कॉलर कहते हैं।

निचली लेयर को अण्डर कॉलर कहते हैं। इन लेयरों के बीच इण्टरफेसिंग लगी रहती है।

कॉलर में निम्न दो मुख्य किनारे होते हैं

(i) **आन्तरिक किनारा** यह अन्दर का किनारा होता है, जिसे पोशाक के गले के साथ सिला जाता है।

(ii) **बाहरी किनारा** इस किनारों को पोशाक के ऊपर सिला जाता है तथा इसमें फैशन के अनुसार परिवर्तन भी किया जा सकता है। कॉलर भी फैशन व समय के अनुसार, बदलते रहते हैं।

कॉलर बनाते समय निम्न तथ्यों को ध्यान में रखना चाहिए

(*i*) कॉलर का डिजाइन, पोशाक के डिजाइन के अनुसार ही होना चाहिए। जिन पोशाकों में बड़े चैक या पट्टियाँ होती हैं, उनमें चौकोर आकार के कॉलर का प्रयोग किया जाना चाहिए।

(*ii*) झालर या फ्रिल वाली स्कर्ट आदि के लिए रिपल्ड या लहरदार कॉलर, पीटर पेन कॉलर उपयुक्त होता है।

(*iii*) कॉलर का आकार, पोशाक के आकार के अनुसार होना चाहिए।

(*iv*) कॉलर, कपड़े के रंग एवं टैक्सचर के अनुरूप होना चाहिए। उदाहरण—लहरदार कॉलर नर्म तथा मुलायम कपड़े से बनाने पर अधिक आकर्षक लगता है।

(*v*) कॉलर डिजाइन करते समय, चेहरे एवं गले के आकार को ध्यान में रखना चाहिए। उदाहरण—गोल चेहरे के लिए हल्का अण्डाकार का कॉलर उपयुक्त होता है।

कॉलर के प्रकार Types of Collar

अलग-अलग पोशाकों पर अनेक प्रकार के कॉलरों का प्रयोग किया जाता है। कॉलरों के विभिन्न प्रकार निम्नलिखित हैं

(i) बेबी कॉलर Baby Collar

यह कॉलर छोटे बच्चों की फ्रॉक या अन्य-पोशाकों पर प्रयोग किया जाता है। इसमें दो छोटे-छोटे कॉलर बनाए जाते हैं तथा गले के सेन्टर में पीछे वाली पट्टी तक दोनों को लगाया जाता है। इसे कई प्रकार से बनाया जाता है; जैसे—सादी सिलाई द्वारा पलट कर, पाइपिंग, लैस, आदि से सजाकर।

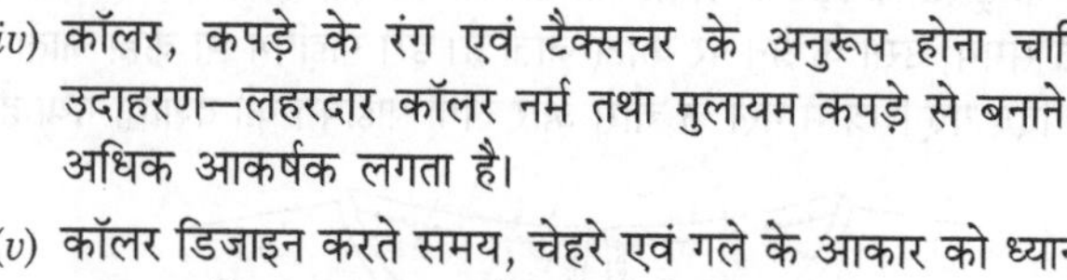

चित्र 14.18 बेबी कॉलर

(ii) फ्लैट कॉलर Flat Collar

यह कॉलर बच्चों की पोशाकों में अधिक प्रयोग होते हैं। इस कॉलर में गले के पास फ्लैट लगाए जाते हैं। गले का आकार छोटा या चौड़ा हो सकता है। यह कॉलर गोल तथा V-आकार के गलों पर लगाया जा सकता है। इस कॉलर के आगे तथा पीछे से गोल किनारे होते हैं।

यह देखने में बेबी कॉलर के समान ही होता है तथा इसमें किसी भी प्रकार का जोड़ या सिलाई नहीं आती है। यदि पोशाक पीछे की ओर से खुली हुई है, तो दो पीस की कॉलर लगाई जाती है। इस प्रकार, दो पीस में लगी कॉलर को टू-पीस कॉलर कहा जाता है। टू-पीस कॉलर हेतु चार सेक्शन की आवश्यकता होती है।

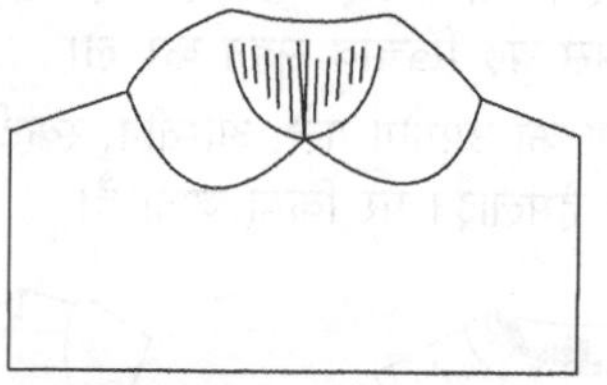

चित्र 14.19 फ्लैट कॉलर

(iii) चौकोर फ्लैट कॉलर Square Flat Collar

यह कॉलर भी बिना जोड़ की सिलाई से बनता है। कॉलर का सारा फाल्स पोशाक पर पड़ता है। इसका प्रयोग अधिकतर छोटे बच्चों की पोशाक में किया जाता है। इसके प्रयोग से पोशाक की सुन्दरता दोगुनी हो जाती है।

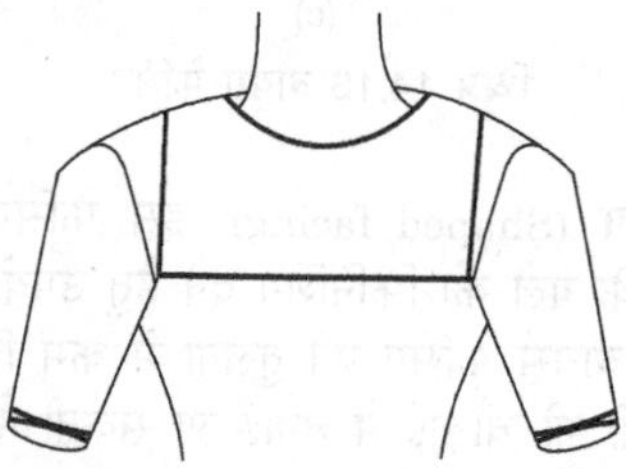

चित्र 14.20 चौकोर फ्लैट कॉलर

(iv) गोल कॉलर Round Collar

इस कॉलर का प्रयोग मुख्य रूप से बच्चों के कपड़ों पर किया जाता है। फोल्ड करने पर यह कॉलर गोल आकार का लगता है। यह आगे से तीरा या गोलाई में लेकर बनता है। यह कॉलर कन्धे के ऊपर अधिक आता है तथा अन्दर की ओर थोड़ा मुड़ता है। यह कॉलर पाइपिंग के साथ लगाया जा सकता है। इसे पीटर पैन कॉलर (peter pan collar) भी कहा जाता है।

चित्र 14.21 गोल कॉलर

(v) रोल्ड पीटर प्लेन कॉलर Rolled Peter Plain Collar

यह कॉलर सामने से एक प्लेन पीस में बनाया जाता है, इसलिए इसे वन-पीस प्लेन कॉलर भी कहा जाता है। इसका उपयोग सामने से खुली पोशाकों पर किया जाता है।

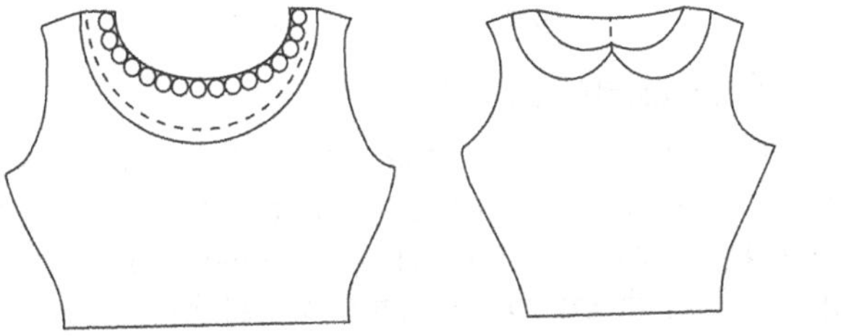

चित्र 14.22 रोल्ड पीटर प्लेन कॉलर

(vi) रोल्ड कॉलर Rolled Collar

रोल्ड कॉलर का एक भाग गले के सिरे पर खड़ा हुआ होता है, जिसे स्टैण्ड कहा जाता है। इस स्टैण्ड भाग का सेक्शन चारों ओर समान गहराई का या पीछे की ओर ऊँचा तथा सामने की ओर धीरे-धीरे कम गहराई का हो सकता है।

स्टैण्ड तथा फॉल को विभाजित करने वाली काल्पनिक रेखा को रोल रेखा (roll line) कहते हैं। यह कॉलर आगे से खुली पोशाकों; जैसे—ब्लाउज, जैकिट, कोट आदि में लगाते हैं। इसके निर्माण में इण्टरलाइनिंग का प्रयोग करने से इस कॉलर का फॉल अच्छा आता है।

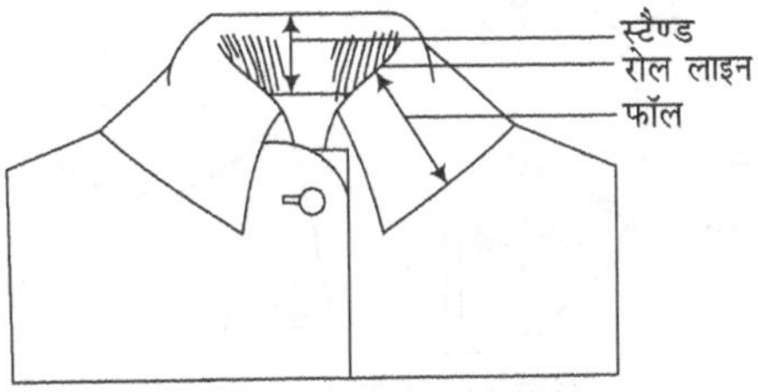

चित्र 14.23 रोल्ड कॉलर

(vii) टेनिस कॉलर Tennis Collar

इसे खुला या बन्द दोनों तरह से पहना जा सकता है। इसमें वन पीस टेनिस कॉलर लगाया जा सकता है। यदि बैन का प्रयोग करना हो, तो यह कॉलर के साथ ही काटी जाती है। इसे कन्वर्टिबल कॉलर भी कहा जाता है। इसका उपयोग भी नाइट सूट, शर्ट तथा बच्चों के सूटों पर किया जाता है। इस कॉलर का गला गहरा गोलाकार नहीं होना चाहिए।

चित्र 14.24 टेनिस कॉलर

(viii) फ्लेयर्ड कॉलर Flaired Collar

जिस कॉलर पर झालर का प्रयोग किया जाता है, वह फ्लेयर्ड कॉलर कहलाता है। इसे आगे के खुले गले में प्रयोग किया जाता है। इसे पूरी गोलाई में काटना चाहिए, जिससे बाहरी भाग झालर के समान दिखाई दे। इसका उपयोग फ्रॉक, तथा स्कर्ट-टॉप में किया जाता है।

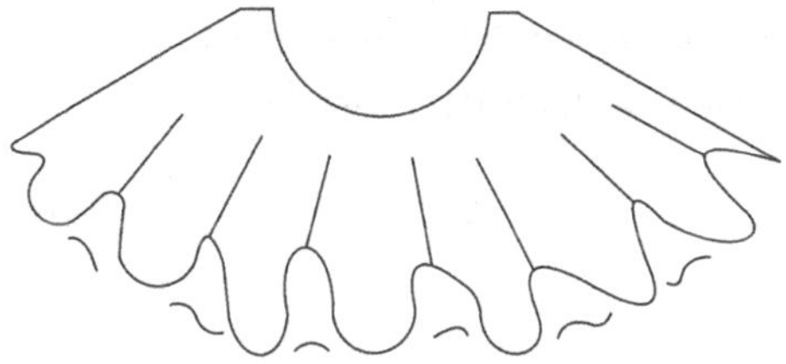

चित्र 14.25 फ्लेयर्ड कॉलर

(ix) शॉल कॉलर Shawl Collar

यह एक ऐसा कॉलर है जिसे अलग से काटा नहीं जाता। इसका एक भाग कपड़े के अगले भाग के साथ ही काटा जाता है। दूसरा भाग तथा मध्य भाग अलग से काटे जाते हैं। इसका प्रयोग गाऊन, हाऊस कोट, एवं नाईट कोट में किया जाता है।

चित्र 14.26 शॉल कॉलर

(x) स्टैण्ड कॉलर या मेन्डेरियन कॉलर Stand Collar or Mandarian Collar

इस प्रकार के कॉलर के गले के सिरे में कॉनवेक्स कर्व (convex curve) होता है तथा कॉलर गले के निकट खड़ा (stand) रहता है। यह संकरे बैंड (लगभग 1" चौड़ाई) से बनाई जाती है। इसे बैंड कॉलर भी कहा जाता है।

इसे चौड़े बैंड से भी बना सकते हैं, जो स्वत: पीछे फोल्ड हो जाए। यह कॉलर फैब्रिक के एक पीस या दो पीस से बनाया जाता है। इस कॉलर के कोने वक्र या वर्गाकार हो सकते हैं।

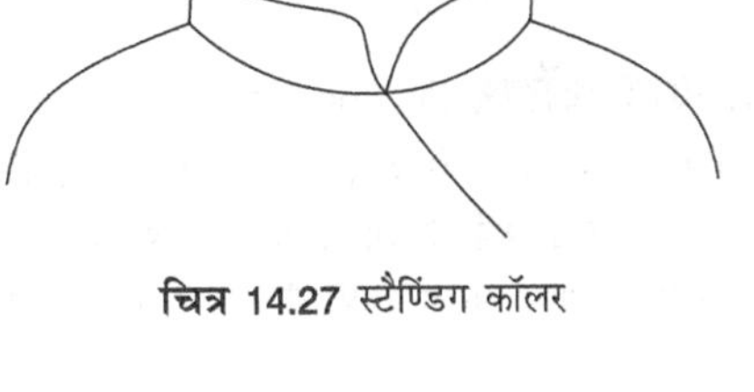

चित्र 14.27 स्टैण्डिग कॉलर

(xi) शर्ट कॉलर Shirt Collar

यह कॉलर जैन्ट्स टी-शर्ट में प्रयुक्त किया जाता है। इस कॉलर में एक स्टैण्ड होता है तथा एक कॉलर पीस, जो स्टैण्ड पर मुड़ता है। इसमें कॉलर तथा बैण्ड दोनों होते हैं।

स्टैण्ड या बैण्ड को अलग से या कॉलर के साथ एक पीस में भी काटा जा सकता है तथा बैण्ड से गला फिनिश किया जाता है। शर्ट कॉलर में टैटरॉन या रेडीमेड कॉलर का प्रयोग किया जाता है।

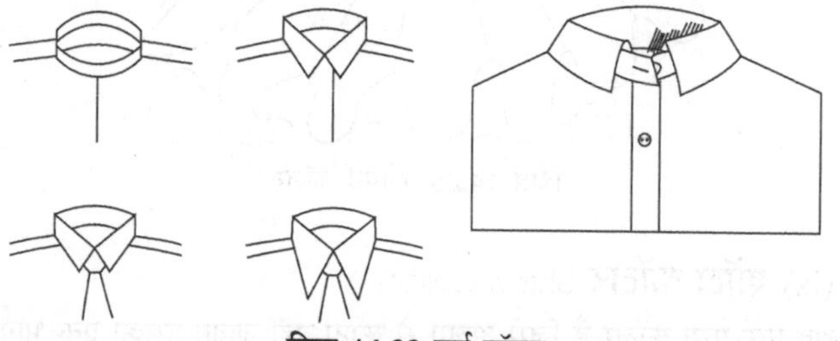

चित्र 14.28 शर्ट कॉलर

(xii) डबल ब्रैस्ट कॉलर Double Breast Collar

इस कॉलर का प्रयोग कोट, गाउन आदि में किया जाता है। नीचे चित्र में डबल ब्रैस्ट कॉलर को दर्शाया गया है।

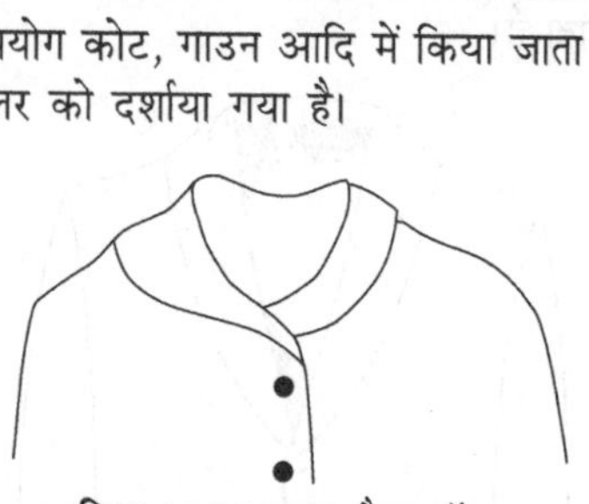

चित्र 14.29 डबल ब्रैस्ट कॉलर

(xiii) स्केयर नैक कॉलर Scair Neck Collar

यह फ्लैट कॉलर की भाँति बनाया जाता है तथा यह चौकोर गले पर लगता है। इसका प्रयोग स्त्रियों एवं बच्चों की पोशाकों पर किया जाता है।

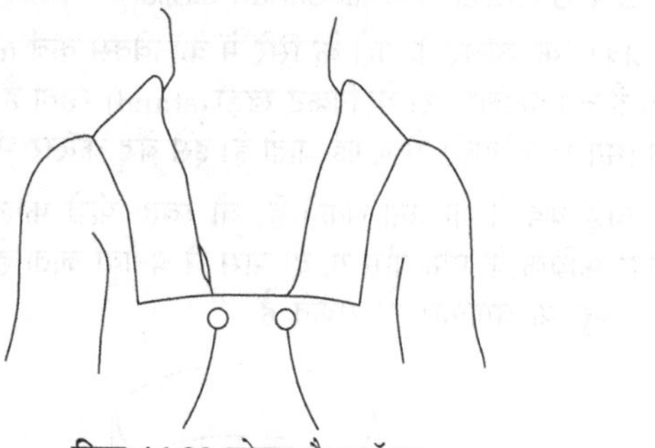

चित्र 14.30 स्केयर नैक कॉलर

(xiv) कटावदार कॉलर Pinking Collar

कटावदार कॉलर दोनों ओर से समान या असमान होते हैं। पीछे की ओर यदि बटन टेप रखी गई है, तो दोनों ओर से यह एक समान नहीं रह सकता। इसका प्रयोग मुख्य रूप से बच्चों की फ्रॉक्स पर किया जाता है। इस पर लैस या पाइपिंग का प्रयोग करके इसे सजावटी बनाया जा सकता है।

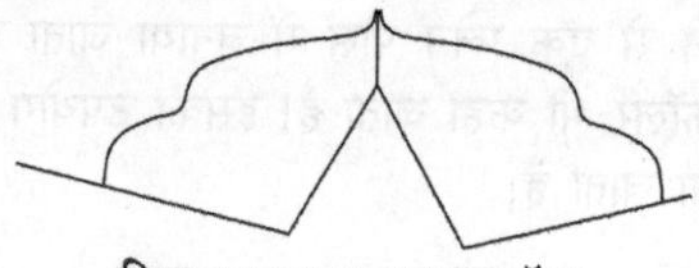

चित्र 14.31 कटावदार कॉलर

(xv) सेलर कॉलर Sailor Collar

सेलर कॉलर सामने की ओर 'V' आकार तथा पीछे की ओर से गोल या चौकोर आकार का होता है। यदि पोशाक सामने से खुली हुई न हो तो, सामने के कॉलर को V-आकार में काटना चाहिए। इस कॉलर का प्रयोग बेबी सूट, छोटी लड़कियों की ड्रेस तथा जल सेना (नेवी) की पोशाकों में करते हैं।

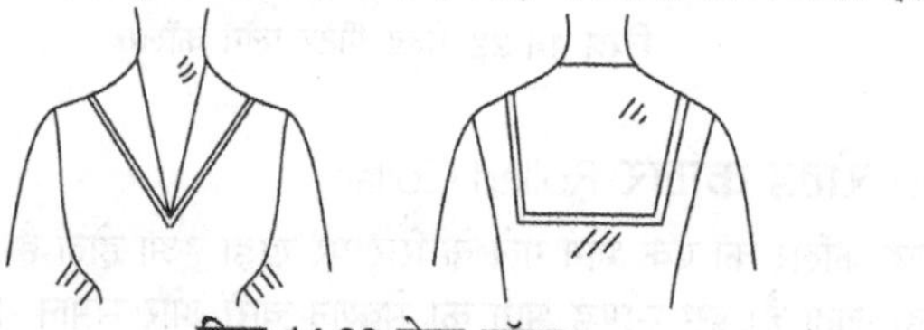

चित्र 14.32 सेलर कॉलर

(xvi) अम्ब्रेला कॉलर Umbrella Collar

इसकी कटिंग अम्ब्रेला फ्रॉक के घेरे के समान ही की जाती है। अन्तर केवल यह है कि इसमें घेरा बड़ा होता है और कॉलर छोटा होता है। इसका प्रयोग ज्यादातर फ्रॉक में करते हैं।

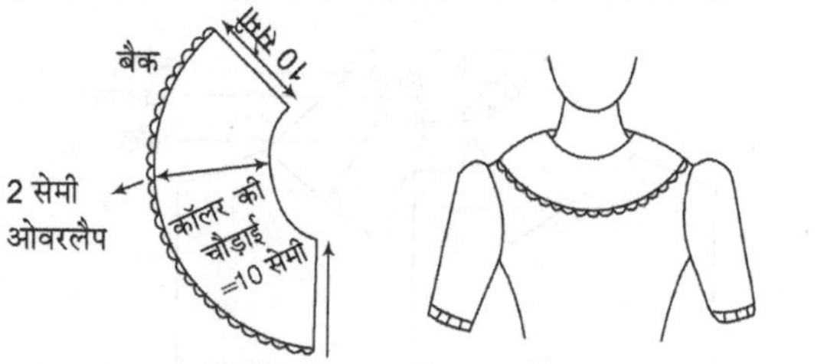

चित्र 14.33 अम्ब्रेला कॉलर

(xvii) ट्यूक्सडो कॉलर Tucksdo Collar

यह कॉलर बच्चों व स्त्रियों की पोशाकों में गले की सुन्दरता बढ़ाने के लिए लगाया जाता है।

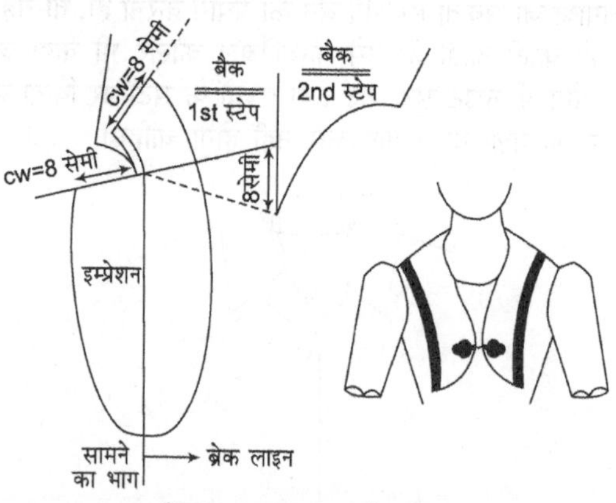

चित्र 14.34 ट्यूक्सडो कॉलर

इसमें भी सामने का भाग शॉल कॉलर के समान ही काटते हैं तथा मध्यास्तर व ऊपर टर्न होने वाला कॉलर इसी पर रखकर अलग काटते हैं।

(xviii) क्लाउन कॉलर Clown Collar

इसका प्रयोग भी बच्चों की पोशाकों के गले पर करते हैं। यह देखने में बड़ा सुन्दर लगता है। इसे सदैव दो विपरीत रंगों में बनाते हैं; जैसे—वस्त्र सफेद हैं, तो लाल रंग का गला लगाते हैं। इसको गले में पाइपिन लगाकर जोड़ते हैं, बाद में पाइपिन अन्दर को मुड़ जाती है।

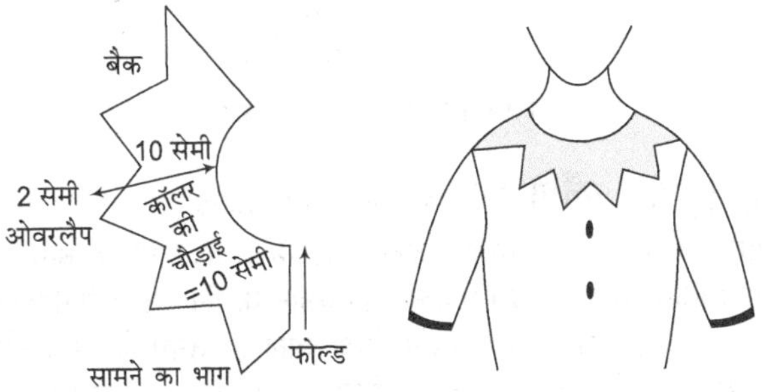

चित्र 14.35 क्लाउन कॉलर

(xix) बोट शेप कॉलर Boat Shape Collar

यह खुले गले पर ही प्रयोग किया जाता है। इसे गले में लगाते समय पीछे की ओर से लगाया जाता है, जिससे सामने की ओर उलट कर सिलाई बीच में आ सके।

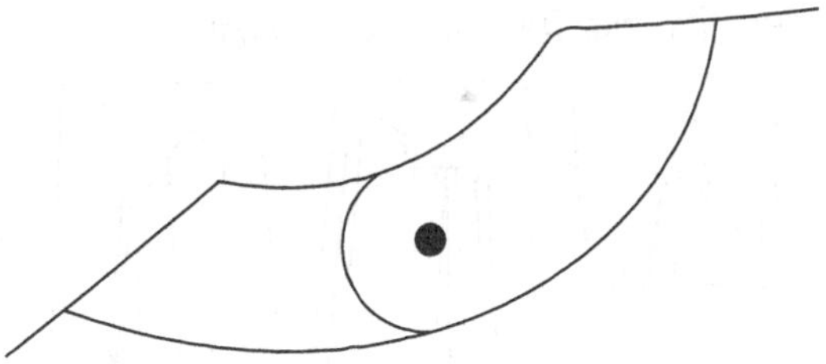

चित्र 14.36 बोट शेप कॉलर

(xx) मुड़ा हुआ कॉलर Turned Collar

इस कॉलर को टर्न करके बनाया जाता है अर्थात् बनने के बाद कॉलर को टर्न किया जाता है। इसमें दो कॉलर लगाए जाते हैं, जिनमें एक गले के नीचे तथा दूसरा ऊपर की ओर लगाया जाता है।

नीचे का कॉलर मोड़ा जाता है, इसलिए इसे मुड़ा हुआ कॉलर कहा जाता है।

14.3 नैक विअर्स Neck Wears

नेक विअर्स वास्तव में, पोशाकों में गले के सौन्दर्य को बढ़ाने वाली विशेष सजावटी युक्तियाँ हैं। गले पोशाकों की सुन्दरता को बढ़ा देते हैं। यहाँ कुछ नैक विअर्स का उल्लेख किया गया है

1. कैरेवट Kerevet

कैरेवट बच्चों की पोशाकों में गले की सुन्दरता के लिए अग्र चित्र में दिखाए अनुसार लगाते हैं।

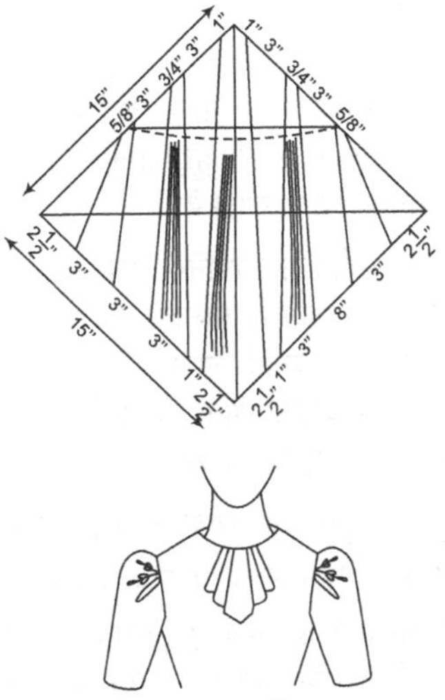

चित्र 14.37 कैरेवट

2. जबोट Jubot

इसका प्रयोग भी बच्चों, बालिकाओं तथा युवतियों की शर्ट के गले को सौन्दर्य प्रदान करने के लिए करते हैं।

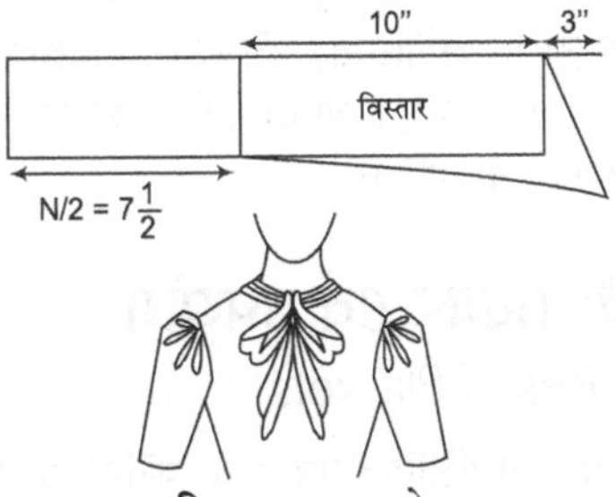

चित्र 14.38 जबोट

3. एस्कॉट टाई Ascot Tie

यह भी एक सजावटी युक्ति है। चित्र में दिखाए अनुसार कटिंग करके गले को आकर्षक बना सकते हैं।

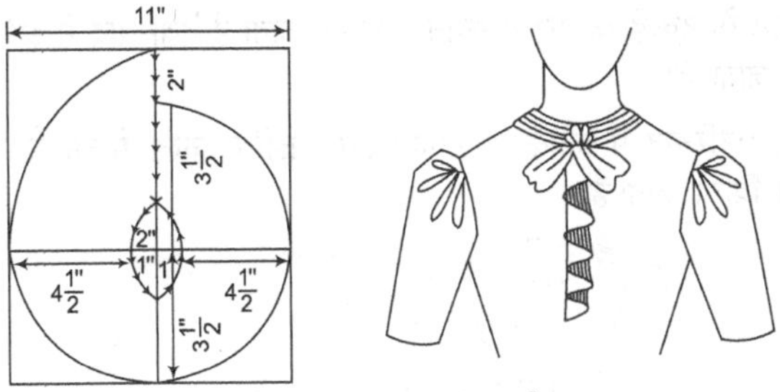

चित्र 14.39 एस्कॉट टाई

14.4 प्लैकिट्स Plackets

प्लैकिट ओपनिंग का अर्थ है-खुली पट्टी। इसका प्रयोग पोशाकों को सरलता से पहनने एवं उतारने के लिए किया जाता है। ये आस्तीन की कफ से पहले, कुर्ते के फ्रण्ट पट्टी तथा गले पर बनाई जाती है।

इसे पोशाक पर लगाते समय ध्यान रखना चाहिए कि इस पर बल न पड़ें और न ही यह एक तरफ से उभरी हुई होनी चाहिए। इसके किनारों पर दोहरी सिलाई का प्रयोग किया जाता है।

पोशाक पर प्लैकिट के प्रयोग से ओपनिंग वाला स्थान मजबूत हो जाता है। इसके अतिरिक्त प्लैकिट लगाने से पोशाक की सुन्दरता भी बढ़ जाती है। प्लैकिट्स प्रायः बाईं ओर बनाई जाती है। प्लैकिट्स को सिलाई के ओपनिंग या स्लैश कट में बनाया जाता है। जहाँ तक सम्भव हो प्लैकिट्स को इस प्रकार बनाना चाहिए कि ये सुन्दर दिखाई दें।

प्लैकिट्स के सन्दर्भ में कुछ आवश्यक तथ्य निम्नलिखित हैं

(*i*) प्लैकिट्स भारी, अधिक फैली या सिकुड़ी हुई नहीं बनानी चाहिए।

(*ii*) वस्त्र पहनते समय कुछ-न-कुछ खिंचाव अवश्य उत्पन्न होता है, इस कारण प्लैकिट्स क्लोज्ड एण्ड, नैक तथा स्कर्ट ओपनिंग आदि स्थानों पर मजबूत होनी चाहिए।

(*iii*) गले की ओपनिंग इतनी बड़ी होनी चाहिए कि सिर, सरलता से अन्दर व बाहर जा सके।

(*iv*) प्लैकिट्स को कपड़े के प्रकार, स्थिति, टैक्सचर तथा फैशन के अनुसार चयनित होना चाहिए।

(*v*) जिप प्लैकिट्स के अतिरिक्त, प्लैकिट्स की ओपनिंग के सिरों को फिनिश करने के लिए एक या दो फेसिंग कम्पोनेन्ट (component) उपयोग किए जाने चाहिए।

प्लैकिट्स के प्रकार एवं उपयोग
Types and Uses of Plackets

विभिन्न पोशाकों पर निम्नलिखित प्रकार के प्लैकिट्स का उपयोग किया जा सकता है

(i) फेस्ड प्लैकिट Faced Plackets

इसे साधारण प्लैकिट कहा जाता है, जिसका उपयोग छोटी ओपनिंग के लिए सामने या पीछे के गले के लिए किया जाता है। इसमें अलग से प्लैकिट के टुकड़े को पहले स्थान में सिला जाता है तथा बाद में इसे काट दिया जाता है।

फाइन मैटेरियल में प्लैकिट्स लगाने हेतु लाइनिंग वाला सेल्फ मैटेरियल प्रयोग किया जाता है।

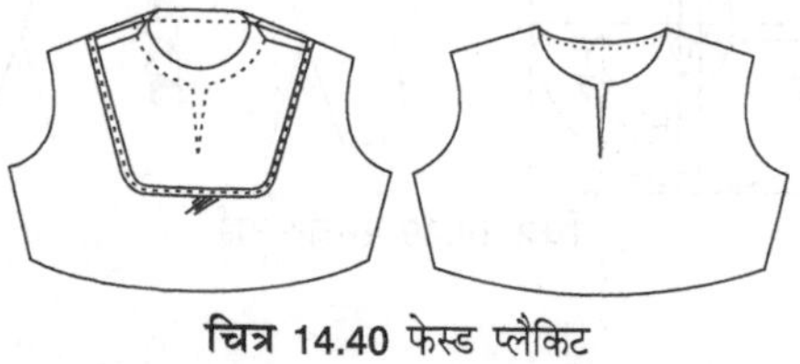

चित्र 14.40 फेस्ड प्लैकिट

(ii) वन पीस प्लैकिट One Piece Plackets

इसका उपयोग केवल शर्ट की स्लीव्स पर किया जाता है। इसके एक ओर सेल्फ हेम एवं दूसरी ओर बाउण्ड पीस लगाया जाता है, जिसे आकर्षक दिखने के लिए स्क्वायर या वी-आकार में फिनिश किया जाता है।

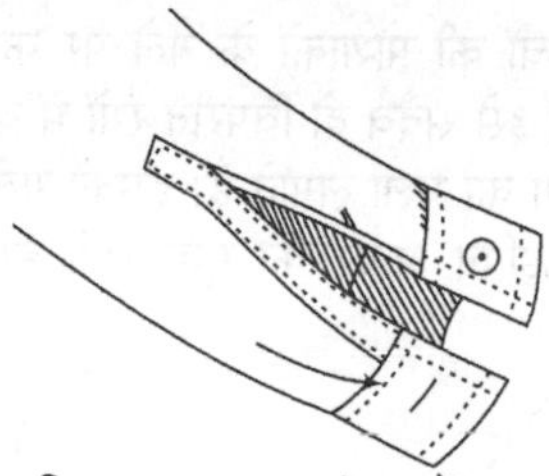

चित्र 14.41 वन पीस प्लैकिट

(iii) टू-पीस प्लैकिट Two Piece Plackets

टू-पीस प्लैकिट को सामान्यतः ढीली फिट के साथ, ऊपर के कपड़ों पर उपयोग किया जाता है। इस प्लैकिट को बनाने के लिए उसी मैटेरियल के दो अलग-अलग पीस का उपयोग किया जाता है। उनमें से, कम चौड़ाई के पीस का फेसिंग के लिए तथा अधिक चौड़ाई के पीस का किनारों के लिए प्रयोग किया जाता है।

इस प्लैकिट को जिब्बास (Jibbas) तथा आस्तीन पर फिनिश करते समय, अधिक चौड़ाई को संकरे फेसिंग पीस पर एक के ऊपर एक किया जाता है। सिरे को स्क्वायर या मीटर्ड (Mitred) (त्रिभुजाकार) आकार में फिनिश किया जाता है। जब प्लैकिट को कमर में उपयोग किया जाता है, तो संकरा पीस, किनारे के पीस पर अध्यारोपित किया जाता है। प्लैकिट के सिरों को फिनिश करने हेतु लॉक स्टिच लगाई जानी चाहिए।

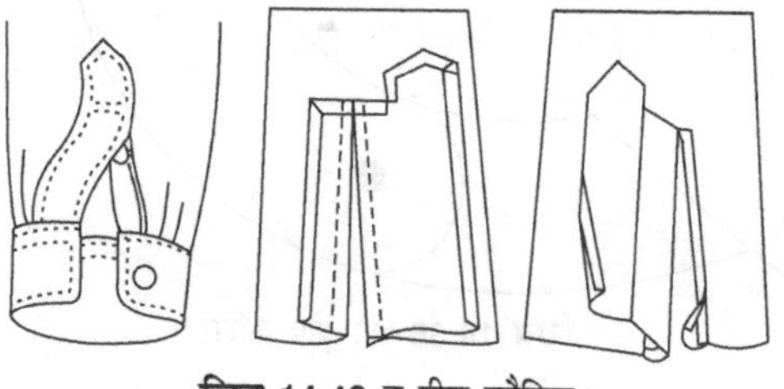

चित्र 14.42 टू-पीस प्लैकिट

(iv) इटैलियन प्लैकिट Italian Plackets

यह टू-पीस प्लैकिट के समान ही होता है, परन्तु इस प्लैकिट के दोनों पीस समान चौड़ाई के होते हैं। यह सामान्यतः पुरुषों की शर्ट की आस्तीन की ओपनिंग पर तथा हाफ ओपनिंग की शर्ट के साथ-साथ बच्चों की पोशाकों में भी उपयोग किया जाता है।

(v) कन्टीन्यूअस प्लैकिट Continuous Plackets

इस प्लैकिट का उपयोग स्लेशों (slashes) में किया जाता है। ये फुल गेदर्ड (full gathered) सेक्शन, अम्ब्रेला स्कर्ट, बच्चों की पोशाकों में तथा आस्तीन कफ के लिए अति उपयुक्त होते हैं। प्लैकिट स्ट्रिप (फेसिंग) को स्वतः, मैटेरियल की चौड़ी दिशा में काट लिया जाता है। यह वक्र (curved) या बड़े तथा भारी कपड़ों के लिए उपयुक्त नहीं है।

इसे नीचे दिए गए चित्र की सहायता से समझा जा सकता है

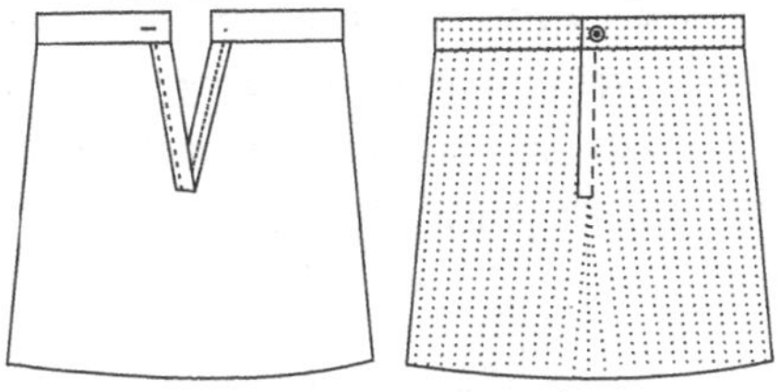

चित्र 14.43 कन्टीन्यूअस प्लैकिट

(vi) जिप्पर प्लैकिट Zipper Plackets

इस प्लैकिट को विभिन्न प्रकार की जिपर्स के द्वारा फिनिश किया जाता है। चेन जिप्पर, एक साधारण प्रकार का जिप्पर है। इसके अतिरिक्त, प्लास्टिक या धातु के दाँत वाली जिप्पर का भी प्रयोग करते हैं जिनका मध्यम भार तथा निचला सिरा बन्द होता है।

जिप्पर प्लैकिट में निम्नलिखित प्रकार के जिप्पर प्रयोग होते हैं

- **लेडर/क्वॉइल** (Ladder/Coil) इसमें जिप्पर बुनी हुई (woven) टेप से जुड़ी, पॉलिएस्टर या नायलॉन की सिन्थेटिक क्वॉइल होती है। यह एक सिरे पर बन्द होती है।
- **अदृश्य/छिपी** (Invisible/concealed) यह एक प्रकार की क्वायल जिप्पर है तथा इसमें दाँत होते हैं, जो बाहरी साइड पर कन्सील्ड होते हैं, जिससे कि जिप्पर सही साइड से अदृश्य होते हैं।
- **ओपन एण्ड जिप्पर** (Open end zipper) यह दोनों सिरों पर खुला रहता है। यह सामान्यत: लम्बा तथा भारी होता है। ये मुख्यत: जैकेट, ट्रेक सूट, टॉप एवं कोट, इत्यादि में उपयोग किया जाता है।

जिप्पर, स्लाइडर की सहायता से खुलते तथा बन्द होते हैं, जो ऊपर तथा नीचे चलते हैं। इसमें लगे टॉप स्टॉप तथा बॉटम स्टॉप, स्लाइडर को जिप्पर से बाहर निकलने से रोकते हैं। जिप्पर को लगाने की अनेक विधियाँ हैं। ये विधियाँ पोशाक की स्थिति तथा पोशाक के प्रकार पर निर्भर करती हैं।

सामान्यत: जिप्पर या तो लैप्ड सीम के साथ कन्सील्ड रहते हैं, जिसमें सिलाई की केवल एक लाइन दिखती है या ये सिलाई की दो लाइनों के साथ चैनल सीम के नीचे केन्द्र पर रहते हैं।

कुछ पोशाकों में जिप्पर को दिखते हुए रखना भी आवश्यक होता है।

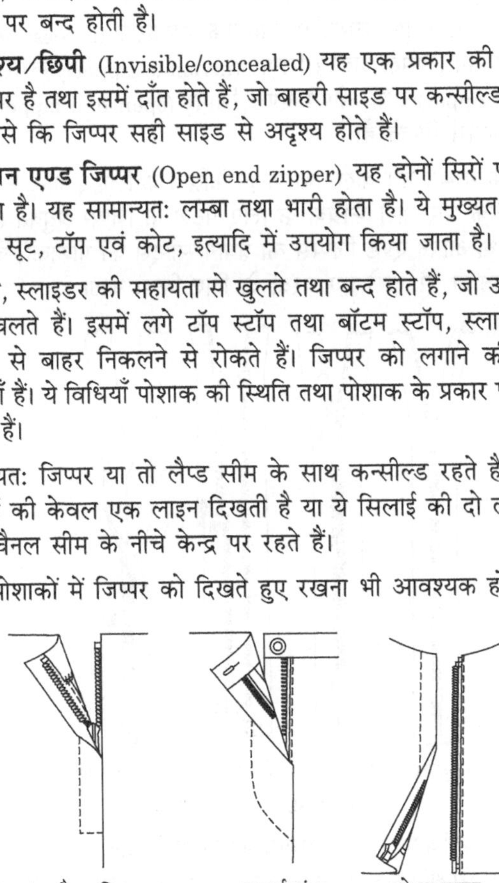

विभिन्न प्रकार के जिप्पर प्लैकिट्स यहाँ दर्शाए गए हैं।

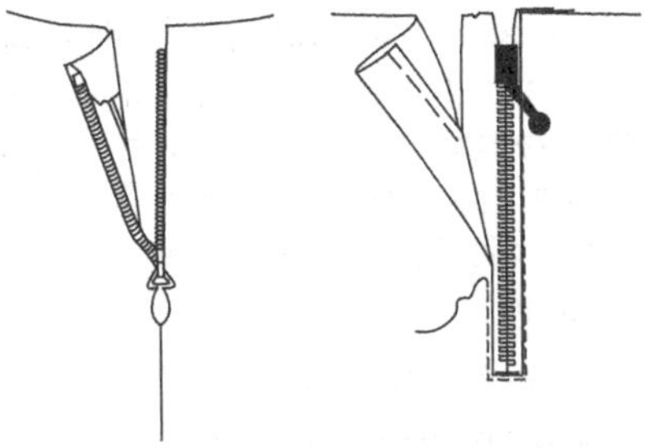

चित्र 14.44 विभिन्न प्रकार के जिप्पर प्लैकिट्स

(vii) मिट्रे प्लैकिट Mitre Plackets

इस प्लैकिट का उपयोग मुख्य रूप से शर्ट, आस्तीन एवं गले की ओपनिंग तथा बच्चों की पोशाकों में किया जाता है। इस प्लैकिट का मुख्य उद्देश्य पोशाक की सुन्दरता एवं मजबूती को बढ़ाना है।

स्त्रियों एवं बच्चों की पोशाकों में इस प्लैकिट का प्रयोग करने के लिए, इसकी पट्टी दूसरे मैटेरियल की लगाते हैं, जिससे पोशाक आकर्षक लगती है। इसे टेलर्ड प्लैकिट भी कहा जाता है।

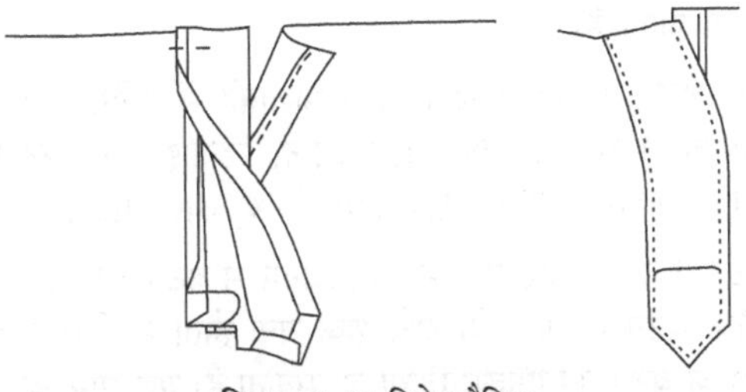

चित्र 14.45 मिट्रे प्लैकिट

(viii) ओपन एण्ड प्लैकिट Open End Plackets

इसमें गले के ऊपरी हिस्से को बनाते समय दो या तीन इंच का कट तिरछा करके खुला छोड़कर पट्टी को नीचे के भाग से बन्द किया जाता है।

(ix) दृश्य एवं अदृश्य प्लैकिट Visible and Invisible Plackets

यदि जैन्ट्स पोशाकों में ओपनिंग की फिनिशिंग में दोहरी पट्टी प्रयोग हो, तो नीचे की पट्टी पर काज बनाया जाता है तथा ऊपरी पट्टी को सजावटी बना दिया जाता है। इससे बटन ऊपर की ओर दिखाई नहीं देते।

इसी यदि एक पट्टी लगाई जाती है, तो उसी पर काज किए जाते हैं। इससे बटन दिखाई देते हैं। ये प्लैकिट दृश्य एवं अदृश्य दोनों रूपों में तैयार की जा सकती हैं।

(x) फ्लाई फ्रण्ट प्लैकिट Fly Front Plackets

निक्कर आदि में आगे के भाग में ओपनिंग के लिए चार फ्लाई पीस काटकर, जिप्पर को सैट कर आगे के दोनों हिस्सों में फिट कर दिया जाता है। इसे फ्लाई फ्रण्ट प्लैकिट कहा जाता है। इसमें बटनों का प्रयोग भी होता है।

14.5 फास्टनर्स Fasteners

किसी भी पोशाक की ओपनिंग को बन्द करने के लिए उपयोगी वस्तुओं को फास्टनर्स कहा जाता है। फास्टनर्स (fasteners) विभिन्न प्रकार के होते हैं। कार्यात्मक उद्देश्यों एवं कुछ सुन्दरता के लिए प्रयोग होते हैं। मुख्य फास्टनर्स बटन, प्रेस स्टड, जिप वेलक्रो, स्ट्रिप हुक तथा आई, बाकिल तथा क्लेप्स आदि हैं। इनका प्रयोग पोशाक, बैग, पर्स, सूटकेस आदि में किया जाता है।

फास्टनर्स का चयन करते समय निम्न बातों का ध्यान रखना चाहिए

(*i*) फास्टनर्स सदैव जंग रहित होने चाहिए।

(*ii*) धुलाई के समय टूटे नहीं अर्थात् मजबूत होने चाहिए।

(*iii*) फैब्रिक के रंग, डिजाइन तथा स्टाइल के अनुसार ही होने चाहिए।

फास्टनर्स के प्रकार Types of Fasteners

फास्टनर्स के विभिन्न प्रकार नीचे दिए जा रहे हैं

(i) बटन Buttons

ये कई प्रकार के होते हैं, जोकि प्लास्टिक, नाइलॉन, मैटल, लैदर, लकड़ी, पर्ल, आइवरी, हाथी दाँत आदि के बने होते हैं। ये गोल, लम्बे, फैले हुए, अण्डाकार आदि आकार में उपलब्ध होते हैं। बटन को हाथ या मशीन द्वारा लगाया जाता है।

ये मुख्यत: शरीर पर पहनी जाने वाली पोशाकों में प्रयोग किए जाते हैं। बटनों का चयन पोशाकों के रंग, स्टाइल, डिजाइन के अनुसार होना चाहिए। ये दो प्रकार के होते हैं शैंक तथा सी-थ्रू (sew-through) बटन।

सी-थ्रू बटन में दो या चार होल होते हैं, जिनमें से बटन को सिला जाता है। जबकि शैंक बटन में बटन के नीचे शैंक बना होता है, जिसमें धागों को प्रवेश करा के बटन को फिक्स किया जा सकता है। यह सामान्यत: लेडीज के टॉप, बच्चों की पोशाकों, यूनिफॉर्म तथा भारी वस्त्रों कोट आदि में, अधिकांशत: सजावट के उद्देश्य से उपयोग किए जाते हैं।

चित्र 14.46 सी-थ्रू बटन

चित्र 14.47 शैंक बटन

(ii) वेलक्रो Velcro

इस फास्टनिंग में दो सरफेस होती हैं, एक सरफेस में नायलॉन के छोटे हुक होते हैं तथा दूसरी सरफेस में लूप होते हैं, इसलिए इसे सरलता से जोड़ा जा सकता है। इसका उपयोग मुख्यत: बच्चों की पोशाकों में उपयोग किया जा सकता है। यह ओवरलैप होकर आपस में चिपक जाते हैं तथा खोलने पर चड़-चड़ की आवाज आती है।

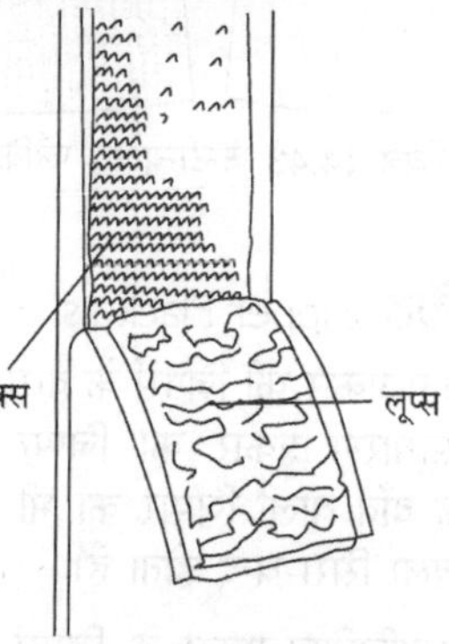

चित्र 14.48 वेलक्रो

(iii) जिप्पर फास्टनर्स Zipper Fasteners

एक बहुत महत्त्वपूर्ण फास्टनिंग सहायक उपकरण (assessories) हैं। बाजार में चेन जिप्पर, अदृश्य जिप्पर (invisible zipper), लैडर जिप्पर (ladder zipper) तथा ओपन एण्ड जिप्पर (open end zipper) जैसे अनेक जिप्पर्स मिलते हैं।

हल्के तथा मध्यम भार वाले तथा फाइन फैब्रिक के लिए इलास्टिक जिप्पर तथा अधिक भार वाले फैब्रिक के लिए मेटल के जिप्पर प्रयुक्त होते हैं। सिंगल तथा ओपन एण्ड जिप्पर्स का प्रयोग स्पोर्ट्स की पोशाकों, जैकेट्स तथा सामने से पूरे खुले हुए वस्त्रों के लिए किया जाता है।

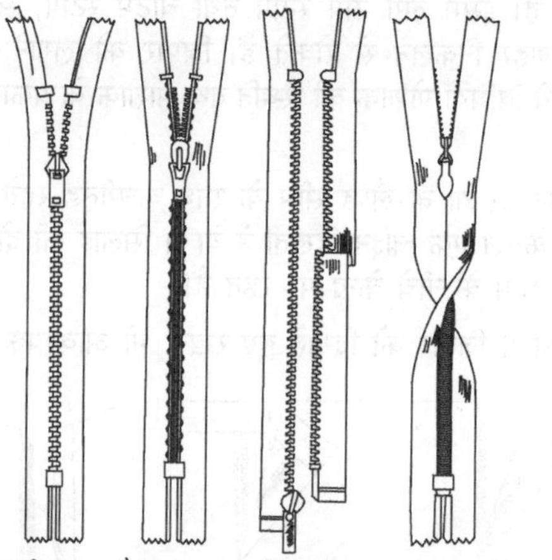

चित्र 14.49 जिप्पर फास्टनर्स

सभी प्रकार के जिप्पर में धातु अथवा प्लास्टिक के दाँते होते हैं या फैब्रिक की डोरी से सिन्थेटिक क्वायल जुड़ी हुई होती है। ये क्वायल कई आकारों तथा भारों में उपलब्ध होती हैं। धातु से बनी क्वॉयल वाली जिप्पर अधिक हल्की तथा फ्लेक्सिबल होती है।

साथ ही इनमें जंग नहीं लगता तथा ये ताप द्वारा अप्रभावित रहती हैं। जिप्पर को एक रनर या स्लाइडर के द्वारा ऊपर व नीचे करते हैं। इस पर एक छोटा हैण्डिल लगा होता है। चेन तथा लैडर जिप्पर में नीचे की ओर एक हुक लगा होता है, जिस कारण ये केवल ऊपर की ओर ही खुल पाते हैं। इन्हें सेन्टर्ड, लैप्ड, एक्सपोज्ड या फ्लाई विधि द्वारा लगाया जाता है। ओपन एण्ड जिप्पर दोनों ओर से खुल जाते हैं। इन्हें केवल सेन्टर्ड विधि द्वारा लगाया जाता है। इसके अतिरिक्त अदृश्य जिप्पर का प्रचलन आजकल बढ़ रहा है, क्योंकि ये लगने के पश्चात् कपड़े के बाहरी ओर दिखाई नहीं देते।

(iv) **जिप्पर फुट** Zipper Foot

जिप्पर को जिस मशीन की सहायता से फिक्स किया जाता है, उसे जिप्पर फुट कहा जाता है। इसमें विशेष अटेचमेन्ट का उपयोग किया जाता है। मशीन के प्रेशर (दबाव) को जिप्पर प्रेशर फुट से बदला जाता है। यह दाएँ तथा बाएँ अलग-अलग आते हैं, किन्तु फैशन मेकर मशीन में एक में ही दोनों ग्रुप बने होते हैं। इसका प्रयोग निडिल सलैक्टर की सहायता से होता है।

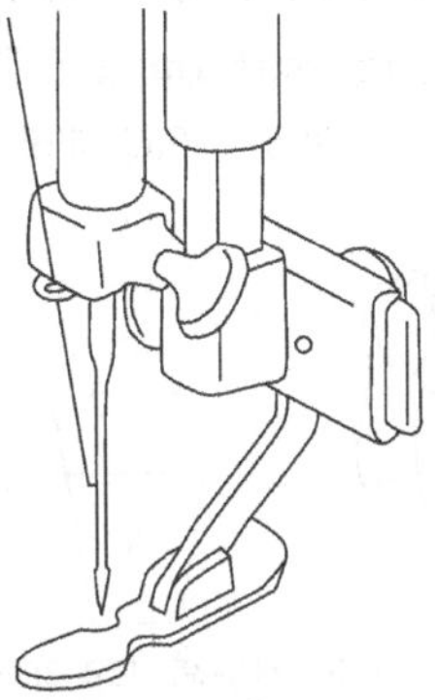

चित्र 14.50 जिप्पर फुट

(v) **हुक तथा आई** Hooks and Eyes

इस प्रकार के फास्टनर्स विभिन्न साइज तथा प्रकारों की रेंज में मिलते हैं। ये फास्टनर्स छोटे तथा मजबूत होते हैं। इनका प्रयोग प्लेकिट्स पर किया जाता है जहाँ क्रॉसवाइज (crosswise) खिंचाव होता है। इन्हें लगाने हेतु बटनहोल टाँके तथा ओवरकास्टिंग टाँके प्रयोग किए जाते हैं। हुक्स की आईज, धातु से निर्मित, मुड़ी हुई या सीधी होती है, जिन्हें धागे के लूप के स्थान पर प्रयोग किया जाता है। कई स्थानों पर आई लगाने हेतु ब्लैंकेट टाँके का भी प्रयोग करते हैं। इनका उपयोग बच्चों के निक्कर, पैन्ट तथा महिलाओं की पोशाकों में किया जाता है। इसके अतिरिक्त ये बैल्ट के सस्पेण्डर्स में भी प्रयोग किए जाते हैं। ये मेटल या प्लास्टिक के बने होते हैं।

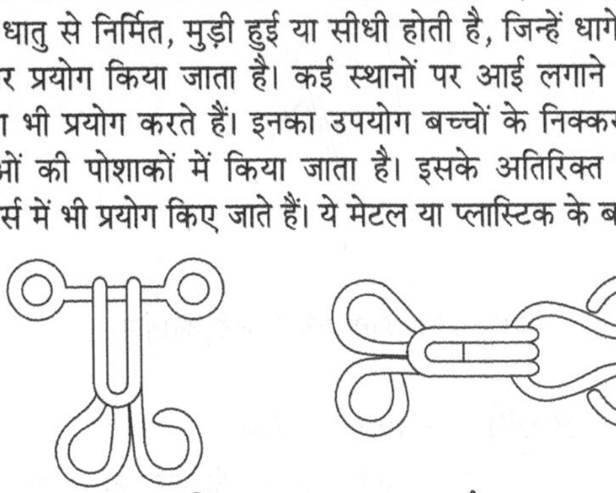

चित्र 14.51 हुक तथा आई

(vi) **लूप** Loop

लूप प्राय: दो प्रकार के होते हैं-धागे के लूप (thread loop) तथा फैब्रिक के लूप (fabric loop)। धागे के लूप का प्रयोग गले के किनारों पर तथा फैब्रिक लूप का प्रयोग बायस फेसिंग पर किया जाता है।

फैब्रिक लूप बायस फैब्रिक की पट्टियों के बनाए जाते हैं। इन्हें स्त्रियों तथा बच्चों की पोशाकों में सजावटी उद्देश्यों से भी प्रयोग करते हैं।

(vii) **प्रेस बटन** Press Buttons

इन बटनों का प्रयोग वस्त्रों के उन भागों पर किया जाता है, जहाँ खिंचाव कम होता है। ये भी अनेक आकारों में उपलब्ध होते हैं। ये काले तथा सिल्वर रंगों में मिलते हैं।

इनके दो भाग होते हैं-पहला भाग सॉकेट होता है, जिसे ऊपर की बटन पट्टी पर लगाया जाता है तथा दूसरा भाग स्टड होता है, जिसे नीचे की बटन पट्टी पर, चिन्हित करके लगाते हैं।

इन बटनों को बच्चों के वस्त्रों तथा स्पोर्ट्स की पोशाकों में प्रयोग किया जाता है। इन बटनों को बन्द करते समय टिच की ध्वनि आती है, इस कारण इन्हें टिच बटन भी कहा जाता है।

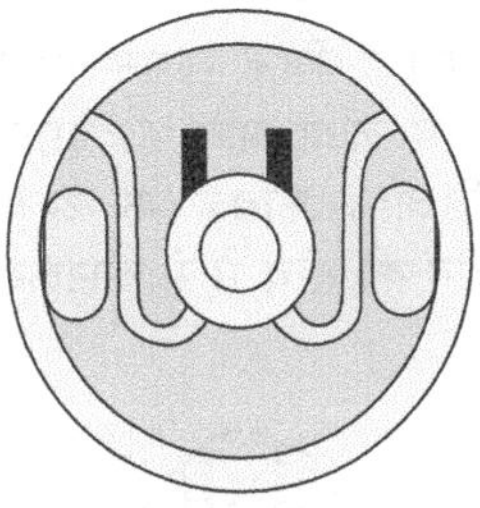

चित्र 14.52 प्रेस बटन

14.6 **आस्तीन** Sleeves

आस्तीन या बाजू पोशाक का एक महत्त्वपूर्ण भाग है, जिसे आर्महोल के साथ जोड़ा जाता है। कुछ पोशाकें बिना आस्तीन (sleeve less) की भी बनाई जाती हैं। आस्तीन विभिन्न स्टाइलों में होती हैं। ये देखने तथा बनावट की विधि में भिन्न हो सकती हैं।

आस्तीन पोशाक के डिजाइन पर निर्भर करते हुए विभिन्न लम्बाइयों की हो सकती हैं। इनका निचला भाग घेरदार या टेपर्ड हो सकता है, जिसकी फिनिशिंग फेसिंग, बाइण्डिंग या आस्तीन बैण्ड को जोड़कर या कफ लगाकर की जा सकती है।

लम्बी आस्तीन को अच्छी फिटिंग देने के लिए कोहनी पर शेपिंग दी जाती है। कुछ स्थितियों में पीछे की ओर डार्ट सरल सिलाई लगाकर डाली जाती है। यह फैब्रिक को बिना तनाव, बिना फटे, कोहनी को सरलता से मुड़ने के लिए डाली जाती है। सामान्यत: आस्तीन एक पीस की होती है, परन्तु कोट एवं जैकेट में यह सामान्यत: दो पीस में बनाई जाती है। आस्तीन को विभिन्न प्रकार से बनाया जा सकता है।

आस्तीनों के प्रकार Types of Sleeves

आस्तीनों के अनेक प्रकार, डिजाइन और फैशन के अनुसार प्रचलित हैं। ये निम्न प्रकार की होती हैं

(i) साधारण आस्तीन Simple Sleeve

इन आस्तीनों को पोशाक काटते समय अलग से काटा जाता है तथा बाद में सिलकर पोशाक के आर्महोल में जोड़कर लगाया जाता है, इसलिए इन्हें कट-इन स्लीव भी कहा जाता है। यह बच्चों व महिलाओं के सभी प्रकार की पोशाकों में प्रयोग की जाती है। यह सामान्य रूप से 6 से 12 इंच की लगाई जाती है। इसे मास्टर आस्तीन भी कहा जाता है।

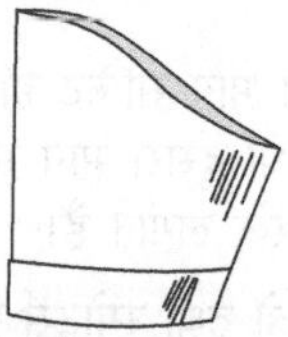

चित्र 14.53 साधारण आस्तीन

(ii) सजावटी आस्तीन Decorative Sleeve

ये आस्तीन डिजाइनर होती हैं, जिन्हें सजाने के लिए कार्ड, लेस, फ्रिल, लूप्स आदि को प्रयोग में लाया जाता है। इसमें यह ध्यान रखने की आवश्यकता है कि डिजाइन फैब्रिक के अन्य भागों से सम्बन्धित होने चाहिए। इस आस्तीन को बीच में से काटकर डिजाइन बनाया जाता है।

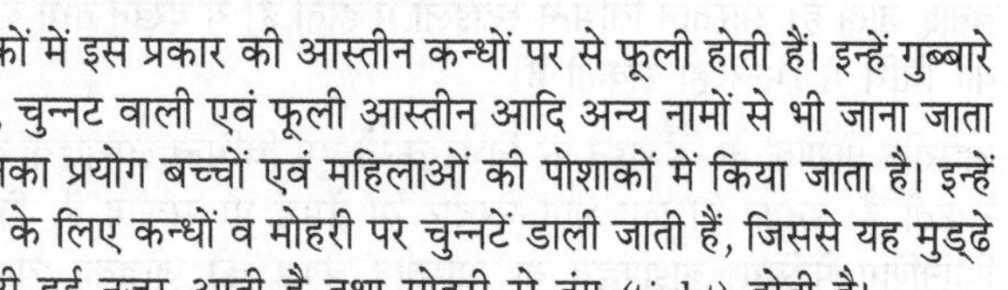

चित्र 14.54 सजावटी आस्तीन

(iii) पफ आस्तीन Puff Sleeve

पोशाकों में इस प्रकार की आस्तीन कन्धों पर से फूली होती हैं। इन्हें गुब्बारे वाली, चुन्नट वाली एवं फूली आस्तीन आदि अन्य नामों से भी जाना जाता है। इनका प्रयोग बच्चों एवं महिलाओं की पोशाकों में किया जाता है। इन्हें बनाने के लिए कन्धों व मोहरी पर चुन्नटें डाली जाती हैं, जिससे यह मुड्ढे से उठी हुई नजर आती है तथा मोहरी से तंग (tight) होती है।

पफ बनाने के लिए यदि ओरेब फैब्रिक का उपयोग किया जाए, तो पफ आस्तीन अधिक आकर्षक लगती है। पफ वाली आस्तीन को केवल ऊपर या नीचे चुन्नटें डालकर भी बनाया जा सकता है।

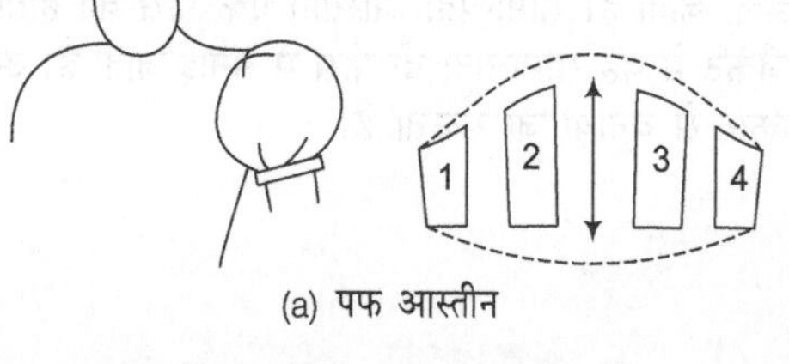

(a) पफ आस्तीन

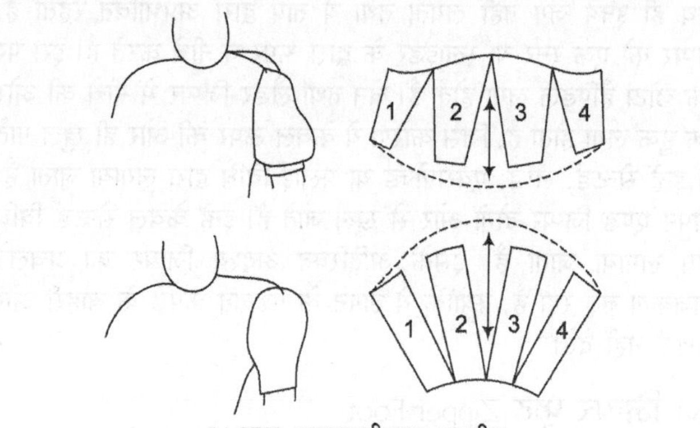

(b) अन्य आकार की पफ आस्तीन

चित्र 14.55

(iv) लैग-ओ-मटन आस्तीन Leg-O-Mutton Sleeve

यह भी पफ वाली आस्तीन के समान बनाई जाती है, परन्तु इसमें चुन्नटें केवल ऊपर आर्महोल के स्थान पर डाली जाती हैं।

ये आस्तीनें कोहनी तक लम्बी बनाई जाती हैं। ये नीचे से टाइट फिटिंग की मोहरी पर अलग से पट्टी लगाकर बनाई जाती हैं।

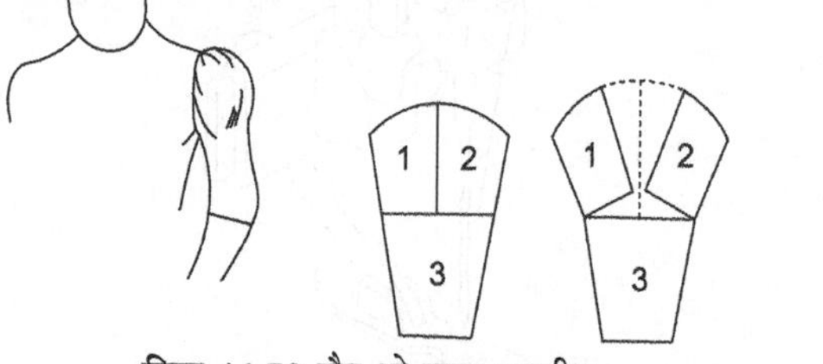

चित्र 14.56 लैग-ओ-मटन आस्तीन

(v) आधी प्लीटों वाली आस्तीन Half Pleats Sleeve

यह आस्तीन साधारण आस्तीन की तरह ही बनायी जाती है, परन्तु इसमें आर्महोल पर डार्ट डाले जाते हैं। इसका उपयोग लेडीज कमीजों, ब्लाउज़ तथा बच्चों की पोशाकों पर किया जाता है।

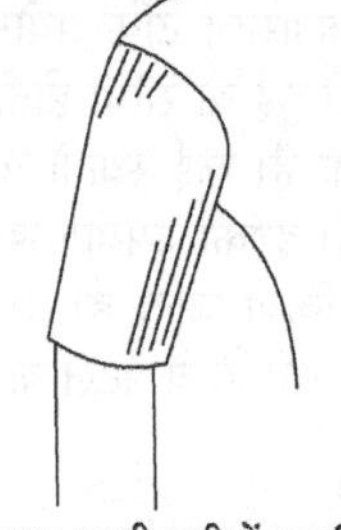

चित्र 14.57 आधी प्लीटों वाली आस्तीन

(vi) बिशप आस्तीन Bishop Sleeve

इस प्रकार की आस्तीनों का प्रयोग पादरियों की पोशाकों पर किया जाता है। इसे भी आस्तीन के ऊपर व नीचे चुन्नटें डालकर बॉटम पर कफ लगाकर बनाया जाता है। यह आस्तीनें पूरी लम्बाई या तीन-चौथाई लम्बाई की हो सकती है।

आजकल इन आस्तीनों का प्रयोग महिलाओं के वस्त्रों में भी किया जाता है। इसे नीचे दिए गए चित्र के अनुसार तैयार किया जा सकता है

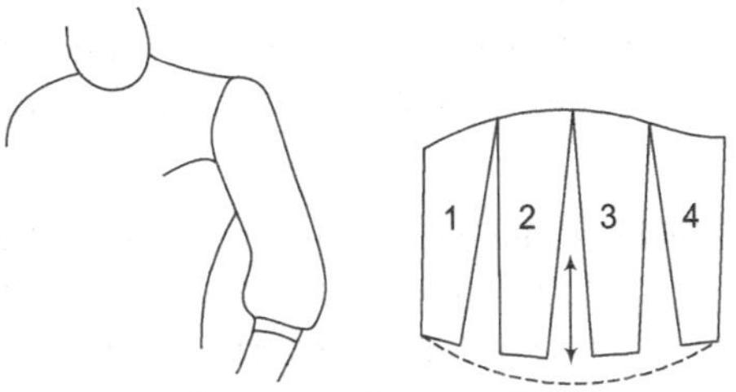

चित्र 14.58 बिशप आस्तीन

(vii) मैगा आस्तीन Mega Sleeve

इस आस्तीन को बनाते समय आर्महोल की कटिंग नहीं करनी पड़ती, क्योंकि यह कन्धे से बाँह तक वन पीस फैब्रिक द्वारा बनाई जाती है। यह बच्चों व स्त्रियों की पोशाकों में लगाई जाती है।

इसमें मोहरी की टर्निंग का भाग सामने एवं पीछे के भाग के साथ काटा जाता है। ढीली फिटिंग के लिए बायस पट्टी या टेप लगाकर फिनिशिंग दी जाती है तथा किनारी पर सजावटी टाँकों का उपयोग करके सजाया जाता है। इस आस्तीन को किमोनो (kimono) आस्तीन भी कहा जाता है।

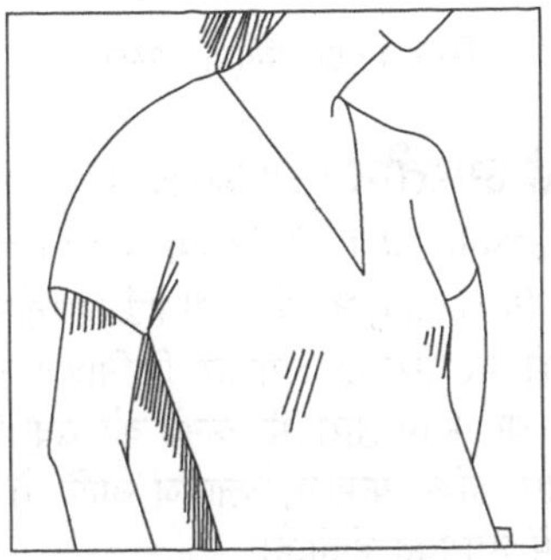

चित्र 14.59 मैगा आस्तीन

(viii) कोहनी तक की आस्तीन Sleeve Till Elbow

यह पूरी आस्तीन की तीन चौथाई तक बनाई जाती है, जोकि नीचे से पूरी फिटिंग तथा खुली दोनों प्रकार की बनती है। कई बार इसमें पाइपिंग लगाकर मोहरी पर हुक भी लगाए जाते हैं।

चित्र 14.60 पौनी आस्तीन

(ix) पूरी आस्तीन Full Sleeve

इस आस्तीन को अनेक प्रकार से तैयार किया जा सकता है अर्थात् इसे पूरी लूज, टाइट तथा कफ या फ्रिल करके बनाया जा सकता है। जैन्ट्स कमीज (Shirt) पर यह कफ लगाकर तथा कुर्ते पर बिना कफ के बनायी जाती हैं। स्त्रियों की पोशाकों पर यह मोहरी से प्लीटें लगाकर फ्रिल लगाकर भी बनाई जाती है।

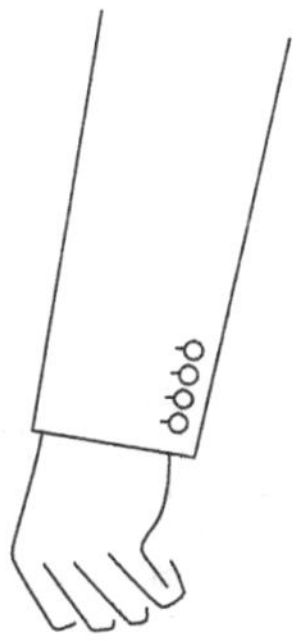

चित्र 14.61 पूरी आस्तीन

(x) दो पीस आस्तीन Two Piece Sleeve

इस आस्तीन में ऊपर तथा नीचे के दोनों भाग अलग-अलग काटे जाते हैं, इसलिए इसे दो पीस आस्तीन कहते हैं। यह नीचे से कफ लगाकर भी बनाई जा सकती है। इसके ऊपर के भाग में थोड़ी नम देते हैं तथा नीचे के भाग को बिना नम करे लगा देते हैं। इसका प्रयोग प्राय: स्त्रियों तथा बच्चों के कपड़ों में किया जाता है। इसके अतिरिक्त यह कोट आदि पर भी लगाई जाती है।

(xi) रैगलॉन आस्तीन Reglon Sleeve

इस प्रकार की आस्तीन का जोड़ कन्धे से नीचे गले के मध्य से बगल तक दिया जाता है तथा आस्तीन की लम्बाई मोहरी से गले तक ली जाती है। इस आस्तीन को सामने मुड्ढे की गहरी कटिंग करके जोड़ में बैठा लिया जाता है। यह आस्तीन विशेषकर महिलाओं के कोट, ड्रेसेज एवं ब्लाउज में प्रयोग की जाती है। कभी-कभी इनका उपयोग जैन्ट्स कोट में भी किया जाता है।

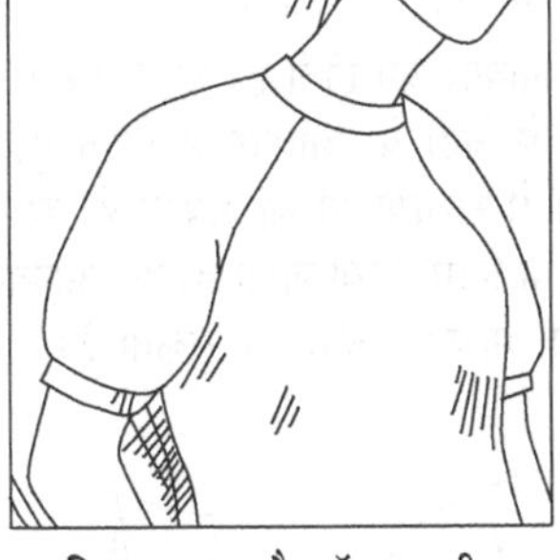

चित्र 14.62 रैगलॉन आस्तीन

ये तिरछी काटी जाती है। ये अन्य आस्तीनों की तुलना में अधिक आरामदायक होती है। जिन स्त्रियों के कन्धे चौड़े तथा हाथों में मांसपेशियाँ अधिक होती है, उनके लिए ये आस्तीन उपयुक्त होती हैं।

(xii) कफ आस्तीन Cuff Sleeve

इस प्रकार की आस्तीन ऊपरी भाग से प्लेन तथा नीचे के भाग से कफ द्वारा फिनिश की जाती है। कफ लगाने से पहले आस्तीन की बॉटम को प्लेट या चुन्नटें डालकर कफ के बराबर किया जाता है। फिर कफ को तैयार करके बॉटम के साथ फिट किया जाता है। इसका प्रयोग अधिकतर जैन्ट्स शर्ट में किया जाता है।

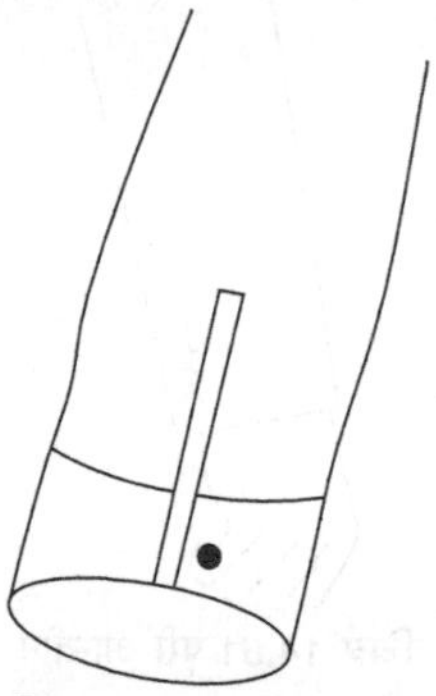

चित्र 14.63 कफ आस्तीन

(xiii) फ्लेयर आस्तीन Flair Sleeve

इसे केप आस्तीन भी कहा जाता है, जिसे ओरेब काटकर तैयार किया जाता है। इसे बनाते समय कन्धे पर चुन्नटें देकर मोहरी को खुला रखा जाता है। यदि इस आस्तीन को काटने के बाद पूरा फैलाया जाए, तो एक वृत्त बन जाता है। यह आस्तीन फ्रॉक, नाईटी आदि पर लगाई जाती है।

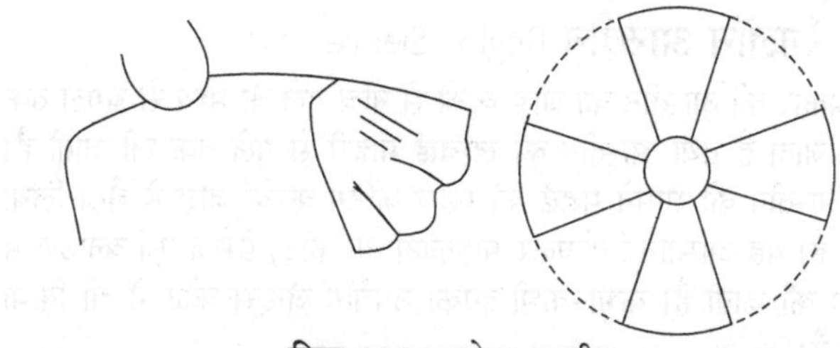

चित्र 14.64 फ्लेयर आस्तीन

(xiv) बैल शेप आस्तीन Bell Shape Sleeve

यह बाजू घण्टी के आकार की होती है। यह ऊपर से कन्धे की गोलाई के नाप की तथा नीचे से घंटी के आकार में फैली हुई होती है। इसे लैस, पाइपिंग एवं मोतियों से सजाया भी जा सकता है। इसका प्रयोग बच्चों एवं स्त्रियों की पोशाकों के लिए किया जाता है। इन आस्तीनों के घेरे को इच्छा के अनुसार कम या अधिक किया जा सकता है।

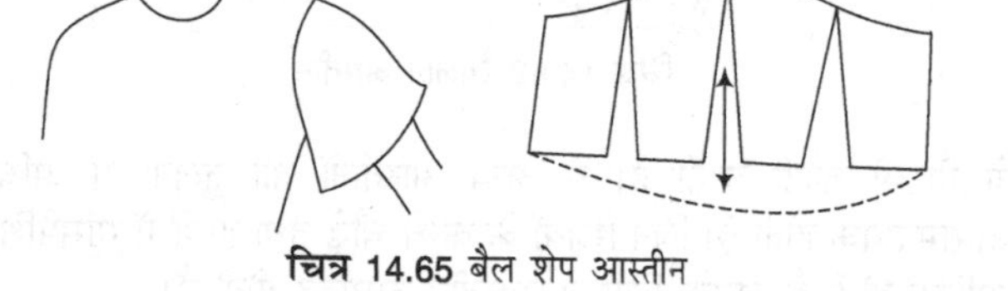

चित्र 14.65 बैल शेप आस्तीन

(xv) पँखुड़ी आस्तीन Petal Sleeve

यह आस्तीन पँखुड़ी की तरह नजर आती है, इसलिए इसे पँखुड़ी आस्तीन कहते हैं। इसे बनाने के लिए आर्महोल में नीचे से जोड़ते हुए ऊपर का भाग एक दूसरे पर रखकर अर्थात् ओवरलैप करके सिलाई लगाई जाती है।

इसे चुन्नट डालकर व बिना चुन्नट के भी तैयार किया जा सकता है। इसे बनाने के लिए पहले साधारण बाजू का पैटर्न बनाया जाता है, फिर उसे पँखुड़ी की तरह शेप देते हुए काटा जाता है,

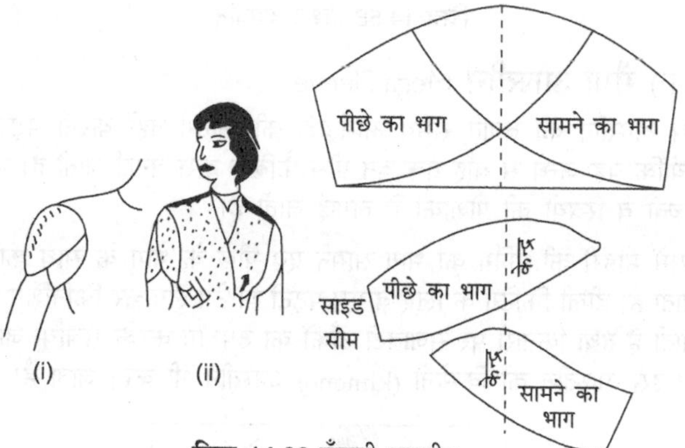

चित्र 14.66 पँखुडी आस्तीन

(xvi) कटी हुई आस्तीन Cut Sleeves

यदि पोशाक में आस्तीन होल की फिटिंग कर दी जाए और इसे बिना आस्तीन के तैयार किया जाए, तो इसे कटी हुई आस्तीन कहा जाता है। इस आस्तीन में मुड्ढ़ों पर सिलाई लगाकर फिनिशिंग दी जाती है। इसके अतिरिक्त कॉलर या फ्लैप द्वारा भी कन्धे को ढक दिया जाता है। इस आस्तीन का प्रयोग फ्रॉक, कमीज, ब्लाउज आदि में किया जाता है। ये आस्तीन गर्मियों में उपयुक्त होती हैं।

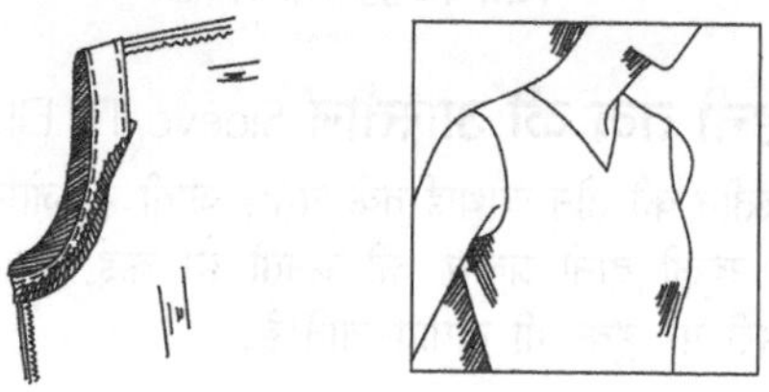

(a) स्लीवलैस

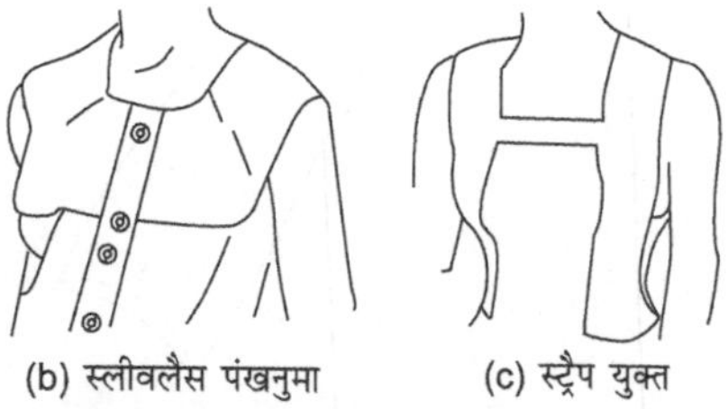

(b) स्लीवलैस पंखनुमा (c) स्ट्रैप युक्त

चित्र 14. 67 विभिन्न स्लीवलैस आस्तीनें

आस्तीन की फिनिशिंग के प्रकार
Types of Sleeve Finish

आस्तीनों के निचले किनारों की फिनिशिंग पोशाकों के डिजाइन व पैटर्न पर निर्भर करती है। फिनिशिंग करने हेतु प्राय: सैल्फ हेम (self hem) या फेसिंग (बायस अथवा शेप्ड) प्रयोग की जाती है। इसके अतिरिक्त कन्ट्रास्ट फैब्रिक से पट्टी लगाकर या पाइपिंग लगाकर भी आस्तीनों की फिनिशिंग की जाती है। कभी-कभी केसिंग अथवा कफ का प्रयोग करके भी आस्तीनों को फिनिश किया जाता है।

आस्तीनों में फिनिशिंग करने हेतु कुछ आवश्यक तथ्य निम्नलिखित हैं

(i) आस्तीनों को सजावटी फिनिश देने हेतु आस्तीनों की किनारी पर डबल बाइण्डिंग लगाई जाती है।

(ii) आस्तीनों को सैल्फ-फेस्ड (self faced) या अलग होने वाली केसिंग से भी फिनिश किया जा सकता है।

(iii) कफ द्वारा फिनिश करते समय प्लैकिट्स ओपनिंग अथवा बिना ओपनिंग के रखी जा सकती है।

(iv) फेसिंग का प्रयोग करके सैल्फ-हेम ऐज द्वारा भी आस्तीनों को फिनिशिंग दी जाती है।

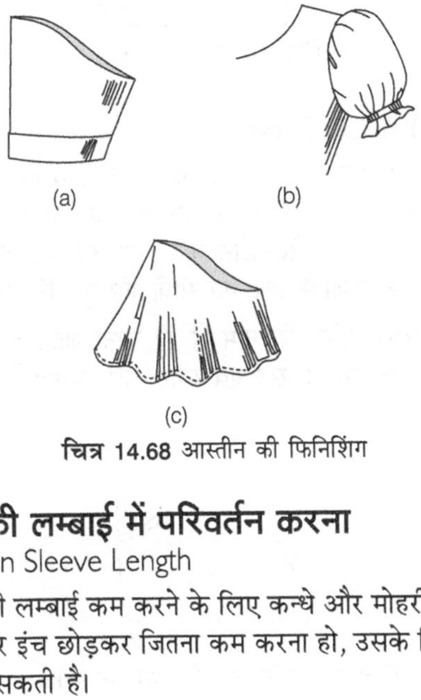

चित्र 14.68 आस्तीन की फिनिशिंग

आस्तीन की लम्बाई में परिवर्तन करना
Variations in Sleeve Length

- आस्तीन की लम्बाई कम करने के लिए कन्धे और मोहरी से न काटकर नीचे से चार इंच छोड़कर जितना कम करना हो, उसके लिए एक प्लीट डाली जा सकती है।

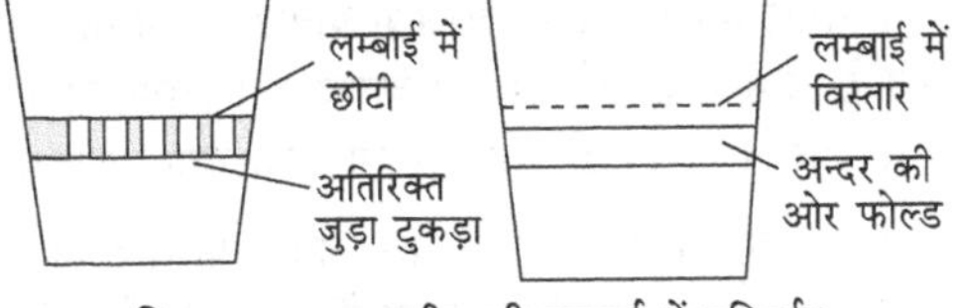

चित्र 14.69 आस्तीन की लम्बाई में परिवर्तन

- यदि किसी पोशाक में कन्धे की शेप अधिक है, तो कन्धे से चार इंच लम्बी प्लीट डाली जा सकती है।
- इसी प्रकार यदि बाजू की लम्बाई बढ़ानी हो, तो नीचे से चार इंच छोड़कर, बीच से काटकर एक इंच चौड़ा पीस बीच में लगा दिया जाता है।

14.7 पॉकेट्स Pockets

पोशाकों में फैशन के अनुरूप अनेक प्रकार की पॉकेट्स का प्रयोग किया जाता है, जिन्हें पैसे, रूमाल इत्यादि रखने के लिए पोशाक में सिला जाता है, परन्तु आजकल इसका प्रयोग पोशाक को सजाने के लिए भी किया जाता है।

आज के आधुनिक समय में पोशाकों पर पॉकेट्स भी विभिन्न प्रकार एवं डिजाइनों में तैयार कर लगाई जाती हैं, जिससे पोशाक का आकर्षण और बढ़ जाता है।

पोशाक में पॉकेट ऐसे स्थान पर पर होनी चाहिए, जहाँ हाथ को पहुँचने के लिए सुविधा रहे। यदि यह पोशाक के ऊपरी हिस्से पर हो, तो इसे चेस्ट (छाती) लाइन पर या वैस्ट लाइन के ठीक नीचे लगाना चाहिए।

यह पोशाक के निचले हिस्से पर पीछे या फ्रण्ट हिप लाइन पर तथा वैस्ट लाइन के ठीक नीचे की सिलाई पर भी होती है, परन्तु सजावट के लिए इसे कहीं भी लगाया जा सकता है; जैसे—घुटने या कोहनी पर।

आजकल फैशन एवं प्रचलित डिजाइनिंग के अनुसार पॉकेट्स अनेक प्रकार की बनाई जा सकती हैं, जिन्हें आवश्यकता के अनुसार विभिन्न वस्त्रों पर लगाया जाता है।

पॉकेट्स के प्रकार Types of Pockets

विशिष्टता के आधार पर पोशाकों में पॉकेट्स निम्न प्रकार की होती हैं

(i) पैच पॉकेट Patch Pocket

पैच पॉकेट पोशाक के ऊपर पैच करके अर्थात् टाँक कर लगाई जाती है। इसे अस्तर के साथ अथवा बिना अस्तर के पोशाक पर कच्चा करके या सीधे सिलाई करके लगाया जाता है।

इन पॉकेट्स में टक्स, प्लीट्स, लैस आदि भी सजावट हेतु वस्त्र के अनुसार लगाई जाती हैं। इस प्रकार की पॉकेट कमीज, सफारी-सूट आदि के लिये उपयोगी रहती हैं।

इस प्रकार की पॉकेट्स पोशाक से बचे छोटे-छोटे टुकड़ों को जोड़कर किसी भी शेप में बनाकर लगाई जाती हैं। बच्चे के कपड़ों पर यह कई प्रकार से प्रयोग की जाती है। बच्चों की पोशाकों पर पीछे की ओर लगाने पर हेरिंगबोन टाँके से सिलाई को छुपा दिया जाता है।

पैच पॉकेट को अनेक आकारों में काटा जा सकता है तथा इसे फ्लैप के साथ भी फिनिश किया जा सकता है। पॉकेट के सेक्शन को दो पीस में काटा जाता है-पैच पीस तथा लिप पीस।

पैच पीस लम्बाई में मुड़ा रहता है। शैप वाले पैच पॉकेट को बायस स्ट्रिप से फिनिश किया जाता है।

चित्र 14.70 पैच पॉकेट

(ii) टिकट पॉकेट Ticket Pocket

यह पॉकेट कोट पॉकेट की तरह बनाई जाती है, जिसका उपयोग पैसे आदि को सुरक्षित रखने के लिए किया जाता है। इस पॉकेट को पैन्ट की बैल्ट के आगे के भाग में अथवा दाईं ओर बैल्ट के अन्दर लगाया जाता है, इसलिए इसे गुप्त पॉकेट भी कहते हैं।

यह आकार में छोटी होती है इसलिए इसे टिकट पॉकेट के नाम से भी जाना जाता है।

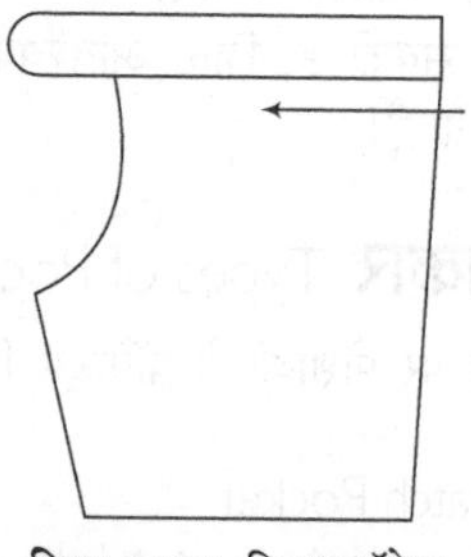

चित्र 14.71 टिकट पॉकेट

(iii) फ्लैप पॉकेट Flap Pocket

इस पॉकेट के ऊपर फ्लैप लगाने के कारण इसे फ्लैप पॉकेट कहा जाता है। इसका प्रयोग स्काउट शर्ट में अधिक करते हैं। इसके अतिरिक्त बीच में बॉक्स प्लीट डालकर मिलिट्री शर्ट में इसका प्रयोग करते हैं।

इसे बनाते समय ऊपर की ओर ढक्कन लगाकर पॉकेट के ऊपरी हिस्से को मोड़ दिया जाता है।

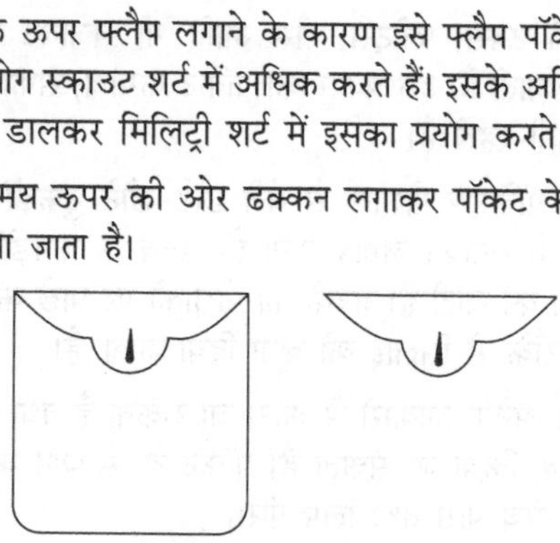

चित्र 14.72 फ्लैप पॉकेट

(iv) वैल्ट पॉकेट Welt Pocket

इस प्रकार की पॉकेट सामान्यत: नेहरू कट वास्कट में बाँयी ओर, जैकेट तथा सफारी सूट आदि में लगाई जाती हैं। इसे चैस्ट के ऊपरी बैल्ट के लिए निशान के ऊपर और नीचे दो पट्टियों को टैट्रॉन के साथ रखकर सिला जाता है और तत्पश्चात् कट लगाकर बैल्ट निकाली जाती है। ऊपर की पट्टी को प्रेस की सहायता से दबाकर अन्दर की ओर फिनिशिंग देकर पूरा किया जाता है। इसके बाद उसमें थैली जोड़कर फिनिशिंग की जाती है। इसे स्लैश पॉकेट भी कहा जाता है। इस पॉकेट को जिप से भी फिनिश किया जा सकता है।

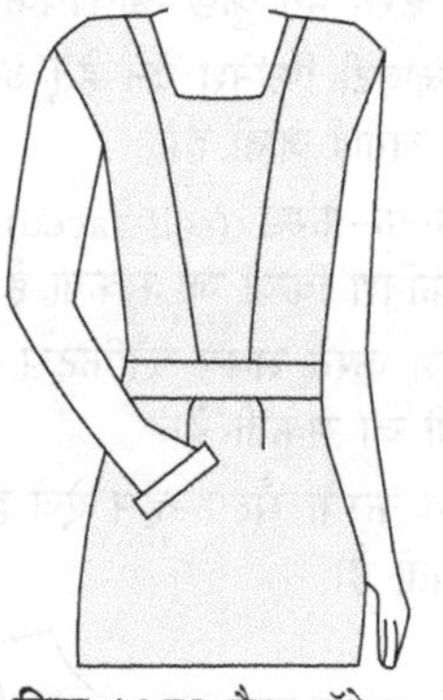

चित्र 14.73 वैल्ट पॉकेट

(v) कट पॉकेट Cut Pocket

यह कट पॉकेट सामान्य रूप से गोल आकृति के साथ तिरछी बनाई जाती है। इस पॉकेट में मुँह के स्थान पर स्टे टेप के साथ जैटिंग सिलाई कर दी जाती है और सिलाई के छोटे-छोटे कट लगा कर प्रेस की सहायता से जैटिंग को अन्दर की दिशा में पलट कर सीधी ओर पुन: सिलाई लगा देते हैं।

इन्हें अटेच्ड तिरछी पॉकेट के नाम से भी जाना जाता है। इनका प्रयोग पैन्टों, निक्करों, बैल बॉटम, सूट एवं स्कर्ट और कलीदार फ्रॉक आदि में भी किया जाता है।

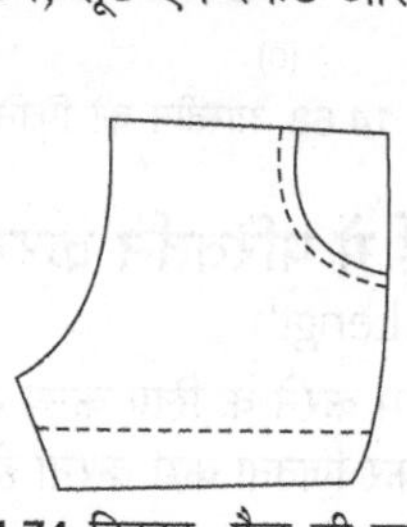

चित्र 14.74 निक्कर, पैन्ट की कट पॉकेट

(vi) सिंगल बोन पॉकेट Single Bone Pocket

इस पॉकेट को तैयार करने के लिये वस्त्र में पॉकेट लगाने के स्थान पर दो जैटिंग के टुकड़े ऊपर तथा नीचे रखकर कच्चा कर लिया जाता है। इसमें, यदि टैट्रोन का प्रयोग करना हो, तो इसे भी लगा देना चाहिए।

इसके पश्चात् इस पर सिलाई लगाकर कट लगाने के बाद ही बोन बनाई जाती है। अगर डबल बोन बनानी हो, तो दोनों ओर की पट्टियों में से एक जैसी बराबर की बोन निकाल कर तैयार करते हैं।

और इसके बाद ऊपर की पट्टी को सुविधानुसार प्रैस द्वारा अन्दर की ओर मोड़ दिया जाता है। इस प्रक्रम द्वारा सिंगल बोन पॉकेट तैयार कर ली जाती है।

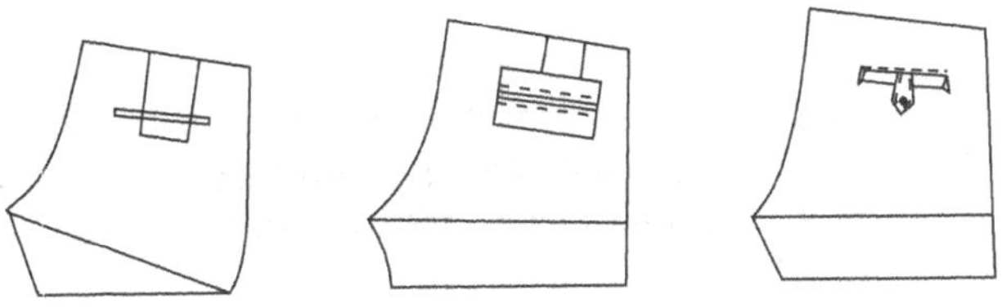

चित्र 14.75 सिंगल बोन पॉकेट

(vii) **रेडीमेड पॉकेट** Readymade Pocket

आजकल बाजार में तरह-तरह के स्टीकर मिलते हैं, जिनका प्रयोग पॉकेट के रूप में किया जाता है इसलिए इसे रेडीमेड कहा जाता है। इन्हें बच्चों की पोशाकों तथा फैशन के रूप में पैन्टों आदि पर पैच करके लगाया जा सकता है। इन स्टीकर्स को घर पर भी बनाया जा सकता है।

(viii) **लिंक पॉकेट** Link Pocket

इस प्रकार की पॉकेट को कली डिजाइनिंग की पोशाक में जोड़कर भीतर की ओर लगाया जाता है। इसे सुविधानुसार पोशाक की दोनों कलियों में बढ़ाकर अलग से टाँके लगा कर भी प्रयोग किया जा सकता है। पैन्ट की साइड पॉकेट भी इसी प्रकार लगाई जाती है। नीचे दिए गए चित्र में लिंक पॉकेट को अलग से काटकर दिखाया गया है। लिंक पॉकेट जैन्ट्स कुर्ते तथा लेडीज़ कमीज आदि में विशेष रूप से लगाई जाती है।

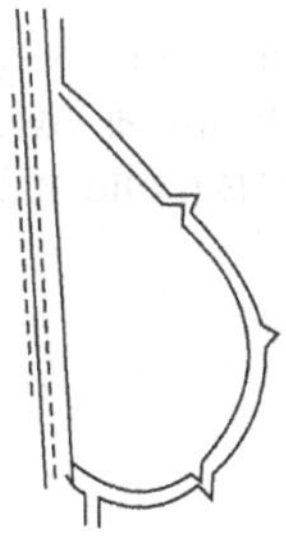

चित्र 14.76 लिंक पॉकेट

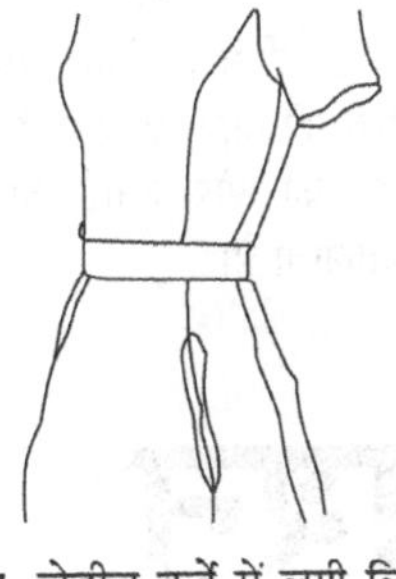

चित्र 14.77 लेडीज कुर्ते में लगी लिंक पॉकेट

(ix) **साइड पॉकेट** Side Pocket

साइड पॉकेट को फैशन के अनुसार, पोशाक के आगे के हिस्से में कट-पॉकेट की तरह भी प्रयोग किया जाता है। कोट-पैन्ट, निक्कर पायजामा आदि पोशाकों में इसे मुख्य रूप से लगाया जाता है।

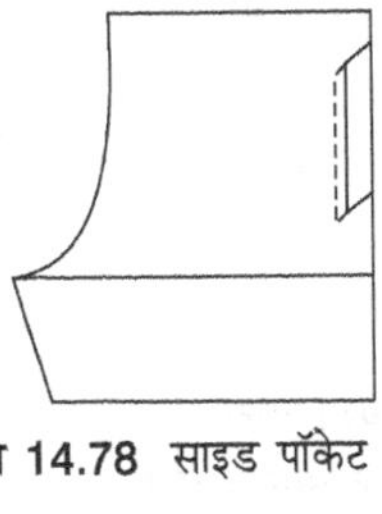

चित्र 14.78 साइड पॉकेट

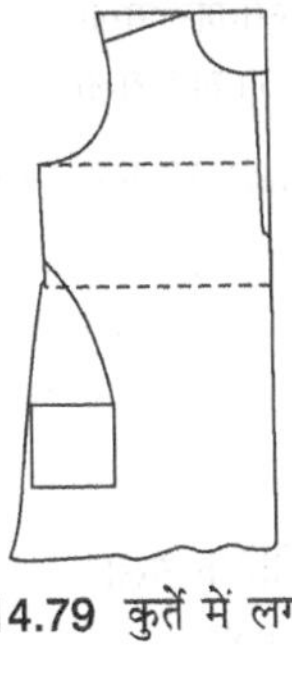

चित्र 14.79 कुर्ते में लगी साइड पॉकेट

(x) **इनसीम पॉकेट** Inseam Pocket

यह पॉकेट सदैव पोशाक के जोड़ की सिलाई के अन्दर की ओर लगाई जाती है। इस पॉकेट में भी पॉकेट का पीस वस्त्र की उल्टी साइड पर लटकता है।

स्कर्ट एवं ट्राउजर में यह साइड सीम के हिप लेवल पर लगाई जाती है।

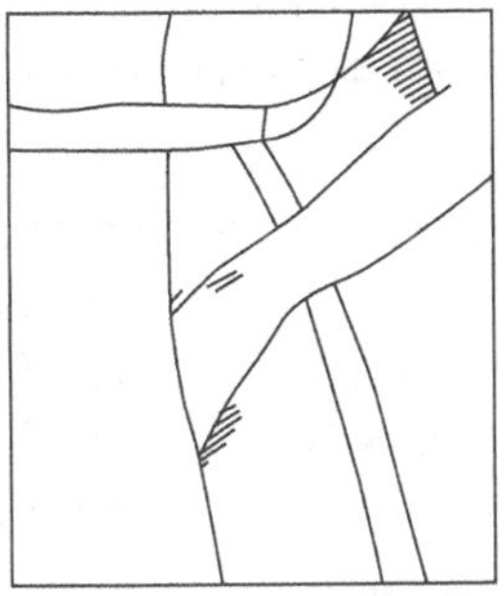

चित्र 14.80 इनसीम पॉकेट

(xi) **फ्रण्ट हिम पॉकेट** Front Him Pocket

इस पॉकेट को पोशाक की वैस्ट लाइन से लगाया जाता है, जिसे वस्त्र के नीचे के भाग की साइड की सिलाई में पूरा किया जाता है। फ्रण्ट हिम पॉकेट की विशेषता यह है।

कि इसे विभिन्न आकारों में फिनिश किया जा सकता है; जैसे—सीधा, विकर्ण या वक्राकार आदि।

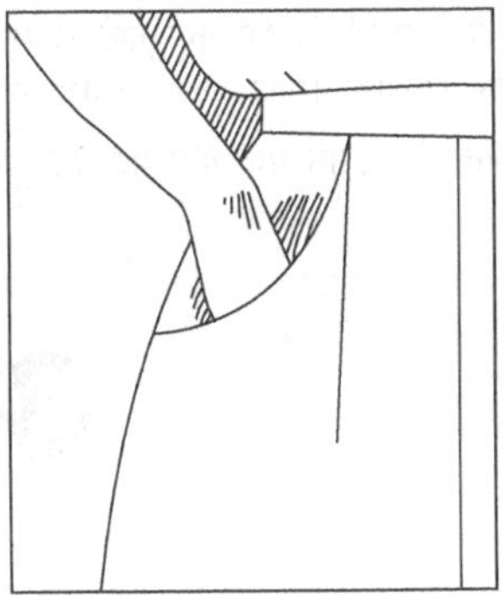

चित्र 14.81 फ्रण्ट हिम पॉकेट

पॉकेट सिलाई के लिए महत्त्वपूर्ण तथ्य

पॉकेट की सिलाई के लिए कुछ महत्त्वपूर्ण तथ्य निम्न हैं

(*i*) पैच पॉकेट के बाहरी सिरे पर सिकुड़ने (shrinking) से बचे, इसके लिए सिलाई करने के पूर्व कर्व क्षेत्र पर टाँके लगाने चाहिए।

(*ii*) अधिक भार वाले फैब्रिक पर पॉकेट के कोने या बाहरी आकार को फूलने से रोकना चाहिए।

(*iii*) पॉकेट के मुँह के दोनों साइडों पर सीधी या त्रिकोण आकार की बार देते हुए, सिलाई को मजबूत कर लेना चाहिए। ऐसा नहीं करने से उपयोग के दौरान सिलाइयों के खुलने का डर रहता है।

महत्त्वपूर्ण प्रश्नोत्तरी

1. पोशाकों में गले का क्या महत्त्व है?

उत्तर पोशाकों की सजावट तब तक अधूरी रहती है, जब तक उनका गला सुन्दर, साफ व सजीला न हो। गले को सजाने में फाल्स हेम, पाइपिंग के अतिरिक्त कॉलरों का महत्त्वपूर्ण योगदान है।

2. कुछ सर्वप्रचलित कॉलरों के नाम लिखिए।

उत्तर कुछ सर्वप्रचलित कॉलरों के नाम निम्नलिखित हैं

(i) बेबी कॉलर
(ii) फ्लैट कॉलर
(iii) चौकोर फ्लैट कॉलर
(iv) गोल कॉलर
(v) रोल्ड पीटर पैन कॉलर
(vi) रोल्ड कॉलर
(vii) टेनिस कॉलर
(viii) फ्लेयर्ड कॉलर आदि

3. शॉल कॉलर को समझाइए।

उत्तर शॉल कॉलर एकमात्र कॉलर है, जिसे अलग से नहीं काटा जाता, बल्कि फ्रन्ट पीस के साथ लगाया जाता है। यह कॉलर जैकेट तथा कोट के लिए उपयुक्त रहता है।

4. पॉकेट का विवरण अति संक्षेप में दीजिए।

उत्तर पॉकेट वास्तव में, किसी पोशाक में प्रदत्त अतिरिक्त सुविधा है, जिसमें आवश्यकता की वस्तुएँ रखी जा सकती हैं। आजकल डिजाइनर पॉकेट्स का प्रयोग किया जा रहा है, इससे पोशाक की सुन्दरता बढ़ जाती है।

5. सिंगल बोन पॉकेट क्या है? संक्षेप में बताइए।

उत्तर इस पॉकेट के लिए दो जैटिंग के टुकड़े ऊपर-नीचे रखकर कच्चा करते हैं, फिर सिलाई लगाकर कट लगाया जाता है। अन्त में बोन बना दिया जाता है। इसमें एक बोन पट्टी $2\frac{1}{2}''$ चौड़ी होती है।

6. सजावटी आस्तीन किस प्रकार बनाई जाती है?

उत्तर सजावटी आस्तीन को बीच में से काटकर डिजाइन बनाया जाता है। इसे सजाने के लिए कार्ड, लैस, फ्रिल, लूप्स आदि का प्रयोग किया जाता है, परन्तु इसमें डिजाइन फैब्रिक के अन्य भागों से सम्बन्धित होने चाहिएँ।

7. कटी हुई आस्तीन क्या है?

उत्तर जब पोशाकों में आस्तीन होल को फिट करके तंग नाप में बिना आस्तीन के बनाया जाता है, तो यह कट-आस्तीन अथवा कटी हुई आस्तीन कहलाती है।

8. प्लैकिट्स ओपनिंग का क्या अर्थ है? संक्षेप में बताइए।

उत्तर प्लैकिट ओपनिंग का अर्थ है–खुली पट्टी। इसका प्रयोग पोशाकों को सरलता से पहनने एवं उतारने के लिए किया जाता है। ये आस्तीन की कफ से पहले, कुर्ते के फ्रण्ट पट्टी तथा गले पर लगाए जाते हैं।

9. मिट्रे प्लैकिट की उपयोगिता पर प्रकाश डालिए।

उत्तर मिट्रे प्लैकिट का उपयोग मुख्य रूप से शर्ट, आस्तीन ओपनिंग एवं गले की ओपनिंग तथा बच्चों की पोशाकों में किया जाता है। इस प्लैकिट का मुख्य उद्देश्य पोशाक की सुन्दरता एवं उनकी मजबूती को बढ़ाना है।

10. गले के अन्तर्गत स्वीटहार्ट गले को किस प्रकार शेप दी जाती है? संक्षेप में समझाइए।

उत्तर स्वीटहार्ट गला चौकोर गले की तरह ही बनाया जाता है, परन्तु इसमें नीचे की ओर 'V' शेप दी जाती है। इस गले में नीचे की रेखाएँ सीधे हार्ट की ओर बनाई जाती हैं, इसलिए यह गला स्वीट हार्ट गला कहलाता है।

अभ्यास प्रश्न

परीक्षा प्रारूपी प्रश्न

बहुविकल्पीय

1. पोशाक के गले को सजाने में निम्न में से किसका योगदान होता है?
(a) फेसिंग (b) हेम (c) पाइपिंग (d) ये सभी

2. गला सजाने में किसका प्रयोग किया जाता है
(a) फाल्स हेम (b) पाइपिंग (c) झालर (d) ये सभी

3. निम्नलिखित में से कौन–सा कथन स्कूप गला के सम्बन्ध में असत्य है?
(a) इसे मटकी गला भी कहा जाता है
(b) यह गला घुमावदार होता है
(c) यह दोनों ओर से अधिक गहराई लिए होता है
(d) इसे मटकीनुमा शेप नहीं दी जा सकती

4. निम्न में से कौन–सा गला आकार में अधिक खुला रहता है?
(a) 'V' आकार गला (b) स्कूप गला
(c) 'U' आकार गला (d) बोट गला

5. चित्र में प्रदर्शित गले के आकार का नाम क्या है?

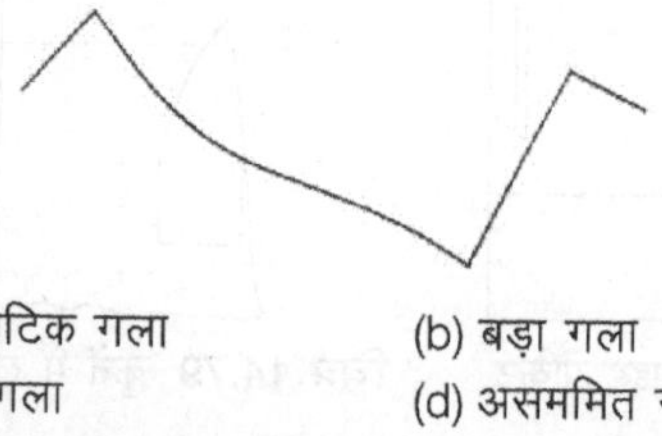

(a) एलीपेटिक गला (b) बड़ा गला
(c) बोट गला (d) असममित गला

6. गिलास गले का प्रयोग किस पर होता है?
(a) मर्दाना कमीज पर (b) नेहरू कट पर
(c) ब्लाउज पर (d) इनमें से कोई नहीं

7. गले की गोलाई को क्या कहते हैं?
(a) गॉर्ज (b) सेलवेज
(c) फ्रिल (d) स्लिट

8. पोशाक का कौन-सा भाग आसानी से दिखाई देता है?
(a) सोल्डर (b) योक लाइन
(c) नेक लाइन (d) हेमलाइन

9. गोल आकार वाले व्यक्ति के लिए किस आकार का गला उपयुक्त है?
(a) वर्गाकार गला (b) U-गला
(c) V-गला (d) बन्द गला

10. चित्र में किस प्रकार का गला दर्शाया गया है?

(a) बोट गला (b) स्कूप गला
(c) असममितीय गला (d) हॉल्टर गला

11. चित्र में प्रदर्शित गले का नाम बताइए।

(a) स्टैप्ड (b) की-होल (c) स्कूप (d) राउण्ड

12. पतली एवं लम्बी गर्दन आकृति के लिए कौन-सा कॉलर उपयुक्त है?
(a) फ्लैट कॉलर (b) स्टैण्डिंग कॉलर
(c) स्कूप कॉलर (d) स्क्वायर कॉलर

13. बेबी कॉलर की सजावट करने में निम्न में से कौन सहायक है?
(a) सादी सिलाई द्वारा पलटकर
(b) पाइपिंग लेस व स्कल्फ से सजाकर
(c) 'a' और 'b' दोनों
(d) उपरोक्त में से कोई नहीं

14. शॉल कॉलर का उपयोग निम्न में से किस पोशाक में किया जाता है?
(a) स्त्रियों के हाउस कोट में (b) जैन्ट्स ड्रेसिंग गाउन में
(c) 'a' और 'b' दोनों (d) इनमें से कोई नहीं

15. स्टैण्ड कॉलर को अन्य किस नाम से जाना जाता है?
(a) मेण्डेरिन कॉलर (b) टेनिस कॉलर
(c) शॉल कॉलर (d) बेबी कॉलर

16. क्लाउन कॉलर का निम्न में से किसमें प्रयोग करते हैं?
(a) बच्चों की पोशाकों के गले पर
(b) बच्चों की पोशाक व पुरुष शर्ट में
(c) 'a' और 'b' दोनों
(d) उपरोक्त में से कोई नहीं

17. निम्न में से कौन-सा नैक विअर्स का उदाहरण है?
(a) कैरेवट (b) जबोट
(c) 'a' और 'b' दोनों (d) इनमें से कोई नहीं

18. निम्न में से कौन-सा कॉलर बिना जोड़ की सिलाई से बनता है?
(a) चौकोर फ्लैट कॉलर (b) टेनिस कॉलर
(c) डबल ब्रैस्ट कॉलर (d) स्केयर नैक कॉलर

19. स्लैक पॉकेट किस परिधान में उपयोग किया जाता है?
(a) पतलून (b) कमीज
(c) बनियान कोट (d) T-शर्ट

20. सेलर कॉलर का प्रयोग किन वस्त्रों में करते हैं?
(a) बच्चों की फ्रॉकों पर
(b) बच्चों के नाइट सूट पर
(c) नेवी में काम करने वाले व्यक्तियों की वर्दी पर
(d) स्त्रियों के कपड़ों पर

21. वन पीस कॉलर का प्रयोग किन वस्त्रों में करते हैं?
(a) टी-शर्ट (b) फ्रॉक
(c) केन्द्र (d) शर्ट

22. योक, कॉलर और कफ किस ग्रेन पर काटे जाते हैं?
(a) बाइअस (b) ऑफ ग्रेन
(c) ऑन ग्रेन (d) इनमें से कोई नहीं

23. कॉलर के आखिरी हिस्से को दबाने के लिये निम्न में से किसका प्रयोग किया जाता है?
(a) नीडिल बोर्ड (b) प्वॉइण्ट प्रेसर
(c) आस्तीन बोर्ड (d) टेलर्स ट्रेम

24. निम्न में से कौन-सा शर्ट का भाग नहीं है?
(a) योक (b) कॉलर
(c) आस्तीन (d) वेस्टबैण्ड

25. वन पीस प्लैकिट का उपयोग किया जाता है
(a) केवल शर्ट की कॉलर पर
(b) केवल शर्ट की गले पर
(c) केवल शर्ट की पॉकेट पर
(d) केवल शर्ट की आस्तीन पर

26. फेस्ड प्लैकिट को अन्य किस नाम से जाना जाता है?
(a) साधारण प्लैकिट (b) जिप्पर प्लैकिट
(c) इटैलियन प्लैकिट (d) इनमें से कोई नहीं

27. मिट्रे प्लैकिट को अन्य किस नाम से जाना जाता है?
(a) टेलर्ड प्लैकिट (b) वन पीस प्लैकिट
(c) कन्टीन्यूअस प्लैकिट (d) जिप्पर प्लैकिट

28. पेटिकोट के लिए किस प्रकार की प्लैकिट उपयुक्त है?
(a) टू-पीस प्लैकिट
(b) इटालियन प्लैकिट
(c) कन्टीन्यूअस प्लैकिट
(d) जिप्पर प्लैकिट

29. चित्र में प्रदर्शित प्लैकिट को पहचानिए

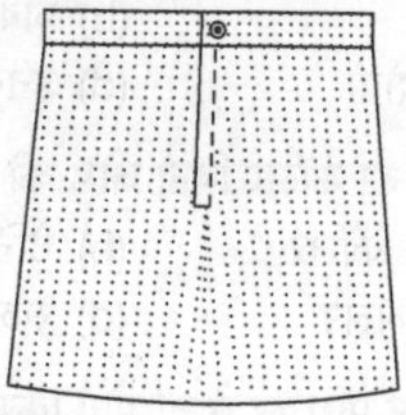

(a) इटालियन प्लैकिट (b) फेस्ड प्लैकिट
(c) कण्टीन्यूअस प्लैकिट (d) टू-पीस प्लैकिट

30. प्लैकिट का नाम बताइए।

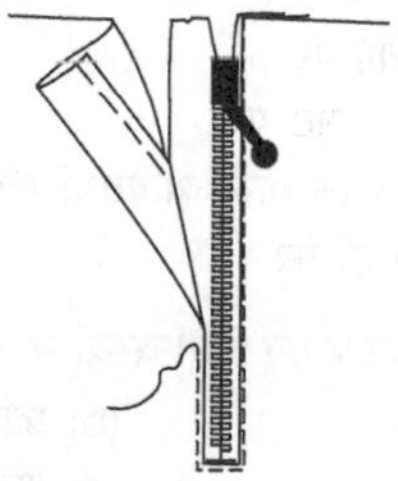

(a) लैप्ड (b) फ्लाई ओवर
(c) ओपन एण्ड (d) दृश्यिक (visible)

31. जिपर प्लैकिट को सिलने के लिए किस सिलाई का प्रयोग किया जाता है?
(a) फ्रेंच (b) लैप्ड
(c) साधारण (d) बाउण्ड

32. हुड वाली जैकेटों में किस प्रकार की जिप्पर प्लैकिट लगाई जाती है?
(a) अदृश्य (b) ओपन एण्ड
(c) लैप्ड (d) फ्लाई फ्रण्ट

33. टेलर्ड प्लैकिट किसे कहा जाता है?
(a) मिट्रे प्लैकिट को (b) फ्लाई फ्रण्ट प्लैकिट को
(c) टू-पीस प्लैकिट को (d) इटैलियन प्लैकिट को

34. निम्न में कौन-सी जिप्पर अदृश्य प्रकार की है?
(a) ओपर एण्ड जिप्पर (b) लैडर
(c) कन्सील्ड (d) चेन

35. निम्नलिखित में से कौन-सा फास्टनर्स का प्रकार नहीं है?
(a) बटन (b) जिप्पर फुट
(c) वेलक्रो (d) फेसिंग

36. निम्न में से भुजाओं के सिरों को पूर्णता प्रदान करने वाला उपागम क्या है?
(a) कॉलर (b) आस्तीन (c) जेब (d) योक

37. निम्न में से क्या पोशाक-निर्माण का विकल्प हो सकता है?
(a) आस्तीन सहित पोशाक (b) आस्तीन रहित पोशाक
(c) 'a' और 'b' दोनों (d) इनमें से कोई नहीं

38. पफ आस्तीन निम्न में से किसमें लगती है?
(a) जैन्ट्स शर्ट (b) नेहरू कुर्ता
(c) फ्रॉक (d) इनमें से कोई नहीं

39. बैल शेप आस्तीन को निम्नलिखित में से किनकी सहायता से सजाया जा सकता है?
(a) लैस (b) पाइपिंग (c) मोती (d) ये सभी

40. यदि किसी पोशाक में कन्धे की शेप अधिक है, तो कन्धे से चार इंच लम्बी
(a) डार्ट डाली जा सकती है
(b) कॉलर बढ़ाई जा सकती है
(c) प्लैकिट का प्रयोग कर सकते हैं
(d) फास्टनर्स लगा सकते हैं

41. यदि लेडीज कमीज की आस्तीन की चौड़ाई बढ़ानी है, तो उसमें कन्धे के बीच
(a) कॉलर बढ़ाकर लगेगी
(b) प्लीट्स का प्रयोग होगा
(c) चौवग्ला (डाट शेप) का पीस लगेगा
(d) नैक लाइन को कम करना होगा

42. पैच पॉकिट इनमें से किसके लिए बनती है?
(a) सफारी सूट (b) फ्रॉक
(c) लेडीज सूट (d) इनमें से कोई नहीं

43. पॉकिट में टक्स डालकर नवीनता प्रदान की जाती है, इस प्रकार बनी पॉकिट का आकार हो सकता है
(a) नोंकदार (b) प्लेन
(c) 'a' और 'b' दोनों (d) इनमें से कोई नहीं

44. लिंक पॉकिट को कली डिजाइनिंग की पोशाक में लगाया जाता है।
(a) जोड़ के बाहर की तरफ (b) जोड़ के भीतर की तरफ
(c) जोड़ के ऊपर (d) जोड़ के नीचे

45. अधिक भार के फैब्रिक पर पॉकेट के कोने या बाहरी आकार को किस प्रकार सैट करना चाहिए?
(a) उभरे हुए लगाकर (b) दबाकर
(c) बाहर की ओर लटकाकर (d) अन्दर की ओर मोड़कर

46. सिंगल बोन पॉकिट तैयार करने के लिए जैटिंग के टुकड़े प्रयोग किए जाते हैं।
(a) ऊपर तथा नीचे रखकर (b) दोनों को बराबर लगाकर
(c) 'a' और 'b' दोनों (d) इनमें से कोई नहीं

47. निम्न में से किस पॉकिट को पोशाक की वेस्ट लाइन से लगाया जाता है?
(a) इनसीम पॉकेट (b) साइड पॉकेट
(c) फ्रन्ट हिम पॉकेट (d) वैल्ट पॉकेट

48. सिलाई करते समय शर्ट पर पॉकिट कब लगाई जाती है?
(a) फ्रन्ट तथा बैक सिलने के बाद
(b) शर्ट सीम बन्द करने के बाद
(c) फ्रन्ट तथा बैक लगाने से पूर्व
(d) आस्तीन को लगाने के बाद

49. निम्नलिखित में से कौन-सा कम्पोनेंट पॉकिट बनाने के लिए उपयोग नहीं होता है?
(a) पॉकेट पाउच (b) लाइनिंग
(c) जैटिंग पीस (d) फ्लैप

50. फार्मल शर्ट में किस प्रकार की पॉकिट लगाई जाती है?
(a) फ्लैप पॉकेट (b) इनसीम पॉकेट
(c) स्लैश पॉकेट (d) पैच पॉकेट

51. नेकलाइन को खत्म करने के लिए निम्न में से किसकी ड्रेपएबिलिटी अधिक है?
(a) वार्प स्ट्रिप (b) वैफ्ट स्ट्रिप
(c) बायस स्ट्रिप (d) गैर-बुना स्ट्रिप

52. कौन-सी आस्तीन (स्लीव) में ऊपर और नीचे गैदरिंग होती है?
(a) बिशप स्लीव (b) सादा स्लीव
(c) पफ स्लीव (d) बेल स्लीव

53. स्लीवलेस आर्महोल को ... के द्वारा फिनिश करते हैं।
(a) शेप हेमिंग (b) शेप फेसिंग
(c) शेप ट्रिमिंग (d) गैदरिंग

54. बिशप आस्तीन का निर्माण कैसे किया जाता है?
(a) आस्तीन के शीर्ष पर गैदरिंग करके
(b) आस्तीन के नीचे गैदर करके
(c) दोनों आस्तीन को ऊपर और नीचे गैदर करके
(d) बिना गैदरिंग किए

55. लैप्ड और फ्रेंच का सम्बन्ध निम्न में से किससे है?
(a) प्लैकिट प्रकार (b) पॉकेट प्रकार
(c) कफ प्रकार (d) पैकेट प्रकार

56. शर्ट सिलाई में अन्तिम ऑपरेशन कौन-सा है?
(a) हेमिंग (b) पॉकेट लगाना
(c) बटन स्टिचिंग (d) कॉलर लगाना

57. नए डिजाइन बनाने के लिए किस प्रकार की आस्तीन में परिवर्तन किया जाता है?
(a) सेट इन आस्तीन (b) कट इन आस्तीन
(c) किमोनो आस्तीन (d) रागलॉन आस्तीन

58. बटन किस प्लैकिट में अदृश्य होते हैं?
(a) फेस प्लैकिट (b) कन्सील्ड प्लैकिट
(c) कन्टीन्यूअस प्लैकिट (d) टू पीस प्लैकिट

59. चित्र में प्रदर्शित पॉकिट का क्या नाम है?

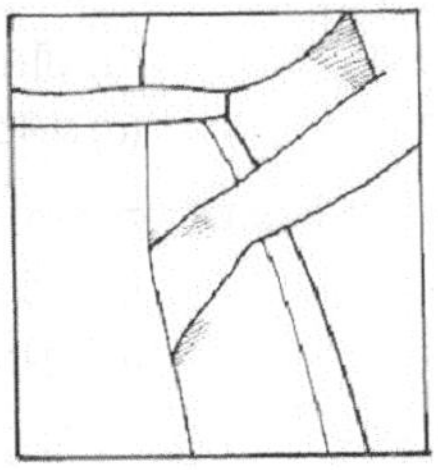

(a) वेल्ट पॉकेट (b) पैच पॉकेट
(c) इन सीम पॉकेट (d) फ्लैप पॉकेट

60. औपचारिक शर्ट में उपयोग की जाने वाली पॉकिट का नाम क्या है?
(a) फ्लैप पॉकेट (b) इन सीम पॉकेट
(c) स्लैश पॉकेट (d) पैच पॉकेट

61. पॉकिट का मुँह बन्द करने वाले लीप पीस (lip piece) का क्या नाम है?
(a) पॉकेट (b) पॉकेट फ्लैप
(c) पॉकेट हेम (d) पॉकेट वेल्ट

62. हुड वाली जैकेट में किस प्रकार के जिप वाले प्लैकिट का उपयोग किया जाता है?
(a) अदृश्य प्लैकिट (b) ओपन एण्ड प्लैकिट
(c) लेप प्लैकिट (d) फ्लाई फ्रण्ट प्लैकिट

63. कौन-सा जिप निर्माण बाएँ और दाएँ भाग में शामिल हो सकता है और आसानी से अलग हो सकता है?
(a) लेप (b) अदृश्य
(c) ओपन एण्ड (d) फ्लाई फ्रण्ट

64. पुरुषों की शर्ट का फ्रण्ट प्लैकिट ओवरलैप होता है
(a) दाएँ से बाएँ (b) बाएँ से दाएँ
(c) ऊपर से नीचे (d) नीचे से ऊपर

65. जिपर प्लैकिट की सिलाई करने के लिए किस सीम का उपयोग किया जाता है?
(a) फ्रेंच (b) लैप्ड (c) सरल (d) बाउण्ड

66. कपड़ों को आसानी से डालने या हटाने की अनुमति देने के लिए किस का उपयोग किया जाता है?
(a) हेम (b) आस्तीन (c) कॉलर (d) प्लैकिट

67. किस प्रकार के कॉलर समान होते हैं?
(a) रोल्ड और नाविक कॉलर
(b) फ्लैट और पीटर पैन कॉलर
(c) नाविक और फ्लैट कॉलर
(d) रोल्ड कॉलर और पीटर पैन कॉलर

68. शॉल कॉलर का निर्माण किया जाता है
(a) अलग से संलग्न करके
(b) फ्रण्ट लैपल अलग से जोड़कर
(c) सैल्फ फोल्ड लैपल से
(d) बैक लैपल अलग से जोड़कर

69. कौन-सा कॉलर मानक गर्दन माप के साथ मूल शैली में अधिक कपड़े का उपयोग करता है?
(a) मेण्डेरिन कॉलर (b) बैण्ड कॉलर
(c) शर्ट कॉलर (d) स्टैण्ड कॉलर

70. चित्र में 'X' के रूप में चिह्नित भाग है।

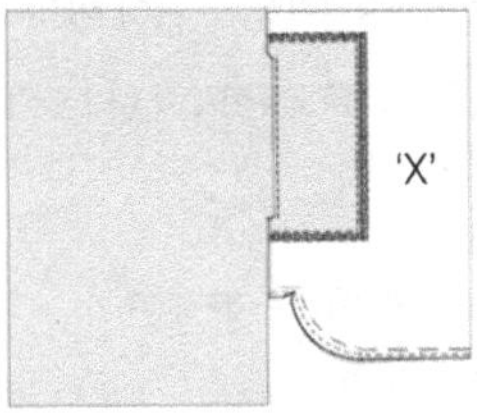

(a) फ्लेप पॉकेट (b) पैच पॉकेट
(c) पॉकेट फेसिंग (d) पॉकेट पाउच

71. परिधान में अधिक कार्यात्मक उद्देश्य के रूप में किसे माना जाता है?
(a) प्लीट (b) पॉकेट
(c) पैच लेबल (d) कॉलर बैण्ड

72. बार और त्रिकोण आकार के टाँके पॉकेट माउथ के कोने में क्यों लगाए जाते हैं?
(a) सजावट के लिए (b) मजबूती के लिए
(c) परिष्करण के लिए (d) ये सभी

73. अधिकतर स्लैश पॉकेट कहाँ बनाई जाती हैं ?
(a) कमर की रेखा के ऊपर (b) कमर की रेखा के नीचे
(c) छाती की रेखा पर (d) कूल्हे की रेखा पर

74. इटालियन प्लैकिट में दो टुकड़ों की चौड़ाई क्या है ?
(a) बायाँ टुकड़ा दाएँ से बड़ा होना
(b) दाएँ का बाएँ से बड़ा होना
(c) दोनों समान चौड़ाई वाले हैं
(d) उपरोक्त में से कोई नहीं

75. निम्न में से कौन-से पहनावे में केन्द्र (front) के सामने वाली प्लैकिट दाएँ से बाईं ओर होती है?
(a) पुरुषों का पहनावा (b) स्त्रियों का पहनावा
(c) बच्चों का पहनावा (d) यूनिसेक्स का पहनावा

76. बेसिक फुल स्लीव शर्ट में कितने प्लैकिट्स होते हैं?
(a) 1 (b) 2 (c) 3 (d) 4

77. गोल नेक को पूरा करने के लिए दर्जी के लिए कौन-सा परिष्करण आसान है?
(a) बाइण्डिंग (b) बायस फेसिंग
(c) पाइपिंग (d) ओवरलॉक

78. औपचारिक शर्ट पर पैच पॉकेट के निर्माण के लिए किस कपड़े का उपयोग किया जाता है?
(a) सेल्फ कपड़ा (b) लाइनिंग कपड़ा
(c) बगैर बुना हुआ कपड़ा (d) जाल का कपड़ा

79. पॉकेट पाउच के निर्माण के लिए किस सामग्री का उपयोग किया जाता है?
(a) शैल कपड़ा (b) बगैर बुना हुआ कपड़ा
(c) लाइनिंग कपड़ा (d) जाल का कपड़ा

80. ट्राउजर में किस दिशा में वेल्ट पॉकेट का निर्माण किया जाता है?
(a) लम्बाईवार (b) चौड़ाईवार (c) विकर्ण (d) 35°

81. आस्तीन प्लैकिट को मजबूत करने के लिए किसका उपयोग किया जाता है?
(a) कपड़ा (b) कैनवास (c) धागा (d) स्टार्च

82. कण्टीन्यूअस प्लैकिट का उपयोग कहाँ किया जाता है?
(a) ऊपरी वस्त्र में
(b) निचले वस्त्र में
(c) दोनों ऊपरी और निचले वस्त्र में
(d) पुरुषों के पहनावे में

83. अण्डाकार नेक को चिह्नित करने और काटने के लिए सामग्री को कैसे मोड़ा जाता है?
(a) ऊर्ध्वाधर (b) क्षैतिज
(c) विकर्ण (d) 35°

84. पतली और लम्बी नेक की आकृति के लिए उपयुक्त कॉलर है
(a) फ्लैट कॉलर (b) स्टैण्डिंग कॉलर
(c) स्कूप नेक (d) चौकोर नेक

85. किस डिजाइन में कम-से-कम नेक का माप है?
(a) अण्डाकार नेक (b) गोल नेक
(c) बोट नेक (d) स्कूप नेक

86. अनफॉल्ड फैब्रिक में किस नेक के डिजाइन को खींचा और काटा जाता है?
(a) कीहोल नेक (b) स्वीटहार्ट नेक
(c) असममित नेक (d) स्कूप नेक

87. प्लैकिट के साथ किस नेक का आकार पुरुषों के कुर्ता पायजामा के लिए उपयुक्त है?
(a) स्क्वायर (b) राउण्ड
(c) V-नेक (d) स्कूप नेक

88. नेक का यूनिसेक्स (unisex) डिजाइन कौन-सा है?
(a) असममित नेक (b) कीहोल नेक
(c) स्वीटहार्ट नेक (d) स्टीप नेक

89. कौन-से परिधान में रागलाण आस्तीन का उपयोग किया जाता है?
(a) औपचारिक शर्ट (b) T-शर्ट
(b) जम्पसूट (d) बेसिक कमीज

90. दिए गए कॉलर का नाम क्या है?

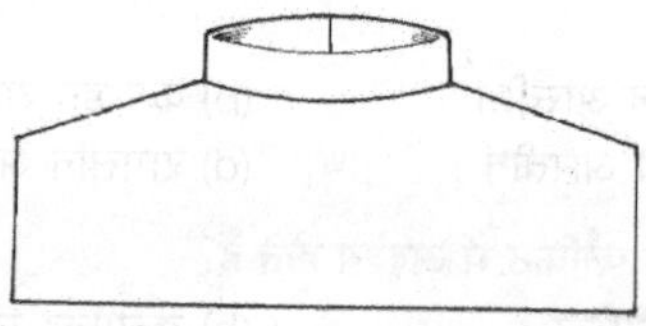

(a) पीटर पैन कॉलर (b) स्कैल्प्ड कॉलर
(c) मेण्डेरिन कॉलर (d) रोल्ड कॉलर

91. कौन-सा कॉलर बेक ओपन परिधान के लिए उपयुक्त है?
(a) मेण्डेरिन रोल्ड (b) शॉल कॉलर
(c) नाविक कॉलर (d) फ्लैट कॉलर

92. कॉलर प्वॉइण्ट को दबाने के लिए किसका उपयोग किया जाता है?
(a) प्वॉइण्ट प्रेशर (b) स्लीव बोर्ड
(c) नीडिल बोर्ड (d) प्रेसिंग बोर्ड

93. कौन-सा कॉलर आगे 'V' आकार और पीछे चौकोर आकार का होता है?
(a) रोल्ड कॉलर (b) नाविक कॉलर
(c) शॉल कॉलर (d) टेनिस कॉलर

94. चित्र में प्रदर्शित आस्तीन के प्रकार का नाम क्या है?

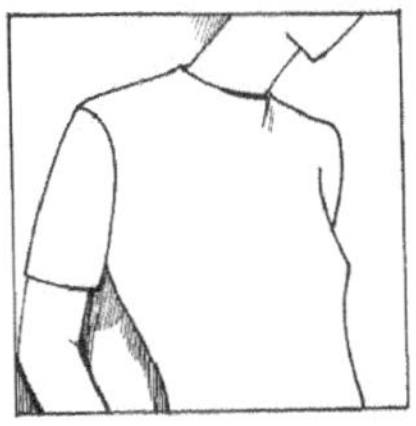

(a) सादी आस्तीन
(b) पफ आस्तीन
(c) किमोनो आस्तीन
(d) सेट इन आस्तीन

95. किस परिधान का निर्माण किमोनो स्लीव के साथ किया जाता है?
(a) बेबी फ्रॉक
(b) जम्पसूट
(c) कुर्ती
(d) जरकिन

96. आस्तीन क्रॉउन क्या है?
(a) अप्पर आर्म
(b) स्लीव मिडिल का उच्च बिन्दु
(c) नीचे का मध्य बिन्दु
(d) लोअर आर्म

97. चित्र में प्रदर्शित आस्तीन का नाम क्या है?

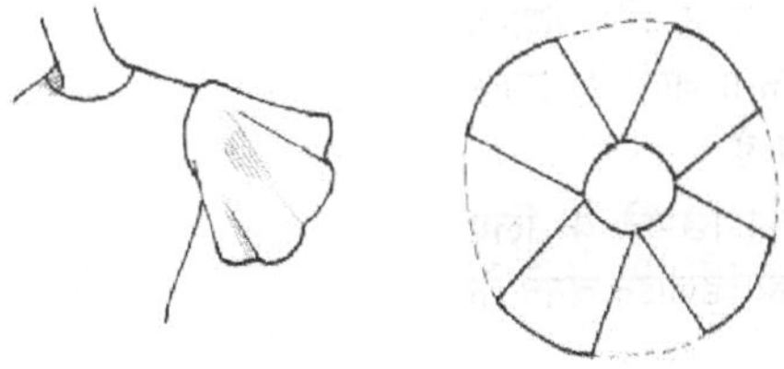

(a) बिशप आस्तीन (b) वृत्ताकार आस्तीन
(c) रैगलॉन आस्तीन (d) पफ आस्तीन

98. आस्तीन का नाम क्या है?

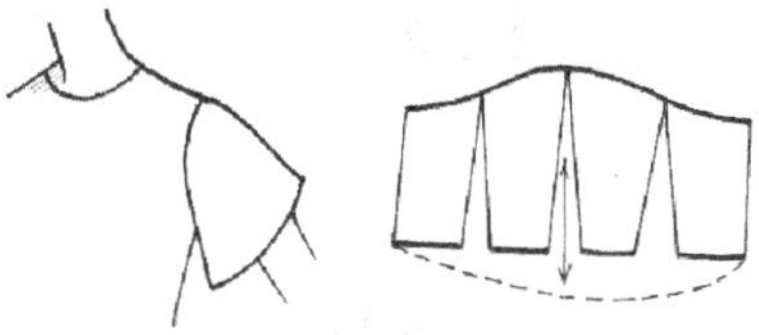

(a) सादा आस्तीन (b) वृत्ताकार आस्तीन
(c) बेल आस्तीन (d) पफ आस्तीन

99. लेग-ओ-मटन किस प्रकार की आस्तीन है?
(a) कट ओन आस्तीन (b) सेट इन स्लीव
(c) रैगलॉन (d) किमोनो आस्तीन

100. कोहनी के नीचे कौन-सी आस्तीन ऊपर से पफ और नीचे से फिटिंग की होती है?
(a) लेग-ओ-मटन (b) बिशप
(c) कीमोनो (d) रैगलॉन

101. दी गई आस्तीन का नाम क्या है?

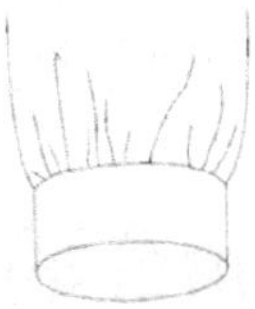

(a) शेप टर्न बैक कफ (b) बैण्ड कफ
(c) स्ट्रेट टर्न बैक कफ (d) फ्रेंच कफ

102. आस्तीन के नीचे एक कपड़े का बैण्ड कौन-सा है?
(a) कफ (b) झालर (c) प्लीट (d) प्लैकिट

103. फार्मल शर्ट फुल स्लीव बॉटम को कैसे फिनिश किया जाता है?
(a) प्लैकिट, प्लीट और कफ के साथ
(b) बिना पॉकेट और प्लीट के साथ
(c) गैदरिंग और कफ के साथ
(d) प्लीट और कफ के साथ

उत्तरमाला

1. (d)	**2.** (d)	**3.** (d)	**4.** (c)	**5.** (d)	**6.** (c)	**7.** (a)	**8.** (c)	**9.** (c)	**10.** (a)
11. (b)	**12.** (b)	**13.** (c)	**14.** (c)	**15.** (a)	**16.** (a)	**17.** (c)	**18.** (a)	**19.** (a)	**20.** (c)
21. (a)	**22.** (b)	**23.** (b)	**24.** (d)	**25.** (c)	**26.** (a)	**27.** (a)	**28.** (c)	**29.** (c)	**30.** (d)
31. (b)	**32.** (b)	**33.** (a)	**34.** (c)	**35.** (b)	**36.** (b)	**37.** (c)	**38.** (c)	**39.** (d)	**40.** (a)
41. (c)	**42.** (a)	**43.** (c)	**44.** (b)	**45.** (b)	**46.** (a)	**47.** (c)	**48.** (c)	**49.** (a)	**50.** (d)
51. (c)	**52.** (c)	**53.** (b)	**54.** (b)	**55.** (c)	**56.** (c)	**57.** (a)	**58.** (b)	**59.** (c)	**60.** (d)
61. (d)	**62.** (b)	**63.** (c)	**64.** (b)	**65.** (b)	**66.** (d)	**67.** (b)	**68.** (c)	**69.** (c)	**70.** (d)
71. (b)	**72.** (b)	**73.** (b)	**74.** (c)	**75.** (b)	**76.** (c)	**77.** (b)	**78.** (a)	**79.** (c)	**80.** (b)
81. (b)	**82.** (b)	**83.** (a)	**84.** (b)	**85.** (c)	**86.** (c)	**87.** (b)	**88.** (a)	**89.** (b)	**90.** (c)
91. (d)	**92.** (a)	**93.** (b)	**94.** (d)	**95.** (b)	**96.** (b)	**97.** (b)	**98.** (c)	**99.** (b)	**100.** (a)
101. (b)	**102.** (a)	**103.** (a)							

अध्याय 15

सजावटी सामग्रियाँ
Trimming Materials

एक सिलाई तकनीक प्रशिक्षार्थी को पोशाक को सिलने के साथ उसे दिखने में आकर्षक बनाने की कला भी आनी चाहिए। सजावट का अपना अलग ही महत्त्व होता है, क्योंकि सजावट के द्वारा तैयार की गई एक साधारण-सी पोशाक भी आकर्षक लगने लगती है। इसलिए पोशाक को विभिन्न तरीकों से सजाकर अथवा उस पर सजावटी सामग्री का प्रयोग करके उसे अधिक सुन्दर बनाया जा सकता है। पोशाकों को सजाने अथवा उसे आकर्षक बनाने के लिए जिन अलग-अलग वस्तुओं तथा सामग्रियों का प्रयोग किया जाता है, उन्हें 'सजावटी सामग्रियाँ' (Trimming materials) कहा जाता है।

अध्याय विषय सूची

15.1 सजावटी सामग्री की आवश्यकता
Need of Trimming Material

पोशाकों का निर्माण व्यक्ति को आवरण तथा आकर्षण प्रदान करने के उद्देश्य से किया जाता है और पोशाक को आकर्षक बनाने के लिए सामान्य सिलाई से अलग कुछ सजावटी सामग्री का उपयोग किया जाता है। इसके अतिरिक्त कुछ सजावटी सामग्री का उपयोग निम्न उद्देश्यों की पूर्ति के लिए किया जाता है

(i) **त्रुटि सुधार हेतु** कई बार कटिंग करते समय कोई दोष हो जाने पर उस दोष को छिपाने के लिए आवश्यकतानुसार फ्रिल, लैस, रिबन आदि लगाने से दोष तो छिप ही जाता है, साथ-ही डिजाइन बनने के कारण पोशाक में कलात्मकता का समावेश भी हो जाता है।

(ii) **आकर्षण हेतु** सजावटी सामग्रियों के प्रयोग से पोशाक का आकर्षण कई गुना तक बढ़ जाता है।

(iii) **मूल्य-वृद्धि हेतु** सजावटी सामग्रियों के प्रयोग से पोशाकों में आकर्षण बढ़ जाने से वह ग्राहकों को अपनी ओर आकर्षित करती है। इस प्रकार थोड़ा श्रम व धन लगाकर आप उससे अधिक लाभ अर्जित कर सकते हैं।

(iv) **प्रसिद्धि हेतु** सजावटी सामग्रियों द्वारा सजी पोशाकें व्यक्तियों को अपनी ओर आकर्षित करती है। ग्राहक विभिन्न प्रकार की आकर्षक पोशाकें खरीद लेता है तथा अन्य व्यक्तियों को बताता है। इस प्रकार एक-दूसरे व्यक्ति से सुनकर किसी भी टेलरिंग दुकान की प्रसिद्धि बढ़ती है जिससे कार्य बढ़ जाता है।

15.2 सजावटी सामग्री के प्रकार Types of Trimming Material

सजावटी सामग्री मुख्यत: दो प्रकार की होती हैं

1. स्वनिर्मित सजावटी सामग्रियाँ 2. कृत्रिम सजावटी सामग्रियाँ

1. स्वनिर्मित सजावटी सामग्रियाँ Self Made Trimming Materials

पोशाकों को सजाने के लिए जो वस्तुएँ स्वयं अपने हाथ से तैयार करके पोशाकों में लगाई जाती हैं, उन्हें स्वनिर्मित सजावटी सामग्रियाँ कहते हैं।

स्वनिर्मित सजावटी सामग्रियाँ तथा इनका विवरण निम्न प्रकार हैं

(i) टक्स (ii) पाइपिंग
(iii) फ्रिल (iv) गैदरिंग

(i) टक्स Tucks

पोशाकों की सजावट के लिए टक्स का प्रयोग किया जाता है। यह एक मशीन की सिलाई से बनाई जाती है, जो पोशाकों की सजावट के लिए उपयोग किया जाता है।

टक्स डालते समय सिलाई सीधी, सुन्दर तथा सफाई से लगानी चाहिए, जिससे पोशाक की फिटिंग अच्छी आती है। टक्स, नाइफ प्लीट के समान ही डाला जाता है तथा इस पर पैटर्न को मोड़कर सिलाई लगाई जाती है।

नोट *विस्तृत अध्ययन के लिए अध्याय 11 का अवलोकन करें।*

(ii) पाइपिंग Piping

पाइपिंग के लिए फैब्रिक को 45° के कोण पर मोड़कर, आवश्यकतानुसार 3/4 इंच या 1 इंच चौड़ी तिरछी पट्टियाँ काटी जाती हैं। इन पट्टियों को ही पाइपिंग कहते हैं।

अधिकतर जिस फैब्रिक की पोशाक बनाई जाती है, जहाँ तक सम्भव हो उसी के बचे हुए कपड़े से पाइपिंग निकालनी चाहिए। बाजार में बनी-बनाई पाइपिंग विभिन्न रंगों में मिलती हैं।

यदि पाइपिंग कपड़े के रंग की लगानी है, तो मूल फैब्रिक के बचे हुए कपड़े में से ही पाइपिंग निकालनी चाहिए। यदि विपरीत रंग की लगानी हो या अधिक की आवश्यकता हो तभी पाइपिंग रोल खरीदना चाहिए। पाइपिंग लाइनदार व चैक फैब्रिक से भी बनाई जा सकती है।

पाइपिंग निम्न प्रकार से काटी जाती हैं

- रूमाल की तरह चौकोर फैब्रिक लेकर, 45° के कोण पर मोड़कर जितनी चौड़ी पाइपिंग काटनी हो काट लेनी चाहिए।
- पहले चौड़ाई में दोनों ओर से मोड़कर सिलने के बाद, 90° पर मोड़कर दोनों परत पकड़कर सिलाई लगा देते हैं। जहाँ फैब्रिक समाप्त हो जाए, वहाँ मशीन में से निकालकर चौड़ाई की ओर से काट लेते हैं। इसके पश्चात् दूसरी ओर के कोने पकड़कर झटकने के बाद पाइपिंग काटें। यह विधि अधिक पाइपिंग बनाते समय प्रयोग की जाती है।
- पाइपिंग सदैव खींचकर लगानी चाहिए तथा पाइपिंग को सदैव तिरछा ही जोड़ा जाता है।

पाइपिंग मुख्यत: निम्न प्रकार की होती हैं

- **कोर्डिड पाइपिंग** कोर्ड या डोरी के बीच में रखकर जो पाइपिंग लगाई जाती है, उसे कोर्डिड पाइपिंग कहते हैं। कुशन कवर, सोफा कवर आदि पर 'कोर्डिड पाइपिंग' लगाई जाती है।
- **रोलियो पाइपिंग** इस पाइपिंग को ढीला करके लगाया जाता है, इसलिए यह रोलियो पाइपिंग कहलाती है। इसे पोशाक पर बॉर्डर के समान लगाया जाता है।

  इसका प्रयोग कढ़ाई की गई पोशाकों एवं महिलाओं तथा बच्चों की पोशाकों को सजाने में किया जाता है।

(iii) फ्रिल Frills

वस्त्रों की सजावट एवं उन्हें आकर्षक बनाने का एक अन्य तरीका फ्रिल (झालर) लगाना भी है। किसी भी पोशाक या फैब्रिक पर फ्रिल लगानी हो, तो उसके लिए (उसी के अनुसार) दोगुना कपड़ा लिया जाता है। यदि चौड़ी फ्रिल लगानी है, तो उसी अनुसार कपड़े की चौड़ाई ली जाती है, परन्तु लम्बाई में फ्रिल का प्रयोग करना हो तो दोगुना फैब्रिक लगता है। फ्रिल रफलर या फ्रिलर (अटैचमेन्ट) के द्वारा भी बनाई जाती है।

फ्रिल बनाने के लिए पहले फ्रिल के निचले किनारे पर मशीन से बारीक हेमिंग करके ऊपरी किनारे पर टक्स डालते हैं। इसके बाद टक्स के सिरों पर बखिया लगाई जाती है, जिसे खींचकर फ्रिल के नाप के बराबर कर देते हैं। फिर बखिया के समान्तर बाहर की ओर से पक्का कर फ्रिल को जोड़ दिया जाता है। आस्तीन या घेरे में चुन्नटों द्वारा की गई फ्रिल को फ्रिल गैदरिंग कहा जाता है। नीचे दिए गए चित्र में फ्रिल का सुन्दर नमूना देखा जा सकता है।

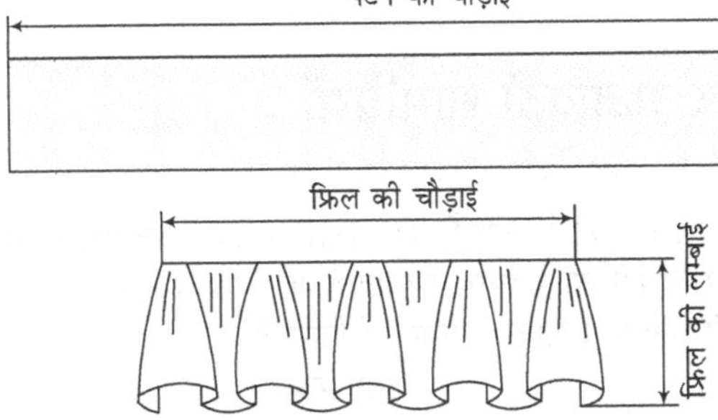

चित्र 15.1 फ्रिल

(iv) गैदरिंग Gathering

किसी भी पोशाक को सजाने के लिए उसमें चुन्नटें डालना गैदरिंग कहलाता है। यह वस्त्र के डिजाइन पर पूर्णता प्रदान करने का प्रभावी तरीका है। इसका प्रयोग बारीक फैब्रिक पर करना चाहिए, जिससे यह अधिक सुन्दर दिख सके। गैदरिंग के लिए आवश्यक कपड़ा, कमर के घेरे की माप का दोगुना होता है। फैब्रिक पर गैदरिंग कई प्रकार से डाली जा सकती है; जैसे—हाथ द्वारा कच्चा करके, मशीन द्वारा, इलास्टिक का प्रयोग करते हुए तथा जिग-जैग कच्चा टाँका लगाकर।

गैदरिंग अथवा चुन्नटें को निम्न प्रकार पोशाकों में डाला जाता है

- हाथ द्वारा कच्चा करके अनेक पोशाकों में चुन्नटें डाली जाती हैं। चुन्नटें डालते समय यह ध्यान रखना चाहिए कि धागे के बीच में गाँठ नहीं होनी चाहिए। यदि बीच में गाँठ होगी तो गाँठ पर चुन्नटें रुक जाएँगी तथा बराबर चुन्नटें प्राप्त नहीं होंगी।
- मशीन द्वारा चुन्नटें डालने हेतु लम्बे टाँकों को लगाने के लिए मशीन को सही से समायोजित करके, अपर टेंशन (upper tension) स्क्रू को थोड़ा ढीला करें। उसके पश्चात् 1/4" की दूरी रखते हुए मशीन द्वारा टाँकों की दो पंक्तियाँ बनाएँ। समान पूर्णता देने हेतु दोनों बॉबिन थ्रेड को साथ-साथ खींचे तथा मशीन द्वारा टाँका लगाएँ। इसके अतिरिक्त कपड़े के बड़े भाग पर चुन्नटें डालने हेतु गैदरिंग फुट या रफल अटैचमेन्ट का प्रयोग किया जाता है।

- चुन्नटें डालने के लिए बारीक गोल इलास्टिक का भी प्रयोग किया जाता है। इलास्टिक की छोटी पंक्तियों को खींचकर सिलाई द्वारा लगाने से पोशाकों में चुन्नटें डाली जा सकती हैं।
- चुन्नटें डालने के लिए जिग-जैग प्रकार के कच्चे टाँके का भी उपयोग किया जाता है। इस प्रकार डाली गई चुन्नटें शैल गैदर्स (shell gathers) कहलाती है। इन्हें बनाने हेतु कपड़े को डबल करके प्रेस की जाती है उसके पश्चात् उल्टी ओर मोड़कर निशान लगाकर उन निशानों पर समान कच्चा टाँका लगाते हैं।

नीचे दिए गए चित्र में गैदरिंग को दर्शाया गया है।

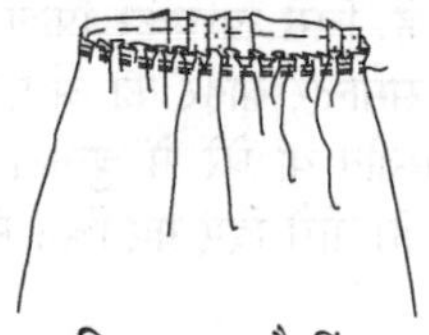

चित्र 15.2 गैदरिंग

2. तैयार सजावटी सामग्रियाँ

Readymade Trimming Materials

पोशाकों को सजाने की वे वस्तुएँ, जो बाजार से तैयार अवस्था में मिलती हैं, कृत्रिम सजावटी या रेडीमेड सामग्रियाँ या तैयार सजावटी सामग्रियाँ कहलाती हैं। कृत्रिम सजावटी सामग्रियाँ निम्न हैं

(i) लैस	(ii) रिबन
(iii) फुँदने	(iv) मोटिफ
(v) रिक-रैक	(vi) डोरी
(vii) रेशमी धागा	(viii) बायस ट्यूबिंग
(ix) फूल	(x) फोम
(xi) कढ़ाई	(xii) सितारे
(xiii) शीशा वर्क	(xiv) फैन्सी बटन

(i) **लैस** Lace

लैस अलग-अलग रंगों एवं डिजाइनों में सूती या रेशमी फैब्रिक से लूपिंग, ट्विस्टिंग या फिर पतरन में धागों की बुनाई से निर्मित सजावटी सामग्री है। इसकी चौड़ाई सामान्यत: 2 सेमी से 25 सेमी अथवा अधिक भी हो सकती है। बाजार में अनेक प्रकार की लैस मिलती हैं। लैस विभिन्न प्रकार की होती हैं

- सूती लैस
- सिन्थेटिक लैस
- कोबा लैस
- रिक-रैक लैस
- फ्रिगेल लैस
- इन्सर्शन लैस
- गोल्डन-सिल्वर लैस
- शटल लैस
- जूट लैस

चित्र 15.3 लैस

(ii) **रिबन** Ribbons

रिबन बाजार में भिन्न-भिन्न रंगों, शेड्स एवं चौड़ाई (2 सूत से लेकर 2 इंच तक) में मिलते हैं। ये विभिन्न फैब्रिक; जैसे—साटन, नायलॉन अथवा टफेटा में उपलब्ध होते हैं। डिजाइन के अनुसार, इनकी चौड़ाई व रंगों का चुनाव किया जाता है। बच्चों की पोशाकों पर इसके गुलाब के फूल बनाकर, लैस के साथ प्रयोग करते हैं। कुशन, पिलो कवर, मेजपोश, बैड कवर को सजाने के लिए भी इनका प्रयोग किया जाता है।

बाजार में 'प्रिन्टेड रिबन' के साथ ही स्मोकिंग रिबन व फ्रिल रिबन भी मिलते हैं, जिन्हें आवश्यकतानुसार खरीदकर पोशाकों को नवीनतम रूप दिया जा सकता है। आजकल जापानी रिबन बहुत लोकप्रिय हैं। रिबन का आकार नीचे दिए गए चित्र में देखा जा सकता है।

चित्र 15.4 रिबन

(iii) **फुँदने** Tassels

रिबन के समान ही विभिन्न प्रकार के फुँदने भी बाजार में उपलब्ध हैं। ये फुँदने विभिन्न रंग के साथ ही विभिन्न प्रकार की कढ़ाई के द्वारा मशीन व हाथ से कढ़े हुए मिलते हैं। अलग-अलग रंग की कढ़ाई वाले फुँदनों का प्रयोग अधिकतर साड़ी के पल्लू अथवा दुपट्टों पर किया जाता है।

जरी, सलमा-सितारों से हाथ द्वारा फुँदने तैयार कर बच्चों के फैब्रिक्स व साड़ियों पर फैशन के अनुसार लगाए जाते हैं। कढ़े हुए फुँदने पुरुषों के 'कलीदार कुर्तों' के गले व मुड्ढों पर लगाए जाते हैं।

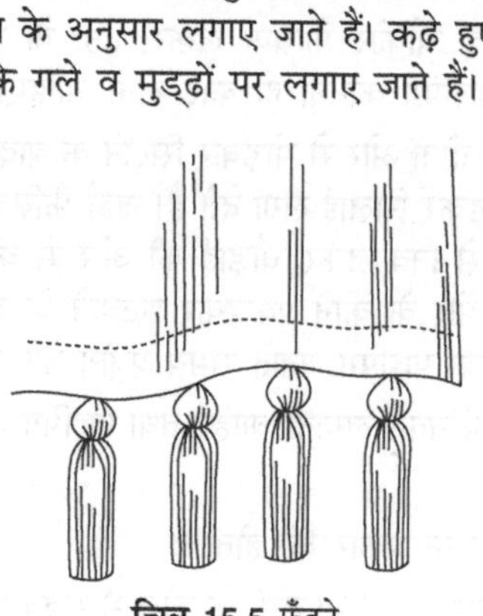

चित्र 15.5 फुँदने

(iv) **मोटिफ** Motifs

ये सभी आकृतियों व डिजाइनों में बाजार में उपलब्ध होते हैं तथा इन्हें स्वयं भी बना सकते हैं। ये हाथ व मशीन, दोनों से बनाए जाते हैं। इनके डिजाइन को फैब्रिक पर ट्रेस कर, उसके नीचे बुकरम लगाकर, किनारे पर पहले चेन स्टिच कर देते हैं।

उसके पश्चात् बटन होल्स स्टिच द्वारा पक्का कर, किनारों को 'ट्रिमिंग्स सीजर्स' द्वारा काटकर, छापे या तुरपाई द्वारा जहाँ लगाना हो लगा देते हैं।

आजकल बच्चों के अतिरिक्त बड़ों की जीन्स में जेब, घुटनों व हिप पर भी मोटिफ लगाए जाने लगे हैं।

चित्र 15.6 मोटिफ

(v) **रिक-रैक** Ric-Rac

ये बाजार में अलग-अलग रंगों में मिलते हैं, परन्तु इनकी चौड़ाई कम होती है। ये कॉटन या पॉलिस्टर के बनाए जाते हैं। इनका प्रयोग पोशाक में डिजाइन बनाने के लिए किया जाता है। रिक-रैक सस्ते एवं टिकाऊ होते हैं, इसलिए इनका प्रयोग सरलता से किया जा सकता है। इन्हें चित्र में दिखाए अनुसार किसी भी आकृति में पोशाक पर लगाया जा सकता है।

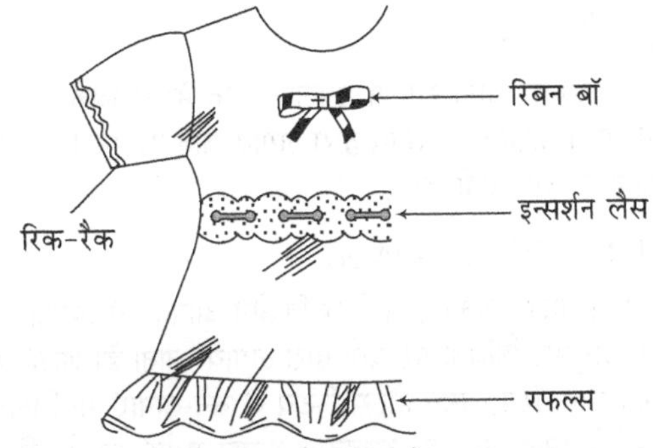

चित्र 15.7 रिक-रैक

(vi) **डोरी** Cord

सूती, रेशमी व तिल्ला से बनी डोरियाँ अनेक रंग एवं डिजाइनों में बाजार में मिलती हैं। सूती डोरी अधिकतर सोफा कवर के किनारे बनाने के काम आती है। रेशमी डोरी कुशन कवर के किनारे, जैकेट के किनारे व ड्रेसिंग गाउन में प्रयोग की जाती हैं। इसके अतिरिक्त डिजाइन के अनुसार अन्य कपड़ों पर भी डोरी लगा सकते हैं। जरी की डोरी, त्योहारों में पहनी जाने वाली पोशाकों में डिजाइन के आधार पर लगाई जाती हैं।

चित्र 15.8 डोरी

(vii) **रेशमी धागा** Silk Thread

रेशमी धागे बाजार में कई रंगों के मिलते हैं। इनका प्रयोग पोशाकों पर कढ़ाई करने के लिए किया जाता है। हाथ से कढ़ाई करने के लिए मुख्य रूप से एंकर (anchor) का धागा प्रयोग में लाया जाता है।

इसके रंग पक्के होते हैं तथा बहुत पुराने होने पर भी इसकी चमक खराब नहीं होती न ही धागा टूटता है, परन्तु ये धागे महँगे होते हैं।

चित्र 15.9 रेशमी धागे

सजावटी टाँकों में प्रयुक्त होने वाले कुछ धागों के रंगों के नाम व नम्बर निम्नलिखित हैं

रंग का नम्बर	रंग का नाम	रंग का नम्बर	रंग का नाम
06	पीच	0262	मूँगिया हरा
07	पीच	0264	मूँगिया हरा
08	पीच	0265	मूँगिया हरा
09	पीच	0267	मूँगिया हरा
010	पीच	0288	लेमन शेड
011	पीच	0289	लेमन शेड
013	लाल	0290	लेमन शेड
019	लाल	0291	लेमन शेड
020	महरून	0295	पीला शेड
022	महरून	0297	पीला शेड
024	तरबूजी शेड	0298	पीला शेड
026	गहरा	0302	पीला
027	गहरा	0303	पीला
028	गहरा	0304	पीला
029	तरबूजी गहरा शेड	0306	हल्का ब्राउन
031	लाल शेड	0307	हल्का ब्राउन
033	लाल शेड	0308	हल्का ब्राउन
035	लाल शेड	0309	हल्का ब्राउन
046	लाल शेड	0310	हल्का ब्राउन
047	लाल शेड	0329	ऑरेंज
048	गुलाबी शेड	0330	ऑरेंज
049	गुलाबी शेड	0332	औरेंज
050	गुलाबी शेड	0333	ऑरेंज
052	गुलाबी शेड	0335	औरेंज
095	जामुनी शेड	0347	ऑरेंज
096	जामुनी शेड	0348	ऑरेंज
098	जामुनी शेड	0350	ऑरेंज

रंग का नम्बर	रंग का नाम	रंग का नम्बर	रंग का नाम
0100	जामुनी शेड	0352	औरेंज
0101	जामुनी शेड	0358	औरेंज
0102	जामुनी शेड	0360	ऑरेंज
0130	नीली शेड	WHITE	सफेद
0131	नीली शेड	BLACK	काला
0132	नीली शेड	1201	गुलाबी
0133	नीली शेड	1202	पीच
0134	नीली शेड	1203	लाल
0149	नीली शेड	1205	गहरा लाल
0150	नीली शेड	1206	महरून शेडिड
0237	हरा शेड	1210	नीला
0238	हरा शेड	1211	नीला
0239	हरा शेड	1213	हरा
0241	हरा शेड	1214	हरा शेडिड
0243	हरा शेड	1215	हरा शेडिड
0245	हरा शेड	1216	हरा शेडिड
0246	हरा शेड	1217	लेमन शेडिड
0253	मूँगिया हरा	1218	ब्राउन शेडिड
0254	मूँगिया हरा	1219	पीला शेडिड
0255	मूँगिया हरा	1220	ऑरेंज शेडिड
0256	मूँगिया हरा	1221	रैस्ट शेडिड
0257	मूँगिया हरा	1287	शार्क ग्रे
0258	मूँगिया हरा	1288	जामुनी

(viii) बायस ट्यूबिंग Bias Tubing

इसका प्रयोग विभिन्न आकार के सजावटी बटन, लूप, मोटिफ इत्यादि बनाने हेतु किया जाता है। सर्वप्रथम आकार को पोशाकों पर बनाया जाता है, उसके पश्चात् निशान के अनुसार ट्यूबिंग को सिला जाता है। बायस ट्यूबिंग की अनेक लैसों से सजावटी बैल्टें बनाई जाती हैं। ये कन्ट्रास्ट रंग की या पोशाक के ही रंग की हो सकती हैं।

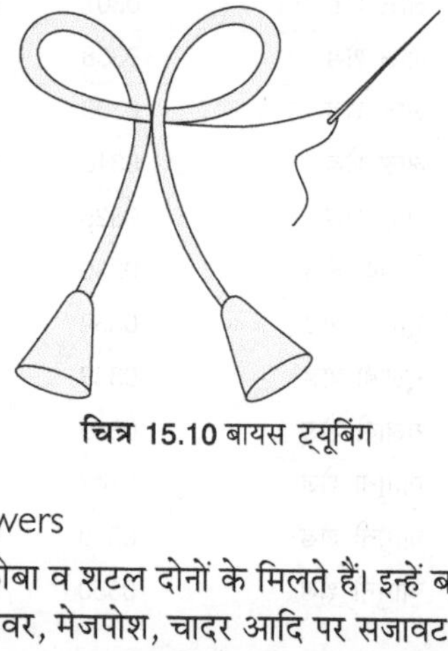

चित्र 15.10 बायस ट्यूबिंग

(ix) फूल Flowers

ये तैयार फूल हकोबा व शटल दोनों के मिलते हैं। इन्हें बच्चों व स्त्रियों की पोशाकों, पिलो कवर, मेजपोश, चादर आदि पर सजावट हेतु लगाते हैं।

(x) फोम Foam

सामान्यत: फोम लगाकर ऊपर वास्तविक फैब्रिक या विपरीत रंग का फैब्रिक तथा नीचे अस्तर का फैब्रिक रखकर अपनी पसन्द के डिजाइन के अनुसार क्विल्ट कर बच्चों व स्त्रियों की पोशाकों को आकर्षक बनाया जाता है। आजकल पुरानी साड़ियों से बैड कवर तथा फोम के ज्वैलरी बॉक्स, टाई कवर, बैंगिल केस आदि भी बनाए जाते हैं।

(xi) कढ़ाई Embroidery

वस्त्रों को सुन्दर कलात्मक कढ़ाई के द्वारा भी सजाया जाता है। कढ़ाई की कला में मनका या सितारों का प्रयोग कर इसे और अधिक आकर्षक बनाया जा सकता है। कढ़ाई ऊनी, सूती, रेशमी एवं खनिज के रेशों (धागों) से की जाती है। साधारण कढ़ाई का प्रयोग करके वस्त्रों को सुन्दर बनाया जा सकता है। दिए गए चित्र में कढ़ाई का आकर्षक नमूना देखा जा सकता है

चित्र 15.11 कढ़ाई

(xii) सितारे Stars

ये गोल्डन व सिल्वर दोनों रंगों में उपलब्ध होते हैं। ये विशेष उत्सवों पर पहनी जाने वाली पोशाकों पर हाथ द्वारा लगाए जाते हैं। इनसे बनी पोशाकों में झिलमिलाहट आ जाती है।

(xiii) शीशा वर्क Shisha Work

शीशे बाजार में गोल, चौकोर, लम्बे व तिकोने आकार में मिलते हैं, जिन्हें डिजाइन के अनुसार फैब्रिक पर धागे द्वारा लगाया जाता है। शीशों के मढ़ने के लिए प्लास्टिक रिंग, बटन होल्स स्टिच से बने-बनाए भी मिलते हैं। ये विभिन्न रंगों में मिल जाते हैं। आजकल इनका प्रयोग बच्चों, स्त्रियों की पोशाकों, कुशन कवर आदि पर बहुतायत से हो रहा है।

(xiv) फैन्सी बटन Fancy Buttons

बाजार में सभी रंगों, डिजाइनों व धातुओं; जैसे—सोना, चाँदी, पीतल, हड्डी, हाथीदाँत, कीमती पत्थर एवं लकड़ी के बटन मिलते हैं जिनका प्रयोग वस्त्रों की ओपनिंग को बन्द करने के साथ-साथ सजावट के उद्देश्य से किया जाता है। फैन्सी बटनों का उपयोग करके पोशाकों को आकर्षक बनाया जा सकता है। आजकल विभिन्न आकृतियों, जानवरों, फूलों, फलों आदि के बटन प्रचलन में हैं। वस्त्रों पर बटनों की ड्राफ्टिंग हेतु ब्राउन पेपर का उपयोग किया जा सकता है।

चित्र 15.12 फैन्सी बटन

15.3 अस्तर Lining

फैब्रिक पर नीचे की ओर प्रयोग किए जाने वाले आवरण को अस्तर (lining) कहा जाता है। यह पतले या कमजोर फैब्रिक्स की पोशाकों के नीचे उन्हें मजबूती प्रदान करने के लिए लगाया जाता है। यह फैब्रिक के रंग के अनुसार ही प्रयोग किया जाता है। इसके अतिरिक्त लेडीज, बच्चों व पुरुषों के कोट में भी अस्तर लगाया जाता है। गर्म फैब्रिक मुलायम नहीं होता, जिससे शरीर पर चुभन होने लगती है। अत: अस्तर शरीर को 'चुभन' से बचाता है, साथ ही इससे पोशाक का 'फॉल' अच्छा आता है। अस्तर पोशाक की सभी अन्दर की सिलाइयों के दबाव को छिपाता है तथा फैब्रिक को अधिक टिकाऊ (durable) बनाता है।

अस्तर कई प्रकार के मिलते हैं; जैसे—ब्लाउज, शर्ट आदि में लगाने के लिए लोन, कैम्ब्रिक व वायल का अस्तर ठीक रहता है। कोट में तीन प्रकार के अस्तर सामान्यत: लगाए जाते हैं

1. सूती 2. रेशमी तथा 3.ऊनी।

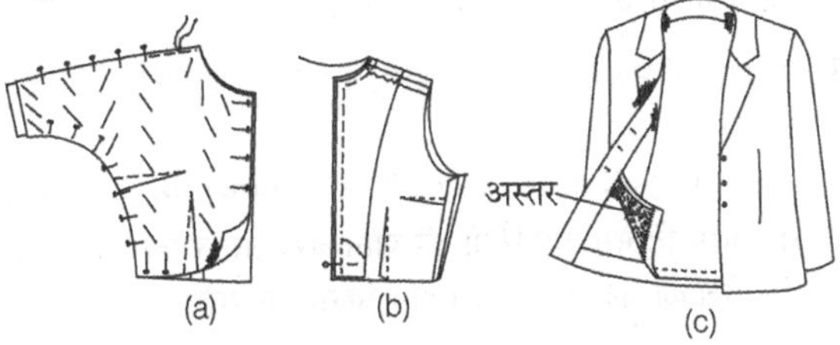

चित्र 15.13 पोशाकों में अस्तर लगाना

पोशाकों के फैब्रिक के अनुसार प्रयोग किए जाने वाले अस्तर का विवरण निम्नवत् है

क्र.सं.	फैब्रिक का प्रकार	अस्तर
1.	हल्का रेयॉन तथा नर्म सिल्क हेतु	रेशम, जैप सिल्क
2.	भारी तथा मध्यम भार वाले रेयॉन, सिल्क तथा ऊनी फैब्रिक हेतु	रेशम, जैप सिल्क, टफेटा, फलालेन
3.	हल्के भार वाले ऊनी फैब्रिक हेतु	जैप सिल्क, टफेटा
4.	लैस हेतु	टफेटा, साटिन, नेट, शिफॉन, सिल्क

अस्तर के उद्देश्य एवं लाभ
Purpose and Advantages of Lining

पोशाक पर अस्तर के उद्देश्य एवं लाभ निम्नलिखित हैं

(*i*) अस्तर का प्रयोग पारदर्शी व नाजुक फैब्रिक की पोशाकें बनाते समय फैब्रिक को मजबूती प्रदान करने में किया जाता है। पतले फैब्रिक्स की पोशाकें बिना अस्तर के पहनने से शरीर भी दिखेगा और सिलाइयाँ भी दिखाई देंगी तथा पोशाक खिंचकर शीघ्र खराब हो जाएगी।

(*ii*) अस्तर लगी पोशाक की फिटिंग और फिनिशिंग अच्छी आती है।

(*iii*) अस्तर लगी पोशाक पहनने व देखने में सुन्दर लगती है।

(*iv*) मोटे फैब्रिक्स के कोट, जैकिट, शर्ट के कॉलर तथा कफ में भी अस्तर लगाया जाता है। इन फैब्रिक्स में मध्यस्तर को छुपाने व पैडिंग सिलाइयों आदि को छुपाने के लिए अस्तर लगाया जाता है।

(*v*) आजकल कृत्रिम रेशे अनेक रसायनों व वस्तुओं के मिश्रण से तैयार हो रहे हैं। कुछ व्यक्तियों को इनसे एलर्जी हो जाती है। यदि अस्तर लगा होगा, तो शरीर पर इनका सीधा प्रभाव न पड़ने से शरीर की सुरक्षा हो जाती है।

(vi) अनेक बार पोशाकों में गर्माहट के उद्देश्य से भी अस्तर लगाया जाता है।

15.4 मध्य अस्तर Interlining

फैब्रिक एवं अस्तर के मध्य लगाए जाने वाले कपड़े की अलग परत, मध्य अस्तर कहलाती है। मध्य अस्तर पोशाक की दो परतों को सहारने अर्थात् उन परतों के बीच सामंजस्य स्थापित करने का कार्य करता है। इसके विभिन्न लाभ होते हैं, जो मुख्यत: पोशाक को मजबूती व आकर्षण प्रदान करने का कार्य करते हैं।

मध्य अस्तर को आस्तीनों पर नहीं लगाना चाहिए अन्यथा आस्तीनें भारी व मोटी हो जायेंगी। मध्य अस्तर को सामान्य कपड़े पर हाथ के द्वारा ही सिला जाता है। मध्य अस्तर लगाने से कपड़े मोटे एवं गर्म लगने लगते हैं।

इनमें कुछ रोधक गुण (insulating properties) होनी चाहिए; जैसे—नैप्ड फैब्रिक में होती हैं। मध्य अस्तर हल्का होना चाहिए। मध्य अस्तर को रोएँदार या फूले हुए तथा हल्के भार वाले फैब्रिक से बनाया जाता है। ये निम्न प्रकार के होते हैं

1. सूती कैनवास 2. बुकरम 3. फलालेन
4. ब्रशड कॉटन 5. फैल्ट 6. फ्यूज्ड बुकरम
7. पॉपलेन 8. पेपर फ्यूज्ड

मध्य अस्तर के उद्देश्य एवं लाभ
Purpose and Advantages of Interlining

मध्य अस्तर के उद्देश्य एवं लाभ निम्नलिखित हैं

(*i*) कॉलर स्टैण्ड, कफ आदि में फ्यूज्ड बुकरम डालने से इनमें स्टिफनैस तो आती है, साथ ही आकार भी सही आता है। यह फैब्रिक पर एक बार जिस आकार में चिपक जाती है, तो उसी आकार में बनी रहती है। इसका प्रयोग कोट की फेसिंग (facing) में भी करते हैं।

(*ii*) मध्य अस्तर से फैब्रिक में कड़ापन (stiffness) तो आता है, साथ ही मजबूती भी आती है। शर्ट के कफ, कॉलर अधिक रगड़े जाते हैं। यदि इसमें मध्य अस्तर न हो तो ये शीघ्र फट जाते हैं।

(*iii*) डिजाइन में यदि उभार व गहराई देनी हो, तो मध्य अस्तर इसके लिए उपयुक्त होता है। वास्तविक फैब्रिक व अस्तर के बीच रूई या फोम रखकर, क्विल्ट कर, डिजाइन बनाए जाते हैं, जिससे उन्हें सौन्दर्य प्रदान करने के साथ ही मजबूती भी प्रदान की जाती है। कोट में कन्धों को उभार देने के लिए रूई के पैड लगाए जाते हैं। किसी असामान्य व्यक्ति की पोशाकों की सही फिटिंग लाने के लिए रूई व फोम का प्रयोग किया जाता है। समय-समय पर अनेक आकार-प्रकार की सजावटी सामग्रियों का आविष्कार वेशभूषा विशेषज्ञ, पोशाकों में नवीनता लाने के लिए करते रहते हैं। यही कारण है कि टेलर व टेलरिंग के प्रशिक्षार्थी को समय-समय पर बाजार से नवीनतम सजावटी सामग्रियों की जानकारी लेते रहना चाहिए, तभी वे पोशाकों को नया रूप प्रदान करने में सक्षम होंगे।

महत्त्वपूर्ण प्रश्नोत्तरी

1. टक्स किस प्रकार की सजावटी सामग्री है?

उत्तर टक्स स्वनिर्मित सजावटी सामग्री है।

2. पाइपिंग काटते समय फैब्रिक को कितने डिग्री पर मोड़ा जाता है?

उत्तर पाइपिंग काटते समय फैब्रिक को 45° पर मोड़ा जाता है।

3. सामान्यतः सजावटी सामग्रियाँ कितने प्रकार की होती हैं?

उत्तर सजावटी सामग्रियाँ दो प्रकार की होती हैं

(i) **स्वनिर्मित** सजावटी सामग्रियाँ इस सामग्री को स्वयं अपने हाथ से तैयार किया जाता है।

(ii) **कृत्रिम** (रेडीमेड) सजावटी सामग्रियाँ पोशाकों को सजाने के लिए, ये वस्तुएँ बाजार से तैयार मिलती हैं।

4. पोशाक में त्रुटि सुधारने में सहायक सामग्री लिखिए।

उत्तर पोशाक में त्रुटि सुधारने के लिए आवश्यकतानुसार फ्रिल, लैस, रिबन आदि का प्रयोग किया जाता है।

5. सजावटी सामग्री में डोरी का अति संक्षेप में विवरण दीजिए।

उत्तर डोरी सूती, रेशमी व तिल्ला से बनाई हुई कई रंगों में मिलती हैं। सूती डोरी, सोफा कवर के किनारे बनाने के काम आती है। रेशमी डोरी कुशन कवर के किनारे, जैकेट के किनारे व ड्रेसिंग गाउन में लगाते है तथा इसके अतिरिक्त बच्चों के वस्त्रों में भी इसका प्रयोग करते हैं।

6. फ्रिल (झालर) गैदरिंग क्या है? अति संक्षेप में स्पष्ट कीजिए।

उत्तर पोशाक की आस्तीन या घेरे में चुन्नटों द्वारा डाली गई फ्रिल को 'फ्रिल गैदरिंग' कहा जाता है। फ्रिल लगाने के लिए पोशाक के अनुसार दोगुना कपड़ा लिया जाता है।

7. अस्तर क्या है? यह क्यों लगाया जाता है?

उत्तर फैब्रिक पर नीचे की ओर प्रयोग किए जाने वाले आवरण को 'अस्तर' कहा जाता है।

यह पारदर्शी या कमजोर फैब्रिक्स की पोशाकों के नीचे, उन्हें मजबूती प्रदान करने के लिए लगाया जाता है।

8. पोशाकों में नवीनता लाने के लिए टेलर व टेलरिंग के प्रशिक्षार्थी को क्या करना चाहिए?

उत्तर टेलर व टेलरिंग के प्रशिक्षार्थी को समय-समय पर बाजार से नवीनतम ट्रिमिंग सामग्रियों की जानकारी लेते रहना चाहिए, जिससे कि पोशाकों को नया रूप प्रदान किया जा सके।

अभ्यास प्रश्न

परीक्षा प्रारूपी प्रश्न

बहुविकल्पीय

1. पोशाकों पर सजावटी सामग्री का उपयोग किस लिए किया जाता है?

(a) सौन्दर्य-वृद्धि के लिए (b) मूल्य-वृद्धि के लिए
(c) 'a' और 'b' दोनों के लिए (d) इनमें से कोई नहीं

2. पोशाक की सजावटी सामग्री का प्रकार निम्न में से कौन-सा है?

(a) स्वनिर्मित (b) कृत्रिम सजावटी सामग्रियाँ
(c) 'a' और 'b' दोनों (d) इनमें से कोई नही

3. निम्नलिखित में से कौन-सी सजावटी सामग्री स्वनिर्मित सजावटी सामग्री है?

(a) पाइपिंग (b) रिबन (c) रिक-रैक (d) लैस

4. निम्न में से पाइपिंग सम्बन्धी सही युग्म छाँटिए

(a) कार्डिड पाइपिंग-कुशन व सोफा कवर पर उपयोग
(b) रोलियो पाइपिंग-कढ़ाई की गई पोशाकों पर उपयोग
(c) 'a' और 'b' दोनों
(d) उपरोक्त में से कोई नही

5. वस्त्रों को सजाने के लिए किसका प्रयोग नहीं होता है?

(a) टक्स (b) लैस
(c) अस्तर (d) बटन

6. आजकल किस प्रकार के रिबन बहुत लोकप्रिय हो रहे हैं?

(a) अमेरिकन रिबन (b) साधारण रिबन
(c) जापानी रिबन (d) इनमें से कोई नहीं

7. निम्न में से कौन-सी पोशाक पर कढ़े हुए फुँदनों का प्रयोग किया जाता है?

(a) साड़ी पर (b) बच्चों की पोशाक पर
(c) बड़ों की जीन्स पर (d) कलीदार कुर्तों पर

8. बाजार में मोटिफ किस रूप में उपलब्ध होते हैं?

(a) सभी आकृतियों व डिजाइनों में
(b) हाथ व मशीन निर्मित
(c) 'a' और 'b' दोनों
(d) उपरोक्त में से कोई नहीं

9. निम्नलिखित में से रिक-रैक किससे बनते हैं?
(a) कॉटन (b) पॉलिस्टर
(c) 'a' और 'b' दोनों (d) इनमें से कोई नहीं

10. सजावटी सामग्री, डोरी का निर्माण इनमें से किससे किया जाता है?
(a) सूती (b) रेशमी
(c) तिल्ला (d) ये सभी

11. सजावटी सामग्रियाँ सलमा, सितारा व गोटे का सर्वप्रचलित रंग इनमें से कौन-सा नहीं है?
(a) गोल्डन (b) सिल्वर
(c) लाल (d) इनमें से कोई नहीं

12. बाजार में शीशे किस आकार में मिलते हैं?
(a) गोल (b) चौकोर
(c) तिकोने (d) ये सभी

13. बाजार में बटन इनमें से किस रूप में उपलब्ध हैं?
(a) सभी रंगों में (b) विविध डिजाइनों में
(c) विभिन्न धातुओं से निर्मित (d) ये सभी

14. गुलाबी रंग के धागे का नम्बर है
(a) 048 (b) 084
(c) 024 (d) 100

15. ओपनिंग बन्द करने के साथ-साथ सजावट के लिए किसका उपयोग किया जाता है?
(a) रिबन (b) फुँदनें
(c) फैन्सी बटन (d) ये सभी

16. गैदरिंग किस प्रकार की सजावटी सामग्री है?
(a) कृत्रिम (b) स्वनिर्मित
(c) 'a' और 'b' दोनों (d) इनमें से कोई नहीं

17. निम्न में से कौन-सी सजावटी सामग्री, कृत्रिम सजावटी सामग्री के अन्तर्गत नहीं आती है?
(a) मोटिफ (b) पाइपिंग
(c) टक्स (d) लैस

18. किसी भी पोशाक या फैब्रिक पर फ्रिल लगानी हो तो, उसके लिए कितना कपड़ा लिया जाता है?
(a) समान (b) दोगुना
(c) डेढ़ गुना (d) तीन गुना

19. गैदरिंग का प्रयोग किस प्रकार के फैब्रिक पर करना उपयुक्त रहता है?
(a) बारीक (b) सख्त
(c) ऊनी (d) इनमें से कोई नहीं

20. निम्नलिखित कथनों में से असत्य कथन का चयन कीजिए
(a) अस्तर पोशाक को मजबूती प्रदान करता है
(b) अस्तर फैब्रिक के रंग के समान रंग ही प्रयोग किया जाता है
(c) अस्तर से पोशाक का 'फॉल' अच्छा आता है
(d) अस्तर से पोशाक की अन्दर की सिलाइयों को नहीं छुपाया जा सकता

21. पोशाकों की सजावट के लिए टक्स का प्रयोग किया जाता है, जो एक प्रकार की ………… है।
(a) सिलाई अथवा टाँका (b) कढ़ाई का नमूना
(c) कृत्रिम सजावटी सामग्री (d) एक प्रकार की पाइपिंग

22. कार्डिड पाइपिंग का प्रयोग किस वस्त्र को सजाने में किया जाता है?
(a) कुशन कवर (b) सोफा कवर
(c) 'a' और 'b' दोनों (d) इनमें से कोई नहीं

23. बाजार में कफलिंग विभिन्न डिजाइनों एवं आकारों में मिलते हैं, जिनका प्रयोग किया जाता है
(a) स्त्रियों के ब्लाउज पर (b) बच्चों की पोशाक पर
(c) पुरुषों के कोट पर (d) पुरुषों की कमीज के कफों पर

24. सिल्क फैब्रिक के लिए किस प्रकार की लाइनिंग का प्रयोग नहीं किया जाता है?
(a) जैप सिल्क (b) टफेटा
(c) रेशम (d) नेट

25. निम्नलिखित कथनों में से सत्य कथन है
I. कॉलर स्टैण्ड, कफ आदि में फ्यूज्ड बुकरम लगाई जाती है।
II. मध्य अस्तर से फैब्रिक में कड़ापन आता है।
III. फैब्रिक व अस्तर के बीच में रूई या फोम का प्रयोग किया जाता है।
IV. कोट के कन्धों को उभार देने के लिए रूई के पैड लगाए जाते हैं।

कूट
(a) I, II और III (b) II, III और IV
(c) I, II और IV (d) ये सभी

26. मध्य अस्तर का प्रयोग ………… के लिए किया जाता है।
(a) सहायता (b) चुन्नट
(c) अभिकल्पन (d) लेबलिंग

27. फ्रिल का क्या कार्य होता है?
(a) वस्त्र की सजावट (b) मजबूती
(c) पैच लगाने (d) सिलाई करने

28. बटनों की ड्राफ्टिंग के लिए किसका प्रयोग किया जाता है?
(a) टिशु पेपर (b) क्रीप पेपर
(c) ब्राउन पेपर (d) चार्ट पेपर

29. पाइपिंग पर ………… काटी जाती है।
(a) सीधी ग्रेन (b) क्रॉस ग्रेन
(c) 'a' और 'b' दोनों (d) इनमें से कोई नहीं

30. वस्त्र में ट्रिमिंग सामग्री को क्यों प्रयोग किया जाता है?
(a) फिनिशिंग के लिए (b) सजावट के लिए
(c) मजबूती के लिए (d) इनमें से कोई नहीं

31. कैनवास का उपयोग करने का उद्देश्य क्या है?
(a) सुरक्षा के लिए (b) सजावट के लिए
(c) शक्ति के लिए (d) आकार बढ़ाने के लिए

32. किस प्रकार के कपड़े का उपयोग पाइपिंग के लिए किया जाता है?
(a) साटिन कपड़ा (b) लाइनिंग कपड़ा
(c) कन्ट्रास्ट कपड़ा (d) बिना बुना हुआ कपड़ा

33. किस प्रकार का बटन होल सामान्यतः महिलाओं के कपड़ों में फिट होता है?
(a) शेप (b) दो बार होल
(c) दो फैन होल (d) की होल

34. कौन-सा बटन होल उभरा हुआ होता है?
(a) शेप (b) कोर्डेड
(c) की होल (d) फैन

35. आस्तीन को फ्रिल प्रभाव दिया जाता है
(a) प्लीट और लोचदार द्वारा (b) प्लीट और गैदरिंग द्वारा
(c) गैदरिंग और टक द्वारा (d) गैदरिंग और लोचदार द्वारा

36. नेकलाइन में सजावटी उद्देश्य के रूप में किसका उपयोग किया जाता है?
(a) फेसिंग (b) पाइपिंग (c) बैण्डिंग (d) शेप फेसिंग

37. पाइपिंग का निर्माण कैसे किया जाता है?
(a) कच्ची किनारे को छिपाकर (b) दो किनारे के बीच में
(c) फैली हुई ऐज में (d) पैच

38. ऐज फिनिशिंग पर पाइपिंग का उपयोग क्यों किया जाता है?
(a) सपोर्ट के लिए (b) शक्ति के लिए
(c) सजावट के लिए (d) ये सभी

39. फ्रिल का उद्देश्य क्या है?
(a) परिष्करण (b) सजाना (c) फास्टनिंग (d) ट्रिमिंग

40. फ्रिल की चौड़ाई से अधिक झालर को.... कहा जाता है।
(a) जेटिंग (b) फ्लोएंस (c) स्ट्रिप्स (d) फ्लाय

उत्तरमाला

1. (c)	**2.** (c)	**3.** (a)	**4.** (c)	**5.** (c)	**6.** (c)	**7.** (d)	**8.** (c)	**9.** (c)	**10.** (d)
11. (b)	**12.** (d)	**13.** (d)	**14.** (a)	**15.** (d)	**16.** (b)	**17.** (c)	**18.** (b)	**19.** (a)	**20.** (d)
21. (a)	**22.** (c)	**23.** (d)	**24.** (d)	**25.** (d)	**26.** (a)	**27.** (a)	**28.** (c)	**29.** (c)	**30.** (b)
31. (a)	**32.** (a)	**33.** (c)	**34.** (b)	**35.** (b)	**36.** (b)	**37.** (b)	**38.** (c)	**39.** (b)	**40.** (b)

अध्याय 16

पोशाकों की मरम्मत
Mending of Fabrics

अध्याय विषय सूची

- मरम्मत
- रफू करना
- पैबन्द लगाना
- **महत्त्वपूर्ण प्रश्नोत्तरी**
- **अभ्यास प्रश्न**

किसी कारणवश पोशाक के कट-फट जाने की स्थिति में पुन: पहनने योग्य बनाने के लिए उनकी मरम्मत करने की आवश्यकता पड़ती है। पोशाक की मरम्मत करने के लिए फैब्रिक के घिसे या टूटे रेशों को बुनकर ठीक किया जाता है। कपड़े के कट-फट जाने या छिद्र हो जाने पर कपड़ों पर की जाने वाली सिलाई को रफू (darning) कहते हैं। यह हाथ या मशीन, दोनों के द्वारा की जा सकती है। फैब्रिक पर रफू इस प्रकार करनी चाहिए कि ये पोशाकों पर प्रदर्शित न हो। इसके अतिरिक्त पोशाक के उस कटे-फटे भाग पर बनाया फैब्रिक लगाकर भी उसे एक नया रूप प्रदान किया जाता है। पोशाक के कटे हुए भाग पर नया कपड़ा लगाना पैचिंग (patching) कहलाता है। इससे पोशाक के जीवनकाल में वृद्धि हो जाती है। इस अध्याय में हम पोशाकों की रफू एवं पैबन्द से सम्बन्धित बिन्दुओं का अध्ययन करेंगे।

16.1 मरम्मत Mending

यह मूलत: किसी पोशाक के घिसे हुए या टूटे हुए तानों (रेशों) की यथावत् स्थिति है, जिसे फैब्रिक के धागों को फैब्रिक में बुनकर पुन: यथास्थिति में ला दिया जाता है। इस प्रकार यह किसी पोशाक के पहनने या दुर्घटना से विकृत हुए स्वरूप को सुधारने की विधि है।

फटी हुई पोशाकों की मरम्मत का कार्य, समरूप धागे का उपयोग कर नीचे की ओर से किया जाता है। मरम्मत से पूर्व धागों के छोटे व बाहर निकले टुकड़ों को आवश्यक स्थान तक कट लगाकर खींच दिया जाता है। इसके अतिरिक्त लटके हुए धागों को परिष्कृति प्रदान करने के ध्येय से कैंची से काट दिया जाता है।

विकृत सिलाई के दोनों सिरों पर नई सिलाइयों के साथ वर्तमान सिलाइयों को ओवरलैपिंग कर सुरक्षित कर देते हैं। फैब्रिक की सिलाइयाँ सीधी रेखा में फट जाने की दिशा में फैब्रिक के उस फटे क्षेत्र पर जोड़ने योग्य अस्तर के पैबन्द पीस से उसकी मरम्मत करते हैं।

पोशाकों की मरम्मत से पूर्व निम्न सावधानियाँ बरतनी चाहिए

1. प्रयुक्त सूई लम्बी व बारीक लेनी चाहिए।
2. पोशाक के ताने तथा मरम्मत के धागे का रंग एवं स्वरूप समान होना चाहिए।
3. कपड़े की बुनाई से मिलते-जुलते धागे से समान दूरी पर रनिंग टाँके लगाने चाहिए।
4. फैब्रिक के फटे हुए भाग को इस प्रकार से भरने का प्रयास करें कि छिद्र दिखाई न दे।

16.2 रफू करना Darning

यह पोशाक की मरम्मत की वह विधि है, जिसमें कटे-फटे भाग के सिरे से धागे निकल जाने की दशा में, फटे हुए भाग के नीचे उल्टी साइड पर बारीक फैब्रिक की कतरन रख फैब्रिक की दोनों परतों के आर-पार ओवरस्वींग (oversewing) टाँका लगाया जाता है।

रफू वास्तव में, एक साधारण सिलाई अर्थात् सिलाई का एक अन्य रूप है, जिसे परिधान के सीधी ओर किया जाता है। रफू में एक ही धागे का प्रयोग करना चाहिए। जहाँ तक हो वस्त्र के मार्जिन से धागा निकालकर उससे रफू करनी चाहिए। यदि फैब्रिक पर रफू ज्यादा बड़ा करना हो, तो इसके लिए पैबन्द का प्रयोग करना चाहिए, जिसमें रफू पोशाक के निचले हिस्से से किया जाता है। रफू करने के लिए निम्न उपकरण प्रयोग में लाए जाते हैं

1. हस्त सुई
2. कैंची
3. धागा
4. सीम रिपर
5. नीडिल थ्रेडर
6. सिलाई गेज अथवा '6' इंच छोटा रूलर
7. स्टेनलैस स्टील पिनें

रफू के प्रकार Types of Darning

रफू जिस आकार-प्रकार का करना होता है, उसे उसी की संज्ञा दी जाती है। रफू हाथ व मशीन, दोनों के द्वारा किया जा सकता है। रफू की क्रिया आवश्यकता के अनुसार की जाती है। अत: इसके प्रकारों का ज्ञान भी आवश्यक हो जाता है। रफू करने के निम्न प्रकार हैं

1. हाथ द्वारा रफू Darning by Hand

हाथ द्वारा किए जाने वाले रफू में निम्नलिखित प्रकार सम्मिलित किए जाते हैं

(i) **चौकोर रफू** (Square darning) कपड़ा जलने या चूहे द्वारा काट दिए जाने पर पोशाक के उस भाग पर चौकोर रफू की जाती है। चौकोर रफू करते समय सर्वप्रथम ताने की ओर से दोनों ओर 3 बिन्दु अधिक रखते हुए धागा डालना चाहिए। बढ़ा हुआ धागा दोनों ओर बुनकर अर्थात् एक तार उठाकर व एक तार दबाते हुए लेना चाहिए। इसके अतिरिक्त धागा मोड़ते समय सुई की मोटाई के बराबर दोनों ओर धागे का लूप छोड़ते चले जाएँ और इस प्रकार जहाँ तक बनाना हो, बनाते जाएँ।

ताना पूरा होने पर 3 बिन्दु अन्दर की प्रक्रिया बाने के समान ही होगी। अब ताने वाले धागे को क्रमश: एक तार उठाते व एक तार दबाते हुए, जहाँ तक रफू करना है, करते जाना चाहिए। इस प्रकार रफू देखने में फैब्रिक जैसा दिखाई देता है।

चारों ओर धागा छोड़ने से जब रफू तैयार होता है, तो झोल नहीं आता। नीचे दिए गए चित्र में चौकोर रफू को दर्शाया गया है।

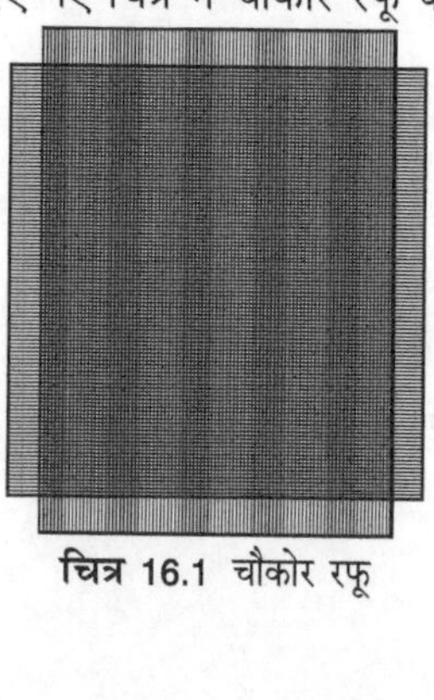

चित्र 16.1 चौकोर रफू

नोट *धागा बिल्कुल फैब्रिक के रंग से मिलना चाहिए, साथ ही पतला भी हो। यदि उसी रंग का धागा उपलब्ध न हो, तो वास्तविक फैब्रिक की तारें निकालकर धागा बना लेना चाहिए। यदि फैब्रिक भी न हो, तो उसी पोशाक में से दबाव के स्थान से कपड़ा निकालकर रफू करना चाहिए।*

(ii) **स्लैश रफू** (Slash darning) यदि तेज धार वाले चाकू, कैंची या इसी प्रकार की किसी वस्तु से फैब्रिक कट जाता है, तो उसकी मरम्मत स्लैश रफू के द्वारा करनी चाहिए।

फैब्रिक आड़ा, तिरछा, सीधा, किसी भी आकार में कट सकता है, ऐसी स्थिति में रफू करने के लिए पहले फिश बोन टाँके द्वारा फैब्रिक के दोनों किनारों को सावधानीपूर्वक जोड़ दें। ध्यान रहे कि झोल न पड़े, उसके बाद उसके ऊपर रनिंग टाँका कर के रफू की जाती है। इसे निम्न चित्र की सहायता से समझा जा सकता है।

चित्र 16.2 स्लैश रफू

(iii) **कॉर्नर रफू** (Corner darning) किसी कील आदि में फँसकर पोशाक अधिकतर L की शेप में फट जाती है। इस स्थिति में कॉर्नर रफू किया जाता है। करने हेतु फैब्रिक के दोनों किनारों को सावधानी से मिलाकर फिश बोन टाँका लगाकर सैट किया जाता है। इसे हेज टियरिंग (hadge tearing) और कॉर्नर डार्न (corner darn) भी कहते हैं। इस प्रकार का रफू नीचे दिए गए चित्र द्वारा दर्शाया गया है।

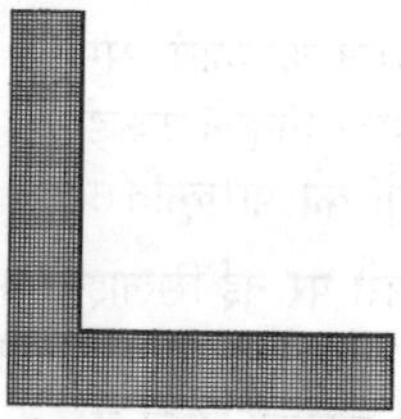

चित्र 16.3 कॉर्नर रफू

(iv) **एक तरफा रफू** (One way darning) यह रफू उन फैब्रिक्स में किया जाता है, जिनमें ताना-बाना अलग-अलग होता है। कई बार कपड़े के एक ओर से तार टूट जाते हैं। ऐसी स्थिति में उस फैब्रिक में टाँके एक ही दिशा में लगाए जाते हैं। यदि फैब्रिक अधिक कमजोर लगे, तो उसके नीचे अन्य मैच कलर का बारीक फैब्रिक लगाकर भी रफू किया जाता है।

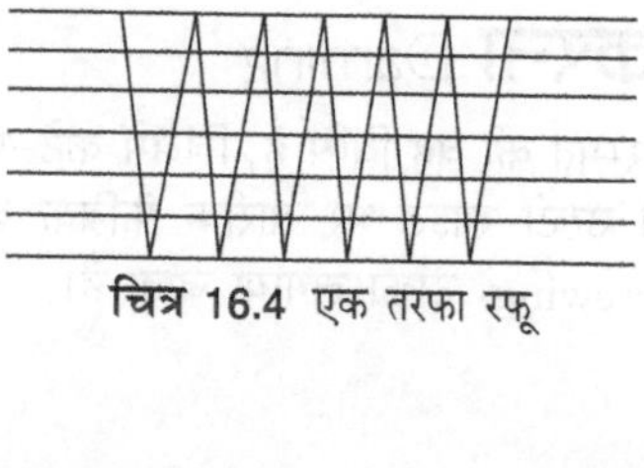

चित्र 16.4 एक तरफा रफू

(v) **रेनफोर्स्ड रफू** (Reinforced darning) जब पोशाक का कोई हिस्सा, जो अधिक रगड़ खाता है तथा रगड़ से घिस जाता है, तो ताने-बाने के धागों द्वारा दोनों ओर से भरकर, कपड़े के बराबर करके मजबूती देने के लिए, रफू किया जाता है। इसी रफू को रेनफोर्स्ड रफू कहते हैं। इसे नीचे दिए गए चित्र की सहायता से समझा जा सकता है।

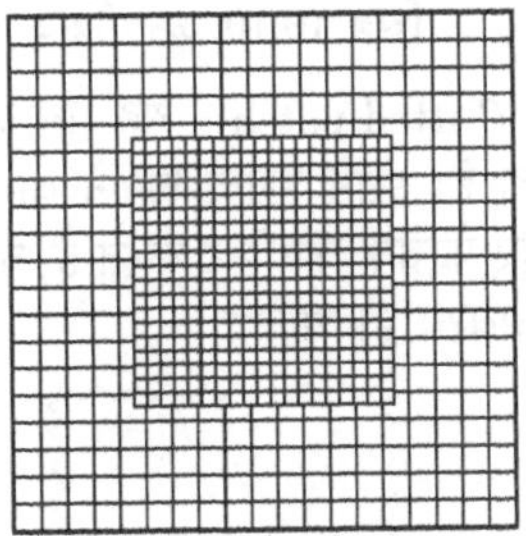

चित्र 16.5 रेनफोर्स्ड रफू

2. मशीन द्वारा रफू Darning by Machine

मशीन द्वारा रफू करने की प्रक्रिया को मेण्डिग रफू कहते हैं। इसको करने के लिए फटी पोशाक के नीचे की ओर फैब्रिक रखकर चित्र में दर्शाए अनुसार जिग-जैग (zig-zag) के समान पास-पास, 'लॉक स्टिच' (मशीन की बखिया) कर देनी चाहिए। इससे फैब्रिक पहनने योग्य हो जाता है। यह अधिकतर निकर, पैन्ट व कॉलर को पहनने योग्य बनाने के लिए उपयोग की जाती है।

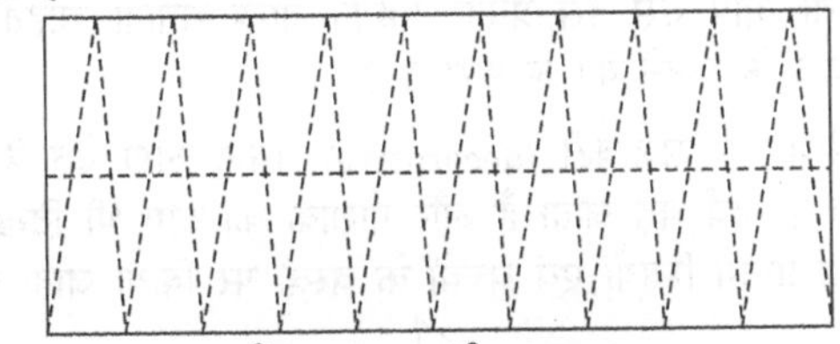

चित्र 16.6 मशीन द्वारा रफू

रफू करते समय सावधानियाँ Precautions During Darning

रफू करते समय निम्नलिखित सावधानियाँ बरतनी चाहिए

(*i*) रफू अदृश्य अर्थात् कठिनाई से दिखने वाला होना चाहिए, इसलिए रफू के लिए धागा जहाँ तक सम्भव हो, कपड़े के समान रंग तथा टेक्सचर का होना चाहिए।

(*ii*) ध्यान रहे कि ताने से ताना व बाने से बाना मिलाकर रफू करें।

(*iii*) यदि रफू बड़ा हो, तो उसके नीचे कपड़ा रखकर रफू किया जाता है।

(*iv*) ताने तथा बाने का धागा डालते समय विशेष सावधानी रखें। धागा एक-दूसरे से मिला हुआ होना आवश्यक है।

(*v*) कपड़ों की बुनाई से मिलते धागों द्वारा छोटे रनिंग टाँके लगाए जाने चाहिए।

(*vi*) रफू करते समय धागा न अधिक खींचना चाहिए और न ही अधिक ढीला छोड़ना चाहिए।

(*vii*) रफू करते समय फैब्रिक के नीचे की ओर लगभग 22 सेमी लम्बा धागे का सिरा छोड़ देना चाहिए।

16.3 पैबन्द लगाना Patching

पैचिंग अर्थात् पैबन्द लगाना, यह एक प्रकार की कपड़ों की मरम्मत है, जिसमें छिद्र के स्थान पर उसी प्रकार के कपड़े का अतिरिक्त टुकड़ा लगाकर सिला जाता है। बड़े छिद्र की मरम्मत करने हेतु रफू की अपेक्षा पैबन्द लगाना अधिक उपयुक्त होता है। समस्त आकार की प्लेन, प्रिन्ट, लाइनदार पोशाकों के फटने के आकार के अनुसार चौकोर, गोल व तिकोना पैबन्द लगाया जाता है। इसके अतिरिक्त चैक के फैब्रिक्स पर भी तीनों प्रकार के पैबन्द लगाए जाते हैं। पैबन्द लगाने के लिए सर्वप्रथम पैबन्द के आकार से चारों ओर 1/2" अधिक लेकर फैब्रिक काटें।

यदि फैब्रिक प्रिन्ट अस्तर या चैक का हो, तो फूल-से-फूल, पत्ती-से-पत्ती, लाइन-से-लाइन, चैक-से-चैक, सीधे से सीधा व आड़े-से-आड़ा फैब्रिक मिलाकर, कच्चा करके पोशाक की सीधी व उल्टी ओर तुरपाई करें। सीधी ओर अदृश्य तुरपाई का प्रयोग करना चाहिए।

फैब्रिक का चुनाव पोशाक से मेल खाता हुआ होना चाहिए यदि पोशाक से मेल खाता हुआ फैब्रिक न हो तो ऐसे अन्य बेमेल फैब्रिक का चुनाव करना चाहिए। जिससे पोशाक को ओर भी अधिक आकर्षक बनाया जा सके। पैबन्द लगाते समय टाँका बिल्कुल साफ अथवा सुन्दर लगना चाहिए। पैबन्द के अन्त में सिलाई मशीन से किनारों के आस-पास वक्र सिलाई का उपयोग करना चाहिए, जिससे पैबन्द ठीक तरह से लग जाएगा और सफाई भी आ जाएगी।

पैबन्द लगाने के लिए सजावटी पैबन्द का भी उपयोग किया जा सकता है। इसके अतिरिक्त जिग-जैग सिलाई से भी इसे सजाया जा सकता है। पैबन्द लगाने हेतु पोशाकों के समान, कपड़ा तथा टाँकों को सामग्री के रूप में प्रयोग किया जाता है। पैबन्द हाथ व मशीन दोनों के द्वारा लगाए जा सकते हैं। फ्यूजिंग, ग्लूइंग, हाथ एवं मशीन स्टिचिंग पैबन्द लगाने की कुछ विधियाँ हैं। जब पैबन्द को सजावटी बनाना होता है, जो फ्यूजिंग तथा मशीन स्टिचिंग को एक साथ प्रयोग किया जाता है।

पैबन्द के प्रकार Types of Patching

पैबन्द निम्न प्रकार के होते हैं

(i) **चौकोर पैबन्द** (Square patch) चौकोर पैबन्द लगाने के लिए सर्वप्रथम कटी-फटी या जली पोशाक पर, चारों ओर निशान लगाकर, चारों ओर से नाप लिया जाता है। उसके बाद पैबन्द लगाने वाला फैब्रिक लेकर, उस नाप से चारों ओर 1/2" अधिक लेकर केन्द्र बिन्दु बनाकर, कच्चा करने के बाद सीधी व उल्टी ओर तुरपाई करनी चाहिए। पैबन्द बनाते समय चारों कोनों में एक बराबर कट लगाकर अन्दर मोड़ना चाहिए। इस प्रक्रिया से झोल नहीं आता। नीचे दिए गए चित्र में चौकोर पैबन्द को दर्शाया गया है।

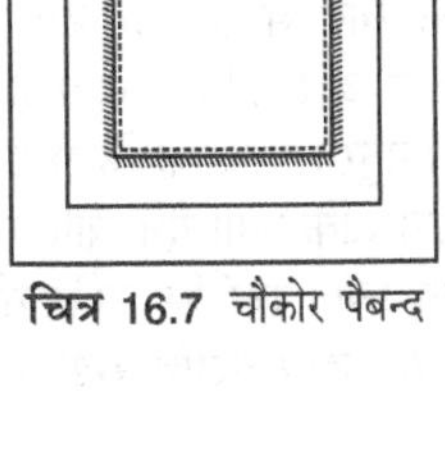

चित्र 16.7 चौकोर पैबन्द

(ii) **गोल पैबन्द** (Circular patch) यदि गोल पैबन्द लगाना है, तो उसमें गोलाई में थोड़ी-थोड़ी दूर टेप लगाकर अन्दर मोड़ने के बाद सीधी और अन्धी तुरपाई व उल्टी ओर तुरपाई करनी चाहिए। इसे नीचे दिए गए चित्र द्वारा समझा जा सकता है।

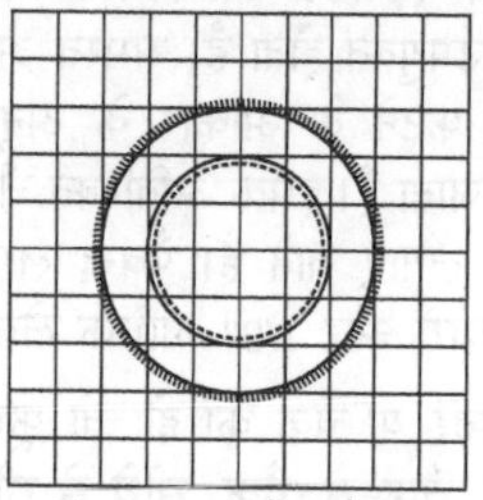

चित्र 16.8 गोल पैबन्द

(iii) **तिकोना पैबन्द** (Triangular patch) तिकोना पैबन्द भी फैब्रिक फटने के आकार में लगाया जाता है। इसमें भी समस्त नियम व सावधानी चौकोर पैबन्द की भाँति रखी जाती हैं। फैब्रिक जोड़ते समय तीनों कोनों पर टेप लगाकर, उपरोक्त के अनुसार उल्टी व सीधी ओर तुरपाई कर देनी चाहिए। तिकोने पैबन्द को नीचे दिए गए चित्र में दर्शाया गया है।

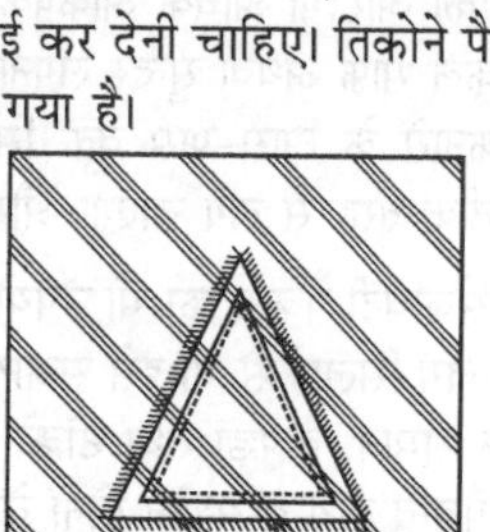

चित्र 16.9 तिकोना पैबन्द

(iv) **फ्लानेल पैबन्द** (Flannel patch) इस पैबन्द को लगाने के लिए हैरिंगबोन टाँके का प्रयोग किया जाता है। इसमें फैब्रिक को बिना मोड़े ही गोल, वर्गाकार या त्रिकोण आकार दिया जा सकता है।

(v) **हस्त पैबन्द** (Hand patch) इस तरह के पैबन्द में रनिंग टाँका, नैरो टाँका तथा ब्लाइण्ड टाँके का प्रयोग किया जाता है। इसे सुन्दर तरीके से सजाया जा सकता है, जो फैब्रिक पर बहुत ध्यान से देखने पर ही दिखाई देता है।

(vi) **टेलर पैबन्द** (Tailor patch) टेलर पैबन्द का प्रयोग साधारण प्रिन्टेड और दबे हुए फैब्रिक पर किया जाता है। इसे मशीन द्वारा पोशाक के दोनों ओर लगाया जाता है। इस पैबन्द से पोशाक की सुन्दरता भी बढ़ती है और पोशाक पहनने योग्य बनने के साथ ही आकर्षक भी बन जाती है।

(vii) **ऊनी पैबन्द** (Woolen patch) फटे-कटे स्थान पर पैबन्द वाले फैब्रिक को इस प्रकार कच्चा किया जाता है कि चारों ओर बराबर फैब्रिक रहे। इसके बाद सीधी ओर टेप लगाकर अदृश्य तुरपाई करनी चाहिए। उल्टी और फैब्रिक मोटा होने के कारण दोबारा न मोड़ने के लिए चित्रानुसार पोशाक के फटे हुए भाग के चारों ओर सफाई से 'हैरिंगबोन टाँके लगा देने चाहिए। हैरिंगबोन टाँके लगाते समय इस बात का ध्यान रखें कि टाँके सीधी ओर न दिखाई दें। पैबन्द लगाने के बाद डम्प क्लॉथ रखकर प्रेस कर दें।

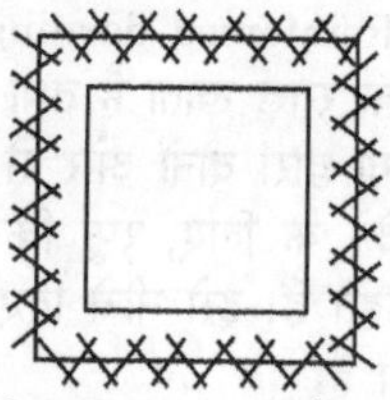

चित्र 16.10 ऊनी पैबन्द

(viii) **फिटिड पैबन्द** (Fitted patch) यह पैबन्द बहुत मोटे फैब्रिक्स पर लगाया जाता है। इसमें पैबन्द लगाने वाला फैब्रिक एक बिन्दु अधिक रखते हुए फैब्रिक को फिट करते हैं, क्योंकि सिलने के लिए थोड़ा फैब्रिक अवश्य ही चाहिए।

चित्र 16.11 फिटिड पैबन्द

पैबन्द लगाने हेतु टाँक छोटे लगाने चाहिए। इन्हें लगाने में अधिक धागा न खींचे, अन्यथा झोल पड़ सकता है। पैबन्द लगाने के बाद 1/2 बिन्दु अधिक कपड़ा काट दें, जिससे वस्त्र पर झोल न पड़े।

(ix) **फैन्सी पैबन्द** (Fancy patch) जब फैब्रिक अधिक कीमती हो अथवा आप उसे इस प्रकार पहनने योग्य बनाना चाहते हैं कि फैब्रिक के फटने का आभास न हो।

तो ऐसी स्थिति में सजावटी (decorative) पैबन्द लगा देते हैं। इससे पोशाक का सौन्दर्य बढ़ जाता है और पोशाक का दोष भी दिखाई नहीं देता। इसका प्रयोग स्त्रियों एवं बच्चों के वस्त्रों पर किया जाता है।

चित्र 16.12 फैन्सी पैबन्द

(x) **लाइनदार तथा चैक कपड़े पर पैबन्द** (Patch on striped and check cloth) इस प्रकार के कपड़ों पर पैबन्द लगाते समय विशेष ध्यान देना आवश्यक है। इसे लगाने हेतु, जितना कपड़ा फटा है, उससे 1/2 बिन्दु अधिक रखते हुए पैबन्द काटें। पैबन्द के कपड़े व वस्त्र का ताने से ताना तथा बाने से बाना मिलाना चाहिए, अन्यथा वस्त्र खराब लगेगा। उसके पश्चात् वस्त्र के कोनों पर टाँके लगाकर पैबन्द को ध्यान से जोड़ें, जिससे कोनों पर सफाई से पैबन्द लगे।

(xi) **ओवरस्वींग पैबन्द** (Oversewing patch) ये उन वस्त्रों पर लगाया जाता है, जिनकी तारें नहीं निकलती। इसे लगाने हेतु बिना मुड़े किनारों को मोड़कर ओवरस्वींग टाँके लगाते हैं। ये सामान्यत: मोटे कपड़ों पर प्रयोग किया जाता है। अत: स्पष्ट है कि पोशाक मरम्मत के लिए पैबन्द एक उचित प्रक्रिया है।

महत्त्वपूर्ण प्रश्नोत्तरी

1. किसी पोशाक के फट जाने या विकृत हो जाने के लिए क्या उपचार है?

उत्तर किसी पोशाक के फट जाने या विकृत हो जाने की स्थिति में पोशाक को पुनः पहनने योग्य बनाने के लिए मरम्मत की जाती है; जैसे–रफू करना एवं पैबन्द लगाना आदि।

2. पैबन्द को सजावटी बनाने हेतु फ्यूजिंग के साथ किसका उपयोग करते हैं?

उत्तर पैबन्द को सजावटी बनाने हेतु फ्यूजिंग के साथ मशीन स्टिचिंग का उपयोग करते हैं।

3. कॉर्नर रफू से आप क्या समझते हैं? संक्षिप्त उत्तर दीजिए।

उत्तर किसी कील आदि में फँस कर पोशाक अधिकतर L शेप में फट जाती है। ऐसी स्थिति में दोनों किनारों को सावधानी से मिलाकर फिशबोन टाँके द्वारा फिट किया जाता है।

4. पैबन्द कितने प्रकार के होते हैं? नाम लिखिए।

उत्तर पैबन्द निम्नलिखित प्रकार के होते हैं

(i) चौकोर पैबन्द (ii) गोल पैबन्द
(iii) टेलर पैबन्द (iv) तिकोना पैबन्द
(v) ऊनी पैबन्द (vi) फिटिड पैबन्द
(vii) फैन्सी पैबन्द (viii) हैण्ड पैबन्द
(ix) फ्लानेल पैबन्द (x) लाइनदार तथा चैक कपड़े पर पैबन्द
(xi) ओवरस्वींग पैबन्द

5. फैब्रिक पर तिकोने पैबन्द को किस प्रकार लगाया जाता है? अति संक्षेप में बताइए।

उत्तर तिकोने पैबन्द को फैब्रिक में जोड़ते समय तीनों कोनों पर टेप लगाकर उल्टी एवं सीधी ओर से तुरपाई कर देनी चाहिए।

6. ऊनी पैबन्द किस प्रकार लगाया जाता है? संक्षिप्त में उत्तर दीजिए।

उत्तर फैब्रिक के फटे-कटे स्थान पर पैबन्द वाले फैब्रिक को इस तरह कच्चा किया जाता है कि चारों ओर फैब्रिक रहे। इसके बाद सीधी ओर टेप लगाकर तुरपाई करनी चाहिए।

उल्टी ओर फैब्रिक मोटा होने के कारण दोबारा न मोड़ने के लिए हैरिंगबोन टाँके लगा देने चाहिए।

अभ्यास प्रश्न

परीक्षा प्रारूपी प्रश्न

बहुविकल्पीय

1. किसी पोशाक को ठीक करने में निम्न में से क्या किया जाता है?

(a) घिसे रेशों को ठीक करना
(b) टूटे रेशों को ठीक करना
(c) 'a' और 'b' दोनों
(d) उपरोक्त में से कोई नहीं

2. किसी पोशाक के फट जाने व ठीक करने सम्बन्धी निम्न में से कौन-सा शब्द-युग्म सही है?

(a) मरम्मत-पोशाक में नया फैब्रिक भरकर पोशाक को ठीक करना
(b) रफू करना-पैबन्द व धागों की सहायता से फैब्रिक को ठीक कर देना
(c) पैबन्द लगाना-धागों (threads) की सहायता से फैब्रिक को ठीक करना
(d) उपरोक्त में से कोई नहीं

3. फटी या विकृत पोशाक का उपचार करने का क्या लाभ है?

(a) पोशाक के उपयोग की अवधि बढ़ जाती है
(b) पोशाक के उपयोग की अवधि घट जाती है
(c) पोशाक के उपयोग की अवधि अपरिवर्तित रहती है
(d उपरोक्त में से कोई नहीं

4. इनमें से क्या मरम्मत सम्बन्धी सावधानी नहीं है?

(a) पोशाक के ताने और मरम्मत के धागे का रंग एवं स्वरूप समान हो
(b) प्रयुक्त सूई छोटी व मोटी हो
(c) कपड़े की बुनाई से मिलते-जुलते समान दूरी पर रनिंग टाँके लगाए जाएँ
(d) उपरोक्त सभी

5. मरम्मत निम्न में से क्या है?

(a) मूलतः यह किसी पोशाक के घिसे या टूटे तानों की यथावत् स्थिति है
(b) इसमें फैब्रिक के धागों को फैब्रिक में बुनकर यथास्थिति में ला दिया जाता है
(c) 'a' और 'b' दोनों
(d) उपरोक्त में से कोई नहीं

6. छिद्र के स्थान पर वस्त्र के समान प्रकार के कपड़े का अतिरिक्त टुकड़ा लगाकर सिलना कहलाता है

(a) रफू करना
(b) पैबन्द लगाना
(c) तुरपाई करना
(d) उपरोक्त में से कोई नहीं

7. किसी वस्त्र की मरम्मत से पूर्व कौन-सी सावधानी बरतनी आवश्यक है?
(a) धागे के छोटे बाहर निकले टुकड़ों को आवश्यक स्थान तक कट लगाकर खींच देते हैं
(b) लटके हुए धागों को कैंची से काट देते हैं
(c) 'a' और 'b' दोनों
(d) उपरोक्त में से कोई नहीं

8. किसी फैब्रिक या पोशाक के फट जाने या विकृत हो जाने का क्या उपचार है?
(a) मरम्मत (b) रफू करना
(c) पैबन्द लगाना (d) ये सभी

9. निम्न में से कौन-सा उपकरण रफू के लिए प्रयुक्त होता है?
(a) हस्त सुई
(b) सीम रिपर
(c) स्टीनलैस स्टील पिनें
(d) उपरोक्त सभी

10. निम्न में से कौन-सा रफू का प्रकार नहीं है?
(a) तिकोना रफू (b) चौकोर रफू
(c) स्लैश रफू (d) रेनफोर्स्ड रफू

11. रफू निम्न में से किसके द्वारा बनाया जाता है?
(a) हाथ द्वारा
(b) मशीन द्वारा
(c) 'a' और 'b' दोनों
(d) उपरोक्त में से कोई नहीं

12. चौकोर रफू करते समय सर्वप्रथम ताने की ओर से दोनों ओर कितना अधिक फैब्रिक रखते हुए ताना डालना चाहिए?
(a) एक बिन्दु अधिक (b) दो बिन्दु अधिक
(c) तीन बिन्दु अधिक (d) चार बिन्दु अधिक

13. यदि फैब्रिक तेज धार वाले चाकू, कैंची या इसी प्रकार की किसी वस्तु से कट जाए, तो उसकी मरम्मत कैसे की जाएगी?
(a) स्लैश रफू द्वारा
(b) रेनफोर्स्ड रफू द्वारा
(c) एक तरफा रफू द्वारा
(d) कॉर्नर डार्न रफू द्वारा

14. जब पोशाक का कोई हिस्सा, जो अधिक रगड़ खाता है, रगड़ से घिस जाता है, तो ताने-बाने दोनों ओर से मजबूती देने के लिए रफू किया जाता है। जिसे कहा जाता है
(a) मेण्डिंग रफू
(b) चौकोर रफू
(c) स्लैश रफू
(d) रेनफोर्स्ड रफू

15. रफू करने हेतु क्षति की इनमें से सामान्य अवस्था कौन-सी है?
(a) सीधे फटना
(b) डायगनल फटना
(c) त्रिकोणीय फटना
(d) उपरोक्त सभी

16. विषम आकृति में फटे वस्त्र में रफू कैसे करेंगे?
(a) उल्टी ओर पहले फटे स्थानों मिलाते हुए प्रेस करें
(b) बारीक सूई से अनावश्यक स्थान से धागा निकालकर ताना बाना बनाएँगे
(c) 'a' और 'b' दोनों
(d) सामने की ओर समान फैब्रिक लेकर सिलाई करें

17. पैबन्द लगाते समय, अन्त में सिलाई मशीन से जिस सिलाई का प्रयोग किया जाता है, वह है
(a) सीधी सिलाई (b) वक्र सिलाई
(c) तिरछी सिलाई (d) इनमें से कोई नहीं

18. जब फैब्रिक अधिक कीमती हो और उसकी मरम्मत इस प्रकार की जानी हो कि फैब्रिक के फटने का आभास न हो, तो क्या करेंगे?
(a) सजावटी पैबन्द लगाएँगे (b) फिटिड पैबन्द लगाएँगे
(c) तिकोना पैबन्द लगाएँगे (d) फ्लालेन पैबन्द लगाएँगे

19. डेली केटिड पैबन्द कहाँ प्रयोग होते हैं?
(a) बच्चों के वस्त्रों में (b) दोष छिपाने में
(c) 'a' और 'b' दोनों (d) इनमें से कोई नहीं

20. पैबन्द लगाने के लिए फैब्रिक के दोनों ओर टाँके लगाए जाते हैं, जिनमें सीधी ओर कौन-से टाँके का प्रयोग किया जाता है?
(a) हैरिंगबोन टाँका (b) ब्लाइण्ड टाँका
(c) अदृश्य टाँका (d) इनमें से कोई नहीं

उत्तरमाला

1. (c)	2. (a)	3. (a)	4. (b)	5. (c)	6. (b)	7. (c)	8. (d)	9. (d)	10. (a)
11. (c)	12. (c)	13. (a)	14. (d)	15. (d)	16. (c)	17. (b)	18. (a)	19. (c)	20. (c)

अध्याय 17

लेडीज सूट की ड्राफ्टिंग

Drafting of Ladies Suit

लेडीज सूट में कुर्ता-सलवार सम्मिलित हैं। कुर्ता-सलवार मूलत: महिलाओं द्वारा पहनी जाने वाली प्रमुख पोशाक है, जिसे पंजाबी पोशाक के नाम से भी जाना जाता है। सलवार कमीज जहाँ देखने में सुन्दर लगती है, वहीं इन्हें पहनने पर कार्य करने में सुविधा भी रहती है। वर्तमान समय में यह पोशाक एक फैशन स्टाइल के रूप में प्रचलित हो चुकी है। इस पोशाक में कुर्ते के साथ चूड़ीदार पायजामा और सलवार पहनी जाती है। इस प्रकार के पहनावे में भी समय-समय पर प्रचलन एवं बदलते फैशन के अनुसार, कुछ-न-कुछ परिवर्तन होते रहते हैं। लेडीज सूट का कुर्ता डाट्र्स अथवा बिना डाट्र्स के बनाया जा सकता है।

अध्याय विषय सूची

17.1 कुर्ते की ड्राफ्टिंग Drafting of Kurta

लेडीज सूट या कुर्ता बनाने के लिए निम्न दिए गए चरणों का अवलोकन करें

कपड़े का चुनाव Selection of Cloth

कुर्ते की ड्राफ्टिंग के लिए सबसे पहले कपड़े का चुनाव किया जाता है। इसके लिए पॉपलीन, रूबिया, रेशमी फैब्रिक, कैम्ब्रिक तथा टैरीकोट आदि कपड़ों का प्रयोग किया जाता है। इसके अतिरिक्त कृत्रिम-रेशमी कपड़ों का उपयोग भी किया जाता है, जिनमें अस्तर का प्रयोग किया जाता है।

(i) **अनुमानित कपड़ा** (Projected cloth) यदि हम 69 सेमी अर्ज का कपड़ा लेते हैं, तो इसमें से 2 लम्बाई कमीज +1 लम्बाई आस्तीन + हेम का कपड़ा उपयोगी होता है। इसी तरह यदि 90 सेमी अर्ज का कपड़ा लेंगे, तो 2 लम्बाई कमीज + हेम तथा साइड से कपड़ा लेकर स्लीव्स बना सकते हैं।

(ii) **दबाव एवं मोड़** (Margin and turn) कन्धे, आर्महोल तथा टॉप में 1 सेमी, आस्तीन के बॉटम और साइड में 2.5 सेमी, कुर्ते के बॉटम में 5 से 7 सेमी तक फोल्ड का दबाव रखा जाता है।

(iii) **कटे हुए भाग** (Cutted parts) एक भाग आगे का, 1 भाग पीछे का, 2 भाग आस्तीन एवं ओरेब पट्टियाँ, गले के लिए आवश्यकता के अनुसार लेते हैं।

कुर्ते की सिलाई-विधि Method of Sewing Kurta

लेडीज कुर्ते की ड्राफ्टिंग करने के बाद इस पोशाक को सिलने की विधि निम्नलिखित है

(*i*) सर्वप्रथम नाप लेकर ड्राफ्टिंग तैयार कर लें।

(*ii*) ड्राफ्टिंग के अनुसार फैब्रिक की कटिंग करें।

(*iii*) डाट्र्स एवं सिलाइयों के निशान चॉक से लगाकर डिजाइन अनुसार सामने के भाग का गला तैयार करें, डाट्र्स को कच्चा कर दें। इसके बाद पक्की सिलाई करनी चाहिए।

(*iv*) कन्धे जोड़कर बैक के गले को फिनिशिंग दें।

(*v*) साइड की सिलाइयाँ लगाकर स्लिट बनाएँ तथा निचले हिस्से पर तुरपाई कर दें।

(*vi*) आस्तीन तैयार कर आर्महोल से जोड़ दें।

(*vii*) फिनिशिंग करने के पश्चात् कुर्ते को प्रेस कर पैकिंग कर दें। कमीज या लेडीज कुर्ते की ड्राफ्टिंग एवं सिलाई को ठीक तरह से समझने के लिए नीचे दिए गए चित्र का अवलोकन करें।

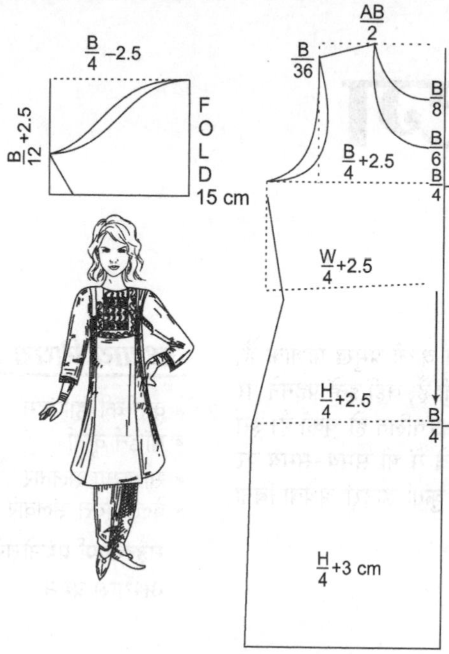

चित्र 17.1 लेडीज कुर्ते की ड्राफ्टिंग

17.2 मॉडर्न कुर्ता Modern Kurta

मॉडर्न कुर्ते के रूप में आजकल कलीदार कुर्ता प्रचलन में है, जिसमें भिन्न-भिन्न प्रकार की कलियों को जोड़कर घेरा बड़ा किया जाता है। इसमें कलियों की संख्या 4 से 8 तक रखी जा सकती है। कलियों को वेस्ट से, हिप लाइन से या गले से जोड़ा जा सकता है। घेरा बड़ा होने के कारण यह कुर्ता थोड़ा ढीला बनाया जाता है।

कपड़े का चुनाव Selection of Cloth

कुर्ते में कलियाँ बनाने के लिए गार्डनसिल्क, रूबिया, सिल्क अथवा नेट इत्यादि कपड़ों का प्रयोग किया जा सकता है।

(i) **अनुमानित कपड़ा** (Projected cloth) कलीदार कुर्ते के लिए यदि 90 सेमी अर्ज के कपड़े का उपयोग करना हो, तो इसमें से 2 लम्बाई कमीज + हेम +1 लम्बाई आस्तीन के बराबर कपड़ा लगता है। कलियाँ साइड की पट्टी से निकाली जाएँगी, परन्तु यदि हम 69 सेमी अर्ज का कपड़ा प्रयोग में लाते हैं, तो 2 लम्बाई कमीज $+1\frac{1}{2}$ लम्बाई आस्तीन के बराबर कपड़े का उपयोग होगा और कलियाँ साइड में बचे हुए कपड़े में से निकाल लेंगे।

(ii) **दबाव एवं मोड़** (Margin and turn) कलियों के अन्तर्गत कन्धों और आर्महोल पर 1 से.मी. सिलाई का दबाव रखा जाता है। बॉटम फोल्डिंग तथा साइडों की सिलाई में 2.5 सेमी का दबाव रखा जाता है।

(iii) **कटे हुए भाग** (Cutted parts) एक भाग आगे का, एक भाग पीछे का, 2 भाग आस्तीन के, 4 भाग कलियों के तथा गले के लिए ओरेब पट्टी आवश्यकता के अनुसार उपयोगी होती है।

मॉडर्न कुर्ते की सिलाई-विधि
Method of Sewing Modern Kurta

कलीदार कुर्ते की सिलाई करने की विधि निम्नलिखित है

(*i*) सबसे पहले कुर्ते की ड्राफ्टिंग कर लें तथा इसके बाद ले-आउट बनाएँ।

(*ii*) अब कटिंग करने के पश्चात् कलियों को जोड़ लें।

(*iii*) कन्धे एवं साइड की सिलाइयों को लगा लें।

(*iv*) गले में ओरेब पट्टी का प्रयोग कर फिनिशिंग कर दें।

(*v*) आस्तीन के मुड्ढे वाले हिस्से में चुन्नटें डाल लें।

(*vi*) बॉटम को फोल्ड कर साइड की सिलाइयाँ लगाएँ।

(*vii*) आस्तीन लगा लें।

(*viii*) बॉटम को फोल्ड कर फिनिशिंग दें तथा प्रेस कर पैकिंग करें।

कलीदार कुर्ते को नीचे दिए गए चित्र में दर्शाया गया है।

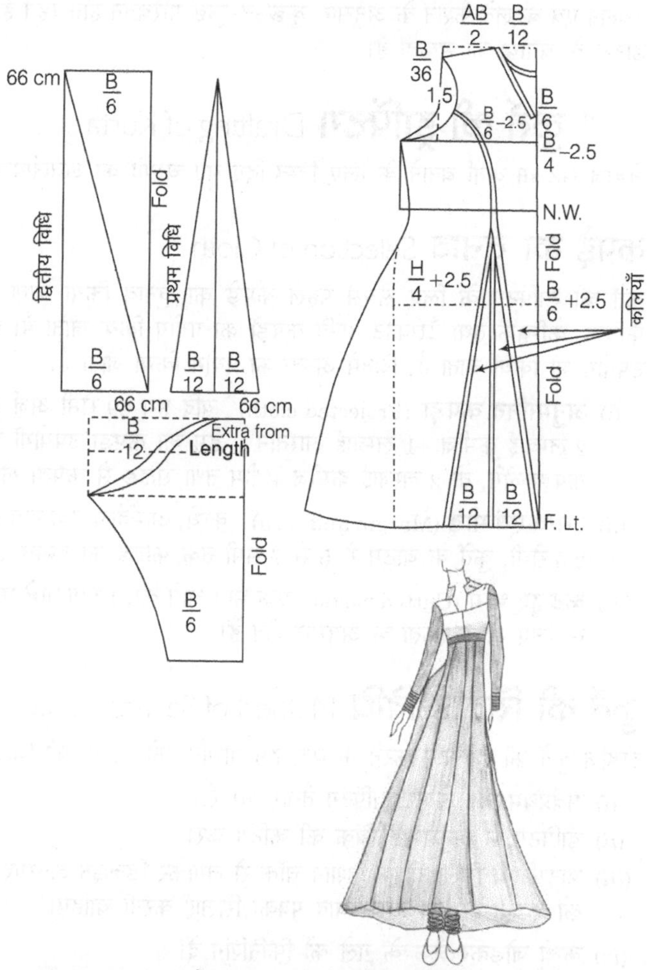

चित्र 17.2 मॉडर्न कलीदार कुर्ता

17.3 साधारण सलवार Simple Salvar

बदलते फैशन के साथ ही सलवार का प्रचलन सामान्य हो गया है। सलवार को तीन प्रकार से बनाया जाता है

(i) छोटे घेर वाली सलवार

(ii) मध्यम घेर वाली सलवार तथा

(iii) बड़े घेर वाली सलवार

कपड़े का चुनाव Selection of Cloth

सलवार भी कई प्रकार के कपड़े से बनाई जाती है; जैसे— टैरीकोट, पॉपलीन, प्रिन्टेड लाइनदार या फिर चैकदार कुर्ते के मिलते प्रिन्ट से भी सलवार बना ली जाती है।

इसके अतिरिक्त फैशन के अनुसार, विपरीत फैब्रिक जैसे रेशमी कुर्ते के लिए सूती या प्रिन्ट आदि कपड़ों की सलवार भी बनायी जाती है।

नेट फ्रैब्रिक के सूट के साथ टैरीकोट या रेशमी कपड़े की सलवार बना सकते हैं। अत: साधारण सलवार बनाने हेतु निम्न बिन्दुओं को ध्यान में रखना चाहिए

(i) **अनुमानित कपड़ा** (Projected cloth) विभिन्न प्रकार की सलवार बनाने के लिए विभिन्न प्रकार की नापों के कपड़े की आवश्यकता होती है, जो निम्न प्रकार हैं

- **छोटे घेर वाली सलवार हेतु** यदि सलवार को छोटे घेर में बनाना हो, तो इसके लिए 2.5 मी कपड़े का प्रयोग कर सकते हैं। इस कपड़े में 90 सेमी अर्ज के कपड़े में से 1 लम्बाई पाऊँचा +1 लम्बाई कुन्दा +1 लम्बाई आसन + नेफा लिया जाता है। इस तरह सलवार का घेर 2.75 मी का बनेगा।
- **मध्यम घेर की सलवार** के लिए 3.25 मी कपड़े के 90 सेमी अर्ज के कपड़े में से 1 लम्बाई पाऊँचा + 1 लम्बाई कुन्दा + 2 लम्बाई आसन + प्रत्येक लम्बाई में से 5 सेमी कपड़ा नेफा मोड़ने के लिए लिया जाएगा। इस प्रकार सलवार का घेर 3.5 मी का बन जाएगा।
- **बड़े घेर वाली सलवार** बड़े घेर की सलवार के लिए 3.8 मी कपड़ा लिया जाता है, जिसमें 90 सेमी अर्ज के कपड़े में से 1 लम्बाई पाऊँचा +1 लम्बाई कुन्दा +2 लम्बाई आसन + प्रत्येक लम्बाई में 5 सेमी नेफा बनाने के लिए कपड़ा लिया जाता है। इस सलवार का घेर 4.5 मी का बनाया जाता है।

(ii) **दबाव एवं मोड़** (Margin and turn) सलवार का नेफा बनाने के लिए 5 सेमी तक का फोल्डिंग दबाव रखना आवश्यक है। बॉटम और गिदरी की सिलाई में एक से लेकर $1\frac{1}{2}$ सेमी तक दबाव रखा जाता है। कुन्दे तथा पाऊँचे में कोई दबाव रखने की आवश्यकता नहीं होती है।

(iii) **कटे हुए भाग** (Cutted parts) 4 भाग पाऊँचा, 2 भाग कुन्दा, पाऊँचे के लिए 2 भाग तथा मध्यस्तर के लिए बुकरम के दो भाग लेते हैं।

सिलाई की विधि Method of Sewing

साधारण सलवार बनाने के लिए सिलाई विधि निम्नलिखित है

(i) सर्वप्रथम नाप के अनुसार, ड्राफ्टिंग तैयार कर कपड़े की कटिंग कर लें।

(ii) ऊपर से मिलाते हुए कुन्दे के साथ पाऊँचा जोड़ लें।

(iii) आसन जोड़कर तथा चिड़ी बनाकर नेफा तैयार कर लें।

(iv) पाऊँचों के लिए मूल कपड़े की पट्टियों में बुकरम रखकर दोनों ओर कच्चा करें और सलवार के पाऊँचों पर कच्चा कर वह पट्टी नीचे जोड़कर रख दें।

(v) पाऊँचों पर इच्छानुसार डिजाइन बनाएँ।

(vi) इसके बाद गिदरी की सिलाई करें, परन्तु यह सिलाई थोड़ी खींचकर या टेप रखकर लगाएँ अन्यथा सिलाई के धागे खींचने पर टूट जाते हैं और सिलाई खुल सकती है। इसके अतिरिक्त सलवार के पाऊँचे में निचले सिरे से 5 सेमी ऊपर तक 2.5 से 3 सेमी तक तिरछापन रखा जाता है, जिससे सलवार पर पीछे से उठी हुई दिखाई न दे।

(vii) प्रेस करके फिनिशिंग कर दें तथा पैक कर दें।
साधारण सलवार की ड्राफ्टिंग नीचे दिए गए चित्र की सहायता से तैयार की जा सकती है।

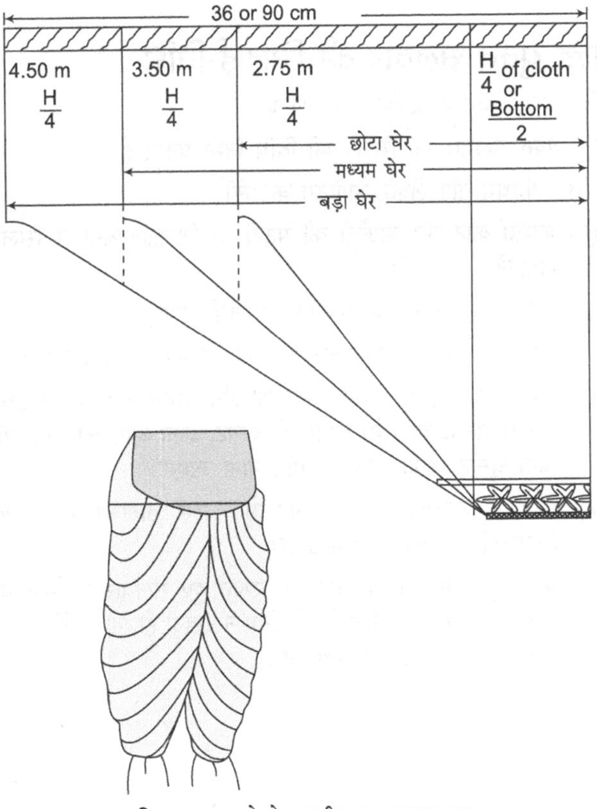

चित्र 17.3 बड़े घेर वाली साधारण सलवार

17.4 बेल्ट युक्त सलवार Belted Salvar

साधारण सलवार के साथ ही बेल्टवाली सलवार का भी प्रचलन है, जिसे टाइट फिटिंग कुर्ते के साथ पहना जाता है। बदलते फैशन में इस सलवार को अधिक पसन्द किया जाता है, क्योंकि बेल्टवाली सलवार से कमर का भाग अधिक मोटा नहीं दिखाई देता है।

कपड़े का चुनाव Selection of Cloth

बेल्टवाली सलवार के लिए पॉपलीन, प्रिन्टेड, टैरीकोट अथवा कुर्ते के कपड़े का प्रयोग किया जा सकता है।

(i) **अनुमानित कपड़ा** (Projected cloth) यदि कपड़े का अर्ज 90 सेमी है, तो इसमें से 1 लम्बाई पाऊँचा + हेम +1 लम्बाई कुन्दा + 1 लम्बाई आसन + हेम लगता है। इसी प्रकार से यदि कपड़े का अर्ज 69 सेमी है, तो इसमें बेल्ट के लिए 25 सेमी कपड़ा अलग से लेना होता है।

(ii) **दबाव एवं मोड़** (Margin and turn) पाऊँचे में 1 सेमी, बेल्ट के नीचे 1 सेमी, सलवार के कुन्दों के ऊपर 1 सेमी तथा नेफा मोड़ने के लिए 5 सेमी दबाव एवं मोड़ रखना आवश्यक है।

(iii) **कटे हुए भाग** (Cutted parts) 2 भाग बेल्ट, 2 भाग पाऊँचा, 4 भाग कुन्दे, 2 भाग मध्यस्तर के लिए बुकरम तथा 2 भाग अस्तर की पट्टियों के लिए लेते हैं।

बेल्ट युक्त सलवार की सिलाई-विधि
Method of Sewing Belted Salvar

बेल्ट युक्त सलवार को सिलने की विधि निम्न प्रकार है

(*i*) सर्वप्रथम नाप लेकर ड्राफ्टिंग कर लें।

(*ii*) कपड़ा काट कर पाऊँचों की पट्टी पर डिजाइन बनाकर सिलाई लगा लें।

(*iii*) कुन्दे तथा पाऊँचों को मिलाकर सिलाई लगाएँ।

(*iv*) ऊपरी भाग में चुन्नटें डालने के लिए दो बड़ी बखिया लगाएँ।

(*v*) आसन के दाएँ और बाएँ कुन्दों को तीन चौथाई भाग को छोड़कर शेष में चुन्नटें डाल दें। जिनमें से चुन्नट वाला आगे का भाग और बिना चुन्नट वाला पीछे का भाग माना जाएगा।

(*vi*) बेल्ट में आवश्यकतानुसार नाप से डार्ट्स डालकर साइड की सिलाइयाँ लगाकर नेफा मोड़ लें।

(*vii*) बेल्ट की ओपनिंग बाएँ हाथ पर रखते हुए सलवार से बेल्ट को जोड़ दें। परन्तु यदि बेल्ट में ओपनिंग न रखनी हो, तो दोनों ओर से सिलाई कर चुन्नटों के साथ जोड़ें।

(*viii*) पाऊँचों को तैयार करें।

(*ix*) गिदरी की सिलाई मोहरी की नाप को ध्यान में रखकर लगाएँ।

(*x*) ओपनिंग पर हुक तथा आई लगाकर प्रेस करके फिनिशिंग कर पैक कर दें।

बेल्ट युक्त सलवार को निम्न चित्र द्वारा दर्शाया गया है।

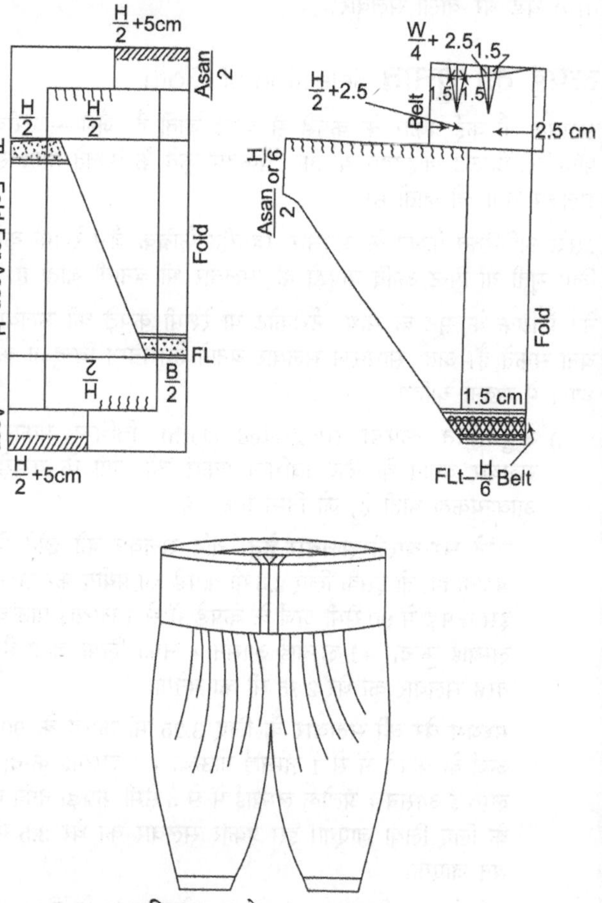

चित्र 17.4 बेल्ट युक्त सलवार

सावधानियाँ Precautions

(*i*) कुर्ते में आस्तीनों को जोड़ते समय पिच बिन्दु का विशेष ध्यान रखें।

(*ii*) सलवार में गिदरी की सिलाई करते समय मशीन में कपड़ा अपनी ओर से खींचकर रखें अन्यथा बखिया टूट जाएगी।

(*iii*) नेफे को मोड़ें तथा दोनों टाँगों की लम्बाई समान रखें।

महत्त्वपूर्ण प्रश्नोत्तरी

1. लेडीज कुर्ते पर डार्ट्स के प्रयोग को संक्षेप में बताइए।

उत्तर लेडीज कुर्ते पर डार्ट्स एवं सिलाइयों के निशान चॉक या निशान चक्र द्वारा लगाकर डार्ट्स को कच्चा कर पक्की सिलाई लगानी चाहिए।

2. कलीदार कुर्ते में कलियों की संख्या कितनी रखी जाती है?

उत्तर कलीदार कुर्ते में कलियों की संख्या 4 से 8 तक रखी जा सकती है, जिन्हें वेस्ट या हिप लाइन से जोड़ा जाता है।

3. मॉडर्न कलीदार कुर्ता बनाने के लिए किस प्रकार के कपड़े का चुनाव किया जाता है?

उत्तर मॉडर्न कलीदार कुर्ता बनाने हेतु कलियाँ बनाने के लिए गार्डन सिल्क, रूबिया, सिल्क अथवा नेट इत्यादि कपड़ों का चुनाव किया जा सकता है।

4. कलीदार कुर्ते में कलियों को किस प्रकार जोड़ा जाएगा?

उत्तर कलीदार कुर्ते की सिलाई करने के लिए ड्राफ्टिंग तथा ले-आउट बनाकर कटिंग करने के पश्चात् कलियों को जोड़ा जाता है।

5. साधारण सलवार के लिए कपड़े की प्रत्येक लम्बाई में से नेफे के लिए कितना कपड़ा लेना होगा?

उत्तर साधारण सलवार के लिए कपड़े की प्रत्येक लम्बाई में से 5 सेमी कपड़ा नेफे के लिए लगता है।

6. साधारण सलवार में बॉटम और गिदरी के लिए कितना दबाव रखा जाता है?

उत्तर साधारण सलवार में बॉटम और गिदरी की सिलाई में 1 सेमी से लेकर $1\frac{1}{2}$ सेमी तक दबाव रखा जाता है।

7. सलवार के पाऊँचे में तिरछापन कितना और क्यों रखा जाता है?

उत्तर सलवार के पाऊँचे में निचले सिरे से 5 सेमी, ऊपर तक 2.5 से 3 सेमी तक तिरछापन रखा जाता है, ताकि पहनने पर सलवार पीछे से उठी हुई न दिखाई दे।

8. बेल्टवाली सलवार को अधिक पसन्द क्यों किया जाता है?

उत्तर बेल्टवाली सलवार से कमर का भाग अधिक मोटा नहीं दिखाई देता है इस कारण इसे अधिक पसन्द किया जाता है।

9. बेल्टवाली सलवार के लिए किस प्रकार का फैब्रिक होना चाहिए?

उत्तर बेल्ट वाली सलवार के लिए पॉपलीन प्रिन्टेड, टैरीकोट अथवा कुर्ते के कपड़े का प्रयोग किया जा सकता है।

10. बेल्ट युक्त सलवार के लिए गिदरी की सिलाई कब लगानी चाहिए?

उत्तर बेल्ट युक्त सलवार में कुन्दे तथा पाऊँचों को जोड़कर मोहरी तैयार करके गिदरी की सिलाई लगानी चाहिए।

अभ्यास प्रश्न

परीक्षा प्रारूपी प्रश्न

बहुविकल्पीय

1. सलवार-कुर्ते को अन्य किस नाम से जाना जाता है?

(a) पंजाबी पोशाक (b) सिन्धी पोशाक
(c) कश्मीरी पोशाक (d) इनमें से कोई नहीं

2. सलवार-कुर्ता मूल रूप से प्रयोग किया जाता है

(a) महिलाओं द्वारा (b) पुरुषों द्वारा
(c) बच्चों द्वारा (d) बुजुर्गों द्वारा

3. लेडीज कुर्ते की ड्राफ्टिंग करने के लिए सबसे पहले क्या किया जाता है?

(a) कपड़े की कटिंग (b) कपड़े का नाप
(c) कपड़े का चुनाव (d) 'b' और 'c'

4. यदि लेडीज कुर्ता बनाने के लिए रेशमी फैब्रिक का प्रयोग करना हो, तो उसमें

(a) अस्तर लगाएँगे (b) टक्स डालेंगे
(c) प्लीट्स डालेंगे (d) तुरपाई करेंगे

5. यदि 90 सेमी अर्ज का कपड़ा लेकर कुर्ता तैयार करनी हो, तो इसमें आस्तीन कहाँ से निकालेंगे?

(a) ऊपर से (b) नीचे से
(c) साइड से (d) बीच में से

6. लेडीज कुर्ते में आस्तीन के बॉटम में कितने सेमी तक के फोल्ड का दबाव रखा जाता है?

(a) 5 सेमी (b) 1 सेमी
(c) 7 सेमी (d) 2.5 सेमी

7. लेडीज कुर्ते की सिलाई करते समय कन्धे जोड़ने के बाद क्या करना चाहिए?

(a) फैब्रिक की कटिंग (b) गले की फिनिशिंग
(c) आस्तीन की तुरपाई (d) प्रेस

8. कलीदार कुर्ते का घेरा बढ़ाया जाता है

(a) टक्स डालकर (b) चुन्नटें लगाकर
(c) पतरन बनाकर (d) कलियों को जोड़कर

9. कलीदार कुर्ते के लिए यदि 69 सेमी अर्ज का कपड़ा लेते हैं, तो इसमें कलियाँ कहाँ से निकलेंगी?
(a) साइड की पट्टी से (b) ऊपरी भाग से
(c) निचले भाग से (d) कहीं से नहीं

10. कलीदार कुर्ते के अन्तर्गत कन्धों और आर्महोल पर दबाव रखा जाता है।
(a) 2.5 सेमी (b) 1.5 सेमी (c) 3.4 सेमी (d) 1.0 सेमी

11. कलीदार कुर्ते में कटे हुए भाग के अन्तर्गत ओरेब पट्टी कितनी होती है?
(a) 2 भाग (b) 5 भाग
(c) 4 भाग (d) आवश्यकतानुसार

12. कलीदार कुर्ते बनाने के लिए कटिंग करने के बाद करना चाहिए
(a) साइड की सिलाई (b) कलियों को जोड़ना
(c) चुन्नटें डालना (d) ओरेब पट्टी का प्रयोग

13. पंजाब का पहनावा कौन-सा वस्त्र है?
(a) सलवार-कुर्ता (b) फ्रॉक
(c) साड़ी (d) इनमें से कोई नहीं

14. कलियों का प्रयोग निम्न में से किस वस्त्र में किया जाता है?
(a) मॉडर्न कुर्ता (b) फ्रॉक
(c) स्कर्ट (d) इनमें से कोई नहीं

15. निम्नलिखित में से असत्य कथन का चयन कीजिए
(a) सलवार अनेक रंग और फैब्रिक से बनाई जा सकती है
(b) सलवार बनाने हेतु टैरीकोट, पॉपलीन, लट्ठा का प्रयोग कर सकते हैं
(c) सलवार फैशन के अनुसार विपरीत फैब्रिक से भी बना सकते हैं
(d) सलवार रेशमी कुर्ते के साथ नेट आदि से भी बना सकते हैं

16. यदि सलवार को छोटे घेर में बनाना हो, तो इसके लिए कितने मीटर कपड़े का प्रयोग कर सकते हैं?
(a) 2 मी (b) 2.5 मी
(c) 3.2 मी (d) 3.25 मी

17. मध्यम घेर की सलवार का घेर होता है
(a) 3.5 मी (b) 3.7 मी
(c) 4.5 मी (d) 5.1 मी

18. बड़े घेर की सलवार तैयार करने के लिए कितना कपड़ा लगता है?
(a) 4.5 मी (b) 3.5 मी
(c) 3.8 मी (d) इनमें से कोई नहीं

19. बदलते फैशन में किस प्रकार की सलवार को अधिक पसन्द किया जाता है?
(a) साधारण सलवार (b) बेल्ट युक्त सलवार
(c) अफगानी सलवार (d) इनमें से कोई नहीं

20. बेल्टयुक्त सलवार तैयार करते समय ऊपरी भाग में चुन्नटें डालने के लिए क्या करेंगे?
(a) तुरपाई करेंगे (b) बखिया करेंगे
(c) टक्स डालेंगे (d) सीधे सिलाई करेंगे

21. कपड़े पर कमीज पैटर्न का पता लगाने के लिए किसका उपयोग किया जाता है?
(a) पानी में घुलनशील कलम (b) दर्जी चाक
(c) पेन्सिल (d) कलम

22. कमीज किस प्रकार का वस्त्र है
(a) ऊपरी वस्त्र (b) निचला वस्त्र
(c) पूर्ण वस्त्र (d) आन्तरिक (Inner) वस्त्र

23. बिन्दु संख्या 12, 13, 14 क्या है?

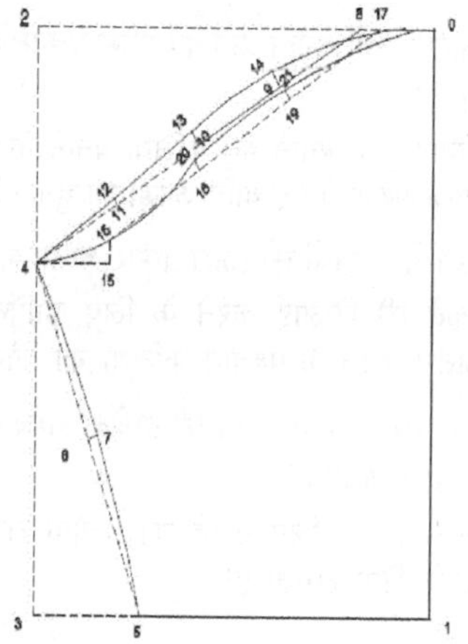

(a) आस्तीन-सामने की रेखा (b) आस्तीन-साइड सीम
(c) स्लीव-बैक लाइन (d) आस्तीन-हेम रेखा

24. काटने के लिए बुनियादी चूड़ीदार की लम्बाई की गणना कैसे की जाती है?
(a) पूर्ण लम्बाई + बेल्ट
(b) पूर्ण लम्बाई + बेल्ट + अलाउन्स
(c) पूर्ण लम्बाई + चूड़ी + अलाउन्स
(d) पूर्ण लम्बाई + चूड़ी + बेल्ट

25. चूड़ीदार कमर की लाइन कैसे फिनिश की जाती है?
(a) बाइण्डिग करके (b) फेसिंग करके
(c) केसिंग करके (d) पाइपिंग करके

26. चूड़ीदार में चूड़ी कहाँ सिली जाती है?
(a) थाई से घुटने तक के भाग में
(b) थाई से टखने तक के भाग में
(c) घुटने से टखने तक का भाग में
(d) टखने की पिण्डली पर

27. कौन-से परिधान में कली केन्द्र का टुकड़ा और साइड का टुकड़ा होता है?
(a) पैन्ट (b) कमीज (c) सलवार (d) चूड़ीदार

28. सलवार का कौन-सा हिस्सा कली है?
(a) बेल्ट का टुकड़ा (b) साइड का टुकड़ा
(c) आगे और पीछे का टुकड़ा (d) नीचे का टुकड़ा

29. सलवार में विभिन्न प्रकार के टाँके लगाने के लिए किस मशीन का उपयोग किया जाता है?
(a) ओवर लॉक (b) फ्लैट लॉक
(c) फैशन मेकर (d) फीड ऑफ द आर्म

30. कौन-सा ग्रेन सलवार साइड पैनेल कट जाता है?
(a) लम्बाई वार (b) चौड़ाई वार (c) बायस (d) वॉर्प ग्रेन

31. सलवार के निचले भाग को फिनिश करने के लिए किस सामग्री का उपयोग किया जाता है?
(a) बुकरम (b) कैनवास (c) लाइनिंग फैब्रिक (d) टेप

32. सलवार की लम्बाई कैसे मापी जाती है?
(a) बेल्ट सहित (b) निचले हेम सहित
(c) बेल्ट को छोड़कर (d) बेल्ट और निचले हेम सहित

33. सलवार में कमर की परिधि को समायोजित करने के लिए किसका उपयोग किया जाता है?
(a) कैनवास (b) ड्रा कॉर्ड (c) कैस्पर जिपर (d) गैदरिंग

34. चूड़ीदार की सिलाई के लिए पहला ऑपरेशन क्या है?
(a) केसिंग (b) इन सीम जोड़ना
(c) निचली हेमिंग (d) नीचे की गैदरिंग

35. चूड़ीदार सलवार की सिलाई के लिए कौन-सी सामग्री को वरीयता दी जाती है?
(a) कपास (b) रेशम (c) ऊन (d) नायलॉन

36. कमीज निर्माण अन्तिम ऑपरेशन कौन-सा है?
(a) आस्तीन हेमिंग (b) फ्रण्ट नेक फिनिशिंग
(c) निचला हेमिंग (d) बैक नेक फिनिशिंग

37. चूड़ीदार में कौन-सा ग्रेन काटा जाता है?
(a) वॉर्प (b) वेफ्ट (c) बायस (d) लम्बाईवार

38. बुनियादी कमीज में कितने कट घटक होते हैं?
(a) 3 (b) 4 (c) 2 (d) 5

39. बुनियादी कमीज का ग्रेन होता है?
(a) लम्बाईवार (b) चौड़ाईवार (c) बायस (d) विकर्ण

40. चित्र में प्रदर्शित लेआउट क्या है?

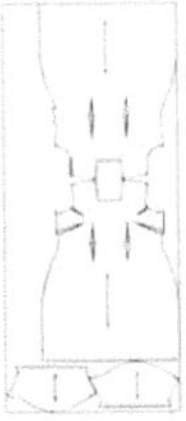

(a) कुर्ता पैटर्न (b) कमीज पैटर्न
(c) सलवार लेआउट (d) कमीज लेआउट

41. तंग फिटिंग कमीज में ओपनिंग का निर्माण कहाँ किया जाता है?
(a) सेन्टर फ्रण्ट में
(b) सेन्टर बैक में
(c) कन्धे पर
(d) साइड सीम में

42. कमीज की ड्रॉफ्टिंग तैयार करने के दौरान बस्ट राउण्ड माप ली जाती है
(a) बस्ट का 1/4
(b) बस्ट का 1/2
(c) बस्ट राउण्ड
(d) बस्ट का 3/4

43. कमीज में आगे और पीछे के आर्महोल को कैसे ड्रा किया जाता है ?
(a) दोनों एकसमान आर्महोल
(b) आगे की ओर गहरा वक्र
(c) पीछे की ओर गहरा वक्र
(d) दोनों की ऊँचाई अलग

44. कमीज में छाती को कैसे मापा जाता है?
(a) स्केई लेवल पर चेस्ट लाइन
(b) आर्म होल मध्यम पर छाती लाइन
(c) कन्धे से कन्धा
(d) उपरोक्त में से कोई नहीं

45. फिटेड कमीज का मास्टर पैटर्न कैसा होगा?
(a) डार्ट मार्क सहित
(b) डार्ट मार्क को छोड़कर
(c) डार्ट मार्क और अलाउन्स सहित
(d) डार्ट मार्क और सहित को छोड़कर

46. बुनियादी कमीज के लिए आवश्यक कपड़े की गणना कैसे की जाती है?
(a) $2 \times$ लम्बाई + अलाउन्स
(b) $2 \times$ लम्बाई + स्लीव लम्बाई
(c) $2 \times$ लम्बाई + स्लीव लम्बाई + अलाउन्स
(d) $2 \times$ लम्बाई + 2 स्लीव लम्बाई + 10 सेमी

47. कमीज निर्माण में कौन-सा ऑपरेशन पहले किया जाता है?
(a) कन्धे जोड़ना
(b) गर्दन की फिनिशिंग
(c) आस्तीन को जोड़ना
(d) टाँके लगाना

उत्तरमाला

1. (a)	**2.** (a)	**3.** (d)	**4.** (a)	**5.** (c)	**6.** (d)	**7.** (b)	**8.** (d)	**9.** (a)	**10.** (d)
11. (d)	**12.** (b)	**13.** (a)	**14.** (a)	**15.** (d)	**16.** (b)	**17.** (a)	**18.** (c)	**19.** (b)	**20.** (b)
21. (b)	**22.** (a)	**23.** (c)	**24.** (c)	**25.** (c)	**26.** (d)	**27.** (c)	**28.** (b)	**29.** (c)	**30.** (a)
31. (a)	**32.** (d)	**33.** (b)	**34.** (b)	**35.** (a)	**36.** (a)	**37.** (c)	**38.** (b)	**39.** (a)	**40.** (d)
41. (b)	**42.** (a)	**43.** (b)	**44.** (a)	**45.** (c)	**46.** (d)	**47.** (b)			

अध्याय 18

मानव आकृति
Human Figure

किसी भी व्यक्ति के लिए पोशाक बनाने हेतु उसके शरीर की संरचना अर्थात् शरीर के आकार एवं आकृति का ज्ञान होना अति आवश्यक है। शारीरिक संरचना का विकास प्राकृतिक वातावरण, व्यायाम, स्वभाव वंशानुगत तथा अभ्यास पर निर्भर करता है।

शरीर के प्रत्येक अंग की अलग-अलग नाप लेकर, उस नाप के अनुसार वस्त्र तैयार किए जाते हैं। इसके साथ व्यक्ति की ऊँचाई एवं लम्बाई का अनुमान लगाने के लिए अष्ठ शीर्ष प्रणाली का ज्ञान भी आवश्यक है। सिलाई के जनक **डॉ. वैम्पन** ने सम्पूर्ण लम्बाई पर आठ बराबर लाइन खींचकर लम्बाई को आठ भागों में विभक्त किया जाता है, जो 'अष्ट शीर्ष प्रणाली' कहलाती है। इस अध्याय में हम मानव आकृति से सम्बन्धित इन सभी विशिष्टियों का अध्ययन करेंगे।

अध्याय विषय सूची

18.1 अष्ट शीर्ष सिद्धान्त Eight Head Theory

अष्ट शीर्ष सिद्धान्त में मानव शरीर को आठ समान भागों में विभाजित किया गया है, जिनमें से प्रत्येक शीर्ष आठ इंच (20 सेमी) का माना जाता है क्योंकि सामान्यत: टेलरिंग की दृष्टि से एक सही माप वाले व्यक्ति के शरीर की मानक ऊँचाई पाँच फुट चार इंच अर्थात् 163 सेमी मानी जाती है। एक कुशल टेलर किसी ग्राहक को बिना देखे केवल उसकी ऊँचाई ज्ञात कर, उसकी किसी भी पोशाक की नाप तय करके पोशाक तैयार कर सकता है।

इस सिद्धान्त के अनुसार, मानव शरीर को निम्न आठ भागों में विभक्त किया गया है, जिनका विवरण निम्न प्रकार है

1. **पहला शीर्ष-सिर से ठोड़ी तक** (First head-from head to chin) शरीर की सम्पूर्ण लम्बाई का 1/8 भाग बाल से ठोढ़ी तक की लम्बाई होती है अर्थात् यदि पूरे शरीर की लम्बाई 64'' है, तो सिर की लम्बाई 8'' होगी। पूरे शरीर की लम्बाई $8 \times 8 = 64''$ हुई। इस प्रकार केवल लम्बाई ज्ञात होने से नाप निकल आती है।

   उदाहरणार्थ—सिर की गोलाई का नाप टोपी एवं हैड के लिए सिर के ऊपर से 2'' नीचे को लेते हैं। इसके लिए गर्दन में गले का नाप लिया जाता है तथा ठोढ़ी से 1'' नीचे तीरे का नाप लेते हैं। यह शरीर का 1/8 भाग माना गया है।

अष्ट शीर्ष प्रणाली को समझने के लिए निम्न चित्र का अवलोकन करें।

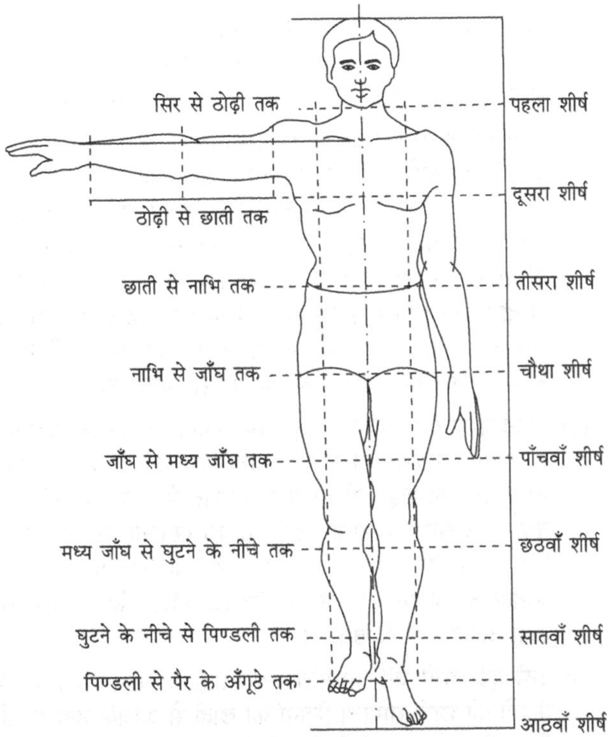

चित्र 18.1 अष्ट शीर्ष प्रणाली के अनुसार मानव शरीर के आठ भाग

2. **दूसरा शीर्ष-ठोढ़ी से छाती तक** (Second head-from chin to chest) शरीर के ऊपरी भाग में पहनने के लिए पोशाकें छाती की नाप लेकर बनायी जाती हैं। छाती का नाप ब्रेस्ट के मध्य से इंचीटेप को चारों ओर बगल से छूते हुए लिया जाता है। रेडीमेड गारमेन्ट में छाती के नाप से अन्य नाप निकाले जाते हैं। यह शीर्ष बहुत महत्त्व रखता है, क्योंकि इस नाप के बिना पोशाकों की फिटिंग अच्छी नहीं आती। यह नाप भी शरीर की लम्बाई का 1/8वाँ भाग होता है।

3. **तीसरा शीर्ष-छाती से नाभि तक** (Third head-from chest to navel) शरीर के ऊपर तथा नीचे पहनी जाने वाली दोनों पोशाकों के लिए यह नाप लिया जाता है। कमर की गहराई की माप तथा कमर की गोलाई की नाप इसी के अन्तर्गत लेते हैं।

   पोशाकों में इसी नाप के आधार पर फिटिंग दी जाती है। स्त्रियों की कमर गहराई दो भाग 16'' − 2'' = 14'' पुरुषों की कमर गहराई दो भाग = 16'' अर्थात् (2 भाग = 16'') होती है।

4. **चौथा शीर्ष-नाभि से जाँघ तक** (Fourth head-from navel to thigh) इसका प्रयोग नीचे की पोशाकों की कटिंग करते समय किया जाता है, क्योंकि निचले भाग में पहनी जाने वाली पोशाक कमर की गोलाई और हिप या सीट की नाप के अनुसार काटी जाती है। अत: यह नाप यहीं से ली जाती है।

   हिप या सीट की नाप कमर से नीचे सबसे उभरे भाग से ली जाती है। पोलिका, जम्पर, स्कर्ट के टॉप आदि की लम्बाई यहीं तक ली जाती है, जोकि शरीर के तीन भाग के बराबर = 24'' होती है।

5. **पाँचवाँ शीर्ष-जाँघ से मध्य जाँघ** (Fifth head-from thigh to mid thigh) अधिकतर इस नाप का प्रयोग हाफ पैन्ट की लम्बाई तथा मोहरी का नाप लेने हेतु किया जाता है। जाँघिये की लम्बाई दो भाग 16'', शर्ट की लम्बाई 4 भाग − 2'' = 30'', शर्ट की लम्बाई 4 भाग − 4'' = 28'' ली जाती है। आस्तीन की लम्बाई 3 भाग = 24'' + 2'' = 26'' ली जाती है। हाफ पैन्ट की लम्बाई 2 भाग + 2'' = 18'' (2 भाग + 2'' = 18'') ली जाती है।

6. **छठा शीर्ष-मध्य जाँघ से घुटनों तक** (Sixth head-from mid thigh to below the knees) घुटने की नाप प्राय: जीन्स, चूड़ीदार पायजामा आदि में लेते हैं। इसके अतिरिक्त लेडीज शर्ट व शेरवानी की लम्बाई पाँच भाग + 2'' = 42'' ली जाती है।

7. **सातवाँ शीर्ष-घुटने के नीचे से पिण्डली तक** (Seventh head-from below the knees to lower leg) पिण्डली से 1'' नीचे चूड़ीदार पायजामे की पिंडली की गोलाई का नाप लेते हैं। जीन्स की लम्बाई 4 भाग = 32'' तथा ड्रेसिंग गाउन, डस्टर कोट, स्त्रियों व पुरुषों का ओवरकोट व रेन कोट की लम्बाई 6 भाग + 2'' = 50'' रखी जाती है।

8. **आठवाँ शीर्ष-पिण्डली से पैर के अँगूठे तक** (Eight head-from lower leg to ball of feet) पेटीकोट, सलवार, पैन्ट, पायजामा आदि की लम्बाई नाभि से अँगूठे तक रखी जाती है अर्थात् 5 भाग + 2'' = 42'', नाइटी, मैक्सी, हाउसकोट की लम्बाई 7 भाग = 56'' रखी जाती है।

   सलवार, चूड़ीदार पायजामा की मोहरी के नाप के लिए इसकी आवश्यकता होती है। अष्ट शीर्ष प्रणाली के आधार पर लम्बाई की नाप निकाली जा सकती है। इसी आधार पर नाप की सारणी से अन्य नाप ज्ञात कर आप किसी भी व्यक्ति की पोशाक बनाने में सक्षम होंगे, जिसकी केवल लम्बाई ज्ञात है। इस सिद्धान्त का प्रयोग बच्चों के नाप ज्ञात करने हेतु नहीं किया जाता।

अष्ट शीर्ष प्रणाली के लाभ

Advantages of Eight Head Theory

अष्ट शीर्ष प्रणाली के प्रमुख लाभ निम्नलिखित हैं

(i) इस प्रणाली का ज्ञान होने पर ग्राहक केवल अपनी लम्बाई बताकर वस्त्र तैयार करा सकता है।

(ii) इस प्रणाली की जानकारी होने से टेलर व प्रशिक्षार्थी को शरीर के निरीक्षण व अध्ययन में सहायता मिलती है।

(iii) शारीरिक ज्ञान से पोशाक की नाप सटीक आती है। सही नाप की कटिंग से सिली पोशाकों की फिटिंग भी सही प्राप्त होती है।

(iv) इस प्रणाली के ज्ञान से ड्राफ्टिंग एवं मिटिंग सरलता से होती है।

18.2 मानव आकृतियों के प्रकार
Types of Human Figures

प्रत्येक मानव का शरीर अपनी बनावट के अनुसार, एक-दूसरे से भिन्न होता है। कुछ शरीर जन्मजात भिन्नता लिए होते हैं, तो कुछ किसी दुर्घटना के कारण भिन्न हो जाते हैं।

मानव शरीर को सामान्य तथा असामान्य श्रेणियों में वर्गीकृत किया गया है—कोई भी व्यक्ति कुशल टेलर तब तक नहीं हो सकता है, जब तक कि वह मानव की आकृति से पूर्ण रूप से परिचित न हों, इसलिए टेलर व टेलरिंग सीखने वाले प्रशिक्षार्थी, को सामान्य व असामान्य शरीर का ज्ञान होना आवश्यक है।

जिससे पोशाक को सही फिटिंग दी जा सके। विभिन्न प्रकार की मानव आकृतियाँ निम्नलिखित हैं

1. सामान्य आकृति Normal Figure

सामान्य आकृति वाला व्यक्ति वह कहलाता है, जिसका शरीर दोषमुक्त हो अर्थात् बिना किसी विकृति के चौड़ाई तथा ऊँचाई के अनुपात में हो। सामान्य आकृति के पुरुष तथा महिला के लिए इण्डियन स्टैण्डर्ड के अनुसार निम्न माप निर्धारित की गई हैं—

	ऊँचाई	छाती	कमर	हिप
पुरुष	5"-6"	36"	32"	36"
महिला	5"-2"	32"	28"	38"

केवल सामान्य आकृति के साथ अष्ट शीर्ष प्रणाली बहुत अच्छी तरह से लागू होती है।

2. असामान्य आकृति Abnormal Figure

असामान्य आकृति की चौड़ाई तथा ऊँचाई, परस्पर आनुपातिक नहीं होगी। असामान्य शरीर में कुछ-न-कुछ विकृति अवश्य होती है। कुछ असामान्य आकृतियों का विवरण निम्न प्रकार है।

(i) **सीधी आकृति** (Erect figure) इस प्रकार के व्यक्ति की आकृति तनी हुई होती है। इनकी रीढ़ की हड्डी समतल होती है तथा अन्दर की ओर धँसी रहती है। शरीर पीछे की ओर झुका हुआ तथा सामने से अधिक सीधा होता है। इस कारण सामने की अपेक्षा पीछे की लम्बाई कम होती है। इस प्रकार की आकृति सामान्यत: आर्मी या पुलिस के व्यक्तियों में दिखाई देती है। अत: ऐसे व्यक्ति की आगे की डैप्थ-ऑफ-साई ज्यादा तथा पीछे की कम रखनी चाहिए। पोशाक बनाते समय इसकी एक्रॉस बैक कम व आड़ी छाती अधिक तथा तीरा कम रखा जाता है।

(ii) **लम्बी तथा पतली आकृति** (Tall and thin figure) इस आकृति में ऊँचाई अधिक होती है। कन्धे गिरे हुए तथा नाभि के ऊपर का हिस्सा अधिक व नीचे का कम होता है। ऐसी आकृति के लिए कन्धे से कमर की लम्बाई (नेचुरल वेस्ट) अधिक रखी जाती है। इसके अतिरिक्त कन्धों की गिरावट भी अधिक दी जाती है।

(iii) **छोटी व मोटी आकृति** (Short and stout figure) इस आकृति के व्यक्ति की ऊँचाई से तुलना करने पर चौड़ाई की माप अधिक होती है। हिप उभरे हुए तथा वेस्ट और हिप के बीच का अन्तर कम होता है, इसलिए ऐसे व्यक्ति के कन्धों की गिरावट कम होती है साथ ही ऐसी आकृति हेतु कमर की माप भी कम रखते हैं।

(iv) **झुके हुए कन्धे की आकृति** (Sloping shoulders figure) इस आकृति में कन्धे सामान्य से अधिक झुके होते हैं, जिसके कारण गर्दन लम्बी लगती है। कभी-कभी एक कन्धा अधिक व एक कम झुका हुआ होता है। ऐसी स्थिति में पैड लगाकर दोनों कन्धों की ऊँचाई बराबर की जाती है। यदि दोनों कन्धे समान रूप से गिरे हैं, तो दोनों शेप बराबर करनी होती हैं। कोट में पैड द्वारा कन्धे उठाए जाते हैं। ऐसी आकृति की पोशाक बनाने हेतु कन्धों की गिरावट आवश्यकतानुसार सामान्य से ज्यादा रखी जाती है।

(v) **चपटे कन्धे की आकृति** (Square shoulders figure) इस प्रकार की मानव आकृति में कन्धे चपटे तथा ऊपर उठे हुए होते हैं, जिससे गर्दन छोटी दिखाई देती है। ऐसी आकृति में कन्धों का ढाल वेस्ट तथा चेस्ट लाइन के समानान्तर होता है। इसलिए ऐसे व्यक्तियों के लिए कन्धों की गिरावट कम रखते है तथा बैन्ड पट्टी भी छोटी आकार की प्रयोग की जाती है, जिससे कॉलर की फॉल से गर्दन ठीक आकार की दिखाई दे।

(vi) **उठी हुई छाती की आकृति** (Prominent chest figure) ऐसी स्त्रियों की छाती सामान्य स्त्रियों की छाती से अधिक उठी हुई होती है, इसलिए पोशाक की फिटिंग के लिए ब्रेस्ट डार्ट्स, साइड डार्ट्स, आर्म होल्स डार्ट्स का प्रयोग किया जाता है। इस आकृति की पोशाक में सामने की लम्बाई व ब्रेस्ट की गोलाई अधिक रखी जाती है, क्योंकि डार्ट्स का उपयोग किए जाने से छाती पर फुलनैस आने से फिटिंग ठीक आती है।

(vii) **बाहर निकली हुई छाती की आकृति** (Hump chest figure) इस प्रकार की आकृति में छाती की हड्डी आगे की ओर बढ़ी हुई होती है, जो देखने में C (सी) की बनावट का आभास देती है। इसमें C (सी) के आकार को ध्यान में रखकर पोशाक की कटिंग की जाती है। यदि हड्डी का उभार अधिक हो, तो डार्ट्स द्वारा हम्प बनाया जाता है। ऐसी आकृति की पोशाक बनाने हेतु आगे का भाग अधिक चौड़ा व पीछे का भाग कम रखते हुए दोनों भागों को जोड़ना होता है।

(viii) **समतल छाती की आकृति** (Flat chest figure) ऐसी महिलाओं की छाती में सामान्य उभार कम होने से फ्लैट दिखाई देती है, इसलिए इन महिलाओं की पोशाक तैयार करते समय केवल सामने की डार्ट्स में दबाव अधिक लेकर डाली जाती हैं। अन्य डार्ट्स के प्रयोग से पोशाक में झोल आने की सम्भावना रहती है।

(ix) **कबूतरी छाती की आकृति** (Pigeon chest figure) ऐसी आकृति में छाती कबूतर के समान उभरी हुई होती है, जिसमें छाती की गोलाई पीठ से अधिक होती है। ऐसी स्थिति में पोशाक की फिटिंग के लिए सोल्डर डार्ट्स का प्रयोग किया जाता है। आगे की डैप्थ-ऑफ-साई अधिक व पीछे की कम होती है। आड़ी छाती अधिक रखनी चाहिए, जिससे पोशाक के फँसने का डर न रहे।

(x) **उभरी पीठ की आकृति** (Hump back figure) इस आकृति में रीढ़ की हड्डी बाहर की ओर निकली हुई दिखाई देती है, परन्तु यह कुबड़े जैसे शरीर से कम होती है, इसलिए इस आकृति के लिए पोशाक बनाने के लिए पीठ के कूब के अनुसार, बैकआर्म होल पर डार्ट्स का प्रयोग किया जाता है, जिससे उभरी पीठ को सही फिटिंग दी जा सके।

(xi) **अन्दर की ओर मुड़े घुटनों की आकृति** (Knees bend inwards figure) ऐसी आकृति में घुटने अन्दर की ओर मुड़े होते हैं। अत: इस प्रकार की आकृति के कपड़ों की कटिंग में सावधानी बरतना आवश्यक होता है, इस आकृति वाली महिला की सलवार में कोई परिवर्तन नहीं करना होता, किन्तु पैन्ट की क्रीज लाइन को घुमाना पड़ता है।

(xii) **कमानी टाँगों की आकृति** (Bow legs figure) जब किसी आकृति में घुटने बाहर की ओर निकले होते हैं, तो उसे कमानी आकृति के नाम से जाना जाता है। इसके अन्तर्गत भी महिला की सलवार में कोई अन्तर नहीं पड़ता, किन्तु पैन्ट में तिरछी लाइन को घुमाना पड़ता है। इसी प्रकार से क्रीज लाइन को ठीक लाने के लिए घुटने पर सामने की चौड़ाई अधिक रखी जाती है। इनकी गिदरी की लम्बाई का नाप कम होता है।

(xiii) **झुकी हुई आकृति** (Stopping figure) इस तरह की आकृति वाले व्यक्ति आगे की ओर झुककर चलते हैं। ऐसी आकृति पीछे थोड़े गोल आकार की होती है। इसमें सामने की लम्बाई कम तथा पीछे की लम्बाई अधिक होती है। रीढ़ की हड्डी पर उभार तथा छाती अन्दर की ओर दबी होती है। इस प्रकार की आकृति किसी बीमारी, गलत तरीके से बैठने के कारण व शरीर के झुक जाने के कारण बन जाती है। यह आकृति सीधी आकृति के ठीक विपरीत होती है। इस आकृति के लिए एक्रॉस-चेस्ट कम और एक्रॉस बैक की नाप अधिक लेनी चाहिए तथा पिछले हिस्से की लम्बाई अधिक लेनी होती है, जिससे इस प्रकार के शरीर पर पोशाक की फिटिंग ठीक आ सके।

(xiv) **मोटी आकृति** (Corpulent figure) इस आकृति में छाती व हिप की नाप से कमर की नाप अधिक होती है। इसमें रीढ़ की हड्डी अन्दर की ओर धँसी हुई, पेट बाहर निकला हुआ तथा हिप मोटे होते हैं। छाती तथा हिप का नाप बराबर होता है। गले की ऊँचाई कम, एक्रॉस चेस्ट अधिक होती है। ऐसी आकृति में पीछे की लम्बाई की तुलना में सामने की लम्बाई अधिक होती है। इनकी शर्ट में सामने की लम्बाई अधिक व पीछे कम रखते हैं और पैन्ट में कमर पर आवश्यकतानुसार सामने का भाग नीचे गिराते हैं।

(xv) **भारी हिप की आकृति** (Prominent hip figure) इस प्रकार की आकृति में हिप भारी तथा पेट बाहर की ओर निकला होता है। ऐसी आकृति की पोशाक बनाते समय हिप पर नम देकर उसे आगे की ओर खींचा जाता है। पोशाक की कटिंग के समय हिप से शर्ट की लम्बाई अधिक रखनी होती है।

(xvi) **समतल हिप की आकृति** (Flat hip figure) इस आकृति में आगे का हिस्सा बाहर निकला हुआ होता है। ऐसी आकृति वाली स्त्रियों की पोशाकों में आगे की ओर नम देना होता है, जबकि पुरुषों के लिये पैन्ट के पिछले भाग को अधिक ऊपर नहीं उठाया जाता।

(xvii) **अर्द्ध-मोटी आकृति** (Semi-corpulent figure) इस प्रकार की आकृति में कमर, हिप तथा सीने की माप बराबर होती हैं। इसमें सामने तथा पीछे का सन्तुलन बराबर होता है तथा वेस्ट में गोलाई नहीं होती।

उपरोक्त शरीर के अतिरिक्त भी दोषयुक्त शारीरिक संरचना होती है, इसलिए एक टेलर को चाहिए कि वह पोशाक तैयार करते समय शारीरिक संरचना का बारीकी से अध्ययन करें, ताकि पोशाक को सही फिटिंग दी जा सके। पुरुष तथा महिला की शारीरिक संरचना में अन्तर पाया जाता है, जिसे निम्न दी गई तालिका में दर्शाया गया है

क्र.सं.	विवरण	पुरुष	महिला	सम्बन्धित टिप्पणी
1.	ऊँचाई	लम्बा	छोटी	पुरुषों की मानक लम्बाई 5' 6" तथा स्त्रियों की लम्बाई 5' 2" मानते हैं।
2.	ढाँचा	भारी	हल्का	पुरुषों का ढाँचा भारी होता है, क्योंकि उनकी हड्डियाँ तथा मांसपेशियाँ भारी होते हैं।
3.	छाती	छोटी-हल्की	चौड़ी-भारी	औरतों में छाती की जगह पर फोर्क (ब्रेस्ट) कहा जाता है।
4.	धड़	कम	अधिक	पुरुषों का धड़ 3, तथा लेडिज का धड़ 4 अर्थात् कूल्हे से ऊपर अधिक होता है।
5.	टाँगें	लम्बी	छोटी	महिला की टाँगों की लम्बाई कम होती है।
6.	चमड़ी	कठोर	कोमल	महिलाओं का शरीर कोमल होता है, इसलिए उनकी पोशाकों पर कभी-कभी लाइनिंग का प्रयोग किया जाता है।
7.	वजन	भारी	हल्का	पुरुषों की हड्डियाँ और मांसपेशियाँ भारी होती हैं। अतः वजन अधिक होता है।
8.	गला	छोटा	लम्बा	पुरुषों का गला मोटा व छोटा होता है और स्त्रियों का गला लम्बा दिखाई पड़ता है।
9.	कन्धा	चौड़े, भारी	पुरुषों की अपेक्षा कम भारी	पुरुषों के कन्धे चौड़े व स्त्रियों के कन्धे छोटे होते हैं।
10.	डैप्थ-ऑफ-साय	अधिक	कम	स्त्रियों के कन्धे छोटे होने के कारण डैप्थ-ऑफ-साय भी कम होती है।
11.	छाती	सीधी बिना मांस	अधिक उभरी हुई	महिलाओं की छाती बस्ट (bust) कहलाती है, जबकि पुरुषों की छाती चेस्ट (chest) कहलाती है।

क्र.सं.	विवरण	पुरुष	महिला	सम्बन्धित टिप्पणी
12.	कमर	कम मोटी, छाती से अन्तर	पतली तथा छाती से कम	पुरुषों की कमर तथा छाती में अन्तर कम तथा स्त्रियों में छाती तथा पुरुषों की छाती में 10" तक अन्तर पाया जाता है।
13.	हिप	साधारण	भारी	पुरुषों की अपेक्षा महिलाओं के हिप अधिक भारी एवं गोल होते हैं।
14.	जाँघ	साधारण	मोटी	पुरुषों की जाँघ साधारण, जबकि महिलाओं की जाँघ मोटी होती हैं।
15.	पिण्डली	साधारण	मोटी	पुरुषों की पिण्डली साधारण, जबकि महिलाओं की मोटी होती है।

18.3 मानव शरीर की वृद्धि प्रक्रिया Growth Process of Human Body

मानव शरीर एक अवस्था तक जितनी शीघ्रता से बढ़ता है, फैब्रिक उतनी शीघ्रता से नहीं बढ़ता है, इसीलिए बच्चों की पोशाकों में दबाव व टर्निंग अधिक रखा जाता है। यही कारण है कि टेलर या टेलरिंग के प्रशिक्षार्थी को मानव संरचना की वृद्धि की जानकारी होना भी आवश्यक है। निम्न दी गई तालिका में विभिन्न अवस्थाओं में मानव संरचना वृद्धि को दर्शाया गया है

क्र.सं.	आयु	कुल भाग	शरीर की वृद्धि		
			सिर	धड़	हाथ-पैर
1.	नवजात बालक	तीन	एक	एक	एक, तीनों भाग बराबर अर्थात् सिर, धड़, पैर
2.	एक वर्ष का बालक	चार	एक	दो	एक, धड़ दोगुना = 4 भाग
3.	डेढ़ वर्ष का बालक	साढ़े चार	एक	दो	$1\frac{1}{2}$ पैर, पैर सिर से $1\frac{1}{2}$ गुना= $4\frac{1}{2}$ भाग
4.	3 वर्ष का बालक	पाँच	एक	दो	2 पैर, धड़ व पैर सिर से दो गुने = 5 भाग
5.	6 वर्ष तक का बालक	साढ़े पाँच	एक	$2\frac{1}{4}$	$2\frac{1}{4}$ पैर, सिर से दोनों भाग $2\frac{1}{4}$ गुना, अधिक = $5\frac{1}{2}$ भाग
6.	10 वर्ष का बालक	साढ़े छह	एक	$2\frac{1}{2}$	3 पैर, सिर से दोनों भाग $2\frac{1}{2}$ गुना, पैर तीन गुना = $6\frac{1}{2}$ भाग
7.	12 वर्ष का बालक	सात	एक	$2\frac{3}{4}$	$3\frac{1}{4}$ पैर, पैरों की वृद्धि अधिक = 7 भाग
8.	15 वर्ष का किशोर या किशोरी	साढ़े सात	एक	$2\frac{3}{4}$	$3\frac{3}{4}$ पैर, पैरों की वृद्धि अधिक = $7\frac{1}{2}$ भाग
9.	25 वर्षीय युवती	साढ़े सात	एक	3	$3\frac{1}{4}$ पैर, पैर चार गुना व धड़ = $7\frac{1}{2}$ भाग
10.	25 वर्षीय युवक	आठ	एक	3	4 पैर, पैर चार गुना व धड़ तीन गुना = 8 भाग

निम्न दिये गये चित्र में सामान्य शारीरिक संरचना के लिए मानव संरचना वृद्धि के अनुपात को दर्शाया गया है

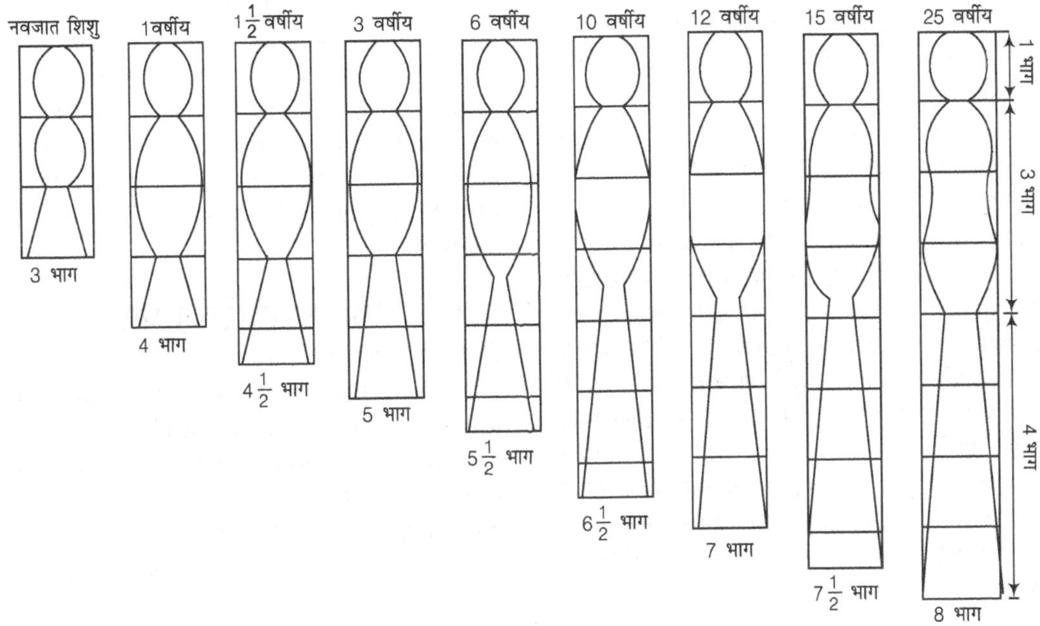

चित्र 18.2 शरीर की क्रमबद्ध वृद्धि

मानव वृद्धि में बढ़ोतरी के आधार Factors Responsible for Human Growth

मानव वृद्धि में बढ़ोतरी के आधार निम्नलिखित प्रकार से होते हैं

1. **स्वास्थ्य** मानव शरीर की वृद्धि हेतु स्वस्थ शरीर होना अति अनिवार्य माना जाता है, क्योंकि स्वस्थ शरीर में ही रक्त का प्रवाह तेज गति से होता है।
2. **भोजन** शरीर की बढ़ोतरी के लिए सन्तुलित आहार एक अनिवार्य तत्व है। भोजन का आधार व्यक्ति का कार्य क्षेत्र होता है। विद्यार्थी को स्मृतिवर्द्धक पाचन योग्य भोजन लेना चाहिए, वहीं श्रम करने वाले व्यक्ति को शक्तिशाली भोजन करने से शरीर स्वाभाविक ढंग से बढ़ता है।
3. **व्यायाम** व्यायाम करने वाले व्यक्ति आम व्यक्तियों की तुलना में अधिक स्वस्थ रहते हैं, क्योंकि उनका शरीर सौष्ठव एवं मांसपेशियाँ शक्तिशाली होती हैं। इसके अतिरिक्त उनका भोजन आदि भी उत्तम होता है, जिससे उनकी शारीरिक वृद्धि ठीक तरह से होती रहती है।
4. **व्यवसाय** प्रकृति शरीर की बढ़ोतरी व्यक्ति के व्यवसाय पर भी निर्भर करती है। घूमने व अधिक श्रम करने वालों का स्वास्थ्य ठीक रहता है। एक ही स्थान पर बैठकर कार्य करने वालों के स्वास्थ्य में सामान्यत: गिरावट आ जाती है।
5. **व्यवहार** प्रसन्नचित एवं मृदुल स्वभाव वाले व्यक्ति का स्वास्थ्य भी स्वाभाविक रूप से अच्छा रहता है। वहीं चिड़चिड़े एवं क्रोधी व्यक्ति का स्वास्थ्य ठीक नहीं रह पाता है।
6. **जलवायु** जलवायु का सीधा प्रभाव मानव के स्वास्थ्य पर पड़ता है। यही कारण है कि पहाड़ी क्षेत्र में रहने वाले लोगों का स्वास्थ्य अच्छा रहता है। इसके विपरीत मैदानी क्षेत्रों में निवास करने वाले लोगों के स्वास्थ्य एवं रंग-रूप में भिन्नता पाई जाती है। पहाड़ी क्षेत्र के व्यक्तियों की लम्बाई मैदानी क्षेत्र के व्यक्तियों की अपेक्षाकृत कम होती है।

18.4 जोड़ एवं मांसपेशियों का परिचय Introduction to Joints and Muscles

किसी भी व्यक्ति की पोशाक बनाने हेतु शरीर की बनावट तथा शरीर के विभिन्न जोड़ों का ज्ञान होना आवश्यक है, क्योंकि पोशाक शरीर के अनुसार होनी चाहिए, जिससे चलने-फिरने में कोई असुविधा न हो। पोशाक बनाने वाले अर्थात् टेलर को यह पता होना चाहिए कि मानव शरीर में कौन-सा जोड़, किस प्रकार गति करता है, जिससे वह सही फिटिंग की पोशाक बना सके। मानव शरीर में अनेक जोड़ पाए जाते हैं परन्तु यहाँ केवल उन जोड़ों का वर्णन किया जा रहा है, जो वस्त्रों की फिटिंग को प्रभावित करते हैं।

1. **लचकदार जोड़** (Gliding joints) ये जो आगे तथा पीछे को कमान की भाँति झुकने का गुण रखते हैं। रीढ़ की हड्डियाँ इस जोड़ द्वारा जुड़ी हुई होती हैं। लचकदार जोड़ द्वारा जुड़ी हड्डियों की गति को ध्यान में रखकर वस्त्रों की रचना करनी चाहिए।

2. **बॉल तथा सॉकेट जोड़** (Ball and socket joints) ये जोड़ सबसे अधिक गति करने वाले जोड़ होते हैं। थाइबोन तथा कन्धे के जोड़ इसी प्रकार के होते हैं। वस्त्रों को बनाते समय इन जोड़ों पर वस्त्रों को अधिक ढीला रखना चाहिए, जिससे वस्त्रों को धारण करने पर ये जोड़ सरलता से गति कर सकें।

   यदि इन जोड़ों पर वस्त्रों को तंग बना दिया जायेगा तो वस्त्र फट सकते हैं। इसीलिए इन जोड़ों पर वस्त्रों की ऐसी फिटिंग रखनी चाहिए कि जोड़ सरलता से घूम सकें।

3. **कब्जेनुमा जोड़** (Hinge joints) ये जोड़ दरवाजों के कब्जों के समान होते हैं अर्थात् केवल एक ही तरफ मुड़ते हैं तथा दूसरी तरफ नाम-मात्र को मुड़ते हैं। इसलिए ये जोड़ कब्जेनुमा जोड़ कहलाते हैं। ये जोड़ कोहनी, गट्टे, अँगुली एवं घुटने के हैं। इनमें से, कोहनी का जोड़ केवल सामने की ओर तथा घुटने का जोड़ केवल पीछे की ओर गति कर सकता है। ऐसे स्थानों पर पोशाकों को ढीला रखना चाहिए, क्योंकि चलने-फिरने और कोई भी कार्य करते समय ये अंग एक ओर घूमते हैं। यदि इन स्थानों पर फैब्रिक ढीला न रखा गया तो अंग संचालन में कठिनाई के साथ ही पोशाक फटने की पूरी आशंका रहती है। यही कारण है कि चूड़ीदार पायजामा, ब्रिजिस में घुटने पर व आस्तीन में कोहनी पर पोशाक ढीली रखते हैं।

4. **चूलदार जोड़** (Pivot joints) ये जोड़ नट व बोल्ट की तरह एक-दूसरे में फँसे होते हैं। ये जोड़ सिर तथा रीढ़ की हड्डी के आरम्भ तथा अन्त में होते हैं। सिर इसी कारण आगे-पीछे, इधर-उधर व गोलाई से घूम सकता है। कॉलर व गला बनाते समय इस जोड़ पर विशेष ध्यान देना चाहिए, क्योंकि कॉलर या गला तंग बनने से गर्दन के घूमने तथा साँस लेने में कठिनाई होगी।

पोशाकों का जोड़ों पर प्रभाव

Effect of Garments on Joints

परिधानों पर जोड़ों का विशेष प्रभाव पड़ता है, यदि शारीरिक संचालन को ध्यान में रखकर पोशाक का निर्माण नहीं किया जाए, तो पोशाक पहनने के पश्चात् कोई भी व्यक्ति हिलने-डुलने में असमर्थ हो जाएगा, इसीलिए पोशाक बनाते समय जहाँ घुमाव हो, वहाँ पोशाक को ढीला बनाना चाहिए अन्यथा पोशाक शीघ्र ही फट जायेगी तथा शारीरिक संचालन में भी परेशानी होगी। इसीलिए टेलरिंग के विद्यार्थी को जोड़ों का ज्ञान होना अति आवश्यक है।

पोशाकों का मांसपेशियों पर प्रभाव

Effect of Garments on Muscles

मानव शरीर हड्डियों एवं मांसपेशियों के ढाँचे द्वारा बना होता है जिस पर त्वचा का आवरण चढ़ा रहता है। यह मांशपेशियाँ गालों, सीने, जाँघ, हिप, कमर आदि पर पाई जाती हैं। हमारे शरीर की मोटाई एवं सुन्दरता इन्हीं मांसपेशियों पर आधारित हैं।

हमारा शरीर जब कार्यरत होता है, तो मांसपेशियाँ फूल जाती हैं, इसीलिए पोशाक बनाते समय उन स्थानों पर पोशाक को ढीला बनाने के साथ ही टॉलरेन्स भी दिया जाता है।

टॉलरेन्स से आशय वास्तविक नाप की तुलना में कुछ अधिक रखने से है। उदाहरण के लिए छाती का नाप 80 सेमी हो तो पोशाकों के लिए यह नाप 85 सेमी रखना चाहिए। यह 5 सेमी ही टॉलरेन्स है। इससे कार्य करते समय मांसपेशियाँ दबाव महसूस नहीं करती, न ही कार्य में बाधा पड़ती है और न ही वस्त्र धारण करने में मांसपेशियों की गतिविधियों पर अवरोध पैदा होता है।

महत्त्वपूर्ण प्रश्नोत्तरी

1. अष्ट शीर्ष सिद्धान्त के अनुसार, प्रत्येक भाग की लम्बाई कितनी होती है?

उत्तर अष्ट शीर्ष सिद्धान्त के अनुसार, प्रत्येक भाग आठ इंच (20 सेमी) का माना गया है। इस सिद्धान्त में एक सही माप वाले व्यक्ति के शरीर की ऊँचाई पाँच फुट चार इंच अर्थात् 163 सेमी मानी जाती है।

2. अष्ट शीर्ष प्रणाली के दो लाभ लिखिए।

उत्तर अष्ट शीर्ष प्रणाली की जानकारी होने से टेलर व प्रशिक्षार्थी को शरीर के निरीक्षण व अध्ययन में सहायता मिलती है। इसके अतिरिक्त अष्ट शीर्ष सिद्धान्त के ज्ञान से केवल लम्बाई बनाकर पोशाक सिलवाई जा सकती है।

3. किस आकृति में छाती की बढ़ी हुई हड्डी 'सी' (C) के आकार की दिखाई देती है?

उत्तर बाहर निकली हुई छाती की आकृति में छाती की हड्डी बढ़ी हुई होती है, जो देखने में 'सी'C की बनावट का आभास देती है। इसको हुम्प चैस्ट फिगर कहते हैं।

4. एक टेलर पोशाक निर्माण में सुन्दरता किस तरह ला सकता है?

उत्तर एक टेलर किसी भी व्यक्ति की सही फिटिंग एवं सुन्दर पोशाक का निर्माण तभी कर सकता है, जब उसे शरीर की भीतरी एवं ऊपरी रचना का आवश्यक ज्ञान हो।

5. मानव शरीर में एक ही ओर को मुड़ने वाला जोड़ किस नाम से जाना जाता है?

उत्तर ये जोड़ एक ओर को मुड़ने के कारण कब्जेनुमा जोड़ कहलाते हैं। ये जोड़ दरवाजों के कब्जों के समान होते हैं अर्थात् केवल एक ही ओर को मुड़ते हैं। दूसरी ओर को नाम-मात्र को मुड़ते हैं। ये जोड़ कोहनी गट्टे, अँगुली एवं घुटने के हैं।

अभ्यास प्रश्न

परीक्षा प्रारूपी प्रश्न

बहुविकल्पीय

1. सिलाई एक सृजनात्मक कला है, जिसमें कल्पनाशीलता का भरपूर उपयोग करने के लिए निम्न में से क्या जरूरी है?
(a) मानव आकृतियों का पूर्ण ज्ञान
(b) सिलाई पदानुक्रम का पूर्ण ज्ञान
(c) सिलाई प्रक्रिया और सामग्री का पूर्ण ज्ञान
(d) उपरोक्त सभी

2. मानव आकृतियों को पूर्ण अभिव्यक्ति देने में क्या सक्षम है?
(a) अष्ट शीर्ष सिद्धान्त (b) सप्त शीर्ष सिद्धान्त
(c) 'a' और 'b' दोनों (d) इनमें से कोई नहीं

3. सिलाई के जनक डॉ. वैम्पन ने सम्पूर्ण लम्बाई को कितने भागों में विभक्त किया है?
(a) 08 (b) 07 (c) 06 (d) 05

4. अष्ट शीर्ष सिद्धान्त में एक भाग कितने सेमी का होता है
(a) 10 (b) 20 (c) 18 (d) 24

5. अष्ट शीर्ष सिद्धान्त को जानकर टेलर इनमें से क्या कर सकता है?
(a) ग्राहकों के पोशाक उनके निर्देश के अनुसार तैयार कर सकता है
(b) किसी भी पोशाक की नाप तय कर पोशाक तैयार कर सकता है
(c) 'a' और 'b' दोनों
(d) उपरोक्त में से कोई नहीं

6. एक टेलर से क्या अपेक्षा की जाती है?
(a) यह कि उसे सामान्य शरीर का पूर्ण ज्ञान होगा
(b) यह कि उसे असामान्य शारीरिकी का पूर्ण ज्ञान होगा
(c) 'a' और 'b' दोनों
(d) उपरोक्त में से कोई नहीं

7. इनमें से कौन-सा तथ्य आम आदमी की समझ से बाहर है?
(a) शारीरिक शास्त्र (anatomy) की टेलरिंग से कोई सम्बद्धता है
(b) यह कि एक चिकित्सकीय विषय की भी टेलरिंग से सम्बद्धता हो सकती है
(c) 'a' और 'b' दोनों
(d) उपरोक्त में से कोई नहीं

8. लम्बी एवं पतली (tall and thin) आकृति के लिए इनमें से किस फैब्रिक की पोशाक बनानी चाहिए?
(a) लाइनिंग (b) चैक
(c) छोटे प्रिन्ट (d) इनमें से कोई नहीं

9. क्रॉस बैक कम व आड़ी छाती अधिक रखी जाती है
(a) झुके कन्धे की आकृति (b) सीधी आकृति
(c) उठी हुई छाती की आकृति (d) 'b' और 'c' दोनों

10. पोशाक तैयार करते समय वेस्ट, हिप तथा सीने के माप बराबर होते हैं
(a) समतल हिप आकृति (b) अर्द्ध मोटी आकृति
(c) कुबड़े शरीर की आकृति (d) कमानी टाँगों की आकृति

11. मानव शरीर के लिए टेलर क्या करता है?
(a) बाह्य रूप में अपनी कला से सजा-सँवारकर सभ्यता के आवरण से ढकता है
(b) ठीक नाप-तौल की पोशाक बना सकता है
(c) 'a' और 'b' दोनों
(d) उपरोक्त में से कोई नहीं

12. इनमें से कौन-धड़ का अंग नहीं है?
(a) गर्दन (b) छाती (c) कमर (d) कोहनी

13. लचकदार जोड़ द्वारा जुड़ी रहती है
(a) कन्धे की हड्डी (b) घुटने की हड्डी
(c) कलाई की हड्डी (d) रीढ़ की हड्डी

14. टॉलरेन्स से आशय है
(a) वास्तविक नाप से कम रखना
(b) वास्तविक नाप से अधिक रखना
(c) वास्तविक नाप के बराबर रखना
(d) उपरोक्त में से कोई नहीं

15. मांसपेशियों की वृद्धि निम्न में से किस पर निर्भर करती है?
(a) प्राकृतिक वातावरण (b) व्यायाम
(c) स्वभाव व शौकीन (d) ये सभी

16. "मानव शरीर हड्डियों का ढाँचा है।" इसको कैसे आकर्षक बनाया जाता है?
(a) प्रकृति इस ढाँचे पर मांसपेशियाँ चढ़ाकर शारीरिक सौष्ठव प्रदान करती है
(b) टेलर इसको पोशाक से ढककर सौन्दर्य प्रदान करता है
(c) 'a' और 'b' दोनों
(d) उपरोक्त में से कोई नहीं

17. निम्नलिखित में से कौन-से जोड़, जैसे घुमाओ, घूम जाते हैं?
(a) सरकने वाले जोड़ (b) गेंद व प्यालीनुमा जोड़
(c) कब्जेनुमा जोड़ (d) चूलदार जोड़

18. नट-बोल्ट की तरह आपस में फँसे जोड़ इनमें से कौन-से होते हैं?
(a) लचकदार जोड़ (b) चूलदार जोड़
(c) कब्जेनुमा जोड़ (d) इनमें से कोई नहीं

19. गहरे गले की पोशाकों का प्रयोग किस आकृति के व्यक्ति के लिए उपयुक्त रहता है?
(a) मोटी और छोटी आकृति हेतु (b) ऊँचे माथे वाली आकृति हेतु
(c) चौड़े (गोल) मुँह वाली आकृति (d) इनमें से कोई नहीं

20. इण्डियन स्टैण्डर्ड के अनुसार, पुरुषों की छाती का नाप निर्धारित किया गया है

(a) 32″ (b) 40″ (a) 34″ (d) 36″

21. पुरुषों की सामान्य लम्बाई होती है

(a) 5′ 5″ (b) 5′ 6″ (c) 5′ 8″ (d) 5′ 10″

22. अष्ट शीर्ष का सिद्धान्त उपयुक्त है

(a) लड़की के लिए (b) लड़के के लिए
(c) आदमी के लिए (d) ये सभी

23. बाल और सॉकिट जोड़ पाया जाता है

(a) कलाई में (b) कन्धे में (c) घुटने में (d) टखने में

24. अनाटोमी प्वॉइन्ट क्या है?

(a) वस्त्रों के जोड़ का स्थान (b) नाप लेने का स्थान
(c) क्रमबद्ध नाप (d) इनमें से कोई नहीं

25. सेमी कॉरपूलेन्ट आकृति मे कमर, सीने, हिप के नाप में क्या अन्तर है?

(a) कमर का नाप कम होता है।
(b) कमर-सीने का नाप बराबर होता है।
(c) कमर सीना, हिप का नाप बराबर होता है
(d) उपरोक्त में से कोई नहीं

26. इरेक्ट फिगर के व्यक्ति की सामने की नाप कैसी होती है?

(a) सामने की पूरी लम्बाई अधिक होती है।
(b) नाप गोलाई में होती है।
(c) सामने (क्रॉस चैस्ट) की नाप ज्यादा होती है।
(d) 'a' और 'c' दोनों

27. छाती की माप होती है

(a) कमर के पूर्ण भाग से
(b) निप्पल लाइन के ऊपर छाती के पूर्ण भाग से
(c) निप्पल लाइन के पूर्ण भाग से
(d) निप्पल लाइन के नीचे बट (कूल्हे) के पूर्ण भाग से

28. नेप से कमर तक की माप ली जाती है

(a) ड्रेस की लम्बाई (b) प्राकृतिक कमर की लम्बाई
(c) पूरी लम्बाई (d) छाती की लम्बाई

29. जाँघ की हड्डी और कन्धे के शीर्ष पर कौन-से जोड़ों का निर्माण होता है?

(a) स्लाइडिंग जोड़ (b) हिन्ज जोड़
(c) बॉल तथा सॉकेट जोड़ (d) ग्लाइडिंग जोड़

30. चौड़ाई और ऊँचाई में बिना किसी विकृति वाली आकृति क्या कहलाती है?

(a) सामान्य आकृति (b) अपसामान्य आकृति
(c) कॉर्पुलेण्ट आकृति (d) स्टूपिंग फिगर

31. शरीर के चारों तरफ की माप ली जाती है

(a) ढीला रखकर (b) शरीर के पूर्ण भाग से
(c) सबसे नीचे से (d) साधारण रूप से

32. निम्न चित्र में 'X' क्या दर्शाता है?

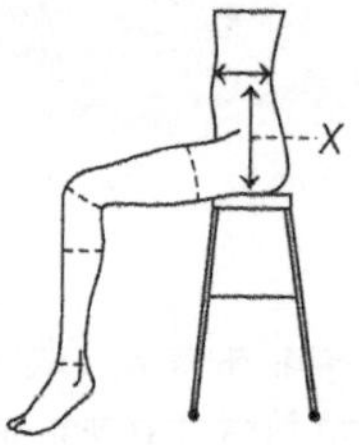

(a) गोल घुटना (b) गोल काफ (calf)
(c) गोल बॉटम (d) शरीर का उठाव

33. मानव शरीर की वास्तविक ऊँचाई क्या है?

(a) $9\frac{1}{2}$ शीर्ष (b) 9 शीर्ष
(c) $8\frac{1}{2}$ शीर्ष (d) $7\frac{1}{2}$ शीर्ष

34. पेट के क्षेत्र में असामान्य वृद्धि के कारण कैसी आकृति बनती है?

(a) तना हुआ शरीर
(b) सेमी कॉर्पुलेण्ट (अर्द्ध-मूर्धन्य) आकृति
(c) कॉर्पुलेण्ट (मूर्धन्य) आकृति
(d) स्टूपिंग आकृति

35. रीढ़ (स्पाइन), टखने और कलाई में कौन-से जोड़ पाए जाते हैं?

(a) पिवेट जोड़ (b) बॉल और सॉकेट जोड़
(c) हिन्ज जोड़ (d) ग्लाइडिंग जोड़

36. निम्न आकृति (चित्र) का नाम क्या है?

(a) लम्बी और पतली आकृति
(b) कॉर्पुलेण्ट (मूर्धन्य) आकृति
(c) छोटी तथा तनी हुई (स्टाउट) आकृति
(d) स्टूपिंग आकृति

37. सेना में कौन-सी आकृति (फिगर) देखी जाती है?

(a) सीधी (b) लम्बी और पतली
(c) चौकोर कन्धे (d) स्टूपिंग आकृति

उत्तरमाला

1. (d)	2. (a)	3. (a)	4. (b)	5. (c)	6. (c)	7. (c)	8. (a)	9. (d)	10. (b)
11. (c)	12. (d)	13. (d)	14. (b)	15. (d)	16. (c)	17. (b)	18. (b)	19. (c)	20. (d)
21. (b)	22. (d)	23. (b)	24. (b)	25. (c)	26. (d)	27. (c)	28. (b)	29. (c)	30. (a)
31. (b)	32. (d)	33. (d)	34. (c)	35. (d)	36. (d)	37. (a)			

अध्याय 19

पैटर्न तथा पैटर्न ड्राफ्टिंग

Pattern and Pattern Drafting

अध्याय विषय सूची

वस्त्रों की सही फिटिंग कपड़े की सही कटिंग पर निर्भर करती है, जिसके लिए विभिन्न प्रकार के पैटर्न उपयोग किए जाते हैं। पैटर्न से तात्पर्य, कागज पर उस वस्त्र का विशेष नमूना तैयार करना है, जिसकी नाप के अनुसार, फैब्रिक की कटिंग की जानी होती है। चूँकि यह पैटर्न कटाई से पूर्व पेपर पर तैयार किया जाता है, इसलिए इसे पेपर पैटर्न भी कहा जाता है। कागज पर पैटर्न बनाने से पूर्व उस वस्त्र की ड्राफ्टिंग तैयार की जाती है, जिसे बाद में रेखाओं के सहारे काट लिया जाता है।

19.1 पैटर्न का महत्त्व Importance of Pattern

वस्त्र निर्माण में पैटर्न का विशेष महत्व होता है। ब्राउन पेपर पर नाप एवं डिजाइन के अनुसार, पोशाक की रूपरेखा तैयार करना 'पेपर पैटर्न' कहा जाता है अर्थात् पोशाक सम्बन्धी कोई नमूना जब कागज अथवा पेपर पर पूर्ण साइज में निर्मित किया जाता है, तो इस प्रक्रिया को ही पेपर पैटर्न कहते हैं। पोशाक रचना में पैटर्न रचना एक जटिल क्रिया है। यह पोशाक रचना की विधि का आकृतिक प्रदर्शन है। पेपर पैटर्न एक स्थायी रिकॉर्ड है जिसको अनेक बार उपयोग में लाया जाता है। पैटर्न को सदैव ब्राउन पेपर की उल्टी साइड पर ड्राफ्टिंग करके बनाया जाता है। पेपर पैटर्न बनाने के निम्नलिखित लाभ हैं

1. **समय की बचत** (Save time) प्रथम बार पैटर्न तैयार करते समय अधिक समय लगता है, परन्तु जब उसी नाप की अन्य पोशाकें तैयार करनी पड़े तो पूर्व पैटर्न के अनुसार या आधार पर ही अन्य पोशाकों को सिला जा सकता है जिससे समय की बचत होती है।
2. **त्रुटि निवारण** (Error rectification) यदि पोशाक के किसी भी भाग में शेप ठीक न आई हो, तो फैब्रिक कटिंग से पहले पेपर पैटर्न तैयार करने से उसे सही किया जा सकता है। इसके अतिरिक्त यदि नाप या डिजाइन में किसी कारणवश अन्तर आ गया हो, तो उसे भी सही किया जा सकता है, इस प्रकार पैटर्न के गलतियों की जाँच कर ली जाती है, जिससे कपड़ा तथा समय दोनों ही खराब होने से बच जाते हैं।
3. **डिजाइनिंग** (Designing) पैपर पेटर्न पर ग्राहक की इच्छा के अनुसार डिजाइन बनाकर वस्त्रों को आकर्षक बनाया जा सकता है। ग्राहक की पसन्द के डिजाइन में पैटर्न तैयार करते समय यदि कोई दोष आ जाता है या जिस फैब्रिक पर डिजाइन देना है, वह ठीक न लगे या उस डिजाइन के लिए ग्राहक द्वारा फैब्रिक कम दिया गया हो, तो पोशाक में थोड़ा-सा अन्तर किया जा सकता है, परन्तु इसके लिए ग्राहक की अनुमति लेना भी आवश्यक है।
4. **अभिन्यास निर्माण** (Making layout) पेपर पैटर्न तैयार करने के बाद फैब्रिक पर रखकर देखा जाता है कि फैब्रिक में पोशाक का कौन-सा भाग कहाँ से निकालें, जिससे फैब्रिक भी कम लगे और पोशाक के विभिन्न भाग भी सरलता से निकल आएँ। यदि फैब्रिक कम है, तो काटने से पहले ही उसका अनुमान हो जाने से फैब्रिक की कटिंग नहीं की जाती है, जिससे कपड़ा खराब होने से बच जाता है।
5. **सावधानीपूर्वक कटिंग** (Carefull cutting) पेपर पैटर्न तैयार करने के लिए कटिंग करते समय नाप, शेप, लाइन व डिजाइन का ध्यान रखते हुए तेज कैंची से कटिंग की जाती है। कटिंग लाइनों पर कटिंग इस प्रकार करनी चाहिए कि उसमें आरी के समान दाँते न पड़ सकें।
6. **रिकॉर्ड रखना** (To keep a record) वह पेपर पैटर्न, जिससे ग्राहक को पोशाक ठीक आए, उसे नाम व नाप सहित लिफाफे में डालकर रिकॉर्ड में रख लिया जाता है। इससे उस ग्राहक की पुन: पोशाक बनाते समय सरलता रहती है, क्योंकि तैयार पैटर्न से पोशाक की रचना में समय की बचत तो होती ही है वहीं, पोशाक में कोई त्रुटि भी नहीं रहती है।

19.2 पैटर्न निर्माण Pattern Making

पैटर्न निर्माण के लिए निम्न दिए गये चित्र की सहायता ली जा सकती है, जिसमें शारीरिक संरचना के आगे की ओर का आधा भाग दिखाया गया है। इसी के अनुसार, इसमें वेस्ट की डार्ट्स और साइड की डार्ट्स काटी जाती हैं। इसके बाद पीछे के भाग का आधा तथा एक स्लीव काटते हैं। फिर फैब्रिक पर कटिंग और पेपर पैटर्न का अन्तर नाप लेना चाहिए। चित्रानुसार न तो पेपर पैटर्न में सिलाई का मार्जिन छोड़ा गया है और न ही बटन पट्टी एवं नीचे का हेम लिया गया है, जबकि डार्ट्स का भाग काटकर निकाल दिया गया है, परन्तु डार्ट्स फैब्रिक से नहीं काटी गई है। इसमें बटन पट्टी का भाग, नीचे का हेम एवं साइड का दबाव अलग से लिया जाता है। पेपर पैटर्न में वस्त्र के सभी भाग सिंगल काटे जाते हैं तथा दबाव (मार्जिन) सीम अलाउन्स कपड़े पर बढ़ाकर काटते हैं।

यदि बटन पट्टी सामने है, तो पिछला भाग बन्द रहता है और यदि यह पट्टी पीछे है, तो सामने का भाग बन्द रखा जाता है। पैटर्न के बाहर सिलाई का हिस्सा, दबाव और मोड़ने वाले भाग सिलाई की रेखाएँ होती हैं तथा अन्य बिन्दु रेखाएँ दबाव के लिए रखी जाती हैं। कागज पर बने पैटर्न को दूसरे कागज पर, मोड़ को छोड़कर बाकी तीनों ओर (ऊपर, नीचे तथा खुले किनारे) के लिए अतिरिक्त दबावों के साथ नया पैटर्न तैयार किया जाता है। इसके बाद मूल पेपर पैटर्न को अलग कर लिया जाता है और अतिरिक्त दबाव वाले पैटर्न को फैब्रिक पर रखकर नियम और आवश्यकतानुसार कटिंग की जाती है। फैब्रिक के मुख्य भाग सामने एवं पीछे के भाग, स्लीव्स आदि भी बना लें, जिनमें दबाव अधिक रखा जाता है। पॉकेट, कॉलर तथा योक में दबाव कम रखा जाता है, इसलिए इन भागों का भी दबाव सहित एक अन्य पैटर्न तैयार कर लें। इससे ले-आउट बनाने में सहायता मिलती है।

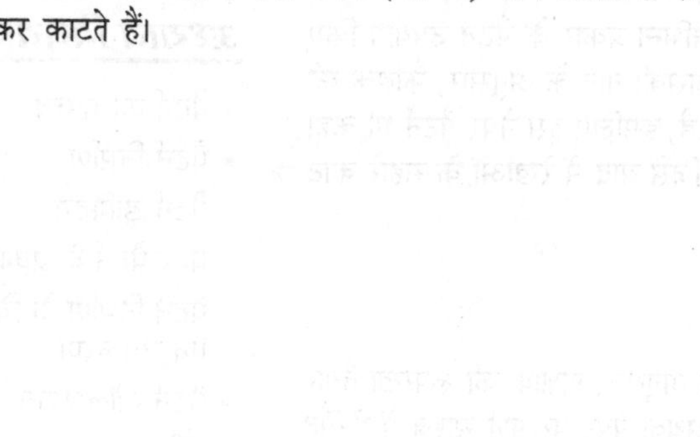

चित्र 19.1 पैटर्न बनाना

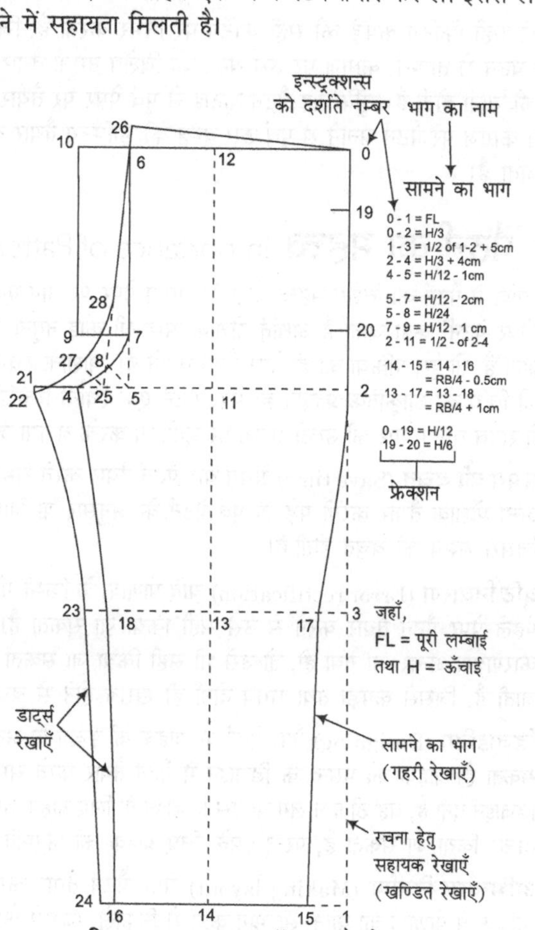

चित्र 19.2 ट्राऊजर ब्लॉक का पैटर्न

19.3 पैटर्न ड्राफ्टिंग Pattern Drafting

फुल स्केल में दिए गए नाप के अनुसार, पेपर पैटर्न पर जो ड्रॉइंग बनाते हैं, उसे ड्राफ्टिंग कहते हैं। ड्राफ्टिंग को छोटे स्केलों; जैसे—1/4, 1/6, 1/8 आदि में बनाकर ड्राफ्टिंग फाइल में लिखा जाता है।

पैटर्न तथा ड्राफ्टिंग एक-दूसरे के पूरक होते हैं, क्योंकि पेपर पर ड्राफ्टिंग करने के पश्चात् ही पैटर्न बनाया जाता है। इस प्रकार हम कह सकते हैं कि विभिन्न प्रकार के वस्त्रों को सही आकार, प्रकार तथा डिजाइन के अनुसार बनाने हेतु पैटर्न की आवश्यकता होती है तथा पैटर्न बनाने हेतु विभिन्न रेखाओं को पेपर पर खींचकर ड्राफ्टिंग करने की आवश्यकता होती है।

किसी भी व्यक्ति की पोशाक के कटिंग कार्य से पूर्व ड्राफ्ट बनाने के लिए उस व्यक्ति का शारीरिक नाप लेना आवश्यक है अन्यथा फिटिंग ठीक तरह से नहीं आ पाती।

चूँकि बेसिक पैटर्न हमेशा स्टैण्डर्ड साइज के अनुसार बनाए जाते हैं जिनमें फ्रण्ट, बैक तथा स्लीव आदि बने होते हैं।

इन पैटर्न के अन्तर्गत डाट्र्स व सिलाइयाँ आदि के लिए या तो बहुत कम या बहुत अधिक स्थान रखा जाता है। जिससे इन पैटर्न के आधार पर बनाई गई पोशाकों की फिटिंग में कमी नहीं रह जाती है।

पैटर्न ड्राफ्टिंग के सिद्धान्त
Principles of Pattern Drafting

पैटर्न की ड्रॉफ्टिंग करने के लिए निम्नलिखित सिद्धान्तों का पालन करना आवश्यक होता है

(i) पैटर्न के प्रत्येक भाग के नाम लिखकर रखने चाहिए; जैसे—सामने का भाग, पीछे का भाग, आस्तीन (sleeves), कॉलर पट्टी आदि।

(ii) एक पोशाक में कितने भाग है, उन्हें भी नोट करना चाहिए; जैसे—पुरुष की कमीज में 2 आगे के भाग, 1 पीछे का भाग, 2 आस्तीन (sleeves), 2 तीरे, 6 कफ, 3 कॉलर, 3 बैंड के भाग आदि। यदि कफ कॉलर में बुकरम लगानी हो, तो क्रमशः 4,2,2 भाग करेंगे।

(iii) जिन फैब्रिक्स में सीम रखी जानी हो, उनमें सीम लाइनें और कटिंग लाइनों को अलग-अलग रंगों से लगाना चाहिए।

(iv) यदि आवश्यक हो, तो आगे व पीछे के भागों को जोड़े जाने वाले स्थान पर नोचिज के साथ बैलेन्स मार्क वाले चिन्ह लगा दें।

(v) फैब्रिक आड़ा न कट जाए, इसके लिए ग्रेन लाइन की ओर से लम्बाई का पैटर्न ले-आउट करें।

(vi) पोशाक के आगे व पीछे का भाग जोड़ने में कोई गलती न हो इसके लिए सेन्टर फ्रण्ट व सेन्टर बैक की लाइनों पर निशान अवश्य लगा देने चाहिए।

पैटर्न ड्राफ्टिंग से सम्बन्धित शब्दावली
Terminology Related to Pattern Drafting

नोट *सम्बन्धित शीर्षक के अध्ययन हेतु प्रारम्भ में दिये गये अध्याय 4 औद्योगिक शब्दावली का अवलोकन करें।*

19.4 पेपर पैटर्न के प्रकार
Types of Paper Pattern

पोशाक निर्माण एक संरचनात्मक कला है, जिसमें टेलर अपनी कलात्मकता का प्रदर्शन कर पोशाक को विशिष्टता प्रदान करता है। टेलर्स छोटी-बड़ी फैक्ट्रियों एवं प्रसिद्ध दुकानों में अनेक प्रकार के पैटर्न द्वारा नवीनतम डिजाइनों की पोशाकों का निर्माण करते हैं। विविध प्रकृति की पोशाकों का निर्माण करने के लिए अलग-अलग पैटर्न की आवश्यकता होती है, इसलिए पैटर्न के प्रकारों का ज्ञान होना आवश्यक है।

कार्यविधि के आधार पर पेपर पैटर्न को निम्न प्रकार वर्णित किया गया है

(i) **साधारण पेपर पैटर्न** (Ordinary paper pattern) जब किसी भी आकार के पेपर पैटर्न को तैयार करने के उद्देश्य से पैटर्न काटा जाता है, तो वह साधारण पैटर्न कहलाता है। फिर चाहे वह स्टैण्डर्ड आकार का हो या अपनी इच्छानुसार नाप लेकर काटा गया हो। इस पैटर्न को तैयार करने का अभ्यास स्कूलों में तथा प्रशिक्षण केन्द्रों में विद्यार्थियों द्वारा पैटर्न सीखते समय किया जाता है।

(ii) **व्यक्तिगत या विशेष पेपर पैटर्न** (Individual paper pattern) ये पैटर्न किसी व्यक्ति विशेष के नाप और डिजाइन के अनुसार बनाए जाते हैं, जोकि किसी अन्य व्यक्ति के काम नहीं आ सकते, इसलिए इन्हें व्यक्तिगत या विशेष पैटर्न कहा जाता है। इसे सामान्यत: व्यावसायिक कारीगरों एव दुकानदारों द्वारा किसी विशेष शारीरिक निरीक्षण के आधार पर तैयार किया जाता है। अत: यह पैटर्न किसी व्यक्ति विशेष तक ही सीमित रहता है।

(iii) **फाइनल पेपर पैटर्न** (Final paper pattern) वह पैटर्न, जिसमें कोई दोष या त्रुटि न रहे, उसे फाइनल पैटर्न कहा जाता है। कुछ ग्राहक ऐसे होते हैं, जो किसी टेलर-विशेष से ही पोशाक तैयार कराना पसन्द करते हैं। ऐसे ग्राहक की पोशाक की ट्राई लेने तथा पोशाकों में आए हुए दोषों को दूर करने के बाद टेलर, जो पैटर्न तैयार करता है, वह पेपर पैटर्न 'फाइनल पैटर्न' कहलाता है।

(iv) **रेडीमेड पेपर पैटर्न** (Readymade paper pattern) ये पैटर्न फाइनल पैटर्न से तैयार किए जाते हैं, जो उन व्यक्तियों के लिए उपयोगी हैं, जिन्हें सिलाई तो आती है, परन्तु वे ड्राफ्टिंग नहीं कर सकते। ये पैटर्न बाजार में स्टैण्डर्ड नापों में ही मिलते हैं, इसलिए इन्हें 'तैयार या रेडीमेड पैटर्न' भी कहा जाता है। रेडीमेड पेपर पैटर्न का प्रचलन विदेशों में अधिक है परन्तु शर्ट, पैन्ट, जीन्स व लेडीज कुर्तो आदि के पैटर्न भारत में भी प्रयोग किए जाते हैं।

(v) **ब्लॉक पेपर पैटर्न** (Block paper pattern) इस प्रकार के पैटर्न व्यावसायिक प्रतिष्ठानों में प्रयोग किए जाते हैं, जिन्हें मोटे गत्ते, टिन की सामान्य चादर, मोटी जिंक शीट अथवा ताँबे की चादर पर काटकर बनाया जाता है। लोहे की चादरों पर बने पैटर्न जहाँ अधिक टिकाऊ होते हैं, वहीं इन्हें अनेक बार प्रयोग में लाया जा सकता है। इससे समय की भी बचत होती है और पोशाक तैयार करने में भी सुविधा होती है। जिन व्यावसायिक प्रतिष्ठानों में एक ही माप के वस्त्रों का उत्पादन अधिक मात्रा में होता है, वहाँ ये पैटर्न प्रयोग किए जाते हैं।

(vi) **फिटिंग पेपर पैटर्न** (Fitting paper pattern) ये पैटर्न प्राय: 32", 34", 36" की नाप के बनाए जाते हैं, जो बाजार में सरलता से उपलब्ध हो जाते हैं। इस नाप के पैटर्न की सहायता से अन्य नाप के वस्त्र तैयार करने के लिए इसी से ट्रेस कर नाप के अनुसार कम या अधिक कर पैटर्न बनाया जाता है। इन्हें कार्ड बोर्ड या प्लास्टिक पेपर द्वारा बनाया जाता है। इनका प्रयोग रेडीमेड वस्त्रों की कटिंग करने में किया जाता है।

(vii) **ग्रेडिंग पेपर पैटर्न** (Grading paper pattern) ये पैटर्न विशेष नाप के होते हैं, जोकि 32" से 42" तक के आकार के बने होते हैं। सर्वप्रथम बड़े नाप अर्थात् 42 इंच छाती के नाप का डिजाइन सहित पैटर्न तैयार करते हैं, जिसमें बैलेन्स चिन्हों को बिना बदले अन्दर की ओर से 32 इंच से ड्राफ्ट आरम्भ कर 2-2 इंच के अन्तर पर अर्थात् 32", 34", 36", 38" तथा 40" नाप के ड्राफ्ट बनाकर उन लाइनों पर नोचिज दिये जाते हैं। इस पैटर्न में विशेषकर ध्यान देने की आवश्यकता यह है कि बैलेन्स मार्क्स अपने स्थान पर ही रहें। बड़ी-बड़ी फैक्ट्रियों में समय व पेपर की बचत के लिए इनका प्रयोग किया जाता है।

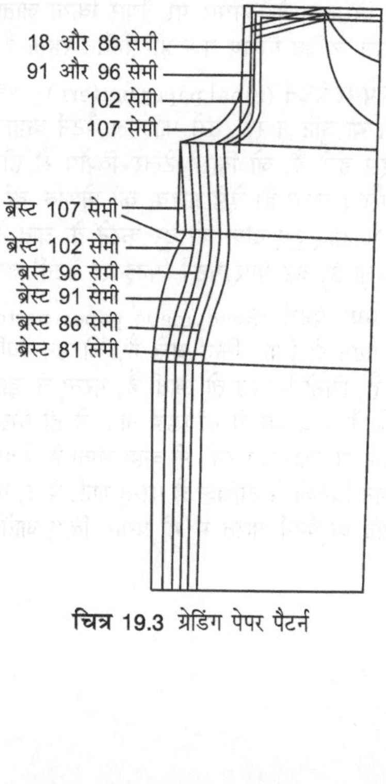

चित्र 19.3 ग्रेडिंग पेपर पैटर्न

19.5 पैटर्न निर्माण के चिन्ह एवं उपकरण
Symbol & Equipments of Pattern Making

पैटर्न बनाते समय सभी आवश्यक चिन्ह लगा लेने से फैब्रिक की कटिंग करने में सुविधा रहती है। इन चिन्हों की सहायता से जहाँ पैटर्न त्रुटि रहित बनता है। वहीं इनसे ड्राफ्टिंग के साथ पोशाक की कटिंग में भी फिनिशिंग आती है।

मार्किंग Marking

पैटर्न निर्माण में जिन चिन्हों द्वारा सूचना दी जाती है, उन्हें मार्क कहा जाता है तथा इस क्रिया को मार्किंग कहा जाता है। पैटर्न निर्माण में विशेष प्रकार के चिन्ह मार्किंग के लिये प्रयोग में लाये जाते हैं जो निम्न हैं

(i) **नोचिज या खुटके** (Notches) पैटर्न के विभिन्न हिस्सों पर एक विशेष प्रकार के चिन्ह लगा दिए जाते हैं, जिनसे पोशाक की छाती, कमर, कन्धा तथा आस्तीन के जोड़ ठीक तरह से लगाने एवं सही फिटिंग लाने में सहायता मिलती है। इसके अतिरिक्त पोशाक में डिजाइन, प्लीट तथा फ्रिल तैयार करने में भी ये चिन्ह उपयोगी होते हैं। इनका प्रयोग करके वस्त्र बनाने में गलती होने की सम्भावना कम होती है।

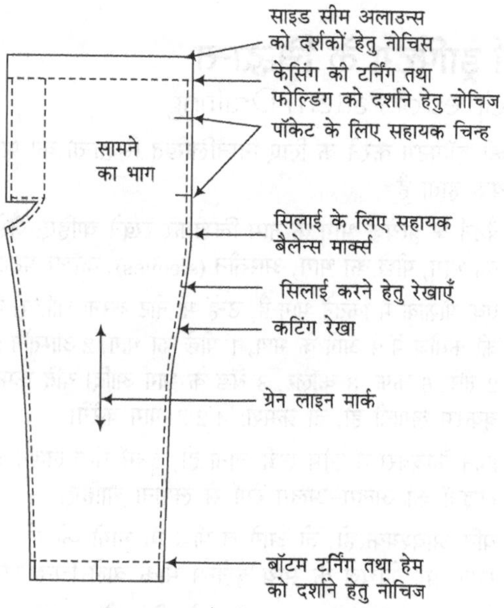

चित्र 19.4 पैटर्न पर की गई मार्किंग

(ii) **गाइड लाइन** (Guide line) पैटर्न पर लगाई जाने वाली गाइड लाइनें फुट, बैक, सेन्टर, मोड़ आदि विशेष भागों को दर्शाती हैं। पैटर्न पर ये लाइनें एक-दूसरे पर समकोण बनाती हैं, जिससे ड्राफ्टिंग में सुविधा रहती है इन्हें आधार रेखाएँ भी कहते हैं। इन लाइनों का प्रयोग पैन्ट के पैटर्न में सीट, घुटने व मोहरी पर तथा ब्लाउज के पैटर्न के अन्तर्गत छाती, कमर आदि के लिए किया जाता है।

(iii) **डार्ट** (Dart) पैटर्न तैयार करते समय छोटे-छोटे छिद्रों के रूप में डार्ट के निशान लगाए जाते हैं। इससे ले-आउट और ड्राफ्टिंग में सुविधा रहती है और पोशाक में भी कोई दोष या कमी रहने की सम्भावना नहीं होती है।

(iv) **परफोरेशन** (Perforation) पेपर पैटर्न पर लाइनों के स्थान पर पिन आदि की सहायता से छोटे-छोटे छिद्र बना दिए जाते हैं, जिसे परफोरेशन कहा जाता है। इससे फैब्रिक पर पैटर्न के चिन्हों को ठीक से उतारने में सरलता होती है। पोशाक निर्माण के समय पेन्सिल अथवा चॉक द्वारा इन चिन्हों को बना लिया जाता है।

पैटर्न बनाने हेतु आवश्यक उपकरण
Necessary Tools for Pattern Making

पेपर पैटर्न बनाने के लिए निम्नलिखित उपकरणों का प्रयोग किया जाता है

(*i*) पैटर्न सीजर्स
(*ii*) ड्राफ्टिंग पेपर या ब्राउन शीट
(*iii*) कटिंग टेबल
(*iv*) नोचर
(*v*) टेलर्स स्क्वायर
(*vi*) पैटर्न स्क्वायर
(*vii*) फ्रेंच कर्व
(*viii*) इंचीटेप
(*ix*) मिल्टन चॉक

नोट *ड्राफ्टिंग सम्बन्धी सभी उपकरणों का अध्ययन करने हेतु प्रारम्भ में दिये गये अध्याय 5 का अवलोकन करें।*

पेपर पैटर्न सम्बन्धी सावधानियाँ
Precautions Related to Paper Pattern

पेपर पैटर्न तैयार करते समय निम्नलिखित सावधानियाँ रखनी चाहिए

(*i*) पेपर पैटर्न पूरे नाप के अनुसार बनाया जाना चाहिए।
(*ii*) नाप-पुस्तिका सदैव सामने रखनी चाहिए।
(*iii*) ड्राफ्ट हमेशा बारीक एवं साफ लाइन खींचकर बनाना चाहिए।
(*iv*) पैटर्न पर सभी लाइनें नुकीली पेन्सिल अथवा टेलर चॉक से लगाएँ तथा गलत या बेकार लाइनों को तुरन्त काट दे या रबड़ द्वारा मिटा दें।
(*v*) पैटर्न बनाने से पहले सभी नापों का ठीक तरह से परीक्षण कर लेना चाहिए।
(*vi*) कटिंग करने से पहले ड्राफ्ट को एक बार पुन: चैक कर लेना चाहिए।
(*vii*) डिजाइन बुक में से जो डिजाइन बनाना हो, उसकी लाइनें पेपर पर बना लें।
(*viii*) पेपर पैटर्न की कटिंग करते समय कोई दबाव न छोड़ें।
(*ix*) पैटर्न पर डिजाइन, डार्ट्स, प्लीट्स, पॉकेट आदि के लिए निशानों पर नोचिज लगाएँ।
(*x*) पोशाक के सभी हिस्सों के पैटर्न रखकर ले-आउट किया जाता है, इसकी जाँच अवश्य कर लेनी चाहिए।
(*xi*) पैटर्न सदैव भूरी शीट के उल्टी ओर बनाना चाहिए।
(*xii*) पैटर्न को खींची हुई लाइनों के ठीक ऊपर ही काटना चाहिए।

19.6 पैटर्न ऑल्टरेशन Pattern Alteration

शरीर के सही नाप, ड्राफ्टिंग तथा प्रमाण का प्रयोग करने के बाद भी अनेकों बार वस्त्रों की फिटिंग में दोष आ जाते हैं। पैटर्न निर्माण, पोशाक रचना की प्रारम्भिक क्रिया है, जिसकी सहायता से पोशाक रचना की इस अवस्था में ही करके फिटिंग में दोष आने की सम्भावना को कम किया जा सकता है।

वस्त्रों में आने वाले दोषों को कम करने हेतु पैटर्न में जो परिवर्तन करने पड़ते हैं उन्हें पैटर्न ऑल्टरेशन कहा जाता है। पैटर्न में निम्न प्रकार से परिवर्तन कर, सुधार किया जा सकना सम्भव है

1. लम्बाई में अधिक होना Extra Length

पैटर्न की लम्बाई कम करने के लिए पैटर्न को नीचे से काटकर या बीच में से काटकर लम्बाई को कम कर देना चाहिए। इसके लिए नीचे दिए गए चित्र के अनुसार परिवर्तन करना चाहिए।

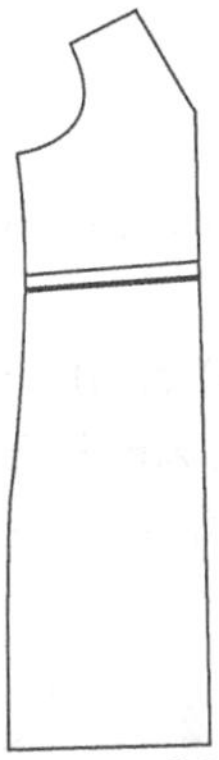

चित्र 19.5 लम्बाई में अधिक

2. लम्बाई में कम होना Short Length

पैटर्न का लम्बाई में कम होने पर सर्वप्रथम यह चैक कर लेना चाहिए कि लम्बाई किस जगह पर कम है। यदि बॉडी की लम्बाई कम हो, तो कमर की गहराई पर से लम्बाई बढ़ानी चाहिए अन्यथा नीचे की ओर घेर से लम्बाई बढ़ाई जा सकती है।

लम्बाई बढ़ाने हेतु पैटर्न का टुकड़ा उस स्थान पर जोड़ दें जहाँ से लम्बाई बढ़ानी हो। सामान्यत: पैटर्न को बीच से काटकर ही लम्बाई बढ़ाई जाती है अन्यथा डार्ट के निशान पुन: लगाने पड़ते हैं।

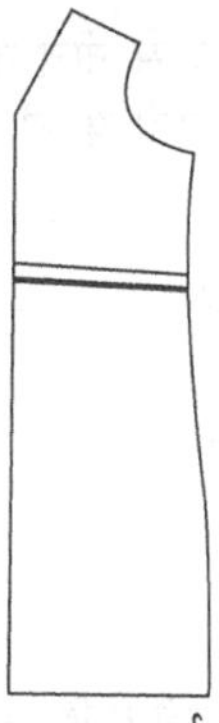

चित्र 19.6 लम्बाई में कम

3. **कन्धों की चौड़ाई अधिक होना**
Extra Width in Shoulders

यदि पैटर्न में कन्धों की चौड़ाई अधिक हो, तो गले व मुड्ढे के मध्य से काटकर, जोड़ने से उस चौड़ाई को कम किया जाता है। कन्धों की चौड़ाई की कटिंग करने से पोशाक के आर्महोल्स बढ़ जाते हैं, इसलिए यदि सम्भव हो तो मुड्ढे की गिरावट कर देनी चाहिए। परन्तु यदि ऐसा न हो तो नैक प्वाइण्ट व शोल्डर प्वाइण्ट के बीच टक्स देकर चौड़ाई को कम कर देना चाहिए। इससे मुड्ढा भी बड़ा नहीं होगा और कन्धों की चौड़ाई भी कम हो जायेगी।

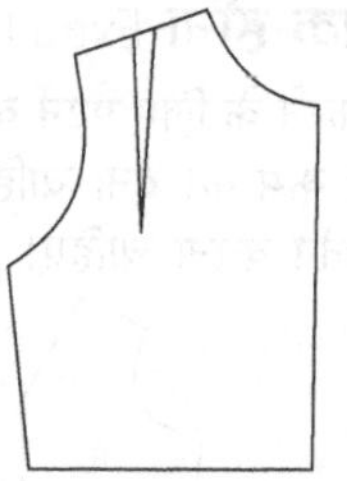

चित्र 19.7 कन्धों की चौड़ाई अधिक

4. **कन्धों की चौड़ाई कम होना** Short in Shoulder's Width

यदि पैटर्न में कन्धों की चौड़ाई कम हो तो उसे बढ़ाने के लिए मुड्ढे की गिरावट वाली जगह से उतनी ही कन्धों की चौड़ाई, तिरछे आकार में बढ़ा ली जाती है।

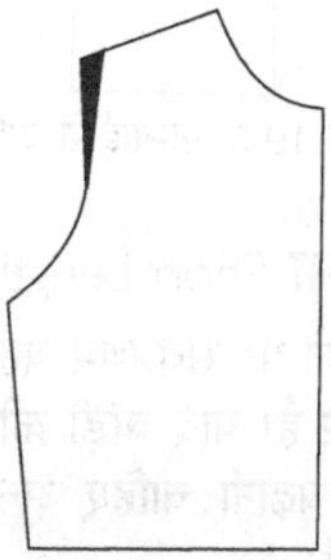

चित्र 19.8 कन्धों की चौड़ाई कम

5. **छाती व हिप से चौड़ाई कम होना**
Short Width in Chest and Hip

पैटर्न में नाप के अनुसार, ऊपर से नीचे तक कम चौड़ाई की स्थिति में आवश्यकतानुसार एक सीधी चौड़ी पट्टी लगा ली जाती है।

चित्र 19.9 छाती व हिप से चौड़ाई कम

6. **छाती व हिप पर कसा होना** Tight in Chest and Hip

पैटर्न की आवश्यकता के अनुसार, यदि कमर ठीक हो तथा छाती एवं हिप कसी हुई हो तो छाती एवं हिप पर गोलाई में सफाई के साथ आकार देते हुए पैटर्न का टुकड़ा गोंद या फैवीकॉल से जोड़ दिया जाता है। चित्र के अनुसार, बाहर की ओर मिलती हुई शेप से पोशाक के पैटर्न की आकृति में भी कोई अन्तर नहीं आता है।

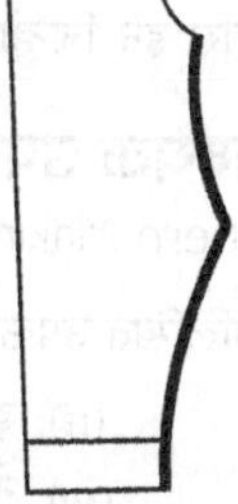

चित्र 19.10 छाती व हिप से कसा हुआ भाग

7. **स्लीव का ऊपरी भाग से कसा होना**
Sleeve Tight on Top Part

स्लीव के ऊपरी भाग से कसे होने पर स्लीव को बीच में से काटकर आवश्यकता के अनुसार पैटर्न का पीस जोड़ दिया जाता है, परन्तु इसमें पीस इस प्रकार लगाना चाहिए, जिससे पोशाक में स्लीव के आकार में वृद्धि भी हो जाए और फिटिंग भी सही आए।

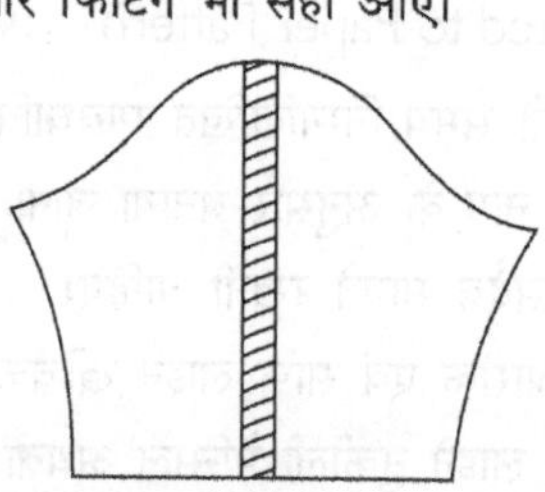

चित्र 19.11 स्लीव के ऊपरी भाग से कसा होना

8. **स्लीव का ऊपरी भाग से ढीला होना**
Sleeve Loose on Top Part

ऐसी स्थिति में स्लीव को मध्य भाग से नीचे तक पिन लगा कर नाप के अनुसार कम कर दिया जाता है। पिन का उपयोग करने से आवश्यकतानुसार इसे खोलकर बड़ा कर लिया जाता है।

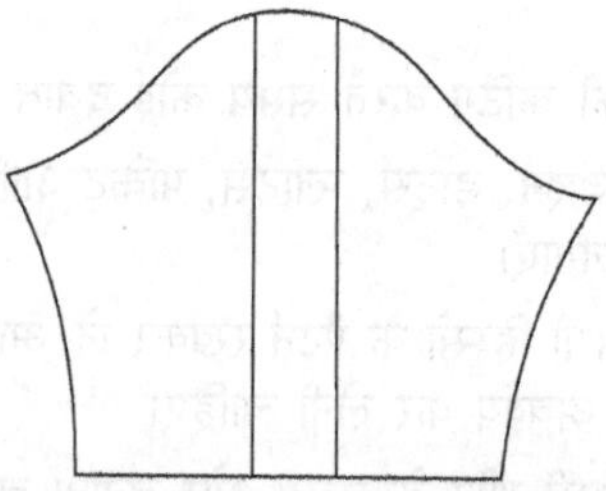

चित्र 19.12 स्लीव का ऊपरी भाग से ढीली होना

9. स्लीव का लम्बाई में बड़ा होना
Extra in Sleeve Length

स्लीव की लम्बाई को नाप के अनुसार, कम किया जाता है। यदि पोशाक की स्लीव अधिक लम्बी है तो इसे नीचे से काटकर ठीक किया जाता है, इसके अतिरिक्त स्लीव बीच से काटकर भी ठीक की जाती है, लेकिन स्लीव की शेप का ध्यान रखना चाहिए।

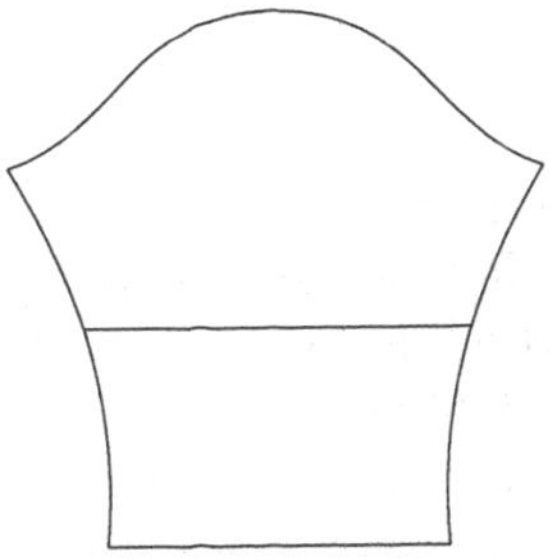

चित्र 19.13 स्लीव का लम्बाई में बड़ा होना

10. स्लीव का लम्बाई में छोटा होना
Short in Sleeve Length

यदि सम्भव हो तो स्लीव की लम्बाई, नीचे से ही बढ़ाएँ अन्यथा कोहनी के पास पैटर्न के टुकड़े को जोड़कर स्लीव की लम्बाई को बढ़ाया जा सकता है।

चित्र 19.14 स्लीव का लम्बाई में छोटा होना

19.7 परीक्षण Testing

पोशाकों को बनाने से पूर्व पैटर्न निर्माण व ड्राफ्टिंग पैटर्न के निर्माण के उपरान्त इनकी जाँच की आवश्यकता होती है, जिनके लिये निम्न परीक्षणों का होना आवश्यक है।

1. पैटर्न निर्माण हेतु नाप परीक्षण
Testing of Measurement for Pattern Making

पैटर्न का निर्माण करने से पहले एवं बाद में नाप के परीक्षण का ज्ञान होना आवश्यक है कई बार नाप लेते समय यदि नाप ठीक से नोट नहीं की जाती या कोई नाप रह जाती है, तो उसे जाँच-परखकर ठीक किया जाता है। सबसे पहले निरीक्षण करते समय यह देखना चाहिए कि जिस नाप से ड्राफ्ट बना रहे हैं, उनमें सामान्य आनुपातिक मेल है अथवा नहीं।

उदाहरणार्थ

गलत नाप	ठीक नाप
छाती 42" = 105 सेमी	छाती 42" = 106.68 सेमी
तीरा 17" = $42\frac{1}{2}$ सेमी	तीरा 20" = 50.8 सेमी
गला 15" = $37\frac{1}{2}$ सेमी	गला 16" = 40.5 से.मी.
आस्तीन लम्बाई 24" = 60 सेमी	आस्तीन लम्बाई 24" = 61 सेमी
पूरी लम्बाई 32" = 80 सेमी	पूरी लम्बाई 32" = 81 सेमी

उपरोक्त दी गई सारणी से स्पष्ट होता है कि 42" छाती का तीरा 17" कम है। इन नापों को दी गई नाप-सारणी के आधार पर सही कर सकते हैं। इसी प्रकार गले की नाप की जाँच कर ठीक कर सकते हैं। 42" छाती का गला 16" होना चाहिए। सारणी के अनुसार, नाप ठीक करते समय आकृति का भी ध्यान रखें।

2. पैटर्न ड्राफ्टिंग का परीक्षण Testing of Pattern Drafting

पैटर्न ड्राफ्टिंग के पूर्ण निरीक्षण द्वारा छोटी से छोटी कमी भी दूर की जा सकती है। इससे एक अन्य लाभ यह होता है कि पोशाक रचना के समय किसी प्रकार का दोष उत्पन्न नहीं होता है। पैटर्न ड्राफ्टिंग के पूर्ण परीक्षण के अन्तर्गत निम्न बिन्दुओं को ध्यान में रखना चाहिए

(i) **आकृतियों की जाँच** (Testing of shapes) नापों के प्रति पूर्ण रूप से निश्चित होने के बाद निर्मित ड्राफ्ट के गले, आर्महोल्स, कमर, हिप व आस्तीन की गोलाइयों का ध्यानपूर्वक निरीक्षण कर लेना चाहिए। यदि पोशाक नीचे पहनी जाने वाली है, तो उसकी फ्रॉक शेप बैलेन्स मार्क्स, गिदरी व साइड सीम्स की आकृतियों को भी ठीक तरह से चैक कर लें। यदि ये आकृतियाँ ठीक न लगें तो पुनः अलग कलर के चॉक से गोलाइयाँ व लाइन बनाकर पहले की बनी गलत गोलाइयों व लाइनों को काट दें।

(ii) **बैलेन्स मार्क्स** (Balance marks) बैलेन्स मॉर्क्स का उपयोग पोशाकों को बैलेन्स रखने के लिए किया जाता है। इसके लिए छाती लाइन, कमर लाइन तथा नीचे के भाग में सीट लाइन, घुटना लाइन, आसन लाइन आगे व पीछे के भाग से मिलनी चाहिए अन्यथा क्रीज लाइन घूम जाती है। यह भी ध्यान रखना चाहिए कि क्रीज लाइन बीचों-बीच रहे।

(iii) **अन्तिम निरीक्षण** (Final inspection) पैटर्न की समस्त गोलाइयाँ, बैलेन्स नोचिस आदि चैक करने के बाद पैटर्न की डिजाइन लाइनों को भी मिलाकर देख लेना चाहिए। इसके पश्चात् पैटर्न की कटिंग की जाती है। इस दौरान समस्त बैलेन्स लाइनों पर नोचिस अवश्य लगा लिया जाता है। पैटर्न नोचर की सहायता से डार्ट्स एवं प्लीट्स के चिन्ह भी अवश्य लगा लेने चाहिए। इसके अतिरिक्त नैक-प्वॉइण्ट व आर्महोल आदि में भी नोचिज लगाना चाहिए। पूर्ण रूप से निश्चित होने के बाद ही पैटर्न द्वारा फैब्रिक पर अभिन्यास (ले-आउट) लेना चाहिए।

महत्वपूर्ण प्रश्नोत्तरी

1. पेपर पैटर्न किसे कहते हैं?

उत्तर ब्राउन पेपर पर पूर्ण नाप एवं डिजाइन के अनुसार, पोशाक की रूपरेखा तैयार करना 'पेपर पैटर्न' कहलाता है।

यह एक स्थायी रिकॉर्ड है, जिसे अनेक बार उपयोग में लाया जा सकता है।

2. पेपर पैटर्न कितने प्रकार के होते हैं, नाम बताइये।

उत्तर पेपर पैटर्न कार्य के आधार निम्न प्रकार के होते हैं

(i) साधारण पेपर पैटर्न

(ii) व्यक्तिगत या विशेष पेपर पैटर्न

(iii) फाइनल पेपर पैटर्न

(iv) रेडीमेड पेपर पैटर्न

(v) ब्लॉक पेपर पैटर्न

(vi) फिटिंग पेपर पैटर्न

(vii) ग्रेडिंग पेपर पैटर्न

3. पैटर्न पर परफोरेशन क्यों लगाए जाते हैं? अति संक्षेप में बताइए।

उत्तर पैटर्न पर लाइनों के स्थान पर पिन आदि की सहायता से छोटे-छोटे छिद्र बना दिए जाते हैं, जिसे परफोरेशन कहा जाता है। इससे फैब्रिक पर पैटर्न के चिन्हों को ठीक से उतारने में सरलता होती है।

4. पैटर्न ड्राफ्टिंग के अन्तर्गत आकृतियाँ ठीक न बनी हों तो क्या करना चाहिए?

उत्तर पैटर्न ड्राफ्टिंग के अन्तर्गत नीचे पहने जाने वाली पोशाक की फ्रॉक शेप बैलेन्स मार्क्स, गिदरी व साइड सीम्स की आकृतियाँ ठीक प्रकार से न बनी हों तो दोबारा विपरीत रंग के चॉक से गोलाइयाँ व लाइन बनाकर पहले की बनी गलत गोलाइयों व लाइनों को काट दिया जाता है।

5. पैटर्न के अन्तिम निरीक्षण से क्या तात्पर्य है?

उत्तर पैटर्न की समस्त गोलाइयाँ, बैलेन्स नोचिज को चैक कर डिजाइन लाइनों को भी देखना चाहिए। बैलेन्स लाइनों पर गुटका लगाने के साथ नोचर की सहायता से डार्ट्स, प्लीट्स के चिन्ह भी ठीक तरह से लगा लेने चाहिए।

अभ्यास प्रश्न

परीक्षा प्रारूपी प्रश्न

बहुविकल्पीय

1. ड्राफ्टिंग को किस स्केल में बनाया जाता है?

(a) 1/4 (b) 1/6

(c) 1/8 (d) ये सभी

2. पैटर्न रचना निम्न में से क्या है?

(a) पोशाक-रचना की एक बहुत ही जटिल क्रिया

(b) पोशाक-रचना की एक बहुत ही महत्वपूर्ण क्रिया

(c) 'a' और 'b' दोनों

(d) उपरोक्त में से कोई नहीं

3. पेपर पैटर्न द्वारा समय की बचत निम्न में से किस रूप में सामने आती है?

(a) पूर्व निर्मित पैटर्न का पुनः प्रयोग करके

(b) पैटर्न को दोबारा बनाने में

(c) 'a' और 'b' दोनों

(d) उपरोक्त में से कोई नहीं

4. किसी पोशाक के किसी भाग में आकृति (shape) ठीक न आने पर उसमें इनमें से किस प्रकार संशोधन सम्भव है?

(a) फैब्रिक कर्तन से पूर्व पेपर पैटर्न बनाकर

(b) नाप या डिजाइनों में आए अन्तर को दूर करके

(c) 'a' और 'b' दोनों

(d) उपरोक्त में से कोई नहीं

5. टेलर द्वारा डिजाइन कब बदलना चाहिए?

(a) ग्राहक की पूर्व-अनुमति मिल जाने पर

(b) कल्पित पोशाक सुन्दर के स्थान पर भद्दी प्रतीत होने पर

(c) 'a' और 'b' दोनों

(d) उपरोक्त में से कोई नहीं

6. पेपर पैटर्न को इनमें से किस दशा के लिए रिकॉर्ड रखने हेतु उपयोगी कहा जा सकता है?

(a) पोशाक उपयुक्त बनाने हेतु (b) पोशाक पुनः बनाने हेतु

(c) 'a' और 'b' दोनों (d) इनमें से कोई नहीं

7. पेपर पैटर्न के रिकॉर्ड रखने पर ग्राहक को पोशाक की पुनः रचना में किस प्रकार का लाभ मिलता है?
(a) समय बचता है (b) दोष की उत्पत्ति नहीं होती
(c) 'a' और 'b' दोनों (d) इनमें से कोई नहीं

8. निम्न में से कौन पेपर पैटर्न की महत्ता नहीं है?
(a) समय की बचत (b) त्रुटि निवारण
(c) रिकॉर्ड रखना
(d) पोशाक-निर्माण उपरान्त संशोधन

9. निम्न में से कौन पोशाक-निर्माण करता है?
(a) दर्जी स्वरोजगार के रूप में
(b) पोशाक निर्माणक इकाइयाँ वृहद् उत्पादन के रूप में
(c) 'a' और 'b' दोनों
(d) उपरोक्त में से कोई नहीं

10. पेपर पैटर्न बनाते समय निम्न में से किसका ध्यान टेलर को रखना चाहिए?
(a) नाप का (b) शेप का
(c) डिजाइन का (d) ये सभी

11. शिक्षा-अर्जन के लिए उपयुक्त पेपर पैटर्न इनमें से कौन-सा है?
(a) व्यक्तिगत पैटर्न (b) साधारण पैटर्न
(c) निर्णायक पैटर्न (d) इनमें से कोई नहीं

12. वृहद् उत्पादन हेतु इनमें से किस पेपर पैटर्न का उपयोग किया जाता है?
(a) निर्णायक पेपर पैटर्न (b) ब्लॉक पेपर पैटर्न
(c) साधारण पेपर पैटर्न (d) ये सभी

13. ब्लॉक पेपर पैटर्न बनाने का क्या लाभ है?
(a) समय की बचत (b) कार्य में प्रगति
(c) 'a' और 'b' दोनों (d) इनमें से कोई नहीं

14. एक ही पेपर में विभिन्न नापों की ड्राफ्टिंग का समावेश इनमें से किस पेपर पैटर्न में रहता है?
(a) ग्रेडिंग पेपर पैटर्न (b) रेडीमेड पेपर पैटर्न
(c) ब्लॉक पेपर पैटर्न (d) इनमें से कोई नहीं

15. इनमें से मानक आकार का वह पेपर पैटर्न कौन-सा है, जिससे असामान्य व्यक्ति की पोशाक तैयार नहीं की जा सकती?
(a) फिटिंग पेपर पैटर्न
(b) ग्रेडिंग पेपर पैटर्न
(c) रेडीमेड पेपर पैटर्न
(d) ब्लॉक पेपर पैटर्न

16. इनमें से किस सामग्री पर निर्मित पैटर्न जल्दी खराब नहीं होता?
(a) बाँस पेपर (b) प्लास्टिक पेपर
(c) अखबार (d) ये सभी

17. पैटर्न तैयार करते समय छोटे-छोटे छिद्रों के रूप में लगाए जाने वाले निशान कहलाते हैं
(a) गाइड लाइन (b) परफोरेशन
(c) प्लीट्स (d) नोचिज या खुटके

18. निम्नलिखित में से किसका प्रयोग लाइनों को सही आकार देने के लिए किया जाता है?
(a) पैटर्न स्क्वॉयर (b) फ्रेन्च कर्व
(c) टेलर्स स्क्वॉयर (d) पैटर्न सीजर्स

19. पैटर्न निर्माण; पोशाक-रचना की कौन-सी अवस्था है?
(a) माध्यमिक (b) आरम्भिक
(c) अन्तिम (d) इनमें से कोई नहीं

20. इनमें से किस दशा में नापों का परीक्षण आवश्यक हो जाता है?
(a) नाप नोट करने में त्रुटि की दशा में
(b) नाप नोट करने से रह जाने की दशा में
(c) 'a' और 'b' दोनों
(d) उपरोक्त में से कोई नहीं

21. ट्राउजर्स के पैटर्न की मापन भाग 'A' पहचानें

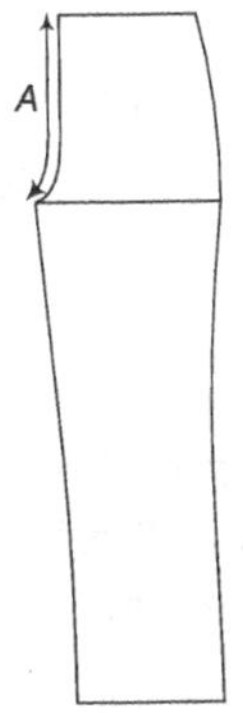

(a) साइड लैंथ (b) बॉडी राइज
(c) इनसाइड लेग लैंथ (d) क्रास लैंथ

22. शर्ट योग पैटर्न मापन भाग 'A' पहचानें

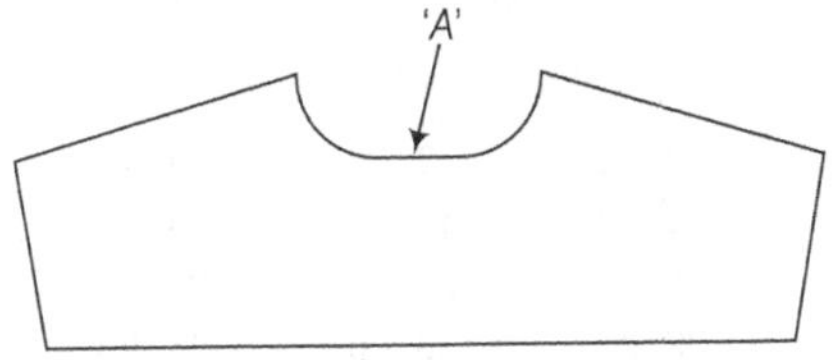

(a) नैक विड्थ (b) नैक डैप्थ
(c) योक विड्थ (d) शोल्डर से शोल्डर

23. पैटर्न बनाने के क्या लाभ हैं?
(a) समय की बचत (b) डिजाइन बनाना
(c) किफायती ले-आउट (d) ये सभी

24. नमूनों (pattern) को सामान्यतः .... का प्रयोग करके तैयार किया जाता है
(a) प्लास्टिक (b) पेपर
(c) लौह धातु (d) चमड़े का बोर्ड

25. वाणिज्यिक पैटर्न आधारित होता है
(a) मानव-मापन पर (b) व्यक्तिगत मापन पर
(c) सीने के मापन पर (d) इनमें से कोई नहीं

26. साधारण पैटर्न किस तरह के कागज पर बनाए जाते हैं?
(a) अखबार कागज पर (b) ब्राउन कागज पर
(c) सफेद कागज पर (d) ड्राइंग कागज पर

27. पैटर्न के किस गुण के कारण हम भविष्य में आसानी से उसी माप का कपड़ा काट सकते हैं?
(a) गलतियाँ मार्क करके (b) समय की बचत
(c) पक्का रिकॉर्ड (d) ले-आउट करना

28. मानव मापन पर आधारित पैटर्न को आप क्या कहेंगे?
(a) वाणिज्यिक पैटर्न (b) व्यक्तिगत पैटर्न
(c) ग्रेडेड पैटर्न (d) डुप्लीकेट पैटर्न

29. घुमावदार आकार के ड्राफ्ट में चित्रित करने के लिये निम्न में से किसका प्रयोग करेंगे?
(a) L-स्क्वायर (b) स्केल
(c) स्केल ट्राइएंगिल (d) फ्रेंच कर्व

30. सीधी लाइनों का ड्राफ्ट बनाने में निम्न में से किसका प्रयोग करेंगे?
(a) स्केल (b) टेप
(c) L-स्क्वायर (d) यार्ड स्टिक

31. मास्टर पैटर्न क्या है?
(a) सभी अलाउन्स को छोड़कर
(b) जिसमें सभी अलाउन्स शामिल हैं
(c) जिसमें ईज अलाउन्स भी शामिल है
(d) ईज अलाउन्स को छोड़कर

32. BR पैटर्न मेकिंग में क्या दर्शाता है?
(a) Body Round (b) Body Rise
(c) Bicep Round (d) Bottom Round

33. ग्रेडिंग के लिए निम्न में से क्या उपयोगी है?
(a) पेपर पैटर्न (b) मार्किंग
(c) लेआउट (d) अनुमान

34. पेपर पैटर्न क्या है?
(a) पेपर (b) रेप्लिका
(c) कटिंग (d) ड्राफ्ट

35. परिधान बनाते समय पैटर्न में क्या दिया जाना चाहिए?
(a) टॉलरेन्स (b) स्कैन अलाउन्स
(c) लूजनेस (d) अलाउन्स

36. परिधान की प्रतिकृति क्या है?
(a) पैटर्न (b) ड्राफ्ट (c) लेआउट (d) पेपर

37. बैलेंस के लिए पैटर्न में किस चिह्न का उपयोग किया जाता है?
(a) कट (b) नॉच
(c) मार्किंग (d) लाइन

38. व्यक्तिगत माप के लिए कौन-से पैटर्न का उपयोग किया जाता है?
(a) वाणिज्यिक पैटर्न (b) प्रारूपण पैटर्न
(c) सपाट पैटर्न (d) व्यक्तिगत पैटर्न

39. कौन-से पैटर्न बुनियादी मानक माप द्वारा तैयार किए जाते हैं?
(a) सामान्य पैटर्न
(b) व्यक्तिगत पैटर्न
(c) वाणिज्यिक पैटर्न
(d) स्व निर्मित पैटर्न

40. किस पैटर्न में सीम अलाउन्स नहीं होना चाहिए?
(a) ब्लॉक पैटर्न (b) वाणिज्यिक पैटर्न
(c) व्यक्तिगत पैटर्न (d) रेडीमेड पैटर्न

उत्तरमाला

1. (d)	**2.** (c)	**3.** (a)	**4.** (c)	**5.** (c)	**6.** (c)	**7.** (c)	**8.** (d)	**9.** (c)	**10.** (d)
11. (b)	**12.** (b)	**13.** (c)	**14.** (a)	**15.** (c)	**16.** (b)	**17.** (b)	**18.** (b)	**19.** (b)	**20.** (c)
21. (b)	**22.** (b)	**23.** (d)	**24.** (b)	**25.** (c)	**26.** (b)	**27.** (c)	**28.** (b)	**29.** (d)	**30.** (c)
31. (b)	**32.** (b)	**33.** (a)	**34.** (b)	**35.** (a)	**36.** (a)	**37.** (b)	**38.** (d)	**39.** (c)	**40.** (a)

अध्याय 20

स्प्रैडिंग एवं पैटर्न अभिन्यास

Spreading and Pattern Layout

अध्याय विषय सूची

ड्रेस मेकिंग के अन्तर्गत स्प्रैडिंग व पैटर्न अभिन्यास से आशय कटिंग टेबल पर फैब्रिक को फैलाकर उसका अन्तिम पैटर्न अभिन्यास (layout) तैयार करना है। ये प्रक्रम पोशाक निर्माण सम्बन्धी प्रारम्भिक प्रक्रियाएँ हैं। फैब्रिक स्प्रैडिंग पोशाक उत्पादन पद्धति का अत्यन्त महत्वपूर्ण कार्य है, क्योंकि यह एक उच्च गुणवत्तापूर्ण अन्तिम उत्पाद की प्राप्ति का मूल आधार है।

स्प्रैडिंग (spreading) मूल रूप से पैटर्न पर दर्शाये गए चिन्हों के आधार पर फैब्रिक को कटिंग हेतु फैलाना है। यह चिन्हन एवं कटिंग के पश्चात् पोशाक निर्माण का एक प्राथमिक प्रक्रम है, जिसके द्वारा एक बार में फैब्रिक की अनेक तहों पर कार्य किया जा सकता है। इन तहों की संख्या, वृहद् उत्पादन हेतु कटिंग मशीन की क्षमता, उत्पादन क्षमता, फैब्रिक के प्रकार (रफ या स्लिपरी) व फैब्रिक की मोटाई पर निर्भर करती है। यह प्रक्रिया अधिकांशत रेडीमेड वस्त्र निर्माण में प्रयोग की जाती है।

स्प्रैडिंग की महत्ता Importance of Spreading

वस्त्र उद्योग में फैब्रिकों की स्प्रैडिंग मुख्यतया एवं फैब्रिकों की तहों को सही रूप से लगाने, एक साथ विभिन्न फैब्रिक की तहों की कटिंग करने, फैब्रिक की तहों को एक दिशा में रखने एवं फैब्रिक की तहों का तनाव समान रखने के उद्देश्य से की जाती है।

स्प्रैडिंग के उद्देश्य Purpose of Spreading

सिलाई कला में स्प्रैडिंग के निम्नलिखित उद्देश्य हैं

- फैब्रिक स्प्रैडिंग को समझना।
- स्प्रैडिंग को प्रभावित करने वाले कारकों को जानना।
- फैब्रिक के पृष्ठ एवं रोओं से अवगत होना।

सामान्य स्प्रैडिंग प्रणाली Normal Spreading System

यह पोशाक उत्पादन सम्बन्धी एक महत्वपूर्ण घटक है, जिसमें पोशाकों की गुणवत्ता स्प्रैडिंग प्रणाली पर निर्भर करती है। स्वचालित (automatic) स्प्रैडिंग प्रणाली की तुलना से मानवकृत (manual) स्प्रैडिंग प्रणाली कहीं अधिक धीमी है। स्प्रैडिंग प्रणाली की गुणवत्ता संचालक की गुणवत्ता पर निर्भर करती है।

स्प्रैडिंग क्षमता को प्रभावित करने वाले दो कारक-फैब्रिक सैट-अप तथा उसका वास्तविक अभिन्यास हैं। इनमें से सैट-अप में फैब्रिक की स्प्रैडर द्वारा लोडिंग-थ्रेडिंग मशीन एवं सम्बन्धित साधनों का व्यवस्थापन आवश्यक है। स्प्रैडिंग की वास्तविक प्रणाली में फैब्रिक को इच्छानुसार परतों में फैलाया जाता है।

स्प्रैडिंग प्रक्रम Spreading Process

स्प्रैडिंग वह तरीका है, जिसमें कटिंग के लिए फैब्रिक की तहें उपयुक्त रूप में लगाई जाती हैं। स्प्रैडिंग प्रक्रम को फैब्रिक की विशेषताएँ, प्रतिष्ठान के गुणवत्ता मानक और उपलब्ध यन्त्र निर्धारित करते हैं। स्प्रैडिंग रीति को निर्धारित करने वाली फैब्रिक विशेषताओं के दो प्रकार हैं

(i) फैब्रिक के पृष्ठ (face) की दिशा तथा

(ii) फैब्रिक के रोओं (nap) की दिशा

20.1 स्प्रैडिंग की विधियाँ Spreading Methods

फैब्रिक स्प्रैडिंग की प्रमुख दो विधियाँ प्रयोग में लायी जाती हैं, जिनका विवरण निम्नलिखित है

1. मानवकृत विधि Manual Method

मानवकृत विधियों में उन विधियों को शामिल किया जाता है, जिन्हें मानवीय प्रयासों के द्वारा सम्पन्न किया जाता है। ये विधियाँ निम्नलिखित हैं

(i) **हाथ द्वारा** (By hand) इस विधि में फैब्रिक के रोल को दो व्यक्तियों की सहायता से हाथों द्वारा कटिंग टेबल पर लम्बाई व चौड़ाई हेतु उस पर लगाए गए चिन्हों के अनुसार फैलाया जाता है।

(ii) **हुक द्वारा** (By hook) इस विधि के अन्तर्गत जिस कटिंग टेबल पर फैब्रिक को फैलाया जाता है, उस टेबल का शीर्ष $10°$ के कोण पर व्यवस्थित होता है।

15 सेमी लम्बा हुक कटिंग टेबल के ऊपरी पृष्ठ पर लगा होता है और फैब्रिक के किनारों के सिरे से संयोजित होता है। फैब्रिक की स्प्रैडिंग पूर्ण होने के उपरान्त कटिंग टेबल के शीर्ष को पुन: व्यवस्थित किया जाता है।

(iii) **स्प्रैडिंग ट्रक द्वारा** (By spreading truck) स्प्रैडिंग टेबल में फैब्रिक रोल स्थित होता है तथा एक सिरे पर स्प्रैडिंग ट्रक होता है। स्प्रैडिंग ट्रक को संचालक द्वारा हाथ से चलाया जाता है जिससे ट्रक टेबल के एक सिरे से दूसरे सिरे तक एक ही समय पर फैब्रिक को फैला देता है। इस प्रकार फैब्रिक लम्बाई और चौड़ाई में लगाए गए निशान के अनुसार फैलाया जाता है।

2. यान्त्रिक विधि Mechanical Method

स्प्रैडिंग प्रक्रिया करने के लिए निम्न यान्त्रिक विधियाँ प्रयोग में लाई जाती हैं

(i) **अर्द्ध-स्वचालित विधि** (Semi-automatic method) स्प्रैडिंग मशीन फैब्रिक के रोल्स को कटिंग टेबल की ऊपरी सतह पर दोनों सिरों तक फैलाती है और इस मशीन को मोटर द्वारा संचालित किया जाता है। फैब्रिक रोल मशीन में पूर्व-निर्धारित स्थान पर अवस्थित होता है। यह मशीन कटिंग टेबल के एक सिरे से दूसरे सिरे तक चलाकर, वैद्युतिक और यान्त्रिक चाल की सहायता से, फैब्रिक को फैलाने का कार्य करती है।

(ii) **पूर्ण स्वचालित विधि** (Full-automatic method) यह विधि अर्द्ध-स्वचालित मशीन का उन्नत एवं सुधरा हुआ रूप है। इस मशीन में रोबोट तथा माइक्रोप्रोसेसर संचालित होने के कारण फैब्रिक को फैलाने का कार्य बहुत कम समय में ही सम्पन्न हो जाता है।

इस मशीन की प्रमुख विशेषताएँ निम्नलिखित हैं

- चालन के सिरे पर स्वचालित कर्तन युक्ति
- फैब्रिक तनाव के नियन्त्रण के लिए स्वचालित तनाव युक्ति
- स्वचालित ले हाइट सेन्सिंग एलीवेटर
- प्रोग्रामेबल ले (lay) लम्बाई
- फैब्रिक रोलों के लिए स्वचालित लोडिंग/अनलोडिंग और थ्रेडिंग/रिवॉइण्डिंग युक्ति
- फेस-टू-फेस ले (lay) के लिए स्वचालित रोल टर्निंग व्यवस्थापन

20.2 अभिन्यास Layout

पेपर पैटर्न निर्माण के बाद अभिन्यास (layout) बनाया जाता है। अभिन्यास वह क्रिया है, जिसके द्वारा फैब्रिक के दोष या कमी को दूर किया जा सकता है तथा फैब्रिक कितना लग सकता है, यह भी ज्ञात किया जा सकता है। सामान्यत: ड्राफ्ट, पैटर्न एवं अभिन्यास में आधारभूत रूप से अधिक अन्तर नहीं होता है।

कागज़ पर निर्मित किए जाने वाले अभिन्यास को ड्राफ्ट तथा फैब्रिक पर चिन्हित किया गया ड्राफ्ट, अभिन्यास कहलाता है। अभिन्यास के अन्तर्गत फैब्रिक को फैलाना, ड्राफ्टिंग अथवा पैटर्न की सहायता से कटिंग करना आदि प्रक्रियाओं को सम्मिलित किया जाता है।

अभिन्यास का आशय पोशाक निर्माण से पूर्व योजना तैयार करने से है अर्थात् फैब्रिक की कटिंग करने से पहले फैब्रिक पर डिजाइन के अनुसार तैयार किए गए पैटर्न पर लगाए जाने वाले चिन्हों को अभिन्यास कहा जाता है। पोशाक की कटिंग इन चिन्हों के आधार पर की जाती है। फैब्रिक पर अभिन्यास करते समय टर्निंग, इनलेज एवं फेसिंग आदि का विशेष ध्यान रखना चाहिए।

इस प्रकार फैब्रिक पर ले-लाउट करते समय सभी नियमों एवं सावधानियों का पालन करना आवश्यक होता है, जिनका उपयोग नाप के ड्राफ्ट एवं पैटर्न निर्माण के लिए किया जाता है।

अभिन्यास के लाभ Advantages of Layout

अभिन्यास या ले आउट बनाने के निम्न मुख्य लाभ होते हैं

(i) **त्रुटि में सुधार** एक से अधिक बार चैक करने पर कहीं-न-कहीं त्रुटि दिखाई दे जाती है इसीलिए ले आउट बनाते समय ही इसे सुधार लिया जाता है।

(ii) **कट का निकालना** फैब्रिक में कोई कट आदि हों, तो अभिन्यास से पहले, चॉक द्वारा उसके चारों ओर घेरा बना दिया जाता है, जिससे अभिन्यास बनाते समय उसे सरलता से निकाला जा सके।

(iii) **फैब्रिक का सही अनुमान** किसी पोशाक का अभिविन्यास बनाते समय ही लगने वाले फैब्रिक का अनुमान लग जाता है। अत: अभिविन्यास के द्वारा फैब्रिक की मात्रा का पूर्वानुमान लगाया जा सकता है।

(iv) **फैब्रिक की बचत** अभिन्यास के द्वारा टेलर फैब्रिक की बचत भी कर सकता है, क्योंकि अभिन्यास बनाने से अनावश्यक फैब्रिक की बर्बादी नहीं होती है।

(v) **समय की बचत** अभिन्यास बनाने से समय की बचत होती है, क्योंकि एक ही माप के वस्त्रों का अभिन्यास बनाने लिए पेपर पैटर्न की सहायता ली जाती है। इससे आवश्यकता के अनुसार कपड़ों की कटिंग करने में सुविधा रहती है। इस प्रकार से एक ही समय में एक पैटर्न के अनेक वस्त्र तैयार हो जाते हैं।

(vi) **धन की बचत** यदि एक ही पेपर पैटर्न से एक ही नाप के अधिक वस्त्रों की कटिंग की जानी हो, तो इससे फैब्रिक और समय दोनों की बचत के साथ-साथ धन की भी बचत होती है।

(vii) **ग्राहक को कम फैब्रिक की जानकारी देना** जब किसी पोशाक का फैब्रिक कम हो और उसे अभिन्यास द्वारा भी नहीं निकाला जाए, तो ऐसी स्थिति में कटिंग से पूर्व ग्राहक को इसकी जानकारी दी जा सकती है।

(viii) **टेलरिंग कला में निपुणता** अनेक बार अभिन्यास की प्रक्रिया को दोहराते-दोहराते टेलर इतना पारंगत हो जाता है कि बिना पैटर्न के ही पोशाक का कौन-सा भाग कहाँ से निकाला जा सकता है, इसका अनुमान वह बड़ी ही सरलता से लगा लेता है। उसे डिजाइनदार वस्त्र काटने में भी परेशानी नहीं होती है।

अभिन्यास की विधि Methods of Layout

अभिन्यास टेलरिंग कला में एक विशेष कटिंग प्रणाली है, जिसमें पोशाक बनाए जाने वाले फैब्रिक को फैलाकर, उस पर ड्राफ्टिंग करके व पैटर्न बनाकर कटिंग की जाती है। कटिंग से पहले अभिन्यास बनाते समय निम्नलिखित सावधानियों को ध्यान में रखना होता है

(i) पोशाक की लम्बाई सदैव ग्रेन लाइन की ओर रखी जाती है। पोशाक की चौड़ाई अर्ज से तथा लम्बाई सदैव ताने की ओर से निकालनी चाहिए।

(ii) ड्राफ्टिंग फैब्रिक के सीधी ओर न करके उल्टी ओर करनी चाहिए।

(iii) पोशाक के प्रत्येक भाग का पैटर्न होना चाहिए, यहाँ तक कि डिजाइन का पैटर्न भी अभिन्यास से पूर्व बनाना चाहिए।

(iv) फ्रण्ट ओपनिंग वाली पोशाकों में फेसिंग ओवरलैपिंग का ध्यान अवश्य रखना चाहिए अन्यथा बटन प्रयोग करने पर पट्टी एक-दूसरे पर चढ़ेगी, जिससे तीरा खिंचा हुआ लग सकता है तथा वस्त्र टाइट हो सकता है।

(v) चैक वाले फैब्रिक की कटिंग करते समय लाइन-से-लाइन, बॉक्स से बॉक्स मिलाने की कोशिश करनी चाहिए।

(vi) यदि डिजाइन के कारण पोशाक आड़ी निकालनी पड़े, तो पूरी पोशाक ही आड़ी निकालनी चाहिए।

(vii) यदि फूल व पत्तियाँ दोनों ओर से समान रूप में आगे-पीछे बनी हों, तो दोनों आस्तीनों को एक ही ओर से लेना चाहिए अर्थात् सीधा रखना चाहिए।

(viii) डिजाइन व पॉकेट को चैक व लाइनिंग से मिलाकर काटा जाता है।

(ix) डार्ट कट ब्लाउज एवं चोली कट ब्लाउज के पीस सीधे, आड़े, तिरछे ठीक तरह से निकालने चाहिए। इसी तरह से जैन्ट्स शर्ट का तीरा, कफ व कॉलर का सीधा ही अभिन्यास किया जाता है।

(x) किसी भी पोशाक का घेरा आड़ा नहीं बनाना चाहिए। इससे पोशाक आकर्षक नहीं लगती है। कुछ वस्त्रों में घेरा आड़ा बनाना आवश्यक होता है।

(xi) बुरदार फैब्रिक को चिकनी साइड से रोएँ का रुख नीचे की ओर रखते हुए अभिन्यास करना चाहिए।

(xii) ब्लॉक पैटर्न सिलाई सहित बना होता है, इसलिए ब्लॉक पैटर्न से अभिन्यास करते समय सिलाई को अलग से नहीं रखना चाहिए।

(xiii) अभिन्यास से ड्राफ्ट बनाते व कटिंग करते समय इस बात का ध्यान रखें कि कन्धे, तीरा, आस्तीन के शीर्ष पर सिलाई 3 सूत रखी जानी चाहिए तथा साइड व बॉटम टर्निंग पोशाक के अनुसार रखी जानी चाहिए।

पैटर्न अभिन्यास की विभिन्न विधियों को निम्न चित्रों में प्रदर्शित किया गया है

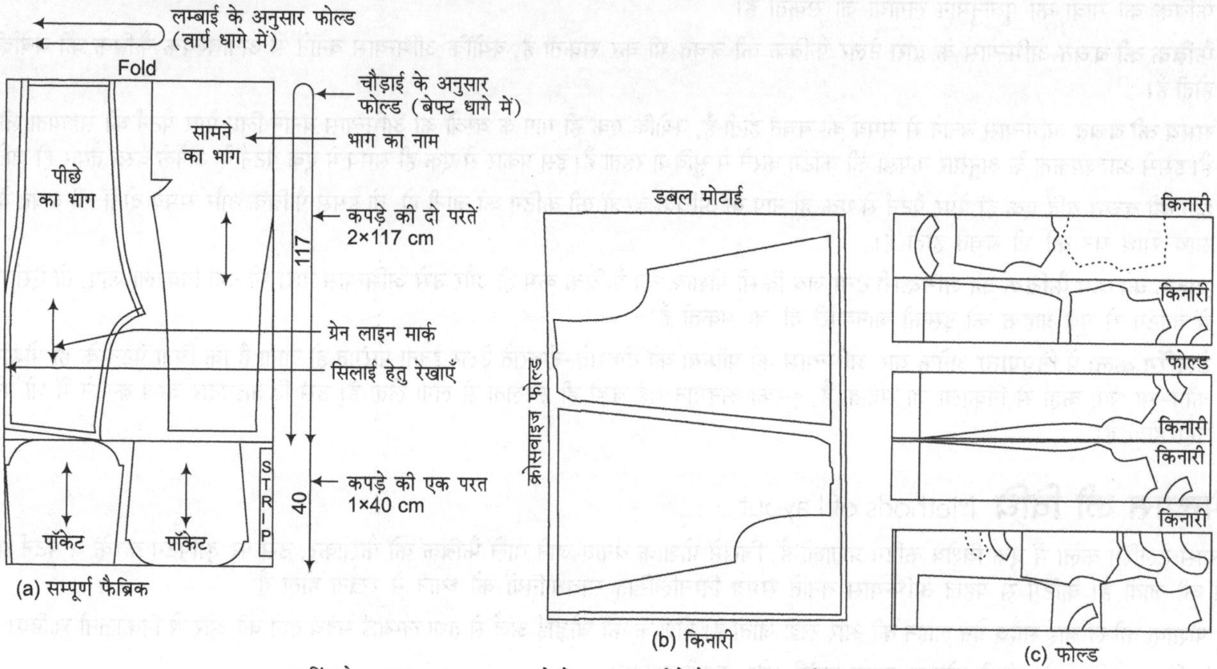

कटिंग के पश्चात् प्राप्त भाग: सामने के भाग : 2, पीछे के भाग : 2, पॉकेट्स : 2, फ्लाई स्ट्रिप : 1

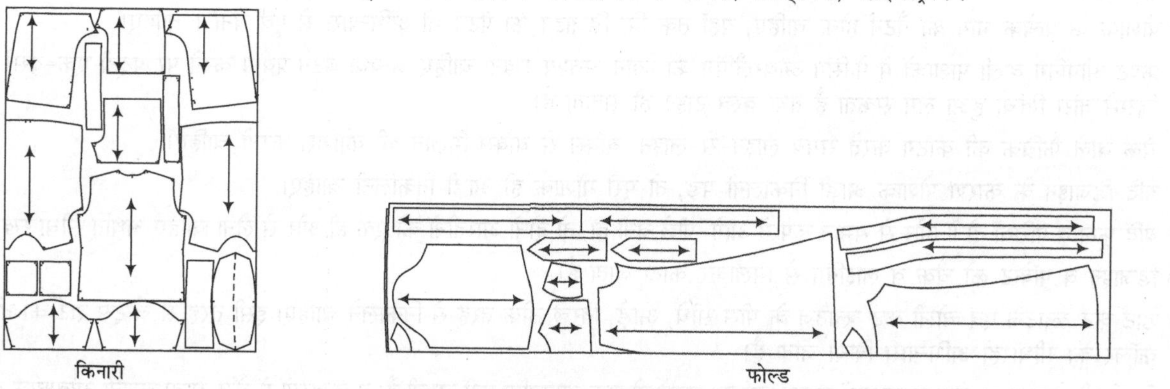

चित्र 20.1 पैटर्न अभिन्यास की विधियाँ

पेपर पैटर्न अभिन्यास के अन्तर्गत महत्त्वपूर्ण उदाहरण निम्न प्रकार हैं

फ्रॉक के लिए अभिन्यास Layout for Frock

नाप Measurement

(i) छाती 24" या 61 सेमी (ii) पूरी लम्बाई 20" या 51 सेमी (iii) बॉडी लम्बाई 8" या 20 सेमी (iv) घेर लम्बाई 12" या $30\frac{1}{2}$ सेमी

फ्रॉक के अभिन्यास की विधि Method of Layout of Frock

फ्रॉक का अभिन्यास बनाने की विधि निम्नलिखित है

(i) अभिन्यास सदैव फैब्रिक के एक ओर से ही आरम्भ करना चाहिए।

(ii) अभिन्यास बनाते समय यह ध्यान रखना आवश्यक है कि पोशाक का ओपनिंग वाला भाग (फेसिंग व ओवरलैपिंग) सदैव किनारे अर्थात् ताने के साथ ही रखना होता है।

(iii) अभिन्यास बनाने के लिए फैब्रिक पर पहले पोशाक के बड़े भाग तथा बाद में छोटे भाग फैलाने चाहिए।

(iv) यदि अभिन्यास फैब्रिक को अर्ज में फोल्ड करके बनाना हो, तो फोल्ड की हुई साइड पर बन्द भाग रखा जाता है।

(v) फैब्रिक पर अभिन्यास बनाते समय पोशाक का बड़ा भाग बायीं ओर तथा छोटा भाग दाहिनें हाथ की ओर रखना चाहिए।

(vi) अभिन्यास बनाते समय शेष फैब्रिक सीधे हाथ की ओर रखना चाहिए, इससे पोशाक के अन्य भाग नीचे दिए गए चित्र के अनुसार सरलता से निकाल सकते हैं।

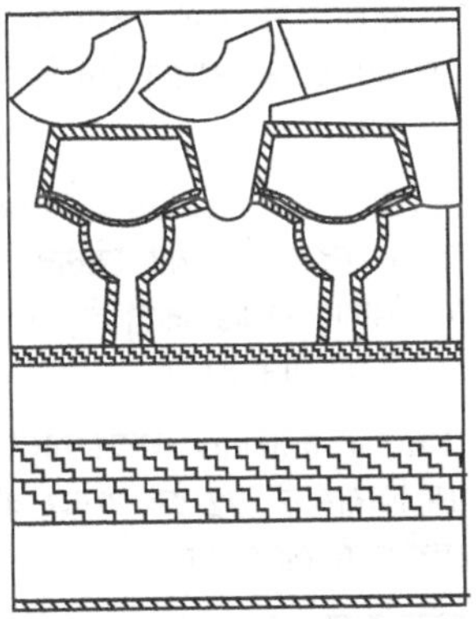

चित्र 20.2 फ्रॉक का अभिन्यास

(vii) कॉलर हेतु ओरेब पट्टियों के लिए ओरेब फैब्रिक पर निशान लगाने चाहिए।

(viii) यदि पोशाक के सभी भागों का अभिन्यास बनाना सम्भव न हो, तो पोशाक की कटिंग करने से पूर्व ही ग्राहक को सूचित कर देना चाहिए।

(ix) फ्रिल, डिजाइन आदि के लिए निशान अवश्य लगाने चाहिए।

(x) यदि यह ज्ञात हो जाए कि फैब्रिक से सम्पूर्ण अभिन्यास निकल सकता है, तो चॉक द्वारा तुरन्त मार्क करने के बाद सावधानी से प्रत्येक भाग की कटिंग करनी चाहिए।

(xi) पैटर्न सदैव तैयार नाप का होता है, इसलिए उसमें टर्निंग व इनलेज के निशान अवश्य लगा लेने चाहिए।

(xii) बच्चों की पोशाकों में टर्निंग व दबाव कुछ अधिक ही रखा जाता है।

(xiii) पुरुषों की शर्ट आदि में सिलाई का कपड़ा उसी में जुड़ा होता है, केवल दबाव के लिए निशान लगाए जाते हैं।

20.3 कॉरपूलैंसी आकृति की पोशाक बनाते समय परीक्षण

Testing During Making The Corpulency Figure

पोशाक बनाने के लिए शारीरिक निरीक्षण अति आवश्यक है। यही कारण है कि कॉरपूलैंट आकृति की पोशाक बनाते समय विशेष सावधानी की आवश्यकता होती है

- **कॉरपूलैंट आकृति** (Corpulent figure) जिस व्यक्ति का पेट, चेस्ट व सीट से अधिक हो, ऐसी आकृति कॉरपूलैंट आकृति के अन्तर्गत आती है।
- **सेमी-कॉरपूलैंट आकृति** (Semi-corpulent figure) सेमी-कॉरपूलैंट आकृति में छाती, कमर व सीट के बराबर होती है।

यहाँ कॉरपूलैंसी आकृति वाले व्यक्तियों के लिए कुछ पोशाक का निरीक्षण दिया गया है।

1. हाउस कोट बनाने हेतु निरीक्षण

Testing for Making House Coat

नाप Measurement

छाती 45", कमर 47", हिप 45" (छाती $112\frac{1}{2}$ सेमी, कमर $117\frac{1}{2}$ सेमी व हिप $112\frac{1}{2}$ सेमी)

उपरोक्त कारपूलैंट नाप उन महिलाओं की है, जिनकी कमर अधिक होती है। कॉरपूलैंट आकृति की ड्रॉफ्टिंग करते समय नैक प्वॉइण्ट व्यवस्थित करना पड़ता है, तभी पेट पर कोट ठीक आता है अन्यथा पहनने पर पेट पर खिंचावट रहेगी।

कॉरपूलैंसी निकालने की विधि

Method for Calculate Corpulency

कॉरपूलैंसी निकालने के लिए सामान्य छाती व कमर के अन्तर को वास्तविक छाती में से घटाकर शेष को कमर में से घटाया जाता है, वह अन्तर 'कॉरपूलैंसी' कहा जाता है;

जैसे—36"–28" = 8, 45" – 8" = 37", 47" – 37" = 10 कॉरपूलैंसी इसी शेष 10वाँ, 8वाँ भाग 12" सूत कमर लाइन पर लेकर ड्रॉफ्ट घुमाया जाता है।

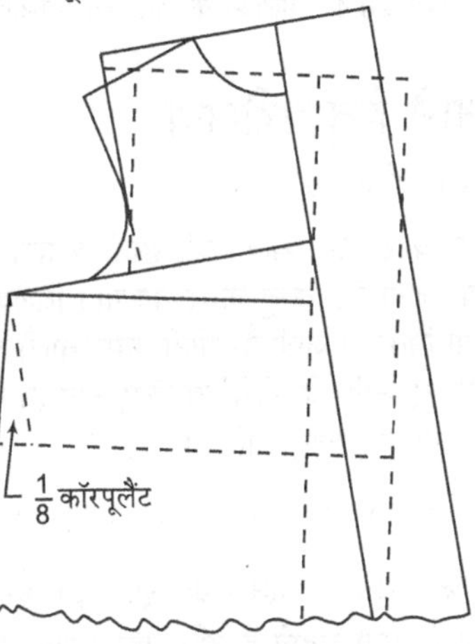

चित्र 20.3 कॉरपूलैंसी

इनलेज Inlage

कन्धे पर 3 सूत, साइड सीम्स 1" से 2", आर्म होल्स में 3 सूत, कमर सीम्स पर 2, 2 सूत, 2" से 3" तक बॉटम टर्निंग तक लिया जाता है।

2. ब्लाउज बनाने के लिए निरीक्षण

Testing for Making Blouse

नाप Measurement

छाती 45", कमर 47" हाउस कोट की भाँति ही कॉरपूलैंसी निकालकर ब्लाउज की ड्राफ्टिंग की जाती है। परन्तु इसमें हाउस कोट की भाँति फेसिंग नहीं रखी जाती है।

3. **महिलाओं की शर्ट बनाने हेतु निरीक्षण**

छाती 40", कमर 45", हिप 42"; 36" – 28" = 8";

40" – 8" = 32"; 45" – 32" = 13" का $\frac{1}{8}$ = 15" कॉरपूलैंसी निकलती है।

कमर गहराई पर 1.5" साइड पर रखकर, ड्रॉफ्ट बनाया जाता है। इसमें स्केल को कमर की गहराई पर तिरछा रखकर पूरा ड्रॉफ्ट घुमा देना चाहिए। इस प्रकार गाइड लाइन की ओर फैब्रिक बढ़ जाता है। इसे निम्न चित्र द्वारा दर्शाया गया है

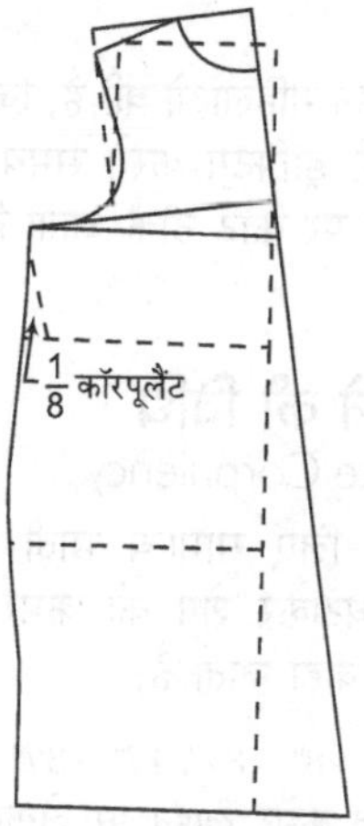

चित्र 20.4 महिलाओं की शर्ट हेतु निरीक्षण

4. पैन्ट बनाने हेतु परीक्षण

Testing for Making Pent

कॉरपूलैंट व सेमी–कारपूलैंट व्यक्ति की छाती व हिप का नाप साधारण विधि से ही लिया जाता है, किन्तु कमर का नाप विशेष होता है, क्योंकि इसी से कॉरपूलैंसी निकाली जाती है। मोटी कमर वालों के तीन नाप 'नाभि के ऊपर', 'नाभि' व 'नाभि के नीचे' से लिए जाते हैं। ये नापें विशेष रूप से पैन्ट व हाफ पैन्ट हेतु लिए जाते हैं।

पैन्ट के सामने के भाग में कमर का $\frac{1}{4}$ + 2" प्लीट्स + कॉरपूलैंसी का $\frac{1}{8}$ टॉप लाइन से फार्क लाइन से बाहर रखते हुए बढ़ाते हैं। सीट लाइन फार्क बिन्दु से सीट का $\frac{1}{2}$ आगे बढ़ाते हैं और टॉप लाइन से फार्क शेप करते हुए, फ्लाई की शेप बनाते हुए सीट लाइन से मिलाते हैं।

कॉरपूलैंसी निकालने की विधि Method for Calculate Corpulency

सीट या हिप = 36", कमर = 32", 36" – 32" = 4", 44" – 4" = 40", 47" – 40" = 7" कॉरपूलैंसी निकली। अत: 7" का $\frac{1}{8}$ = 7 सूत कॉरपूलैंसी निकलती है। कॉरपूलैंट आकृति की सही फिटिंग लाने के लिए कॉरपूलैंसी ज्ञात करना अति आवश्यक है। सामान्य (normal) व्यक्ति की तरह, ऐसी बॉडी की पोशाक काटने पर फिटिंग नहीं आ सकती।

20.4 सिलाई में विशेष चिन्हों का प्रयोग

Use of Special Symbols in Sewing

सिलाई कला के अन्तर्गत पोशाक तैयार हो जाने के बाद कुछ विशेष चिन्हों का प्रयोग आवश्यक होता है।

इन चिन्हों के उपयोग से पोशाक में सुधार किया जा सकता है। इन चिन्हों को पोशाक बनने के पश्चात् उसका ट्रायल लेने के पश्चात् लगाया जाता है। इनका विवरण निम्न प्रकार है

1. **बैलेन्स मार्क्स** (Balance marks) पोशाक की क्रीज लाइन घूमने की स्थिति में साइड सीम को खोलकर आगे एवं पीछे का सन्तुलन बनाकर सिलाई लगाई जाती है, तो इसके लिए बैलेन्स मार्क्स का प्रयोग किया जाता है।
2. **बटन मार्क्स** (Button marks) बटन मार्क्स के लिए कोट का ट्रायल लेते समय किनारे से 1/2 इंच अन्दर की ओर बटन लगाने हेतु चिन्ह % उपयोग में लाया जाता है।
3. **किनारों का फलकना** (Drawing in) पोशाक तैयार करते समय, जब किसी वस्त्र का किनारा मोड़ने के बाद फलका हुआ दिखाई देता है, तो इस (←→) निशान का प्रयोग किया जाता है।
4. **पैड बढ़ाना** (Pad extending) पोशाक का पैड बढ़ाने के लिए (#) चिन्ह का प्रयोग किया जाता है। कुछ आकृतियों द्वारा पोशाक का उपयोग करने पर कन्धा दबा हुआ प्रतीत होता है, इसलिए कन्धे को उठाने हेतु पैड बढ़ाया जाता है।
5. **पैड घटाना** (Pad compressing) पोशाक का निरीक्षण करते समय यदि कन्धे अधिक उभरे हुए लगे तो पैड को घटाया जा सकता है। इसके लिए (X) चिन्ह का प्रयोग किया जाता है।
6. **नम बढ़ाना** (Stretching out) कई बार पोशाक की आस्तीन में अधिक दबाव रखने पर, आस्तीन छोटी व आर्महोल बड़े हो जाते हैं। इसके लिए आस्तीन की साइड खोलकर दबाव कम कर, सिलाई दोबारा लगा ली जाती है।

   इस तरह पोशाक में नम बढ़ाया जा सकता है। इसके लिए ("""" """") चिन्ह का प्रयोग किया जाता है।
7. **नम कम करना** (Stretching in) पोशाक में आस्तीन जोड़ते समय नम का प्रयोग किया जाता है, परन्तु नम अधिक हो जाए तो आर्महोल खिंचे–खिंचे लगते हैं। इस दोष को दूर करने के लिए ("" "") चिन्ह का प्रयोग किया जाता है।
8. **छोटा करना** (Shortening) यदि पोशाक को छोटा करना हो तो इसके लिए उतनी ही दूरी पर घटाने का निशान (–) लगाया जाता है।
9. **बड़ा करना** (Lengthening) पोशाक को बड़ा करने की स्थिति में वस्त्र या आस्तीन की लम्बाई, जिस स्थान से बढ़ाने की आवश्यकता होती है, उस स्थान पर जमा के चिन्ह (+ +) लगा दिए जाते हैं।

20.5 कपड़ा काटना Cutting of Cloth

कपड़ा विभिन्न प्रकार का होता है। कपड़े की कटिंग करने से पूर्व सही से देखकर, उसकी उल्टी तथा सीधी सतह को पहचानकर ही कपड़ा काटना चाहिए। कपड़ा काटने हेतु निम्न बिन्दुओं को ध्यान में रखना चाहिए

(i) सर्वप्रथम कपड़े का प्रिन्ट देखें। उदाहरण के लिए, यदि कपड़े पर पेड़-पौधे, फूल-पत्तियाँ, पशु-पक्षी आदि बने हैं, तो उनके अनुसार ही कपड़े से सामने, पीछे व आस्तीनों के भागों को काटना चाहिए।

इस प्रकार के कपड़े एक रुख वाले होते हैं। इनमें चित्र उल्टे न दिखाई दें इसलिए ज्यादा ध्यान से ड्राफ्टिंग करें।

(ii) कपड़े की सतह (उल्टी तथा सीधी) की पहचान हेतु कपड़े की चमक तथा किनारे देखने चाहिए। प्राय: उल्टी ओर तथा किनारों पर चमक अपेक्षाकृत कम होती है।

(iii) अभिन्यास के अनुसार, कपड़ा काटने हेतु चॉक से उल्टी ओर निशान लगाने चाहिए अन्यथा निशान कपड़े पर, बनने के पश्चात् दिखाई देंगे।

(iv) कपड़े को काटने से पूर्व पैटर्न बना लेना चाहिए, इससे कार्य जल्दी तथा सरलता से हो जाता है।

(v) कोई भी चैक या लाइन वाले कपड़े को काटने से पूर्व ध्यान रखें कि दोनों भागों में चैक अथवा लाइन समान रूप से आ रही हैं या नहीं। इसके लिए सामने तथा पीछे के भागों को अलग-अलग काटें। चैक व लाइनिंग को मिलाकर ही काटें।

(vi) बुरदार कपड़े को काटते समय, कपड़े की बढ़ती हुई बुर को नीचे की ओर रखना चाहिए।

(vii) कपड़ा काटने हेतु कटिंग टेबल अथवा कटिंग बोर्ड का उपयोग करें तथा कपड़े को सीधा रखकर काटें।

(viii) सभी सावधानियों को ध्यान में रखते हुए पेपर-पैटर्न की सहायता से अभिन्यास बराबर, कपड़े के उल्टी ओर निशान लगाकर कपड़ा काटें।

(ix) अभिन्यास बनने के पश्चात्, दबाव तथा टर्निंग आदि का ध्यान रखते हुए, कपड़ा काटा जाए।

(x) कपड़ा काटते समय कैंची सावधानी से चलानी चाहिए। सभी गोलाइयाँ सही तथा लाइनें सीधी रखते हुए कपड़े की कटिंग करनी चाहिए। इसके अतिरिक्त कपड़े पर कैंची को कभी भी खुला न रखें।

महत्त्वपूर्ण प्रश्नोत्तरी

1. स्प्रैडिंग (spreading) क्या है?

उत्तर स्प्रैडिंग मूल रूप से पैटर्न पर दर्शाए गए चिन्हों के आधार पर फैब्रिक की कटिंग करने के लिए फैलाना ही 'स्प्रैडिंग' कहलाता है।

2. स्प्रैडिंग रीति को निर्धारित करने वाली फैब्रिक विशेषताएँ कौन-सी हैं?

उत्तर स्प्रैडिंग रीति को निर्धारित करने वाली फैब्रिक विशेषताएँ निम्नलिखित हैं

(i) फैब्रिक के पृष्ठ (face) की दिशा तथा

(ii) फैब्रिक के रोएँ (nap) की दिशा

3. हाथ द्वारा मानवकृत विधि में फैब्रिक को किस तरह फैलाया जाता है?

उत्तर हाथ द्वारा मानवकृत विधि में फैब्रिक रोल को दो व्यक्तियों की सहायता से हाथों द्वारा कटिंग टेबल पर लम्बाई व चौड़ाई हेतु उस पर लगाए गए चिन्हों के अनुसार फैलाया जाता है।

4. अभिन्यास से आप क्या समझते हैं?

उत्तर अभिन्यास में फैब्रिक का दोष या कमी दूर की जा सकती है तथा फैब्रिक कितना लग सकता है, यह भी ज्ञात किया जा सकता है।

5. अभिन्यास करते समय ध्यान में रखी जाने वाली चार सावधानियाँ बताइए।

उत्तर अभिन्यास करते समय निम्नलिखित चार सावधानियों का ध्यान रखना आवश्यक है

(i) पोशाक की लम्बाई सदैव ग्रेन लाइन से ली जानी चाहिए।

(ii) ड्राफ्टिंग उल्टी ओर करनी चाहिए।

(iii) पोशाक के प्रत्येक भाग का पैटर्न होना चाहिए।

(iv) किसी भी पोशाक का घेरा आड़ा नहीं बनाना चाहिए।

(v) प्रिन्टेड कपड़ों के चित्र आगे-पीछे सीधे दिखाई दें। का ध्यान रखकर पेपर पैटर्न बिछायें।

अभ्यास प्रश्न

परीक्षा प्रारूपी प्रश्न

बहुविकल्पीय

1. निम्न में से क्या स्प्रैडिंग का आशय है?
(a) कटिंग टेबल पर फैब्रिक को फैलाकर उस पर अन्तिम पैटर्न द्वारा अभिन्यास बनाना
(b) फैब्रिक को लटकाकर पूरी तरह खोल देना
(c) फैब्रिक को किसी भी रूप में केवल फैला भर देना
(d) उपरोक्त में से कोई नहीं

2. सिलाई कला के क्षेत्र में इनमें से प्रारम्भिक क्रिया कौन-सी है?
(a) स्प्रैडिंग (b) पैटर्न अभिन्यास
(c) 'a' और 'b' दोनों (d) इनमें से कोई नहीं

3. पोशाक-निर्माण में उच्च गुणवत्तापूर्ण अन्तिम उत्पाद की प्राप्ति का मूल आधार निम्न में से क्या है?
(a) फैब्रिक तह (b) स्प्रैडिंग
(c) सिलाई (d) इनमें से कोई नहीं

4. निम्न में से कौन-सा कार्य पोशाक उत्पादन प्रक्रम का आधार है?
(a) फैब्रिक स्प्रैडिंग (b) फैब्रिक कटिंग
(c) 'a' और 'b' दोनों (d) इनमें से कोई नहीं

5. फैब्रिक स्प्रैडिंग की सहायता से कर्तन के लिए तहों (plies) की संख्या निम्न में से किस पर निर्भर करती है?
(a) कटिंग मशीन की क्षमता पर (b) उत्पादन क्षमता पर
(c) फैब्रिक की मोटाई पर (d) ये सभी

6. पोशाक डिजाइनर फैब्रिक स्प्रैडिंग की क्रिया उपरान्त इनमें से किसके प्रति आश्वस्त हो जाता है?
(a) फैब्रिक के पोशाक के लिए पूर्ण होने के प्रति
(b) पैटर्न अभिन्यास के प्रति
(c) कटिंग क्रिया की उपयुक्तता के प्रति
(d) उपरोक्त सभी

7. सिलाई कला की प्रारम्भिक क्रिया स्प्रैडिंग का परोक्ष लाभ इनमें से कौन-सा है?
(a) फैब्रिक की बचत (b) डिजाइन निर्माण में सुगमता
(c) 'a' और 'b' दोनों (d) ये सभी

8. सिलाई कला में स्प्रैडिंग की आवश्यकता निम्न में से किसके लिए होती है?
(a) फैब्रिक तहों को उपयुक्त रूप में लगाने हेतु
(b) फैब्रिक तहों को दोषमुक्त करने हेतु
(c) एक साथ फैब्रिक की अनेक तहों के कर्तन हेतु
(d) उपरोक्त सभी

9. इनमें से क्या स्प्रैडिंग (spreading) का उद्देश्य नहीं है?
(a) प्रक्रिया को समझना
(b) स्प्रैडिंग को प्रभावित करने वाले कारकों को जानना
(c) फैब्रिक की तह संख्या से अवगत होना
(d) फैब्रिक के पृष्ठ (face) एवं रोएँ (nap) से अवगत होना

10. फैब्रिक स्प्रैडिंग प्रणाली की कौन-सी विधि तीव्रतम है?
(a) हाथ मानवकृत विधि
(b) स्प्रैडिंग ट्रक मानवकृत विधि
(c) पूर्ण स्वचालित यान्त्रिक विधि
(d) उपरोक्त सभी

11. स्प्रैडिंग क्षमता को प्रभावित करने वाला पक्ष निम्न में से कौन-सा है?
(a) फैब्रिक सैट-अप (b) वास्तविक अभिन्यास
(c) फैब्रिक कर्तन (d) 'a' और 'b' दोनों

12. स्प्रैडिंग रीति को निम्न में से क्या निर्धारित करता है?
(a) फैब्रिक की विशेषताएँ (b) फर्म के गुणवत्ता मानक
(c) उपलब्ध यन्त्र (d) ये सभी

13. स्प्रैडिंग रीति निम्न में से क्या है?
(a) कटिंग हेतु फैब्रिक की तहों (plies) को उपयुक्त रूप से लगाया जाना
(b) कटिंग मेज पर केवल फैब्रिक को फैलाना
(c) 'a' और 'b' दोनों
(d) उपरोक्त में से कोई नहीं

14. निम्न में से कौन-सा स्प्रैडिंग रीति की निर्धारक फैब्रिक विशेषताएँ हैं?
(a) फैब्रिक पृष्ठ की दिशा (b) फैब्रिक रोएँ की दिशा
(c) 'a' और 'b' दोनों (d) इनमें से कोई नहीं

15. निम्न में से कौन-सी स्प्रैडिंग की मानवकृत विधि नहीं है?
(a) हाथ द्वारा (b) हुक द्वारा
(c) स्प्रैडिंग ट्रक द्वारा (d) अर्द्ध-स्वचालित मोटर द्वारा

16. स्प्रैडिंग की हुक द्वारा विधि के अन्तर्गत जिस कटिंग टेबल पर फैब्रिक को फैलाया जाता है, उस टेबल का शीर्ष कितने कोण पर अवस्थित होता है?
(a) 10° (b) 20°
(c) 30° (d) 40°

17. किस विधि के अन्तर्गत मशीन कटिंग टेबल के एक सिरे से दूसरे सिरे तक चलकर विद्युतिक और यान्त्रिक चाल से फैब्रिक को फैलाता है?
(a) स्प्रैडिंग ट्रक द्वारा (b) अर्द्ध-स्वचालित विधि द्वारा
(c) पूर्व स्वचालित विधि द्वारा (d) इनमें से कोई नहीं

18. पूर्ण स्वचालित प्रोग्रामेबल स्प्रैडिंग मशीन की विशेषताओं में सम्मिलित है
(a) फैब्रिक किनारी सिलाई हेतु स्वचालित क्षमता
(b) स्वचालित कटिंग
(c) स्वचालित ले हाइट सेन्सिंग एलीवेटर
(d) उपरोक्त सभी

19. फैब्रिक पर अभिन्यास करते समय निम्न में से किनका विशेष ध्यान रखा जाता है?
(a) टर्निंग (b) इनलेज
(c) फेसिंग (d) ये सभी

20. निम्नलिखित कथनों में से असत्य कथन का चुनाव कीजिए
(a) पोशाक में बटन मार्क्स के लिए % चिन्ह लगाया जाता है
(b) पैड बढ़ाने के लिए (#) निशान का प्रयोग होता है
(c) नम घटाने हेतु (''' ''') चिन्ह का उपयोग होता है
(d) पोशाक को छोटा करने के लिए (+ +) चिन्ह लगा दिया जाता है

21. ड्रॉफ्टिंग पेपर के .... साइड पर किया जाता है।
(a) सफेद (b) काला
(c) रफ (d) स्मूथ

22. साधारण पैटर्न किस तरह के कागज पर बनाए जाते हैं?
(a) अखबार कागज पर (b) ब्राउन कागज पर
(c) सफेद कागज पर (d) ड्राइंग कागज पर

23. पोशाक निर्माण करते समय किन बातों का ध्यान रखना चाहिए?
(a) सही ड्रॉफ्टिंग (b) सही कटिंग
(c) अभिन्यास पैटर्न (d) ये सभी

24. पैटर्न के किस गुण के कारण हम भविष्य में आसानी से उसी माप का टुकड़ा काट सकते हैं?
(a) गलतियाँ मार्क करके (b) समय की बचत
(c) पक्का रिकॉर्ड (d) अभिन्यास करना

25. माप लेते समय गोलाई की माप इन्चटेप के किस भाग की तरफ से ली जाती है?
(a) इन्चटेप के बीच से
(b) इन्चटेप के (½″) छोटे भाग की तरफ से
(c) इन्चटेप के बड़े भाग (3 इंच) की तरफ से
(d) उपरोक्त में से कोई नहीं

26. वस्त्र की लम्बाई कम करने के लिए किस चिन्ह का प्रयोग करते हैं?
(a) L (b) XX
(c) – (d) इनमें से कोई नहीं

27. वस्त्र की लम्बाई बढ़ाने के लिए कौन-सा चिन्ह प्रयोग किया जाता है?
(a) – (b) ++
(c) × (d) इनमें से कोई नहीं

28. नम कम करने के लिए किस चिन्ह का प्रयोग करते हैं?
(a) ✓ (b) X✓
(c) ''' ''' (d) 'a' और 'b' दोनों

29. दोष दूर करने के लिए निशान किस के द्वारा लगाना चाहिए
(a) मिल्टन चॉक (b) पेन्सिल
(c) पैन (d) 'b' और 'c' दोनों

30. मास कटिंग के लिए कपड़े को एक के ऊपर एक व्यवस्थित करने की प्रक्रिया कहलाती है
(a) मार्किंग (b) फोल्डिंग (c) स्प्रैडिंग (d) कटिंग

31. चित्र में प्रदर्शित पैटर्न तकनीक का नाम क्या है?

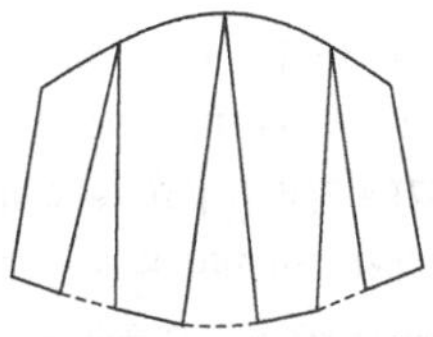

(a) स्लैश और लैप विधि (b) स्लैश और स्प्रेड विधि
(c) प्रारूपण विधि (d) ड्रेपिंग विधि

32. टॉलरेन्स क्या है?
(a) टाइट (b) ईज
(c) वास्तविक माप (d) वास्तविक माप से कम

33. गर्थ क्या है?
(a) वस्त्र का ऊपरी भाग (b) वस्त्र का मध्य भाग
(c) वस्त्र की लम्बाई (d) वस्त्र की चौड़ाई

34. लेआउट कितने प्रकार का होता है?
(a) एक (b) दो (c) तीन (d) चार

35. फैब्रिक की व्यवस्था के लिए कौन-सी प्रक्रिया है?
(a) स्प्रैडिंग (b) लेइंग (c) व्यवस्था (d) कटिंग

उत्तरमाला

1. (a)	2. (c)	3. (b)	4. (a)	5. (c)	6. (d)	7. (c)	8. (d)	9. (c)	10. (c)
11. (d)	12. (d)	13. (a)	14. (c)	15. (d)	16. (a)	17. (b)	18. (d)	19. (d)	20. (d)
21. (c)	22. (b)	23. (d)	24. (c)	25. (b)	26. (c)	27. (b)	28. (c)	29. (a)	30. (c)
31. (b)	32. (b)	33. (d)	34. (c)	35. (a)					

अध्याय 21

शिशु ब्लॉक पैटर्न की ड्रॉफ्टिंग

Drafting of Children Block Pattern

अध्याय विषय सूची

व्यक्ति के बाहरी आकार के अनुकूल किसी भी नाप को बनाना ब्लॉक पैटर्न कहलाता है। यही ब्लॉक पैटर्न व्यक्ति के अनुकूल वस्त्र के निर्माण में नींव का कार्य करता है, क्योंकि किसी भी वस्त्र निर्माण के लिए उसका पैटर्न तैयार करना अनिवार्य माना जाता है। वस्त्र चाहे युवाओं के बनाने हों या बच्चों के, सभी एक निश्चित पैटर्न पर आधारित होते हैं। छोटी आयु के बच्चों के शरीर का नाप मूलतः सेंटीलॉग प्रणाली पर आधारित होता है।

इस प्रणाली में बच्चों के शरीर की नाप सेंटीमीटर में ली जाती है, इसलिए इसे सेंटीलॉग प्रणाली कहा जाता है। आकार को दर्शाने के लिए शरीर की लम्बाई को इसका मूल तत्त्व माना जाता है। बच्चों की पोशाकों का साइज सिर्फ उनकी आयु पर ही निर्भर नहीं होता बल्कि ऊँचाई पर भी निर्भर करता है। अतः पोशाकों की ड्राफ्टिंग करते समय बच्चों की आयु एवं ऊँचाई दोनों को ध्यान में रखा जाता है।

21.1 ड्राफ्टिंग के लिए महत्त्वपूर्ण नाप

Important Measurement for Drafting

साइजिंग प्रणाली में शरीर का आकार न सिर्फ लम्बाई से, बल्कि चौड़ाई से भी प्रभावित होता है। सामान्यतः बच्चों की शारीरिक आकृति को तीन भागों में विभाजित किया जाता है

1. दुबला शरीर
2. सामान्य शरीर
3. मोटा एवं मजबूत शरीर

सामान्यतः छोटे बच्चों की शारीरिक आकृति आयु के साथ-साथ निरन्तर बदलती रहती है। अतः ड्राफ्टिंग करते समय निम्न तथ्यों पर विशेष ध्यान देना चाहिए

(*i*) उम्र बढ़ने के साथ-साथ लम्बाई में भी वृद्धि होना।

(*ii*) पेट का बढ़ना या घटना।

(*iii*) उम्र में परिवर्तन के साथ कमर के साइज में होने वाले परिवर्तन आदि।

नाप लेते समय अपनायी जाने वाली सावधानियाँ
Precautions During Taking Measurement

बच्चों की नाप लेते समय कुछ महत्त्वपूर्ण सावधानियाँ बरतनी पड़ती हैं, जिससे कि ड्राफ्ट बनाने में कठिनाई न हो, ये सावधानियाँ निम्न हैं

(i) इंचटेप को शरीर के ठीक स्थान पर रखकर ही नाप लेनी चाहिए।
(ii) नाप लेते समय इंचटेप को न अधिक कसना चाहिए और न ही अधिक ढीला रखना चाहिए।
(iii) ड्राफ्टिंग के लिए प्रारम्भ में केवल बॉडी की ही नाप लेनी चाहिए, कपड़ों की नहीं।

ब्लॉक पैटर्न बनाते समय उत्पन्न कठिनाइयाँ
Problems Occurred While Making Block Pattern and Draft

बच्चों के ब्लॉक पैटर्न की योजना एवं ड्राफ्ट बनाते समय अनेक कठिनाइयों का सामना करना पड़ता है, जोकि निम्न प्रकार हैं

(i) आयु वृद्धि के साथ-साथ बच्चों के शारीरिक आकार में भी परिवर्तन आता है।
(ii) नाप लेते समय बच्चों को एक स्थान पर स्थायी रखना कठिन होता है।

नोट *इसके अतिरिक्त ब्लॉक बनाते समय इस बात पर विशेष ध्यान रखना आवश्यक है कि बच्चों को पोशाक पहनने में सरलता हो, पोशाकों में खिंचाव न हो तथा हिलने-डुलने में कोई कठिनाई न हो।*

21.2 ड्राफ्टिंग प्रणाली Drafting System

बच्चों के वस्त्रों को बनाने से पहले सर्वप्रथम नाप लेकर ड्राफ्टिंग की जाती है। इसके अन्तर्गत ब्लॉक बनाकर ड्राफ्टिंग प्रक्रिया को सुनिश्चित किया जाता है। यह प्रणाली 'ड्राफ्टिंग प्रणाली' या विभाजित प्रणाली कहलाती है। ड्राफ्टिंग करने का मुख्य आधार शारीरिक ब्लॉक व ट्राउजर्स ब्लॉक होते हैं।

शारीरिक ब्लॉक में नाप लेने की क्रिया एवं गणना छाती से करते हैं, जबकि ट्राउजर्स ब्लॉक में यह गणना हिप से करते हैं। बच्चों की पोशाकों को सिलने से पूर्व ड्राफ्ट बनाने हेतु विभिन्न प्रकार की नाप ली जाती हैं, जिन्हें दो भागों में बाँटा गया है

1. शारीरिक ब्लॉक के लिए नाप
Measurement for Body Block

इसके अन्तर्गत निम्न प्रकार की नाप ली जाती हैं

(i) शरीर की ऊँचाई
(ii) सीने की चौड़ाई
(iii) कमर की नाप
(iv) पीछे की पूरी लम्बाई
(v) कन्धे की चौड़ाई
(vi) गर्दन से कमर की लम्बाई

2. ट्राउजर्स ब्लॉक के लिए नाप
Measurement for Trousers Block

इसके अन्तर्गत विभिन्न प्रकार की नाप ली जाती हैं

(i) कमर की चौड़ाई
(ii) हिप की नाप
(iii) बाह्य सीम (सन्धि) की नाप
(iv) जाँघ से धड़ की लम्बाई की नाप

21.3 बच्चों की शारीरिक मापें
Body Measurement of Children

बच्चों के शरीर की माप लेते समय इस बात पर ध्यान देना चाहिए कि बच्चे का शरीर सीधा हो तथा वह आरामदायक अवस्था में खड़ा हो। बच्चों के शरीर की नाप लेते समय इंचटेप को कभी-भी बच्चे के शरीर के अनुसार नहीं रखा जाता है। बच्चे की शारीरिक माप लेते समय निम्न बातों का ध्यान रखना आवश्यक है

1. **ऊँचाई** (Height) इसके अन्तर्गत बच्चे की पूरी लम्बाई की नाप को सिर से पैर तक लिया जाता है।
2. **सर्वाइकल ऊँचाई** (Cervical height) इसमें रीढ़ की हड्डी से धरती तक की नाप को लिया जाता है।
3. **सर्वाइकल से घुटने तक** (Cervical to knee) इसके अन्तर्गत रीढ़ की हड्डी से घुटने के पिछले भाग के गट्टे तक की नाप को लिया जाता है।
4. **बॉडीराइज की नाप** (Bodyrise measurement) यह नाप बच्चे को किसी समतल स्थान पर बैठाकर ली जाती है। यह नाप लेते समय, दोनों टाँगों को आपस में जोड़ दिया जाता है। इसे आसन भी कहा जाता है।
5. **मुड्ढे की नाप** (Armhole measurement) इसके अन्तर्गत रीढ़ की हड्डी से बगल तक की नाप ली जाती है।
6. **गले की नाप** (Neck measurement) इसमें गले की गोलाई की नाप ली जाती है।
7. **मुड्ढे की गोलाई में नाप** (Armhole depth measurement) इसके अन्तर्गत बाँह के ऊपरी हिस्से अर्थात् मुड्ढे की नाप ली जाती है।
8. **ऊपरी बाजू की नाप** (Upper arm measurement) यह नाप बाजू के सबसे मोटे भाग पर, जहाँ माँसपेशियाँ अधिक होती हैं, गोलाई में ली जाती है।
9. **क्रांच की नाप** (Cranch measurement) (जाँघ एवं धड़ के जोड़ का क्षेत्र) कमर के पीछे के केन्द्र के नीचे से टेप निकालते हुए सीधे कमर के केन्द्र तक लाकर यह नाप ली जाती है।
10. **साइड की लम्बाई की नाप** (Side length measurement) इसवे अन्तर्गत कमर की साइड से धरती तक की नाप ली जाती है।
11. **कन्धे की नाप** (Shoulder measurement) यह नाप, गर्दन के बिन्दु से कन्धे के ऊपर तथा बाहर वाले भाग तक ली जाती है।
12. **पूरी पीठ की नाप** (Full back measurement) इस नाप को मुड्ढे के ठीक मध्य में, जहाँ शोल्डर ब्लेड्स होते हैं, पीठ के एक सिरे से दूसरे सिरे तक लिया जाता है।

13. **धड़ की लम्बाई की नाप** (Body length measurement) यह नाप शरीर के दाएँ कन्धे के मध्य भाग से इंचटेप को पीछे की ओर ले जाकर, क्रांच के निचले भाग से निकाल कर, पेट और सीने से लेते हुए बाएँ कन्धे के मध्य भाग तक ली जाती है।
14. **छाती की नाप** (Chest measurement) इसके अन्तर्गत छाती के सबसे ऊपरी भाग की, गोलाई में नाप लेते हैं।
15. **गर्दन से कमर की नाप** (Neck to waist measurement) इसके अन्तर्गत रीढ़ की हड्डी से कमर तक, पीठ के पीछे की नाप ली जाती है।
16. **कमर की नाप** (Waist measurement) इस नाप को कमर की गोलाई में लिया जाता है। इसकी नाप सटीक होनी आवश्यक है।
17. **हिप की नाप** (Hip measurement) शरीर के सबसे उभरे हुए इस भाग की नाप गोलाई में ली जाती है।
18. **जाँघ की नाप** (Thigh measurement) इसके अन्तर्गत घुटने के ऊपर तथा हिप से नीचे टाँग के सबसे मोटे भाग जाँघ की नाप ली जाती है।
19. **कमर से हिप की नाप** (Waist to hip measurement) यह नाप कमर से, नीचे सबसे उभरे हुए भाग (हिप) तक ली जाती है।
20. **कन्धे से बाजू की नाप** (Shoulder to sleeve measurement) इसमें नाप गर्दन के आधार से कन्धे तक एवं पुनः बाजू को नापते हुए कलाई को भी सम्मिलित किया जाता है। बाजू की नाप लेते समय यह ध्यान देना आवश्यक है कि बाजू का हिस्सा थोड़ा मुड़ा हुआ हो, अन्यथा बाजू छोटी हो जाती है।

यहाँ यह ध्यान देना आवश्यक है कि सभी लम्बाई की नाप इंचटेप की 3" वाली साइड से लें और गोलाई की नाप इंचटेप की 1/2" वाली साइड से ही लें, जिससे नाप पूरी तरह सटीक रहे।

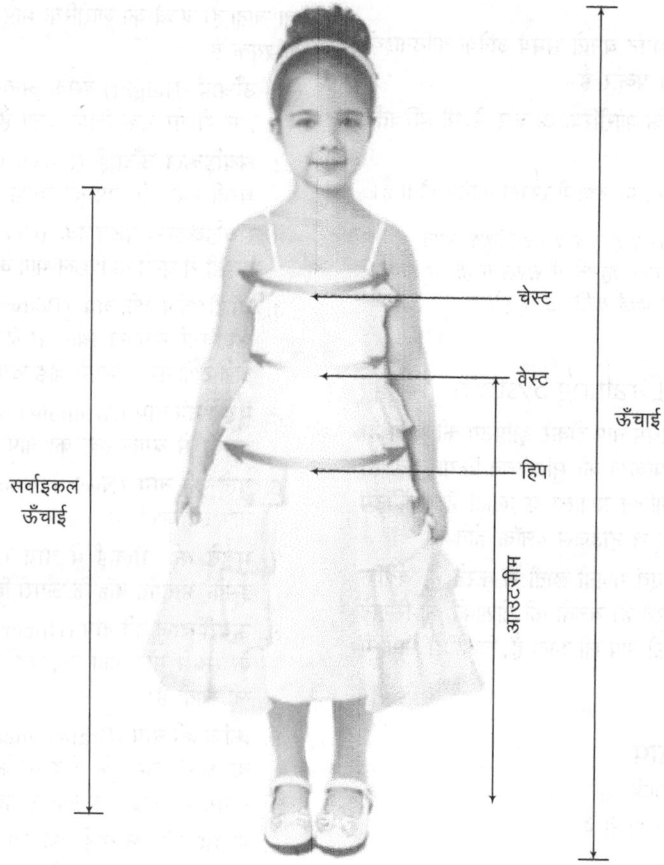

तालिका मानक शारीरिक मापें, लड़की (3 से 14 वर्ष की उम्र) के लिए : साइज 98-164 सेमी ऊँचाई

ऊँचाई (Height)	आकार (Size)											
	98	**104**	**110**	**116**	**122**	**128**	**134**	**140**	**146**	**152**	**158**	**164**
उम्र (लगभग) (Approximate age)	3	4	5	6	7	8	9	10	11	12	13	14
छाती (Chest)	55	57	59	61	63	66	69	72	75	78	81	84
कमर (Waist)	52	54	56	58	60	61	62	63	64	65	66	67
हिप/सीट (Hip/Seat)	56	59	62	65	68	71	74	77	80	83	86	89
एक्रॉस बैक (Across back)	22.8	23.6	24.4	25.2	26	27.1	28.2	29.3	30.4	31.5	32.6	33.7
गले की नाप (Neck size)	26.6	27.2	27.8	28.4	29	30	31	32	33	34	353	36
कन्धे (Shoulder)	7.4	7.8	8.2	8.6	9	9.5	10	10.5	11	11.5	12	12.5
ऊपरी बाजू (Upper arm)	18.5	19	19.5	20	20.5	21.3	22.1	22.9	23.7	24.5	25.3	26.1
कलाई (Wrist)	12.8	13	13.2	13.4	13.6	13.9	14.2	14.5	14.8	15.1	15.4	15.7
डैप्थ ऑफ साय (Depth of scye)	13.2	13.8	14.4	15	15.6	16.3	17	17.7	18.4	19.1	19.8	20.5
बैक नेक वेस्ट (Back neck waist)	24.2	25.4	26.6	27.8	29	30.4	31.8	33.2	34.6	36	37.4	38.8
वेस्ट से हिप (Waist-hip)	12.3	12.9	13.5	14.1	14.7	15.4	16.1	16.8	17.5	18.2	18.9	19.6
सर्वाइकल ऊँचाई (Cervical height)	80	85.4	90.8	96.2	101.6	107	112.4	117.8	123.2	128.6	134	139.4
कमर से घुटना (Waist-knee)	34	36	38	40	42	44.2	46.4	48.6	50.8	53	55.2	57.4
बॉडीराइज (Bodyrise)	16.8	17.6	18.4	19.2	20	21	22	23	24	25	26	27
क्रांच की लम्बाई (Cranch length)	41	44.5	48	51.5	55	58	61	64	67	70	73	76
बाजू की लम्बाई (Arm length)	34	36.5	39	41.5	44	46	48	50	52	54	56	58
सिर की गोलाई (Head circumference)	51.2	51.8	52.4	53	53.6	54	54.4	54.8	55.2	55.6	56	56.4
एंकल गिर्थ (Ankle girth)	15.5	16	16.5	17	17.5	18	18.5	19	19.5	20	20.5	21
अतिरिक्त नापें (पोशाकों के लिए) [Extra Measurements (for Garments)]												
कफ साइज, टू-पीस आस्तीन (Cuff size, Two-piece sleeve)	10.2	10.4	10.6	10.8	11	11.4	11.8	12.2	12.6	13	13.4	13.8
कफ साइज, शर्ट के लिए (Cuff size for shirt)	15.4	15.8	16.2	16.6	17	17.5	18	18.5	19.5	20	20.5	21
ट्राउजर की मोहरी की चौड़ाई (Trouser bottom width)	16	16.5	17	17.5	18	18.5	19	19.5	20	20.5	21	21.5

तालिका मानक शारीरिक मापें, लड़के (3 से 14 वर्ष की उम्र) के लिए : साइज 98-170 सेमी ऊँचाई

ऊँचाई (Height)	आकार (Size)												
	98	**104**	**110**	**116**	**122**	**128**	**134**	**140**	**146**	**152**	**158**	**164**	**170**
उम्र (लगभग) (Approximate age)	3	4	5	6	7	8	9	10	11	12	13	14	14
छाती (Chest)	55	57	59	61	64	67	70	73	76	79	82	86	90
कमर (Waist)	52	54	56	58	60	62	64	66	68	70	72	74	76
हिप/सीट (Hip/Seat)	55	58	61	64	67	70	73	76	79	82	85	89	93
एक्रॉस बैक (Across back)	23.2	24	24.8	25.6	26.8	28	29.2	30.4	31.6	32.8	34	35.6	37.2
गला (Neck)	26.7	27.3	27.9	28.5	29.5	30.5	31.5	32.5	33.5	34.5	35.5	36.5	37.5
कंधे (Shoulder)	7.8	8.2	8.6	9	9.5	10	10.5	11	11.5	12	12.5	13.1	13.7
ऊपरी बाजू (Upper arm)	18.5	19	19.5	20	20.8	21.6	22.4	23.2	24	24.8	25.6	26.6	27.6
कलाई (Wrist)	13	13.2	13.4	13.6	14	14.4	14.8	15.2	15.6	16	16.5	17	17.5
डैप्थ ऑफ साय (Depth of scye)	13.2	13.8	14.4	15	15.8	16.6	17.4	18.2	19	19.8	20.6	21.6	22.6
बैक नेक वेस्ट (Back neck waist)	24.2	25.4	26.6	27.8	29.2	30.6	32	33.4	34.8	36.2	37.6	39.4	41.2
वेस्ट से हिप (Waist-hip)	12	12.6	13.2	13.8	14.4	15	15.6	16.2	16.8	17.4	18	18.8	19.6
सर्वाइकल ऊँचाई (Cervical height)	80.4	85.8	91.2	96.6	102	107.4	112.8	118.2	123.6	129	134.4	139.8	145.2
बॉडीराइज (Bodyrise)	17.2	18	18.8	19.6	20.4	21.2	22	22.8	23.6	24.4	25.2	26.2	27.2
क्रांच की लम्बाई (Cranch length)	41	44.5	48	51.5	55	58	61	64	67	70	73	75.5	78
बाजू की लम्बाई (Arm length)	34.5	37	39.5	42	44.5	47	49.5	52	54.5	57	59	61	63
सिर की गोलाई (Head circumference)	52	52.5	53	53.5	54	54.5	55	55.5	56	56.5	57	57.4	57.8
अतिरिक्त नापें (पोशाकों के लिए) [Extra Measurements (for Garments)]													
कफ साइज, टू-पीस आस्तीन (Cuff size, Two-piece sleeve)	10.4	10.6	10.8	11	11.2	11.6	12	12.4	12.8	13.2	13.6	14	14.4
कफ साइज, शर्ट के लिए (Cuff size for shirt)	15.4	15.8	16.2	16.6	17	17.5	18	18.5	19	19.5	20	20.5	21
ट्राउजर की मोहरी की चौड़ाई (Trouser bottom width)	16	16.5	17	17.5	18	18.5	19	19.5	20	20.5	21	21.5	22
जीन्स की मोहरी की चौड़ाई (Jeans bottom width)	13.5	14	14.5	15	15.5	16	16.5	17	17.5	18	18.5	19	19.5

महत्त्वपूर्ण प्रश्नोत्तरी

1. बच्चों के ड्राफ्ट बनाते समय शारीरिक ब्लॉक के लिए कौन–कौन सी नाप ली जाती हैं?

उत्तर बच्चों के शरीर का ड्राफ्ट बनाते समय शारीरिक ब्लॉक हेतु निम्न नाप ली जाती हैं

(i) शरीर की ऊँचाई
(ii) सीने की चौड़ाई
(iii) कमर की चौड़ाई
(iv) पीछे/पीठ की लम्बाई
(v) कन्धे की चौड़ाई
(vi) गर्दन से कमर की लम्बाई

2. बच्चों के शरीर का ड्राफ्ट बनाते समय ट्राउजर्स ब्लॉक हेतु कौन–कौन सी नाप ली जाती हैं?

उत्तर बच्चों के शरीर का ड्राफ्ट बनाते समय ट्राउजर्स ब्लॉक हेतु निम्नलिखित नाप ली जाती हैं

(i) कमर की चौड़ाई
(ii) हिप की नाप
(iii) बाह्य सीम (सन्धि) की नाप
(iv) जाँघ से धड़ की लम्बाई

3. बच्चों के ब्लॉक पैटर्न की योजना व ड्राफ्ट बनाते समय किन कठिनाइयों का सामना करना पड़ता है?

उत्तर बच्चों के ब्लॉक पैटर्न की योजना एवं ड्राफ्ट बनाते समय निम्न कठिनाइयों का सामना करना पड़ता है

(i) आयु वृद्धि के साथ-साथ बच्चों की बॉडी के आकार में भी परिवर्तन आता है।
(ii) नाप लेने के दौरान बच्चों को एक स्थान पर स्थायी रखने में कठिनाई होती है।

4. ड्राफ्टिंग के लिए प्रारम्भ में केवल बॉडी की ही नाप लेना चाहिए, क्यों?

उत्तर ड्राफ्टिंग हेतु प्रारम्भ में केवल बॉडी की नाप इसलिए लेनी चाहिए, क्योंकि बॉडी की नाप के आधार पर ही पैटर्न तैयार किए जाते हैं। कपड़े की नाप से पैटर्न तैयार नहीं होते हैं।

5. बच्चों के वस्त्रों का ड्राफ्ट करने वाली प्रणाली को अन्य किस नाम से जाना जाता है।

उत्तर बच्चों के वस्त्रों का ड्राफ्ट करने वाली प्रणाली, विभाजित प्रणाली कहलाती है।

अभ्यास प्रश्न

परीक्षा प्रारूपी प्रश्न

बहुविकल्पीय

1. छोटी उम्र के बच्चों के शरीर की नाप मूलतः आधारित है
(a) डेसीलॉग पर (b) सेंटीलॉग पर
(c) सेमीलॉग पर (d) इनमें से कोई नहीं

2. आकार को दर्शाने हेतु निम्न में से कौन–सा एक मूल तत्त्व है?
(a) लम्बाई (b) चौड़ाई
(c) ऊँचाई (d) इनमें से कोई नहीं

3. बच्चों की ऊँचाई की नाप किस भाग से की जाती है?
(a) शीर्षस्थ भाग से
(b) कन्धे के भाग से
(c) छाती के भाग से
(d) बाजू से

4. निम्नलिखित में से किसमें परिवर्तन होने से ड्राफ्टिंग प्रभावित होती है?
(a) आयु (b) भार
(c) सोच (d) इनमें से कोई नहीं

5. निम्नलिखित में से कौन एक शारीरिक ब्लॉक के लिए महत्त्वपूर्ण नाप नहीं है?
(a) शरीर की ऊँचाई (b) सीने की चौड़ाई
(c) कन्धे की चौड़ाई (d) हिप की नाप

6. निम्नलिखित में से कौन–सी एक नाप शारीरिक ब्लॉक एवं ट्राउजर्स ब्लॉक दोनों के लिए ली जाती है?
(a) कमर की चौड़ाई की नाप
(b) हिप की नाप
(c) पीठ की लम्बाई की नाप
(d) सीने की चौड़ाई की नाप

7. बच्चों के वस्त्र का ड्राफ्ट करने के लिए निम्नलिखित में से कौन–सी प्रणाली विकसित है?
(a) विन्यास प्रणाली (b) विभाजनकारी प्रणाली
(c) विभाजित प्रणाली (d) इनमें से कोई नहीं

8. रीढ़ की हड्डी से जमीन तक कौन-सी नाप होती है?
(a) बॉडी राइज (b) शीर्षस्थ ऊँचाई
(c) मुड्ढे की लम्बाई (d) सर्वाइकल ऊँचाई

9. निम्नलिखित में से कौन-सी नाप को समतल स्थान पर बैठा कर लिया जाता है?
(a) मुड्ढे की गोलाई (b) बॉडीराइज की नाप
(c) क्रांच की लम्बाई (d) ऊपरी बाजू की नाप

10. क्रांच की लम्बाई की नाप ली जाती है
(a) जाँघ से ऊपर (b) धड़ के जोड़ की
(c) जाँघ व धड़ के जोड़ का क्षेत्र (d) साइड की लम्बाई

11. निम्नलिखित में से किसकी नाप गोलाई में नहीं होती है?
(a) छाती की (b) हिप की
(c) ऊपरी बाजू की (d) गर्दन की

12. बाजू के मुड़े हिस्से का ध्यान न रखने पर बाजू ....।
(a) छोटी हो जाती है (b) सिकुड़ जाती है
(c) बड़ी हो जाती है (d) अप्रभावित रहती है

13. निम्न सूचियों को सुमेलित कीजिए।

सूची I	सूची II
A. सर्वाइकल ऊँचाई	(i) समतल बैठाकर
B. गर्दन की नाप	(ii) बाजू के ऊपरी भाग की नाप
C. मुड्ढे की नाप	(iii) रीढ़ की हड्डी से धरती तक की नाप
D. बॉडीराइज की नाप	(iv) गोलाई में नाप

कूट
(a) A-(i); B-(ii); C-(iv); D-(iii)
(b) A-(iii); B-(iv); C-(ii); D-(i)
(c) A-(iii); B-(iv); C-(i); D-(ii)
(d) A-(ii); B-(iii); C-(i); D-(iv)

14. निम्न सूचियों को सुमेलित कीजिए।

सूची I	सूची II
A. छाती की नाप	(i) गोलाई में नाप
B. क्रांच की लम्बाई	(ii) जाँघ एवं धड़ का क्षेत्र
C. हिप की नाप	(iii) घुटने के ऊपर
D. जाँघ की नाप	(iv) गोलाई में सबसे ऊपर

कूट
(a) A-(i); B-(iii); C-(ii); D-(iv) (b) A-(iv); B-(i); C-(iii); D-(iii)
(c) A-(iv); B-(ii); C-(i); D-(iii) (d) A-(ii); B-(iv); C-(iii); D-(i)

15. आयु के आधार पर ड्राफ्टिंग करने पर निम्न में से किस प्रकार की समस्या उत्पन्न हो जाती है?
(a) कपड़ा नापने की (b) साइजिंग की
(c) सिलाई की (d) पैटर्न तैयार करने की

16. ड्राफ्टिंग के लिए प्रारम्भ में किसकी नाप लेनी चाहिए?
(a) सम्पूर्ण शरीर की
(b) शरीर के केवल ऊपरी भाग की
(c) कन्धे की चौड़ाई की
(d) सीने की चौड़ाई की

17. गर्दन की नाप गले की .... में ली जाती है।
(a) ऊँचाई (b) चौड़ाई (c) गोलाई (d) मोटाई

18. बाजू की नाप लेते समय यह ध्यान देना आवश्यक है कि बाजू का हिस्सा थोड़ा .... हुआ हो।
(a) खुला (b) मुड़ा (c) उभरा (d) अन्दर से बन्द

19. गोलाई की नाप इंचटेप के किस साइड से ली जाती है?
(a) 1/2" (b) 1/4" (c) 1/6" (d) 1/7"

20. बच्चों की शारीरिक आकृति को कितने भागों में विभाजित किया जाता है?
(a) 2 (b) 3 (c) 4 (d) 5

उत्तरमाला

1. (b)	**2.** (a)	**3.** (a)	**4.** (a)	**5.** (d)	**6.** (a)	**7.** (c)	**8.** (d)	**9.** (b)	**10.** (c)
11. (c)	**12.** (a)	**13.** (b)	**14.** (c)	**15.** (b)	**16.** (a)	**17.** (c)	**18.** (b)	**19.** (a)	**20.** (b)

अध्याय 22

कोरल ड्रॉ सॉफ्टवेयर

CorelDraw Software

कोरल ड्रॉ सॉफ्टवेयर एक ग्राफिक्स एडिटर है, जो कोरल कॉरपोरेशन, कनाडा (Corel Corporation, Canada) के द्वारा विकसित किया गया था। इसे 'कोरल ड्रॉ ग्राफिक्स सूट' के नाम से भी जाना जाता है, जिसमें बिटमैप इमेज एडिटर, कोरल फोटो पेन्ट तथा अन्य दूसरे ग्राफिक्स प्रोग्राम सम्मिलित हैं। इस सॉफ्टवेयर के संस्करण अपडेट होते रहते हैं; जैसे—X6 मार्च, 2012 में, X7 मार्च, 2014 में, X8 मार्च, 2016 में प्रस्तुत किया गया। इस अध्याय में X6 को मानक मानते हुए, इस संस्करण से सम्बन्धित तथ्यों का वर्णन किया गया है।

अध्याय विषय सूची

22.1 कोरल ड्रॉ सॉफ्टवेयर की विशेषताएँ
Features of CorelDraw Software

कोरल ड्रॉ सॉफ्टवेयर की निम्न विशेषताएँ हैं

1. सर्पोटिड प्लेटफॉर्म Supported Platform

कोरल ड्रॉ सॉफ्टवेयर, माइक्रोसॉफ्ट विण्डोज 3 के लिए विकसित किया गया था, परन्तु नवीनतम संस्करण होने के कारण आजकल इसे विण्डोज XP, विण्डोज विस्टा, विण्डोज 7 आदि पर भी उपयोग किया जाता है। कोरल ड्रॉ ग्राफिक्स सूट के संस्करण X6 में निम्नलिखित पैकेज सम्मिलित हैं

(*i*) कोरल ड्रॉ X6 एक सहज ज्ञान युक्त वेक्टर, चित्रण तथा पेज ले-आउट एप्लीकेशन है।

(*ii*) कोरल फोटो पेन्ट X6 (Corel PHOTO PAINT X6) एक इमेज एडिटर एप्लीकेशन है।

(*iii*) कोरल ड्रॉ ट्रेस X6 (CorelDraw TRACE X6), बिटमैप को एडिटेबल वेक्टर ग्राफिक्स में परिवर्तित करने के लिए उपयोगी है।

(*iv*) कोरल कनेक्ट (Corel CONNECT), सूट के डिजिटल कन्टैक्ट को खोजने के लिए एक फुल स्क्रीन ब्राउजर है।

(*v*) कोरल कैप्चर X6 (Corel CAPTURE X6) को स्क्रीन कैप्चर के लिए उपयोग किया जाता है।

(*vi*) कोरल वेबसाइट क्रिएटर X6 (Corel Website Creator X6), एक नई वेबसाइट बनाने वाला सॉफ्टवेयर है।

2. CDR फाइल फॉर्मेट CDR File Format

CDR फाइल फॉर्मेट, कोरल कोरपोरेशन द्वारा विकसित एक स्वामित्व फाइल स्वरूप है, जोकि सर्वप्रथम वेक्टर ग्राफिक्स ड्रॉइंग के लिए प्रयोग किया गया था।

CDR फाइल फॉर्मेट की विशेषताएँ सार्वजनिक रूप से उपलब्ध नहीं हैं। कोरल ड्रॉ के कुछ अन्य प्रारूप कोरल ड्रॉ कम्प्रेस्ड (CDX), कोरल ड्रॉ टैम्प्लेट (CDT) तथा कोरल-प्रेसेन्टेशन एक्सजेंच (CMX) हैं।

CDR फाइल फॉर्मेट इम्पोर्ट का अन्य एप्लीकेशन को सपोर्ट

Support in Other Applications of CDR File Format Import

CDR फाइल फॉर्मेट इम्पोर्ट, निम्न एप्लीकेशन्स को अर्द्ध या पूर्णरूप से सपोर्ट करता है

(i) एडोब इलस्ट्रेटर (Adobe Illustrator)

(ii) कोरल ड्रॉ 5, 6, 7, 8, 9, 10

(iii) कोरल पेन्ट शॉप फोटो प्रो (Corel Paint Shop Photo Pro)

(iv) कोरल वर्ड परफेक्ट ऑफिस (Corel Word Perfect Office)

(v) इंकस्केप विद यूनीकन्वर्टर इनस्टॉल्ड (Inkscape with Uniconverter installed), अर्द्ध सपोर्ट

(vi) लिबरा ऑफिस लाइब्रेरी-कोडर इन्स्टॉल्ड (Libra Office with Libcdr installed) कोरल ड्रॉ 1 से X6 तक

(vii) मैकरोमीडिया फ्रीहैण्ड (Macromedia Freehand) कोरल ड्रॉ 7, 8

(viii) माइक्रोसॉफ्ट वीजिओ 2002 (Microsoft Visio-2002)-(कोरल ड्रॉ, ड्रॉइंग फाइल वर्जन 3.0, 4.0, 5.0, 6.0 तथा 7.0 (.cdr)

(ix) कोरल क्लिपआर्ट (Corel Clipart) - (.cmx)

(x) sK1, हॉफ सपोर्ट

(xi) जारा डिजाइनर प्रो तथा जारा फोटो एवं ग्राफिक डिजाइनर (Xara Designer Pro and Xara Photo and Graphic Designer) प्राचीन संस्करण, कोरल ड्रॉ CDR तथा CMX

22.2 कोरल ड्रॉ इन्स्टॉल करने के लिए पूर्व आवश्यकता

The Pre-requisite to Install CorelDraw

कोरल ड्रॉ सॉफ्टवेयर एक सहज ज्ञान वाला ग्राफिक्स एप्लीकेशन है, जोकि उच्च क्वालिटी वेक्टर चित्रों, लोगो (logo), डिजाइन तथा पेज ले-आउट बनाने की क्षमता रखता है।

कोरल ड्रॉ सॉफ्टवेयर के लिए सिस्टम की आवश्यकताएँ निम्नवत् हैं

(i) Microsoft® Windows® 7,

(ii) Windows Vista®,

(iii) Windows® XP (नवीनतम सर्विस पैक के साथ इन्स्टॉल, 32 बिट या 64 बिट एडिशन)

(iv) Intel® Pentium® 4

(v) AMD Athlon ™ 64 या AMD Opteron ™ 512 MB RAM (1GB तक)

(vi) 750 MB हार्ड डिस्क स्पेस (1 GB कन्टैन्ट के बिना, इन्स्टॉलेशन के लिए)

(vii) 6 GB (अतिरिक्त कन्टैन्ट को इन्स्टॉल करने के लिए आवश्यक)

(viii) DVD ड्राइव (drive)

(ix) Microsoft® Internet Explorer® 7 या इससे उच्च

22.3 कोरल ड्रॉ से सम्बन्धित महत्त्वपूर्ण शब्द Important Terms Related to CorelDraw

कोरल ड्रॉ को प्रारम्भ करने से पूर्व कुछ महत्त्वपूर्ण शब्दों से अवगत होना आवश्यक है, जोकि निम्नवत् हैं

क्र.सं. (S.No.)	शब्द (Term)	विवरण (Description)
1.	ऑब्जैक्ट (Object)	ड्रॉइंग का कोई एक अवयव; जैसे–इमेज, शेप, लाइन, टैक्स्ट, कर्व, प्रतीक आदि।
2.	ड्रॉइंग (Drawing)	कोरल ड्रॉ में किया गया कार्य; जैसे–लोगो (logo), पोस्टर, समाचार-पत्र आदि।
3.	वेक्टर ग्राफिक (Vector graphic)	गणितीय विवरण से उत्पन्न एक इमेज, जोकि स्थिति, लम्बाई, दिशा आदि स्पष्ट करे।
4.	बिटमैप (Bitmap)	पिक्सल या डॉट्स के ग्रिड से बनी इमेज।
5.	डॉकर (Dockers)	एक विण्डो, जिसमें एक विशिष्ट टूल या कार्य के लिए उपलब्ध कमाण्ड और उचित सैटिंग सम्मिलित हैं।
6.	फ्लाईआउट (Flyout)	एक बटन, जोकि सम्बन्धित टूल्स या मेन्यू आइटम के ग्रुप को खोलता है।
7.	लिस्ट बॉक्स (List box)	विकल्पों की एक सूची, जोकि एक यूजर द्वारा डाउन एरो (down arrow) बटन को क्लिक करने पर नीचे प्रदर्शित हो जाती है।
8.	आर्टिस्टिक टैक्स्ट (Artistic text)	एक विशेष प्रकार का टैक्स्ट, जिसमें आप विशेष इफैक्ट; जैसे–शैडो (shadow) आदि अप्लाई कर सकते हैं।
9.	पैराग्राफ टैक्स्ट (Paragraph text)	एक प्रकार का टैक्स्ट, जिसमें आप फॉर्मैटिंग (formatting) विकल्पों को अप्लाई कर सकते हैं तथा बड़े ब्लॉक्स में एडिट कर सकते हैं।

22.4 कोरल ड्रॉ एप्लीकेशन विण्डो CorelDraw Application Window

जब आप कोरल ड्रॉ को लॉन्च करते हैं, तो ड्रॉइंग विण्डो के साथ एप्लीकेशन विण्डो खुलती है। अत: एक से अधिक ड्रॉइंग विण्डो एक साथ खुल जाती हैं, परन्तु आप केवल सक्रिय ड्रॉइंग विण्डो पर ही कमाण्ड अप्लाई कर सकते हैं। कोरल ड्रॉ की एप्लीकेशन विण्डो को नीचे प्रदर्शित किया गया है

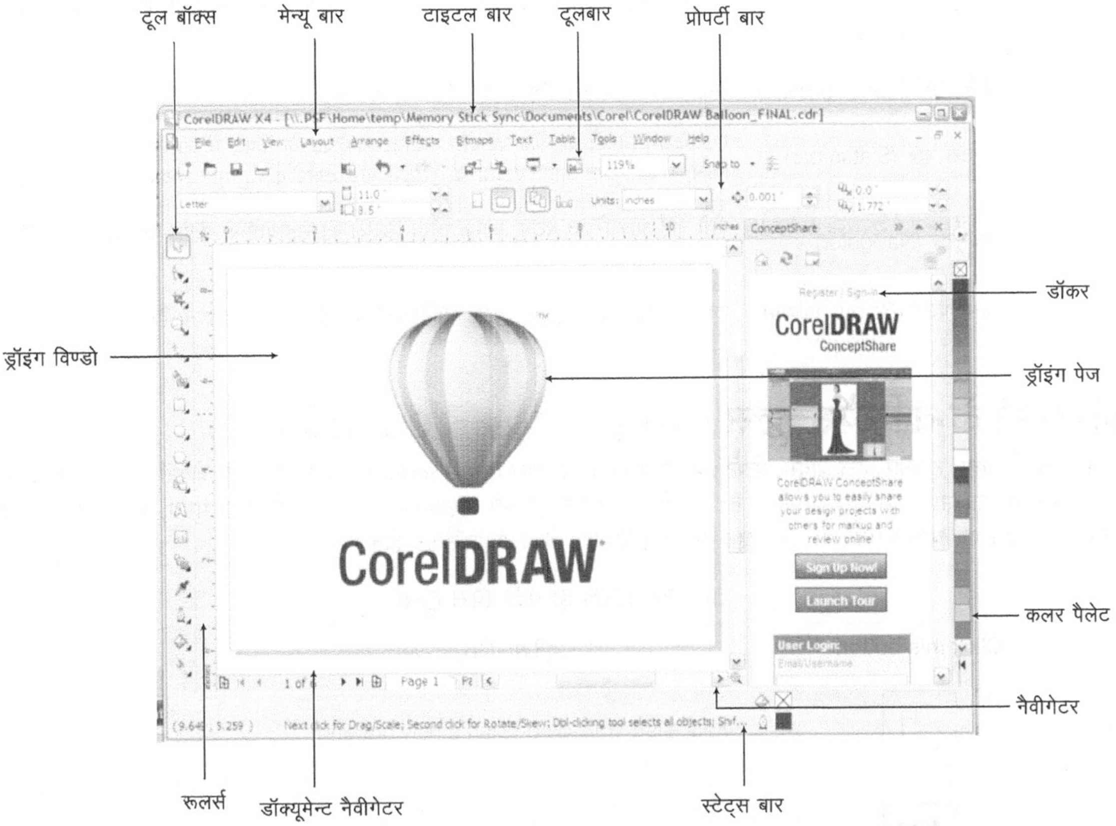

चित्र 22.1 कोरल ड्रॉ एप्लीकेशन विण्डो

एप्लीकेशन विण्डो के सभी भागों का विवरण निम्नवत् हैं

क्र.सं. (S.No.)	**भाग** (Part)	**विवरण** (Description)
1.	टूल बॉक्स (Tool box)	टूल्स के साथ एक डॉकर बार, जोकि ड्रॉइंग के ऑब्जैक्ट को बनाने, परिवर्तित करने तथा भरने के लिए उपयोगी है।
2.	टाइटल बार (Title bar)	वह क्षेत्र, जिसमें वर्तमान में खुली हुई फाइल का टाइटल प्रदर्शित होता है।
3.	टूल बार (Tool bar)	एक अलग किया जा सकने वाला (detachable) बार, जिसमें मेन्यू तथा अन्य कमाण्डों (commands) के शॉर्टकट सम्मिलित होते हैं।
4.	मेन्यू बार (Menu bar)	वह क्षेत्र, जिसमें पुल-डाउन मेन्यू विकल्प होते हैं।
5.	ड्रॉइंग विण्डो (Drawing window)	ड्रॉइंग पेज के बाहरी स्थित क्षेत्र, जोकि स्क्रॉल बारों तथा एप्लीकेशन कण्ट्रोल्स तक सीमित होता है।
6.	प्रोपर्टी बार (Property bar)	एक अलग किया जा सकने वाला बार, जिसमें सक्रिय टूल या ऑब्जैक्ट को परिवर्तित करने हेतु कमाण्ड हों।
7.	डॉकर (Docker)	यह एक विशिष्ट टूल या कार्य हेतु एक विण्डो है, जिसमें उपयुक्त कमाण्ड तथा उचित सैटिंग निहित है।

क्र.सं. (S.No.)	भाग (Part)	विवरण (Description)
8.	रूलर्स (Rulers)	क्षैतिज तथा ऊर्ध्वाधर बॉर्डर, जोकि ड्रॉइंग में ऑब्जैक्ट का आकार तथा स्थान निर्धारित करता है।
9.	डॉक्यूमेन्ट नैवीगेटर (Document navigator)	एप्लीकेशन विण्डो के नीचे बाईं ओर का क्षेत्र, जोकि पेजों तथा एडिंग पेजों के बीच मूविंग को कन्ट्रोल करता है।
10.	ड्रॉइंग पेज (Drawing page)	ड्रॉइंग पेज के अन्दर स्थित आयताकार क्षेत्र, जोकि प्रिन्ट किया जा सकता है।
11.	स्टेट्स बार (Status bar)	एप्लीकेशन विण्डो के नीचे का क्षेत्र, जोकि ऑब्जैक्ट के विषय में जानकारी; जैसे–प्रकार, रंग, फिल, रिसॉल्यूशन आदि रखता है। स्टेट्स बार कर्सर की वर्तमान स्थिति भी दर्शाता है।
12.	नैवीगेटर (Navigator)	नीचे बाईं ओर स्थित बटन, जोकि छोटी डिस्प्ले की सहायता से ड्रॉइंग के चारों ओर गति करने हेतु उपयोगी है।
13.	कलर पैलेट (Colour palette)	एक डॉकेबल (dockable) बार, जोकि रंगों के विभिन्न नमूने रखता है।

22.5 कोरल ड्रॉ के वर्कस्पेस टूल्स Workspace Tools of CorelDraw

एप्लीकेशन कमाण्ड्स, मैन्यूबार, टूलबार, टूल बॉक्स, प्रोपर्टी बार तथा डॉकर के द्वारा एक्सेसेबल (accessible) होती हैं। प्रोपर्टी बार तथा डॉकर वर्तमान टास्क तथा सक्रिय टूल्स से सम्बन्धित कमाण्ड्स उपलब्ध कराते हैं। प्रोपर्टी बार, डॉकर, टूलबार, टूलबॉक्स, स्क्रीन पर किसी भी समय, खोले तथा बन्द किए जा सकते हैं। मानक टूलबार में बटन एवं कण्ट्रोल होते हैं, जो बहुत-सी मेन्यू कमाण्ड के लिए शॉर्टकट होते हैं।

तालिका कोरल ड्रॉ वर्क स्पेस टूल्स

क्र.सं.	Click this button	उद्देश्य (Objective)
1.		एक नई ड्रॉइंग स्टार्ट करना (Start a new drawing)
2.		ड्रॉइंग खोलना (Open a drawing)
3.		ड्रॉइंग को सेव करना (Save a drawing)
4.		ड्रॉइंग को प्रिन्ट करना (Print a drawing)
5.		सलेक्ट की गई वस्तु क्लिप बोर्ड से कट करना (Cut selected objects to the Clipboard)
6.		सलेक्ट की गई वस्तु क्लिप बोर्ड में कॉपी करना (Copy selected objects to the Clipboard)
7.		क्लिप बोर्ड के कन्टैन्ट को ड्रॉइंग में पेस्ट करना (Paste the Clipboard contents into a drawing)

क्र.सं. (S.No.)	Click this botton	उद्देश्य (Objectives)
8.		अण्डू करना (Undo an action)
9.		अण्डू किए गए कार्य को पुनः स्टोर करना (Restore an action that was undone)
10.	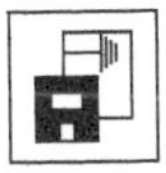	ड्रॉइंग को इम्पोर्ट करना (Import a drawing)
11.	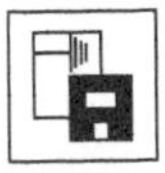	ड्रॉइंग को एक्सपोर्ट करना (Export a drawing)
12.		कोरल एप्लीकेशन को स्टार्ट करना (Start Corel applications)
13.		वेलकम स्क्रीन को ओपन करना (Open the Welcome screen)
14.	100%	जूम लेवल को सेट करना (Set a zoom level)
15.	Snap to	ग्रिड, गाइडलाइन, ऑब्जैक्ट और डायनामिक गाइड के लिए ऑटोमैटिक एलाइनमेण्ट को इनेबल या डिसेबल करना (Enable or disable automatic alignment for the grid, guidelines, objects and dynamic guides)
16.		ऑप्शन डायलॉग बॉक्स को खोलना (Open the options dialog box)

22.6 टूलबार के विषय में अतिरिक्त जानकारी Additional Information About Toolbar

मानक टूलबार के अतिरिक्त, कोरल ड्रॉ का टूलबार किसी विशेष कार्य के लिए भी उपयोग होता है; उदाहरण के लिए, टैक्स्ट टूलबार, टैक्स्ट टूल को उपयोग करने से सम्बन्धित कमाण्ड ही रखती है। यदि आपको बार-बार टूलबार का प्रयोग करना हो, तो आप इसे वर्कस्पेस पर पूरे समय के लिए डिस्प्ले करा सकते हैं। नीचे प्रदर्शित तालिका में मानक टूलबार से अतिरिक्त टूलबार दर्शाए गए हैं

क्र.सं. (S.No.)	टूलबार (Tool bar)	विवरण (Description)
1.	टैक्स्ट (Text)	टैक्स्ट (text) के फॉर्मैटिंग तथा अलाइनिंग (aligning) कमाण्ड्स रखता है।
2.	जूम (Zoom)	ड्रॉइंग पेज में जूमिंग-इन तथा जूमिंग-आउट करने हेतु कमाण्ड्स रखता है।
3.	इण्टरनेट (Internet)	वेब से सम्बन्धित टूल के लिए कमाण्ड्स रखता है।
4.	प्रिन्ट मर्ज (Print merge)	प्रिन्ट मर्ज आइटमों के लिए कमाण्ड्स रखता है, जोकि ड्रॉइंग के साथ टैक्स्ट को जोड़ता है; जैसे–डेटा फाइलों को बनाना एवं उन्हें लोड करना (loading)।
5.	ट्रांसफॉर्म (Transform)	ऑब्जैक्ट को घुमाने, तिरछा करने, उनका प्रतिबिम्ब बनाने आदि के लिए कमाण्ड्स रखता है।
6.	मैकरोज (Macros)	मैकरोज के एडिटिंग, टैस्टिंग तथा रनिंग के लिए कमाण्ड्स रखता है।

टूलबॉक्स को खोजना Exploring the Toolbox

टूलबॉक्स ड्रॉइंग तथा इमेज को एडिट करने से सम्बन्धित टूल्स रखता है। कुछ टूल्स सामान्यत: प्रदर्शित होते हैं, परन्तु कुछ फ्लाईआउट में ग्रुप रहते हैं। फ्लाईआउट, कोरल ड्रॉ से सम्बन्धित टूल्स को प्रदर्शित करने हेतु खुलता है। टूलबॉक्स बटन के नीचे दाएँ कोने पर प्रदर्शित छोटा फ्लाईआउट तीर, फ्लाईआउट को दर्शाता है। इस पर क्लिक करके, फ्लाईआउट को खोलकर आप सरलता से अन्य फ्लाईआउट के कन्टैन्ट को स्केन (scan) कर सकते हैं।

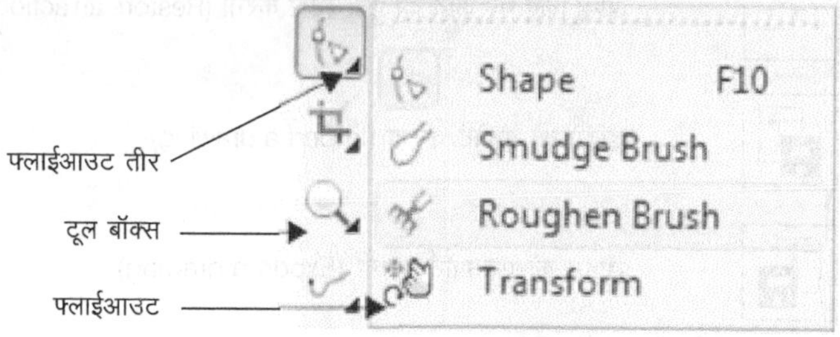

चित्र 29.2 टूल बॉक्स को खोजना

कोरल ड्रॉ सॉफ्टवेयर के टूल्स Tools of CorelDraws Software

कोरल ड्रॉ सॉफ्टवेयर के टूल्स निम्नवत् हैं

1. **पिक टूल** (Pick tool)			
		पिक टूल ऑब्जैक्ट का आकार परिवर्तन करने, तिरछा करने तथा घुमाने की कमाण्ड्स रखता है।	
2. **शेप एडिट टूल्स** (Shape edit tools)			
शेप टूल	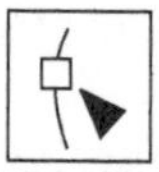	शेप टूल की सहायता से ऑब्जैक्ट के आकार में परिवर्तन किए जाते हैं।	
स्मज ब्रश टूल		स्मज ब्रश टूल, किसी वेक्टर ऑब्जैक्ट की आउटलाइन को खींचकर उसे अन्य आधार देने में सहायता करता है।	
रफेन ब्रश टूल		रफेन ब्रश टूल द्वारा किसी वेक्टर ऑब्जैक्ट की आउटलाइन में परिवर्तन किया जाता है।	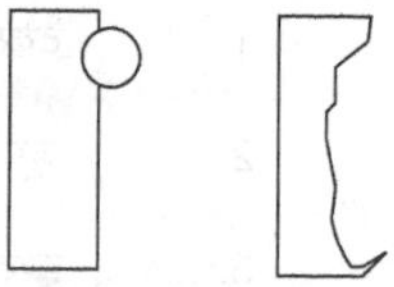
ट्रांसफॉर्म टूल		ट्रांसफॉर्म टूल आपको फ्री रोटेशन, फ्री एंगल रिफ्लेक्शन, फ्री स्केल और फ्री स्क्यू टूल्स का उपयोग करके ऑब्जैक्ट को बदलने में सहायता करता है।	

3. **क्रोप टूल्स** (Crop tools)

क्रोप टूल		क्रोप टूल आपको, वस्तु के अवांछित क्षेत्र को हटाने देता है।	
नाइफ टूल		नाइफ टूल, ऑब्जैक्ट को कट करने में सहायता करता है।	
इरेजर टूल		इरेजर टूल, ड्रॉइंग के अवांछित क्षेत्र को हटाने में सहायता करता है।	
वर्चुअल सेग्मेन्ट डिलिट टूल		वर्चुअल सेग्मेन्ट डिलिट टूल आपको, ड्रॉइंग के अन्तर्गत स्थित भागों को हटाने देता है।	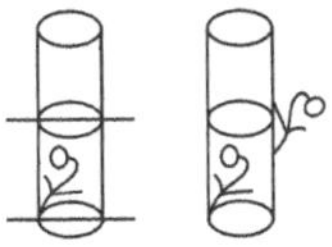

4. **जूम टूल्स** (Zoom tools)

जूम टूल		जूम टूल, ड्रॉइंग के मैग्नीफिकेशन लेवल को परिवर्तित करने देता है।	
पैन टूल		पैन टूल, ड्रॉइंग विण्डो में ड्रॉइंग के दृश्यमान होने वाले भाग को कण्ट्रोल करता है।	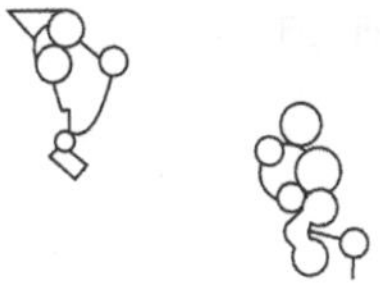

5. **कर्व टूल्स** (Curve tools)

फ्री हैण्ड टूल		फ्री हैण्ड टूल आपको सिंगल लाइन सेग्मेन्ट तथा कर्व बनाने देता है।	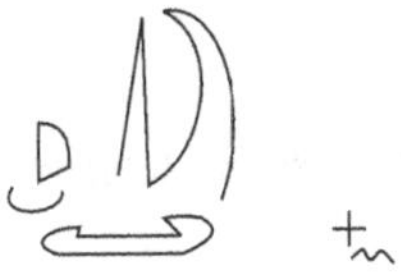
2-प्वॉइण्ट लाइन टूल	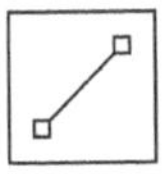	2-प्वॉइण्ट लाइन टूल आपको एक सीधी 2-प्वॉइण्ट लाइन सेग्मेन्ट बनाने देता है।	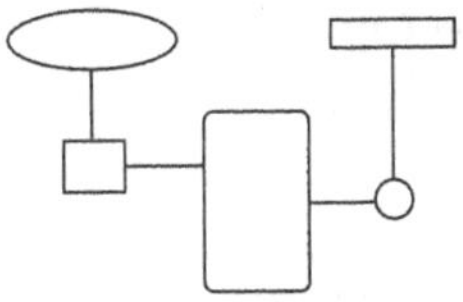
बेजिअर टूल	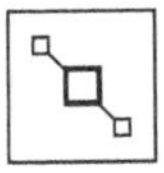	बेजिअर टूल आपको, एक समय में कर्व का एक सेग्मेन्ट बनाने देता है।	

आर्टिस्टिक मीडिया टूल		आर्टिस्टिक मीडिया टूल ब्रुश, स्प्रे, केलिग्राफिक तथा प्रेशर टूल को एक्सेस करने देता है।	
पेन टूल		पेन टूल आपको, एक समय में कर्व का एक सेग्मेन्ट बनाने देता है।	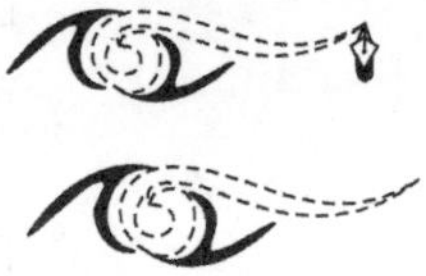
B-स्प्लाइन टूल		B-स्प्लाइन टूल आपको, कन्ट्रोल पैनल की सैटिंग द्वारा कर्व लाइन बनाने देता है, जोकि कर्व को लाइन सेग्मेन्ट में तोड़े बिना आकार प्रदान करता है।	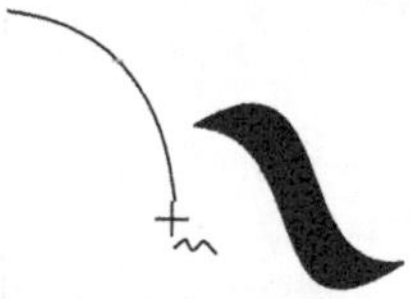
पॉलिलाइन टूल		पॉलिलाइन टूल आपको, प्रीव्यू मोड में लाइन तथा कर्व बनाने देता है।	
3-प्वॉइण्ट कर्व टूल	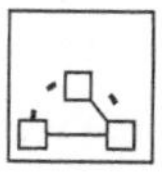	3-प्वॉइण्ट कर्व टूल आपको, स्टार्ट, एण्ड तथा सेन्टर प्वॉइण्ट निश्चित करके कर्व बनाने देता है।	

6. **स्मार्ट टूल्स** (Smart tools)

स्मार्ट फिल टूल		स्मार्ट फिल टूल, चारों ओर से घिरे किसी क्षेत्र को बनाकर, उसमें फिल करने की सुविधा प्रदान करता है।	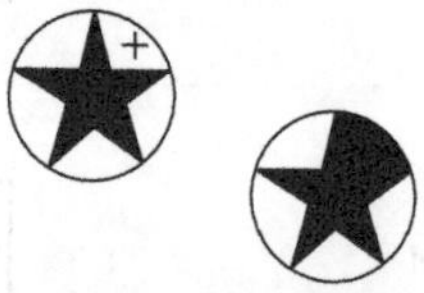
स्मार्ट ड्रॉइंग टूल		स्मार्ट ड्रॉइंग टूल आपके फ्री हैण्ड स्ट्रोक की बेसिक शेप्स तथा स्मूथ कर्व में परिवर्तित करता है।	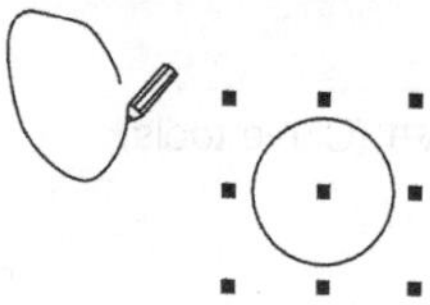

7. **आयताकार टूल्स** (Rectangle tools)

आयताकार टूल	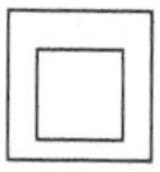	आयताकार टूल आपको, आयत तथा वर्ग बनाने देता है।	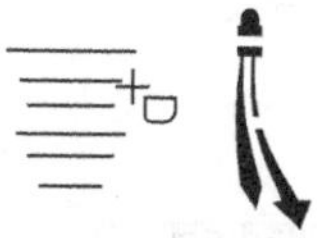
3-प्वॉइण्ट आयताकार टूल	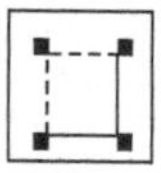	3-प्वॉइण्ट आयताकार टूल आपको किसी कोण में आयत बनाने देता है।	

8. **दीर्घवृत्ताकार टूल्स** (Ellipse tools)

दीर्घवृत्ताकार टूल	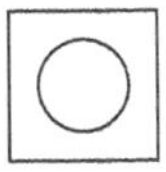	दीर्घवृत्ताकार टूल आपको, वृत्त तथा दीर्घवृत्त बनाने देता है।	
3-प्वॉइण्ट दीर्घवृत्ताकार टूल	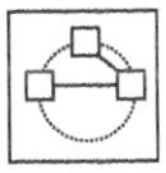	3-प्वॉइण्ट दीर्घवृत्ताकार टूल आपको, किसी कोण में दीर्घवृत्त बनाने देता है।	

9. **ऑब्जैक्ट टूल्स** (Object tools)

पॉलिगन टूल	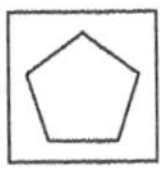	पॉलिगन टूल आपको सिमिट्रिकल पॉलिगन तथा स्टार्स बनाने देता है।	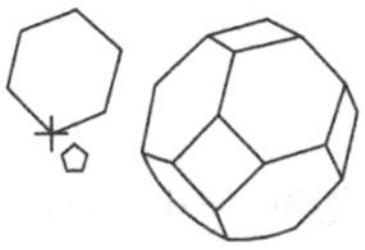
स्टार टूल		स्टार टूल आपको उन्नत स्टार्स बनाने देता है।	
कॉम्प्लैक्स स्टार टूल		कॉम्प्लैक्स स्टार टूल आपको, इन्टरसेक्टिंग भुजाओं वाले कॉम्प्लैक्स स्टार बनाने देता है।	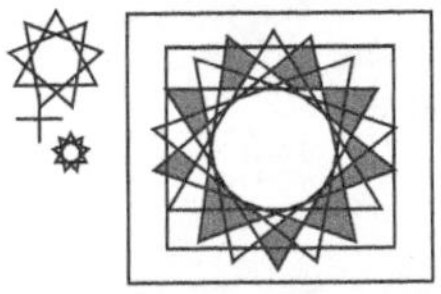
ग्राफ पेपर टूल	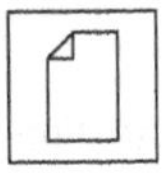	ग्राफ पेपर टूल आपको, ग्राफ पेपर पर समान ग्रिड की लाइन बनाने देता है।	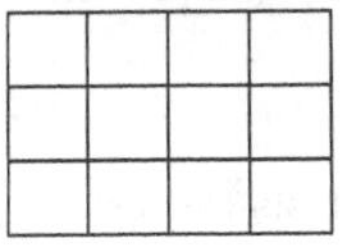
स्पाइरल टूल		स्पाइरल टूल आपको, सिमिट्रिकल तथा लघुगणक स्पाइरल बनाने देता है।	

10. **बेसिक शेप्स टूल्स** (Basic shapes tools)

बेसिक शेप्स टूल	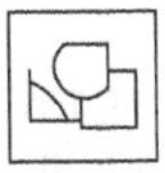	बेसिक शेप्स टूल आपको, शेप्स के पूरे सैट (हैक्सॉग्राम, स्माइली फेस, समकोण त्रिभुज सहित) को चुनने की सुविधा देता है।	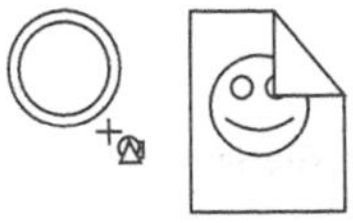
एरो शेप्स टूल		एरो शेप्स टूल आपको, विभिन्न आकार, दिशाओं तथा शीर्षों के तीरों को बनाने देता है।	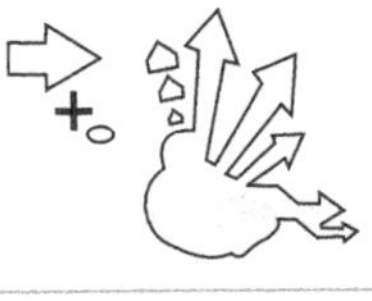

फ्लोचार्ट शेप्स टूल

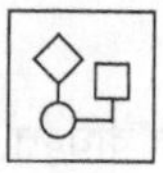

फ्लोचार्ट शेप्स टूल आपको, फ्लोचार्ट के प्रतीकों को बनाने देता है।

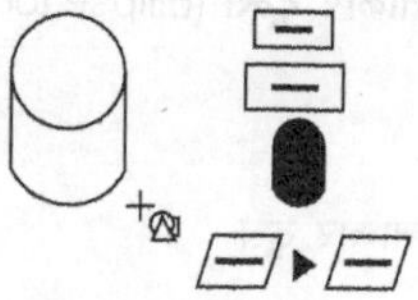

बेनर शेप्स टूल

बेनर शेप्स टूल आपको, रिबन ऑब्जैक्ट तथा एक्स्प्लोजन शेप्स बनाने की सुविधा प्रदान करता है।

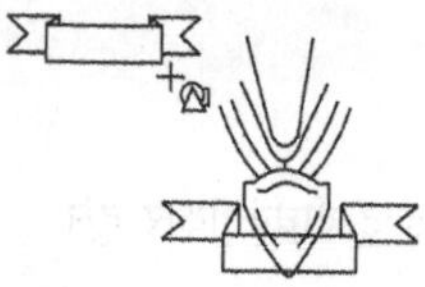

कॉल-आउट शेप्स टूल

कॉल-आउट शेप्स टूल आपको, विभिन्न कॉल-आउट तथा लेबल बनाने देता है।

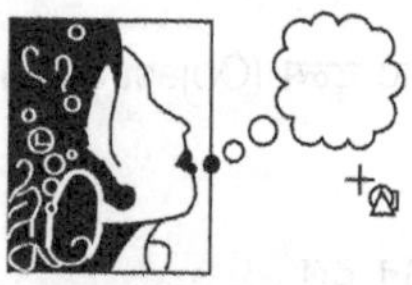

11. **टैक्स्ट टूल्स** (Text tools)

टैक्स्ट टूल

टैक्स्ट टूल आपको, पैराग्राफ के रूप में शब्दों को स्क्रीन पर सीधे ही टाइप करने देता है।

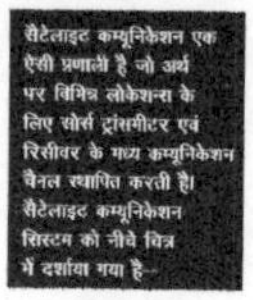

12. **टेबल टूल्स** (Table tools)

टेबल टूल

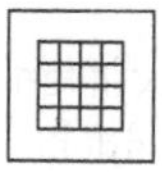

टेबल टूल आपको, टेबल को बनाने तथा एडिट करने की सुविधा देता है।

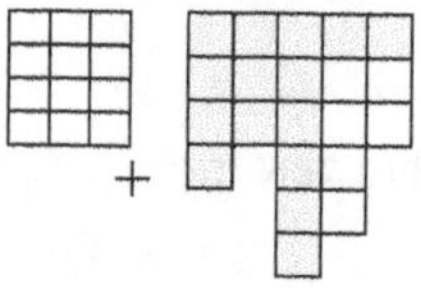

13. **डाइमेंशन टूल्स** (Dimension tools)

पैरेलल डाइमेंशन टूल

पैरेलल डाइमेंशन टूल आपको, तिरछी विमा रेखाएँ खींचने की सुविधा देता है।

क्षैतिज तथा ऊर्ध्वाधर डाइमेंशन टूल

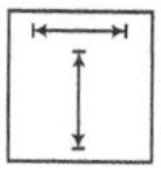

क्षैतिज तथा ऊर्ध्वाधर डाइमेंशन टूल आपको क्षैतिज तथा ऊर्ध्वाधर विमा रेखाएँ खींचने की सुविधा देता है।

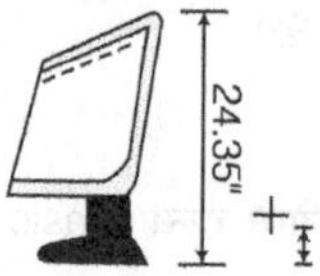

एंगुलर डाइमेंशन टूल

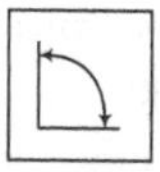

एंगुलर डाइमेंशन टूल आपको, एंगुलर डाइमेंशन लाइनें बनाने की सुविधा देता है।

सेग्मेन्ट डाइमेंशन टूल

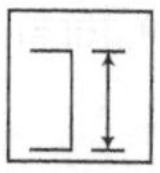

सग्मेन्ट डाइमेंशन टूल आपको, सिंगल या मल्टीपल सेग्मेन्ट में अनबिन्दुओं के मध्य की दूरी को प्रदर्शित करने देता है।

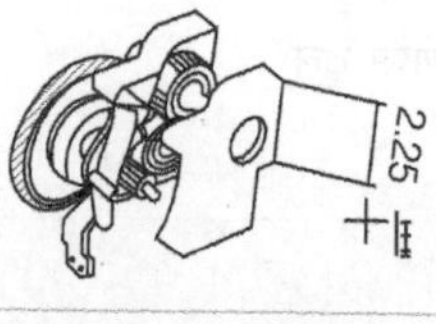

3-प्वॉइण्ट कॉल-आउट टूल	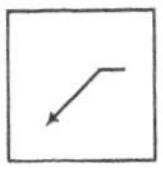	3-प्वॉइण्ट कॉल-आउट टूल आपको, तीन-सेग्मेन्ट लीडर लाइन के साथ कॉल-आउट बनाने देता है।	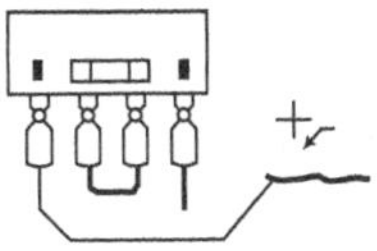

14. **कनैक्टर टूल्स** (Connector tools)

स्ट्रेट-लाइन कनैक्टर टूल	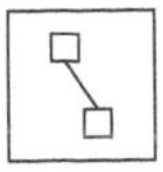	स्ट्रेट-लाइन कनैक्टर टूल आपको, एक सीधी कनैक्टर लाइन बनाने की सुविधा देता है।	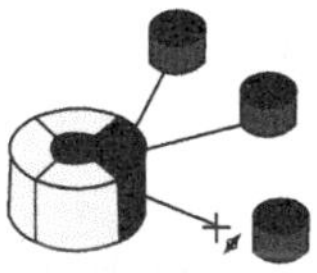
राइट एंगल कनैक्टर टूल	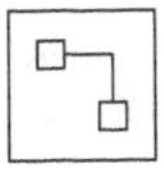	राइट एंगल कनैक्टर टूल आपको समकोण कनैक्टर लाइन बनाने देता है।	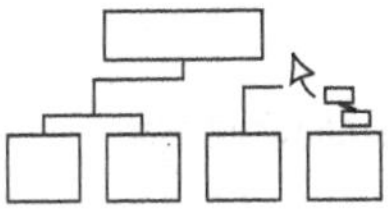
राइट एंगल राउण्ड कनैक्टर टूल	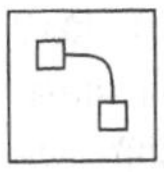	राइट एंगल राउण्ड कनैक्टर टूल आपको, वक्र कोनों वाली समकोण कनैक्टर लाइन बनाने देता है।	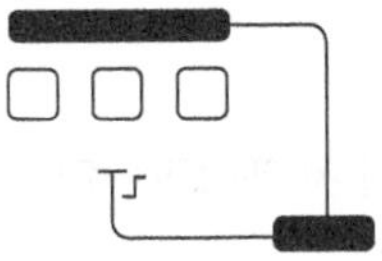
एडिट एंकर टूल	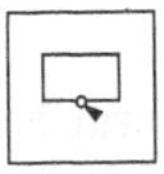	एडिट एंकर टूल आपको, कनैक्टर लाइनों के एंकर प्वॉइण्ट को बदलने की सुविधा देता है।	

15. **इन्टरैक्टिव टूल्स** (Interactive tools)

ब्लैण्ड टूल	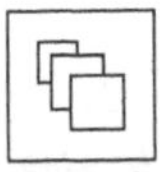	ब्लैण्ड टूल आपको, दो ऑब्जैक्ट को ब्लैण्ड करने देता है।	
कन्टूर टूल	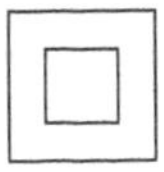	कन्टूर टूल आपको, एक ऑब्जैक्ट पर कन्टूर अप्लाई करने देता है।	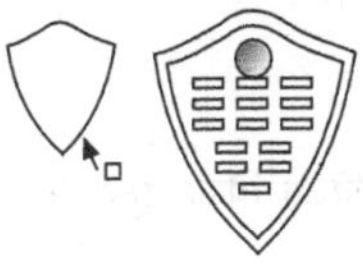
डिस्टोर्ट टूल		डिस्टोर्ट टूल आपको, किसी ऑब्जैक्ट पर पुश-पुल ट्विस्टर डिस्टोर्शन, जिपर डिस्टोर्शन तथा ट्विस्टर डिस्टोर्शन अप्लाई करने देता है।	
ड्रॉप शैडो टूल	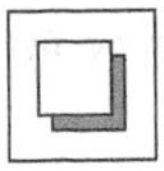	ड्रॉप शैडो टूल आपको, किसी ऑब्जैक्ट पर ड्रोप शैडो अप्लाई करने देता है।	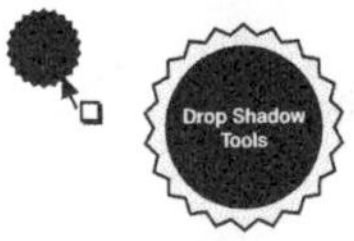
एनवेलप टूल	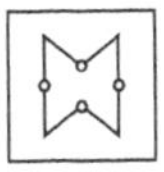	एनवेलप टूल आपको, एनवेलप के नोड्स को ड्रैग करके, ऑब्जैक्ट को शेप देने देता है।	

एक्स्ट्रूड टूल		एक्स्ट्रूड टूल आपको, वस्तुओं की चौड़ाई में भ्रम उत्पन्न कराता है।	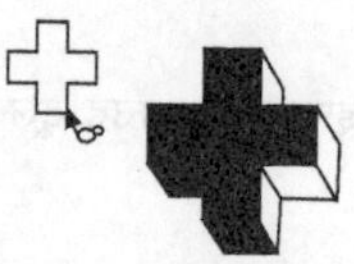
ट्रांसपेरेंसी टूल		ट्रांसपेरेंसी टूल आपको, वस्तुओं की पारदर्शिता को लागू करने देता है।	

16. **आइड्रॉपर टूल्स** (Eyedropper tools)

कलर आइड्रॉपर टूल		कलर आइड्रॉपर टूल आपको किसी ऑब्जैक्ट में से एक कलर सलेक्ट और कॉपी करने देता है।	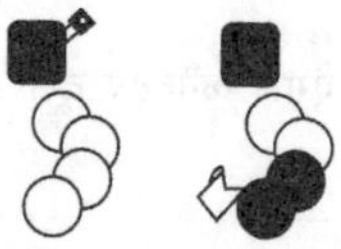
एट्रीब्यूट्स आइड्रॉपर टूल		एट्रीब्यूट्स आइड्रॉपर टूल आपको किसी ऑब्जैक्ट के गुणों; जैसे–रेखाओं की मोटाई, आकार आदि को सलेक्ट तथा कॉपी करने देता है।	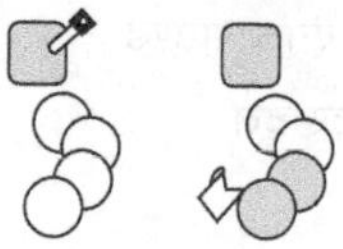

17. **आउटलाइन टूल्स** (Outline tools)

आउटलाइन टूल		आउटलाइन टूल फ्लाईआउट को खोलता है, जोकि आउटलाइन पेन डायलॉग बॉक्स और आउटलाइन कलर डायलॉग बॉक्स जैसे आइटमों को शीघ्र एक्सेस कराता है।	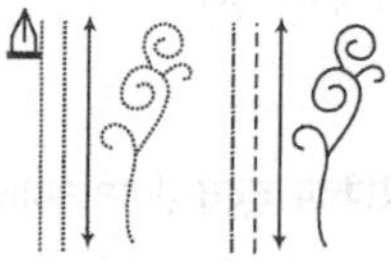

18. **फिल टूल्स** (Fill tools)

फिल टूल		फिल टूल फ्लाईआउट को खोलता है, जोकि फिल डायलॉग बॉक्स जैसे मॉडल को शीघ्र एक्सेस कराता है।	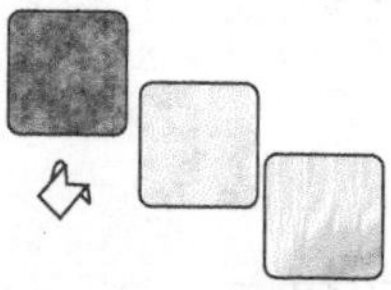

19. **इन्टरैक्टिव फिल टूल्स** (Interactive fill tools)

इन्टरैक्टिव फिल टूल		इन्टरैक्टिव फिल टूल अनेक फिल्स अप्लाई करने देता है।	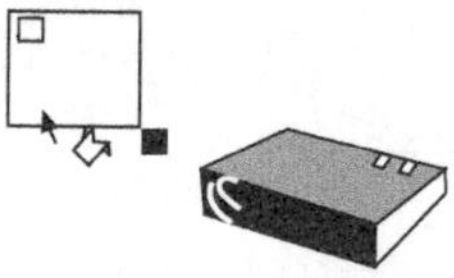
मेश फिल टूल	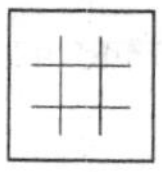	मेश फिल टूल आपको, किसी वस्तु पर मेश ग्रिड अप्लाई करने देता है।	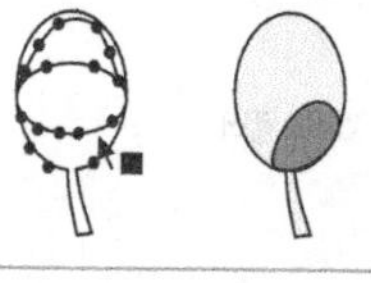

कोरल ड्रॉ के मुख्य टूल्स Main Tools of CorelDraw

कोरल ड्रॉ के कुछ मुख्य टूल्स का विवरण निम्न प्रकार है

1. **पिक टूल** (मूविंग, स्केलिंग तथा स्टिचिंग ऑब्जैक्ट्स) [Pick tool (Moving, scaling and stitching objects)] ऑब्जैक्ट्स को मूव (move), स्केलिंग या स्टिचिंग करने हेतु ऑब्जैक्ट स्टिचिंग को ड्रेग करते हैं। इस टूल की सहायता से ऑब्जैक्ट को एक स्थान से दूसरे स्थान पर मूव कराया जाता है। इसके अतिरिक्त, स्टिचिंग से तात्पर्य, ऑब्जैक्ट को क्षैतिज या ऊर्ध्वाधर, घटाने तथा बढ़ाने से है, यदि हम ऑब्जैक्ट के कोनों को बदलना चाहते हैं, तो हम स्केलिंग टूल का उपयोग करते हैं।
2. **फ्री हैण्ड टूल** (Free hand tool) ये टूल फ्री हैण्ड ड्रॉइंग के लिए उपयोग किए जाते हैं। फ्री हैण्ड टूल का प्रयोग करके कर्व तथा स्टिचिंग लाइन सेग्मेन्ट बनाए जा सकते हैं। इनकी शॉर्ट कट 'की' (Key) F5 है।
3. **फ्री ट्रांसफॉर्म टूल** (Free transform tool) ये फ्री-एंगल रिफ्लेक्शन टूल, फ्री स्केल टूल, फ्री स्क्यू (skew) टूल तथा फ्री रोटेशन टूल हैं। इनमें, फ्री-एंगल रिफ्लेक्शन टूल, ऑब्जैक्ट के एंगल को बदलने के लिए, फ्री स्केल टूल, ऑब्जैक्ट के आकार को बदलने के लिए, फ्री स्क्यू टूल ऑब्जैक्ट की क्षैतिज तथा ऊर्ध्वाधर रेखाओं को तिरछा करने के लिए तथा फ्री रोटेशन टूल, ऑब्जैक्ट को किसी एक स्थिर बिन्दु के चारों ओर घुमाने के लिए उपयोग किया जाता है।
4. **रिपैल टूल** (Repel tool) यह टूल ऑब्जैक्ट के आकार को परिवर्तित करने के लिए उपयोग किया जाता है, यदि आप निब (nib) के आकार को परिवर्तित करना चाहते हैं, तो इनमें से निब रेडियस टूल (nib radius tool) की सहायता लेकर यह कार्य किया जा सकता है।
5. **नाइफ टूल** (ऑब्जैक्ट को तोड़ने के लिए) [Knife tool (For splitting the objects)] यह टूट ऑब्जैक्ट को काटने तथा तोड़ने के लिए उपयोग किया जाता है। इस टूल की सहायता से ऑब्जैक्ट के अवांछित भाग को हटाकर, केवल वांछित भाग प्राप्त किया जा सकता है।
6. **इरेजर टूल** (Eraser tool) यदि किसी ऑब्जैक्ट का कोई भाग मिटाना हो, तो इस टूल की सहायता ली जाती है। इसका प्रयोग करके आप एक स्वच्छ ऑब्जैक्ट प्राप्त कर सकते हैं।
7. **स्मार्ट ड्रॉइंग टूल** (Smart drawing tool) इस टूल का उपयोग करके फ्री-हैण्ड स्ट्रोक से खींची गई किसी आकृति अथवा रेखा को स्मूथ आकृति, कर्व या रेखा में परिवर्तित किया जा सकता है।
8. **आयताकार टूल** (Rectangle tool) यह टूल आयताकार आकृति बनाने के लिए उपयोगी है। इसका प्रयोग करके अच्छी एवं साफ सुथरी आकृति बनाई जा सकती है।
9. **दीर्घवृत्ताकार टूल** (Ellipse tool) यह पाई बटर या आर्क बटर (pie butter or arc butter) टूल है, जोकि पाई शेप या आर्क शेप बनाता है। ये आकृतियाँ डिजाइन के ले-आउट के लिए उपयोगी होती हैं।
10. **पॉलिगन टूल** (Polygon tool) यह टूल पॉलिगन बनाने के लिए उपयोग किया जाता है। पॉलिगन की भुजाओं की संख्या निर्धारित करने के लिए पॉलिगन की भुजाओं या प्वॉइण्ट की संख्या में, प्रोपर्टी बार पर मान टाइप करना होता है। इसके अतिरिक्त, पॉलिगन के आकार को परिवर्तित करने हेतु शेप टूल की सहायता ली जाती है।
11. **स्टार या कॉम्प्लैक्स स्टार टूल** (Star or complex star tool) ये टूल, समान भुजाओं वाले सिंगल या कॉम्प्लैक्स स्टार बनाने के लिए उपयोग किए जाते हैं। इनके द्वारा बनाए गए स्टारों की भुजाओं की शेप अच्छी होती है।
12. **ग्राफ पेपर टूल** (Graph paper tool) यदि हम ग्राफ पेपर टूल में रॉज (rows) तथा कॉलम्स (columns) की संख्या सेट कर दें, तो ग्राफ पेपर टूल, वर्ग की बाहरी बाउण्डरी (boundary) बनाकर, ड्रॉइंग विण्डो पर ग्राफ पेपर उपलब्ध कराता है।
13. **बेसिक शेप्स तथा फ्लो चार्ट** (Basic shapes and flow chart) यह अच्छी शेप बनाकर, फ्लोचार्ट बनाने की सुविधा प्रदान करता है। विभिन्न शेप अथवा आकृतियों के आकार को परिवर्तित किया जा सकता है।

    किसी भी प्रोग्राम को स्टेप-बाई-स्टेप समझने के लिए फ्लो चार्ट बनाने हेतु यह टूल बहुत महत्त्वपूर्ण तथा उपयोगी है।
14. **टैक्स्ट टूल** (Text tool) ये दो प्रकार के टूल होते हैं—

    आर्टिस्टिक टैक्स्ट (Artistic text),
    पैराग्राफिक टैक्स्ट (Paragraphic text)

    आर्टिस्टिक टैक्स्ट, वर्ड के डिजाइन बनाने के लिए प्रयोग होता है, जबकि **पैराग्राफ टैक्स्ट**, पैराग्राफ का फ्रेम बनाने के लिए उपयोग होता है। इसकी शॉर्टकट-की (Key) F8 है।
15. **ब्लैण्ड टूल** (Blend tool) ब्लैण्ड टूल की सहायता से दो ऑब्जैक्ट्स को ब्लैण्ड किया जा सकता है। ब्लैण्ड करने के लिए पहले ऑब्जैक्ट को दूसरे की ओर ड्रेग करते हैं, जिससे पहला ऑब्जैक्ट प्रारम्भिक बिन्दु पर तथा दूसरा अन्तिम बिन्दु पर होता है।
16. **कन्टूर टूल** (Contour tool) किसी ऑब्जैक्ट के अन्दर तथा बाहर की ओर कन्टूर बनाने के लिए इसे ड्रैग किया जाता है। कन्टूर में रंगों को परिवर्तित करने के लिए कलर पैलेट का उपयोग किया जा सकता है। ऑब्जैक्ट के आकार को कन्टूर के अन्दर या बाहर की ओर छोटा अथवा बड़ा किया जा सकता है। यह आब्जैक्ट पर एक अच्छा प्रभाव डालता है।
17. **डिस्टोर्ट टूल** (Distort tool) पुश तथा पुल डिस्टोर्शन को सलेक्ट करने पर यह पुश प्रभाव (push effect) प्रदर्शित करता है। पुल प्रभाव (pull effect) अप्लाई करने के लिए, माउस की ड्रेग करके अपनी आवश्यकता के अनुसार प्रभाव डाला जा सकता है। अत: डिस्टोर्शन टूल पुश प्रभाव के लिए तथा डिस्टोर्शन बटन पुल प्रभाव के लिए उपयोगी होता है।

    इसके अतिरिक्त, जिपर डिस्टोर्शन बटन, जिपर प्रभाव (zipper effect) के लिए प्रयोग किया जाता है तथा ट्विस्टर डिस्टोर्शन बटन, ट्विस्टर प्रभाव (twister effect) के लिए उपयोगी है।
18. **ड्रॉप शैडो टूल** (Drop shadow tool) इस टूल पर क्लिक करके, किसी ऑब्जैक्ट की शैडो प्रदर्शित की जा सकती है। इस टूल का प्रयोग करके न केवल ऑब्जैक्ट अपितु शब्दों को भी विशेष प्रभाव के साथ प्रदर्शित किया जा सकता है। यह प्रभाव कुछ विशेष डिजाइनों के लिए उपयोग किया जाता है।

19. **कलर आइड्रॉपर टूल** (Colour eyedropper tool) यह टूल, कलर प्रभाव (colour effect) के साथ ऑब्जैक्ट की आउटलाइन बनाने हेतु प्रयोग किया जाता है। कलर आइड्रॉपर टूल का प्रयोग करके पूरे ऑब्जैक्ट को कलर किया जा सकता है। इसमें अनेक रंग उपलब्ध होते हैं, जिन्हें उपयोग करके सरलता से कलर कर सकते हैं। ये कलर ऑब्जैक्ट सुन्दर व आकर्षक प्रभाव डालते हैं। कलर आइड्रॉपर अथवा बुकेट टूल (bucket tool) का प्रयोग करके विभिन्न रंगों को मिक्स करके अनेक रंग बनाए जा सकते है। इसके अतिरिक्त, आउटलाइन पेन (outline pen), ऑब्जैक्ट की आउटलाइन करने के लिए उपयोग किया जाता है। आउटलाइन कलर पैलेट के लिए शॉर्ट-कट 'की' (key) Shift + F12 है।
20. **यूनीफॉर्म फिल कलर** (Uniform fill colour) कलर पैलेट, कलर वियूअर्स (viewers), कलर हार्मोनीज या कलर ब्लैण्ड का उपयोग करके किसी ऑब्जैक्ट के लिए ठोस फिल कलर चुना जा सकता है। यह ऑब्जैक्ट पर अच्छा प्रभाव प्रदर्शित करता है। इसके लिए शॉर्ट-कट 'की' (key) Shift + F11 है।
21. **फाउन्टेन फिल टूल** (Fountain fill tool) यह टूल ऑब्जैक्ट के कलर तथा शेड्स को ग्रेडिएण्ट प्रदान करता है। अत: इसका उपयोग करके अनेक प्रभावी शेड्स उत्पन्न कर सकते हैं। कोरल ड्रॉ में यह टूल अधिक उपयोग किया जाता है।
22. **पैटर्न फिल तथा टैक्स्चर फिल टूल** (Pattern fill and texture fill tool) यह टूल किसी नमूने (swatch) को कलर करने के लिए उपयोग किया जाता है। इसकी सहायता द्वारा सरलता से नमूने बनाए जा सकते हैं, जिनमें विभिन्न प्रकार के पैटर्न तथा टैक्स्चर उपयोग किए जा सकते हैं।
23. **इन्टरैक्टिव फिल टूल** (Interactive fill tool) इस टूल का प्रयोग, ड्रॉइंग विण्डो तथा प्रोपर्टी बार में मार्कर का उपयोग करके कोण, मध्य बिन्दु तथा रंग बदलने के लिए किया जाता है। इसकी शॉर्ट-कट 'की' (key) G है।

कोरल ड्रॉ सॉफ्टवेयर की शॉर्ट-कट कीज

Shortcuts Keys of CorelDraw Software

कोरल ड्रॉ सॉफ्टवेयर में प्रयोग होने वाली विभिन्न शॉर्टकट कीज निम्न हैं

1.	CTRL + A	सलेक्ट ऑल (Select all)
2.	CTRL + B	बोल्ड (Bold)
3.	CTRL + C	कॉपी (Copy)
4.	CTRL + D	डुप्लीकेट (Duplicate)
5.	CTRL + E	एक्सपोर्ट (Export)
6.	CTRL + G	ग्रुप (Group)
7.	CTRL + I	इम्पोर्ट (Import)
8.	CTRL + J	ऑप्शन (Option)
9.	CTRL + K	ब्रेक अपार्ट (Break Apart)
10.	CTRL + N	न्यू (New)
11.	CTRL + O	ओपन (Open)
12.	CTRL + P	प्रिन्ट (Print)
13.	CTRL + Q	कर्व (Curve)
14.	CTRL + S	सेव (Save)
15.	CTRL + T	फॉर्मेट टैक्स्ट (Format Text)
16.	CTRL + U	अनग्रुप (Ungroup)
17.	CTRL + V	पेस्ट (Paste)
18.	CTRL + X	कट (Cut)
19.	CTRL + Z	अण्डू (Undo)
20.	CTRL + SHIFT	रीडू (Redo)
21.	CTRL + SHIFT	वस्तु की आउटलाइन बदलने हेतु (Convert Outline to object)
22.	SHIFT + MOUSE	हाइलाइट (Highlight)
23.	CTRL + SHIFT	एडिट टैक्स्ट (Edit Text)
24.	CTRL + PAGE UP	फ्रण्ट पर लाने हेतु (Bring to front)
25.	CTRL + PAGE DOWN	पीछे भेजने हेतु (Send to back)
26.	CTRL F2	व्यू मैनेजर (View mnager)
27.	CTRL F4	क्लोज विण्डो (Close window)
28.	CTRL F5	टैक्स्ट तथा ग्राफिक (Graphic and text)
29.	CTRL F8	टैक्स्ट में बदलना (Convert to text)
30.	CTRL F11	प्रतीक (Symbol)
31.	CTRL F12	स्पैलिंग चैक (Spell check)
32.	SHIFT + F1	हेल्प (Help)
33.	SHIFT + F2	एनलार्ज (Enlarge)
34.	SHIFT + F4	रिड्यूस (Reduce)
35.	SHIFT + F11	यूनीफॉर्म फिल (Uniform fill)
36.	SHIFT + F12	आउटलाइन फिल (Outline fill)
37.	SHIFT +2	@
38.	SHIFT + PAGE UP	फ्रण्ट (Front)
39.	SHIFT + PAGE DOWN	बैक (Back)
40.	F1	कण्ट्रोल ड्रॉ हेल्प (Corel draw help)
41.	F2	जूम टूल (Zoom tool)
42.	F3	साइज छोटा करने हेतु (To reduce size)
43.	F4	विण्डो में फिट करने हेतु (Fit in window)
44.	F5	फ्री हैण्ड टूल (Free hand tool)
45.	F6	आयताकार टूल (Rectangle tool)
46.	F7	दीर्घवृत्त टूल वृत्त (Ellipse tool circle)
47.	F8	टैक्स्ट टूल (Text tool)
48.	F9	फुल स्क्रीन (Full screen)
49.	F10	शेप टूल (Shape tool)
50.	F11	फाउन्टेन फिल (Fountain fill)
51.	F12	आउटलाइन फिल (Outline fill)

महत्त्वपूर्ण प्रश्नोत्तरी

1. कोरल ड्रॉ सॉफ्टवेयर को अन्य किस नाम से जाना जाता है?

उत्तर कोरल ड्रॉ सॉफ्टवेयर को 'कोरल ड्रॉ ग्राफिक्स सूट' के नाम से जाना जाता है।

2. कोरल ड्रॉ ट्रेस X6 किस कार्य हेतु उपयोग किया जाता है?

उत्तर कोरल ड्रॉ ट्रेस X6, बिटमैप को एडिटेबल वेक्टर ग्राफिक्स में परिवर्तित करने के लिए उपयोग किया जाता है।

3. कोरल ड्रॉ के अन्य प्रारूप कौन-कौन से हैं? उनके नाम लिखिए।

उत्तर कोरल ड्रॉ के अन्य प्रारूप कोरल ड्रॉ कम्प्रेस्ड (CDX), कोरल ड्रॉ टैम्प्लेट (CDT) तथा कोरल प्रेसेन्टेशन एक्सचेंज (CMX) हैं।

4. पिक टूल की सहायता से कौन-कौन से कार्य किए जा सकते हैं?

उत्तर पिक टूल की सहायता से ऑब्जैक्ट को एक स्थान से दूसरे स्थान पर मूव कराया जा सकता है। इसके अतिरिक्त, ऑब्जैक्ट को क्षैतिज तथा ऊर्ध्वाधर घटाने या बढ़ाने हेतु तथा ऑब्जैक्ट के कोनों को बदलने हेतु पिक टूल की सहायता ली जाती है।

5. आयताकार टूल के लिए कोरल ड्रॉ में कौन-सी शॉर्ट कट 'की' (key) प्रयोग की जाती है?

उत्तर आयताकार टूल के लिए कोरल ड्रॉ में F6 शॉर्ट कट 'की' (key) प्रयोग की जाती है।

अभ्यास प्रश्न

परीक्षा प्रारूपी प्रश्न

बहुविकल्पीय प्रश्न

1. CDR फाइल फॉर्मेट निम्न में से किस एप्लीकेशन को पूर्ण सपोर्ट नहीं करता है?

(a) एडोब इलस्ट्रेटर (b) कोरल पेन्ट शॉप फोटो प्रो
(c) SK1 (d) कोरल क्लिप आर्ट

2. कोरल ड्रॉ इन्स्टॉल करने हेतु सिस्टम की आवश्यकता है

(a) Microsoft ® windows ® 7
(b) windows ® XP
(c) Intel ® Pentium ® 4
(d) उपरोक्त सभी

3. गणितीय विवरण से उत्पन्न इमेज, जो स्थिति, लम्बाई, दिशा आदि स्पष्ट करती है, कहलाती है

(a) बिटमैप (b) वेक्टर ग्राफिक्स
(c) फ्लाईआउट (d) ऑब्जैक्टर

4. निम्न में से फ्लाईआउट है

(a) टूल या मेन्यू आइटम के ग्रुप को खोलने वाला एक बटन
(b) विकल्पों की एक सूची
(c) गणितीय विवरण से उत्पन्न एक इमेज
(d) विशिष्ट टूल या कार्य हेतु एक विण्डो

5. कोरल ड्रॉ की एप्लीकेशन विण्डो पर, निम्न में से कौन-सा विकल्प दाईं ओर प्रदर्शित होता है?

(a) रूलर्स (b) टाइटल बार
(c) डॉकर (d) स्टेट्स बार

6. निम्न में से किसमें मेन्यू तथा अन्य कमाण्डों के शॉर्ट-कट सम्मिलित होते हैं?

(a) मेन्यू बार (b) टूल बार
(c) प्रोपर्टी बार (d) स्टेट्स बार

7. ड्रॉइंग में ऑब्जैक्ट का आकार तथा स्थान निर्धारित करने वाला क्षैतिज तथा ऊर्ध्वाधर बॉर्डर है

(a) डॉकर (b) नैवीगेटर (c) रूलर्स (d) फ्लाईआउट

8. एप्लीकेशन विण्डो पर नैवीगेटर कहाँ प्रदर्शित होता है?

(a) ऊपर, दाईं ओर (b) नीचे, दाईं ओर
(c) ऊपर, बाईं ओर (d) नीचे, बाईं ओर

9. निम्न में से कौन-सा विकल्प स्क्रीन पर कर्सर की वर्तमान स्थिति को दर्शाता है?

(a) टूल बॉक्स (b) प्रोपर्टी बार
(c) स्टेट्स बार (d) नैवीगेटर

10. निम्न में से कौन-सा टूलबार किसी विशेष टास्क के लिए उपयोग नहीं किया जाता है?

(a) टैक्स्ट टूलबार (b) इन्टरनेट टूलबार
(c) प्रिन्ट मर्ज टूलबार (d) प्रोपर्टी टूलबार

11. ड्रॉइंग के अवांछित क्षेत्र को हटाने के लिए कौन-से टूल्स उपयोग किए जाते हैं?

(a) पिक टूल्स (b) जूम टूल्स
(c) कट टूल्स (d) क्रोप टूल्स

12. निम्न में से कौन-सा टूल मुक्त रोटेशन, फ्री एंगल रिफ्लेक्शन, फ्री स्केल आदि का उपयोग करके ऑब्जैक्ट को बदलने में सहायता करता है?
(a) रफेन टूल (b) ट्रांसफॉर्म टूल
(c) नाइफ टूल (d) स्मज ब्रुश टूल

13. निम्न में से कौन-सा टूल, कर्व टूल्स के अन्तर्गत नहीं आता है?
(a) फ्री हैण्ड टूल (b) पॉलिलाइन टूल
(c) स्मार्ट ड्रॉइंग टूल (d) आर्टिस्टिक मीडिया टूल

14. फ्लोचार्ट शेप्स टूल ········· टूल्स के अन्तर्गत आता है।
(a) शेप एडिट टूल्स (b) बेसिक शेप्स टूल्स
(c) स्मार्ट टूल्स (d) कर्व टूल्स

15. कोरल ड्रॉ में क्षैतिज तथा ऊर्ध्वाधर विमाएँ खींचने हेतु कौन-सा टूल प्रयोग किया जाता है?
(a) पैरेलल डाइमेंशन टूल
(b) एंगुलर डाइमेंशन टूल
(c) सेग्मेन्ट डाइमेंशन टूल
(d) क्षैतिज तथा ऊर्ध्वाधर डाइमेंशन टूल

16. एक इन्टरैक्टिव टूल है
(a) डिस्टोर्शन टूल (b) कनैक्टर टूल
(c) पैरेलल डाइमेंशन टूल (d) एडिट एंकर टूल

17. मेश फिल टूल ··········· टूल्स की श्रेणी में आता है।
(a) आउटलाइन टूल्स (b) फिल टूल्स
(c) इन्टरैक्टिव फिल टूल (d) आइड्रोपर टूल्स

18. कर्व के लिए प्रयुक्त होने वाली शॉर्ट कट 'की' (key) है
(a) CTRL + K (b) CTRL + T
(c) CTRL + C (d) CTRL + Q

19. निम्न में से किस कार्य के लिए SHIFT + F1 'की' (key) का उपयोग किया जाता है?
(a) व्यूमैनेजर (b) हैल्प
(c) एडिट टैक्स्ट (d) रिड्यूस

20. इन्टरैक्टिव फिल टूल के लिए शॉर्ट-कट 'की' (key) है
(a) F (b) I
(c) G (d) H

उत्तरमाला

1. (c)	**2.** (d)	**3.** (b)	**4.** (a)	**5.** (c)	**6.** (b)	**7.** (c)	**8.** (d)	**9.** (c)	**10.** (d)
11. (d)	**12.** (b)	**13.** (c)	**14.** (b)	**15.** (d)	**16.** (a)	**17.** (c)	**18.** (d)	**19.** (b)	**20.** (c)

अध्याय 23

ड्रॉइंग एवं रंग भरना

Drawing and Colouring

वस्त्र निर्माण में वस्त्रों की सजावट एक महत्त्वपूर्ण प्रक्रिया है। बाजार की माँग के अनुकूल वस्त्रों की रूप सज्जा पर विशेष ध्यान दिया जाता है। रूप सज्जा से आशय वस्त्रों की सजावट से है, जिससे कि उपभोक्ता को सम्पूर्ण मानसिक सन्तुष्टि की अनुभूति हो सके। वस्त्रों की सजावट के साथ-साथ, इसमें प्रयुक्त होने वाले रंगों के चयन पर भी विशेष ध्यान दिया जाता है, क्योंकि रंगों के प्रयोग के बिना वस्त्रों की सजावट की परिकल्पना करना भी सम्भव नहीं है।

ड्रॉइंग सम्बन्धी कार्यों में रेखाओं एवं ज्यामितीय आकृतियों का महत्त्वपूर्ण योगदान है, इसलिए इस अध्याय में इन पर भी मुख्य रूप से प्रकाश डाला गया है।

अध्याय विषय सूची

23.1 रेखाओं के प्रकार एवं उनकी विशेषताएँ

Types and Characteristics of Lines

वस्त्रों की साज-सज्जा में विविध प्रकार की रेखाओं का विशेष महत्त्व होता है। सीधी, तिरछी एवं कर्व रेखाओं के प्रयोग के बिना टेलरिंग सम्बन्धित कार्यों को सम्पन्न करना सम्भव नहीं है। रेखा से आशय, दो बिन्दुओं के मध्य की दूरी से है। संरचना के दृष्टिकोण से रेखाएँ निम्न प्रकार की होती हैं

क्र.सं.	**रेखाएँ** (Lines)	**संकेत** (Symbol)
1.	खड़ी रेखाएँ (Vertical lines)	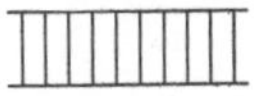
2.	क्षैतिज रेखाएँ (Horizontal lines)	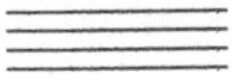
3.	तिरछी रेखाएँ (Slanted lines)	
4.	विखण्डित रेखा (Broken line)	------------
5.	बिन्दुदार रेखा (Dotted line)	....
6.	पतली रेखा (Thin line)	———
7.	मोटी रेखा (Thick line)	━━━
8.	क्रॉसओवर रेखा (Crossover line)	×××××××
9.	ब्रेकेट रेखा (Bracket line)	() () () () () ()
10.	बनावट युक्त रेखा (Textured line)	[•••] [••••]
11.	स्पाइरल रेखा (Spiral line)	
12.	टेढ़ी-मेढ़ी रेखा (Zig-zag line)	
13.	लम्बवत् रेखाएँ (Perpendicular lines)	
14.	पूर्णतः गोलाई वाली रेखा (Full curve line)	O O O O
15.	अर्द्ध-गोलाई युक्त रेखाएँ (Half curve lines)	∪∪∪∪

उपरोक्त दी गई सभी रेखाओं का प्रयोग वस्त्र निर्माण के समय सजावट हेतु किया जाता है। इनमें से कुछ रेखाओं का प्रयोग अधिक किया जाता है।

वस्त्रों में मुख्य रूप से दो प्रकार की रेखाएँ उपयोग की जाती हैं

1. सिल्हूट रेखाएँ 2. स्ट्रक्चर रेखाएँ

1. सिल्हूट रेखाएँ Silhouette Lines

वे रेखाएँ, जो पोशाकों अथवा शरीर की आउटलाइन बनाती हैं, सिल्हूट रेखाएँ कहलाती हैं।

ये अति महत्त्वपूर्ण रेखाएँ होती हैं, जो वस्त्रों में दूर से देखने पर भी प्रदर्शित हो सकती हैं। ये पोशाकों को सटीक आकृति प्रदान करती हैं तथा पोशाक पहनने वाले के स्वरूप को आकर्षक बनाती हैं।

2. स्ट्रक्चर रेखाएँ Structure Lines

वे रेखाएँ, जो पोशाकों में विभिन्न स्थानों को विभाजित करती हैं, स्ट्रक्चर रेखाएँ कहलाती हैं। ये रेखाएँ गले की रेखाओं, सिलाई के खुलने, प्लीट्स, गैदर, टक्स तथा टॉप स्टिच आदि रूपों में पोशाकों पर होती हैं। ये रेखाएँ सीधी, वक्र, तिरछी, मोटी, पतली इत्यादि अनेक प्रकार की हो सकती हैं।

पोशाकों में प्रयोग होने वाली कुछ महत्त्वपूर्ण स्ट्रक्चर रेखाओं का विवरण निम्न प्रकार है

1. क्षैतिज रेखाएँ Horizontal Lines

वस्त्रों की सजावट में इन रेखाओं का विशेष महत्त्व है। ये रेखाएँ वस्त्रों पर एक समान दूरी पर दाएँ से बाएँ ओर होती हैं। लम्बे कद वाले एवं दुबले-पतले शरीर वाले व्यक्ति को क्षैतिज रेखाओं से युक्त वस्त्र धारण करना चाहिए, इससे उनका व्यक्तित्व निखरता है।

क्षैतिज रेखा से सम्बन्धित पोशाक को यहाँ दर्शाया गया है

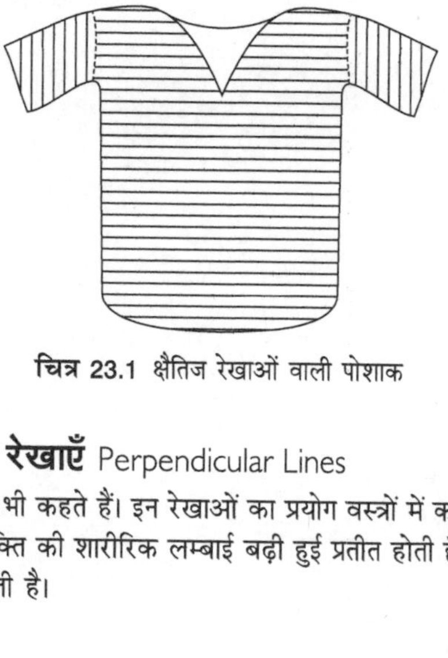

चित्र 23.1 क्षैतिज रेखाओं वाली पोशाक

2. लम्बवत् रेखाएँ Perpendicular Lines

इसे खड़ी रेखा भी कहते हैं। इन रेखाओं का प्रयोग वस्त्रों में करने से, धारण करने वाले व्यक्ति की शारीरिक लम्बाई बढ़ी हुई प्रतीत होती है और चौड़ाई कम दिखाई देती है।

निम्न चित्र में लम्बवत रेखाओं वाली पोशाक को दर्शाया गया है।

चित्र 23.2 लम्बवत् रेखाओं वाली पोशाक

3. तिरछी रेखाएँ Slanted Lines

वस्त्रों की सजावट में इन रेखाओं को भी सम्मिलित किया जाता है, चूँकि वस्त्रों पर इन रेखाओं का स्वरूप टेढ़ा-मेढ़ा होता है, इसलिए इसकी चौड़ाई कुछ कम प्रतीत होती है। कभी-कभी तिरछी रेखाओं से 'V' आकार में एक अलग ही डिजाइन बन जाता है।

चित्र 23.3 तिरछी रेखाओं वाली पोशाक

4. वक्रयुक्त रेखाएँ Curve Lines

वस्त्रों को आकर्षक बनाने में वक्रयुक्त रेखाओं की भी महत्त्वपूर्ण भूमिका होती है। वक्रयुक्त रेखाएँ दो प्रकार की होती हैं—नीचे की ओर खींची गई और ऊपर की ओर खींची गई रेखाएँ। वक्रयुक्त रेखाओं द्वारा सजे परिधान को धारण करने से कोमलता एवं सौम्यता की भावना उत्पन्न होती है। कभी-कभी वक्र रेखाएँ बनाने हेतु वस्त्रों पर सिलाई भी करनी पड़ती है। वक्राकार रेखाओं की कभी लम्बाई, तो कभी चौड़ाई कम हो जाती है, ऐसा रेखाओं के झुकाव के कारण प्रतीत होता है।

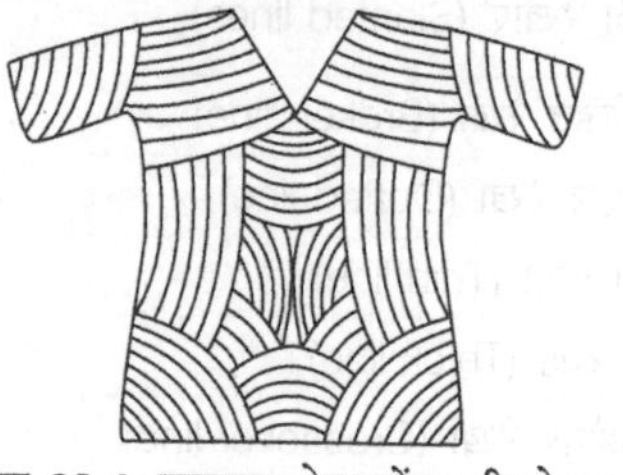

चित्र 23.4 वक्रयुक्त रेखाओं वाली पोशाक

5. V-आकार की रेखाएँ V-shaped Lines

फैशन के दृष्टिकोण से वस्त्रों में V-आकार की रेखाएँ विशेष रूप से खींची जाती हैं। ऐसी रेखाओं का प्रयोग अधिकतर कमर पर, आर्महोल के पाइपिंग या विशेष फैशन पट्टी लगाने के लिए किया जाता है।

वस्त्रों की चौड़ाई बढ़ी हुई प्रतीत हो, इस उद्देश्य से भी इस प्रकार की रेखा का प्रयोग किया जाता है। V-आकार की रेखाओं से सजे वस्त्रों को धारण करने से भ्रम की स्थिति उत्पन्न होती है।

चित्र 23.5 V-आकार की रेखाएँ वाली पोशाक

6. **विखण्डित रेखाएँ** Broken Lines

विखण्डित रेखाओं का प्रयोग विशेष डिजाइन के क्रियान्वयन में किया जाता है। यदि किसी विशेष भाग को अधिक फोकस करना हो, तो विखण्डित रेखाओं का प्रयोग किया जाता है।

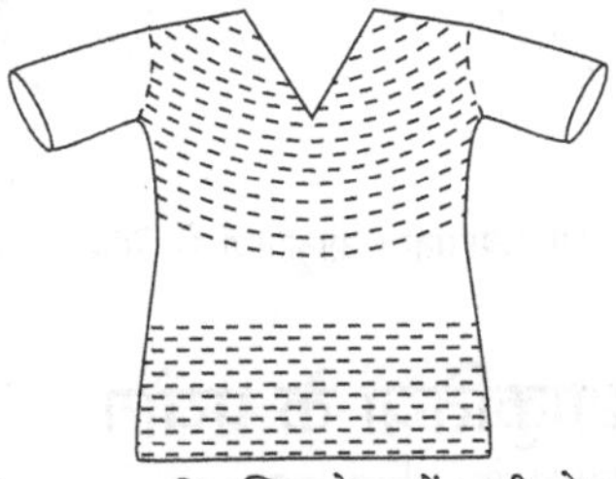

चित्र 23.6 विखण्डित रेखाओं वाली पोशाक

23.2 ज्यामितीय आकृतियाँ एवं इनका प्रयोग Geometrical Shapes and their Uses

वस्त्रों में सजावट के लिए ज्यामितीय आकृतियों का प्रयोग भी किया जाता है। इससे वस्त्रों का आकर्षण बढ़ता है। वस्त्रों में ज्यामितीय आकारों का प्रयोग कई रूपों में किया जाता है। गले की सुन्दरता एवं सजावटी सामानों के प्रयोग में इनका प्रयोग अधिक किया जाता है। इन्हें नीचे दिए गए चित्र में प्रदर्शित किया गया है

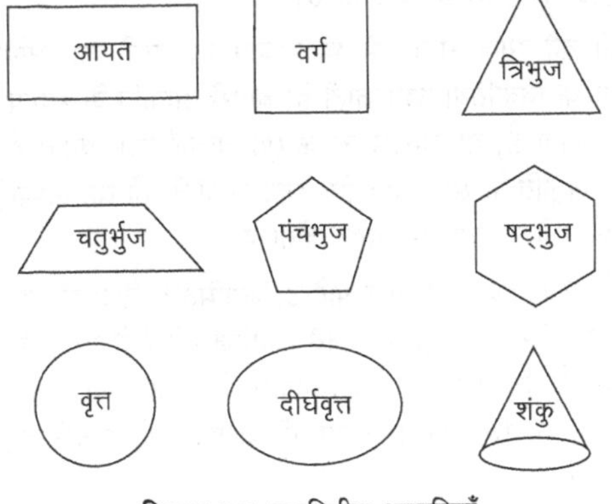

चित्र 23.7 ज्यामितीय आकृतियाँ

1. **वर्ग** Square

वह समतल आकृति, जिसकी चारों भुजाओं की लम्बाई समान हों तथा चारों कोण समकोण हों अर्थात् 90° माप के हों, वर्ग कहलाती है।

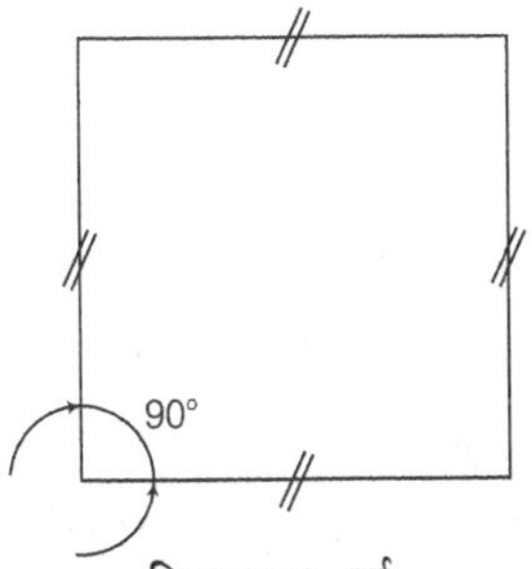

चित्र 23.8 वर्ग

2. **आयत** Rectangle

वह समतल आकृति, जिसकी चार भुजाएँ हों, जिनमें से विपरीत भुजाओं की लम्बाई असमान हों तथा चारों कोण 90° माप के हों, आयत कहलाती है।

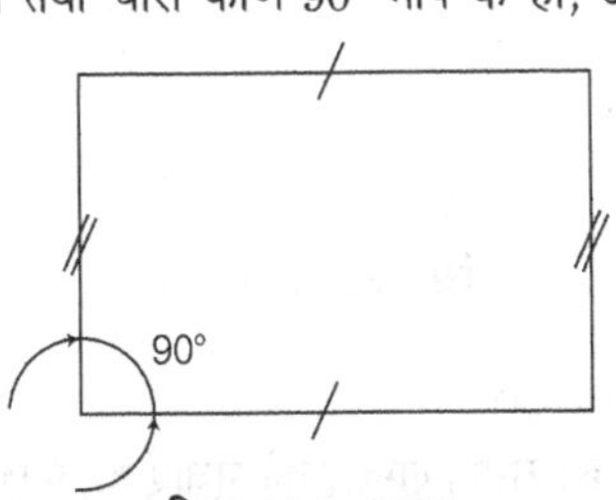

चित्र 22.9 आयत

3. **त्रिभुज** Triangle

वह समतल आकृति, जो तीन सरल रेखाओं द्वारा घिरी होती है, त्रिभुज कहलाती है। जिन रेखाओं द्वारा त्रिभुज निर्मित होता है, वह उसकी भुजाएँ कहलाती हैं।

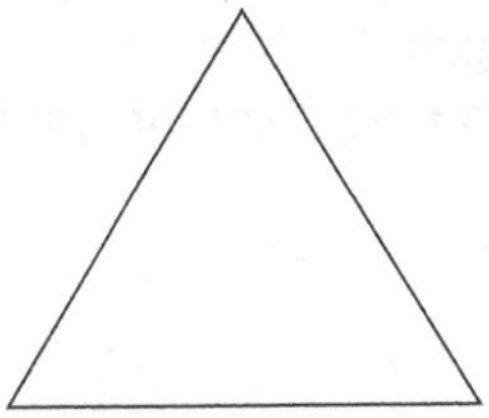

चित्र 23.10 त्रिभुज

4. **वृत्त** Circle

किसी एक बिन्दु को केन्द्र मानकर, चारों ओर से समान दूरी लेते हुए निर्मित की गई आकृति, वृत्त कहलाती है।

चित्र 23.11 वृत्त

5. **दीर्घवृत्त** Ellipse

किसी वृत्त को चौड़ाई में से फैला देने पर निर्मित हुई आकृति, दीर्घवृत्त कहलाती है। यह अण्डाकार आकृति होती है।

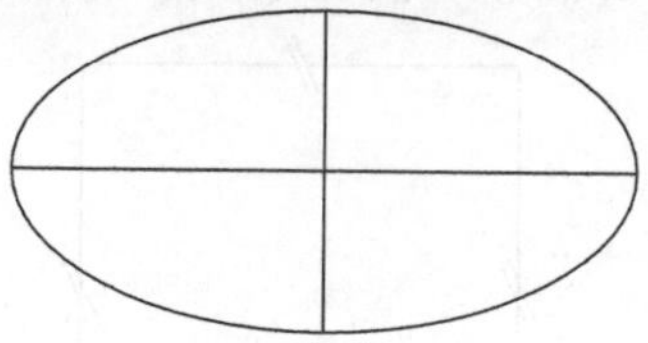

चित्र 23.12 दीर्घवृत्त

6. **पंचभुज** Pentagon

वह आकृति, जिसमें पाँच समान लम्बाई की भुजाएँ हों तथा पाँच कोण हों, पंचभुज कहलाती है।

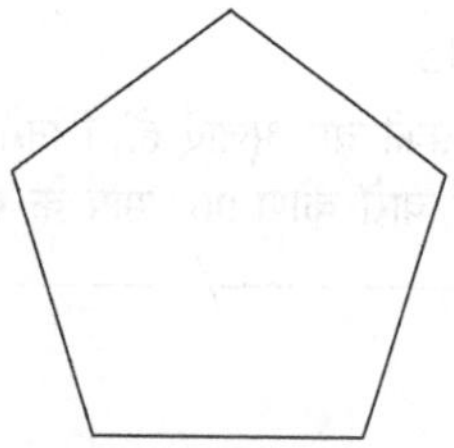

चित्र 23.13 पंचभुज

7. **षट्भुज** Hexagon

वह आकृति, जिसमें छः समान लम्बाई की भुजाएँ हों, षट्भुज कहलाती है।

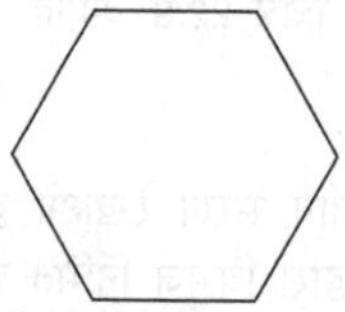

चित्र 23.14 षट्भुज

8. **अष्टभुज** Octagon

वह आकृति, जिसमें आठ भुजाएँ हों तथा सभी भुजाओं की लम्बाई समान हों, अष्टभुज कहलाती है।

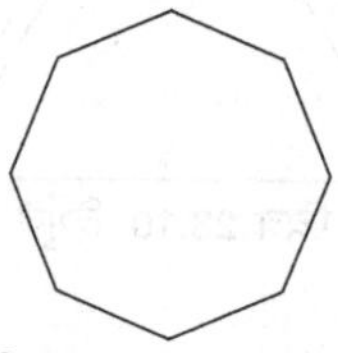

चित्र 23.15 अष्टभुज

9. **समलम्ब** Trapezium

वह समतल आकृति, जिसमें चार भुजाएँ हों तथा कोई दो भुजाएँ एक-दूसरे के समान्तर हों, समलम्ब कहलाती है।

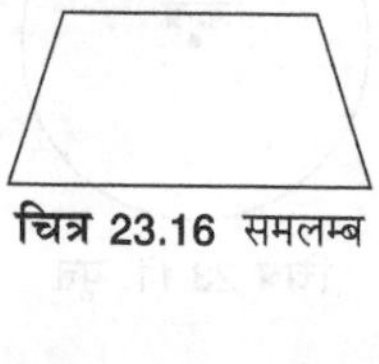

चित्र 23.16 समलम्ब

10. **शंकु** Cone

वह आकृति, जिसका आधार एक वृत्त अथवा दीर्घवृत्त हो तथा शीर्ष एक नुकीला बिन्दु हो, शंकु कहलाती है।

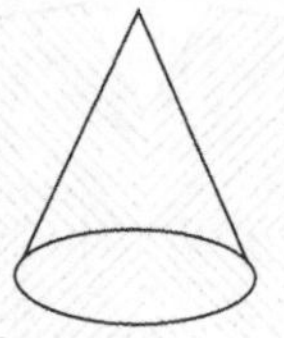

चित्र 23.17 शंकु

उपरोक्त ज्यामितीय आकृतियों का प्रयोग कर पोशाकों पर कुछ विशेष आकृतियाँ बनाई जाती हैं, जैसा कि नीचे दिए गए चित्रों में दर्शाया गया है—

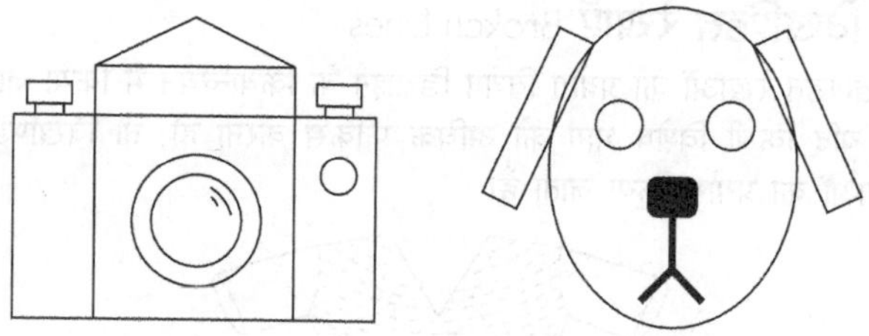

(a) (b)

चित्र 23.18 ज्यामितीय आकृतियों से निर्मित कुछ वस्तुएँ

ज्यामितीय आकृतियों के प्रयोग
Uses of Geometrical Figures

यद्यपि ज्यामितीय आकृतियों का प्रयोग पोशाक बनाने में, साज-सज्जा के लिए मुख्य रूप से होता है, परन्तु कुछ अन्य उद्देश्य हेतु भी इनका प्रयोग पोशाकों में किया जाता है, जो निम्न हैं

(*i*) ज्यामितीय आकृतियों का प्रयोग गले की आकृति प्रदान करने में किया जाता है। चेहरे की आकृति के अनुरूप ही पोशाकों में गले का निर्माण होता है। छोटी गर्दन वाले व्यक्ति को वी (V) आकार का गला या गहरे गले वाला वस्त्र धारण करने से उसकी गर्दन मोटी दिखाई नहीं देती है। उसी प्रकार यू (U) आकार का गला, पहनने वाले व्यक्ति का चेहरे और गर्दन दोनों की लम्बाई को बढ़ाकर चौड़ाई कम करके दिखाता है।

(*ii*) वस्त्रों की साज-सज्जा में भी सजावटी सामग्री का प्रयोग करने से शारीरिक विकृतियाँ छिप जाती हैं। बाहरी आकृति के समीप यदि सीधी रेखा आती है, तो लम्बाई के कारण चौड़ाई कम प्रतीत होती है और यदि आकृति के साथ क्षैतिजीय रेखा आती है, तो वह लम्बाई की जगह चौड़ाई को बढ़ाती हुई प्रतीत होती है।

(*iii*) वस्त्रों में लगाए जाने वाले पॉकेट, ज्यामितीय डिजाइन से बनाए जाते हैं, जिसमें सफारी सूट की जेबें, कमीज की जेबें एवं छोटे बच्चों के वस्त्रों के डिजाइन विभिन्न आकार में बनाए जाते हैं। अण्डाकार (oval) पंचभुज वाले डिजाइन भी पोशाकों को सजाने हेतु बनाए जाते हैं।

23.3 रंग Colour

रंगों के बिना वस्त्रों में सजावट की कल्पना भी नहीं की जा सकती है। प्रकृति की सौन्दर्यता भी विभिन्न रंगों से निखरती है।

विज्ञान में तीन प्रमुख रंगों लाल, नीला और पीला को प्राथमिक रंग माना जाता है। इन्हीं रंगों के सम्मिश्रण से अनेक प्रकार के रंगों का निर्माण होता है। इन रंगों की शोभा से व्यक्ति न सिर्फ आत्मिक रूप से प्रसन्नचित्त होता है, बल्कि इनके प्रयोग से उसके व्यक्तित्व पर भी प्रभाव पड़ता है। प्राथमिक रंगों से ही मिश्रित रंगों का निर्माण होता है, जिन्हें गौण रंगों की श्रेणी में रखा जाता है। विभिन्न गौण रंगों से उप-गौण रंगों का निर्माण होता है, जिसे सामान्य तौर पर उप-मिश्रित या माध्यमिक रंग भी कहते हैं।

रंगों के प्रकार एवं प्रयोग
Types and Uses of Colours

विभिन्न रंगों को निम्नलिखित वर्गीकरण द्वारा समझा जा सकता है

1. प्राथमिक रंग Primary Colours

वे रंग, जिन्हें किसी अन्य रंग को मिलाकर प्राप्त न किया जा सके, प्राथमिक रंग कहलाते हैं। ये निम्न होते हैं

(i) लाल (ii) नीला (iii) पीला

2. गौण रंग या मिश्रित रंग Secondary Colours

जब दो प्राथमिक रंगों को समान अनुपात में मिलाया जाता है, तो उनके मिश्रण से प्राप्त रंग, गौण या मिश्रित रंग कहलाते हैं।

मिश्रित रंग निम्न प्रकार के होते हैं

लाल (एक बूँद) + पीला (एक बूँद) = सन्तरी
पीला (एक बूँद) + नीला (एक बूँद) = हरा
नीला (एक बूँद) + लाल (एक बूँद) = बैंगनी

3. उप-गौण रंग या उप-मिश्रित रंग Sub-secondary Colours

दो-या-दो से अधिक रंगों को मिलाकर अन्य रंगों का निर्माण किया जाता है, जिन्हें उप-मिश्रित रंग कहते हैं।

ये निम्न प्रकार के होते हैं

लाल + सन्तरी = लालीपन सन्तरी
लाल + बैंगनी = लालीपन बैंगनी
पीला + सन्तरी = पीलापन सन्तरी
पीला + हरा = पीलापन हरा
नीला + हरा = नीलापन हरा
नीला + बैंगनी = नीलापन बैंगनी

4. उप-माध्यमिक रंग Tertiary Colours

इस श्रेणी के अन्तर्गत आने वाले रंगों को तृतीय श्रेणी का रंग कहा जाता है। इस श्रेणी में एक मिश्रित या माध्यमिक रंग का क्रम इस प्रकार बनाया जाता है कि इनको आपस में मिलाने से पाँच शेड्स निर्मित होते हैं। इसे उप-माध्यमिक रंग श्रृंखला भी कहते हैं।

उप-माध्यमिक रंगों के कुछ उदाहरण निम्न हैं

(*i*) लाल रंग के पारिवारिक रंग → लाल, लालीपन सन्तरी, सन्तरी, पीलापन सन्तरी, पीला।

(*ii*) हरे रंग के पारिवारिक रंग → पीला, हल्का हरा, हरा, नीलापन हरा, नीला।

(*iii*) नीले रंग के पारिवारिक रंग → नीला, शाही नीला, बैंगनी, हल्का बैंगनी, लाल।

रंगों को सही अनुपात में मिलाने से ही सही रंग को प्राप्त किया जा सकता है।

विद्वानों के अनुसार, माना जाता है कि रंगों की प्रथम अनुभूति सूर्य से आने वाली किरणों से हुई थी। सूर्य विकिरण के समय इससे 7 प्रकार के रंगों की किरणें उत्सर्जित होती हैं।

जब ये सातों रंग एक साथ तीव्रगति से चमकते हैं, तब इनके आपस में मिलने से सफेद प्रकाश का निर्माण होता है। वायुमण्डल में उपस्थित जलकणों के प्रभाव से सूर्य की किरणों का प्रकीर्णन होता है, इससे इन्द्रधनुष का निर्माण होता है।

इन्द्रधनुष में 7 रंग दिखाई देते हैं, जो निम्न प्रकार हैं—

(i) बैंगनी (V) (ii) गहरा नीला (I) (iii) नीला (B) (iv) हरा (G)
(v) पीला (Y) (vi) सन्तरी (O) (vii) लाल (R)

इसका संक्षिप्त रूप VIBGYOR है।

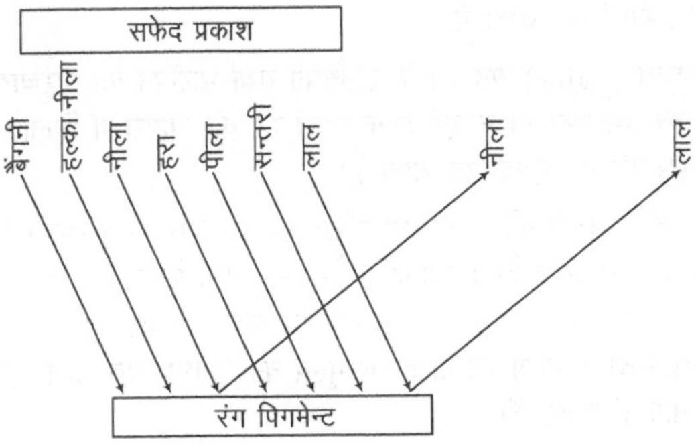

चित्र 23.19 इन्द्रधनुष के सात रंग

रंगों से परिचय Introduction to Colours

प्रत्येक रंग का अपना अलग महत्त्व होता है। यहाँ हम रंगों की प्रवृत्ति से परिचित होंगे कि किस रंग से क्या प्रतीत होता है, रंगों से सम्बन्धित विवरण अग्रपृष्ठ पर दिया गया है

- हरे रंग से आनन्द एवं सुख की अनुभूति होती है।
- काला रंग व्यथा, दु:ख एवं उदासी की अनुभूति कराता है।
- सामान्यतौर पर लाल रंग को शुभ माना जाता है। अत: शुभ अवसरों पर लाल रंग की पोशाकें पहनी जाती हैं।
- केसरिया रंग मूलत: आत्मसंयमता का परिचायक है।
- श्वेत या सफेद रंग पवित्र भावनाओं की अनुभूति कराता है।
- गहरा रंग डिनर के लिए उपयुक्त समझा जाता है; जैसे— नेवी ब्लू
- विशेष उत्सव, पर्व, त्यौहारों पर चटक रंगों का प्रयोग किया जाता है।
- एमराल्ड ग्रीन, रॉयल ब्लू, फ्लेमिंग ऑरेन्ज, मेजेन्टा एवं बैंगनी जैसे रंग अधिक आकर्षण उत्पन्न करते हैं।

स्वभाव एवं गुण के आधार पर रंगों को दो भागों में विभाजित किया जाता है

(i) **गर्म रंग** (Hot colours) वे रंग जिनकी तरंग गति तीव्र होती है तथा सूर्य एवं आग के रंगों के समान होते हैं, उसे 'गर्म रंग' कहा जाता है; जैसे—लाल, पीला, नारंगी एवं बैंगनी रंग आदि।

(ii) **ठण्डे रंग** (Cold colours) जिन रंगों का सम्बन्ध प्राकृतिक सौन्दर्यता से एवं आँखों को शीतलता प्रदान करने से है, उन्हें ठण्डे रंगों की श्रेणी में रखा जाता है; जैसे—नीला, हरा, आसमानी, समुद्री हरा, पीतहरा इत्यादि।

रंगों के विशेष गुण Characteristics of Colours

यहाँ रंगों का विवरण दिया जा रहा है, जिसका अध्ययन कर प्रशिक्षु रंगों के गुणों से भली-भाँति परिचित हो सकते हैं

(i) **तीव्रता** (Intensity) यह रंग की ब्राइटनेस को दर्शाती है। रंगों की तीव्रता अधिक होने पर सघनता में भी वृद्धि होती जाती है। रंगों की तीव्रता को कम करने के लिए प्राय: इनमें काले व सफेद रंगों का मिश्रण किया जाता है।

(ii) **मूल्य** (Value) यह रंग के हल्केपन तथा भारीपन का परिचायक है। जब हम गहरे लाल एवं हल्के लाल रंग को आपस में मिलाते हैं, तो उस रंग का मूल्य बढ़ जाता है।

रंगों के मूल्यों को बढ़ाने हेतु सफेद रंग का और मूल्य घटाने के लिए काले रंग का प्रयोग किया जाता है। दूसरे अर्थों में हम कह सकते हैं कि श्वेत रंग का मूल्य सबसे अधिक एवं काले रंग का मूल्य सबसे कम होता है। सामान्य रंग से हल्के मूल्य को 'आभा' एवं गहरे मूल्य को 'कान्ति' कहते हैं।

(iii) **ह्यू** (Hue) यह रंगों की प्रकृति विशेष को दर्शाता है; जैसे— लाल रंग का लालपन, पीले रंग का पीलापन इत्यादि। यह रंग का वह गुण है, जिससे इसकी पहचान होती है। इसके गुण के द्वारा ही रंगों की भिन्नता का पता चलता है।

रंग चक्र Colour Wheel

रंग चक्र, 12 रंगों से निर्मित होता है, जिसके मुख्य रंग, प्राथमिक रंग, द्वितीय रंग तथा तृतीय रंग होते हैं। रंग चक्र में इन सभी रंगों का प्रदर्शन, इनके मध्य सम्बन्ध को दर्शाता है। रंग चक्र में, ये 12 रंग गर्म तथा ठण्डे रंगों के मध्य वर्गीकृत रहते हैं; जैसे—बैंगनी से पीला एक गर्म रंग है, जबकि हल्के हरे से बैंगनी एक ठण्डा रंग हैं।

रंग चक्र में प्रदर्शित रंगों के प्रति सम्बन्ध को निम्न प्रकार समझ सकते हैं—

1. रंग चक्र में से चुने गए ऐसे दो रंग, जो रंग चक्र में समान रूप से स्थित हों, द्विक रंग (diad colours) कहलाते हैं।
   उदाहरण—लाल तथा सन्तरी, पीला तथा हरा।
2. रंग चक्र में से चुने गए ऐसे तीन रंग, जो रंग चक्र में समान रूप से स्थित हों, त्रिक रंग (triad colours) कहलाते हैं।
   उदाहरण—लाल, पीला, नीला।
3. रंग चक्र में से चुने गए ऐसे चार रंग, जो रंग चक्र में समान रूप से स्थित हों, सम्पूरक रंग (complementary colours) कहलाते हैं।
   उदाहरण—सन्तरी, नीला, पीला, बैंगनी।
4. विभिन्न मान तथा तीव्रता वाले रंग, एकल रंग (monochromatic colours) कहलाते हैं।
5. रंगों के अभाव वाले रंग, रंगहीन रंग (achromatic colours) कहलाते हैं। **उदाहरण**—सफेद, काला, ग्रे।

चित्र 23.20 रंग चक्र

रंगों के सिद्धान्त Principle of Colours

रंगों के सिद्धान्त को मूलत: दो भागों में विभाजित किया जाता है

(i) परांग रंग व्यवस्था (ii) मनशेल रंग व्यवस्था

टिप्पणी *पाठ्यक्रम की उपयोगिता के आधार पर यहाँ परांग रंग व्यवस्था को ही वर्णित किया गया है।*

परांग रंग व्यवस्था Parang Colour Scheme

इस सन्दर्भ में, विशेषज्ञों के मतानुसार लाल, पीला एवं नीला तीन प्रमुख प्राथमिक रंग हैं। इन प्राथमिक रंगों को आपस में मिलाने से बाइनरी या द्वितीय श्रेणी के रंगों का निर्माण होता है। इसमें नारंगी, हरा और बैंगनी रंगों को बाइनरी रंगों की श्रेणी में रखा गया है। वहीं दो बाइनरी रंगों को आपस में मिलाने से तृतीय श्रेणी के रंगों का निर्माण होता है।

तृतीय श्रेणी के रंगों को मध्यवर्ती रंगों का नाम दिया गया। दो तृतीय रंगों को आपस में मिलाने से चतुर्थ श्रेणी के रंगों का निर्माण होता है। इस प्रकार के रंगों को निम्न पाँच श्रेणियों में विभाजित किया गया है

1. प्राथमिक रंग
2. द्वितीय/बाइनरी रंग
3. मध्यवर्ती रंग
4. तृतीय रंग
5. चतुर्थक रंग

परन्तु विभिन्न विद्वानों के मध्य इस विषय पर अनेक मतभेद व्याप्त हैं। उन्होंने अपना मत रखते हुए अलग वर्गीकरण पर विशेष बल दिया। कुछ वर्गीकरण निम्न प्रकार हैं

- **मनोवैज्ञानिकों** के अनुसार, प्राथमिक रंगों को 4 भागों में विभाजित किया है—लाल, पीला, हरा एवं नीला।
- **भौतिकशास्त्रियों** के अनुसार, प्राथमिक रंग चार हैं, परन्तु इनका मत मनोवैज्ञानिक मत से अलग है। भौतिकशास्त्री लाल, हरा, नीला एवं बैंगनी रंग को प्राथमिक रंग मानते हैं।
- **RGB मॉडल** के अनुसार, विशेष प्राथमिक रंगों को तीन भागों में विभाजित किया जाता है, जिसमें लाल, हरा एवं नीला तीन रंगों को सम्मिलित किया जाता है।
- **पिगमैन्ट** के अनुसार, केवल तीन ही रंग प्राथमिक रंग की श्रेणी में आते हैं—लाल, नीला एवं पीला।

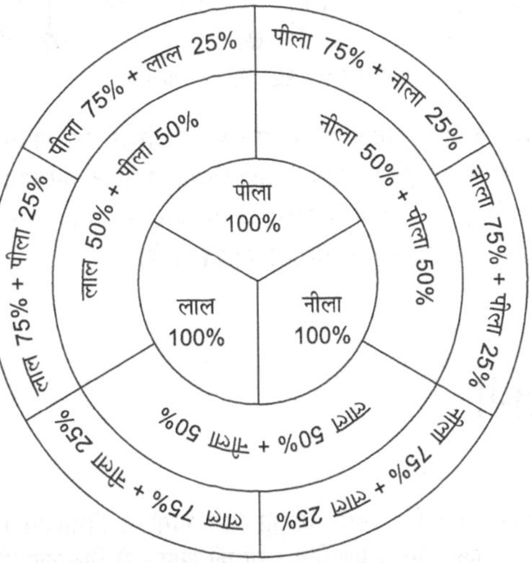

चित्र 23.21 रंगों का वर्गीकरण

- **जेम्स ब्लेक** ने CMYK मॉडल के आधार पर रंगों को चार भागों में विभाजित किया। इसके अन्तर्गत श्यान, मैजेना, पीला एवं काला रंगों को सम्मिलित किया गया। RYB मॉडल व CMYK मॉडल के अनुसार रंगों को तीन भागों में विभाजित किया जाता है।

रंगों की संख्या पर भले ही विद्वानों के मध्य मतभेद व्याप्त हैं, परन्तु वैज्ञानिकों के अनुसार, प्रत्येक रंग में मुख्य रंग की मात्रा को ही अलग-अलग करके अनेक रंग बनाए जाते हैं। एक अनुमान के अनुसार सम्पूर्ण चक्र में 200 रंग तक बनते हैं। रंगों की संख्या चाहे जितनी है, परन्तु पोशाक में रंगों का प्रयोग सुनियोजित ढंग से ही किया जाता है। माँग एवं व्यवहार के अनुकूल ही रंगों का चयन सर्वोत्तम माना जाता है। परिधान में रंगों का प्रयोग करते समय रंग योजना पर विशेष ध्यान देना अनिवार्य है। यदि यह व्यवस्थित नहीं होगी, तो व्यक्तित्व का ह्रास होता है। परिधानों में संगत रंग नियोजन तैयार करने के लिए उसकी तीव्रता एवं मूल्य को सुनियोजित विधि से घटाने, बढ़ाने के लिए अच्छे शेड्स का प्रयोग करना चाहिए।

रंगों की योजना Colours of Scheme

वस्त्रों की सजावट हेतु रंगों का प्रयोग, एक निश्चित योजना पर आधारित होता है। इस योजना के अन्तर्गत रंगों की जानकारी, उसके गुण एवं विशेषताएँ तथा प्रामाणिकताओं का पूर्ण अध्ययन किया जाता है, जिससे रंगों का चयन सही से किया जा सके।

रंग योजना को सात भागों में विभाजित किया जा सकता है

1. उदासीन रंग योजना Neutral Colour Scheme

इस रंग योजना में दो ऐसे रंग होते हैं, जो बिना किसी रंग के मेल से बने होते हैं, ऐसे रंग काला एवं सफेद हैं। दोनों का अपना विशेष महत्त्व है। दोनों रंगों को आपस में मिला देने पर सलेटी (ग्रे) रंग प्राप्त होता है, जिसका प्रयोग परिधानों में सही अनुपात में होता है, इन्हें एक्रोमेटिक रंग भी कहा जाता है।

2. सम्पूरक रंग योजना Complementary Colour Scheme

सम्पूरक रंग सामान्यत: दो विरोधी रंगों की सहायता से बनाए जाते हैं। सम्पूरक रंग तभी बनाए जाते हैं, जब एक रंग, दूसरे के अनुपात में केवल 10वाँ हिस्सा ही हो। उदाहरणस्वरूप लाल तथा हरे रंग के साथ पीला, नीला तथा नारंगी में से कोई एक। इसे ही पूरक रंग योजना कहा जाता है।

3. विपरीत रंग योजना Opposite Colour Scheme

जब ऐसे दो रंग जिसमें एक-दूसरे का लेशमात्र भी अंश न हो, का मेल होता है, तो इसे विपरीत रंग योजना कहा जाता है। उदाहरणस्वरूप लाल के साथ हरा रंग।

4. एकरंगीय योजना Monochromatic Colour Scheme

एक रंग योजना का अभिप्राय है कि जब किसी रंग में प्राकृतिक रंग (सफेद) विभिन्न अनुपातों में मिलाया जाता है, तो इससे विभिन्न प्रकार के शेड्स प्राप्त होते हैं। उदाहरणस्वरूप यदि हरे रंग में सफेद रंग को विभिन्न अनुपातों में मिलाते हैं, तो इसके द्वारा तोते का रंग, घास का रंग तथा पत्तों के रंग वाले शेड्स प्राप्त होते हैं। रंग एक ही है, परन्तु सफेद रंग का अनुपात अलग-अलग है। यही 'एक रंग योजना' कहलाती है। पोशाकों या परिधानों में जब एक ही रंग की विभिन्न प्रकार की शेड्स डाली जाती हैं, तो इससे पोशाकों में आकर्षण आ जाता है।

5. अनुरूप रंग योजना Analogous Colour Scheme

जब दो प्राथमिक रंगों के मध्य एक गौण रंग या द्वितीयक रंग प्रयुक्त किया जाए या दो गौण रंगों के मध्य एक प्राथमिक रंग प्रयुक्त किया जाए, तो उसे अनुरूप रंग योजना कहते हैं।

यह रंग योजना VIBGYOR के एक-एक अन्तर पर रंग लेकर बनाई गई है; जैसे—हरा या सन्तरी के साथ पीला लगाना, उसी प्रकार नीला या पीला के साथ हरा लगाना।

6. दो सम्पूरक रंग योजना
Double Complementary Scheme

इस रंग योजना के अन्तर्गत दो विपरीत स्वभाव वाले रंगों को मिलाया जाता है, परन्तु दो सम्पूरक रंगों को मिलाते समय रंगों के आधारभूत सिद्धान्त अर्थात् एकरूपता, सन्तुलन, लयबद्धता पर भी विशेष ध्यान रखना आवश्यक है। इनके उदाहरण लाल, हरा, नारंगी तथा नीला रंग हैं।

7. खण्डित सम्पूरक रंग योजना
Split Complementary Colours Scheme

इस रंग योजना के अन्तर्गत रंग चक्र में पूरक रंग के प्रत्येक ओर एक मुख्य रंग तथा उसके दोनों ओर के रंगों को सम्मिलित किया जाता है, जिनमें एक ही रंग का ह्यू (hue) होता है।

इस रंग योजना का उपयोग पावर-प्वॉइण्ट प्रस्तुति देने या लम्बे समय तक कम्प्यूटर उपयोग करते समय थकान दूर करने तथा उच्च कॉन्ट्रास्ट बनाने हेतु किया जाता है। इस रंग योजना में कुछ रंग; जैसे—लाल और हरे को मिश्रित नहीं किया जाना चाहिए। इसमें लाल/बैंगनी तथा पीले/हरे रंगों का प्रयोग अधिक किया जाता है।

उपरोक्त तथ्यों से यह स्पष्ट होता है कि परिधान की सजावट में डिजाइनों एवं रंगों का विशेष महत्त्व होता है। इसके बिना परिधान को अधिक आकर्षक नहीं बनाया जा सकता है।

रंगों के ऊपर प्रकाश का भी बहुत बड़ा प्रभाव होता है। इस कारण किसी विशेष मंच पर, जब कोई पात्र भूमिका निभाता है, तो वस्त्रों को अलग-अलग विद्युतीय प्रकाश के माध्यम से निरन्तर परिवर्तित करते हैं।

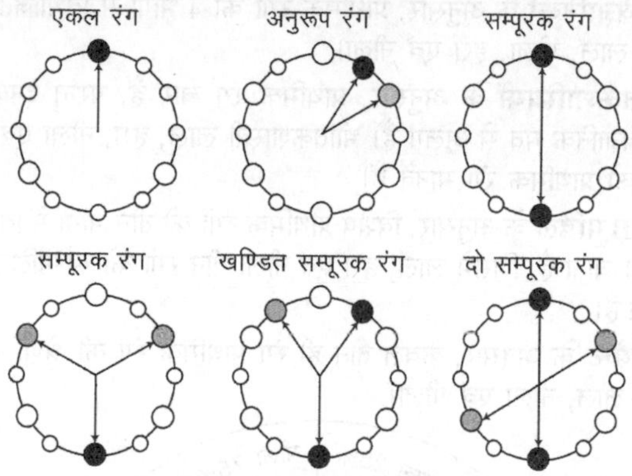

चित्र 23.22 रंगों की योजना

विद्युत प्रकाश तथा प्राकृतिक प्रकाश में वस्त्रों के शेड्स का भी अन्तर दिखाई देता है। आज के आधुनिक समय में जहाँ विशेष डिजाइनों की माँग बढ़ रही है वहीं परिधानों के प्रति लोगों में बढ़ती जागरूकता ने इसकी कलात्मकता को और अधिक निखारने का अवसर प्रदान किया है।

महत्त्वपूर्ण प्रश्नोत्तरी

1. रेखा (line) क्या होती है?

उत्तर रेखा से आशय दो बिन्दुओं के मध्य की दूरी से है।

2. वस्त्रों में तिरछी रेखाओं का प्रयोग करने से किस प्रकार के प्रभाव उत्पन्न होते हैं?

उत्तर वस्त्रों में तिरछी रेखाओं का प्रयोग करने से भ्रम की स्थिति उत्पन्न होती है।

3. वस्त्रों में 'V' आकार की रेखाएँ किस भाग में खींची जाती हैं? इससे क्या प्रभाव उत्पन्न होते हैं?

उत्तर वस्त्रों में 'V' आकार की रेखाएँ विशेष रूप से कमर पर, आर्महोल के पाइपिंग या विशेष फैशन पट्टी लगाने के लिए खींची जाती हैं। ऐसे वस्त्र धारण करने से भ्रम की स्थिति उत्पन्न हो जाती है।

4. परिधानों में विखण्डित रेखाओं का प्रयोग कब किया जाता है?

उत्तर विशेष डिजाइन क्रियान्वित करने या किसी विशेष भाग को अधिक फोकस करने के लिए विखण्डित रेखाओं का प्रयोग किया जाता है।

5. प्राथमिक एवं गौण या मिश्रित रंगों के नाम लिखिए।

उत्तर प्राथमिक रंगों में तीन प्रमुख रंग हैं–

(i) लाल रंग
(ii) नीला रंग
(iii) पीला रंग

गौण या मिश्रित रंगों को भी तीन भागों में विभाजित किया जाता है–इनका निर्माण प्राथमिक रंगों को आपस में मिलाकर होता है;
जैसे– लाल + नीला रंग मिलाकर बैंगनी रंग
लाल + पीला रंग मिलाकर सन्तरी रंग
नीला + पीला रंग मिलाकर हरा रंग

6. गर्म रंग से आप क्या समझते हैं?

उत्तर जिन रंगों की तरंग गति तीव्र होती है तथा सूर्य एवं आग के रंगों के समान होते हैं, उन्हें 'गर्म रंग' कहा जाता है; जैसे–लाल, नारंगी, बैंगनी, पीला इत्यादि।

7. ठण्डे रंग से आपका क्या अभिप्राय है?

उत्तर जिन रंगों का सम्बन्ध प्राकृतिक सौन्दर्यता से एवं आँखों को शीतलता प्रदान करने से होता है, उन्हें ठण्डे रंगों की श्रेणी में रखा जाता है; जैसे–नीला, हरा, आसमानी, पीतहरा इत्यादि।

8. परांग मत के अनुसार, रंगों को कितनी श्रेणियों में विभाजित किया जाता है?

उत्तर परांग मत के अनुसार, रंगों को पाँच श्रेणियों में विभाजित किया जाता है–

(i) प्राथमिक रंग
(ii) द्वितीयक या गौण रंग
(iii) मध्यवर्ती रंग
(iv) तृतीय रंग तथा
(v) चतुर्थक रंग

9. विपरीत रंग योजना क्या है?

उत्तर ऐसे दो रंगों का मेल, जिसमें एक-दूसरे का लेशमात्र भी अंश न हो, वह 'विपरीत रंग योजना' कहलाती है।

10. सम्बन्धित रंग योजना से आप क्या समझते हैं?

उत्तर जब दो प्राथमिक रंगों के मध्य एक गौण रंग (द्वितीयक रंग) प्रयुक्त किया जाए या दो गौण रंगों के मध्य एक प्राथमिक रंग प्रयुक्त किया जाए, तो उसे 'सम्बन्धित रंग योजना' कहते हैं।

11. दो सम्पूरक रंग योजना से आप क्या समझते हैं?

उत्तर इस रंग योजना के अन्तर्गत, दो विपरीत स्वभाव वाले रंगों को आपस में मिलाया जाता है, परन्तु मिलाते समय रंगों के आधारभूत सिद्धान्त पर भी व्यापक विचार करना आवश्यक है।

12. खण्डित सम्पूरक रंग योजना क्या है?

उत्तर खण्डित सम्पूरक रंग योजना के अन्तर्गत प्रतिकूल रंगों का सहयोग लिया जाता है, परन्तु प्रतिकूल रंग के दोनों ओर के रंगों को ही सम्मिलित किया जाता है।

अभ्यास प्रश्न

परीक्षा प्रारूपी प्रश्न

बहुविकल्पीय

1. वे रेखाएँ जो पोशाक में विभिन्न स्थानों को विभाजित करती हैं, ……… कहलाती हैं।
(a) सिल्हूट रेखाएँ (b) स्ट्रक्चर रेखाएँ
(c) 'a' और 'b' दोनों (d) इनमें से कोई नहीं

2. छोटे कद को लम्बा दिखाने हेतु वस्त्रों पर कौन-सी रेखा का प्रयोग किया जाता है?
(a) कर्व रेखा (b) तिरछी रेखा
(c) छोटी रेखा (d) खड़ी/लम्बवत् रेखा

3. खण्डित रेखाओं का प्रयोग किया जाता है
(a) कोमलता एवं सौम्यता की भावना उत्पन्न करने के लिए
(b) किसी विशेष भाग को फोकस करने के लिए
(c) व्यक्तित्व निखारने के लिए
(d) उपरोक्त में से कोई नहीं

4. 'V' आकार की रेखाओं से सजे वस्त्रों को धारण करने से निम्न में से किसकी अनुभूति होती है?
(a) डर (b) खुशी (c) बेचैनी (d) भ्रम

5. विशेष डिजाइन के क्रियान्वयन में किस रेखा का प्रयोग किया जाता है?
(a) क्षैतिज लाइन (b) विखण्डित लाइन
(c) लम्बवत् लाइन (d) तिरछी लाइन

6. निम्नलिखित में से कौन-एक प्राथमिक रंग की श्रेणी में नहीं आता है?
(a) लाल (b) पीला (c) हरा (d) नीला

7. निम्न में कौन एक गौण रंग की श्रेणी में आता है?
(a) लाल (b) बैंगनी (c) नीला (d) पीला

8. दो प्राथमिक रंग नीला और पीला के संयोजन से किस रंग का निर्माण होता है?
(a) बैंगनी (b) सन्तरी
(c) हरा (d) इनमें से कोई नहीं

9. गौण रंग-बैंगनी का निर्माण किन दो प्राथमिक रंगों के संयोजन से होता है?
(a) लाल + नीला (b) नीला + पीला
(c) लाल + पीला (d) इनमें से कोई नहीं

10. शुभ अवसरों पर किस रंग के परिधान सर्वाधिक धारण किए जाते हैं?
(a) हरा (b) पीला
(c) लाल (d) सन्तरी

11. निम्नलिखित में से कौन-सा एक गर्म रंग नहीं है?
(a) लाल (b) नारंगी
(c) बैंगनी (d) नीला

12. निम्नलिखित रंगों में से कौन एक ठण्डे रंग की श्रेणी में नहीं है?
(a) नीला (b) हरा (c) पीला (d) आसमानी

13. तीव्रता रंगों की किस स्थिति को दर्शाती है?
(a) घनत्व (b) ब्राइटनेस या डार्कनेस
(c) अशुद्धता (d) विलेयता

14. मनोवैज्ञानिक मत के अनुसार, कौन एक प्राथमिक रंगों की श्रेणी में सम्मिलित नहीं है?
(a) लाल (b) हरा
(c) पीला (d) नीला

15. निम्नलिखित में कौन ………… एक्रोमेटिक या 'न्यूट्रल रंग' है?
(a) लाल (b) काला
(c) सफेद (d) 'b' और 'c' दोनों

16. किसी एक रंग में प्राकृतिक रंग मिलाकर अलग-अलग शेड प्राप्त करना कहलाती है
(a) एकरंगीय योजना (b) सम्बन्धित रंग योजना
(c) सम्पूरक रंग योजना (d) दो सम्पूरक रंग योजना

17. VIBGYOR के एक-एक अन्तर पर बनाई गई रंग योजना कहलाती है

(a) एक रंगीय योजना (b) प्राकृतिक रंग योजना
(c) विपरीत रंग योजना (d) सम्बन्धित रंग योजना

18. किस रंग परियोजना में दो विपरीत स्वभाव वाले रंगों को मिलाया जाता है?

(a) विपरीत रंग योजना (b) सम्पूरक रंग योजना
(c) दो सम्पूरक रंग योजना (d) सम्बन्धित रंग योजना

19. खण्डित सम्पूरक रंग योजना के अन्तर्गत कितने रंगों को मिलाकर अत्यधिक मनमोहक एवं आकर्षक रंग बनाए जाते हैं?

(a) 1 (b) 2 (c) 3 (d) 4

20. निम्न सूचियों को सुमेलित कीजिए।

सूची I (रंग)	सूची II (प्रभाव)
A. हरा रंग	(i) आत्मसंयमता का परिचायक
B. केसरिया रंग	(ii) विशेष उत्सव, पर्व त्यौहारों का परिचायक
C. लाल रंग	(iii) शुभ अवसरों की अनुभूति
D. चटक रंग	(iv) आनन्द और सुख

कूट

(a) A-(i); B-(ii) C-(iv); D-(iii) (b) A-(iii); B-(ii) C-(i); D-(iv)
(c) A-(iv); B-(i); C-(iii); D-(ii) (d) A-(iv); B-(iii); C-(iv); D-(ii)

21. परांग रंग व्यवस्था के मतानुसार प्राथमिक रंगों की कुल संख्या कितनी है?

(a) 2 (b) 3
(c) 4 (d) 5

22. CMYK मॉडल की संकल्पना किसने प्रस्तुत की थी?

(a) जेम्स कुक (b) जेम्स ब्लेक
(c) डेविड हॉक (d) मैगलेन

23. CMYK मॉडल के आधार पर रंगों को चार भागों में विभाजित किया जाता है। निम्न में से 'K' किस रंग को इंगित करता है?

(a) भूरा
(b) नीला
(c) काला
(d) सलेटी

24. निम्नलिखित में से कौन-सा रंग आत्मसंयमता का परिचायक माना जाता है?

(a) पीला (b) केसरिया
(c) हरा (d) सफेद

25. वक्रयुक्त सजे परिधान धारण करने से ………… की भावना उत्पन्न होती है।

(a) असुरक्षा (b) व्याकुलता
(c) सौम्यता (d) अस्पष्टता

उत्तरमाला

1. (b)	**2.** (d)	**3.** (b)	**4.** (d)	**5.** (b)	**6.** (c)	**7.** (b)	**8.** (c)	**9.** (a)	**10.** (c)
11. (d)	**12.** (c)	**13.** (b)	**14.** (c)	**15.** (d)	**16.** (a)	**17.** (d)	**18.** (c)	**19.** (c)	**20.** (c)
21. (d)	**22.** (b)	**23.** (c)	**24.** (b)	**25.** (c)					

अध्याय 24

डिजाइन के अवयव एवं सिद्धान्त

Elements and Principles of Design

परिधानों के लिए डिजाइन एक प्रमुख तत्त्व माना जाता है। जिस प्रकार, किसी भी वस्तु-निर्माण के लिए यह आवश्यक है कि उसके उत्पादन कार्य में सहायक सभी प्रासंगिक उपकरण एवं अवयव उपलब्ध हों, क्योंकि इनके अभाव में किसी भी वस्तु का उत्पादन एवं निर्माण सम्भव नहीं है, उसी प्रकार परिधानों में विशेष प्रकार के डिजाइन बनाने के लिए कुछ आवश्यक उपकरणों एवं अवयवों का पर्याप्त होना अनिवार्य माना जाता है।

वर्तमान समय में परिधानों को और अधिक आकर्षक बनाने के लिए विविध प्रकार के डिजाइन तैयार किए जा रहे हैं, जिससे कि उपभोक्ताओं को सम्पूर्ण सन्तुष्टि की प्राप्ति हो सके। इस अध्याय में इसी प्रकार के कुछ अवयवों एवं सम्बन्धित डिजाइन एवं सिद्धान्तों का वर्णन किया गया है।

अध्याय विषय सूची

24.1 डिजाइन का विकास Development of Design

परिधानों में डिजाइन बनाना एक सृजनात्मक कला है। इसके लिए विशेष प्रशिक्षण व निपुणता की आवश्यकता होती है। सृजनात्मकता के बिना परिधानों में डिजाइन को बनाना सम्भव नहीं है। बाजार की माँग के अनुरूप डिजाइनों में परिवर्तन करना सम्भव है। एक कुशल एवं प्रशिक्षित डिजाइनर ही उद्देश्य के मूल्यों को समझते हुए न्यायसंगत विधियों से डिजाइन को माँग के अनुकूल बना सकता है। निश्चित रूप से यह एक चुनौतीपूर्ण कार्य है, क्योंकि डिजाइन का क्रियान्वयन डिजाइनर की सोच पर निर्भर करता है। विख्यात विद्वान् 'लियोनार्डो द विंची' का मानना था कि—"चित्र भले ही हाथों से बनाए जाते हैं, परन्तु कलाकार की सोच ही उसे मूर्त रूप प्रदान करती है अर्थात् चित्र मस्तिष्क की उपज है।" उसी प्रकार डिजाइन भी वास्तव में, मस्तिष्क की उपज मानी जाती है, जो पूरी तरह सृजनात्मक शैली पर निर्भर करती है।

डिजाइन बनाने की योजना व्यक्तिगत रूप में या सामूहिक रूप में तैयार की जाती है। कुछ डिजाइनर अकेले ही इस कार्य को संचालित करते हैं, क्योंकि वे इस कार्य में निपुण होते हैं, परन्तु जब डिजाइन का स्वरूप व्यापक होता है, तो ऐसे डिजाइन का क्रियान्वयन सामूहिक रूप में किया जाता है। इससे डिजाइन में गलतियाँ कम होती हैं। कुछ डिजाइनर विशेष डिजाइन बनाने में कुशल एवं निपुण होते हैं, उनकी योग्यता डिजाइन देखकर ही बताई जा सकती है। डिजाइन की मार्मिकता (अथवा डिजाइन का मुख्य उद्देश्य) को समझना भी हर किसी के लिए सम्भव नहीं है। इसके लिए डिजाइन की विविधता की पूरी जानकारी होनी चाहिए।

जो डिजाइन उपभोक्ताओं की मानसिक सन्तुष्टि को पूर्ण करते हैं, सामान्यत: वे ही डिजाइन प्रचलन में रहते हैं। अत: डिजाइन बनाने से पूर्व डिजाइन की प्रासंगिकता को समझना भी आवश्यक है। समय के अनुसार डिजाइनों में परिवर्तन होते रहते हैं। अत: हम कह सकते हैं कि डिजाइन वैसी प्रक्रिया है जो समय के अन्तराल पर बदलती रही है, परन्तु डिजाइन के विकास में यही बदलाव महत्त्वपूर्ण भूमिका निभाता है।

डिजाइन के विकास हेतु बाजार का सर्वेक्षण
Market Survey for Design Development

बाजार का सर्वेक्षण निम्न उद्देश्यों से किया जाता है—

1. अनुसन्धान एवं विश्लेषण Research and Analysis

डिजाइन के विकास में अनुसन्धान एवं विश्लेषण की भूमिका महत्त्वपूर्ण होती है। डिजाइन के सफल क्रियान्वयन हेतु यह आवश्यक है कि डिजाइन बनाए जाने से पूर्व इसके सभी आयामों को भली-भाँति समझा जाए, जिससे कि कम-से-कम समस्याओं का सामना करना पड़े। तात्पर्य यह है कि उपभोक्ताओं की माँग एवं उनकी क्रयशक्ति, बाजार की सम्पूर्ण वस्तुस्थिति, निर्माण कार्य में संलग्न डिजाइनरों की वस्तुस्थिति को जानना एवं समझना आवश्यक होता है। इन सभी प्रासंगिक आयामों की जानकारी अनुसन्धान एवं विश्लेषण से ही प्राप्त हो सकती है।

2. बाजार सम्बन्धी जानकारी
Information about Market

डिजाइन बनाने से पूर्व उत्पादनकर्ता एवं डिजाइनर को बाजार की वस्तुस्थिति की पूर्ण जानकारी होनी चाहिए, जिससे कि वह, वहाँ की सामाजिक एवं आर्थिक वस्तुस्थिति के अनुसार ही परिधानों पर डिजाइन तैयार कर सके। किसी भी डिजाइन की माँग सामाजिक एवं आर्थिक जीवन-शैली से प्रत्यक्ष रूप से प्रभावित होती है। सामाजिक सम्पन्नता आर्थिक हितों से जुड़ी हुई होती है तथा आर्थिक रूप से सम्पन्न लोगों के बीच डिजाइन की विशेष माँग होती है।

3. संकल्पना Concept

किसी भी डिजाइन की रूपरेखा मूलतः एक संकल्पना पर आधारित होती है। जब डिजाइन की रूपरेखा को किसी साधारण कागज पर बनाया जाता है, तो इसमें डिजाइन की माँग व कल्पनाओं के द्वारा परिवर्तन आ जाते हैं। ऐसी परिस्थितियों में डिजाइनर को डिजाइन की विषय-वस्तु, रंगों की उपयोगिता एवं डिजाइन के प्रचलन इत्यादि का पूरा ज्ञान होना चाहिए। डिजाइन बनाने का प्रारम्भिक ज्ञान ही संकल्पनाओं पर आधारित होता है। कुछ ज्ञान स्वयं से और कुछ दूसरे डिजाइन से प्रेरित हो सकते हैं।

4. ब्राण्ड की पहचान Identification of Brand

मार्केट सर्वे के समय पोशाकों में, ब्राण्ड एक विशेष भूमिका निभाता है। किसी विशेष ब्राण्ड के प्रति लोगों का आकर्षण इसलिए होता है, क्योंकि अमुक ब्राण्ड के अन्तर्गत विशिष्ट डिजाइन बनाए जाते हैं। प्रभावी डिजाइन के कारण कोई खास दुकान या कम्पनी एक मजबूत ब्राण्ड के रूप में स्थापित हो जाती है। इससे डिजाइनर भी विविध प्रकार के डिजाइन को बनाने के लिए उत्साहित होता है।

जैसे-जैसे डिजाइन में गुणात्मक सुधार किए जाते हैं, उसकी माँग बढ़ती जाती है। ग्राहक को सदैव मनपसन्द ब्राण्डेड कम्पनी ही आकर्षित करती है, क्योंकि ब्राण्डेड कम्पनियाँ ही विशेष डिजाइन को बनाने में सक्षम होती हैं, जिससे उपभोक्ता सन्तुष्ट रहते हैं।

5. डिजाइन की जाँच या परीक्षण
Inspections or Tests of Design

डिजाइन किए गए नमूने की गुणात्मकता की व्यापक जाँच के बाद ही इसे अन्तिम स्वीकार्यता मिलती है। इसके अन्तर्गत गुणात्मक निरीक्षक इसकी कई चरणों में जाँच-पड़ताल करते हैं। इनमें सिलाई, कढ़ाई, नाप, रंगाई इत्यादि की जाँच-पड़ताल की जाती है। इसके बाद ही उत्पादक अपने उत्पाद के विपणन एवं विज्ञापन (marketing and advertisement) इत्यादि पर कार्य प्रारम्भ करते हैं।

यदि दुकान या कम्पनी ब्राण्डेड हो, तो बहुत बारीकी से इसकी जाँच-पड़ताल की जाती है, क्योंकि ब्राण्ड युक्त कम्पनियाँ गुणात्मकता से समझौता नहीं करती हैं।

24.2 पोशाक डिजाइन में प्रयुक्त अवयव
Elements Used in Designing of Garments

परिधानों पर विशिष्ट डिजाइन बनाने के लिए पाँच प्रमुख अवयवों को प्रासंगिक माना जाता है। इनके अभाव में डिजाइनों का निर्माण सम्भव नहीं हो पाता है। ये पाँच अवयव निम्नलिखित हैं—

1. स्थान
2. रेखाएँ
3. आकार-प्रकार या स्वरूप
4. रंग
5. बनावट

उपरोक्त अवयवों का विवरण निम्न प्रकार है

1. स्थान Space

परिधानों में डिजाइन बनाने के उद्देश्य से एक विशिष्ट स्थान का होना आवश्यक है। ये स्थान मूलतः दो प्रकार के हो सकते हैं

(i) सकारात्मक स्थान (ii) नकारात्मक स्थान

इनका विवरण निम्न प्रकार है

(i) **सकारात्मक स्थान** (Positive space) डिजाइन बनाने के लिए परिधान के जिस भाग पर सबसे अधिक ध्यान दिया जाता है, उसे सकारात्मक स्थान कहा जाता है। महिलाओं के परिधानों में गले, बाजुओं या आगे के सम्पूर्ण भाग पर सबसे अधिक डिजाइन बनाए जाते हैं, इसलिए इसे परिधान का सर्वाधिक सकारात्मक स्थान माना जाता है। बदलते परिवेश के साथ-साथ डिजाइन के स्थान में भी परिवर्तन हो रहे हैं; जैसे— अब पीछे के गलों तथा सम्पूर्ण भाग में भी डिजाइन बनाए जा रहे हैं।

(ii) **नकारात्मक स्थान** (Negative space) परिधान के जिस स्थान पर डिजाइन या तो न बनाए जाते हों या फिर बहुत कम बनाए जाते हों, उसे नकारात्मक स्थान कहा जाता है। यदि डिजाइन बना भी दिया जाता है, तो वह असहज एवं असामान्य होते हैं।

2. रेखाएँ Lines

डिजाइनों को क्रियान्वित करने में रेखाओं का विशेष महत्त्व होता है। रेखाओं के द्वारा ही डिजाइनों का सही प्रारूप तैयार करना सम्भव हो पाता है। विशिष्ट रेखाओं का टेलरिंग के द्वारा आड़ी, सीधी, कर्व इत्यादि रूपों में कटाव किया जाता है। शरीर की बनावट के अनुरूप रेखाओं का प्रयोग किया जाता है। सीधी रेखा के अभाव में ड्राफ्टिंग करना सम्भव नहीं है।

3. आकार-प्रकार या स्वरूप
Shape-Type or Form

डिजाइन बनाने के लिए एक विशेष आकृति का होना अनिवार्य है। इसके बिना डिजाइन का स्वरूप तैयार करना सम्भव नहीं है। सामान्य तौर पर डिजाइन का स्वरूप तैयार करने के लिए चौकोर, गोलाई, त्रिकोण, आयत या षट्कोण का उपयोग किया जाता है। इसे ज्यामितीय आकार भी कहा जाता है। ज्यामितीय आकारों को डिजाइन का आधार माना जाता है।

4. रंग Colour

डिजाइन को अधिक आकर्षक बनाने के लिए विविध प्रकार के रंगों का भी प्रयोग किया जाता है। प्राथमिक रंगों (लाल, पीला, नीला) से अनेक रंगों के शेड सन्तरी, हरा, बैंगनी आदि प्राप्त किए जा सकते हैं, जिसके द्वारा डिजाइन को विशिष्ट रूप प्रदान किया जाता है। डिजाइन बनाने से सम्बन्धित रंगों के महत्त्व को 'ड्रॉइंग एवं रंग भरना' अध्याय में विस्तारपूर्वक बताया जा चुका है।

5. बनावट Texture

परिधानों पर कढ़ाई या पेण्टिंग के माध्यम से अपनी इच्छानुसार आकर्षक डिजाइन तैयार करना बनावट कहलाता है। ये डिजाइन विविध रंगों या रेखाओं द्वारा बनाए जाते हैं।

सामान्य रूप से कपड़े की बुनाई के समय या तैयार किए जाने के पश्चात् भी कपड़े पर रंगों की सहायता से सहजतापूर्वक डिजाइन बनाए जाते हैं। बनावट के डिजाइन वाले परिधान अधिक आकर्षक लगते हैं, हालाँकि रंगों के प्रयोग से बने डिजाइनों की भी विशेष माँग होती है।

24.3 डिजाइन के प्रकार
Types of Design

उपरोक्त वर्णित सभी अवयवों को प्रयोग करके बनाए जाने वाले कुछ डिजाइनों का विवरण निम्नवत् है

1. प्राकृतिक डिजाइन Natural Design

प्राकृतिक डिजाइन, प्रकृति में प्राकृतिक रूप से पाए जाते हैं या मानव निर्मित भी होते हैं। प्राकृतिक आकृतियों का एक उदाहरण पत्तियाँ हैं। प्राकृतिक आकृतियाँ हाथ द्वारा अथवा मैन्युअल रूप से डिजाइन भी हो सकती हैं। प्राकृतिक आकृतियों के प्रयोग से बनाए गए डिजाइन अधिक रुचि उत्पन्न करने वाले होते हैं। इन डिजाइनों से बनाई गई पोशाकें स्वत: अनेक भावनाएँ प्रकट करती हैं।

2. स्टाइलिश डिजाइन Stylish Design

जब प्राकृतिक डिजाइनों को परम्परागत विधियों से उपयोग करके, पोशाकों को सजाया जाता है, तो उससे स्टाइलिश डिजाइन बन जाते हैं। इन डिजाइनों को देखने मात्र से ही इनकी महत्ता को समझ लिया जाता है। अत: ये एक अदृश्य भाषा के गुण को प्रदर्शित करते हैं।

इस प्रकार के डिजाइन को नीचे दिए गए चित्र में प्रदर्शित किया गया है

चित्र 24.1 स्टाइलिश डिजाइन

3. ज्यामितीय डिजाइन Geometric Design

कुछ डिजाइनों में विभिन्न ज्यामितीय आकृतियों; जैसे—वर्ग, आयत, वृत्त, त्रिभुज का भी प्रयोग किया जाता है। इन ज्यामितीय आकृतियों से निर्मित डिजाइन ज्यामितीय डिजाइन कहलाते हैं। कुछ ज्यामितीय आकृतियाँ नीचे चित्र में दर्शाई गई हैं

चित्र 24.2 ज्यामितीय डिजाइन

4. संक्षेप डिजाइन Abstract Design

संक्षेप आकृतियाँ, स्टाइलिश तथा प्राकृतिक आकृतियों का सरलीकरण संस्करण हैं। इस प्रकार की आकृतियों से बने डिजाइन अनेक महत्त्वपूर्ण प्रतीकों के रूप में प्रदर्शित होते हैं। ये डिजाइन भी एक प्रकार की दृश्य भाषा दर्शाते हैं।

प्रतीक भी इन्हीं डिजाइन की सहायता से बने होते हैं। इन्हें नीचे प्रदर्शित किया गया है

चित्र 24.3 संक्षेप डिजाइन

5. भ्रम दर्शाते डिजाइन Illusion Design

ये डिजाइन भ्रम भावनाओं का विरूपण हैं। भ्रम, दृष्टि से अधिक मानव इन्द्रियों के साथ हो सकता है, परन्तु दृश्य भ्रम तथा ऑप्टिकल भ्रम सबसे अधिक समझे जाते हैं।

चित्र 24.4 भ्रम दर्शाते डिजाइन

24.4 डिजाइन के सिद्धान्त Principles of Design

परिधानों में डिजाइन बनाना सृजनात्मक कला का एक विशिष्ट प्रतिरूप माना जाता है। अतः प्रायोगिक तौर पर डिजाइनिंग कला को समझने के लिए इसके विभिन्न आयामों को समझना अनिवार्य है। डिजाइनिंग के विभिन्न आयामों को जानने के लिए, इसके विभिन्न सिद्धान्तों को समझना आवश्यक है, जिनका विवरण निम्न प्रकार है

1. **आवृत्तिकरण** (Repetition) डिजाइन बनाते समय जब डिजाइन अवयवों का बार-बार प्रयोग किया जाता है, तो इस प्रक्रिया को आवृत्तिकरण कहा जाता है। इन अवयवों के पुनः प्रयोग करने की योजना पूर्व विचारित होनी चाहिए अन्यथा असंगतता की स्थिति उत्पन्न हो जाती है और डिजाइन अच्छा नहीं बन पाता है।
2. **समरूपता** (Symmetrical) परिधानों में डिजाइन बनाते समय सदैव समरूपता का पालन करना आवश्यक है। डिजाइन को विस्तार देते समय सदैव इस बात पर ध्यान देना आवश्यक है कि डिजाइन में कहीं पर भी एक सेमी (1cm) का भी अन्तर न आए। इस सिद्धान्त के अनुसार, चारों दिशाओं में ऊपर, नीचे, दाएँ-बाएँ बराबर नाप लेना आवश्यक है। समरूपता के आधार पर छोटे-से-छोटे एवं बड़े-से-बड़े डिजाइन को व्यवस्थित रूप से उचित विस्तार दिया जा सकता है।
3. **लयबद्धता** (Rhythm) डिजाइनिंग कला के अन्तर्गत डिजाइन बनाते समय लयबद्धता के नियमों का पालन करना अनिवार्य है। यदि वस्त्र की सजावट हेतु लेस, पाइपिंग एवं मोटिफ का प्रयोग किया जा रहा है, तो इस बात पर विशेष ध्यान दिया जाना चाहिए कि डिजाइन एवं रंग, वस्त्र से सटीक मेल खाएँ। लयबद्धता के अभाव में डिजाइन उस वस्त्र में भद्दा प्रतीत होता है। इससे डिजाइन के साथ-साथ वस्त्र भी असहज एवं भद्दा लगने लगता है।
4. **प्रभावशीलता** (Effectiveness) डिजाइन की प्रभावशीलता का तात्पर्य होता है—डिजाइन को अति आकर्षक बनाना, जिससे कि उपभोक्ताओं को वह विशेष रूप से आकर्षित कर सके। आज के परिवेश में उत्पादक परिधान को अति आकर्षक बनाने के लिए प्रभावी डिजाइन बनाते हैं। आजकल पुरुष एवं महिलाएँ दोनों के परिधानों को विशेष रूप से आकर्षक बनाया जा रहा है। लेडीज परिधान में कलरफुल डिजाइन वाला नैक तथा मोती युक्त वस्त्र आजकल तेजी से प्रचलित हो रहे हैं।
5. **सन्तुलन का सिद्धान्त** (Balance principle) डिजाइन बनाते समय इसके विभिन्न अवयवों का सन्तुलित रूप से उपयोग करना चाहिए। परिधान के स्वरूप के अनुरूप ही डिजाइन का निर्माण करना चाहिए अर्थात् दोनों के मध्य सन्तुलन होना अनिवार्य है। सन्तुलित नियमों के अन्तर्गत बनाए गए डिजाइन अति आकर्षक एवं सुडौल होते हैं अन्यथा असामान्य एवं भद्दे लगने लगते हैं।

6. **ग्रेडेशन का सिद्धान्त** (Gradation principle) डिजाइन के अवयवों में परिवर्तन करने की प्रक्रिया ग्रेडेशन कहलाती है। इसके अन्तर्गत अवयवों की मात्रा को सरलता से घटाया एवं बढ़ाया जा सकता है। ग्रेडेशन प्रणाली के अन्तर्गत डिजाइन को विशिष्ट रूप प्रदान करने में सहायता मिलती है। उदाहरणस्वरूप, यदि एक ड्राफ्ट 30" छाती के लिए बनाया जाए और उसके बैलेंस चिन्हों को बिना हिलाए ही 1"-1" बढ़ाते हुए ड्राफ्ट की नाप को बढ़ाया जाए, तो इसे 'ग्रेडिंग पेपर पैटर्न' कहा जाता है। इससे एक अलग डिजाइन का निर्माण होता है।
7. **विपरीतता का सिद्धान्त** (Contrast principle) इसके अन्तर्गत डिजाइन को अधिक आकर्षक बनाने के लिए विपरीत रंगों का प्रयोग किया जाता है। इससे परिधान अलग तथा आकर्षक लगने लगता है। यदि पीले रंग की शर्ट में काले रंग का कॉलर लगा दिया जाता है, तो इससे विपरीत रंग का आकर्षण बढ़ जाता है।
8. **अनुरूपता का सिद्धान्त** (Congruence principle) किसी भी परिधान में डिजाइन को क्रियान्वित करने में अनुरूपता का सिद्धान्त विशेष भूमिका निभाता है। डिजाइन बनाने में रंग, लाइन, संरचना एवं विभिन्न आकृतियों का उचित विधि से प्रयोग किया जाता है। ये सभी डिजाइन के महत्त्वपूर्ण अवयव हैं, जो डिजाइन को अति आकर्षक बनाने में विशिष्ट भूमिका निभाते हैं। डिजाइनिंग कला में एकरूपता का समावेशन ही अनुरूपता का सिद्धान्त है।
9. **एकता** (Unity) डिजाइन के सभी अवयवों में एकता का अंश रखना अनिवार्य है। इससे परिधानों में डिजाइन को आकर्षक विधि से सजाया जाता है। यहाँ एकता का तात्पर्य सम्पूर्ण तत्त्वों की एकसमान उपस्थिति से है।
10. **आनुपातिक सिद्धान्त** (Proportion principle) परिधान में जो भी डिजाइन बनाए जा रहे हैं, उनके सभी भागों की आनुपातिक तुलना परिधान में अवश्य होनी चाहिए; जैसे—योक फ्रॉक या छोटी चोली के डिजाइन में योक के आकार को V के स्थान पर गोल या किसी अन्य डिजाइन में सरलता से बदल सकते हैं, परन्तु उस योक के ऊपरी स्तर को कमर तक नहीं ला सकते हैं, क्योंकि वह छोटी चोली की फ्रॉक है।

24.5 बुटीक प्रबन्धन Boutique Management

आधुनिक फैशन की दुनिया में बुटीक की प्रासंगिता तेजी से बढ़ रही है। आज फैशन लाइफ स्टाइल का अभिन्न अंग बन गया है। फैशन के अनुरूप ही डिजाइनदार परिधानों का निर्माण किया जा रहा है। बुटीक वह साधन है, जिसके अन्तर्गत अति आधुनिक डिजाइनों के द्वारा परिधानों को सजाया जाता है। बुटीक को आधुनिक फैशन के निर्माण की एक सृजनात्मक कला माना जाता है, जो वर्तमान समय में एक व्यवसाय के तौर पर फल-फूल रहा है। बुटीक एक ऐसा व्यवसाय है, जहाँ आधुनिक फैशन के अनुसार, उचित दाम पर अच्छे कपड़ों का व्यापार किया जाता है।

किसी भी कार्य को संचालित करने हेतु यह आवश्यक है कि कार्य का संचालन एवं प्रबन्धन एक कुशल नेतृत्वकर्ता के अधीन हो। बुटीक प्रबन्धन वास्तव में कार्य-शैली की एक विधि है, जिसमें श्रेणीबद्ध विधि से कार्यों का कुशल प्रबन्धन किया जाता है।

इसके अन्तर्गत फैशन के अनुरूप प्रचलित डिजाइनों, विविध उपकरणों एवं फैब्रिकों का चयन किया जाता है। इस प्रबन्धन के अन्तर्गत कार्यों को कुशलतापूर्वक संचालित किया जाता है।

डिजाइनों के क्रियान्वयन में भी इस प्रणाली को अपनाया जाता है, जिससे कि प्रतिस्पर्द्धा के इस दौर में डिजाइनों की गुणात्मकता को संरक्षित किया जा सके तथा प्रचलित डिजाइनों का प्रयोग कर अपने व्यवसाय का अंग बनाकर रोजगार का स्रोत बनाया जा सके।

बुटीक प्रबन्धन के समय निम्नलिखित बातों पर विशेष ध्यान देना अनिवार्य है

(*i*) बुटीक के लिए यह आवश्यक है कि निर्माणकर्ता या उत्पादनकर्ता के पास अत्याधुनिक उपकरण उपलब्ध हों। सिलाई मशीन, ओवर लॉक मशीन, कढ़ाई मशीन, बड़ी टेबल, रैक स्टैण्ड एवं सिलाई से जुड़े अन्य उपकरण उपलब्ध हों।

(*ii*) बुटीक प्रबन्धन के अन्तर्गत यह अनिवार्य है कि डिजाइन बनाने वाले को वर्तमान प्रचलन में फैशन व डिजाइन के बारे में पूरी जानकारी हो।

(*iii*) बुटीक के अन्तर्गत डिजाइन तैयार करने हेतु विशेष प्रकार के फैब्रिक का प्रयोग किया जाता है। बुटीक में फैशनेबल, कैजुअल स्पोर्ट्स वीयर, वेस्टर्न ड्रेसेज या पारम्परिक ड्रेस होनी चाहिए।

(*iv*) बुटीक प्रबन्धन के अन्तर्गत इन्टीरियर पर विशेष ध्यान दिया जाता है, इसलिए इन्टीरियर में साफ-सफाई रखना अनिवार्य है।

(*v*) बुटीक के अन्तर्गत परीक्षण रूम की व्यवस्था होनी चाहिए।

(*vi*) आपूर्तिकर्ताओं का चयन इन्टरनेट या मैनुअल दोनों विधियों से होने की व्यवस्था हो।

(*vii*) ग्राहकों से अधिक पैसा न वसूला जाए। इससे इकाई की विश्वसनीयता प्रभावित होती है।

(*viii*) विज्ञापन की उपयुक्त व्यवस्था होनी चाहिए।

स्पष्ट है कि किसी भी पोशाक को बनाने में इसके डिजाइन की तथा डिजाइन के लिए डिजाइन अवयवों की मुख्य भूमिका होती है। अत: आवश्यक है कि पोशाकों के डिजाइन तथा निर्माण में सभी अवयव एकरूपता में हों।

महत्त्वपूर्ण प्रश्नोत्तरी

1. डिजाइन के पाँच अवयव कौन-कौन से हैं?

उत्तर डिजाइन के पाँच प्रमुख अवयव निम्नलिखित हैं–

(i) स्थान (ii) रेखाएँ (iii) स्वरूप
(iv) रंग (v) बनावट

2. सकारात्मक स्थान से आपका क्या तात्पर्य है?

उत्तर डिजाइन बनाने के लिए परिधान के जिस भाग पर सबसे ज्यादा ध्यान दिया जाता है, उसे सकारात्मक स्थान कहा जाता है।

3. डिजाइन बनाने में रेखाओं का क्या योगदान है?

उत्तर रेखाओं के द्वारा ही डिजाइनों का सही प्रारूप तैयार किया जाता है। विशिष्ट रेखाओं का टेलरिंग के द्वारा आड़ी, सीधी, कर्व इत्यादि रूपों में कटाव किया जाता है। शरीर की बनावट के अनुरूप रेखाओं का प्रयोग किया जाता है।

4. डिजाइन का स्वरूप कैसे तैयार किया जाता है?

उत्तर सामान्य तौर पर डिजाइन का स्वरूप तैयार करने के लिए चौकोर, गोल, त्रिकोण, आयत या षट्कोणीय रूपों का उपयोग किया जाता है। ज्यामितीय आकारों को ही डिजाइन का आधार माना जाता है।

5. पोशाक डिजाइन में बनावट क्या है? संक्षिप्त उत्तर दीजिए।

उत्तर परिधानों पर कढ़ाई या पेण्टिंग के माध्यम से अपनी इच्छानुसार आकर्षक डिजाइन तैयार करना बनावट कहलाता है। ये डिजाइन विविध रंगों या रेखाओं में बनाए जाते हैं।

6. डिजाइन बनाने में आवृत्तिकरण क्या भूमिका निभाता है?

उत्तर डिजाइन बनाते समय जब डिजाइन अवयवों का बार-बार प्रयोग किया जाता है, तो इस प्रक्रिया को आवृत्तिकरण कहा जाता है। आवृत्तिकरण से संगत व सामान्य डिजाइन का निर्माण होता है।

7. समरूपता के गुण से आप क्या समझते हैं?

उत्तर परिधानों में डिजाइन बनाते समय सदैव समरूपता के गुण का पालन करना चाहिए। समरूपता के आधार पर छोटे-से-छोटे एवं बड़े-से-बड़े डिजाइन को व्यवस्थित रूप से उचित विस्तार दिया जा सकता है।

8. परिधान डिजाइन में ग्रेडेशन की क्या भूमिका है?

उत्तर डिजाइन के अवयवों में परिवर्तन करने की प्रक्रिया ग्रेडेशन कहलाती है। इस प्रक्रिया के अन्तर्गत डिजाइन अवयवों को घटाया और बढ़ाया जा सकता है।

ग्रेडेशन के माध्यम से ही डिजाइन को विशिष्ट रूप प्रदान किया जाता है।

9. डिजाइनिंग कला में अनुरूपता का सिद्धान्त क्या है?

उत्तर डिजाइन बनाने में रंग, लाइन, संरचना व विभिन्न आकृतियों का सही तरीके से प्रयोग करना ही अनुरूपता है। डिजाइनिंग कला में एकरूपता का समावेशन ही अनुरूपता का सिद्धान्त है।

अभ्यास प्रश्न

परीक्षा प्रारूपी प्रश्न

बहुविकल्पीय

1. डिजाइन बनाने हेतु रंग, रेखाओं, संरचना एवं विभिन्न आकृतियों का उचित प्रयोग करना कहलाता है

(a) लयबद्धता का सिद्धान्त
(b) अनुरूपता का सिद्धान्त
(c) आवृत्तिकरण का सिद्धान्त
(d) आनुपातिक सिद्धान्त

2. डिजाइन के विपरीतता सिद्धान्त के अन्तर्गत डिजाइन को अधिक आकर्षक बनाने हेतु प्रयोग किए जाते हैं

(a) विपरीत डिजाइन (b) विपरीत आकृतियाँ
(c) विपरीत रंग (d) विपरीत वस्त्र

3. डिजाइन में सन्तुलन लाने हेतु, सन्तुलित रूप से प्रयोग होने चाहिए

(a) विभिन्न रंग
(b) विभिन्न रेखाएँ
(c) विभिन्न आकृतियाँ
(d) उपरोक्त सभी

4. डिजाइन को उचित विस्तार, किस सिद्धान्त के आधार पर दिया जाता है?

(a) लयबद्धता सिद्धान्त के आधार पर
(b) आवृत्तिकरण सिद्धान्त के आधार पर
(c) समरूपता सिद्धान्त के आधार पर
(d) विपरीतता सिद्धान्त के आधार पर

5. "डिजाइन बनाने हेतु प्रयोग किए जा रहे लेस, पाइजिंग तथा मोटिफ का रंग, वस्त्रों के डिजाइन एवं रंग के अनुरूप होना चाहिए।" यह सिद्धान्त कहलाता है
(a) आवृत्तिकरण (b) समरूपता
(c) लयबद्धता (d) ग्रेडेशन

6. ग्रेडेशन का सिद्धान्त है
(a) डिजाइन अवयवों में परिवर्तन करना
(b) डिजाइन अवयवों को घटाना
(c) डिजाइन अवयवों को बढ़ाना
(d) उपरोक्त में से कोई नहीं

7. बाजार का सर्वेक्षण निम्न में से किस उद्देश्य से किया जाता है?
(a) अनुसन्धान एवं विश्लेषण हेतु
(b) ब्राण्ड की पहचान हेतु
(c) जाँच या परीक्षण हेतु
(d) उपरोक्त सभी

8. डिजाइन के सन्दर्भ में 'लियोनार्डो द विंची' का कथन था कि "चित्र भले ही हाथों से बनाए जाते हैं, परन्तु कलाकार की सोच ही उसे .... रूप प्रदान करती है।"
(a) वास्तविक (b) दृश्य
(c) मूर्त (d) इनमें से कोई नहीं

9. डिजाइन बनाने हेतु निम्न में से कौन-सा सिद्धान्त उपयोगी नहीं है?
(a) आवृत्तिकरण का सिद्धान्त (b) समरूपता का सिद्धान्त
(c) आनुपातिक सिद्धान्त (d) अनिश्चितता का सिद्धान्त

10. निम्नलिखित में से किसका प्रयोग डिजाइन बनाने के लिए होता है?
(a) बनावट
(b) रंग
(c) 'a' और 'b' दोनों
(d) उपरोक्त में से कोई नहीं

11. आवृत्तिकरण के अभाव में निर्मित डिजाइन का स्वरूप होता है
(a) नीरसता उत्पन्न करने वाला
(b) असामान्य
(c) भद्दा एवं असंगत
(d) बिल्कुल सामान्य एवं सहज

12. डिजाइनिंग में एकरूपता का समावेशन ही .... है।
(a) लयबद्धता का सिद्धान्त
(b) आनुपातिक का सिद्धान्त
(c) आवृत्तिकरण का सिद्धान्त
(d) अनुरूपता का सिद्धान्त

13. डिजाइन के विकास में महत्त्वपूर्ण भूमिका निभाने वाले प्रमुख कारक अनुसन्धान व विश्लेषण के अन्तर्गत निम्न में से किसका अनुसन्धान व विश्लेषण नहीं होता है?
(a) बाजार की सम्पूर्ण वस्तुस्थिति का
(b) उपभोक्ताओं की माँग वक्र, उनकी क्रयशक्ति का
(c) डिजाइनरों की वस्तुस्थिति का
(d) मौसम का आकलन

14. जब किसी डिजाइन को एक साधारण कागज पर बनाया जाता है, तो इसमें परिवर्तन आने लगते हैं। निम्न में से इसका कौन-सा कारण सही है?
(a) माँग (b) कल्पना
(c) 'a' और 'b' दोनों (d) प्रारम्भिक ज्ञान

15. डिजाइन के नमूने की गुणात्मकता की जाँच कौन करता है?
(a) कम्पनी के मैनेजर (b) प्रबन्धक
(c) गुणात्मक निरीक्षक (d) कम्पनी निरीक्षक

16. निम्न सूचियों को सुमेलित कीजिए

सूची I (कारक)	**सूची II** (प्रभाव)
A. अनुसन्धान व विश्लेषण	(i) विशिष्ट डिजाइन का निर्माण
B. बाजार की पहचान	(ii) आर्थिक व सामाजिक जीवन शैली
C. ब्राण्ड	(iii) गुणात्मक निरीक्षक
D. जाँच परीक्षण	(iv) बाजार की वस्तुस्थिति की जानकारी

कूट
(a) A-(i); B-(ii); C-(iii); D-(iv) (b) A-(iii);B-(iv);C-(ii); D-(i)
(c) A-(iv);B-(ii);C-(i); D-(iii) (d) A-(iii); B-(i); C-(ii);D-(iv)

17. किसी भी डिजाइन की रूपरेखा मूलतः किस पर आधारित होती है?
(a) विचारधारा (b) आवृत्तिकरण
(c) संकल्पना (d) कुशल रणनीति

उत्तरमाला

1. (b)	2. (c)	3. (d)	4. (c)	5. (c)	6. (a)	7. (d)	8. (c)	9. (d)	10. (c)
11. (c)	12. (d)	13. (d)	14. (c)	15. (c)	16. (c)	17. (c)			

अध्याय 25

ब्लॉक पैटर्न

Block Pattern

पोशाक निर्माण में पैटर्न बनाने का विशेष महत्त्व होता है। परिधान बनाने हेतु, कटाई से पूर्व पेपर पर वस्त्र का नमूना तैयार करना या ड्राफ्टिंग बनाना पैटर्न कहलाता है। पेपर पर तैयार किया गया नमूना पेपर पैटर्न कहलाता है, परन्तु जब यही नमूना मोटे गत्ते, टिन की सामान्य चादर, मोटी जिंक शीट या ताँबे की चादर पर काटकर तैयार किया जाता है, तो यह ब्लॉक पैटर्न कहलाता है। ब्लॉक पैटर्न का प्रयोग सामान्यत: वहाँ किया जाता है, जहाँ एक ही नाप एवं एक ही साइज के परिधानों का उत्पादन अधिक मात्रा में करना होता है। अधिकतर व्यापारिक एवं ब्राण्डेड प्रतिष्ठानों द्वारा ब्लॉक पैटर्न का प्रयोग किया जाता है। इसके अन्तर्गत एक निश्चित नाप एवं साइज निर्धारित कर दी जाती है, जिसका लम्बे समय तक प्रयोग किया जाता है। किसी भी वस्त्र का प्रामाणिक पैटर्न बनाने के लिए 'अष्टशीर्ष प्रणाली' को विशेष रूप से आधार माना जाता है, जिसका वर्णन अध्याय 18 में किया जा चुका है।

अध्याय विषय सूची

25.1 ब्लॉक पैटर्न के मौलिक नमूने Basic Samples of Block Pattern

किसी विशेष नाप पर, व्यक्ति के बाहरी साइज के अनुरूप सर्वप्रथम जो पैटर्न तैयार किया जाता है, उसे ब्लॉक पैटर्न कहा जाता है। यही निर्मित ब्लॉक पैटर्न, व्यक्ति के वस्त्र बनाने हेतु नींव का कार्य करता है।

ब्लॉक पैटर्न किसी विशेष प्रकार से पहनने वाले वस्त्र पर ही निर्भर नहीं करता है अपितु उसके डिज़ाइनों में इच्छानुसार परिवर्तन किया जा सकता है। ब्लॉक पैटर्न, रिकॉर्ड हेतु लम्बे समय तक सरलता से सुरक्षित रखा जा सकता है। जो भी मानवीय गलतियाँ होती हैं, उन्हें पैटर्न पर ही सरलता से सुधार लिया जाता है।

चित्र 8.1 में पाँच पीस का पैटर्न-सेट दर्शाया गया है, जिसमें एक बॉडिस (फ्रण्ट तथा बैक), एक स्कर्ट (फ्रण्ट तथा बैक) तथा एक लम्बी स्लीव है। यह एक बेसिक ब्लॉक पैटर्न है, जिसे फाउण्डेशन या स्लोपर भी कहा जाता है।

ये ब्लॉक पैटर्न-सेट विशेष आकार तथा आकृति की मापें प्रदर्शित करते हैं

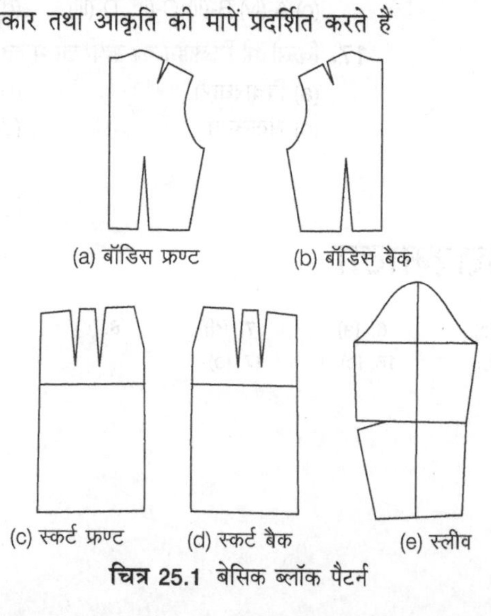

चित्र 25.1 बेसिक ब्लॉक पैटर्न

ब्लॉक पैटर्न बनाने के उद्देश्य
Objectives of Making Block Pattern

वर्तमान समय में ब्लॉक पैटर्न बनाना एक बहुआयामी प्रक्रिया है। इसके कुछ मुख्य उद्देश्य निम्नलिखित हैं

(i) इसके माध्यम से एक निश्चित नाप एवं साइज को सुरक्षित रखा जा सकता है, जिसका उपयोग आवश्यकता पड़ने पर कभी भी किया जा सकता है।

(ii) इसकी सहायता से कार्य शीघ्रता एवं सुगमता से होते हैं।

(iii) ब्लॉक बनाकर रखने से समय की बचत होती है, क्योंकि यदि पुन: इसी नाप एवं साइज के वस्त्र बनाने की आवश्यकता होती है, तो तुरन्त ब्लॉक निकालकर, उत्पादन प्रारम्भ कर दिया जाता है।

25.2 ब्लॉक पैटर्न की महत्ता
Importance of Block Pattern

ब्लॉक पैटर्न की महत्ता इस बात पर निर्भर करती है कि वह कितना दोषरहित क्रियान्वित किया गया है। यदि ब्लॉक पैटर्न में कोई दोष विद्यमान है, तो निश्चित रूप से इसका नकारात्मक प्रभाव बनने वाली पोशाक पर ही पड़ेगा अर्थात् दोषरहित ब्लॉक पैटर्न ही उपयोगी होता है।

ब्लॉक पैटर्न का सही परीक्षण उस शरीर द्वारा किया जाता है, जिसके लिए इसे क्रियान्वित किया गया है। ब्लॉक पैटर्न के परीक्षण के समय इसके नाप की रेखाएँ, उसकी फिटिंग, ब्लॉक पैटर्न पर शरीर के अनुरूप गोलाइयाँ एवं सन्तुलन के निशान अवश्य ही जाँच लेने चाहिए। ब्लॉक पैटर्न की महत्ता को हम निम्न कारकों द्वारा समझ सकते हैं

1. तीव्रता हेतु For Speed

ब्लॉक पैटर्न का प्रयोग व्यावसायिक स्तर पर बड़ी-बड़ी कम्पनियाँ या औद्योगिक प्रतिष्ठान करते हैं। इसके प्रयोग से उत्पादन क्रिया में तीव्रता आती है, क्योंकि पैटर्न पहले से तैयार होते हैं। आवश्यकता पड़ने पर शीघ्र ही उत्पादन प्रारम्भ कर दिया जाता है। ब्लॉक पैटर्न का उपयोग करने से उत्पादन पर सकारात्मक प्रभाव दिखाई देता है।

2. नाप से सम्बन्धित जाँच हेतु
For Testing Related to Measurement

ब्लॉक पैटर्न के परीक्षण के समय इसकी महत्त्वपूर्ण नापों की सही-सही जाँच कर लेनी चाहिए। नाप की जाँच के समय छाती, कमर, हिप, गर्दन, बाजू, कलाई एवं आधार की चौड़ाई एवं कन्धे से कमर की लम्बाई, कन्धा, बाजू एवं पूरे शरीर की लम्बाई की नापें जाँची जाती हैं।

3. ट्रेड के उद्देश्य हेतु For Purpose of Trade

बदलते फैशन के दौर में परिधानों की भी अपनी आवश्यकताएँ होती हैं, जो व्यापारिक हितों को साध सकें, इसलिए वर्तमान समय में प्रामाणिक ब्लॉक को विशिष्ट व्यावसायिक ब्लॉक में विकसित किया जाता है। व्यावसायिक ब्लॉक, वे ब्लॉक होते हैं, जिनका समयानुकूल माँग के अनुसार प्रयोग किया जा सके।

अत: ब्लॉक को इस प्रकार से विकसित करना चाहिए, ताकि वह व्यावसायिक उद्देश्यों की पूर्ति कर सकें।

4. आवश्यक जानकारी हेतु For Necessary Information

ब्लॉक पैटर्न तैयार करने के बाद इस पर आवश्यक जानकारी का अंकन (marking) अनिवार्य है; जैसे—नाप सम्बन्धित सूचना, बॉडी शेप, लाइन, ड्राफ्ट पर बैलेंस मार्क एवं ब्लॉक पैटर्न बनाने की तिथि इत्यादि की सूचना देना। इससे ब्लॉक की पूरी जानकारी सरलता से उपलब्ध हो जाती है एवं आवश्यकता पड़ने पर कोई भी व्यक्ति सरलता से इस ब्लॉक का प्रयोग कर सकता है।

5. परिशुद्धता For Accuracy

ब्लॉक पैटर्न के आधार पर बने वस्त्रों में परिशुद्धता (accuracy) की सम्भावना अधिक होती है और यही उसकी गुणात्मकता का पैमाना है। जब किसी वस्त्र का पैटर्न बनाया जाता है, तो उसे अच्छी तरह से जाँचा परखा जाता है, जिसके फलस्वरूप ब्लॉक पैटर्न के आधार पर बने वस्त्रों की फिटिंग सही आती है।

25.3 ब्लॉक पैटर्न के प्रकार
Types of Block Pattern

वस्त्र बनाना एक सृजनात्मक कला है, जिसे एक कुशल एवं निपुण व्यक्ति ही ठीक प्रकार से सँवारता है। बड़ी या छोटी इकाइयों में कारीगर या निपुण डिजाइनर विविध प्रकार के वस्त्रों का निर्माण करते हैं। ये सभी वस्त्र एक विशेष प्रकार के पैटर्न पर आधारित होते हैं। ब्लॉक पैटर्न की कार्य प्रणाली अन्य पैटर्न की भाँति ही होती है, परन्तु संरचनात्मक दृष्टिकोण से ये अलग होते हैं।

ब्लॉक पैटर्न को मुख्यत: निम्न भागों में बाँटा जाता है

1. प्रामाणिक ब्लॉक पैटर्न Standard Block Pattern

प्रामाणिक ब्लॉक पैटर्न सर्वाधिक महत्त्वपूर्ण ब्लॉक पैटर्न माना जाता है, क्योंकि यही शरीर की आकृति के अनुसार, सही अनुपात एवं फिटिंग के लिए सही आधार बनाता है। इसकी आधारशिला शरीर की आकृति के अनुसार होती है, जो प्राकृतिक स्वरूप पर पूरी तरह से निर्भर करती है। ये ब्लॉक पैटर्न पूरी तरह से आधुनिक फैशन पर आधारित होते हैं।

2. व्यावसायिक ब्लॉक पैटर्न Trade Block Pattern

व्यापक पैमाने पर उत्पादन करने हेतु व्यावसायिक या ट्रेड ब्लॉक पैटर्न का प्रयोग किया जाता है। प्रामाणिक ब्लॉक पैटर्न का ही विकसित रूप, व्यावसायिक या ट्रेड ब्लॉक पैटर्न कहलाता है। उपभोक्ताओं की माँग की पूर्ति करने के लिए प्रामाणिक ब्लॉक पैटर्न को अधिक आधुनिक एवं प्रचलित फैशन के अनुकूल विकसित किया जाता है।

ऐसे विकसित परिधानों में आवश्यकता के अनुसार सीम, एलाउन्स, टर्निंग डार्ट एवं प्लीट सभी को आसानी एवं गुणात्मक विधियों से दिखाया जा सकता है। प्रामाणिक साइज चार्ट के आधार पर ही ट्रेड ब्लॉक पैटर्न का नाप तैयार किया जाता है।

3. टेलर्स ब्लॉक पैटर्न Tailors Block Pattern

इसे भी प्रामाणिक ब्लॉक पैटर्न का प्रतिरूप माना जाता है। इस प्रकार के ब्लॉक पैटर्न में टेलर आवश्यकतानुसार परिवर्तन करता है। यह काम अत्यन्त सूक्ष्मता से किया जाता है। यह टेलर की कुशलता एवं निपुणता पर निर्भर करता है कि इस ब्लॉक पैटर्न में वह किस प्रकार से गुणात्मक सुधार लाए, ताकि वह आधुनिक जीवन-शैली के अनुरूप हो।

4. प्राथमिक ब्लॉक पैटर्न Primary Block Pattern

इस ब्लॉक पैटर्न के अन्तर्गत बॉडी को दो भागों में विभाजित कर अलग-अलग ब्लॉक पैटर्न बनाए जाते हैं। प्राथमिक ब्लॉक पैटर्न के दो भाग निम्न हैं

(i) **अपर बॉडी ब्लॉक पैटर्न** (Upper body block pattern) महिला एवं पुरुषों के अलग-अलग परिधान के आधार पर अपर बॉडी ब्लॉक पैटर्न को दो भागों में विभाजित किया जाता है
   (a) महिलाओं के लिए बॉडी ब्लॉक पैटर्न।
   (b) पुरुषों के लिए शर्ट ब्लॉक पैटर्न, बाजू ब्लॉक पैटर्न।

(ii) **लोअर बॉडी ब्लॉक पैटर्न** (Lower body block pattern) महिला एवं पुरुषों के अलग-अलग परिधान के आधार पर इसे भी दो भागों में विभाजित किया जाता है
   (a) महिलाओं के लिए स्कर्ट ब्लॉक पैटर्न।
   (b) पुरुषों के लिए ट्राउजर्स ब्लॉक पैटर्न।

5. द्वितीयक ब्लॉक पैटर्न Secondary Block Pattern

प्राथमिक ब्लॉक पैटर्न का ही विकसित रूप द्वितीयक या गौण ब्लॉक पैटर्न है। इस प्रणाली के द्वारा प्राथमिक ब्लॉक पैटर्न को परिष्कृत कर अन्य रूप प्रदान किया जाता है। उदाहरण के लिए, आकारित बाजू ब्लॉक पैटर्न को सीधा बाजू ब्लॉक पैटर्न में विकसित करना तथा ट्राउजर्स को स्टाइलिश जीन्स में बदलना आदि।

ब्लॉक पैटर्न का परीक्षण
Testing of Block Pattern

ब्लॉक पैटर्न निर्माण के बाद इसका परीक्षण उसी व्यक्ति के शरीर पर करना चाहिए, जिसके लिए इसे बनाया गया है। परीक्षण के समय इस बात पर विशेष ध्यान दिया जाता है कि ब्लॉक पैटर्न की फिटिंग एवं कर्व में सन्तुलन है या नहीं।

सन्तुलन नहीं होने पर, उसमें तत्काल सुधार कर लेना चाहिए, अन्यथा गलत पैटर्न से कटाई हो जाने पर संगत परिधानों को बनाना सम्भव नहीं हो पाएगा।

ब्लॉक पैटर्न बनाने के लाभ
Advantages of Making Block Pattern

ब्लॉक पैटर्न बनाने के निम्नलिखित लाभ हैं

(*i*) ब्लॉक पैटर्न बनाकर जटिल शैली वाले परिधानों को भी सरलता व तीव्रता से बना लिया जाता है।
(*ii*) ब्लॉक पैटर्न सटीक नाप लेकर बना होता है, जिससे पोशाक बनाने पर अच्छी फिटिंग आती है।
(*iii*) ब्लॉक पैटर्न को बहु उत्पादन (mass production) प्रक्रम में स्टाइल की किसी भी संख्या हेतु सही साइज तथा फिटिंग हेतु प्रयोग किया जा सकता है।
(*iv*) बेसिक ब्लॉक पैटर्न का उपयोग करके सरल हस्त कौशल तकनीक द्वारा विभिन्न अन्य पैटर्न के आकार बनाए जा सकते हैं।
(*v*) जटिल स्टाइल बनाते समय, ब्लॉक पैटर्न में केवल कुछ सुधार करके जटिल स्टाइल सरलता से बना लिए जाते हैं, जिससे कार्य कम समय में हो जाता है।

महत्त्वपूर्ण प्रश्नोत्तरी

1. ब्लॉक पैटर्न बनाने के दो प्रमुख उद्देश्य कौन-कौन से हैं?

उत्तर ब्लॉक पैटर्न बनाने के दो प्रमुख उद्देश्य निम्नलिखित हैं–
(i) ब्लॉक पैटर्न बनाकर रखने से समय की बचत होती है।
(ii) इसकी सहायता से आगे होने वाले कार्य शीघ्रता एवं सुगमता से होते हैं।

2. ब्लॉक की विश्वसनीयता से क्या तात्पर्य है?

उत्तर ब्लॉक की विश्वसनीयता इस बात पर निर्भर करती है कि वह कितना दोषरहित है।

3. ब्लॉक पैटर्न का परीक्षण कहाँ किया जाता है?

उत्तर ब्लॉक पैटर्न का परीक्षण उस बॉडी पर किया जाता है, जिसके लिए इसे क्रियान्वित किया गया है।

4. ब्लॉक पैटर्न कितने प्रकार के होते हैं?

उत्तर ब्लॉक पैटर्न निम्न चार प्रकार के होते हैं
(i) प्रामाणिक ब्लॉक पैटर्न
(ii) व्यावसायिक ब्लॉक पैटर्न
(iii) टेलर्स ब्लॉक पैटर्न
(iv) प्राथमिक एवं गौण ब्लॉक पैटर्न

5. प्राथमिक ब्लॉक पैटर्न कितने प्रकार के होते हैं?

उत्तर प्राथमिक ब्लॉक पैटर्न निम्न दो प्रकार के होते हैं
(i) अपर बॉडी ब्लॉक पैटर्न
(ii) लोअर बॉडी ब्लॉक पैटर्न

अभ्यास प्रश्न

परीक्षा प्रारूपी प्रश्न

बहुविकल्पीय

1. ब्लॉक पैटर्न बनाया जाता है
(a) मोटे लोहे की चादर पर (b) कपड़े पर
(c) मोटे गत्ते पर (d) पेपर पर

2. ब्लॉक पैटर्न में निम्न में से किस कारक को निश्चित कर दिया जाता है?
(a) लम्बाई एवं चौड़ाई को (b) नाप एवं साइज को
(c) प्रतिरूप एवं स्वरूप को (d) परिधानों के नमूनों को

3. ब्लॉक पैटर्न में डिज़ाइनों को
(a) इच्छानुसार नहीं बदला जा सकता है
(b) इच्छानुसार बदला जा सकता है
(c) हटा दिया जाता है
(d) उपरोक्त में से कोई नहीं

4. ब्लॉक बनाकर रखने से निम्नलिखित में से किसकी बचत होती है?
(a) ऊर्जा (b) पानी
(c) जल (d) समय

5. ब्लॉक की विश्वसनीयता निर्भर करती है
(a) दोषयुक्त होने पर (b) दोषरहित होने पर
(c) उपभोक्ता की माँग पर (d) गुणवत्ता पर

6. ब्लॉक परीक्षण में निम्नलिखित में से किसकी जाँच आवश्यक नहीं है?
(a) नाप की रेखाएँ (b) फिटिंग
(c) गत्ते की मोटाई (d) ब्लॉक की गोलाइयाँ

7. ब्लॉक पैटर्न का प्रभाव होता है
(a) दीर्घकालीन
(b) लघुकालीन
(c) समकालीन
(d) अतिलघुकालीन

8. ब्लॉक पैटर्न के आधार पर बने वस्त्रों में परिशुद्धता का पैमाना है
(a) सही माप (b) सही साइज
(c) गुणात्मकता (d) सही लाइनें

9. निम्नलिखित में से कौन-एक ब्लॉक पैटर्न का प्रकार नहीं है?
(a) प्रामाणिक ब्लॉक (b) टेलर्स ब्लॉक
(c) प्राथमिक ब्लॉक (d) संरचनात्मक ब्लॉक

10. ब्लॉक पैटर्न का परीक्षण किया जाता है
(a) किसी भी व्यक्ति पर
(b) तैयार करने वाले व्यक्ति पर
(c) उस व्यक्ति पर जिसकी नाप ली गई हो
(d) किसी भी व्यक्ति पर नहीं

11. निम्नलिखित में से कौन-सा ब्लॉक पैटर्न शरीर की आकृति के अनुकूल बना होता है?
(a) ट्रेड ब्लॉक पैटर्न (b) प्राथमिक ब्लॉक पैटर्न
(c) गौण ब्लॉक पैटर्न (d) प्रामाणिक ब्लॉक पैटर्न

12. निम्नलिखित में से कौन-सा ब्लॉक पैटर्न आधुनिक फैशन का परिचायक है?
(a) टेलर्स ब्लॉक पैटर्न (b) प्राथमिक ब्लॉक पैटर्न
(c) प्रामाणिक ब्लॉक पैटर्न (d) व्यावसायिक ब्लॉक पैटर्न

13. प्रामाणिक ब्लॉक का विकसित रूप है
(a) व्यावसायिक ब्लॉक पैटर्न (b) सेकण्डरी ब्लॉक पैटर्न
(c) संरचनात्मक ब्लॉक पैटर्न (d) प्राथमिक ब्लॉक पैटर्न

14. प्राथमिक ब्लॉक पैटर्न के अन्तर्गत बॉडी को कितने भागों में विभाजित किया जाता है?
(a) 2 (b) 4 (c) 5 (d) 6

15. निम्नलिखित में से कौन-सा पुरुषों का अपर बॉडी ब्लॉक पैटर्न है?
(a) शर्ट ब्लॉक पैटर्न (b) बॉडी ब्लॉक पैटर्न
(c) स्कर्ट ब्लॉक पैटर्न (d) ट्राउजर्स ब्लॉक पैटर्न

16. निम्नलिखित में से कौन-सा ब्लॉक पैटर्न, लोअर बॉडी ब्लॉक पैटर्न की श्रेणी में आता है?
(a) शर्ट ब्लॉक पैटर्न (b) बाजू ब्लॉक पैटर्न
(c) महिला बॉडी ब्लॉक पैटर्न (d) स्कर्ट ब्लॉक पैटर्न

17. निम्न में से कौन-सा ब्लॉक पैटर्न बेसिक ब्लॉक पैटर्न में सम्मिलित नहीं किया जाता?
(a) स्कर्ट ब्लॉक पैटर्न (b) हाफ पेन्ट ब्लॉक पैटर्न
(c) बॉडिस ब्लॉक पैटर्न (d) स्लीव ब्लॉक पैटर्न

18. ट्राउजर्स को स्टाइलिश जीन्स में बदलना निम्न में से किस ब्लॉक पैटर्न का उदाहरण है?
(a) प्रामाणिक ब्लॉक पैटर्न (b) व्यावसायिक ब्लॉक पैटर्न
(c) गौण ब्लॉक पैटर्न (d) प्राथमिक ब्लॉक पैटर्न

19. निम्न सूचियों को सुमेलित कीजिए।

सूची I (ब्लॉक पैटर्न के प्रकार)	सूची II (विशेषताएँ)
A. प्रामाणिक	(i) प्रामाणिक ब्लॉक पैटर्न का प्रतिरूप
B. व्यावसायिक	(ii) प्रामाणिक ब्लॉक पैटर्न का विकसित रूप
C. टेलर्स ब्लॉक पैटर्न	(iii) बॉडी के आधार पर दो ब्लॉक पैटर्न
D. प्राथमिक ब्लॉक पैटर्न	(iv) आधुनिक फैशन का परिचायक

कूट

(a) A-(iv); B-(ii); C-(i); D-(iii)
(b) A-(i); B-(iv); C-(ii); D-(iii)
(c) A-(i); B-(ii); C-(iii); D-(iv)
(d) A-(iv); B-(i); C-(ii); D-(iii)

20. निम्न सूचियों को सुमेलित कीजिए।

सूची I (ब्लॉक पैटर्न के प्रकार)	सूची II (विशेषताएँ)
A. अपर बॉडी ब्लॉक पैटर्न	(i) ट्राउजर्स को स्टाइलिश जीन्स में बदलना
B. लोअर बॉडी ब्लॉक पैटर्न	(ii) बाजू ब्लॉक पैटर्न
C. गौण ब्लॉक पैटर्न	(iii) प्रामाणिक साइज चार्ट के आधार पर
D व्यावसायिक ब्लॉक पैटर्न	(iv) ट्राउजर्स ब्लॉक पैटर्न

कूट

(a) A-(ii); B-(i); C-(iii); D-(iv)
(b) A-(i); B-(iv); C-(ii); D-(iii)
(c) A-(iii); B-(i); C-(ii); D-(iv)
(d) A-(ii); B-(iv); C-(i); D-(iii)

उत्तरमाला

1. (c)	**2.** (b)	**3.** (b)	**4.** (d)	**5.** (b)	**6.** (c)	**7.** (a)	**8.** (c)	**9.** (d)	**10.** (c)
11. (d)	**12.** (c)	**13.** (a)	**14.** (a)	**15.** (a)	**16.** (d)	**17.** (b)	**18.** (c)	**19.** (a)	**20.** (d)

अध्याय 26

ड्रेपिंग
Draping

अध्याय विषय सूची

- ड्रेपिंग की महत्ता
- ड्रेपिंग के लिए आवश्यक उपकरण
- ड्रेपिंग तकनीक
- ड्रेपिंग प्रक्रम
- **महत्त्वपूर्ण प्रश्नोत्तरी**
- **अभ्यास प्रश्न**

ड्रेपिंग पूर्व निर्धारित अथवा अनुमानित डिजाइन का उपयोग करके मूल डिजाइन बनाने की एक विधि है। यह विधि सीधे वस्त्रों पर उपयोग की जाती है। अत: इसमें पैटर्न बनाने की आवश्यकता नहीं होती है। ड्रेपिंग में मानव शरीर के अनुरूप डमी का प्रयोग करके वस्त्रों की डिजाइनिंग की जाती है। ड्रेपिंग सम्बन्धी सभी प्रमुख कार्य मूल फैब्रिक को काटने से पूर्व ही कर लिए जाते हैं। फैशन डिजाइनिंग के काम में निपुण व्यक्ति सदैव कपड़े को अलग-अलग काटकर ड्रेपिंग करता है, जिससे कि फिटिंग सही हो। ड्रेपिंग हेतु प्रयुक्त होने वाली डमी के आगे के हिस्से में और पीछे के हिस्से में अलग-अलग कपड़ा लगाया जाता है, क्योंकि डमी में कभी-भी एक ही कपड़े को नहीं लपेटा जाता है, इससे असंगतता एवं असन्तुलन की स्थिति उत्पन्न हो जाती है और ड्रेपिंग सही नहीं हो पाती है।

अत: ड्रेपिंग में सन्तुलन के लिए आगे व पीछे के भागों को अलग दिखाया जाता है, साथ ही सीधे व उल्टे भागों को भी अलग-अलग करके दिखाया जाता है। अत: ड्रेपिंग को इस प्रकार परिभाषित किया जा सकता है—''फैशन डिजाइनिंग के क्षेत्र में ड्रेपिंग वह क्रिया है, जिसके अन्तर्गत किसी परिधान को तैयार करने से पूर्व उसका डिजाइन सेट करने हेतु डमी (dummy) के सहारे कपड़े को पिनों के द्वारा ड्रेप करके, सैटिंग की जाती है।''

चित्र 26.1 ड्रेपिंग

डमी के सहारे ड्रेप करने की स्थिति कपड़े के डिजाइन पर निर्भर करती है। ड्रेपिंग के आधार पर मूल डिजाइन में इच्छानुसार परिवर्तन कर नए-नए डिजाइन सरलता से बनाए जा सकते हैं। फैशन डिजाइनिंग के अन्तर्गत उत्तम कोटि के ब्लीचरहित मलमल के कपड़े को, जो ढीला-ढाला तथा कलफ लगा हुआ हो, स्केच में तैयार किए गए डिजाइन के अनुरूप ड्रेपिंग के लिए, डमी पर उपयुक्त व संगत फिटिंग हेतु प्रयोग किया जाता है।

26.1 ड्रेपिंग की महत्ता Importance of Draping

ड्रेपिंग, फैशन डिजाइनिंग के क्षेत्र में एक सृजनात्मक क्रिया मानी जाती है। पोशाकों के निर्माण तथा इनकी डिजाइनिंग में इसका महत्त्व निहित है। ड्रेपिंग क्रिया किसी भी सिन्थेटिक कपड़े को अलग-अलग काटकर मूल परिधान के अनुसार ही की जाती है। डिजाइन एवं स्केच की आवश्यकताओं को ध्यान में रखते हुए ड्रेपिंग प्रणाली को विशेष रूप से अनिवार्य माना जाता है। इस प्रणाली द्वारा ड्रेप करने से परिधानों की न सिर्फ सटीक फिटिंग प्राप्त होती है, अपितु परिधानों एवं डिजाइनों की गुणवत्ता भी सुधारी जा सकती है। ड्रेपिंग के माध्यम से परिधानों की सही फिटिंग सरलता से की जा सकती है, यदि फिटिंग सही नहीं हो पाती है, तो कुशल एवं निपुण डिजाइनर यह पता लगा लेते हैं कि किन कारणों से फिटिंग में परेशानी उत्पन्न हो रही है।

डिजाइनर यह सहज ही पहचान लेता है कि बॉडी के किस भाग की फिटिंग में क्यों कमी आई है। डिजाइनर के निर्देश पर टेलर इस कमी को शीघ्र ठीक कर देता है। बड़े-बड़े फैशन हाउस संचालित करने वाली कम्पनियाँ या संस्थाएँ डिजाइन को आकर्षक बनाने हेतु ड्रेपिंग का प्रयोग करती हैं। ड्रेपिंग के माध्यम से न सिर्फ डिजाइनों को आकर्षक बनाया जाता है, अपितु इसे सरलता से संशोधित एवं परिष्कृत भी किया जा सकता है। ड्रेपिंग जटिल डिजाइन को भी सरलता से बनाने में सहायक होती है।

कई बार ऐसा भी देखा जाता है कि कोई डिजाइन किसी कपड़े पर अच्छा नहीं लगता है, तो कभी किसी कपड़े पर कोई डिजाइन अधिक आकर्षक लगता है। ऐसी परिस्थितियों में ड्रेपिंग के माध्यम से डिजाइन को सरलता से बदला जा सकता है।

ड्रेपिंग के माध्यम से पैटर्न बनाने में भी बहुत सहायता मिलती है। डिजाइन सही होगा या नहीं इसकी भी जाँच ड्रेपिंग द्वारा ही की जा सकती है। कभी-कभी किसी डिजाइन की स्केचिंग बहुत जटिल होती है, जिसे बनाना वास्तव में, सम्भव नहीं होता है, परन्तु ड्रेपिंग की सहायता से एक प्रयोगात्मक प्रयास किया जाता है और इस जटिल क्रिया को सरल बनाया जा सकता है। अत: हर प्रकार के परिधान या डिजाइन बनाने में ड्रेपिंग को एक विशेष तकनीक माना जाता है। स्कर्ट, ब्लाउज तथा पैन्टों को बनाने में ड्रेपिंग तकनीक का विशेष रूप से प्रयोग किया जाता है।

26.2 ड्रेपिंग के लिए आवश्यक उपकरण Equipments Needed for Draping

ड्रेपिंग हेतु आवश्यक उपकरणों का विवरण निम्नवत् है

1. **मलमल** (Muslin) मलमल ड्रेपिंग हेतु प्रयुक्त होने वाला एक पतला फैब्रिक है। यह फैब्रिक तीन प्रकार का होता है
   (i) मध्यम भार वाला, चौड़ाई में बुना हुआ मलमल
   (ii) लम्बाई में अच्छे से बुना हुआ मलमल
   (iii) अधिक भार वाला मजबूत मलमल
2. **कैंची** (Scissor) ड्रेपिंग के लिए सामान्यत: 9 इंच वाली, अच्छी गुणवत्ता की शार्प कैंची प्रयोग की जाती है।
3. **नापने वाला टेप या इंचटेप** (Measuring tape) ड्रेपिंग में प्रयुक्त होने वाले इंचटेप के किनारे स्मूथ होने चाहिए तथा उस पर इंच में सफाई से मार्किंग होनी चाहिए।
4. **प्लास्टिक रूलर** (Plastic ruler) ड्रेपिंग के लिए 1/4 इंच अन्तराल पर स्क्वायर लाइन के साथ चिन्हित 18/2 इंच वाला प्लास्टिक रूलर आवश्यक होता है।
5. **फ्रेंच कर्व** (French curve) यह गले तथा आर्महोल के लिए प्रयोग होने वाला प्लास्टिक से निर्मित अनियमित कर्व होता है।
6. **हिप कर्व** (Hip curve) यह कर्व लम्बाई में 12 इंच तथा मैटल से निर्मित कर्व होता है, जोकि आकार देने हेतु प्रयुक्त किया जाता है।
7. **L-स्क्वायर** (L-square) यह L-आकार का दो भुजाओं वाला मैटल रूलर है, जिसकी लम्बी भुजा 24 इंच माप की तथा छोटी भुजा 12 इंच माप की होती है।
8. **पिन** (Pins) ड्रेपिंग क्रिया में सामान्यत: 17 नम्बर की स्टील सेटिन पिनें प्रयोग होती हैं।
9. **ट्रेसिंग व्हील** (Tracing wheel) यह दो प्रकार के होते हैं। एक छोटे दाँतेदार किनारों वाला ट्रेसिंग व्हील, जोकि ड्रेपिंग के उद्देश्य से फैब्रिक पर प्रयुक्त होता है तथा दूसरा, छोटी नोंक वाला ट्रेसिंग व्हील, जोकि फ्लैट पैटर्न की मार्किंग के उद्देश्य से पेपर पर प्रयुक्त होता है।
10. **ट्रेसिंग पेपर** (Tracing paper) मलमल के एक टुकड़े से दूसरे टुकड़े में लाइनों के स्थानान्तरण हेतु ओक टैग (oak-tag) या पोस्टर बोर्ड पर कार्बन पेपर की बड़ी शीट प्रयोग की जाती है। मलमल के कपड़े पर सही से दिखने के लिए अलग रंग के अर्थात् कन्ट्रास्ट रंग के कार्बन पेपर का प्रयोग करना चाहिए, परन्तु रंग पक्के होने चाहिए जिससे कि कार्य समाप्त होने से पूर्व निशान न मिटें।
11. **पेन्सिल तथा पेन** (Pencil and pen) मलमल पर मार्किंग करने हेतु अच्छे से शार्प की हुई 2 नम्बर की पेन्सिल उपयोग की जाती है। कुछ डिजाइनर पेन्सिल के स्थान पर पेन भी मार्किंग के उद्देश्य से प्रयोग करते हैं।
12. **स्टाइल टेप या ग्राफिक टेप** (Style tape or graphic tape) स्टाइल टेप, संकरा बुना हुआ रिबन टेप होता है, जोकि मलमल के साथ कन्ट्रास्ट में (सामान्यत: काले रंग में) प्रयोग होते हैं। ग्राफिक टेप एक बिना बुना टेप होता है, जोकि पेपर या फैब्रिक पर प्रयुक्त होता है। ये अनेक चौड़ाइयों में बनाए जाते हैं, परन्तु ड्रेपिंग में केवल संकरे ग्राफिक टेप ही प्रयोग किए जाते हैं। उपरोक्त के अतिरिक्त, ड्रेपिंग क्रिया में टेलर चॉक, सुइयाँ, विभिन्न रंगों के धागे, पेडिंग तथा अस्तर, फोम रबर आदि उपकरणों का भी प्रयोग किया जाता है।

26.3 ड्रेपिंग तकनीक Draping Technique

ड्रेपिंग का प्रारम्भ परिधानों में उत्पन्न दोषों को दूर करने के लिए किया गया था। पोशाकों में सिलाई के बाद जो कमी होती थी, उन्हें ड्रेपिंग के द्वारा दूर किया जाता था, परन्तु जब डमी पर ड्रेपिंग का आरम्भ हुआ, तो इन कमियों को ड्रैस तैयार करने से पहले ही दूर किया जाने लगा। जैसे-जैसे ड्रेपिंग का विकास हुआ, डिजाइनरों द्वारा फैब्रिक तथा अन्य उपकरणों का उपयोग किया जाने लगा।

ड्रेपिंग तकनीक द्वारा कपड़े को परिधान के अनुकूल ही इस प्रकार ड्रेप कर दिया जाता है कि वह वास्तव में परिधान ही दिखाई देता है। ड्रेपिंग में सदैव

मलमल या अन्य सिन्थेटिक कपड़ों का ही प्रयोग किया जाता है। कभी भी मूल कपड़ों में ड्रेपिंग नहीं की जाती है, क्योंकि ये कपड़े कीमती होते हैं और ड्रेपिंग के समय कपड़े या पोशाक के खराब होने की आशंका रहती है। अत: मूल फैब्रिक को खराब होने से बचाने के लिए मलमल या अन्य साधारण सिन्थेटिक कपड़ों का प्रयोग किया जाता है।

डिजाइनर मॉडल या स्केच के आधार पर कपड़े पर निशान लगाकर परिधान की सिलाई करने हेतु कटिंग करते हैं। कटे हुए भागों को ट्रेस पेपर पर रखकर उसका पैटर्न बनाया जाता है। पैटर्न निर्माण के बाद कपड़े की सिलाई हेतु गाइडलाइन्स तैयार की जाती हैं। इस प्रक्रिया के अन्तर्गत मूल फैब्रिक पर निशान लगा लिए जाते हैं, जिससे टेलर को बहुत सहायता मिलती है एवं डिजाइन का उपयुक्त स्वरूप तैयार हो जाता है।

ड्रेपिंग तकनीक को समझने हेतु कुछ आवश्यक तथ्य निम्न हैं

1. ग्रेन Grain

बुनाई में लम्बवत् प्रयोग होने वाले ग्रेन को ताना तथा चौड़ाई में प्रयोग होने वाले ग्रेन को बाना कहा जाता है।

(i) **लम्बाई में ग्रेन** (Lengthwise grain)
- लम्बाई में ग्रेन किनारी के समान्तर होते हैं।
- यह सबसे मजबूत ग्रेन होते हैं।
- इनमें खिंचाव अपेक्षाकृत कम होता है।

(ii) **चौड़ाई में ग्रेन** (Widthwise grain)
- चौड़ाई में ग्रेन किनारी के लम्बवत् होते हैं।
- यह कमजोर ग्रेन होते हैं।
- इनमें लम्बवत् ग्रेन की अपेक्षा खिंचाव अधिक होता है।

2. बायस Bias

(i) बायस, कपड़े की बुनाई के आगे एक विकर्ण (diagonal) होता है।
(ii) इसमें लम्बवत् तथा चौड़ाई के ग्रेन की अपेक्षा अधिक खिंचाव होता है।
(iii) कपड़े को किसी भी कोण पर, काटने पर बायस प्राप्त होता है।
(iv) जब फैब्रिक की लम्बाई तथा चौड़ाई के ग्रेन को 45° के कोण पर काटा जाता है, जो उत्तम बायस प्राप्त होता है।

ड्रेपिंग के चरण Draping Steps

ड्रेपिंग की तकनीक को निम्न चरणों में समझा जा सकता है

1. टियरिंग 2. ब्लोकिंग 3. प्रेसिंग

1. टियरिंग Tearing

टियरिंग निम्न चरणों में होती है
- सर्वप्रथम सीम एलाउन्स तथा स्टाइलिंग के अनुसार आवश्यक मलमल के कपड़े का अनुमान लगा लेते हैं।
- मलमल के किनारों को कैंची की सहायता से काटकर ठीक कर देना चाहिए। ध्यान रखें कि धागे को समान रूप से काटते समय ग्रेन पर पर्याप्त दाब पड़े।
- मलमल के किनारे, लम्बाई तथा चौड़ाई वाले ग्रेन से मिलकर ग्रेन के निकट बुने हुए होते हैं। अत: किनारे मूल फैब्रिक से भिन्न होते हैं, जिस कारण सेन्टर फ्रन्ट तथा सेन्टर बैक के लिए कम-से-कम 3 इंच की दूरी से फैब्रिक लेते हैं।

2. ब्लोकिंग Blocking

ब्लोकिंग क्रिया निम्न चरणों में होती है
- ड्रेपिंग से पूर्व मलमल को नया आकार देना पड़ सकता है। अत: लम्बाई तथा चौड़ाई के ग्रेन ठीक समकोण पर लेते हैं।
- मलमल को नया आकार देने हेतु उसके किनारों को तब तक खींचते हैं जब तक कि फैब्रिक वर्ग रूप में न आ जाए। फैब्रिक को वर्ग रूप में लाने की क्रिया ही ब्लोकिंग कहलाती है।

3. प्रेसिंग Pressing

ड्रेपिंग तकनीक में प्रेसिंग हेतु निम्न चरणों का अनुसरण करते हैं
- एक बार कपड़ा ब्लॉक हो जाने पर, धागे की माप तथा स्थिति को सेट करने हेतु स्टीम तथा हीट (heat) प्रेसिंग प्रयुक्त की जाती है।
- प्रेसिंग लम्बाई तथा चौड़ाई वाले ग्रेन की दिशा में ही करनी चाहिए अर्थात् बायस में कभी नहीं करनी चाहिए।
- पहले सूखी प्रेसिंग की जाती है तथा उसके पश्चात् स्टीम प्रेसिंग की जाता है।

26.4 ड्रेपिंग प्रक्रम Draping Process

फैब्रिक पर ड्रेपिंग करना एक जटिल प्रक्रिया मानी जाती है। डिजाइनर को इसकी क्रियाविधि पर विशेष ध्यान देना आवश्यक है। किसी भी कपड़े को ड्रेप करने हेतु डिजाइनर को अनेक बार संशोधन करने पड़ते हैं। ड्रेपिंग का कार्य सदैव लचकदार एवं मुलायम कपड़ों पर ही किया जाता है; जैसे—मलमल, सिफॉन, सिल्क, साटन, ग्रेप, लेस, वैल्वेट तथा मुलायम सूती कपड़ा आदि।

कुशल डिजाइनर फैब्रिक्स को केवल लटकाकर ही देख लेते हैं कि इस फैब्रिक्स का ड्रेपिंग उत्तम होगा या नहीं। ड्रेपिंग में मोड़ अलग-अलग भी हो सकते हैं। फैब्रिक्स की जाँच हेतु, डिजाइनर ड्रेप मीटर का प्रयोग करते हैं। इसके अतिरिक्त, डिजाइनर फैब्रिक के कड़कपन एवं मुलायमपन को हाथ से छूकर इसकी गुणवत्ता की जाँच कर लेते हैं। ड्रेपिंग के लिए फैब्रिक की गुणवत्ता बहुत महत्त्वपूर्ण है।

तकनीकी आधार पर ड्रेप मीटर के द्वारा कपड़ों की गुणवत्ता की पहचान की जाती है। इस मीटर में 0 से 100 तक अंक होते हैं, जिसके द्वारा डिजाइनर गुणवत्ता की जाँच कर लेते हैं। ड्रेपिंग के लिए मलमल सर्वाधिक उपयुक्त फैब्रिक्स है।

ड्रेपिंग क्रिया निम्नलिखित चरणों में सम्पन्न होती है

(i) सर्वप्रथम किसी भी सिन्थेटिक कपड़े को नापकर टुकड़ों में काट लिया जाता है।
(ii) कपड़े को काटने के बाद ब्लॉक के अनुसार कपड़े पर निशान लगाए जाते हैं, जिससे कि फिटिंग में असंगतता उत्पन्न न हो।
(iii) कपड़े पर प्रेस के द्वारा ग्रेन लाइन के निशान लगाए जाते हैं, जिससे ड्रेपिंग में कपड़ा सही से डमी पर बैठ जाए।

(iv) डमी पर कपड़े को ड्रेप करने के पश्चात् उसके ऊपर डार्ट्स, प्लीट्स व सिलाई इत्यादि के लिए सही स्थान पर निशान लगा दिए जाते हैं।

(v) अब सिन्थेटिक कपड़े को पिनों के सहारे डमी पर फिट कर दिया जाता है। उसके बाद स्केच किए गए डिजाइन के अनुसार सभी जगह आवश्यक निशान लगा दिए जाते हैं।

(vi) इसके उपरान्त, कपड़े को डमी पर से उतार कर एक फ्लैट टेबल पर बिछा दिया जाता है तथा उसके प्रत्येक भाग को बनाए गए निशानों के अनुसार कटिंग करके ठीक ढंग से बैठा दिया जाता है। यहाँ यह ध्यान देने योग्य बात है कि ले-आउट करने के लिए वस्त्र के सभी भागों को फ्लैट टेबल के ऊपर फैला दिया जाता है और साथ-साथ निशान भी लगाए जाते हैं। उसके बाद ही कपड़े में सीम एलाउन्स के निशान लगाए जाते हैं।

(vii) यह कार्य सम्पन्न होने के बाद व्यर्थ भाग को काटकर अलग कर लिया जाता है एवं शेष मार्किंग किए गए भागों को काट लिया जाता है। ड्रेपिंग करने की यह क्रिया जटिल होती है, इसलिए अधिकतर बड़ी कम्पनियाँ इस प्रकार से ड्रेपिंग नहीं करती हैं।

टिप्पणी *वस्त्रों को सुन्दर एवं आकर्षक बनाने के लिए यह आवश्यक है कि पैटर्न बनाने से पूर्व ड्रेपिंग अवश्य कर ली जाए। वस्त्र बनाते समय अपर बॉडी एवं लोअर बॉडी दोनों की अलग-अलग ड्रेपिंग की जाती है। इन दोनों वस्त्रों को विभिन्न रंगों में दिखाया जाता है।*

ड्रेपिंग करते समय प्रयोग होने वाली कुछ आवश्यक तालिकाएँ नीचे दी गई हैं

तालिका साधारण साइज के लिए आर्महोल की गहराई

आकार	5	6	7	8	9	10	11	12
आर्महोल की गहराई	$5\frac{3}{8}$	$5\frac{1}{2}$	$5\frac{1}{2}$	$5\frac{5}{8}$	$5\frac{5}{8}$	$5\frac{5}{8}$	$5\frac{3}{4}$	$5\frac{7}{8}$

तालिका साधारण साइज के लिए स्लीव के साइज

आकार	5	6	7	8	9	10	11	12
आर्महोल की गहराई	16	$16\frac{1}{4}$	$16\frac{1}{4}$	$16\frac{1}{2}$	$16\frac{1}{2}$	$16\frac{1}{2}$	$16\frac{3}{4}$	17
बाइसेप की परिधि	$11\frac{1}{4}$	$11\frac{1}{2}$	$11\frac{3}{4}$	12	$12\frac{1}{4}$	$12\frac{1}{2}$	$12\frac{3}{4}$	13
कोहनी की परिधि	$9\frac{1}{2}$	$9\frac{3}{4}$	10	$10\frac{1}{4}$	$10\frac{1}{2}$	$10\frac{3}{4}$	11	$11\frac{1}{4}$
कैप की ऊँचाई	6	$6\frac{1}{8}$	$6\frac{1}{8}$	$6\frac{1}{4}$	$6\frac{1}{4}$	$6\frac{3}{8}$	$6\frac{3}{8}$	$6\frac{1}{2}$

तालिका पीस जैकेट के लिए स्लीव की लम्बाई

आकार	6	8	10	12
स्लीव की लम्बाई	23	$23\frac{1}{2}$	24	$24\frac{1}{2}$

ड्रेपिंग में प्रयुक्त होने वाले कुछ संक्षिप्त शब्द Some Abbreviations Used in Draping

ड्रेपिंग में निम्न संक्षिप्त शब्द उपयोगी होते हैं—

CF = सेन्टर फ्रन्ट (Center Front)
CB = सेन्टर बैक (Center Back)
SS = साइड सीम (Side Seam)
Sh.S = शोल्डर सीम (Shoulder Seam)
PS = प्रिन्सेस सीम (Princess Seam)
PP = प्रिन्सेस पैनल (Princess Panel)
WL = वेस्लाइन (Waistline)
NL = नेकलाइन (Neckline)

संक्षेप में यह कहा जा सकता है कि कोई भी कार्य यदि पूर्व नियोजित हो, तो उसकी गुणवत्ता स्पष्ट दिखाई देती है। ड्रेपिंग में भी डिजाइन का स्वरूप पहले ही निश्चित कर लिया जाता है। इससे कार्य में गुणात्मक सुधार स्वत: ही प्रदर्शित हो जाते हैं।

महत्त्वपूर्ण प्रश्नोत्तरी

1. ड्रेपिंग से आप क्या समझते हैं?

उत्तर फैशन डिजाइनिंग के क्षेत्र में ड्रेपिंग वह क्रिया है, जिसके अन्तर्गत किसी परिधान को तैयार करने से पूर्व डमी के सहारे उसका डिजाइन सेट बनाया जाता है।

2. ड्रेपिंग का कार्य किस प्रकार के कपड़ों पर किया जाता है?

उत्तर ड्रेपिंग में उत्तम कोटि के मलमल का कपड़ा, जो ब्लीच किया हुआ न हो और ढीला-ढाला कलफ वाला हो, प्रयोग किया जाता है।

3. बड़े-बड़े फैशन हाउस ड्रेपिंग का प्रयोग क्यों करते हैं? संक्षिप्त उत्तर दीजिए।

उत्तर बड़े-बड़े फैशन हाउस पोशाकों की डिजाइनिंग में ड्रेपिंग का प्रयोग निम्नलिखित मुख्य कारणों से करते हैं–

(i) ड्रेपिंग के माध्यम से आकर्षक डिजाइन सरलता से बनाए जा सकते हैं।

(ii) इसके द्वारा डिजाइनों को संशोधित एवं परिष्कृत किया जा सकता है।

(iii) जटिल डिजाइनों को भी सरलता से बनाया जा सकता है।

4. ड्रेपिंग मूल फैब्रिक्स या कपड़ों पर नहीं की जाती है, क्यों?

उत्तर ड्रेपिंग सदैव सिन्थेटिक कपड़ों पर ही की जाती है, मूल फैब्रिक्स पर नहीं, क्योंकि ड्रेपिंग के समय फैब्रिक के टुकड़े करने से मूल कपड़े नष्ट हो जाते हैं।

5. मलमल के अतिरिक्त अन्य किन कपड़ों पर ड्रेपिंग की जाती है?

उत्तर मलमल के अतिरिक्त सिफॉन, सिल्क, ग्रेप, लेस, वैल्वेट, मुलायम सूती कपड़ा एवं साटन पर भी ड्रेपिंग की जाती है, क्योंकि ये लचकदार एवं मुलायम होते हैं तथा इन्हें सरलता से मोड़ा जा सकता है।

अभ्यास प्रश्न

परीक्षा प्रारूपी प्रश्न

बहुविकल्पीय

1. ड्रेपिंग से अभिप्राय है

(a) एक डिजाइन को डमी पर सैट करना
(b) किसी वस्त्र को पहनकर जाँच करना
(c) डिजाइन की केवल गुणवत्ता का परीक्षण करना
(d) डमी के अनुसार एक डिजाइन से अन्य डिजाइन बनाना

2. ड्रेपिंग के लिए कौन-सा कपड़ा निम्न में से सबसे उपयुक्त माना जाता है?

(a) सूती (b) मलमल (c) सिल्क (d) खादी

3. ड्रेपिंग प्रक्रिया को किया जाता है

(a) कपड़े को अलग-अलग काटकर
(b) एक पूरे कपड़े को लपेट कर
(c) कपड़े को धोकर
(d) उपरोक्त में से कोई नहीं

4. सिन्थेटिक कपड़े को किसके सहारे डमी पर फिट किया जाता है?

(a) रबड़ के सहारे (b) रस्सी के सहारे
(c) पिनों के सहारे (d) क्लिपों के सहारे

5. विद्यार्थियों को ड्रेपिंग सीखनी चाहिए

(a) कागज पर (b) पैटर्न पर
(c) स्केच पर (d) कपड़े पर

6. ड्रेपिंग में कौन-सी कैंची प्रयुक्त की जाती है?

(a) 5 इंच वाली शार्प कैंची
(b) 9 इंच वाली पिंकिंग कैंची
(c) 9 इंच वाली शार्प कैंची
(d) उपरोक्त सभी

7. ड्रेपिंग के उद्देश्य से फैब्रिक पर प्रयुक्त होने वाला ट्रेसिंग व्हील है

(a) छोटे दाँतेदार किनारों वाला
(b) छोटी नोंक वाला
(c) 'a' और 'b' दोनों
(d) इनमें से कोई नहीं

8. ड्रेपिंग तकनीक का अन्तिम चरण है

(a) टियरिंग (b) ब्लोकिंग
(c) प्रेसिंग (d) इनमें से कोई नहीं

9. निम्नलिखित में से कौन-सा/से कथन सत्य है/हैं?

I. पैटर्न ट्रेस पेपर पर नहीं बनाया जाता है।

II. ड्रेपिंग एक सरल प्रक्रिया है।

III. मलमल के अतिरिक्त सिफॉन और सिल्क पर भी ड्रेपिंग सम्भव है।

IV. ड्रेपिंग के समय संशोधन सम्भव नहीं हैं।

कूट

(a) II और III
(b) III, IV एवं I
(c) केवल III
(d) इनमें से कोई नहीं

10. निम्न में से कौन-सा/से कथन गलत है/हैं?

I. स्केच के आधार पर सिलाई की जाती है।

II. साटन फैब्रिक पर भी ड्रेपिंग सम्भव है।

III. ड्रेपिंग में मोड़ अलग-अलग नहीं होते हैं।

IV. ड्रेपिंग डमी पर ही तैयार होते हैं।

कूट

(a) II और III
(b) केवल III
(c) III और IV
(d) इनमें से कोई नहीं

11. कपड़ों की गुणवत्ता की पहचान करने वाली मशीन है

(a) डेपा मीटर
(b) डेटा मीटर
(c) ड्रेप मीटर
(d) ड्रेपा मीटर

12. ड्रेप मीटर पर अंक दर्शाए जाते हैं

(a) 0-100 तक
(b) 0-75 तक
(c) 0-50 तक
(d) 0-25 तक

13. निम्न में से असत्य कथन है

(a) प्रत्येक सिन्थेटिक फैब्रिक्स पर ड्रेपिंग सम्भव है
(b) ड्रेपिंग हेतु साटन और मलमल सर्वाधिक उपयुक्त होते हैं
(c) ऊनी वस्त्रों को ड्रेपिंग के लिए अधिक उपयुक्त माना जाता है
(d) अपर व लोअर बॉडी की अलग-अलग ड्रेपिंग होती है

14. उत्तम बायस प्राप्त करने हेतु फैब्रिक की लम्बाई तथा चौड़ाई के ग्रेन को किस कोण पर काटा जाना चाहिए?

(a) 90°
(b) 30°
(c) 40°
(d) 45°

उत्तरमाला

1. (d) **2.** (b) **3.** (a) **4.** (c) **5.** (d) **6.** (c) **7.** (a) **8.** (c) **9.** (c) **10.** (b)
11. (c) **12.** (a) **13.** (c) **14.** (d)

अध्याय 27

पैटर्न मैनीपुलेशन
Pattern Manipulation

अध्याय विषय सूची

बदलते परिदृश्य के अनुसार फैशन एवं स्टाइल के अनुरूप पोशाकों में लम्बाई, आर्महोल तथा गले के आकार में परिवर्तन सन्तुलित रूप से किया जाता है। पैटर्न मैनीपुलेशन भी इसी प्रकार की एक क्रिया है, जिसके अन्तर्गत किसी पूर्वनिर्मित पैटर्न अथवा डिजाइन में अपनी आवश्यकता के अनुसार परिवर्तन किए जाते हैं।

मैनीपुलेशन वह क्रिया है, जिसके अन्तर्गत एक स्टाइलिश पैटर्न को दूसरे अन्य स्टाइलिश पैटर्न में परिवर्तित किया जाता है। इसी पैटर्न मैनीपुलेशन के द्वारा स्लीव ब्लॉक की लम्बाई व चौड़ाई भी बढ़ाई या घटाई जा सकती है। यद्यपि फिट स्लीव ब्लॉक से विभिन्न प्रकार के स्लीव पैटर्न बनाए जा सकते हैं एवं विशेष कॉलर पैटर्न से अनेक डिजाइन के कॉलर बनाए जाते हैं, परन्तु मैनीपुलेशन सम्बन्धित विशेष कार्य बॉडीज ब्लॉक पर ही होता है। इस अध्याय में पोशाकों के लिए किया जाने वाला पैटर्न मैनीपुलेशन सम्बन्धी तथ्यों का वर्णन किया गया है।

27.1 मैनीपुलेशन के प्रकार Types of Manipulation

मैनीपुलेशन विधि द्वारा ब्लॉक पैटर्न में व्यापक परिवर्तन किए जा सकते हैं, मुख्य रूप से ब्लॉक पैटर्न को निम्न चार क्रियाओं द्वारा परिवर्तित किया जाना सम्भव है

1. पैटर्न बढ़ाने से सम्बन्धित मैनीपुलेशन Manipulation Related to Increasing Pattern

इसके अन्तर्गत ब्लॉक पैटर्न का मैनीपुलेशन कर, इसकी लम्बाई और चौड़ाई में वृद्धि की जाती है अर्थात् ब्लॉक के साइज को (लम्बाई एवं चौड़ाई में) बढ़ाया जाता है।

2. पैटर्न घटाने से सम्बन्धित मैनीपुलेशन Manipulation Related to Decreasing Pattern

इसके अन्तर्गत परिधानों की आवश्यकतानुसार ब्लॉक पैटर्न में व्यापक परिवर्तन करते हुए, इसकी लम्बाई और चौड़ाई घटायी जाती है।

3. प्लीट्स मैनीपुलेशन Pleats Manipulation

जब वस्त्र को अधिक स्टाइलिश, आकर्षक एवं विशिष्ट (flair) बनाना होता है, तो इसमें प्लीट्स का प्रयोग किया जाता है। जब प्लीट्स के द्वारा वस्त्रों का मैनीपुलेशन किया जाता है, तो इस क्रिया को 'प्लीट्स मैनीपुलेशन' कहा जाता है।

4. गुप्त मैनीपुलेशन Concealed Manipulation

इसके अन्तर्गत गुप्त विधि द्वारा वस्त्रों को पूर्णता (fullness) प्रदान की जाती है। जब गुप्त रूप से पूर्णता का मैनीपुलेशन किया जाता है, तो इसे गुप्त मैनीपुलेशन (concealed manipulation) कहा जाता है। इसके द्वारा पैटर्न में आवश्यकतानुसार गैदर की जगह डार्ट लगा दिया जाता है। परिधान को अधिक स्टाइलिश बनाने में गुप्त मैनीपुलेशन की भूमिका महत्त्वपूर्ण होती है। मैनीपुलेशन अनेक रूपों में किया जा सकता है।

जब डार्ट में कोई परिवर्तन किया जाता है, तो उसे **डार्ट मैनीपुलेशन** कहा जाता है, जब गले में परिवर्तन किया जाता है, तो इसे **नैक मैनीपुलेशन** कहा जाता है तथा जब कॉलर के लैपल में परिवर्तन किया जाता है, तो उसे **कॉलर या लैपल मैनीपुलेशन** कहा जाता है। परिधानों में मैनीपुलेशन इच्छानुसार एवं आवश्यकतानुसार किया जाता है, जिससे कि मैनीपुलेशन किया हुआ परिधान सरलता से बॉडी में फिट हो जाए। जब किसी भी पैटर्न में मैनीपुलेशन कुशलतापूर्वक तथा व्यवस्थित ढंग से किया जाता है, तो इस क्रियाविधि को उत्तम मैनीपुलेशन की श्रेणी में रखा जाता है। सामान्य रूप से मैनीपुलेशन तकनीक की दो विधियाँ सर्वाधिक प्रासंगिक मानी जाती हैं

(i) फैलाकर मैनीपुलेशन करने की विधि।

(ii) छोटा करके मोड़कर या लपेट कर मैनीपुलेशन करने की विधि।

नीचे चित्र में स्लीव का मैनीपुलेशन हुआ प्रारूप दर्शाया गया है

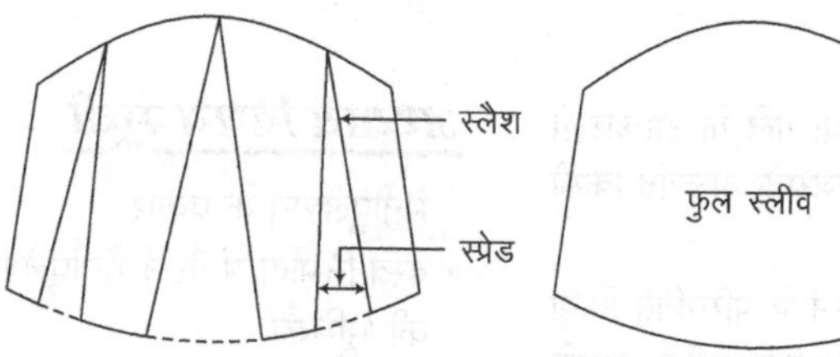

चित्र 27.1 मैनीपुलेशन प्रारूप

27.2 वस्त्र निर्माण में पैटर्न मैनीपुलेशन की भूमिका Role of Pattern Manipulation in Fabric Production

ड्रैस पैटर्न को विकसित करने हेतु एक प्रामाणिक ब्लॉक पैटर्न की आवश्यकता होती है। ड्रैस पैटर्न का सन्तुलन, आकार एवं साइज ब्लॉक पैटर्न के समान ही होते हैं, इसलिए ड्रैस पैटर्न के सन्तुलन, आकार एवं साइज में कोई कमी नहीं रह जाती है। पैटर्न मैनीपुलेशन के माध्यम से ड्रैस का मैनीपुलेशन करना बहुत लाभदायक माना जाता है। इससे पैटर्न का प्रस्तुतीकरण कम समय में ही आवश्यकतानुसार किया जा सकता है। इसके अन्तर्गत वस्त्रों में गैदर प्लीट्स सरलता से डाली जा सकती हैं। परिधान का सम्पूर्ण वास्तविक आकार पैटर्न के मैनीपुलेशन के समय ही परिदृश्य होने लगता है। ब्लॉक पैटर्न को मैनीपुलेशन करने के बाद स्लीव एवं कॉलर को भी मैनीपुलेशन कर इसे परिष्कृत स्लीव एवं कॉलर में सरलता से बदल दिया जाता है, जिससे कि नाप एवं फिटिंग में कोई भी दोष उत्पन्न न होने पाए।

स्लेश तथा स्प्रेड तकनीक Slash and Spread Technique

इस तकनीक से ब्लॉक-पैटर्न को मैनीपुलेट कर स्लेश तथा स्प्रेड तकनीक द्वारा अन्य आकार में बदला जा सकता है स्लेश तथा स्प्रेड तकनीक में, नए पैटर्न के आकार को उत्पन्न करने के लिए पैटर्न को काटकर अथवा स्लेश कर मैनीपुलेट किया जाता है। इसमें मूल पैटर्न की कॉपी का उपयोग किया जाता है, जिससे कि मूल कॉपी कभी न बदले। पैटर्न को स्लेश करने तथा फैलाने के पश्चात् इसे पैटर्न पेपर के दूसरे पीस पर रखा जाता है। अब पैटर्न को नई रेखाओं के साथ ट्रेस किया जाता है।

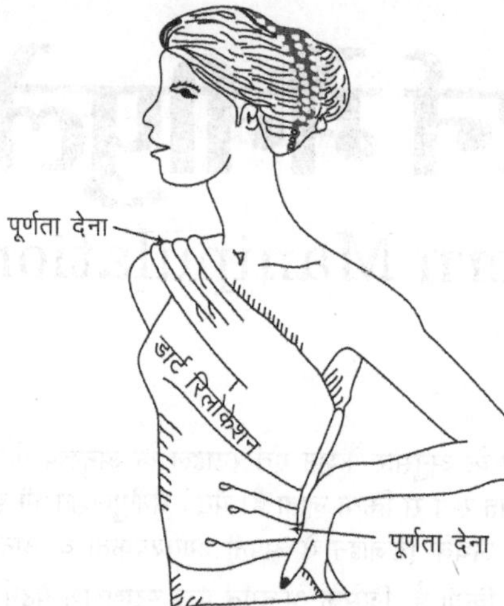

चित्र 27.2 स्लेश तथा स्प्रेड तकनीक द्वारा डार्ट मैनीपुलेशन तथा पूर्णता प्रदान करना

रेखाओं को सीम एलाउन्स तथा ग्रेन एलाउन्स के साथ मिलाया जाता है तथा पैटर्न को पूरा करने हेतु, पैटर्न की सभी जानकारी अंकित की जाती है। स्लेश तथा स्प्रेड तकनीक का उपयोग डार्ट मैनीपुलेशन तथा पूर्णता प्रदान करने के लिए किया जाता है। यह पैटर्न बनाने वाले की जिम्मेदारी है कि डिजाइन का विश्लेषण करे तथा यह ज्ञात करे कि पैटर्न को बनाने हेतु किस सिद्धान्त को लगाया जाए।

27.3 पोशाकों में मैनीपुलेशन Manipulation in Garments

पोशाकों के अन्तर्गत होने वाले मैनीपुलेशन को निम्न प्रकार समझा जा सकता है

1. डार्ट मैनीपुलेशन Dart Manipulation

डार्ट को बस्ट प्वॉइण्ट अथवा डार्ट प्वॉइण्ट का उपयोग करके, पैटर्न आउट लाइन के चारों ओर, कहीं भी स्थानान्तरित किया जा सकता है। चित्र (A) में दिखाए गए पैटर्न को बनाने के लिए, फ्रण्ट बॉडिस ब्लॉक (bodice block) के डार्ट को सेण्टर फ्रण्ट की ओर सेट करते हैं।

सर्वप्रथम सेन्टर फ्रन्ट से बस्ट प्वॉइण्ट की ओर स्लेश लाइन बनाई जाती है और फिर चित्र (C) के अनुसार, इस लाइन को बस्ट प्वॉइण्ट की ओर स्लेश किया जाता है। मूल डार्ट को बन्द करके टैप कर दिया जाता है तथा चित्र (D) के अनुसार नई डार्ट को पुन: खोला जाता है।

उसके पश्चात्, नए पैटर्न के आकार को ट्रेस करने के लिए पैटर्न को पेपर पर रखा जाता है।

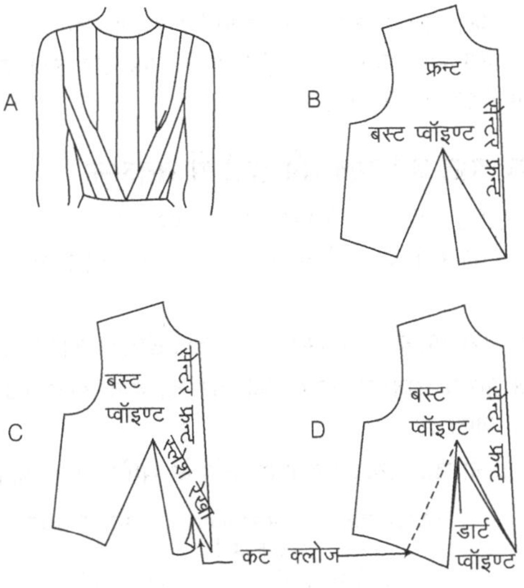

चित्र 27.3 डार्ट मैनीपुलेशन

2. पूर्णता प्रदान करना Added Fullness

यह सिद्धान्त पोशाक में फैब्रिक की मात्रा को बढ़ाने हेतु उपयोग किया जाता है। पूर्णता प्रदान करने के ध्येय से, पैटर्न की आउटलाइन को, लम्बाई अथवा चौड़ाई में बढ़ाया जाता है। यह सिद्धान्त तब उपयोग किया जाता है, जब पोशाक के सिल्हूट (silhouette) को परिवर्तित करना आवश्यक होता है।

पूर्णता निम्न तीन विधियों द्वारा प्रदान की जा सकती है

(i) **समान पूर्णता** (Equal fullness) समान पूर्णता प्रदान करने के लिए, पैटर्न के विपरीत साइड को, ऊपर से नीचे की ओर समान रूप से (equally) फैलाया जाता है, जिससे कि पूर्णता में ऊपर से नीचे तक वृद्धि होती है।

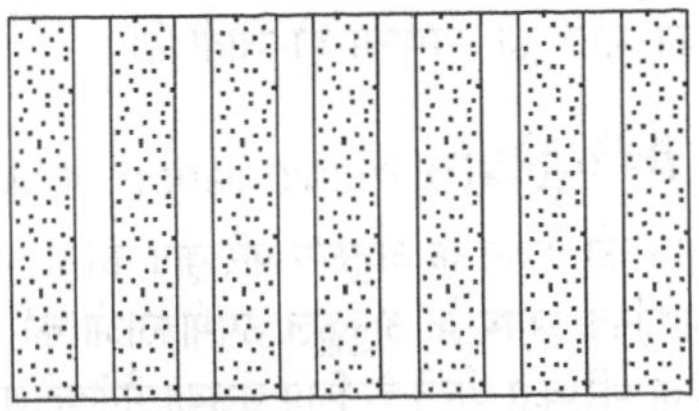

चित्र 27.4 समान पूर्णता

(ii) **एक ओर की पूर्णता** (One sided fullness) इसमें पूर्णता बढ़ाने हेतु, पैटर्न की एक साइड को बढ़ाया जाता है, जिससे ऊपर तथा नीचे एक आर्क जैसा आकार बन जाता है।

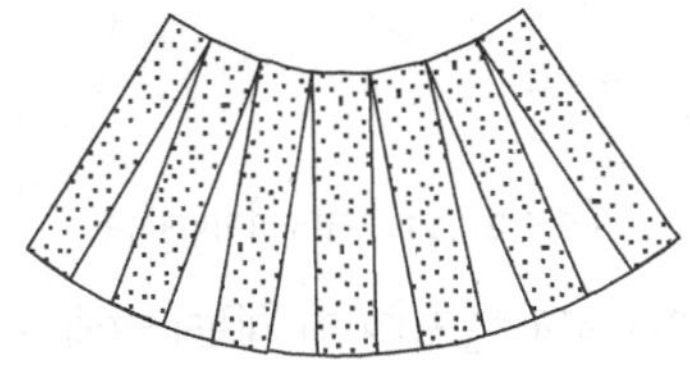

चित्र 27.5 एक ओर की पूर्णता

(iii) **असमान पूर्णता** (Unequal fullness) इस प्रकार पूर्णता प्रदान करने हेतु, ऊपर या नीचे आर्क का आकार बनाने के लिए, एक ओर को दूसरी ओर की अपेक्षा अधिक फैला दिया जाता है।

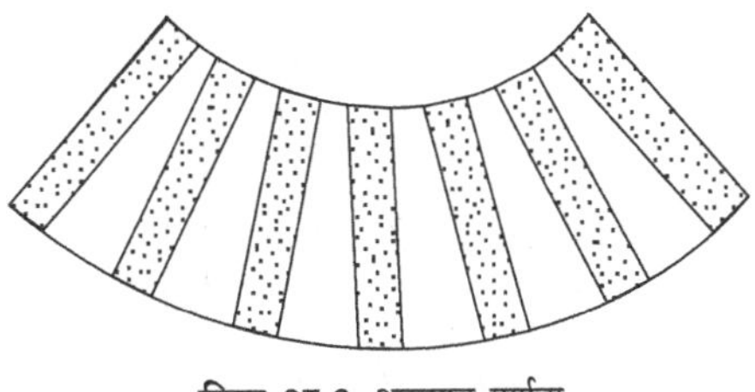

चित्र 27.6 असमान पूर्णता

डार्ट मैनीपुलेशन तथा एक डिजाइन में पूर्णता देना
Dart Manipulation and Added Fullness in One Design

विभिन्न पोशाकों को देखने पर ज्ञात होता है कि इनमें डार्ट मैनीपुलेशन तथा पूर्णता प्रदान करके, डिजाइन बनाया गया है। चित्र में एक पोशाक दर्शायी गई है, जिसमें गले के बैण्ड के चारों ओर मैटीरियल एकत्र करके डिजाइन दिया गया है, जोकि गले के आकार का अनुकरण करता है। इसमें बस्ट के ऊपर मैटीरियल एकत्र है, जोकि बस्ट लेवल पर समाप्त होता है, इसे डार्ट मैनीपुलेशन कहा जाता है।

कुछ एकत्र किया गया मैटीरियल ऐसा भी है, जो पोशाक की सिलाई की रेखा के साथ आर्महोल, कमर तथा साइड की सिलाई पर समाप्त हो रहा है। इसे पूर्णता प्रदान करना कहा जाता है।

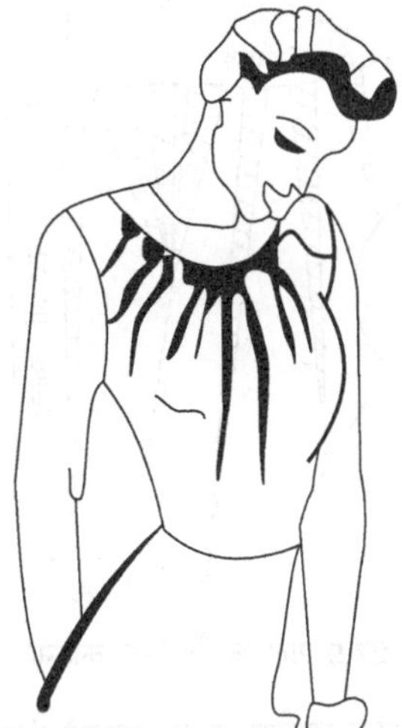

चित्र 27.7 डार्ट मैनीपुलेशन तथा डिजाइन में पूर्णता देना

ऊपर दिए गए चित्र में प्रदर्शित डिजाइन को विकसित करने के लिए निम्नलिखित चरणों का अनुसरण करना आवश्यक है

1. सर्वप्रथम डिजाइन को ट्रेस किया जाता है।
2. ट्रेस करने के पश्चात् निम्न के लिए स्लेश लाइन को मार्क किया जाता है
   (*i*) डार्ट मैनीपुलेशन हेतु (मोटी रेखा, बस्ट से गले तक का बैण्ड)
   (*ii*) पूर्णता प्रदान करने हेतु (अन्य सभी स्लेश रेखाएँ)

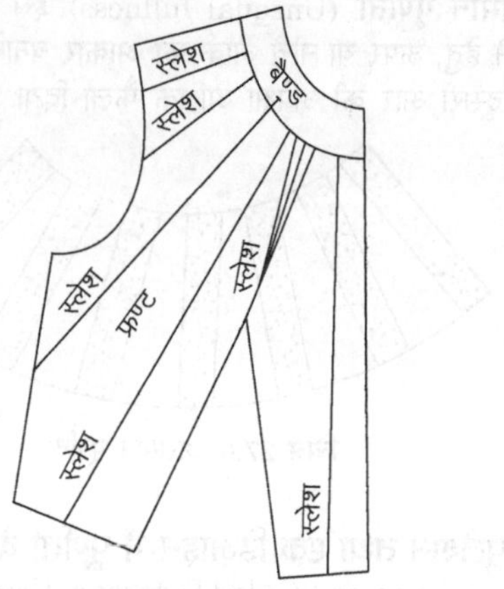

चित्र 27.8 डिजाइन को विकसित करना

नीचे दिया गया चित्र, गले के बैण्ड को काटने के पश्चात्, पैटर्न के मैनीपुलेशन ब्लॉक के आकार को दर्शाता है। इसमें मूल डार्ट इनटेक को गले के बैण्ड पर गैदरिंग (gathering) में परिवर्तित कर दिया गया है, जबकि मूल डार्ट को बन्द कर दिया जाता है।

इसके अतिरिक्त, अन्य स्लेश रेखाओं को गले की रेखा पर गैदरिंग के लिए आवश्यक पूर्णता प्रदान करने हेतु खोलकर फैला दिया गया है।

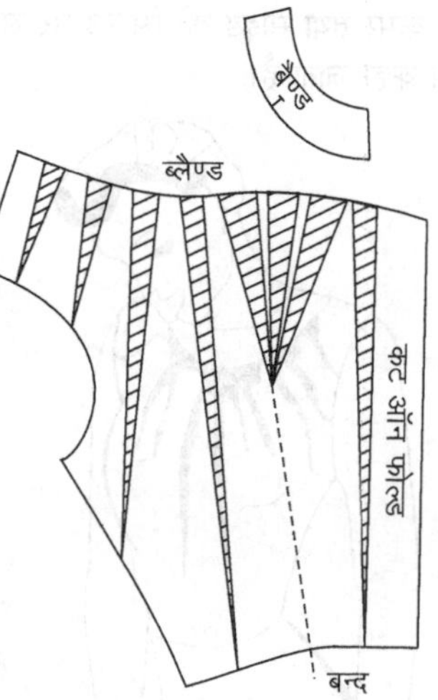

चित्र 27.9 गले के बैण्ड को काटना

डार्ट को मैनीपुलेशन तथा पूर्णता प्रदान करने हेतु कुछ महत्त्वपूर्ण बिन्दु Some Important Points for Dart Manipulation and Added Fullness

डार्ट को मैनीपुलेशन तथा पूर्णता प्रदान करने हेतु कुछ महत्त्वपूर्ण बिन्दु निम्नलिखित हैं

(*i*) पैटर्न पर स्लेश रेखा बनाते समय सदैव याद रखना चाहिए कि स्लेश रेखा को बस्ट प्वॉइण्ट, डार्ट प्वॉइण्ट या पैटर्न की आउटलाइन पर अन्त होना चाहिए।

(*ii*) प्रत्येक स्लेश रेखा का प्रारम्भ तथा अन्त इस बात पर निर्भर करता है कि पूर्णता कहाँ से प्रारम्भ होती है तथा डिजाइन का कहाँ पर अन्त होता है।

(*iii*) मैनीपुलेट पैटर्न, स्टिच रेखा पर अन्त हो रही सभी स्लेश रेखाओं को काटना चाहिए।

(*iv*) पैटर्न को जब फैलाया या ओवरलैप किया जाता है तो स्टाइल कनेक्टिंग भाग, पैटर्न को जोड़े रखते हैं। यह डार्ट के मैनीपुलेशन के लिए बहुत महत्त्वपूर्ण है।

3. शोल्डर डार्ट को गले की डार्ट में बदलना
Changing the Shoulders Dart into Neck Dart

शोल्डर डार्ट को गले की डार्ट में बदलने के लिए निम्न बिन्दुओं का ध्यान रखते हैं

(*i*) इसमें सर्वप्रथम, गर्दन से कमर तक का डार्ट खींचकर काट लिया जाता है।

(*ii*) चित्र (a) के अनुसार, कन्धों की डार्ट को बन्द करके गर्दन के पास लाया जाता है।

(*iii*) कन्धों का डार्ट स्थान बदलकर गर्दन के समीप लाया जाता है।

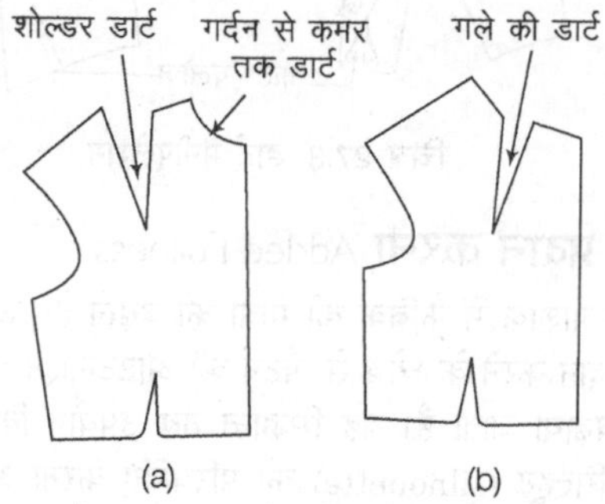

चित्र 27.10 शोल्डर डार्ट के प्रकार

उपरोक्त चित्रों के अनुसार, शोल्डर डार्ट का स्थान गर्दन में लाया जाता है। इस प्रकार शोल्डर डार्ट खोल देने पर इसकी खिंचावट समाप्त हो जाती है, इससे गर्दन के जिस भाग में ब्लाउज का भाग उठा हुआ होता है, वहाँ डार्ट डालने से वह बिल्कुल फिट हो जाती है। इस प्रकार छाती की पूर्णता अर्थात् फुलनैस पहले की भाँति ही सामान्य हो जाती है।

4. स्लीव का मैनीपुलेशन Manipulation of Sleeve

एक सामान्य स्लीव को फैशन के अनुरूप परिष्कृत करना अनिवार्य माना जाता है, जिससे कि आधुनिक समय के अनुकूल उपभोक्ताओं की माँगों को पूरा किया जा सके। स्लीव को परिष्कृत करने के लिए उसका मैनीपुलेशन किया जाता है।

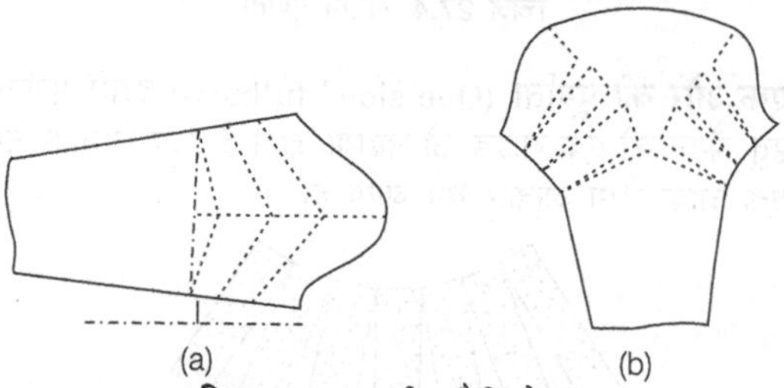

चित्र 27.11 स्लीव मैनीपुलेशन

स्लीव का मैनीपुलेशन करने हेतु स्लीव को विभिन्न चरणों से गुजरना पड़ता है

चरण I सर्वप्रथम चित्र (a) के अनुसार एक सामान्य स्लीव का ड्राफ्ट तैयार किया जाता है।

चरण II दूसरे चरण में चित्र (b) के अनुसार आर्महोल के समीप या बगल से, बॉटम को काट लिया जाता है, परन्तु इस सम्पूर्ण क्रिया में यह ध्यान रखना आवश्यक है कि कभी भी बॉटम तक पूरी तरह नहीं काटा जाए।

चरण III तीसरे एवं अन्तिम चरण में पैटर्न को स्लैश करके फैला दिया जाता है एवं पुन: इसकी आकृति अर्थात् आकार को तैयार किया जाता है।

तीन चरणों में कार्य सम्पन्न होने के पश्चात् स्लीव का मैनीपुलेशन पूरी तरह हो जाता है और एक परिष्कृत एवं डिजाइनदार स्लीव तैयार हो जाती है। सामान्य स्लीव के ऊपर से पफ भी बनाया जा सकता है, जो पहनने में आरामदायक एवं देखने में आकर्षक दिखाई देता है। स्लीव के मैनीपुलेशन के समय कुछ महत्त्वपूर्ण बातों पर ध्यान देना आवश्यक है, जो निम्नलिखित हैं

- सर्वप्रथम आर्महोल के बराबर स्लीव क्राउन को टेप के सहारे नाप लिया जाता है।
- तत्पश्चात् स्लीव की गोलाई के क्राउन को नाप लिया जाता है। स्लीव क्राउन को गैदर्स के साथ पूरी तरह से फिट होना चाहिए।
- स्लीव का मध्यवर्ती भाग ऊपरी बाजू के कन्धों की सिलाई पर आकर मिल जाता है।
- सबसे महत्त्वपूर्ण बात यह है कि स्लीव तथा परिधान के आर्मपिट की सिलाइयाँ एक समान ही होनी चाहिए, जिससे कि असंगतता की स्थिति उत्पन्न ही न होने पाए।

5. कॉलर का मैनीपुलेशन Manipulation of Collars

वस्त्रों की सम्पूर्णता को फिनिश करने के लिए कॉलर का विशेष महत्त्व होता है। जब कॉलर को मुख्य वस्त्र के साथ जोड़ा जाता है, तो वस्त्रों की सुन्दरता और अधिक परिष्कृत हो जाती है। कॉलर का मैनीपुलेशन करके, बनाने की अनेक विधियाँ प्रचलित हैं, जिसके आधार पर उनके नाम निर्धारित किए जाते हैं। कॉलर के दो प्रमुख किनारे होते हैं, एक आन्तरिक किनारा तथा दूसरा बाहरी किनारा, जिसे सामान्य तौर पर गले के अनुसार सैट किया जाता है। गले के आन्तरिक किनारे का मैनीपुलेशन नहीं किया जाता है, केवल बाहरी किनारों का ही मैनीपुलेशन सम्भव है। यदि कॉलर का ब्लॉक बॉडी के अनुरूप उसकी सहायता से बनाया जाता है, तो उसकी सेटिंग ठीक बैठती है। संरचना के आधार पर कॉलर को अनेक भागों में विभाजित किया जाता है, जिन्हें चित्र के माध्यम से दर्शाया गया है—

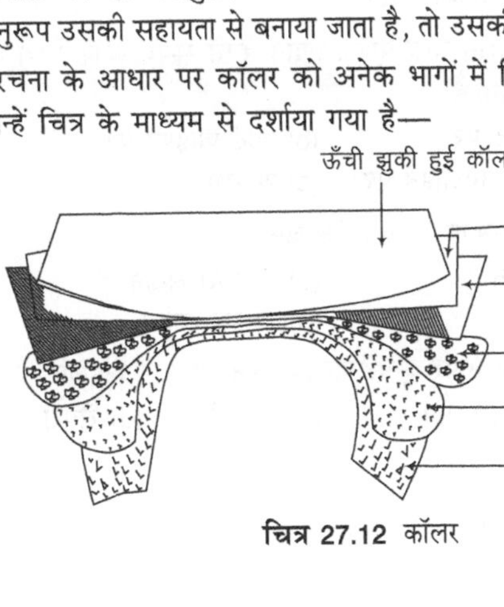

चित्र 27.12 कॉलर

6. जींस का मैनीपुलेशन

Manipulation of Jeans

मैनीपुलेशन करके परिधानों में उपयुक्त परिवर्तन किए जाते हैं। इसके अनुसार एक नवीन पैटर्न तैयार जाता है और मूल ड्राफ्ट को मैनीपुलेट कर दिया जाता है। इस नए पैटर्न के आधार पर जींस का फ्रण्ट एवं बैक (पिछला) भाग तैयार किया जाता है।

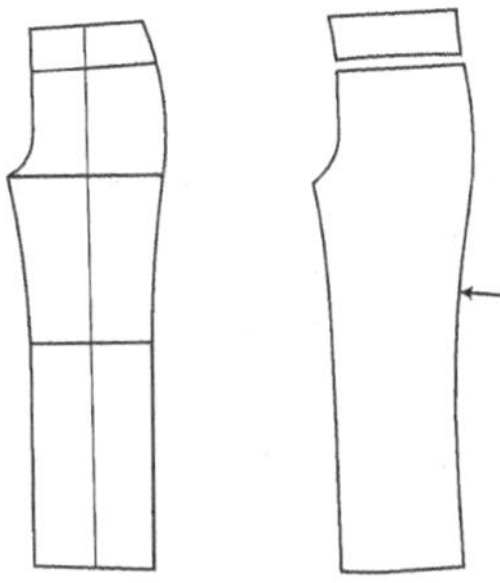

चित्र 27.13 लो वेस्ट कट (फ्रण्ट साइड)

इसमें सर्वप्रथम ड्राफ्ट को बनाया जाता है। तत्पश्चात् मैनीपुलेशन करते हुए कमर की लम्बाई 5 सेमी तक, कम कर दी जाती है। जींस की अपनी सामान्य फीट होती है इस कारण सामने, फ्रण्ट की सीट लाइन पर चौड़ाई में थोड़ा आकार दिया जाता है।

चित्र 27.14 लो वेस्ट कट (बैक साइड)

नए पैटर्न के अनुसार पिछले भाग में व्यापक परिवर्तन करने के लिए अर्थात् मैनीपुलेशन के लिए तैयार पैटर्न का सहारा लिया जाता है। सामान्य ड्राफ्ट में सबसे पहले कमर की लम्बाई 5 सेमी कम कर दी जाती है। पुन: उसी में सीट की चौड़ाई, जिसे क्रांच लाइन कहा जाता है, को कम कर दिया जाता है। इसके पश्चात् कमर को उतना ही कट किया जाता है, जितना कि क्रांच लाइन को कम किया गया है।

तत्पश्चात् पैटर्न पर ही योक ड्रा कर लेते हैं व योक लाइनों को आवश्यकतानुसार काटकर डार्ट को पैटर्न के अनुसार बन्द कर दिया जाता है। योक के तैयार होने पर, फिटिंग के लिए डार्ट की अनिवार्यता समाप्त हो जाती है। इन सभी क्रियाओं के सम्पन्न होने के बाद चित्र (b) के अनुसार एक नवीन पैटर्न तैयार हो जाता है।

महत्त्वपूर्ण प्रश्नोत्तरी

1. मैनीपुलेशन क्या है?

उत्तर किसी परिधान के पैटर्न या डिजाइन में आवश्यकतानुसार परिवर्तन करना ही 'मैनीपुलेशन' कहलाता है।

2. किसी भी पैटर्न का मैनीपुलेशन कितने प्रकार से किया जा सकता है?

उत्तर किसी भी पैटर्न का मैनीपुलेशन निम्न चार प्रकार से किया जा सकता है–

(i) पैटर्न बढ़ाने से सम्बन्धित मैनीपुलेशन।

(ii) पैटर्न घटाने से सम्बन्धित मैनीपुलेशन।

(iii) प्लीट्स से मैनीपुलेशन करना।

(iv) गुप्त मैनीपुलेशन करना।

3. प्लीट्स मैनीपुलेशन किस उद्देश्य हेतु किया जाता है?

उत्तर वस्त्र को अधिक स्टाइलिश एवं विशिष्ट रूप से बनाने के लिए प्लीट्स मैनीपुलेशन का उपयोग किया जाता है।

4. वस्त्र बनाने में पैटर्न मैनीपुलेशन का क्या योगदान है?

उत्तर वस्त्र बनाते समय पैटर्न मैनीपुलेशन करके वस्त्रों का आकर्षण बढ़ाया जाता है।

5. स्लीव का मैनीपुलेशन कैसे किया जाता है?

उत्तर स्लीव का मैनीपुलेशन तीन चरणों में सम्पन्न किया जाता है। पहले चरण में सामान्य स्लीव का ड्राफ्ट बनाया जाता है। दूसरे चरण में आर्महोल के समीप बॉटम को काटा जाता है। तीसरे व अन्तिम चरण में पैटर्न को फैलाकर पुन: इसका आकार तैयार किया जाता है।

अभ्यास प्रश्न

परीक्षा प्रारूपी प्रश्न

बहुविकल्पीय

1. मैनीपुलेशन क्रिया निम्नलिखित में से ड्रैस के किन भागों में की जाती है?

(a) बॉडीज ब्लॉक में (b) कॉलर में
(c) स्लीव में (d) ये सभी

2. कॉलर मैनीपुलेशन को अन्य किस नाम से भी जाना जाता है?

(a) मैपल मैनीपुलेशन (b) लैपल मैनीपुलेशन
(c) चैपल मैनीपुलेशन (d) कैपल मैनीपुलेशन

3. ड्रैस पैटर्न का सन्तुलन, आकार एवं साइज निम्न में से किसके समान होते हैं?

(a) बॉडीज पैटर्न (b) बॉडीज ब्लॉक पैटर्न
(c) शारीरिक संरचना (d) उपरोक्त में से कोई नहीं

4. स्लीव का मैनीपुलेशन करने हेतु निम्न में से सर्वप्रथम कौन-सी क्रिया अपनाई जाती है?

(a) स्लीव का ड्राफ्ट तैयार किया जाता है
(b) स्लीव पैटर्न को स्लेश करके फैलाया जाता है
(c) आर्महोल तैयार किया जाता है
(d) बॉटम तक कटाई कर दी जाती है

5. मैनीपुलेशन के सम्बन्ध में कौन-सा कथन सत्य है?

कथन I मैनीपुलेशन से वस्त्रों में गैदर प्लीट्स सरलता से डाली जा सकती है।

कथन II मैनीपुलेशन का सीधे फैब्रिक पर प्रयोग किया जाता है।

(a) कथन I
(b) कथन II
(c) 'a' और 'b' दोनों
(d) उपरोक्त में से कोई नहीं

6. डार्ट के मैनीपुलेशन तथा पूर्णता प्रदान करते समय स्लेश रेखा को समाप्त किया जाता है

(a) बस्ट प्वॉइण्ट पर (b) डार्ट प्वाइण्ट पर
(c) पैटर्न की आउटलाइन पर (d) ये सभी

7. शर्ट के मैनीपुलेशन के समय खींची जाती है

(a) क्षैतिज लाइन (b) लम्बवत् लाइन
(c) क्रांच लाइन (d) स्टेपल लाइन

8. सामान्य स्लीव के ऊपर चुन्नटें डालकर बना डिजाइन कहलाता है

(a) डिजाइन (b) पफ (c) फ्लेयर्ड (d) लैपस

9. सूची I का सूची II से मिलान कीजिए।

सूची I	सूची II
A. पैटर्न बढ़ाने हेतु मैनीपुलेशन	(i) गैदर की जगह डार्ट लगाते हैं
B. गुप्त मैनीपुलेशन	(ii) लम्बाई-चौड़ाई घटाई जाती है
C. प्लीट्स मैनीपुलेशन	(iii) स्टाइलिश व फ्लेयर बनाया जाता है
D. पैटर्न घटाने हेतु मैनीपुलेशन	(iv) लम्बाई-चौड़ाई बढ़ाई जाती है

कूट

(a) A-(i); B(ii); C-(iii); D-(iv)
(b) A-(iv); B-(ii); C-(iii); D-(i)
(c) A-(iv); B-(i); C-(iii); D-(ii)
(d) A-(i); B-(iv); C-(ii); D-(iii)

10. ब्लॉक पैटर्न में कितने प्रकार से मैनीपुलेशन किया जा सकता है?

(a) 3
(b) 4
(c) 6
(d) 8

11. निम्न में से किस विधि द्वारा पूर्णता प्रदान नहीं की जाती?

(a) समान पूर्णता
(b) असमान पूर्णता
(c) एक ओर की पूर्णता
(d) उल्टी ओर की पूर्णता

12. असमान पूर्णता प्रदान करने हेतु एक ओर को, दूसरी ओर की अपेक्षा अधिक

(a) सिकोड़ा जाता है
(b) काटा जाता है
(c) फैलाया जाता है
(d) सिला जाता है

13. डार्ट मैनीपुलेशन में निम्न में से कौन–सा प्वॉइण्ट उपयोगी नहीं है?

(a) बस्ट प्वॉइण्ट
(b) डार्ट प्वॉइण्ट
(c) स्लेश प्वॉइण्ट
(d) ये सभी

14. स्लेश तथा स्प्रेड तकनीक उपयोगी है

(a) डार्ट के मैनीपुलेशन में
(b) पूर्णता प्रदान करने में
(c) 'a' और 'b' दोनों
(d) इनमें से कोई नहीं

15. जींस का मैनीपुलेशन करने हेतु कमर की लम्बाई को कितने सेमी कम किया जाता है?

(a) 5 सेमी
(b) 15 सेमी
(c) 20 सेमी
(d) 2 सेमी

उत्तरमाला

1. (d)	**2.** (b)	**3.** (b)	**4.** (a)	**5.** (a)	**6.** (d)	**7.** (c)	**8.** (b)	**9.** (c)	**10.** (b)
11. (d)	**12.** (c)	**13.** (b)	**14.** (c)	**15.** (a)					

अध्याय 28

वृहद् उत्पादन प्रक्रम

Mass Production Process

अध्याय विषय सूची

किसी भी वस्तु का उत्पादन, जब व्यापक पैमाने पर किया जाता है, तो इस प्रकार का प्रक्रम, वृहद् उत्पादन प्रक्रम (mass production process) कहलाता है। उपभोक्ताओं की अधिक माँग को ध्यान में रखते हुए उत्पादक इस प्रक्रिया को अपनाता है, ताकि उपभोक्ताओं की माँग को बड़े स्तर पर निश्चित समय पर पूरा किया जा सके। वर्तमान समय में रेडीमेड गारमेन्ट्स (readymade garments) के अधिक प्रचलन में होने के कारण वस्त्र उद्योग में वृहद् उत्पादन के द्वारा ही ग्राहकों की माँग एवं आवश्यकताओं को पूर्ण किया जा सकता है। इस ट्रेड में रोजगार के विभिन्न नये-नये अवसर उपलब्ध होने के कारण भी वृहद् उत्पादन का पूर्ण प्रक्रम प्रशिक्षुओं को संज्ञान में लेना अत्यन्त आवश्यक है।

28.1 प्रचालन का क्रम Sequence of Operation

वस्त्र उद्योग में वृहद् उत्पादन प्रक्रम से तात्पर्य ऊँचे स्तर पर वस्त्रों की कटाई, सिलाई इत्यादि से है। इस प्रक्रम में किसी निर्यात (export) या रेडीमेड गारमेन्ट बेचने वाले निर्यातकों से ऑर्डर प्राप्त किया जाता है। ऑर्डर प्राप्त करने के अनेक स्रोत होते हैं; जैसे—इन्टरनेट, व्यापार प्रदर्शनी, लोकल रिटेलर एवं विभिन्न बुटीक संचालन इत्यादि के द्वारा ऑर्डर मिलने के पश्चात् पैटर्न डिजाइन एवं नमूना डिजाइन इत्यादि तैयार किया जाता है।

वस्त्र उद्योग में बहु उत्पादन प्रक्रम को समझने के लिए नीचे एक फ्लोचार्ट दर्शाया गया है, जिसके द्वारा हम कपड़ा खरीदने से लेकर उसका एक उत्तम प्रकार का डिजाइन बनाकर उसकी पैकिंग तक के प्रक्रम को समझ सकते हैं

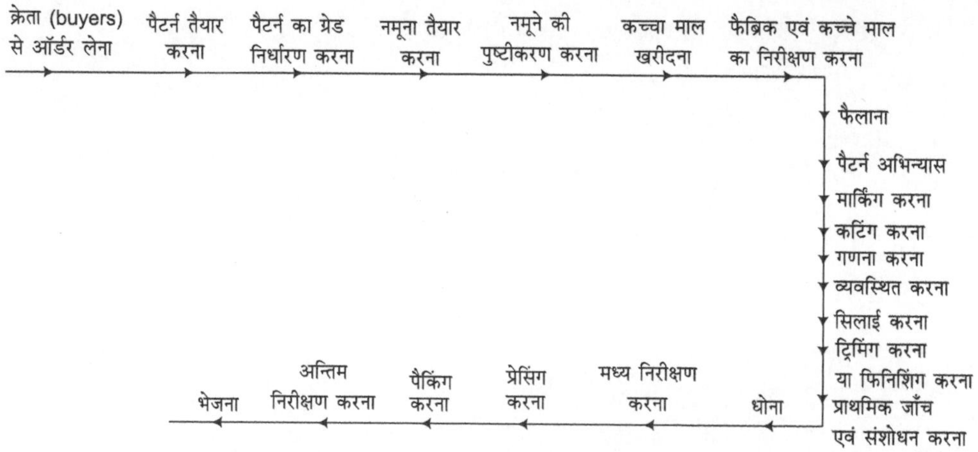

पूर्व पृष्ठ पर प्रदर्शित फ्लोचार्ट में दिए गए प्रक्रमों में से मुख्य प्रक्रमों को निम्न प्रकार समझा जा सकता है

1. **पैटर्न निर्माण** Pattern Preparation

क्रेता से आर्डर लेने के पश्चात् बहु उत्पादन का पहला क्रम पैटर्न (प्रारूप) डिजाइन करना है। पैटर्न बनाने वाला किसी मानक (standard) आकार के लिए प्रथम पैटर्न (first pattern) तैयार करता है।

इसका निर्माण पैटर्न ड्राफ्टिंग विधि द्वारा किया जाता है और इस पैटर्न को बनाने का मुख्य उद्देश्य पोशाक की रचना करना होता है। तत्पश्चात् पैटर्न ग्रेडिंग के द्वारा, पैटर्न को विभिन्न आवश्यक आकारों (size) में ग्रेड किया जाता है।

2. **ग्रेडिंग** Grading

ग्रेडिंग का उद्देश्य पैटर्न्स को विभिन्न मानक (standard) आकारों (sizes) में तैयार करना है। पैटर्न की ग्रेडिंग वास्तव में, पैटर्न की स्केलिंग है। पैटन साइज बड़े, मध्यम या छोटे आकार के हो सकते हैं। ये सामान्यत: S,M,L, XL, XXL साइज में बनाए जाते हैं। मानवकृत (manual) विधि से पैटर्न ग्रेडिंग करना अत्यन्त जटिल होता है, जबकि कैड (CAD) विधि से यह कार्य कहीं अधिक शीघ्र और तीव्र हो जाता है। पैटर्न के ग्रेडिंग में दो इंच आकार के अन्तर पर ड्राफ्ट बनाए जाते हैं। जिसकी सहायता से एक ही पैटर्न द्वारा अनेक आकारों का कर्तन (cutting) सम्भव हो जाता है।

3. **नमूना निर्माण** Sample Preparation

नमूना (sample) निर्माण एक ऐसी प्रक्रिया है, जिसके अन्तर्गत ऑर्डर देने वाले की विशिष्टियों, साइज इत्यादि के अनुसार, पोशाक का एक नमूना बनाया जाता है। नमूना निर्माण में प्रयुक्त फैब्रिक एवं पैकिंग इत्यादि भी आते हैं। नमूना बनने के बाद, इसे खरीदने वाले (buyers) को भेजा जाता है। नमूना निर्मित कर लेने के उपरान्त पैनल डिजाइनरों, पैटर्न बनाने वालों और सिलाई विशेषज्ञों द्वारा उसकी जाँच की जाती है। इसमें किसी भी प्रकार का परिवर्तन करना हो, तो इसी समय कर दिया जाता है।

4. **कच्चा माल खरीदना** Purchasing Raw Material

नमूने की पुष्टीकरण (confirmation) होने के पश्चात्, क्रय विभाग (purchase) इस ऑर्डर के लिए आवश्यक कच्चा माल एवं सहायक सामग्रियों को खरीदता है। इस कच्चे माल को खरीदने के पश्चात् उसका निरीक्षण किया जाता है एवं तत्पश्चात् फैब्रिक को चिन्हन एवं कटिंग विभाग में भेजा जाता है।

5. **स्प्रैडिंग** Spreading

यह क्रिया स्प्रैडिंग (spreading) मशीनों की सहायता से सम्भव हो पाती है। इस क्रिया को 100 कपड़ों की तहों (layers/plies) पर एक साथ किया जाना सम्भव है। इसके अन्तर्गत फैब्रिक की तहें बिछाई जाती हैं। मशीन की क्षमता के अनुसार तह (layers) को बिछाकर फैब्रिक पर पैटर्न बिछाने हेतु तैयार किया जाता है।

6. **पैटर्न अभिन्यास** Pattern Layout

स्प्रैडिंग (spreading) के पश्चात् पैटर्न को चुने गए फैब्रिक पर व्यवस्थित (arrange) किया जाता है। पैटर्न को मार्किंग चॉक की सहायता से मार्क (mark) किया जाता है एवं कटिंग मशीनों के द्वारा काटा जाता है। आधुनिक वस्त्र उद्योग में कम्प्यूटराइज्ड पैटर्न बनाना, ग्रेडिंग, मार्किंग, योजना एवं कटिंग सभी क्रियाएँ, एक ही प्रक्रम में पूर्ण हो जाती हैं।

7. **चिन्हन करना** Marking

मार्किंग के अन्तर्गत कच्चे माल को निर्धारित मानक साइज एवं लम्बाई इत्यादि को मापकर मार्किंग किया जाता है। चिन्हन (मार्क) के उपरान्त ही उत्पादन इकाई तय कर पाएगी कि पोशाकों की रचना करने के लिए अग्रिम (advance) रूप में कितने फैब्रिक की आवश्यकता होगी। इस कार्य को करने में विशेष सतर्कता आवश्यक है। कम्प्यूटर मार्किंग विशिष्ट सॉफ्टवेयरों की सहायता से सम्भव हो पाती है। मार्किंग के उपरान्त कर्तन (cutting) सटीक होती है।

8. **कर्तन** Cutting

कटिंग विभाग में फैब्रिक को बड़ी मात्रा में काटा जाता है। फैब्रिक के प्रकार के अनुरूप फैब्रिक कटिंग मशीनों की सहायता से कर्तन क्रिया सम्पन्न की जाती है।

यह क्रिया छोटे स्तर पर हाथ की कैंचियों की सहायता से तथा बड़े स्तर पर इलेक्ट्रिक कटर की सहायता से की जाती है। फैब्रिक कटिंग कम्प्यूटराइज्ड मशीनों के द्वारा भी की जाती है, जो ब्लेड या लेजर बीम की सहायता से कर्तन (cutting) प्रक्रिया करती है।

9. **छाँटना/बण्डलिंग** Assortment

छँटाई वाला (sorter) पैटर्न्स के आकार एवं डिजाइन के अनुसार, पैटर्न्स को छाँटकर उनके बण्डल बनाता है। इस क्रिया में अधिक सूक्ष्मता (precision) की आवश्यकता होती है, क्योंकि प्रत्येक बण्डल में समान पैटर्न के डिजाइन ही होने चाहिए अन्यथा सिलाई के समय दोषपूर्ण डिजाइन बनने की सम्भावना रहेगी।

प्रत्येक बण्डल पर उसकी स्टाइलों व आकारों की विशिष्टियाँ (specifications) मार्क की जाती हैं। पोशाक की एकल आकृति के पैटर्न छाँटकर बण्डल बना लेने से किसी त्रुटि की सम्भावना नहीं रहती।

10. **सिलाई** Sewing

अब फैब्रिक्स के बण्डल सिलाई के लिए तैयार होते हैं। बड़े स्तर की पोशाकों के निर्माताओं की अपनी सिलाई इकाइयाँ होती हैं, जबकि अन्य, ठेकेदारों को फैब्रिक देकर ठेके (contract) पर सिलाई का कार्य कराते हैं।

गुणवत्ता नियन्त्रण को ध्यान में रखते हुए सिलाई प्रक्रिया अपने ही यहाँ कराने को प्राथमिकता दी जाती है तथा दूसरी ओर ठेकेदारों को कार्य तब ही सौंपा जाता है, जब अपने स्तर से गुणवत्ता की निगरानी सम्भव न हो या ठेकेदार प्रक्रिया को सूक्ष्मता से गुणवत्तापूर्ण तरीके से सम्पन्न कर सके।

यहाँ पर कट पीसों के विभिन्न भागों की सिलाई करने के लिए अलग वर्क-स्टेशन होते हैं। कार्यस्थल (workplace) पर अनेक ऑपरेटर होते हैं, जो एकल प्रचालन करते हैं।

एक ऑपरेटर सीधी सीवनें बना सकता है, जबकि अन्य आस्तीनें बना सकते हैं, जबकि अन्य दो ऑपरेटर कमर की सीवनें तथा काज बना सकते हैं। विविध औद्योगिक सिलाई मशीनों के द्वारा विभिन्न प्रकार की सीवनें बनायी जाती हैं।

ये मशीनें फ्रेमों की भिन्न-भिन्न कन्फिगरेशन के साथ होती हैं। कुछ मशीनें क्रमिक कार्य करती हैं और अपने परिष्कृत (finished) पद को सीधे अगली मशीन में प्रविष्ट (entry) करा देती हैं। सिलाई करने के पश्चात् निर्मित पोशाक में दिखाई देने वाले धागों को काटकर उनकी ट्रिमिंग की जाती है।

11. प्राथमिक जाँच एवं संशोधन Primary Checking and Alterations

इस भाग के अन्तर्गत निर्मित पोशाक की प्राथमिक जाँच की जाती है। जाँचने के पश्चात्, यदि पोशाक में किसी भी प्रकार के संशोधन (alteration) की आवश्यकता पड़ती है, तो इसी भाग के अन्तर्गत उसका संशोधन किया जाता है।

यदि पोशाक को धोने की आवश्यकता दिखाई दे रही हो, तो सभी संशोधन समाप्त होने के पश्चात् उसे धोने के लिए लाण्ड्री विभाग में भेजना चाहिए।

12. मध्य निरीक्षण Mid Inspection

पोशाक में सिलाई के दौरान खुली सीवन, असंगत सिलाई तकनीक, असम्बद्ध धागों (non-matching threads) और लुप्त सिलाई, पोशाक की असमान क्रीजिंग जैसे दोष उत्पन्न हो जाते हैं।

इन सभी दोषों का निरीक्षण पोशाक की पैकिंग इत्यादि से पहले इस भाग के अन्तर्गत सम्पन्न कर लेने चाहिए। इस निरीक्षण का यह मुख्य लाभ है कि पोशाक के दोषों का बाजार में जाने से पूर्व ही पता चल जाता है।

13. प्रेसिंग Pressing

सिलाई, ट्रिमिंग एवं धुलाई इत्यादि के पश्चात् निर्मित पोशाक पर प्रेसिंग की जाती है। प्रेसिंग, प्लीटिंग और क्रीजिंग मौलिक प्रक्रम हैं। क्रीजिंग पोशाक की सजावट से पूर्व भी की जाती है।

इससे पोशाक में चमक व आकर्षण पैदा हो जाता है एवं फैब्रिक की सिकुड़न व सिलवटों को दूर करने में सहायक होती है।

14. पैकिंग Packing

इसमें फिनिश पोशाकों की उनके डिजाइन एवं आकारों के अनुसार निर्धारित पैकिंग कर दी जाती है। प्रत्येक प्रकार के निरीक्षण इत्यादि से सन्तुष्ट होने के पश्चात् पोशाकों को पारदर्शी लिफाफे में इस प्रकार पैक किया जाता है कि डिजाइन के साथ ही फर्म या दुकान का लेबल भी नजर आए। लिफाफे पर भी फर्म या दुकान का नाम व पूरा पता प्रिन्ट होना चाहिए।

15. अन्तिम निरीक्षण Final Inspection

अन्तिम निरीक्षण प्रक्रम प्राय: विक्रेता एवं क्रेता दोनों के द्वारा किया जाता है। क्रेता (buyers) के तैयार डिजाइन से सन्तुष्ट होने के पश्चात् ही शिपमेन्ट (shipment) प्रक्रम करना चाहिए।

पोशाक उत्पादन के सन्दर्भ में गुणवत्ता नियन्त्रण विविध स्तरों पर निर्माता, विक्रेता तथा निर्यातक के लिए अनिवार्य है। कुछ गुणवत्ता सम्बन्धी समस्याएँ पोशाक उत्पादन के दौरान सिलाई, रंग, पोशाक की फिटिंग इत्यादि दोषों के रूप में सामने आती हैं, जिन्हें अन्तिम निरीक्षण के दौरान ध्यान रखना चाहिए।

वृहद् उत्पादन की विशेषताएँ

Properties of Mass Production

वृहद् उत्पादन के अन्तर्गत निम्नलिखित विशेषताएँ देखने को मिलती हैं

(*i*) व्यापक स्तर पर लाभ तय करना।

(*ii*) प्रभावपूर्ण कार्यविधि विकसित करना।

(*iii*) बड़े पैमाने पर एक पैटर्न को विकसित करना।

(*iv*) एक ही समय में एक से अधिक उत्पाद की कटिंग एवं निर्माण करना।

(*v*) व्यवस्थित रूप से कारीगर को कार्य हस्तान्तरित करना।

(*vi*) उत्पादन प्रक्रिया के लिए सामग्रियों का ऑर्डर थोक में दिया जाना।

(*vii*) एक साथ अधिक मात्रा में ऑर्डर लेने या देने से धन और समय दोनों की बचत होना।

28.2 फ्यूजिंग तकनीक Fusing Technology

फ्यूजिंग क्रिया से वस्त्रों को मजबूती प्राप्त होती है, इसमें कपड़े के कुछ भागों को इन्टरलाइनिंग (interlining) के साथ जोड़ा जाता है। यह इन्टरलाइनिंग सामान्यत: एक थर्मोप्लास्टिक रेजिन से कोटेड रहती है। कुछ कपड़ों; जैसे- स्कर्ट, ट्राऊजर, अण्डरलैप ब्लाउज, शर्ट एवं ड्रेसेज, जैकेट, कोट, पॉकेट, फ्लैप, फेसिंग, कफ एवं पॉकेट ऑपनिंग आदि को फ्यूजिंग तकनीक द्वारा जोड़ा या फ्यूज किया जाता है।

स्कर्ट एवं ट्राऊजर्स में दो तरफ की इण्टरलाइनिंग का प्रयोग होता है जबकि ब्लाउज में एक तरह की इण्टरलाइनिंग का प्रयोग किया जाता है।

इण्टरलाइनिंग Interlining

कपड़ों की दो तह (layer) के मध्य इन्टरलाइनिंग प्रयोग की जाती है। वांछित आकार में परिधान के भिन्न भागों को बनाए रखने के लिए, सिलाई या फ्यूजिंग प्रक्रम द्वारा कपड़े की दो तहों के मध्य एक अन्य प्रकार का कपड़ा प्रयोग किया जाता है। इसे ही इन्टरलाइनिंग कहते हैं। सामान्यत: इन्टरलाइनिंग, नायलॉन, पॉलीस्टर, ऊन एवं विस्कोस की बनी होती है। इन्टरलाइनिंग के निम्न मुख्य कार्य होते हैं

(i) परिधान को सुदृढ़ता एवं सुन्दरता प्रदान करती है।

(ii) वस्त्रों को सहारा प्रदान करने के लिए इन्टरलाइनिंग प्रयोग की जाती है।

(iii) वस्त्रों का आकार सही बनाए रखने में सहायता प्रदान करती है।

इन्टरलाइनिंग के प्रकार Types of Interlining

इन्टरलाइनिंग मुख्यत: दो प्रकार की होती हैं

(i) **फ्यूजिबल इन्टरलाइनिंग** (Fusible interlining) इस इन्टरलाइनिंग का उपयोग वर्तमान में सर्वाधिक किया जाता है। कपड़े की दो तहों के मध्य एक निश्चित ताप एवं दाब के द्वारा फ्यूजिबल इन्टरलाइनिंग मशीनों द्वारा की जाती है। इस इन्टरलाइनिंग का उपयोग, प्रत्येक प्रकार के फैब्रिक पर किया जा सकता है।

(ii) **नॉन-फ्यूजिबल इन्टरलाइनिंग** (Non-fusible interlining) इस इन्टरलाइनिंग में सीधे ही सिलाई द्वारा (ताप एवं दाब के बिना) कपड़ों की दो तहों के मध्य इन्टरलाइनिंग की जाती है।

इस इन्टरलाइनिंग में कपड़े के एक टुकड़े को स्टार्च लगाकर सुखाया जाता है, तत्पश्चात् उसे दूसरे कपड़े के साथ सिला जाता है। इस प्रकार की इण्टरलाइनिंग का उपयोग अग्नि प्रतिरोध कपड़ों में किया जाता है।

फ्यूजिंग के प्रकार Types of Fusing

सामान्यत: फ्यूजिंग को मुख्य रूप से दो भागों में वर्गीकृत किया गया है

(i) **स्थायी फ्यूजिंग** स्थायी फ्यूजिंग का प्रयोग वहाँ किया जाता है, जहाँ पोशाक के डिजाइन एवं आकार को अन्तिम रूप प्रदान किया जाता है। इस फ्यूजिंग के अन्तर्गत ध्यान रखें कि फैब्रिक की धुलाई के बाद भी इण्टरलाइनिंग फ्यूज्ड (fused) रहनी चाहिए।

(ii) **अस्थायी फ्यूजिंग** इस फ्यूजिंग का मुख्य उद्देश्य फैब्रिक की सिलाई को सरल बनाना एवं मजबूती प्रदान करना है। दोनों प्रकार की फ्यूजिंग करने से पहले फैब्रिक के प्रकार एवं प्रयुक्त इन्टरलाइनिंग को समझ लेना चाहिए।

फ्यूजिंग मशीनें Fusing Machines

फ्यूजिंग प्रक्रम सम्पन्न करने में जिन मशीनों का प्रयोग किया जाता है, उन्हें फ्यूजिंग मशीनें कहते हैं। इन मशीनों का उपयोग कॉलर, कफ आदि पर फ्यूजिंग क्रिया के द्वारा फ्यूजिबल इन्टरफेसिंग करने के लिए किया जाता है। इन मशीनों का तापमान एवं दाब आवश्यकता के अनुसार घटाया-बढ़ाया जा सकता है।

प्रमुख फ्यूजिंग मशीनों का वर्णन निम्न प्रकार है

(i) **स्टीम प्रेस फ्यूजिंग मशीन** (Steam press fusing machine) यह फ्यूजिंग मशीन का सबसे पुराना मॉडल है। इस मशीन में फ्यूजिंग प्रक्रम के लिए दाब एवं भाप का प्रयोग किया जाता है। रेजिन के प्रकार के अनुसार, इस मशीन में भाप, ताप, दाब एवं समय इत्यादि को समायोजित (adjust) करना अत्यन्त कठिन कार्य है।

(ii) **फ्लैट बेड फ्यूजिंग मशीन** (Flat bed fusing machine) उद्योगों एवं कारखानों इत्यादि में इस फ्यूजिंग मशीन का मुख्यतया उपयोग किया जाता है। ये मशीनें बड़ी से लेकर छोटी टेबिल मॉडलों के आकार में विभिन्न प्रकारों में उपलब्ध होती हैं। इस मशीन में यान्त्रिक या मैनुअली लोडिंग (loading) की जाती है।

वैद्युतिकी हीटिंग एलीमेन्ट के द्वारा ऊष्मा उत्पन्न की जाती है। इस मशीन में फैब्रिक के प्रकार के अनुसार समय, ताप, दाब इत्यादि को रेगुलेटर के द्वारा नियन्त्रित किया जा सकता है।

दाब स्रोत के आधार पर बाजार में ऊर्ध्वाधर क्रिया मशीन एवं कैंची क्रिया मशीन के मॉडल प्रयोग में लाए जाते हैं।

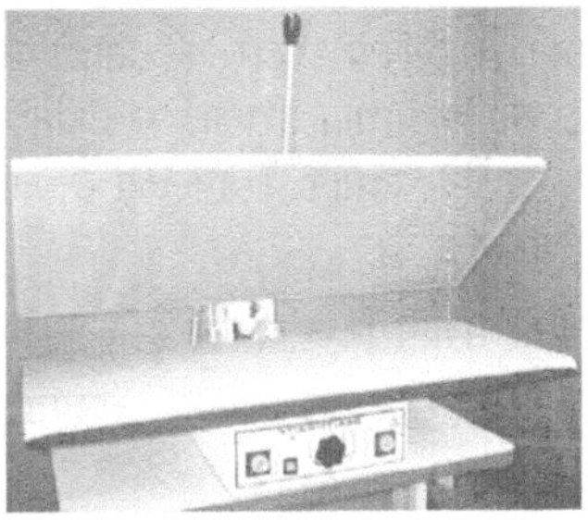

चित्र 28.1 ऊर्ध्वाधर क्रिया मशीन

(iii) **सतत फ्यूजिंग मशीन** (Continuous fusing machine) वर्तमान में फैक्ट्रियों में इस फ्यूजिंग मशीन का उपयोग किया जाता है। मशीन के केन्द्रीय भाग में हीटिंग एलीमेन्ट प्राय: मॉड्यूल रूप में स्थिर (fixed) रहते हैं। इस मशीन में कन्वेयर एवं बैल्ट की व्यवस्था रहती है, जिनके द्वारा निर्मित पीसों (pieces) को एक सिरे से दूसरे सिरे पर भेजा जाता है। ये पीस सतत रूप से दूसरे सिरे पर जाते रहते हैं।

ये पीस पहले ऊष्मा के द्वारा हीटिंग मॉड्यूल में प्रवेश करते हैं एवं तत्पश्चात् प्रेशर रोलर से पास हो जाते हैं, अन्त में मशीन के दूसरे सिरे पर पीस प्राप्त हो जाते हैं। निम्न चित्र में सतत फ्यूजिंग मशीन को दर्शाया गया है।

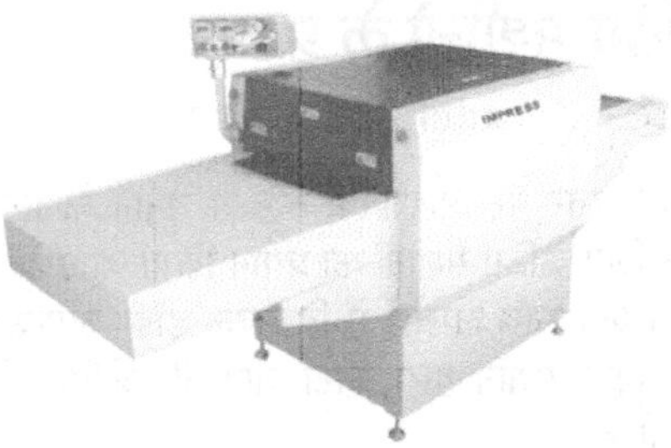

चित्र 28.2 सतत फ्यूजिंग मशीन

फ्यूजिंग पैरामीटर Fusing Parameter

जो कारक/घटक फ्यूजिंग की गुणवत्ता को प्रभावित करते हैं, फ्यूजिंग पैरामीटर कहलाते हैं। मुख्य फ्यूजिंग पैरामीटर निम्नवत् हैं

(i) **समय** (Time) इन्टरलाइनिंग या इन्टरफेसिंग फैब्रिक के साथ बेस फैब्रिक की प्रकृति एवं प्रकार के अनुसार ऊष्मा एवं दाब के समय को उचित रूप से सैट (set) करना चाहिए।

(ii) **ताप** (Temperature) रेजिन एवं फैब्रिक के प्रकार के अनुसार, फ्यूजिंग में तापमान को सही मान पर सैट करना चाहिए। यदि तापमान कम होगा, तो फैब्रिक फ्यूज्ड नहीं होगा एवं अधिक तापमान फैब्रिक को खराब कर सकता है।

(iii) **दाब** (Pressure) फैब्रिक पर उचित एवं प्रभावशाली दाब आरोपित करना चाहिए। दाब को फ्यूजिक तकनीक में हीट सैटिंग के रूप में भी परिभाषित किया जाता है। अत: कम दाब हीट सैटिंग का गलत परिणाम प्रदान करेगा।

28.3 औद्योगिक मशीनों के प्रकार
Types of Industrial Machines

सिलाई की क्रिया में विविध प्रकार की औद्योगिक मशीनों का उपयोग किया जाता है, क्योंकि पोशाक सिलाई में फिनिशिंग को ध्यान में रखते हुए, ऐसी अनेक मशीनें वर्तमान में उपलब्ध हैं, जो पोशाक को आकर्षक बनाने में सहायक होती हैं।

ऐसी कुछ उपयोगी मशीनें निम्न प्रकार हैं

1. इलेक्ट्रिक कटर (स्ट्रेट नाइफ कटर, राउण्ड कटर)
2. लॉकस्टिच इण्डस्ट्रियल मशीन
3. फ्यूजिंग मशीन
4. हेमिंग स्टिच मशीन
5. काज बटन मशीन
6. बटन कवरिंग मशीन
7. पैकिंग मशीन
8. ओवरलॉक मशीन
9. इण्टरलॉक मशीन
10. बार टैक इलेक्ट्रिक मशीन
11. डबल नीडिल मशीन
12. एम्ब्रॉयडरी मशीन
13. रफलर
14. पाइपर
15. स्मोकिंग मशीन
16. इलास्टिक फिक्सर आदि
17. कोडर

***नोट** औद्योगिक मशीनों के विस्तृत अध्ययन हेतु प्रारम्भ में दिये गये अध्याय* 8 का अवलोकन करें।

28.4 कटिंग मशीनों के प्रकार
Types of Cutting Machines

पोशाकों को बड़े स्तर पर औद्योगिक रूप से बनाने के लिए फैब्रिक के कटाई कार्य के लिए कटिंग मशीनों का प्रयोग किया जाता है। इन मशीनों में 20 से 25 परतें एक साथ लम्बाई में बिछाकर ड्रॉइंग लगाकर पोशाकों के भागों को इलेक्ट्रिक मशीन द्वारा काटा जाता है, जोकि इलेक्ट्रिक कटर मशीन कहलाती है।

ये निम्न प्रकार की होती हैं

1. हस्तचालित कटिंग मशीन Manual Cutting Machine

हस्तचालित कटिंग मशीन के अन्तर्गत विशेषकर हस्त कैंचियाँ आती हैं। इन कैंचियों के विषय में अध्ययन करने हेतु अध्याय-2 का अवलोकन करें।

2. अर्द्ध-स्वचालित कटिंग मशीन
Semi-automatic Cutting Machine

अर्द्ध-स्वचालित कटिंग मशीनें निम्न प्रकार की होती हैं

(i) स्ट्रेट नाइफ कटिंग मशीन Straight Knife Cutting Machine

इस मशीन का कटर आकार में बिल्कुल सीधा होता है। वस्त्र उद्योग में वस्त्रों को काटने के लिये इन मशीनों का प्रयोग किया जाता है। इसका प्रयोग वूवन एवं निट (woven and knit) फैब्रिक की कटिंग के लिए किया जाता है।

चित्र 28.3 स्ट्रेट नाइफ कटिंग मशीन

संरचना Construction

स्ट्रेट नाइफ कटिंग मशीन के ब्लेड की लम्बाई प्राय: 10 सेमी से 33 सेमी तक होती है एवं इस मशीन का नाइफ स्ट्रोक (knife stroke) लगभग 2.5 सेमी से 4.5 सेमी तक होता है। स्ट्रेट नाइफ, इलेक्ट्रिक मोटर, हैण्डल ग्राइण्डर, लुब्रीकेटिंग यूनिट, व्हील एवं बेस प्लेट स्टैण्ड इत्यादि इस मशीन के मुख्य भाग होते हैं।

गुण Features

- इस मशीन द्वारा कपड़े को किसी भी कोण से काटा जा सकता है।
- मोटर की गति 3000 से 4000 rpm तक होती है, इसीलिए यह एक से अधिक फैब्रिक परतों को एक साथ काटती है।
- यह मशीन अपेक्षाकृत सस्ती होती है।
- इसकी उत्पादन क्षमता उत्तम होती है।

दोष Faults

- इस मशीन की मोटर का भार अधिक होता है, जिसके कारण चाकू के मुड़ने की सम्भावना बनी रहती है।
- मशीन की गति अपेक्षाकृत अधिक होने के कारण अधिक क्षति का खतरा रहता है।
- इस मशीन के चाकू को समय-समय पर बदलने की आवश्यकता होती है, जिससे अनावश्यक रूप से व्यवधान उत्पन्न होता है।

उपयोग Uses

इस मशीन के मुख्य उपयोग निम्नलिखित हैं

- कॉलर एवं कफ इत्यादि काटने के लिए।
- अधिक मोटाई के कपड़े काटने के लिए।
- सीधी एवं कर्व कटिंग के लिए।
- बड़े स्तर पर उत्पादन के लिए।
- कपड़ा मिलों में कपड़े के थानों की कटिंग के लिए

(ii) राउण्ड नाइफ कटिंग मशीन
Round Knife Cutting Machine

इस मशीन को राउण्ड कटिंग मशीन इसलिए कहते हैं, क्योंकि इसका कटर गोल एवं हल्का-सा आकार में अष्टभुजाकार होता है। यह मशीन आकार में छोटी होती है, इसीलिए छोटे स्तर पर उत्पादन के लिए उपयोगी होती है। इसके द्वारा गोल आकृतियों की कटिंग की जाती है।

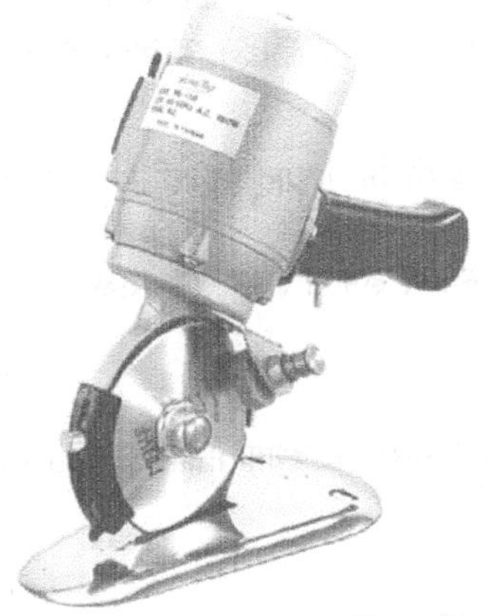

चित्र 28.4 राउण्ड नाइफ कटिंग मशीन

संरचना Construction

इस मशीन के मुख्य भाग बेस प्लेट, इलेक्ट्रिक मोटर, हैण्डल एवं नाइफ गार्ड होते हैं और ब्लेड की लम्बाई 6 से 20 सेमी तक होती है तथा मोटर की गति 800 से 1600 rpm होती है इसमें मैन्युअल ग्राइन्डर का भी प्रयोग होता है।

इस मशीन में विभिन्न प्रकार के फ्रैबिक को काटने के लिए वेव्ड ऐज (waved edge), टूथ्ड ऐज (toothed edge) एवं सर्कुलर ऐज (circular edge) प्रकार के नाइफ ऐज उपयोग किए जाते हैं। इसमें लगी बेस-प्लेट, कपड़े को सहारा प्रदान करती है एवं कटर के लिए एक हैण्डिल लगा होता है।

गुण Features

- इस मशीन का भार अपेक्षाकृत कम होता है, जिससे इसका प्रचालन आसान रहता है।
- सिंगल लेयर के अतिरिक्त मल्टीलेयर कटिंग के लिए अत्यन्त उपयोगी मशीन है।
- इस मशीन की गति नियत होती है, इसलिए इसकी दक्षता उच्चकोटि की होती है।
- इस मशीन के द्वारा छोटे स्तर पर कटिंग कार्य किया जा सकता है।

दोष Faults

- इस मोटर का स्नेहन (lubrication) हस्तचालित प्रकार से किया जाता है।
- मशीन के घूर्णन प्रति मिनट (rpm) कम होने से, बड़े उत्पादन कार्यों में अनुप्रयुक्त है।
- उच्च कर्व लाइन एवं छोटे भागों को काटने में समस्या उत्पन्न होती है।

उपयोग Uses

- वस्त्रों के बड़े भागों की कटिंग करने के लिए
- ले (lay) से फैब्रिक ब्लॉक की कटिंग के लिए।

(iii) बैण्ड नाइफ कटिंग मशीन
Band Knife Cutting Machine

बैण्ड नाइफ कटिंग मशीन सामान्यत: एक लूप की भाँति दिखने वाली लम्बी मशीन होती है। इसका प्रयोग कार्डबोर्ड इनर ट्यूब के बिना फैब्रिक रोल की कटिंग के लिए किया जाता है। यह कटिंग मशीन कपड़े की लम्बाई के अनुसार स्वयं कार्य करती है।

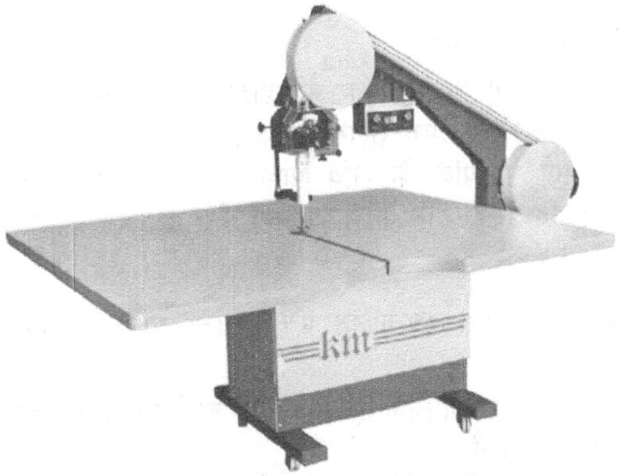

चित्र 28.5 बैण्ड नाइफ कटिंग मशीन

संरचना Construction

इस मशीन में एक ही क्रम में तीन या उससे अधिक पुली लगी होती है, जिनका मुख्य कार्य नाइफ को निरन्तर घूर्णन गति प्रदान करना है। इस मशीन में प्रयुक्त नाइफ की लम्बाई अधिक होती है। इसमें एक बड़े आकार की टेबिल जुड़ी होती है जोकि कपड़े की कटिंग करते समय सहारा प्रदान करती है। इस मशीन में एक एयर ब्लोअर जुड़ा रहता है, जो कपड़े एवं टेबिल के मध्य प्रतिरोध कम करता है।

एयर ब्लोअर में विद्यमान बॉल्स (balls), विभिन्न दिशाओं में कपड़े को गतिमान करने का कार्य करती हैं।

गुण Features

- इसकी उत्पादकता दक्षता उत्तम होती है।
- फैब्रिक के मूवमेन्ट में एयर ब्लोअर सहायता करता है।
- यह मशीन प्रत्येक लाइन के लिए उपयोगी होती है।

दोष Faults

- इस मशीन के द्वारा फैब्रिक को सीधे नहीं काटा जा सकता है।
- इस मशीन की स्थापना के लिए एक निश्चित स्थान की आवश्यकता पड़ती है।
- इसके द्वारा फैब्रिक काटने में अधिक लागत आती है।

उपयोग Uses

इसका उपयोग फैब्रिक रोल की कटिंग में किया जाता है।

(iv) डाई कटिंग मशीन Die Cutting Machine

इस कटिंग मशीन में, डाई का आकार कपड़े के भाग की कटाई के अनुसार बदला जा सकता है।

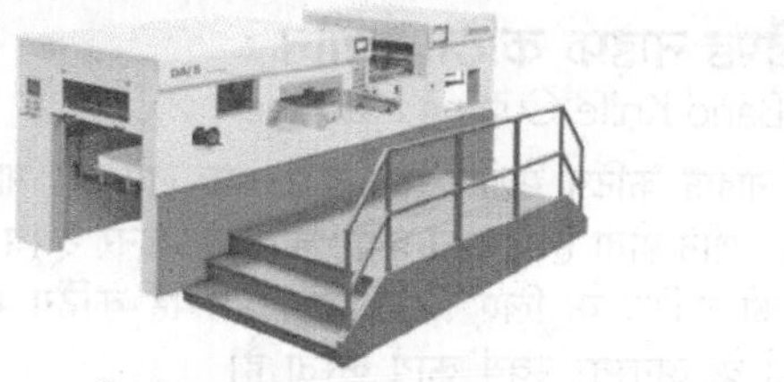

चित्र 28.6 डाई कटिंग मशीन

संरचना Construction

इस मशीन में अलग-अलग प्रकार की डाइयों का प्रयोग किया जाता है। इसके अतिरिक्त ड्रिवन पिंच रोलर्स, इनफीड व आउटफीड कन्वेयर एवं इंच और मिमी पाठ्यांक के साथ भाषा का चुनाव कर सकने वाला की-पैड इत्यादि इस मशीन के मुख्य भाग होते हैं।

गुण Features

- इस मशीन के द्वारा स्वचालित एवं हस्तचालित प्रचालन किए जा सकते हैं।
- इस मशीन को सरलतापूर्वक एक-स्थान से दूसरे स्थान पर स्थानान्तरित किया जा सकता है।

दोष Faults

- कार्य करने में अत्यधिक समय की खपत होती है क्योंकि डाइयों को कटिंग के प्रकार के अनुसार बदलना पड़ता है।
- यह मशीन, बड़े भागों की कटिंग के लिए अपेक्षाकृत कम अनुपयोगी होती है।

उपयोग Uses

फैब्रिक के छोटे भागों की कटिंग के लिए इस मशीन का उपयोग किया जाता है।

(v) ड्रिल कटिंग मशीन Drill Cutting Machine

यह मशीन मुख्यत: कपड़े में छिद्र करने के लिए उपयोग की जाती है। इस ड्रिल कटिंग मशीन का प्रयोग वहाँ किया जाता है, जहाँ कपड़े की किनारी से दूर रेफरेन्स मार्क; जैसे—जेबों की स्थिति, बटन होल एवं डार्ट इत्यादि की आवश्यकता पड़ती है।

चित्र 28.7 ड्रिल कटिंग मशीन

संरचना Construction

इस कटिंग मशीन में स्पिरिट लेवल, छिद्र युक्त बेस प्लेट एवं एक मोटर लगी होती है। स्पिरिट लेवल के द्वारा यह सुनिश्चित किया जाता है कि बेस, क्षैतिज एवं ड्रिल लम्बवत् स्थिति में रहें।

इस मशीन में कई प्रकार के ड्रिल प्रयोग किए जाते हैं, इसमें छिद्र करते समय कपड़ों पर रंग छोड़ने वाला हाइपोडरमिक ड्रिल का भी प्रयोग किया जाता है, जिससे मार्क को आसानी से पहचाना जा सके।

गुण Features

- कपड़ों पर छिद्र करने के पश्चात् वस्त्र निर्माण के समय इन छिद्रों को सिलाई में छिपा दिया जाता है।
- इस मशीन द्वारा स्थायी रूप से लम्बे समय तक के लिए छिद्र बनाया जा सकता।

दोष Faults

इस मशीन का प्रयोग मॉस प्रोडक्शन (mass production) के लिए नहीं किया जा सकता है।

उपयोग Uses

- वस्त्रों के छोटे-छोटे भागों को आपस में जोड़ने के लिए
- वस्त्रों पर बटन इत्यादि जोड़ने के लिए
- पॉकेट, डार्ट इत्यादि भागों को चिन्हित करने के लिए

(vi) नॉचर कटिंग मशीन Notcher Cutting Machine

सीम लाइन, फोल्डिंग लाइन इत्यादि को पहचानने के लिए वस्त्र उद्योग में नॉचर कटिंग मशीन का प्रयोग किया जाता है। नाइफ नॉचर सीधा, बेलनाकार प्रकार का होता है। चित्र में नॉचर कटिंग मशीन को दर्शाया गया है।

चित्र 28.8 नॉचर कटिंग मशीन

संरचना Construction

यह मशीन देखने में बेलनाकार आकृति की प्रतीत होती है। इस मशीन में सीधी एवं 'V' आकृति के नोचिज (notches) दोनों लगे होते हैं।

गुण Features

- यह मशीन नोचिज में एक समानता बनाए रखने में अति उपयोगी होती है।
- विशेष परिस्थितियों में मार्किंग करने हेतु इस कटिंग मशीन को उपयोग में लाया जा सकता है।

दोष Faults

- थर्मोप्लास्टिक जैसे फैब्रिक को इस मशीन के द्वारा नहीं काटा जा सकता है।
- कटिंग की मार्किंग करने हेतु ही इसका उपयोग किया जा सकता है। अत: इसका प्रयोग सीमित है।

उपयोग Uses

- कपड़े पर छोटे छिद्र बनाने के लिए
- विभिन्न फैब्रिक पर नॉच निशान बनाने के लिए।

3. स्वचालित कटिंग मशीन Automatic Cutting Machine

इस कटिंग मशीन के अन्तर्गत निम्नलिखित मशीनें आती हैं, जो निम्न प्रकार हैं

(i) कम्प्यूटर नियन्त्रित नाइफ कटिंग मशीन Computer Controlled Knife Cutting Machine

इस मशीन से उच्च स्तर पर कटिंग की जा सकती है, इसमें कटिंग युक्त टेबिल होती है, जो कम्प्यूटर द्वारा नियन्त्रित होती है।

कम्प्यूटर नियन्त्रित नाइफ कटिंग मशीन को कम्प्यूटराइज्ड कटिंग मशीन भी कहा जाता है।

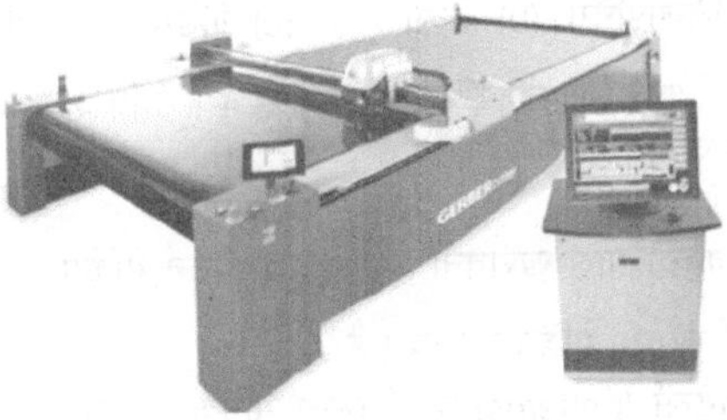

चित्र 28.9 कम्प्यूटर नियन्त्रित नाइफ कटिंग मशीन

संरचना Construction

इस मशीन की टेबिल पर संयोजित नायलॉन ब्रिसल्स मुख्यतया फैब्रिक ले (lay) को सपोर्ट देते हैं। इस मशीन में निर्वात अर्थात् वैक्यूम (vacuum) बना रहे, इसके लिए इस मशीन की टेबिल पर लगे ब्रिसल्स हवा का प्रवाह आसानी से होने देते हैं।

इस कटिंग मशीन में डैप्थ एडजस्टमेण्ट गाइड लगा होता है, जो कि अत्यधिक गहराई तक नोचिंग नहीं होने देता है। इस डैप्थ एडजस्टमेण्ट गाइड की डैप्थ (depth) क्षमता लगभग 200 मिमी तथा तापमान 300 से 500°C तक होता है।

गुण Features

- इस मशीन के द्वारा कटिंग की गति को नियन्त्रित किया जा सकना सम्भव है।
- वृहद् उत्पादन प्रक्रम में यह मशीन अत्यन्त उपयोगी होती है।
- इस मशीन में मार्कर पेपर की भी आवश्यकता नहीं पड़ती है।

दोष Faults

- यह मशीन अपेक्षाकृत अधिक महँगी होती है।
- इस मशीन की अनुरक्षण लागत अधिक होती है।

उपयोग Uses

प्रत्येक प्रकार के फैब्रिक की उच्च कटिंग करने में इस मशीन का उपयोग किया जा सकता है।

(ii) वाटर जेट कटिंग मशीन Water Jet Cutting Machine

वाटर जेट कटिंग मशीन एक ऐसी औद्योगिक मशीन है, जिसमें फैब्रिक की कटिंग करने के लिये उच्च वेग की जल धारा का प्रयोग किया जाता है। यह मशीन कठोर वस्तुओं को काटने में अधिक प्रभावी होती हैं; जैसे—प्लास्टिक लैदर की कटिंग आदि।

चित्र 28.10 वाटर जेट कटिंग मशीन

संरचना Construction

इस मशीन के वाटर जेट में एक इन्टेंसीफायर पम्प लगा होता है, जिसके द्वारा अत्यन्त उच्च वेग की भाप उत्पन्न की जा सकती है। इस मशीन में फैब्रिक की कटिंग के लिए एक विशेष सॉफ्टवेयर लगा होता है।

मशीन में संयोजित उच्च प्रेशर जेट सॉलिड टूल की भाँति कार्य करता है एवं इसमें लगा तेज धारा वाला नाइफ सरलतापूर्वक विभिन्न प्रकार का फैब्रिक, प्लास्टिक पदार्थ एवं लैदर इत्यादि को काट सकता है।

गुण Features

- इसकी कटिंग गति अत्यधिक उच्च होती है।
- इस मशीन में अत्यधिक ऊष्मा एवं ध्वनि (noise) उत्पन्न नहीं होती है।
- इस मशीन में लगे सॉलिड नाइफ को बार-बार शॉर्प करने की आवश्यकता नहीं पड़ती है।

दोष Faults

- इस मशीन के प्रयोग द्वारा फैब्रिक पर पानी का धब्बा रहने की सम्भावना रहती है।
- इस मशीन के भागों पर जंग लगने की सम्भावना रहती है।
- फैब्रिक की किनारियाँ गीली होने का डर रहता है।
- वस्त्र उद्योग में इस मशीन द्वारा फैब्रिक कम ही काटा जाता है।

उपयोग Uses

कठोर वस्तुए; जैसे—धातु, ग्लास, लैदर, रबर, लकड़ी, प्लास्टिक इत्यादि काटने में इस मशीन का उपयोग किया जाता है।

महत्त्वपूर्ण प्रश्नोत्तरी

1. वृहद् उत्पादन प्रक्रम से क्या समझते हैं? एक पंक्ति में बताइए।

उत्तर किसी भी वस्तु का उत्पादन, जब बड़े पैमाने पर किया जाता है, तो इस प्रक्रिया को वृहद् उत्पादन प्रक्रम के नाम से जाना जाता है।

2. नमूना निर्माण पर संक्षिप्त टिप्पणी लिखिए।

उत्तर नमूना निर्माण एक ऐसी प्रक्रिया है, जिसमें नमूना पीस, सिलाई-इकाई या विभाग को भेजा जाता है, ताकि वह इस नमूने को डिजाइन के अनुसार, जोड़ सके, जिससे वह पोशाक की आकृति में आ सके।

3. प्रेसिंग का मुख्य कार्य क्या है?

उत्तर पोशाक की सिलाई करते समय और सिलाई के उपरान्त, उसका मुख्य कार्य पोशाक की फिनिशिंग अथवा उसकी सजावट करना है।

4. फ्यूजिंग पैरामीटर कौन-से होते हैं?

उत्तर समय, ताप एवं दाब इत्यादि फ्यूजिंग फैक्टर/पैरामीटर होते हैं।

5. स्ट्रेट नाइफ कटिंग मशीन की लम्बाई एवं नाइफ स्ट्रोक कितना होता है?

उत्तर स्ट्रेट नाइफ कटिंग मशीन की लम्बाई प्रायः 10 सेमी से 33 सेमी एवं नाइफ स्ट्रोक लगभग 2.5 सेमी से 4.5 सेमी तक होती है।

अभ्यास प्रश्न

परीक्षा प्रारूपी प्रश्न

बहुविकल्पीय

1. वृहद् उत्पादन प्रक्रम से क्या आशय है?
(a) बड़े पैमाने पर भारी मात्रा में पोशाकों का निर्माण
(b) छोटे पैमाने पर भारी मात्रा में पोशाकों का निर्माण
(c) छोटे पैमाने पर कम मात्रा में पोशाकों का निर्माण
(d) उपरोक्त सभी

2. वृहद् पोशाक उत्पादन का पोशाकों सम्बन्धी आवश्यकता-पूर्ति के अतिरिक्त अन्य क्या लाभ है?
(a) विविध स्तरों के रोजगार
(b) स्वरोजगार
(c) 'a' और 'b' दोनों
(d) उपरोक्त में से कोई नहीं

3. वृहद् पोशाक उत्पादन का लाभ समाज को किस रूप में प्राप्त होता है?
(a) पोशाक की आवश्यकता-पूर्ति
(b) विविध स्तरों का रोजगार
(c) 'a' और 'b' दोनों
(d) उपरोक्त में से कोई नहीं

4. 'सिलाई तकनीक' ट्रेड को करियर के रूप में अपनाने वालों को उत्पादन इकाई के ऑपरेशन क्रम को क्यों समझ लेना चाहिए?
(a) ऑपरेशन क्रम पोशाक उत्पादन प्रक्रिया को समझने में मदद करता है
(b) यह उत्पादन इकाई को किसी भी स्तर पर कार्य करने में सक्षम बनाता है
(c) 'a' और 'b' दोनों
(d) उपरोक्त में से कोई नहीं

5. इनमें से क्या पोशाक उत्पादन इकाई के ऑपरेशन क्रम का अंग नहीं है?
(a) डिजाइनिंग (b) सेल्स (c) ग्रेडिंग (d) पैकिंग

6. एक पोशाक उत्पादन इकाई में इनमें से क्या ऑपरेशन क्रम में शीर्ष पर रखा जा सकता है?
(a) ग्रेडिंग (b) प्रेसिंग
(c) कच्चा माल खरीदना (d) पैटर्न मेकिंग

7. इनमें से क्या ग्रेडिंग का ध्येय है?
(a) पैटर्न्स (patterns) को विभिन्न मानक आकारों में तैयार करना
(b) पैटर्न्स को तैयार कर अलग-अलग रखना
(c) 'a' और 'b' दोनों
(d) उपरोक्त में से कोई नहीं

8. सोर्टर पैटर्न्स के बण्डल कैसे बनाते हैं?
(a) पैटर्न्स के आकार के अनुसार
(b) पैटर्न्स के डिजाइन के अनुसार
(c) 'a' और 'b' दोनों
(d) उपरोक्त में से कोई नहीं

9. नमूना-निर्माण में मितव्ययिता के ध्येय से इनमें से किसका पोशाक सिला जाता है?
(a) कैलिको (b) मसलिन
(c) रेशम (d) 'a' और 'b' दोनों

10. पोशाक का नमूना निर्मित करने के उपरान्त उसकी जाँच किसके द्वारा की जाती है।
(a) पैनल डिजाइनरों द्वारा (b) पैटर्न बनाने वालों द्वारा
(c) सिलाई विशेषज्ञों द्वारा (d) ये सभी

11. पोशाक पैटर्न इनमें से किस साधन द्वारा निर्मित किया जा सकता है?
(a) मानवकृत साधन द्वारा
(b) कैड/कैम द्वारा
(c) 'a' और 'b' दोनों
(d) इनमें से कोई नहीं

12. पोशाक उत्पादन इकाई का मापन विभाग, इनमें से किसके अनुसार फैब्रिक उपलब्ध कराता है?
(a) पोशाक के डिजाइन
(b) पोशाक के मापन
(c) पोशाक के आकार
(d) ये सभी

13. मार्किंग के उपरान्त उत्पादन इकाई क्या तय कर पाती है?
(a) सतर्कता के सन्दर्भ में
(b) फैब्रिक के एडवांस के सन्दर्भ में
(c) 'a' और 'b' दोनों
(d) उपरोक्त में से कोई नहीं

14. इनमें से क्या व्यापकता का लाभ नहीं है?
(a) फैब्रिक का सटीक अनुमान
(b) डिजाइन बनाने में सुगमता
(c) टेस्ट फिट में सहायक
(d) उपरोक्त में से कोई नहीं

15. पैटर्न्स की बण्डलिंग में इनमें से कौन-सी विशिष्टि इंगित की गई होती है?
(a) स्टाइल सम्बन्धी
(b) आकार सम्बन्धी
(c) 'a' और 'b' दोनों
(d) इनमें से कोई नहीं

16. एक व्यापार की शुरुआत से जुड़े हुए व्यक्ति को कहते हैं
(a) मर्चेंट
(b) उद्यमी
(c) व्यापारी
(d) बिक्री कार्यपालक

17. उद्यमी की मुख्य विशेषता क्या है?
(a) कर्मचारियों को प्रेरित करना
(b) मानव सम्बन्धों को बनाए रखना
(c) समस्या सुलझाने की क्षमता
(d) गैर-जोखिम लेने का रवैया

18. ताप एवं दाब के बिना सीधे ही सिलाई द्वारा कपड़े की दो तहों के मध्य इन्टरलाइनिंग के प्रयोग को कहते हैं
(a) फ्यूजिबल इन्टरलाइनिंग
(b) नॉन-फ्यूजिबल इन्टरलाइनिंग
(c) स्थायी इन्टरलाइनिंग
(d) अस्थायी इन्टरलाइनिंग

19. अस्थायी फ्यूजिंग का मुख्य उद्देश्य है
(a) फ्यूजिंग की तीव्रता बनाए रखना
(b) सिलाई को आसान बनाना
(c) कम लागत की खपत होना
(d) उपरोक्त सभी

20. स्टीम प्रेस फ्यूजिंग मशीन में .... के प्रकार के अनुसार भाप, ताप एवं दाब को समंजित करना कठिन कार्य है।
(a) टेबिल
(b) फैब्रिक
(c) रेजिन
(d) इनमें से कोई नहीं

21. निम्न में से कौन-सा फ्यूजिंग मशीन का पुराना मॉडल है?
(a) अविरत फ्यूजिंग मशीन
(b) स्टीम प्रेस फ्यूजिंग मशीन
(c) फ्लैट बैड फ्यूजिंग मशीन
(d) ये सभी

22. यदि फ्यूजिंग मशीनों में तापमान कम होगा तो
(a) फ्यूजिंग उत्तम गुणवत्ता की होगी
(b) समय कम लगेगा
(c) हीटिंग एलीमेन्ट स्थिर रहेगा
(d) फैब्रिक फ्यूज्ड नहीं होगा

23. स्ट्रेट नाइफ कटिंग मशीन ब्लेड की लम्बाई होती है
(a) 10 से 20 सेमी
(b) 10 से 33 सेमी
(c) 5 से 80 सेमी
(d) 20 से 55 सेमी

24. निम्न में से किस कटिंग मशीन में चाकू के मुड़ने की सम्भावना बनी रहती है?
(a) डाई कटिंग मशीन
(b) राउण्ड नाइफ कटिंग मशीन
(c) स्ट्रेट नाइफ कटिंग मशीन
(d) ये सभी

25. बैण्ड नाइफ कटिंग मशीन में प्रयोग किया जाता है
(a) ऑटोमैटिक ग्राइण्डर
(b) ब्लोअर
(c) पुली
(d) ये सभी

26. ड्रिल कटिंग मशीन में ड्रिल की गति घूर्णन चाल .... कोण पर पूर्ण होती है।
(a) 60°
(b) 90°
(c) 120°
(d) 180°

27. वस्त्रों पर बटन इत्यादि जोड़ने हेतु छिद्र बनाने के लिए कौन-सी कटिंग मशीन उपयोग में लाई जाती है?
(a) ड्रिल कटिंग मशीन
(b) नॉचर कटिंग मशीन
(c) बैण्ड नाइफ कटिंग मशीन
(d) वाटर जेट कटिंग मशीन

28. निम्न में से किस कटिंग मशीन में, कटिंग के लिए उच्च वेग की जल धारा का प्रयोग किया जाता है
(a) कम्प्यूटर नियन्त्रित नाइफ कटिंग मशीन
(b) वाटर जेट कटिंग मशीन
(c) नॉचर कटिंग मशीन
(d) उपरोक्त में से कोई नहीं

29. मशीनों की देखभाल में क्या करना अधिक आवश्यक है?
(a) सफाई
(b) ऑयलिंग
(c) ग्रीसिंग
(d) ये सभी

30. किस मशीन के प्रयोग से फैब्रिक पर पानी का धब्बा लगने का खतरा रहता है?
(a) वाटर जेट कटिंग मशीन
(b) नाइफ कटिंग मशीन
(c) डाई कटिंग मशीन
(d) उपरोक्त में से कोई नहीं

31. अंकन (मार्किंग) के बाद किस प्रक्रिया का उपयोग किया जाता है?
(a) कटिंग
(b) नम्बरिंग
(c) पैटर्न लेआउट
(d) स्प्रेडिंग

32. निम्न में से कौन-सी मशीन में उच्च सटीकता है?
(a) स्ट्रेट नाइफ कटिंग मशीन
(b) राउण्ड नाइफ कटिंग मशीन
(c) बैण्ड नाइफ कटिंग मशीन
(d) डाई कटर

33. कौन-सी मशीन स्थिर होती है और फैब्रिक गतिमान रहता है?
(a) बैण्ड नाइफ कटिंग मशीन
(b) स्ट्रेट नाइफ कटिंग मशीन
(c) रोलर नाइफ कटिंग मशीन
(d) डाई कटिंग मशीन

उत्तरमाला

1. (a)	2. (c)	3. (c)	4. (c)	5. (b)	6. (c)	7. (a)	8. (c)	9. (d)	10. (d)
11. (c)	12. (d)	13. (c)	14. (c)	15. (c)	16. (c)	17. (c)	18. (b)	19. (b)	20. (c)
21. (b)	22. (d)	23. (b)	24. (c)	25. (d)	26. (b)	27. (a)	28. (b)	29. (d)	30. (a)
31. (a)	32. (d)	33. (a)							

अध्याय 29

पोशाकों की स्कैचिंग एवं ड्राफ्टिंग

Sketching and Drafting of Garments

पोशाक निर्माण का मुख्य आधार स्कैचिंग एवं ड्राफ्टिंग प्रक्रिया होती है। पोशाक की ड्राफ्टिंग का तात्पर्य किसी पोशाक की सिलाई से पूर्व उसका डिजाइन या नमूना तैयार करने से है। ड्राफ्टिंग के अन्तर्गत पोशाक निर्माण के लिए आवश्यक उपयुक्त कपड़ा, कच्चा डिजाइन तथा डिजाइनिंग के अनुरूप कपड़े की कटाई-सिलाई करके नमूना तैयार करना आदि शामिल होते हैं। इसके पश्चात् ही कपड़े की सिलाई प्रक्रिया शुरू की जाती है तथा पोशाक निर्माण का कार्य पूरा किया जाता है। तैयार पोशाक (readymade garments) पहनने की परम्परा की शुरुआत 20वीं शताब्दी के मध्यकाल से हुई, जो कुछ ही व्यक्तियों से सम्बन्धित थी। उनकी इच्छापूर्ति हेतु तैयार पोशाक फ्रांस व इंग्लैण्ड से आयात की जाती थी।

टेलर व ड्रेस-मेकर अपने घर या ग्राहक के घर में अथवा दुकानों में पोशाक तैयार करते थे। 18वीं शताब्दी के अन्त में अमेरिकी महिलाएँ अपनी घर की पोशाक घरेलू महिलाओं से ही बनवाती थीं। 1860 ई. में अलनेजर बुटरिक (Elnezer Butterick) ने पेपर पैटर्न (paper pattern) का निर्माण किया, जिससे टेलर्स को स्टाइल व साइज, दोनों में ही सहायता मिली। इससे पोशाक निर्माण ओर अधिक विकसित हुई, जिससे आधुनिक वस्त्र संरचना, नए फैशन के स्तर तक पहुँच चुकी है।

अध्याय विषय सूची

29.1 पोशाक एवं फैशन Dresses and Fashion

प्रत्येक देश की पोशाकें एवं फैशन भिन्न-भिन्न होता है; जैसे—पाश्चात्य देशों में पैन्ट-कोट, स्कर्ट-टॉप आदि का प्रचलन है, तो अरब देशों में लुंगी-कुर्ता, सलवार-कुर्ता एवं बुर्का का प्रचलन है। भारत में धोती-कुर्ता, पैन्ट-शर्ट-कोट व महिलाओं द्वारा साड़ी ब्लाउज-पेटीकोट, लहँगा-चुन्नी, सलवार-कुर्ता आदि प्रयुक्त किये जाते हैं।

प्रत्येक देश की भौगोलिक परिस्थितियों पर भी फैशन निर्भर करता है अर्थात् भूमध्य रेखा के निकट के देशों में ऐसी पोशाकों का चलन है, जो गर्मी से बचाव करें। इसके विपरीत बर्फीले क्षेत्रों में अत्यधिक शीत से बचाव करने वाली पोशाकों; जैसे—चमड़े के कोट, दस्ताने व फर वाले फैब्रिक्स से निर्मित पोशाकों का प्रचलन है।

29.2 ड्राफ्टिंग में प्रयुक्त संक्षिप्त रूप
Short Form Used in Drafting

ड्राफ्टिंग में प्रयुक्त विभिन्न शब्दों को समय एवं स्थान की बचत को ध्यान में रखते हुए संक्षेप में लिखकर प्रयुक्त किया जाता है। इन शब्दों के लिए कुछ निश्चित संकेत भी होते हैं। ये सभी एक टेलर या ड्रेस मेकर के लिए अत्यन्त महत्व रखते हैं। प्रशिक्षुओं को इन संक्षिप्त रूपों को अवश्य ध्यान में रखना चाहिए।

क्र.सं.	शब्द/अर्थ	संक्षिप्त रूप/संकेत
1.	छाती (chest) बच्चों तथा पुरुषों के लिए	CH.
2.	छाती (breast) महिलाओं के लिए	B.
3.	कमर (waist) पुरुष/महिला	W.
4.	हिप (hip) स्त्रियों एवं बच्चों के लिए	H.
5.	हिप/सीट (hip/seat) पुरुषों के लिए	S.
6.	तीरा (yoke) या एक्रॉस बैक (across back)	Y या AB
7.	गला (neck)	N
8.	आड़ी छाती (across chest)	A.CH.
9.	डार्ट्स से डार्ट (darts to dart) के मध्य अन्तर	D. से D.
10.	कन्धे से डार्ट तक (shoulder to darts) या कन्धे से निप्पल तक	S. से D.
11.	आस्तीन की लम्बाई (sleeve length)	S.Lt.
12.	आस्तीन मोहरी (Side bottom)	S.B.
13.	घुटना (knee)	KN
14.	मोहरी/पोशाक का निचला भाग (bottom)	B.
15.	गिदरी टाँग के अन्दरूनी भाग की लम्बाई	L.Lt.
16.	गोलाई (round)	R.
17.	पूरी लम्बाई (full length)	F.Lt.
18.	मध्य निशान (centre point) (प्रायः गले तथा बाजू में लगाया जाता है।)	C.P.

29.3 ड्राफ्ट बनाने की विधि
Methods of Drafting

ड्राफ्ट बनाने की विधि एवं सुझाव निम्नलिखित हैं

1. सर्वप्रथम ऑर्डर बुक (order book) में लिखे नाप के अनुसार फैब्रिक पर ड्राफ्ट बनाना चाहिए।
2. कॉपी का ड्राफ्ट बनाने के लिए अपनी सुविधानुसार स्कैच बनाकर; $\frac{1''}{4}, \frac{1''}{5}, \frac{1''}{6}, \frac{1''}{7}$ और $\frac{1''}{9}$; इत्यादि पैमाने से ड्राफ्टिंग की जाती है।
3. जिस ब्राउन पेपर पर आप ड्राफ्ट करें, नाप उसी पेपर के किनारे पर लिखें।
4. गोलाई वाले स्थान पर हल्के-हल्के निशान बनायें।
5. पोशाक के आगे-पीछे के भाग, तीरा, आस्तीन, कॉलर आदि सब बनाएँ, इससे पोशाक के सम्पूर्ण भाग दिखाई देंगे।
6. किसी कारणवश ड्राफ्ट की कोई लाइन या गोलाई गलत हो गई है, तो उसी समय उसको टेलर चॉक द्वारा काट दें।
7. ड्राफ्ट की प्रत्येक रेखा व शेप साफ हो।
8. ड्राफ्ट की लाइन बारीक हो और साफ-सुथरी हो।
9. ड्राफ्ट बनाने के बाद कर्तन (कटिंग) से पूर्व एक बार भविष्य को ध्यान में रखते हुए डिजाइन का पुनः परीक्षण अवश्य करें।
10. ड्राफ्ट यदि कागज से बड़ी नाप का हो, तो दो कागज लम्बाई में गोंद की सहायता से जोड़ लें। उसके बाद ड्राफ्ट बनाना चाहिए।
11. डिजाइन दिखाने के लिए पोशाक का विरोधी रंग (contrast) का टेलर चॉक का प्रयोग करें, जिससे डिजाइन साफ दिखाई दें।
12. ड्राफ्ट चाहे कागज पर बनाएँ या फैब्रिक पर, सदैव उल्टी ओर ही बनाएँ।
13. ड्राफ्ट पर डार्ट्स आदि के निशान लगाएँ।

उपरोक्त निर्देशों का अनुपालन करने से ड्राफ्ट साफ एवं स्वच्छ बनेगा। जिससे डिजाइन प्रभावशाली बनेगा।

ड्राफ्टिंग के लाभ
Advantages of Drafting

पोशाक पर ड्राफ्ट बनाने के प्रमुख लाभ निम्न प्रकार हैं

(i) नाप के अनुसार, ड्राफ्ट बनाने के कारण फैब्रिक गलत नहीं कटता है।

(ii) ड्राफ्ट बनाने से फैब्रिक की सही नाप का अनुमान हो जाता है।

(iii) डिजाइन के अनुसार, ड्राफ्ट बनाने से डिजाइन का सहज ही अनुमान लगाया जा सकता है।

(iv) यदि ड्राफ्ट ब्राउन पेपर पर बनाकर रख लें, तो उस नाप को कई बार प्रयोग करने से समय की बचत होती है।

(v) ड्राफ्ट लगाने से गोलाइयों आदि का अभ्यास होता है तथा गलती होने पर उसे पुनः बनाया जा सकता है।

(vi) ड्राफ्टिंग कर लेने से एक नाप की पोशाकों की ड्राफ्टिंग बार-बार नहीं करनी पड़ती है और समान नाप वाले व्यक्तियों की पोशाकों की कटिंग इस ड्राफ्टिंग से की जा सकती है।

ड्राफ्टिंग की हानियाँ Disadvantages of Drafting

ड्राफ्ट बनाने से कुछ हानियाँ भी होती हैं, जो निम्न हैं

(i) ड्राफ्ट बनाने में समय की अनावश्यक बर्बादी होती है।

(ii) डिजाइन आदि बनाने में कपड़े की बहुत सारी कतरन हो जाती हैं। यह हमेशा सम्भव नहीं होता कि आप इन बचे हुए कपड़ों को उपयोग में ला सकें।

(iii) ड्राफ्टिंग का अभ्यास नहीं होने से आपको ड्राफ्ट बार-बार बनाना पड़ सकता है।

29.4 नवजात शिशु के लिए पोशाकें
Dress for New Born Baby

नवजात शिशुओं के लिये प्राय: ऐसी पोशाकें बनायी जाती हैं, जिससे उन्हें आराम मिले, इसीलिए झबला व रॉम्पर पोशाकें विशेष रूप से नवजात शिशुओं के लिए ही बनाई जाती हैं।

झबला Jhabla

यह गर्मियों के मौसम में नवजात शिशुओं को पहनाया जाता है। इसके गले में डोरी लगी होती है तथा कमर पर इलास्टिक लगी होती है। ये दो प्रकार की आस्तीन वाले होते हैं—1. मैग्यिर आस्तीन व 2. रैग्लन आस्तीन।

इसे बनाने के लिए प्राय: मुलायम कपड़ा, बटन, टेप और लैस की आवश्यकता होती है।

नाप	पैमाना	
	सेमी	इंच
छाती (Ch)	46	18
पूरी लम्बाई (F.Lt)	38	15
तीरा (A.B)	20	8
आस्तीन की लम्बाई (S.Lt)	20	8

औजार

1. L-स्क्वायर 2. इंचीटेप 3. कैंची
4. मिल्टन चॉक 5. प्रेस

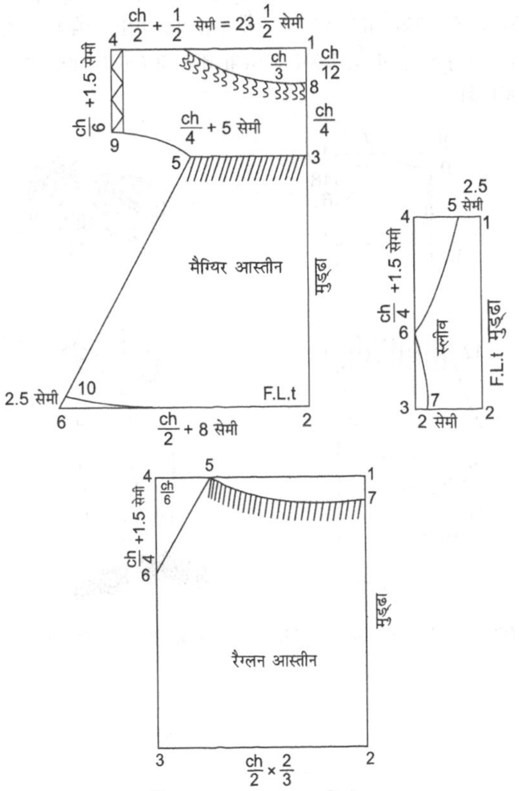

चित्र 29.1 झबला ड्राफ्टिंग

दबाव Margin

कन्धों पर 1–1 सेमी, साइड में 2.5 सेमी एवं नीचे के भाग में मोड़ के लिए 4 से 5 सेमी तक दबाव रखा जाता है।

आवश्यक कपड़ा
Required Fabric

69 सेमी या 27″ अर्ज का कपड़ा लेते हैं = लम्बाई का दोगुना + मोड़ 4 सेमी कपड़ा लगेगा + आस्तीन की लम्बाई = 100 सेमी या $39\frac{1''}{2}$ कपड़ा लगेगा।

सिलाई की प्रक्रिया
Stitching Process

1. नाप के अनुसार पेपर पर ड्रॉइंग लगाकर पेपर पैटर्न काटें।
2. कपड़े को उल्टा करके कटिंग टेबिल पर बिछाकर पैटर्न पेपर का अभिन्यास (layout) बनाए और कपड़े की कटिंग करें।
3. झबले में रैग्लन आस्तीन सर्वप्रथम जोड़ें।
4. कढ़ाई या पेन्टिंग का कार्य सिलने से पहले करें।
5. गले में लैस या पाइपिंग लगाएँ।
6. आस्तीन की मोहरी तथा बॉटम पर लैस सिलने से पहले लगा लें।
7. आगे तथा पीछे के भागों को साधारण सिलाई से जोड़ें।
8. अन्त में फिनिशिंग का कार्य करके प्रेस कर दें।

सावधानियाँ Precautions

(i) सिलाई कपड़ा उचित प्रकार से खींच कर लगाएँ ताकि झोल न आए।
(ii) कपड़ा यदि डिजाइनदार है, तो ध्यान रखें कि डिजाइन सीधा रहे।
(iii) सिलाई करते समय आवश्यकतानुसार बीच-बीच में प्रेस का भी प्रयोग करते रहें।
(iv) पाइपिंग लगाते समय सिलाई का दबाव एकसमान रहे, इसका विशेष ध्यान रखें।

परिणाम Result

बच्चे के लिए सुन्दर व सुविधाजनक पहनने योग्य झबला तैयार है।

29.5 टॉडलर के लिए पोशाकें
Dress for Toddler

1 वर्ष से 3 वर्ष के बच्चे टॉडलर (toddler) की श्रेणी में आते हैं। ऐसे छोटे बच्चों की कुछ पोशाकों के निर्माण प्रक्रम को यहाँ वर्णित किया गया है

1. जाँघिया Janghia

यह छोटे बच्चों का अन्तर्वस्त्र है। इसे बनियान, शर्ट, फ्रॉक आदि के साथ बच्चे पहनते हैं।

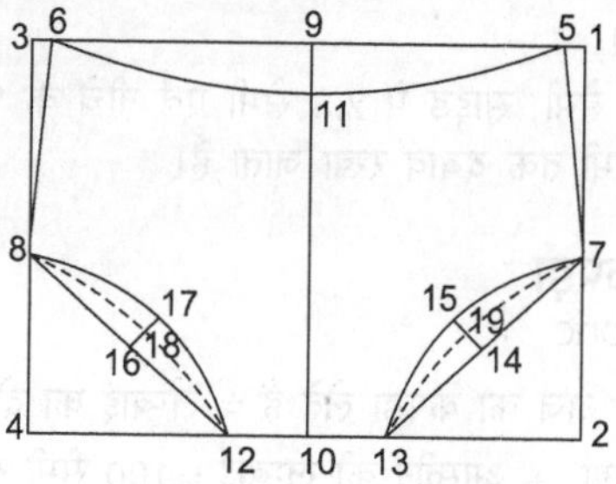

चित्र 29.2 जाँघिया ड्राफ्टिंग

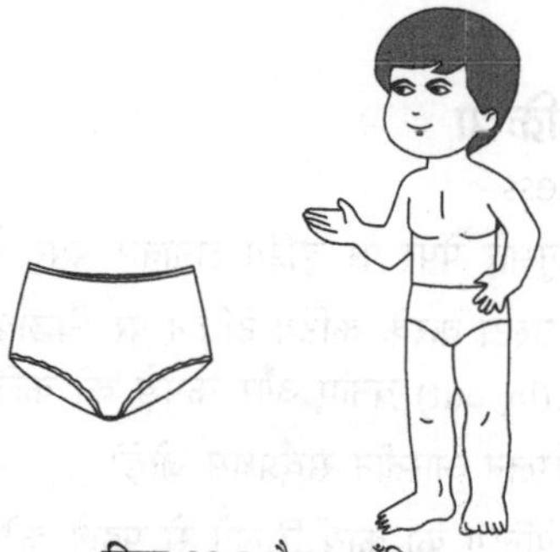

चित्र 29.3 तैयार जाँघिया

नाप	पैमाना	
	सेमी	इंच
पूरी लम्बाई (F.Lt)	25	10
हिप (H)	61	24

संकेत Sign

सामने का भाग _________ पीछे का भाग _ _ _ _ _ _

औज़ार Tools

1. कैंची, 2. मिल्टन चॉक 3. इंचीटेप 4. L–स्क्वायर

बनावट Design

जाँघिया में कमर वाले भाग के लिए इलास्टिक का प्रयोग होता है। इसकी मोहरी पर पाइपिंग या झालर का प्रयोग होता है तथा मोहरी लूज फिटिंग की होती है।

हिस्से Parts

एक सामने का भाग, एक पीछे का भाग।

ट्रिमिंग्स Trimmings

रील, इलास्टिक, फ्रिल।

दबाव Margin

नेफा हेतु 5 सेमी एवं साइड में दबाव के लिए 1 सेमी कपड़ा रखा जाता है।

आवश्यक कपड़ा Required Fabric

1 गज अर्ज का फैब्रिक लगता है = 1 पूर्ण लम्बाई + नेफा के लिए 5 सेमी कपड़ा = 30 सेमी।

सिलाई की प्रक्रिया Stitching Process

1. नाप के अनुसार ड्राफ्ट करके पेपर पैटर्न तैयार करें।
2. अभिन्यास (ले-आउट) करके ठीक दबाव रखते हुए कपड़ा काटें।
3. यदि नीचे की ओर कट आया है, तो उसको चपटी सिलाई से जोड़ें तथा फिर साइड की सिलाई करें।
4. नीचे के भाग में फाल्सहेम लगाकर उस पर सजावटी टाँका लगा देना चाहिए। फाल्सहेम लगाते समय पट्टी नहीं खींचे।
5. नेफा मोड़ने के लिए भी फाल्सहेम लगाकर इलास्टिक डालें।
6. अन्त में फिनिशिंग, करने के पश्चात् प्रेसिंग करके तह लगाएँ।

सावधानियाँ Precautions

(*i*) ध्यान रखें कि फाल्सहेम में झोल न आ पाए।
(*ii*) पट्टी को खींचकर कदापि न लगाएँ।
(*iii*) चौड़ी फाल्सहेम को सदैव ढील देते हुए लगाएँ।

परिणाम Result

सुन्दर व सुविधाजनक जाँघिया तैयार है।

2. रॉम्पर Romper

यह अनेक डिजाइन में उपलब्ध बच्चों का एक परिधान है। इसे पहनकर बच्चे सुन्दर व आकर्षक दिखाई देते हैं तथा यह प्राय: गर्मियों के मौसम के लिए ही अनुकूल होता है। इसमें जाँघिया तथा झबला चित्रानुसार एक साथ जुड़े रहते हैं।

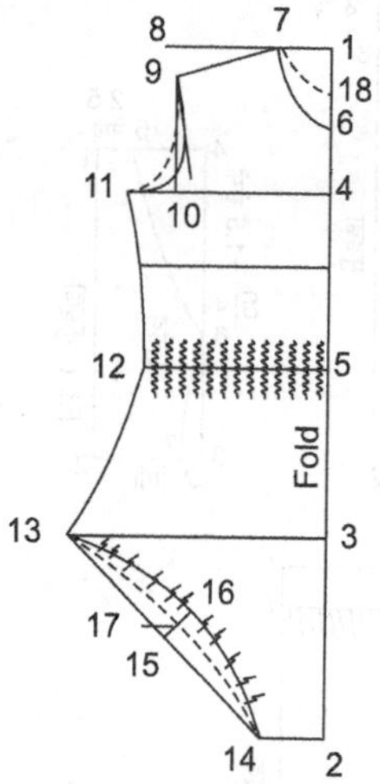

चित्र 29.4 रॉम्पर की ड्राफ्टिंग

चित्र 29.5 तैयार रॉम्पर

दबाव Margin

रॉम्पर की साइड में 2.5 सेमी एवं कंधे पर 1 सेमी दबाव रखा जाता है तथा जाँघिए के नीचे तथा जाँघों वाले भाग में 0.5 सेमी का दबाव रखा जाता है।

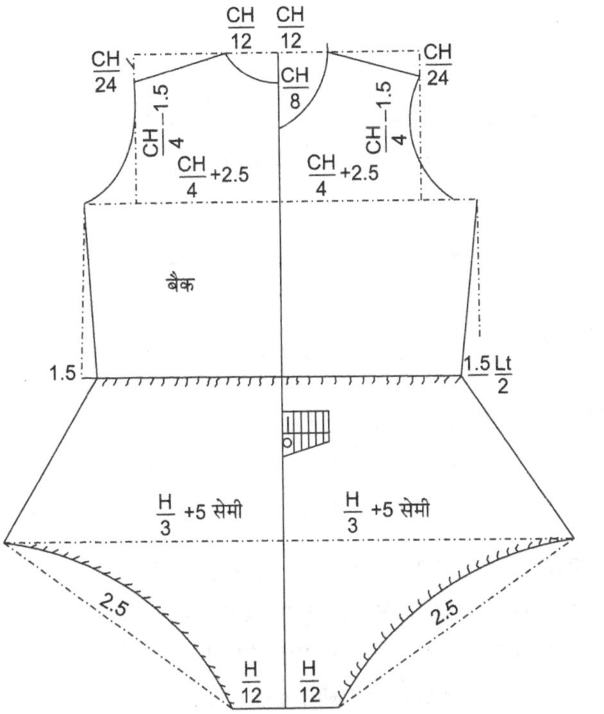

चित्र 29.6 रॉम्पर की पूरी ड्राफ्टिंग

क्र.स.	नाप	पैमाना	
		सेमी	इंच
1.	पूरी लम्बाई (F.Lt)	46	18
2.	कमर (W)	46	18
3.	हिप (H)	46	18
4.	तीरा (AB)	20	8
5.	छाती (Ch)	46	18

संकेत Sign

सामने का भाग ________ पीछे का भाग _ _ _ _ _ _

औजार Tools

1. कैंची 2. मिल्टन चॉक 3. इंचटेप 4. L–स्क्वायर

बनावट Design

इसकी कमर व मोहरी में इलास्टिक का प्रयोग होता है। गले व मुड्ढे पर पाइपिंग का प्रयोग होता है। इसमें पीछे प्लैकिट का प्रयोग होता है। इसको अण्डरवियर की लम्बाई की भाँति बनाते हैं।

हिस्से Parts

एक सामने का भाग, एक पीछे का भाग।

ट्रिमिंग्स Trimmings

रील, पाइपिंग, इलास्टिक, ब्लाउज हुक।

आवश्यक कपड़ा Required Fabric

एक गज अर्ज का कपड़ा लगता है = एक भाग लम्बाई + 7.5 सेमी = 50 सेमी।

सिलाई की प्रक्रिया Stitching Process

1. नाप के अनुसार ड्राफ्ट बना कर पैटर्न काटें।
2. पैटर्न द्वारा ले-आउट करें, उसके बाद फैब्रिक काटें।
3. पीछे की प्लैकिट बनाएँ तथा डिजाइन तैयार करें।
4. आगे व पीछे के भाग को जोड़ें।
5. गले व मुड्ढे पर ओरेब पट्टी लगाकर फाल्सहेम तैयार करें।
6. जाँघिया की साइड सीम लगाएँ तथा जाँघों में फाल्सहेम लगाकर इलास्टिक डालें।
7. नीचे के भाग में फ्लैप व पट्टी द्वारा फिनिशिंग दें।
8. कमर में चुन्नटें डालकर चोली के साथ जोड़ें। बिना चुन्नट के भी इसे चोली के साथ जोड़कर इलास्टिक डाली जा सकती है।
9. प्लैकिट पर हुक, आई बनाएँ।
10. फिनिशिंग, प्रेसिंग करके पैक करें। ध्यान रखें इलास्टिक पर प्रेस न चले।

सावधानियाँ Precautions

(*i*) सिलाई के दौरान ध्यान रखें कि कमर में चुन्नटें एक समान आएँ।
(*ii*) इलास्टिक मुड़नी नहीं चाहिए और न ही यह अत्यधिक छोटी होनी चाहिए।
(*iii*) फाल्सहेम व पाइपिंग बराबर लगाएँ।
(*iv*) चोली व जाँघिया का जोड़ सावधानी से लगाएँ।
(*v*) इलास्टिक व चुन्नटें बच्चे की नाप के अनुसार 3/4 छाती के बराबर अवश्य डालनी चाहिये।

विशेष Specific

रॉम्पर के नीचे के भाग को अण्डरवियर के समान सीधी टाँगों वाला भी बनाया जा सकता है।

नीचे का भाग ओपन रखना बच्चों के लिए ठीक रहता है। डिजाइन वाले अन्तर्वस्त्र (अण्डरवियर) कई प्रकार से बनाकर ऊपर के भाग में जोड़ देने से, रॉम्पर तैयार किया जा सकता है।

परिणाम Result

इस तरह से सुन्दर व सुविधाजनक रॉम्पर तैयार है।

3. सन सूट Sun Suit

यह छोटे बच्चों का परिधान है। इसको प्रिन्टेड व आकर्षक डिजाइन वाले फैब्रिक से बनाया जाता है। इस प्रकार के पोशाकों का प्रयोग गर्मी में किया जाता है।

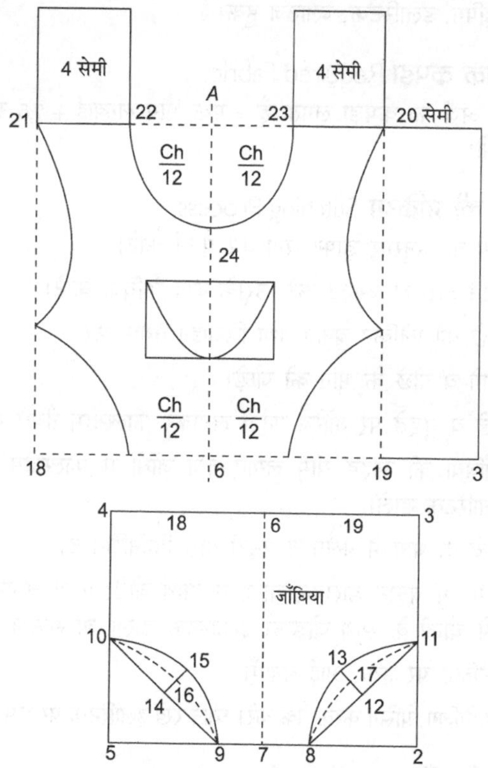

चित्र 29.7 सन सूट की ड्राफ्टिंग

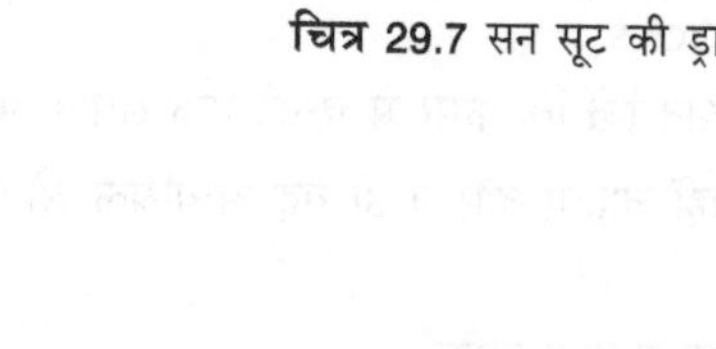

चित्र 29.8 तैयार सन सूट

नाप	पैमाना	
	सेमी	इंच
छाती (Ch)	46	18
हिप (H)	61	24
पूरी लम्बाई (F.Ll)	41	16

संकेत Sign

सामने का भाग ———— पीछे का भाग - - - - - - -

औजार Tools

1. कैंची 2. मिल्टन चॉक 3. इंचटेप 4. L-स्क्वायर

बनावट Design

इसमें कच्छा और बिब दोनों जुड़े रहते हैं तथा इसमें गेलिस पट्टी कन्धे तक कपड़े की बनी होती है। बिब को कढ़ाई के द्वारा सजाया जाता है तथा कच्छे की मोहरी पर पाइपिंग का प्रयोग होता है।

हिस्से Part

बिब, 2 गेलिस पट्टी, कच्छे के सामने व पीछे का भाग।

ट्रिमिंग्स Trimmings

रील, पैन्ट बटन 2, रेशमी रील, इलास्टिक।

आवश्यक कपड़ा Required Fabric

90 सेमी अर्ज का कपड़ा लगेगा = 1 लम्बाई + 2.5 सेमी = 43 सेमी।

69 सेमी अर्ज का कपड़ा 2 लम्बाई

सिलाई की प्रक्रिया Stitching Process

1. सर्वप्रथम नाप के अनुसार ड्राफ्ट करके पैटर्न काटें।
2. पैटर्न काट कर ले-आउट द्वारा ठीक तरह से कपड़ा काटें।
3. साइड की सिलाई प्लेन सीम द्वारा लगाएँ।
4. जाँघिया की कमर व नीचे के भाग में गैदर्स (चुन्नटें) डाल कर खींचे।
5. यदि चुन्नट न डालना चाहें तो सादी सिलाई से जोड़कर दो प्वॉइण्ट (point) की इलास्टिक डालकर फिनिशिंग करें।
6. बैल्ट में बिब व स्ट्रेप्स जोड़कर तैयार करें तथा जाँघिया से जोड़ दें।
7. बिब व जाँघिया को सुन्दर टाँकों द्वारा सजाएँ।
8. कोई मोटिफ तैयार करके बिब पर लगाएँ।
9. बिब के दोनों सिरों पर दो काज बनाएँ तथा स्ट्रैप्स में बटन लगा दें।
10. फिनिशिंग के पश्चात् प्रेसिंग करके पैक कर दें।

सावधानियाँ Precautions

(*i*) पोशाक में चुन्नटें बराबर डालें।

(*ii*) जाँघों में इलास्टिक बहुत छोटी नहीं होनी चाहिए, इसके छोटा होने पर जाँघों में निशान बन जाते हैं।

(*iii*) स्ट्रेप्स बराबर तैयार करें।

(*iv*) बैल्ट में बिब सीधा व मध्य में लगाएँ।

विशेष Specific

बिब तथा जाँघिया किसी भी आकार के हों, सिलाई ठीक से करें।

परिणाम

इस तरह से सुन्दर व सुविधाजनक सन-सूट तैयार है।

29.6 बालिकाओं के लिए पोशाकें
Dresses for Girl Kids

कुछ पोशाक ऐसी होती हैं, जो समान रूप से बच्चियों/बालिकाओं/किशोरियों के लिए बनाई जाती हैं। इन पोशाकों का रूप एक-सा होता है, पर आकारीय भिन्नता होती है।

1. सादा फ्रॉक Simple Frock

यह बच्चियों का परिधान है। फ्रॉक के ऊपरी भाग को योक (yoke) एवं निचले भाग को स्कर्ट (skirt) कहते हैं। यह प्लेन, प्रिन्टेड, चैक या लाइनिंग आदि आकर्षक डिजाइनदार फैब्रिक से बनाया जाता है। इसके गले के डिजाइन को सुन्दर बनाने के लिए कॉलर, पफ तथा पाइपिंग आदि की जा सकती हैं। सादे फ्रॉक मुलायम सूती, टेरीकोट रूबिया एवं वायल इत्यादि प्रकार के कपड़ों से बनाए जाते हैं।

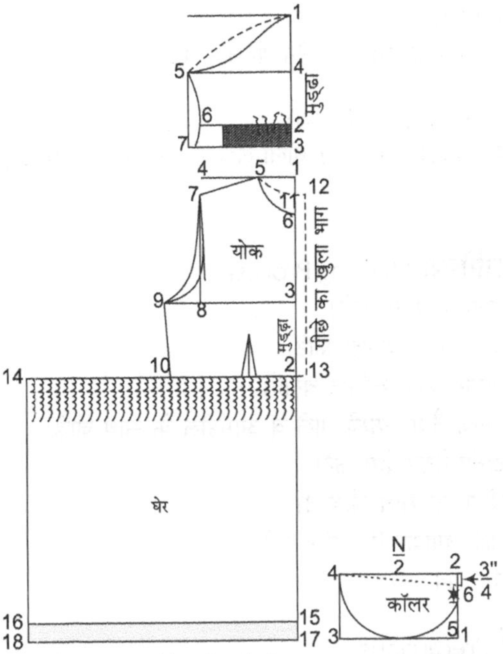

चित्र 29.9 फ्रॉक की ड्राफ्टिंग

चित्र 29.10 तैयार फ्रॉक

क्र.स.	नाप	पैमाना	
		सेमी	इंच
1.	पूरी लम्बाई (F.Lt)	50	$19\frac{3"}{4}$
2.	तीरा (AB)	23	9
3.	छाती (CH)	56	22
4.	गला (N)	23	9
5.	बॉडी लम्बाई (BL)	23	9
6.	आस्तीन की लम्बाई (SL)	12.5	5
7.	कमर (W)	51	20

संकेत Sign

सामने का भाग ________ पीछे का भाग _ _ _ _ _ _ _

औजार Tools

1. कैंची 2. मिल्टन चॉक 3. इंचटेप 4. L-स्क्वायर

बनावट Design

यह चोली (बॉडी) के पीछे से खुला होता है। इसके गले में पाइपिंग या कॉलर लगती है। आस्तीनों (sleeves) की लम्बाई व डिजाइन इच्छानुसार होती है। चोली के नीचे सादी प्लेटों को डालकर घेर जुड़ा होता है।

हिस्से Parts

एक सामने का भाग, दो पीछे के भाग, दो आस्तीनें, घेरे के दो भाग, कॉलर या पाइपिंग, 2 फेसिंग पट्टियाँ।

ट्रिमिंग्स Trimmings

रील, 1 चेन या 3 बटन, बुकरम व सजाने हेतु फ्रिल आदि।

आवश्यक कपड़ा Required Fabric

90 सेमी अर्ज का कपड़ा = 2 लम्बाई बॉडी की + 10 सेमी बैल्ट का + घेर की लम्बाई का दो गुना + 2 लम्बाई आस्तीन + मोड़ का कपड़ा लगेगा।

सिलाई की प्रक्रिया Stitching Process

1. सर्वप्रथम नाप के अनुसार पैटर्न काटें।
2. ले-आउट करके कपड़ा काटें।
3. सबसे पहले डिजाइन तैयार करें।
4. प्लैकिट बनाएँ, कन्धे व साइड की सिलाई करें।
5. कॉलर बनाकर गले में लगाएँ।
6. बाजू तैयार करके आर्महोल में जोड़ें।
7. घेरे में साइड की सिलाइयाँ लगाकर बॉटम मोड़ें।
8. घेरे में चुन्नटें डालकर बराबर-बराबर खींचकर बॉडी के साथ जोड़ दें।
9. हुक व आई या काज बटन करें।
10. फिनिशिंग, प्रेसिंग करके पैक करें।

सावधानियाँ Precautions

(i) बॉटम मोड़ते समय लम्बाई का ध्यान रखना चाहिए।
(ii) कॉलर दोनों बराबर हों तथा उनकी गोलाई में नोंक न बनने दें।
(iii) बाजू को जोड़ते समय ढील देते हुए सिलाई करनी चाहिए।

विशेष Specific

यदि फ्रॉक की कमर डार्ट के स्थान पर बेल्ट द्वारा फिट करना चाहें, तो 5 सेमी चौड़ी तथा 55 या 60 सेमी (2" चौड़ी तथा 22" से 24" लम्बी) दो बैल्ट काटकर सिलें और चोली की साइडों में सीम के साथ जोड़ दें। इस प्रकार कमर, गला, बाजू तथा बैल्ट को दूसरे रंग द्वारा भी सजाया जा सकता है।

परिणाम Result

इस तरह से सुन्दर व आकर्षक सादा फ्रॉक तैयार है।

2. अम्ब्रेला कट फ्रॉक Umbrella Cut Frock

इसकी चोली सादा फ्रॉक की भाँति होती है। इसका घेरा बड़ा होता है, जो कि छतरी की भाँति दिखाई देता है, इसीलिए इसको अम्ब्रेला कट फ्रॉक कहते हैं। इस फ्रॉक में कॉलर एवं बाँहें ओरेब कपड़े से या इच्छानुसार किसी भी प्रकार की लगायी जा सकती हैं।

नाप	पैमाना	
	सेमी	इंच
पूरी लम्बाई (F.Lt)	61	24
तीरा (AB)	25	10
बॉडी लम्बाई (BL)	25	10
छाती (Ch)	61	24
कमर (W)	56	22
गला (N)	28	11
आस्तीन की लम्बाई (S.Lt)	15	6
आस्तीन मोहरी (S)	18	7

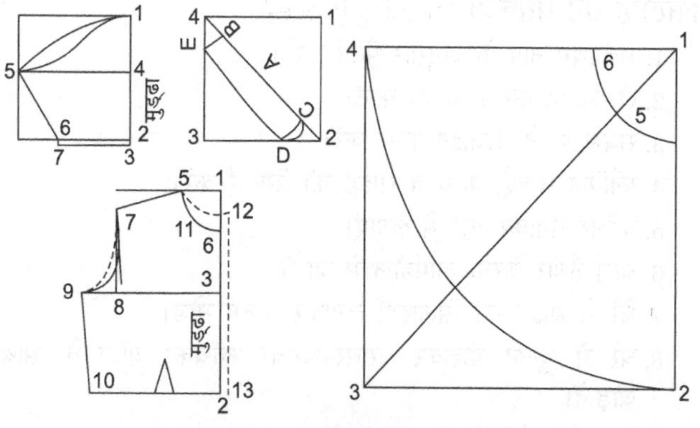

चित्र 29.11 अम्ब्रेला फ्रॉक की ड्राफ्टिंग

चित्र 29.12 तैयार अम्ब्रेला कट फ्रॉक

संकेत Sign

सामने का भाग __________ पीछे का भाग - - - - - - -

औजार Tools

1. कैंची 2. मिल्टन चॉक 3. इंचटेप 4. L-स्क्वायर

बनावट Design

इसकी चोली सादे फ्रॉक से कुछ बड़ी होती है। आस्तीनें सादी या पफ, इच्छानुसार बनाई जाती हैं। कमर पर बैल्ट का प्रयोग सुन्दरता लाने हेतु लगाया जाता है।

हिस्से Parts

चोली का सामने का भाग, पीछे के दो भाग, दो आस्तीनें, दो कॉलर के भाग, दो घेर के भाग, दो बैल्ट।

ट्रिमिंग्स Trimmings

रील, बुकरम, फ्रिल इच्छानुसार, 1 चेन या तीन बटन।

आवश्यक कपड़ा Required Fabric

70 सेमी अर्ज का कपड़ा लगेगा = 2 चोली लम्बाई + 1 घेरे की लम्बाई + सीने का $\frac{1}{4}$ ।

सिलाई की प्रक्रिया Stitching Process

1. नाप के अनुसार पैटर्न काटें।
2. अभिन्यास विधि से कपड़ा काटें।
3. डिजाइन तैयार करें। प्लैकिट बनाएँ।
4. कन्धों व बाजू तैयार करके गले व आर्महोल के साथ जोड़ें।
5. घेर को टर्निंग देकर हेम करें।
6. घेर को चोली के साथ जोड़ दें।
7. हुक व आई लगाकर फिनिशिंग करें।
8. प्रेसिंग करके पैक करें।

सावधानियाँ Precautions

(*i*) पोशाक में चोली के साथ घेर जोड़ते समय ध्यान रहे कि घेरा खिंचने न पाए अर्थात् आगे-पीछे न हो।

(*ii*) सीधा कपड़ा अर्थात् चोली का भाग मशीन में लगाते समय ऊपर की ओर होना चाहिए।

(*iiii*) घेरे को गेजिंग सिस्टम से मोड़ें।

मोड़ने का तरीका Folding Method

1. अम्ब्रेला या गोल घेर को मोड़ने के लिए ट्रेसिंग व्हील से निशान पूरे घेरे पर उठाएँ।
2. टर्निंग या हेमलाइन के निशान को मोड़कर उस पर कच्चा करें।
3. इसके बाद किनारे पर परसूज का टाँका करें। पूरे घेर के किनारे पर अकेले कपड़े पर ही परसूज किया जाएगा अथवा मशीन से बड़ा बखिया भी लगा सकते हैं।

4. नीचे का किनारा मोड़ने के स्थान पर जहाँ तक आए, वहाँ रखकर परसूज या बड़ा बखिया खींच लें।
5. यह ध्यान रहे कि धागा खींचने में मोड़ने वाला कपड़ा तिरछा न होने पाए अन्यथा उसमें झोल आ जाएगा।
6. जब ठीक प्रकार से टर्निंग सैट हो जाए, तो किनारों को मोड़कर कच्चा कर लें।
7. सीधी ओर से देखें कि झोल न हो।
8. अब उसमें महीन तुरपाई करके फिनिशिंग दें।

विशेष Specific

गोल गले को झालर, पाइपिंग, लैस या कॉलर से सजाएँ। फ्रॉकों का गला गोल के स्थान पर ग्लास, चौकोर या बोट भी बना सकते हैं। इसके अतिरिक्त रिबन, गोटा या दूसरे रंग के कपड़े की झालर आदि भी लगा सकते हैं।

परिणाम Result

सुन्दर व सुविधाजनक, अम्ब्रेला के लिए घेर व अम्ब्रेला आस्तीन का फ्रॉक तैयार है।

3. स्कर्ट के लिए टॉप Top for Skirt

लड़कियों की इस पोशाक का प्रयोग सामान्य रूप से स्कूल ड्रैस के साथ होता है। यह कॉलरयुक्त ब्लाउज होता है। यह विभिन्न डिजाइन की स्कर्ट के साथ पहना जाता है।

नाप	पैमाना	
	सेमी	इंच
छाती (Ch)	61	24
कमर (W)	56	22
गला (N)	25	10
छाती (Ch)	25	10
पूरी लम्बाई (F.Lt)	35.5	14
आस्तीन की लम्बाई (S.Lt)	15	6
छाती (Ch)	25	10

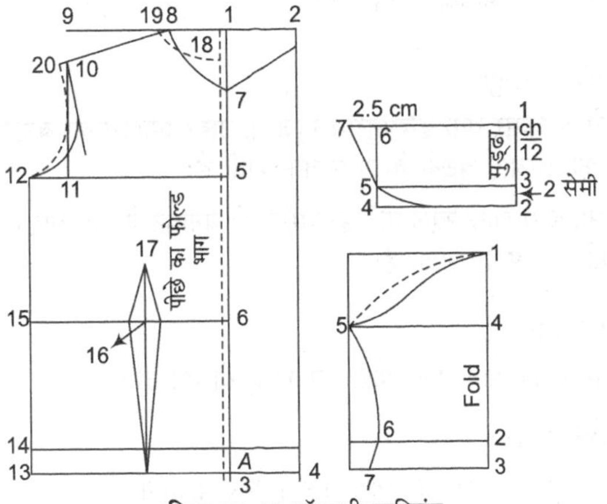

चित्र 29.13 टॉप की ड्राफ्टिंग

चित्र 29.14 तैयार टॉप (स्कर्ट के लिए)

संकेत Sign

सामने का भाग ________ पीछे का भाग - - - - - - -

औजार Tools

1. कैंची
2. मिल्टन चॉक
3. इंचटेप
4. L-स्क्वायर
5. ट्रैसिंग व्हील

बनावट Designing

इसकी आस्तीन की मोहरी ढीली होती है। कॉलर बुशर्ट की स्टाइल का होता है। आस्तीन हाफ होती है।

हिस्से Parts

दो सामने के भाग, एक पीछे का भाग, दो आस्तीन व कॉलर।

ट्रिमिंग्स Trimmings

रील, बुकरम।

आवश्यक कपड़ा Required Fabric

1 गज अर्ज का कपड़ा लगता है = 2 लम्बाई + 1 आस्तीन की लम्बाई = 1.55 सेमी।

सिलाई की प्रक्रिया Stitching Process

1. सबसे पहले नाप के अनुसार पेपर पैटर्न पर ड्रॉइंग तैयार करें।
2. ड्रॉइंग पुनः चैक करके पैटर्न कटिंग करें।
3. कपड़े को उल्टा करके कटिंग टेबल पर बिछाकर पैटर्न पेपर को बिछाकर मिल्टन चॉक से अभिन्यास बनाएँ और सभी भागों की कटिंग करें तथा डार्टों के निशान लगाएँ।

4. पट्टियों को जोड़ें।
5. सामने तथा पीछे के भाग को जोड़ें।
6. आस्तीनें जोड़ें।
7. आस्तीनों की मोहरी जोड़ते हुए साइड की सिलाई लगाएँ।
8. कॉलर बनाकर कॉलर को जोड़ें।
9. काज, बटन का कार्य करके प्रेस करें।

सावधानियाँ Precautions

(*i*) आस्तीन को जोड़ते समय मध्य भाग का गुटका लगाकर मिलाकर जोड़ें, नहीं तो आस्तीन घूम जाएगी।
(*ii*) दोनों आस्तीनों की मोहरी बराबर नापकर जोड़ें।
(*iii*) कॉलर और होल (गार्ज) के मध्य को मिलाकर जोड़ें।

परिणाम Result

सुन्दर व सुविधाजनक टॉप तैयार है।

29.7 युवतियों के लिए पोशाकें Ladies Garments

अठारह वर्ष से अधिक आयु की बालिकाएँ युवतियों की श्रेणी में आती हैं। यहाँ पर ऐसी पोशाकों का ही विवरण दिया जा रहा है, जोकि युवतियों के लिए बिल्कुल उपयुक्त है।

1. कुर्ता Kurta

यह महिलाओं की ऊपरी पोशाक है। इसको महिलाएँ सलवार के रंग के अनुरूप रंग का बनवाती हैं।

नाप	पैमाना	
	सेमी	इंच
छाती (B)	91	36
पूरी लम्बाई (F.Lt)	91	36
आस्तीन की लम्बाई (S.Lt)	25	10
आस्तीन की मोहरा (S.B)	$30\frac{1}{2}$	12
कमर (W)	71	28
हिप (H)	102	40
तीरा (A)	35.5	14
कन्धे से डार्ट तक (S to D)	25	10
S से W	35.5	14

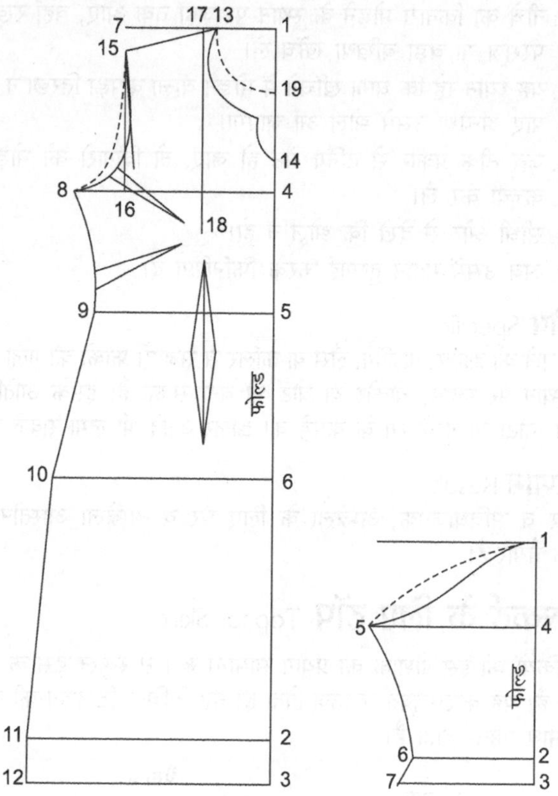

चित्र 29.15 कुर्ते की ड्राफ्टिंग

संकेत Sign

सामने का भाग ________ पीछे का भाग _ _ _ _ _ _ _

औजार Tools

1. कैंची
2. इंचटेप
3. मिल्टन चॉक या टेलर चॉक
4. L-स्क्वायर
5. बाँस का कागज/ब्राउन कागज
6. ट्रेसिंग व्हील

बनावट Design

यह सीने से कमर तक इच्छानुसार लूज या टाइट फिटिंग का बनाया जाता है। इसकी लम्बाई घुटनों के पास तक होती है।

इसके साइड में चाक खुले होते हैं। शरीर की बनावट के अनुसार शेप लाने हेतु डार्टों का प्रयोग होता है।

हिस्से Parts

एक सामने का भाग, एक पीछे का भाग, दो आस्तीन।

ट्रिमिंग्स Trimmings

रील, गले हेतु बुकरम या आवश्यकतानुसार पाइपिंग।

आवश्यक कपड़ा Required Fabric

91.5 सेमी अर्ज का कपड़ा लगेगा = 2 लम्बाई + आस्तीन की लम्बाई + 13 सेमी टर्निंग।

सिलाई की प्रक्रिया Stitching Process

1. पेपर पैटर्न पर नाप के अनुसार ड्रॉइंग बनाकर पेपर पैटर्न काटें।
2. कटिंग टेबल पर कपड़े को उल्टा बिछाकर पतरन पेपर का अभिन्यास (ले-आउट) तैयार करें तथा पिनों की सहायता से रोकें।
3. मिल्टन चॉक द्वारा ड्राफ्टिंग तैयार करें।
4. ट्रेसिंग व्हील से डार्टों के निशान दर्शाएँ।
5. सीम एलाउन्स (सिलाई का) तथा आवश्यकतानुसार साइडों में मार्जिन (दबाव) टर्निंग को लेते हुए, कुर्ते के सभी भागों की कटिंग करें।
6. गले के डिजाइन को बुकरम की सहायता से कपड़े का पीस रखकर मशीन व हाथ के टाँकों द्वारा सामने का कच्चा गला तैयार करें।
7. डार्टों को सिलकर प्रेस करें।
8. आस्तीन की मोहरी तैयार करें।
9. सामने तथा पीछे के भाग के तीरे को जोड़ें तथा पीछे के गले की पट्टी को भी साथ में जोड़ें और पीछे के गले की तुरपाई करें।
10. आस्तीनों के सामने के भाग की साइड को ध्यान में रखकर जोड़ें।
11. आस्तीन की मोहरी नाप के अनुसार लेते हुए साइड की सिलाइयाँ सीम लाइन की शेप के अनुसार जोड़ें।
12. चाक (स्लिट) तथा घेरा की तुरपाई कर प्रेस करें और तह बनाकर पैक करें।

सावधानियाँ Precautions

(*i*) यदि कपड़ा रूखा या सख्त हो, तो उसके सामने व पीछे, आस्तीन के फूल-पत्ती आदि एक सीध में रहें।

(*ii*) ड्रॉइंग बनाते तथा काटते समय ध्यान रखें।

(*iii*) कपड़े की सभी कटिंग एक स्थान पर रखें।

परिणाम Result

सुन्दर गले के साथ कुर्ता पहनने के लिए तैयार हो गया है।

2. सादी सलवार Plain Salwar

यह परिधान कुर्ते के साथ पहना जाता है। इसको महिलाएँ कुर्ते के रंग के अनुरूप या कुर्ते के कपड़े का ही बनवाती हैं। इसकी मोहरी बुकरम/फोम लगाकर मशीन से डिजाइनदार सिलाइयाँ लगाकर सजी होती हैं।

नाप	पैमाना	
	सेमी	इंच
पूरी लम्बाई (F.Lt)	97	38
हिप (H)	91.5	36
आस्तीन की मोहरी (S.B)	41	16

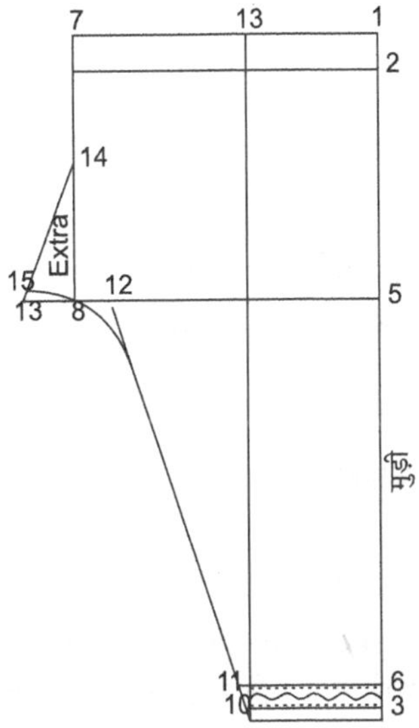

चित्र 29.16 सादी सलवार की ड्राफ्टिंग

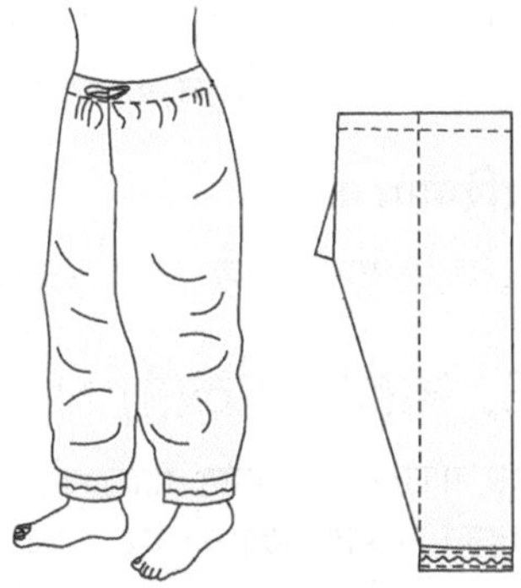

चित्र 29.17 तैयार सलवार

औजार Tools

1. कैंची
2. मिल्टन चॉक
3. इंचटेप
4. L-स्क्वायर

बनावट Design

इसकी कमर में नाड़े के प्रयोग हेतु नेफा होता है। हिप पर अधिक लूजिंग हेतु म्यानी का प्रयोग होता है।

हिस्से Parts

दो पाँयचे।

ट्रिमिंग्स Trimmings

रील, बुकरम/फोम।

आवश्यक कपड़ा Required Fabric

91.5 सेमी अर्ज का कपड़ा लगता है = 2 लम्बाई + 5 सेमी नेफे का + 2 सेमी मोहरी की सिलाई का = 2.01 मीटर कपड़ा।

सिलाई की प्रक्रिया Stitching Process

1. पहले नाप के अनुसार ड्राफ्टिंग कर पेपर पैटर्न (pattern) कटिंग करें।
2. कपड़े को कटिंग टेबल पर बिछाकर पेपर पैटर्न (pattern) अभिन्यास (layout) तैयार करें तथा मिल्टन चॉक द्वारा ड्राफ्टिंग लाइनें बनाएँ।
3. कपड़े की कटिंग करें।
4. कन्धे (साइड पीस) के साथ पाँयचा जोड़ें और नेफा तैयार करें।
5. पाँयचे को डिजाइनदार सिलाइयों से सजाएँ।

6. गिदरी की सिलाई लगाएँ।
7. प्रेस कर तह बना दें।

सावधानियाँ Precautions

(*i*) पोशाक में गिदरी की सिलाई खींचकर लगाएँ।
(*ii*) नेफे पर कमरबन्द डालने के लिए आगे तथा पीछे मुँह रखें।
(*iii*) मोहरी की गोलाई पहनने वाली महिला की इच्छानुसार रखें।

परिणाम Result

सुन्दर व सुविधाजनक सादा सलवार बनकर तैयार है।

3. नाइटी (मैक्सी) Nighty (Mexi)

इस पोशाक का प्रयोग महिलाओं द्वारा किया जाता है। इस पोशाक को पहनने से महिलाओं को घर में कार्य करते तथा सोते समय बहुत सुविधा की अनुभूति होती है। यह सूती, टेरीकॉट आदि कपड़े से बनाई जाती है। यह पहनने वाली की पसन्द के अनुसार आस्तीन की या बिना आस्तीन की बनवायी जाती हैं।

नाप	पैमाना	
	सेमी	इंच
पूरी लम्बाई (F.Lt)	127	50
तीरा (AB)	35.5	14
छाती (B)	91.5	36
चोली लम्बाई (Ch. Lt)	22	9

संकेत Sign

सामने का भाग ________ पीछे का भाग _ _ _ _ _ _ _ _

औजार Tools

1. कैंची
2. मिल्टन चॉक
3. इंचटेप
4. L–स्क्वायर

बनावट Design

इसकी चोली (बॉडी) की लम्बाई ब्रेस्ट प्वॉइण्ट तक होती है। आस्तीन की मोहरी ढीली होती हैं। चोली पर आगे व पीछे दोनों तरफ घेरे के कपड़े में चुन्नटें डाली जाती हैं।

कमर पर दो बैल्ट पट्टी लगाई जाती हैं। सामने चोली में गला विभिन्न डिजाइनों में इच्छानुसार बनाकर लैस के द्वारा सजाया जाता है।

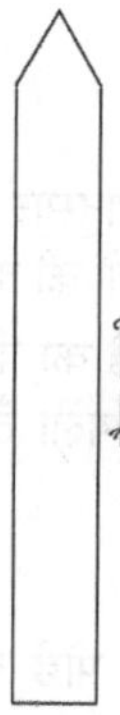

चित्र 29.18 बैल्ट पट्टी की ड्राफ्टिंग

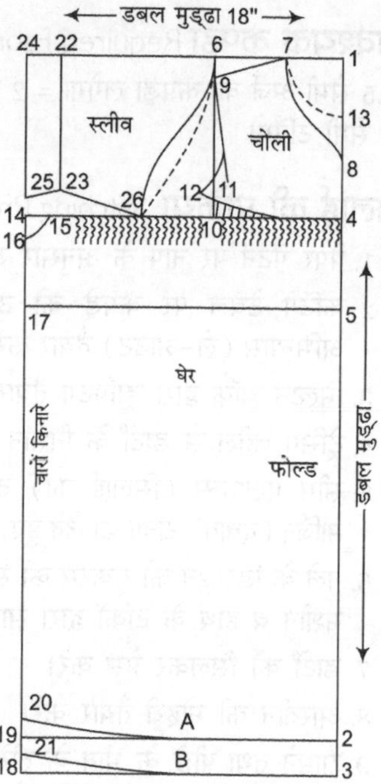

चित्र 29.19 नाइटी (मैक्सी) की ड्राफ्टिंग

चित्र 29.20 तैयार नाइटी (मैक्सी)

हिस्से Parts

एक चोली का भाग आगे का, एक चोली का भाग पीछे का, दो आस्तीनें, दो भाग घेरे के, दो बैल्ट की पट्टी।

ट्रिमिंग्स Trimmings

रील, बुकरम गले हेतु इच्छानुसार, लैस, ब्लाउज हुक आवश्यकतानुसार।

आवश्यक कपड़ा Required Fabric

91.5 सेमी अर्ज का कपड़ा लगेगा = (2 लम्बाई + 10 सेमी टर्निंग का + 1 सेमी बैल्ट का) = 2.75 मीटर।

सिलाई की प्रक्रिया Stitching Process

1. नाप के अनुसार कपड़े पर ड्राफ्ट बनाकर काटें।
2. सबसे पहले चोली पर जो डिजाइन बनाना है, उसे बनाएँ। फिर पीछे के हिस्से में प्लैकिट बनाएँ। प्लैकिट न बनाना चाहें तो गला थोड़ा-सा बड़ा काटें।
3. घेरे में चुन्नटें डालने के लिए बखिया लगाकर खींचें।
4. चोली को बराबर करके दोनों भागों को जोड़ दें।
5. कन्धे सिलाई करके गले पर ओरेब पट्टी लगाएँ।
6. साइड से सिलकर बॉटम मोड़कर हेम करें या झालर लगा दें।
7. अब आर्महोल को ओरेब से फिनिश करें। यदि बाजू लगानी हो, तो ओरेब पट्टी का आर्महोल में प्रयोग न करें, सीधे बाजू ही जोड़ दें।
8. फिनिशिंग, प्रेसिंग करके पैक करें।

सावधानियाँ Precautions

(*i*) पोशाक में चुन्नटें एक बराबर आएँ।
(*ii*) दोनों आर्महोल बराबर रहें।
(*iii*) प्लैकिट में गला टेढ़ा न बने।

विशेष Specific

नाइटी प्राय: कट स्लीव या स्ट्रैप वाली ही पसन्द की जाती है, किन्तु जो महिलाएँ स्लीवलेस पसन्द नहीं करतीं, वे छोटी-छोटी पफ बाजू भी लगवाती हैं।

परिणाम Result

सुन्दर व सुविधाजनक नाइटी (मैक्सी) तैयार है।

4. सादा ब्लाउज Plain Blouse

साड़ी के साथ पहने जाने वाले वस्त्र को ब्लाउज के नाम से जाना जाता है। इसको महिलाएँ साड़ी के रंग के अनुरूप रंग का रूबिया, पॉपलीन, कैम्ब्रिक टेरी रूबिया, कॉटन एवं टेरीकोट आदि कपड़े में बनवाती हैं। ये किसी भी प्रकार की आस्तीन में बनाए जा सकते हैं।

नाप	पैमाना	
	सेमी	इंच
कुल लम्बाई (F.Lt)	38	15
एक्रॉस बैक (AB)	30.5	12
आस्तीन की लम्बाई (S.Lt)	24	9½
आस्तीन की मोहरी (S.B)	22.5	9
छाती (B)	81	32
कमर (W)	71	28

संकेत Sign

सामने का भाग ________ पीछे का भाग _ _ _ _ _ _ _

औजार Tools

1. कैंची 2. इंचटेप 3. मिल्टन चॉक 4. L-स्क्वायर

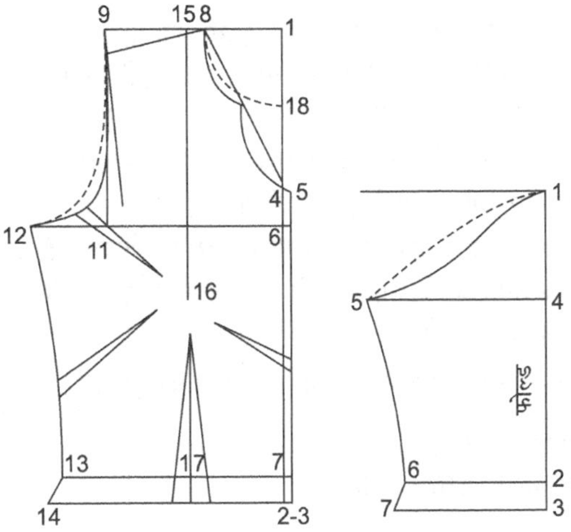

चित्र 29.21 सादा ब्लाउज की ड्राफ्टिंग

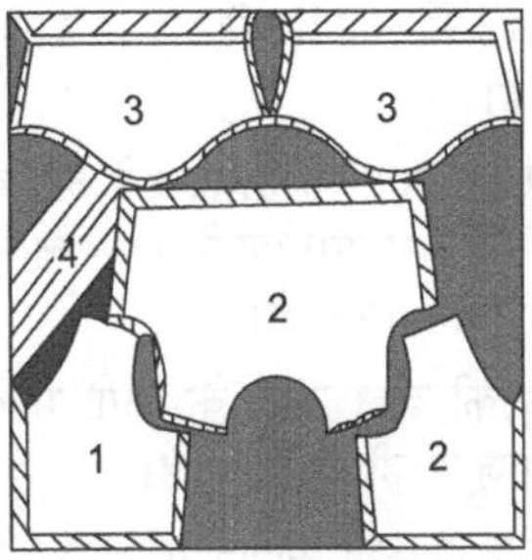

चित्र 29.22 सादा ब्लाउज

बनावट Design

यह सामने से खुला तथा पीछे से भी खुला होता है। फेसिंग पट्टी पर हुक-आई एवं बटन आदि का प्रयोग होता है। शरीर की आकृति के अनुसार ब्लाउज में शेप लाने के लिए डार्टों का प्रयोग होता है।

गला पहनने वाली की इच्छानुसार डिजाइन का बनता है। यह शरीर पर तंग फिटिंग का बना होता है।

हिस्से Parts

दो सामने के भाग, एक पीछे का भाग, दो आस्तीन व दो फेसिंग पट्टी।

ट्रिमिंग्स Trimmings

रील, 6 ब्लाउज हुक, डिजाइनर गले हेतु बुकरम।

आवश्यक कपड़ा Required Fabric

91.5 सेमी अर्ज का कपड़ा लगेगा = (2 लम्बाई + 10 सेमी)
= 91.5 सेमी

सिलाई की प्रक्रिया Stitching Process

(*i*) नाप के अनुसार ड्राफ्ट बनाकर पैटर्न (pattern) काटें।

(*ii*) कपड़े पर अभिन्यास (layout) करके देखें और दबाव आदि के निशान लगाते हुए कपड़ा काटें।

(*iii*) डाट्र्स, दबाव व मोड़ के निशान ट्रेसिंग व्हील से उठाएँ।

(*iv*) आगे व पीछे की डाट्र्स डालें, पट्टियाँ बनाएँ। बाएँ हाथ पर बढ़वाँ पट्टी बनाएँ तथा दाहिने हाथ पर मुड़वाँ पट्टी बनाएँ। हुक लगाने के लिए दोनों पटिट्यों को एक-दूसरे पर रखते हुए कच्चा कर दें।

(*v*) आगे व पीछे के कन्धे तथा साइड की सिलाई लगाएँ।

(*vi*) गले पर ओरेब पट्टी द्वारा फिनिशिंग दें।

(*vii*) बॉटम मोड़ के लिए जो निशान था उसको मोड़कर हेम कर दें।

(*viii*) बाजू तैयार करके आर्महोल में जोड़े व पिच प्वॉइण्ट से मिलाते हुए बाजू कच्ची करें।

(*ix*) हुक व आई ओपनिंग में लगाएँ। दो हुकों की दूरी $1\frac{1}{2}$ या $1\frac{3}{4}$ इंच से अधिक न करें।

(*x*) फिनिशिंग, प्रेसिंग करके पैक करें।

सावधानियाँ Precautions

(*i*) प्लैकिट के लिए पट्टियाँ सफाई से लगाएँ। पट्टियों के दोनों सेन्टर डार्ट एक स्थान पर मिलाते हैं।

(*ii*) गले की पट्टी पर यदि फाल्सहेम लगा रहे हैं, तो उसे आरामपूर्वक रखें। यदि पाइपिंग लगा रहे हैं, तो प्रेस द्वारा पट्टी को खींचकर फिर गले पर लगाएँ, ताकि गला सुन्दर तैयार हो।

(*iii*) बाजू मुड्ढे से जोड़ते हुए हल्की ढील ऊपर के भागों में दें। यह ध्यान रखें कि ढील सदैव बाजू में ही दी जाती है।

(*iv*) सामने वाले भाग में यदि एक ही डार्ट डालने की इच्छा हो, तो पिछले भाग के अनुसार डार्ट डालकर फिटिंग दे दें।

परिणाम Result

सुन्दर व सुविधाजनक सादा ब्लाउज तैयार है।

5. चार कली का पेटीकोट Four Panelled Petticoat

यह महिलाओं का साड़ी के नीचे पहनने वाला वस्त्र है। साड़ी के पारदर्शी होने के कारण एवं साड़ी के फॉल को ठीक रखने के लिए पेटीकोट पहना जाता है। चार कली का पेटीकोट महिलाएँ साड़ी के रंग के अनुरूप कॉटन, सॉटन पॉपलीन के कपड़े से बनवाती हैं। इसकी कमर में बैल्ट पट्टी लगती है, जिसमें डोरी या इलास्टिक का प्रयोग होता है

नाप	पैमाना	
	सेमी	इंच
पूरी लम्बाई (F.Lt)	101.5	40
कमर (W)	91.5	36
हिप (H)	91.5	36
बैल्ट चौड़ाई (BW)	5	2

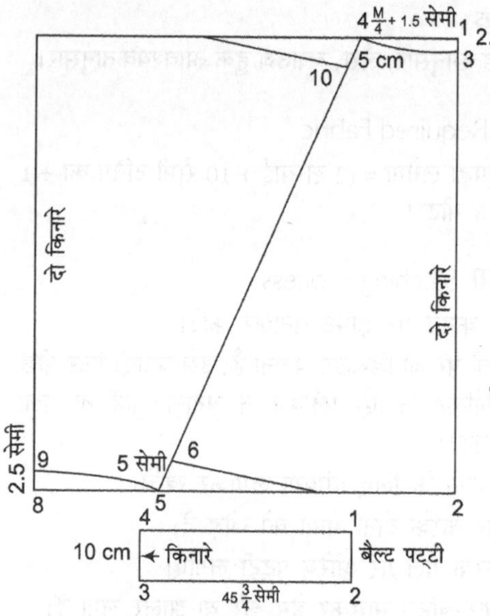

चित्र 29.23 चार कली के पेटीकोट की ड्राफ्टिंग

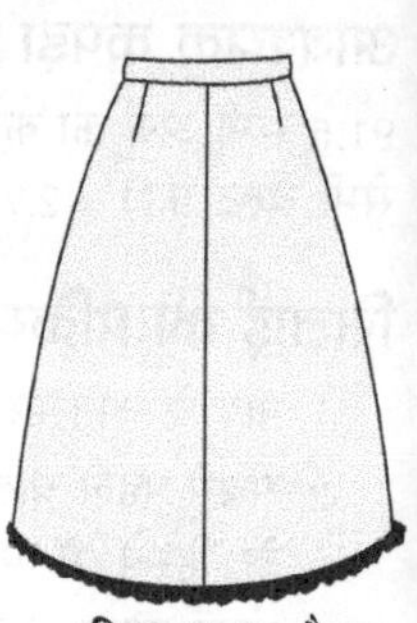

चित्र 29.24 तैयार पेटीकोट (चार कली)

औजार Tools

1. कैंची
2. मिल्टन चॉक
3. इंचटेप
4. L-स्क्वायर

आवश्यक कपड़ा Required Fabric

91.5 सेमी अर्ज का कपड़ा लगता है = 2 लम्बाई + फ्रिल या झालर हेतु 30 सेमी = 2.32 मीटर कपड़ा लगेगा।

सिलाई की प्रक्रिया Stitching Process

1. नाप के अनुसार, ड्राफ्ट बनाएँ तथा कपड़े की कटिंग करें।
2. पेटीकोट की कलियाँ जोड़ें। एक उरेब वाली साइड से सुरेब अर्थात् सीधी कली व उरेब कली को मिलाकर कच्चा करें।
3. प्लैकिट बनाएँ। डाट्र्स या चुन्नट कमर में अपनी पसन्द अनुसार डालें
4. बॉटम मोड़ दें, बैल्ट को जोड़ दें।
5. प्लैकिट पर हुक व आई बनाएँ तथा बैल्ट पर काज बनाएँ।
6. अन्त में फिनिशिंग, प्रेसिंग करके फोल्ड कर पैक कर दें।

सावधानियाँ Precautions

(*i*) कभी भी तिरछी कली न जोड़ें। क्रम से चारों कलियों को नहीं जोड़ेंगे, तो कपड़े में एक साइड उल्टी एक सीधी आ सकती है।

(*ii*) कलियों के जोड़ने में जो अन्तर आए वह नीचे निकालें।

(*iii*) बैल्ट में किनारे की तथा एक पैर की सिलाइयाँ लगाएँ।

प्रिन्टेड कपड़े में से चार कली का पेटीकोट बनाने के लिए कपड़े की दोनों सिरों की लम्बाइयों को सीधे से उल्टा मिलाकर ड्राफ्ट बनाएँ। ऐसा करने से चारों कलियों को जोड़ने का क्रम सीधे से तिरछा ठीक प्रकार आता है। कलियाँ उल्टी-सीधी नहीं बनती हैं।

परिणाम Result

सुन्दर व सुविधाजनक चार कली वाला पेटीकोट तैयार है।

6. साड़ी फॉल Saree Fall

साड़ी महिलाओं की पसंदीदा पोशाक है। साड़ी को विशेष ढंग से बाँधा जाता है। साड़ी में पाँच से सात तक प्लेटें (चुन्नटें) डाली जाती हैं। प्लेटों का गिराव (fall) अच्छा रहे, इसलिए साड़ी के अन्दरूनी पल्ले पर नीचे की ओर फॉल लगाई जाती है।

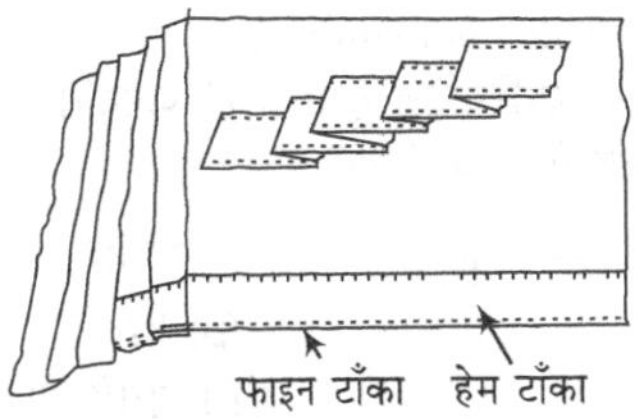

चित्र 29.25 साड़ी फॉल

साड़ी की फॉल की लम्बाई 2.70 मी से 2.75 मी (106 – 108) तक तथा चौड़ाई 15 सेमी अर्थात् 6" होती है। साड़ी के रंग के अनुरूप रंग का ही फॉल लगाया जाता है, जो प्राय: सूती कपड़े की बनी होती है।

नाप पैमाना

फॉल की लम्बाई 2.70 या 2.75 मी = 106" या 108"
चौड़ाई = 15 सेमी या 6"

आवश्यक सामग्री Required Material

इसके अन्तर्गत प्रयुक्त आवश्यक सामग्री सुई व धागा है।

फॉल लगाने की विधि Method of Stitch Fall

साड़ी के फॉल बाजार में बने-बनाए मिलते हैं। इनको लगाने से पहले श्रिंक करना आवश्यक होता है। फॉल लगाते समय अन्दर के पल्ले पर उल्टी ओर नीचे की तरफ जो हिस्सा आता है, वहाँ पर 9" जगह छोड़कर पहले साड़ी की किनारी की ओर फाइन स्टिच द्वारा पूरी फॉल टाँक या जोड़ दें। या किनारी पर मशीन से भी जोड़ी जाती है। तत्पश्चात् दूसरी ओर पहले कच्चे टाँकों से फॉल को रोककर राउण्ड हेमिंग स्टिच से पक्का करके कच्चे टाँकों को निकाल दें। इस प्रकार फॉल लगाई जाएगी।

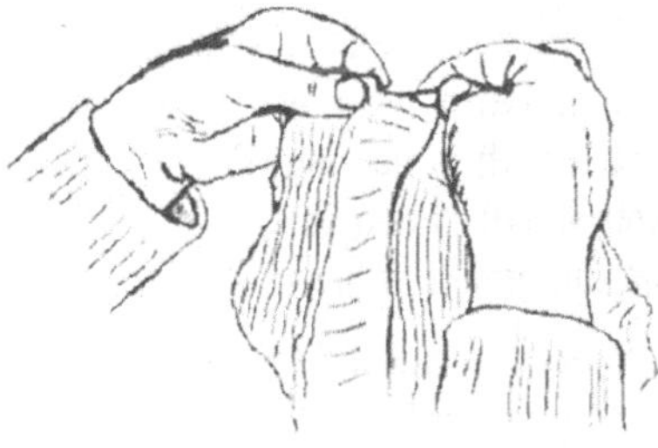

चित्र 29.26 फॉल लगाने की विधि

सावधानियाँ Precautions

(*i*) साड़ी में फॉल लगाने से पहले फॉल को धोकर सुखा लेना चाहिए।
(*ii*) फॉल लगाते समय अच्छे धागे का इस्तेमाल करना चाहिए, ताकि फॉल के धागे जल्दी न टूटे।
(*iii*) फॉल लगाते समय बीच-बीच में गिठ्ठा देते जाएँ, जिससे साड़ी और फॉल के बीच मजबूती बनी रहे।

परिणाम Result

इस प्रकार पहनने योग्य सुन्दर साड़ी तैयार हो जाती है।

महत्त्वपूर्ण प्रश्नोत्तरी

1. तैयार पोशाकों का चलन कब से माना जाता है?

उत्तर तैयार पोशाकों का चलन 20वीं शताब्दी के मध्यकाल से माना जाता है।

2. पेपर पैटर्न का निर्माण कब व किसके द्वारा किया गया था?

उत्तर पेपर पैटर्न का निर्माण 1860 ई. में अलनेजर बुटरिक के द्वारा किया गया था।

3. ड्राफ्टिंग का अति संक्षिप्त परिचय दीजिए।

उत्तर किसी पोशाक की सिलाई से पूर्व उसका डिजाइन या नमूना तैयार करने को ड्रॉफ्टिंग कहते हैं।

4. ड्राफ्ट बनाने के लिये किन्हीं दो प्रारम्भिक विधियों के नाम लिखिये।

उत्तर ड्राफ्ट बनाने की दो विधियाँ इस प्रकार हैं
(i) सर्वप्रथम फैब्रिक का नाप ऑर्डर बुक में लिखें तथा नाप के अनुसार ड्राफ्ट बनाना चाहिए।
(ii) ड्राफ्ट पर डार्ट्स आदि के निशान लगाने चाहिए।

5. सन सूट में कपड़ा लेने की क्या विधि है?

उत्तर सन सूट में कपड़ा लेने की विधि
1 गज अर्ज का कपड़ा लेते हैं
= 1 लम्बाई + 2.5 सेमी
= 43 सेमी

6. लेडीज कुर्ता बनाते समय किस-किस उपकरण की आवश्यकता होती है?

उत्तर लेडीज कुर्ता बनाते समय कैंची, मिल्टन चॉक, बाँसी कागज, इंचटेप, L-स्क्वॉयर, ट्रेसिंग व्हील इत्यादि की आवश्यकता होती है।

7. चार कली वाला पेटीकोट बनाने की विधि में कितना कपड़ा लगेगा?

उत्तर चार कली वाला पेटीकोट बनाने के लिए 91.5 सेमी अर्ज का कपड़ा लेते हैं। = 2 लम्बाई + फ्रिल या झालर के लिए 30 सेमी = 2.32 मीटर कपड़ा लगता है।

अभ्यास प्रश्न

परीक्षा प्रारूपी प्रश्न

बहुविकल्पीय

1. रेडीमेड पोशाकों का चलन कब से माना जाता है?
(a) बीसवीं शताब्दी के प्रारम्भ से
(b) बीसवीं शताब्दी के मध्य काल से
(c) बीसवीं शताब्दी के अन्त से
(d) इक्कीसवीं शताब्दी के प्रारम्भ से

2. बीसवीं शताब्दी में कुछ ही व्यक्तियों की पोशाक सम्बन्धी इच्छापूर्ति किस प्रकार पूर्ण की जाती थी?
(a) फ्रांस से पोशाक का आयात करके
(b) इंग्लैण्ड से पोशाक का आयात करके
(c) 'a' और 'b' दोनों
(d) उपरोक्त में से कोई नहीं

3. 'आज कोई भी व्यक्ति फैशन के इस विभिन्नता भरे दौर से अलग नहीं रह सकता है।' ऐसा क्यों है?
(a) मानव द्वारा सौन्दर्ययुक्त वस्तुओं को अधिक पसन्द किए जाने के कारण
(b) इस युग के सौन्दर्यबोध का युग होने के कारण
(c) 'a' और 'b' दोनों
(d) उपरोक्त में से कोई नहीं

4. इनमें से कौन-सा देश व पोशाक सम्बन्धी शब्द-युग्म सही नहीं है?
(a) पाश्चात्य देश—पैन्ट-शर्ट (b) अरब देश—पैन्ट-शर्ट
(c) भारत देश—धोती-कुर्ता (d) ये सभी

5. इनमें से क्या विगत 75 वर्षों में फैशन की दुनिया में बदलाव का द्योतक है?
(a) पोशाकों की बनावट (b) प्रकाश चित्र डिजाइन
(c) रंग व रेशों आदि में बदलाव (d) ये सभी

6. इनमें से बर्फीले क्षेत्रों में अत्यधिक शीत से बचाव करने वाली पोशाक कौन-सी है?
(a) पैन्ट व शर्ट
(b) चमड़े का कोट व दस्ताने
(c) लुंगी-कुर्ता
(d) धोती-कुर्ता

7. फैशन किस पर निर्भर करता है?
(a) भौगोलिक परिस्थितियों पर (b) परम्पराओं पर
(c) 'a' और 'b' दोनों (d) इनमें से कोई नहीं

8. बर्फीले क्षेत्रों में अत्यधिक शीत से बचाव करने वाली कौन-सी पोशाकों का प्रचलन नहीं है?
(a) चमड़े के कोट (b) दस्ताने
(c) फर वाले फैब्रिक्स (d) बुर्का

9. विगत वर्षों के फैशन पर यदि दृष्टिपात करें, तो क्या पाते हैं?
(a) फैशन पूर्ण रूप से परिवर्तित हो गया है
(b) फैशन बिल्कुल अपरिवर्तित है
(c) फैशन न अपरिवर्तित हुआ न ही परिवर्तित हुआ
(d) उपरोक्त में से कोई नहीं

10. इनमें से कौन-सा 'घुटना' का संकेत रूप है?
(a) Wa (b) KN
(c) S.B. (d) इनमें से कोई नहीं

11. पोशाक का निचला भाग अर्थात् मोहरी का संक्षिप्त रूप क्या है?
(a) B. (b) R. (c) S. (d) ये सभी

12. ड्राफ्ट बनाते समय ड्राफ्ट की प्रत्येक रेखा और शेप कैसी होनी चाहिए?
(a) मटमैली (b) साफ
(c) 'a' और 'b' दोनों (d) इनमें से कोई नहीं

13. पोशाक पर ड्रॉफ्टिंग बनाने का क्या लाभ है?
(a) समय की बचत (b) धन की बचत
(c) 'a' और 'b' दोनों (d) इनमें से कोई नहीं

14. झबला पोशाक का प्रयोग किसके द्वारा किया जाता है?
(a) महिलाओं द्वारा (b) पुरुषों द्वारा
(c) बच्चों द्वारा (d) ये सभी

15. जिस पोशाक में घेरा बड़ा हो एवं छतरी के समान दिखाई पड़े, उसे क्या कहते हैं?
(a) सादा फ्रॉक (b) अम्ब्रेला कट फ्रॉक
(c) 'a' और 'b' दोनों (d) ये सभी

16. ड्राफ्टिंग पेपर के .... साइड पर किया जाता है
(a) सफेद (b) काला (c) रफ (d) स्मूथ

17. निम्न में कौन-सा गले का प्रकार है?
(a) डोरी वाला (b) की-होल (c) बैक लैस (d) ये सभी

18. गले पर पाइपिंग लगाते हैं
(a) खींचकर (b) चुन्नट देकर
(c) ढीला छोड़कर (d) इनमें से कोई नहीं

19. प्रत्येक व्यक्ति को परिधान का चुनाव करना चाहिए
(a) उम्र के अनुसार (b) मौसम के अनुसार
(c) फैशन के अनुसार (d) ये सभी

20. डिजाइन की सुन्दरता के प्रमुख आधार स्तम्भ है
(a) सन्तुलन (b) लय (c) विशेषता (d) ये सभी

21. ड्रेस डिजाइनिंग के लिए आवश्यक है
(a) कपड़े का अर्ज (b) कपड़े का पैटर्न
(c) कपड़े का फैब्रिक (d) ये सभी

22. अच्छी फिटिंग के लिए जरूरी है
(a) उचित नाप लेना (b) सही फिटिंग करना
(c) शारीरिक निरीक्षण करना (d) ये सभी

23. झबला बनाने के लिए उपयुक्त कपड़ा ज्ञात करें
(a) डेनिम (b) ट्वीड
(c) कैम्ब्रिक (d) ड्रिल

24. लेडिज कमीज/कुर्ती के खुले भाग को क्या कहते हैं?
(a) वैन्ट (b) नेफा (c) मोहरी (d) स्लीट

25. छाती मापन के लिए अपेक्षित सुगमता की न्यूनतम मात्रा है
(a) 1 cm (b) 2 cm (c) 5 cm (d) 7 cm

26. कोई प्रशिक्षु ड्राफ्टिंग का अभ्यास किस पर करता है?
(a) मिल्टन क्लाथ (b) ब्राउन पेपर
(c) समाचार पत्र (d) ड्राफ्टिंग फाइल

27. पैटर्न बनाने के क्या लाभ हैं?
(a) समय की बचत (b) डिजाइन बनाना
(c) किफायती ले-आउट (d) ये सभी

28. महिलाओं के वस्त्रों में छाती पर फिटिंग देने के लिए क्या प्रयोग करते हैं?
(a) चुन्नट डालना (b) डार्ट डालना
(c) प्लीट डालना (d) टक्स डालना

29. पैटर्न के किस गुण के कारण हम भविष्य में आसानी से उसी माप का कपड़ा काट सकते हैं?
(a) गलतियाँ मार्क करके (b) समय की बचत
(c) पक्का रिकॉर्ड (d) ले-आउट करना

30. गिलास गले का प्रयोग किस पर किया जाता है?
(a) मर्दाना कमीज पर (b) नेहरू कट पर
(c) ब्लाउज पर (d) बच्चों की फ्रॉक पर

31. निम्न में से किसकी सहायता से फैब्रिक का उल्टा या सीधा जाना जा सकता है?
(a) उत्पादन की मोहर देखकर (b) कपड़े की चमक देखकर
(c) मूल्य चिप्पी (d) कपड़े की बनावट देखकर

32. तीरे के लिए किस संकेत का प्रयोग किया जाता है ?
(a) Y (b) N (c) H (d) B

33. निम्नलिखित में कौन-सी वस्तु पोशाक फिनिशिंग से सम्बन्धित नहीं है?
(a) बटर पेपर (b) पिनें
(c) टैग (d) कढ़ाई

34. इनमें से झालर बनाने वाला पुर्जा कौन-सा है?
(a) फोल्डर (b) रफलर
(c) जिग-जैगर (d) टकर

35. वस्त्र को सजाने के लिए किसका प्रयोग होता है?
(a) सिलाई (b) डार्ट
(c) ट्रिमिंग (d) बटन

36. महिलाओं के कॉलर वाले टॉप पर कितने कट कॉम्पोनेन्ट होते हैं?
(a) 7 (b) 8
(c) 9 (d) 10

37. कौन-सा परिधान महिलाएँ पेन्ट या स्कर्ट के साथ पहन सकती हैं?
(a) जेण्ट्स शर्ट (b) कुर्ती
(c) झबला (d) टॉप

38. चित्र में प्रदर्शित लेडीज टॉप का नाम क्या है?

(a) बो कॉलर वाला ब्लाउज
(b) हॉल्टर स्मोक्ड ब्लाउज
(c) सजावटी पाइपिंग वाला टॉप
(d) बेल्ट टॉप के साथ विभिन्न बटन

39. स्केचिंग के लिए किस पेंसिल का उपयोग किया जाता है?
(a) HB (b) 2H (c) 3H (d) 4H

40. बेसिक (मूल) लेडीज कुर्ती में किस कॉलर का उपयोग किया जाता है?
(a) स्टैण्ड कॉलर (b) शर्ट कॉलर
(c) रोल्ड कॉलर (d) पीटर पैन कॉलर

41. मूल कुर्तियों में कितने कट कॉम्पोनेण्ट होते हैं?
(a) 6 (b) 7 (c) 8 (d) 9

42. लेडीज कुर्ती में कौन-सा डार्ट प्रयोग किया जाता है?
(a) कट डार्ट (b) फुल (पूर्ण) डार्ट
(c) कण्टूर डार्ट (d) फ्रेंच डार्ट

43. चित्र में 'X' से चिह्नित भाग का नाम क्या है?

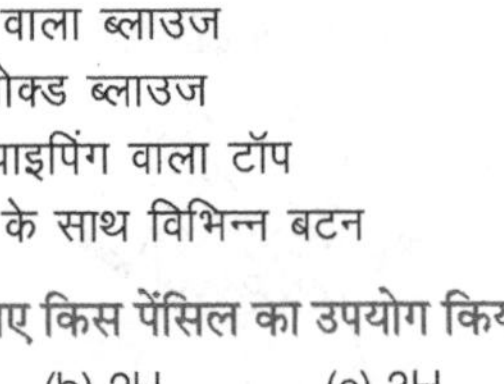

(a) पाइपिंग (b) बाइण्डिंग
(c) क्रॉस फेसिंग (d) शेप्ड फेसिंग

44. दिए गए परिधान का नाम क्या है?

(a) ओवरलैप कमीज (b) अम्ब्रेला कमीज
(c) फ्रेंच डार्ट कमीज (d) प्रिंसेस लाइन कमीज

45. स्लीव (आस्तीन) का नाम क्या है?

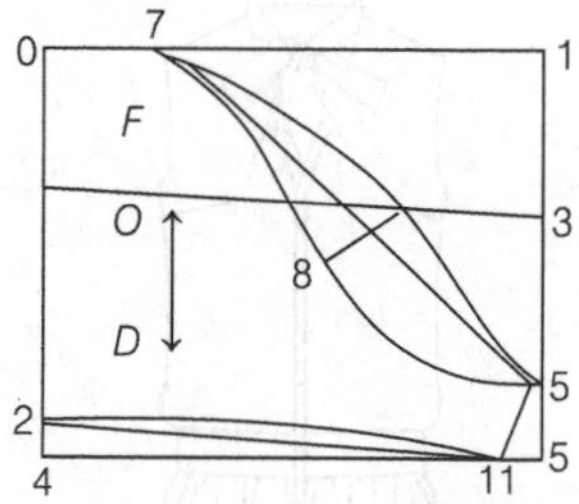

(a) पफ स्लीव (आस्तीन) (b) सादी स्लीव (आस्तीन)
(c) बैल स्लीव (आस्तीन) (d) लैग-ओ-मटन स्लीव (आस्तीन)

46. दिए गए परिधान का नाम क्या है?

(a) ओवरलैप कमीज (b) प्रिंसेस लाइन कमीज
(c) अम्ब्रेला कमीज (d) कण्टूर डार्ट कमीज

47. दिए गए परिधान का नाम क्या है?

(a) स्ट्रैप नाइटी (b) टू पीस नाइटी
(c) बैल स्लीव नाइटी (d) ओवरलैप नाइटी

48. घर में पहना जाने वाला आरामदायक वस्त्र है?
(a) नाइटी (b) हाउस कोट (c) कुर्ती (d) कमीज

49. हाउस कोट के किस भाग में डार्ट रखा होता है?
(a) कन्धे के भाग पर (b) आर्म होल के भाग पर
(c) साइड वाले भाग पर (d) खुले भाग पर

50. दिए गए परिधान का नाम क्या है?

(a) सेण्टर ओपन नाइटी (b) बैल स्लीव नाइट वियर
(c) टू पीस नाइट वियर (d) ओवरलैप नाइटी

51. मूल नाइटी में कितने कट कॉम्पोनेन्ट होते हैं?
(a) 9 (b) 10 (c) 11 (d) 12

52. सोते समय कौन-से वस्त्र पहने जाते हैं?
(a) नाइट सूट (b) जम्प सूट
(c) सन सूट (d) कॉम्बिनेशन (संयोजन) सूट

53. 'X' के रूप में अंकित स्लीव (आस्तीन) का नाम क्या है?

(a) सेट-इन-स्लीव (b) सादी स्लीव
(c) रैगलान स्लीव (d) किमोनो स्लीव

54. चूड़ीदार पायजामा में कितने कट कॉम्पोनेण्ट होते हैं?
(a) 2 (b) 3
(c) 4 (d) 6

55. यदि पारम्परिक सलवार की लम्बाई से तुलना की जाए, तो किस प्रकार के परिधान की लम्बाई अधिक होती है?
(a) चूड़ीदार (b) पैरेलल सलवार
(c) धोती (d) अलीगढ़ धोती

56. दी गई सलवार का नाम क्या है?

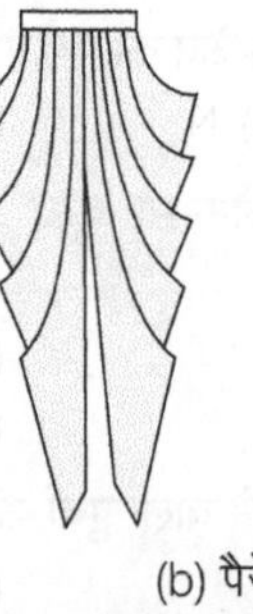

(a) धोती सलवार (b) पैरेलल सलवार
(c) पटियाला सलवार (d) प्लाजो सलवार

57. X और Y से चूड़ीदार के लिए कौन-सा फॉर्मूला लागू होता है?

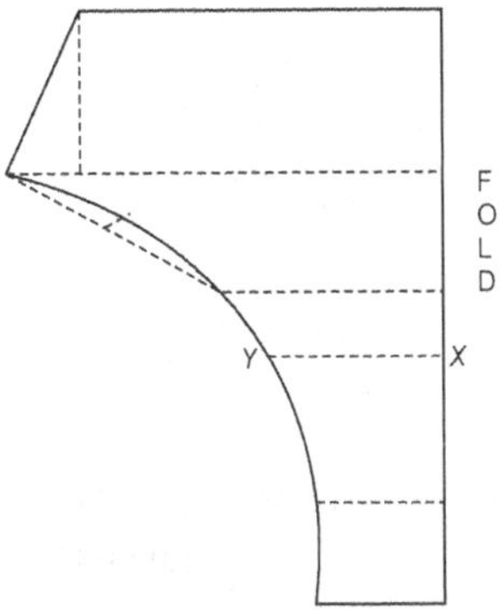

(a) H/2 (b) RK/2 (c) RC/2 (d) RB/2

58. महिलाओं द्वारा पहनी जाने वाली भारतीय पारम्परिक पोशाक कौन-सी है?
(a) सलवार-कमीज (b) पजामा-कुर्ती
(c) स्कर्ट-टॉप (d) साड़ी-ब्लाउज

59. चित्र में प्रदर्शित साड़ी ब्लाउज का नाम क्या है?

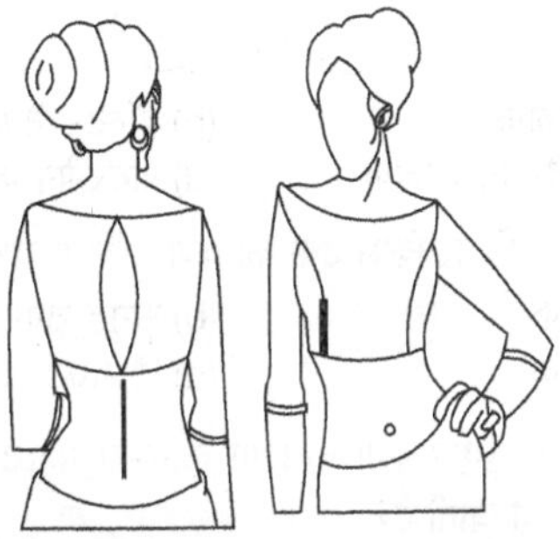

(a) टाई अप ब्लाउज (b) ड्रॉप डाउन V ब्लाउज
(c) बोट नेक ब्लाउज (d) हॉल्टर नेक ब्लाउज

60. अपैक्स प्वॉइण्ट (शीर्ष बिन्दु) का सम्बन्ध निम्न में से किससे है?
(a) कमर (b) छाती (c) गर्दन (d) कूल्हा

61. साड़ी-ब्लाउज में किस फास्टनर (बन्धक) का उपयोग किया जाता है?
(a) वेल्क्रो (b) प्रेस बटन
(c) डबल हुक (d) हुक और आई

62. साड़ी ब्लाउज के लिए किस प्लैकेट का उपयोग किया जाता है?
(a) टू पीस प्लैकिट
(b) इटालियन प्लैकिट
(c) कण्टीन्यूअस प्लैकिट
(d) फॉल्स और विस्तारित (extended) प्लैकिट

63. उत्तरी भारत में कौन-सा ब्लाउज पहना जाता है?
(a) सादा ब्लाउज (b) साधारण ब्लाउज
(c) चोली ब्लाउज (d) कटोरी ब्लाउज

64. महिलाओं के टॉप में कन्धे की रेखा को जोड़ने के लिए किस सीम का उपयोग किया जाता है?
(a) सादी सीम (b) फ्रेंच सीम
(c) रन तथा मशीन सीम (d) फ्लैट तथा फैल सीम

65. लेडीज कुर्तियों की ड्राफ्टिंग के लिए कौन-सी माप आवश्यक है?
(a) नैक (गरदन) (b) चेस्ट (छाती)
(c) अक्रॉस चेस्ट (छाती के पार) (d) अक्रॉस बैक

66. बैल (घण्टी) के आकार के परिधान के लिए सामग्री की गणना कैसे करें?
(a) कपड़े की लम्बाई और चौड़ाई द्वारा
(b) कपड़े की लम्बाई द्वारा
(c) कपड़े की चौड़ाई द्वारा
(d) शेप्ड कॉम्पोनेन्ट द्वारा

67. चित्र में X और Y से कौन-सा माप चिह्नित है?

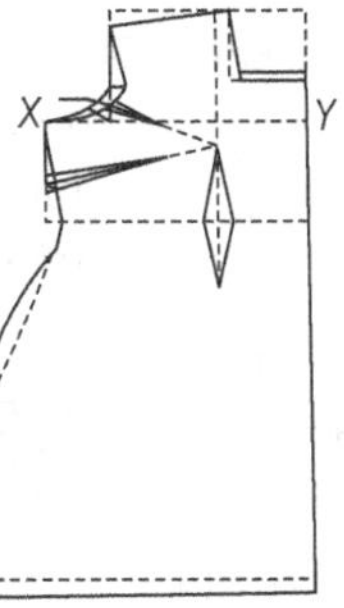

(a) कन्धा (b) छाती
(c) कमर (d) कूल्हा

68. एक परिधान में गोडेट (godet) का उद्देश्य है
(a) ईज (आसानी) (b) फ्लेयर्स
(c) फिटिंग (d) टॉलरेन्स

69. किस कमीज में कन्धे से एक रेखा (लाइन) बस्ट के ऊपर से नीचे तक काटी जाती है?
(a) गोडेट कमीज (b) प्रिंसेस कमीज
(c) अम्ब्रेला कमीज (d) ओवरलैप कमीज

70. X से Y में कौन-सा सूत्र लागू होता है?

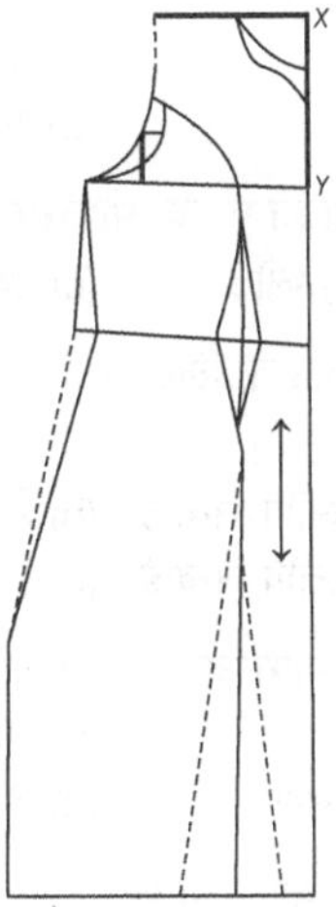

(a) बस्ट (B/4) (b) बस्ट (B/12)
(c) बस्ट (B/24) (d) बस्ट (B/36)

71. हाउस कोट के लिए कौन-सी जेब वेस्ट लाइन में लागू होती है?
(a) इन-सीम पॉकेट (b) हिप पॉकेट
(c) पैच पॉकेट (d) स्लैण्ट पॉकेट

72. हाउस कोट फ्रण्ट के विस्तार के रूप में किस कॉलर को काटा जाता है?
(a) पीटर-पैन कॉलर (b) स्टैण्ड कॉलर
(c) रोल्ड कॉलर (d) शॉल कॉलर

73. हाउस कोट के लिए किस प्रकार का डार्ट लगाया जाता है?
(a) हाफ (अर्द्ध) डार्ट (b) फुल (पूर्ण) डार्ट
(c) कट डार्ट (d) कण्टूर डार्ट

74. परिधान का कौन-सी भाग विस्तारित (extended) फेसिंग में सिला जाता है?
(a) बैंक ओपनिंग (b) साइड ओपनिंग
(c) फ्रण्ट ओपनिंग (d) नैक ओपनिंग

75. नाइटी के लिए फ्रिल कैसे तैयार करें?
(a) बाइण्डिंग करके (b) शिरिंग करके
(c) गैदरिंग करके (d) पाइपिंग द्वारा

76. योक स्टाइल कमीज के साथ 105 सेमी लम्बाई के अम्ब्रेला के लिए आवश्यक कपड़े (फैब्रिक) की गणना करें?
(a) 3.80 मी (b) 4.00 मी
(c) 4.20 मी (d) 4.40 मी

77. चूड़ीदार पायजामा बायस पर काटा जाता है
(a) स्टाइल के लिए (b) फिटिंग के लिए
(c) खिंचाव (स्ट्रेची) के लिए (d) लम्बाई के लिए

78. कौन-सा ब्लाउज बिना प्लैकिट के तैयार किया जाता है?
(a) कटोरी ब्लाउज (b) सादा ब्लाउज
(c) नॉटिड ब्लाउज (d) चोली ब्लाउज

79. महिलाओं द्वारा पहना जाने वाला कौन-सा टॉप गर्दन\कन्धे से शरीर को ढकने वाला एवं लगभग कमर लाइन तक होता है?
(a) सूट (b) कमीज
(c) कुर्ती (d) साड़ी-ब्लाउज

80. निम्न में से क्या ब्लाउज में एक महत्त्वपूर्ण भूमिका निभाता है?
(a) डार्ट (b) प्लीट (c) टक्स (d) गैदर (चुन्नट)

81. लेडीज ब्लाउज सिलने के लिए आवश्यक सामग्रियों की गणना कैसे करते हैं?
(a) 2 लम्बाई + 1 स्लीव लम्बाई (b) 2 लम्बाई + 2 स्लीव लम्बाई
(c) 1 लम्बाई + 2 स्लीव लम्बाई (d) 1 लम्बाई + 1 स्लीव लम्बाई

82. सामने की चोली के साथ बिना डार्ट कौन-सा ब्लाउज सिला जाता है?
(a) कटोरी ब्लाउज (b) सादा ब्लाउज
(c) अर्ध-कटोरी ब्लाउज (d) कट-चोली ब्लाउज

83. बच्चों का मूल वस्त्र कौन-सा है?
(a) झबला (b) बाबा सूट
(c) योक फ्रॉक (d) स्लैक्स

84. दिए गए परिधान का नाम क्या है?

(a) शॉर्ट्स के साथ सेलर कॉलर (b) जाँघिया के साथ टॉप
(c) जम्पसूट (d) रॉम्पर

85. दिए गए परिधान का नाम क्या है?

(a) सादा फ्रॉक (b) हॉल्टर नैक फ्रॉक
(c) सजावटी स्ट्रैप फ्रॉक (d) पीटर-पैन कॉलर के साथ फ्रॉक

86. झबला के कन्धे पर किस टक का प्रयोग किया जाता है?
(a) पिन टक (b) समूह टक
(c) शेल टक (d) रिलीज्ड टक

87. पीछे से खुले हुए झबलों के लिए कौन-से फास्टनरों (बन्धक) को प्राथमिकता दी जाती है?
(a) टेप (b) हुक्स (c) प्रेस स्टड (d) कपड़े की रोप

88. चित्र में किस प्रकार की नैक फिनिशिंग दर्शायी गई है?

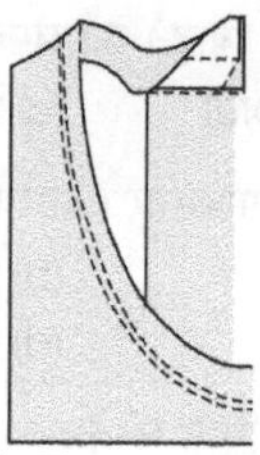

(a) पाइपिंग (b) फेसिंग (c) बाइण्डिंग (d) हेमिंग

89. चित्र में प्रदर्शित सिलाई (स्टिच) का नाम क्या है?

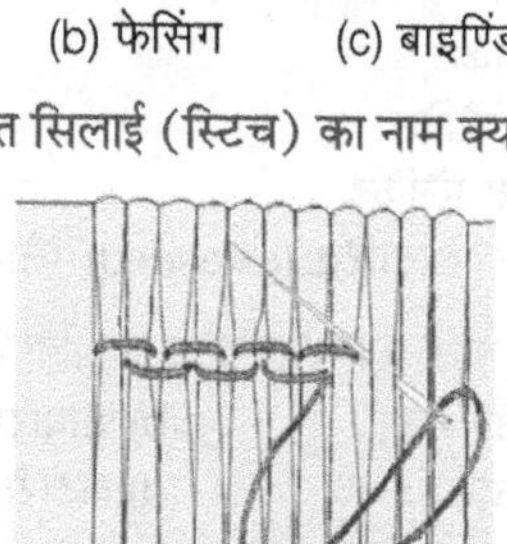

(a) चेन स्टिच (b) केबिल स्टिच
(c) बैक स्टिच (d) स्टेम स्टिच

90. बेबी सेट के लिए लेआउट का नाम क्या है?

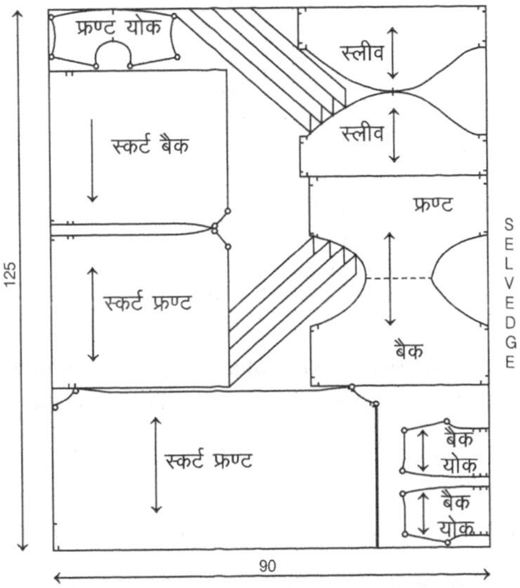

(a) लम्बाईवार लेआउट (b) चौड़ाईवार लेआउट
(c) वन वे लेआउट (d) खुला लेआउट

91. जाँघिया के लिए किस माप का उपयोग किया जाता है?
(a) घुटना (b) काफ
(c) कमर (d) कूल्हा

92. बच्चे के परिधान का नाम क्या है?

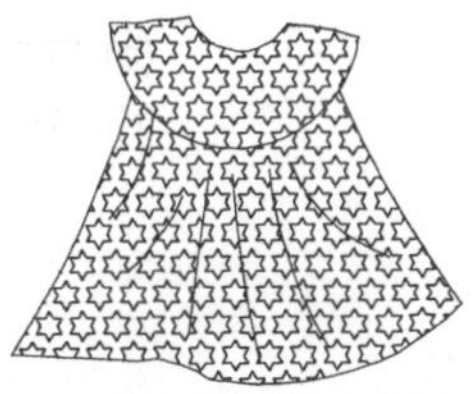

(a) क्रॉशेट (क्रोशिया) फ्रॉक (b) गैदरिंग फ्रॉक
(c) रैप नैक फ्रॉक (d) बिना आस्तीन की सादा फ्रॉक

93. किस प्रकार की फोल्डिंग (तह) का उपयोग बोडिस (चोली) के लिए किया जाता है?

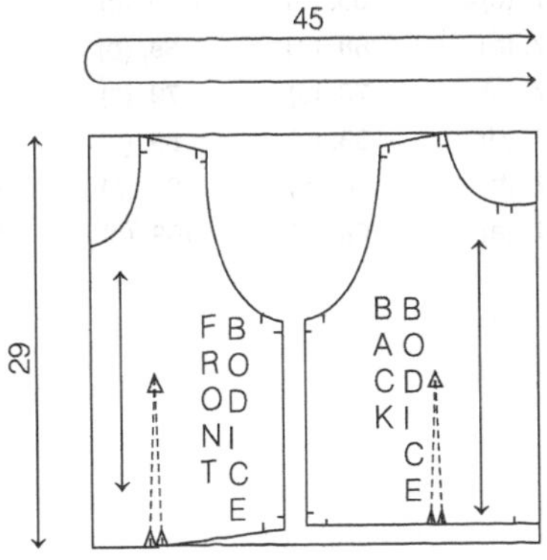

(a) लम्बाईवार फोल्ड (b) चौड़ाईवार फोल्ड
(c) दोहरी फोल्ड (d) एकल परत फोल्ड

94. बेबी शमीज में किस सीम का उपयोग किया जाता है?
(a) सादा सीम (b) फ्रेंच सीम
(c) लैप्ड सीम (d) स्लॉट सीम

95. नवजात शिशुओं की पोशाकों का कपड़ा कैसा होना चाहिए?
(a) मुलायम (b) सख्त (c) टिकाऊ (d) पतला

96. गैदरिंग बनाने के लिए किस सिलाई (स्टिच) का उपयोग किया जाता है?
(a) बैक स्टिच (b) पिक स्टिच
(c) स्लिप स्टिच (d) रनिंग स्टिच

97. बेबी सेट के लिए चौड़ाईवार माप कौन-सी है?
(a) छाती (b) कन्धा
(c) पूरी लम्बाई (d) बाँह (आस्तीन) की लम्बाई

98. बेबी शमीज हेतु किस कपड़े को वरीयता दी जाती है?
(a) कॉटन (b) नायलॉन (c) सिल्क (d) पॉलिस्टर

99. बेबी शमीज किस प्रकार का वस्त्र है?
(a) आन्तरिक वस्त्र (b) बाहरी वस्त्र
(c) ऊपरी वस्त्र (d) नीचे का वस्त्र

100. बच्चों के लिए बोडिस लम्बाई मापी जाती है
(a) कन्धे से लेकर प्राकृतिक कमर तक
(b) कन्धे से लेकर छाती की लम्बाई तक
(c) कन्धे से कूल्हे की लम्बाई तक
(d) कन्धे से लेकर कमर की लम्बाई तक

101. नवजात शिशु के परिधान में किस फास्टनर (बन्धक) का उपयोग किया जाता है?
(a) वेल्क्रो (b) जिप (c) बटन (d) हुक्स

102. प्रदर्शित चित्र में दी गई ड्रेस का नाम क्या है?

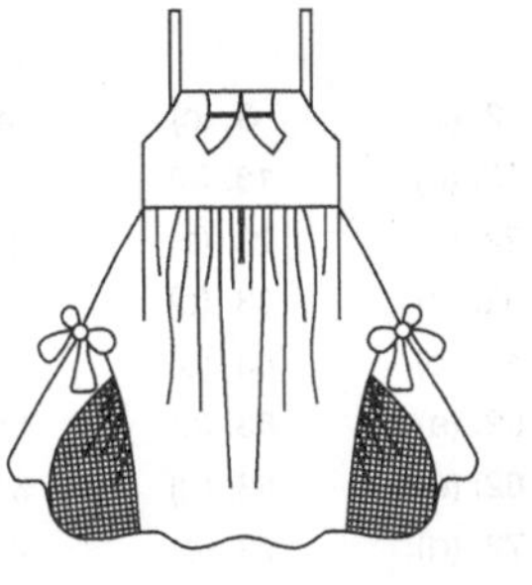

(a) जम्प सूट (b) सादा फ्रॉक
(c) ब्लूमर्स बेबी फ्रॉक (d) सजावटी स्ट्रैप फ्रॉक

103. स्कर्ट के लिए माप ली जाती है
(a) पूरी लम्बाई तक
(b) प्राकृतिक कमर तक
(c) प्राकृतिक कमर से आवश्यक लम्बाई तक
(d) पूरी लम्बाई से घुटने की लम्बाई तक

104. गैदरिंग फुट का उद्देश्य क्या है?
(a) प्लीट बनाना (b) टक्स बनाना
(c) छोटे-छोटे प्लीट बनाना (d) सजावटी बनाने के लिए

105. बायस फेसिंग के लिए किस साइड का उपयोग किया जाता है?

(a) गर्दन की रेखा (b) कन्धे की रेखा

(c) आर्महोल और नैक लाइन (d) परिपूर्णता (फुलनैस)

106. शीयर वस्त्रों में किस प्रकार के बन्धन का उपयोग किया जाता है?

(a) बाइण्डिंग (b) बैण्डिंग

(c) डबल (या) फ्रेंच बाइण्डिंग (d) डबल (या) बायस बाइण्डिंग

107. अम्ब्रेला फ्रॉक में किस कॉलर का उपयोग किया जाता है?

(a) राउण्ड कॉलर (b) मेण्डेरिन कॉलर

(c) पीटर पैन कॉलर (d) स्टैण्ड कॉलर

108. अम्ब्रेला फ्रॉक में कौन-सी आस्तीन (स्लीव) का उपयोग किया जाता है?

(a) पफ आस्तीन (b) किमोनो आस्तीन

(c) शॉर्ट बैल आस्तीन (d) बिशप आस्तीन

109. दिए गए चित्र में 'X' का नाम क्या है?

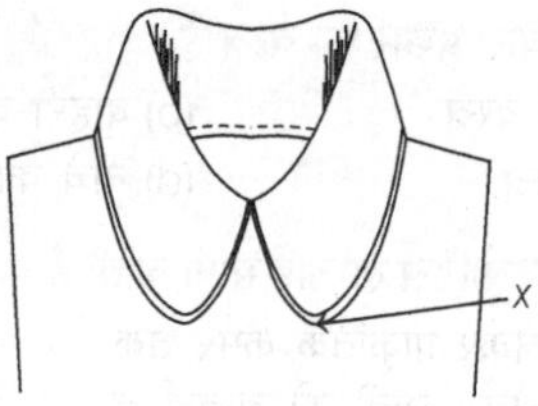

(a) बैण्डिंग (b) शेप्ड फेसिंग

(c) पाइपिंग (d) विस्तारित फेसिंग

110. शॉर्टर्स की लम्बाई क्या होती है?

(a) घुटने के ठीक ऊपर (b) फर्श स्तर

(c) टखनों के ऊपर (d) जाँघ की मध्य पिण्डली तक

111. दिए गए फ्रॉक का नाम क्या है?

(a) सजावटी फ्रॉक के साथ योक (b) सिंगल लेयर गेदर फ्रॉक

(c) डबल लेयर फ्रॉक (d) गर्ल पार्टी गाउन

112. सामने से खुले स्लीवलेस झबला में कितने कट कॉम्पोनेण्ट (घटक) होते हैं?

(a) 4 (b) 5 (c) 6 (d) 7

113. झबले की ओपनिंग के लिए प्लैकिट पीस काटे जाते हैं

(a) सीधे (b) चौड़े

(c) क्रॉस (d) बायस

114. कौन-से परिधान की नेक लाइन गहरी और चौड़ी होती है?

(a) बेबी फ्रॉक (b) बबी शमीज

(c) बेबी सेट (d) बेबी टॉप

115. झबला हेतु किस तरफ के प्लैकिट को वरीयता दी जाती है?

(a) सामने (b) साइड

(c) पीछे (d) बिना खुली

उत्तरमाला

1. (b)	**2.** (c)	**3.** (c)	**4.** (b)	**5.** (d)	**6.** (b)	**7.** (c)	**8.** (a)	**9.** (a)	**10.** (b)
11. (a)	**12.** (b)	**13.** (a)	**14.** (c)	**15.** (b)	**16.** (a)	**17.** (a)	**18.** (d)	**19.** (d)	**20.** (d)
21. (b)	**22.** (d)	**23.** (c)	**24.** (d)	**25.** (b)	**26.** (a)	**27.** (d)	**28.** (b)	**29.** (c)	**30.** (c)
31. (b)	**32.** (a)	**33.** (d)	**34.** (b)	**35.** (c)	**36.** (a)	**37.** (d)	**38.** (a)	**39.** (b)	**40.** (a)
41. (a)	**42.** (b)	**43.** (d)	**44.** (d)	**45.** (d)	**46.** (c)	**47.** (d)	**48.** (b)	**49.** (a)	**50.** (a)
51. (b)	**52.** (a)	**53.** (c)	**54.** (a)	**55.** (a)	**56.** (a)	**57.** (c)	**58.** (d)	**59.** (c)	**60.** (b)
61. (d)	**62.** (d)	**63.** (d)	**64.** (a)	**65.** (b)	**66.** (a)	**67.** (b)	**68.** (b)	**69.** (b)	**70.** (a)
71. (c)	**72.** (d)	**73.** (c)	**74.** (c)	**75.** (c)	**76.** (a)	**77.** (c)	**78.** (c)	**79.** (c)	**80.** (a)
81. (a)	**82.** (a)	**83.** (a)	**84.** (b)	**85.** (b)	**86.** (d)	**87.** (d)	**88.** (c)	**89.** (b)	**90.** (d)
91. (d)	**92.** (a)	**93.** (a)	**94.** (a)	**95.** (a)	**96.** (d)	**97.** (b)	**98.** (a)	**99.** (a)	**100.** (a)
101. (a)	**102.** (d)	**103.** (c)	**104.** (c)	**105.** (c)	**106.** (c)	**107.** (a)	**108.** (c)	**109.** (c)	**110.** (a)
111. (d)	**112.** (b)	**113.** (a)	**114.** (b)	**115.** (a)					

अध्याय 30

लॉण्ड्री
Laundry

लॉण्ड्री का तात्पर्य केवल कपड़ों की धुलाई से नहीं, बल्कि धुलाई से सम्बन्धित सम्पूर्ण क्रियाओं; जैसे—कपड़ों को धोना, सुखाना, उनकी फिनिशिंग करना आदि से है। गन्दे कपड़ों की धुलाई करके उनको नए रूप में लाकर उन्हें दोबारा पहनने योग्य बनाने के कार्य को लॉण्ड्री कहा जाता है। कपड़े पर अनेक प्रकार की धूल, गन्दगी, पसीने इत्यादि लगने से वे गन्दे हो जाते हैं, जिससे वस्त्रों में दुर्गन्ध आने लगती है और वस्त्र भी भद्दे दिखाई देने लगते हैं। साथ ही वस्त्र कमजोर होने लगते हैं, इसलिए इनकी अच्छी तरह से सफाई करनी चाहिए, परन्तु सभी वस्त्रों को एक ही साथ नहीं धोना चाहिए। अलग-अलग प्रकार के कपड़ों को अलग-अलग ढंग से धोना चाहिए। धुलाई से सम्बन्धित यही सम्पूर्ण क्रिया 'लॉण्ड्री' कहलाती है। अत: लॉण्ड्री एक परिष्कृत प्रक्रिया है, जिसमें धुलाई से सम्बन्धित समस्त क्रियाएँ सम्मिलित होती हैं।

अध्याय विषय सूची

30.1 लॉण्ड्री (धुलाई) के लिए उपकरण Equipments for Laundry

लॉण्ड्री हेतु विभिन्न प्रकार के उपकरण प्रयुक्त किए जाते हैं, जिनका वर्णन निम्न प्रकार है

1. टब या बाल्टी Tub or Bucket

धुलाई प्रक्रिया में टब या बाल्टी बहुत महत्त्वपूर्ण साधन है, जिनका प्रयोग सर्फ घोलने, पोशाक खँगालने, नील देने एवं कलफ लगाने आदि कार्यों में किया जाता है। टब सामान्यत: प्लास्टिक, गेल्वेनाइज्ड आयरन एवं ताम्रचीनी के बने होते हैं। टब का आकार बड़ा होना चाहिए, जिससे कपड़ों का धुलाई कार्य सुविधाजनक हो सके।

2. लकड़ी या धातु की चम्मच Wooden or Metallic Spoon

माँड बनाने या नील घोलने के लिए चम्मच का प्रयोग किया जाता है। प्रतिकर्षक निकालने में धातु के स्थान पर लकड़ी के चम्मच अधिक अच्छे होते हैं।

3. ब्रुश Brush

इसका प्रयोग कपड़े को झाड़ने, कॉलर पट्टी एवं कफ आदि की सफाई के लिए किया जाता है। कपड़ों को हाथ से रगड़ने की जगह ब्रुश से रगड़ना सुविधाजनक होता है। ये ब्रुश प्लास्टिक, लकड़ी, स्पंज या फोम तथा नायलॉन के बने होते हैं। कुछ पोशाकों की ऊपरी सतह पर मैल जम जाता है, इसे कोमल (soft) ब्रुश से हटाया जाता है। टेरीलीन या टेरीकॉट जैसी कई पोशाकों में अधिक मैल जम जाने के कारण ब्रुश से रगड़े बिना पोशाक साफ नहीं होती हैं। अत: आवश्यकतानुसार कई प्रकार के ब्रुश धुलाई के सामान में रखने चाहिए तथा आवश्यकतानुसार उनका प्रयोग भी करना चाहिए।

4. रगड़ने का तख्ता Rubbing Plank

प्राय: धोबी पत्थर पर पटककर या कपड़े को डण्डे से पीटकर धुलाई करते हैं, जिससे कपड़ा जल्दी फट जाता है। अत: इसके स्थान पर तख्ते का प्रयोग करना चाहिए, जिससे कपड़े को उस पर रगड़कर मैल सरलतापूर्वक निकाला जा सके।

इस पर कपड़े को रखकर अच्छे से साबुन लगा कर रगड़ना चाहिए। इस प्रकार रगड़ने से कपड़े को कोई हानि नहीं पहुँचती है और गन्दगी भी बाहर निकल आती है।

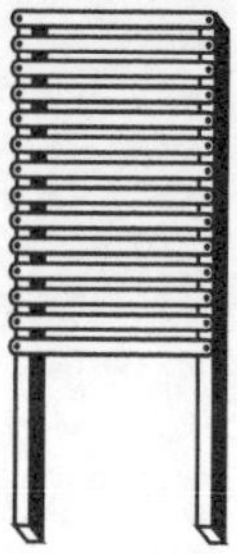

चित्र 30.1 रगड़ने का तख्ता

5. सक्शन वाशर Suction Washer

इसका हैण्डिल लकड़ी का बना होता है तथा इसका निचला भाग धातु का होता है। यह भारी कपड़े, कम्बल, दरी आदि धोने में सहायता करता है। इसके द्वारा मुलायम कपड़े, रेशमी पोशाक, लिनन फैब्रिक आदि भी बिना किसी नुकसान के धोए जा सकते हैं। बाल्टी या टब में साबुन के घोल में गन्दे कपड़े को डालकर सक्शन वाशर को घोल में कपड़े के ऊपर-नीचे रखकर दबाते हैं। इस प्रकार रगड़ने का कार्य दबाने से हो जाता है।

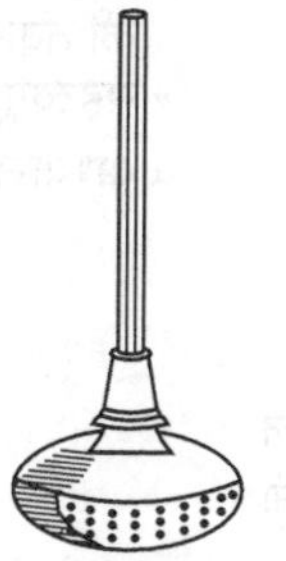

चित्र 30.2 सक्शन वाशर

6. कपड़े धोने की मशीन Washing Machine

वर्तमान में लगभग सभी घरों में कपड़ों की धुलाई हेतु बिजली से चलने वाली मशीन आ गई है जो वॉशिंग मशीन कहलाती है। इन मशीनों की सहायता से कम समय एवं कम मेहनत किए ही वस्त्रों की धुलाई सुगमतापूर्वक की जा सकती है। ये मशीन तीन प्रकार की होती हैं

(i) मैन्युअली ऑपरेटिड वॉशिंग मशीन
(ii) सेमी-ऑटोमैटिक वॉशिंग मशीन (iii) ऑटोमैटिक वॉशिंग मशीन

(i) **मैन्युअली ऑपरेटिड वॉशिंग मशीन** (Manually operated washing machine) इस प्रकार की मशीन में सर्वप्रथम इसके टब में आवश्यकतानुसार पानी भरा जाता है तथा उस पानी में डिटर्जेन्ट पाउडर घोला जाता है। अब इस पानी में वस्त्रों को डुबाकर मशीन को चालू करते हैं। मशीन के चालू करने पर वस्त्र घूमने अथवा हिलने लगते हैं, जिससे वस्त्रों से धूल अथवा गन्दगी के कण दूर हो जाते हैं। अब वस्त्रों को मशीन से निकालकर, साफ पानी से धोकर तथा निचोड़ कर सुखा दिया जाता है।

(ii) **सेमी-ऑटोमैटिक वॉशिंग मशीन** (Semi-automatic washing machine) इस प्रकार की मशीन में दो टब होते हैं। इनमें से एक टब में डिटर्जेन्ट युक्त पानी तथा वस्त्रों को डाल दें। अब मशीन को चालू करें। वस्त्रों से धूल/गन्दगी के कण अलग हो जाएँगे। अब इन वस्त्रों को दूसरे टब में डालकर पुनः मशीन चालू कर दें। इसके बाद कपड़ों को साफ पानी में निकालकर दूसरे टब में डाला जाता है। इस टब में कपड़े निचोड़ कर सूख जाते हैं।

(iii) **ऑटोमैटिक वॉशिंग मशीन** (Automatic washing machine) इस प्रकार की मशीन में घड़ी तथा अलार्म युक्त एक टब होता है, जिसमें वस्त्रों की धुलाई, वस्त्रों का निचोड़ना, सूखना सभी प्रक्रियाएँ मशीन द्वारा ही होती हैं। इन सभी प्रक्रियाओं के होने के पश्चात् मशीन स्वतः बन्द हो जाती है। यह मशीन अपनी क्षमतानुसार पानी भी स्वयं लेती है।

चित्र 30.3 कपड़े धोने की मशीन

7. ड्राइक्लीनिंग पम्प Drycleaning Pump

जिन पोशाकों को पानी से नहीं धोया जा सकता उनकी सूखी धुलाई (drycleaning) की जाती है। प्रायः सूखी धुलाई पेट्रोल से की जाती है। सूखी धुलाई के लिए पोशाकों को लॉण्ड्री में देना पड़ता है, परन्तु धन की बचत के लिए उन्हें घर पर भी धोया जा सकता है।

इसके लिए टंकीनुमा ड्राइक्लीनिंग पम्प बनवा लेना चाहिए। इसमें नीचे नल लगा होता है और अन्दर हैण्डिल में सक्शन वाशर लगा होता है। ढक्कन के ऊपर से इसी हैण्डिल को घुमाकर तथा ऊपर-नीचे करके पोशाकों को पेट्रोल से साफ किया जा सकता है। पोशाकों को साफ करने के बाद बचे हुए पेट्रोल को नल द्वारा निकाल लिया जाता है, जिसे अन्य पोशाकों को धोने के काम में लाया जा सकता है।

30.2 धुलाई हेतु सामग्री Materials for Laundry

पोशाकों या फैब्रिक से मैल या दाग-धब्बे साफ करने के लिए कुछ सामग्री का उपयोग किया जाता है, जो निम्न प्रकार है

1. साबुन Soap

धुलाई में पोशाक की गन्दगी; जैसे—धूल-मिट्टी एवं तेल आदि के चिकने धब्बों को हटाने में साबुन का बहुत ही महत्त्वपूर्ण योगदान है। इसके बनाने में चर्बी (fat) तथा क्षार (alkali) के सम्मिश्रण का प्रयोग किया जाता है। जन्तुओं की चर्बी से बना साबुन वनस्पति की चर्बी से बने साबुन की अपेक्षा अधिक कड़ा होता है तथा इससे पोशाक अधिक स्वच्छ होती हैं। साबुन बनाने में मुख्य रूप से कास्टिक सोडा काम में लाया जाता है।

2. डिटर्जेंट Detergent

पोशाकों को धोने के लिए साबुन के अतिरिक्त कई प्रकार के डिटर्जेंटों का भी प्रयोग किया जाता है। इनके द्वारा कपड़ों की धुलाई सरलता से हो जाती है। इनका निर्माण रासायनिक विधियों द्वारा किया जाता है।

3. जल Water

धुलाई कार्य में बिना जल से कपड़े की सफाई करना असम्भव है। अत: इस कार्य के लिए जल का होना अति आवश्यक है। जल एक ऐसा घुलनशील द्रव्य है, जिसमें किसी भी वस्तु को अपने में घोलने की अत्यधिक शक्ति होती है, इसलिए धुलाई के कार्य में यह महत्त्वपूर्ण है, क्योंकि जल कपड़े के रेशों में समाकर उसमें उपस्थित गन्दगी को गलाकर निकाल देता है। कपड़ों को पानी में भिगोकर रगड़ने से भी काफी हद तक गन्दगी दूर की जाती है। जल द्वारा अनेक प्रकार की पोशाकों व वस्तुओं की गन्दगी को दूर किया जाता है।

4. अपमार्जक (शोधक पदार्थ) Abstergent

साधारणत: पोशाकों को धोने के लिए पानी तथा साबुन का प्रयोग किया जाता है, किन्तु इन दो वस्तुओं के अतिरिक्त भी कई ऐसे पदार्थ हैं, जिनका प्रयोग पोशाक धोने हेतु किया जाए, तो पोशाक अधिक स्वच्छ, आकर्षक एवं सुन्दर प्रतीत होंगी। इन अपमार्जक पदार्थों की सहायता से पोशाक कम समय में तथा थोड़े परिश्रम से ही अधिक स्वच्छ हो जाती है। इन वस्तुओं में मुख्यत: रीठे का घोल, शिकाकाई तथा पोशाकों में चमक व कड़ापन लाने वाले पदार्थ सम्मिलित हैं। इसे प्राकृतिक उत्पाद द्वारा तैयार किया जाता है। यह रेशम, नाजुक वस्त्र एवं रंगीन वस्त्रों के लिए प्रयोग किया जाता है।

5. नील व कलफ Blue and Starch

सफेद सूती पोशाक धोने के बाद प्राय: पीली पड़ जाती हैं, क्योंकि वे अपनी स्वाभाविक सफेदी खो देती हैं। अत: पीलेपन को दूर करने के लिए नील का प्रयोग किया जाता है, जिससे पोशाकों में पुन: सफेदी आ जाती है। कलफ देने वाली पोशाकों में नील का प्रयोग कलफ के साथ किया जाता है। सूती वस्त्रों की धुलाई के पश्चात् उनमें ढीलापन आ जाता है, जिसे कलफ द्वारा दूर किया जाता है। कलफ को चावल, मैदा एवं गोंद द्वारा बनाया जा सकता है, परन्तु आजकल बाजार से तैयार कलफ भी प्राप्त किए जा सकते हैं।

30.3 ड्राइक्लीनिंग Drycleaning

यह पोशाकों की धुलाई की एक प्रक्रिया है, जिसमें जल का प्रयोग न करके रासायनिक विलायक का प्रयोग किया जाता है। सामान्यत: नाजुक वस्त्रों की धुलाई के लिए इस प्रक्रिया का प्रयोग किया जाता है; जैसे—रेशम, रेयॉन, ऊन इत्यादि। ड्राइक्लीनिंग से वस्त्रों की चमक, कोमलता एवं बुनाई आदि खराब होने से बची रहती है।

शुष्क धुलाई में साबुन तथा पानी के स्थान पर जिन वस्तुओं का प्रयोग किया जाता है, उसे शुष्क धुलाई प्रतिकर्मक (repulsive) के नाम से जानते हैं।

शुष्क धुलाई के प्रतिकर्मक निम्नांकित हैं

शोषक	घोलक
फ्रेन्च चाक, फुलर्स अर्थ, टेल्कम पाउडर, गन्धक का चूरा, सूखी डबल रोटी का चूरा, मूँग की दाल का पाउडर, कॉमर्शियल ड्राइक्लीनिंग पाउडर	पेट्रोल,बेन्जीन, कार्बन टेट्राक्लोराइड

वसा, शोषक गन्दगी तथा धूल हटाने में अधिक सहायक सिद्ध नहीं होते हैं। चूँकि सूखे पाउडर के चूरे का फैब्रिक के तन्तुओं में प्रवेश करना कठिन होता है। इस प्रकार तन्तु वसा का शोषण नहीं कर पाते हैं। अत: फैब्रिक पर से धब्बे हटाने के लिए इसका प्रयोग करना उपयोगी नहीं होगा। वसा घोलक कई प्रकार के होते हैं, जिनमें से कुछ ज्वलनशील व कुछ अज्वलनशील पाए गए हैं। पेट्रोल, बेन्जॉयल, ऐसीटोन, बेन्जीन आदि ज्वलनशील पदार्थों में तथा बेन्जीन और कार्बन टेट्राक्लोराइड अज्वलनशील समूह में आते हैं। ईथर (ether) और ऐसीटोन (acetone) ज्वलनशील होने के साथ-साथ अत्यन्त कीमती भी होते हैं, जिसके परिणामस्वरूप यह शुष्क धुलाई के लिए व्यावहारिक नहीं है। बेन्जीन तथा टेट्राक्लोराइड अज्वलनशील होने के साथ-साथ बहुत कीमती होते हैं, जिसके कारण इनका प्रयोग केवल धब्बे छुड़ाने के लिए ही किया जाता है।

बेन्जीन तथा बेन्जॉयल कीमती नहीं होते, परन्तु अत्यधिक ज्वलनशील होते हैं, जिसके कारण इनका प्रयोग भी उचित नहीं होता। अत: पेट्रोल को प्रयोगों में लाया जाता है, क्योंकि यह अपेक्षाकृत सस्ता व कम हानिकारक होता है। अत: शुष्क धुलाई में इसी का प्रयोग किया जाता है। ड्राइक्लीनिंग प्रक्रिया में सर्वप्रथम ड्राइक्लीन किए जाने वाले वस्त्रों को ब्रश की सहायता से भली-भाँति साफ किया जाता है। अब वस्त्रों के अनुसार टब अथवा बाल्टी लेकर तथा उसमें विलायक मिलाकर वस्त्रों के निशान या धब्बे युक्त भागों को विलायक में डुबोया जाता है। निश्चित समय तक वस्त्रों को विलायक में रखने के पश्चात् उन्हें विलायक से बाहर निकाल कर तथा निचोड़कर सुखाया जाता है। इससे वस्त्रों में से विलायक की गन्ध निकल जाती है। अब वस्त्रों को प्रेस किया जाता है। ड्राइक्लीनिंग से वस्त्रों में रंग एवं चमक बनी रहती है तथा वस्त्र सिकुड़न मुक्त अर्थात् अपने आकार में बने रहते हैं।

30.4 विभिन्न कपड़ों की धुलाई Washing of Different Fabric

वस्त्रों का निर्माण भिन्न-भिन्न धागों एवं रेशों से किया जाता है। इन्हें धोने के लिए भिन्न-भिन्न तरीकों को अपनाना पड़ता है, जिससे इनकी मजबूती एवं चमक लम्बे समय तक बनी रहती है।

विभिन्न फैब्रिक की धुलाई हेतु निम्न तरीकों को अपनाना चाहिए

1. सूती कपड़ों की धुलाई Washing of Cotton Clothes

सूती कपड़ों को निम्न प्रकार धोया जाना चाहिए

(*i*) सर्वप्रथम कपड़ों को धोने की तैयारी की जाती है, जिसमें यह देखा जाता है कि कपड़े कहीं से फटे तो नहीं हैं तथा कपड़ों पर दाग-धब्बे तो नहीं हैं। ऐसा होने पर समस्या को दूर किया जाता है।

(ii) अब कपड़ों को डिटर्जेन्ट विलयन में कुछ समय के लिए भिगो देना चाहिए, जिससे कपड़ों से धूल के कण अलग हो जाते हैं। कपड़ों के अधिक गन्दे होने पर उन्हें गर्म पानी में भिगोना चाहिए।

(iii) कपड़ों को पानी में भिगोने के पश्चात् उनकी सफाई की जाती है। कपड़ों के मुलायम भाग को हाथ तथा कठोर भाग को ब्रुश से रगड़ना चाहिए।

(iv) अब कपड़ों को पानी से धोना चाहिए। ऐसा तब तक करें, जब तक कपड़ों से साबुन अथवा डिटर्जेन्ट पूर्णतया निकल न जाए।

(v) यदि कपड़ों का रंग सफेद है, तो उनमें नील दिया जाना चाहिए।

(vi) कपड़ों के आधार पर उनमें कलफ (starch) दिया जाना चाहिए।

(vii) अब कपड़ों को अच्छी तरह निचोड़ कर सुखा देना चाहिए। सफेद कपड़ों को धूप (सीमित समय तक) तथा रंगीन कपड़ों को छाया में सुखाना चाहिए।

(viii) अन्ततः कपड़ों पर प्रेस की जानी चाहिए, इससे कपड़ों में आई सिलवटें दूर हो जाती हैं तथा कपड़े आकर्षक लगते हैं।

2. रेशमी कपड़ों की धुलाई Washing of Silk Clothes

रेशमी कपड़ों की धुलाई निम्न प्रकार की जाती है

(i) सर्वप्रथम कपड़ों में आए दोषों; जैसे—फटना, दाग-धब्बे आदि को दूर करें। रेशमी कपड़ों से दाग-धब्बे हटाने हेतु हल्के विलयनों; जैसे—पेट्रोल, बेन्जीन आदि का प्रयोग करना चाहिए।

(ii) इस प्रकार के कपड़ों को धोने में सामान्यतः शिकाकाई एवं रीठा विलयनों का प्रयोग किया जाना चाहिए।

(iii) कपड़ों की धुलाई के पश्चात् अब उन्हें पानी से भली-भाँति साफ करना चाहिए। इस प्रकार के कपड़ों में चमक लाने के लिए अन्त में सिरके (vinegar) का प्रयोग करना चाहिए।

(iv) अब कपड़ों में कलफ लगाकर सुखा देना चाहिए। इस प्रकार के कपड़ों में गम कलफ (gum starch) का प्रयोग करना चाहिए तथा इन्हें छाया में सुखाना चाहिए।

(v) अन्ततः कपड़ों पर प्रेस करनी चाहिए।

3. सिन्थेटिक कपड़ों की धुलाई Washing of Synthetic Clothes

सिन्थेटिक कपड़ों के अन्तर्गत नायलॉन, पॉलिस्टर एवं एक्रिलिक आते हैं। इनकी धुलाई निम्न प्रकार की जाती है—

(i) सर्वप्रथम कपड़ों में आए दोषों का निवारण करें।

(ii) इस प्रकार के कपड़ों को कुछ समय के लिए गुनगुने या ठण्डे पानी में भिगोया जाना चाहिए। इसके पश्चात् ही मृदु साबुन की सहायता से इनकी धुलाई की जानी चाहिए।

(iii) अब साफ पानी द्वारा कपड़ों से साबुन निकालकर हैंगर पर सुखा दें। हैंगर पर सुखाने से कपड़ों का सही आकार बना रहता है।

(iv) अन्ततः कपड़ों पर हल्की गर्म प्रेस करें।

ऊनी कपड़ों की धुलाई Washing of Woolen Clothes

ऊनी कपड़ों की धुलाई निम्न प्रकार करनी चाहिए

(i) सर्वप्रथम कपड़ों में से धूल हटाने के लिए ब्रुश का प्रयोग करें।

(ii) कपड़ों के अधिक गन्दे होने पर उन्हें गुनगुने पानी में भिगोएँ।

(iii) इस प्रकार के कपड़ों को धोने के लिए बोरेक्स का प्रयोग किया जा सकता है, परन्तु सामान्यतः साबुन के फ्लेक का ही प्रयोग करना चाहिए।

(iv) जब तक इनमें से साबुन पूर्णतया निकल न जाए, तब तक इन्हें पानी में से अच्छी तरह निकालें। सफेद ऊनी कपड़ों में नींबू एवं सिरके की 1 से 2 बूँद डालकर धोने से उनमें चमक आ जाती है।

(v) अब ब्राउन पेपर पर पेंसिल से खाका बनाकर इन्हें सुखा दें तथा सुखाने के पश्चात् इन्हें उल्टा कर इन पर मलमल का कपड़ा रखकर प्रेस करें। ऊनी कपड़ों पर प्रेस सदैव उठा-उठा कर करनी चाहिए।

30.5 कपड़ों का सिकुड़ना Shrinkage of Clothes

जब कपड़ों को कुछ समय के लिए पानी में भिगोकर रखा जाता है, तो उनमें सिकुड़ने का गुण उत्पन्न हो जाता है। अतः कपड़ों की सिलाई से पूर्व इन्हें श्रिंक (shrink) करना अत्यन्त आवश्यक होता है। कुछ अच्छी गुणवत्ता वाले फैब्रिक; जैसे—कॉटन, लिनन तथा ऊनी कपड़े बाजार में आने से पहले ही श्रिंक किए जाते हैं।

इस प्रकार श्रिंक करने की यह प्रक्रिया प्री-श्रिंक अथवा सनफ्रोनाइजेशन (sanfronisation) कहलाती है। प्री-श्रिंक कपड़ों को पुनः श्रिंक करने की आवश्यकता नहीं होती है। विभिन्न प्रकार के फैब्रिक को निम्न प्रकार श्रिंक किया जा सकता है

1. सूती Cotton

सूती कपड़ों को कम-से-कम चार घण्टे तक पानी में भिगो कर रखना चाहिए। सफेद सूती कपड़ों को गर्म पानी तथा रंगीन कपड़ों को हल्के गुनगुने पानी में भिगोना चाहिए। कपड़ों में एक समान सिकुड़न हेतु कपड़ों की स्थिति को एक से दो बार बदल देना चाहिए। भिन्न-भिन्न रंगों के कपड़ों को अलग-अलग भिगोना चाहिए। कपड़ों को नियमित समय तक भिगोने के पश्चात् पानी से निकाल कर (बिना निचोड़े) सुखा देना चाहिए तथा सूखने के पश्चात् प्रेस कर देनी चाहिए।

2. लिनन Linen

इस प्रकार के कपड़ों को एक से दो घण्टों तक ही पानी में भिगो कर रखना चाहिए, क्योंकि लिनन पानी को अपने अन्दर तीव्रता से अवशोषित करता है। इन्हें भी बिना निचोड़े ही सुखाना चाहिए।

3. रेशम Silk

रेशम दो प्रकार की होती है—शुद्ध एवं कृत्रिम। शुद्ध रेशम को श्रिंक करने की आवश्यकता नहीं होती, जबकि कृत्रिम रेशम को हाइड्रोजन परॉक्साइड अथवा प्राकृतिक साबुन के विलयन में भिगोकर श्रिंक किया जाता है तथा इसके पश्चात् कलफ युक्त पानी में भिगोकर सुखाया जाता है।

4. खाकी कपड़े Khaki Clothes

खाकी कपड़ों को दो विधियों द्वारा श्रिंक किया जा सकता है

प्रथम विधि (First method) इस विधि में खाकी कपड़े को साबुन विलयन में 24 घण्टे तक भिगोया जाता है तथा इसके पश्चात् विलयन से निकाल कर बिना निचोड़े सुखा दिया जाता है। इससे कपड़ा मुलायम हो जाता है।

द्वितीय विधि (Second method) इस विधि में खाकी कपड़े को फर्श पर उल्टा करके उस पर साबुन घिस दिया जाता है। इसके पश्चात् इसे बिना धोए सुखा दिया जाता है। इससे कपड़ा मुलायम हो जाता है और कपड़ा सिलाई करने पर कटता नहीं है।

5. ऊनी कपड़े Woolen Clothes

ऊनी कपड़ों को निम्न दो विधियों द्वारा श्रिंक किया जा सकता है

प्रथम विधि (First method) इस विधि में एक गीले टर्किश तौलिये (turkish towel) को ऊनी कपड़े की दो परतों के बीच रखा जाता है तथा प्रेस किए जाने वाले भाग पर एक साधारण कपड़ा रख कर प्रेस की जाती है। प्रेस करने से उत्पन्न भाप से वह ऊनी कपड़ा श्रिंक हो जाता है।

द्वितीय विधि (Second method) इस विधि में ऊनी कपड़े के ऊपर एक गीला मलमल का कपड़ा फैलाकर, दोनों को एक-साथ मोड़ा जाता है तथा इसी स्थिति में लगभग 12 घण्टे तक छोड़ दिया जाता है। अब मलमल के कपड़े को हटाकर एवं ऊनी कपड़े को उल्टा करके टेबल पर फैला दिया जाता है तथा प्राकृतिक रूप से सूखने के लिए छोड़ दिया जाता है।

30.6 दाग-धब्बे Stains

व्यक्ति अपना कार्य चाहे कितना भी सावधानीपूर्वक करे, फिर भी कभी-कभी नित्य प्रति प्रयोग की वस्तुएँ, पोशाकों पर अचानक गिरकर उन्हें खराब कर देती हैं। विशेष रूप से रसोईघर में इसकी आशंका अधिक रहती है, क्योंकि रसोईघर में घी, तेल, हल्दी आदि का भण्डार होता है।

इसके अतिरिक्त कार्य करते समय हाथ आदि कट जाने पर खून निकलने से, मेकअप करते समय नेल पॉलिश गिर जाने से या लिपिस्टिक आदि के धब्बे अचानक ही आपकी पोशाकों पर लगकर पोशाक की सुन्दरता को समाप्त कर देते हैं। अत: पोशाक को पहनने योग्य बनाने के लिए दाग-धब्बे को छुड़ाने व साफ करने का ज्ञान होना आवश्यक है।

धब्बों का वर्गीकरण Classification of Stains

पोशाकों को धब्बामुक्त करने के लिए उनके प्रकारों समेत प्रकारों की प्रकृति से अवगत होना आवश्यक हो जाता है। यहाँ पर विविध प्रकार के धब्बों का वर्णन किया गया है

1. चिकनाई युक्त धब्बे Oily Stains

प्राय: रसोई में कार्य करते समय गृहिणियों की पोशाकों पर मक्खन, घी, तेल आदि लग जाते हैं। अत: सर्वप्रथम ब्लॉटिंग पेपर से चिकनाई सुखाकर ही दाग हटाने वाले रसायनों का प्रयोग करें तथा अच्छे डिटर्जेन्ट का प्रयोग करें।

2. वानस्पतिक धब्बे Vegetable Stains

इस वर्ग के अन्तर्गत चाय, कॉफी, कोको, फल, शहद, चॉकलेट आदि के धब्बे आते हैं। इनमें अम्ल (acid) होता है, इन्हें छुड़ाने के लिए क्षारीय पदार्थ का प्रयोग करना चाहिए।

3. खाद्य पदार्थों के धब्बे Edible Stains

इसके अन्तर्गत दूध, अण्डा, मांस आदि के धब्बे आते हैं तथा इन सब में प्रोटीन की मात्रा अधिक होती है, इसलिए इन्हें सदैव ठण्डे पानी से छुड़ाएँ।

4. खनिज वस्तुओं के धब्बे Mineral Stains

इसके अन्तर्गत जंग, रोशनाई, दवा आदि खनिज पदार्थ आते हैं। इन्हें पहले अम्लीय पदार्थों तथा फिर क्षारीय पदार्थों से छुड़ाएँ।

5. रंग-रोगन के धब्बे Paint Stains

ये रासायनिक प्रकृति के धब्बे होते हैं। इन धब्बों की प्रकृति को पहचानकर ही रसायन का चुनाव करें।

दाग-धब्बे छुड़ाते समय सावधानियाँ
Precaution During Removing Stains

दाग-धब्बे छुड़ाने के लिए प्राथमिक विधि द्वारा निम्नलिखित सावधानियाँ ध्यान में रखनी चाहिए

(i) ताजे धब्बे को तुरन्त छुड़ाने का प्रयास करें, क्योंकि पुराने धब्बे को छुड़ाने में कठिनाई होती है।

(ii) सर्वप्रथम धब्बे को पहचानकर ही सफाई की विधि को अपनाना चाहिए।

(iii) पहले घरेलू व हल्के उपाय करें। न छूटने पर ही प्रतिकर्मक का प्रयोग करें।

(iv) प्रतिकर्मक को फैब्रिक पर सूखने न दें, सूखने पर रेशों को क्षति पहुँचती है।

(v) धब्बा छुड़ाने के लिए पहले हल्के प्रतिकर्मक का ही प्रयोग करें। न छूटने पर तेज प्रतिकर्मक का प्रयोग करें।

(vi) जब भी रासायनिक प्रतिकर्मक का प्रयोग करें, तो धब्बे साफ होते ही पानी से तुरन्त ही धोएँ, जिससे प्रतिकर्मक का प्रभाव समाप्त हो जाए और वस्त्र को हानि न पहुँचे।

(vii) ध्यान रहे कि कोई भी प्रतिकर्मक पानी के बिना न लगाएँ, क्योंकि सभी प्रतिकर्मक रासायनिक मिश्रणों से बनते हैं।

(viii) शीघ्र आग पकड़ने वाले पदार्थों को अग्नि से दूर रखें।

(ix) रासायनिक प्रतिकर्मकों में गैस होती है। अत: उनके प्रयोग के समय चेहरे को दूर रखें, जिससे गैस सीधे नाक में न जाए अन्यथा यह आपके स्वास्थ्य को हानि पहुँचा सकती है।

(x) धब्बे छुड़ाने का कार्य विवेक, सहनशीलता एवं धैर्यपूर्वक करें।

(xi) जो भी प्रतिकर्मक प्रयोग में लाया जा रहा है, पहले उसे पोशाक के थोड़े से टुकड़े पर देखें, साथ ही फैब्रिक को रगड़ें।

(xii) रेशमी व ऊनी फैब्रिक पर कभी भी तेज प्रतिकर्मक का प्रयोग न करें।

30.7 विविध दाग-धब्बों को छुड़ाने की तकनीकें
Various Removing Techniques of Stains

उपरोक्त जानकारी एवं सावधानी के बाद ही दाग-धब्बे छुड़ाने की प्रक्रिया आरम्भ करें, जो निम्न तालिका द्वारा दर्शाई गई है

क्र.सं.	दाग का विवरण	छुड़ाने की विधि
1.	मक्खन, घी, तेल व ग्रीस के धब्बे	सफेद चॉक का पाउडर करके धब्बे वाले स्थान के नीचे ब्लॉटिंग पेपर (अवशोषक पेपर) रखकर ऊपर पाउडर डालें। कुछ समय बाद ब्रुश से साफ करें। यह क्रिया आवश्यकता के अनुसार दोहराई जा सकती है। धब्बे के ऊपर व नीचे ब्लॉटिंग पेपर रखकर गर्म प्रेस करने से चिकनाई पेपर पर आ जाती है। तेज गर्म पानी व साबुन, धब्बे वाले स्थान पर लगाने से चिकनाई साफ हो जाती है। उपरोक्त से न छूटने पर कार्बन टेट्राक्लोराइड को धब्बे पर छिड़क कर पेट्रोल से साफ किया जा सकता है।
2.	चाय, कॉफी के धब्बे	फैब्रिक पर चाय या कॉफी के धब्बे लगने पर तुरन्त ही ठण्डे पानी की धार बनाकर धब्बे पर डालने से धब्बा साफ हो जाता है। नमक व नींबू के प्रयोग से भी धब्बा छूट जाता है। सोडियम बोरेट व हाइड्रोजन का हल्का घोल बनाकर धब्बे पर लगाएँ, तो धब्बा हट जाता है।
3.	फल एवं शहद के धब्बे	सोडियम साबुन व ठण्डे पानी से धोने के बाद एक फुट की ऊँचाई से धब्बे पर पानी की धार डालने से दाग चला जाता है। धब्बे पर नींबू का रस लगाकर धूप में रखें। तत्पश्चात् ब्लीच करें, तो दाग छूट जाता है। हाइड्रोजन की भाप धब्बे वाले भाग पर लगाने से भी दाग नहीं रहता है।
4.	अण्डे के धब्बे	सर्वप्रथम धब्बे को ठण्डे पानी से धोएँ फिर साबुन व गर्म पानी से साफ कर सकते हैं। धब्बे वाले स्थान पर नमक लगाकर धार से गर्म पानी डालने से अण्डे का धब्बा चला जाता है। गर्म फैब्रिक्स पर टाटरी पीस कर लगाएँ, धब्बे साफ होने पर गीला फैब्रिक रखकर प्रेस करें।
5.	दूध के धब्बे	ताजे धब्बे को ठण्डे पानी व साबुन से साफ करें, तो दूध का दाग आसानी से निकल जाता है। पुराने धब्बे को क्लोरीन से ब्लीच करने पर दाग साफ हो जाता है।
6.	खून या रुधिर के धब्बे	रुधिर के धब्बे को सदा ठण्डे पानी से धोएँ व साबुन प्रयोग करें। रुधिर के धब्बे पर नमक लगाकर कुछ देर रखने के बाद रगड़कर धोने से दाग हट जाते हैं। पानी व अमोनिया का घोल बनाकर धब्बे वाले स्थान को कुछ देर भिगोएँ और धब्बे साफ होने पर धोकर सुखाएँ। ऊनी फैब्रिक पर रक्त को साफ करने के लिए स्टार्च का पेस्ट बनाकर धब्बे पर लगाएँ, सूखने पर ब्रुश से झाड़ दें, यदि धब्बे फिर भी रह जाएँ, तो इस क्रिया को एक से अधिक बार कर सकते हैं।
7.	स्याही के धब्बे (नीली एवं काली)	गीले धब्बे पर ब्लॉटिंग पेपर बिछाएँ व ठण्डे पानी से धोकर साफ करें। 1/2 घण्टे बाद दूध या दही के पानी में भिगोकर रखें, ध्यान रहे दूध व दही सूखे नहीं एवं इसके बाद साबुन लगाकर पानी से धो दें। अमोनिया के हल्के घोल में धब्बे वाला भाग भिगो दें। कुछ देर बाद पानी से धोकर सुखा लें। सूती पोशाकों पर कच्चे टमाटर के रस से धोने से ये धब्बे साफ हो जाते हैं। कच्चा आलू पीसकर कुछ समय तक धब्बे वाले स्थान पर रखिए। बाद में रगड़कर धो दीजिए। धब्बे वाले स्थान पर नींबू का रस लगाकर रगड़िए। ऊनी व रेशमी फैब्रिक रगड़ें नहीं अपितु हाइड्रोजन परॉक्साइड तथा अमोनिया का बराबर भाग मिलाकर धब्बे पर लगाने से दाग साफ हो जाते हैं।
8.	लाल स्याही के धब्बे	कच्चे दूध से रगड़कर पानी से धोने के बाद सुखाने से धब्बा साफ हो जाता है। अमोनिया के घोल में कुछ समय तक रखकर रगड़ने के बाद पानी से धो दें। धब्बा साफ हो जाता है।
9.	जंग के धब्बे	उबलते पानी की भाप पर कुछ देर धब्बे को रखने के बाद रगड़कर धो दें। धब्बे को नींबू का रस लगाकर रगड़ने के बाद धो दें। पॉलिएस्टर, टेरीलीन आदि पोशाकों के धब्बों को कुछ देर मिट्टी के तेल में डुबोकर रखने के पश्चात् रगड़कर साफ साबुन के पानी से धो दें। ऊनी व रेशमी फैब्रिक्स को अधिक नहीं रगड़ते। उन पर तारपीन का तेल लगाकर रखने के कुछ देर बाद धब्बे साफ करें। गन्ध दूर करने के लिए धूप में सुखा दें। धब्बे वाला भाग प्लेट में फैलाकर ऑक्जैलिक एसिड (oxalic acid) की पोटली बनाकर गर्म पानी में डुबो-डुबोकर जब तक धब्बे छूट न जाएँ रगड़ें, यह प्रक्रिया धूप में ही की जाती है।
10.	दवाइयों के धब्बे	धब्बे वाले स्थान को तुरन्त ही गर्म पानी व साबुन से साफ करें। पुराने धब्बे, मिथाइल एल्कोहॉल (methyl alcohol), सर्जिकल स्पिरिट (surgical spirit) में भिगोकर छुड़ाया जा सकता है। ऊनी व कोमल पोशाकों के धब्बे को मिथाइल स्पिरिट से ही साफ करने पर दाग चला जाता है।
11.	इत्र के धब्बे	धब्बे पर मेथीलेटिड स्पिरिट को कुछ समय के लिए लगाकर छोड़ दें, फिर साबुन के पानी से धो दें। धब्बा साफ हो जाता है।

क्र.सं.	दाग का विवरण	छुड़ाने की विधि
12.	घास के धब्बे	धब्बे वाले स्थान पर गर्म पानी व साबुन का प्रयोग करें। तत्पश्चात् हाइड्रोजन परॉक्साइड (hydrogen peroxide) का स्प्रे करें। धब्बे वाले स्थान को अमोनिया व पानी मिले घोल में डुबो दें, कुछ देर बाद साबुन व ठण्डे पानी से धो दें। रेशमी व ऊनी पोशाकों के धब्बे साफ करने के लिए मेथीलेटिड स्पिरिट का प्रयोग करें। मिट्टी का तेल व एल्कोहॉल द्वारा भी ये धब्बे साफ किए जा सकते हैं।
13.	लिपस्टिक के धब्बे	ये धब्बे मेथीलेटिड स्पिरिट से छुड़ा सकते हैं। इसके बाद ठण्डे पानी से धो दें। ये धब्बे पेट्रोल से भी साफ किए जा सकते हैं।
14.	पसीने के धब्बे	पसीने की धब्बेयुक्त पोशाक को तुरन्त ही साबुन व पानी से धो दें, दाग साफ हो जाएगा। धब्बा यदि पुराना है, तो साबुन के घोल में दो बूँदें अमोनिया डालकर कुछ देर के लिए भिगो दें, यदि धब्बा ज्यादा गहरा है, तो 1/2 घण्टे तक डूबा रहने के बाद साबुन के पानी से धोएँ।
15.	जलने के धब्बे	धब्बे के ऊपर चाँदी का सिक्का रगड़ने से यह धब्बा साफ हो जाता है। अमोनिया के घोल में धोने से भी यह धब्बा साफ हो जाता है। हाइड्रोजन परॉक्साइड लगाने पर भी यह धब्बा साफ हो जाता है। कपड़े पर गीला फैब्रिक रखकर कई बार प्रेस रखें।
16.	कीचड़ के धब्बे	कीचड़ के धब्बे सूखने के बाद ब्रुश से साफ करें। यदि धब्बा रह जाए, तो कच्चे आलू को धब्बे पर रगड़ें, धब्बा साफ हो जाता है और साबुन के पानी से शीघ्र धो दें। पोशाक में आलू का पानी नहीं रहना चाहिए। पोटैशियम के घोल से भी यह धब्बा साफ हो जाता है।
17.	बूट पॉलिश के धब्बे	तारपीन के तेल या पेट्रोल से ये धब्बे साफ हो जाते हैं। मेथीलेटिड स्पिरिट से भी ये धब्बे साफ हो जाते हैं।
18.	नेल पॉलिश के धब्बे	नेल पॉलिश के धब्बे एसीटोन के द्वारा साफ करें। पुराने धब्बे सोडियम हाइड्रोजन सल्फाइड से ब्लीच कर साफ करते हैं।
19.	शराब के धब्बे	ठण्डे पानी से धोने के बाद धब्बे पर नमक का पानी या बोरिक एसिड का पानी डालकर साफ करें। ऊनी पोशाकों पर हाइड्रोजन की भाप द्वारा धब्बा आसानी से साफ हो जाता है।
20.	पान के धब्बे	जहाँ तक सम्भव हो शीघ्र ही धब्बे को ठण्डे पानी से धोकर कुछ देर के लिए कच्चे दूध में भिगोने के बाद धो दें। धब्बे पर प्याज व चूना रगड़ें, छूट जाने पर ठण्डे पानी से धो दें। अमोनिया के घोल में भिगोने के कुछ देर बाद धब्बे को पानी से धो दें।
21.	मशीन के तेल के धब्बे	सूती पोशाकों पर अमोनिया या कार्बोलिक एसिड का घोल बनाकर धब्बे को उसमें कुछ देर भिगो दें। उसके बाद पानी से धो दें। ऊनी व रेशमी पोशाकों के धब्बे पेट्रोल से साफ कर धूप में सूखने के लिए डाल दें।
22.	तारकोल के धब्बे	धब्बे पर मिट्टी का तेल लगाकर तुरन्त साफ कर, साबुन व पानी से धो दें। धब्बे के ऊपर ग्रीस सॉल्वेण्ट (grease solvent) अर्थात् वसा का घोल बनाकर तारकोल के धब्बे पर लगाकर कुछ देर रखने के बाद साफ कर दें। धब्बे पर पेट्रोल, कार्बन टेट्राक्लोराइड या तारपीन का तेल लगाने से धब्बा साफ हो जाता है।
23.	ट्रेस के धब्बे	कई बार ट्रेस के धब्बे साफ नहीं होते। उन्हें मेथीलेटिड स्पिरिट से साफ किया जा सकता है।
24.	पेन्ट व वार्निश के धब्बे	ताजे धब्बे को मिट्टी के तेल से साफ किया जा सकता है। तारपीन का तेल एवं मेथीलेटिड स्पिरिट के मिश्रण से पुराने धब्बे भी छुड़ाए जा सकते हैं। पेट्रोल से भी ये धब्बे साफ हो जाते हैं।
25.	मोम के धब्बे	सर्वप्रथम मोम को खुरचकर उतारने के बाद धब्बे के ऊपर व नीचे ब्लॉटिंग पेपर रख कर गर्म प्रेस उस पर रखने से मोम के पिघलने पर ब्लॉटिंग पेपर उसे सोख लेगा। इस क्रिया से धब्बा हल्का पड़ जाता है। इसके बाद उस पर एल्कोहॉल लगाकर धूप में रखने से बचा हुआ मोम पिघल जाता है, जिससे धब्बा साफ हो जाता है।
26.	आयोडीन के धब्बे	स्टार्च का पेस्ट बनाकर धब्बे पर लगा दें, जब सूख जाए तो ब्रुश की सहायता से खुरचने के बाद पोशाक को धो दिया जाता है, इससे आयोडीन के धब्बे साफ हो जाते हैं। हाइपो को आयोडीन के धब्बे पर लगाने से धब्बा एकदम साफ हो जाता है। हाइपो फोटोग्राफर की दुकान पर मिलता है।
27.	टिन्चर के धब्बे	अमोनिया घोल से साफ करने के बाद धब्बे को पानी से धोकर साफ करें।

महत्त्वपूर्ण प्रश्नोत्तरी

1. लॉण्ड्री से क्या तात्पर्य है?

उत्तर लॉण्ड्री से तात्पर्य केवल कपड़ों की धुलाई से नहीं, अपितु धुलाई से सम्बन्धित सम्पूर्ण क्रियाओं; जैसे–कपड़ों को धोना, सुखाना, उनकी फिनिशिंग करना आदि से है।

2. धुलाई के उपकरणों को एक पंक्ति में लिखिए।

उत्तर धुलाई के निम्नलिखित उपकरण हैं
टब, ताम्रचीनी का कटोरा, लकड़ी या धातु के चम्मच, ब्रुश, रगड़ने का तख्ता, सक्शन वाशर, पोशाक सुखाने का रैक, कपड़े धोने की मशीन एवं ड्राइक्लीनिंग पम्प इत्यादि।

3. ताम्रचीनी के कटोरे की आवश्यकता क्यों पड़ती है?

उत्तर ताम्रचीनी के कटोरे की आवश्यकता नील या माँड घोलने तथा धब्बे छुड़ाने आदि कार्यों में होती है।

4. बिजली से चलने वाली कपड़े धोने की मशीन कितने प्रकार की होती हैं?

उत्तर कपड़े धोने की मशीनें तीन प्रकार की होती हैं
(i) मैन्युअली ऑपरेटिड
(ii) अर्द्धस्वचालित (सेमी-ऑटोमैटिक)
(iii) स्वचालित (ऑटोमैटिक)

5. धुलाई कार्य में पानी क्यों आवश्यक है?

उत्तर धुलाई कार्य में पानी आवश्यक है, क्योंकि पानी एक घुलनशील द्रव्य है, जिसमें किसी भी चीज को अपने में घोलने की अत्यधिक शक्ति होती है। अतः पानी द्वारा वस्त्रों से धूल के कण बाहर निकाले जाते हैं।

6. शुष्क धुलाई से क्या आशय है?

उत्तर यह पोशाकों की धुलाई की एक प्रक्रिया है, जिसमें जल का प्रयोग न करके रासायनिक विलायक का प्रयोग किया जाता है, इसलिए इसे शुष्क धुलाई कहते हैं।

7. वस्त्रों से दूध के धब्बे किस प्रकार छुड़ाए जाते हैं?

उत्तर ताजे दूध के धब्बे को पानी व साबुन से सरलता से साफ किया जाता है, परन्तु पुराने धब्बे को क्लोरीन से ब्लीच कर साफ किया जाता है।

8. नाखून पॉलिश के धब्बे को किस प्रकार हटाया जाता है?

उत्तर नाखून पॉलिश के धब्बे को एसीटोन से हटाया जाता है, परन्तु पुराने धब्बे को सोडियम हाइड्रोजन सल्फाइड से ब्लीच करके हटाया जाता है।

अभ्यास प्रश्न

परीक्षा प्रारूपी प्रश्न

बहुविकल्पीय

1. लॉण्ड्री में इनमें से कौन-सा कार्य किया जाता है?
(a) पोशाकों की धुलाई का
(b) पोशाकों पर प्रेस का
(c) 'a' और 'b' दोनों
(d) उपरोक्त में से कोई नहीं

2. पोशाकों के नियमित प्रयोग का क्या परिणाम होता है?
(a) उनमें से पसीने व धूल-मिट्टी की दुर्गन्ध आने लगती है
(b) नियमित प्रयोग से गन्दे व भद्दे दिखने लगते हैं
(c) 'a' और 'b' दोनों
(d) उपरोक्त में से कोई नहीं

3. धुलाई में प्रयुक्त ब्रुश किस पदार्थ के बने होते हैं?
(a) प्लास्टिक (b) लकड़ी
(c) फोम (d) ये सभी

4. इनमें से कौन-सा धुलाई का उपकरण नहीं है?
(a) टब (b) ताम्रचीनी का कटोरा
(c) धातु का चम्मच (d) कुर्सी

5. ऑटोमैटिक वॉशिंग मशीन द्वारा निम्न में से कौन-सी प्रक्रिया स्वतः ही होती है?
(a) कपड़ों की धुलाई (b) कपड़ों का निचोड़ना
(c) कपड़ों का सुखाना (d) ये सभी

6. पोशाकों की ऊपरी सतह पर जमे मैल को इनमें से किससे हटाया जाता है?
(a) कोमल ब्रश से (b) कठोर ब्रश से
(c) साबुन से (d) इनमें से कोई नहीं

7. साधारणतः पोशाकों को धोने के लिए इनमें से किसका प्रयोग किया जाता है?
(a) पानी (b) साबुन
(c) ड्राइक्लीनिंग (d) 'a' और 'b' दोनों

8. पोशाक जल्दी कब फट जाती है?
(a) धोबी जब उसे पत्थर पर पटककर धोता है
(b) धोबी जब उसे डण्डे से पीटकर धोता है
(c) 'a' और 'b' दोनों
(d) उपरोक्त में से कोई नहीं

9. अपमार्जक विधि से पोशाकों में चमक व कड़ापन लाने के लिए, इनमें से कौन-सा पदार्थ सम्मिलित है?
(a) रीठे का घोल (b) शिकाकाई
(c) 'a' और 'b' दोनों (d) इनमें से कोई नहीं

10. पोशाकों में नील का प्रयोग क्यों किया जाता है?
(a) पोशाकों में सफेदी लाने के लिए
(b) पोशाकों में पुन: नवीनता दिखाने के लिए
(c) 'a' और 'b' दोनों (d) इनमें से कोई नहीं

11. शुष्क धुलाई को अन्य किस नाम से जाना जाता है?
(a) प्रतिकर्मक (b) रासायनिक विलायक
(c) 'a' और 'b' दोनों (d) ड्राइक्लीनिंग

12. साबुन निर्माण में किन-किन पदार्थों के सम्मिश्रण का प्रयोग किया जाता है?
(a) चर्बी (b) क्षार
(c) 'a' और 'b' दोनों (d) इनमें से कोई नहीं

13. निम्न में से कौन-सी धुलाई सामग्री है?
(a) साबुन (b) कलफ
(c) डिटर्जेन्ट (d) ये सभी

14. कपड़े धोने की मशीन के प्रचालन में इनमें से क्या सावधानी रखनी चाहिए?
(a) साबुन (डिटर्जेण्ट) उत्तम किस्म का हो
(b) पोशाक अत्यधिक गन्दी न हो
(c) 'a' और 'b' दोनों
(d) उपरोक्त में से कोई नहीं

15. धुलाई कार्य में पानी की क्या विशेषता है?
(a) जल में किसी भी वस्तु को घोल लेने की स्वाभाविक सामर्थ्य होती है
(b) जल से प्रत्येक प्रकार की पोशाकों की व वस्तुओं की गन्दगी को दूर किया जा सकता है
(c) 'a' और 'b' दोनों
(d) उपरोक्त में से कोई नहीं

16. वानस्पतिक धब्बे निम्न में से किस से पोशाकों में लग जाते हैं?
(a) चाय (b) कॉफी
(c) फल (d) ये सभी

17. इत्र का धब्बा इनमें से किसकी सहायता से साफ करते हैं?
(a) पेट्रोल (b) स्पिरिट
(c) थिनर (d) अम्ल

18. इनमें से किससे खून के धब्बे साफ हो जाते हैं?
(a) अमोनिया (b) मिट्टी का तेल
(c) दही (d) पानी (जल)

19. स्याही के धब्बे को किस प्रकार साफ करना चाहिए?
(a) हाइड्रोजन परॉक्साइड
(b) अमोनिया
(c) 'a' और 'b' दोनों को मिलाकर
(d) उपरोक्त में से कोई नहीं

20. बूट पॉलिश के धब्बे को किसकी सहायता से साफ किया जाता है?
(a) तेल (b) पेट्रोल
(c) स्पिरिट (d) ये सभी

21. रक्त के पड़ने वाले दाग की प्रकृति कैसी होती है?
(a) ऑयली (b) एडीबल
(c) वेजिटेबल (d) मिनिरल

22. पेन्ट का दाग छुड़ाने में निम्न में से किस सामग्री का उपयोग किया जाता है?
(a) ब्लीचिंग पेपर का (b) कैरोसिन ऑयल का
(c) नमक का (d) साबुन का

23. तेल के धब्बे का उदाहरण बताए
(a) अण्डा (b) बटर
(c) रस्ट (d) नेल पॉलिश

24. नेल पॉलिश के दाग किससे साफ करते हैं?
(a) एसीटोन
(b) मिट्टी का तेल
(c) स्पिरिट
(d) ग्रीस सॉल्वेन्ट

25. आयोडीन के धब्बे कैसे साफ करते हैं?
(a) गर्म पानी से (b) स्पिरिट से
(c) स्टार्च के पेस्ट से (d) इनमें से कोई नहीं

उत्तरमाला

1. (c)	**2.** (c)	**3.** (d)	**4.** (d)	**5.** (d)	**6.** (a)	**7.** (d)	**8.** (c)	**9.** (c)	**10.** (c)
11. (d)	**12.** (c)	**13.** (d)	**14.** (a)	**15.** (c)	**16.** (d)	**17.** (b)	**18.** (a)	**19.** (c)	**20.** (d)
21. (b)	**22.** (b)	**23.** (b)	**24.** (a)	**25.** (c)					

अध्याय 31

वस्त्रों का चयन

Selection of Dresses

वस्त्र प्रत्येक स्त्री-पुरुष की मौलिक आवश्यकताओं में से एक माने जाते हैं। मौसम एवं विभिन्न परिस्थितियों के अनुरूप मनुष्य विविध प्रकार के वस्त्रों को धारण करता है। पारम्परिक एवं आधुनिक जीवन-शैली में मनुष्य विशेष अवसरों पर विशिष्ट वस्त्र धारण करता है। वस्त्र न सिर्फ सभ्यता और संस्कृति की पहचान हैं, बल्कि यह मनुष्य की आर्थिक प्रासंगिकता को भी दर्शाते हैं। मनुष्य चाहे किसी भी उम्र का हो, उसे अपनी आयु एवं शारीरिक संरचना के अनुकूल, वस्त्रों की आवश्यकता होती है। प्राचीन सभ्यता के समय मनुष्य की जीवन-शैली पूर्णत: पारम्परिक थी, इसलिए वे पारम्परिक वस्त्रों को धारण करते थे, परन्तु जैसे-जैसे मानव सभ्यता का विकास हुआ, आधुनिक फैशन शैली पर आधारित डिजाइनर परिधानों का प्रचलन तेजी से बढ़ने लगा। अत: विकसित होती सभ्यता एवं संस्कृति का प्रत्यक्ष प्रभाव मानव जीवन-शैली पर भी पड़ा, जिसका सम्बन्ध विशिष्ट आधुनिक परिधानों से जोड़कर देखा जाने लगा है।

अध्याय विषय सूची

31.1 वस्त्रों के चयन का वर्गीकरण Classification of Selection of Dresses

प्रस्तुत अध्याय में सभ्यता एवं संस्कृति के अतिरिक्त कुछ अन्य कारकों; जैसे—फैशन, शारीरिक संरचना, मौसम आदि का वस्त्रों के चयन पर पड़ने वाले प्रभावों के विषय में वर्णन किया गया है।

1. सभ्यता एवं संस्कृति का प्रभाव Effect of Civilization and Culture

वस्त्रों से व्यक्ति की आर्थिक स्थिति एवं सामाजिक प्रतिष्ठा की पहचान होती है। वर्तमान समय में पाश्चात्य जीवन शैली ही मानवीय जीवन-शैली का पर्याय बनती जा रही है। आज वस्त्रों के चयन में सभ्यता एवं संस्कृति के साथ-साथ विविध रीति-रिवाजों की भूमिका भी तेजी से बढ़ती जा रही है। वस्त्रों के चयन में अनेक तत्त्व महत्त्वपूर्ण भूमिका निभाते हैं। वस्त्रों का चयन परिस्थितियों व मानवीय स्वभाव पर निर्भर करता है। इसके अतिरिक्त आर्थिक, सामाजिक, प्राकृतिक, मानसिक, शारीरिक, व्यक्तित्व इत्यादि कई ऐसे पहलू हैं, जिनसे वस्त्रों का चयन प्रभावित होता है।

वस्त्रों के चयन में सभ्यता एवं संस्कृति महत्त्वपूर्ण भूमिका निभाते हैं। बदलते सामाजिक परिवेश में रीति-रिवाजों व परम्पराओं तथा आर्थिक क्षमता के आधार पर वस्त्रों के चयन का प्रचलन तेजी से बढ़ रहा है। वर्तमान समय में वस्त्रों को मान-मर्यादा और प्रतिष्ठा इत्यादि से जोड़कर देखा जाता है। मनुष्य अपनी आर्थिक क्षमता के आधार पर वस्त्रों को खरीदने में अधिक पैसे खर्च करता है, जिससे कि वह अपनी सामाजिक प्रतिष्ठा को अधिक समृद्ध कर सके। वह समाज में अपनी प्रतिष्ठा को बनाए रखने हेतु वस्त्रों की गुणवत्ता पर विशेष बल देता है। वह आकर्षक एवं आधुनिक डिजाइनों से सजे वस्त्रों के चयन को प्राथमिकता देता है, ताकि उसे पूर्ण आत्मसन्तुष्टि की अनुभूति हो सके।

2. फैशन का प्रभाव Effect of Fashion

सामान्य अर्थों में फैशन एक ऐसी धारणा है, जो सभ्यता एवं संस्कृति के साथ बदलती रहती है। सामाजिक स्तर पर लोग ऐसे वस्त्र धारण करना पसन्द करते हैं, जो प्रचलन में रहते हैं। चाहे यह धारणा मनोवैज्ञानिक रूप से प्रभावित ही क्यों न हो, परन्तु यह वास्तविकता है कि लोग फैशन को ही स्वीकार करते हैं। फैशन के प्रति लोगों का दृष्टिकोण निरन्तर बदलता रहता है। जिस फैशन का प्रचलन समाप्त हो जाता है या महत्त्वहीन हो जाता है, लोग उस फैशन की ओर आकर्षित नहीं होते हैं। यह एक स्वाभाविक प्रक्रिया है कि प्रचलित फैशन के वस्त्रों की माँग सर्वाधिक रहती है।

3. शारीरिक संरचना का प्रभाव
Effect of Body Structure

व्यक्ति की शारीरिक संरचना, वस्त्रों के चयन में महत्त्वपूर्ण भूमिका निभाती है। भारी शरीर वाला पुरुष हो या महिला दोनों को छोटे चैक, हल्की प्रिण्ट या रेखाओं वाले वस्त्रों का ही चयन करना चाहिए। वहीं हल्की शारीरिक आकृति वाले पुरुष या महिलाओं को छोटे-छोटे प्रिण्ट तथा हल्के रंग वाले वस्त्र धारण करने चाहिए, इससे व्यक्ति का व्यक्तित्व सुडौल, सुन्दर एवं सौष्ठव तथा प्रभावित करने वाला दिखता है। चटक रंग या बड़े-बड़े प्रिन्ट के छापे से व्यक्ति की शारीरिक संरचना में भारीपन जैसा अनुभव होने लगता है।

4. मौसम का प्रभाव Effect of Weather

यह एक मानवीय प्रवृत्ति है कि व्यक्ति मौसम के अनुकूल ही वस्त्रों का चयन करता है। सर्दी के दिनों में मोटी बनावट वाले ऊनी वस्त्रों या गहरे रंग के कपड़ों का चयन किया जाता है, जो जाड़े के मौसम में शरीर को सुरक्षा प्रदान करते हैं तथा ठण्ड के प्रभाव से बचाते हैं।

सामान्य तौर पर जाड़े में गर्म रंग के वस्त्रों को धारण करना चाहिए, जो शारीरिक संरचना के अनुरूप होते हैं और ऊर्जा प्रदान करते हैं। इसके अतिरिक्त हल्के रंग के साथ, पतले धागे एवं सूती कपड़ों का प्रयोग गर्मियों में किया जाता है। ये वस्त्र त्वचा के लिए आरामदायक माने जाते हैं।

आजकल मौसम के अनुकूल रात्रि के परिधान एवं दिन के परिधान में भी अन्तर दिखाई देते हैं। दिन के समय सूर्य प्रकाश में तथा रात्रि के समय विद्युतीय प्रकाश में परिधानों के रंग पर विशेष प्रभाव पड़ता है। सामान्यत: रात्रि के समय नीला रंग बैंगनी दिखाई देता है। पीला रंग भी दिन एवं रात में अलग-अलग दिखाई देता है। मौसम के अनुसार वस्त्रों का चयन शारीरिक संरचना एवं प्राकृतिक गतिविधियों के अनुकूल किया जाता है।

5. विभिन्न अवसरों का प्रभाव
Effect of Different Occasions

भारतीय समाज में आज भी पारम्परिक जीवन-शैली का प्रभाव दिखाई देता है। विभिन्न पर्व-त्यौहारों को उत्साहपूर्वक मनाया जाता है। इस अवसर पर लोगों द्वारा आकर्षक परिधान धारण किए जाते हैं। कभी-कभी इन परिधानों पर क्षेत्रीय संस्कृति की झलक के साथ-साथ पारम्परिक जीवन-शैली का प्रभाव भी दिखाई देता है। अवसर चाहे खुशी का हो, दु:ख का हो या विशेष मनोरंजन से सम्बन्धित कार्यक्रम का हो, सभी अवसरों पर विशेष वस्त्र ही धारण किए जाते हैं। खुशी का अवसर सकारात्मक दृष्टिकोण का परिचायक माना जाता है। जन्मदिन, विवाहोत्सव, सालगिरह इत्यादि के मौकों पर विशेष रूप से लाल, पीला व हरे रंगों से सजे वस्त्रों का सर्वाधिक प्रयोग किया जाता है।

विवाह के अवसरों पर चमकीले रंगों का प्रयोग किया जाता है। खुशी का प्रदर्शन करने हेतु शुभ मौके पर खिलते रंगों का विशेष रूप से उपयोग किया जाता है।

दु:ख का अवसर नकारात्मक दृष्टिकोण का परिचायक माना जाता है। मृत्यु के मौके पर या किसी मरीज को हॉस्पिटल में या घर देखने जाना हो तो ऐसे मौकों पर वस्त्रों का चयन प्रासंगिक माना जाता है। जैसे—किसी की मृत्यु हो जाने पर किसी परिजन के यहाँ जाना हो, तो सदैव श्वेत वस्त्र या हल्के रंग वाला वस्त्र धारण करना चाहिए। यदि किसी बीमार को देखने जाना हो, तो हल्के रंग का वस्त्र धारण करना संगत माना जाता है।

मृत्यु के अवसर पर काले रंग का वस्त्र भी धारण किया जा सकता है। इसके अतिरिक्त, खेल के समय खिलाड़ियों को विशिष्ट डिजाइन एवं रंग के वस्त्र पहनाए जाते हैं। विशिष्ट यूनीफॉर्म ही खिलाड़ियों की पहचान होती है। वस्त्रों का चयन वातावरण के अनुकूल तथा रात्रि प्रहर एवं दिवाप्रहर को ध्यान में रखकर किया जाता है; जैसे जब क्रिकेट मैच (cricket match) का आयोजन रात्रि में किया जाना हो, तो गहरे रंग की टी-शर्ट एवं हल्के रंग की ट्राउजर्स का प्रयोग किया जाता है। यदि मैच का आयोजन दिन में किया जाता है, तो हल्का या मध्यम रंग अधिक संगत माना जाता है। अत: वस्त्रों का चयन अवसरों एवं मौसम के अनुकूल ही किया जाना चाहिए।

6. व्यक्तित्व का प्रभाव Effect of Personality

समाज में निवास करने वाला हर व्यक्ति अपनी आर्थिक क्षमता, कार्यक्षेत्र तथा सामाजिक मान्यताओं के अनुरूप वस्त्रों का चयन करता है और यही उनकी पसन्द बन जाती है। व्यक्ति अपने व्यक्तित्व के अनुकूल वस्त्र धारण करता है। शान्त स्वभाव का व्यक्ति, हल्के रंग वाले वस्त्र को पहनना पसन्द करता है, परन्तु किसी विशेष अवसरों पर वह चटक रंगों से सजे वस्त्र धारण करता है। राजनीति में सभी राजनेता मुख्यरूप से खादी से निर्मित श्वेत वस्त्र पहनते हैं। श्वेत एवं हल्का नीला रंग शान्ति का प्रतीक माने जाते हैं। अत: जिन्हें शान्ति दूत के रूप में नियुक्त किया जाता है, उन्हें श्वेत या हल्के नीले रंग का वस्त्र धारण करना चाहिए। सिनेमा जगत में काम करने वाले लोगों का व्यक्तित्व बिल्कुल अलग होता है।

वे अधिकतर चटक रंग वाले, जो चमकीले होते हैं और उन पर विशेष आकृति की डिजाइन बनी होती है, वस्त्र पहनना पसन्द करते हैं। इस प्रकार रंगों से व्यक्तित्व में निखार और रंगों का परिचय होता है। अत: व्यक्तित्व व रंग एक-दूसरे के परिचायक माने जाते हैं।

7. आयु एवं लिंग का प्रभाव Effect of Age and Sex

वस्त्रों के चयन हेतु वस्त्र धारण करने वाले व्यक्ति की आयु एवं लिंग पर भी ध्यान देना चाहिए। शारीरिक संरचना के अनुसार, महिलाओं एवं पुरुषों को अलग-अलग वस्त्र पहनने चाहिए। चाहे अलग-अलग डिजाइन हो या रंग, दोनों में भिन्नताएँ स्पष्ट नजर आती हैं। युवा या पुरुषों के लिए लाइनदार कपड़ा, चटक रंग या चैक वाली पोशाक अधिक उपयुक्त होती है। अधिक उम्र वाले लोगों के लिए बदामी, क्रीम, सलेटी, लाइटब्राउन या छोटी चैक वाली पोशाक धारण करना अधिक उपयुक्त माना जाता है।

अधिक उम्र की महिलाएँ अधिकतर हल्के रंग के वस्त्र को पहनना पसन्द करती हैं। इसके अतिरिक्त, बच्चों की ड्रैस में विभिन्न रंगों का समावेश रहता है। जैकेट, कैपरी या निक्कर अलग-अलग रंगों में हो सकते हैं। बच्चों के वस्त्रों में चटकदार रंग का व्यापक उपयोग किया जाता है। युवा पुरुषों के लिए मुख्य रूप से डार्क ब्राउन, लाइटग्रीन या बड़ी-बड़ी चैक वाली पोशाक अधिक आकर्षक एवं उपयुक्त है। अत: आयु व लिंग के अनुसार वस्त्रों का चयन एक उत्कृष्ट निर्णय माना जाता है।

महत्त्वपूर्ण प्रश्नोत्तरी

1. वस्त्रों का चयन क्यों आवश्यक है?

उत्तर वस्त्र सभी मनुष्यों की मौलिक आवश्यकताओं में से एक हैं। वस्त्रों का चयन आयु, लिंग, व्यक्तित्व, मौसम, सभ्यता एवं संस्कृति तथा विभिन्न अवसरों के अनुकूल किया जाता है।

2. वस्त्रों का चयन किन परिस्थितियों द्वारा प्रभावित होता है?

उत्तर वस्त्रों का चयन आर्थिक, सामाजिक, प्राकृतिक, शारीरिक, मानसिक सभ्यता एवं संस्कृति के द्वारा प्रभावित होता है।

3. युवा एवं पुरुषों को किस प्रकार के वस्त्र धारण करने चाहिए?

उत्तर युवा एवं पुरुषों को लाइनदार, चटक रंग या चैक वाले वस्त्र पहनने चाहिए।

4. बच्चों की ड्रैस किस रंग की होनी चाहिए?

उत्तर बच्चों की ड्रैस में विभिन्न रंगों का समावेश रहता है। आकर्षण के दृष्टिकोण से बच्चों के वस्त्रों में चटकदार रंग का व्यापक उपयोग किया जाता है।

5. खुशी के अवसर पर किस प्रकार के वस्त्रों को पहनना चाहिए?

उत्तर खुशी के अवसर; जैसे–विवाहोत्सव, जन्मदिन या सालगिरह के मौके पर लाल, पीले एवं हरे रंगों से सजे वस्त्रों का सर्वाधिक प्रयोग किया जाता है।

अभ्यास प्रश्न

परीक्षा प्रारूपी प्रश्न

बहुविकल्पीय

1. निम्नलिखित में से कौन-सा वस्त्र चयन को प्रभावित नहीं करता है?
(a) सभ्यता, संस्कृति (b) व्यक्तित्व
(c) आर्थिक, सामाजिक स्थिति (d) राजनीति

2. शान्ति का प्रतीक किस रंग को माना जाता है?
(a) हरा (b) श्वेत (c) काला (d) भूरा

3. शान्त स्वभाव के व्यक्ति किस प्रकार के रंग का वस्त्र धारण करते हैं?
(a) हल्के रंग का (b) काले रंग का
(c) श्वेत रंग का (d) भूरे रंग का

4. श्वेत रंग के अतिरिक्त और किसे शान्ति का प्रतीक माना जाता है?
(a) हल्के भूरे रंग को (b) गहरे नीले रंग को
(c) हल्के नीले रंग को (d) गहरे भूरे रंग को

5. निम्न सूचियों को सुमेलित कीजिए

सूची I			सूची II
A.	विवाह के अवसर पर	(i)	श्वेत रंग या हल्के रंग
B.	किसी की मृत्यु होने पर	(ii)	डार्क ब्राउन व लाइटग्रीन या बड़ा चैक
C.	शान्ति का प्रतीक	(iii)	चमकीले रंग
D.	युवाओं के लिए	(iv)	श्वेत रंग

कूट
(a) A-(ii); B-(i); C-(iii); D-(iv) (b) A-(iii); B-(i); C-(iv); D-(ii)
(c) A-(i); B-(iii); C-(iv); D-(ii) (d) A-(iv); B-(iii); C-(ii); D-(i)

6. अधिक उम्र वाले व्यक्तियों के लिए किस प्रकार के वस्त्र धारण करना उपयुक्त माना जाता है?
(a) चटक रंग वाले (b) हल्के रंग वाले
(c) 'a' और 'b' दोनों (d) उपरोक्त में से काई नहीं

7. बच्चों के वस्त्रों में किस रंग का अधिक प्रयोग किया जाता है?
(a) गहरा नीला रंग (b) सलेटी ब्राउन रंग
(c) चटकदार रंग (d) श्वेत रंग

8. गहरे रंग के वस्त्रों का चयन किस ऋतु में किया जाना उचित माना जाता है?
(a) सर्दी में (b) गर्मी में
(c) 'a' और 'b' दोनों (d) इनमें से कोई नहीं

9. भारी शरीर वाले पुरुष या महिलाओं को पहनना चाहिए
(a) छोटे चैक या हल्की प्रिन्ट वाला वस्त्र
(b) मोटे चैक या भारी प्रिन्ट वाला वस्त्र
(c) छोटे एवं मोटे चैक या हल्की एवं भारी प्रिण्ट वाला वस्त्र
(d) उपरोक्त में से कोई नहीं

10. निम्न में से किस मौसम में हल्के रंग के साथ पतले वस्त्र एवं सूती कपड़ों का प्रयोग किया जाता है?
(a) सर्दियों में (b) वर्षा ऋतु में
(c) गर्मियों में (d) इनमें से कोई नहीं

11. मोटी बनावट वाले वस्त्रों का प्रयोग कब किया जाता है?
(a) सर्दियों में (b) गर्मियों में
(c) वर्षा ऋतु में (d) इनमें से कोई नहीं

उत्तरमाला

1. (d) **2.** (b) **3.** (a) **4.** (c) **5.** (b) **6.** (b) **7.** (c) **8.** (a) **9.** (a) **10.** (c)
11. (a)

अध्याय 32

गुणवत्ता नियन्त्रण

Quality Control

पोशाक निर्माण उद्योग में गुणवत्ता नियन्त्रण एक महत्त्वपूर्ण कारक है। प्रत्येक उत्पादन इकाई (production unit) बाजार में अपनी साख को स्थापित करने के उद्देश्य से एक गुणवत्ता नियन्त्रण विभाग की स्थापना करती है, जिसका प्रमुख कार्य मानकों (standards), नमूनों (samples) एवं निर्देशों (instructions) के अनुसार पोशाकों का निर्माण करना होता है। गुणवत्ता नियन्त्रण विभाग में नियोजित गुणवत्ता नियन्त्रकों के अनुसार, किसी उत्पाद या सेवा की विशेषताओं की सम्पूर्णता ही उसकी गुणवत्ता है, जो परिलक्षित आवश्यकता को पूरा करने में सक्षम होती है और इन विशेषताओं का निर्धारित मानकों (standards) के अनुसार नियमन करना ही गुणवत्ता नियन्त्रण है अर्थात् गुणवत्ता नियन्त्रण से अभिप्राय किसी उत्पाद निर्माण के नियमन से है, जिसके अन्तर्गत यह सुनिश्चित किया जाता है कि उत्पाद निर्माण में प्रयुक्त सामग्री निर्धारित मानक के अनुरूप है या नहीं। अत: गुणवत्ता पर मानकानुसार नियन्त्रण बनाये रखना जरूरी है।

अध्याय विषय सूची

32.1 गुणवत्ता नियन्त्रण की आवश्यकता एवं योजना
Need and Plan of Quality Control

प्राचीनकाल में सरल-सहज भाव से व्यापार किया जाना सम्भव था, परन्तु वर्तमान प्रतिस्पर्द्धी माहौल में यह सम्भव नहीं है। यह प्रतिस्पर्द्धी माहौल का ही प्रभाव है जो किसी भी उत्पादन इकाई के लिए गुणवत्ता नियन्त्रण विभाग एक अनिवार्यता हो गया है। किसी भी उत्पाद की गुणवत्ता अनेक कारकों पर निर्भर करती है, जिसमें रेशों व धागों की क्वालिटी, मापदण्ड, रंग-दृढ़ता, फैब्रिक निर्माण व डिजाइन आदि सम्मिलित होतें हैं, जिसका नियमन व नियन्त्रण इसी गुणवत्ता नियन्त्रण द्वारा सुनिश्चित होता है।

किसी उत्पाद/वस्त्र की गुणवत्ता जाँचने के लिए उसका निरीक्षण किया जाता है तथा इस निरीक्षण से पूर्ण एक योजना बनानी पड़ती है कि किस विधि से निरीक्षण किया जाना है। यही योजना निरीक्षण योजना कहलाती है।

32.2 गुणवत्ता नियन्त्रण के मानक Standards in Quality Control

मानकीकरण (standardisation), उत्पादन प्रणाली के विकास व सम्बन्धित कार्यों तथा उत्पादित वस्तुओं में अति महत्त्वपूर्ण भूमिका निभाता है। मानकीकरण एक प्रावधान को स्थापित करने की क्रियाविधि है, जो वास्तविक या सम्भावित समस्या से सम्बद्ध होती है एवं इसका उद्देश्य दिए गए सन्दर्भ में अधिकतम आदेश की कोटि प्राप्त करना होता है। मानक वास्तव में संहिताबद्ध (coded) दस्तावेज होता है, जो यह तय करता है कि किस प्रकार मानव सामग्रियों, उत्पादों, सेवाओं, प्रक्रमों एवं निकायों आदि को विकसित करे एवं उनका प्रबन्धन करे। ISO के मानक अनुबन्ध होते हैं और उसके सदस्य सामान्य सहमति से उसकी सामग्री को औपचारिक रूप से अनुमोदित कर प्रकाशन का आदेश देते हैं। ISO मानक तकनीकी संगठनों द्वारा विकसित किए जाते हैं, जिनके सदस्य विभिन्न देशों के होते हैं। मानकीकरण विषय, पक्ष एवं स्तर क्षेत्रों से बनता है।

मानकीकरण के उद्देश्य Purpose of Standardisation

मानकीकरण के उद्देश्य निम्न प्रकार होते हैं
- गुणवत्ता सम्बन्धी आवश्यकताओं को उन्नत करना।
- उत्पाद का स्थापित मानकों के अनुरूप होना।
- उत्पाद के रूप में प्रदर्शन को विकसित करना।
- सन्तुष्टीकरण स्तर में सुधार करना।

गुणवत्ता नियन्त्रण हेतु अन्तर्राष्ट्रीय मानक International Standard for Quality Control

वर्ष 1987 में ISO 9000 को अपनाया गया था। अन्तर्राष्ट्रीय मानक संगठन (ISO) एक सार्वभौमिक संगठन है, जिसका उद्देश्य विश्व स्तर पर गुणवत्ता नियन्त्रण को अपनाना है। अन्तर्राष्ट्रीय मानकों के उन्नत संस्करणों को भी विश्व समुदाय द्वारा अपनाया जा चुका है। उत्पाद का वृहद् बाजार प्रमाणीकरण के फलस्वरूप ही बन पाता है।

32.3 निरीक्षण Inspection

वस्त्र उद्योगों में मानकों, विनिर्देशों के आधार पर दृष्टिगत जाँच, कच्चे माल की समीक्षा, अर्द्ध-पूर्ण तैयार वस्त्र एवं पूर्ण रूप से तैयार वस्त्रों का निरीक्षण किया जाता है। वस्त्र उद्योगों में निरीक्षण करने के निम्न दो मुख्य उद्देश्य होते हैं

(*i*) दोषों का पता लगाना (*ii*) दोषपूर्ण वस्त्रों को सही करना

वस्त्र उद्योगों में निरीक्षण के चरण Stages of Inspection in Garment Industries

वस्त्र उद्योगों में पोशाकों का निरीक्षण विभिन्न चरणों में किया जाता है, जो निम्न प्रकार हैं

(i) **निरीक्षण का प्रथम चरण** (First Stage of Inspection) निरीक्षण के प्रथम चरण के अन्तर्गत उत्पाद निर्माण में प्रयुक्त किए जाने वाले कच्चे माल की जाँच की जाती है, जिससे उत्पाद की गुणवत्ता के प्रति आश्वस्त हुआ जा सके।

(ii) **निरीक्षण का द्वितीय चरण** (Second Stage of Inspection) निरीक्षण के द्वितीय चरण के अन्तर्गत पोशाक की नापों (measurements), पैटर्न (pattern) तथा नमूने (sample) की जाँच कर यह सुनिश्चित किया जाता है कि वे बनाई जाने वाली पोशाक के लिए कितने उपयुक्त हैं और उनको ध्यान में रखकर तैयार की गई पोशाक कितनी उपयुक्त होंगी।

(iii) **निरीक्षण का तृतीय चरण** (Third Stage of Inspection) निरीक्षण के तृतीय चरण के अन्तर्गत निर्मित पोशाक की जाँच विभिन्न दृष्टिकोणों से की जाती है। इसके मूल में भी पोशाक की गुणवत्ता को सुनिश्चित करना होता है।

(iv) **निरीक्षण का चतुर्थ चरण** (Fourth Stage of Inspection) निरीक्षण के चतुर्थ चरण के अन्तर्गत बाजार में पोशाक की माँग (demand) के अनुरूप पूर्ति (supply) एवं उपयोगिता (utility) का मूल्यांकन (evaluation) किया जाता है और इसकी सहायता से उत्पादन इकाई (production unit) के समुचित उत्पादन तथा बाजार में सप्लाई का आकलन कर स्तरों पर कार्य की स्थिति को परखा जाता है जिससे कि सप्लाई की माँग बढ़ती रहे।

निरीक्षण के प्रकार Types of Inspection

पोशाक उत्पादन इकाई के अन्तर्गत पोशाकों की गुणवत्ता बनाए रखने के लिए निरीक्षण किया जाना चाहिए, क्योंकि निरीक्षण ही वह माध्यम है, जिसके द्वारा उत्पाद की गुणवत्ता को सुनिश्चित किया जाता है।

वस्त्र उद्योगों में निरीक्षण निम्न रूप से किया जाता है

(i) **कच्चे माल का निरीक्षण** (Inspection of raw materials) इस निरीक्षण को इनकमिंग मैटेरियल इन्स्पेक्शन भी कहा जाता है। इस निरीक्षण के अन्तर्गत कपड़ा (fabric), धागा (yarn), बटन (button) एवं अन्य सहायक सामग्रियों की गुणवत्ता की जाँच की जाती है। इनका क्रमवार निरीक्षण निम्न प्रकार है

(a) **कपड़े का निरीक्षण** (Inspection of fabric) वस्त्र उद्योगों में कपड़े के निरीक्षण के लिए एक मशीन होती है, जो फैब्रिक इन्स्पेक्शन मशीन कहलाती है।
कपड़े के निरीक्षण के अन्तर्गत कपड़े की मजबूती, कपड़े में छेद, कपड़े के रंगों में भिन्नता आदि का निरीक्षण किया जाता है।

(b) **धागे का निरीक्षण** (Inspection of yarn) धागा उद्योगों में धागे के निरीक्षण के अन्तर्गत धागे के काउण्ट, प्लाई (ply), मजबूती, घुमाव की संख्या, दीर्घीकरण (elongation), त्रुटि आयतन तथा वाइण्डिंग आदि का निरीक्षण किया जाता है।

(c) **सहायक सामग्रियों का निरीक्षण** (Inspection of accessories) वस्त्रों की गुणवत्ता हेतु उनमें लगी सहायक सामग्रियों का निरीक्षण भी अत्यन्त आवश्यक है। इसके अन्तर्गत बटन की मजबूती, रंग व संख्या, जिपर, मध्यास्तर, लेबल व टैग आदि का निरीक्षण किया जाता है।

(ii) **प्रक्रिया के समय निरीक्षण** (In-process inspection) वस्त्रों की सिलाई से पूर्व उनके भिन्न-भिन्न भागों का निरीक्षण प्रक्रिया के समय किया जाने वाला निरीक्षण कहलाता है। यह निरीक्षण, गुणवत्ता नियन्त्रक अथवा निरीक्षक द्वारा दो अथवा तीन घण्टों के अन्तराल पर किया जाता है।

इस निरीक्षण का उद्देश्य प्रक्रिया के दौरान उत्पन्न समस्याओं को दूर करना है। इसके अन्तर्गत निम्न निरीक्षण किए जाते हैं

(a) **मार्किंग निरीक्षण** (Marking inspection) इस निरीक्षण के अन्तर्गत पैटर्न की लेबलिंग या कोडिंग, पैटर्न दिशा, पैटर्न ग्रेन लाइन, कपड़े की लम्बाई व चौड़ाई, मार्कर की चौड़ाई, नॉचेज, ड्रिल चिन्ह आदि का निरीक्षण किया जाता है।

(b) **स्प्रैडिंग निरीक्षण** (Spreading inspection) इसके अन्तर्गत कपड़े की प्रकृति, प्लाई एलाइमेन्ट, ग्रेन लाइन, रंग भिन्नता तथा कपड़े की चौड़ाई आदि का निरीक्षण किया जाता है।

(c) **कटिंग निरीक्षण** (Cutting inspection) इसके अन्तर्गत पैटर्न की परिशुद्धता, घिसे हुए किनारे, अस्पष्ट व अपरिष्कृत किनारे, नॉचेज एवं ड्रिलर, कटिंग उपकरणों की परिशुद्धता आदि का निरीक्षण किया जाता है।

(d) **बण्डलिंग निरीक्षण** (Bundling inspection) इसके अन्तर्गत बण्डलों की नम्बरिंग, सॉर्टिंग एवं बण्डलिंग आदि का निरीक्षण किया जाता है।

(e) **सिलाई निरीक्षण** (Sewing inspection) वस्त्र उद्योगों में यह एक महत्त्वपूर्ण निरीक्षण है, जिसके अन्तर्गत मशीनों के सभी परिचालक (operators) एवं उनसे सम्बन्धित विभिन्न दोषों का निरीक्षण किया जाता है। इसके अन्तर्गत निम्न दोषों का निरीक्षण किया जाता है

- **सिलाई दोष** (Stitching defects) इसके अन्तर्गत सुइयों का टूटना, सिलाइयों का छूटना, धागों का टूटना, असमान सिलाई, गलत सिलाई आदि का निरीक्षण किया जाता है।

- **असेम्बली दोष** (Assembly defects) इसके अन्तर्गत परिष्कृत वस्त्रों के एक समान आकार, पोशाक के भागों का उचित जगहों पर जोड़, अस्तर की स्थिति आदि का निरीक्षण किया जाता है।
- **प्रेसिंग व फिनिशिंग दोष** (Pressing and finising defects) इसके अन्तर्गत वस्त्रों पर पानी के धब्बे, गर्म प्रेस के कारण रंगों में भिन्नता, बटनों का टूटना अथवा ढीला होना, वस्त्रों की भली-भाँति फोल्डिंग, कपड़ों का सही आकार आदि का निरीक्षण किया जाता है।
- **फोल्डिंग दोष** (Folding defects) इसके अन्तर्गत वस्त्रों की मानक के आधारों पर फोल्डिंग, गलत पिनों का उपयोग एवं लेबल के चिपकने आदि का निरीक्षण किया जाता है।

(iii) **तैयार पोशाकों का निरीक्षण** (Inspection of finished clothes) वस्त्रों उद्योगों में यह अन्तिम निरीक्षण होता है। इस निरीक्षण के अन्तर्गत वस्त्रों की प्रकृति आदि का निरीक्षण किया जाता है। इस निरीक्षण के पश्चात् वस्त्रों को स्वीकार्य गुणवत्ता स्तर (Acceptable Quality level; AQL) की श्रेणी में निर्धारित कर दिया जाता है।

32.4 गुणवत्ता नियन्त्रक की भूमिका
Role of Quality Controller

गुणवत्ता नियन्त्रण में नियन्त्रक का मुख्य कार्य पोशाक निर्माणक इकाइयों में निर्धारित मानकों (standards) के समायोजन को सुनिश्चित करता है। गुणवत्ता नियन्त्रण में नियन्त्रण की भूमिका को निम्न बिन्दुओं द्वारा समझा जा सकता है

1. नियन्त्रक (controller), निर्माणक इकाई में मापदण्डों (parameters), निरीक्षण (inspection), विश्लेषण (analysis) एवं सुधार (improvement) के लिए उत्तरदायी होता है।
2. नियन्त्रक निर्माणक इकाई में उत्पाद के गुणवत्ता स्तर को बनाए रखने में अपना योगदान (contribution) देता है।
3. नियन्त्रक, उत्पाद के गुणों के आधार पर उसका श्रेणीयन उच्च, मध्य या निम्न श्रेणी में करता है।
4. पोशाक निर्माणक इकाइयों में नियन्त्रक, बाजार में उत्पाद की माँग को बढ़ाने में सक्रिय भूमिका का निर्वहन करता है।
5. दक्ष गुणवत्ता नियन्त्रक, उत्पादित पोशाक की गुणवत्ता वृद्धि की दिशा में प्रयासरत् रहता है तथा उत्पाद की गुणवत्ता के नियमन में प्रमुख भूमिका निभाता है।
6. गुणवत्ता नियन्त्रक, अपने अधिकार के द्वारा ही निम्न गुणवत्ता वाले तैयार उत्पादों को निम्न श्रेणी में घोषित कर उत्पादन इकाई के उत्पादों की गुणवत्ता नियमन को सुचारु रखता है।
7. नियन्त्रक, नियमित रूप से अपने ग्राहकों के व्यवहार को परखकर उत्पादन इकाई व ग्राहक के मध्य सामंजस्य बनाए रखने का कार्य करता है।

महत्त्वपूर्ण प्रश्नोत्तरी

1. गुणवत्ता नियन्त्रण से आप क्या समझते हैं?

उत्तर गुणवत्ता नियन्त्रण से अभिप्राय किसी उत्पाद निर्माण के नियमन से है, जिसके अन्तर्गत यह सुनिश्चित किया जाता है कि उत्पाद निर्माण में प्रयुक्त सामग्री निर्धारित मानक के अनुरूप है या नहीं।

2. निरीक्षण के चतुर्थ चरण के अन्तर्गत किसका मूल्यांकन किया जाता है?

उत्तर निरीक्षण के चतुर्थ चरण के अन्तर्गत बाजार में पोशाक की माँग के अनुरूप पूर्ति एवं उपयोगिता का मूल्यांकन किया जाता है।

3. गुणवत्ता नियन्त्रण निरीक्षण में कितने प्रकार के कार्य सम्मिलित हैं?

उत्तर गुणवत्ता नियन्त्रण निरीक्षण में मुख्यतः तीन प्रकार के कार्य सम्मिलित हैं

(i) कच्चे माल का निरीक्षण
(ii) प्रक्रिया के समय निरीक्षण
(iii) तैयार पोशाक का निरीक्षण

4. पैटर्न का निरीक्षण कर क्या सुनिश्चित किया जाता है?

उत्तर पैटर्न का निरीक्षण पोशाकों का उत्पादन इकाई में नाप के अनुसार उसकी उपयुक्तता सुनिश्चित करता है।

5. तैयार पोशाक का निरीक्षण किस उद्देश्य से किया जाता है?

उत्तर पोशाक उत्पादन इकाई में पोशाकों के तैयार होने के पश्चात् उनका निरीक्षण पैकिंग के उद्देश्य से किया जाता है।

अभ्यास प्रश्न

परीक्षा प्रारूपी प्रश्न

बहुविकल्पीय

1. इनमें से क्या उत्पादन प्रणाली के विकास एवं कार्यों में अति महत्त्वपूर्ण भूमिका का निर्वहन करता है?
(a) मानक (b) मानकीकरण
(c) 'a' और 'b' दोनों (d) इनमें से कोई नहीं

2. निम्न में से मानकीकरण का उद्देश्य नहीं है
(a) गुणवत्ता सम्बन्धी आवश्यकताओं को उन्नत करना
(b) उत्पाद का स्थापित मानकों के अनुरूप होना
(c) उत्पाद के रूप में प्रदर्शन को विकसित करना
(d) तुष्टीकरण के स्तर में सुधार करना

3. एक पोशाक उत्पादन इकाई में कच्चे माल की श्रेणी में इनमें से क्या आता है?
(a) कपड़ा (b) धागा (c) सजावटी सामग्री (d) ये सभी

4. किस निरीक्षण चरण में कच्चे माल की जाँच की जाती है?
(a) प्रथम (b) द्वितीय (c) चतुर्थ (d) ये सभी

5. निरीक्षण के द्वितीय चरण के अन्तर्गत सम्मिलित हैं
(a) नाप (b) पैटर्न (c) नमूना (d) ये सभी

6. कच्चे माल के निरीक्षण की श्रेणी में इनमें से सम्मिलित नहीं हैं
(a) कपड़ा (b) पैटर्न
(c) सजावटी सामग्री (d) धागा

7. निर्माणक इकाई में नियन्त्रक, इनमें से किसके लिए उत्तरदायी होता है?
(a) मापदण्ड (b) निरीक्षण (c) विश्लेषण (d) ये सभी

8. ISO 9001 पंजीकरण में अन्तिम चरण क्या है?
(a) सुधारात्मक और निवारक कार्यवाही
(b) आन्तरिक ऑडिट
(c) प्रबन्धक समीक्षा बैठक
(d) प्रमाणीकरण ऑडिट

9. AQL का पूर्णरूप है
(a) Acceptable Quality Level (b) Accurate Quality Level
(c) Acceptable Quality Logic (d) Accurate Quality Logic

10. निर्माण इकाई में नियन्त्रक किसके लिए उत्तरदायी होता है ?
(a) विश्लेषण (b) निरीक्षण
(c) सुधार (d) ये सभी

11. लोकप्रिय गुणवत्ता उपकरणों की कुल संख्या है
(a) 9 (b) 8 (c) 7 (d) 6

12. साधारणतः किसी व्यक्ति द्वारा अनुकूलित वस्त्र खरीदने का क्या लाभ नहीं है?
(a) उत्तम नाप (b) अनुकूलन (c) गुणवत्ता (d) कम दाम

13. Q.C. से आप क्या समझते हैं?
(a) क्वालिटी कंसप्ट (b) क्वालिटी कस्टमर
(c) क्वालिटी कण्ट्रोल (d) क्वालिटी कास्ट

14. वस्त्र उद्योग में कपड़े की गुणवत्ता निर्धारित करने के निम्न में से किस सिस्टम का प्रयोग नहीं किया जाता है?
(a) 4 प्वॉइण्ट सिस्टम (b) 10 प्वॉइण्ट सिस्टम
(c) ग्रानिटेविले सिस्टम (d) रेण्डम सिस्टम

15. इंस्पेक्शन करते समय किस अधिकारी की सहायता नहीं ली जाती?
(a) फोरमैन (b) स्टोरकीपर
(c) इंजीनियर (d) लेखाकार/मुनीम

16. परिधान उद्योगों में कितने प्रकार का निरीक्षण होता है?
(a) 3 (b) 4 (c) 5 (d) 6

17. SQC से क्या तात्पर्य है ?
(a) Social Quality Controller
(b) Statistical Quality Control
(c) Statistical Quality Controller
(d) Social Quality Control

18. निरीक्षण की आवश्यकता और योजना क्यों होती है?
(a) गुणवत्ता को नियन्त्रित करने के लिए
(b) उत्पाद की गारण्टी के लिए
(c) महत्त्व स्थापित के लिए
(d) उत्पादन में वृद्धि के लिए

19. चरण निरीक्षण कब किया जाता है?
(a) कच्चे माल का निरीक्षण करने से पहले
(b) अन्तिम निरीक्षण के बाद
(c) अन्तिम निरीक्षण से पहले
(d) किसी भी निरीक्षण से पहले

20. उद्योग से सम्बन्धित व्यक्तिगत समस्याओं को हल करने के लिए कौन उत्तरदायी होता है?
(a) गुणवत्ता नियन्त्रक (b) पर्यवेक्षक
(c) निरीक्षक (d) क्रेता

उत्तरमाला

1. (c)	2. (d)	3. (d)	4. (a)	5. (d)	6. (b)	7. (d)	8. (b)	9. (a)	10. (d)
11. (c)	12. (d)	13. (d)	14. (a)	15. (d)	16. (a)	17. (b)	18. (a)	19. (c)	20. (b)

अध्याय 33

मार्कर

Marker

उत्पादन में व्यापक बढ़ोतरी करने, संगत कटिंग एवं समय की बचत करने हेतु मार्कर विशिष्ट भूमिका निभाता है। सार्थक एवं सटीक कटिंग करने के उद्देश्य से, पैटर्न के टुकड़ों को तैयार करने के लिए मार्कर का प्रयोग किया जाता है। आर्थिक दृष्टिकोण से मार्कर का व्यापक पैमाने पर प्रयोग किया जाता है। इसकी सहायता से फैब्रिक्स पर डिजाइन के नमूने तैयार कर पैटर्न की लम्बाई एवं चौड़ाई ज्ञात की जाती है एवं उपयुक्त नाप के अनुसार ही फैब्रिक्स पर चिन्ह लगाए जाते हैं, जिससे कि नाप के अनुसार ही फैब्रिक की कटिंग की जा सके।

अध्याय विषय सूची

33.1 मार्कर प्लानिंग Marker Planning

पैटर्न तैयार करने हेतु, कागज एवं फैब्रिक्स में नाप के अनुसार विभिन्न स्थानों पर चिन्ह लगाना, मार्कर कहलाता है तथा मार्कर के माध्यम से पैटर्न को तैयार करने की प्रक्रिया 'मार्कर प्लानिंग' कहलाती है।

मार्कर प्लानिंग निम्न उद्देश्यों की पूर्ति हेतु की जाती है

(i) कम-से-कम कपड़े का उपयोग कर उद्योग को अधिक लाभदायक बनाना।

(ii) कम समय में कपड़े की ज्यादा मात्रा को काटना।

(iii) किसी विशेष शैली में होने वाली कपड़े की खपत की गणना करना।

(iv) कम कारीगरों की सहायता से ज्यादा कपड़ा काटना।

मार्कर प्लानिंग के प्रकार Types of Marker Planning

मार्कर प्लानिंग दो प्रकार की होती है

1. मैनुअल या हस्तनिर्मित प्लानिंग।
2. कम्प्यूटरीकृत मार्कर प्लानिंग।

प्रारम्भ में मैनुअली मार्कर का अधिक प्रयोग किया जाता था, परन्तु कम्प्यूटर के प्रचलन में आने से मैनुअल मार्कर प्लानिंग की उपयोगिता कम हो गई है। वर्तमान समय में विशिष्ट सॉफ्टवेयर के माध्यम से कम्प्यूटर मार्कर प्लानिंग की उपयोगिता तेजी से बढ़ी है, क्योंकि मैनुअल मार्कर प्लानिंग द्वारा सटीक मार्किंग नहीं हो पाती है।

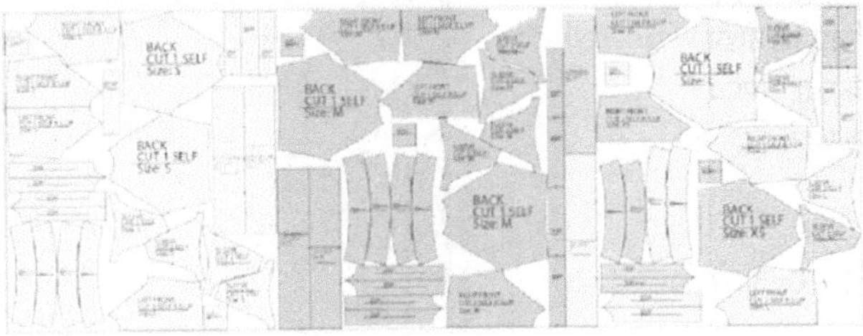

चित्र 33.1 मार्कर प्रारूप

मैनुअल मार्कर पैमाने से अनेक विसंगतियाँ उत्पन्न हो जाती हैं, जबकि कम्प्यूटरीकृत मार्कर प्लानिंग का पैमाना काफी सटीक माना जाता है। यही कारण है कि वर्तमान समय में कम्प्यूटरीकृत मार्कर प्लानिंग का प्रचलन तेजी से बढ़ा है। पाठ्यक्रम की उपयोगिता को ध्यान में रखते हुए इस अध्याय में मैनुअल मार्कर के विषय में ही वर्णन किया गया है।

33.2 मैनुअल मार्कर के प्रकार
Types of Manual Marker

सामान्यत: मैनुअल मार्कर तैयार करते समय कुछ महत्त्वपूर्ण बातों पर विचार करना अनिवार्य हो जाता है; जैसे—कपड़ों के प्रति टुकड़ों की संख्या, साइज एवं फैब्रिक की चौड़ाई आदि। गारमेन्ट उद्योग में प्रयोग किए जाने वाले मार्कर के आधार पर मैनुअल मार्कर प्लानिंग को दो भागों में विभाजित किया जाता है

1. पेपर मार्कर
2. फैब्रिक मार्कर

1. पेपर मार्कर Paper Marker

जब कागज के प्रयोग द्वारा मार्कर तैयार किया जाता है, तो इसे पेपर मार्कर कहा जाता है। यह मुख्य रूप से साधारण या प्लेन फैब्रिक्स के लिए उपयुक्त होते हैं। इसके लिए एक लम्बे रोल पेपर का प्रयोग किया जाता है, जिसके विन्यास (lay) की लम्बाई, अनिवार्य कपड़े की लम्बाई तथा चौड़ाई पर निर्भर करती है। डुप्लीकेटिंग मार्कर के लिए लम्बे कार्बन शीट रोल्स का भी प्रयोग किया जा सकता है।

डुप्लीकेटिंग मार्कर बनाने के लिए एक साधारण पेपर और एक कार्बन शीट को बारी-बारी से एक-दूसरे के ऊपर रखकर पैटर्न को उसके ऊपर रख दिया जाता है एवं विन्यास की न्यूनतम लम्बाई ज्ञात करने के बाद साधारण बॉल प्वॉइन्ट पेन से दबाकर रखे गए पैटर्न का किनारे या परिधि को खींच लिया जाता है। इस विधि से एक-साथ चार से पाँच मार्कर सरलता से बनाए जा सकते हैं। डुप्लीकेटिंग मार्कर के प्रयोग द्वारा गारमेन्ट उद्योग में लम्बे समय तक इसका उपयोग कर सकते हैं। पेपर मार्कर को फैब्रिक विन्यास के ऊपर रखकर, पेपर मार्कर के साथ फैब्रिक विन्यास को भी काट लिया जाता है।

पेपर मार्कर के गुण Merits of Paper Marker

(*i*) पेपर मार्कर के द्वारा एकल प्रक्रिया में अधिकतम मार्कर तैयार किए जा सकते हैं।

(*ii*) पेपर मार्कर तैयार करने से समय की व्यापक बचत होती है।

(*iii*) भविष्य के सन्दर्भ में ऐसे मार्कर को हम सरलता से संरक्षित कर रख सकते हैं।

पेपर मार्कर के दोष Demerits of Paper Marker

इसका प्रयोग केवल प्लेन फैब्रिक के लिए ही किया जा सकता है।

2. फैब्रिक मार्कर Fabric Marker

जब कटिंग के प्रयोग हेतु वास्तविक फैब्रिक में ही मार्कर किया जाए, तो इसे फैब्रिक मार्कर कहा जाता है। पट्टियों एवं छापे गए फैब्रिक्स के लिए डिजाइन मैचिंग एवं आवश्यक रेखाओं के कारण पेपर मार्कर को तैयार करना सम्भव नहीं है। इसलिए उपरोक्त इंगित फैब्रिक के लिए फैब्रिक मार्कर बनाने पड़ते हैं।

फैब्रिक मार्कर के गुण Merits of Fabric Marker

(i) इस मार्कर के द्वारा लाइन एवं डिजाइन मैचिंग का अनुगमन सरलता से लगाया जा सकता है।

(ii) इसका प्रयोग आपातकालीन कटिंग प्रक्रिया के लिए किया जाता है।

फैब्रिक मार्कर के दोष Demerits of Fabric Marker

(i) पेपर मार्कर के समान इसमें डुप्लीकेट मार्कर नहीं बनाया जा सकता है।

(ii) भविष्य के सन्दर्भ हेतु फैब्रिक्स मार्कर का प्रयोग सम्भव नहीं है।

(iii) इस मार्कर के द्वारा समय की बचत नहीं होती है।

(iv) फैब्रिक मार्कर की प्रक्रिया जटिल मानी जाती है। यदि सावधानीपूर्वक कटिंग न की जाए, तो सम्पूर्ण मार्कर नष्ट हो जाता है।

मार्कर तैयार करते समय ध्यान देने योग्य बिन्दु
Points to be Considered While Preparing Marker

(*i*) मार्किंग से पहले विभिन्न प्रकार के पैटर्न बना लेने चाहिए और उनमें से सबसे अच्छे पैटर्न का चयन करना चाहिए, जिसमें न्यूनतम फैब्रिक एवं विन्यास की लम्बाई अंकित हो।

(*ii*) फैब्रिक मार्कर में इस तथ्य पर ध्यान देना आवश्यक है कि मार्किंग के समय फैब्रिक को पूरी तरह दबाकर रखा जाए एवं सिकुड़न को पूरी तरह से हटा दिया जाए।

(*iii*) यदि फैब्रिक के सीधे एवं उल्टे भाग में अन्तर उत्पन्न हो जाए, तो पैटर्न का लेआउट केवल सीधे भाग में ही बनाना चाहिए।

(*iv*) पैटर्न के विभिन्न टुकड़ों के लिए डुप्लीकेट मार्कर का प्रयोग उपयुक्त माना जाता है, जिसका दो बार प्रयोग किया जा सकता है।

33.3 फैब्रिक्स डिजाइन के अनुसार मार्कर बनाना
Marker Preparation According to Febric Design

मार्कर सम्बन्धी कार्य भी फैब्रिक्स को चुनने के बाद किया जाता है। इसका तात्पर्य यह है कि विभिन्न प्रकार के फैब्रिक्स पर मार्कर भी अलग-अलग प्रकार से बनाए जाते हैं। ये निम्न प्रकार से हैं

1. बॉर्डर डिजाइन फैब्रिक्स Border Design Fabrics

इसमें दोनों किनारों पर या किसी एक किनारे पर अधिकतर डिजाइन, बुने हुए रंगे, प्रिंटेड हुए या कढ़ाई किए होते हैं। गारमेन्ट के बॉर्डर के डिजाइन को प्रभावी बनाने के लिए पैटर्न टुकड़ों को लम्बाई में या क्रॉस ग्रेन की दिशा में प्रयोग किया जाता है।

इसमें ऐसी योजना बनाई जाती है, जिसमें डिजाइन में निरन्तरता नजर आए और यह गारमेन्ट में एक-दूसरे को ओवरलैप (overlap) न करे। ऐसे फैब्रिक के लेआउट में सभी पैटर्न के टुकड़ों को एक ही दिशा में रखा जाता है।

चित्र 33.2 बॉर्डर डिजाइन फैब्रिक्स

2. डायगोनल बुनाई फैब्रिक्स
Diagonal Weave Fabrics

इस प्रकार के फैब्रिक्स के सतही भाग पर ट्वील बुनाई की डायगोनल रेखाएँ होती हैं। अधिकतर ट्वील 45° के कोण पर झुके होते हैं। डायगोनल बुनाई पैटर्न ट्वील के या तो दाएँ या बाएँ उपस्थित हो सकते हैं। इसके अतिरिक्त लम्बाई युक्त, आंशिक लम्बाई युक्त एवं दोगुना लम्बाई युक्त फोल्डेड लेआउट भी तैयार किया जा सकता है। इसे डायगोनल डिजाइन फैब्रिक्स भी कहा जाता है।

चित्र 33.3 डायगोनल बुनाई फैब्रिक्स

3. एक ओर के डिजाइन (नैप्ड फैब्रिक्स तथा फ्लोरल प्रिन्ट्स)
One Way Designs (Napped Fabrics and Floral Prints)

मखमल जैसे नैप्ड फैब्रिक की ओर देखने पर रंग का अन्तर प्रतीत हो जाता है, जबकि वे उलट दिए जाते हैं। इनमें फूलों के डिजाइन दोनों ओर भिन्न दिखाई देते हैं, जिनके आधार पर दिशा-निर्देश देखे जा सकते हैं।

नैप्ड फैब्रिक के लिए मार्कर तैयार करते समय, सभी पैटर्न एक ही दिशा में रखे जाने चाहिए। फैब्रिक के शीर्ष सिरे से प्रारम्भ करते हुए एक ही दिशा में सभी पैटर्न रखकर, पोशाक के विभिन्न पीस लेने से सभी पीस समान डिजाइन के प्राप्त होंगे। नीचे प्रदर्शित चित्र में नैप्ड फैब्रिक पर पैटर्न लेआउट करने की विधि को दर्शाया गया है।

चित्र 33.4 नैप्ड फैब्रिक्स

4. बड़े प्रिन्ट वाला फैब्रिक (मोटिफ डिजाइन फैब्रिक)
Large Print Fabric (Motif Design Fabric)

इस प्रकार के फैब्रिक में बड़े स्तर के रिपीट (repeat) पैटर्न व डिजाइन के मुख्य तत्त्व विद्यमान रहते हैं।

चित्र 33.5 बड़े प्रिन्ट वाला फैब्रिक

इसमें डिजाइन की सजावट मध्य भाग में या किनारे के सीम (seam) में असममित, सममित एवं सन्तुलित विधि से की जा सकती है। इस प्रकार के फैब्रिक्स में डिजाइन का नमूना योजनाबद्ध विधि से तैयार किया जाता है।

5. चैक या प्लैड फैब्रिक्स Checked or Plaid Fabric

चैक या प्लैड फैब्रिक तैयार करने हेतु क्षैतिजीय रेखाओं का व्यापक प्रयोग किया जाता है, जो लम्बवत् रेखाओं से अलग दूसरे किनारों पर खींची जाती हैं। मध्य की फ्रण्ट रेखा मुख्य लम्बवत् रेखा या एक बार के साथ जुड़ी रहती है। यदि सम्भव हो, तो क्षैतिज रेखा से मैचिंग पाने हेतु पॉकेट, फ्रण्ट रेखा पर ही अवस्थापित की जाती है।

अगर सम्भव हो, तो कॉलर और कफ्स (cuffs) भी मैचिंग के लिए उसी रेखा के साथ लगाया जा सकता है।

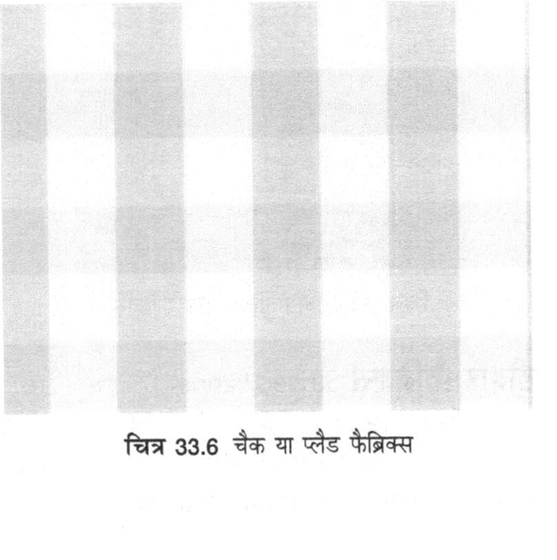

चित्र 33.6 चैक या प्लैड फैब्रिक्स

6. **सन्तुलित प्लैड फैब्रिक्स**
Balanced Plaid Fabrics

फैब्रिक्स के क्रॉसग्रेन एवं लम्बाई दोनों ही, प्रचलित बार (Bar) के दोनों ओर इस प्रकार के डिजाइन निर्मित किए जाते हैं। इसमें दोनों दिशाओं में पैटर्न को बार-बार दोहराया जाता है। पैटर्न के लेआउट चैक फैब्रिक्स के समान ही होते हैं।

चित्र 33.7 सन्तुलित प्लैड फैब्रिक्स

7. **असन्तुलित प्लैड फैब्रिक्स**
Unbalanced Plaid Fabrics

इस प्रकार के डिजाइनों में फैब्रिक के दोनों ओर चाहे लम्बाई में या क्रॉसग्रेन में या दोनों में, प्रचलित रंगीन बार के दोनों ओर पैटर्न में व्यापक परिवर्तन देखने को मिलते हैं।

चित्र 33.8 असन्तुलित प्लैड फैब्रिक्स

8. **पट्टीदार फैब्रिक्स** Striped Fabrics

फैब्रिक पर पट्टीदार डिजाइन से फैब्रिक की फिनिशिंग अधिक प्रासंगिक दिखाई पड़ती है। इसमें प्रचलित पट्टी को सीधे सीम के साथ जोड़ दिया जाता है। पैटर्न का सामने वाला हिस्सा उसकी विपरीत दिशा में दिखाई देता है। पॉकेट की परफेक्ट मैचिंग के लिए, यदि सम्भव हो, तो इसे फ्रन्ट के पश्चात् लेना चाहिए।

चित्र 33.9 पट्टीदार फैब्रिक्स

33.4 मार्कर की कार्यकुशलता
Marker Efficiency

मार्कर की कार्यकुशलता फैब्रिक की उपयोगिता द्वारा सुनिश्चित होती है। जिस भाग में मार्कर का उपयोग नहीं किया जाता है, उसे गारमेन्ट का व्यर्थ हिस्सा माना जाता है। मार्कर की कार्यकुशलता इस बात पर निर्भर करती है कि मार्कर के अन्दर पैटर्न के टुकड़े कितनी मजबूती के साथ उसमें फिट बैठते हैं। मार्कर के कुल क्षेत्रफल से पैटर्न के टुकड़ों के कुल सतही क्षेत्रफल की तुलना की जाती है, जिससे कि यह गणना की जा सके कि फैब्रिक में कितने प्रतिशत मार्कर का प्रयोग किया जाता है। मार्कर मेकिंग सॉफ्टवेयर द्वारा यह स्वत: ही सुनिश्चित किया जाता है कि मार्कर की कार्यकुशलता को फैब्रिक के गुण, पैटर्न टुकड़ों के आकार एवं ग्रेन की अनिवार्यता सर्वाधिक प्रभावित करते हैं।

मार्कर की कार्यकुशलता की गणना हेतु सम्बन्धित सूत्र

$$= \left(\frac{\text{मार्कर प्लान में पैटर्न का कुल क्षेत्रफल}}{\text{मार्कर प्लान का कुल क्षेत्रफल}} \times 100 \right)$$

अच्छे मार्कर की विशेषताएँ
Characteristics of a Good Marker

एक अच्छे मार्कर की महत्त्वपूर्ण विशेषताएँ निम्नलिखित हैं

(*i*) मार्कर में सभी प्रकार के महत्त्वपूर्ण भागों एवं संघटकों या अंशों को स्पष्ट रूप से खींचा जाना चाहिए।

(*ii*) बिना किसी सुधार के मार्कर को सरलता से मिटाया या साफ किया जाना चाहिए।

(*iii*) वस्तुओं को नष्ट किए बिना मार्कर की कार्यकुशलता को सरलता से बढ़ाए जाने का गुण होना चाहिए।

(*iv*) विभिन्न चिन्हों; जैसे—प्लीट चिन्हों, पैटर्न के टुकड़ों के चिन्हों इत्यादि को सरलता से स्थानान्तरित किया जाना चाहिए।

(*v*) फैब्रिक मार्कर के समय बोइंग जैसा फैब्रिक डिफैक्ट नहीं होना चाहिए।

(*vi*) फैब्रिक के जिस स्थान पर मार्कर का प्रयोग किया जाता है, वह स्पष्ट रूप से दिखाई देना चाहिए।

(*vii*) उपयुक्त कार्बन शीट का प्रयोग कर, उसकी स्पष्ट छाप डुप्लीकेट कॉपी के पेपर मार्किंग पर होनी चाहिए।

महत्त्वपूर्ण प्रश्नोत्तरी

1. मार्कर प्लानिंग क्या है? संक्षिप्त उत्तर दीजिए।

उत्तर मार्कर के माध्यम से पैटर्न तैयार करने की प्रक्रिया 'मार्कर प्लानिंग' कहलाती है।

2. पेपर मार्कर क्या है?

उत्तर जब कागज के प्रयोग द्वारा मार्कर तैयार किया जाता है, तो इसे पेपर मार्कर कहा जाता है। यह मुख्य रूप से सादे या प्लेन फैब्रिक्स के लिए उपयुक्त होता है।

3. फैब्रिक मार्कर की दो प्रमुख विशेषताओं को बताइए।

उत्तर फैब्रिक मार्कर की दो प्रमुख विशेषताएँ निम्नलिखित हैं–

(i) इससे लाइन एवं डिजाइन मैचिंग का अनुमान आसानी से किया जाता है।

(ii) इसका प्रयोग आपातकालीन कटिंग प्रक्रिया के लिए किया जाता है।

4. मार्कर कार्यकुशलता की गणना कैसे की जाती है?

उत्तर मार्कर कार्यकुशलता की गणना निम्नलिखित सूत्र द्वारा की जाती है

$$\text{कार्यकुशलता} = \frac{\text{मार्कर प्लान में पैटर्न का कुल क्षेत्रफल}}{\text{मार्कर प्लान का कुल क्षेत्रफल}} \times 100$$

5. एक अच्छे मार्कर की दो मुख्य विशेषताओं को बताइए।

उत्तर एक अच्छे मार्कर की दो प्रमुख विशेषताएँ निम्नलिखित हैं

(i) इसे बिना किसी सुधार के सरलता से मिटाया या साफ किया जा सकता है।

(ii) चिन्हों, पैटर्न टुकड़ों के चिन्हों को सरलता से स्थानान्तरित किया जा सकता है।

अभ्यास प्रश्न

परीक्षा प्रारूपी प्रश्न

बहुविकल्पीय

1. कागज एवं फैब्रिक्स में नाप के अनुसार विभिन्न स्थानों पर चिन्ह लगाना ·········· कहलाता है।

(a) मार्कर (b) मार्कर डिजाइनिंग
(c) मार्कर प्लानिंग (d) मैनुअल मार्कर

2. प्रारम्भ में किस प्रकार का मार्कर अधिक प्रयोग किया जाता था?

(a) कम्प्यूटरीकृत (b) पेपर (c) फैब्रिक (d) मैनुअली

3. निम्नलिखित में से कौन-सा मार्कर सबसे उपयुक्त माना जाता है?

(a) पेपर मार्कर (b) मैनुअल मार्कर
(c) कम्प्यूटरीकृत मार्कर (d) फैब्रिक मार्कर

4. विन्यास (lay) की लम्बाई अनिवार्य कपड़े की ··· पर निर्भर करती है।

(a) लम्बाई पर (b) चौड़ाई पर
(c) 'a' और 'b' दोनों (d) इनमें से कोई नहीं

5. डुप्लीकेटिंग मार्कर के गारमेन्ट उद्योग में मार्कर का प्रयोग किया जा सकता है

(a) एक माह तक (b) 6 माह तक
(c) 10 माह तक (d) लम्बे समय तक

6. भविष्य के सन्दर्भ में किस मार्कर को सरलता से संरक्षित रखा जा सकता है?

(a) कम्प्यूटरीकृत मार्कर (b) फैब्रिक मार्कर
(c) पेपर मार्कर (d) इनमें से कोई नहीं

7. साधारण या प्लेन फैब्रिक के लिए किसका उपयोग किया जा सकता है?

(a) कम्प्यूटरीकृत मार्कर (b) फैब्रिक मार्कर
(c) मैनुअल मार्कर (d) पेपर मार्कर

8. आपातकालीन कटिंग प्रक्रिया निम्न में से किसमें सम्भव है?

(a) फैब्रिक मार्कर में (b) पेपर मार्कर में
(c) मैनुअल मार्कर में (d) कम्प्यूटरीकृत मार्कर में

9. निम्नलिखित में से कौन-सा कथन फैब्रिक मार्कर के दोष में सम्मिलित नहीं है?

(a) डुप्लीकेट मार्कर बनाना सम्भव नहीं है
(b) भविष्य के सन्दर्भ में उपयोग सम्भव नहीं है
(c) इसकी प्रक्रिया काफी जटिल है
(d) लाइन एवं डिजाइनिंग की मैचिंग सरलता से की जाती है

10. यदि फैब्रिक के सीधे एवं उल्टे भाग में अन्तर उत्पन्न हो जाए, तो पैटर्न का लेआउट बनाना चाहिए

(a) सीधे एवं उल्टे दोनों भागों में (b) केवल सीधे भाग में
(c) केवल उल्टे भाग में (d) पैटर्न को बदल देना चाहिए

11. पैटर्न के विभिन्न टुकड़ों के लिए डुप्लीकेट मार्कर का प्रयोग कितनी बार किया जाता है?

(a) एक बार (b) दो बार
(c) तीन बार (d) एक बार भी नहीं

12. निम्न में से किस प्रकार के डिजाइन में पैटर्न के लेआउट चैक फैब्रिक्स समान होता है?
(a) सन्तुलित प्लैड फैब्रिक्स (b) असन्तुलित प्लैड फैब्रिक्स
(c) पट्टीदार फैब्रिक्स (d) इनमें से कोई नहीं

13. लेआउट में सभी पैटर्न के टुकड़ों को रखा जाता है
(a) एक ही दिशा में (b) दो दिशाओं में
(c) चारों दिशाओं में (d) किसी भी दिशा में नहीं

14. डायगोनल बुनाई फैब्रिक में अधिकतर ट्वील कितने कोण पर झुके होते हैं?
(a) 30° (b) 45°
(c) 65° (d) 90°

15. मार्कर की कार्यकुशलता दर्शाती है
(a) फैब्रिक की गुणात्मकता (b) फैब्रिक की जटिलता
(c) फैब्रिक की विशेषता (d) फैब्रिक का टिकाऊपन

16. निम्नलिखित में से क्या मार्कर को प्रभावित नहीं करता है?
(a) फैब्रिक के गुण (b) पैटर्न टुकड़ों के आकार
(c) ग्रेन की लम्बाई (d) ग्रेन की अनिवार्यता

17. निम्नलिखित में से किसके द्वारा मार्कर मेकिंग स्वत: ही सुनिश्चित किए जाते हैं?
(a) मैनुअल द्वारा (b) सॉफ्टवेयर द्वारा
(c) सिलाई मशीन द्वारा (d) इनमें से कोई नहीं

18. मार्कर की कार्यकुशलता के सन्दर्भ में सही वाक्यांश है
(a) इसे घटाया जा सकता है
(b) इसे स्थिर रखा जा सकता है
(c) इसे बढ़ाया जा सकता है
(d) इसे समाप्त किया जा सकता है

19. डुप्लीकेट मार्कर तैयार करने हेतु उपयुक्त माना जाता है
(a) साधारण पेपर को (b) फैब्रिक को
(c) कार्बन शीट को (d) सॉफ्टवेयर को

20. जिस भाग में मार्कर का उपयोग नहीं होता है, वह
(a) गारमेन्ट का महत्त्वपूर्ण भाग होता है
(b) व्यर्थ भाग होता है
(c) इस भाग में डिजाइन बनाए जाते हैं
(d) उपरोक्त में से कोई नहीं

21. निम्न सूचियों को सुमेलित कीजिए।

सूची I		सूची II	
A.	डायगोनल बुनाई फैब्रिक्स	(i)	दोनों दिशाओं में पैटर्न दोहराया जाता है
B.	प्लैड फैब्रिक	(ii)	वृहत रिपीट पैटर्न की विद्यमानता
C.	मोटिफ डिजाइन फैब्रिक	(iii)	क्षैतिजीय लाइनों का व्यापक प्रयोग
D.	सन्तुलित प्लैड फैब्रिक	(iv)	ट्वील 45° के कोण पर झुके होते हैं

कूट
(a) A-(iv); B-(iii); C-(ii); D-(i)
(b) A-(iii); B-(ii); C-(i); D-(iv)
(c) A-(ii); B-(iii); C-(i); D-(iv)
(d) A-(iv); B-(i); C-(ii); D-(iii)

22. निम्न सूचियों को सुमेलित कीजिए।

सूची I		सूची II	
A.	पेपर मार्कर	(i)	आपातकालीन कटिंग के लिए उपयुक्त
B.	फैब्रिक मार्कर	(ii)	काफी सटीक पैमानायुक्त
C.	मैनुअल मार्कर	(iii)	समय की बचत होती है
D.	कम्प्यूटरीकृत मार्कर	(iv)	प्रारम्भ में अधिक प्रयुक्त

कूट
(a) A-(ii); B-(iii); C-(i); D-(iv)
(b) A-(iii); B-(i); C-(iv); D-(ii)
(c) A-(iv); B-(ii); C-(iii); D-(i)
(d) A-(i); B-(iv); C-(ii); D-(iii)

23. प्लैड फैब्रिक तैयार करने के लिए निम्न में से किसका प्रयोग अधिक किया जाता है?
(a) लम्बवत् रेखा (b) क्षैतिज रेखा
(c) चैक साइज (d) वृत्त साइज

24. डायगोनल बुनाई पैटर्न ट्वील के किस ओर उपस्थित रहता है?
(a) बाईं ओर (b) दाईं ओर
(c) मध्य भाग में (d) बाईं और दाईं दोनों ओर

25. पेपर मार्कर प्रयोग केवल ……… किया जाता है?
(a) फैब्रिक पर (b) सिन्थेटिक फैब्रिक पर
(c) साधारण या प्लेन फैब्रिक पर (d) ब्लॉक पैटर्न पर

उत्तरमाला

1. (a)	2. (d)	3. (c)	4. (c)	5. (d)	6. (c)	7. (d)	8. (a)	9. (d)	10. (b)
11. (b)	12. (a)	13. (a)	14. (b)	15. (c)	16. (c)	17. (b)	18. (c)	19. (c)	20. (b)
21. (a)	22. (b)	23. (b)	24. (a)	25. (c)					